재개정판

박세일

법경제학

Law and Economics

박세일
고학수
송옥렬
신도철
이동진
최준규
허성욱

박영사

: 재개정판 머리말

박세일 교수님이 쓰신 『법경제학』 책이 1994년에 초판이 나왔고, 2000년에 개정판이 나왔다. 그 후 이 분야 연구성과 등을 반영하여 책을 다시 개정해야겠다는 마음을 가지셨던 박세일 교수님은 2016년 여러모로 바쁘고 어려우신 가운데에서도 법경제학 분야에서 연구·강의하는 후배·제자 몇 명을 불러 재개정판을 준비할 것을 부탁하셨다. 몇 번 함께 식사하면서 어떤 분야는 어떻게 고칠지, 어떤 주제를 재개정판에 추가할지 등에 대해 의견을 내어놓기도 하셨다. 교수님은 2017년 1월 돌아오지 않을 먼 길을 떠나셨다. 생전에 몸이 많이 불편하실 때에도 『법경제학』 책 개정의 진척 상황에 큰 관심을 기울이셨다. 이제 교수님께서 돌아가신 지 2년도 더 지나 재개정판이 출간되기에 이르렀다.

교수님은 초판 머리말에서 학문은 자기의 생각을 세우는 것이고 사회적 실천성이 있어야 함을 강조하시면서 법경제학이 연구자로 하여금 자주적·비판적으로 생각하게 하고 현실사회의 실천적 문제에 대해 관심을 환기시킴에 주목하셨다. 그러면서 『법경제학』 책이 이 세상에 보다 나은 법질서와 경제질서를 세우기 위해 노력하는 연구자와 실천가들에게 하나의 좋은 길잡이가 되기를 희망하셨다.

개정판 머리말에서는 10년간 재직하던 서울대학교 법과대학을 떠나 1994년 말 청와대 수석비서관으로 자리를 옮겨 세계화에 대응하기 위한 사법·복지·교육·노사 등 각종 제도개혁을 추진했던 경험을 회고하면서, 새로운 제도와 정책을 구상하고 추진하는 데 법경제학이 크게 도움이 되었음을 이야기하셨다. 아울러 학자들과 학생들이 어떻게 개혁을 추진할 것인가의 문제, 즉 개혁과정 내지 개혁관리의 문제에 보다 깊은 관심을 가져줄 것을 호소하셨다.

박세일 교수님의 일생은 『법경제학』 책의 초판 및 개정판 머리말에서 이야기한 바, 보다 나은 법질서·경제질서를 세우기 위한 실천적 노력으로 일관하였다고 할 수 있다. 박 교수님은 1998년 청와대를 나와 미국 브루킹스연구소를 다녀오신 후 2000년경부터 우리나라에 법경제학을 확산시키기 위해 본격적인 노력을 경주하셨다. 2000년 『법경제학』 개정판을 내셨고, 같은 해 법경제학연구회를 조직하셨으며, 이를 계승한 한국법경제학회를 2002년 창립하여 초대회장을 맡으셨다.

2004년 총선에서 탄핵 역풍으로 위기를 맞은 한나라당이 서울대 국제대학원에 계시던 박 교수님을 공동선대위원장으로 영입하였다. 비례대표 국회의원이 되어 당 정책위 의장직을 맡으신 박 교수님의 주도로 한나라당은 당의 이념을 공동체자유주의로 정립하고, 당의 노선으로 개혁적 보수를 천명하였으며, 국가발전의 비전으로 선진화를 제시하였다. 그리고 이런 이념과 비전에 기초하여 각종 제도와 정책의 개혁방안을 제시해 나갈 참이었다. 그러나 박 교수님의 의정활동 기간은 길지 못했다. 행정수도이전특별법에 대한 위헌 판결의 후속조치로 정치권이 추진한 행정중심복합도시건설 안에 한나라당도 동조하는 입장을 취하자, 박 교수님은 행정중심복합도시건설을 반쪽 수도이전 내지 수도분할로 규정하면서 한나라당의 입장을 되돌리려 했으나 뜻을 이루지 못했고, 이에 2015년 3월 건국 이후 최대의 포퓰리즘을 막아내지 못한 책임을 통감한다면서 의원직을 사퇴하셨다.

박 교수님은 이대로 가면 우리나라가 선진국이 안 되겠다는 문제의식을 가지고 『대한민국 선진화전략』을 써서 2006년 초에 발간하셨다. 그리고 한반도선진화재단(한선재단)을 만드셨다. 그 이후 몇 년 동안 대한민국이 나아가야 할 방향과 관련하여 본인이 단독으로 혹은 한선재단의 연구진과 함께 활발한 저작활동을 하셨다. 2007년 대선을 앞두고 『21세기 대한민국 선진화 4대전략』과 『선진화 혁명, 지금이 마지막 기회』가 나왔고, 2008년에는 『공동체자유주의: 이념과 정책』과 『대한민국 국가전략』이 출간되었다. 2010년에는 『대한민국 세계화 전략: 창조적 세계화론』, 2011년에는 『이 나라에 국혼은 있는가』가 나왔다. 『서울컨센서스: 21세기 신발전패러다임』(2011), 『대한민국의 길』(2012) 등도 이 시기에 나왔다.

다른 한편으로 박 교수님은 항상 한반도 통일을 이룩하여 통일한국을 세계일류국가로 우뚝 서게 해야 한다는 사명감 같은 것을 가지고 계셨다. 2010년경 실제로 이러한 꿈을 실현하기 위해서는 정책연구만으로는 부족하고 국민운동이 필요하다고 생각하셨던 것 같다. 그리하여 2010년 말 선진통일연합을 만드셨다. 그러다가 2012년 초 총선을 앞두고 선진통일연합만으로는 부족하다고 판단하셨는지 '국민생각'을 창당하셨고 박 교수님 본인도 서초갑에 출마하셨다. 대(大)중도를 표방하는 제3당을 만들어, 편협한 정파적 이해관계에 기초한 기득권 양당구조를 혁파하고 선진화와 통일의 국가적 비전을 중심으로 국민 역량을 결집하도록 정치판을 바꾸어 보겠다는 꿈을 꾸셨다. 그러나 '국민생각' 실험은 참담한 실패로 끝났다. 사실 '국민생각'은 박 교수님도 말씀하셨듯이 위기에 처한 나라를 구하겠다는 의병의 정신으로 모였다. 의병이 전투에서 졌다 하여 의병운동 자체가 실패라고 할 수 있을까? 의병은 그 숭고한 정신으로 후대인의 가슴을 뜨겁게 한다. 박 교수님은 그 이후 의병의 정신으로 선진통일의 꿈을 이 땅에 이루기 위해 현실을 걱정하고, 미래를 설계하고, 비전과 전략을 제시하고, 또 이를 전파하는 일에 매진하셨다. 2013년 『21세기 한반도의 꿈: 선진통일전략』을 펴내셨고, 그 내용으로 실로 많고 다양한 곳에서 강의와 강연을 하셨다.

박 교수님은 2015년 가을 건강검진에서 위암이 발견되었고, 그 해 12월 수술을 받으셨다. 항암치료 중인 2016년 초 교수님은 죽음과 삶의 문제를 어떻게 볼 것인가 하는 문제에 대해 자신의 생각을 정리한 "나의 사생관"과 안민학(安民學) 내지 경세학(經世學)의 서론 격으로 스스로 자리매김한 "지도자의 길"을 쓰셨다. 그 후 몸이 불편하셨을 텐데도 연구·강연과 나라 걱정을 멈추지 않으셨다. 안민학당을 열어 유교 경전들을 공부하는 자리를 마련하셨고, 10월에는 나라 걱정에 '대한민국 국민포럼' 공동의장에 취임하셨다.

교수님께서 돌아가신 후 2017년 『민주주의 3.0』이 나왔고, 2018년 추모에세이집 『내가 만난 위공 박세일』이 출간되었다. 수도분할 반대와 의원직 사퇴, 한선재단 설립, 선진통일연합 창립과 국민생각 창당 등과 관련한 문건과 "나의 사생관", "지도자의 길", "대한민국 국민포럼의 주장·신념·강령" 등의 글을 담은 『위공 박세일 유고집: 한반도 선진화와 통일의 꿈』도 2018년에 출간되었다. 2019년에는 평전 형식의 『부민덕국을 위한 꿈과 삶: 경세가 위공 박세일』이 출판되었다. 교수님의 저서, 논문, 대담, 인터뷰 등은 한선재단 홈페이지(www.hansun.org)의 '설립자 아카이브'에서 찾아볼 수 있다.

교수님께서는 선진통일과 부민덕국 그리고 세계평화와 인류발전에 이바지하는 학문으로서 안민학의 체계를 세우고자 하셨다. 안민학 내지 경세학이란 어떻게 공동체를 관리하고 경영하여야 공동체를 발전시키고 공동체 구성원을 편안하게 할 수 있는가에 대한 이론이다. 여기에는 철학, 윤리학, 정치학, 법학, 행정학, 경제학, 경영학, 심리학, 역사학 등 많은 학문영역이 포섭될 것으로 보인다. 교수님은 "지도자의 길"에서 어느 공동체든 그 공동체가 발전하려면 지도자가 훌륭하여야 하는데, 개인의 차원에서 훌륭한 지도자가 되려면 어떠한 노력을 하여야 할 것이며, 사회적 차원에서는 공동체의 발전을 위하여 어떠한 자질과 능력과 덕성을 가진 지도자들을 키워 내야 할 것인가가 문제로 된다고 하셨다. 그러면서 이 지도자의 문제를 안민학 내지 경세학의 제1과제로 보셨다. 교수님은 지도자가 갖춰야 할 4가지 능력과 덕목으로 (1) 애민(愛民)과 수기(修己), (2) 비전과 방략(方略), (3) 구현(求賢)과 선청(善聽), (4) 후사(後史)와 회향(回向)을 꼽으셨다. 또한 '한국적 안민학'을 세우기 위해서는 이론과 실무의 간격을 줄이고 수양과 경세의 간격을 줄이는 문제를 풀어야 한다고 하셨다. 교수님의 『안민학』은 완성되지 못했지만, 평소에 법과 제도에 대한 연구가 안민학의 주요 내용으로 들어가야 한다고 말씀하신 것을 기억한다.

이 책의 초판과 개정판의 머리말, "지도자의 길"의 내용, 평소의 말씀 등을 종합해 보면, 법경제학은 교수님이 구상하신 안민학의 중심 부분에 위치할 것으로 보인다. 선진통일과 부민덕국을 이루어 나갈 지도자는 반드시 법경제학을 공부하여야 할 것이며, 법경제학을 공부하는 학도는 공부한 바를 길잡이 삼아 국가와 사회의 발전을 위해 실천적 노력을 다해야 한다는 말씀이 들릴 듯하다. 실천적 학문으로서의 법경제학의 중요성 때문에 병마와 싸우는 그 어려운 가운데에서도 교수님은 우리들에게 『법경제학』 교과서를 다시 개정해 줄 것을 부탁하신 것이 아닐까? 이제 재개정판을 발간하는 이 시점에 우리의 개정작업이 교수님의 뜻을 얼마나 충족시켰을까 두려운 마음이 앞선다.

우리 공동저자들은 재개정판을 준비함에 있어, 우리들의 능력부족을 감안한 것이겠지만, '박세일 교수님 책'으로서의 일관성과 정체성을 최대한 유지하면서 필요한 최소한의 작업만 한다는 나름의 원칙을 세웠다. 좀 더 구체적으로는, 그동안 법이 바뀌었거나 판례가 바뀐 내용을 반영하고, 'IMF 위기'와 관련이 높거나 기타 현재의 시대 상황에 비추어 적절하지 않는 내용은 대체로 삭제하며, 근래의 국내 학계의 연구결과를 다소나마 반영한다는 것이었다. 물론 불명확하거나 오해의 소지가 있다고 판단되는 설명 내지 논리전개는 좀 더 명확한 것으로 대체하기로 하였다. 그 이외의 개정사항을 적으면 다음과 같다.

첫째, 재산권 법제화의 효율성 증진 효과에 대한 설명을 게임행렬 분석을 통해 좀 더 명확히 하였다. 둘째, 권리보호의 세 가지 방법, 즉 property rule, liability rule, inalienability rule의 번역어를 각각 재산규칙, 책임규칙, 양도불가규칙으로 하고, 재산권 충돌과 관련한 판례분석을 보강하였다. 셋째, 불법행위법 분야 각종 책임원칙의 효율성 분석은 기존 교과서의 불명확한 점을 명확하게 하는 방향으로 상당히 대폭 수정·보완하였다. 넷째, 소송으로 가는 이유와 관련하여 협박소송의 가능성에 대한 논의를 추가하였다. 다섯째, '에필로그'를 추가하여, 근래의 연구 흐름에 대해 간략하게나마 정리하였다. 여섯째, 참고문헌을 부분적으로 보강하고, 주요 참고문헌을 분리하여 표시하였다.

이 재개정판을 내는 데 많은 분들의 도움이 있었다. 물론 공동저자로 참여해 주신 분들이 가장 수고가 많았다. 간단치 않은 원고의 교정작업에 서울대 이상훈 박사와 신윤재 군 그리고 정종구 변호사가 많은 시간을 할애해 주었다. 그리고 임용 교수님이 부분적인 피드백을 제공해 주었다. 조성호 이사님과 윤혜경 선생님을 비롯한 박영사 관계사 분들의 협조와 도움에도 많은 감사를 드린다.

우리들에게 높고 깊은 학은(學恩)을 베푸신 위공 박세일 교수님의 영전에 고개 숙여 『법경제학』 재개정판을 바친다.

2019년 8월
공동 저자들을 대표하여
신도철 씀

: 개정판 머리말

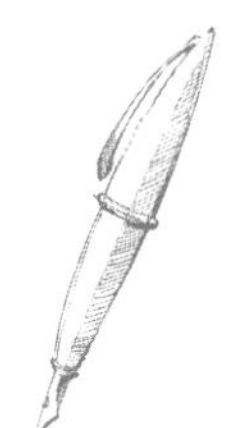

학문(學問)을 왜 하는가? 사회적 실천을 위해서이다. 종교적 깨달음에는 도덕적 실천이 반드시 따라야 하듯이 학문을 통한 진리의 추구에는 반드시 사회적 실천이 뒤따라야 한다. 도덕적 실천이 따르지 않는 종교적 깨달음이 공허(空虛)하듯이 사회적 실천이 따르지 않는 진리의 추구는 맹목(盲目)이다. 따라서 우리는 학문을 통하여 사회적 병(社會的 病)을 진단하고 그 원인을 밝히고 그 처방을 마련한 후에는 반드시 사회적 실천을 통하여 사회적 병을 고치는 데 나서야 한다. 그것이 학문하는 사람들의 권리이고 책무이다. 그것이 자기가 이 땅에 태어나 먹고 살아 온 밥값을 내는 것이다. 농민들이 땀을 흘릴 때 자신은 책을 읽었다면 자신이 배우고 익힌 바를 사회적 실천을 통하여 사회에 회향(回向)하여야 함은 당연한 일이다.

그리하여 나는 학문의 목적은 사회적 병의 치유와 사회적 악(惡)의 억제 그리고 사회적 선(善)의 고양에 있다고 생각한다. 그래서 특히 학문하는 사람들은 지행합일(知行合一) 혹은 학행일치(學行一致)를 항상 좌우명으로 생각하여야 한다고 본다. 그러면 많은 경우 왜 지행합일이 안 되고 학행일치가 안 되는가? 두 가지 이유가 있다고 생각한다.

하나는 아직 확실히 알지 못하기 때문이다. 자신의 학문이 아직 지적 확신(知的 確信)까지 성숙하지 못하였기 때문이다. 자신이 옳다고 믿는 바에 아직 확신이 없으면 사회적 실천은 나오지 않는 법이다. 그러나 진정으로 자신이 공부한 바를 자신이 믿는다면 그리하여 사회적 병의 원인과 치유방법에 대하여 확고한 지적 확신이 있다면 사회적 실천이 자연히 뒤따르게 된다. 확실히 아는 길이라면 안 갈 수 없는 법이다. 아직은 확실히 모르기 때문에, 환언하면 공부가 부족하기 때문에 못 가는 것이다. 따라서 지행합일이 되기 위해서는 무엇보다도 먼저 확실히 알아야 한다. 공부를 더 하여야 한다.

두 번째 이유는 마음 속에 사욕(私慾)과 사심(邪心)이 있기 때문이다. 학문을 깊이 하고 공부를 많이 하여 진정으로 사회적 병을 치유할 방법을 알고 있다면 당연 그 방향으로의 사회적 실천이 나올 것이다. 그런데도 사회적 실천을 피한다면 그 이유는 아마 실천하는 것이 자신에게 손해가 된다고 생각하기 때문일 것이다. 지행합일하는 것이 자신에게 손해가 된다고 보기 때문일 것이다. 한마디로 선사후공(先私後公)하는 사심 때문일 것이다. 그렇지 않고는 분명히 많은 사람들에게 이익이 됨을 알면서 그 일을 하지 않을 이유가 없기 때문이다.

요컨대 무지(無知)와 사욕(私慾)이 지행합일이 안 되고 학행일치가 안 되는 주된 이유라 하겠다. 따라서 학문에 더욱 정진하여 얻은 바가 단순한 지식과 정보가 아니라 자신의 신념이 될 때까지 [글 공부]를 하고 동시에 사심을 없애고 나의 마음이 아니라 천하의 마음으로 천하의 일을 대할 수 있을 때(以天下 觀天下)까지 [마음 공부]를 한다면 지행합일 내지 학행일치는 자연 이루어질 것이다. 환언하면 학문의 완성과 더불어 사회완성의 길이 함께 열리는 셈이다.

학문적으로도 크게 미숙하고 수양 면에서도 크게 부족하여 사심이 아직 많이 남아 있는 저자가 오로지 단심(丹心) 하나로 10년간 재직하던 서울대학교 법과대학을 떠나 청와대 정책수석비서관으로 자리를 옮긴 것이 1994년 12월이었다. 1년 후 다시 사회복지수석비서관으로 자기를 옮겨 1998년 2월까지 약 3년 남짓 청와대에서 나름대로의 사회적 실천을 하게 된다.

사회적 실천에 뛰어든 주 이유는 세계가 크게 변화하고 있고 특히 세계화(globalization)라는 문명사적 변화가 진행되고 있는데 이에 걸맞는 시스템 개혁, 환언하면, 정치, 경제, 사회, 교육, 문화 등 모든 부분의 총체적 제도개혁과 의식개혁이 반드시 되어야 21세기에 우리 나라가 번영과 발전의 부민안국(富民安國)이 될 수 있다고 믿었기 때문이다.

꼭 100년 전인 1894년에는 주지하듯이 갑오경장(甲午更張)이 있었다. 당시의 갑오개혁은 근대화·산업화라는 시대적 변화요구에 대한 우리 나름의 대응 노력이었다. 그러나 많은 노력에도 불구하고 갑오개혁은 실패하고 우리나라는 결국 일본에 주권을 잃게 되었던 것이다. 100년 후 오늘날에는 세계화와 정보화라는 새로운 시대적 도전이 몰려오고 있어 이에 대한 대응을 올바로 하여 다시는 과거와 같은 실패의 역사를 결코 되풀이해서는 안 된다는 것이 당시의 문제의식이었다.

저자가 세계화(世界化)라는 변화에 관심을 가지게 된 결정적 계기는 1991년 로버트 라이슈(Robert Reich) 교수의 'The Work of Nation'이란 책을 접하고부터였다. 라이슈 교수는 당시 하버드대학 교수였고 뒤에 클린턴 대통령집권 후 초대 노동부장관을 하게 된다. 라이슈 교수의 책을 읽은 것이 계기가 되어 세계화라는 변화를 어떻게 이해하여야 할 것인가? 세계화시대의 국가발전원리(國家發展原理)는 어떻게 달라지는가? 세계화시대에 걸맞는 경제발전전략은 무엇인가? 그리고 세계화는 과연 국민들의 생활에, 특히 노동자들의 생활에 어떠한 영향을 미치게 되는가? 만일 그 영향이 바람직하지 않을 때 국가는 어떠한 노동정책, 사회정책(社會政策)을 준비하여야 하는가? 세계화를 소수(少數)를 위한 세계화가 아니라 다수(多數)를 위한 세계화로 만들 수는 없는가? 등에 학문적·실천적 관심이 집중되기 시작했다.

1992~1993년간 콜롬비아 법과대학에 초빙연구원으로 있는 동안에 법경제학 교과서를 집필하는 이외에 대부분의 시간을 세계화에 대한 연구에 집중하였다. 그 후 돌아와 서울대학교에서 몇몇 교수들과 함께 [세계화연구회](권태환, 하영선, 이각범, 김인준 교수 등)를 만들어 1년간(1993~1994) 함께 공동연구를 하였다. 그리고 곧바로 정부에 들어간 셈이 되었다.

정부에 들어간 직후 1995년 1월에 민관합동(民官合同)의 세계화추진위원회(世界化推進委員會)를 만들어 세계화에 대응하기 위한 각종 제도개혁의 추진에 착수하게 되었다. 한동안 많은 논란을 일으킨 사법개혁(司法改革)도 이때 추진했던 개혁과제였다. 그 이외에도 규제개혁(規制改革), 공정거래(公正去來), 여성의 사회참여, 고급공무원 임용 및 육성제도, 동북아 국제물류중심화(國際物流中心化)전략, 공공부분의 정보화전략, 민원행정과 치안 서비스의 선진화 등 50여 개의 정책과제가 세계화개혁의 대상이 되었다.

그러나 세계화가 너무 "효율과 경쟁" 중심으로 추진되는 것을 경계하여 1995년 3월 "삶의 질(質)의 세계화"를 제창하고 국민복지기획단(國民福祉企劃團)을 만들어 사회복지수준을 높이기 위한 필요한 제도개선, 법령개폐, 예산지원 등을 추진하였다. 그러나 역시 세계화·정보화시대의 국가발전전략으로는 교육개혁(教育改革)이 중심이 될 수밖에 없었다. 그리하여 1995년 5월 소위 5·31 교육개혁안이 발표되었다. 지금까지의 "공급자 중심에서 수요자 중심으로" 교육체계의 개편이 중심이었다. 그러나 평생교육시대에는 학교교육만으로는 불충분하고 직장에서의 직업 훈련이 중요한데 "노사대립형" 노사관계를 이대로 두고는 기술축적도 평생교육도 불가능하기 때문에 노사관계를 "노사대립형"에서 "참여와 협력형"으로 바꾸기 위한 노사개혁(勞使改革)을 1996년 4월부터 추진하였다. 여러 우여곡절은 있었으나 1954년에 만든 구(舊)노동법이, 1997년 3월 노사합의(勞使合意)와 여야합의(與野合意)로, 21세기형 신(新)노동법으로 완전히 환골탈태하게 되었다. 뿐만 아니라 1996년 3월에는 21세기 환경비전이 제시되고 환경문제에 대한 종합대응도 모색되기 시작하였다.

이제 돌이켜 볼 때 한 마디로 만감(萬感)이 교차한다. 학문과 수양이 둘 다 크게 부족하여서인지 지행합일을 위한 나름대로의 혼신의 노력의 결과가 크게 부끄럽다. 물론 나름대로 상당히 성과가 많았던 개혁들도 있었고 어떤 개혁은 현재도 진행되고 있어 아직 그 평가가 이른 경우도 있다. 그러나 또 어떤 개혁들은 도중에 미완(未完)으로 끝난 버린 경우도 적지 않다. 본래 계획한 세계화개혁(世界化改革) 중 교육·노동·복지 등 사회분야개혁은 어느 정도 진전되었으나 특히 금융·재벌·공공부문 등 경제분야개혁들은 당초 계획대로 제대로 진행되지 못하였다. 만일 경제분야개혁이 제대로 추진되었더라면 IMF 외환위기라는 사태를 피할 수 있지 아니했을까 하는 안타까움이 크게 남는다. 또한 당시 공직(公職)을 맡았던 한 사람으로서 국민에 대한 죄송함이 너무 크다.

저자가 이렇게 지나간 역사를 진부하게 이야기하는 이유는 두 가지가 있다. 하나는 정부에 들어가 새로운 정책을 구상하고 추진하는 데 법경제학이 크게 도움이 되었다는 이야기를 하기 위해서다. 이는 저자가 현장에서 절실히 느낀 체험을 이야기하는 것이다. 대부분의 사회문제는 [제도와 가치관]의 잘못에서 온다. 이 중 특히 제도의 잘못을 바로잡는 데 법경제학적 사고와 접근방법이 크게 도움이 되었다. [보이는 질서]인 법규범과 [보이지 않는 질서]인 경제질서를 어떻게 조합하여 사회경제제도를 바로 세움으로써 우리의 사회경제적 병을 고쳐 나갈 것인가? 이러한 문제에 대한 연구가 바로 법경제학의 주요 관심의 하나이기 때문이다.

사회구성원의 가치관의 문제는 물론 교육·가정·종교의 대상이다. 그러나 제도를 바로 세우면 사회구성원들의 가치관을 바로 세우는 데도 크게 기여하게 된다. 그래서 법경제학을 공부하는 학생들에게 법경제학연구의 중요성을 다시 한번 더 강조하고자 한다(제도를 바로 세운다는 것은 무엇을 의미하는가? 이 문제에 대하여는 각자 답해 보라).

둘째 이유는 앞으로 학자들이 풀어야 할 문제는 사회의 병을 고치는 제도개혁의 청사진을 제시하는 것만으로 불충분하다는 점을 지적하기 위하여서이다. 물론 사회적 병의 원인이 어디에 있고 그를 고치기 위하여는 어떠한 제도개혁이 있어야 하는가를 연구해 내는 것도 결코 쉬운 일은 아니다. 그러나 그것만으로는 학자의 사명의 반(半)도 하지 못한 셈이다. 진정으로 지행합일과 학행일치의 학문을 하려는 자라면 당연 어떠한 개혁을 할 것인가를 제시하는 데 끝일 수 없다.

어떻게 그 개혁을 추진할 것인가? 어떻게 하여 개혁을 성공시킬 것인가? 개혁이 안 되는 이유는 과연 무엇인가? 어떻게 하면 개혁의 장애를 극복할 수 있는가? 등에 대하여 답해야 한다. 무엇을 할 것인가보다 더 어려운 문제가 실은 어떻게 할 것인가이다. 다시 강조하지만 사회문제에 대한 제도적 대안을 제시하는 것만으로는 부족하다. 그 제도적 대안을 실천하기 위한 개혁절차와 과정까지를 반드시 제시하여야 한다.

저자는 당분간 개혁과정론(改革過程論) 내지 개혁관리론(改革管理論)을 연구하고자 한다. 어떤 개혁은 성공하고 어떤 개혁은 실패하는데 그 주된 이유는 무엇인가? 어떻게 하면 개혁을 성공으로 이끌 수 있는가? 등을 연구하고자 한다. 이 문제가 풀리지 않고는 학자들이 제시하는 많은 정책대안과 제도개혁안들이 대부분 공허한 이야기로 끝날 위험이 크기 때문이다. 실제 국민들 생활개선에는 아무 도움이 되지 않는, 이율곡 선생께서 이야기한 "실공(實功) 없는 개혁"으로 끝날 위험이 크기 때문이다. 실공 없는 개혁이 반복될 때 국민들은 소위 개혁피로를 느끼는 것이다. 개혁피로(改革疲勞)는 개혁을 많이 해서가 아니라 제대로 하지 못하여 생기는 현상이다. 구호만 있고 실공이 없을 때 생기는 현상이다. 따라서 많은 학자들과 학생들이 이 개혁과정 내지 개혁관리의 문제에 대하여 보다 깊은 관심을 가지고 연구해 주길 호소한다.

이 책은 많은 독자를 가지고 있는 책이 아니다. 그러나 이 책을 읽는 사람들은 이 책에 대하여 애착을 가지고 정독을 하는 것 같다. 출판사를 통하여 독자들로부터 왜 개정판을 내지 않느냐는 요구가 많았다. 현실 참여를 한다고 많은 시간을 사회정치현장에서 보내면서 사실 연구시간이 충분하지는 못하였다. 그러나 공직에서 나온 후 지난 2년간 틈틈이 시간을 내어 다음의 몇 가지를 보완하였다.

첫째, 법적 정의(法的 正義)와 경제적 효율(經濟的 效率)의 관계에 대한 이론적 정리를 추가하였다. 정의와 효율은 사실 깊은 내적 관련(內的 關聯) 내지 관계를 가지고 있는데 우리 사회에서는 일반적으로 이에 대한 충분한 인식이 부족한 것 같아서 이 문제를 정리하여 삽입시켰다.

둘째, 법경제학의 관심 중의 한 분야가 절차법(節次法)에 대한 경제분석이다. 그런데 이에 대한 분석을 이 책의 초판에서는 포함시키지 못하였다. 이번 개정판에서 소송제도에 대한 경제분석을 새로이 추가시켰다. 사실 실체법(實體法) 못지않게 절차법이 정의와 효율에 주는 영향이 대단히 크다. 그런데 이러한 절차법의 중요성에 대한 문제의식이 우리 사회에는 아직 약한 편이다. 이번에 추가하는 소송법의 경제분석이 우리 사회에 이러한 절차법의 중요성을 이해시키는 데 하나의 계기가 되기를 기대한다. 초고를 읽고 좋은 코멘트를 하여준 서울대 법대의 호문혁, 양창수 교수 그리고 대법원 수석재판연구관인 김용담 판사께 고맙게 생각한다.

셋째, 회사법의 경제구조편을 크게 보완 확대하였다. 특히 회사의 통치구조(統治構造, corporate governance)에 대한 부분을 확대하였으며 각국의 통치구조의 비교분석을 추가하였다. 경제가 세계화되면서 회사의 통치구조가 당해 회사의 경쟁력은 물론 국가전체의 국제경쟁력에 주는 영향이 커지면서 회사의 통치구조에 대한 연구가 전세계적으로 확산되고 있다. 우리나라에도 앞으로는 종전의 개발독재시대의 재벌구조를 대신할 새로운 기업통치구조의 밑그림이 나와야 한다. 21세기 세계화·정보화시대의 새로운 경영환경·기술환경에도 맞고 또한 우리의 문화와 정서에도 걸맞는 한국기업의 통치구조는 무엇인가에 대하여 깊은 연구와 토론이 있어야 한다. 이번 연구 중 특히 통치구조의 국제비교편의 초고를 만드는 데 크게 기여하여 준 러시아 극동대학 파견교수인 신영재 박사에게 감사의 뜻을 전한다.

넷째, 불법행위법(不法行爲法)의 경제분석편 중 특히 불법행위와 책임원리 장(章)에 일부수정과 보완이 있었다. 이를 수정·보완하게 된 계기는 전적으로 숙명여대의 신도철 교수의 관심과 지적 때문이었다. 신 교수가 이 책을 가지고 교과서로 사용하면서 법경제학을 강의하던 중 느꼈던 문제점들을 소상히 지적하여 주었다. 논리의 전개가 잘못된 점 혹은 설명이 불충분한 점 등을 자세히 지적하여 주어 이를 크게 참고하여 잘못된 곳은 고치고 오해의 소지가 있는 곳은 설명을 추가하였다. 신 교수께 각별히 감사하게 생각한다.

큰 일이든 작은 일이든 모든 일에는 항상 뒤에서 묵묵히 수고해 주는 고마운 분이 있게 마련이다. 이 개정판을 내는 데 실무적으로 시작부터 끝까지 많은 수고를 하여 주신 박영사의 노현 과장님께 감사의 뜻을 전한다.

이제 이 책을 내면서 내 자신과 이 책을 다시 돌이켜 보면 둘 다 모두 크게 부족함을 느낀다.

이제 학문의 세계로 다시 돌아왔으니 앞으로 더욱 분발하여 보다 많은 연구를 통하여 그동안 이 책에 대하여 애정과 관심을 보여 준 독자제현(讀者諸賢)들께 조금이나마 은혜를 갚도록 하겠다.

2000년 7월

한국개발연구원 연구실에서

박 세 일

: 초판 머리말

학문이란 머리로 하는 것이다. 책을 많이 읽고 글을 많이 쓰기는 쉬우나 자기 생각을 세우기는 어렵다. 그러나 학문을 한다는 것은 자기 생각을 세우는 일이다. 틀린 것이 드러나면 다시 고치는 한이 있어도 학문을 한다는 것은 끊임없이 자기 생각을 세우려는 노력이라고 생각한다.

또한 학문이란 사회적 실천성이 있어야 한다고 생각한다. 학문이란 본래가 우리 인간의 문제, 인간사회의 제문제를 해결하기 위하여 등장한 것이다. 따라서 반드시 실사구시의 실천성이 있어야 한다. 이론을 위한 이론, 우리 삶과 아무 관계가 없는 공리공론은 올바른 학문이라고 생각하지 않는다.

법경제학(法經濟學, Law and Economics)은 우리 나라에서는 1980년대 중반부터 소개된 비교적 새로운 학문분야이다. 특히 크게 번창하고 있는 영미법학에서의 법경제학연구와 대비할 때, 우리나라에서의 연구부족은 극히 대조적이다.

이러한 분야에 저자가 관심을 가지게 된 것도 실은 법경제학이 가지는 두 가지 성격 때문이라고 생각한다. 하나는 연구자로 하여금 기존 사고의 틀 혹은 사고습관을 깨고 끊임없이 새롭게 생각하게 하고 자주적·비판적으로 생각하게 하는 경향이고, 다른 하나는 법경제학이 가지고 있는 현실사회의 실천적 문제에 대한 관심, 즉 사회적 실천성(社會的 實踐性) 때문이다.

법경제학은 종래의 법학이나 경제학이 가지고 있는 사고의 틀에서 크게 벗어날 것을 요구한다. 발상의 근본적 전환을 요구한다. 해석론 위주의 법학에 대하여 비판적이다. "법해석학(法解釋學)으로서의 법학"보다는 "입법학(science of legislation) 내지는 법정책학(science of legal policy)으로서의 법학"의 중요성을 강조한다.

예컨대 갑(甲)과 을(乙) 사이의 권리의 다툼이 있을 때도 기존 법률의 해석과 적용 그 자체보다도 그러한 해석이 사회전체에 주는 영향에 관심을 가진다. 그러한 해석이 수많은 일반인들의 행위에 어떠한 영향을 주는가에 관심을 가진다. 그리고 더 나아가 어떻게 법률을 해석하는 것이, 아니면 어떠한 내용의 입법(立法)을 하는 것이 일반인들의 행위를 바람직한 방향으로 변화시켜 보다 나은 사회·경제적 결과를 초래할 수 있는가에 관심을 가진다. 한마디로 해석론보다 정책론으로서의 법학에 보다 관심을 가진다.

동시에 법경제학은 주류경제학인 신고전파경제학(新古典派經濟學)이 주장하는 "진공(眞空, vacuum) 속에서의 시장분석(市場分析)"에 대하여도 비판적이다. 그 대신 "법, 제도, 윤리(法, 制度, 倫理)와의 관계 속에서의 시장분석"을 강조한다. 지금까지 주류경제학에서는 법과 제도 그리고 윤리와 이데올로기는 주어진 것, 고정적인 것으로 간주하고, 이들의 영향을 사상(捨象)한 순수시장관계의 분석에만 치중하여 왔다.

그러나 시장이란 것이 진공 속에 존재하는 것은 결코 아니다. 법과 제도, 그리고 윤리와의 관계 속에서 시장이 존재하고 또한 그러한 관계 속에서 서로 작용하며 변화한다. 엄밀히 이야기하면 본래 법, 제도, 윤리가 전제되지 않으면 시장은 존재할 수 없다. 따라서 이들의 관계를 상호분리 내지 분열이 아닌 총체 내지 일체로서 파악하여야 한다.

일반적으로 경제현상의 상당부분은 시장적 변수(市場的 變數)에 의해 발생한 것이 아니라 제도적 원인(制度的 原因)에 의한 경우가 많다. 그런데 이러한 경우에도 주류경제학은 제도변수를 무시하고 시장변수에 의하여서만 경제현상을 설명하려 하기 때문에, 당연히 이론이 가지는 현상설명력과 정책대안 제시능력이 크게 약화되지 않을 수 없었다. 여기서 법경제학은 우선 법, 제도 자체를 분석대상으로 하여 이들에 대한 이해를 높일 것을 주장한다. 그리고 더 나아가 "제도와 시장 간의 상호관계"를 통일적으로 파악하려고 노력하여야 한다고 주장한다. 그러한 노력을 하는 신제도경제학(新制度經濟學, Neo−Institutional Economics)이야말로 올바른 경제학이라고 지지한다.

뿐만 아니라 법경제학은 끊임없이 현실의 정치·경제·사회문제에 대하여 깊은 관심을 가진다. 보다 정확하게 이야기하면 법경제학 그 자체가 현실문제에 대한 실천적 관심의 산물이라고 보아야 할 것이다. 현실문제의 해결을 위한 지적 탐구(知的 探究) 속에서 종래의 법학이나 경제학만을 가지고는 문제해결을 위한 바른 지침을 얻는 데 한계가 있음을 깨닫게 된다. 그리하여 현상에 대한 보다 본질적이고 근본적 사고, 총체적(總體的)이고 통일적(統一的)인 사고가 필요함을 느끼게 되고 여기서 법경제학이 등장하게 된다.

도대체 법(法)이란 무엇인가, 경제질서란 무엇인가, "보이지 않는 손(invisible hand)으로서의 경제질서(經濟秩序)"와 "보이는 손(visible hand)으로서의 법질서(法秩序)"는 서로 어떻게 관계하고 어떻게 작용하는가, 이들이 어떻게 상호작용하여 오늘날 각종의 사회·경제적 문제 그리고 정치적 문제를 일으키는가, 왜 교통사고는 증대하고 왜 환경파괴는 확대되고 있는가, 어느 때 공무원의 부패는 줄어들고 어느 때 정치인들은 사익(私益)보다 공익(公益)의 봉사에 노력하는가, 왜 어느 나라는 빠르게 경제성장을 하고 어느 나라는 뒤떨어지는가, 왜 어느 나라에서는 민주주의가 성공하고 어느 나라에서는 실패하는가 등등의 문제에 대한 이론적·체계적 분석과 문제해결을 위한 정책대안 제시를 위하여 법경제학은 노력한다.

법경제학적 발상 내지 시각은 본래 18세기 아담 스미스 시대의 도덕철학(moral philosophy)에서 시작되었다. 그러나 그 이후 도덕철학의 3대구성분야였던 법, 경제, 윤리학이 각각 자기완료적(自己完了的)인 학문분야로 독립하여 발전하여 오다가 학자들이 다시 법과 경제와 윤리의 학제적 연구(學際的 硏究), 그 중에서도 특히 법과 경제에 대한 학제적 연구의 필요성을 느끼게 된 것은 그리 오래 전의 일은 아니다.

20세기 초에 법과 경제에 대한 학제적 관심이 크게 높아져 소위 독점금지법, 조세법, 규제산업법, 노동법 등을 중심으로 제1차 법경제학운동(第一次 法經濟學運動, The First Law and Economic Movement)이라는 학문적 경향이 풍미한 적이 있었다. 그러나 다시 본격적으로 나타나기 시작한 것은 1960년 이후라고 볼 수 있다. 소위 신법경제학(新法經濟學, New Law and Economics)이라고 불리우는 것이 바로 그것이다. 신법경제학에서는 특히 종래 법학의 고유분야라고 보았던 재산권·계약법·불법행위법(不法行爲法)·형사법(刑事法) 등에 대한 연구에서 많은 학문적 성과를 올리고 있다.

이 책은 1985년 이후 지금까지 서울대학교 법과대학에서 강의하여 오던 내용을 기초로 하여 만들었다. 강의할 때 반짝이던 학생들의 눈망울과 그들의 진지한 얼굴들을 잊을 수 없다.

저자는 1992년 가을부터 1993년 여름까지 미국 컬럼비아 법대의 법경제학연구소(法經濟學研究所, The Center for Law and Economic Studies)에서 1년간 연구할 수 있는 기회가 있었다. 이 기회에 그 동안 서울대학교 법과대학에서 하던 강의안을 기초로 하여 최근 외국의 새로운 연구동향과 연구실적을 정리하여 넣는 방식으로 이 책을 집필하였다.

이 책은 법경제학 입문서로서 다루어야 할 중요 논제들은 대부분 다루었다고 생각한다. 그리고 외국에서의 최신의 연구실적, 특히 미국에서의 이 분야에서의 최신 연구경향과 실적 중 중요한 것들을 가능한 한 많이 포함시키려고 노력하였다. 그러나 이 책에서는 법경제학적 사고나 방법론을 우리나라 실정법 법이론이나 판례연구에 직접 적용하는 노력은 본격적으로 시도되고 있지 않다. 그 주된 이유는 저자의 능력부족과 시간부족 때문이다. 앞으로 보완되어야 할 이 책의 한계 내지 약점이라고 생각한다.

이 책을 읽는 데 경제학과 법학에 대한 특별한 사전지식이 필요하다고 보지는 않는다. 경제학개론이나 법학개론 정도의 지식이면 충분하다고 생각한다. 그리고 반드시 제1편 서설(序說)부터 시작할 필요도 없다. 오히려 제1편의 제2장 기초이론의 제2절 코스정리(Coase Theorem)에 대한 부분에서 시작하여 이를 읽은 후 곧바로 제2편으로 들어가는 것이 보다 시간절약적일지 모른다. 특히 제2편의 재산권제도와 제3편의 계약법, 그리고 제4편의 불법행위제도에 대한 부분은 대단히 중요한 부분이다. 신법경제학의 핵심적 부분이 이 세 편에 집중되어 있어 이 부분에 대하여는 정독을 권하고 싶다. 이 세 편을 읽은 후에는 순서에 관계없이 관심 있는 분야부터 읽어 나가도 좋다고 생각한다.

저자가 학문에 뜻을 두고 저자 나름의 학문관, 학문에 대한 태도 내지 견해를 세워 오는 데 큰 도움을 주신 은사님들이 있다. 서울대학교 법과대학에서 경제학을 가르쳐 주시고 학문(學問)을 통하여 애국(愛國)하는 방법을 가르쳐 주신 임원택 교수님, 항상 어려운 사람들의 입장을 잊지 말고 학문하도록 가르쳐 주신 일본 동경대학(東京大學) 명예교수 스미야 미끼오(隅谷三喜男) 교수, 그리고 학문은 자기 생각을 세우는 것임을 가르쳐 주신 미국 코넬 대학(Cornell University)의 명예교수인 월터 갤런슨(Walter Galenson) 교수, 이 분들에 대하여 그동안의 가르침에 대하여 감사한다.

이 책이 나오기까지 여러 사람들의 많은 도움이 있었다. 컬럼비아 법대의 법경제학 연구소장으로 있는 빅터 골드버그(Victor Goldberg) 교수, 동 대학의 마크 로(Mark Roe) 교수, 마크 바렌버그(Mark Barenberg) 교수, 월터 겔혼(Walter Gellhorn) 교수, 그리고 시카고 법과대학의 로널드 코스(Ronald Coase) 교수와 윌리암 랜드스(William Landes) 교수에 대하여 여러 가지로 고맙게 생각한다.

또한 이 책을 내는 데 연부력강(年富力强)한 제자들의 도움이 컸다. 특히 신유철 군과 이호영 군 그리고 박승용 군은 원고를 처음부터 일독하면서 많은 조언을 주었다. 이들의 헌신적 노력에 대하여 특별히 고맙게 생각한다. 그리고 교정을 보아준 나영숙 양과 강도원 군도 크게 도움이 되었다. 또한 그동안 이 책의 출판을 위하여 여러 가지로 수고가 많았던 이명재 상무, 이영우 씨를 비롯하여 박영사의 여러분들께도 감사를 표하고 싶다.

끝으로 이 책이 이 세상에 보다 나은 법질서(法秩序)와 경제질서(經濟秩序)를 세우기 위하여 노력하는 연구자와 실천가들에게 하나의 좋은 길잡이가 될 수 있다면 저자로서는 그 이상의 보람과 기쁨이 없다고 생각한다. 강호제현(江湖諸賢)의 많은 질타와 지도를 기대한다.

1994. 3.
서울대학교 법과대학 연구실에서
朴 世 逸 씀

: 차 례

제 1 편 법경제학 서설

제 2 편 재산권제도(財産權制度)의 경제적 구조

제 3 편 계약법과 계약구조(契約構造)

제 4 편 불법행위법(不法行爲法)의 경제분석

제 5 편 형법과 형사정책

제 6 편 회사법의 경제구조

제 7 편 노동법의 경제학

제 8 편 독점규제법의 경제적 기초

제 9 편 소송제도의 경제분석

제10편 법과 공공선택이론(公共選擇理論)

: 세부차례

제 1 편 법경제학 서설

제 2 편 재산권제도(財産權制度)의 경제적 구조

제 3 편 계약법과 계약구조(契約構造)

제 4 편 불법행위법(不法行爲法)의 경제분석

제 5 편 형법과 형사정책

제 6 편 회사법의 경제구조

제 7 편 노동법의 경제학

제 8 편 독점규제법의 경제적 기초

제 9 편 소송제도의 경제분석

제10편 법과 공공선택이론(公共選擇理論)

1

법경제학 서설

제1장 법경제학의 원점(原點)과 역사

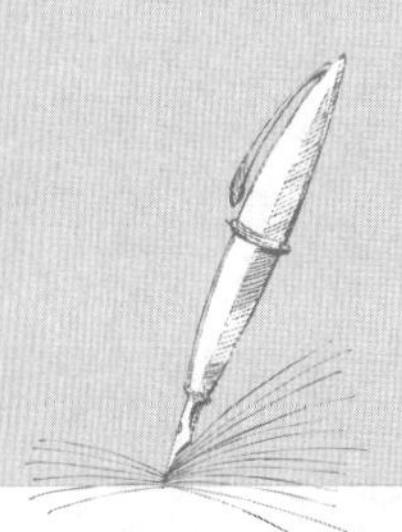

제1절 시민사회의 질서원리

인간들이 모여 사는 사회에는 두 가지 종류의 질서가 존재한다. 하나는 자생적 질서(自生的 秩序, spontaneous order)이고, 다른 하나는 작위적 질서(作爲的 秩序, man-made order)이다. 먼저 자생적 질서는 특정한 개인이나 혹은 집단들이 의도하여 인위적으로 만든 질서가 아니고 저절로 생성되는 질서이다. 모든 질서는 인간의 행위를 통하여 나타나므로 자생적 질서도 인간의 행위의 결과로 형성되는 질서인 것은 틀림없으나, 결코 인간이 목적을 가지고 의도하여 만든 질서는 아닌 것이다. 반면에 작위적 질서는 인간들이 특정한 목적과 의도를 가지고 인위적으로 만든 질서이다. 자생적 질서의 대표적인 예로는 사회·언어(言語)의 문법(文法)·도덕률(道德律)·시장질서(市場秩序) 등을 들 수 있고, 작위적 질서의 대표적 예로서는 국가·회사·학교·법질서(法秩序) 등을 들 수 있다.[1)]

시장질서는 특정인이나 특정 집단들이 인위적으로 만든 질서는 아니다. 마치 인간이 사용하는 언어의 문법과 같이 특정인이나 특정 집단이 만들지 않았다. 많

---

1) 인간사회의 질서를 이상과 같이 두 가지로 나누어 생각하는 견해는 일찍이 17, 18세기 스코틀랜드의 도덕철학(道德哲學, moral philosophy)에서부터 시작된다. 여기서의 자생적 질서란 아담 스미스(Adam Smith)가 이야기하는 "보이지 않는 손(invisible hand)"에 해당된다고 볼 수 있다. 따라서 작위적 질서는 "보이는 손(visible hand)"으로 이해할 수 있다. 자생적 질서와 작위적 질서의 구분과 양 질서의 상호관계에 대한 보다 체계적이고 상세한 논의는 뒤에 나올 제1편 제2장 제1절의 하이에크(Hayek)의 법과 경제 부분을 참조하라.

은 사람들의 행동의 결과로 저절로 형성되고 발전되어 온 질서이다. 반면에 법질서는 인간이 의도적으로 특정의 목적의식을 가지고 만든 질서이다.

그런데 시장질서는 아무리 자생적 질서라고 하더라도 진공(眞空) 속에서 저절로 형성되는 것은 아니다. 일정한 법질서를 전제하여야 비로소 시장질서가 등장하고 작동한다. 예컨대 시장질서는 기본적으로 교환질서인데, 교환은 최소한 재산권법제(財産權法制, property rights)와 계약법제(契約法制, contract law), 그리고 불법행위법제(不法行爲法制, tort law)를 전제하지 아니하고는 성립될 수 없다. 재산권법제가 성립되어 있지 않으면 어느 물건(재화)이 누구의 소유인가가 확실하지 않아 교환의 주체와 대상이 불확실하기 때문에 거래가 일어날 수 없고, 계약법제가 정비되어 있지 않으면 계약이행여부가 불확실하기 때문에 높은 거래비용(去來費用, transaction cost)[2]이 발생하여, 비록 서로 이익이 되는 교환과 거래의 기회가 있어도 계약이 성립되지 못한다. 또한 불법행위법제가 확정되어 있지 않으면 거래자들이 안심하고 교환과 거래행위를 할 수 없다. 불법행위법제 없이는 사고(事故)와 같은 예측불능사태의 발생에 대한 합리적인 사전적·사후적(事前的·事後的) 대응이 불가능하기 때문이다. 이와 같이 시장질서는 일정한 법질서에 의하여 지지되면서 형성되고 발전한다. 따라서 전제하는 법질서의 내용이 달라지면 시장질서의 내용도 불가피하게 달라진다.

시장질서 자체는 본래 인간이 가지고 있는 자애심(自愛心, self-love)과 교환성향(交換性向, propensity to exchange)에 기초하여 등장하는 질서이다. 인간은 본래 자기와 자기주변의 이해(利害, self-interest)에 대하여 보다 많은 관심을 가지고 있다. 또한 다른 동물들에서는 발견되지 않는, 이웃과 접촉하고 교환하려는 성향을 가지고 있다. 이와 같은 관심과 성향에 기초하여 저절로 형성되는 질서가 시장질서이다. 그런데 중요한 것은 이러한 시장질서도 흐르는 물을 어느 그릇에 담느냐에 따라 그 물의 모양이 달라지듯이 법질서의 내용에 따라 얼마든지 상이한 내용의 시장질서가 결과될 수 있다는 점이다.

---

2) 거래비용(去來費用)이라 함은 거래행위가 성립되기 위해 드는 일체의 비용을 말한다. 거래상대를 찾는 비용, 거래조건을 확정하는 비용, 그리고 거래조건의 이행을 강제하고 감독하는 비용 등을 의미한다. 계약법제는 이러한 거래비용을 낮추는 데 기여한다.

예컨대 시장질서의 발전을 억제하는, 즉 인간과 인간 사이의 교환행위를 억제하는 법질서도 있을 수 있고, 이를 조장하고 촉진하는 법질서도 있을 수 있다. 또한 독과점적(獨寡占的)인 시장질서를 조장하는 법질서도 있을 수 있고, 경쟁적(競爭的)인 시장질서를 촉진하는 법질서도 있을 수 있다. 소득분배를 악화시키는 시장질서를 결과하는 법질서도 있을 수 있고, 그 반대로 소득분배를 개선하는 시장질서를 결과하는 법질서도 있을 수 있다. 한마디로 법질서의 내용에 따라 시장질서의 내용과 시장적 결과가 크게 다를 수 있다.

반면에 법질서도 아무리 작위적 질서라고는 하지만 자생적 질서인 시장질서와 전혀 무관하게 독립적으로 성립하고 발전하는 것은 아니다. 시장질서의 영향 속에서 끊임없이 수정되고 변화하는 것이 법질서이다. 일반적으로 비효율적(非效率的)인 법, 즉 인간이 가진 이기심과 교환성향에 역행하는 법은 장기간 지속되기 어렵다. 그러나 효율적(效率的)인 법, 즉 인간의 이기심을 자극하고 교환의 범위를 확대시키는 법은 지속성과 안정성을 갖는다.[3] 법질서가 시장질서의 논리에 의하여 어떻게 수정되고 자기변화하는지를 간단히 살펴보자.

본래 법질서에는 두 가지 종류가 있다. 하나는 "공정(公正)한 행위준칙"(rule of just conduct)으로서의 법이다. 남과 더불어 살아야 한다는 제약 속에서 각자의 자유의 영역을 확정해 주는 법이다. 개인의 자유의 보호라는 추상적·일반적 목적(抽象的·一般的 目的)을 가진 법이다. 다른 하나는 반대로 구체적이고 개별적인 목적을 가진 법이다. 헌법(憲法)의 기본권조항, 재산권법, 형법 등이 전자에 속한다면 회사법이나 행정조직법(行政組織法) 등은 후자에 속하는 법이라고 할 수 있다. 전자는 특정인이나 특정 집단의 이익만을 위한 법이 아니다. 모든 인간의 권익보호 내지는 자유의 신장이라는 추상적인 목적에 봉사하는 법이다. 반면에 후자는 기업의 발전이라는 구체적 목적 또는 특정한 행정목적을 효율적으로 달성하기 위하여 만들어진 법이다. 편의상 전자를 "자유의 법"(law of liberty), 후자를 "조직의 법"(law of organization)이라고 부르도록 하자.[4] 우선 자유의 법이 어떻게 시장질

---

3) 비효율적인 법은 일반적으로 사문화(死文化)된다. 존재하여도 지켜지지 않는다. 왜 그럴까?

4) 전자(前者)를 "자유의 법"이라고 명명한 이유는, 전자는 타인의 침해로부터 안전(security from injury)을 보장하여 줌으로써 결국 개개인의 자유의 영역을 확정하여 주는 법이기 때문이다. 또한 후자(後者)를 "조직의 법"이라고 부르는 이유는, 조직은 항상 구체적 목

서에 의해 영향을 받는가를 보도록 하자.

자유의 법은 이미 앞에서 이야기한 바와 같이 무엇을 공정한 행위준칙으로 볼 것인가를 문제 삼는다. 역으로 이야기하면 무엇을 불공정 내지 부정의(不正義)로 볼 것인가를 문제 삼는다. 그런데 무엇을 불공정으로 혹은 부정의로 볼 것인가 하는 기준은 그 사회, 그 역사 속에 존재하는 집단동감(集團同感, collective sympathy)에 의하여 결정된다. 예컨대 갑이 을에게 부당한 위해(危害)를 가한 경우 제3자의 입장에 있는 많은 공정(公正)한 관찰자(觀察者, impartial spectator)들이 가해자인 갑에게 느끼는 분노와 피해자인 을에 대한 동감이 불공정 내지 부정의를 판단하는 기준을 제공한다.5) 가해자인 갑에게 느끼는 분노란 가해자의 행위동기에 대한 부정이고, 을에 대한 동감이란 을이 느끼는 분노 내지 분개에 대한 긍정이다.

그런데 이 공정한 행위준칙을 결정하는 기초가 되는 집단동감 속에는 초역사적(超歷史的) 내지는 자연법적(自然法的)인 부분도 존재하나, 상당부분은 역사적·상대적인 것이다. 따라서 시간과 장소에 따라 상이하게 나타나고 변화하고 발전한다. 그런데 이 집단동감의 역사적 변화에 영향을 주는 것이 그 시대의 시장질서의 성격과 내용이다. 시장질서의 발전이 일천한 미개시대(未開時代)의 집단동감의 내용과 시장질서의 발전이 상당히 진전된 문명사회의 집단동감의 내용은 다르다. 또한 경제발전 초기의 집단동감의 내용과 경제발전 후기의 집단동감의 내용은 다르다. 예컨대 인간의 존엄성을 유지하기 위해 필요한 최소한의 물적 조건으로서의 의식주, 건강, 교육 등의 소위 기본수요(基本需要, basic needs)의 내용과 정도가 경제발전 초기와 후기 사이에는 크게 차이가 난다. 즉 경제발전의 초기에는 사치재였던 재화가 경제발전 후기에는 얼마든지 기본수요재가 될 수 있다. 따라서 산업화의 초기보다 후기에 사회적 약자에 대한 집단동감적 배려인 공적 부조(公的

적과 개별 지향성을 가지고 있기 때문이다. 따라서 일반적·추상적 목적을 가지지 아니하고 구체적·개별적 목적을 가진 법률을 여기서는 "조직의 법"이라고 부르기로 한다.

5) 이를 동감정의론(同感正義論)이라고 부를 수 있다. 일반적으로 부정이나 불의에 대한 처벌의 근거를 사회적 공익의 향상에서 찾는 소위 효용정의론(效用正義論)과는 대조를 이룬다. 동감정의론에서는 처벌의 근거를 피해자가 느끼는 분노 그리고 그에 대한 제3자들의 집단동감에서 찾는다. 효용정의론의 입장에 서 있는 학자로서는 그로티우스(Grotius), 푸펜도르프(Pufendorf), 흄(Hume) 등을 들 수 있고, 동감정의론의 입장에 서 있는 학자로서 아담 스미스(A. Smith)를 들 수 있다.

扶助)의 수준은 불가피하게 높아지지 않을 수 없다. 결국 시장질서의 발달 정도에 따라 정의(배분적 정의)의 기준에도 차이가 발생하는 셈이다.

다음으로 "조직의 법"의 경우를 보자. 구체적이고 개별적인 목적을 가지는 법의 경우에는 시장질서의 영향은 더욱 크게 나타난다. 시장질서와 상응하는 법질서, 즉 시장순응적(市場順應的, market-confirming)인 법정책을 만들어야 그 구체적 법질서가 본래의 목적을 효과적으로 달성할 수 있다. 마치 물의 흐름을 정면으로 막는 둑은 오래 가지 못하듯이 아무리 작위적 질서라고 하더라도 시장질서에 역행하는 법질서, 즉 시장역행적(市場逆行的, market-conflicting) 법질서는 법적 안정성과 실효성을 유지할 수 없다.[6] 왜냐하면 시장질서에 상응하지 않는 법질서가 있을 때에는 그 법질서 자체도 교환의 대상으로 하려는 시장질서가 형성될 수 있기 때문이다. 이해관계자들에 의해 입법부에 새로운 입법을 요구하는 압력이 증대하거나(예컨대 시장역행적 법의 개폐요구와 자신들의 정치적 지지를 교환하려는 이익집단들의 로비활동), 사인간(私人間)의 계약관계를 통하여 그 법질서를 사실상 실효화(失效化) 내지 사문화(死文化)시키려는 시도가 일어난다. 반드시 암시장(暗市場), 뇌물수수 등의 불법적 경우뿐 아니라 당사자 모두에게 이익이 되는 경우에는 합법적인 권리의 교환 내지 매매를 통하여, 본래의 입법취지와 상이한 결과를 얼마든지 만들어 낼 수도 있다.

이상과 같이 시장질서는 법질서의 틀 속에서 형성되고 발전하며, 법질서는

---

6) 예컨대 환경 관련 법제에 있어서, 환경오염을 막기 위해 일정한 수준 이상의 유해물질 방출을 금지시키는 "금지(혹은 허용)기준 설치방식(standards setting method)"은 여기서 이야기하는 시장역행적인 경우에 가깝다. 반면에 환경오염을 줄이기 위해 방출물질의 양에 비례하여 일정의 세금을 부과하는 「환경세 부과방식」(pollution tax method)이나, 일정량의 오염물질을 방출할 수 있는 권리를 기업에 부여하고 이 권리를 자유롭게 거래할 수 있게 하는 제도(예: 탄소배출권 거래제)는 여기서 이야기하는 시장순응적인 경우에 가깝다. 왜냐하면 전자의 경우에는 회사는 금지기준을 준수할 것인가 아닌가 혹은 준수하고 있는가 아닌가의 여부에만 신경을 쓰나, 후자의 경우에는 세금을 덜 내기 위하여 회사 스스로 환경오염을 줄이는 방법을 강구하려 노력하게 되기 때문이다. 적은 비용으로 환경오염을 줄이는 방법을 회사 스스로 찾으려 노력한다. 이러한 유인, 즉 회사 스스로 하는 환경오염축소노력요인이 전자의 방법을 택하는 경우에는 존재하지 않는다. 전자의 경우에는 당해 금지기준의 준수만이 문제이고 실제로 그 기준을 지킨 경우 과연 환경오염이 얼마나 줄어드는가에 대하여 회사는 관심을 가지지 않는다.

시장질서의 영향 속에서 끊임없이 변화하고 발전한다. 결국 이 두 가지 질서가 서로 상의상생(相依相生)하면서 오늘날의 시민사회를 구성하는 양대 질서를 형성하고 있다. 어느 하나의 질서도 상대를 배제하고는 성립할 수 없고 또한 발전할 수 없다.

법경제학(法經濟學, Law and Economics)은 바로 이 두 가지 질서의 상호관계와 상호작용을 연구한다. 이 두 가지 질서를 각각 자기완료성(自己完了性)을 가진 별개의 독자적 개별질서로서 파악하지 아니하고, 법경제질서라는 하나의 통일된 단일질서체계로서 파악한다. 법과 경제에 대한 이러한 통일적 이해와 파악을 통하여 시민사회의 구성원리(構成原理), 질서원리(秩序原理), 나아가 시민사회의 발전원리(發展原理)를 밝히려는 데 법경제학의 목적 내지 의의가 있다. 우리가 살고 있는 이 시민사회를 구성하는 기본원리는 무엇이며 시민사회는 어떠한 질서원리에 의하여 지지되고 있는가, 그리고 어떠한 발전원리를 따라서 변화하고 성장하는가 등에 답하려 하는 것이다.

그러면 법과 경제를 단일의 질서체계로서 통일적으로 이해하는 것이 왜 필요하고 중요한가를 간단히 보도록 하자.

첫째 이유는 올바른 법관(法觀), 즉 법의 의의·기능·종류 등에 대한 올바른 이해가 전제되어야 올바른 경제관(經濟觀), 올바른 경제이론과 경제정책이 나올 수 있기 때문이다. 경제정책은 본래 단순히 편의(便宜, expediency)의 문제, 공리주의(公利主義)의 문제가 아니라 원리와 원칙(原則, principle)의 문제, 세계관(世界觀)의 문제이다. 이 사실을 올바로 이해하기 위하여는 올바른 법관을 가져야 하고, 법치국가 내지 법치주의(法治主義)에 대한 철저한 원리적 이해가 전제되어야 한다. 경제정책의 올바른 원칙, 기준, 범위와 한계를 정해 주는 것이 바로 법치주의 내지 올바른 법관이기 때문이다.

둘째 이유는 올바른 경제관, 특히 시장질서의 의의·기능·장단점 등에 대한 올바른 이해가 전제되어야 올바른 법관 내지 법정책학(法政策學)이 나올 수 있기 때문이다.[7)] 법정책학은 단순한 입법기술의 문제도 아니고 상호경쟁하는 가치관 사이의

---

7) 일본의 히라이(平井) 교수는 법정책학의 개념정의를 다음과 같이 하고 있다. "법정책학이란 의사결정이론을 법적으로 재구성하여, 각종의 사회문제를 해결하기 위한 법제도

단순한 취사선택의 문제도 아니다. 선택의 문제라기보다는 이해(理解, understanding)의 문제이다. 올바른 법정책론은 시민사회의 기본논리와 윤리에 대한 올바른 이해, 시민사회가 전제하는 인간상(人間像), 세계상(世界像)에 대한 올바른 이해가 전제될 때 비로소 가능하다. 이들에 대한 이해가 깊을수록 올바른 법정책학이 나올 수 있다. 그런데 시민사회의 기본논리와 윤리에 대한 올바른 이해는 시민사회의 중심질서원리의 하나인 시장질서에 대한 원리적 이해가 전제되어야 비로소 가능한 것이 된다. 요컨대 법정책의 원칙, 기준, 범위와 한계 등을 정하여 주는 것이 바로 올바른 경제관, 환언하면 시장주의(市場主義)이다.[8)]

셋째 이유는 법과 경제에 대한 통일적 이해의 부족이 오늘날 인류가 당면한 각종 문제발생의 주요원인이 되고 있다는 사실이다. 실업, 환경파괴, 민주주의의 위기, 관료부패 등의 문제의 상당부분이 정책실패(政策失敗, policy failure)에서 유래하고, 이 정책실패의 주요원인이 법과 경제에 대한 통일적이고 총체적(總體的, holistic)인 인식의 부족, 법경제정책의 철학적 기초의 부족에서 나온다.

이와 같이 올바른 경제관에 기초하지 못한 법정책도, 법치주의를 이해하지 못하는 경제정책도 그 자체로서 극히 불완전하고 미완료적일 뿐 아니라, 여러 종류의 정책실패의 주된 원인이 될 수 있다. 따라서 법과 경제에 대한 체계적이고 종합적인 이해는 이 시대의 대단히 중요한 이론적·실천적 과제가 된다고 하겠다. 이상에서 우리는 법질서와 경제질서의 통일적 이해가 왜 필요한가에 대하여 보았

내지는 룰(rule)의 체계를 설계하는 데(각종의 법적 의사결정 및 법적 정책결정을 올바르게 내리는 데) 활용하는 이론체계와 그 기법을 의미한다." 平井宜雄, 『法政策學: 法的意思決定および法制度設計の理論と技法』, 有斐閣, 1987, p. 6.

그러나 저자는 법정책학의 개념을 좀 더 넓은 개념으로 사용하고자 한다. 법리학(法理學), 법해석학(法解釋學), 입법학(立法學) 등의 모든 분야가 실은 종국적으로는 법정책적 의의 내지 함의를 가지지 않을 수 없다고 본다. 정책론적 의미를 전혀 가지지 않은 이론은 공론(空論)이기 때문이다. 따라서 여기서는 이들 분야 모두를 포함하는, 그리고 거기에 미시경제학(微視經濟學), 공공선택이론(公共選擇理論), 법사회학(法社會學) 등을 포함시킨 광의의 개념으로서 법정책학이란 용어를 사용하고자 한다.

8) 여기서의 시장주의(市場主義)란 생산을 조직화하고 분업과 특화를 연결시키는 협동원리(coordinating principle) 내지 연결질서로서 시장질서의 우월성과 합리성을 주장하는 입장이다. 특히 정부의 중앙집권적 계획질서에 대한 반대의 입장이 분권적(分權的) 시장주의이다.

다. 다음에서는 이와 같이 법과 경제를 통일적으로 이해하려는 노력으로서의 법경제학의 역사를 살펴보자.

제 2 절
법경제학의 역사

제1항 도덕철학(道德哲學)으로서의 법경제학

법경제학은 시장질서(市場秩序)와 법질서(法秩序), 그리고 그 상호관계에 초점을 맞추어 시민사회의 질서원리, 시민사회의 발전원리를 밝히려는 노력이다. 법경제학은 17, 18세기 스코틀랜드에서 유행하였던 도덕철학(moral philosophy)에서 시작되었다. 당시는 윤리학, 법학 그리고 정치경제학이 엄밀한 의미에서 각자 자기완료적(自己完了的)인 학문으로 완전분화하기 이전상태라고 볼 수 있다. 윤리·법·경제가 도덕철학이라고 하는 하나의 통일된 체계 속에서 통합되어, 당시 형성과정에 있던 근대시민사회의 질서원리 내지 발전원리를 밝히려 하던 시대이다.

왜 당시에는 근대시민사회(近代市民社會)의 질서원리 내지 발전원리를 밝히는 일이 중요한 과제였던가? 이에 답하기 위하여는 역사를 좀 더 거슬러 올라가 중세사상(中世思想)의 특징을 간단히 살필 필요가 있다.

주지하는 바와 같이 중세(中世)는 기독교—가톨릭 사상의 지배하에 있었다. 당시에 가톨릭 사상은 신분과 직분(職分, callings)에 기초를 둔 봉건적 사회질서를 합리화하는 사상이었다. 인간은 신의 피조물이어서 독자성과 자기완료성을 가진 존재가 아니었다. 인간은 각자 상이한 능력은 가지고 있으나 단독으로는 불완전한 존재였다. 이러한 불완전한 자들인 인간들이 각자 상이한 능력을 가지고 각자의 신분과 직분에 충실함을 통하여 공공선(公共善)에 봉사하는 데에 중세적 공동체(中世的 共同體)의 구성원리, 즉 중세사회의 질서원리가 있었다. 마치 인간의 신체의 각 부분이 자기의 기능과 역할을 충실히 수행하여야 건강한 몸을 유지할 수 있듯이, 공동체의 일원인 각 개인이 자기의 신분과 직분을 잘 지켜 맡은 일을 충실히 수행하여 나갈 때 공동체의 일체성이 유지되고 그 공동체의 질서와 평화 그리고 발전이 보장될 수 있는 것이었다.

따라서 공동체의 평화와 발전은 결코 각자가 자유롭게 행동하는 데서 찾아지는 것이 아니었다. 오히려 자기억제를 하고 각자의 분수와 본분을 지키고 상호애(相互愛)를 가지고 서로 협조하고 협력하는 데서 사회의 질서가 유지되고 발전이 보장된다고 보았다. 따라서 인간은 각종의 중세적 법, 정치, 도덕의 엄격한 규제 하에 놓여 있었다. 중세는 엄밀한 의미에서 국가는 존재하였으나 사회는 존재하지 못하였고,[9] 공동체와 신은 존재하였으나 개인은 존재하지 아니하였다.

이 중세적 질서원리가 붕괴되고 17, 18세기부터 본격적인 근대시민사회가 형성되기 시작하면서 신으로부터 인간의 해방, 공동체로부터 개인의 해방, 국가로부터 사회의 해방이 이루어지게 되었다. 인간은 더 이상 신분과 직분에 얽매일 필요가 없게 되었고, 거주이전·직업선택·의사표현의 자유 등을 향유하기 시작하였다. 보편교회(普遍教會)의 권위와 전통은 약화되고 인간의 이성은 해방되었다.

그런데 인간의 해방은 인간이성(人間理性)의 해방으로 끝나지 아니하고 인간감성(人間感性)의 해방, 인간본능(人間本能)의 해방으로 연결되어 나갔다. 여기에서 중요한 의문이 제기되기 시작하였다. 특히 종래 익숙해 왔던 중세의 공동체관에서 볼 때, 이성은 물론 본능과 감성까지 해방된 자유로운 개인들이 모여 사회를 형성한다면, 과연 그 사회에 질서, 평화 그리고 발전을 기대할 수 있을까 하는 의문이 그것이었다. 본능의 해방은 이기심 내지 자애심(自愛心)의 해방을 의미하는데, 과연 이기적인 인간들을 자기의 욕구대로 자유롭게 행동하도록 놓아두고도 그 사회에 질서와 발전을 기대할 수 있을까? 만인(萬人)에 대한 만인의 투쟁으로 끝나지 않을까? 만일 이기심의 자유를 허용하고도 사회에 평화와 발전이 보장될 수 있다면, 그 이론적 근거 내지 원리는 무엇일까? 이 문제에 대하여 명확한 답을 내지 아니하면 근대시민사회는 이론적·원리적으로 성립할 수 없게 된다. 이 문제에 대한 규명이 곧 중세적 논리, 즉 중세적 인간관과 공동체관(共同體觀)을 이론적으로 극복하는 작업이 되고 동시에 근대시민사회의 구성원리, 질서원리, 발전원리를 밝히는 작업, 즉 근대시민사회의 성립에 이론적·철학적 기초를 제공하는 작업이 되는 것이었다.

---

9) 무슨 의미인가 생각해 보라.

이 시대적 과제에 답하려는 노력이 곧 17, 18세기 스코틀랜드의 도덕철학으로 나타났다. 데이비드 흄(D. Hume), 프랜시스 허치슨(F. Hutcheson), 아담 스미스(A. Smith) 등에 의해 대표되는 스코틀랜드의 경험철학자들에 의해 주도되던 이론이 바로 여기서 이야기하는 도덕철학이다. 이들 도덕철학자 중 근대시민사회의 질서원리 내지 발전원리를 가장 종합적으로 명쾌하게 밝힌 사람이 바로 아담 스미스이다.

아담 스미스는 인간에게는 자신의 입장을 바꾸어 타인의 입장에 서서 문제를 생각해 볼 수 있는 능력, 즉 동감의 능력이 존재한다고 주장한다. 그는 그의 주저인 『도덕감정론(道德感情論)』의 모두(冒頭)에서 다음과 같이 이야기하고 있다.

> "아무리 인간이 이기적(利己的)이라 할지라도 타인의 행·불행(幸·不幸)에 관심을 가지게 하는 원리 내지 요인이 인간의 본성 속에 명백히 내재하여 있다. …… 타인의 슬픔을 보고 슬픔을 함께 느끼는 감정의 존재는 증명을 요하지 않는 하나의 명백한 사실이고, 사람이 얼마나 선하냐 유덕(有德)하냐에 따라 달라지지 않는 인간 모두가 가진 인간의 본원적 감정의 하나이다."[10]

여기서 동감(同感)이란 자기를 타인의 입장에 놓고 타인이 느끼는 것과 동일한 것을 느낄 수 있는 능력, 즉 상상상(想像上)의 지위전환(地位轉換, imaginary change of situation)을 할 수 있는 능력을 전제로 한다. 따라서 이는 타인의 슬픔뿐만 아니라 기쁨에 대하여도 동감이 가능하기 때문에 단순한 동정(pity)과는 다르다. 그런데 인간에게는 이러한 동감능력이 존재하기 때문에 인간의 심성 속에는 자기의 이기심을 중립적인 제3자가 동감할 수 있는 범위 내에 자제시키려는 경향 내지 원리가 있다고 아담 스미스는 주장한다. 소위 동감(sympathy)의 원리가 그것이다. 그는 인간에게는 특히 상호동감이 주는 기쁨(pleasure of mutual sympathy)이 대단히 크다고 보았다. 인생의 가장 큰 즐거움의 하나가 바로 여기에 있다고 보았다. 그는 다음과 같이 이야기하고 있다.

> "우리의 가슴 속에 있는 감정과 동일한 감정을 이웃이 가지고 있다는 사실, 동포감정(同胞感情, fellow-feeling)을 이웃에서 느끼는 것보다 인생에 있어 더 큰

10) Adam Smith, *The Theory of Moral Sentiments*, Liberty Classics, 1969, p. 4.

즐거움은 없고, 그 반대로 이웃의 동감의 부재를 느끼는 것보다 더 충격적인 것은 없다."11)

인간에게는 이러한 상호동감(相互同感)의 즐거움이 대단히 크므로 인간은 중립적인 제3자, 즉 공평한 관찰자(觀察者)의 동감을 얻는 범위 내에서 자기의 이기심을 조절하고 제한하려는 성향이 심성 속에 내재하게 된다. 따라서 인간의 이기심은 상당부분 내부적으로 제한을 받게 된다. 인간에게 각자 자기목적의 자유로운 추구를 허용한다고 해서 그대로 혼란과 무질서 그리고 이기심의 난무가 결과되는 것은 결코 아니다. 동감의 원리가 인간의 심성 속에 내재하기 때문에 인간의 이기심이 중세적 속박에서 해방되었다고 하여 그대로 무절제의 이기심, 이기심의 무한추구가 결과되는 것은 아니라고 보았다.

그러나 사회가 유지되기 위해서는 타인의 부당한 침해로부터의 안전(security from injury)이라는 의미의 정의(소극적·교환적·교정적 정의)는 엄정하고 정확하게 추호의 예외나 수정 없이 실현되어야 한다.12) 마치 문법의 제원칙(rules of grammar)과 같이 최고의 정확성을 가지고 정의가 지켜져야 한다. 따라서 이러한 의미의 정의의 원리가 한 사회에 성립하기 위하여는 이기심이 동감의 원리에 의해 자제될 때 성립하는 정의의 덕(virtue of justice)만으로는 불충분하게 된다. 여기서 내적 자제만이 아닌 외적 강제가 필요하게 된다. 즉 정의의 법(law of justice)이 필요하게 된다.

그러나 근대시민사회의 구성원리·발전원리를 밝히려는 도덕철학의 논의는 여기서 끝나지 않는다. 그 이유는 다음과 같다. 아무리 정의의 법을 잘 정비하고

---

11) Adam Smith, *The Theory of Moral Sentiments*, Liberty Classics, 1969, p. 54.

12) 아담 스미스는 그의 『법학강의』(*Lectures on Jurisprudence*) 제1부에서 정의의 개념을 교환적 정의(commutative justice)와 배분적 정의(distributive justice)로 나누고, 후자를 제덕(諸德)의 집합 혹은 적정한 인애(仁愛, proper beneficence), 즉 적극적 덕(積極的 德, positive virtue)으로, 그리고 전자를 타인의 부당한 침해로부터의 안전이라는 소극적 덕(消極的 德, negative virtue)으로 보았다. 그리고 배분적 정의는 실현되어야 하나 그 실현을 강제할 수 없는 불완전한 권리(imperfect right)이나, 교환적 정의는 그 실현을 요구할 수 있을 뿐 아니라 동시에 강제할 수 있는 완전한 권리(perfect right)라고 보았다. 그리하여 전자는 도덕체계(道德體系)의 대상이고, 후자는 법학의 대상이라고 주장한다.

이를 엄정히 집행한다고 하여도 타인에게 경제적으로 의지 내지 종속되어 생활하는 자가 많은 사회에서는 범죄율이 증가하고, 사회 질서의 유지와 안전의 확보가 어렵게 된다. 왜냐하면 경제적 종속은 인간을 타락시키고 경제적 자립이야말로 인간을 정직하고 성실한 인간으로 만들기 때문이다. 여기서 경제적으로 자립하는 사람들을 보다 많이 만들기 위해서는 상공업을 발전시키고 국부(國富)의 증진을 도모해야 할 필요가 생긴다. 그런 연후에야 비로소 근대시민사회의 구성 및 발전 원리가 제대로 작동하게 된다.

아담 스미스는 그의 『법학강의』(*Lectures on Jurisprudence*, 1978)에서 다음과 같이 이야기한다.

> "우리는 최대의 치정(治政, police)이 있고 가장 많은 법적 규제를 하고 있는 도시에 반드시 최대의 안녕(안전)이 있지 못함을 본다. 파리(Paris)에는 치정에 대한 법률이 수권의 책으로도 부족할 정도로 많으나 런던(London)에는 두세 개의 간단한 법률이 있을 뿐이다. 그러나 파리에서는 살인이 없이 지나가는 밤이 거의 없는 반면 런던은 파리보다 큰 도시인데도 1년에 3~4건 정도에 그치고 있다. 이를 보고 혹자는 치정이 많으면 오히려 안전을 해하는 것 아니냐고 할지 모르지만 그것은 원인에 대한 잘못된 파악이다. 영국도 봉건시대(封建時代) 적어도 엘리자베스 여왕 말기까지만 하여도 프랑스와 같았다. …… 프랑스에는 지금도 봉건적 유습(遺習)이 남아 있고 그것이 앞의 차이를 만들어 낸다. 파리의 귀족들은 우리보다 많은 노비를 가지고 있고 이들은 주인의 기분에 따라 언제든지 해고된다. 그러면 이들 노비들은 극히 궁박한 상황에 놓이게 된다. 이것이 이들로 하여금 가공할 만한 범죄행위를 하도록 내모는 셈이 된다. 그러므로 범죄를 방지하는 것은 치정이 아니라 타인에게 의지하여 사는 사람의 수를 줄이는 것이다. 종속(dependency)만큼 인간을 타락시키는 것은 없다. 반면에 자립(independency)이야말로 인간의 정직을 함양하는 길이 된다. 상업과 공업을 육성하는 것이 바로 자립을 높이는 길이고, 이것이 범죄방지를 위한 최선의 치정이다. 이렇게 함으로써 좀 더 나은 임금을 받게 되고 그 결과 성실한 태도가 전국에 일반화된다."[13)]

---

13) Adam Smith, *Lectures on Jurisprudence*, edited by R. L. Meek, D. D. Raphael, and Peter Stein, Oxford at the Clarendon Press, 1978, pp. 332–333, pp. 486–487.

결국 정의의 확보는 법적 규제의 강화만으로는 충분하지 않고, 상공업을 발달시켜 국부를 증대하여 재화를 풍부하고 저렴하게 하는 동시에 경제적으로 자립할 수 있는 일자리를 만들어 제공함으로써 모든 시민들로 하여금 정직·근면한 인간이 될 수 있는 조건을 만들면 사회질서는 쉽게 유지·발전될 수 있다는 것이다.

그러면 상공업의 발달과 국부 증대의 주된 방법은 무엇인가? 그것은 분업(分業, division of labor)의 확대이다. 분업이 확대되어야 생산성이 증가하고, 그래야 노동자 한 사람 한 사람이 생산해 내는 매년의 노동생산물이 증가한다. 그런데 이 분업의 확대는 교환의 증대, 즉 교환범위의 증대를 전제로 한다. 환언하면 교환의 크기, 즉 시장의 크기가 분업의 정도를 결정한다. 따라서 교환의 크기, 다시 말해 시장의 크기가 클수록 국부의 증대를 위해 바람직하게 된다.

그러면 무엇이 인간들로 하여금 서로 교환하고 교역하고 거래하게 하고 국부를 증대시키는 분업을 가능하게 하는가? 한마디로 그것은 인간에게만 특이하게 존재하는 교환성향(交換性向, propensity to truck, barter, exchange)이다. 인간의 심성 속에 교환성향이 내재한다는 것이다. 그런데 타인과 교역하고 교환하려는 이 교환성향도 물론 그 성립의 계기는 이기적 동기에 있다. 아담 스미스는 다음과 같이 이야기한다.

> "모든 동물의 경우는 각 개체가 일단 성숙하면 완전 독립한다. 그러나 인간은 거의 끊임없이 동포(同胞)의 조력을 필요로 한다. 그러나 동포의 자비심(慈悲心)에 호소하여 조력을 구하는 것은 소용없는 짓이다. …… 동포의 자애심(이기심)에 호소하여야 한다. …… 내가 원하는 것을 나에게 주시오, 그러면 당신이 원하는 것을 드리겠습니다 하고, …… 우리가 우리의 식사를 기대하는 것은 푸줏간, 술집, 빵집 주인들의 자비심이 아니라 그들 자신의 이익에 대한 그들 자신들의 고려에 기대하는 것이다. …… 우리는 그들에게 우리 자신의 필요에 관하여 이야기하지 않고 그들 자신의 이익에 대하여 이야기한다."[14]

결국 각자는 교환과정을 통하여 각자의 이기심을 추구하나 그 결과는 모두에게 이익이 되는 국부의 증가를 결과하는 셈이다. 이기심의 추구가 소위 "보이

14) 아담 스미스, 『국부론』(상), 최암환 역, 을유문화사, 1983, pp. 51-56.

지 않는 손"(invisible hand)이라는 시장질서를 통하여 국부의 증대라는 공동선을 결과하는 것이다. 따라서 이기심의 해방은 결코 만인에 대한 만인의 투쟁을 결과하지 않고 적어도 경제의 영역에서는 국부의 증대라는 공동선을 결과하게 된다.

이상을 종합하면 아담 스미스가 밝힌 근대시민사회의 질서원리, 발전원리는 (1) 동감(同感)의 원리(윤리), (2) 정의(正義)의 원리(법), (3) 교환(交換)의 원리(경제)로 요약해 볼 수 있다. 인간의 심성 내부에 존재하는 동감의 원리 때문에 인간의 이기심은 내적으로 상당 정도 자제되고, 동감의 원리에 의해 제어되지 아니한 이기심은 정의의 법에 의하여 억제된다. 그리고 밖으로 나타난 나머지의 이기심은 시장에서의 교환원리를 통하여 국부의 증대라는 공동선을 결과하기 때문에, 중세적 제약에서 인간의 이기심이 해방되어도, 즉 근대적 의미의 자유로운 개인이 등장하여도 그 사회는 얼마든지 질서를 유지하고 발전을 구가할 수 있게 된다는 것이다.[15]

이상의 논의를 배경으로 하여 특히 법질서와 시장질서의 관계에 대한 아담 스미스의 견해를 정리해 보면 다음과 같이 요약할 수 있다.

(1) 소극적(消極的) 의미의 정의, 즉 침해로부터의 안전(security from injury)이 확보되지 않고는 시장질서가 성립할 수 없다. 환언하면 "보이는 손"(visible hand)인 법질서가 전제되지 않고는 "보이지 않는 손"인 시장질서는 작동할 수 없다. 정의의 법이 시장질서의 전제가 된다.

(2) 시장질서는 보이지 않기 때문에 불신과 오해를 받기 쉽다. 시장질서에 대한 올바른 인식 부족에서 정부의 시장질서에 대한 과다개입을 특징으로 하는 각종의 중상주의적 법정책(重商主義的 法政策)이 등장하였다. 시장질서에 대한 이해의 부족이 중상주의적 법정책이다.

(3) 특히 중상주의적 법정책에서 문제가 되는 것은 경쟁의 제한, 그리고 독점과 배타적 특권(排他的 特權)을 특정 기업에 인정하는 것이다. 경쟁의

15) 아담 스미스의 도덕철학체계(道德哲學體系)에 대한 보다 본격적인 분석은 다음을 참조하라.
박세일, "아담 스미스의 도덕철학체계 －신학, 윤리학, 법학, 경제학의 내적 연관에 대한 통일적 파악을 위하여－", 조순 외, 『아담 스미스 연구』, 민음사, 1989, pp. 29－62.

제한은 항상 공익에 반하고 아담 스미스가 주장한 대로 독점과 배타적 특권은 항상 공공의 풍요를 파괴한다(monopolies destroy public opulence).

(4) 중상주의적인 법정책은 불공정할 뿐만 아니라 비효율적이다. 국부의 증대를 오히려 억제하기 때문에 결과적으로 상공업의 발달 등을 저해하게 되고, 결국 정의의 실현 자체도 어렵게 만든다(범죄율의 증가를 결과한다).

(5) 반면에 시장질서를 활성화(자유교환을 촉진)시키는 자유주의적 법질서는 공정하고 효율적이다. 국부의 증대를 결과할 뿐만 아니라 자립적이고 성실·근면한 상공인과 노동자들을 양산하여 결국 정의의 실현도 용이하게 한다(범죄율의 감소를 결과한다).

(6) 그러나 시장질서는 항상 무조건 바람직한 것은 아니다. 시장질서가 독점적이 아니고 자유경쟁적일 때에만 시장질서는 사익추구동기(私益追求動機)를 공익(公益)의 증대로 연결시킨다. 자유경쟁적일 때에만 자원배분의 효율성 제고를 통하여 국부의 증대에 기여한다. 따라서 자유경쟁적이지 못한 시장질서는 국부의 증대에 역행한다.

(7) 자유경쟁적 시장질서는 효율의 실현뿐만 아니라 정의의 실현도 담보한다. 자유경쟁적 시장질서하에서만 정직(正直)이 최상의 상략(商略)이 될 수 있고, 노력에 대하여도 공정보상이 이루어질 수 있다. 그리고 자원배분의 최종결정권자는 소비자이어야 한다는 소비자주권(消費者主權)이 성립하는 것도 바로 자유경쟁적 시장질서 하에서만 가능하다.[16)]

(8) 따라서 시장질서를 활성화(자유교환의 촉진 등)할 뿐만 아니라 시장의 자유경쟁성을 보장하는, 반독점(反獨占)의 자유주의적 법질서가 국부증대와 동시에 정의실현의 지름길이다.

(9) 인간의 자애심(自愛心) 내지 이기심은 대단히 강력한 동인(動因)이다. 그

---

16) 여기서 자원배분의 최종결정권자가 소비자이어야 한다는 것은 한 사회에서 주어진 자원을 가지고 무슨 재화를 얼마나 만들 것인가의 결정은 소비자의 선택, 소비자의 기호(嗜好)에 의하여 이루어져야 한다는 것이다. 이러한 상황은 시장질서가 경쟁적일 때에만 가능하다. 왜 그럴까? 답해 보라.
반면에 시장질서가 독점적인 경우에는 소비자주권 대신 생산자주권(生産者主權)이 성립된다. 즉 생산자의 선택과 기호가 자원배분을 결정하게 된다.

> 러나 이는 경쟁적 시장질서를 담보하는 자유주의적 법질서하에서만 공익에 기여한다. 기업인들의 능력도 대단히 높이 평가되어야 한다. 그러나 그들의 덕성(德性)에 의지하는 것은 잘못이다. 그들의 능력을 공익의 증대로 연결시키기 위하여는 경쟁적 시장질서가 반드시 필요하다. 일반적으로 정치권력은 믿을 것이 못된다. 그들은 자유주의적 법정책보다는 항상 중상주의적 법정책에 대한 강한 충동을 느끼고 있다.[17)]

요컨대 "보이는 손"(법질서)이 전제되어야 "보이지 않는 손"(시장질서)이 작동할 수 있고, 동시에 "보이지 않는 손"(자유시장질서)에 대하여 올바른 이해를 가져야 비로소 "보이는 손"(자유주의적 법질서)을 올바르게 세울 수 있게 되어, 결국 두 손의 합작에 의해 "국부의 증대"와 "정의의 실현"이 함께 가능하게 된다는 것이다.

이와 같이 17, 18세기에는 도덕철학(道德哲學)이라는 단일의 이론체계 속에서 법과 경제, 법질서와 시장질서는 통일적으로 파악되고 있었다. 이때는 한마디로 법과 경제 내지 법질서와 경제질서의 통합기 내지는 미분화기(未分化期)라고 볼 수 있다. 그러던 것이 19세기에는 각각 독자적이고 자기완료적인 학문 분야로 특화되어 나갔다. 법질서만을 연구대상으로 하는 법학과 시장질서만을 연구대상으로 하는 경제학으로 분화되어 나갔다. 그 결과 "시장질서에 대한 올바른 이해가 부족한 법학, 그리고 법질서에 대한 올바른 이해가 부족한 경제학"이 등장하기 시작하였다. 한마디로 19세기는 법학과 경제학의 분화기라고 볼 수 있다.

그러던 것이 20세기에 들어오면서 법학과 경제학의 재통합이 시작되었다. 법질서와 시장질서의 통일적 파악 내지 통합적 관점이 다시 등장하기 시작하였다. 그리하여 20세기를 법과 경제 내지는 법질서와 시장질서의 재통합기(再統合期)라고 부를 수 있다. 이 20세기의 법과 경제의 재통합기는 대별하여 19세기 말~20세기 초부터 시작하여 1930년대 말까지의 제1기와 1960년대부터 시작되어 오늘에 이르고 있는 제2기로 나눌 수 있다. 호벤캠프(H. Hovenkamp)는 전자의 시기를 "제1차 법경제학운동"(法經濟學運動, the first great law and economics movement)이라고 표현하고, 후자의 시기를 "제2차 법경제학운동"(the second great law and economics

17) 왜 그럴까? 제10편 법과 공공선택이론을 참조하라.

movement)이라고 표현하고 있다.[18] 또한 포즈너(R. Posner)는 전자를 "구법경제학(舊法經濟學, old law and economics)의 시대", 후자를 "신법경제학(新法經濟學, new law and economics)의 시대"라고 부르고 있다. 아래에서 각 시기의 특징을 나누어 살펴보도록 하자.

제2항 진보주의(進步主義)로서의 법경제학(구법경제학)

구법경제학(舊法經濟學)의 시기는 1880년경부터 시작하여 1930년대 말 진보주의(progressive era) 시대가 끝날 때까지의 시기이다. 이때는 경제학자들이 법질서에 대하여 새로운 관심을 가지고 많은 연구를 하던 시기이고, 반면에 법학자들도 시장질서에 대하여 새로운 관심을 가지고 많은 연구를 하던 시기이다. 이때의 법경제학에 대하여는 1960년 이후의 신법경제학과 대비하여 다음과 같은 몇 가지 특징을 지적할 수 있다.

첫째, 연구대상이 독점금지법, 산업규제법, 그리고 회사법과 노동법 분야에 집중되어 있었다.

본래 법은 경제를 규율하는 법과 비경제(非經濟)를 규율하는 법으로 나누어 생각해 볼 수 있다. 예컨대 독점금지나 무역규제 혹은 산업규제 등과 같은 규제법 분야는 가장 뚜렷하게 경제분석을 필요로 하는 분야이다. 즉 경제현상 자체를 직접의 규율대상으로 하기 때문에 경제분석이 전제되지 않고서는 법리구성(法理構成)이 불가능한 법 분야이다. 다음은 노동법, 회사법, 그리고 헌법의 경제부문 등이다. 이 분야도 상당 정도의 경제분석을 필요로 하며 시장질서에 대한 올바른 이해가 없이는 법리구성이 공허하게 될 가능성이 많은 분야이다.

다음으로 경제질서의 기초가 되는 재산권법, 그리고 계약법 분야를 생각할 수 있다. 재산권제도와 계약법구조가 어떠하냐에 따라 시장질서의 내용과 결과가 크게 달라질 수 있기 때문에 사실은 이 분야도 경제질서 내지 시장질서에 대한 이해, 특히 법질서가 시장질서에 주는 영향에 대한 심층적 이해 없이는 올바른 법

---

18) Herbert Hovenkamp, "The First Great Law and Economics Movement", 42 *Stanford Law Review* 993 (1990).

이론을 발전시키기가 어려운 분야이다. 끝으로 비경제를 직접의 규율 대상으로 하는 법으로 형법, 그리고 불법행위법 등을 생각할 수 있다.

그런데 뒤에서 재론하겠으나, 1960년대 이후의 신법경제학(新法經濟學)에서는 종래 법학의 고유 분야라고 생각해 왔던 재산권법, 계약법, 불법행위법, 형법 등의 분야에 그 연구가 집중되고 있는 데 반하여, 20세기 초의 구법경제학의 경우에는 그 연구분야가 주로 직접 경제현상을 규율하는 규제법 분야, 그리고 회사법과 노동법 분야에 집중되어 있었다.

둘째, 20세기 초의 구법경제학의 시기는 한마디로 이론적 혁명기였다. 영국의 고전파(classicism)와 신고전파(neo-classicism)가 주장해 오던 시장론과 국가개입부정론(國家介入否定論)에 대한 회의가 증대하고 있었던 시기이다. 시장질서에 대한 법질서의 개입을 최소화하여야 한다는 19세기의 지배적 주장이 도전받고 있던 시기이다. 반면에 1870년대 이후 등장한 독일의 역사학파(historical school)의 영향이 증가하고 있어, 경제학을 형식과학(形式科學, formal science)으로 하려는 영국의 신고전파적 견해에 반대하여 경제학을 역사과학(historical science) 내지는 행동과학(behavioral science)으로 보는 견해가 등장하고 있던 시기이다.

이때는 영국의 고전파 내지 신고전파에 대한 이론적 회의 내지 반발은 증가하고 있었지만 아직 뚜렷한 이론적 대안이 등장하지 않아 고민하던 시기이다. 그리하여 새로운 이론적 대안의 하나로 독일의 역사학파의 영향을 받아, 미국의 제도학파(制度學派, institutionalism)가 등장하던 시기이다. 동시에 다른 한편에서 한계이론(限界理論, marginalism)이 소위 "한계혁명"이라고 불리울 정도의 큰 충격을 주며 등장하던 시기이다.

이상과 같이 이론적 혁명기 내지 격변기였던 20세기 초와 달리 1960년대 이후의 신법경제학은 이론적인 면에서 합의가 상당 정도 형성되어 소위 신고전파가 주류경제학(主流經濟學)으로서의 위치를 확고히 차지하고 있던 시기를 배경으로 등장하였다. 그리하여 더 이상의 방법론에 대한 논쟁은 없이 이미 정립된 정치(精緻)한 분석틀과 방법론을 가지고 기술적·기능적으로 상당히 높은 수준의 연구가 가능하였다.

반면에 신법경제학은 일반적으로 이론적 격변기 내지 이론적 혁명기에 자주 논의되는 "큰 문제" 내지 "근본적 문제"는 상대적으로 소홀히 하고 "작은 문제" 혹은 "지엽적 문제"에 보다 많은 연구노력을 기울인다는 문제점을 가지게 되었다. 예컨대 경제적 정의(economic justice)와 법적 정의(legal justice)는 무엇이 같고 무엇이 다른가, 경제학에서 이야기하는 복지(welfare)와 법학에서 이야기하는 복지는 같은 내용인가 아닌가, 소득분배(income distribution)의 문제는 법적 질서로 해결할 문제인가 시장적 질서에서 다룰 문제인가 아니면 양자 간의 어떠한 분업이 필요한 문제인가 등의 근본 문제가 신법경제학에서는 연구대상에서 소홀히 다루어지는 경향이 있다는 점이다. 그러나 20세기 초의 구법경제학에서는 이러한 문제들, 그중에서도 특히 법과 소득분배의 관계에 대한 문제 등이 당시 연구의 주된 관심거리였다.

셋째, 구법경제학은 일반적으로 시장질서의 완전성, 그리고 코먼 로(common law)[19]의 복지증진기능에 대하여 회의적이었다. 그리하여 효율이나 형평을 위하여 경제질서에 대한 국가개입이 필요하다는 입장이 강하였다. 과연 시장질서가 고전파 경제학자들이 기대하던 대로 최소한의 법질서, 즉 코먼 로만으로도 자유경쟁성을 유지할 수 있는가, 그리하여 본래 기대하였던 공익의 증대, 즉 국부의 증진과 정의의 실현이 달성될 수 있는가에 대하여 구법경제학자들은 대단히 회의적이었다. 경제에 대한 국가의 적극 개입, 시장질서에 대한 법질서의 적극 개입을 지지하는 입장이 지배적이었다.

이와 같은 친국가주의적 경향(親國家主義的 傾向, pro-statist bias)이 강했던 구법경제학에 반하여 신법경제학의 경우에는 국가의 개입에 대하여 회의적이고 오히려 상대적으로 친시장주의적 경향(親市場主義的 傾向, pro-market bias)이 강하다고 볼 수 있다. 그리하여 신법경제학은 제정법(legislation)보다 코먼 로(common law)의 효율성을 강조하는 경향을 가진다. 그리고 그 근거로서 다음의 두 가지가 흔히 주장된다. 첫째, 코먼 로는 국가개입을 최소화하면서 사적 교섭(私的 交涉, private bargaining)에 법적 효력을 주는 제도이다. 따라서 다른 제도와 비교할 때 가장 효율적인 자원배분제도라고 할 수 있는 시장(市場)을 가동시키는 제도이다. 둘째, 코먼 로는 그 내용이 효율적일 때 선례(先例, precedent)로서의 구속력이 강해진다. 소위 진화의 과정을 통하여 비효율적인 선례는 효율적인 선례에 자리를

19) 코먼 로는 원래 잉글랜드 전체에 공통적으로 적용되는 보편적인 법을 의미했으나 지금은 주로 제정법과 대립되는 판례법의 뜻으로 쓰인다.

양보하며 발전하여 왔다는 것이다.

이러한 주장과 대조적으로 구법경제학은 대체로 코먼 로보다는 제정법을 선호하는 경향이 강하다. 구법경제학자들은 제정법을 진화를 전제로 하는 일종의 실험과정(experiment)으로 이해한다. 물론 코먼 로도 시간이 감에 따라 진화함에는 틀림없지만 사회문제를 해결하는 데 활용하기에는 그 진화과정이 더디다고 본다. 따라서 사회·경제문제에 대하여 보다 신속한 대응이 가능한 제정법을 선호한다. 본래 친국가주의적 경향이 강한 구법경제학이기 때문에 코먼 로보다 제정법을 선호하는 것은 당연한 논리적 귀결로 보인다.[20)]

아래에서는 구법경제학의 대표적 학자들 몇몇의 주장을 직접 살펴봄으로써 당시의 지적 풍토(知的 風土) 내지 지적 경향을 간단히 일별(一瞥)하도록 하자.

우선 독점금지법과 산업규제법 분야에 대한 찰스 아담스(Charles Francis Adams)와 헨리 아담스(Henry Carter Adams)의 견해로부터 시작하자. 찰스 아담스는 1876년 자신의 논문을 통하여 철도산업에 대한 정부규제의 필요를 시장실패(market failure)에서 구하고 있다. 타산업의 경우에는 경쟁과 자유무역이 존재하지만, 철도산업의 경우에는 그러하지 못하므로 정부의 법적 규제가 불가피하다는 것이다. 동시에 그는 법경제학의 연구를 위하여는 영국의 신고전파(British Neoclassicism)보다는 개별 산업의 역사적·경험적·실증적 연구를 중시하는 독일의 역사학파(German Historical Approach)가 보다 유효하다고 주장하고 있다.[21)]

---

20) 구법경제학자(舊法經濟學者)들이 법과 경제의 관계에 대하여 어떠한 문제의식을 가지고 있었는가, 어떠한 관계설정이 바람직하다고 생각하였는가를 보기 위하여는 다음을 참조하라. John R. Commons, "Law and Economics", 34 *Yale Law Journal* 371 (1925); John R. Commons, "The Problem of Correlating Law, Economics, and Ethics", 8 *Wisconsin Law Review* 3 (1932); Colin A. Cooke, "The Legal Content of the Profit Concept", 46 *Yale Law Journal* 436 (1937); Eugene Allen Gilmore, "The Relation of Law and Economics", 25 *Journal of Political Economy* 69 (1917); Mark M. Litchman, "Economics, the Basis of Law", 61 *American Law Review* 357 (1927); Donald R. Richberg, "Economic Illusions Underlying Law", 1 *University of Chicago Law Review* 96 (1933); Edwin R. A. Seligman, "Social Aspects of Economic Law", 5 *Publication American Economic Association* 49 (1904); Ralph F. Fuchs, "The New Social Scientists Look at Law", 13 *St. Louis Law Review* 33 (1927).

21) Charles Francis Adams, Jr., "The State and the Railroads", 37 *The Atlantic Monthly*

헨리 아담스도 법의 문제를 다루는 데 있어 독일의 역사학파가 보다 유효하다고 주장한다. 신고전파는 법적 현상을 역사적·문화적 요인을 배경으로 경제와의 관계 속에서 이해하지 못하기 때문에 곤란하다고 주장한다.[22] 헨리 아담스는 "원리로서의 자유경쟁(free competition as a principle)"과 "도그마로서의 자유방임(laissez-faire as a dogma)"을 구별한다. 그는 전자는 옳다고 생각하나 후자는 거부한다. 그는 자유경쟁의 원리는 정치경제학 속에서 오랫동안 그 가치가 인성되어 온 중요 원리의 하나이나, 자유방임은 정치적 보수주의자들이 과학적 경제분석을 종교적 독단의 하나로 만든 것이라고 본다.[23] 그는 경제적 경쟁을 촉진하는 법적 조건은 토지, 노동, 자본에 대한 사적 소유(private property), 그리고 같은 것끼리의 계약의 자유(liberty of contract for all alike)라고 보고, 경쟁은 자본과 노동 등의 이동이 용이해야 성립한다고 생각했다.

반면에 자유방임의 도그마는 국가의 지원 없이 자유경쟁이 성립할 수 있다고 주장한다. 자유방임은 독점과 산업조정의 문제를 전부(全部)냐 전무(全無)냐의 선택의 문제로 본다. 도그마로서의 자유방임론자들은 독점은 일반적으로 나쁘지만 경우에 따라서는 좋은 독점이 있을 수 있고, 경우에 따라서는 독점이 조장되는 것이 오히려 바람직할 수 있다는 사실을 모르고 있다. 그리고 이 양자를 구별하기 위하여는 경제적으로 활동적인 국가가 필요하다는 사실을 모르고 있다.

헨리 아담스는 효율적인 산업발전을 위하여는 활동적인 국가가 반드시 필요하다고 생각했다. 왜냐하면 경쟁의 적정수준은 산업마다 다르므로, 그 결정을 사기업들에게 맡길 수는 없다고 생각했기 때문이다. 그는 특정 산업에서는 독점이 경쟁보다 효율적인 경우가 있다고 보아 이러한 경우에는 독점의 성립을 허용하고 이렇게 허용된 독점의 효율을 정부가 공익을 위하여 사용될 수 있도록 규제하여야 한다고 생각했다. 그리하여 그는 정부의 공무원이나 국회의 입법자들이 경제학에 대한 이해와 인식을 높여서 어느 산업의 경우에는 경쟁에 맡기고 어느 산업

360, 691 (1876).

22) Henry Carter Adams, "Economics and Jurisprudence", 8 *Science* 15 (1886).

23) Henry Carter Adams, "The Relation of the State to Industrial Action", 1 *Publication American Economic Association* 471 (1887).

의 경우에는 정부규제가 필요한지를 가려내야 한다고 주장하였다. 그리고 그 구별을 위한 하나의 기준으로서 그는 산업을 세 가지 종류로 나누었다. 즉 규모(規模)의 이익(利益)이 체감하는 산업(diminishing return to scale), 고정되어 있는 산업(constant return to scale), 그리고 체증하는 산업(increasing return to scale)으로 나누었다.[24)]

규모의 이익이 체감하거나 고정되어 있는 산업의 경우에는 정부의 개입이 별로 필요하지 않다고 보았다. 왜냐하면 이 경우에는 규모가 큰 기업이라 하더라도 반드시 작은 기업보다 경쟁면에서 유리하다는 보장이 없기 때문이다. 따라서 이러한 경우에는 신기업의 시장진입이 용이하고 시장은 항상 높은 경쟁성을 보인다. 그러나 규모의 이익이 체증하는 산업의 경우에는 이야기가 달라진다. 항상 먼저 생긴 기업이 뒤에 참여하는 기업보다 경쟁면에서 유리하다. 따라서 자유경쟁은 기업을 규율하는 수단으로서 힘을 잃게 된다. 그러므로 정부의 규제와 지도가 필요하게 된다. 그 대표적인 예가 철도산업이고, 가스·수도·공공수송 등도 이에 속한다고 그는 주장했다.[25)]

다음은 진보주의(進步主義) 시대[26)]의 법정책에 많은 영향을 미쳤던 에드윈

---

24) 산업의 규모가 커짐에 따라 평균비용곡선(平均費用曲線)이 증가하면 규모의 이익이 체감하는 산업이고, 평균비용곡선이 일정하면 규모의 이익이 고정되어 있는 산업이고, 평균비용곡선이 감소하면 규모의 이익이 체증하는 산업이다.

25) Henry Carter Adams, "The Relation of the State to Industrial Action", 1 *Publication American Economic Association* 471 (1887), pp. 520–524.

26) 여기서 진보주의시대(進步主義時代)라 함은 미국에서 1900년경부터 1917년경까지 풍미하던 일련의 경제적·정치적·사회적 개혁운동의 시대를 의미한다. 이 개혁운동은 특히 독점적 대기업의 경제적·정치적·사회적 영향력 증대를 문제로 삼고 등장했다. 그리고 동시에 부패한 보스들에 의해 운영되는 보스정치의 부패를 공격했다. 진보주의운동은 중산층과 변호사, 목사들과 같은 전문직업인, 그리고 상인과 중소기업인들에 의해 주도됐다. 물론 지식인들이 지도하고 농민들이 가세했다. 이들은 대기업과 신흥부자들에 대하여 비판하고 조롱하지만 동시에 노동조합에 대하여도 그 지도부의 폭력성과 부패성에 대하여 비판적이었다. 물론 노동자들의 문제에 대하여는 그 해결을 위해 이들이 많은 노력을 하였다. 이들 중에는 공화당원도 있고 민주당원도 있었다. 이들은 체제 내에서 개혁을 위한 문제 제기와 대안 제시에 노력했다.
진보주의자의 한 사람이었던 테오도르 루즈벨트(Theodore Roosevelt, 재임기간: 1901~1908) 대통령은 대기업집단에 대한 대항력으로서 정부권력의 강화를 중시했다. 그리고

셀리그먼(Edwin Robert Anderson Seligman)의 견해를 보도록 한다. 그는 당시 가장 뛰어난 재정학자로서 누진적 소득세(累進的 所得稅, progressive income tax)의 도입을 위해 많은 노력을 한 사람이다.27) 그는 처음에는 한계효용이론을 가지고 누진세제를 합리화하려고 하였다. 즉 소득의 마지막 한 단위가 주는 한계효용은 부자(富者)의 경우가 빈자(貧者)의 경우보다 낮기 때문에 누진세의 실시는 사회전체의 총효용수준을 높인다는 것이다. 그러나 그는 곧 한계효용이 체감하는 정도가 모든 사람에게 동일하다는 주장은 무리한 것임을 깨닫고, 주관적 복지지표인 효용을 버리고 객관적 기준에 기초하여 누진세제의 이론화를 시도한다. 그는 인간에게 필요한 재화와 용역을 필수재(necessities), 유익재(有益材, comforts), 사치재(luxuries)로 나누어 사람들은 개별적으로는 각각의 재화에 대하여 상이한 가치를 둘지 모르나, 일반적으로 사치재보다는 유익재를, 그리고 유익재보다는 필수재를 보다 강하게 선호하는 것은 명백하다고 주장한다.28) 따라서 사치재보다는 필수재의 소비를 늘리는 누진적 소득세제가 사회적 복지수준을 보다 높이는 것이 되고 동시에 보다 정의로운 것이 된다고 그는 주장한다.

셀리그먼은 소위 조세귀착(租稅歸着, tax incidence)의 문제, 즉 실제로 조세부담이 누구에게 지워지는가 하는 문제에 대하여도 많은 연구를 하였다. 그리하여 재산세제가 실제로 역진적(逆進的)임을 밝혀 이를 공격하기도 하였다.29) 그는 또

반독점법(反獨占法, Sherman Antitrust Act)을 통하여 대기업집단들이 스스로 기업개혁에 나서도록 압력을 가하였다. 또 다른 진보주의적 대통령의 한 사람인 우드로 윌슨(Woodrow Wilson, 재임기간: 1913~1920)도 연방거래위원회(Federal Trade Commission)를 강화하여 새로운 반독점법(Clayton Antitrust Act)을 통하여 불공정거래관행(unfair trade practice)에 대한 규제를 강화함으로써 대기업집단을 규제하려 하였고, 중앙은행법(Federal Reserve Act)을 만들어 통화관리의 독립성과 전문성을 높이려 하였다. 이 당시에 나온 정책으로는 철도산업의 규제강화, 식료품과 약품에 대한 규제강화, 산업재해보험제도, 여성의 투표권, 최저임금제 도입, 유급휴가제, 통신·공공수송 등에 대한 규제강화 등을 들 수 있다.

27) 그는 미국경제학회(American Economic Association)의 창립 멤버의 한 사람으로 유명하고, 1902~1904년까지 동 학회의 회장직을 맡은 바 있다.

28) Edward Robert Anderson Seligman, "Progressive Taxation in Theory and Practice", 9 *Publication American Economic Association* 1 (1984).

29) Edwin Robert Anderson Seligman, "The General Property Tax", 5 *Political Science*

한 경쟁적 산업의 생산물의 경우에는 가격인상을 통하여 소비자에게 세금의 부담을 전가하는 것이 비교적 용이하나 독점적 산업의 경우에는 이것이 상대적으로 어려우므로 독점적 산업에 과세하는 것이 경쟁산업에 과세하는 것보다 소득분배 개선에 기여한다고 주장하였다.[30] 그의 이러한 연구결과와 주장은 당시 연방대법원(聯邦大法院) 등에 의하여 많이 지지되고 인용되었다.

다음은 구법경제학의 대표적 그룹의 하나인 소위 제도학파(制度學派, institutionalism) 학자들의 주장들을 살펴보자. 제도학파는 어떤 의미에서는 구법경제학이 이룩한 중요한 지적 성취의 하나라고 평가할 수 있다. 영국의 고전적 정치경제학의 전통, 독일의 역사학파 그리고 당시 새로이 등장하는 문화적 진화론(文化的 進化論) 등의 이론적 성과를 종합하여 인간의 행위와 제도 그리고 그 상관관계를 규명하는 데 관심을 가진다. 그리하여 인간과 제도의 행위를 규명함에 있어 인간의 이기심뿐만 아니라 산업기술, 역사와 관습, 이데올로기, 기존투자 내지 기득권(旣得權), 의사소통의 비용, 정보의 부족 등의 요인들을 함께 고려하려 하였다. 그러나 그들의 이론적 관심은 한마디로 법적·제도적 요인이 경제적 자원배분에 미치는 영향이라고 할 수 있다.

우선 베블렌(Thorstein Veblen)의 주장부터 보자. 그는 모든 진정한 과학(true science)은 진화적(evolutionary), 역사적(historical) 그리고 실증적(empirical)이어야 한다고 주장하며, 경제학, 특히 신고전파 경제학은 그렇지 못하다고 비판한다. 신고전파는 형식적(formalistic)이고 분류적(分類的, taxonomic)이며 동의반복적(同意反復的, tautological)일 뿐이고 한 번 만들어 낸 이론적 모델과 그 룰(rule)이 불변하기 때문에, 시간이 감에 따라 점차 현실적합성(現實適合性)을 잃게 된다고 주장한다.[31] 예컨대 그는 오늘날의 기업은 계약자유의 원칙만으로 규율할 수 없다고 본다. 규모의 경제, 그리고 기타 여러 기술적 요인 등으로 기업의 규모가 이미 커졌고 기업 내부의 조직이 이미 위계질서화되었다. 그리하여 수평적으로 평등한 개인들

Quarterly 24 (1980).

30) Edwin Robert Anderson Seligman, "On the Shifting and Incidence of Taxation", 7 *Publication American Economic Association* 119 (1982)

31) Thorstein Veblen, "Why is Economics not an Evolutionary Science?", 12 *Quarterly Journal of Economics* 373 (1987).

간의 관계를 규율하는 계약자유의 원칙만으로는 수직적 위계질서(位階秩序)에서 발생하는 문제를 제대로 규율할 수 없게 되었다. 결국 국가권력의 규율이 없이 계약자유의 원칙만으로는 수직적 위계질서하의 문제, 예컨대 노동자들의 문제 등은 제대로 해결할 수 없게 되었다.32) 그는 신고전파이론은 평등한 주체들 간의 교환관계에만 초점을 맞추기 때문에 이러한 수직적(垂直的) 인간관계의 문제에 대하여 무력하게 된다고 비판한다.

또한 그는 오늘날의 소유권의 중요한 특징의 하나를 소위 부재소유(不在所有, absentee ownership), 즉 물리적 통제거리 밖의 재화에 대하여도 소유권을 주장할 수 있는 것이라고 보았다. 그리고 이 부재소유제도(不在所有制度)로 인하여 기업의 소유가 분산되고 소유와 경영이 분리될 수 있다고 보았다. 그는 이러한 자본주의적 시장제도 내지 기업제도에는 장점도 있으나, 동시에 기업의 사회적 책임성 등을 약화시키는 측면이 있음을 강조한다. 따라서 이러한 부재소유 문제, 보다 구체적으로는 기업의 문제에 대하여 정부의 보다 정교한 규제가 필요하다고 주장한다.33)

진보주의 시대의 제도학파로서 대표적인 법경제학자는 위스콘신 대학의 엘리(Richard T. Ely)와 그의 제사인 컴먼즈(John R. Commons)이다. 엘리는 재산권제도, 특히 사적 재산권(私的 財産權, private property)제도의 사회적 기능과 사유제(私有制)를 보호하기 위한 각종 법제도에 대한 연구에 그의 연구생활의 대부분을 보냈다. 그는 사유제가 경제적 번영을 위하여 필요불가결한 것임을 인지하면서도, 동시에 경제적 부가 구조적 억압의 수단이 되는 것을 막기 위해 사회적 통제가 필요하다는 것도 인정한다. 따라서 그의 연구에는 항상 양자 간의 긴장이 존재한다. 즉 사유제 인정의 필요와 사유제 규제의 필요 사이의 긴장이 그것이다. 그는 사유제를 너무 제약하면 사유제의 장점을 살릴 수 없고, 그렇다고 하여 너무 방임하면 사유제의 해악을 막을 수 없다고 생각했다.34)

그는 한 사회에서의 부의 분배는 두 가지 요인에 의하여 결정된다고 주장한

---

32) Thorstein Veblen, *The Theory of Business Enterprise*, Charles Scribner's, 1932.

33) Thorstein Veblen, *Absentee Ownership and Business Enterprise in Recent Time: The Case of America*, Kelly, 1923.

34) Richard T. Ely, *Socialism: An Examination of Its Nature, Its Strength and Weakness, With Suggestions for Social Reform*, ForgottenBooks, 1894.

다. 하나는 과거의 법, 즉 과거에 생성되어 오늘날까지 지배하는 법원칙(previously created legal rules)이고, 다른 하나는 경제의 자연법칙(natural law of economics), 즉 현재의 시장원리이다. 이 양자의 결합으로 부의 분배가 결정된다. 따라서 정부의 규제나 통제 없이는 기득권자들이 과거의 법원칙에 의지하여 보다 유리한 입장을 점하게 된다. 그리고 그 결과 경제적 불평등은 증대하는 경향을 가진다. 환언하면 그는 계약법은 기존의 불평등을 보존시킬 뿐 아니라 오히려 증대시키는 경향을 가지고 있다고 지적한다.

물론 많은 경우 계약의 자유 그리고 사적 자치(私的 自治)는 경제적 효율을 증대시킨다. 그러나 그는 당사자 간의 교섭력의 차이가 심할 때에는 계약의 자유는 불평등을 강화시키거나 유지하기 때문에 오히려 비효율을 결과한다고 보았다. 왜냐하면 일반적으로 다른 조건이 같다면, 부의 분배가 평등하면 할수록 그 사회의 총복지(total welfare)는 증대하기 때문이다.[35] 따라서 계약의 자유는 불평등을 심화시켜 총복지를 감소시키기 때문에 비효율을 결과하는 것이다. 그러므로 그의 주장에 따르면 경제적 효율을 높이기 위하여도 국가는 개입하여 계약당사자 간의 교섭력(交涉力)의 비대칭성(非對稱性)을 줄이려 노력하여야 한다. 이를 역으로 이야기하면, 국가의 비개입은 소득분배의 불평등을 결과할 뿐 아니라 경제적 비효율도 결과하게 되는 것이다.[36]

그는 법원이 적극적으로 부의 재분배에 뛰어들어야 한다고 보지는 않는다. 그러나 법이란 대부분이 자연법(自然法)이 아니라 국가정책의 산물임을 법원은 알아야 한다고 주장한다. 그리하여 법원은 각종의 법원칙이 기득권자에게 유리하게 작용하여 기존의 소득분배를 악화시키고 나아가 사회적 복지를 감소시킬 수 있다는 사실을 인지하고 적어도 이를 막는 데 노력해야 한다고 주장한다.

요컨대 엘리는 한편에서는 사회주의를 부정하며 다른 한편에서는 보수주의를 부정한다. 즉 모든 기득권을 부정하고 기득권의 부정이야말로 사회복지 증대의 지름길이라는 사회주의적 태도(socialistic view)와 기존의 모든 권리는 반드시

---

35) 보다 평등주의적(平等主義的)인 부의 분배가 사회의 총복지(總福祉)를 증대한다고 하는 주장은 어느 경우에 성립할 수 있는 주장인가? 어떤 이론적 가정을 전제한 주장인가?

36) Richard T. Ely, *Property and Contract in Their Relations to the Distribution of Wealth*, KessingerPublishing, 1914.

절대적으로 존중되어야 한다는 보수주의적 태도(conservative view)도 함께 부정하는 것이 그의 입장이다. 기본적으로 기존의 권리를 존중하는 것을 원칙으로 하되 필요시 적절한 국가개입이 반드시 있어야 한다는 것, 그리고 그것만이 공정과 효율을 동시에 보장하는 길이라는 것이다.

컴먼즈는 주지하듯이 제도학파의 거목(巨木)이다.[37] 대부분의 그의 연구는 기업법과 노동법에 집중되어 있다. 그의 법경제학 저서 중에서 가장 주목을 받는 『자본주의의 법률적 기초』(*Legal Foundation of Capitalism*, 1924)에서 그는 소위 고잉컨선(Going Concern)에 대한 이론을 발전시켰다. 여기서 고잉컨선이란 기업, 정부, 가족, 비영리 단체 등과 같은 경제적·법률적 조직 내지는 제도(economic and legal institution)를 의미한다. 그런데 이러한 고잉컨선들은 구성원들 간의 내부교환(內部交換), 내부합의 그리고 내부의사결정 등을 위한 나름의 일정한 룰(working rules)을 가지고 있다. 예컨대 시장에서의 거래는 코먼 로(common law)라는 룰에 의하여 규율되지만, 각각의 조직이나 제도는 나름의 룰에 의하여 의사결정이 일어나고 조직 내 자원배분이 일어난다.[38]

그런데 어떤 조직이든 한 번 성립한 룰은 쉽게 변화하지 않고 전통, 관습, 관행, 선례 등이 되어 현재와 미래의 결정에 큰 영향을 준다. 그는 이러한 룰이 그 조직의 크기와 구조를 결정한다고 생각했다.

---

37) 컴먼즈의 등장을 계기로 소위 제도학파적 법경제학 이론들이 1920년대와 1930년대 등장한다. 이들의 견해의 일단을 보기 위하여서는 다음을 참조하라. Walton Hamilton, “The Institutional Approach to Economic Theory”, 9 *American Economic Review* 317 (papers and proceedings) (1919); Walton Hamilton, “Law and Economics”, 19 *American Economic Review* 56 (paper and proceedings) (1929); Karl Llewellyn, “The Effects of Legal Institutions on Economics”, 15 *American Economic Review* 665 (1925); Karl Llewellyn, “What Price Contract?—An Essay in Perspective,” 40 *Yale Law Journal* 704 (1931); Wesley C. Mitchell, “Commons on Institutional Economics”, 25 *American Economic Review* 635 (1935); Wesley C. Mitchell, “Commons on the Legal Foundation of Capitalism”, 14 *American Economic Review* 240 (1924); Abram L. Harris, “Types of Institutionalism”, 40 *Journal of Political Economy* 721 (1932).

38) 그는 코먼 로를 사회전체를 규율하는 룰, 사회전체 내지 시장전체의 working rule로 보고 있다. John R. Commons, *Institutional Economics: Its Place in Political Economy*, Macmillan, 1934.

그는 모든 인간과 인간의 상호작용(相互作用) 내지 상호관계를 거래(transaction)로 파악하고 거래에는 두 가지 종류가 있다고 주장한다.[39] 하나는 교섭적 거래(交涉的 去來, bargaining transaction)이고 다른 하나는 관리적 거래(管理的 去來, managerial transaction)이다. 전자는 시장에서의 독립된 주체들 간의 거래, 예컨대 개인과 개인, 혹은 조직과 조직 간의 거래이고, 후자는 조직내부의 거래, 즉 고잉컨선 내부의 거래이다. 그리고 후자는 전자와 그 성격이 크게 달라 위계적(位階的) 성격이 강하므로 국가의 입법적 감독(legislative supervision)이 반드시 필요하다고 보았다.

당시 보수주의자들이나 고전파 경제학자들은 임금교섭도 계약의 하나이므로 계약법의 일반원칙에 의하여 처리하면 되지 별도의 입법이 필요없다고 주장하였다. 이에 대하여 컴먼즈는 임금교섭은 고잉컨선 내부의 거래이므로 일반 시장에서의 거래와 달리 위계적 성격이 강하고 기타 상이한 여러 특징을 가지고 있기 때문에 별도의 입법, 즉 노동법이 필요하고 이 노동법은 일반 계약법과 다른 법원칙에 서 있어야 한다고 반박하였다. 한마디로 조직내부(組織內部)의 거래는 거래의 성립이 조직외부거래(組織外部去來)와 다르므로 법적 규제의 내용도 달라져야 한다는 주장이다. 이로써 왜 노동법이 일반계약법보다 더 많은 국가의 개입과 감독을 필요로 하는지에 대한 강력한 이론적 근거를 제공하였다.

컴먼즈에 의하면, 고잉컨선은 일정한 룰만을 가진 것이 아니라 일정한 조직이기심 내지 조직이익(組織利益)을 가지고 있다. 그리하여 이 고잉컨선들은 필요하다면 시장 메커니즘을 억압하고 왜곡시키면서 자신들의 조직이익을 극대화하려 한다. 아담 스미스가 보이지 않는 손, 즉 시장의 경쟁 메커니즘에 의하여 사회적 복지가 극대화될 수 있다고 주장할 때 전제하는 경제주체들은 비교적 평등한 개인들이었다. 그러나 개인이 아니라 거대조직과 제도가 등장하여 제도의 힘(institutional power)을 배경으로 하여 조직과 제도가 자신들의 이익을 추구할 때, 개인들의 이익이 희생됨은 물론 경우에 따라서는 입법도, 사법도 왜곡될 수 있음을 그는 경계한다.[40]

---

39) 컴먼즈는 신고전파이론의 큰 문제점의 하나가 바로 이러한 두 가지 종류의 거래를 구별하지 못하는 데 있다고 주장한다. John R. Commons, "The Problem of Correlating Law, Economics, and Ethics", 8 *Wisconsin Law Review* 3 (1932).

40) John R. Commons, *The Economics of Collective Action*, University of Wisconsin

물론 그는 현대의 기업이 성장과 효율의 엔진임을 인정한다. 그러나 정부의 규제와 감독 없이는 쉽게 불공정과 비효율이 발생할 수 있음을 강조한다. 하나의 예로서 그는 당시 제철회사들이 8시간 노동제에서 12시간 노동제로 바꾸려 한 사실을 지적하고 있다. 생존임금(生存賃金)만이 지급되고 있는 상황에서 노동시간을 늘리면 과로(過勞) 등으로 노동효율은 떨어지나 노동량 자체는 늘어난다. 따라서 기업은 노동조합의 압력이나 국가에 의한 노동시간에 대한 통제가 없으면 노동시간을 늘리려 한다는 것이다. 왜냐하면 그렇게 하면 노동력 활용의 비효율은 증가하겠지만, 기업 자체로서는 손해가 아니고 이익이 되기 때문이다. 따라서 이러한 경우에는 국가의 규제나 노동조합의 압력이 경제의 효율을 올리는 역할을 하게 되는 셈이다.

이상에서 살펴본 바와 같이, 구법경제학은 법과 경제가 직접 상호작용하는 부문, 예컨대 산업 및 독점규제법, 조세법 그리고 기업법과 노동법 등과 같은 경제에 대한 국가의 직접규제부문에 대한 연구를 중심으로 하였으며, 일반적인 지적(知的) 분위기는 규제강화론(規制强化論) 내지 규제옹호론이 주류를 이루고 있었다. 그리고 사회경제적 약자에 대한 관심, 소득분배개선에 대한 관심이 강하였으며, 동시에 사회경제적 강자에 대한 비판과 경계의 분위기가 강하였다고 볼 수 있다. 이러한 특징들은 뒤에서 보겠지만 1960년대 이후의 소위 신법경제학과는 많은 점에서 대조를 이룬다.

제3항 신제도학파(新制度學派, neo-institutionalism)로서의 법경제학(신법경제학)

제1차 법경제학운동은 1930년대 말 이후 일단 쇠퇴하였지만 법과 경제에 대한 학제적(學際的) 연구는 그 이후에도 하이에크(F. Hayek)에 의하여, 그리고 오이켄(W. Eucken) 등의 독일 질서주의(秩序主義, Ordo)학파에 의하여 지속적으로 추구되어 왔다.[41]

Press, 1970.

41) 독일 질서주의자들의 주장을 잘 정리한 안내서로서는 다음의 두 권의 책을 참고하라. Alan Peacock and Hans Willgerodt (eds.), *Germany's Social Market Economy: Origin and Evolution*, St. Martin's Press, 1989; Alan Peacock and Hans Willgerodt (eds.),

하이에크는 18세기 스코틀랜드의 사회사상과, 특히 아담 스미스에 의하여 대표되는 도덕철학의 전통을 재생하려고 외로운 노력을 꾸준히 하여 왔고, 오이켄 등은 법과 경제의 상호관계의 불가분리성에 대한 연구에 기초하여 소위 사회적 시장경제(社會的 市場經濟, social market economy)라는 나름의 바람직한 경제질서 내지 경제체제를 제시하기에 이른다. 그리고 이 사회적 시장경제질서 내지 체제는 전후 독일의 경제부흥을 이룩하는 데 이론적·철학적 기초를 제공한다.

그러나 적어도 1930년대 말 이후 1960년대 초까지는 법경제학은 비교적 침체기였다고 할 수 있다. 물론 이 기간 중에도 경제활동에 대한 직접규제를 목표로 하는 사회법, 경제법 분야에서는 법학과 경제학의 학제적 연구가 지속되었다. 그러나 이 사회법·경제법 분야를 넘어서 여타 법학의 분야, 예컨대 민사법, 형사법 그리고 소송법 분야에 대한 학제적 연구는 거의 이루어지지 않았다. 이러한 상황에 있던 법과 경제의 학제적 연구가 1960년대 초 하나의 새로운 전기를 맞이하게 된다. 특히 시카고대학의 코즈(R. Coase)의 사회적 비용(social cost)에 대한 연구(1960)와 예일대학의 캘러브레시(G. Calabresi)의 불법행위(tort)에 대한 연구(1961), 그리고 캘리포니아주립대학(UCLA)의 알치안(A. Alchian)과 뎀세츠(H. Demsetz)의 재산권(property right)에 대한 연구(1961, 1967) 등이 나오면서 1960년대 이후의 신법경제학(new law and economics)이 등장하게 된다.42) 소위 호벤캠프(H. Hovenkamp)가 이야기하는 제2차 법경제학운동이 시작된다.

뒤에 자세히 보겠으나 코스는 각종의 외부효과(外部效果, externality)의 문제, 예컨대 환경오염·사고(事故) 등의 문제를 분석하여 코즈 정리(Coase Theorem)를 제시하였으며, 캘러브레시는 불법행위, 그중에서도 특히 교통사고로 인하여 발생하는 사회적 비용을 최소화하기 위하여 어떠한 법정책이 필요한가 하는 문제를 후생경제학적(厚生經濟學的) 방법을 활용하여 분석하였다. 또한 뎀세츠 등은 재산

German Neo-Liberals and the Social Market Economy, Macmillan Press, 1989.

42) G. Calabresi, "Some Thoughts on Risk Distribution and the Law of Torts", 70 *Yale Law Journal* 4 (1961); R. H. Coase, "The Problem of Social Cost", 3 *Journal of Law and Economics* 1 (1960); A. A. Alchian, "Some Economics of Property Rights", *Rand Paper*, No. 2361, Rand Corporation (1961); H. Demsetz, "Toward a Theory of Property Rights", 57 *American Economic Review* 347 (papers and proceedings) (1967).

권구조(예컨대 사유나 공유 등)의 경제적 기능을 밝힘과 동시에 경제적 논리를 가지고 재산권제도의 발전과 변화를 설명하려 하였다.

신법경제학은 구법경제학과는 그 분석방법과 연구대상 모두에서 큰 차이를 보이고 있다. 우선 분석방법에서 구법경제학은 소위 이론적 모델 설정(theoretical model building)을 중시하는 신고전파적 방법론에 대하여는 대단히 회의적인 입장을 취하면서, 오히려 자료의 수집과 경험적 검증을 중시하는 독일의 역사학파적 방법론에서 많은 영향을 받고 있었다. 그러나 신법경제학은 기본적으로 신고전파적 방법론의 입장에 서 있다고 볼 수 있다. 왜냐하면 신법경제학은 사람들은 안정된 선호(stable preference)를 가지고 있고, 비록 여러 제약조건(constraints) 속에서도 가능한 한 자신들의 목적달성을 위하여 합리적 선택을 하려고 노력한다는 소위 신고전파의 합리적 선택모델(rational-choice model)을 가지고 법경제적 현상을 분석하려 하기 때문이다. 따라서 그 범위 내에서 신법경제학은 신고전파적이라고 볼 수 있다.[43]

신법경제학은 이상과 같이 연구방법에서뿐 아니라 연구대상 내지 연구주제에서도 구법경제학과는 크게 다르다. 구법경제학은 경제현상을 규제대상으로 하는 사회·경제법 분야를 주 연구대상으로 하여 왔는데 반하여, 신법경제학은 그 연구범위를 훨씬 넓혀서 종래 법학의 고유영역이라고 본 민사법, 형사법, 소송제도, 가족법의 영역까지 그 연구대상을 넓혀 오고 있다.

이러한 확대배경에는 앞에서 본 학자들의 연구성과가 크게 기여한 것은 물론이고 동시에 시카고대학의 베커(G. Becker) 등에 의하여 꾸준히 시도되어 왔던

---

43) 그러나 엄밀히 이야기하면 신법경제학과 신고전파의 사이에는 다음과 같은 차이가 있다. ① 신고전파는 소위 제약조건 자체는 주어진 것으로 놓고 제약조건 속에서의 선택만을 분석대상으로 하지만, 법경제학에서는 제약조건 자체를 분석대상으로 한다. 이 때의 제약조건은 단순히 경제적 제약조건(소득 등)뿐 아니라, 비경제적 제약조건, 즉 법일 수도 정치적 조건일 수도, 혹은 당사자 간의 약속이나 계약일 수도, 혹은 사회전체의 관행과 관습일 수도 있다. ② 신고전파는 일반적으로 완전정보(full information)와 영의 교환비용(零의 交換費用, zero exchange cost) 등을 전제로 합리적 선택의 문제를 분석하나 법경제학에서는 불완전정보 그리고 정(正)의 교환비용을 전제로 합리적 선택의 문제를 분석한다. 즉 한마디로 정의 거래비용(positive transaction cost)을 전제로 하여 법경제 현상을 분석한다.

"경제이론의 비경제적(非經濟的) 사회현상에의 적용"의 기여도 컸음이 지적되어야 한다. 특히 베커 교수는 범죄·인종차별·가족관계 등의 비시장적(非市場的) 행위에의 가격이론의 적용가능성을 주장하여 왔고 형사정책(刑事政策)에의 경제분석의 길을 처음으로 열어 놓았다고 하겠다.44)

신법경제학은 주로 다음과 같은 분야에 연구관심을 보여 왔다.

첫째, 신법경제학은 법규범이 경제질서에 미치는 영향과 의의를 연구·분석하여 입법론(立法論)과 해석론(解釋論)에 공히 기여하려 하고 있다. 주지하듯이 법과 사법제도는 이해대립과 분쟁을 해결하는 수단체계로 볼 수 있는 측면이 있고, 경제적 이해대립과 분쟁은 인간사회의 가장 기본적인 이해대립과 분쟁 중의 하나이다. 그런데 경제적 분쟁이 발생한 이후의 법적 해결은 당사자의 이해조절과 피해자의 보호에 큰 역할을 할 뿐만 아니라, 동시에 성문법과 판례법의 내용은 분쟁발생 이전의 경제주체들의 경제활동에도 큰 영향을 미친다. 그리하여 법규범은 종국적으로는 경제적 자원배분의 효율성과 형평성에 크게 영향을 미치게 된다. 경제적 게임의 룰(rule of game)을 정하고 분쟁 발생시 해결의 원칙을 제공하는 것이 법규범의 역할이므로, 법규범의 내용이 어떠하냐가 그대로 경제주체의 활동에 영향을 주게 되고, 나아가 경제적 결과, 시장적 결과에 영향을 미치게 된다. 따라서 입법론과 해석론 모두에 있어서 법질서가 경제질서에 미치는 영향에 대한 충분한 이해와 연구가 반드시 필요하게 된다(예컨대 손해배상제도, 계약법, 불법행위법, 회사법 등).

둘째, 신법경제학은 경제의 논리, 환언하면 시장질서가 법규범의 형성과 변화와 발전에 미치는 영향을 연구·분석하여 법규범의 내재적 발전논리(內在的 發展論理)에 대한 이해를 높인다. 그리하여 시간적으로는 법의 변화를 보는 법사(法史, history of law)와 공간적으로 국가 간 혹은 지역 간 법제의 다양성을 이해하는 법제도비교학(comparative study of legal system)에 대한 "이론적 이해"를 높인다. 또한 법이 경제에 주는 영향뿐 아니라 경제가 법에 주는 영향까지를 심층적으로 이

44) Gary S. Baker, *The Economics of Discrimination*, University of Chicago Press, 1957; Gary S. Baker, "Crime and Punishment: An Economic Approach", 76 *Journal of Political Economy* 169 (1968); Gary S. Becker, *The Economic Approach to Human Behavior*, University of Chicago Press, 1976 등을 참조하라.

해하여야 비로소 올바른 법정책학적 관점이 등장하게 된다. 예컨대 효율과 공평을 동시에 달성할 수 있는 법규범의 내용은 무엇인가, 외적 강제를 수반하는 법규범과 자발적 자기조정(self-adjustment)을 특징으로 하는 시장질서가 서로 어떻게 결합될 때 자유와 창의를 극대화하면서도 공정하고 바람직한 사회질서를 이룰 수 있는가 등의 문제에 답할 수 있다(예컨대 재산권제도, 각종 인허가제도, 헌법 등).

셋째, 신법경제학은 법의 목적과 법적 수단 간의 인과관계의 존부(存否), 특히 사실적 실효성(事實的 實效性)여부를 분석·연구한다. 주지하듯이 미시경제학은 일정한 제한여건 속에서 특정 목표를 달성하기 위한 수단의 합리적 선택을 연구하는 학문으로 발전하여 왔다. 따라서 이러한 미시경제학적 방법론을 활용하여 여러 법규범이 과연 본래 천명한 법의 목적을 제대로 실현하고 있는지, 현재의 법적 수단은 과연 목적을 제대로 달성하는 데 유효한 수단인지, 유효한 수단이 아니라면 그 이유는 무엇인지, 보다 유효한 방법이 있다면 그것은 무엇인지 등을 분석한다. 분석수단으로서는 여러 계량경제학적(計量經濟學的) 방법이 활용된다(예컨대 행정법, 형사정책, 소송절차제도 등).

넷째, 신법경제학은 경제활동에 대한 직접규제를 목적으로 하는 각종의 사회·경제법연구에 있어 그 기초적 경제이론을 제공한다. 따라서 사회법과 경제법의 존재근거와 이유를 제공하고, 동시에 그 한계를 설정하여 준다. 수정자본주의(修正資本主義) 내지 후기자본주의(後期資本主義) 단계에 들어선 오늘날 민간의 경제활동에 대한 국가의 개입 내지 규제는 증가하고 있다. 이러한 개입과 규제의 증가는 사회법과 경제법의 증가로 나타나고 이들 법현상을 올바로 이해하려면 그 증가의 필요성에 대한 충분한 경제학적 이해와 연구가 불가피하게 필요하다(예컨대 독점규제법, 노동법, 환경법, 공기업법, 산업정책관련 법 등).

이상에서 신법경제학 연구방향을 살펴보았다. 그런데 이러한 신법경제학의 경향은 1960년대에 시작되어 1970년대와 1980년대를 통하여 크게 발전하였고, 1990년대에 오면서 더욱 확대 발전하고 있는 소위 신제도학파(Neo-institutionalism)의 주요부분을 형성하고 있다.[45)]

---

45) 법경제학을 제도(institution)와 시장(market)의 관계에 대한 연구, 혹은 제도적 질서와 시장적 질서의 관계에 대한 연구라고 광의(廣義)로 정의하면, 법경제학 자체가 실은 신

신제도학파(新制度學派)란 신고전학파(Neo-classicism)의 한계를 극복하려는 움직임으로서 종래 신고전학파가 외면하였던 문제들 특히 제도, 조직, 법, 윤리, 역사 등과 시장과의 관계에 대한 연구에 초점을 맞추고 있다. 종래 신고전파는 제도, 조직, 법 등은 주어진 여건(given conditions)으로 보고, 환언하면 시간적으로 공간적으로 불변한 것으로 보고, 오로지 시장분석에만 노력하여 왔다. 그리하여 분석의 정치성과 치밀성은 크게 높아졌다. 그러나 그러한 연구방법으로는 이제 사회현실을 올바로 이해하고 사회의 각종 문제 해결에 올바른 길을 제시할 수 없게 되었다. 왜냐하면 예컨대 제도, 조직, 법 등의 시장 외적(市場外的) 요인의 변화로 인해 발생하는 시장적 결과가 있을 때, 이를 종래의 방법론, 즉 여건에 대한 분석을 외면하고 시장분석만을 고집하는 신고전파의 방법론에 의하여 시장적 요인만으로 설명하려 한다면, 도저히 올바른 설명이 불가능하기 때문이다. 소위 분석의 정치성(rigor)은 높아졌지만, 이론의 현실설명력(relevance)은 크게 약화되었다. 특히 오늘날과 같이 제도와 조직, 그리고 의식의 변화가 빠른 시대에서는 비시장적 요인을 외면한 시장적 요인에 대한 분석만으로는 더더욱 현실설명력이 약화될 수밖에 없다. 이러한 문제에 답하기 위하여 등장한 것이 바로 신제도학파이다.

신제도학파도 기본적으로는 인간이란 주어진 여건 속에서 자신의 목적달성을 위하여 가장 합리적인 선택을 하는 존재라는 소위 합리적 선택모형(rational choice model)을 기본으로 한다. 동시에 개별 구성원의 행위를 분석함으로써 사회적·집단적 현상을 이해하려는 소위 방법론적 개인주의(方法論的 個人主義, methodological individualism)의 방법을 택하고 있다. 이 두 가지 점에서는 신제도학파는 신고전학파와 차이가 없다.[46] 다만 신고전학파가 가정하는 완전정보(完全情報, full information)

제도학파의 일부가 아닌 신제도학파 그 자체를 의미하게 된다. 그러나 제도 중 정치적 제도(의회, 선거, 정당 등) 혹은 사회적 제도(가족 등) 등을 제외하고 법적 제도, 특히 사법제도(私法制度: 재산권, 계약법, 불법행위 등)에 국한하여 시장질서와의 관계를 연구하는 것을 법경제학이라고 협의(狹義)로 해석하면 법경제학은 신제도학파의 일부라고 보아야 할 것이다. 이러한 협의의 법경제학을 흔히 법의 경제분석(Economic analysis of law)이라고도 부른다.

46) 따라서 신제도학파(新制度學派)는 구제도학파(舊制度學派)와는 방법론상 차이가 크다. 구제도학파가 역사와 경험만을 중시하고 이론을 경시하는 경향이 있는데, 이에 대하여 신제도학파는 동의하지 않는다. 신제도학파는 기본적으로 이론을 중시하고 그 방법론은

나 영의 거래비용(零의 去來費用, zero transaction cost) 등을 신제도학파에서는 가정하지 않는다. 제한된 정보 속에서 합리적으로 행동하려고 하는 불완전한 행위주체들을 가정한다. 그리고 신제도학파는 그동안 신고전학파가 등한시하여 온 다음과 같은 문제들에 대하여 관심을 가진다.

(1) 법률적 규범(예컨대 재산권 제도)과 사회적 규범, 사회적 조직과 경제적 조직(예컨대 주식회사제도) 등이 경제주체들의 행위에 어떠한 영향을 주며, 그 결과 경제적 자원배분에 어떠한 영향을 주는가?

(2) 왜 동일한 법제도하에서도 경제활동의 내용에 따라 상이한 경제적 조직(예컨대 상이한 기업조직)이 등장하는가? 경제조직의 발전과 변화에 내재하는 논리는 무엇인가? 어떤 요인들이 이러한 경제조직의 다양성과 변화를 결과하는가?

(3) 법제도와 정치제도의 배후에 있는 경제적 논리는 무엇인가? 그리고 법규범과 정치제도는 어떠한 경제논리에 기초하여 변화·발전하는가?

(4) 더 나아가 법제도와 정치제도에 대한 국민적·집단적 선택은 어떻게 이루어지며 그 원리는 무엇인가?

이상에서 본 바와 같이 법, 규범, 제도, 조직, 정치에 대한 분석과 연구를 강화하려는 노력이 바로 신제도학파이다. 이 신제도학파도 몇 가지 큰 흐름으로 나누어 볼 수 있다. 재산권학파(財産權學派, Property Right School), 거래비용경제학(去來費用經濟學, Transaction Cost Economics), 신경제사학(New Economic History), 법의 경제분석(Economic Analysis of Law), 법과 공공선택(法과 公共選擇, Law and Public Choice), 헌법적(憲法的) 정치경제학(Constitutional Political Economy) 등이 그것이다. 이 책에서는 위의 신제도학파의 주요 흐름들을 거의 다 포함시키려 노력하였다. 그러한 의미에서 이 책은 광의(廣義)의 법경제학을 그 대상으로 하였다고 할 수 있다.

신고전학파와 크게 다르지 않다. 다만 그동안 신고전학파가 등한시하여 온 제도와 조직에 대한 연구분석을 중시한다는 점에서 신고전학파와 다르다고 볼 수 있다. 구제도학파적 전통과 방법론을 비판 없이 그대로 오늘날 다시 부활시키려는 시도도 있다. 이를 "New Institutionalism"이라고 부른다. 이 New Institutionalism은 물론 우리가 여기서 논하고 있는 신제도학파(Neo-Institutionalism)와는 다르다.

위의 각각의 흐름의 주장과 내용에 대하여는 뒤에서 보다 자세히 소개되고 분석되겠으나 여기서는 간단히 그 특징만 몇 가지 살펴보도록 한다.

우선 재산권학파(財産權學派)는 재산권(property right)을 광의로 해석하여 모든 희소성이 있는 재화와 개인 간의 사회경제적 관계의 총체를 의미하는 것으로 사용한다. 희소성 있는 재화에 대하여 개인이 배타적으로 지배·사용·수익·처분을 할 수 있는 관계가 재산권이다. 따라서 물질적 재화뿐만 아니라 투표권 등과 같은 비물질적 재화도 재산권의 대상이 된다. 그리고 그 관계는 일반적으로 법률에 의하여 지지되지만 반드시 법률에 국한되지는 않는다. 관습이나 사회적 제재 내지 수용(受容)에 의하여도 얼마든지 성립할 수 있다. 다만 법률적이든 비법률적이든 간에 반드시 일정한 제재력이 수반되는 관계(sanctioned behavioral relations)이어야 한다.

그런데 이러한 의미의 재산권관계 내지 재산권구조는 곧 경제활동에 있어 하나의 조건 내지 제약(constraint)으로서 작동한다. 그리하여 재산권구조가 그대로 경제활동에 있어서의 유인구조(誘因構造, incentive system, 혹은 costs-rewards system)를 결정하고, 개인들의 경제활동의 행위방향을 결정한다. 환언하면 "재산권", "유인구조", "경제행위(economic behavior)" 간에는 긴밀한 상호관계가 성립한다. 그 결과 재산권구조가 경제적 자원배분에 직접적·결정적 영향을 미치게 된다. 재산권학파는 바로 이 재산권구조와 유인구조 그리고 경제적 행위 간의 상호관계를 연구하는 데 주된 관심을 두고 있다. 예컨대 공유제(共有制)와 사유제(私有制) 사이에는 유인체계와 경제행위의 면에서 어떠한 차이가 발생하는가, 대기업과 중소기업, 혹은 공개회사와 비공개회사 사이에는 유인체계와 경제행위 면에서 어떠한 차이가 발생하는가 등을 연구한다.47)

거래비용경제학(去來費用經濟學)은 코즈(R. Coase)의 이론에서 나오는 "거래비용"이라는 개념을 윌리엄슨(Oliver Williamson)이 크게 발전시켜 특히 조직(organization)에 대한 연구에 새로운 장을 열고 있는 분야이다. 거래비용이란 개념 이외에도 제한

---

47) 재산권학파의 견해와 연구를 보기 위한 자료로서는, Armen A. Alchian, *Economic Forces at Work*, Liberty Press, 1977. 특히 Part Ⅱ: Property Rights and Economic Behavior; E. Furubotn and S. Pejovich (eds.), *Economics of Property Rights*, Ballinger Pub. Co., 1974; Yoram Barzel, *Economic Analysis of Property Rights*, Cambridge University Press, 1989 등을 참조하라.

된 합리성(bounded rationality), 사전적·사후적(事前的·事後的) 기회주의(opportunism), 특수·개성적(特殊·個性的) 거래(idiosyncratic transaction) 등의 개념[48]을 사용하여 기업, 노동조합, 정부 등의 조직과 각종 계약에 대한 분석, 특히 장기계약에 대한 분석에 노력하고 있다.[49] 이 분야는 때로는 "신산업조직론(New Industrial Organization)"이라고도 불린다.

신경제사학(新經濟史學)은 노스(Douglass C. North) 등에 의하여 주장되어 온 입장으로서 경제의 역사 내지 경제발전의 역사의 동인(動因)을 법제도, 특히 재산권제도의 변화 속에서 찾으려 한다. 이들 신경제사학자들의 이론적 입장의 일단을 알아보기 위해 다음의 인용을 보도록 하자.

> "경제성장(經濟成長)은 사회적으로 생산적인 활동을 하도록 유도하는 재산권제도가 성립할 때 일어난다. …… 경제활동의 사회적 수익률(social rate of return)과 사적 수익률(private rate of return)의 갭을 줄이는 재산권제도가 성립될 때 경제성장이 촉진된다. …… 그런데 그러한 재산권제도를 만드는 데는 비용이 든다. 이 비용보다 재산권제도의 이익이 커질 때, 그러한 재산권제도를 만들기 위한 노력을 하게 된다. 일반적으로 정부가 민간인들보다도 재산권제도를 만들고 이를 강제하는 데 보다 적은 비용이 들기 때문에 재산권제도를 만들고 이를 강제하는 일을 정부가 맡는다. 그런데 문제는 정부가 단기적 재정수입의 필요로 인하여 장기적으로 경제성장에 장애가 되는 바람직하지 못한 재산권제도를 유지하는 경우도 발생할 수 있다는 데 있다. 따라서 반드시 경제성장을 촉진하는 생산적인 법제도가 항상 등장한다고 보장할 수는 없다."[50]

---

48) 이들 개념에 대한 설명과 그 개념들이 이떻게 사용되는지는 뒤의 각 편과 장에서 나오기 때문에 여기서는 별도로 설명하지 않는다.

49) Oliver E. Williamson, *Markets and Hierarchies*, The Free Press, 1974; Oliver E. Williamson, *The Economic Institutions of Capitalism*, The Free Press, 1985. 이 거래비용경제학에 대하여 비판적으로 지지하는 최근 연구들을 잘 모아 놓은 책으로는 Christos Pitelis (ed.), *Transaction Costs, Markets and Hierarchies*, Blackwell, 1993.

50) Douglass C. North and Robert Paul Thomas, *The Rise of the Western World: A New Economic History*, Cambridge University Press, 1973, p. 8; 신경제사학의 주장을 보기 위하여는 다음도 함께 참조하라. Douglass C. North, *Structure and Changes in Economic History*, W. W. North and Company, 1981; Douglass C. North, *Institutions, Institutional Change and Economic Performance*, Cambridge University Press, 1990.

법(法)의 경제분석(經濟分析) 분야의 대표적 학자는 포즈너(Richard A. Posner)이다. 그는 법의 존재이유와 기능 속에 내재하는 경제적 논리를 정확히 이해하지 아니하고는 기존 법의 이해와 해석이 완전할 수 없다고 본다. 특히 코먼 로(common law)의 발달사를 보면 효율의 증대라는 논리가 근저에 흐르고 있다고 본다. 그는 재산권법, 계약법, 불법행위법 등의 코먼 로는 국부의 극대화를 위한 시스템으로서 이해할 때 가장 잘 설명된다고 주장한다.51) 제정법(statutory law) 내지 헌법(constitutional law)의 경우에는 코먼 로와 같은 정도로 경제논리가 강하게 내재하여 있지는 않지만 그 속에도 상당히 많은 경제논리가 존재하고 있어 경제분석이 가능하고 또한 필요하다고 본다.

그는 법에 대한 실증적(實證的) 분석(positive economic analysis of law)이 가능할 뿐만 아니라, 규범적(規範的) 분석(normative economic analysis of law)도 가능하다고 주장한다. 예컨대 일정한 목적을 실현하기 위해 바람직하다고 생각하는 법제도를 새롭게 구상할 때 무엇에 착안하고 어떻게 사고를 발전시켜 나가야 할까, 기존 법제도의 문제점을 발견하고 평가하고 또한 보다 나은 대안을 제시하기 위하여 어떻게 분석하고 어떻게 생각을 발전시켜 나가야 할까 등의 문제를 다룸에 있어서도 법의 경제분석은 크게 기여할 수 있다고 주장하고 있다.52)

다음은 법과 공공선택분야이다. 공공선택이론(public choice theory)은 합리적 선택모델을 정당제도, 이익집단(利益集團)의 논리, 선거의 룰(voting rule) 등 정치적 경쟁의 장에 적용하는 이론이다. 그런데 이 공공선택의 이론과 그 실증적 연구결

51) 그는 다음과 같이 주장한다. "Common law is best (not perfectly) explained as a system for maximizing the wealth of society." Richard A. Posner, *Economic Analysis of Law*, 4th edition, Little Brown and Co., 1992, p. 23. 이를 흔히 "the efficiency theory of common law"라고 부른다.

52) 법의 경제분석을 시도한 본격적 전문서로서는 앞에서 소개한 포즈너의 *Economic Analysis of Law*, 1992 이외에도 Steven Shavell, *Economic Analysis of Accident Law*, Harvard University Press, 1987; William M. Landes and Richard A. Posner, *The Economic Structure of Tort Law*, Harvard University Press, 1987; Frank Easterbrook and Daniel R. Fischel, *The Economic Structure of Corporate Law*, Harvard University Press, 1991; Steven Shavell, *Foundations of Economic Analysis of Law*, Harvard University Press, 2004 등을 들 수 있다.

과를 보면, 대단히 중요한 두 가지 문제를 종래의 전통법학에 제기하고 있음을 알 수 있다. 하나는 과연 행정행위(行政行爲)는 공익에 봉사하는 행위인가, 아니면 관련 이익집단의 이익, 즉 사익에 봉사하는 것을 사실상의 목적으로 하는 행위는 아닌가 하는 문제이다. 다른 하나는 현재 다수결원리(majority rule)에 기초한 입법활동이 과연 국민의 의사를 수렴하여 공익의 내용을 확정하는 기능을 제대로 하고 있는가 하는 문제이다.

입법행위와 행정행위가 가지는 법적 정당성의 전제는 그 행위가 공익의 실현을 위한 행위라는 데 있다. 만일 입법행위와 행정행위가 공익의 실현을 위한 것이 아니고 사익에 봉사하는 것이라면 입법과 행정행위의 정당성이 상실될 뿐 아니라 공법(公法), 특히 헌법과 행정법분야의 해석과 적용에 큰 문제가 발생하지 않을 수 없게 된다. 이러한 문제들에 대한 이론적·실증적 연구 그리고 정책적 대안 제시에 노력하는 것이 법과 공공선택분야이다.[53]

끝으로 헌법적 정치경제학(憲法的 政治經濟學, constitutional political economy)이 있다. 이 분야의 대표적인 학자는 뷰캐넌(James M. Buchanan)이다. 그는 종래의 경제학이 항상 일정한 제약조건 속에서의 선택(choice made within constraints)을 연구대상으로 하여 왔음에 비하여 헌법적 정치경제학은 제약조건 자체의 선택의 문제를 연구대상으로 한다고 주장한다. 일정한 제약조건에는 자연적 조건, 역사적 조건, 정치적 조건, 법과 제도적 조건, 관습과 관행에 의한 조건, 과거 선택에 의한 조건 등이 있을 수 있다고 보고, 이 중에서도 특히 정치적 제약조건과 법적·제도적 제약조건의 선택이 어떻게 이루어지는가를 연구하려 하는 것이 헌법적 정치경제학이다.

그런데 이 정치적·법적·제도적 조건의 선택은 그 사회구성원들 간의 집단적 계약을 통하여 이루어지는 것으로 본다. 사회구성원들 간에 상호제약을 교환하는 과정, 환언하면 서로의 자유를 교환하는 과정으로 본다. 그러한 의미에서 이

---

53) 이 분야의 대표적인 책으로서는 William N. Eskridge, Jr. and Philip P. Frickey, *Legislation: Statues and the Creation of Public Policy*, West Publishing Co., 1988; Susan Rose-Ackerman, *Rethinking the Progressive Agenda: The Reform of the American Regulatory State*, The Free Press, 1992; Daniel A. Farber and Philip P. Frickey, *Law and Public Choice: A Critical Introduction*, The University of Chicago Press, 1991 등이 있다.

헌법적 정치경제학은 홉스(Hobbes)적 계약주의(契約主義)와 아담 스미스(A. Smith)적 정치경제학(政治經濟學)의 결합이라고 볼 수 있다.54)

그러면 이상에서 본 바와 같은 각종의 신제도학파적 경향은 왜 일어나는 것일까? 20세기 후반기에 오면서 왜 법과 제도, 그리고 조직에 대한 연구가 활발하여지는 것일까? 그리고 법·제도·조직이 시장에 미치는 영향과 시장이 법·제도·조직에 미치는 영향에 대한 연구가 활발하여지는 것일까? 왜 법학·경제학·경영학·정치학·사회학·윤리학·역사학 등 사이에 학제적 연구가 활발하여지는 것일까?

두 가지 이유가 있다고 본다. 첫째는 이제는 이들 개별 학문이 풀어야 하는 사회적 과제들, 이론적·실천적 과제들이 이들 개별 학문의 종래의 방법론과 종전의 이론만으로는 해결할 수 없게 되었다는 것이다. 학문 간의 공동의 노력, 학제적 연구가 없으면 문제에 대한 올바른 이론적 규명과 실천적 대안의 제시가 불가능하게 되었기 때문이다.

19세기 이후 20세기 전반기에 이르기까지 사회과학이 각자 자기 완료적인 수개의 학문 분야로 특화되면서 나름대로 급속하게 발전하였고 분업의 원리에 따른 개별 학문의 생산성이 향상되어 왔음은 사실이다. 그러나 이제 후기산업사회(後期産業社會)를 맞이하여 인간의 사회적 존재양식이 대단히 복잡하고 다양해지고, 개인과 개인, 그룹과 그룹 사이의 상호연관성과 상호의존성의 정도가 급격히 증대하였다. 이에 따라 사회구성원리로서 특화와 분업(specialization and division of labor) 못지않게 통합과 협업(integration and coordination)이 중요하게 되었다. 학문의 영역에서도 마찬가지가 되었다.

예컨대 근래에 점점 더 중요한 문제로 제기되고 있는 환경오염문제, 산업재해문제, 관료부패의 문제, 화이트칼라 범죄의 문제, 생산성 하락의 문제, 노동소외(勞動疎外)의 문제, 가족문제와 노인문제, 무역마찰과 경제블럭화의 문제, 의회제도와 행정제도개혁의 문제 등 그 어느 문제 하나 경제나 법논리 혹은 정치논리만으로는 문제의 본질에 대한 정확한 이해와 올바른 대안제시가 가능하지 않다.

---

54) 이 헌법적 정치경제학의 연구대상과 그 방법론에 대한 가장 간단하고 명쾌한 설명은 뷰캐넌 자신이 쓴 다음 논문을 참조하라. James M. Buchanan, "The Domain of Constitutional Political Economics", 1 *Constitutional Political Economy* 1 (1990).

종래의 개별 학문 분야들의 통합적 노력과 협동적 노력이 있어야 비로소 이들 문제에 대한 올바른 해명과 올바른 정책방향의 제시가 가능하게 되었다.[55)]

신제도학파(新制度學派)가 등장하는 두 번째 이유는 20세기 후반부터 21세기에 걸쳐 나타나는 소위 국경없는 경제(無國境經濟, borderless economy)의 등장, 정치·경제·사회의 세계화·지구촌화 경향(世界化·地球村化 傾向, globalization)이다. 정보화사회를 배경으로 등장하는 이러한 경제·사회의 세계화·지구촌화 경향은 국가 간의 경제전쟁을 가속화시키고 있으며, 이 국가 간 경제전쟁은 많은 경우 정치·경제·사회 시스템의 경쟁의 형태로 가열되고 있다. 그런데 이 시스템의 경쟁은 곧 어느 나라의 법·제도·조직이 보다 우수한가의 문제로 귀착된다.

여기서 우수하다는 것은 어느 나라 법·제도·조직이 보다 (1) 효율적(efficient)이고, 동시에 (2) 공정한가(fair), 그리고 장기적으로 (3) 높은 학습능력(learning capability)을 가지고 있는가를 의미한다. 효율적이란 생산적임을 의미하고,[56)] 공정하다는 것은 사회적 납득성(社會的 納得性), 즉 사회구성원의 이해도 내지 수용의 정도가 높음을 의미한다. 그리고 학습능력이 높다는 것은 상황변화에 대한 적응력이 높음을 의미한다.[57)]

---

55) 예컨대 스태그플레이션의 문제 하나만 보아도 그 문제를 정확히 이해하고 올바른 정책대안을 제시하기 위하여는 학제간(學制間)의 통합적·협업적 노력이 필요함을 쉽게 알 수 있다. 실업과 인플레의 공존이라고 정의할 수 있는 스태그플레이션은 단순히 경제정책의 문제가 아니다. 그 나라 기업제도와 가격결정 관행, 독점규제법의 내용과 집행의 정도, 그리고 그 나라 노동법과 노사관계제도, 그리고 노동시장정책의 내용 등에 따라 문제의 성격과 선택하여야 할 정책방향이 크게 달라지는 문제이다. 예컨대 노동시장정책(교육훈련, 직업알선 등)이 활성화되어 있고, 노사정 간의 대화와 협조의 체제가 구축되어 있는 경우, 기업의 비용증가를 가격보다 생산성 향상이나 이윤감소로 흡수하는 경영관행이 지배하고 있는 경우에는 처음부터 스태그플레이션 자체가 큰 문제로 등장하지 않는다. 따라서 스태그플레이션의 문제가 등장하는 것은 이상에서 몇 가지 예시한 법정책·경제정책·경영정책 등의 문제가 쌓여서 나타나는 현상으로 보아야 할 것이다.

56) 효율적이란 생산적임을 의미한다고 하였는데, 이는 엄밀한 의미에서 동의반복적(同意反復的)이다. 보다 구체적으로 어느 경우에 법과 제도가 그리고 조직이 생산적이라고 볼 수 있는가를 밝히지 않으면 안 된다. 이에 대하여 각자 답하여 보라.

57) 정보기술의 급진전으로 인하여 앞으로는 법·제도·조직 등을 둘러싼 기술적·경제적 상황과 여건의 변화가 보다 가속화될 것으로 보여지므로 앞으로는 조직의 학습능력, 상황 및 여건변화에의 적응능력이 대단히 중요하고, 바람직한 조직특징으로 등장할 것이다.

결국 어느 나라 법·제도·조직이 보다 효율적이고 보다 공정하고 보다 학습능력이 높은가를 경쟁하는 시대로 전세계는 이동하고 있는 것이다. 이에 따라 학문의 영역에서도 법과 제도, 그리고 조직을 분석하고 이를 경제적 성과와 연결시키는 노력이 증대하고 있다. 이러한 노력은 이론적으로도 흥미 있음은 물론, 오늘날과 같은 세계화·지구촌화 시대에 있어서는 각별히 그 실천적·정책적 의의가 크다고 볼 수 있다. 왜냐하면 오늘날 각 민족 각 국가는 세계경쟁에서 승리하기 위해 자국의 법·제도·조직을 바르게 개혁하기 위한 법·제도·조직에 대한 학제적 연구경쟁·지력(知力)경쟁에 나서고 있기 때문이다.

환언하면 앞으로는 어떻게 하면 지속적인 학습(continuous improvement)이 가능한 조직을 만들 수 있는가, 지속적인 자기수정과 자기학습(self-improvement)이 가능한 제도를 만들 수 있는가가 대단히 중요한 과제가 된다. 이와 관련하여 최근에 어떠한 이론적 논의와 실증적 연구들이 일어나고 있는지를 보기 위하여는 다음을 참조하라. Thomas A. Kochan and Michael Useem (eds.), *Transforming Organizations*, Oxford University Press, 1992.

제2장 법경제학의 기초이론

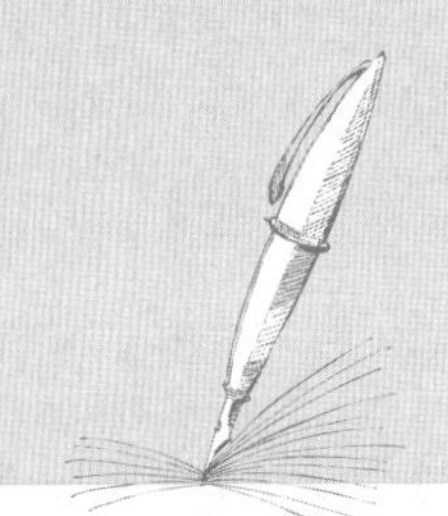

제 1 절 하이에크의 법과 경제

법과 경제의 상호관계·상호작용·상호의존에 대한 연구는 17, 18세기 스코틀랜드의 도덕철학에서 시작되었다. 이 스코틀랜드의 도덕철학의 지적 전통을 가장 끈질기게 지키며, 이를 유지·발전시켜 온 대표적인 현대의 사회철학자가 프리드리히 하이에크(Friedrich A. Hayek)이다. 따라서 법과 경제의 관계에 대한 원초적이고 원론적인 이해를 위해서 우리는 하이에크의 이론에 대한 올바른 이해로부터 출발하여야 한다.

그의 이론체계는 사회철학방법론(社會哲學方法論)·심리론·법학·경제학·정치학 등의 5개 분야로 구성되는 하나의 거대한 종합체계를 이루고 있다. 그러나 그 중 법과 경제에 관한 그의 이론이 그의 전체 이론체계의 중심을 이루고 있다. 본 절에서는 법과 경제에 대한 하이에크의 이론을 체계적으로 분석·소개하고자 한다.

제1항 질서관(秩序觀)

하이에크는 질서를 "다양한 요소가 결합되어 있는 상황 속에서 그 전체의 일부를 인지하면 나머지 부분에 대한 정확한 예측을 할 수 있거나 적어도 나머지 부분에 대한 예측이 정확할 가능성이 극히 높은 경우"[1)]라고 정의하고 있다. 그리

1) F. A. Hayek, *Law, Legislation and Liberty*, Routledge and Kegan Paul, 1982, p. 36.

고 그는 이를 시스템(system)·구조(structure)·패턴(pattern)이라고 불러도 무방하다고 보고 있다.

이런 의미의 질서, 특히 사회에서의 질서는 중세(中世)까지는 신(神)의 명령이나 지배자의 의지에 의해 형성된다고 보아 왔다. 그러나 중세에서 근세(近世)로 넘어오면서, 분업이 발달하고 지식이 사회 각 부문에 확산되면서, 인간의 여러 사회활동의 결과와 신 혹은 지배자의 의지와의 관계가 불분명하게 되기 시작했다. 특히 인간사회에서 발생하는 여러 현상들이 복잡다양해지면서, 이 현상들이 많은 사람들의 행위의 결과임에는 틀림없지만, 그렇다고 어떤 특정 인물 혹은 존재의 의도나 계획의 결과라고 보기에는 점점 어렵게 되어 갔다. 여기에서 소위 사회과학(社會科學)이라는 학문의 등장이 필요하게 되는 것이다. 왜냐하면 하이에크가 정확히 표현했듯이, "사회이론(social theory)은 인간의 행위의 결과이면서도, 인간의도의 결과가 아닌, 질서 있는 구조가 존재함을 밝혀내는 것을 목적으로(The discovery that there exist orderly structures which are the product of the action of many men but are not the result of human design)"[2] 하기 때문이다. 환언하면 사회과학이 해명해야 하는 과제는 사회전체가 특정의 공동목적을 가지지 아니하여도(신이나 지배자의 단일의지에 의존하지 아니하여도), 그리고 사회구성원 각자가 서로 다른 개별목적을 가지고 행동하여도 그들 행동의 결과가 사회전체에 하나의 질서를 생성시킬 수 있음을 보이는 데 있다. 만일 사회질서가 신이나 지배자의 단일의지에 의존한다면 사회질서에 대한 연구는 신학(神學)이나 심리학(心理學)의 문제로 된다. 모든 사회질서가 인간의도의 결과라고 하는 경우에도 심리학은 존재할 수 있으나 사회과학은 존재할 수 없다.

신의 지배에서 인간을 해방시키는 과정이 근대화라면, 이성뿐 아니라 욕망까지도 해방된 인간이 각자 개별적 자기목적(自己目的)을 추구하며 활동하여도 사회전체의 질서가 유지되고 평화와 발전이 약속될 수 있음을, 그러한 원리가 존재함을 밝혀내는 것이 근세 초기의 모든 사회사상가들이 풀어야 할 시대적 과제였다. 그리하여 당대 탁월한 사회과학자였던 아담 스미스(Adam Smith)는 그의 『도덕감정론』(道德感情論), 『국부론』(國富論) 등의 이론체계에서, 사회구성원 각자의 자유

---

2) F. A. Hayek, *Law, Legislation and Liberty*, Routledge and Kegan Paul, 1982, p. 36.

스런 개별적 행동이 "보이지 않는 손(invisible hand)"에 의해 유도되어, "자신이 의도하지 않았던 결과(to promote an end which was no part of his intentions)",[3] 즉 공익(公益)의 증진을 가져올 수 있음을 보였던 것이다.

하이에크는 이 근대시민사회의 질서의 문제, 구성원리(構成原理)의 문제를 보다 체계적·심층적으로 분석하여 들어가고 있다. 앞 장에서도 간단히 소개한 바 있으나, 그는 사회적 질서(social order)를 대별하여 두 종류로 나누고 있다. 첫째는 자생적 질서(自生的 秩序, spontaneous order, grown order, endogenous order)로서 그리스어로는 코스모스(kosmos)로 표현되는 질서이다. 둘째는 소위 계획된 질서 혹은 작위적 질서(作爲的 秩序, organization, made order, exogenous order)로서 그리스어로는 택시스(taxis)로 표현되는 질서이다.

여기서 자생적 질서란 인간행위의 결과이나 의도의 결과가 아닌 질서를 의미하며, 예컨대 언어(language) 즉 문법의 질서, 혹은 도덕률(道德律, morals), 그리고 뒤에서 다시 언급할 시장질서(market order) 내지 교환질서 등이 이에 속한다. 반면에 계획된 질서 혹은 작위적 질서(作爲的 秩序)는 구체적 목적을 가지고, 비교적 인지 내지 감시하기 쉽게 특정 사람들에 의해 만들어진 질서이다. 따라서 이 작위적 질서는 단순성(simple), 구체성(concrete) 그리고 목적성(serving a purpose)을 가지며, 우리가 주위에서 보는 대부분의 조직, 예컨대 회사·정부·학교 등은 모두 여기서 이야기하는 계획된 질서에 속한다. 반면에 자생적 질서는 대단히 복잡하여, 인간이 모두를 인지하거나 감시하기 어렵고, 기본적으로 추상적이며 무목적적(無目的的)이라는 특징을 가진다.

여기서 추상적이고 무목적적이란 말은 구체적이고 개별적인 목적을 가지지 아니한다는 의미이다. 예컨대 문법의 질서나 시장의 질서는 특정 개인이나 집단의 이익을 위해 계획된 것은 아니다. 문법이나 시장의 질서는 오히려 학습과 진화의 과정을 통하여 개별 사회구성원이 끊임없이 변하는 새로운 상황에 자신을 새롭게 적응하는 과정 속에서 무의도적(無意圖的)으로 형성·발전되어 왔다고 볼 수 있다.

그러면 작위적 질서는 인간이 의도할 때 성립될 수 있으나, 자생적 질서는

---

3) F. A. Hayek, *Law, Legislation and Liberty*, Routledge and Kegan Paul, 1982, p. 37.

어느 때 성립하는가? 자생적 질서성립의 전제조건은 무엇인가? 하이에크는 사회구성원들이 일정한 행위준칙(行爲準則, rules of conduct) 내지 일반규칙(general rules)을 따라 행동할 때, 즉 사회구성원들이 일정한 행위준칙에 따라 환경의 변화에 대응할 때 비로소 자생적 질서가 형성될 수 있다고 주장한다. 그 행위준칙을 행위자가 명백히 인지하고 있느냐 아니냐는 문제가 되지 않고, 행위의 반복성이 중요하다고 본다. 마치 만유인력(萬有引力)의 법칙을 따르는 물체 스스로가 그 법칙의 존재를 인식하지 않고도 만유인력의 법칙의 지배를 받는 것과 같다. 여하튼 여기서의 일정한 행위준칙 혹은 일반적 규칙은, 뒤에 재론하겠으나, 그리스어의 노모스(nomos), 즉 개인의 공정한 행위준칙(rules of just conducts)을 의미한다.

모든 사회구성원이 개별적 목적을 가지지 않는 보편적이고 일반적인 공정한 행위준칙을 따를 때 자생적 질서 즉 코스모스는 형성될 수 있다. 이 자생적 질서가 형성될 때, 그것에 의지하여 우리는 사회구성원에게 각자 자기의 다양한 목적을 자유롭게 추구하도록 허용할 수 있으며, 동시에 분업(分業)과 특화(特化)의 발달의 결과로, 사회구성원 각자에게 분산되어 있는 지식을 특정 지배자의 의지에 의존하지 아니하고도 유용하게 이용할 수 있게 된다. 이 흩어져 있는 지식을 집중시켜 생산적으로 활용하는 자생적 질서가 바로 시장질서인 것이다.[4)]

끝으로 다음의 사실을 하나 지적해 두기로 한다. 아담 스미스나 흄(D. Hume) 등에 의해 대표되는 스코틀랜드학파가 강조한 것이 바로 이 자생적 질서의 존재였다는 사실이다. 반면에 데카르트(R. Descartes) 등의 대륙적 합리주의자들은 사회 속에 이러한 자생적 질서의 존재를 거부하고, 사회를 계획된 질서, 인간의 이성(理性)에 의해 만들어지고 의도된 질서로만 이해했다는 사실이다. 환언하면 이들 합리주의자들은 사회를 하나의 조직으로 보는 입장을 취하기 때문에, 인간이성과 과학의 힘을 통하여 사회를 얼마든지 재조직·재구성할 수 있다고 보았다.

---

4) 하이에크는 시민사회의 특징인 분업체계(分業體系)를 분사되어 있는 지식체계(知識體系)로 보고, 소위 경제학의 주관심대상인 자원의 효율적 배분의 문제는 분산되어 있는 지식의 효율적 동원·조직·활용의 문제로 본다(The economic problem of society is …… a problem of the utilization of knowledge which is not given to anyone in its totality). F. A. Hayek, *Individualism and Economic Order*, The University of Chicago Press, 1948, pp. 77－78.

소위 인간이성의 무한한 능력을 믿는 과학주의(科學主義, scientism)나 신인동형동성론(神人同形同性論, anthropomorphism)적 사고와 그 궤를 같이 하고 있는 것이 이 데카르트식의 합리주의적 사고이고, 이러한 지적 전통은 그 이후 생시몽·콩트·헤겔·마르크스 등으로 전수되어 오고 있다.5)

반면에 로크·칸트 등의 고전적 자유주의자나 흄·스미스 등의 스코틀랜드 도덕철학자 등은 인간이성의 한계를 주장하고, 인간의 인식범위확대의 진화론적·경험론적(進化論的·經驗論的) 측면을 강조한다. 따라서 인간사회를 구체적 목적을 가지고 조직하려는 노력을 경계하고, 오히려 자생적 질서에 대한 자각과 이 자생적 질서의 활성화 속에서 인간의 자유와 발전의 원리를 찾으려 노력한다.

제2항 경제관(經濟觀)

하이에크는 사회에 있어서 자생적 질서의 경제적 측면을 카탈랙스(catallaxy)라고 부르고 있다. 이는 시장을 통하여 형성되는 자생적 질서, 곧 시장질서를 의미한다. 그는 카탈랙스를 "각 사람들이 재산권법·불법행위법·계약법을 지키며 행동할 때 시장을 통해 형성되는 자생적 질서의 한 종류(A catallaxy is the special kind of spontaneous order produced by the market through people acting within the rules of the law of property, tort, and contract)"라고 표현하고 있다.6) 엄밀하게 이야기하면 경제(an economy)란 가정·기업·국가 등과 같이 특정 목적을 위해 의도적

5) 하이에크는 사회현상을 의인화(personify)하여 어떤 구체적 목적을 가지고 움직이는 것으로 보는 견해를 "의도주의"(intentionalism) 혹은 "인위주의"(人爲主義, artificialism)라고 부르고, 이는 철학적으로 신인동형동성론(神人同形同性論)이나 정령설(精靈說, animism)에 뿌리를 둔 것으로 본다. 사회현상을 위와 같은 입장에서 이해하게 되면 자연히 사회문제를 해결하는 데 보다 적극적으로 인간의 의지에 의한 해결, 구체적 계획에 의한 해결에 호소하게 된다. 그리하여 사회를 얼마든지 다시 만들 수 있다고 하는 신념이 생기고 여기에 인간이성에 대한 무한신뢰를 주는 과학주의(科學主義)가 결합이 되면 곧 설계주의(設計主義, constructivism)적 입장이 등장한다. 사회를 인간의 설계의 대상으로서 보는 입장이 그것이다.

6) F. A. Hayek, *Law, Legislation and Liberty*, Vol. 2, *The Mirage of Social Justice*, Routledge & Kegan Paul, 1982, p. 109.

으로 조직화되고 협동화된 경제단위를 의미하므로, 하이에크는 이와 같은 의미를 가지는 이 경제라는 용어를 피하고 자생적 시장질서를 표현하기 위해 카탈랙스라는 그리스어를 사용하고 있다.7)

근대 초기의 경제학자들은 근대사회의 현저한 특징을 분업(分業)의 발달에서 찾았고 그들의 이론을 이 분업에 기초하여 발전시켜 왔다. 그런데 하이에크의 경제이론상의 특징은 이 분업, 즉 노동의 분할(division of labor)이라고 하는 현상을 지식의 분할(division of knowledge) 혹은 지식의 분산(dispersion of knowledge)으로 이해했다는 데 있다. 즉 분업에 기초한 사회에서는 여러 사람들이 경제행위를 영위하기 위해 필요한 지식·정보는 어떤 특정인 혹은 특정 조직에 집중되어 존재하는 것이 아니라, 무수히 많은 사람들 혹은 무수히 많은 조직들에 넓게 분산되어 있다는 통찰이다. 따라서 그는 카탈랙스의 중심문제, 시민사회에서의 경제의 중심문제를 이와 같이 분업의 진전에 의하여 무수히 많은 사람들에게 흩어져 있는 지식과 정보를 어떠한 메커니즘을 통하여 조직적·생산적으로 활용하느냐, 또한 그 지식과 정보를 필요로 하는 각 경제주체에게 그 지식과 정보를 정확히 전달하는 질서를 어떻게 만들 것이냐의 문제로 보았다.

하이에크는 경제의 참문제를 소위 왈라스(L. Walras) 이후 신고전파 근대경제학자들의 주장과 같이 이미 주어진(발견된) 생산적 자원의 효율적 배분의 문제로 보지 않고, 흩어져 있는 생산적 자원 즉 지식과 정보를 찾아내는 문제로 보았다. 환언하면 사회구성원 각자의 개별목적 달성을 위해, 사회구성원 사이에 흩어져 있는 지식과 정보를 어떻게 생산적·효율적으로 동원·전달·활용할 수 있는가의 문제로 보았다. 따라서 경제문제의 실천적 과제는 흩어져 있는 지식과 정보를 조직적으로 동원할 수 있는 합리적 경제질서(合理的 經濟秩序)를 세우는 문제가 된다. 하이에크는 이러한 합리적 질서는 분권적 의사결정이 지배하는 시장, 카탈랙스의 장(場)에서 가능하다고 보기 때문에, 결국 시장을 정보(情報)시스템으로, 즉 정보가 수집·교환·분산·집중되는 시스템으로 본 것이다. 이와 같이 시장을 정보·교환시스템(information or communication system)으로 보는 데에 하이에크의 시장관

---

7) 본래 katallatein이란 동사에서 나온 용어로 '교환하다', '공동체의 일원으로 받아들이다', '적을 동지로 만들다' 등의 뜻을 가진 말이다.

(市場觀)의 특징이 있다.

그는 인간의 지식에는 두 가지 종류가 있다고 주장한다. 하나는 소위 과학적 지식(scientific knowledge)이다. 이는 전문가들이 그 지식의 내용을 가장 잘 알고 있는 지식으로서 이미 잘 정리·조직화되어 있는 지식이다. 그러나 이 과학적 지식만이 지식의 전부는 아니다. 다른 하나의 소위 특수상황적 지식(特殊狀況的 知識), 시공(時空)의 제약을 받는 특수상황적 지식(the knowledge of the particular circumstances of time and place)이 존재한다. 이 지식은 대단히 중요하나 조직화되어 있지 않은 지식이고, 그 지식을 가진 개개인만이 그 지식을 가장 잘 숙지하고 가장 잘 활용할 수 있는 지식(예컨대, 기능공의 숙련)이다. 일반적으로 이론적·과학적 지식만을 중시하고 특수상황적 지식은 경시하는 경향이 있는데, 이는 큰 잘못이라고 하이에크는 지적한다. 혹자는 이를 하이에크의 "현장주의(現場主義)"라고 부르는데,[8] 흥미 있는 표현이다.

국부증대(國富增大)에 있어서 이 특수상황적 지식은 대단히 중요하다. 그런데 이 특수상황적 지식은 비체계적으로 광범위하게 분산되어 있고, 그 분산되어 있는 상태에 대한 모든 정보를 사전(事前)에, 즉 계획을 세우기 이전에 모두 수집하는 것은 현실적으로 어렵기 때문에 중앙집권적(中央集權的) 계획경제질서는 흩어져 있는 이러한 지식의 효율적 동원 및 이용체계로서는 한계를 가질 수밖에 없다. 결국 분권적(分權的) 시장경제질서가 중앙집권적 계획경제질서보다 특수상황적 지식의 보다 효율적인 동원 및 이용체계로서 등장하게 되는데, 이것이 바로 하이에크가 이야기하는 카탈랙스이다.

그러면 흩어져 있는 특수상황적 지식, 개별적·구체적 지식이 어떻게 하여 효율적·조직적으로 동원·교환·활용될 수 있으며, 그 과정에서 어떻게 하나의 질서로서의 카탈랙스가 형성되는가? 여기에 등장하는 것이 이러한 특수상황적 지식의 "발견과정(發見過程)으로서의 경쟁(競爭)(competition as a discovery procedure)"이다. 환언하면 경쟁과정이 이러한 특수상황적 지식을 찾아내서 생산적으로 이용하게 하는 압력 내지 유인으로 작용한다.[9]

---

8) 古賀勝次郎, 『ハイエクの政治經濟學』, 新評論, 1981, p. 107.

9) 경쟁에 대한 Hayek의 견해는 F. A. Hayek, *Individualism and Economic Order*, The University of Chicago Press, 1948의 제5장 The Meaning of Competition에 가장 잘 설명되고 있다.

여기서 하이에크가 경쟁을 보는 입장과 일반 신고전파학자들의 경쟁관과는 큰 차이가 있음을 밝혀 두어야 할 것이다. 일반 신고전파이론가들은 상태(狀態, situation)로서의 경쟁을 생각하나, 하이에크는 과정(過程, process)으로서의 경쟁을 생각한다. 하이에크에게 경쟁이란, 예컨대 누가 소비자들의 선호를 가장 적은 사회적 비용(가장 낮은 가격)으로 만족시켜 줄 수 있는가, 그런 능력과 기술을 가진 생산자는 누구인가를 찾아가는 발견과정이다. 환언하면 소비자가 원하는 물건을 가장 저가(低價)로 공급할 수 있는 지식(과학적 지식과 특수상황적 지식)의 소유자를 찾아내는 과정이다. 가격(P, Price)이 한계비용(MC, Marginal Cost)으로 접근해 가는 과정($P \rightarrow MC$) 자체가 경쟁이라고 본다. 따라서 신고전파에서 완전경쟁을 표현하는 가격과 한계비용이 일치하는 ($P=MC$) 상태란 실은 하이에크식으로 보면 경쟁이 끝났거나, 경쟁이 부재(不在)하는 상태라 할 수 있다. 특히 신고전파의 완전경쟁모델에서는 완전지식(perfect knowledge)이 가정되고 있는바, 이는 하이에크의 경쟁관에서 보면 경쟁이 끝난 단계를 의미하는 것이 된다. 왜냐하면 완전지식이 없어 완전지식을 향하여 이를 찾아가는 과정이 본래 경쟁이기 때문이다.

이상에서 카탈랙스가 경쟁적일 때, 분산된 지식의 효율적 활용이 가능함을 보았으나, 카탈랙스 자체가 분권적 의사결정구조를 가지고 있으므로 분산된 지식의 효율적 활용이 가능함도 결코 잊어서는 아니 된다. 이미 앞에서 지적한 바와 같이 특수상황적 지식은 각각의 개별주체가 가장 잘 활용할 수 있는 지식이므로, 결국 개별주체에게 의사결정권이 주어질 때, 즉 개별주체가 분권적 의사결정권을 가질 때, 그 지식들이 가장 효율적으로 활용될 수 있다.

그러면 다음의 문제는 분권적 의사결정구조 속에서 각 경제주체의 개별적 행위를 어떻게 조정·통합하느냐 하는 것이다. 환언하면 개별경제주체의 행위를 사회전체의 관점에서 볼 때 바람직한 방향으로 어떻게 계도·조정하느냐의 문제이다. 여기에 등장하는 것이 가격기구(價格機構, price system)의 조정기능이다. 예컨대 A 상품의 가격상승은 그동안 A의 사용자들에게 사회 어디에선가 A를 생산적으로 사용한 기회가 보다 많이 발생하였으므로(혹은 A를 생산하는 데 과거보다 보다 많은 사회적 비용이 들게 되었으므로), A의 사용을 보다 절약하고 경제화(經濟化)해야 한다는 정보를 전달하는 것이 된다. 그리하여 소비자들은 A의 소비를 줄이게 된다. 왜 A의 상대가격에 변화가 있었는가에 대해서 알지 못하고도 많은 사람들로 하여금 사회적으로 보아 바람직한 방향으로, 즉 A를 절약하는 방향으로 행동하게 한다. 결국 적은 지식으로 많은 사람의 올바른 행동을 결과할 수 있는 소위 지식의 경제(economy of knowledge)도 작동하게 된다.[10]

이상과 같이 카탈랙스는 가격기구의 정보교환기능을 통하여 개별경제주체의 개별경제행위를 연결·조정·통제하는 기능을 한다. 그런데 이 가격기구는 인간의 행동의 결과이지만 인간의도의 결과는 아니다. 많은 사람들이 가격의 변화에 따라 행동하지만 왜 가격의 변화가 있었는지, 자기행위의 최종결과가 무엇이 될지를 정확히 알지 못한다. 이러한 의미에서 시장질서·가격기구는 하나의 자생적 질서라고 볼 수 있다.

요약컨대 카탈랙스라는 시장질서는 두 가지 성격을 가진다. 첫째는 사회구성원들이 공정한 행위준칙을 지키는 한, 신이나 지배자의 의지에 의존하지 않고도 자연히 형성될 수 있는 질서이다. 둘째는 부(富)를 창출하는 질서(a wealth-creating game)이다. 사회 각 구성원 사이에 흩어져 있는 지식을 경쟁과 가격기구를 통하여 생산적·효율적으로 동원함으로써 국부의 증대를 결과하는 질서이다.

제3항 법관(法觀)

하이에크는 그의 법이론 전개를 위해 법을 두 가지 종류로 나눈다. 하나는 자유(自由)의 법(law of liberty), 오랜 역사 속에서 많은 법률가들에 의해 발견되어 온 법(lawyer's law, judge-made law), 진화과정(進化過程)을 통해 생성되어 온 법(grown law)이고, 다른 하나는 입법(立法)에 의한 법(law of legislation), 조직관리(organization)를 위해 입법자들에 의해 제정되어 온 법(legislator's law), 창조되어 온 법(invented law)이다. 전자는 Droit, Diritto, Recht의 의미로 입법자·지배자도 포함하여 모든 사회구성원의 행위를 구속하는 법이다. 이에 반하여 후자는 Loi, Legge, Gesetz의 의미로 지배자가 그가 지배하는 기관·조직을 관리하기 위하여

10) 시장기구를 흩어져 있는 지식의 효율적 동원기구로 보는 하이에크의 견해는 *Individualism and Economic Order*, The University of Chicago Press, 1948의 제4장 The Use of Knowledge in Society에 가장 잘 요약되어 있다.

제정한 법으로서 반드시 지배자를 구속하지는 않는다. 하이에크는 전자를 그리스어의 노모스(nomos), 후자는 테시스(thesis)로 표시하고 있으며, 전자는 자유와 양립하여 자유를 촉진·확대시키는 법이고, 후자는 자유와 대립하여 자유를 위축시키는 법으로서 구별하고 있다.

노모스, 즉 자유의 법은 공정한 행위준칙(rule of just conduct)을 의미하는 것으로, 개인이 자유로이 자기의 개인적 목적을 추구할 수 있는 자유의 영역을 설정해 주는 것이다. 우리가 재산권(property)을 존 로크(John Locke)식으로 광의로 사용하여 단순히 재화뿐 아니라 생명·자유 모두를 포함하여 개인적 영역(個人的 領域, boundary)을 한계지우는 것으로 본다면, 노모스·재산권·자유 등은 모두 불가분리의 관계를 가진 하나의 통일체로 볼 수 있다.

또한 노모스는 구체적·개별적 의지와 목적을 가지고 있지 않은 추상적·일반적(抽象的·一般的) 규칙이다. 또한 노모스는 재판관(裁判官) 등을 포함한 다수의 법률가들이 구체적 문제를 하나하나 해결해 가는 과정 속에서 무엇이 올바른 행위준칙인가를 찾아가는 과정 속에서 형성·발전되어 온 법이다. 이런 의미에서 노모스는 코먼 로(common law)적 성격이 강하다. 본래 어떤 법체계도 처음부터 전체의 체계가 설계되고 그에 기초하여 일거에 모두가 체계화되었던 것은 아니다. 역사적으로 보아도, 법전화(法典化)의 시도는 현존하는 여러 법적 판단, 분산되어 있는 개별법률 등을 모으고 일관성과 제합성(齊合性) 유지를 위해 수정·보완하는 과정을 겪었다. 이러한 과정에서 재판관 등의 법률가는 어떤 특정한 구체적 목적을 가질 수 없고 사회에서 발생하는 여러 대립을 해결하는 일반규칙·공정한 행위준칙을 찾아가고, 이를 개선한다는 추상적 목적밖에 가질 수 없는 것이다.

이렇게 해서 발견되고 발전하는 노모스는 결국 어떠한 사회적 기능을 하는가? 하이에크의 표현을 빌리면 공정한 행위준칙·행위의 일반규칙인 노모스는 개별적·구체적 결과의 도출에 기여하는 것이 아니라 일반적·추상적 질서의 창출에 기여하게 된다(An abstract order can be the aim of the rules of conduct)고 한다.[11] 그러면 여기서 이야기하는 일반적·추상적 질서란 무엇인가? 한마디로 이는 앞에

---

11) F. A. Hayek, *Law, Legislation and Liberty*, Vol. 1, *Rules and Order*, Routledge & Kegan Paul, 1982, p. 113.

서 본 자생적 질서(spontaneous order)를 의미한다. 결국 노모스는 자생적 질서의 성립에 기여하는 셈이 된다. 하이에크가 "재판관이야말로 자생적 질서를 창출하는 하나의 제도이다.(The judge is in this sense an institution of spontaneous order)"12)라고 주장한 것은 바로 이와 같이 노모스의 발견과 준수가 자생적 질서 성립의 전제조건임을 강조한 것이라고 볼 수 있다.

여하튼 자유사회란 특정의 공동목적에 의존하지 않는, 즉 득정 인간의 의지로부터 독립되어 개개 인간이 스스로의 판단에 따라 각자의 자기목적을 위해 행위하는 사회이다. 다만 이 개인적 자유가 최대한 허용되고 보장되기 위해서는 일반적·추상적 행위질서를 형성·유지시키는 법의 지배(rule of law), 즉 노모스의 지배가 전제되어야 한다. 아니 노모스에 의해 지배되는 사회에서만 개인적 자유는 최대한 보장될 수 있다. 이런 의미에서 우리는 노모스를 "자유의 법(law of liberty)"이라고 부르는 것이다. 우리가 흔히 법치주의, 법치국가를 이야기할 때의 법은 바로 이러한 공정한 행위의 일반준칙(a universal rule of just conduct)으로서의 노모스를 의미함을 잊어서는 안 된다.

이상과 같은 노모스와는 다른 종류의 법, 즉 테시스가 우리 사회에는 존재하고, 이 양자의 구별을 명확히 하지 않으면 안 된다고 보는 것이 하이에크의 주장이다.

테시스(thesis)는 특정인(特定人)들에만 적용되는 것으로서 입법자가 의도하는 구체적 목적에 봉사하는 규칙을 의미한다. 앞에서 노모스가 자생적 질서, 즉 코스모스(kosmos)의 형성에 봉사하는 법임을 보았으나, 여기서의 테시스는 계획된 질서인 택시스(taxis)의 형성에 기여하는 법, 즉 조직(organization)을 위한 법이다.

조직을 위한 법률·조직규칙으로서의 테시스는 명령을 통하여 구성원들에게 특정한 임무와 책임을 부여하고, 그 명령은 그대로 그 조직 내의 구체직 질시(order)를 형성한다. 이 구체적 질서는 그 조직의 본래 목적의 효율적 수행을 위해 불가결하게 개개인의 자유의 폭을 축소시킨다.

하이에크는 정부에는 대별하여 두 가지 권능이 주어져 있다고 본다. 첫째는 공정한 행위의 일반준칙을, 즉 노모스를 발전시키고 강화하는 것, 둘째는 국민들

---

12) F. A. Hayek, *Law, Legislation and Liberty*, Vol. 1, *Rules and Order*, Routledge & Kegan Paul, 1982, p. 95.

에게 민간부문이 공여할 수 없는 여러 가지 공적 서비스를 제공하는 것이 그것이다. 그런데 여러 가지 공적 서비스의 제공은 결국 이를 제공하는 조직을 만들어야 하고, 그를 위해 조직의 규칙·조직을 위한 법률인 테시스를 만들어야 한다. 따라서 결국 정부의 권능은 노모스와 테시스를 제정하는 것으로 요약할 수 있다.

노모스를 위해 입법부가 법(recht)을 제정한다 하여도, 이는 그 동안 발견된 공정한 행위준칙을 일반화·공식화함에 불과하다. 엄밀히 말하면 진화하고 있는 노모스의 발전을 돕기 위한 활동이 된다. 이러한 의미에서 노모스는 사회에 선행(先行)한다고 할 수 있다. 데카르트, 홉스, 루소, 벤담 그리고 오늘날의 법실증주의자(法實證主義者)들처럼 사회가 법에 선행한다고 하는 주장을 하이에크는 거부한다. 그는 "인간이 남과 더불어 살 수 있는 공동의 일반행위준칙을 발견하고 그를 실천한 후에야 사회라는 질서 있는 관계가 성립할 수 있다(It is only as a result of individuals observing certain common rules that a group of men can live together in those orderly relations which we call a society)."[13]고 생각한다. 그리고 그는 계속하여 "모든 법이 입법의 결과는 아니라고 보고, 사실은 사회구성원들 간의(공정한 행위준칙에 대한) 의견의 일치가 그에 대한 입법화(立法化)에 선행한다(Not all law can be the product of legislation …… such coincidence of opinion will thus have to precede explicit agreement on articulated rules of just conduct)."[14]고 주장한다. 여기서 이야기하는 사회에 선행하는 법, 입법에 선행하는 사회구성원 간의 의견의 일치가 바로 노모스임은 두말할 나위도 없다. 소위 법의 지배라든가 법 아래의 정부(government under the law)라고 할 때의 법, 국민뿐만 아니라 정부도 규제받아야 하는 법, 그것이 곧 노모스이다. 따라서 노모스는 결코 개인적 자유와 상충하지 않는다. 아니 오히려 개인적 자유의 영역을 타인과 국가의 개입으로부터 최대한 보호해 주는 기능을 한다.

테시스(thesis)로서의 법률(Gesetz)에 있어서는 문제가 달라진다. 테시스란 정부가 보다 상위의 입장에서 국민에게 각종 서비스를 제공하는 조직을 만들고 지

---

13) F. A. Hayek, *Law, Legislation and Liberty*, Vol. 1, *Rules and Order*, Routledge & Kegan Paul, 1982, p. 95.

14) F. A. Hayek, *Law, Legislation and Liberty*, Vol. 1, *Rules and Order*, Routledge & Kegan Paul, 1982, p. 95.

도하는 것이기 때문에 구체적 목적을 가지고 구성원들에게 명령하게 된다. 더구나 정부란 조직은 다른 조직과 달리 공적 강제력을 가지고 있기 때문에, 이 조직의 규칙·조직을 위한 입법으로서의 테시스가 만일 자의적으로 남용된다면 항상 개인의 자유에 큰 위협이 될 수 있다. 조직의 논리를 내세워 개개인이 가지고 있는 지식을 스스로의 판단에 의해 사용할 수 있는 자유의 영역을 크게 제한할 위협이 상존한다.

만일 정부가 민간부문(民間部門)이 공급할 수 없는 재화와 서비스 부문에만 자신들의 역할을 최소화하지 않고 자신들의 역할을 증대시켜 사회의 각 영역에 확대하여 간다면, 민간부문이 제공할 수 있는 재화와 서비스 부문까지도 자신들이 직접 생산·제공하는 등 정부의 역할을 확대하여 간다면, 이는 곧 사회전체를 하나의 조직으로 만들어가는 작업이 된다. 즉, 전사회의 조직화·계획화이다. 결국 노모스의 발전·강화라는 의미로서의 입법의 영역은 축소되고, 입법부에서 제정되는 모든 법률은 결국 조직을 위한 법, 테시스로 변해 버린다. 결국 전체가 하나의 거대한 조직으로 변한 사회에서 개인의 자유영역은 없어지고 개인은 수단화되고 입법은 모두가 사회·경제입법(social economic legislation)이 된다.

법의 지배는 본래가 입법의 범위에 대한 제한을 의미하는 것이다. 따라서 법의 지배에서의 법은 노모스이고, 이 노모스에 의해 테시스가 지배·제한되는 관계를 의미하는 것이 곧 법의 지배이다. 정부의 제2기능인 공공서비스 제공기능도, 그것이 공정한 행위준칙인 노모스가 허용하는 범위 내에서, 즉 자유의 법으로서의 노모스가 허용하는 범위 내에서 제한되어야 한다. 조직의 규칙으로서의 테시스가 이와 같이 노모스에 의해 제한될 때 테시스는 자유의 문제와 상충하지 않게 된다. 따라서 입법부에서 제정된 것만이 법률이라든가, 또는 입법부에서 세정된 것은 모두 같은 법률이라고 주장하는 법실증주의는 극히 위험하고 잘못된 견해이다.

하이에크는 근대 이후 법개념의 변화를 극히 우려할 만한 현상으로 보고, 그것을 오늘날 자유사회에서의 각종의 체제위기의 근본적 원인으로 보고 있다. 그는 근세 이후의 법개념(法概念)의 변화를 노모스로부터 테시스로의 변화, 법(法)의 지배(Herrschaft des Rechts)로부터 법률(法律)의 지배(Herrschaft des Gesetzes)로의 변화, 법치국가(法治國家, Rechtsstaat)로부터 법률국가(法律國家, Gesetzesstaat)로의 변화로 파악하고 있다. 그리고 이는 사법(私法, private law)의 우위로부터 공법(公法,

public law)의 우위로의 전환으로 나타난다고 보고 있다.

사법이란 오랜 사회의 발전과정 속에서 다수의 법률가들에 의해 발견·발전되고 서서히 성문화된 법임에 반하여, 공법은 특정 목적을 가지고 만들어진 조직의 법률이므로 어떤 의미에서 입법은 공법의 영역에서 많이 발전해 온 면이 있다. 그러나 사법은 올바른 행위의 일반준칙을 정하는 법이므로 공법이 규정하고 있는 국가기구·국가조직의 변화가 있어도, 계속될 수 있는 것이고 또 그래야 한다. 그러한 의미에서 하이에크는 국법(國法)은 망해도 사법(私法)은 존속한다(Staatsrecht vergeht, Privatrecht besteht)는 이야기는 옳다고 본다. 사법의 영역이 축소되고 오로지 공법이 지배하는 사회, 그것은 곧 관료주의적 행정국가(官僚主義的 行政國家)가 된다고 하이에크는 경고하고 있다.

제4항 법경제정책(legal-economic policy)의 기초이론

가) 시장주의(市場主義)를 위한 법치주의(法治主義)

여기서 시장주의(市場主義)란 흩어져 있는 지식·정보를 생산적으로 조직화하는 질서로서 혹은 네트워크(network)로서의 시장은 대단히 합리적인 경제질서(rational economic order)라고 하는 주장이다. 환언하면 시장은 분권적(分權的) 의사결정기구이기 때문에 개인의 정치·경제적 자유와도 양립하고, 자신이 가지고 있는 지식을 자신의 관심분야(self-interest)에 우선적으로 정확하게 그리고 창의적으로 활용할 수 있으므로, 경제적 효율 즉 국부의 증대에도 기여하는 바람직한 경제질서라는 주장이다. 환언하면 카탈랙스란 자유와 자애(自愛)를 추구하는 인간의 본성에도 걸맞으며, 국부의 증대라는 공익도 결과할 수 있는 합리적 경제질서라는 입장이다.

법치주의(法治主義)란, 이미 앞에서도 수차 언급했듯이, 인간의 공정한 행위의 일반준칙으로서의 법, 즉 노모스로서의 법은 개인과 정부(입법부 포함) 모두가 반드시 지켜야 한다는 원리이다. 즉 법치주의란 개인이나 조직의 자유의 영역을 확정하고, 그 자유를 최대한 보장하는 법으로서의 노모스의 지배, 만민(萬民)에 대한 자유의 법(law of liberty)의 지배를 의미한다.

그런데 위의 시장주의를 활성화시키기 위한 정부정책 곧 경제정책은 어떠한 내용을 갖추어야 하는가? 경제정책의 바람직한 내용에 대한 하이에크의 견해를 정리해 보자.

우선 하이에크는 시장주의를 활성화시키기 위한 경제정책, 자유사회에서의 경제정책의 문제는 원칙(principle)의 문제이지 편의(expediency)의 문제가 아니라고 주장한다. 그러면 그는 왜 정책의 문제를 원칙의 문제로 보는가? 그 이유는 정책의 문제를 편의의 문제로 보면, 즉 공리주의의 문제로, 혹은 사회적 공학(social engineering)의 문제로 보면, 개인의 자유영역이 끊임없이 잠식당하여 시장주의의 기초인 분권적 의사결정의 영역 자체가 줄어들기 때문이다. 환언하면 시장주의 자체의 점진적 부정과 계획주의(計劃主義)에 의한 대체를 결과하기 때문이다.

본래 개인적 자유·경제적 자유의 가치는 예측불가능한 미지의 행위에 기회를 제공한다는 데 있다(The value of freedom rests on the opportunities it provides for unforeseen and unpredictable actions).[15] 새로운 환경변화에 대한 창조적 대응, 무한히 열린 가능성 그 자체에 자유의 참된 가치가 있고, 이것이 사실상 그동안 인류문명 발달의 원동력이었다. 그런데 정책의 문제를 원칙의 문제로 보지 않고 편의(便宜)의 문제로, 즉 공리의 문제로 보면 비용—편익분석(費用—便益分析, cost-benefit analysis)에 의해 행동하게 되고 그 결과는 자유제한의 확대가 될 위험이 크다. 왜냐하면 자유제한의 비용(위에서 지적한 바와 같이 자유의 참된 가치는 불확정적이기 때문에)은 쉽게 드러나지 않는 반면, 자유제한의 이익은 비교적 쉽게 인지되기 때문이다. 따라서 비용—편익분석(cost-benefit analysis)에 기초하여 행동하면 개인의 경제적 자유의 보장보다는 정부의 개입 확대를 결과하기 쉽다. 그리하여 하이에크는 "자유란, 원칙을 지킬 때에만 가능하고 편의에 따를 땐 파괴된다(Freedom can be preserved only by following principles and is destroyed by following expediency)."[16]고 주장하고 있다.

하이에크는 단기적 경제효과, 개별적 경제효과를 목표로 한 선의(善意)의 정부정책이 본래 기대하지 아니했던 결과를 초래하여 정부의 새로운 정책적 개입이

---

15) F. A. Hayek, *Law, Legislation and Liberty*, Vol. 1, *Rules and Order*, Routledge & Kegan Paul, 1982, p. 56.

16) F. A. Hayek, *Law, Legislation and Liberty*, Vol. 1, *Rules and Order*, Routledge & Kegan Paul, 1982, p. 56.

불가피하게 되는 과정을 경계하고 있으며, 이러한 현상은 정책을 원칙의 문제로 보지 않고 편의의 문제, 프래그머티즘의 문제로 취급했기 때문이라고 재차 강조한다. 그렇다면 경제적 자유, 즉 시장주의와 양립하는 경제정책의 원칙은 어떤 것인가? 경제정책을 원칙의 문제로 볼 때 하이에크가 생각하는 원칙은 어떤 것인가?

첫째, 경제정책의 대원칙은 법의 지배(rule of law), 법치주의에 반해서는 안된다는 것이다. 정부의 경제정책은 법의 지배와 양립할 수 있는 범위 내에서만, 법치주의적 원리의 범위 내에서만 허용된다는 것이다. 이는 앞에서 보았듯이 법의 지배라는 노모스가 시장(catallaxy)이라는 자생적 질서(kosmos) 성립의 전제조건이 된다는 사실, 즉 법치주의가 시장주의 성립의 필요조건이라는 사실에서 나오는 당연한 논리적 귀결이다. 하이에크는 법의 지배원리야말로 특정 정치경제정책이 자유사회 내지 시장주의와 양립할 수 있는가 아닌가를 판단하는 기준이 되어야 한다고 본다. 따라서 어떤 정책이 법의 지배와 양립할 때 비로소 그 다음으로 편익여부(便益與否)를 판단해 볼 필요가 생긴다고 하고, 만일 법의 지배에 반한다면 아무리 효율적인 정책이라 할지라도, 즉 비용절약적·편익증대적(費用節約的·便益增大的)인 정책이라 할지라도 결코 채택되어서는 아니 된다고 주장한다. 그는 "법의 지배가 결코 자유경제·시장주의의 활성화를 위한 충분조건은 될 수 없으나 최소한 필요조건(The observation of the rule of law is a necessary, but not yet sufficient condition for the satisfactory working of a free economy)"17)임을 명백히 밝히고 있다. 그는 강제력이 수반되는 정부정책이 명확하고 확고한 법체계 아래에서 운용되어 개인들이 안심하고 기대를 가지고 미래에 대한 계획을 짤 수 있어야 한다고 주장한다. 시장주의의 활성화를 위해 경제행위의 미래(未來)의 불확실성(不確實性)을 낮추어 주는 문제는 대단히 중요한 문제이고 이는 법의 지배가 이루어져야 비로소 가능하다고 보고 있다.

둘째, 경제정책은 민간부문의 경제활동에 유리한 조건(favorable frame-work for individual decision)을 제공하는 데 집중되어야 한다.18) 그중 가장 중요한 것이

17) F. A. Hayek, *The Constitution of Liberty*, The University of Chicago Press, 1960, p. 222.

18) F. A. Hayek, *The Constitution of Liberty*, The University of Chicago Press, 1960, p. 223.

신뢰할 만하고 효율적인 통화제도(通貨制度, a reliable and efficient monetary system)의 제공이다. 그 이외에도 도량형(度量衡) 기준의 설정, 부동산 등기(登記), 각종 통계 조사 등에서 수집된 정보의 제공, 특정 분야 교육(사회적으로 필요하나 투자가 잘 이루어지지 않는 분야)에 대한 보조 등을 생각할 수 있다. 이는 시장에서 일반적으로 중요성을 가지는 신뢰성 있는 지식과 정보의 수집을 보다 용이하게 하는 제도들이다.

셋째, 정부의 경제활동, 직접적 재화와 서비스 제공 활동에 있어서는 다음의 두 가지 원칙이 지켜져야 한다. (1) 공공재(公共財) 공급의 경우 자금지원은 정부가 맡되 관리운영은 가능한 한 민간에게 위임할 것, (2) 국영기업(國營企業)의 경우 민간기업과 동일한 조건에서 경쟁하도록 유도할 것이 그것이다.

하이에크는 정부의 강제력은 법의 지배를 유지하기 위해서만 활용되어야 하고, 그 밖의 행사에는 반대한다. 따라서 정부가 일반시민과 같은 위치에서 경제활동을 해야 할 필요가 있는 경우에도 어떠한 정부의 특권도 인정되어서는 안 된다고 본다. 예컨대 위생·보건 서비스, 도로의 건설 및 유지, 도시환경의 개선, 국방관련사업, 기술개발사업 등은 소위 공공재적(公共財的) 성격이 강하여, 자유시장에 맡겨서는 충분히 공급되지 않기 때문에 정부가 나서야 함은 인정한다. 그러나 하이에크는 이러한 경우에도, 비록 무임승차(無賃乘車) 등의 문제가 있어 불가피하게 정부가 조세권(租稅權) 등을 발동하여 자금공급은 직접 책임져야 하겠지만, 사업의 경영·관리운영까지 정부가 맡을 필요는 없다고 본다. 가능하다면 경쟁적인 민간부문의 자율경영과 책임경영에 맡기는 것이 바람직하다고 본다.

동시에 국영기업(state enterprise)의 경우에도 그 존재 의의 자체를 부정하는 것은 아니지만 가능한 한 최소한의 수준에 묶어 두는 것이 바람직하다고 보고, 또한 국영기업이라고 하여 특권을 인정해서는 안 되며 민간기업과 동일한 조건에서 경쟁토록 하여야 한다고 주장하고 있다. 국영기업의 활동영역을 최소한(within narrow limits)의 수준으로 묶어 두지 않으면, 자유사회의 경제활동의 중요부분이 정부의 직접통제하에 들어갈 위험이 커진다고 생각한다. 국영기업을 민간기업과 동일한 조건(on the same terms)에서 경쟁하도록 하는 것이 현실적으로는 대단히 어렵지만 그렇게 노력해야 한다고 하고 그렇지 못할 때 생기는 국가독점(國家獨占, state monopoly)을 크게 경계하고 있다. 그리하여 하이에크는 "국영기업 그 자체에 반대하는 것이 아니라 국가독점에 반대한다(What is objectionable here is not state enterprise as such but state monopoly)."는 사실을 명백히 밝히고 있다.[19]

넷째, 정부가 민간의 경제활동에 대하여 가하는 규제는 사전에 공지(公知)되어야 하고, 동일산업 내지 업종에는 평등하게 적용되어야 하며, 또한 엄격하게 시행되어야 한다. 한마디로 정부규제가 일반규칙으로서 보편성·무차별성을 가지고 적용되어야 한다. 예컨대 공장법, 생산기술에 대한 정부의 규제 등도 비용·편익 계산상 유익하다고 판단되면 물론 허용될 수 있다.

중요한 것은 정부의 강제력이 개별적·구체적 목적을 가지고 행사되어서는 안 되고 일반적·추상적 목적을 가지고 모든 사람에게 엄정하고 평등하게 사용되어야 한다는 점이다. 행정편의상의 재량권이 필요하다는 견해가 자주 등장하고 있으나, 재량권도 물론 당연히 일반규칙(general rules)에 의해 구속받으며 사법심사(司法審査)의 대상이 되어야 한다. 그러나 대부분의 재량권의 요구는 사실상 행정적 효율성을 높이기 위해서가 아니라 다른 목적을 위해 요구되는 경향이 많다.

따라서 다음과 같은 정책은 올바른 경제정책이 될 수 없다. 산업·조직·인간 사이의 자의적 차별정책(恣意的 差別政策), 예컨대 직업선택의 자유에 대한 제한, 가격 및 판매조건·생산량과 판매량 등에 대한 규제 등이 그것이다. 물론 특정 사업이나 직업은 공익을 위해 자격제한을 할 수 있으나 그 자격제한은 일반원칙에 따라서 행하여져야지 집행당국의 재량에 의해 좌우되어서는 안 된다. 각종의 가격통제(price control)가 올바른 경제정책이 아닌 것은 그것이 시장의 수급에 불균형을 결과한다는 데 있는 것이 아니라, 정부의 재량권(discretionary power)이 확대된다는 데 있다.

가격통제의 경우 구매를 원하는 양이 판매 가능량보다 많기 때문에 누가 그 물건을 구매할 수 있는가를 불가피하게 행정적으로 결정할 수밖에 없고 이는 자연히 정부재량권의 확대, 나아가 정부부패를 결과하게 된다.

다시 요약하면, 경제정책의 목적은 추상적 질서(抽象的 秩序)의 창출에 있어야지 구체적·가시적(具體的·可視的) 결과(경제적 결과)의 획득에 두면 안 된다고 하는

---

19) F. A. Hayek, *The Constitution of Liberty*, The University of Chicago Press, 1960, p. 224.

점이다. 법의 지배하의 경제정책의 목표는 특정인에게 특정 결과를 주기 위한 것이어서는 곤란하고, 모든 사람이 자기목적을 추구하기에 좋은 조건인 추상적 질서를 만들어 주는 데 있어야 한다. 그리고 여기서 창출되는 추상적 질서란 사회구성원 모두의 자기목적 달성을 위한 가능성을 최대한 공평하게(equally) 높이는 질서임을 의미한다. 그리고 그것도 "개개 순간의 가능성을 높이는 것이 아니라, 장기적·전체적으로 본 자기목적실현 가능성(自己目的實現 可能性)을 높이는 것이어야 한다(The aim will have to be an order which will increase everybody's chances as much as possible not at every moment but only 'on the whole' and 'in the long run')."[20]

다섯째, (1) 경제적 독점(經濟的 獨占)은 유해하지 않으나 정치적 독점은 유해하고, (2) 정치적 독점(政治的 獨占)을 막기 위해서는 법률에 의한 일반금지방식(a general prohibition)이 바람직하나, (3) 그 감시와 집행에는 잠재적 피해자(잠재적 경쟁자)나 법률가와 같은 중립적인 제3자를 참여시키는 것이 효과적이다. 이상이 하이에크의 독점관(獨占觀) 내지 반독점정책관이다.

우선 하이에크는 경쟁을 과정으로 보기 때문에 경쟁과정에서, 특히 초기 단계에 일시적으로 독점이 발생한다고 해도 그 자체를 크게 문제삼지는 않는다. 예컨대 특수한 기술·새로이 개발된 상품·특수원자재의 소유독점 등으로 독점이 발생할 수 있고, 이는 결코 효율성에 반하는 독점이 아니다. 그런데 이렇게 독점이 성립하면 이 독점기업이 누리는 독점이윤을 노리고 여타 기업의 시장진입(市場進入)이 곧이어 활발히 시작된다. 그리고 그 결과는 독점상태의 해체이다.

이와 같이 효율성에 기초한 독점이 성립하고 이 독점상태가 곧 다른 기업의 시장참가에 의해 해체되고, 곧이어 새로운 기술 및 상품개발 등을 통하여 또 새로운 독점이 발생하고, 곧 타기업의 경쟁적 시장참가에 의해 또 해체되고 하는 순환적 과정 자체가 곧 경쟁과정(competition process)인 것이다. 따라서 이러한 효율성에 기초한 독점, 경쟁기업의 시장진입이 봉쇄되어 있지 않은 상태에서의 독점을 우리가 경제적 독점이라고 부른다면, 하이에크는 이러한 의미의 경제적 독점은 결코 유해하지 않다고 본다. 문제는 독점의 성립 자체가 경제적 효율성에 의해서가

---

20) F. A. Hayek, *Law, Legislation and Liberty*, Vol. 2, *Rules and Order*, Routledge & Kegan Paul, 1982, p. 124.

아니라 정치적 특혜에 의해서 이루어졌거나, 혹은 독점성립의 초기에는 경제적 효율성이 있었다 하여도 그 이후 그 경제적 효율성의 원천이 소멸했음에도 불구하고 경제외적 방법(經濟外的 方法)을 통해 독점적 지위를 유지하려고 하는 경우에 있다.

이러한 경우를 우리가 정치적 독점이라고 부른다면, 하이에크는 이러한 의미의 정치적 독점은 분명히 유해한 것으로 보고 있다.

위와 같은 의미의 정치적 독점을 규제하는 방법으로서 하이에크는 독점의 형태·효과에 대한 개별적·구체적 평가에 기초한 선별적 규제보다는 일률적인 일반금지방식(一般禁止方式)을 선호하고 있다. 환언하면 개별적 폐해규제보다는 일반적 원인규제 쪽이 옳다고 본다. 그는 정부로 하여금 독점의 폐해를 개별적으로 규제하도록 하면, 소위 좋은 독점(good monopoly)과 나쁜 독점(bad monopoly)을 구별할 재량권을 정부에 주는 셈이 되고, 그렇게 되면 정부는 나쁜 독점과 싸우기보다는 좋은 독점을 보호하는 데 열을 올리는 경향이 생긴다고 비판한다. 그리하여 그는 일률적인 일반금지방식이 옳다고 본다.

그러나 그는 반독점정책의 감시·집행을 정부기관에 맡기는 것에 대해서는 회의적이다. 그가 제시하는 대안을 보면, 법률은 예컨대 독점의 가격차별행위, 거래제한행위 등을 예외 없이 불법무효(invalid)인 것으로 규정하고, 잠재적 경쟁자, 즉 그 독점적 관행으로 인해 피해를 보는 사람들로 하여금 고소·고발하도록 하고 2배 내지 3배의 손해배상을 인정하는 방식이다. 혹은 중립적 제3자의 입장에 있는 일반 변호사들에게도 독점의 불법행위를 고소·고발할 수 있도록 하고 피해보상액의 일부를 변호사에게 지급하는 방법 등도 제시하고 있다.

여섯째, 올바른 분배정책(分配政策)은 시장에서의 경쟁의 정의(justice of competition)를 이룩하고, 기회의 평등(equality of opportunity) 혹은 출발시의 평등(equal starting conditions, Startgerechtigkeit)을 보장하는 데 있지, 배분적 정의(分配的 正義)의 이름 아래 특정한 시장적 (분배)결과를 목표로 하는 데 있지 않다.

하이에크는 먼저 정의(justice)라는 개념을 인간의 의식적 행위의 한 속성(justice is an attribute of human conduct)으로 본다.21) 따라서 배분적 정의 혹은 사회적 정

21) F. A. Hayek, *Law, Legislation and Liberty*, Vol. 2, *Rules and Order*, Routledge & Kegan Paul, 1982, p. 31.

의(social justice)라는 개념은 조직(organization) 속에서만 의미를 가질 수 있다. 즉 조직구성원들이 공통의 목적을 가지고 특정한 명령에 따라 행동하는 경우, 그 의식적 행동결과에 대하여 우리는 정의로운가 아닌가를 논할 수 있으나, 특정한 목적체계를 가지지 않는 자생적 질서로서의 시장질서(catallaxy)에 있어서는 그 시장적 결과가 정의로운가 아닌가를 논할 수 없다고 본다.

시장질서는 대단히 사적(私的)이 아닌 비개인적(impersonal) 경쟁과정을 통해 형성되기 때문에 아무도 그 결과를 예측할 수 없다. 실제로 그 결과는 기능(skill)뿐 아니라 운(運, chance)에 의해서 결정되는 경향이 크다(The outcome of this game will be determined by a mixture of skill and chances).[22] 환언하면, "시장적 결과는 어떤 개인에 의해서 의도된 것도 아니고, 어떤 개인이 예측할 수도 없으며, 우리가 모르는 무수한 요인들에 의해 영향을 받는 것이기 때문에 정의냐 불의냐를 논할 수 없다(This can be neither just nor unjust because the results are not intended or foreseen, and depend on a multitude of circumstances not known in their totality to anybody)."[23]는 이야기이다. 따라서 시장경제가 아닌 계획경제하에서는 그 결과에 대해 사회적 정의 내지 분배적 정의의 문제가 얼마든지 의미 있게 논의될 수 있지만, 시장경제하에서는 의미를 가질 수가 없다.

그렇다면 카탈랙스에서는 정의의 문제는 전혀 논의할 수 없다는 이야기인가? 시장적 정의란 있을 수 없다는 이야기인가? 아니다. 시장적 정의(市場的 正義)는 있을 수 있을 뿐만 아니라 대단히 중요하다. 이는 곧 경쟁의 정의(justice of competition)를 의미한다. "시장에서 정의가 문제되는 것은 경쟁의 결과, 즉 시장적 결과가 아니라 경쟁의 방법, 경쟁이 일어나는 방식에 있다(It is the way in which competition is carried on, not its result, that can be just or unjust)."[24] 이것이 자생적 질서에서 정의가 문제되는 경우이다.

---

22) F. A. Hayek, *Law, Legislation and Liberty*, Vol. 2, *Rules and Order*, Routledge & Kegan Paul, 1982, p. 115.

23) F. A. Hayek, *Law, Legislation and Liberty*, Vol. 2, *Rules and Order*, Routledge & Kegan Paul, 1982, p. 70.

24) F. A. Hayek, *Law, Legislation and Liberty*, Vol. 2, *Rules and Order*, Routledge & Kegan Paul, 1982, p. 73.

주지하는 바와 같이, 현대는 여러 가지 능력·지식·목적·기능을 가진 사람들이 시장에 참여하여 여러 가지 경제활동을 한다. 하이에크는 이를 카탈랙스의 게임(game of catallaxy)이라고 불렀다. 어느 게임에도 마찬가지이나 게임의 룰은 공정해야 한다. 모두가 법의 지배, 공정한 행위준칙에 따라 행동하여야 한다.

경쟁의 정의는 경쟁과정·경쟁방식의 공정, 즉 모두가 공정한 행위준칙에 따라 행동할 것을 의미함과 동시에 경쟁 참가시의 초기조건(初期條件)이 평등할 것을 요구한다. 즉 기회의 평등, 혹은 출발시의 평등을 요구한다. 이를 위해 예컨대 미성년자에 대한 교육기회의 확대나 지원 등을 생각할 수 있다.

이와 같이 경쟁과정의 공정성이나 기회의 평등 등을 유지하기 위한 노력은 필요하나, 분배적 정의 혹은 사회적 정의의 이름 아래 시장적 결과에 수정을 가하려는 정책노력은 옳지 않다고 보는 것이 하이에크의 입장이다. 특히 그는 시장적 결과를 분배적 정의의 이름 아래 수정하려는 노력이 실제로 그 사회에서 가장 불행한 사람들의 생활수준을 개선하기보다는 강력한 이익집단으로 조직화된 기득권층의 이익을 보호하는 데 더욱 자주 이용되어 왔음을 우려하고 있다. 특히 그는 현재와 같은 정치질서 아래 비교적 쉽게 조직화될 수 있고 많은 수의 투표권자를 조직할 수 있는 기득권집단들이 자신들의 집단이익을 유지·확대하기 위해 사회적 정의의 슬로건을 들고 나오는 경향이 많음을 경계하고 있다. 그리하여 그는 "사회정의(社會正義)라는 용어가 빈곤퇴치(貧困退治)에 오히려 장애가 되고 있다(The concern with social justice has become one of the greatest obstacles to the elimination of poverty)."[25]고 하는 극단적 주장을 서슴지 않고 있다.

나) 법치주의를 위한 시장주의

하이에크는 법학이나 법철학(法哲學)의 올바른 발전을 위해서는 시장질서에 대한 올바른 이해가 절대적으로 필수적(absolutely essential)이라고 주장한다.[26] 과거

---

25) F. A. Hayek, *Law, Legislation and Liberty*, Vol. 2, *Rules and Order*, Routledge & Kegan Paul, 1982, p. 139.

26) F. A. Hayek, *Law, Legislation and Liberty*, Vol. 2, *Rules and Order*, Routledge & Kegan Paul, 1982, p. 67.

2~3세대 동안 이 시장질서에 대한 잘못된 이해가 법철학을 지도해 왔고, 그 결과는 법의 지배(rule of law)의 쇠퇴, 법치국가에서 법률국가로의 전환, 자유사회에서 관료주의적 행정국가로의 변화를 초래하고 있다고 비판한다. 결국 법이 개인자유의 보장이라는 역할에서 입법자의지(立法者意志)의 관철 혹은 개인자유에 대한 제한이라는 방향으로 그 성격이 끊임없이 변화해 왔는데, 이들 변화의 대부분을 법이론이나 법철학 이론은 경제적 필요(economic necessities) 때문이라고 주장하고 있다.

과거 100여 년간 잘못된 경제학(false economics)이 퍼지면서 젊은 법률가들에게 이것에도 입법이 필요하고, 저것에도 입법이 필요하다고 하는 식으로 가르쳐 개인생활영역에의 법률적 개입이 끊임없이 증대하여 왔다. 그리고 이 잘못된 경제학은, 예컨대 자유기업주의(free enterprise)는 육체노동자에게 불리하게 작용한다든가, 자유경제주의는 노동계급의 생활수준을 궁핍화한다든가, 경쟁은 자기파괴적이라든가 하는 식으로 계획의 필요성(need for planning)·정부개입의 필요성을 역설해 왔다. 그리하여 이 잘못된 경제학이 하나의 시대적 여론이 되어 법률가들의 사고의 습관(a habit of thought)을 지배하게 되고, 나아가 근래의 법이론의 발달을 지배하게 되었다. 그리하여 하이에크는 근래의 법이론의 발달은 주로 잘못된 경제학에 의해 인도되었다고 지적하고 있다(The modern development of law has been guided largely by false economics).[27]

그러면 잘못된 경제학의 가장 큰 특징은 무엇인가? 이는 자생적 사회질서(自生的 社會秩序)의 생성가능성과 그 자생적 질서 생성에 있어서 법의 역할에 대한 이해부족이라고 할 수 있다. 한마디로 카탈랙스에 대한 그리고 노모스에 대한 이해부족이다. 따라서 시장주의(市場主義)에 대한 올바른 이해 없이 법치주의(法治主義)에 대한 올바른 견해를 갖는 것은 어렵다고 할 수 있다.

여하튼 하이에크는 시장질서·시장주의에 대한 올바른 이해부족으로 인하여 오늘날 법의 지배의 원리, 법치주의가 쇠퇴하고 있음을 강조하고 있다. 그리고 그는 이 법의 지배라는 원리의 쇠퇴 경향을 이론적인 면에서는 법실증주의(法實證主義, legal positivism)의 등장에서 찾고 있고, 정책적인 면에서는 법의 사회화(法의 社會化,

---

27) F. A. Hayek, *Law, Legislation and Liberty*, Vol. 2, *Rules and Order*, Routledge & Kegan Paul, 1982, p. 67.

a socialization of law), 사회입법의 증대, 사법(私法)의 공법화(公法化) 경향에서 찾고 있다.

법실증주의는 다음과 같은 몇 가지 특징적 주장을 하고 있다.

첫째, 법실증주의는 정의에는 객관적 기준은 존재할 수 없다고 본다. 따라서 정의는 인간의 의지, 이해관계 혹은 감정의 문제로 본다. 이에 대하여 하이에크는 정의에 대한 적극적 의미의 객관적 기준(positive criteria of justice)은 찾기 어렵지만, 그러나 소극적 의미의 객관적 기준(negative criteria of justice)은 찾을 수 있다고 주장한다. 환언하면 무엇이 정의인가에 대해 모든 사람에게 보편적으로 유효한 객관적 기준(objective in the sense of being inter-personally valid)은 제시할 수 없으나, 무엇이 부정의(不正義, unjust)인가라는 문제에 대해서는 객관적 기준을 밝힐 수 있다고 본다.[28] 예컨대 "남의 재산을 침범하는 것은 부정의이다"라는 경우이다. 이러한 소극적 의미로서의 정의기준이 있으므로, 우리는 법체계를 어느 방향으로 수정·발전시켜 나가야 할지를 알 수 있다는 것이다. 이 하이에크의 정의관은 과학적 진리는 비진리(非眞理)를 증명(제거)하는 과정을 통해서만 접근할 수 있다는 칼 포퍼(Karl Popper)의 주장과 그 기본적 이론구조가 같다.

둘째, 법실증주의는 정의의 객관적 기준을 부정하기 때문에 정의가 법에 선행(先行)하는 것이 아니라 법이 정의를 만든다(The law determines what is just)고 주장한다.[29] 예컨대 홉스(Thomas Hobbes)가 "법은 부정의일 수 없다(No law can be unjust)."라고 이야기한 것이나 켈젠(Hans Kelsen)이 "정의는 법적·합법적이라는 것의 다른 이름에 불과하다(Just is only another word for legal or legitimate)."라고 한 것은 기본적으로 같은 맥락에서의 주장이다.[30]

요컨대 정의는 객관적으로 존재할 수 없기 때문에 법과 직접 관계는 없고, 오직 법이 제정되면 정의의 내용이 결정된다는 것이다. 라드브루흐(Gustav Radbruch)

---

28) F. A. Hayek, *Law, Legislation and Liberty*, Vol. 2, *Rules and Order*, Routledge & Kegan Paul, 1982, p. 42.

29) F. A. Hayek, *Law, Legislation and Liberty*, Vol. 2, *Rules and Order*, Routledge & Kegan Paul, 1982, p. 48.

30) F. A. Hayek, *Law, Legislation and Liberty*, Vol. 2, *Rules and Order*, Routledge & Kegan Paul, 1982, p. 48.

는 이를 "아무도 무엇이 정의인가를 정할 수 없다면 누군가가 무엇이 합법적인가를 정해야 한다(If nobody can ascertain what is just, somebody must determine what shall be legal)."라고 우회적으로 표현하고 있다.[31] 이러한 사상들이 입법권 만능(立法權 萬能)의 사상으로 연결되기 쉬움은 명백하다.

셋째, 법실증주의는 인간이 의도적으로 만든 것만이 참된 법이다(Only deliberately made law is real law)라고 주장한다.[32] 홉스는 "입법권자의 명령이 법이다(Law is the command of him that has the legislative power)."라고 하였고, 켈젠은 "인간 행위를 규율하는 규범은 인간의지의 산물이지 인간이성의 산물이 아니다(Norms prescribing human behavior can emanate only from human will, not from human reason)."라고 하였다. 벤담(Jeremy Bentham)은 제정법(statute law)만이 참된 법(real law)이지 소위 판례법(common law)은 가상의 법(imaginary, fictitious law)이라고 하였다.[33] 한 마디로 입법자의지의 산물만이 법이고 그 외의 법의 존재는 인정하지 않으므로 우리가 앞에서 본 노모스의 존재를 부인하는 셈이 된다. 법은 오직 테시스이고 따라서 조직(organization)에 대한 법률만이 법인 것이다. 표현을 달리하면, 법실증주의자들에게는 노모스와 테시스의 구별 자체에 대한 인식이 없었다고도 말할 수 있다.

넷째, 법실증주의는 법은 사법(私法)의 영역이 축소되어 공법(公法)을 중심으로 발전할 것이고, 공법만이 참된 법이라고 주장한다. 법을 입법자의 의지라고 하는 주장은 공법(public law)의 분야, 테시스의 분야에서는 타당한 말이다. 그러나 인간의 공정한 행위의 일반준칙을 중심으로 발달하여 온 사법(private law)의 분야, 노모스의 분야에서는 전혀 타당한 말이 될 수 없다. 더 나아가 법실증주의자들은 법은 공법이 중심이어야 한다고 주장한다. 라드브루흐는 "사회질서를 위해서 사법은 일시적이고, 지속적으로 축소되는 영역이고 공법 속에 잠정적으로 편입되어

---

31) F. A. Hayek, *Law, Legislation and Liberty*, Vol. 2, *Rules and Order*, Routledge & Kegan Paul, 1982, p. 47.

32) F. A. Hayek, *Law, Legislation and Liberty*, Vol. 2, *Rules and Order*, Routledge & Kegan Paul, 1982, p. 45.

33) F. A. Hayek, *Law, Legislation and Liberty*, Vol. 2, *Rules and Order*, Routledge & Kegan Paul, 1982, p. 45.

있는 영역이다(For a social order of law private law was to be regarded only as a provisional and constantly decreasing range of private initiative, temporarily spared within the all-comprehensive sphere of public law)."라고 하고 있고, 켈젠은 "모든 참된 법은 제재 실현을 위해 공무원에게 가해지는 조건적 명령이다(All genuine laws are conditional orders to officials to apply sanctions)."라고 주장하고 있다. 대부분의 법실증주의자들은 공법학자(公法學者)들이고 질서는 조직으로서의 질서만을 생각하는 사람들이었다.

여하튼 이상과 같은 특징을 가진 법실증주의에 대하여 그리고 이 법실증주의의 가장 현대판인 켈젠(Hans Kelsen)의 순수법학(純粹法學)에 대하여 하이에크는 격렬한 비판을 가한다.

카탈랙스와 노모스에 대한 인식부족 내지 부재로 인하여 결과되는 법의 지배의 쇠퇴현상이 법이론적인 측면에서는 법실증주의로 나타남을 보았으나 법정책적인 측면에서는 어떠한 경향으로 나타나는가? 한마디로 법의 사회화(socialization of the law), 환언하면 사회입법(social legislation)의 강화를 통한 사법의 공법화 현상으로 나타난다.

사회입법(社會立法)에도 엄밀히 이야기하면 세 가지 종류가 있을 수 있다. 첫째는 차별을 제거하는 분야이다. 사용주나 지주에 의한 불평등한 취급을 막고 시장의 거래질서의 공정성을 높이기 위한 입법 노력이 이 분야의 사회입법이다. 둘째는 소위 공적 부조(公的 扶助) 분야이다. 자활능력이 없는 자, 극빈자(極貧者), 사회적 약자 등을 위해 정부가 특별한 보살핌을 제공하는 분야이다. 위의 첫 번째와 두 번째의 사회입법은 문제가 되지 않는다. 바람직한 사회입법 분야라 할 수 있다. 첫 번째는 말할 것도 없고, 두 번째의 경우도 일반인의 자유에 대한 제한을 결과하지 않는다.

문제는 세 번째 분야의 사회입법이다. 이는 "민간분야의 사인(私人)들의 활동을, 특정 그룹의 이익을 위해 특정 목표를 향하도록 지도 내지 강제하는 종류이다(To direct private activity towards particular ends and to the benefit of particular groups)." 이러한 분야의 사회입법은 소위 "목적으로부터 자유로운 공정한 행위의 준칙(purpose-independent rules of just conduct)"을 "목적에 의존하는 조직의 규칙(purpose-dependent rules of organization)"에 의해 점차 대체하는 결과를 초래한다.

그리고 개인의 자유로운 활동영역은 축소되고, 입법권(立法權)은 공익을 위한다는 명분 아래 무제한적으로 확대된다. 일반적으로 공익에의 기여 여부에 대한 판단 자체도 입법자가 하기 때문에 입법권은 사실상 아무런 제한을 받지 않게 된다. 요컨대 법의 지배의 파탄을 의미한다. 이리하여 사법의 공법화는 법의 각 분야에서 진행된다. 이러한 과정에서 마치 공장이나 어떤 조직을 경영·관리하듯이 나라를 혹은 사회를 경영한다는 발상이 나오며, 사회는 점차 관료주의적 행정국가로 전락한다. 입법권은 이미 법의 지배원리에 의해 제한받지 않게 되므로, 조직된 이익집단 간의 타협의 결과(bargaining democracy)에 따라 무제한적으로 무원칙적으로 행사된다. 결국 원칙(principle)이 아니라 편의(expediency)가 지배하는 사회, 그것도 정치적으로 영향력 있는 소수 특정 이익집단의 이익이 우선적으로 실현되는 관료독재(官僚獨裁)의 행정국가(行政國家)가 된다.[34]

제2절 코즈(R. Coase)의 사회적 비용(社會的 費用)에 관한 연구

법과 경제의 상호관계 및 상호작용에 주목하고, 이 양자를 통일적 이론체계 속에서 파악해 보려는 노력인 법경제학은 1960년 이후 소위 제2차 법경제학운동의 시기라고 부를 수 있는 신법경제학(新法經濟學)의 시대에 진입한다. 이 신법경제학의 등장에 결정적 계기가 되었고, 그 이후 신법경제학의 발전에 심대한 영향을 미쳤던 논문이 시카고대학의 코즈(Ronald H. Coase)의 "사회적 비용(social cost)에 관한 연구"이다.

그의 연구는 법학자나 경제학자가 지금까지 법과 경제문제를 보던 기본시각과 발상에 새로운 변화를 가져오는 크고 신선한 충격을 주었다. 그의 연구를 둘러싼 크고 작은 논쟁이 아직도 계속되고 있고, 그의 관점을 보다 발전시켜 새로운

34) 하이에크 이론이 가지고 있는 문제점에 대한 지적은 다음 논문의 "맺는말" 부분을 참조하라. 박세일, "Friedrich A. Hayek에 있어서의 법과 경제", 『서울대학교 법학』 제31권 제3·4호(통권 제83·84호)(1990).

분야에의 적용 확대를 시도하려는 노력도 계속되고 있다. 코즈의 연구는 법경제학, 그중에서도 특히 신법경제학을 연구하기 위해서는 반드시 거쳐야 하고, 또한 정확하고 올바른 이해를 해 두지 않으면 안 될 중요연구이다.

제1항 외부효과의 상호성(外部效果의 相互性, reciprocal nature of externality)

코즈의 "사회적 비용에 관한 연구"에 대한 설명에 들어가기에 앞서 소위 외부효과(externality)라는 개념부터 소개한다. 예컨대 내가 살고 있는 아파트가 낡아 이를 수리하기 위하여 건축공(建築工)과 도급계약을 체결하였다고 하자. 그런데 공사과정에서 나오는 소음과 진동으로 인하여 옆집에 사는 수험생의 공부에 큰 지장을 주게 되었다. 이러한 상황에서 내가 건축공으로부터 얼마만큼의 노무를 제공받고 그 대가로 내가 얼마를 지급할 것인가의 문제는 분명히 나와 건축공 사이의 거래관계 속에서 결정되고 그 거래계약에 내부화(內部化)되어 나타난다. 그러나 소음·진동이 이웃의 공부하는 학생에 주는 유해(有害)한 영향(harmful effect)은 우리의 거래관계의 내부결정, 예컨대 노무의 양을 정하고 그 대가로 보수수준을 정하는 데에는 영향을 미치지 못한다. 즉 나와 건축공 사이에 성립되는 거래관계의 외부(external to the transaction)에 속하는 문제이다. 이러한 의미에서 소음·진동으로 인해 이웃집 학생에 주는 유해한 영향을 우리는 "외부효과"라고 부른다.[35)]

외부효과가 존재한다는 것은 아직 이해당사자들 간에 거래관계(去來關係)가 성립되지 못하여 그 문제가 아직 거래관계 밖에 존재하고 있음을 의미한다. 그런데 외부효과 발생의 주된 원인은 실은 재산권(property right)의 미발달(未發達)에서 찾을 수 있다. 예컨대 위의 예에서 "조용한 환경"이라는 재화에 대한 권리가 법적으로 성립되어 있으면 나는 대가를 치르고 학생으로부터 그 권리를 매입하지 않고는 (혹은 사례금을 지급하고 그 권리행사의 포기를 유도하지 않고는) 아파트의 보수를 진행시킬 수 없을 것이다. 그렇게 되면 종래 외부효과였던 소음·진동으로 인한

35) 물론 외부효과는 위의 예에서와 같이 제3자에게 바람직하지 못한 영향을 미치는 부(否)의 외부효과도 있고, 제3자에게 바람직한 영향을 결과하는 정(正)의 외부효과도 있다. 예컨대 내가 아파트 앞 정원에 화단을 가꾸어 이웃에 사는 학생이 즐거움을 느끼는 경우가 후자의 예이다. 전자의 대표적 예로는 각종 환경오염을 생각할 수 있다.

피해는 거래관계 속에 내부화(internalization of externality)되어 버린다.

그런데 외부효과(外部效果)가 내부화(內部化)되지 못하고 외부효과로 남아 있게 될 때에는 외부효과의 존재가 거래당사자들(위의 예에서는 나와 건축공)의 의사결정, 예컨대 얼마나 오랫동안, 얼마나 빨리, 어떤 방법으로 공사를 할 것인가 등에 대한 의사결정에 하등의 영향을 미치지 못한다. 왜냐하면 나와 건축공은 이웃집 학생에게 주고 있는 소음·진동 피해에 대하여 어떠한 보상 내지 대가도 지급할 필요가 없기 때문이다. 그러나 만일 "조용한 환경"에 대한 재산권이 존재한다면 이 재산권을 매입하지 않고는 소음·진동을 일으킬 수 없으므로 나와 건축공은 당연히 가능한 한 소음과 진동피해를 줄일 수 있는 공사방법을 택하려 노력할 것이고, 혹은 이웃집 학생의 공부 시간대를 피하여 공사하려 노력할 것이다.[36] 이상에서 본 바와 같이 재산권제도의 미발달로 외부효과가 내부화되지 못하면 제3자에게 주던 유해한 피해·바람직하지 못한 효과(앞의 예에서의 소음·진동)는 사회적 적정수준 이상으로 과대생산(過大生産, overproduction)될 위험이 크다. 여기에 우리가 외부효과를 문제시하고 법·경제정책적 대응을 생각해야 할 이유가 있다.

코즈의 논문은 소위 이러한 외부효과문제를 보는 법학자·경제학자들의 종래의 관점·발상·시각 및 그들이 제시하는 문제해결방식에 대한 비판에서부터 출발한다. 예컨대 환경오염의 경우와 같은 외부효과문제에 대한 종래의 피구(A. C. Pigou)류의 후생경제학적(厚生經濟學的) 접근방식[37]은 시장·거래 메커니즘에 의해서는 문제가 해결되지 않으므로 정부가 개입하여 ① 공해배출공장(公害排出工場)에게 피해자에 대한 직접적 손해배상책임을 지우거나, ② 공해배출로 인한 피해액만큼의 세금을 부과하거나, ③ 아니면 주거지역으로부터의 공장이전(工場移轉)을 명령하는 것이었다. 구체적 방법에는 차이가 있으나 결국 공해발생원인에 대한 규제, 유해한 효과를 일으킨 자(앞의 예에서의 나와 건축공)에 대한 규제·활동제한을 목표로 한다는 점에서는 공통점을 가진다. 이 점에서는 법학자의 관점도 기본적으로 동일하다. 그런데 이러한 종전의 방법·방식은 반드시 타당한 것도 아니

---

36) 피해가 적으면 적을수록 "조용한 환경"에 대한 재산권을 학생으로부터 매입할 때의 매입량·매입대금이 줄어들기 때문에 피해회피를 위해 노력하게 된다.

37) Arthur C. Pigou, *The Economics of Welfare*, Macmillan and Co., 1952.

고, 경우에 따라서는 잘못된 사회적 선택(social choice)일 가능성도 있다는 것이 코즈의 문제제기이다.

사회에서 갑의 활동이 그 활동의 부수효과(side effect)로서 을에게 유해한 결과를 초래하는 경우, 우리는 곧 갑의 활동을 어떻게 규제·억지시킬 것인가라는 발상에서 출발하는데, 이는 잘못이라는 것이다. 우리가 해결할 문제의 본질을 잘못 이해하고 있다는 것이다. 외부효과의 문제는 기본적으로 상호성(reciprocal nature of externality)의 문제이므로, 즉 을에게 주는 유해를 방지하려는 노력은 곧 갑의 활동에 지장을 주는, 즉 갑의 활동에 유해함을 의미하므로, 우리가 다루어야 할 진정한 사회적 선택의 문제는 갑이 을에게 주는 유해한 영향을 허용할 것인가 아니면 이를 억지함으로써 을이 갑에게 주는 유해한 영향을 허용할 것인가(Should A be allowed to harm B, or Should B be allowed to harm A)라는 것이다.[38] 따라서 문제는 어느 쪽의 유해가 사회적으로 보아 더 심각한 문제인가가 된다.

예컨대 인근공장(隣近工場)에서의 작업시 발생한 진동으로 인하여 병원의 진료행위(診療行爲)에 유해한 영향을 줄 때, 사회적 선택의 문제는 공장의 생산활동의 축소이냐, 아니면 병원의 진료활동의 축소이냐, 어느 쪽이 보다 적은 사회적 비용을 발생시킬 것인가, 환언하면 어느 쪽의 활동을 허용하는 것이 그 당시 그 사회에서 보다 더 큰 사회적 가치가 있다고 볼 것인가의 문제가 된다. 예를 하나 더 들어 보면, 목장(牧場)의 소들이 이웃 농경지(農耕地)의 농작물에 피해를 주는 경우, 만일 어느 정도의 농작물에 대한 피해가 불가피한 상황이라면 육우의 공급증대는 농작물생산의 감소를 결과하고, 반대로 농작물생산증대는 육우의 공급감소를 결과하는 관계가 성립되기 때문에 진정한 사회적 선택의 문제는 더 많은 육우(肉牛)냐 더 많은 농작물(農作物)이냐라는 문제가 된다. 이상과 같이 외부효과가 가지고 있는 상호성을 밝힌 후 코즈는 이론 전개로 들어간다.

38) Ronald H. Coase, "The Problem of Social Cost", 3 *The Journal of Law and Economics* 1 (1960), p. 2.

제2항 영(零)의 거래비용(zero transaction cost): 코즈 정리(Coase Theorem)

코즈의 논문 "사회적 비용에 관한 연구"는 외부효과의 상호성을 언급한 다음 이른바 코즈 정리(定理)의 내용을 설명한다. 코즈 정리는 물론 그 자신에 의해서 명명된 것은 아니고 그의 논문이 발표된 이후 학자들에 의해 이름 지워진 것이다. 그 내용을 요약하면 다음과 같다.

> 권리부여를 특정하지 않고는 시장거래는 성립될 수 없다. …… 그러나 거래비용이 영(零)이라면 법이 어느 쪽 당사자에게 권리를 부여하든 생산물(生産物) 가치의 극대화(極大化)라는 최종결과는 동일하다.[39]

이를 풀어서 설명하면 비록 앞의 예(공장 대 병원, 농장 대 목장 등)와 같이 외부효과가 발생하는 경우에도 거래비용이 영(zero transaction cost)이고, 누구에게 권리(property right)가 있는가 하는 권리관계만 명확히 특정되어 있다면 양 당사자들의 자발적 거래(권리의 교환)에 의하여 자원배분의 효율성(생산의 극대화)은 달성될 수 있다는 것이다. 그리고 자원배분의 효율성이라는 이 결과는 권리가 누구에게 주어지는가에 관계없이 항상 성립한다는 것이다.

환언하면 앞의 예에서 농장주(農場主)에게 권리를 인정하여 목장주에게 농작물 피해에 대한 배상책임을 부과하든, 아니면 목장주(牧場主)에게 권리를 인정하여 농장주에게 농작물 피해의 인용(認容)을 요구(즉 목장주의 피해에 대한 배상책임을 부인)하든, 자원배분의 효율성 면에서 그 결과는 동일하다는 것이다. 결국 정부의 개입 없이도 외부효과는 효율적으로 내부화될 수 있다는 것이다.

이상과 같은 코즈 정리의 내용은 일응 두 가지 주장의 결합으로 이해해 볼 수 있다. 첫째는 영의 거래비용하에서는 당사자들의 자발적 교환 및 거래를 통하

---

39) 본래 코즈의 논문에는 다음과 같이 설명되어 있다.
"It is necessary to know whether the damaging business is liable or not for damage caused since without the establishment of this initial delimitation of rights there can be no market transactions to transfer and recombine them. But the ultimate result (which maximizes the value of production) is independent of the legal position if the pricing system is assumed to work without cost." Ronald H. Coase, "The Problem of Social Cost", 3 *The Journal of Law and Economics* 1 (1960), p. 8.

여 외부효과는 내부화되고, 항상 자원의 효율적 배분이 달성된다. 둘째, 위의 경우 당사자들의 자발적 교환 및 거래의 자원배분결과는 재산권 구조(structure of property right)의 내용, 즉 법이 누구에게 권리를 인정하는가에 관계없이 항상 동일하다. 일반적으로 전자를 "효율성 주장(效率性 主張, efficiency claim)", 후자를 "중립성 주장(中立性 主張, neutrality or invariance claim)"이라고 부른다. 영의 거래비용이라는 가정하에 위의 두 가지 주장이 성립한다는 것이 곧 코즈 정리이다.

거래비용(transaction cost)에 대해서는 뒤에서 별도로 논의하므로 여기서는 당사자들이 만나서 상호이익이 되는 자발적 교환 및 거래행위를 할 때 드는 일체의 비용, 즉 거래성립·유지·감독비용을 의미하는 것으로 일응 이해해 두자. 그런데 자발적 교환 및 거래는 시장에서 이루어지기 때문에 그러한 의미에서 거래비용이란 시장 내지 가격기구의 이용비용(operation cost of pricing system)이라고도 볼 수 있다. 그러한 의미에서 거래비용이 영일 때 코즈는 위의 두 가지 주장이 성립함을 설명하였다. 구체적인 숫자로 예시해 보는 것이 코즈 정리를 이해하는 데 도움이 될 것이다. 코즈 자신이 그의 논문에서 사용한 예를 인용하여 설명해 보자.

앞의 목장 대(對) 농장의 예에서 목장과 농장 사이에 소의 이동을 막기 위해 담장을 설치하는 비용이 9만원이라고 하고, 소의 수의 증가와 그로 인한 농작물의 피해 사이에 〈표 1-1〉과 같은 관계가 존재한다고 가정하자.

표 1-1 목장의 규모와 농작물피해와의 관계

소의 수	농작물피해액 (만원)	소 한 마리 증가시 농작물 피해증가액 (만원)
1	1	1
2	3	2
3	6	3
4	10	4

우선 첫 번째의 경우, 즉 목장주에게 농작물피해에 대한 배상책임을 부과하는 경우(liability for damage)를 보자. 목장주는 소를 몇 마리 기를까를 결정할 때 소 한 마리 증대로 인한 농작물의 피해증가분(被害增加分, 곧 자신이 지불해야 할 손해배상금의 증가액)을 고려에 넣지 않을 수 없게 된다. 따라서 만일 소 한 마리를

더 기름으로써 얻을 수 있는 이익[40]이 2만원이라면, 위의 예에서 소의 수는 결코 두 마리를 초과할 수 없을 것이다. 왜냐하면 두 마리에서 세 마리로 소의 수를 증가시켜 얻을 수 있는 한계이익(限界利益, marginal benefit)은 2만원인데, 그로 인한 한계비용(限界費用, marginal cost) 즉 손해배상금의 증가액은 〈표 1－1〉에서 볼 수 있듯이 3만원이기 때문이다. 또한 만일 소를 한 마리 더 길러 얻을 수 있는 이익이 5만원이라면, 목장주는 소의 수를 네 마리 이상으로 늘리면서[41] 이때는 담장을 설치하려 할 것이다. 왜냐하면 네 마리 이상을 기를 때 총손해배상액은 10만원 이상으로 늘어나므로 9만원을 들여 담장을 설치하는 편이 보다 이익이 되기 때문이다. 물론 소를 한 마리 더 길러 얻을 수 있는 이익이 3만원 이하의 경우라면 목장주는 결코 소 세 마리를 초과하여 기르지 않을 뿐 아니라 담장을 설치하는 편보다는 농작물피해를 배상해 주는 편을 택할 것이다.

그러면 두 번째의 경우, 즉 목장주(牧場主)에게 농작물피해에 대한 배상책임을 법이 인정하지 않는 경우(no liability for damage)는 어떻게 될까? 결론부터 이야기하면 자원배분의 결과 즉 소를 몇 마리 기르게 될 것인가, 혹은 담장을 설치할 것인가 아닌가 등의 결과는 앞의 경우와 동일해진다. 왜 그런가? 이제 농장주(農場主)는 피해보상을 받을 수 없기 때문에 소의 증가에 따른 피해증가를 감수할 수밖에 없을 것이다. 그런데 다음의 경우를 상정해 보자. 만일 현재 목장주가 세 마리를 기르고 있다고 가정하자. 그러면 목장주의 입장에서 볼 때는 소가 두 마리에서 세 마리로 증가함으로 인한 농작물피해의 추가증가액이 3만원이므로 만일 목장주가 소를 세 마리에서 두 마리로 줄여 주는 데 합의만 한다면 농장주는 이 3만원 한도까지는 기꺼이 이를 목장주에게 사례금으로 지급하려 할 것이다. 더 나아가 두 마리에서 한 마리로 줄여 준다면 농장주는 2만원(한 마리에서 두 마리로 증가함으로 인한 농작물피해증가액과 동일금액)까지는 목장주에게 지급하려 할 것이다.

---

40) 소를 길러서 판다고 하는 경우, 여기서의 이익이란 소의 판매가격－(소와 토지의 매입가격＋사육비＋기타 인건비 등)＝이익이라는 단순한 회계학적 개념이다. 기회비용 등까지를 감안하는 경제학적 이익개념을 의미하는 것은 아니다.

41) 왜냐하면 소를 세 마리에서 네 마리로 늘리면 증가하는 이익은 5만원인데 이때의 피해보상금은 4만원밖에 증가하지 않기 때문에 총이익이 적어도 1만원 증가한다. 따라서 네 마리 이상으로 늘리려 할 것이다.

그렇다면 이런 경우 소의 수를 한 단위 줄이기 위해 농장주가 목장주에게 기꺼이 지급할 최대의 금액은 곧 목장주의 입장에서 보면 소의 수를 늘리는 결정을 함으로 인해 발생하는 기대소득(期待所得)의 감소액(foregone earnings), 즉 일종의 기회비용(opportunity cost)이 된다. 왜냐하면 목장주의 입장에서 보면 소의 수를 늘리는 결정은 늘리지 않을 경우 농장주로부터 받을 수 있는 사례금의 포기를 의미하기 때문이다.

결국 위의 〈표 1－1〉의 마지막 열(列: 세로 행)의 소 한 마리 증가시 농작물피해증가액(農作物被害增加額)은 앞의 경우(with liability)에서는 목장주가 소 한 마리를 늘릴 때마다 추가로 지불해야 할 손해배상금의 증가액이 되나, 지금의 경우(no liability)에서는 목장주가 소 한 마리를 늘릴 때마다 추가로 포기하여야 할 기대소득감소액이 된다. 따라서 소를 한 마리 늘림에 따른 비용의 증대라는 면에서는 양자간에 차이가 없다. 그러므로 목장주가 소를 몇 마리 기를 것인가를 결정할 때 〈표 1－1〉의 마지막 열은 어느 경우에든 소의 수를 늘림에 따른 비용으로서 동일하게 목장주의 의사결정에 영향을 준다. 예컨대 만일 소를 한 마리 더 길러 얻을 수 있는 이익이 2만원이라면 앞의 손해배상책임을 인정하는 경우와 마찬가지로 지금의 배상책임부인의 경우에도 소의 수는 결코 두 마리를 초과할 수 없을 것이다. 왜냐하면 소의 수를 두 마리에서 세 마리로 늘림으로써 얻을 수 있는 한계이익은 2만원인데 그로 인해 포기해야 할 기대소득감소분(期待所得減少分)은 3만원이기 때문이다. 또한 만일 소를 한 마리 더 길러 얻을 수 있는 이익이 5만원이라면 어떻게 될까? 이때도 앞의 경우와 동일하게 소의 수는 네 마리 이상으로 늘어나며, 담장이 설치될 것이다. 왜냐하면 소를 네 마리로 늘릴 때 포기해야 할 기대소득은 4만원인데 이익의 증가는 5만원이기 때문에 당연히 목장주는 네 마리 이상 기르려 할 것이고, 동시에 농장주로서는 네 마리 이상 소를 기름으로 인해 발생하는 농작물의 피해가 10만원 이상인데 담장설치비용은 9만원이므로 스스로 담장의 설치를 서두를 것이다. 앞의 경우에서는 담장이 목장주에 의해서 설치되고 지금의 경우는 농장주에 의해서 설치된다는 사실은 상이하나, 담장이 설치된다는 결과는 즉 자원배분의 결과는 동일하다.

이와 같이 손해배상책임을 인정할 것인가 아닌가라는 법적 결정은 담장이 설치되느냐 안 되느냐, 소가 몇 마리 길러질 것인가 등의 자원배분의 결과에는 영향을 미치지 못하게 된다. 법이 어떤 입장을 택하느냐는 물론 소득분배에는 결정적 영향을 주게 된다. 목장주에게 배상책임을 지우는 경우는 그의 상대소득이 악화됨을, 목장주에게 배상책임을 지우지 않는 경우에는 그의 상대소득이 개선됨을 코즈 정리는 보여 주고 있다.

그러나 동시에 위의 예의 두 가지 경우 모두에서 당사자들의 자발적 거래·교환(손해배상이나 사례금의 지급)에 의해 결과되는 자원분배는 항상 가장 효율적이라는 점에 주목해야 한다. 예컨대 소를 한 마리 더 길러 얻을 수 있는 이익이 2만원일 때는 소는 두 마리, 그 이익이 5만원이라면 담장의 설치 등이 결과된다는 자원배분효과는 각각의 경우 사회적 관점에서 보아도 가장 효율적인, 즉 주어진 비용·편익조건 속에서 사회적 총생산을 극대화하는 결과가 된다. 이상의 예에서 우리는 코즈 정리가 성립하는 영의 거래비용하에서는 법의 자원배분에 대한 중립성 주장과 자원배분에 있어서의 효율성 주장이 동시에 성립됨을 볼 수 있었다.[42]

제3항 정(正)의 거래비용(positive transaction cost): 법정책원리의 모색

앞에서 본 코즈 정리는 거래비용이 영(零)이라는 가정하에서만 성립한다. 만일 거래비용이 영이 아니라 정(positive)인 경우에는 어떻게 될까?

앞의 예에서 거래비용이란 〈표 1－1〉의 관계를 양 당사자가 숙지하는 데 드는 정보비용(情報費用, information cost)과 이를 기초로 하여 목장주와 농장주가 만나서, 예컨대 만일 소의 수를 세 마리에서 두 마리로 줄인다면 기꺼이 3만원을 사례한다는 등의 계약을 체결하는 데 드는 교섭비용(交涉費用, negotiating cost) 및 계약성립 후 계약의 이행을 감시·감독하는 데 드는 강제비용(强制費用, enforcing cost) 등을 의미할 것이다. 그런데 앞의 예의 경우에는 피해의 정도 등을 양 당사자가 비교적 쉽게 알 수 있고, 또한 당사자의 수도 2인이므로 거래비용은 일견 그리 크지 않을 것이다. 그러나 대부분의 다른 외부효과의 경우, 거래비용은 현실적으로 대단히 큰

---

42) 코즈 정리가 가지는 문제점과 한계에 대하여는 다음 논문의 "Ⅲ. 코－스정리의 문제점 및 한계"를 참조하라. 박세일, "코－스정리(Coase Theorem)의 법정책학적 의의", 『서울대학교 법학』 제27권 제2·3호 (1986).

경우가 많다. 이러한 경우에는 자원배분에 있어서의 효율성(效率性)과 법의 중립성(中立性)을 주장하는 코즈 정리는 성립될 수가 없다. 환언하면 거래비용이 존재하는 경우에는 법이 어느 입장을 취하는가, 즉 누구에게 권리를 인정하는가가 곧 자원배분에 결정적 영향을 미치게 되고, 법의 입장에 따라 상이한 자원배분효과가 결과될 뿐만 아니라 그 결과가 반드시 효율적이라는 보장도 할 수 없게 된다.

예를 들어보자. 어떤 공장에서 매연을 배출하여 인근에 사는 주민 50명의 세탁물에 피해를 주는 경우를 생각해 보자. 이때 주민에 주는 배상액은 연(年) 100만원이고, 매연배출방지설비를 공장에 설치하는 데 드는 비용은 70만원이라고 가정하자. 그렇다면 사회적 관점에서 볼 때, 이 환경오염문제의 해결을 위한 가장 효율적 방법은 매연배출방지설비를 설치하는 것이다.

우선 거래비용이 소요되지 않는 경우를 보면(zero transaction cost), 코즈 정리에서 주장하고 있듯이 깨끗한 공기를 향유할 권리(環境權)를 주민에게 부여하는가, 아니면 공기를 오염시킬 권리(일종의 매연배출권)를 공장 측에 인정하는가에 관계없이 항상 가장 효율적인 자원배분 결과, 즉 매연배출방지설비의 설치라는 결과가 이루어질 것이다. 왜냐하면 만일 주민들에게 환경권을 부여하여 공장에게 손해배상책임을 묻게 되면, 공장은 당연히 연 100만원이라는 피해배상을 하는 것보다 매연배출방지설비를 설치하여 연 30만원의 이익을 보는 편을 택할 것이다. 반대로 공기를 오염시킬 자유를 공장에게 인정하여 인근주민의 손해배상청구권을 부인(否認)하면 주민들은 연 100만원의 피해를 감수하는 것보다 연 70만원의 매연배출방지설비를 공장에 설치해 줌으로써 스스로 연 30만원의 이익(예상피해손실의 감소)을 보는 편을 택할 것이다. 따라서 어느 경우에도 배출방지설비가 설치된다는 자원배분상의 효율적 결과는 동일하게 나온다.

이상의 논의는 주민 50명이 함께 모여서 매연배출방지설비의 설치를 공장에 제의할 것을 결정하고 다시 주민대표와 공장 측이 협상하여 설치의 합의에 이르는 데 드는 일체의 비용(금전적·시간적 비용)인 거래비용이 소요되지 않는 경우를 전제한 것이다. 그러나 만일 현실적으로 이러한 거래비용이 소요되는 경우에는 이야기가 크게 달라진다. 위의 예에서 거래비용이 연 40만원이라고 하자. 그러면 이때는 법이 어떤 입장을 취하느냐, 즉 손해배상책임을 공장에 지우느냐 아니냐의 여부에 따라 자원배분의 결과가 상이하게 나타난다.

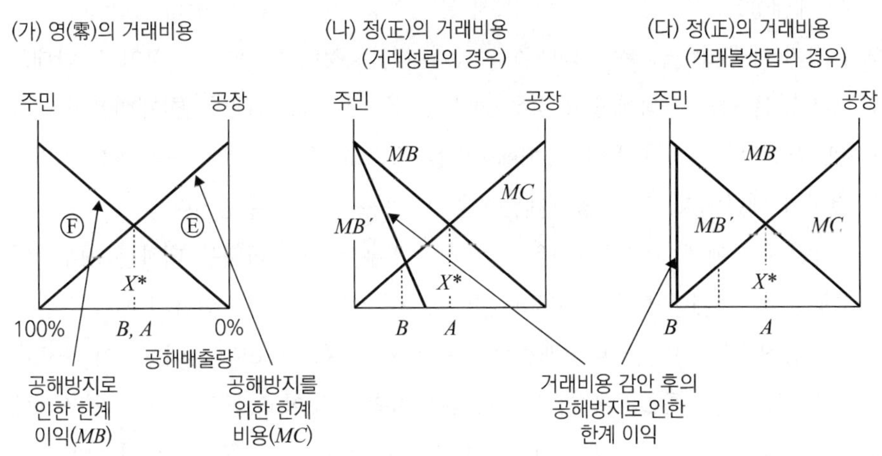

그림 1-1 거래비용과 자원배분과의 관계

만일 주민들에게 깨끗한 공기를 향유할 권리(환경권)를 인정하여 공장 측에 피해배상책임을 묻는 경우에는 위의 예에서 공장은 당연 매연배출방지설비를 설치하려 할 것이나, 반대의 경우(공해권)에는 이제 주민들이 공장에 방지설비를 설치해 주는 데 드는 비용은 110만원(설치비용 70만원+거래비용 40만원)이 되기 때문에, 주민들은 방지설비를 설치하려 들지 않고 오히려 연간 100만원의 피해를 감수하는 편을 택할 것이다. 이것은 사회적으로 볼 때 명백히 비효율적 결과이다. 이와 같이 거래비용이 소요되는 경우에는 주민들에게 깨끗한 공기를 향유할 권리를 인정하면 방지설비의 설치라는 효율적 결과를 가져올 수 있으나, 공장 측에 공기를 오염시킬 권리를 허용하면 비효율적 결과(피해의 감수)가 발생한다. 따라서 거래비용이 소요되는 경우에는 법정책 여하에 따라 자원배분의 결과는 크게 달라지게 된다.

보다 확실한 이해를 위하여 〈그림 1-1〉로 다시 한 번 설명해 보도록 한다. 〈그림 1-1〉의 (가)는 거래비용이 영인 경우이다. 만일 주민에게 환경권(環境權)을 인정한다면, 즉 *A*법정책의 경우라면 공장이 손해배상을 해야 하므로 이때 매연배출량의 최종수준은 X^*가 될 것이다(그림에서 %는 공해배출량을 의미한다). 왜냐하면 X^*보다 적은 양의 공해배출의 경우(Ⓔ의 경우)는 공장의 공해방지한계비용(*MC*)이

한계손해배상금(이는 곧 주민의 입장에서 본 공해방지한계이익 즉 MB와 동일액이 된다)보다 크기 때문에 공장은 공해배출을 증가시키는 것이 이익이 될 것이고, 반대로 X^*보다 많은 양의 공해배출의 경우(Ⓕ의 경우)는 공장의 공해방지한계비용이 한계손해배상금보다 적기 때문에 공해배출량을 스스로 줄이는 것이 공장에게 이익이 될 것이기 때문이다. 결국 공해배출량은 X^*의 수준으로 수렴된다.

만일 공장에게 매연배출권을 인정하는 경우 즉 B법정책을 택하는 경우라면 어떻게 될까? 이때 주민은 $MB>0$인 한, 공장을 설득시켜 MB만큼의 사례금을 지급하고 공장으로 하여금 매연배출량을 축소시키도록 유도할 것이다. 이 노력은 $MB=MC$의 수준, 즉 X^*에 이를 때까지는 지속될 것이고 공장도 이러한 거래에 응할 것이다. 왜냐하면 MB(사례금)$\geq MC$(방지비용)인 한, 공장도 주민들의 설득에 응하는 것이 이익이 되기 때문이다. 그렇다면 A법정책과 B법정책 모두의 경우, 자원배분의 최종결과(최종 매연배출량)는 X^*의 수준이 될 것이고, 이 수준은 $MB=MC$이므로 사회적으로도 효율적 자원배분(적정공해배출량)수준이 된다. 이것이 곧 영의 거래비용을 전제로 지금까지 논의해 온 코즈 정리이다.

그렇다면 만일 거래비용이 영이 아니고 정이라면 다른 두 가지 법정책 A, B에 따라 각각 어떻게 상이한 자원배분이 결과될까? 거래비용이 정인 경우도 일응 두 가지 경우로 나누어 생각해 볼 수 있다. 첫째는 거래비용이 정일지라도 그 크기가 그리 크지 않아 거래비용을 감안한 후에도 거래가 성립할 수 있는 경우 즉 〈그림 1-1〉의 (나)의 경우이고, 둘째는 거래비용이 너무 커서 거래 자체의 성립이 불가능한 경우, 즉 〈그림 1-1〉의 (다)의 경우이다. 우선 (나)의 경우를 보면 두 법정책 A, B의 자원배분효과는 달라지며 A법정책을 택하면, 즉 환경권을 인정하면 주민들이 모여 공장과 협상·교섭할 필요가 없으므로, 거래비용이 발생하지 않아 매연배출량은 사회적으로 적정수준(효율적 자원배분)인 X^*가 되나, B법정책을 취하면, 즉 공장에 공해권을 인정하면 공장과의 거래를 위해 주민들이 모여 협상·교섭할 필요가 발생하고 이때에는 거래비용이 소요되기 때문에 최종 공해배출량은 적정수준이 X^*보다 높은 수준인 〈그림 1-1〉의 (나)의 B에서 결정된다. 이는 분명히 비효율적 자원배분이다.[43]

43) 설명을 단순화시키기 위해서 〈그림 1-1〉의 (나)·(다)의 경우, 거래비용은 주민들이 공

(다)의 경우에는 거래비용이 너무 커서 당사자 간의 거래가 성립할 수 없기 때문에 B법정책의 경우에는 공장은 공해방지노력을 거의 하지 않게 되므로 공해배출량은 〈그림 1-1〉의 (다)의 B의 수준에서 결정된다. 그러나 A법정책의 경우에는 (나)의 경우와 마찬가지로 거래비용의 문제가 발생하지 아니하므로 공해배출량은 사회적 적정수준인 X^*와 같이 된다. 이와 같이 거래비용이 영이 아닌 경우에는 법정책이 취하는 입장에 따라 자원배분의 결과는 크게 달라지고, 그 결과는 효율적일 수도 비효율적일 수도 있다.

그러면 이와 같이 거래비용이 크게 소요되는 상황 속에서 선택하여야 할 법원칙·법정책 원리는 무엇인가? 정의 거래비용하에서 총생산의 극대화에 기여할 수 있는 효율적 법원칙은 무엇인가?

코즈는 이에 대하여 「거래비용발생의 필요를 줄이는 방향」으로 법정책을 활용함이 바람직하다고 주장하고 있다.[44] 여기서 거래비용발생의 필요를 줄이는 법원칙이라 함은 권리를 양 당사자 중 누구에게 부여할 것인가(혹은 역으로 누구에게 손해배상책임을 부과할 것인가)를 결정함에 있어 영(零)의 거래비용하에서 누가 그 권리를 사려고 할 것인가를 생각해 보아 가장 높은 가격으로 이를 사려고 하는 당사자에게 권리를 부여하는 원칙을 의미한다.[45] 환언하면 거래비용이 영일 때의 시장을 상정하고 그때의 거래내용을 모방하라는 것(mimicking the market)이다. 위의 경우에서 보면 영의 거래비용하에서 주민들은 권리(이때는 환경권)를 연 100만원까지 지급하고 사려 할 것이다. 왜냐하면 매연으로 인한 피해액이 연 100만원

해권을 살 때에만 발생하고(즉 공장에게 공해권이 인정될 때), 공장이 주민들로부터 환경권을 사려고 할 때(즉 주민에게 환경권이 인정될 때)에는 발생하지 않는 것을 가정하였다.

44) 거래비용발생의 필요를 줄이는 방법으로 법정책을 운용하다 보면 유해한 효과(harmful effect)를 야기한 자에게 손해배상책임을 묻지 않는 경우도 발생할 수 있음에 유의하라. 실은 앞의 외부효과(外部效果)의 상호성(相互性)에 기초하여 유해한 효과를 야기한 자에게 책임을 묻는 것이 항상 효율적인 선택이 아닐 수도 있음을 주장한 것이 코즈의 기여 중 하나이다.

45) 포즈너는 다음과 같이 표현하고 있다. "Assign the property right to the party to whom it is more valuable." 혹은 "Assign the legal right to the party who would buy it were it assigned initially to the other party." Richard A. Posner, *Economic Analysis of Law*, 2nd edition, Little, Brown Co., 1977, p. 36.

이기 때문이다. 그러나 공장의 경우에는 매연배출방지설비의 설치비용이 연 70만원이기 때문에 그 이상의 금액을 지급하고는 권리(이때는 공해권)를 사려 하지 않을 것이다. 이러한 경우에는 주민들이 보다 높은 금액을 지급하고 그 권리를 사려고 하기 때문에 주민들에게 환경권을 인정하고 공장에게 손해배상책임을 지우는 것이 보다 효율적 법정책이 될 것이다.

이와 같은 원리에서 주민들에게 환경권을 부여하면 비록 거래비용이 많이 들기 때문에 당사자 간에 거래 자체(권리의 교환)가 성립하지 못하는 경우(위의 예에서 거래비용이 40만원 드는 경우)에도 이미 앞의 예에서 본 바와 같이 공장에 의한 방지설비가 설치된다는 효율적 결과를 기대할 수 있을 것이다. 뒤의 제4편에서 자세히 보겠으나, 캘러브레시(G. Calabresi)가 사고법이론(事故法理論)에서 사고발생을 가장 적은 비용으로 회피할 수 있는 자,[46] 즉 최소비용회피자(最少費用回避者, the cheapest cost avoider)에게 손해배상책임을 지우는 것이 바람직하다고 주장하였는데, 그 주장도 실은 위와 같은 코즈의 논리와 다르지 않다. 왜냐하면 최소비용회피자는 가장 낮은 가격으로 권리를 사려 할 것이고 최고비용회피자는 높은 액수를 지급하고도 그 권리를 사려 할 것이므로,[47] 후자에게 권리를 주고 전자에게 배상책임을 지우는 것이 비록 정(正)의 거래비용 하에서도 보다 효율적 자원배분을 기대할 수 있는 법원리가 되기 때문이다.

지금까지의 논의를 일단 정리해 보는 의미에서 코즈 논문의 일부분을 인용토록 한다.

> "만일 시장거래비용이 영(零)이라면, 문제가 되는 것은 이해당사자들 간에 권리관계를 명확히 해 두어야 한다는 것이다. 그러면 권리관계가 당사자들의 자발적 거래(권리의 교환 등)를 통하여 생산을 극대화(당사자들의 이익의 총합의 극대화)하는 방향으로 재구성(rearrangement of rights)되어 나갈 것이고, 그 결과는

---

46) Guido Calabresi, *The Cost of Accidents: A Legal and Economic Analysis*, Yale University Press, 1970. 특히 Part Ⅲ 참조.

47) 예컨대 10만원으로 사고발생을 회피(억지)할 수 있는 자라면 사고발생으로 인한 손해배상책임을 벗어나기 위한 권리를 사는 데 10만원 이상은 지불하려 들지 않을 것이다. 만일 권리를 사는 비용이 10만원 이하라면 그 권리를 사고, 사고발생회피(억지)노력을 하지 않을 것이다.

쉽게 예측할 수 있다. 그러나 거래비용이 크게 소요되므로 교환·거래를 통한 권리관계의 재구성이 사실상 불가능해지는 경우에 이야기는 크게 달라진다. 이런 경우에는 법정책(입법부나 법원의 결정)이 경제행위·자원배분에 직접적 영향을 미치게 된다. 따라서 법원 혹은 입법부는 자신들의 결정이 경제에 미칠 효과를 충분히 사전에 인식하여야 하고, 이러한 효과에 대한 고려를 법적 안정성(法的安定性)을 해하지 않는 범위 내에서 자신들의 의사결정에 반영시키지 않으면 안 된다. 비록 거래비용이 크지 않아 당사자 간의 권리의 교환·거래가 일어나는 경우에도 그러한 거래비용발생의 필요를 줄이는 방향으로 법정책을 활용함이 바람직할 것이다. 왜냐하면 거래비용은 사회적 관점에서 볼 때 불필요한 자원의 낭비이기 때문이다."[48]

제4항 코즈 논문의 의의

이른바 코즈 정리는 코즈 논문의 일부에 불과하고, 실은 그의 여러 다른 주장의 전개를 위한 하나의 시발적 논의에 불과하다. 그동안 일부 학자들 사이에는 코즈 정리(즉 영의 거래비용 하에서의 자원배분의 효율성과 법의 중립성 주장)가 단기(短期, short-run)뿐만 아니라 장기(長期, long-run)에도 성립하는가, 거래관계·계약관계에 있어 상대방이 복수일 때도 성립하는가 등의 문제가 논쟁을 불러일으키기도 하였다.[49] 이들 문제들도 이론적으로는 흥미로운 문제들임에는 틀림없으나, 이들 개별적·지엽적 문제에 대한 수리적 정밀분석에 집착하다가는 코즈 논문의

48) Ronald H. Coase, "The Problem of Social Cost", 3 *The Journal of Law and Economics* 1 (1960), p. 19. 가능한 한 원문에 충실하여 직역하였으나 이해의 편의를 위하여 부분적으로는 의역하였다.

49) 이들 문제에 대하여 흥미를 느끼는 독자들은 다음을 참조하기 바란다. Harry E. Frech, "The Extended Coase Theorem and Long-Run Equilibrium: The Nonequivalence of Liability Rules and Property Rights", *Economic Inquiry*, Vol. 17 (April 1979), pp. 254-268; William Schulze and Ralph d'Arge, "The Coase Proposition Constraints and Long-Run Equilibrium", *American Economic Review*, Vol. 65 (Sept, 1974), pp. 763-771; William J. Baumol, "On Taxation and the Control of Externalities", *American Economic Review*, Vol. 62 (June 1972), pp. 307-322 등.

전편에 흐르는 그의 주장의 진정한 의의 및 기여를 일실(逸失)할 가능성이 많다고 본다.

그러면 과연 코즈 논문의 진정한 의의 및 기여는 무엇인가? 코즈 논문의 전편에 흐르는 그의 독특한 기본시각·통찰은 무엇인가?

첫째는 종래 소위 외부효과라고 파악해 오던 사회구성원들 간에 발생하는 유해한 효과(harmful effect)나 외부효과(externality)가 가지는 상호성(相互性, reciprocal nature)에 대한 지적이다. 현대와 같은 고도산업사회·도시화 사회에서는 사회구성원들의 행위·활동 간의 상호관련성과 상호작용의 폭이 크게 증대하기 마련인데, 이러한 속에서 쌍방 혹은 일방에 유리한 상호작용(interaction)도 증대하나(예, 각종 상행위(商行爲)), 쌍방 혹은 일방에 유해한 상호작용(예, 환경오염·각종 사고·생활방해)도 늘어나기 마련이다. 이들 현상은 산업화·도시화에 따라 불가피하게 발생·증대하는 사회적 비용(social cost)의 문제로 파악하여야 하고, 사회구성원 모두가 이의 합리적 축소를 위해 노력해야 한다.

인근 공장기계의 진동으로 인하여 병원의 진료행위에 주는 영향의 문제도 코즈는 만일 공장이 없었다면 병원의 진료행위에 지장이 발생하지 아니하겠지만, 마찬가지의 논리로 만일 병원이 없었다면 공장의 진동도 이웃에 아무런 악영향을 미치지 못했을 것이 아니냐고 반문한다.[50] 결국 문제는 진료행위를 위해 공장의 생산활동을 제한할 것인가 아니면 공장의 생산활동을 위해 진료행위를 제한할 것인가의 문제가 되고, 나아가 어떤 법원칙·법정책 원리를 가지고 이 문제를 해결하는 것이 이 문제가 야기하는 사회적 비용, 즉 국민총생산의 감소를 줄일 수 있는가 하는 사회적 선택의 문제가 된다는 것이다. 요컨대 이와 같이 외부효과문제를 보는 기본시각의 전환을 주장한 것이 코즈 논문의 기여의 하나라고 하겠다.

둘째의 기여는 자발적 교환의 장(場)인 "시장을 통한 자원배분에 있어서 거래비용의 중요성"에 대한 지적이다. 영의 거래비용을 전제로 한 코즈 정리는 실은 코즈 자신이 밝힌 바와 같이 우리에게 하나의 유용한 통찰(valuable insight)을

---

50) Ronald H. Coase, "The Problem of Social Cost", 3 *The Journal of Law and Economics* 1 (1960), p. 13.

제공할 뿐이고, 정(正)의 거래비용이 존재하고 있는 현실세계문제를 분석하기 위한 하나의 시발점에 불과하다. 코즈의 주요한 메시지는 거래비용이 영일 때 어떤 법원칙·법정책을 택하든 자원배분에는 영향을 줄 수 없다는 데 있는 것이 아니라, 거래비용이 존재하는 현실세계에서는 "어떤 법원칙을 택하는가, 누구에게 권리를 부여할 것인가라는 법적 판단이 곧 자원배분에 직접적 영향을 줄 수 있다"는 데 있다. 만일 누구에게 권리를 부여할 것인가에 대한 기존의 법원칙이 효율적이지 못하여 총생산의 극대화에 기여할 수 없는 경우, 또한 높은 거래비용 때문에 이러한 비효율적인 법원칙의 수정 — 당사자 간의 권리의 교환·거래를 통한 수정 — 이 불가능한 경우에는 자원배분의 비효율은 결코 개선되지 못하고 지속되게 된다. 이러한 위험을 코즈 자신도 그의 논문 속에서 지적하면서, 그는 법원 혹은 입법부는 자신들의 법정책적 결정이 자원배분에 미칠 효과를 충분히 인식하여야 하고, 이에 대한 충분한 사전 고려가 있어야 함을 강조하고 있다.[51] 결국 법원이나 입법부의 결정은 단순한 법적 결정(法的 決定)에 그치는 것이 아니라 곧 경제적 결정(經濟的 決定)이 되는 것이다. 거래비용의 존재와 관련하여 이 점을 강조한 것이 코스의 진정한 기여의 하나라 보겠다.

본래 거래비용이란 광의로 해석하면 시장이란 자발적 교환의 장을 활용하기 위해 드는 일체의 비용을 의미한다. 예컨대 ① 교환의 전제로서 재산권의 확정 및 확정된 재산권관계의 유지비용, ② 거래 상대방을 찾아내고 상대방의 거래조건을 상호인지하는 데 드는 정보비용, ③ 최종거래조건을 확정하는 과정에서의 교섭비용·계약체결비용, ④ 계약내용을 충실히 이행시키기 위해 드는 집행·감독비용(사법비용 포함) 등을 생각할 수 있다. 이들 거래비용의 합이 너무 커서 거래의 이익보다 거래비용이 커지면 시장실패(市場失敗, market failure)가 발생한다. 즉 시장메커니즘이 작동하지 못하게 된다.[52] 실은 재산법·계약법의 주요 기능의 하나가 바로 이들 거래비용을 낮추기 위함에 있다. 역으로 이들 거래비용을 낮추기 위한 각종 비용, 예컨대 재산법·계약법 등의 운용비용 등이야말로 곧 시장 메커니

51) Ronald H. Coase, "The Problem of Social Cost", 3 *The Journal of Law and Economics* 1 (1960), p. 19.

52) 시장실패의 원인으로서는 거래비용의 과다로 발생하는 외부효과 이외에도 공공재(public goods), 독점 등의 불완전경쟁, 규모의 이익(increasing return to scale) 등을 들 수 있다.

즘 유지비용이라고 부를 수도 있다.

여하튼 이와 같이 거래비용을 광의로 해석하면, 본래 외부효과도 거래비용이 과다하여 발생하는 현상이라는 사실을 쉽게 알 수 있다. 환언하면 외부효과의 내부화가 어려운 이유는 곧 거래비용 특히 그중에서도 재산권 확정·유지비용이 과다하다는 데 있다. 만일 "깨끗한 공기(空氣)", 혹은 "조용한 환경"에 대하여 재산권 확정 및 유지가 적은 비용으로 가능하다면 매연공해(煤煙公害)나 소음공해(騷音公害) 등과 같은 외부효과문제는 발생하지 않을 것이다.[53]

요컨대 거래비용이 과다한 경우에는 외부효과가 내부화되지 못하고 시장의 자발적 교환 메커니즘도 작동하기 어렵기 때문에 이런 상황 속에서 사법적 판단은 곧 자원배분 즉 국민총생산고의 수준에 직접 영향을 미치게 된다.

셋째, 종래에는 외부효과가 존재하여 시장실패가 발생하는 경우 정부가 직접 개입하는 것(예컨대 정부의 직접규제나 조세·보조금정책)이 당연하고 또한 항상 바람직한 것으로 생각하는 피구(A. C. Pigou)류의 발상이 지배적이었다. 그러나 코스는 이러한 발상에 대하여 근본적 이의(異意)를 제기한다. 즉 사회구성원 간의 상호작용의 폭이 넓어지고 빈도(頻度)가 높아져 발생하는 공해·각종 사고 등의 문제(사회적 비용의 확대)를 해결하기 위한 방안으로서 반드시 정부개입만이 가장 효율적인 것은 아니라는 것이다. 외부효과로 인한 시장실패를 시정하기 위해 정부개입을 주장하지만 정부실패(政府失敗, government failure)[54]도 존재할 수 있다는 것이다. 결국 정부나 시장이나 모두 불완전한 메커니즘이고, 이를 통한 문제해결에는 각각 나름의 비용(즉 자원배분의 왜곡)이 발생할 수 있기 때문에, 문제는 어느 쪽이 상대적으로 덜 불완전하냐, 어느 쪽이 보다 적은 비용으로 보다 효과적으로 문제해결을 할 수 있느냐를 기준으로 하여 결정할 문제라는 것이다.[55] 결국 선택은

---

53) 매연이나 소음 자체가 발생하지 않는다는 주장이 아니라 발생하여도 피해당사자들의 권리의 자발적 거래·교환에 의하여 매연이나 소음이 사회적 적정수준 이상으로 과대생산될 위험은 없다는 말이다.

54) 정부실패는 정부의 조직상·운용상 발생할 수 있는 비효율을 의미한다. 정부실패 문제에 대한 본격적 논의(정부실패의 원인, 실패발생의 불가피성, 시정방향 등)는 제10편 법과 공공선택이론을 참조하라.

55) 이 문제점에 대하여 R. C. Amacher는 다음과 같이 명쾌히 표현하고 있다. "In fact, the failure of government in many areas is every bit as important a social problem

사안별(case-by-case)로 결정할 문제가 된다.

예컨대 대단히 많은 불특정다수에게 피해를 주는 공해 문제의 경우에는 거래비용 자체가 심대하여 시장 메커니즘을 통한 문제해결을 기대하는 것은 어려울 것이다. 이때는 정부가 직접 개입하여 공해배출성향이 높은 특정 생산방식의 사용을 금지하거나, 필요하다면 공장이전까지 명할 수 있고, 그렇게 하는 것이 보다 효율적 자원배분이 될 것이다.

명심해야 할 것은 정부개입 자체에도 비용이 들고 자원배분의 왜곡을 수반할 수도 있다는 사실이다. 정부는 이윤극대화의 이론에 따르지 않는 독점체(non-profit maximizing monopoly)여서 시장적 경쟁압력을 받지 않는다. 따라서 정부에는 인적·물적 자원을 반드시 효율적으로 사용할 경제적 유인(economic incentive)이 존재하지 않는다. 오히려 정치적 고려 등으로 인한 자원배분상의 왜곡이나 비효율이 발생할 수 있다(정부실패). 이러한 점을 감안한다면, 경우에 따라서 어떤 외부효과는 비록 그로 인해 자원배분상의 비효율이 존재하여도 정부가 전혀 개입하지 않는 편이 나을 수도 있다.56)

코즈의 이러한 주장을 자유방임론(自由放任論)으로 이해하는 일부학자들이 있으나, 이는 옳지 않다. 코즈는 단지 정책담당자들 사이에는 정부개입의 장점을 과대평가하는, 환언하면 정부개입의 비용을 과소평가하는 경향이 있음을 경계하고 있을 뿐이다.57)

---

todays as the failure of private market processes. The unromantic but real choice is between two mechanisms that are both imperfect." Ryan C. Amacher, et al., *The Economic Approach to Public Policy*, Ithaca, Cornell University Press, 1976, p. 335.

56) 흥미롭게도 이미 오래 전에 John M. Clark에 의해서도 동일한 문제제기가 있었다. "We must be on our guard …… against the tendency of the reformer to compare the imperfections of existing conditions with the anticipated results of his reform measures, conceived as working perfectly. They will not work perfectly, and this has better be expected from the start. We should learn to compare existing imperfect conditions with the other imperfections which experience teaches us are sure to result from attempts to control." John M. Clark, *Social Control of Business*, 2nd ed., New York: McGraw-Hill Book Co., 1939, p. 493.

57) Ronald H. Coase, "The Problem of Social Cost", 3 *The Journal of Law and Economics* 1 (1960), p. 18. 그는 다음과 같이 이야기하고 있다. "It is my belief that

요컨대 코즈의 기여는 외부효과문제와 관련된 진정한 정책과제는 어떠한 사회적 기구(social arrangement: 예컨대 시장·기업·정부)가 보다 효율적으로 이 문제를 해결할 수 있는가 하는 선택의 문제라는 점을 명백히 밝힌 데 있다 하겠다. 그는 논문의 말미에서 다음과 같이 자신의 주장을 요약하고 있다.

> "사회적 기구(社會的 機構)의 선택에 있어서 중요한 것은 기존의 제도를 개편함에 있어서는 개선(改善)되는 면이 있음과 동시에 개악(改惡)되는 면도 존재할 수 있다는 사실을 인식하는 것이다. 또한 개별 사회적 기구(시장이든, 정부든)를 활용함에 드는 각각의 비용과 동시에 하나의 사회적 기구에서 다른 사회적 기구로 전환하는 데 드는 비용도 함께 고려되어야 한다. 새로운 사회적 기구를 고안하고 선택하는 과정에서 우리는 총효과(總效果, total effect)를 생각해 보아야 한다. 이것이 내가 주장하고자 하는 기본시각의 전환이다."[58]

넷째, 마지막으로 코즈 논문의 가장 큰 기여 내지 의의는 법과 경제라는 두 가지 하위체계를 하나의 통일된 시스템[59] 속에 결합시켜 이 통일시스템의 기본이론을 수립하려고 노력하였다는 데 있다.

코즈의 논문에서는 법과 경제의 통일적 인식(統一的 認識)이 나타나고 있다. 흔히 경제학자들은 법·제도를 외생변수(外生變數)로 취급하나, 이제 법·제도는 더 이상 외생변수가 아니라, 법-경제라는 단일시스템 속의 내생변수(內生變數, endogenous variable)로 등장하고 있다. 코즈의 논문에서 법적 권리(entitlement or property right)는 "경제에서의 가격"과 마찬가지로 이제 내생화되어 가변적이 되었고, 법-경제시스템이 봉사하려는 목적을 달성하기 위한 정책변수로 전환되었다.

다만 법-경제시스템의 기본구성원리를 구축하려는 코즈의 시도는 아직 일단계 성공밖에 거두고 있지 못하다고 판단된다. 그 주된 이유는 그가 구상하는 법

---

economists, and policy-makers generally, have tended to over-estimate the advantages which come from governmental regulation."

58) Ronald H. Coase, "The Problem of Social Cost", 3 *The Journal of Law and Economics* 1 (1960), p. 44.

59) 이와 같이 법-경제 단일시스템의 구축이란 관점에서 그동안의 법경제연구를 정리해 보려는 시도로는 Nicholas Mercuro and Timothy P. Ryan, *Law, Economics, and Public Policy*, JAI Press, Inc., 1984가 있다.

－경제시스템의 궁극 목표가 부의 극대화(wealth maximization)에 한정되어 있기 때문이다. 생산의 극대화와 이를 위한 도구적 가치로서의 효율(efficiency)을 중심으로 그의 분석이 국한되어 있기 때문이다. 효율적 법원리는 무엇인가? 법·제도가 어떠한 모습을 가질 때, 어떠한 법정책이 택하여질 때 보다 자원의 효율적 배분·총생산의 극대화에 기여할 수 있는가? 등의 문제에 대한 분석의 시도로서 그의 연구는 성공지이있다. 그러나 법－경제시스템이 추구하여야 할 또 하나의 가치인 정의(正義), 특히 소득분배문제를 둘러싼 배분적 정의의 문제에 대한 법－경제의 통일이론의 구축은 그의 연구에서 시도되지 않고 있다.

끝으로 법과 경제의 통일시스템을 구축하려는 코스의 시도가 일응 성공하였다고 볼 때 － 비록 효율성만을 중심으로 하고 있다는 한계는 있으나 － 종래 사용되어 오던 외부효과라는 개념 자체의 소멸이 불가피해진다는 점을 지적하고자 한다. 본래 외부효과란 사회구성원 간의 여러 상호작용효과 중에서 시장기구(가격메커니즘)에 반영되지 아니하는 효과를 말한다. 즉 가격 기구의 외부에 존재하는 효과라는 의미이다. 그런데 법－경제시스템이 통일적 단일 시스템으로 파악되면, 외부효과는 엄밀한 의미에서 존재할 수 없고, 모두 이 단일시스템 속에 내부화·내생화(內部化·內生化)되어 버린다. 이제 사회구성원 간의 상호작용·관계에 의해 발생하는 모든 효과는 바람직한 것이든(자발적 교환·거래 등이 결과하는 사회적 이익) 바람직하지 못한 것이든(환경오염·사고 등으로 인한 사회적 비용) 전부 법·제도의 끊임없는 변화와 발전 및 시장을 통한 자발적 교환과 거래에 의하여 법－경제시스템 안에서 해결되어 간다. 환언하면 법－경제주체들(legal-economic actors)의 노력에 의해 종래 외부효과라고 불렸던 문제들의 해결을 위한 새로운 효율적 법원칙과 법정책이 칭출되며, 시장에서도 이들 문제의 해결을 위해 자발적 거래와 교환이 발생한다.

이러한 상황하에서는 환경오염·사고 등의 문제는 결코 법－경제시스템밖에 존재하는 외부효과일 수 없으므로, 외부효과라는 개념 자체가 성립할 수 없게 된다. 코즈가 그의 논문에서 외부효과라는 용어를 굳이 쓰지 않고 유해한 효과(harmful effect)라는 용어를 사용하고 있는 이유도 실은 이러한 맥락에서 이해될 수 있다. 또한 뎀세츠(H. Demsetz)가 외부효과 대신에 부차적 효과(副次的 效果, side effect)라는 용어의 사용을 제안하면서도 부차효과와 주효과(主效果, primary effect)

간에 질적 차이는 없다고 한 주장[60]이나, 달만(Dahlman)이 외부효과라는 용어에 과연 의미 있는 해석이 가능한지 회의적이라고 한 주장[61] 등도 모두 이상과 같은 맥락에서 이해하여야 할 것이다.

제3절 법적 정의(正義)와 경제적 효율(效率)

제1항 기초개념의 정리

경제의 효율성(效率性)과 법적 정의(法的 正義)는 어떠한 관계에 있는가. 양자는 흔히들 생각하듯이 서로 상이하고 전혀 무관한 독자적 개념(獨自的 槪念)인가, 아니면 상호밀접한 내적 연관(內的 聯關)을 가진 관계적 개념(關係的 槪念)인가. 관계를 가진다고 할 때도 그 관계의 내용이 상호보완과 협력의 관계인가 아니면 상호긴장과 대립의 관계인가. 우리가 새로운 법제도를 구상할 때 혹은 기존의 법제도의 해석을 시도할 때 정의와 효율의 관계에 대한 올바른 이해와 인식은 대단히 중요하다. 이 관계를 올바로 이해하여야 올바른 법정책(法政策, 입법론과 해석론)이 나올 수 있고 동시에 올바른 경제정책도 나올 수 있다고 생각한다. 왜 이러한 관계가 성립되는가. 효율과 정의의 관계에 대한 올바른 이해가 중요하다고 생각하는 이유는 다음과 같다.

무엇보다도, 우리 인류는 자원과 재화가 희소한 조건 속에서 살고 있기 때문이다. 자원과 재화의 희소성(稀少性)이라는 조건은 인류 역사의 어느 시대 어느 장소에서도 엄연히 존재하였던 제약이고 인류가 이 지구라는 유한(有限)한 물리적 공간 속에서 살기 때문에 생기는 인류 공통의 운명이다. 인류의 역사는 어느 의미에서는 이 자원과 재화의 희소성을 극복하기 위한 끝없는 투쟁의 역사였다고 볼 수 있다.

---

60) Harold Demsetz, "The Exchange and Enforcement of Property Rights", 7 *Journal of Law and Economics* 11 (1964), 특히 pp. 25–26.

61) Carl J. Dahlman, "The Problem of Externality", 22 *The Journal of Law and Economics* 141 (1979), 특히 p. 156.

이러한 자원과 재화의 희소성 내지 유한성 때문에 자원과 재화의 이용과 배분을 둘러싸고 인류사회에는 끊임없는 법적 분쟁(法的 紛爭)이 생긴다. 또한 주어진 유한성을 극복하기 위하여 경제발전을 위한 노력과 보다 합리적인 소비와 생산을 위한 자원과 재화의 경제적 교환이 발생한다. 그 결과 법적 정의와 경제적 효율의 문제가 발생한다. 만일 자원과 재화의 공급이 무한(無限)하다면 우리에게는 처음부터 효율이나 정의의 문제가 발생하지 않았을 것이다.[62] 모든 사람들에게 재화가 무한히 존재한다면 재화의 경제적 교환의 필요도 없고 재화를 둘러싼 법적 분쟁의 필요도 발생하지 않는다. 따라서 효율이나 정의는 처음부터 문제가 될 수 없다.

이와 같이 인간의 욕망과 비교하여 자원과 재화의 희소성 내지 유한성이 문제가 되기 때문에 인간은 이 희소성을 극복하기 위하여 경제적 노력과 법적 노력을 하게 되고 이 과정에서 나온 것이 효율과 정의의 덕(德)이고 효율과 정의의 법(法)이다.

인류의 역사를 보면 자원과 재화의 희소성을 극복하기 위한 노력은 두 가지 방향에서 진행되어 왔다고 볼 수 있다. 하나는 동태적(動態的)인 희소성 극복을 위한 노력이고 다른 하나는 정태적(靜態的)인 희소성 극복을 위한 노력이다.

전자(前者)는 주어진 자원(예컨대 자본 노동 토지 등)을 가지고 보다 많은 재화(상품과 용역 등)를 생산함으로써 이루어질 수 있었다. 한마디로 기술개발과 경제성장을 통한 희소성 극복 노력이 그것이다. 지금까지 이 분야는 경제정책의 주 관심분야였고 따라서 주로 경제적 효율성과의 관련 속에서 연구되어 왔다. 그러나 뒤에서 자세히 보겠으나 어떠한 법정책을 선택하느냐, 환언하면 어떠한 정의(正

62) 이 주장은 주로 경제적 재화(經濟的 財貨)를 염두에 두고 한 주장이다. 그러나 엄밀한 의미에서 경제적 재화뿐 아니라 정치적 권력과 지위와 같은 정치적 재화(政治的 財貨)나 사회적 신분이나 명예와 같은 사회적 재화(社會的 財貨)의 경우에도 원리적(原理的)으로는 같은 주장을 할 수 있다고 본다. 현실적 문제는 아니나 만일 정치적 권력이나 높은 사회적 신분이 희소재(稀少財)가 아니라 자유재(自由財)라면 그리하여 누구나 원한다면 얼마든지 권력을 누릴 수 있고 높은 신분을 즐길 수 있다면 정치적·사회적 갈등이나 투쟁은 물론 절충과 타협의 필요성도 발생하지 않았을 것이고 정의나 효율의 문제도 발생하지 않을 것이다. 이 글에서는 주로 경제적 재화를 염두에 두고 분석을 진행하도록 한다.

義)의 원리(原理)를 선택하느냐 혹은 법의 지배의 원칙이 제대로 지켜지느냐 아니냐에 따라 경제적 효율, 나아가 경제성장에도 대단히 큰 영향을 줄 수 있다.63)

반면에 후자(後者)는, 즉 정태적(靜態的)으로 희소성을 극복하기 위한 노력은 이미 생산된 재화를 어떻게 배분하고 이용하는 것이 바람직한가 하는 문제이다. 어떻게 배분하는 것이 보다 많은 사람의 효용을 만족시킬 수 있는가? 동시에 어떻게 배분하는 것이 보다 정의로운가 하는 문제이다. 생산된 재화의 양(量)은 일단 정태적으로는 일정하므로, 주어진 양을 가지고 우리는 보다 많은 사람을 만족시킬 수 있는 "보다 효율적 배분", 그리고 사회적으로도 많은 사람의 정의 감각(正義 感覺)에 맞는 "보다 정의로운 배분"을 문제삼지 않을 수 없다.

이와 같이 자원과 재화의 희소성을 극복하기 위한 노력에는 동태적인 경우든 정태적인 경우든 모두 항상 경제적 효율과 법적 정의가 함께 문제가 된다. 따라서 이 양자의 관계를 올바로 인식하는 것이 올바른 경제정책은 물론 올바른 법정책을 수립하기 위하여도 대단히 중요한 이론적·실천적 과제가 된다.

정의와 효율의 관계에 대한 본격적 분석에 앞서 법적 정의의 개념과 경제적 효율의 개념을 간단히 정리하는 것으로부터 시작하자.

우선 법적 정의(法的 正義)에 대한 개념부터 시작하자. 법적 정의에 대한 이론은 시대에 따라 학자들마다 대단히 다양다기(多樣多岐)하게 전개되어 왔으나 여기에서는 법적 정의를 다음과 같이 세 가지 종류의 정의로 분류하여 정의하고자 한다.

첫째, 최고(最高)의 덕(德)으로서의 법적 정의(法的 正義)이다

실정법(實定法)을 초월하는 이념(理念)으로서의 정의이다. 아리스토텔레스(Aristoteles)가 이야기하는 "덕전반(德全般)과 범위를 같이하는 정의" 혹은 라이프니츠(Leibniz)가 이야기하는 "현자(賢者)의 애(愛)로서의 정의"와 같은 개념이다.64) 인간으로서의

---

63) 역사적으로 볼 때, 효율적인 법정책을 선택한, 즉 효율적인 법제도를 가진 사회는 그렇지 못한 사회보다 빠른 경제성장을 보이고 있다. 여기서 효율적인 법제도란 한마디로 거래비용(去來費用)을 최소화하는 법제도를 의미한다. 자세한 내용은 뒤의 본문에서 상론(詳論)한다.

64) Gottfried W. Leibniz, *Philosophical Papers and Letters*, 2 Vols., University of Chicago, 1956, p. 690, p. 921.

완전한 "탁월성(德)의 추구" 혹은 사회적 공동선(共同善)을 목표로 한 "인간의 사랑"이 법질서를 궁극적으로 기초 지우고 그 정의의 실현을 가능케 하는 것이라는 의미의 정의관(正義觀)이다.

사실 플라톤(Platon)과 아리스토텔레스에서 시작된 고전적(古典的) 의미의 법적 정의는 이 개념이 중심이었다. 그러나 근대로 들어오면서 "법과 도덕의 분리" 현상이 진행되고 동시에 "개인주의적·사회계약적 세계관(個人主義的·社會契約的 世界觀)"이 등장하면서 이러한 고전적 의미의 법적 정의는 점차 정의론(正義論)의 연구에서 소외당하여 왔다.65)

그러나 생각건대 인간이란 본래가 개체적 존재(個體的 存在)이면서도 동시에 사회적이고 관계적 존재(關係的 存在)이기 때문에 그의 탁월성 내지 완전성은 사회성(社會性)을 외면하고 발현될 수 없다. 사회애(社會愛) 더 나아가 사회적 공동선의 추구를 무시하고 "인간의 완성"을 논할 수 없다고 본다. 따라서 공동선의 추구와 개인과 사회의 동시완성(同時完成)을 위한 끊임없는 노력을 위하여 "최고의 덕으로서의 정의"에 대한 연구와 논의는 앞으로도 계속되어야 한다고 생각한다.

둘째, 교환적 정의(交換的 正義)로서의 법적 정의이다

정의를 "각인(各人)에게 각인(各人)의 것을 주는 것"이라고 정의할 때 각인의 것을 정확하게 각인에게 주는 것이 바로 교환적 정의(交換的 正義)이다. 예컨대 각인의 생명과 신체자유의 보장, 재산권의 보장, 노동에 대한 반대급부로서의 보수, 범죄에 대한 형벌 등을 엄격하고 정확하게 실행하는 것, 이것이 바로 교환적 정의(commutative justice)로서의 법적 정의이다.

---

65) 이러한 고전적·법적 정의의 개념이 19세기 중엽부터 사회정의(社會正義, social justice)라는 표현으로 부활하는 듯한 움직임을 보이고 있다. 사회정의는 개인정의(個人正義, 개인의 올바른 행위)와 구별되는 사회의 정의(국가의 올바른 정책이나 사회제도의 올바른 모습)로서 주장되나 사회정의에 대한 논의에는 몇 가지 공통된 특징이 있다. 하나는 고전적·법적 정의에서 항상 주장하여 오던 공동선(共同善)이라는 관점과 공동체에 대한 관심이 다시 등장하고 있다는 점이고, 다른 하나는 개인주의적 정의관(個人主義的 正義觀)을 극복하려는 노력이다. 이러한 움직임에는 긍정적인 점이 분명히 있다고 보아야 한다. 다만 주의할 것은 사회적 정의에 대한 주장도 너무 과도하게 강조되면 불가피하게 개인적 자유에 대한 큰 제약을 결과할 위험이 있기 때문에 항상 양자의 적절한 조화를 염두에 두어야 한다는 사실이다.

노동에 대한 보수를 결정할 때 어떠한 기준으로 할 것인가? 예컨대 공로(功勞), 필요(必要), 신분(身分) 중 어떠한 기준을 선택할 것인가 혹은 형벌(刑罰)수준을 정할 때 어떠한 원칙과 기준을 가지고 할 것인가의 문제는 뒤에서 논할 배분적 정의(配分的 正義, distributive justice)로서의 법적 정의의 문제이다. 그러나 일단 확정된 각자의 몫을 각자에게 과부족(過不足) 없이 정확하고 엄정하게 실현시키는 것은 바로 교환적 정의의 문제이다.

교환적 정의는 일단 모든 사람을 동일·평등하게 파악하고 이들 사이의 이해득실(利害得失)을 균등화(均等化)하는 정의라고 볼 수 있다. 또한 모든 사람이 법 앞에서 평등하고 동일하다고 하는 전제 위에 서서 개개인의 자유를 최대화(最大化)하는 정의라고도 말할 수 있다. 왜냐하면 교환적 정의가 엄격히 지켜지는 경우에 한하여 타인의 자유에 위해(危害)를 가하지 않는 범위 내에서 각자는 최대의 자유를 누릴 수 있기 때문이다. 교환적 정의가 지켜져야 자유에 대한 각자의 몫을 최대한 찾아 갈 수 있기 때문이다. 따라서 교환적 정의는 자유의 법(law of liberty)과 항상 함께 간다고 보아야 한다.[66)]

아담 스미스는 사회가 유지되기 위해서는 타인(他人)의 부당한 침해로부터의 안전(security from injury)이라는 의미의 정의는 엄정하고 정확하게 추호의 예외나 수정 없이 실현되어야 한다고 주장하고 있다. 마치 문법(文法)의 제 원칙과 같이 최고의 정확성을 가지고 지켜져야 하고 이러한 정의가 지켜지지 않으면 인간사회라는 거대한 구조물은 한 순간에 산산조각이 나서 붕괴될 것이라고 주장하고 있다.[67)]

---

66) 개인의 자유를 최대한 보장하기 위해서는 반드시 법의 지배(rule of law)가 전제되어야 한다. 당초 법의 지배란 정치권력의 자의성(恣意性)을 제한하기 위하여 비롯된 개념이나, 점차 권력관계(權力關係)뿐 아니라 개인간의 사적 관계(私的 關係)까지 규율하는 개념으로, 즉 모든 관계에 있어 편의(便宜)의 지배(rule of expediency)가 아니라 원칙의 지배(rule of principle)라는 개념으로 발전하여 오고 있다.
따라서 이러한 의미의 법의 지배가 실현될 때 비로소 개인의 자유가 보장될 수 있고(공권력으로부터의 보호뿐 아니라, 사인(私人) 간의 침해로부터의 보호까지도), 그 결과 교환적 정의로서의 법적 정의도 실현될 수 있다. 그러므로 "자유(自由)의 법(法)"="법(法)의 지배(支配)"="교환적 정의(交換的 正義)"라고 볼 수 있다.

67) 아담 스미스 著, 『道德 感情論』(The Theory of Moral Sentiments), 박세일·민경국 譯, 비봉출판사, 1996, pp. 163-165.

아담 스미스의 정의가 바로 여기서 우리가 논하는 교환적 정의로서의 법적 정의를 의미한다. 왜냐하면 부당한 침해에 대한 징벌이라는 교정적 정의(矯正的 正義)는 교환적 정의(交換的 正義)의 일부로 볼 수 있기 때문이다.

셋째, 배분적 정의(配分的 正義)로서의 법적 정의이다

정의의 문제를 "각인(各人)에게 각인(各人)의 것을 주는 것"이라고 정의할 때 각인의 것 내지 각인의 몫을 어떤 원칙과 기준에 의해 정할 것인가가 바로 배분적 정의(配分的 正義)로서의 법적 정의의 문제이다.

노동에 대한 반대급부(反對給付)의 수준을 정할 때, 범죄(犯罪)에 대한 형벌수준을 정할 때, 개인의 자유권행사의 한계를 정할 때, 새로운 재산권 창출시 누구에게 귀속시키느냐 등을 결정할 때, 무엇을 기준으로 어떠한 원칙에 의하여 정하는 것이 정의로우냐의 문제이다. 노동에 대한 반대급부수준의 결정 문제는 경제학에서는 소득분배(所得分配)의 공정성(公正性)의 문제로 취급하여 오고 있는 문제이나 법적으로는 배분적 정의의 문제의 하나로 볼 수 있다.

이 배분적 정의의 문제는 그 시대의 지배적 철학과 개인 내지 집단의 가치관에 따라 그 기준과 원칙이 크게 다를 수 있다. 예컨대 노동에 대한 반대급부의 수준을 결정하는 경우 어떤 사람은 공로(功勞)나 기여도(寄與度)에 따른 보수를 정의롭다고 볼 것이고 어떤 사람은 필요도(必要度)에 따른 보수를 정의롭다고 볼 것이다. 아니면 이 양(兩) 기준의 적절한 조화가 바람직하다고 보는 사람도 있을 것이다. 이와 같이 어느 것이 바람직한 배분적 정의의 기준인가에 대하여는 여러 견해가 가능하고 여러 가치관 간의 충돌이 가능하다.

그러나 이 배분적 정의의 문제를 단순히 관찰자의 주관적 문제로 취급해 버리는 태도, 환언하면 가치상대주의(價値相對主義)로 해결하려는 태도는 바람직하지 않다고 생각한다. 가능하다면 정의의 자의성과 임의성을 줄이기 위하여 객관적이고 합리적인 정의 기준을 찾으려는 노력을 계속하여야 한다고 생각한다.

물론, 배분적 정의의 기준을 절대화하는 것이 바람직하다고 주장하려는 것은 결코 아니다. 다만 앞에서 논한 고전적·법적 정의가 주장하던 "최고의 덕의 실현", "공동선의 추구"라는 관점에서, 인간의 개체성과 사회성의 조화를 위하여, 보다 합리적인 배분적 정의의 원칙과 기준을 모색하려는 이론적·실천적 노력이 지속되는 것은 대단히 바람직하다고 본다. 또한 우리가 그러한 노력을 계속하면, 뒤에서 자세히 논의하겠지만, 이 배분적 정의의 문제에 대하여도 상당부분 합리적 기준과 원칙을 제시할 수도 있다고 믿는 것이 저자의 입장이다.[68]

이상이 법적 정의에 대한 간단한 개념정리이다. 여기에서는 법적 정의와 경제적 효율 간의 관계를 연구의 대상으로 하고 있기 때문에 위의 세 가지 법적 정의 중 주로 교환적 정의(交換的 正義)와 배분적 정의(配分的 正義)를 중심으로 논의하기로 한다. 왜냐하면 최고덕(最高德)으로서의 정의 개념 속에는 이미 경제적 효율이라는 가치가 포함되어 있기 때문에 정의와 효율 간의 긴장과 협력관계를 분석하기에는 최고덕으로서의 정의 개념을 연구대상으로 하는 것은 타당하지 않기 때문이다.

다음은 경제적 효율에 대한 개념 설명으로 들어가자. 경제학에서의 효율성(economic efficiency)은 일반적으로 파레토 효율성을 의미한다. 파레토 효율성(Pareto

---

68) 아담 스미스(Adam Smith), 푸펜도르프(Samuel von Pufendorf)나 허친슨(Hutchinson)의 분류법에 따라 권리를 완전한 권리와 불완전한 권리로 나눈다. 완전(完全)한 권리(perfect right)란 강제(强制)할 수 있는 권리를 의미하고, 불완전(不完全)한 권리(imperfect right)란 바람직하지만 강제할 수 없는 권리를 의미한다. 아담 스미스는 교환적 정의(交換的 正義)를 완전한 권리로 보고 이것이야말로 법학(法學, jurisprudence)의 주제라고 주장한다. 반면에 배분적 정의는 불완전한 권리로 보고 이것은 법의 영역이 아니고 도덕의 영역(a system of morals)에 속하는 문제로 이해한다. 그리하여 그의 『법학강의』에서 배분적 정의의 문제는 빼고 오직 교환적 정의의 문제에만 국한하여 분석하고 있다. Adam Smith, *Lectures on Jurisprudence*, eds. by Roland L. Meek, David D. Raphael, and Peter G. Stein, Oxford University Press, 1978, p. 9를 참조하라.
법학의 주제를 교환적 정의에 초점을 맞춘 것은 옳다고 생각되나 배분적 정의의 문제를 도덕의 문제로 보아 법학의 논의에서 완전 제외시키는 것은 바람직하지 않다고 본다. 오히려 배분적 정의의 문제는 법의 영역과 도덕의 영역이 서로 만나는, 서로 중첩(重疊)되는 분야의 과제로 보는 것이 바람직하다. 그리고 공동선(共同善)이라는 관점에서, 개체성(個體性)과 전체성(全體性)의 조화라는 관점에서, 끊임없이 "보다 합리적인 배분적 정의의 기준을 모색하려는 노력"이 대단히 중요하다고 본다. 그러한 노력과정에서 개인의 인격적 완성(사회성을 포함한 완성)도 가능하고 사회의 진정한 발전(개개인의 창의성에 기초한 발전)도, 그리고 학문의 발전도 가능하다고 생각한다. 배분적 정의의 문제를 단순한 도덕의 문제, 개인의 가치관의 문제로 돌려서는 안 된다고 생각한다. 충분한 사회적 동감(社會的 同感)이 형성되면 배분적 정의도 강제할 수 있는 완전한 권리로 전환될 수도 있어야 한다고 생각한다.

efficiency)이란 제한된 자원이나 재화를 배분함에 있어 "적어도 어떤 한 사람을 불행하게 하지 않고는 다른 사람을 더 이상 행복하게 할 수 없는 상태"에 도달함을 의미한다.

우리가 일반적으로 어떤 한 사람을 불행하게 하지 않으면서도 다른 사람을 좀 더 행복하게 만들 수 있는 자원배분의 경우를 소위 파레토 개선(Pareto improvement)이라고 부르는바, 이러한 의미의 파레토 개선의 가능성이 완전히 소진되어 이미 더 이상의 파레토 개선이 불가능한 상태를 우리는 파레토 효율성이 달성된 자원배분의 상태라고 한다.

이러한 파레토 효율이 사회전체적으로 달성되기 위해서는 ① 교환(交換)에서의 효율성(exchange efficiency)과 ② 생산(生産)에서의 효율성(production efficiency)은 물론, ③ 총체적(總體的)인 효율성(overall efficiency)이 함께 충족되어야 한다.

교환에서의 효율성이란 생산된 재화를 당사자들의 원하는 방향으로 원하는 양을 서로 교환하여 당사자들의 효용(만족)이 극대화된 상태를 의미한다. 더 이상의 자발적 교환의 필요가 없는 상태이다. 생산에서의 효율성이란 주어진 생산요소(자본, 노동 등)들의 최선의 결합을 통하여 생산량이 극대화된 상태를 의미한다. 주어진 자원과 현재의 기술수준을 가지고는 더 이상 생산해 낼 수 없는 상태를 의미한다.

그리고 총체적 효율성(總體的 效率性)이란 효율적으로 생산해 낸 것들이 소비자들의 효용을 극대화시킬 수 있는 것들이어야 한다는 것이다. 환언하면 소비자들이 가장 원하는 재화를 가장 효율적인 방법으로 생산해 낼 때 비로소 총체적 효율성이 달성된다. 아무리 생산의 효율성이 있어도 소비자들이 원하지 않는 것들을 만들어 내면 총체적으로 자원의 효율적 배분이라고 볼 수 없기 때문이다. 여하튼 위의 세 가지 조건이 동시에 성립하여야 파레토 효율이 달성될 수 있다.

엄밀히 말하면, 이 파레토 효율이라는 개념은 경제학적 개념이라기보다는 기술적·공학적(技術的·工學的) 개념이다. 특정 경제체제(經濟體制, 예컨대 시장경제)만을 전제로 하여 성립된 개념이 아니다. 시장경제뿐 아니라 계획경제(計劃經濟)하에서도 이론적으로는 위의 세 가지 조건을 모두 달성시킬 수 있다.[69]

---

69) 사회주의 계획경제(社會主義 計劃經濟)하에서도 이론적으로는 얼마든지 파레토 효율을

어느 경제체제에서든 자원의 효율적 배분은 대단히 중요한 정책 과제이다. 어느 체제가 보다 적은 비용으로 파레토 효율을 달성할 수 있는가가 항상 논쟁의 중심이 된다. 왜냐하면 어떻게 하여 주어진 자원을 가지고 보다 많이 생산하여 보다 많은 사람을 만족시킬 수 있도록 할 것인가는 어느 시대 어느 사회에서도 분명히 모두에게 이익이 가는 공동선적 과제(共同善的 課題)이기 때문이다.

자원배분에서 이러한 파레토 효율성을 달성하기 위해서는 어떻게 하여야 할까? 경제학에서는 이 문제가 대단히 중요한 문제이다. 이와 관련하여 근대경제학에서의 한 가지 중요한 주장은 경쟁적 시장가격기구(競爭的 市場價格機構, competitive market price mechanism)가 자유롭게 작동한다면 국가의 개입 없이도 시장에서의 참여자들의 자발적 거래와 교환을 통하여 자원배분에 있어서의 파레토 효율성은 자동적으로 달성된다는 주장이다. 시장가격의 자유로운 상하방이동(上下方移動)을 통하여 교환과 생산에서의 효율성은 물론 총체적 효율성까지 모두 달성된다는 것이다.[70] 따라서 자원배분에 있어 파레토 효율의 달성을 위한 최선의 길은 경쟁적

달성할 수 있다. 기술적으로 불가능한 것은 결코 아니다. 문제는 비용이다. 모든 생산요소의 부존량에 대한 거대한 미시정보(微視情報)가 필요할 뿐 아니라 모든 국민들이 선호하는 재화에 대한, 그리고 그 선호의 강도(强度)에 대한, 그리고 그 변화에 대한 엄청난 미시정보를 가지고 있어야, 파레토 효율 달성을 위한 중앙정부의 계획수립이 가능하다. 반면에 시장경제하에서는 위의 모든 미시정보의 수집·배분·유통기능 등을 시장에서의 가격기구(價格機構)가 대행하여 주고 있다. 시장에서 자유롭게 형성되는 가격의 상하방이동(上下方 移動)을 통하여 생산요소의 부존량, 국민들의 특정 재화에 대한 선호도(選好度)와 그 변화 등에 대한 모든 정보가 생산되고 유통된다. 예컨대 가격이 오르면 한편으로는 그 재화를 생산하는 데 드는 자원비용이 증대하고 있다는 정보와 다른 한편으로는 국민들의 그 재화에 대한 선호도가 올라가고 있다는 정보가 창출되어 유통되고 있는 셈이 된다. 이들 정보를 보고 생산자와 소비자가 자신들이 다음의 행동을 자발적으로 결정한다. 계획경제에서처럼 일일이 정부의 지시를 받을 필요가 없다. 따라서 계획경제에 비하여 대단히 비용이 적게 드는 체제라고 볼 수 있다.

어떤 의미에서는 과거의 냉전시대(冷戰時代) 때의 체제경쟁(體制競爭)의 주요 내용의 하나가 바로 어느 체제가 자원배분에 있어서 파레토 효율을 보다 적은 비용으로 보다 잘 달성할 수 있는가 하는 것이었다고 할 수 있다. 결국 이 파레토 효용달성경쟁(效用達成競爭), 비용경쟁(費用競爭)에서 사회주의 계획경제가 자본주의 시장경제에게 패배한 셈이 되었다.

70) 시장가격기구에서 파레토 효율이 달성되기 위한 조건을 보다 이론적으로 정리하면, ① 완전경쟁시장(完全競爭市場)일 것, ② 생산규모에 있어서 수확체증(收穫遞增)의 법칙이 작

시장가격기구가 제대로 작동하도록 만드는 노력이고 이는 모든 경제정책의 기본이 된다.

이상과 같은 기초개념에 대한 정의를 끝내고 본고의 주제인 정의와 효율과의 관계에 대한 분석으로 들어가자. 우선 교환적 정의와 효율과의 관계를 분석하고 그 다음에 배분적 정의와 효율과의 관계를 분석하도록 한다.

제2항 교환적 정의와 효율

교환적 정의(交換的 正義)는 경제적 효율(經濟的 效率)과 어떠한 관계를 가지고 있는가? 교환적 정의는 인류가 자원과 재화의 희소성을 극복하려는 노력과 어떻게 관계되어 있는가?

결론부터 이야기하면 교환적 정의는 경제적 효율의 전제조건(前提條件), 환언하면 파레토 효율성 확보를 위한 전제조건이 된다. 교환적 정의가 없으면 시장질서(市場秩序)가 형성되지 못하며, 경제적 자유도 성립하지 못한다. 한마디로 시장가격기구(市場價格機構)가 작동하지 못한다. 따라서 시장가격기구를 통한 경제적 효율의 달성을 위해서는 교환적 정의의 실현이 필수적이다. 왜냐하면 효율은 자유 없이 달성될 수 없고 자유는 항상 질서를 전제로 하며 질서는 정의 없이 형성될 수 없기 때문이다.

환언하면 교환적 정의가 없으면 교환과 거래의 질서, 즉 시장질서가 형성될 수 없다. 그리고 시장질서를 활성화시킬 경제적 자유도 성립할 수 없다. 따라서 시장질서가 형성되고 시장가격기구가 작동하기 위해서는 반드시 교환적 정의가

용하지 않을 것, ③ 공공재(公共財, public goods)가 존재하지 아니하고 생산과 소비에 있어서 외부성(外部性, externality)이 없을 것, ④ 시장정보(市場情報, market information)가 완전할 것 등을 들 수 있다. 이상과 같은 조건에서는 자원배분에 있어서 파레토 효율은 항상 달성된다. 물론 현실적으로 존재하는 시장이 위의 모든 조건을 100% 달성하는 경우는 거의 없다. 다만 위와 같은 조건에 접근하면 할수록 자원배분의 결과가 완전한 파레토 효율에 접근한다고 보아야 한다.

위와 같은 조건하에서 시장가격기구가 어떻게 하여 파레토 효율을 달성할 수 있는가에 대한 이론적·수리적(理論的·數理的) 증명은 대부분의 중급(中級) 미시경제학 교과서에 상세히 설명되어 있으므로 여기서는 약(略)하기로 한다.

전제되어야 한다. 그리고 이와 같이 시장가격기구가 작동될 때 비로소 우리는 자원배분의 효율성을 기대할 수 있다.

그러나 보다 엄격히 이야기하면 교환적 정의는 경제적 효율성, 파레토 효율성 달성을 위한 필요조건이지 충분조건은 아니다. 교환적 정의가 전제될 때 비로소 시장가격기구가 작동하지만 파레토 효율성은 이미 앞에서 본 바와 같이 시장가격기구가 경쟁적(競爭的)일 때에 한하여서만 달성될 수 있기 때문이다. 시장가격기구가 작동한다고 하여도 경쟁적 시장이 아니라 독점적 시장(獨占的 市場)일 경우에는 파레토 효율은 달성되지 않는다. 따라서 교환적 정의가 자동적으로 경제적 효율을 보장하는 것은 아니다. 그러나 교환적 정의 없이는 경제적 효율은 결코 달성될 수 없다.

이러한 의미에서 교환적 정의(交換的 正義)는 자유(自由)이고 시장질서(市場秩序)이고 효율(效率)이다. 효율과 정의는 상호대립하는 것도 아니고 상호모순되는 것도 아니다.

좀 더 자세히 살펴보자. 경제적 효율성, 즉 파레토 효율성이 달성되기 위해서는, 경쟁적 시장가격기구가 원활히 작동하여야 하고, 시장가격기구가 원활히 작동하기 위해서는 다음과 같은 법적·제도적 조건들이 필수적이다.

첫째, 개인의 신체와 생명의 자유가 절대보장되어야 하고 경제적 자유(영업의 자유, 취업의 자유 등)가 최대한 보장되어야 한다.

둘째, 재산권제도(財産權制度)가 명확히 확립되어야 하고 국가는 물론 타인의 부당한 침해로부터 재산권이 엄정히 보호받아야 한다.

셋째, 계약법제(契約法制)가 확립되어 공정히 집행됨으로써 타인과의 약속에 대한 기대(期待, expectation)가 보호되어야 한다.

넷째, 기타 모든 법제도가 효율적이어야 한다. 법이 가능한 거래비용(去來費用, transaction cost)을 최소화하는 방향으로 입법되고 해석되어야 한다.

이상의 네 가지 중 앞의 세 가지는 기본적 인권(基本的 人權)의 보장, 재산권(財産權)제도와 계약법제(契約法制)의 확립을 전제로 타인의 권리를 해하지 않는 범위 내에서 경제적 자유가 보장되어야 하고, 이러한 의미에서 모든 개개인은 평등하고 동일하게 취급되어야 한다는 조건은 바로 교환적 정의에 해당하는 조건이다. 따라서 다시 강조하지만 교환적 정의의 확립이야말로 경쟁적 시장가격기구작동의 전제조건이고 파레토 효율성 확보의 필수불가결의 조건이다.

포즈너(R. Posner)가 자원의 낭비를 허용하는 것이 도덕적이 아닌 한 "정의는 곧 효율이다"라고 주장하고 있는바 그 근거는 바로 여기에 있다. 그가 이야기하는 "효율로서의 정의"는 바로 여기서의 교환적 정의를 의미한다고 해석하여야 할 것이나.71)

그러면 네 번째 조건인 법제도가 효율적이어야 한다는 것은 무엇을 의미하는가? "효율적(效率的)인 법제도(法制度)"란 과연 어떤 의미인가? 그것은 법제도가 거래비용(transaction cost)을 낮추는 방향으로 입법화되고 해석되어야 함을 의미한다.

인류가 가지고 있는 자원은 제한적인데 이 제한적 자원을 가지고 인류가 필요로 하는 재화를 만들 때 일반적으로 자원은 대별(大別)하여 두 가지 용도로 사용된다. 하나는 직접생산(直接生産)을 위하여 투하되는 자원이고, 다른 하나는 생산을 조직화(기업을 만들고 정부의 인허가를 받고 하는 비용)하고 거래를 조직화(생산을 위한 생산요소의 거래와 소비를 위한 생산물의 거래 등)하기 위하여 이용되는 자원이다. 이 중 후자를 거래비용이라고 한다. 예컨대 직접생산에는 기여하지 않지만 "생산과 거래를 조직화하는 데 드는 자원"을 거래비용이라고 한다.

총체적 자원은 제한되어 있기 때문에 이 거래비용을 가능한 낮출수록 보다 많은 자원을 직접생산과정에 투하시킬 수 있게 된다. 그러면 그만큼 재화의 생산량을 높일 수 있게 된다. 결국 거래비용을 낮출수록 효율성을 높이고 자원과 재화의 희소성을 극복하는 데 기여할 수 있게 된다.

그런데 법제도의 내용에 따라 거래비용이 크게 달라진다. 예컨대 모든 경제행위의 매거래마다 정부의 인허가를 받도록 하는 법제도가 존재하는 경우 거래비용은 엄청나게 커진다. 또한 가격정보(價格情報)나 기술정보(技術情報)의 자유로운

---

71) Richard A. Posner, *Economic Analysis of Law*, 4th ed., Little Brown and Company, 1992, p. 27. Posner는 대부분의 경우 정의는 사실상 효율을 의미한다고 본다. 그러나 그렇다고 해도 정의는 효율보다 훨씬 더 큰 개념인 것으로 보고 있다. 따라서 비록 효율적일지라도 정의롭지 못하여 법적으로 허용되지 못하는 경우가 있음을 지적하고 있다. 예컨대 사적(私的)인 인종차별이나 남녀차별, 입양(入養)을 위한 어린이의 매매(賣買) 등이 그것이다.

유통을 제한하는 법제도가 존재하는 경우 거래비용은 크게 증대된다. 거래비용을 낮추기 위해서는 이러한 법제도는 철폐되어야 한다. 이와 같이 가능한 거래비용을 낮추는 방향으로 법제도가 입법화되고 해석될수록 보다 많은 인적·물적 자원을 재화의 직접 생산에 투하할 수 있게 되어 재화의 생산량은 커지고 자원배분에 있어 경제적 효율, 즉 파레토 효율성 달성도 용이해진다.

끝으로 강조하고자 하는 것은 교환적 정의가 곧 경제적 효율성 실현의 전제가 된다고 하여서, 정의와 효율 간에 모순이 존재하지 않는다고 하여서, 교환적 정의의 존재이유가 곧 효율성 때문이라고 결론지어서는 안 된다고 생각한다. 환언하면 교환적 정의가 실현되어야 하는 이유가 아니, 교환적 정의의 목표가 효율성 확보 내지 국부(國富)의 증대에 있다고 보아서는 안 된다는 것이다.

한마디로 교환적 정의에 관한 한 공리주의적 정의관(公利主義的 正義觀)은 옳지 않다고 생각한다. 따라서 이 점에서 관한 한 저자는 데이비드 흄(David Hume)과 견해를 같이하지 않는다.

주지하듯이 흄은 정의는 "자연적 덕(自然的 德)"이 아니라 "인위적 덕(人爲的 德)"이라고 보고 특히 "정의의 기능"에 초점을 맞추어, 정의는 인간의 생존과 사회의 유지를 위하여 필요하기 때문에, 환언하면 공적(公的)으로 유용(public utility)하기 때문에 등장하였다고 하는 소위 효용정의론(效用正義論)을 주장하고 있다.72)

생각건대 흄은 정의의 사후적(事後的) 기능과 정의의 사전적(事前的) 목표 내지 존재이유를 혼동하고 있다고 본다. 이미 앞에서 보아 왔듯이 정의의 기능이 결과적으로 효용과 효율에 기여하는 것은 사실이다. 정의가 국부의 증대에 기초가 된다고 보는 것도 올바른 관찰이다. 그러나 그렇다고 하여 정의가 곧 사회적 효용 때문에 등장하였다고 주장하는 견해에는 동의할 수 없다. 정의는 효용과는 직접

---

72) 그는 정의 내지 정의의 법은 불의(不義)를 볼 때 느끼는 인간의 생래(生來)의 충동이나 정의의 감각(感覺)에 기초하여 등장한 것이 아니라고 본다. 오히려 인간사회의 존립과 유지를 위한다는 공공(公共)의 목적을 가지고 등장하였고 그 근원적 동기는 인간의 자애심(自愛心) 내지 자리심(自利心)에서 찾아야 한다고 주장한다. 다음을 참조하라.
David Hume, *An Inquiry Concerning the Principle of Morals*, ed., Lewis A. Selby-Bigge, Oxford, 1966, p. 195; David Hume, *A Treatise of Human Nature*, ed., Lewis A. Selby-Bigge, Oxford, 1966, pp. 429, 499, 534.

관련 없이 정의 나름의 독자적 자기논리(自己論理) 내지 존재이유를 가지고 등장하였다고 본다.

저자는 교환적 정의의 발생이유로서는 오히려 아담 스미스의 동감정의론(同感正義論)에 보다 가까운 입장이다. 즉 인간이 생래적(生來的)으로 가지고 있는, 인간의 본성(本性) 속에 내재하여 있는 정의의 감각(感覺) 내지 정의의 덕(德)이 정의의 법(法)의 원천이라고 생각한다. 불의(不義)를 보았을 때 느끼는 정의의 감정, 교환적 정의가 파괴되었을 때 느끼는 분노가 곧 정의의 법이 등장하게 되는 계기라고 생각한다.[73)]

이상을 요약하면 교환적 정의는 시장가격기구작동의 전제(前提)가 되므로 경제적 효율성 실현에 직접 기여한다. 그러한 의미에서 정의의 추구와 효율의 추구는 상호모순되지도 상호긴장되지도 않는다. 상호작용하면서 자원과 재화의 희소성 극복이라는 사회적 공동선을 결과하고 있다고 보아야 한다. 그러한 의미에서 "교환적 정의는 효율"이다.

제3항 배분적 정의와 효율

우리가 살고 있는 사회의 자원과 재화의 희소성 때문에 불가피하게 등장하는 또 하나의 문제는 이 제한된 자원과 재화를 누구에게 얼마만큼 배분하는 것이 정의로운가 하는 문제이다. 이 문제가 바로 경제학에서는 소득분배의 공정성의 문제로 등장하고 법학에서는 배분적 정의의 문제로 등장한다.

제한된 자원과 재화를 어떠한 기준과 원칙을 가지고 어떻게 배분하는 것이

---

73) 좀 더 구체적으로 이야기하면 아담 스미스는 특히 중립적(中立的)인 제3자(impartial spectator)가 느끼는 동감(同感, sympathy)에서 정의의 원천을 찾는다. 예컨대 길에서 어떤 사람이 이유 없이 구타를 당하는 경우 이러한 불의(不義)를 보았을 때 당사자가 아니라 중립적인 제3자가 느끼는 분노, 즉 입장을 바꾸어 놓고 생각할 때(피해자와 가해자의 입장에 동시에 놓고 생각할 때) 느끼는 동감적 분노(動感的 憤怒)에서 정의 발생의 원천을 찾는다. 운동시합 중 경기규칙을 지키지 않는 것을 중립적인 관중이 보았을 때 느끼는 분노의 감정도 마찬가지의 정의 발생의 계기라 하겠다.
아담 스미스 著, 『道德 感情論』(The Theory of Moral Sentiments), 박세일·민경국 譯, 비봉출판사, 1996, 제2부를 참조하라.

정의로운가, "각인에게 각인의 것"을 보장하는 것이 정의라고 할 때 각인의 것 내지 각인의 몫을 어떻게 확정할 것인가 하는 문제가 바로 여기서 논하는 배분적 정의(配分的 正義)의 문제가 된다.

배분적 정의의 문제를 논하는 데는 두 가지 단계로 나누어 접근하는 것이 바람직하다. 첫째는 무엇이 바람직한 배분적 정의의 모습인가이다. 어떠한 배분기준(配分基準)과 원칙(原則)을 가지고 자원과 재화를 배분할 때 배분적 정의가 실현되었다고 볼 것인가이다.

둘째는 바람직한 배분적 정의의 모습을 어떻게 실현시킬 것인가이다. 배분적 정의의 기준과 원칙이 정해진 후 어떤 정책적 수단(政策的 手段)을 가지고 이를 달성할 것인가이다. 예컨대 배분적 정의의 실현을 위해서는 경제정책이 보다 효과적 수단인가 아니면 법정책이 보다 효과적 수단인가이다.

두 가지 과제 중 전자는 배분적 정의의 기준설정(基準設定)의 문제이고, 후자는 배분적 정의의 실현방식(實現方式)에 대한 문제이다.

우선 전자, 즉 기준설정의 문제로부터 시작하자. 어느 기준과 원칙을 가지고 자원과 재화를 배분하였을 때 우리는 배분적 정의가 실현되었다고 볼 수 있을까? 각인(各人)의 사회에 대한 공로(功勞) 내지 기여도(寄與度)인가? 아니면 각인의 생활을 위한 필요도(必要度)인가? 아니면 각인의 사회적 신분(身分) 내지 지위인가? 어느 기준에 의하여 배분할 때 우리는 배분적 정의가 실현되었다고 볼 수 있는가?

그리고 그때의 상황은 경제적 효율과는 어떠한 관계가 성립하는가? 배분적 정의와 경제적 효율과는 상호모순과 긴장의 관계인가 아니면 앞의 교환적 정의의 경우와 같이 상호협력과 상호지지(相互支持)의 관계인가?

이들 문제를 분석하기 위하여 우리는 인간의 사회경제적 상호작용 내지 사회경제적 활동(socio-economic interaction or activity)을 아래와 같이 ① 시장(市場)이 작동하는 경우(when market works)와 ② 시장(市場)이 작동하지 않는 경우(when market does not work)의 두 가지 경우로 나누어 생각하도록 한다. 왜냐하면 어느 경우에 속하느냐에 따라 배분적 정의의 판단기준도 달라지고 정의와 효율과의 관계도 달라지기 때문이다.

가) 시장이 작동하는 경우의 배분적 정의

결론부터 이야기하면 시장이 작동하는 경우 그중에서도 경쟁적 시장기구(競爭的 市場機構)가 작동하는 경우 그 시장적 결과(市場的 結果)인 소득분배(所得分配)에 대하여는 그 시장적 결과(소득분배)가 어떠한 내용이든지 배분적 정의에 반(反)한다고 주장할 수 없다. 경쟁적 시장에서 당사자 간의 자유로운 거래행위의 결과로 나타난 소득분배에 대하여는 배분적 정의에 합치한다고까지는 주장하지 않는다 하여도 적어도 배분적 정의에 반한다고 주장할 수는 없다고 생각한다. 그 이유는 다음과 같다.

첫째, 우선 지적할 수 있는 것은 과연 경쟁적 시장질서하에서의 소득분배에 대하여 배분적 정의에 합당한가의 여부를 논할 수 있는가 하는 근본적이고 철학적인 문제의 제기이다. 이론적으로 볼 때 본래 정의란 인간의 의지적(意志的) 내지 의도적(意圖的) 행위와 관련하여서만 논할 수 있는 개념이다. 인간의 의지가 들어간 어떤 행위가 그리고 인간의 의도가 들어가 인간이 만든 어떤 제도가 정의로운가 아닌가는 논할 수 있으나 인간의 의지나 의도가 전혀 들어가지 않은 현상, 예컨대 자연적 현상(自然的 現象)과 같은 것에 대하여는 정의냐 아니냐를 논할 수 없다. 예컨대 가뭄이 심한 지역에서 비가 오는 것이 대단히 바람직하고 좋은 일인 것은 틀림없으나 비가 오는 것을 정의롭다거나 정의롭지 않다고 이야기할 수는 없다.[74]

자연현상뿐 아니라, 비록 인간의 행위(혹은 행위의 결과)라 할지라도 의도되지 않은 행위(혹은 행위의 결과)에 대하여도 정의(正義)와 부정의(不正義)를 논할 수 없다고 본다. 예컨대 태어날 때부터 신체적 결함을 가지고 태어난 경우(부모의 의도나 부주의가 없는 경우), 우리는 정의냐 부정의냐를 논할 수 없다. 물론 출산 그 자체는 분명히 인간 행위(혹은 행위의 결과)이나 신체적 결함이란 결과에는 인간의 의도가 전혀 개입되어 있지 않았기 때문이다.

그런데 이미 본 장(章) 제1절 하이에크의 법과 경제에서 본 바와 같이 시장

---

74) 이 점을 가장 명쾌하게 주장하고 있는 학자는 하이에크이다. Friedrich. A. von Hayek, *Law, Legislation and Liberty*, Routledge and Kegan Paul, 1982, 특히 Volume 2의 "The Mirage of Social Justice"를 참조하라.

이란 질서(秩序)는 분명히 인간과 인간이 상호관계하면서 만들어 내는 질서인 것은 사실이나 이 시장적 질서는 특정 인간이 의도적으로 만들어 낸 질서는 아니다. "국가"나 "정부"와 같이 계획되고 의도된 질서가 아니라, "사회" 혹은 "자연촌락(自然村落)"과 같이 자연발생적 내지 자생적(自生的)으로 생성(生成)되는 질서이다. 마치 언어의 문법(文法)과 같이 오랜 기간 인간들이 사용하면서 저절로 형성·발전되어 온 질서이다. 그렇다면 시장적 질서가 만들어 내는 시장적 결과(예컨대 소득분배)에 대하여 정의냐 아니냐를 논하는 것은 원리적으로 문제가 있다고 하지 않을 수 없다.

시장이란 누가 단일한 특정 목적을 가지고 만든 질서가 아니다. 시장이란 단일 목적 혹은 공동 목표 없이도 사람들이 각자가 각자의 특수 목적을 가지고 자유롭게 참여하지만 서로의 자발적 거래와 교환을 통하여 상호이득(相互利得)이 되는 시장적 결과를 만들어 내는 평화적이고 자생적 협력질서(自生的 協力秩序)이다.

자발적 거래와 교환이 궁극적으로 사회에 어떠한 이익이 되는가 하는 공동목표에 대하여 참여자들이 반드시 동의(同意)할 필요도 인지할 필요도 없다. 아니 개별적 거래와 교환의 누적적 최종결과가 사회전체에 어떤 영향을 미치는지에 대하여는 실은 어느 누구도 알기 어렵고 알 수도 없다.

뿐만 아니라 거래의 상대방이 어떠한 특수목적을 가지로 거래에 임하는지를 알 필요도 그 특수목적에 동의할 필요도 없다. 각자는 타인의 목적을 위하여서가 아니라 각자의 자기목적을 위하여 충실하게 움직이지만 그 결과는 다른 시장참여자의 목적실현(目的實現)에 기여한다는 데 시장질서의 특징이 있다.75)

그리고 다시 강조하지만 그러한 질서가 특정인에 의하여 고안된 것도 의도

---

75) 아담 스미스는 다음과 같이 이야기하고 있다. "모든 동물(動物)의 경우는 각 개체(個體)가 일단 성숙하면 완전히 독립한다. 그러나 인간은 거의 끊임없이 동포(同胞)의 도움을 필요로 한다. 그러나 동포의 자애심(慈愛心)에 호소하여 도움을 구하는 것은 소용이 없는 짓이다. …… 동포의 이기심에 호소하여야 한다. …… 즉 내가 원하는 것을 나에게 주시오. 그러면 당신이 원하는 것을 드리겠습니다. …… 우리가 우리의 식사를 기대하는 것은 푸줏간, 술집, 빵집의 자비심(慈悲心)에서가 아니라 그들 자신의 이익(利益)에 대한 자신들의 고려(考慮)에 기대하는 것이다. …… 우리는 그들에게 우리의 필요에 대하여 이야기하지 않고 그들 자신의 이익에 대하여 말하는 것이다." 아담 스미스, 『국부론(상)』, 최임환 역, 1996, pp. 12-13.

된 것도 아니고 오로지 여러 사람들의 자발적 행위의 결과로 저절로 형성된 자생적 질서라는 점이다. 시장질서가 작위적 질서(作爲的 秩序) 혹은 의도된 질서가 아니라 자연발생적이고 자생적 질서(自生的 秩序)이기 때문에 시장적 결과에는 특정인의 의도가 들어갈 수 없다. 따라서 인간의 의도가 안 들어간 행위의 결과에 대하여 정의로운가 아닌가를 논하기 어렵다.

다만 끝으로 주의할 것은 이상의 주장은 "경쟁적인 시장질서"를 전제하고 한 논의의 전개라는 점이다. 시장질서가 경쟁적이 아니고 독점적이 되면 시장적 결과(가격이나 소득분배)에 대하여 독점자(獨占者)의 의도가 작용하기 시작한다. 시장질서의 자생성(自生性)이 약화되고 작위성(作爲性)이 강화되기 시작한다. 이렇게 되면 아무리 시장질서의 결과라 하여도 우리는 그 결과가 배분적 정의에 맞는가 아닌가 하는 문제를 따져야 한다. 즉 경쟁적 시장의 경우와는 달리 독점적 시장의 경우에는 그 시장적 결과에 대하여 배분적 정의에 반(反)한다는 주장을 우리는 얼마든지 할 수 있다.

물론 대부분의 시장질서는 경쟁적이기 때문에 독점적 시장질서의 경우는 예외적으로 취급하여야 하겠지만 위와 같은 큰 질적 차이가 있다는 사실만은 확실히 해 둘 필요가 있다.

둘째, 우리가 시장질서의 결과에 대하여는 정의냐 부정의냐를 논할 수 없다는 앞의 주장을 받아들이지 않는다 하여도 경쟁적 시장질서의 시장결과(소득분배)는 공리주의적 배분론(내지 공리주의에 기초한 배분적 정의론)의 주장에 상당히 접근하기 때문에 (비록 완전히 일치하지는 않을지라도) 경쟁적 시장질서의 결과는 배분적 정의에 반(反)한다고 볼 수 없다.

물론 개인의 철학과 가치관에 따라 배분적 정의의 기준은 얼마든지 다를 수 있다. 예컨대 어떤 사람은 소득분배에 있어 기여도(寄與度)에 따른 배분을 정의롭다고 할 것이고 다른 사람은 필요도(必要度)에 따른 배분을 정의롭다고 할 것이다.

이 책의 원저자는 배분적 정의에 대한 여러 주장 중에서 시장에의 공로(功勞) 내지 기여도(寄與度), 환언하면 생산성(예컨대 노동생산성과 자본생산성)에 따른 소득배분을 정의롭다고 주장하는 공리주의적 정의론이 가장 합리적이라고 생각한다.[76]

---

76) 이와 관련하여 존 스튜어트 밀의 다음과 같은 취지의 주장에 동감한다. "정의(正義)의

공리주의적 정의론이 가장 합리적인 배분적 정의론이라고 생각하는 주된 이유는 공리주의적 정의론만이 "근면(勤勉)과 노력에 대한 합리적인 유인체계(誘引體系)"를 제공할 수 있기 때문이다.

왜냐하면 시장에의 기여도에 따라 소득을 분배하여야 보다 높은 소득을 얻으려는 개개인의 이기심과 경쟁심을 자극할 수 있다. 각자가 자기의 기여도(생산성)를 높이려 스스로 새로운 기술도 배우고 현장에서의 기능훈련에도 보다 열의를 가지고 임할 것이다. 이러한 경쟁적 노력들은 결국 효율성의 제고, 국부(國富)의 증대 등 사회적 공동선(共同善)을 결과하게 될 것이다.

그러나 예컨대 경제적 필요도(必要度)나 혹은 사회적 신분에 따라 소득을 분배한다면 많은 사람들은 일을 열심히 배우려 하지도, 열심히 하려고 하지도 않을 것이다. 그 결과 경제와 사회발전은 후퇴할 것이다.[77]

제 원리(諸原理) 간의 대립(예컨대 기여도냐 필요도냐 아니면 신분이냐 등)의 문제는 사회적 효용의 관점에서 해결할 수밖에 없다. 여러 민족 여러 개인들은 각자 나름의 정의관(正義觀)을 가지고 있다. 아니 한 개인에 있어서도 지지하는 정의의 원리가 얼마든지 달라질 수 있다. 이러한 혼란을 벗어나는 유일한 길은 사회전체(社會全體)의 효용(效用)의 관점에서 생각하는 것이다." John Stuart Mill, *"Utilitarianism" in The Philosophy of John Stuart Mill*, ed. Marshall Cohen, Modern Library, 1961, pp. 386-391.
이와 같이 존 스튜어트 밀은 배분적 정의의 제 원리 중 사회적 효용을 가장 높일 수 있는 원리의 채택을 주장하고 있다. 그렇기 때문에 결국 그도 경제적 필요도나 사회적 신분에 따른 배분보다는 실제의 공로(功勞)나 기여도(寄與度)에 따른 배분이 보다 합리적인 배분원리라고 생각하고 있다.

77) 고소득(高所得)을 위한 경쟁(競爭)에는 경쟁 나름의 폐해(弊害)와 부작용이 있는 것도 사실이다. 그러나 다음의 존 스튜어트 밀의 지적을 들어 보라. "물론, 경쟁에는 불편함이 있다. 사회주의자들이 이야기하듯이 경쟁은 같은 직업에 근무하는 자들 사이에 시기(猜忌)와 적의(敵意)의 원천이 될 수도 있다. 그러나 경쟁이 그 나름의 고유의 폐해(弊害)를 가지고 있지만 그러나 동시에 그것은 더 큰 폐해를 막을 수 있다는 사실을 간과해서는 안 된다. …… 사회주의자들의 일반적 오류(誤謬)는 인간의 생래(生來)의 게으름·소극성(消極性)·습관의 노예가 되기 쉬운 경향, 한 번 선택하면 그것을 지속시키려는 경향 등을 과소평가 내지 간과하고 있다. …… 경쟁은 진보(進步)를 위한 최선의 자극제는 아닐지라도 현재로서는 아니 가까운 장래까지도 진보를 위하여 불가결(不可缺)한 자극제(刺戟劑)가 될 것이다. 사람들은 경쟁자가 존재하지 않는 한 자신들의 습관을 바꾸어 새로운 생산방식(生産方式)을 택하기 위한 노력을 하지 않을 것이기 때문이다." John Stuart Mill, *Principle of Political Economy*, University of Toronto Press, 1965, pp. 794-795.

예컨대 어느 시대 어느 사회나 그 사회를 보다 발전시키려면 근면과 노력에 대한 올바른 유인체계(incentive system for work and effort)를 갖추어야 한다. 그런데 결국은 개인의 이기심과 경쟁에 의지하는 공리주의적 유인체계가 가장 강력하고 합리적이라고 본다.

그 이외에도 다음과 같은 몇 가지 근면과 노력을 위한 유인체계를 생각해 볼 수는 있으나 이들은 한결같이 모두가 비합리적이다. 첫째로 이타심(利他心)에 의지하는 유인체계를 생각해 볼 수 있으나 이의 효과는 일시적으로 기대할 수는 있으나 다수(多數)의 사람들에게 장기간 기대할 수 없다. 둘째는 집단적 충성심에 의지하는 유인체계를 생각해 볼 수 있으나 이 또한 소수집단에는 단기적으로 적용될 수 있을지 모르나 사회전체에 적용은 어렵다. 셋째는 물리적 강제를 수반하는 유인체계도 생각할 수 있으나 이는 시대역행적(時代逆行的)이다.

결국 개인의 이기심 내지 자기애(自己愛)에 의지하여 시장에의 공로 내지 기여도에 따른 소득배분의 원칙이라는 공리주의적 유인체제가 가장 합리적이다. 이 유인체제만이 효율성과 국부(國富)의 증대라는 공적(公的) 이익과 고소득(高所得)의 추구라는 사적(私的) 이익의 동시 달성이 가능하고 두 목표의 합리적인 조화가 가능하기 때문이다.

물론 뒤에서 보겠지만 시장 자체가 작동할 수 없는 경우에는 공리주의적 정의론은 바람직한 배분적 정의론으로서 한계에 부딪힌다. 시장 자체가 작동하지 않으면 불가피하게 기여도 이외의 별도의 배분적 정의기준이 필요하게 된다.

지금까지는 왜 공리주의적 정의관이 합리적인가를 보았다. 그러면 다음은 왜 경쟁적 시장에서의 소득분배가 공리주의적 정의론에 접근한다고 보는가? 양자(兩者)가 완전 일치하지는 않지만 왜 상당히 접근한다고 보는가 하는 문제를 분석해 보도록 하자.

엄밀하게 분석하면 경쟁적 시장질서의 시장결과로서의 소득분배는 두 가지 부분으로 구성된다. 하나는 "시장에의 기여도를 반영하는 부분"과 다른 하나는 순수한 운(運, luck)과 "우연(偶然)을 반영하는 부분"으로 구성된다. 전자는 즉 시장에서의 기여도란 생산성을 의미하고, 높은 기여도는 소비자의 만족도 제고로 나타난다. 따라서 수요자(소비자)를 많이 만족시킨 상품이 고가(高價)로 팔리고, 수요자(기업)를 많이 만족시킨 재능과 기술이 높게 평가되고 이들의 소유자에게 높은 소득이 배분된다.

이 시장에의 기여도를 반영하는 부분은 분명히 공리주의적인 정의의 원칙과 일치하는 부분이다. 그러나 경쟁적 시장에서의 소득분배에는 이러한 시장에의 기여도를 반영하는 부분 이외에 순수한 운(運)과 우연을 반영하는 부분이 존재한다. 아무리 많은 노력을 하여도 경쟁적 시장에서는 예측할 수 없는 우연한 이유로 성공할 수도 있고 실패할 수도 있다.

환언하면 많은 노력이 시장에서 소비자들에 의해 정당히 평가받는 경우도 있고 전혀 무시당하는 경우도 있다. 시장에는 본래 예측할 수 없는 변동이 얼마든지 일어날 수 있어 좌절되는 경우도 있고 성공하는 경우도 있다. 시장적 결과에는 행운이라는 것이 노력과 재주만큼 중요한 역할을 하는 경우도 얼마든지 있다.

그러나 이러한 행운과 우연이 실제로 소득분배에 있어 중요한 역할을 한다고 하여도 운과 우연의 결과를 가지고 정의냐 부정의냐를 논할 수는 없다. 적어도 운과 우연이 작용할 수 있는 가능성이 모든 사람들에게 동일한 확률로 열려 있는 한, 운과 우연의 결과에 대하여 정의롭다거나 정의롭지 않다는 것을 주장할 수는 없다고 생각한다.

경쟁적 시장의 결과로서의 소득분배에서 이렇게 운과 우연이 작용하는 부분을 빼면 결국 남는 것은 시장에의 기여도 부분이 남고 이 부분은 이미 앞에서 본 바와 같이 공리주의적 정의의 기준과 일치한다. 따라서 경쟁적 시장질서의 시장적 결과로서의 소득분배는 배분적 정의에 반한다고 볼 수는 없다.[78)]

끝으로 두 가지 주의(注意)할 것이 있다. 첫째는 여기서도 우리의 주장은 시장질서가 경쟁적인 경우에 한한다는 사실이다. 경쟁적 시장의 경우에 한하여 소득분배는 시장에의 기여도에 따라 결정된다. 각각의 생산요소(生産要素)의 한계생산성(限界生産性)에 따라 결정된다. 즉 임금소득은 노동의 한계생산성에 따라 결정되고 이자소득은 자본의 한계생산성에 의하여 결정된다.

반면에 경쟁적이 아닌 시장의 경우 예컨대 독점시장의 경우에는 공급자가

---

78) 이 표현은 사실 대단히 소극적인 표현이다. 운(運)과 우연(偶然)이 작용하는 부분을 무시하고서 경쟁적 시장하에서의 소득분배는 정의롭다(배분적 정의에 합치한다)고 주장해도 실은 크게 무리한 주장은 아니라고 본다.

시장가격에 영향을 미칠 수 있어서 독점소득은 반드시 기여도를 반영하지 않을 수도 있다. 따라서 독점시장의 경우의 소득분배는 공리주의적·배분적 정의에 맞는다고 볼 수 없다.

따라서 시장이 존재하고 작동하는 경우에는 시장의 경쟁성을 높이는 노력 예컨대 정부의 경쟁정책(競爭政策, competition policy)이 그 사회의 배분적 정의를 높이는 노력이 된다. 요컨대 시장에서의 "경쟁의 정의"(justice of competition)를 높이려는 노력이 그대로 배분적 정의를 높이려는 노력이 된다.

둘째는 시장에의 참여기회(參與機會)가 모두에게 평등하게 열려 있어야 우리는 그 시장적 결과가 배분적 정의에 접근한다고 주장할 수 있다는 사실이다. 시장에의 참여 자체에 차별(差別)이 있는 경우 예컨대 여성(女性)의 노동시장에서의 취업차별 등의 경우에는 그 시장적 결과(노동소득분배)는 결코 배분적 정의에 맞는다고 볼 수 없다. 자본시장에서의 차별의 경우에도 마찬가지이다. 예컨대 대기업과 중소기업 간에 대출조건, 대출 이자율 등에 차별이 심한 경우 그 시장적 결과(자본소득분배)는 배분적 정의에 맞는다고 볼 수 없다.

따라서 경쟁정책 이외에도 정부의 시장에의 참여기회의 평등화(equality of opportunity, 예컨대 영세민이나 장애인에 대한 교육훈련기회의 확대, 여성과 노인차별의 금지, 중소기업에의 자금지원강화 등) 노력은 그 사회의 배분적 정의를 높이기 위한 대단히 중요한 정책적 과제가 된다.

나) 시장이 작동하지 않는 경우의 배분적 정의

시장이 작동하지 않는 경우는 두 가지 경우로 대별(大別)할 수 있다. 하나는 시장화(市場化) 자체가 불가능한 경우이다. 즉 시장 성립 자체가 불가능한 경우이다. 예컨대 개인의 신체나 인격, 생명 등의 경우를 들 수 있다. 노예제(奴隷制)를 인정하지 않는 한 개인의 신체나 인격이 거래의 대상이 될 수 없다. 생명도 마찬가지이다. 이러한 경우의 배분적 정의의 기준은 절대 평등(絕對 平等)이다. 개인에 따라 인격과 생명 등에 차별적 대우가 있을 수 없다. 이런 경우에는 법 앞에서의 절대 평등이 올바른 배분적 정의이다.

다른 하나는 시장은 성립하지만 정상적 시장기능이 작동하지 않는 경우이다.

예컨대 찌는 듯한 더위의 사막에서 물을 충분히 가진 여행자와 물을 전혀 가지지 못한 여행자 간의 물을 팔고 사는 거래를 생각해 볼 수 있다. 물의 가격이 결코 정상적으로 공정하게 결정될 수 없고 그 결과 소득분배가 공정할 수 없다.

또 다른 극단적인 예로 생활이 아니고 생존 자체를 위협받고 있는 극빈자(極貧者)의 경우의 노동공급을 생각할 수 있다. 생계유지의 여타 수단은 전무(全無)하고 생존 자체를 위하여서는 어떤 조건에서든 자신의 노동을 팔 수밖에 없는 경우의 임금결정을 생각할 수 있다. 이런 경우 노동시장은 성립하지만 시장에서의 이 극빈자의 임금교섭력(賃金交涉力)은 전무하기 때문에 그러한 상황에서 결정된 임금수준은 배분적 정의에 심하게 반하게 된다. 아니 시장에 맡기는 경우 정상적 교섭력의 발휘 자체가 불가능하기 때문에 임금은 시장에의 기여도(생산성)를 반영하지 못하고, 최소한의 생존을 위한 최저수준에서 결정될 것이다.[79]

이렇게 정상적 시장 작동이 어려운 경우에는 소위 인간적인 삶을 위한 사회적 최저수준(social minimum)이 무엇인가를 결정하여야 하고 시장적 결과를 기다리지 말고 이 수준을 국가가 보장하는 것이 배분적 정의에 맞게 된다. 통상 이 사회적 최저수준이 최저임금결정(最低賃金決定)의 기준이 되어야 하고 각종 사회보장급부(社會保障給付)의 최저수준이 되어야 한다.

그러면 이 사회적 최저수준과 경제적 효율성과는 어떠한 관계가 성립하는가? 아주 낮은 수준에서는 사회적 최저수준을 높이는 것은 경제적 효율성과 정(正)의 관계가 된다. 즉 최저수준을 높이면 효율성도 함께 올라간다. 예컨대 어떤 노동자의 교섭력이 거의 전무하여 생계유지가 어려운 아주 낮은 수준에서 결정된 시장임금이 있다고 하자. 이 시장임금을 최저임금제의 도입 등을 통하여 인상하면 소위 고임금의 경제(economy of high wage)가 작동하여 노동자들의 노동생산성도 함

79) 이런 경우에는 임금은 노동의 수요가격(需要價格, demand price)인 한계노동생산성(限界勞動生産性)에서 결정되지 않고 노동의 공급가격(供給價格, supply price)인 최저생계비(最低生計費)수준에서 결정되고, 노동의 수요가격은 고용수준을 결정하는 원리로 작용한다. 경제개발초기에 저개발국(低開發國)의 노동시장이 이와 유사한 경우가 많다. 무작정 농촌에서 탈농(脫農)한 노동력이 도시로 대량 몰리는 경우 도시의 노동시장에서의 임금결정은 노동의 공급가격, 즉 「농촌에서의 소득수준」 + α(도농간(都農間) 최저생계비 차이의 보충분) 정도의 수준에서 결정된다.

께 오르게 된다.[80] 그 결과 효율성도 올라간다.

그러나 최저임금수준을 적정수준 이상으로 올리면 오히려 효율성을 해치게 된다. 즉 이때부터는 사회적 최저수준과 효율성과는 부(負)의 관계가 성립하게 된다.

한마디로 사회적 최저수준을 조금씩 높이는 경우 일정한 적정수준(optimum level)까지는 최저수준과 효율성은 무모순(無矛盾)의 관계·상의상생(相依相生)의 관계, 즉 정(正)의 관계가 성립하나 적정수준 이상으로 최저수준을 높이면 양자는 상호모순(相互矛盾)의 관계 상호갈등의 관계, 즉 부(負)의 관계가 성립하게 된다.[81]

다음으로 시장이 정상적으로 작동하지 않을 때의 배분적 정의의 기준이 되는 이 사회적 최저수준은 어떻게 결정하는 것이 바람직한가? 하는 문제를 살펴보도록 하자. 물론 사회적 최저수준을 결정할 때의 가장 중요한 개념은 인간적 삶을 영위하기 위한 최저수준의 필요도가 된다.

이 필요도(必要度)를 어느 수준으로 볼 것인가는 시대에 따라 사회에 따라 크게 달라진다. 중세 농경시대(中世 農耕時代)에서의 사회적 최소한(社會的 最小限, social minimum)은 근대 산업화시대의 사회적 최소한과는 크게 다르다. 또한 국가와 사회에 따라 달라진다. 그 국가 그 사회의 지배적 가치관·전통·국민의식 등에 의하여 사회적 최소한은 달라진다. 예컨대 개인주의와 자유주의적인 가치관과 전통이 강한 사회와 집단주의와 사회주의적인 국민의식이 강한 사회 사이에는 사회적 최소한의 수준에 큰 차이가 있을 수밖에 없다. 당연히 전자의 경우의 사회적 최소한이 후자의 경우보다 크게 낮을 것이다.

결국 이 사회적 최저수준을 결정하는 것은 그 사회구성원들이 가지고 있는 사회적 동감(社會的 同感, social sympathy)이라고 보아야 한다. 개개인의 입장에서가 아니라 사회전체의 효용 내지 이익이라는 입장에서 생각할 때 어느 수준을 적

80) 고임금(高賃金)의 경제란 임금수준을 높이면 근로자들에게 동기유발(動機誘發)이 되고 성취욕구(成就欲求)가 높아져 노동생산성이 증대함을 의미한다.

81) 여기서 이야기하는 적정수준(適正水準)이란 어느 수준이어야 하는가? 이를 구체적 수치로 특정화하기는 쉽지 않다. 그러나 이론적으로 이야기하면 사회적 최저수준을 높여서 추가적으로 실현된 배분적 정의로 인해 국민들이 느끼는 추가적 만족도(滿足度, 한계이익)와 최저수준을 높여서 불가피하게 감소되는 효율 때문에 국민들이 느끼는 추가적 불만도(不滿度, 한계비용)가 일치하는 수준이 적정수준이다.

정하다고 보는가가 최저수준에 대한 사회적 동감을 형성하고 그 내용이 곧 그 사회의 사회적 최저수준, 즉 배분적 정의의 기준을 결정한다. 한마디로 배분적 정의의 기준이 되는 최저수준은 역사적·사회적으로 결정되는바, 그 결정 원리는 그 시대 그 사회 구성원들이 가지고 있는 사회적 동감이라는 것이다. 따라서 시장이 작동하지 않는 경우의 배분적 정의론으로서는 존 스튜어트 밀의 동감정의론(同感正義論)이 타당하다고 생각한다.82)

다만 여기서 주의할 것은 최저수준을 결정하는 사회적 동감을 형성하는 요인은 복잡다기(複雜多岐)하고 여러 요인들이 복합적으로 작용하기 때문에 사회적 동감의 객관화 내지 특정화(特定化)가 어렵다는 점이다. 환언하면 배분적 정의의 객관화 내지 특정화에는 큰 비용이 든다는 것을 의미한다. 그러면 어떠한 비용이 들까?

---

82) 아담 스미스의 동감정의론(同感正義論)과 존 스튜어트 밀의 동감정의론은 일견 유사한 것 같으나 실은 큰 질적(質的) 차이가 있음에 유의해야 한다. 아담 스미스의 동감정의론은 불의(不義)를 보고 느끼는 분노 중에서 중립적인 제3자(impartial spectator)의 동감을 받아 낼 수 있는 범위 내의 분노가 정의의 기초라고 본다. 이때 중립적인 제3자는 가해자와 피해자의 입장에 자신을 놓고, 소위 상상상(想像上)의 입장전환(立場轉換, imaginary change of situation)을 한 후, 그 분노가 적정한가 아닌가를 판단하게 된다. 여기서 그 분노가 적정하다고 판단이 되면 그 분노는 정의가 된다. 따라서 아담 스미스의 동감정의론에서는 공리주의적(公利主義的)인 요소는 전무(全無)하다. 분노가 공익(公益)에 이롭다든가 아니라든가 하는 고려는 전혀 없다. 다만 분노가 제3자가 수긍할 수 있는 분노인가 아닌가가 문제이다.
반면에 존 스튜어트 밀의 동감정의론(同感正義論)은 우선 정의의 관념 속에 있는 감정적(感情的) 요소와 도덕적(道德的) 요소를 구별한다. 그리하여 전자는 효용이나 공리(公利)와는 관계가 없으나, 후자는 이들과 관계가 있음을 강조한다. 그리고 불의(不義)를 볼 때 느끼는 분노 그 자체는 극히 자연적 감정일 뿐이고 도덕적 요소는 전혀 없다고 본다. 다만 그 분노에 대하여 사회적 동감(社會的 同感, social sympathy)이 형성되면 비로소 그 분노는 도덕적 요소를 가지게 되고 정의가 된다. 이때 사회적 동감은 그 분노가 사회적 가치 내지 사회적 효용을 가질 때 형성된다. 개인적 선(個人的 善)이 아니라 사회적 선(社會的 善)과 합치할 때 비로소 정의의 감정은 사회적 동감을 얻어 도덕화(道德化, moralization)가 이루어진다고 주장한다. 따라서 존 스튜어트 밀의 경우의 사회적 동감 속에는 사회적 이익과 사회적 효용에 대한 고려를 우선하는 공리주의적 요소가 크게 작용한다. 이 점이 아담 스미스의 동감정의론과의 질적 차이이다.
아담 스미스 著, 『道德 感情論』(The Theory of Moral Sentiments), 박세일·민경국 譯, 비봉출판사, 1996, 제2편 및 John Stuart Mill, *Principle of Political Economy*, University of Toronto Press, 1965, pp. 381－383을 참조하라.

시장이 작동하지 않는 경우의 배분적 정의의 특정화 비용(特定化 費用)은 크게 나누어 두 부분으로 생각해 볼 수 있다. 하나는 정보비용(情報費用)이다. 그 사회구성원들이 가지고 있는 개별적 동감수준에 대한 미시정보(微視情報)를 찾아 이를 수집하는 데 드는 비용이다. 다른 하나는 행정비용(行政費用)이다. 모아진 미시자료를 토대로 하여 사회적 동감수준을 확정하고 이를 집행하는 데 드는 비용이다. 결국 최종적으로는 국가가 이 사회적 동감수준을 정하여야 하고 이를 시행(예컨대 최저임금제의 시행)하여야 한다. 그래야 배분적 정의가 실현될 수 있다.

그런데 여기서의 이 행정비용은 단순한 경제적 비용에만 국한된다고 보아서는 안 된다. 국가의 개입에는 항상 개인의 자유를 제한되는 비용이 발생하고 이 비용이 경제적 비용 못지않게 클 수 있다는 사실을 잊어서는 안 된다.

따라서 시장이 작동하지 않는 경우에 배분적 정의를 실현하려면 적지 않은 비용이 든다고 볼 수 있다. 이 배분적 정의의 실현비용의 주요 내용으로는, ① 결정된 사회적 최저수준이 경제전반의 효율성에 미칠 부(負)의 효과와, ② 사회적 최저수준을 결정하는 데 드는 정보비용 그리고 이를 시행하는 행정비용은 물론, ③ 특히 개인의 자유 내지 선택의 제한이라는 정치적 비용(政治的 費用) 등을 생각할 수 있다.

물론 배분적 정의는 어느 사회든 사회전체의 공동선을 위하여 반드시 실현되어야 한다. 개인 속에 있는 사회성(社會性)의 완성을 통한 개인의 완성을 위하여서도 배분적 정의는 반드시 실현되어야 한다. 그러나 정의가 아무 비용부담 없이 얻을 수 있는 것은 아니라는 사실도 함께 고려하여 적정수준의 정의실현을 목표로 하는 것이 바람직하다고 본다.

끝으로 남은 중요문제는 사회적 동감에 기초하여 배분적 정의의 기준을 확정한 후 이를 어떠한 정책수단으로 실현시키는 것이 바람직한가 하는 문제이다. 한마디로 "배분적 정의의 실현방식"에 대한 문제이다. 예컨대 사회적 최저수준에 대한 사회적 동감 내지 합의가 있다고 할 때, 그리하여 바람직한 배분적 정의의 모습이 구체화되었다고 할 때, 이를 어떠한 정책수단에 의하여 실현시킬 것인가의 문제이다. 보다 구체적으로 이야기하면 경제정책(經濟政策)의 수단을 택할 것인가 아니면 법정책(法政策)의 수단을 택할 것인가이다.

경제정책의 수단을 택한다면 일반적인 방법으로는 조세와 보조금제도이다. 고소득자(高所得者)의 소득에 과세하여 그 조세수입으로 일정수준 이하의 영세민들에게 보조금을 지급하는 경우를 생각할 수 있다.

다음으로 배분적 정의의 실현을 위하여 법정책의 수단을 택하는 경우를 생각해 보자. 예컨대 불법행위에서 어떠한 책임원리를 선택할 것인가 과실책임(過失責任)인가 무과실책임(無過失責任)인가의 정책선택의 경우를 생각해 볼 수 있다. 공장이 내뿜는 매연으로 인하여 주민들의 피해가 발생하는 환경오염사건의 경우 과실책임원리를 택하면 공장은 주민에 주는 피해의 일부(무과실부분)에 대하여는 책임을 지지 않으므로 소득분배효과는 공장에게 유리하게 결과된다.

반면에 무과실 책임원리를 택하면 과실유무(過失有無)에 관계없이 주민들에 주는 모든 피해를 공장이 책임져야 하므로 그만큼 소득분배효과는 주민들 편에 유리하게 된다. 이와 같이 어떤 책임원리를 채택하느냐에 따라 법정책도 소득분배에 직접 영향을 미칠 수 있고 따라서 배분적 정의의 실현수단으로 활용될 수 있다.

이상의 두 가지 정책수단 중 어느 것이 보다 효율적인 정책수단인가? 보다 적은 비용으로 바람직한 소득분배효과를 달성할 수 있는가? 답은 법정책보다는 경제정책이 보다 효율적인 정책수단이라고 생각한다. 그 주된 이유는 경제정책은 유연성을 가지고 상황변화에 쉽게 대처할 수 있는 데 반하여 법정책은 그러하지 못하다는 데 있다. 경제정책의 경우는 과세수준과 대상, 그리고 보조금의 수준과 지급대상을 필요에 따라 그리고 상황의 변화에 따라 얼마든지 세분화(細分化)·특정화(特定化)할 수도 있고 쉽게 변화시킬 수도 있다.

그러나 법정책의 경우에는 그러하지 못하다. 예컨대 주민들이 대부분 영세민(零細民)들이고 공장을 부자(富者)가 소유하고 있는 경우에는 무과실책임원리가 소득분배개선에 기여한다. 그러나 주민들이 대부분 부자들인 지역에 영세사업주의 공장에서 내뿜는 매연의 경우에는 무과실책임원리가 오히려 소득분배의 악화에 기여하게 된다. 후자의 경우에는 무과실책임원리가 아니라 과실책임원리가 소득분배개선에 기여하게 된다. 결국 경우에 따라 지역에 따라 상이한 책임원리를 채택하여야 한다는 결론이 되는바 이는 법적 안정성(法的 安定性)을 크게 해치게 된다. 일반적으로 경제정책의 안정성보다 법적 안정성이 보다 많이 요구되기 때문에 법정책을 통한 소득분배개선 노력은 경제정책을 통하는 경우보다 비효율적인 수단이 된다고 하지 않을 수 없다.

따라서 시장이 작동하지 않는 경우의 배분적 정의의 실현수단으로는 과세(課

稅)와 보조금제도(補助金制度)라고 하는 경제정책수단을 선택하는 것이 보다 바람직하고 법정책을 택하는 것은 옳은 선택이 아니라고 할 수 있다. 이 점을 가장 명쾌하게 주장하는 학자는 폴린스키(M. Polinsky)이고 저자는 그의 이러한 주장에 대하여 반론(反論)을 할 수 없다.[83)]

---

83) 폴린스키는 배분적 정의의 문제, 그중에서도 특히 소득분배의 공정성(公正性)의 문제는 경제정책에 맡기고, 법정책은 법원칙의 효율성제고에 초점을 맞출 것을 주장하고 있다. 대단히 간단 명쾌한 주장이다. 본고는 법정책(법원칙의 선택)의 제1과제로 효율성 제고를 주장하는 데 대하여 반대하지 않는다. 다만 이 주장에 대하여는 약간의 조건을 붙이는 것이 보다 바람직할 것이다.
이와 관련하여 캘러브레시(G. Calabresi)는 법제도 내지 법원칙(法原則)은 우선 효율적이어야 하고 자원배분의 효율성 제고에 노력하여야 한다. 그러나 효율성만이 전부일 수는 없다. 효율성을 높이기 위한 제도설계가 나온 후 반드시 정의감(正義感)의 테스트를 받아야 한다고 주장하고 있다. 법제도의 설계의 목표가 효율성인 것은 바람직하나 효율성을 목표로 한 제도설계가 나온 후에는 반드시 이 새로운 제도가 과연 우리 사회의 정의감(our sense of justice)에 합치하는가가 테스트되어야 한다는 이야기이다. 결국 그는 정의에게 마지막 거부권(拒否權, veto or constraint)을 주어야 한다고 주장한다.
포즈너(R. Posner)도 유사한 주장을 하고 있다. 그는 많은 경우 정의는 효율을 의미한다고 주장한다. 그러나 정의에는 효율에 대한 관심 이외에도 고려하여야 할 바가 많다. 따라서 아무리 효율적이라도 우리의 사회의 정의감(sense of justice of modern society)을 해치는 것은 불법으로 금지하고 있다고 주장한다. 예컨대 중죄(重罪)를 지은 자에게 장기의 징역형(懲役刑)을 감수하겠는가 아니면 형집행(刑執行)의 정지를 전제로 의학실험(醫學實驗)의 대상이 되겠는가의 선택권을 주는 섯은 법이 명백히 믹고 있다. 선택권을 주는 것이 보다 효율적일지 모르나 결코 우리의 정의의 감정이 용납하지 않기 때문이다. 법제도가 비록 효율을 지향해야 한다고 하여도, 효율적인 법제도를 채택하기 이전에 반드시 정의에게 거부권(拒否權) 행사의 기회를 주어야 한다고 하는 이들의 주장은 분명히 일리가 있다. 그러나 다만 이들도 거부권을 주어야 한다고 하는 우리 사회의 정의감의 내용이 무엇인지에 대하여는 자세한 논의나 분석이 없다. 앞으로 본격적인 연구가 필요한 과제라고 생각한다.
A. Mitchel Polinsky, *An Introduction to Law and Economics*, 2nd ed., Little, Brown Co., 1989, pp. 119–127; Guido Calabresi, *The Costs of Accidents: A Legal and Economic Analysis*, Yale University Press, 1970, pp. 24–26; Richard A. Posner, *Economic Analysis of Law*, 4th ed., Little, Brown Co., 1992, p. 27.

제4항 요약과 향후과제

지금까지의 논의를 요약하면 다음과 같다.

1. 외견상 아무런 관계가 없어 보이는 개념이지만 법적 정의와 경제적 효율과는 깊은 내적 연관관계(內的 聯關關係)를 가지고 있다. 대부분의 경우 효율성이 곧 정의이고 정의로워야 효율성이 확보된다. 그래서 양자는 불가불리(不可不利)의 관계에 있다. 일반적으로 효율성과 정의는 상의상생(相依相生)의 정(正)의 관계에 있다. 즉 보다 정의로운 사회가 효율적이며 보다 효율적인 사회가 정의롭다.

정의와 효율의 이러한 내적 연관성은 인류가 자원과 재화의 희소성(稀少性)과 유한성(有限性) 속에서 살고 있다는 사실에서 기인한다. 자원과 재화의 이러한 희소성과 유한성 때문에 끊임없는 법적 분쟁이 생기고 경세적 교환이 생긴다. 또한 이 희소성과 유한성을 극복하기 위하여 불가피하게 자원과 재화의 "보다 효율적"인 배분과 동시에 "보다 정의로운" 배분을 함께 생각하지 않을 수 없고 여기서 양자의 내적 연관성이 발생한다.

2. 정의와 효율의 관계를 좀 더 자세히 보면, 우선 정의가 전제되지 않으면 경제적 효율성은 확보될 수 없음을 알 수 있다. 교환적 정의가 없으면 시장질서가 형성되지 못하고 경제적 자유도 성립하지 못한다. 한마디로 시장가격기구가 작동하지 못한다. 왜냐하면 자유(自由)는 항상 질서(秩序)를 전제하고 질서는 정의(正義) 없이는 형성될 수 없기 때문이다. 그런데 경제적 자유와 시장질서 없이는 경제적 효율, 즉 파레토 효율은 달성될 수 없다.

따라서 시장가격기구를 통한 경제적 효율의 달성을 위하여서 교환적 정의의 보장은 필수적 전제조건이 된다. 즉 정의(교환적 정의)가 곧 효율이 된다.

3. 역(逆)으로 경제적 효율성이 확보되어야 배분적 정의가 보다 잘 실현될 수 있다. 시장가격기구가 작동하는 경우에는 시장이 완전경쟁시장(完全競爭市場)에 가깝게 효율적으로 작동하여야 비로소 정의로운 소득분배가 실현된다. 시장이 경쟁적이고 효율적일 때 소득분배는 시장에의 공로 내지 기여도(생산성)를 반영하는 부분과 순수하게 운(運, luck)과 우연(偶然)을 반영하는 부분으로 구성된다. 운과

우연이 작용하는 부분에 대하여 정의여부를 논할 수는 없다. 그러나 소위 시장기여도(市場寄與度)를 반영하는 부분에 대하여는 배분적 정의에 합당하다고 주장할 수 있다. 즉 여기서는 효율이 곧 정의(배분적 정의)이다.

4. 우리는 교환적 정의에 관하여는 공리주의적 정의관(公利主義的 正義觀)에 반대하나 배분적 정의에 관하여는 공리주의적 정의관에 찬성한다. 교환적 정의는 불의(不義)를 보았을 때 중립적(中立的) 제3자(impartial spectator)가 느끼는 분노 내지 정의의 감정(제3자의 동감)에 기초하고 있다. 따라서 그 분노가 인간의 생존과 사회유지를 필요하기 때문이라든가 하는 공리적 고려(公利的 考慮)와는 아무런 관계가 없다. 공리적 고려를 하지 않음으로써 오히려 교환적 정의의 가치가 있다.[84)] 그러한 의미에서 우리는 교환적 정의에 관한 한 데이비드 흄의 효용정의론(效用正義論)에 반대하고 아담 스미스의 동감정의론(同感正義論)을 지지한다.

반면에 배분적 정의는 예컨대 소득분배의 여러 기준(기여냐, 필요냐, 신분이냐 등) 가운데 어느 기준과 원칙을 선택할 것인가의 문제이다. 따라서 이때는 사회전체의 발전과 사회적 효용성을 위한다는 관점에서 선택하여야 한다. 즉 공리적 고려(公利的 考慮)를 하는 것이 바람직하다. 특히 "근면과 노력에 대해 충분한 유인제공(誘引提供)"을 할 수 있는 배분적 정의원칙이 확립되어야 한다. 이러한 의미에서 우리는 배분적 정의에 관한 한 공리적 고려에 기초한 사회적 동감(社會的 同感, social sympathy)을 중시하는 존 스튜어트 밀의 동감정의론(同感正義論)을 지지한다.

5. 정의와 효율이 서로 모순하고 갈등하는 관계가 되는 경우도 있다. 이는 "시장이 정상적으로 작동하지 않는 경우"의 배분적 정의와 효율과의 관계가 그렇다. 이러한 경우 배분적 정의의 기준이 되는 사회적 최저수준(social minimum)이 높아지면 높아질수록 경제적 효율성을 저해하기 쉽다. 뿐만 아니라 사회적 최저수준을 높이면 국가의 역할의 증대가 불가피해져 개인의 경제적 자유의 제한이라는 비용도 지불하게 된다.

84) 교환적 정의의 존재이유에는 본래 공리(公利)나 효율에 대한 고려가 전혀 없지만, 그 효과 내지 기능면에서 공리나 효율성의 제고에 절대적으로 기여하는 결과를 가져온다는 사실은 앞에서 누누이 지적하여 온 바이다.

따라서 시장이 정상적으로 작동하지 않는 경우에는 정의와 효율 사이에는 서로 부(負)의 관계가 성립한다. 그러므로 이런 경우에는 사회적 최저수준을 적정수준으로 유지하는 문제, 환언하면 개개인의 경제적 필요도와 사회전반의 효율과 자유를 조화하는 문제가 중요한 이론적·실천적 과제가 된다.

6. 교환적 정의의 경우, 즉 효율과 정의가 모순되지 않는 경우, 상호 간에 상보(相補)의 관계가 성립하는 경우, 한 사회의 효율과 정의를 함께 제고하기 위해서는 경제정책(經濟政策)과 법정책(法政策)은 어떠한 내용을 가져야 하는가?

우선 경제정책은 ① 경쟁적 자유시장을 확보하고 유지하기 위하여 소위 공정거래정책(公正去來政策), 반독점정책(反獨占政策) 등의 경제질서정책(經濟秩序政策)을 강화하여야 한다. 그래야 정의와 효율이 동시에 제고된다. ② 시장참여의 기회의 균등화(均等化)를 위한 각종 지원정책(무상교육, 중소기업지원, 남녀차별금지 등)도 효율과 정의를 동시에 제고하는 정책이 된다. ③ 경제발전을 위한 노력, 예컨대 기술개발지원정책 등도 효율과 정의를 동시에 높일 수 있는 정책이다. 경제발전을 통하여 국부의 증대가 이루어지면 그만큼 자원과 재화의 희소성이 극복되어 보다 효율적이고 보다 정의로운 사회를 만들 수 있는 가능성을 열기 때문이다.

법정책으로서는, ① 재산권제도(財産權制度)가 확립되어 있어야 하고 효율적인 계약법제(契約法制)가 도입되어 있어야 한다. ② 회사법(會社法), 세법(稅法), 국제거래법(國際去來法), 금융관계법(金融關係法), 각종 인허가법(認許可法) 등 모든 경제관련 법제가 거래비용(去來費用)을 낮추는 방향으로 입법되고 해석되어야 한다. 이러한 노력들이 강화되면 될수록 그 사회의 정의와 효율은 동시에 제고된다.

7. 배분적 정의의 경우, 특히 그중에서도 시장이 정상적으로 작동하지 않아서 효율과 정의가 모순되는 경우, 양자(兩者)가 상호갈등하고 대립하는 경우, 효율과 정의를 동시에 제고시키기 위한 경제정책과 법정책의 방향과 내용은 어떠한 것이어야 하는가?

이러한 경우에는 경제정책은 소득분배의 개선을 위하여 환언하면 배분적 정의의 제고를 위하여 노력하여야 하고, 반면에 법정책은 보다 "효율적인 법원리"를 채택함으로써 사회의 효율성 제고에 노력하여야 한다.

소득분배개선을 위한 경제정책으로는 가장 전형적인 것이 고소득자에 대한 조세(租稅) 강화와 저소득자에 대한 정부보조금지급(政府補助金支給)이다. 또한 효율성 제고를 위한 법정책으로는 각종 법제도에서, ① 보다 "효율적인 법원리"(예컨대 새로운 종류의 불법행위에 대하여 과실책임원리와 무과실책임원리 중 어느 하나를 선택해야 할 때, 혹은 새로운 재산권제도의 창출시 공유(共有), 국유(國有), 사유(私有) 등 어느 하나를 선택해야 할 때 등)를 채택하거나, ② 동시에 불필요한 정부규제 등을 대폭 축소함으로써 거래비용의 발생을 최소화하는 노력을 생각할 수 있다.

8. 정의와 효율에 대한 연구와 관련하여, 우리 나라에서 앞으로 해결하여야 할 이론적이며 실천적인 과제가 두 가지 있다고 생각한다.

첫째, 우리 사회는 아직 교환적 정의의 중요성에 대한 이해가 대단히 부족하다고 본다. 민주주의(民主主義)와 시장경제(市場經濟)를 이야기하면서도 민주주의와 시장경제의 성립과 발전의 기초가 되는 교환적 정의의 중요성에 대한 이해는 극히 부족하다. 민주주의의 발전을 위하여서는 자기이익(自己利益) 내지 자기가 속한 집단이익(集團利益)만을 주장하여서는 안 되고, 자유의 법을 지키고 교환적 정의의 원칙을 잘 지켜야 된다는 사실을 외면하거나 간과하는 경향이 있다.

뿐만 아니라 시장경제의 우월성과 시장경제를 통한 경제발전을 주장하면서도, 시장경제의 활성화를 위하여서는 "법의 지배"와 "교환적 정의"가 반드시 전제되어야 한다는 사실에 대한 이해가 크게 부족하다. 그리고 모두가 시장경제발전의 기본조건이 되는 교환적 정의의 준수는 소홀히 하고 있다. 각자가 수단·방법을 가리지 않고 각자의 개별이익의 극대화에만 골몰하는 경향이 있다. 이는 결국 장기적으로는 시장경제 자체를 파괴할 것이다.

예컨대 대기업과 중소기업과의 거래에서, 기업과 노동조합 간의 임금협상에서, 생산자와 소비자와의 거래에서, 정부와 민간 간의 거래에서, 법의 지배와 교환적 정의가 얼마만큼 지켜지고 있는가 반성할 일이다. 이들 문제를 이론적·실천적으로 어떻게 풀 것인가? 앞으로 우리 나라의 발전(민주주의와 시장경제의 발전)과 관련하여 대단히 중요한 문제라고 생각한다.

둘째, 우리 사회에는 아직 배분적 정의의 기준, 특히 사회적 최저수준(社會的最低水準)의 합리적인 특정화(特定化) 노력이 부족하다. 사회적 최저수준에 대한 사회적 공감(社會的 共感)을 어떻게 만들어 나갈 것인가, 정의와 효율을 조화하는 수준에서 어떻게 만들어 나갈 것인가에 대한 합리적 토론과 노력이 거의 없다. 대신에 대부분의 경우 이익집단들이 자신들의 이익만을 극대화하려고 들지, 서로 입장을 바꾸어 놓고 생각하면서 사익(私益)을 공익(公益)과 조화하려는 노력은 하지 않는다.

사회적 약자(社會的 弱者)는 최저수준을 무조건 높이려 하고, 사회적 강자(社會的 强者)는 가능한 최저수준을 낮추려 한다. 서로 이익집단의 논리에만 충실하여 수단과 방법을 가리지 않고 각자의 목소리를 높여 각자의 이익만을 추구한다.

진정한 민주주의의 발전은 국민 각자가 자신들의 이익만을 주장하는 데서 오는 것이 아니라 공익 내지 공동선을 위하여 자신들의 사익을 자제할 수 있는 데서 비롯된다는 인식이 크게 부족하다. 한마디로 우리나라 민주주의 속에는 각자 자기 주장만 하는 다원주의적 가치(多元主義的 價值, pluralistic value)만이 드러나고 있고 공동체적 가치와 연대를 중시하는 공화주의적 윤리(共和主義的 倫理, republican ethics)는 거의 존재하지 않는다.

이러한 정치문화 속에서는 민주주의는 결국 이익집단들 간의 무한투쟁이 난무하는 소위 교섭민주주의(交涉民主主義, bargaining democracy)로 전락하여 버린다. 이 문제를 앞으로 어떻게 풀 것인가? 배분적 정의의 기준을 합리적으로 세우는 제도적 노력을 어떻게 할 것인가? 이것이 효율적이면서도 정의로운 사회를 위하여 우리가 반드시 해결하여야 할 또 하나의 이론적·실천적 과제의 하나라고 본다.

2

재산권제도(財產權制度)의 경제적 구조

제1장 재산권제도의 의의 및 기능

제1절 개념과 의의

재산권제도(財産權制度)란 희소성(稀少性)이 있는 경제적 재화를 둘러싼 사람들 사이의 관계에 대한 질서이다.[1] 특정의 경제적 재화에 대한 배타적·독점적 권리(排他的·獨占的 權利)가 누구에게 귀속되는가를 확정함으로써 개인의 자유로운 활동 영역의 범위를 결정하는 제도이다. 동시에 경제적 재화의 사용·수익·처분을 둘러싸고 일어날 수 있는 각종의 분쟁을 사전에 해결하는 질서이다. 따라서 재산권제도란 어떤 행위는 할 수 있고 어떤 행위는 할 수 없음을 규정하는 일종의 사회적 행위규범(behavioral rule), 즉 "경제적 재화를 둘러싼 사회적 행위규범"이라고 볼 수 있다. 재산권제도는 희소성이 존재하는 경제재(經濟財, economic goods)에만 국한되는 권리이므로, 예컨대 공기 등과 같이 희소성이 존재하지 않는 소위 자유재(自由財, free goods)의 경우에는 재산권제도는 처음부터 문제가 되지 않는다.[2]

여기서 재산권이라 함은 법률적으로는 공법상(公法上)·사법상(私法上)의 일체

---

1) 재산권제도를 광의로 해석하면 반드시 경제적 재화에 관한 권리로 국한할 필요가 없다. 비경제적 재화(非經濟的 財貨)에 대한 권리인 인격권(人格權), 투표권(投票權) 등도 재산권으로 보아 이론구성을 할 수 있다. 그리하여 소위 재산권적 접근(property right approach)을 주장하는 학파에서는 모든 비경제적 재화도 경제적 재화와 동일하게 취급하여 이론화를 시도한다.

2) 공기의 경우도 대기오염의 문제가 심각해지면서 종래와 같은 자유재의 성격이 점차 약해지고 경제재의 성격이 강해짐을 볼 수 있다. 그 결과 나타나는 것이 광의의 재산권의 한 형태로 해석될 수 있는 환경권(環境權)의 등장현상이다.

의 경제적 가치가 있는 권리를 의미한다. 따라서 민법상의 소유권을 비롯한 일체의 물권(物權)과 채권(債權), 저작권·특허권 등의 지식재산권은 물론 광업권·어업권 등의 특별법상의 권리, 그리고 용수권(用水權)·하천점용권(河川占用權) 등의 공법상의 제 권리 등도 이에 포함된다.

재산권제도에는 기본적으로 두 가지 특징이 있어야 한다. 하나는 권리자가 자신의 재산권을 행사할 수 있는 자유도, 아니할 수도 있는 자유도 있어야 한다. 법률이 권리자의 권리행사 내지 불행사를 강제할 수 없어야 한다. 둘째는 권리자의 권리행사를 제3자가 침해해서는 아니 된다. 개인에 의한 침해뿐 아니라 국가에 의한 침해도 있어서는 아니 된다. 따라서 여기서의 제3자란 개인뿐 아니라 원칙적으로 국가도 포함된다.[3] 이상의 두 가지 특징을 한마디로 요약하면, 재산권이란 결국 개인의 "사적 자치(私的 自治)의 영역", 환원하면 "경제재에 대한 개인적 자유(liberty)의 영역"을 확정하는 제도라고 볼 수 있다.[4]

그러면 이러한 경제적 재화에 대한 개인의 자유영역을 확정하는 사회적 행위규범(社會的 行爲規範)으로서의 재산권제도는 왜 필요한가, 그 존재의의는 무엇인가 하는 문제를 보도록 하자. 그리고 이러한 행위규범이 사인(私人) 간의 약속으로 충분하지 않고 반드시 국가적 강제력에 의해 뒷받침되어야 하는 이유를, 환언하면 재산권제도라는 행위규범이 반드시 법제화·강제화되어야 하는 이유를 살펴보도록 하자. 다음과 같은 가상적 상황에서 출발하자.

갑(甲)과 을(乙) 두 사람만이 있는 사회가 있다고 하자. 그리고 이 사회에는 아직 재산권제도가 존재하지 않는다. 즉 경제적 재화를 둘러싼 행위규범이 존재하지 않는다. 그러면 갑과 을 두 사람은 자신이 소비할 수 있는 재화의 양을 극대화하기 위해 두 가지 방법에 의존하게 된다. 하나는 필요한 재화를 스스로 생산하

3) 물론 헌법 제23조에서 규정하고 있는 재산권의 한계(법률적 한계와 공공복리 적합성에 의한 사회적 한계)와 재산권의 제한(공공필요가 있는 경우 보상을 전제로 한 제한)의 원리를 부정하는 것은 아니다.

4) 우리는 재산권을 자유의 일종(a type of liberty)이라고 하였다. 그런데 자유의 또 다른 종류로 종교의 자유를 생각해 볼 수 있다. 재산적 자유와 종교적 자유는 어느 면에서 유사하고 어느 면에서 서로 상이한가? 왜 일반적으로 종교적 자유의 분배는 재산적 자유의 분배보다 평등한가?

는 방법이고, 다른 하나는 타인이 생산한 재화를 약탈해 오는 방법이다. 결국 자신이 가지고 있는 생산적 자원인 시간·노력 등을 이 두 가지 방법에 적절히 배분함으로써 자신이 소비할 수 있는 재화의 총량을 극대화하려 할 것이다. 논의의 단순화를 위해 약탈에 대한 도덕적 죄책감은 문제가 되지 않는다고 가정하자. 만약 자신이 직접 생산하는 것보다는 약탈하는 경우가 적은 노력으로 보다 많은 성과를 가져올 수 있다면, 자신의 시간과 노력을 약탈행위 쪽에 보다 많이 배분하게 될 것이다. 그리고 그 반대의 경우라면 자신의 노력과 시간을 직접 생산하는 쪽에 보다 많이 배분하게 될 것이다.

그런데 위와 같은 행위동기(行爲動機)가 상대방의 경우에도 동일하게 발생·작용하게 된다. 따라서 자신이 가지고 있는 시간·노력 등의 생산적 자원의 활용방법 내지 분야는 다음과 같이 (1) 필요한 재화의 "직접생산(直接生産)", (2) 상대가 생산한 재화에 대한 "약탈행위(掠奪行爲)", (3) 상대의 약탈행위에 대한 "예방노력(豫防努力)"의 세 가지 분야로 나누어지게 된다. 그러면 이 경우 자신이 가지고 있는 시간·노력 등의 제한적 생산자원을 이 세 가지 분야에 어떻게 배분하여야 소비의 총량을 극대화할 수 있을까? 그 답은 비교적 간단하다. 각각의 행위의 한계생산성(限界生産性)이 같아지도록 각각의 행위수준을 정하면 된다.[5] 예컨대 "예방행위"의 한계생산성이 "약탈행위"나 "생산행위"의 한계생산성보다 높다면 다른 행위의 수준을 낮추고 "예방행위"수준을 높여야 소비의 총량이 극대화된다. 만일 "약탈행위"의 한계생산성이 다른 행위들보다 높다면 "약탈행위"수준을 높이는 것이 소비총량을 극대화하는 길이 된다. 결국 소비의 극대화를 위해서는 각각의 행위의 한계생산성이 동일하도록 각각의 행위수준을 조정해야 한다.

여기서 명백히 드러나는 사실은 타인이 생산한 재화를 약탈하기 위해 사용하는 자원이나 혹은 타인의 약탈행위로부터 자신이 생산한 재화를 보호하기 위해 사용하는 자원은 모두가 사회적 관점에서 볼 때 자원의 낭비가 된다는 사실이다. 만일 이들 자원을 "약탈행위"나 "예방행위"에 사용하지 아니하고 직접 "생산행위"에 사용할 수 있다면 분명 그 사회의 총생산(總生産)은 증가하고, 따라서 총소

---

5) 여기서의 한계생산성이란 각각의 행위의 마지막 한 단위가 결과하는 소비할 수 있는 재화의 증가분을 의미한다.

비(總消費)도 증가할 것이다. 결국 재산권제도가 엄정하게 확립되어 있어, 약탈행위나 예방행위에 자원을 쓰지 않게 되면 갑과 을은 보다 많은 양의 재화를 소비할 수 있게 되고, 그 결과 모두가 보다 행복해질 수 있다(better off). 여기서 재산권제도 발생의 필요성, 환언하면 경제재를 둘러싼 행위규범의 필요성이 등장하게 된다. 또한 이 행위규범을 정하기 위한 갑·을 사이의 사회계약의 필요성 내지 가능성도 대두된다.

즉, 무정부상태(無政府狀態, a state of anarchy)보다는 재산권제도가 확립되어 재화에 대한 권리의 귀속주체(歸屬主體)가 확정되어 있는 상태가 사회의 총생산이 증가하고 사회의 총소비도 증가하여 사회구성원 모두를 보다 행복하게 할 수 있다. 이를 게임이론의 틀을 이용하여 설명해 보기로 하자.

표 2-1 재산권이 법제화되지 않은 경우

	을은 갑의 재산권 존중	을은 갑의 재산권 부인
갑은 을의 재산권 존중	갑=10, 을=15	갑=4, 을=17
갑은 을의 재산권 부인	갑=14, 을=6	갑=7, 을=10

〈표 2-1〉은 재산권이 법제화되지 않아 남의 재산권을 부인·침해하는 자에 대해서도 아무런 제제를 가하지 못하는 무정부상태의 경우 사람들이 어떻게 행동하고 그 사회적인 결과는 어떻게 될 것인지를 보여주고 있다. 여기에서는 문제를 단순화시키기 위해 두 사람으로 구성되어 있는 사회를 상정하고 있다. 그리고 각자는 상대방의 재산권을 존중하는 것과 부인하는 것의 두 전략(strategy) 중 하나를 택할 수 있다.

갑과 을 모두가 상대방의 재산권을 존중해 주면 갑은 자신이 생산한 10만큼의 재화를 그리고 을은 자신이 생산한 15만큼의 재화를 누리게 된다. 한편 갑은 을의 재산권을 존중해 주는데 을은 갑의 재산권을 부인할 경우, 갑은 4, 을은 17만큼의 재화를 누리게 된다. 아마도 을은 갑으로부터 6만큼 빼앗았는데 빼앗아 오는 과정에서 1만큼 흘려버렸고, 빼앗는 데 노력을 기울이는 바람에 생산량이 3만큼 줄어든 12밖에 되지 않았기 때문일 것이다(갑: 10−6=4, 을: 12+6−1=17). 갑과 을 모두가 상대방의 재산권을 존중해 줄 경우의 전체 재화량은 25인데 비해, 갑은 을의 재산권을 존중해 주는데 을은 갑의 재산권을 부인할 경우의 전체 재화량은 21로 줄어들었음에 유의하라. 다음으로 갑은 을의 재산권을 부인하는데 을은 갑의 재산권을 존중해주는 경우, 비슷한 논리로, 갑은 14, 을은 6만큼의 재화를 누린다고 하자. 그리고 갑과 을 모두가 상대방의 재산권을 부인할 경우, 생산노력의 감소와 절취 과정에서의 유실 등으로 결국 갑은 7, 을은 10만큼의 재화밖에 누리지 못하게 된다고 하자. 이 경우의 전체 재화량은 17밖에 되지 않음에 유의하라.

위에서 묘사한 상황 내지 게임의 경우 균형(equilibrium)은 어디에서 이루어질 것인가? 즉 각자는 어떠한 전략을 취하게 될 것인가? 갑의 입장에서 보면, 을이 갑의 재산권을 존중해줄 경우, 상대방 을의 재산권을 존중해 주는 것보다는 부인하는 편이 더 많은 재화를 누리게 된다(10<14). 을이 갑의 재산권을 부인하는 경우에도, 갑은 상대방 을의 재산권을 존중해 주는 것보다는 부인하는 편이 더 많은 재화를 누리게 된다(4<7). 종합하면 갑은 상대방 을이 자신의 재산권을 존중해 주든 부인하든 을의 재산권을 부인하는 것이 유리하게 된다. 마찬가지로 을도 상대방 갑이 자신의 재산권을 존중해 주든 부인하든 갑의 재산권을 부인하는 것이 유리하게 됨을 쉽게 확인해 볼 수 있다. 결국 두 당사자 모두에게 있어 '부인'전략이 이른바 우월전략(dominant strategy)이 된다. 그리하여 이 게임에서는 두 당사자 모두가 상대방 재산권을 부인함으로써 갑은 7, 을은 10만큼의 재화밖에 누리지 못하게 되는 상황이 균형으로 된다. 이러한 상황은 일찍이 홉스(Thomas Hobbes)가 이야기한 '만인에 대한 만인의 투쟁 상태'에 해당한다고 할 수 있다. 갑과 을이 상대방의 재산권을 존중해 준다면 각각 10과 15만큼의 재화를 누릴 수 있었겠지만, 균형은 갑과 을 모두가 상대방의 재산권을 부인함으로써 각각 7과 10만큼의 재화밖에 누리지 못하는 데에서 이루어지는 것이다.

그러나 당사자들이 이러한 '만인에 대한 만인의 투쟁 상태' 내지 무정부상태에서 벗어나 보다 많은 재화를 누릴 수 있는 방법을 모색할 수 있다. 이제 당사자들이 일종의 사회계약을 맺어 남의 재산권을 부인할 경우 제재를 가하는 공권력을 마련한다고 생각해 보자. 즉 재산권의 법제화·강제화 메커니즘을 만든다고 하자. 그러면 위의 게임은 예컨대 다음의 〈표 2-2〉와 같이 바뀔 수 있다.

〈표 2-2〉는 갑과 을이 공권력을 구축하여 만약 일방이 타방의 재산권을 부

‖ 표 2-2 ‖ 재산권이 법제화된 경우

	을은 갑의 재산권 존중	을은 갑의 재산권 부인
갑은 을의 재산권 존중	갑=8, 을=13	갑=7, 을=9
갑은 을의 재산권 부인	갑=5, 을=12	갑=4, 을=8

인하면 그 공권력에 의한 제재를 받기로 합의한 경우를 상정하고 있다. (여기에서 처럼 당사자가 두 사람밖에 없을 경우에는 두 사람의 합의로 제3자에게 재산권 부인에 대한 제재를 부탁하는 것을 생각해 볼 수 있을 것이다. 그러나 사회구성원이 다수인 경우라면 법의 제정과 사법제도의 운용 등을 위해 인력을 선발하고 소요비용을 분담하는 것을 생각할 수 있을 것이다.) 이러한 공권력 구축 내지 재산권의 법제화를 위해 드는 비용 즉 입법비용, 경찰비용, 법원비용 등의 제비용을 충당하기 위해 갑과 을이 각각 2만큼씩 내어놓는다고 가정하면, 갑과 을 모두가 상대방의 재산권을 존중해 줄 경우 각자가 누리는 재화의 양은 8과 13이 될 것이다.

재산권이 법제화되어 있는 상황에서 갑은 을의 재산권을 존중하는데 을은 갑의 재산권을 부인하면 어떻게 될 것인가? 갑은 을의 재산권 부인으로 입은 손해를 공권력을 통해 배상받지만 배상을 받기 위해 일정 노력을 기울여야 한다면, 그리고 을은 갑으로부터 재화를 빼앗는 데 노력을 기울이는 바람에 생산량이 줄어들고 나아가 감금 등의 처벌을 받는 바람에 다시 생산량이 줄어든다면, 갑과 을이 누리는 재화는 예컨대 각각 7과 9가 될 것이다. 을은 갑의 재산권을 존중하는데 갑은 을의 재산권을 부인할 경우에는 비슷한 논리로 갑과 을은 예컨대 각각 5와 12만큼씩의 재화를 누리게 될 것이다. 그리고 재산권이 법제화되어 있는 상황에서 갑과 을 모두 상대방의 재산권을 부인하면 둘 다 제재를 받음으로써 예컨대 각각 4와 8만큼씩의 재화를 누리게 될 것이다. 재산권이 법제화되어 있을 때 상대방 재산권의 부인은 자신의 재산권이 상대방에 의해 부인받는 경우라 할지라도 공권력의 제재를 자초함으로써 상대방 재산권의 존중보다 못한 결과를 가져다 줌을 위의 숫자 예는 보여주고 있다.

이 새로운 게임에서 균형은 어디에서 이루어지는가? 쉽게 확인해 볼 수 있는 바와 같이, 당사자 모두에게 있어 상대방 재산권에 대한 '존중'전략이 이른바 우월전략이 된다. 그리하여 이 게임에서는 두 당사자 모두가 상대방 재산권을 존중하게 되고, 따라서 갑은 8, 을은 13만큼의 재화를 누리게 되는 상황이 균형으로 된다. 이러한 상황은 사회계약론자들이 이야기하는 법과 질서가 지배하는 사회 상태에 해당한다고 할 수 있다. 비록 비용이 들어가더라고 재산권의 법제화 내지 공권력 구축이 이루어지면 당사자들은 서로 상대방의 재산권을 존중하게 되어 재산권의 법제화가 이루어지지 않았을 경우보다 더 나은 결과를 가져오게 되는 것이다. (즉 〈게임 1〉의 균형 (7, 10)보다 〈게임 2〉의 균형 (8, 13)이 갑과 을 모두에게 더 많은 재화를 누리게 해주는 것이다.)

우리는 간단한 게임모형을 통해 사회계약 내지 재산권보호 법제화의 가능성을 살펴보았다. 타인의 재산권에 대한 부당한 침해에 제재를 가함으로써 사회적으로 보다 나은 결과를 가져 올 수 있다는 것은 너무나 상식적인 명제라 할 수 있다. 위의 게임모형은 이러한 상식적인 명제가 성립함을 다시 한 번 확인해 주고 있다. 그리고 위 모형에서 사회구성원들이 타인의 재산권을 부인할 경우 양심의 가책 등으로 자신의 효용수준이 더 내려간다면 공권력에 의한 재산권보호 노력이 없더라도 서로 재산권을 존중하는 것이 균형으로 될 수 있음을 보일 수 있는데, 이 점은 윤리 내지 도덕의 사회적 역할과 관련하여 시사하는 바 있다 하겠다.

이상에서 우리는 경제재(經濟財)를 둘러싼 행위규범의 존재의의, 재산권제도와 그 법제화의 필요성 등을 살펴보았다. 여기서 한 가지 추가할 사실은 재산권제도의 필요성이 증명되었다고 하여도 그것이 곧 갑과 을이 각자가 가지고 있는 재산권에 대하여 완전히 만족함을 의미하지는 않는다는 것이다. 여기서 발생하는 것이 바로 "재산권교환의 가능성"이다. 재화의 교환 그리고 그 재화에 부착된 재산권의 교환이란 다른 동물의 세계에서는 나타나지 않는 인간에게만 보이는 특이한 현상이라고 한다. 그런데 이러한 교환행위는 그것이 자발적인 한 서로에게 유리한 행위라고 볼 수 있다. 따라서 재산권의 교환을 통하여 갑과 을은 모두가 보다 높은 효용의 수준에 도달할 수 있게 된다. 그러므로 자발적 교환행위를 가능한 한 촉진하는 것이 사회전체의 효용증대에 기여하게 된다. 그런데 이와 같이 서로에게 유리한 행위인 교환행위가 성립하기 위한 기본전제의 하나가 바로 재산권제도의 확립임은 두말할 나위도 없다.

이상의 논의를 요약하면 〈그림 2-1〉과 같이 정리해 볼 수 있다. 여기서 $[A^*]$ 상태는 재산권제도의 성립 이전의 갑과 을의 효용수준을 보이고 있다. 환언하면

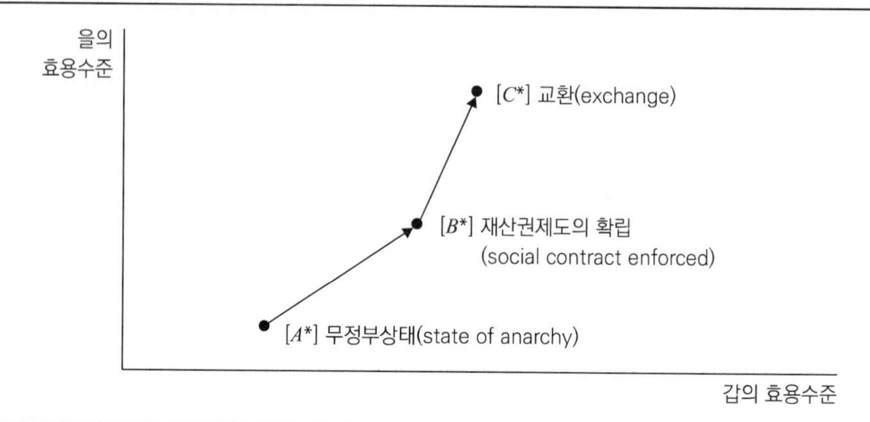

그림 2-1 재산권제도의 확립과 자발적 교환의 효용증대 효과

소위 자연상태(state of nature) 내지 무정부상태하의 갑과 을의 효용수준이다. 여기서 재산권에 대한 사회계약이 성립하고 이것이 법제화되면 갑과 을의 효용수준은 [B^*] 상태로 이동하게 된다. 즉 갑·을 모두의 효용수준이 증가하게 된다. 과거보다 소비할 수 있는 재화의 양이 증가했음을 의미한다고 볼 수 있다. 이와 같은 재산권제도의 확립을 전제로 쌍방유리화(雙方有利化) 행위인 자발적 교환이 발생하면 효용수준은 다시 [C^*]로 이동하여 갑과 을 모두의 효용수준을 다시 한 번 더 증가시킨다. 요컨대 [A^*] → [B^*] → [C^*]로 이동할수록 갑·을 모두의 효용수준은 상승하게 된다. 그리고 이는 물론 자원의 보다 효율적인 활용으로 인한 결과이다.

제 2 절 재산권제도(배타적 지배권)의 경제적 기능

이제는 재산권제도의 구체적인 내용을 살펴보자. 재산권제도는 내용에 따라 크게 두 가지로 나누어 볼 수 있다. 하나는 공유(共有, common property)이다.[6] 사회

---

6) 여기서 이야기하는 공유(共有)는 민법이 규정하고 있는 공동소유(共同所有)의 한 형태인 공유(共有, 민법 제262조)와는 다른 개념으로서, 오히려 소유권이 없는 상태와 유사

구성원이면 누구라도 그 재화를 사용·수익할 수 있는 경우이다. 그 누구도 재화에 대하여 배타적 지배권(排他的 支配權)을 주장할 수 없는 경우이다. 다른 하나는 특정인 내지 특정 집단만이 그 재화를 사용·수익·처분할 수 있고 타인들은 이를 할 수 없는 경우이다. 즉 비공유(非共有, non-common property)이다. 비공유의 경우도 세분하면 개인이 권리의 주체가 되는 사유(私有, private property), 국가가 권리의 주체가 되는 국유(國有, state property) 그리고 특정의 사회조직이나 특정의 지방자치단체 등이 권리의 주체가 되는 공유(公有, public property)로 나누어 볼 수 있다.

그런데 엄밀히 이야기하면 국유(國有)나 공유(公有)는 사유(私有)와 기본적으로 동일한 범주에 속한다고 보아야 한다. 왜냐하면 국유나 공유의 경우 그 재화의 사용·수익·처분 등의 의사결정이 결국 국가의사나 공동체의사를 대변한다고 하는 소수의 자연인(관료나 공동체대표 등)들에 의해 이루어질 뿐 그 재화에 대하여 특정인들의 의사에 따른 배타적 지배권이 성립한다는 점에서는 사유와 하등 다를 바가 없기 때문이다.

요컨대 재산권제도는 (1) 배타적 지배권이 존재하지 않는 경우, 환언하면 공유(共有) 내지 비소유(非所有, non-owned property)의 경우, 즉 모든 사람들이 자유스럽게 그 재화의 사용·수익에 참여할 수 있는 경우와 (2) 배타적 지배권이 존재하는 경우, 환언하면 비공유(非共有) 내지 소유(所有, owned property)의 경우, 즉 일반인들에 의한 당해 재화의 자유로운 사용과 수익이 금지되어 있는 경우로 나눌 수 있다.

그러면 우리는 왜 재산에 대하여 배타적 지배권을 인정하여야 하는가, 왜 모든 재화를 공유(共有) 내지 비소유(非所有)로 하지 않고 구태여 소유로 하는가, 왜 구태여 사유나 국유 혹은 공유(公有)로 하려 하는가, 소유의 경제적 효과 내지 기능은 무엇인가 하는 문제를 보도록 한다.

한마디로 공유제(共有制)를 피하고 배타적 지배권을 설정하는 데는 두 가지 큰 경제적 이익이 있기 때문이다. 하나는 동태적 이익(動態的 利益)이고, 다른 하나는 정태적 이익(靜態的 利益)이다.[7] 동태적 이익이란 시간개념이 들어간 이익으로

한 개념, 즉 비소유(非所有)인 것으로 이해해야 한다.

7) 재산권제도의 이익을 동태적 이익과 정태적 이익으로 나누어 설명하는 입장은 Richard

서 장기에 걸쳐 자원을 효율적으로 활용할 수 있게 되어 발생하는 이익이다. 환언하면 배타적 지배권이 설정되므로 생산적 자원에 대하여 효율적 투자유인을 제공할 수 있게 되어 얻는 이익이라고 볼 수 있다.

공유제(共有制)하에서는 (1) 자원의 생산성 증대를 위한 투자율 자체가 하락한다. 예컨대 토지의 경우 공유제하에서는 비료 등을 주어 토질을 개선시키려는 노력 자체를 피하게 된다. 왜냐하면 그러한 투자노력을 하여도 투자효과의 안정된 회수가 극히 불확실하기 때문이다. (2) 비록 자원의 생산적 활용을 위해 투자하는 경우에도 투자형태가 달라진다. 공유제하에서는 장기투자보다는 단기투자를 선호하게 되고, 조건이 같다면 투자회수를 위한 감시비용이 가능한 한 적게 드는 투자형태를 선호하게 된다. 예컨대 식목(植木)보다는 축사를 갖춘 목축(牧畜) 등이 투자회수를 위한 감시비용이 적어 선호될 것이다.

자원에 대한 배타적 지배권을 설정하는 정태적 이익으로서는 소위 외부효과의 내부화(外部效果의 內部化, internalization of externalities)가 있다.[8] 외부효과를 내부화하면 자원의 과다사용(overuse) 내지는 과다착취(overexploitation)를 막을 수 있어 결국 자원의 효율적 활용을 촉진하게 된다.

구체적 예를 들어 설명해 보자. 아직 배타적 지배권이 도입되지 않은 공유(共有)의 목초지(牧草地)가 있다고 하자. 공유의 상태이므로 누구든지 자유로이 목축을 할 수 있다. 이러한 경우 어떠한 결과가 나타날까? 내가 가축을 한 마리 더 방목함으로써 얻을 수 있는 이익은 물론 나에게 집중된다. 그러나 내가 한 마리를 더 방목함으로써 발생하는 목초지라는 자원의 황폐화비용은 나뿐만 아니라 그 공동체의 모든 구성원들이 나누어 가지게 된다. 따라서 나의 비용부담은 상대적으로 줄어든다(내가 부담하는 몫=자원황폐화비용(自然荒廢化費用)/N이 된다: 여기서 N은

A. Posner, *Economic Analysis of Law,* 4th edition, Little, Brown and Co., 1992. pp. 32−35를 참조하라.

8) 재산권의 기능은 외부효과의 내부화에 있다는 주장은 Harold Demsetz, "Toward a Theory of Property Rights", 57 *American Economic Review Papers and Proceedings* 347 (1967)을 참조하라. 그는 이 논문에서 다음과 같이 표현하고 있다. "A primary function of property rights is that of guiding incentives to achieve a greater internalization of externalities."

공동체 구성원의 수(數)이다). 이익은 나에게 집중되나 그 비용은 모두 함께 부담하게 되는 셈이다.

일반적으로 효용을 극대화하기 위해서 한계이익과 한계비용이 일치하는 데서 행위수준을 정한다면 위와 같은 경우에는 방목(放牧)의 사적 한계비용이 사회적 한계비용보다 작으므로 결국 가축의 과다(過多)방목현상이 결과된다. 나뿐만 아니라 모든 사람들이 동일한 원리에 따라 행동할 것이므로 이들 행동을 종합하여 보면 결국은 목초지라는 공유자원(共有資源)의 과도한 황폐화가 초래되어 종국적으로는 목초지 자체를 쓸모 없는 불모의 땅으로 만들어 버리게 된다. 이러한 현상을 우리는 "공유(共有)의 비극(tragedy of the commons)"이라고 부른다.[9)]

이러한 공유의 비극이 발생하는 주된 이유는 나의 행위의 외부효과가 내부화되지 않았기 때문이다. 내가 가축을 한 마리 더 길러서 발생시키는 자원황폐화 비용 중 내가 부담하지 않는 비용(자원황폐화비용$(1-1/N)$)은 모두 나에게는 외부효과가 된다. 따라서 나는 책임을 지지 않고 그 결과 나의 행위수준을 정할 때 이

---

9) "공유(共有)의 비극"이란 말을 처음으로 사용한 사람은 하딘(G. Hardin)이다. 그는 철학자 화이트헤드(Whitehead)의 정의에 따라 비극이란 불행(unhappiness)을 의미하는 것이 아니라 엄숙한 현실 내지 사실의 가차 없는 진행(solemnity of the remorseless working of things)을 의미한다고 보고 "공유의 비극"이라는 용어를 만들어 사용하고 있다. 그는 공유의 비극을 극복하기 위해 양심에 호소해서는 곤란하다고 주장하고 있다. 예컨대 인구폭발의 문제도 그는 일종의 공유의 비극의 문제로 보고 있는데, 이 문제를 해결하기 위해 산아제한(産兒制限)을 할 것을 사람들의 양심에만 호소하면 결국 양심 있는 사람들의 수를 줄이고 비양심적인 사람들의 수를 증가시키는 결과를 가져온다고 비판한다.

그는 결국 공유의 비극을 극복하기 위해서는 사람들의 행동유인을 바꿀 새로운 제도를 창출하여야 한다고 주장한다. 동시에 공유의 비극을 극복하기 위해서 공유를 폐지하고 재산권제도를 도입하면 그것은 다른 일면에서는 분명히 종래의 자유에 대한 제한의 성격을 가지기 때문에, 자유와 권리를 침해한다는 취지의 이름으로 기득권자들의 반대목소리가 나올 수 있다는 사실을 지적하고 있다. 그러나 여기서 그는 자유란 필연(必然)의 인식(認識)이고 필연의 실천(實踐)이라는 헤겔(Hegel)의 자유의 개념을 인용하여 공유의 폐지가 결코 자유의 침해가 아님을 주장하고 있다. 자세한 것은 Garrett Hardin, "The Tragedy of the Commons", 162 *Science* 1243 (1968)을 참조하라.

생각건대 공유의 폐지가 자유인가 아니면 공유의 보존이 자유인가는 자유의 개념에 따라 달라지는 문제라고 볼 수도 있다. 영국의 경험론과 독일의 관념론이 가지는 자유에 대한 개념의 근본적 차이를 생각하면서 위의 하딘의 주장의 옳고 그름을 평가해 보라.

외부효과가 반영되지 않는다. 그리고 그 결과는 과다방목현상으로 나타난다. 결국 목초지는 공유이기 때문에 개인에게 일종의 자유재(自由財)가 된다. 그러나 사회적으로 보면 목초지는 어디까지나 경제재(經濟財)이다. 여기에 공유의 비극이 일어나는 원인이 있다. 이러한 공유의 비극을 종식시키는 방법은 결국 외부효과의 내부화, 즉 배타적 재산권제도, 즉 비공유제(非共有制)를 도입하는 방법이다.[10)]

예컨대 사유제(私有制)를 도입하였다고 가정해 보자. 그러면 그 목초지의 소유자는 자기 행위의 비용과 편익을 공히 감안하여 자기의 행위수준을 결정하게 된다. 즉 가축을 한 마리 더 길러서 얻을 수 있는 한계이익(限界利益)과 그로 인해 발생하는 자원황폐화라는 한계비용(限界費用)을 일치시키는 수준에서 방목할 가축의 수를 결정하게 된다. 따라서 가축의 수는 개인적으로뿐만 아니라 사회적으로 보아도 효율적인 수준이 된다.[11)] 결국 자원황폐화라는 외부효과는 내부화된 셈이고 그 주된 계기는 공유였던 목초지의 사유화이다. 사유제가 아니라 국유제(國有制)를 도입하는 경우도 결과는 유사하다. 국유제를 도입하여 가축을 한 마리 더 기를 때 발생하는 자원황폐화비용 중 본인이 부담하지 않는 부분, 즉 외부효과부분을 당해 목초지의 이용료(利用料)로 정부가 이용자들에게 부과시킨다면, 이용자들은 가축을 한 마리 더 방목할 때 발생하는 자원황폐화 비용을 감안하여 자신이 방목할 가축의 수를 결정하게 된다. 결국 개인적으로뿐 아니라 사회적으로 보아도 효율적인 수준에서 가축의 수가 결정되게 된다. 요컨대 사유제냐 국유제냐가 문제가 아니라 재산권제도의 도입, 즉 (좁은 의미의 재산권제도라 할 수 있을) 배타적 지배권의 확립 자체가 외부효과를 내부화시키고 공유의 비극을 종식시켜 자원활용의 효율성을 제고시키게 된다.[12)]

---

10) 한 가지 지적해 둘 사실은 외부효과가 발생한다고 해서 반드시 내부화의 필요가 있는 것은 아니라는 사실이다. 예컨대 자원 자체가 다량이고 풍부하여 수요와 공급의 관계에서 과다사용이라든가 과다착취라는 문제가 발생하지 않을 때는, 비록 외부효과가 발생한다고 해도 내부화를 서두를 필요는 없다. 위의 예에서 예컨대 목초지란 자원이 대단히 풍부하게 존재한다면 약간의 자원황폐화비용이 발생한다고 하여도 그러한 외부효과는 굳이 내부화를 문제삼을 필요가 없을 것이다.

11) 왜 그럴까? 답해 보자.

12) 여기서도 한 가지 지적할 사실은 재산권제도(배타적 지배권)의 설정이 외부효과의 내부화를 위한 중요한 방법 중의 하나이지만, 소위 역지사지(易地思之)하도록 하는 사회교

여기서 한 가지 지적해 둘 사실은 소위 공유의 비극을 종식시키려는 노력, 외부효과를 내부화시키려는 노력이란 곧 개인의 활동을 사회적으로 바람직한 방향으로 유도하려는 노력의 하나라고도 볼 수 있다는 것이다. 본래 외부효과는 개인활동의 사회적 수익률(社會的 收益率, social rate of return)과 사적 수익률(私的 收益率, private rate of return) 간의 괴리(乖離)를 의미한다고 볼 수 있다.13) 예컨대 위의 예에서 보면 외부효과의 문제란 결국 사회적으로는 자원황폐화 비용 때문에 가축을 한 마리 더 기르는 수익률이 낮은 데 반하여, 개인의 경우는 이 자원황폐화 비용을 부담하지 않으므로 가축을 한 마리 더 기르는 사적 수익률이 높기 때문에 발생하는 문제이다. 따라서 외부효과의 극복, 즉 외부효과의 내부화란 개인활동의 사적 수익률을 사회적 수익률과 일치시키는 것을 의미한다고 볼 수 있다. 환언하면 개인의 활동을 사회적으로 바람직한 방향으로 유도하는 노력이 곧 외부효과의 내부화이고 그것의 제도적 표현이 바로 배타적 재산권제도의 도입이라고 볼 수 있다.

그리고 나아가 이러한 노력은 결국 행위자에게 자기행위의 모든 결과에 대하여(외부효과까지도 포함하여) 책임을 지게 하는 자기책임원리(自己責任原理)의 확립을 의미한다고도 볼 수 있다.

이상의 논의를 정리하면 재산권제도(공유제가 아닌 형태의 소유권제도)의 경제적 기능 내지 효과는 우선 동태적으로는 자원에 대한 효율적이고 적정한 투자의 유인을 제공함으로써 자원에 대한 과소투자(過少投資) 경향을 막고 적정투자를 유

육(社會敎育)의 확대도 외부효과의 내부화의 한 방법이 될 수 있다는 점이다. 모든 행동주체들이 입장을 바꾸어 생각하여 자기의 행동이 제3자에게 주는 효과를 미리 감안하여 행동한다면 그만큼 외부효과는 사전에 내부화될 수 있다.

본래 아담 스미스가 『도덕감정론』(*The Theory of Moral Sentiment*)에서 주장하는 인간의 본성 속에 내재하는 동감(sympathy)의 원리가 잘 작동하면 개인은 자기의 이기적 동기를 제3자의 동감을 받아낼 수 있는 범위 내에서 자제할 수 있게 된다. 이렇게 이기심이 자제되는 경우를 그는 "정의의 덕"이라고 불렀다. 이러한 정의(正義)의 덕(德)이 잘 발달되어 있는 사회에서는 외부효과의 내부화는 반드시 법제(예컨대 재산권제도의 도입)를 통하지 아니하고도 도덕과 윤리를 통하여 상당부분 해결될 수 있을 것이다.

13) 여기서 수익률은 편익의 흐름과 비용의 흐름의 현재가치(present value)를 일치시키는 할인율(discount rate)로서 내부수익률(internal rate of return)이라고도 불린다. 물론 내부 수익률이 클수록 유리한 투자가 된다.

도하여 장기적 관점에서의 자원의 효율적 활용에 기여하는 데 있다고 볼 수 있다. 또한 정태적으로 보면, 외부효과를 내부화함으로써 자원에 대한 과다사용(過多使用) 내지 과다착취를 막아 기존자원의 보다 효율적 활용에 기여하는 데 있다고 볼 수 있다. 결국 재산권의 경제적 기능은 한마디로 자원의 효율적 활용, 자원배분의 효율성 제고에 있다.

제 3 절
재산권제도의 형성원리

만일 배타적 재산권제도의 도입, 재화에 대한 배타적 지배권의 설정이 위에서 본 바와 같이 자원의 효율적 활용에 기여한다면 왜 모든 재화에 재산권제도가 성립되어 있지 않은가?[14] 왜 우주(宇宙) 공간이나 공기와 같은 재화는 아직 공유(共有)로 남아 있는가? 왜 어떤 재화에 대하여는 재산권제도가 일찍 발달하고 어떤 재화에 대하여는 재산권제도가 늦게 등장하는가? 왜 지식 소유권의 문제는 현대에 와서야 관심이 크게 늘어나게 되었는가?[15]

이 문제들에 대한 대답은 한마디로 재산권제도의 도입에는 일정한 비용이

---

14) 엄밀하게 이야기하면 공유(共有), 즉 비소유(非所有)도 일종의 재산권제도이다. 다만 여기서는 설명의 편의상 재산권제도는 비공유(非共有), 즉 배타적 소유권만을 의미하는 것으로 제한적으로 사용하기로 한다.

15) 재산권제도의 역사에 대한 연구는 일부 연구자들 사이에서 지속적인 연구가 이루어지는 영역이다. 몇 가지만 예를 들면, T. L. Anderson and P. J. Hill, "The Evolution of Property Rights: A Study of the American West", 18 *Journal of Law and Economics* 163 (1975); J. Umbeck, "A Theory of Contract Choice and the California Gold Rush", 20 *Journal of Law and Economics* 421 (1977); D. B. Johnsen, "The Formation and Protection of Property Rights Among the Southern Kwakiutl Indians", 15 *Journal of Legal Studies* 41 (1986); C. M. Rose, "Energy and Efficiency in the Realignment of Common-Law Water Rights", 19 *Journal of Legal Studies* 261 (1990); F. S. McChesney, "Government as Definer of Property Rights: Indian Lands, Ethnic Externalities and Bureaucratic Budgets", 19 *Journal of Legal Studies* 297 (1990).

든다는 사실에서 찾을 수 있다. 재산권제도가 도입되면 효율성의 제고라는 이익이 발생하는 것은 틀림없으나 재산권제도의 도입에는 일정한 비용이 든다는 것이다. 예컨대 토지에 몇 가지 작물을 경작하며 사는 원시시대(原始時代)의 경우를 상정해 보자. 경작가능토지에 비해 인구수는 대단히 적은 편이고, 토지의 생산력을 증가시킬 비료를 만드는 기술도 관개시설(灌漑施設)을 건설할 기술도 없다고 하자. 토지에 담장을 치는 것도 비용이 많이 들 뿐 아니라 대부분이 문맹(文盲)이라서 토지소유관계를 기록할 수도 없는 경우라고 하자. 이러한 경우에는 토지에 재산권을 설정하는 비용이 재산권설정의 이익을 훨씬 능가할 것이다. 토지의 과다사용의 문제가 없으니 재산권설정의 정태적(靜態的) 이익도 없을 것이고, 토지의 생산력 제고를 위한 투자의 가능성이 없으니 재산권설정의 동태적(動態的) 이익도 없을 것이다. 결국 재산권설정에는 담장을 치거나 기록하는 비용만 들 뿐이고 재산권 설정의 이익은 거의 없게 된다. 여기서 우리는 왜 원시시대에는 재산권제도가 미발달했었는가를 쉽게 이해할 수 있다. 결국 재산권제도는 도입의 정태적 이익과 동태적 이익이 그 도입의 비용보다 커질 때에만 등장한다고 볼 수 있다.

새산권설정의 이익에 대하여는 앞에서 살펴보았으나 재산권설정에는 과연 어떠한 비용이 들까? 우선 생각할 수 있는 것이 합의 내지 교섭비용(negotiating cost)이다. 종래 공유(共有)이던 재화를 어떤 형태로든 공동체 구성원들 사이에 분할소유(分割所有)하기로 할 때 서로가 만족할 수 있는 조건에 합의하는 것이 결코 용이한 일은 아니다. 어떤 의미에서는 공유를 폐쇄함(closing commons)으로써 종래 가지고 있던 자유스러운 사용권을 상당부분 포기해야 하기 때문에 구성원들 사이에는 반발도 있을 수 있다. 또한 상당한 교섭비용을 치르고 합의에 이르렀다고 하여도 그 다음에는 그 합의된 내용의 이행을 감시하는 감시비용(policing cost)이 든다. 이 감시를 철저히 하여 합의된 내용이 엄정하게 지켜져야 비로소 재산권제도의 도입이 완성된다. 따라서 이 교섭비용(交涉費用)과 감시비용(監視費用)의 합(合)이 재산권설정의 동태적 이익과 정태적 이익의 합보다 작을 때 비로소 재산권제도가 발생하고, 그 반대의 경우는 비록 재산권제도의 도입이익이 있다 하여도 그 도입비용이 크기 때문에 재산권제도는 성립하지 않는다.

요컨대 재산권제도의 등장에는 도입과 관련된 비용－편익비율(cost-benefit ratio)이 존재하고 이 비용－편익비율의 변화에 따라 특정의 재산권제도가 등장하기도

하고 소멸하기도 한다고 볼 수 있다. 한마디로 비용－편익비율(비용/편익)이 1보다 크면 재산권제도는 등장하지 않거나 또는 이미 기존의 재산권제도가 있으면 그 재산권제도가 소멸하고, 비용－편익비율이 1보다 작으면 새로운 재산권제도가 등장한다.[16]

그러면 다음으로 재산권제도의 생성과 소멸을 결정하는 이러한 비용－편익비율은 어떠한 요인들에 의하여 변화할까? 크게[17] 보아 세 가지 요인을 생각해 볼 수 있다.

첫째, 기술변화(技術變化)와 새로운 시장의 개척이다. 예컨대 로마자(字) 대신에 아라비아 숫자의 등장이나 시계의 발명 또는 증기선 등 새로운 운송수단의 등장 등은 시장과 교역의 크기를 확대하고 기존의 재산권제도에 대한 재구성 내지 수정의 필요를 증대시킨다. 또한 토지측량기술(土地測量技術)의 발전, 기록보관 능력의 개발 등도 토지에 대한 재산권설정비용을 낮추어 토지법(土地法)의 발달에 기여한다. 요컨대 기술의 변화나 새로운 시장의 확대 등은 재산권설정의 이익과 비용 양 측면에 모두 영향을 주어 새로운 재산권제도의 등장에 기여한다.

---

16) 재산권제도를 경제이론과 연계시켜 그 발생과 소멸을 경제이론 속에서 내생적(內生的)으로 설명하려고 시도한 최초의 학자는 마르크스(K. Marx)와 엥겔스(F. Engels)이다. 이들의 주장은 많은 점에서 본문의 견해와 일치한다. 즉 생산력의 발전을 효율성 내지 생산성의 제고로 이해하면, 결국 "생산력의 발전을 위한 생산관계(소유관계)의 변화의 필연성"이란 그들의 주장은 "자원의 보다 효율적인 활용을 위한 재산권제도의 등장"이라는 본문의 주장과 기본적으로 일치하게 된다.
차이점을 지적한다면 ① 그들은 국가의 기능을 기존의 재산권제도의 유지기능에만 국한시켜 이해하고 있는 데 반하여, 본문에서는 국가가 하나의 독립된 변수로서 기존 재산권의 유지뿐 아니라 새로운 재산권제도의 등장·발전·소멸 등에도 적극 작용할 수 있음을 주장하고 있다는 점과 ② 그들은 재산권제도의 발전을 역사적으로 미리 결정된(predetermined) 하나의 방향으로 나아가고 있다고 주장하는 데 반하여, 본문에서는 기술의 변화, 자원의 상대적 희소성의 변화, 국가의 성격과 능력 그리고 이데올로기의 영향 등에 의해 재산권제도의 발전과 변화는 대단히 다양하고 복잡하게 진행되며 쉽게 예측하기 어려운 것으로 보고 있다는 점이다.

17) 이 문제를 명시적으로 제기하고 답하려고 노력한 초기 논문으로는 Svetozar Pejovich, "Towards an Economic Theory of the Creation and Specification of Property Rights", 30 *Review of Social Economy* 309 (1972)이 있다. 보다 종합적·체계적 연구는 Douglass C. North, *Structure and Change in Economic History*, W. W. North and Co., 1981을 참조하라.

둘째, 자원의 상대적 희소성(相對的 稀少性, relative scarcity)의 변화이다. 예컨대 12세기 유럽에서의 인구의 급속한 증가는 토지의 상대적 희소성, 토지의 상대적 가치를 크게 올려 놓았다. 이는 토지자원의 효율적 활용의 필요성, 환언하면 재산권설정의 이익을 크게 제고시켜 결국 13세기 유럽에서 토지법의 발달을 결과하였다. 또한 17세기 미국에서의 모피무역(毛皮貿易)의 발달은 야생동물의 과도한 수렵을 결과하여 야생동물에 대한 상대적 희소성을 크게 높이게 되었다. 그리하여 결국 18세기 초 종래의 자유수렵원칙(自由狩獵原則)에 대한 제한, 즉 사수렵지역(私狩獵地域, private hunting territory)이 등장하기 시작하였던 것이다.

셋째, 국가(國家)의 성격과 능력이다. 국가란 어느 면에서는 재산권의 내용을 확정하고 이를 국내 및 국외의 침입자로부터 보호해 주는 대신 국민들로부터 조세의 형태로 자신들의 서비스에 대한 대가를 요구하는 조직(revenue seeking prince)으로 볼 수 있다. 환언하면 국가는 정의(justice)와 안전(safety)을 생산하여 이를 국민들이 납부하는 조세(租稅)와 교환하는 조직이다.

그런데 재산권의 확정은 곧 특정 재화에 대한 배타적·독점적 지배권을 인정하는 것이 되므로 거기에는 항상 어떤 형태로든 공급제한이 따르고 따라서 지대가 발생하게 된다. 왜냐하면 지대(地代)란 희소성이 존재하거나 공급제한이 존재하는 경우 항상 발생하는 이익이기 때문이다.[18] 사실은 이렇게 재산권제도의 도입으로 발생된 지대를 소유자인 개인과 국가가 함께 나누어 가진다고 볼 수 있고, 이 중 국가로 가는 몫이 곧 국가의 재정수입의 원천이 되는 조세라고 볼 수 있다.

그렇다면 국가는 보다 많은 지대를 발생시킬 수 있는 방향으로 재산권의 내용을 확정(better specification of property right)하려 노력할 것이다. 왜냐하면 보다 많은 지대를 발생시킬수록 보다 큰 조세수입을 얻을 수 있기 때문이다. 그러면 어

---

18) 광의(廣義)로 이해하면 지대(地代)란 본래 토지·노동·기계·아이디어·돈 등의 생산재 자원을 사용하고 지불하는 사용료이다. 따라서 이자·로열티·임금 등도 광의의 지대이다. 그러나 본문에서 말하는 지대는 엄밀히 이야기하면 준지대(準地代, quasi-rent) 내지는 경제지대(economic rent)를 의미한다. 준지대와 경제지대는 생산적 자원의 공급 자체가 제한된 상황에서 발생하는 사용료의 크기를 의미한다. 사용료가 커져도 공급증가가 불가능한 경우가 경제지대이고, 공급증가가 단기적으로는 불가능하나 장기적으로는 가능한 경우가 준지대이다. 어느 경우든 공급이 제한된 상황에서 발생하는 생산적 자원의 사용료이다.

떤 것이 보다 큰 지대를 발생시킬 수 있는 재산권제도 내지 구조일까? 일반적으로 장기적으로 보면 "효율적인 재산권제도", 즉 "재산권제도의 동태적 이익과 정태적 이익을 극대화할 수 있는 재산권제도"일수록 지대의 크기는 커진다고 볼 수 있다.[19] 따라서 국가는 자신의 조세수입의 극대화를 목적으로, 재산권보호의 비용에 큰 차이가 없는 한 보다 효율적인 재산권제도의 확정을 위해 노력하게 되고 국가의 이러한 노력과 능력 여하에 따라 새로운 재산권제도가 발생하기도 하고 소멸하기도 한다.

예컨대 중상주의(重商主義)시대의 국가의 수출입관련 각종 인허가제도는 그 인허가를 받은 특정 집단에 독점적 지대(독점 이윤)를 크게 발생시켰고 국가는 자기의 주요 재정수입원으로서 이 독점적 지대의 일부를 활용하였다. 그러나 시간이 감에 따라 오히려 중상주의적 수출입 인허가제를 철폐하고 자유무역정책을 도입하는 편이 사회전체의 총지대(總地代, 혹은 국부)를 보다 크게 할 수 있음을 알게 되었다. 그리하여 수출입 인허가제라는 재산권제도는 자연 소멸하게 되었다. 이러한 변화를 얼마나 능동적으로 빠르게 해 낼 수 있는가는 그 사회를 지배하는 정부 및 지도적 정치세력의 역량에 달린 문제이다. 사회전체적이고 장기적 관점에서 보면, 분명 중상주의적 재산권구조보다는 자유주의적 재산권구조가 보다 효율적이기 때문에 국부의 증대나 조세수입의 증대에 기여할 수 있는 제도라 할지라도, 만일 당시의 지배적 정치세력의 이해관계(기득권적 이해관계)가 종래의 중상주의적 재산권구조와 밀접히 연계되어 있어 소위 정경유착이 심한 경우에는 자유주의적 재산권구조로의 변화는 기대하기 어렵게 된다.

엄밀히 이야기하면 재산권제도와 관련된 경제적 비용과 경제적 편익의 비율이 변화하였다고 해도 국가가 반드시 비효율적인 재산권제도를 포기하고 효율적인 새로운 재산권제도를 채택하라는 법은 없다. 이 문제는 뒤에 다시 상론하겠지만 오히려 경우에 따라서는 국가가 비효율적인 재산권제도를 고집하고 새로운 재산권제도의 도입을 저지하는 경우도 적지 않다. 따라서 재산권제도의 생성과 소멸에는 국가의 성격과 능력이 중요한 변수가 된다.

---

19) 왜 그럴까?

제2장 재산권의 충돌과 보호

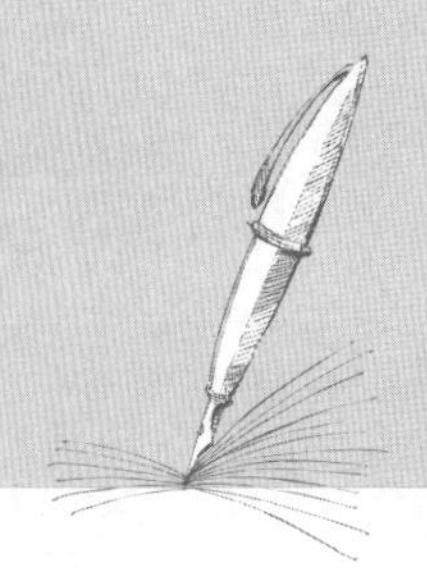

제 1 절 재산권의 충돌

우리는 앞에서 재산권을 배타적 지배권이라고 하였지만 엄밀하게 이야기하면 그 배타적 지배의 내용이 절대적(absolute)이고 그 지배의 범위가 무제한적(unqualified)일 수는 없다. 만일 철도회사가 자기의 철로에 대하여 가지는 배타적 지배권이 절대적이고 무제한적이라면 운행 중 발생하는 엔진 불꽃(engine spark)도 제한 없이 방출할 수 있어야 할 것이다. 만일 그것이 불가능하다면 그의 재산권은 그만큼 상대적이고 제한을 받기 때문이다. 반면에 엔진 불꽃의 무제한적 방출을 인정한다면 철도 인근의 농민들이 가지는 경작지의 가치는 그 엔진 불꽃으로 인하여 그만큼 감소하게 된다.

농민들의 경작지 소유권은 그만큼 제한을 받고 상대화된다. 이러한 경우 엔진 불꽃을 방출하는 것은 철도회사의 재산권의 정당한 행사로 볼 것인가? 즉 재산권을 여러 권리의 묶음(a bundle of rights)으로 본다면 그 여러 권리 중의 하나로 불꽃 방출권(放出權)을 인정할 것인가? 아니면 농민들의 재산권에 대한 침해로 볼 것인가? 즉 불꽃 방어권(防禦權)을 농민들의 재산권의 내용인 여러 권리 중의 하나로 인정할 것인가?

일반적으로 위와 같이 두 재산권이 충돌하여 서로 이해가 대립하는 두 집단이 존재하는 경우 법정책적으로 다음과 같은 두 가지 문제가 제기된다. 첫째는 누구에게 권익권(權益權, entitlement)을 부여할 것인가이다.[1] 환언하면 누구에게 재

1) 본래 권익권(entitlement)이란 권리와 이익을 받을 수 있는 자격을 의미한다. 권리와 이

산권의 권익을 인정하고 그 상대에게 타인의 재산권의 침해에 대한 책임을 물을 것인가이다. 예컨대 위의 경우 엔진 불꽃을 낼 수 있는 권익권을 인정할 것인가 혹은 불꽃으로부터 자유스러워질 수 있는 권익권을 인정할 것인가를 정하여야 한다. 둘째는 위와 같이 확정된 권익권을 어떤 법적 수단에 의해 보호할 것인가이다.

우선 법정책의 첫 번째 과제부터 논의하도록 하자. 즉 누구에게 권익권을 줄 것인가의 문제를 살펴보자. 누구의 재산권에 손을 들어 줄 것인가의 문제이다. 이 문제를 해결함에 있어 두 가지 기준을 생각할 수 있다. 하나는 효율성(efficiency) 기준이고, 다른 하나는 형평성(equity) 기준이다. 우선 효율성 기준에 기초하였을 때 어떠한 방식의 권익권 부여가 가능한가를 보도록 하자. 이 문제를 논하기 위해 코즈 정리(Coase Theorem)를 다시 한 번 살펴볼 필요가 있다.

앞의 예에서 철도회사가 엔진 불꽃을 제거하기 위한 장비의 설치 비용이 100만원이고, 이 장비를 설치하지 않고 기차가 주행할 때 불꽃으로 인한 인근 농민들이 받는 피해를 50만원이라고 하자. 만일 법이 농민들에게 권익권(불꽃 방어권)을 인정하여 농민들이 불꽃의 방출을 막을 수 있다면 철도회사는 농민들의 권익권을 구매하려 할 것이다. 그 권익권의 가격이 100만원을 넘지 아니하는 한 철도회사에게는 권익권의 구매가 이익이 되기 때문이다. 농민들도 그 권익권의 가격이 50만원을 넘는다면 굳이 권익권의 판매에 반대할 필요가 없을 것이다. 그리하여 결국 가격이 50만원과 100만원 사이에서 결정된다면 권익권의 매매를 통하여 철도회사와 농민들 모두의 효용이 증가하게 된다. 그리하여 철도회사는 농민들의 권익권을 구매하고 기차는 계속 엔진 불꽃을 방출하면서 다닐 것이다.

역으로 철도회사가 권익권(불꽃 방출권)을 가지는 경우에는 철도회사와 농민들 사이에 거래는 발생하지 아니할 것이다. 왜냐하면 농민들은 그 권익권을 50만원 이상을 주고 사려 하지는 아니할 것이고 철도회사는 100만원 이하로 팔려 하지 아니할 것이기 때문이다. 그리하여 기차는 계속 다니고 농민들은 피해를 감수

익을 받을 수 있는 권리 혹은 법률적으로 보호할 가치가 있는 권리와 이익이라고 해석하면 무난할 것이다. 재산권을 여러 권리의 묶음(a bundle of rights)으로 볼 때 그 여러 권리의 하나하나를 권익권이라고 볼 수도 있다. 따라서 이러한 경우에는 여러 권익권의 묶음이 재산권(property right)이 되는 셈이다. 그러나 경제학자들은 권익권을 재산권과 같은 것으로 취급하기도 한다.

해야 할 것이다. 결국 누구에게 권리(권익권)를 인정하든 자원배분의 결과는 마찬가지가 된다. 즉 기차는 계속 엔진 불꽃을 방출하면서 다닐 것이다. 그러나 누구에게 권리를 인정하느냐에 따라 소득분배의 결과는 물론 크게 달라진다. 농민들이 권익권을 가지는 경우에는 철도회사가 이를 사려 할 터이니 농민들의 소득이 올라가고, 철도회사가 권익권을 가지는 경우에는 농민들은 피해를 감수해야 하므로 농민들의 소득은 상대적으로 떨어진다.

위의 예에서 숫자를 바꾸어 보자. 철도회사가 엔진 불꽃을 제거하기 위해 부착해야 할 장비의 가격이 50만원이고 엔진 불꽃으로 인하여 농민들이 받는 피해가 100만원이라고 하자. 철도회사가 권익권을 가지는 경우 농민들은 100만원 이하의 가격이라면 이를 지불하고 철도회사로 하여금 그 불꽃제거장비를 부착하도록 유도할 것이고, 철도회사도 그 가격이 50만원을 넘는다면 그 요구조건을 거부할 하등의 이유가 없을 것이다. 요컨대 이 경우에는 철도회사의 권익권을 농민들이 사는 셈이 되고 불꽃제거장비는 부착된다. 반대로 농민들이 권익권을 가지고 있다면 철도회사는 농민들의 권익권을 사지 않고 스스로 불꽃제거장비를 부착할 것이다. 왜냐하면 농민들의 권익권의 가격은 최소한 100만원 이상이 될 것이므로 이를 사는 것보다는 50만원을 들여 불꽃제거장비를 설치하는 편이 보다 이익이 되기 때문이다. 50만원을 들여 100만원의 손해배상을 피할 수 있기 때문이다. 결국 이 경우에도 권익권을 누구에게 부여하든 불꽃제거장비가 부착된다고 하는 자원배분의 결과는 동일하게 된다.

요컨대 철도회사와 농민들 간에 소위 거래비용이 존재하지 않거나 대단히 적은 경우에는 누구에게 권익권을 부여하든지 자원배분의 결과, 즉 효율성 결과는 동일하게 된다. 위의 두 경우 모두에 있어 결과되는 자원배분은 가장 효율적인 것으로 나타난다. 앞의 경우 즉 장비설치비가 100만원이고 농민의 피해가 50만원인 경우에는 사회전체의 자원배분의 효율성이란 관점, 환언하면 국부(國富)의 극대화의 관점에서 보면 농민들이 피해를 감수하는 쪽이 바람직한 것이다. 그런데 이미 앞에서 본 바와 같이 권익권을 어느 쪽에 부여하든지 결과는 불꽃제거장비를 부착하지 않고 기차들이 달리는 것으로, 즉 농민들이 피해를 감수하는 쪽으로 동일하게 나타났다.

두 번째의 경우, 즉 장비설치비가 50만원이고 농민들에 대한 피해가 100만원인 경우 자원배분의 효율성의 관점에서 보면 장비의 설치가 바람직한 방향일 것이다. 그런데 이 경우도 이미 앞에서 본 바와 같이 권익권을 누구에게 부여하든지 효율적인 결과, 즉 불꽃제거장비를 설치하고 기차들이 달린다는 결과가 나타났다.

코즈 정리는 〈그림 2-2〉를 통해서도 설명할 수 있다. 〈그림 2-2〉에서 *MR*은 매일 기차가 몇 번 지나느냐에 따라 발생하는 철도회사의 한계수입(限界收入)을 나타내고 있고, *MC*는 기차의 운행횟수에 따라 농민들이 입는 한계피해(限界被害)를 나타내고 있다.[2] 만일 거래비용이 영이라면 누구에게 권익권을 인정하든지 기차의 운행횟수는 *n*번이 될 것이다. 우선 철도회사에 권익권이 있는 경우를 생각해 보자. *n*의 좌편에서는 철도회사의 한계수입이 농민들의 한계비용보다 크기 때문에 기차운행횟수를 증가시키면 농민들에 대한 권익권 판매의 포기라는 기회비용을 감안하더라도 총수입이 증가될 것이므로 철도회사는 기차운행횟수를 늘리려 할 것이다. 또한 *n*의 우편에서는 농민들은 자신들의 한계피해가 철도회사의 한계수입보다 크기 때문에 철도회사의 한계수입보다 큰 가격을 지불하고도 철도회사의 권익권을 사려 할 것이다. 따라서 철도회사는 권익권을 팔고 더 이상의 기차운행을 중지할 것이다. 그 결과는 *n*으로의 수렴이다.

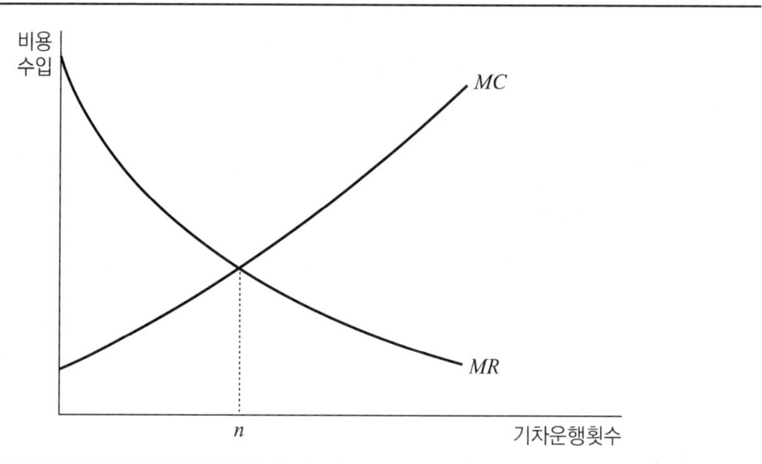

그림 2-2 거래비용이 영(零)인 경우의 코스정리

2) 왜 한계수입은 하락하고 한계피해는 상승하는가?

이제는 역으로 농민들에게 권익권이 있는 경우를 상정해 보자. n의 좌편에서는 철도회사의 한계수입이 농민들의 한계비용보다 크기 때문에 농민들로부터 권익권을 사면서 기차의 운행횟수를 증가시키려 할 것이다. 그리고 n의 우편에서는 농민의 한계비용이 높아져 권익권의 가격이 회사의 한계수입수준보다 높아져 회사는 권익권의 구매를 포기하고 기차운행을 중지시킬 것이다. 그 결과는 위의 경우와 마찬가지로 n으로의 수렴이다. 결국 누구에게 권익권을 인정하든지 결과는 마찬가지로 n이다. 즉 자원배분의 효과는 동일하다.[3]

이상은 거래비용이 영이거나 극히 적어서 문제가 되지 않는 경우이다. 그러나 실제로는 거래비용이 많이 드는 경우가 일반적이다.[4] 이 경우에는 누구에게 권익권을 인정하느냐에 따라 자원배분의 결과가 크게 달라진다. 환언하면 사회전체의 관점에서 보아 효율적인 자원배분이 되는 경우도 있고 그러하지 못하는 경우도 있다. 예컨대 위의 두 번째 예(즉 불꽃방지장비 설치비가 50만원이고 농민들의 피해가 100만원인 경우)에서 철도회사와 농민들 간에 거래비용이 60만원이 든다고 한다면 누구에게 권익권을 부여하느냐에 따라 자원배분의 결과는 크게 달라진다. 농민들에게 권익권을 부여하면 철도회사는 장비를 설치하지만, 만일 철도회사에 권익권을 부여하면 농민들은 이제는 거래비용이 60만원이고 장비설치비가 50만원이라서 총비용이 110이 되기 때문에 이를 지불하고 철도회사와 협상을 하여 장

3) 거래비용이 영(zero)인 경우의 자원배분의 결과는, 실은 두 당사자가 합병(merge)을 한 경우의 자원배분의 결과와 마찬가지이다. 결국 두 조직의 공동이익(joint profit)을 극대화하는 방향으로 자원배분이 이루어진다.

4) 거래비용이 많이 드는 경우는 대별하면 다음과 같은 두 가지 그룹으로 나누어 생각할 수 있다. 첫째는 디수(多數)의 문제(large number problem)가 존재하는 경우이다. 즉 거래당사자가 다수이어서 거래조건에 대한 전원의 합의도출이 용이하지 않은 경우이다. 둘째는 소수(少數)의 문제(small number problem)가 존재하는 경우이다. 이 경우 거래 당사자는 두 사람이고 서로가 상대를 제외하고는 대안(alternative)이 없는 경우이다. 즉 상대방 이외에는 다른 사람과 거래할 수 없는 경우이다. 소위 쌍방독점(雙方獨占, bilateral monopoly)의 경우이다. 이러한 경우 서로가 보다 유리한 입장이 되려고 전략적으로 행동(strategic behavior)하게 되면 대단히 큰 거래비용이 든다. 경우에 따라서는 객관적으로 보아 쌍방에 유리한 거래인데도 거래의 성립 자체가 불가능해지기도 한다. 특히 장래거래에서 보다 유리한 고지(高地)를 점령하기 위해 서로가 전략적으로 행동할 때 그러한 비효율적 결과가 나오기 쉽다.

비설치를 유도하는 것보다 100만원의 피해를 감수하는 편을 선택하게 된다. 결국 농민들에게 권익권을 부여한 경우에는 장비의 설치라는 사회적으로 효율적인 결과(피해는 100만원인데 방지비용은 50만원이므로 이 경우에는 장비설치가 효율적인 것이 된다)가 나오지만, 철도회사에 권익권을 부여한 경우에는 장비가 설치되지 않는다는 비효율적인 결과가 나온다.

이상에서 본 바와 같이 거래비용이 큰 경우에는 누구에게 권리를 부여하느냐에 따라 자원배분의 효율성에 큰 차이가 발생하므로 문제는 어떤 기준에 의해 누구에게 권익권을 부여하여야 보다 효율적인 자원배분을 결과할 수 있는가 하는 것이 된다. 환언하면 자원배분의 효율성을 높이기 위한 권익권의 부여원칙은 무엇인가이다. 두 가지 기준 내지 원칙을 제시할 수 있다.

첫째, 그 권익권(權益權)을 가장 높이 평가하는 사람, 즉 그 권익권의 "최고가치평가자(最高價値評價者, who value the right the highest)에게 권익권을 부여하는 것"이 바람직하다. 쉽게 표현하면, 그 "권리를 사기 위해 기꺼이 지불할 금액(willing to pay)이 가장 높은 쪽에 그 권리를 배분하라"는 것이다. 위의 두 번째의 경우 농민들은 100만원을 지불하고 권익권을 사려 할 것이고, 반면에 철도회사는 50만원 이상을 주고는 권익권을 사려 하지 않을 것이므로 농민들이 당해 권리를 보다 높게 평가하는 셈이 된다. 따라서 농민들에게 당해 권익권을 부여하는 것이 자원배분의 효율성을 높이는 것이 된다.[5)]

위의 주장은 포즈너(R. Posner)식의 표현방식이나 기본적으로 같은 내용을 캘러브레시(G. Calabresi)는 다음과 같이 표현하고 있다. 즉 그 재산권 충돌로 인해 발생하는 상황을 가장 적은 비용으로 회피할 수 있는 자에게 책임을 물어라. 환언하면 "최소비용회피자(最少費用回避者, the least-cost avoider)에게 책임을 묻고 그 반대쪽(최고비용회피자)에게 권익권을 부여하라"고 주장한다.[6)] 위의 예의 두 번째의

---

5) 왜 그럴까?

6) 포즈너는 "Assigning the property right to the party to whom the right would be most valuable"이라고 표현하는 반면에 캘러브레시는 "Putting costs on the party or activity which can most cheaply avoid them(pollution or accident, or other externalities)"라고 이야기하고 있다. 결국 같은 내용이다. Richard Posner, *Economic Analysis of Law*, 4th ed., Little, Brown and Co., 1992, p. 52; Guido Calabresi and A. Douglas

경우에서 보면 엔진 불꽃이 방출된다는 상황을 가장 적은 비용으로 회피할 수 있는 자, 즉 최소비용회피자는 이 경우 철도회사가 된다. 왜냐하면 50만원의 장비설치로 엔진 불꽃을 방지할 수 있기 때문이다.7) 따라서 이 경우 책임은 회사에 지우고 권익권은 최고비용회피자인 농민들에게 부여하는 것이 자원배분의 효율성을 높이는 선택이 된다.

위의 경우는 어느 쪽이 보다 그 권리를 높게 평가하는지 혹은 누가 최고비용회피자인지를 우리가 아는 경우이다. 그러나 만일 이를 모른다면 어떠한 원칙에 의해 권리부여를 결정할 것인가? 여기서 나오는 것이 권리부여의 두 번째 기준 내지 원칙이다.

둘째, "거래비용이 많이 드는 자에게 권익권을 부여하는 것"이 바람직하다. 표현을 달리하면, 거래비용이 적게 드는 쪽에 책임을 묻고 거래비용이 많이 드는 쪽에 권익권을 부여하는 것이 효율적인 법정책이 된다. 이 두 번째 권리부여기준은 만일 권리부여가 잘못되었을 때, 예컨대 권리의 최저가치평가자나 최소비용회피자(最少費用回避者)에게 권리가 부여된 경우, 즉 비효율적 권리부여가 발생한 경우 이의 수정을 보다 용이하게 하기 위해 필요한 기준이다.

위의 예에서 농민들이 회사와 협상을 하는 거래비용(회사의 권익권을 팔라고 회사를 설득시키는 비용)은 40만원이 들고 회사가 농민들과 협상을 하는 거래비용(농민들의 권익권을 팔라고 농민들을 설득시키는 비용)은 60만원이 든다고 가정하자. 그리고 우리는 실제로 불꽃방지장비 부착비용이 얼마나 드는지 혹은 농민들의 피해비용이 얼마인지를 모른다고 가정하자. 환언하면 우리는 누가 최고비용회피자인지 혹은 누가 권리의 최고가치평가자(最高價値評價者)인지를 모르는 경우이다. 이러한 경우에는 거래비용이 높은 회사 쪽에 권익권을 부여하는 것이 보다 바람직하다는 것이다.

회사 쪽에 권익권을 부여한 이후 실제로 불꽃방지장비 설치비용이 100만원

Melamed, "Property Rules, Liability Rules and Inalienability: One View of the Cathedral", 85 *Harvard Law Review* 1095 (1972).

7) 만일 농민들이 담장을 세워 불꽃의 피해를 방지할 수 있고 그 비용이 30이라고 하자. 그러면 어떤 결과가 나올까? 누구에게 권익권을 부여하는 것이 자원배분의 효율성을 높이는 것이 될까?

이고 농민들의 피해가 50만원으로 드러났다면 농민들은 피해를 감수할 것이고 이는 효율적인 결과가 된다. 그러면 실제 불꽃방지장비 설치비용이 50만원이고 농민들의 피해가 100만원으로 드러난 경우(농민들이 최고가치평가자이므로 회사 쪽에 권익권을 부여한 것이 잘못된 판단인 경우)에는 어떠할까? 이 경우에는 농민들은 장비설치비 50만원과 협상비용 40만원을 들여서라도 회사를 설득하여 장비설치를 유도할 것이다. 그렇게 함으로써 100만원의 피해를 방지할 수 있기 때문이다. 그리고 그 결과는 주어진 조건 속에서 효율적이라고 할 수 있다.

당초에 권익권을 거래비용이 적게 드는 농민들 쪽에 부여하였다면 어떠한 결과가 나올까? 농민들 쪽에 권익권을 부여한 이후 실제 불꽃방지기 설치비용이 100만원이고 농민들의 피해가 50만원으로 드러났다면(회사가 최고가치평가자이므로 농민에게 권익권을 부여한 것이 잘못된 판단인 경우) 회사는 비효율적인 자원배분인 불꽃방지기를 설치하려 할 것이다. 왜냐하면 회사의 거래비용은 60만원이고 농민들로부터 권익권을 사는 데는 최소한 50만원이 들 것이므로 합계 110만원의 비용이 들어 100만원을 들여 방지기를 설치하는 편이 오히려 보다 유리하기 때문이다. 반면에 만일 불꽃방지기의 설치비용이 50만원이고 농민들의 피해가 100만원으로 드러났다면 철도회사는 불꽃방지기를 설치하는 효율적인 자원배분을 선택한다.

이상을 요약하면, 거래비용이 많이 드는 쪽에 권익권을 부여하면(위의 예에서 철도회사에 부여한 경우) 그 권익권의 부여가 잘못된 경우(설치비용이 50만원이고 피해가 100만원인 경우)[8]에도 그 수정이 용이하고 계속 자원배분의 효율성을 확보할 수 있으나, 거래비용이 적게 드는 쪽에 권익권을 부여하면(위의 예에서 농민에게 부여한 경우) 그 권익권의 부여가 잘못된 경우(설치비용이 100만원이고 피해가 50만원인 경우)에는 수정이 곤란하여 비효율적인 자원배분이 결과된다. 그러므로 누가 최고가치평가자인지 혹은 최소비용회피자인지를 확실히 알 수 없는 경우에는 거래비용이 많이 드는 쪽에 권리를 부여하는 것이 바람직하게 된다. 최소한 자원배분의 효율

---

8) 설치비용이 50이고 피해가 100이면 왜 회사에서 권익권을 부여하는 것이 비효율적이고 잘못된 권리부여라고 보는가? 그 이유는 설치비용이 50이고 피해가 100이면 최고가치평가자나 최고비용회피자는 모두 농민이 되므로 사실 바람직한 효율적인 권리부여는 농민들에게 하였어야 했기 때문이다. 그런데 위의 예에서는 농민들이 아니라 회사에게 권리를 부여하였기 때문에 잘못된 권리부여라고 할 수 있다.

성을 높이기 위한 차선책은 될 수 있다.9)

끝으로 한 가지 지적할 사항은 이상과 같은 기준을 가지고 권리를 부여하였다 하여도 만일 그 권리부여에 따르는 행정관리비(administration cost)면에서 누구에게 권리를 부여하느냐에 따라 큰 차이가 발생한다면 위의 기준이 그대로 파레토최적(Pareto-optimal)기준이 아닐 수도 있다는 사실이다. 따라서 위의 기준은 행정관리비에 큰 차이가 없는 경우를 전제로 한 논의임을 명심할 필요가 있다.

지금까지 우리는 권리부여의 기준으로 효율성만을 중심으로 논의해 왔다. 효율성 이외의 권리부여의 기준으로 생각할 수 있는 것은 형평성이다. 형평성은 여러 가지 의미를 담고 있는 개념이나 여기서는 소득분배의 개선이라는 측면에서만 고찰한다.

소득분배의 문제는 효율의 문제에서의 파레토최적과 같은 단일한 개념적 틀(conceptual framework)을 주장하기가 어렵다. 뿐만 아니라 소득분배의 문제는 동태적 효율(dynamic efficiency)과 관련되는 면이 있다. 만일 현재 당장 소득분배의 개선을 결과하는 정책이 있다고 하여도 그 정책이 장기적으로 반드시 저소득자에게 유리한 결과를 가져오는지 불분명한 경우가 있을 수 있다. 또한 소득분배의 문제는 어느 정도의 개선이 바람직한지에 대하여, 혹은 누가 소득을 보다 많이 분배받아야 하고 누가 덜 받아야 하는지 등에 대하여 개인에 따라 얼마든지 견해가 달라질 수 있다. 이상의 이유로 소득분배의 개선이란 기준을 객관적·체계적으로 분석하는 것은 대단히 어려운 일이다. 그러나 권리의 부여과정에서 이에 대한 고려가 필요한 것만은 명백하다. 예컨대 위의 예에서 만일 농민들에게 권익권이 부여되면 시간이 지남에 따라 농민들이 상대적으로 부유해질 가능성이 높아지고 반대로 철도회사에게 권익권을 부여하면 그 반대의 결과가 나올 것이기 때문이다. 이에 대한 고려가 권리부여과정에 당연히 있게 마련이고 또한 있어야 한다. 그러나 형평성 고려를 위한 객관적 기준의 제시는 어렵다.10)

---

9) 재산권의 충돌문제를 해결하는 위와 같은 생각의 틀은, 현실의 법률문제를 해결하는 유용한 수단이 될 수 있다. 가령 고층아파트 소유자의 한강조망에 대한 이익과 그 아파트와 한강 사이에 놓인 토지소유자의 고층아파트 신축에 대한 이익 중 무엇을 우선할 것인지에 대해서 생각해 보라. 대법원 2007. 6. 28. 선고 2004다54282 판결도 참조.

10) 애로우의 정리(Arrow's Theorem) 혹은 불가능성의 정리(Impossibility Theorem)에 의

제 2 절
권리보호의 세 가지 방법

앞에서는 권리충돌(權利衝突)과 관련하여 어느 쪽에 권익권을 부여할 것인가 누구에게 권리를 줄 것인가 하는 문제를 중심으로 논하여 왔다.[11] 다음은 법정책의 두 번째 과제인 어떤 방법으로 권익권 내지 권리를 보호할 것인가 하는 문제를 보도록 하자.

이론적으로 보면 일반적으로 세 가지의 법적 보호수단을 생각할 수 있다. (1) 재산규칙(property rule), (2) 책임규칙(liability rule), (3) 양도불가규칙(讓渡不可規則, inalienability rule)이 그것이다.

우선 재산규칙(property rule)이란 본인의 의사에 의하지 아니하고는 그 권익을 전혀 박탈할 수 없도록 하는 원칙을 말한다. 오직 본인의 자발적 의사에 기초한 교환 내지 거래를 통하여서만 권익의 이전이 가능한 경우이다. 그 이외의 방법으로는 권익의 이전은 있을 수 없다. 본인의 의사에 반하여 권익이전을 강제하는 경우에는 형사법적 제재를 받거나 민사법상의 강제이행(强制履行)의 문제를 발생시킨다. 법은 누구에게 권익권을 줄 것인가만을 결정하고 그 권익권의 가치에 대

하면 상이한 사회상태(소득분배상황도 포함한 social state)에 관한 객관적으로 합리적인 사회선택 메커니즘(social choice mechanism)은 없다는 것이다. 개인의 선호를 집계하여 사회선호(社會選好)를 도출하는 객관적으로 합리적인 길이 없다는 것이다. 제10편의 법과 공공선택이론을 참조하라.

11) 지금까지는 권리충돌, 특히 재산권 간의 충돌을 전제로 어느 쪽 재산권의 권익권을 입법부 내지는 사법부가 지지해야 하는가 하는 문제를 보아 왔다. 적어도 그런 식으로 문제를 설정하여 논의해 왔다. 그러나 위와 같은 내용의 논의는 새로운 권리의무를 창출해야 하는 경우에도 그대로 적용될 수 있음을 지적하고자 한다.
특히 오늘날과 같이 새로운 권리와 의무관계를 끊임없이 창출해야 하는 경우, 특히 종래의 판례나 법이론 내지는 법원칙에서도 참고가 될 사항을 찾을 수 없는 경우에는 위에서 논의한 예컨대 최고가치평가자에의 권리부여나 최소비용회피자에 대한 책임 내지 의무부여는 좋은 법정책 기준이 될 것이다. 단순히 기존 권리의 충돌문제의 해결을 위해서만이 아니라 새로운 권리의 창조를 위해서도 지금까지의 논의가 유용함을 강조하고자 한다. 가령 우리법에서 퍼블리시티권(right of publicity)을 인정할지 여부에 관하여 생각해 보라.

한 평가는 이해당사자들 사이의 개인적 평가(individual valuation)에 맡긴다. 환언하면 시장에서의 당사자들 간의 평가, 즉 시장가격에 맡긴다는 말이다. 따라서 국가의 개입의 정도가 비교적 적은 권리보호방법이라고 볼 수 있다.

다음 책임규칙(liability rule)은 본인의 의사를 묻지 않고도 (경우에 따라서는 그 의사에 반하여서도) 그 권익을 박탈 내지 침해할 수 있으나 다만 객관적으로 결정되는 손해액(objectively determined value)을 전보하도록 하는 원칙이다. 여기서 손해액의 객관적 결정은 국가가 담당한다. 따라서 그 권익권의 가치는 개인적 평가 내지 시장적 평가가 아니라 집단적 평가(collective valuation) 내지는 제도적 평가에 의하여 결정되는 셈이 된다. 그러한 의미에서 재산규칙보다 국가의 개입의 정도가 큰 권리보호방법이라고 볼 수 있다. (1) 토지소유자가 자신의 토지 위에 무단으로 건축한 건물소유자에 대하여 건물철거청구를 하였는데 이를 권리남용에 해당한다는 이유로 받아들이지 않고,[12] 토지사용료 상당의 손해배상청구만을 인용하는 경우, (2) 도로소음으로 인한 생활방해를 원인으로 소음의 예방이나 배제를 구하는 방지청구를 허용하지 않고, 금전손해배상청구만을 인용하는 경우[13] 등은, 재산규칙이 적용되지 않고 책임규칙이 적용된 전형적 사례이다.

다음은 양도불가규칙(inalienability rule)이다. 양도불가규칙이란 권익권의 양도 내지는 교환 자체를 일정한 경우에 금지시켜 놓는 방법을 통하여 권리를 보호하려는 원칙을 말한다. 예컨대 일정한 경우 미성년자의 법률행위를 취소할 수 있는 경우, 불공정한 법률행위를 무효로 보는 경우 등이 이러한 예이다. 이 양도불가규칙은 앞의 두 경우와 달리 단순히 권리를 보호한다는 측면 말고도 권익권의 부여에 일정한 제한을 부과한다는 조건부 권익권의 부여라는 측면도 있다.

---

12) 토지소유자의 소유권 행사가 권리남용에 해당한다고 본 판례로는 가령 대법원 1999. 9. 7. 선고 99다27613 판결 참조.

13) 대법원 2015. 9. 24. 선고 2011다91784 판결은 "도로소음으로 인한 생활방해를 원인으로 소음의 예방 또는 배제를 구하는 방지청구는 금전배상을 구하는 손해배상청구와는 내용과 요건을 서로 달리하는 것이어서 같은 사정이라도 청구의 내용에 따라 고려요소의 중요도에 차이가 생길 수 있고, 방지청구는 그것이 허용될 경우 소송당사자뿐 아니라 제3자의 이해관계에도 중대한 영향을 미칠 수 있어, 방지청구의 당부를 판단하는 법원으로서는 청구가 허용될 경우에 방지청구를 구하는 당사자가 받게 될 이익과 상대방 및 제3자가 받게 될 불이익 등을 비교·교량하여야 한다."고 판시한다.

대부분의 재산권 내지 권익권은 위의 세 가지 원칙에 의한 보호를 모두 받는다. 예컨대 토지에 대한 권익권을 사고 팔 때는 재산규칙에 따라 보호되고 정부가 당해 토지를 수용(收用)하는 경우에는 책임규칙에 의해 보호되고, 당해 토지의 소유자가 행위능력이 없는 경우에는 양도불가규칙에 의해 보호를 받는다. 그러나 우리는 이 세 가지 보호방법이 각각 어느 경우에 어떠한 조건하에서 보다 바람직한 권리보호방법이 되는가를 알아보기 위해 나누어 살펴보도록 한다. 그리고 이렇게 나누어 분석하는 것을 통해 우리는 왜 각각의 보호방법이 나오게 되었는지에 대하여도 심층적이고 체계적으로 이해할 수 있게 된다.[14]

우선 권익권을 부여한 후 그 권익권 보호를 위해서 재산규칙에 의존하면 충분하지 왜 구태여 책임규칙을 필요로 하는가 하는 문제로부터 시작하자. 법은 이해가 상충하는 당사자 간의 권리관계만을 확정한 후에는 나머지 모든 문제를 당사자 간의 자발적 거래에 의해서 해결하도록 하면 왜 안 되는가 하는 문제이다. 그 이유는 한마디로 경제적 효율의 증대에 있어 권리의 이전이 이해당사자 모두에게 이익이 되는 것이 확실한데도, 환언하면 권리이전이 자원배분의 효율성제고에 기여하는 것이 확실한 데도 당사자 간의 합의를 통하여 그 권리의 가치 내지 가격을 정하는 비용(거래비용)이 너무 커서 권리이전이 발생하지 않는 경우가 있기 때문이다. 이와 같은 경우를 대비하여 존재하는 것이 바로 책임규칙이다. 시장에서의 이해당사자 간의 개인적 평가를 통한 가격수준에 대한 합의가 어려워 사회적으로 바람직한(효율적인) 권리이전이 발생하지 않는 경우, 가격수준의 결정을 집단적 평가에 의존함으로써 권리의 이전을 도모하고 그리하여 자원배분의 효율성을 제고하고자 하는 방법이 곧 책임규칙이다.

가장 대표적인 예로서 공용수용(公用收用, eminent domain)의 경우를 보도록 하자. 예컨대 한 지역에 1000필지의 땅이 있는데 이를 1,000명의 소유자가 소유하고 있다고 하자. 그런데 그 지역의 땅을 공원으로 조성하기를 원하는 인근의 주민들이 10만 명이 있고 이들은 그 지역을 공원으로 조성하는 데 일인당 평균 1만

14) 이 권리보호의 세 가지 방법에 대하여 최초로 정리한 논문은 Guido Calabresi and A. Douglas Melamed, "Property Rules, Liability Rules, and Inalienability: One view of the Cathedral", 85 *Harvard Law Review* 1089 (1972)이다.

원씩 낼 용의가 있다고 하자. 그러면 인근 주민들이 기꺼이 낼 금액을 모두 합치면 10억원이 된다. 그런데 1,000필지의 땅 소유자들이 스스로 생각하는 땅의 가치를 모두 합하면 8억원이라고 하자. 그러면 자원배분의 효율성제고를 위해서는 인근 주민들과 땅 소유자들 간에 8억과 10억의 사이에서 땅 가격을 합의하여 서로 사고 파는 것이 바람직하다. 그리하여 그 땅을 공원으로 조성하는 것이 사회적으로 바람직하다. 그러면 모두의 효용이 과거보다 증대될 수 있다. 그러나 사회적으로는 아무리 바람직하다 할지라도 위와 같은 경우 실제거래의 성립은 대단히 어렵다. 왜냐하면 거래비용이 너무 크기 때문이다.

위와 같은 경우 거래비용이 커지는 데는 두 가지 계기가 있다. 첫째는 우선 파는 사람들이 땅에 대한 자신들의 진정한 주관적(主觀的) 가치를 표출하려 들지 않기 때문이다. 즉 "숨기기 효과"가 발생한다. 자기 소유의 땅이 자신들에게 주는 진정한 효용은 평균 80만원이나, 이를 숨기고 나타내려 하지 않는다. 그렇게 함으로써 사는 사람들이 가격을 올려 줄 것을 기대하기 때문이다. 이 숨기기 효과는 자신이 최후의 협상자가 될수록 보다 많은 가격을 받아낼 수 있다고 생각할 수 있기 때문에,[15] 버티기 효과(hold-out effect)로 나타난다. 둘째로 똑같은 문제가 사는 쪽에서도 발생한다. 파는 사람들이 솔직하게 자신들의 주관적 가치를 표명하여 합계 8억원에 팔 것을 모두가 합의했다고 하여도 곧바로 거래가 성립하기는 어렵다. 왜냐하면 파는 사람의 경우와 유사한 이유로 사는 사람들도 공원조성에 대한 자신들의 진정한 선호의 정도를 표출하려 들지 않을 것이기 때문이다. 공원이 조성되면 공원은 일종의 공공재(公共財)이기 때문에 주민 모두가 사용할 수 있어서 공원조성에는 가능한 한 적게 기여하고 그 사용에만 적극 참여하려 할 것이다. 즉 여기에서도 "숨기기 효과"가 발생한다. 이 숨기기 효과는 공원에 대한 자신의 진정한 선호를 숨기고 무임승차(無賃乘車)하려 하는 무임승차효과(free-ride effect)로 나타난다. 결국 이상의 두 가지 이유로 인하여 거래비용이 크게 증대하여 당사자 간의 자발적 거래는 이루어지기 어렵다.

이러한 경우에는 불가피하게 재산규칙에서 책임규칙으로의 이전이 필요하게 된다. 만일 국가가 직접 나서서 그 땅의 가격을 집단적으로 결정하고 이를 강제하

---

15) 왜 그럴까?

면 파는 사람이 자신의 주관적 가치를 숨기는 문제는 해결될 수 있다. 동시에 사는 사람들의 공원에 대한 선호도(選好度)를 표출하지 않는 문제도 국가가 그 수준을 결정하여 이를 세금으로 걷어들이면 무임승차의 문제는 극복될 수 있다. 그리하여 만일 세금의 크기가 그 땅의 가격보다 크다면 공원은 쉽게 조성될 수 있을 것이다.

이상의 공용수용은 사회가 책임규칙을 필요로 하는 대표적인 경우의 하나이다. 또 다른 대표적인 경우가 각종 사고법(事故法, accident law)의 경우이다. 만일 사고의 피해자가 될지 모르는 사람들을 재산규칙을 통하여서만 보호하려 한다면, 사고 발생가능성이 있는 활동에 종사하는 사람들(예컨대 운전자)은 사고발생 이전에 모든 잠재적 피해자들(보행자)과 사전협상을 하여 그들의 권리를 미리 사 놓아야 한다. 피해를 받지 아니할 권리를 사고발생 전에 사 놓지 아니하고는 사고발생가능성이 있는 활동에 종사할 수 없을 것이다. 그러나 주지하듯이 사고발생 전의 사전협상(事前協商, pre-accident negotiation)이란 대단히 비용이 많이 들 뿐 아니라 사실상 불가능한 경우가 대부분일 것이다. 무엇보다도 사고피해에 대한 가격확정이 대단히 어려울 것이다. 따라서 재산규칙에 입각하여 사고발생 전에 사전협상을 요구하는 것은 사회·경제적 가치가 있는 많은 활동을 부당하게 억제하거나 사실상 불가능하게 만드는 일이 될 것이다. 이러한 경우 대안은 결국 책임규칙이 된다. 요컨대 시장을 통한 당사자 간의 자발적 권리의 가치확정에 대단히 비용이 많이 들거나 기술적으로 불가능할 때, 이를 집단적 가치확정으로 대체하여 권리의 교환과 이전을 촉진시키는 제도가 바로 책임규칙이다.[16]

이상은 효율성을 중심으로 책임규칙의 존재이유를 살펴보았으나 소득분배의 개선, 즉 형평성의 제고라는 입장에서도 책임규칙의 존재이유를 찾아볼 수 있다. 즉 당사자 간에 자발적으로 합의된 가격에 의지하여 권리의 교환이 일어나는 재산규칙의 경우와 달리 책임규칙의 경우에는 집단적 방법에 의해, 즉 국가의 결정에 의해 권리이전의 가격이 결정되므로 그 결정과정에서 소득분배의 개선이라는

---

16) 만일 절도 등의 형사범(刑事犯)에 책임규칙을 인정하면 어떠할까? 즉 절도를 허용하되 사후(事後)에 손해를 배상하도록 하면 어떠할까? 왜 형사범에는 책임규칙을 인정하지 아니하고 재산규칙을 요구하는가? 그 근거는 무엇일까? 만일 절도범이 당해 재화의 소유자보다 그 재화로부터 보다 큰 만족을 얻을 수 있다면 권리의 이전을 허용하는 것이 사회 전체의 효율을 보다 높이는 것이 되지 않겠는가? 그렇지 않다면 그 이유를 밝혀 보라.

정책목표를 감안할 수 있는 여지가 있다. 권리의 교환가격이 집단적·사회적으로 결정되므로 그 과정에 있어 효율성만이 아니라 형평성의 제고도 동시에 고려할 수 있다는 이야기이다. 물론 그 고려가 항상 성공적이냐는 또 하나의 논쟁의 대상이 될 수 있는 문제이다. 그러나 명백한 것은 개인적 가격결정의 경우인 재산규칙과 달리 집단적·사회적 가격결정인 책임규칙의 경우에는 소득분배의 개선이 하나의 독립된 법정책 목표로 고려될 여지가 있다는 사실이다.[17)]

다음은 양도불가규칙(inalienability rule)을 보도록 하자. 양도불가규칙이란 앞에서 보았듯이 일정한 조건하에서 권리양도를 부인하거나 아니면 권리양도 자체를 원천적으로 불가능하게 만드는 원칙이다. 일견 생각하면 이 원칙은 권리의 이전을 억제하기 때문에 경제의 효율성에 반하는 권리보호원칙인 듯이 보이지만 사실은 효율성에 기초하여 나온 원칙이다.

일반적으로 양도불가규칙의 성립에는 두 가지 근거가 있어야 한다. 하나는 외부효과이다. 제3자에게 대단히 커다란 부(負)의 외부효과(外部效果, negative externality)를 내는 거래의 경우는 거래의 성립 자체를 원천적으로 막는 것이 보다 효율적일 수 있다. 예컨대 일반주택지에 환경오염물질이 배출되는 공장을 신축하는 계획에 관해 생각해 보자. 이 경우 재산규칙을 고집하면 어떻게 될까? 갑(甲)이 공장의 주인 을(乙)에게 자신소유의 토지를 공장신축부지로 파는 경우에 인근 주민 병(丙) 등이 모여서 갑을 설득하고 그 대가를 지불하면서 을에게의 토지매매를 중지시키는 방법이 해당 공장의 신축을 막는 유일한 방법이다. 그러나 만일 병이 다수라면 무임승차효과 등으로 비록 사회적으로 바람직한 효율적인 거래라 하더라도 거래의 성립이 불가능할 수 있다.

물론 이러한 경우 책임규칙으로 권리보호방법을 바꾸고 국가의 개입을 통하여 문제의 해결을 도모할 수도 있다. 이 경우의 국가의 개입이란 어떤 방식이 될까?

---

17) 이러한 책임규칙의 장점은 다른 한편으로는 책임규칙의 단점이 될 수 있다. 즉 (1) 책임규칙하에서는 목적물에 대한 소유자의 주관적 가치 등을 충분히 반영하지 못해 과소배상이 일어날 가능성이 크고, (2) 책임규칙으로 목적물에 대하여 권리를 취득하더라도 다른 사람이 또 다시 보상을 하면서 그 목적물에 대하여 권리를 취득할 가능성이 있으며, (3) 이러한 상황을 예견한 소유자로서는 목적물에 대한 권리를 빼앗기지 않기 위해 필요 이상의 과다한 투자를 할 유인이 생기게 된다.

결국 토지의 판매가 야기하는 부의 외부효과만큼의 비용을 세금으로 부과하는 방법이 될 것이다. 그런데 병들이 많은 경우에는 을에게 부과시킬 세금의 액수가 대단히 커져 결국 세금을 포함한 토지가격이 크게 높아질 것이고, 그 높은 가격에 당해 토지를 살 사람들이 전혀 존재하지 않을 수 있다. 높은 토지가격 때문에 주택지에 공장신축을 계획하는 사람이 전혀 나올 수 없도록 만들 수 있다는 이야기이다. 그러나 이와 같이 거래의 불성립이 결과될 것이 처음부터 명백한 경우라면 구태여 책임규칙으로 권리보호방식을 바꾸고 세금액을 산정하여 부과징수하는 등의 조처(소위 집단적 가치평가)를 할 필요가 당초부터 없다고 볼 수 있다. 양도불가규칙을 채택하여 거주지에 공해가 배출되는 공장의 설립 자체를 처음부터 법으로 금지시키는 것이 훨씬 효율적인 선택이 된다. 왜냐하면 집단적 가치평가를 위한 비용이 그만큼 절약되기 때문이다.

경우에 따라서는 부의 외부효과를 화폐가치로 환산하는 것 자체가 불가능한 경우도 있다. 예컨대 어떤 사람이 자신을 노예로 팔려고 하는 경우나 자신의 신체의 일부를 팔려고 하는 경우 등이 그러한 경우이다. 이러한 경우에 제3자들에게 주는 고통, 즉 외부효과를 화폐가치로 객관화하기는 대단히 어렵거나 아니면 거의 불가능하다. 이러한 경우에는 처음부터 거래 자체를 금지시키는 것이 보다 효율적인 것이 된다. 이러한 입장을 도덕주의(道德主義, moralism)라고도 한다.

양도불가규칙이 성립할 수 있는 두 번째의 근거는 소위 후견주의(paternalism) 때문이다. 후견주의에 따르면 거래 자체를 금지하는 것이 보다 효율적일 수 있다. 후견주의도 자기자신에 대한 후견주의(self-paternalism)와 타인에 대한 후견주의, 즉 사회적 후견주의(true paternalism)로 나눌 수 있다. 술에 만취한 상태에서 체결한 계약이나 강박(强迫)에 의해 체결한 계약을 법률이 인정하지 않는 것이 전자에 속한다면 미성년자들이 단독으로 체결한 계약의 효력을 부인하는 것은 후자의 예에 속한다고 볼 수 있다. 여하튼 어느 경우든지 거래의 성립 자체를 금지시키는 것이 당사자들의 효용을 보다 높인다고 보는 경우이다.[18]

---

18) 대법원 2014. 8. 21. 선고 2010다92438 전원합의체 판결 중 대법관 김용덕, 조희대의 반대의견을 읽어보라. 여기서는 구 폐광지역지원법에 기초하여 마련된 베팅한도액 제한규정을 강원랜드 측에서 위반하였다면, 그로 인해 과도한 재산상 손실을 입은 카지노 이용자에 대하여 불법행위책임을 부담할 수 있다고 한다. 카지노 이용자의 도박행위를 그

이상에서 우리는 양도불가규칙이 성립하는 효율성의 근거를 보았으나 소득분배의 개선이란 고려에서도 양도불가규칙이 활용될 수 있다. 예컨대 특정 지역의 개발을 제한하거나 토지거래를 금지하는 방법으로 우리는 이해당사자들의 소득분배에 직접 영향을 미칠 수 있고 이러한 영향을 통하여 형평성을 제고할 수 있다.

지금까지의 논의를 전제로 할 때 권리의 충돌의 하나인 공해나 환경오염의 문제를 다루는 데(pollution control)는 네 가지 방법이 있음을 알 수 있다.[19] 이 네 가지 방법에 대한 상세한 분석을 통하여 지금까지의 주장을 재정리하여 보자.

갑(甲)이 오염물질을 발생시키고 있는 공장의 주인이고 을(乙)이 인근 주민들이라고 할 때 이 문제를 해결할 수 있는 법정책에는 네 가지가 있을 수 있다.

첫째는 권익권(權益權)을 을에게 부여하고 재산규칙으로 권리를 보호하는 경우.
둘째는 권익권을 을에게 부여하고 책임규칙으로 권리를 보호하는 경우.
셋째는 권익권을 갑에게 부여하고 재산규칙으로 권리를 보호하는 경우.
넷째는 권익권을 갑에게 부여하고 책임규칙으로 권리를 보호하는 경우.

이상의 각각의 법정책이 어느 경우에 보다 바람직한 선택이 되는가 하는 문제를 보도록 하자. 만일 누가 환경오염에 대한 최소비용회피자(最少費用回避者, the least cost avoider)인가를 우리가 안다면 문제는 간단하다. 만일 갑이 환경오염문제를 보다 적은 비용으로 회피할 수 있다면 첫째의 법정책이 바람직하고, 만일 을이 환경오염문제를 보다 적은 비용으로 회피할 수 있는 것이 확실하다면 셋째의 법정책이 바람직하다.

만일 누가 최소비용회피자인가에 대한 우리의 판단이 틀렸다면 어떻게 될까? 거래비용이 크지 않으면 자발적 거래에 의해 당사자들이 권리를 효율적인 방향으로 이전할 것이므로 문제가 없을 것이다. 그렇다면 거래비용이 큰 경우에는 어떻게 될까? 이때는 문제가 발생한다. 최소비용회피자가 누구인가에 대한 우리의 판

의 자율적 결단에 따른 행위로 보아, 도박으로 인한 손실을 카지노 이용자가 모두 부담하는 것은 타당하지 않다는 것이다. 이는 paternalism의 관점에서 양도불가규칙이 적용된 사례이다.

19) 위에서 논한 권리보호의 세 가지 방법 중 양도불가규칙의 경우는 논의의 편의상 환경오염 방지에 대한 분석에서는 제외하도록 한다.

단이 틀려도 이를 당사자들이 거래를 통하여 수정하는 것이 불가능하거나 어렵다. 따라서 이런 경우 차선책으로는, 수정의 필요가 발생하더라도 가능한 한 거래비용이 적게 들고 수정이 가능하도록 하는 방향으로 법정책을 선택하는 것이다. 예컨대 을이 권리를 파는 경우에 발생하는 버티기 효과(hold-out effect)가 을이 권리를 사는 경우 발생하는 무임승차 효과(free-ride effect)보다 작다면 수정을 위한 거래비용이 상대적으로 덜 들도록 첫째의 법정책을 선택하는 편이 효율적이다. 왜냐하면 첫째의 법정책을 선택하여야 우리의 판단이 틀려서(최소비용회피자가 을인데 갑이라고 잘못 판단하여 을에게 권리를 부여한 경우) 갑이 을에게서 권리를 사게 되는 경우가 발생하더라도 그 비용이 그 반대의 경우보다 적게 들기 때문에, 상대적으로 적은 비용으로 우리의 판단을 수정할 수 있다. 그리고 그 반대의 경우라면 물론 정반대의 이유로 셋째의 법정책이 보다 효율적이다.

만일 누가 최소비용회피자인지를 전혀 모를 뿐 아니라 자발적 거래가 이루어질 수 없을 정도로 거래비용이 큰 경우에는 어떻게 하는 것이 좋을까? 여기서 나오는 것이 둘째와 넷째의 법정책이다. 최소비용회피자가 누구인지를 모르기 때문에 위와 같은 경우에 책임규칙을 채택하여 필요한 경우 권리침해와 사후보상의 길을 열어 놓는 것이다. 그러면 둘째와 넷째의 선택은 어떤 기준에 의하여야 할까?[20] 만일 공해를 일으킬 수 있는 권리를 을이 침해함으로써 갑이 받는 피해의 가치평가(공해를 일으키지 못하여 갑이 받는 피해)가 공해로부터 자유로울 수 있는 권리를 갑이 침범함으로써(갑이 지속적으로 공해를 일으켜서) 을이 받는 피해의 가치평가보다 쉬운 경우, 즉 전자의 집단적 가치평가가 후자의 그것보다 쉬운 경우에는 넷째의 법정책이 바람직하다.[21] 그러나 그 반대의 경우에는 둘째의 법정책이 바람직하다.

---

20) 종래의 법정책은 항상 둘째의 법정책을 선호하는 경향을 보여 왔다. 그 주된 이유는 갑이 을에게 피해를 주었다고 하는 식으로 문제를 이해했기 때문이다. 코즈(R. Coase) 교수가 지적한 외부효과의 상호성(reciprocal nature of externality)을 인식하지 못했기 때문이다. 효율의 면에서나 소득분배의 면에서 볼 때 둘째보다 넷째의 법정책이 보다 바람직한 경우가 얼마든지 있을 수 있음을 이해해야 할 것이다. 이 경우 법원은 을의 손해배상청구나 금지청구를 기각하게 될 것이다.

21) 왜 그럴까?

또 하나 고려할 사항은 위와 같은 손해배상액의 산정비용(算定費用)의 차이뿐만 아니라 그 집행비용(執行費用)의 차이이다. 갑에게 손해배상을 집행시키는 것이 을에게 집행하는 경우보다 비용이 적게 든다면 둘째의 법정책이 바람직하고 그 반대의 경우에는 넷째의 법정책이 바람직하다. 왜냐하면 각각의 경우 그렇게 하는 것이 책임규칙의 집행비용이 적게 들기 때문이다.

지금까지는 효율만을 기준으로 네 가지 법정책 중 어느 것을 선택할 것인가 하는 문제를 보았으나 형평의 기준을 가지고도 법정책 선택의 문제를 다룰 수 있다. 만일 갑이 고소득자이고 을이 저소득자라면 첫째와 둘째의 법정책은 소득분배의 개선에 직접 기여할 수 있다. 반면에 갑이 고소득자들이 사는 지역에 있는 영세기업(다수의 저임금 근로자들을 고용하고 있는 기업)이고 을이 그 지역에 사는 고소득주민들이라 한다면 셋째와 넷째의 법정책이 소득분배의 개선에 기여하는 선택이 된다.

제 3 절
재산권의 충돌과 관련한 판례들

우리는 위에서 권익권 내지 권리를 어느 당사자에게 주고 이를 어떤 방법으로 보호하는 것이 보다 바람직한 선택이 될 것인가에 대해 살펴보았다. 여기에서는 몇 개의 관련 판례들을 살펴보기로 한다.

먼저 재산원칙으로 토지소유자의 권리를 보호한 판례로는 대법원 1996. 5. 14. 선고 94다54283 판결을 들 수 있다. 이 사건은 토지소유자가 토지 상공에 송전선이 설치되어 있는 사정을 알면서 그 토지를 취득한 후 13년이 경과하여 그 송전선의 철거를 구한 사안이다. 대법원은 “한국전력공사가 그 토지 상공에 당초에 그 송전선을 설치함에 있어서 적법하게 그 상공의 공간 사용권을 취득하거나 그에 따른 손실을 보상하지 아니하여 그 송전선의 설치는 설치 당시부터 불법 점유라고 볼 수 있으며, 그 설치 후에도 적법한 사용권을 취득하려고 노력하였다거나 그 사용에 대한 손실을 보상한 사실이 전혀 없고, 그 토지가 현재의 지목은 전(田)이나 도시계획상 일반주거지역에 속하고 주변 토지들의 토지이용 상황이 아파트나 빌라 등이 들어 서 있는 사실에 비추어 그 토지도 아파트, 빌라 등의 공동주택의 부지로 이용될 가능성이 농후한 점 및 한국전력공사로서는 지금이라도 전기사업법 등의 규정에 따른 적법한 수용이나 사용 절차에 의하여 그 토지 상공의 사용권을 취득할 수 있는 점 등에 비추어, 토지소유자의 송전선 철거청구가 권리남용에 해당하지 않는다"고 하였다. 즉 토지소유자의 송전선 철거 청구를 받아들였다.

다음으로 토지소유자의 권리를 재산원칙이 아닌 책임원칙으로 보호했다고 볼 수 있는 판례로 대법원 1999. 9. 7. 선고 99다27613 판결을 들 수 있다. 이 사건에서는 토지소유자가 변전소의 철거와 토지의 인도를 청구하는 것이 권리남용이 되는가 하는 점이 문제가 되었다. 대법원은 "한국전력공사가 정당한 권원에 의하여 토지를 수용하고 그 지상에 변전소를 건설하였으나 토지 소유자에게 그 수용에 따른 손실보상금을 공탁(供託)함에 있어서 착오로 부적법한 공탁이 되어 수용재결(收用裁決)이 실효됨으로써 결과적으로 그 토지에 대한 점유권원을 상실하게 된 경우, 그 변전소가 철거되면 61,750가구에 대하여 전력공급이 불가능하고, 그 변전소 인근은 이미 개발이 완료되어 더 이상 변전소 부지를 확보하기가 어려울 뿐만 아니라 설령 그 부지를 확보한다고 하더라도 변전소를 신축하는 데는 상당한 기간이 소요되며, 그 토지의 시가는 약 6억원인데 비하여 위 변전소를 철거하고 같은 규모의 변전소를 신축하는 데에는 약 164억원이 소요될 것으로 추산되며, 그 토지 소유자는 그 토지가 자연녹지지역에 속하고 개발제한구역 내에 위치하고 있어서 토지를 인도받더라도 도시계획법상 이를 더 이상 개발·이용하기가 어려운데도 그 토지 또는 그 토지를 포함한 그들 소유의 임야 전부를 시가의 120%에 상당하는 금액으로 매수하겠다는 한국전력공사의 제의를 거절하고 그 변전소의 철거와 토지의 인도만을 요구하고 있는 점에 비추어, 토지소유자가 그 변전소의 철거와 토지의 인도를 청구하는 것은 토지 소유자에게는 별다른 이익이 없는 반면 한국전력공사에게는 그 피해가 극심하여 이러한 권리행사는 주관적으로는 그 목적이 오직 상대방에게 고통을 주고 손해를 입히려는 데 있고, 객관적으로는 사회질서에 위반된 것이어서 권리남용에 해당한다"고 보았다. 즉 원고의 변전소 철거 청구를 권리남용으로 보아 받아들이지 않았다.

일반적으로 철거 요구가 권리남용으로 되는지를 판단하는 데에는 (1) 철거로 인하여 토지 점유자가 입게 되는 손실이 그로 인하여 소유자가 얻게 되는 이익보다 얼마나 큰가, (2) 당사자 사이에 자발적인 거래가 이루어지지 않는 원인이 누구의 전략적 행위 때문인가, (3) 토지 점유자가 토지를 점유하기 시작했을 때 자신에게 권원이 없다는 사실을 알았는가 몰랐는가 등의 요인을 고려해야 할 것이다.22)

권리충돌의 하나인 공해 내지 생활방해 문제를 다룸에 있어 첫 번째 법정책, 즉 권익권을 피해자 내지 인근주민에게 부여하고 이를 재산원칙으로 보호하는 경우에 해당한다고 볼 수 있는 판례로는 대법원 1997. 7. 22. 선고 96다56153 판결을 들 수 있다. 이 사건에서 조계종 봉은사는 인접 대지에 지상 19층 운봉빌딩이 건축되는 것에 대해 일조권, 종교적 환경 등의 침해를 이유로 공사금지를 청구하였다. 대법원은 사찰로부터 6m의 이격거리를 둔 채 높이 87.5m의 19층 고층빌딩을 건축 중인 자에 대하여 사찰의 환경이익 침해를 이유로 전체 건물 중 16층부터 19층까지의 공사를 금지시킨 원심판결을 받아들이면서, "어느 토지나 건물의 소유자가 종전부터 향유하고 있던 경관이나 조망, 조용하고 쾌적한 종교적 환경 등이 그에게 하나의 생활이익으로서의 가치를 가지고 있다고 객관적으로 인정된다면 법적인 보호의 대상이 될 수 있는 것이라 할 것이므로, 인접 대지에 건물을 신축함으로써 그와 같은 생활이익이 침해되고 그 침해가 사회통념상 일반적으로 수인할 정도를 넘어선다고 인정되는 경우에는 토지 등의 소유자는 소유권에 기하여 방해의 제거나 예방을 위하여 필요한 청구를 할 수 있다"고 판시하였다. 즉 법원은 16층 이상의 공사를 금지시키는 것이 사찰의 환경이익 보호와 빌딩건축자의 재산권에 대한 보호 사이에 조화를 꾀하는 것으로 판단하였다.

공해 내지 생활방해 문제를 다룸에 있어 세 번째 법정책, 즉 권익권을 공해발생자 내지 생활방해자에게 부여하고 이를 재산원칙으로 보호하는 경우에 해당한다고 볼 수 있는 판례로는 대법원 2007. 6. 28. 선고 2004다54282 판결을 들 수 있다. 한강 조망을 즐길 수 있는 아파트 앞쪽에 재건축 아파트가 들어서게 되자 조망이익의 침해를 이유로 손해배상을 청구한 사건에서 대법원은 "조망의 대

22) 권리남용 사건의 법경제학 분석에 관하여는 윤진수, "권리남용의 경제학적 분석", 『민법논고 I』, 박영사, 2007; 허성욱, "권리남용금지에 대한 법경제학적 고찰", 『법조』 제55권 제1호 (2006) 참조

상과 그에 대한 조망의 이익을 누리는 건물 사이에 타인 소유의 토지가 있지만 그 토지 위에 건물이 건축되어 있지 않거나 저층의 건물만이 건축되어 있어 그 결과 타인의 토지를 통한 조망의 향수가 가능하였던 경우, 그 타인은 자신의 토지에 대한 소유권을 자유롭게 행사하여 그 토지 위에 건물을 건축할 수 있고, 그 건물 신축이 국토의 계획 및 이용에 관한 법률에 의하여 정해진 지역의 용도에 부합하고 건물의 높이나 이격거리에 관한 건축관계법규에 어긋나지 않으며 조망 향수자가 누리던 조망의 이익을 부당하게 침해하려는 해의(害意)에 의한 것으로서 권리의 남용에 이를 정도가 아닌 한 인접한 토지에서 조망의 이익을 누리던 자라도 이를 함부로 막을 수는 없으며, 따라서 조망의 이익은 주변에 있는 객관적 상황의 변화에 의하여 저절로 변용 내지 제약을 받을 수밖에 없고, 그 이익의 향수자가 이러한 변화를 당연히 제약할 수 있는 것도 아니다"고 판시하였다. 즉 법원은 토지의 소유자가 건물을 신축하여 기존 주민의 조망이익을 침해하는 결과를 초래하였다 하여도 손해배상책임을 지지 않는 것으로 판단하였다.

공해 내지 생활방해 문제를 다룸에 있어 두 번째 법정책, 즉 권익권을 피해자 내지 인근주민에게 부여하고 이를 책임원칙으로 보호하는 경우에 해당한다고 볼 수 있는 판례로는 미국 판례인 부머 사건을 들 수 있다.[23] 재산권의 충돌의 문제 그리고 권리보호수단의 선택의 문제에 대한 연구를 할 때 자주 인용되는 판례이다.

이 사건은 미국의 뉴욕주 알바니(Albany)시 부근에 있는 대형 시멘트 공장에서 소음·먼지·진동 등이 나서 인근의 주민들에게 피해를 준 전형적인 공해사건이다. 이러한 경우 종래에는 일반적으로 법원이 공해방출에 대하여 중지명령(中止命令, injunction)을 발하였으나, 이 사건의 경우 하급심(下級審)은 주민들에게 중지명령 대신 임시배상(臨時賠償, temporary damages)만을 인용하는 판결을 하였다.[24] 하급심에서 중지명령을 발하지 않았던 이유는 중지명령을 발하여 공장문을 닫게 되면 발생할 사회적 비용이 공해피해비용보다 크다고 판단했기 때문이다. 특히

23) Boomer v. Atlantic Cement Co., Inc., 26 N. Y. 2d. 219, 309 N. Y. S. 2d. 312, 257 N. E. 2d 870(Court of Appeals of New York, 1970).

24) 여기서 임시배상(temporary damages)이란 과거의 피해에 대하여서만 손해배상을 시키는 것을 의미한다. 과거의 피해뿐 아니라 장래예상피해까지를 손해액 산정에 포함시켜 이를 배상케 하는 것은 영구배상(永久賠償, permanent damages)이라고 한다.

당해 공장의 투자비용이 4천 500만불이나 되고 약 300명의 종업원이 있는 공장이므로 이를 문닫게 하는 것은 곤란하다고 보았다. 소위 공해피해비용과 공해방지비용을 비교형량해 보니 공해방지비용이 너무 크기 때문에 우리가 앞에서 본 재산규칙을 포기하고 책임규칙을 채택했다는 것이다. 그리고 일단 과거의 피해에 대하여만 배상하게 하고 앞으로도 피해가 계속되면 그에 대한 보상은 다시 다음의 소송을 통하여 주장하도록 하는 것이 보다 합리적이라고 보았다.

이 하급심판결에 대하여 뉴욕주 고등법원은 다음과 같이 판시하고 있다. 기본적으로 공장의 문을 닫게 하는 것은 바람직하지 않다. 공해방지비용이 피해비용보다 크기 때문이다. 그러나 이럴 때 법원이 선택할 수 있는 길은 두 가지가 있다. 하나는 중지명령을 내리되 그 집행을 일정기간 연기하는 것이다. 그리하여 그 기간 동안 공장으로 하여금 공해방지를 위한 기술개발이나 방지설비의 설치 등을 유도하는 것이다. 그러나 공해방지기술개발은 이 공장의 노력만으로 되는 것은 아니고 세계적 수준에서의 노력의 결과일 수밖에 없다. 따라서 이 방법은 바람직하지 않다고 본다.

다른 하나의 방법은 공장에게 영구배상(永久賠償, permanent damages)을 명하는 것이다. 그렇게 함으로써 공장문을 닫지 않으면서도 공해방지기술개발이나 방지시설의 조기설치를 유도할 수 있다. 그리고 이 영구배상은 주민이 바뀌면 다시 지불해야 하는 것이 아니라 일종의 지역권(地役權, servitude on land)에 대한 보상으로 보아야 한다. 이러한 견해에 기초하여 고등법원도 중지명령을 발하지 아니하였다. 다만 하급심판결 중 임시배상부분을 영구배상으로 바꾸었다.

위 고등법원 판결에 대한 소수의견은, 항상 취해 왔던 중지명령의 관행을 바꾸는 것은 위험하다는 주장이었다. 그 이유로, 위와 같은 경우에 영구배상판결은 잘못(공해행위)에 대하여 합법적 허가를 해 주는 것과 같은데, 공공(公共)의 목적을 위한 경우라면 모르되 사인(私人)의 이익을 위하여 돈을 받고 사회적 악을 합법화하여 결국 공해권을 일종의 지역권으로 만드는 발상은 기본적으로 헌법에 반(反)한다는 점을 제시하였다. 소수의견은 결국 바람직한 선택은 중지명령을 발하고 이의 집행은 일정기간 유예해 주는 것이라고 보았다.

이상이 부머 사건의 개요이다. 이 판례를 위에서 논의한 이론들을 통하여 분석해 보자.

첫째, 만약 당사자 간의 거래비용이 대단히 낮다면 누구에게 권리를 인정하더라도 자원배분에는 차이가 없을 것이다. 그리고 중지명령을 가지고 그 권리를 보호한다(재산규칙)고 하여도 자원배분의 결과는 달라지지 않을 것이다. 결국 주민들과 공장 모두의 합동이익(合同利益)이 극대화되는 방향의 해결책이 나올 것이다. 물론 누구에게 권리를 주느냐에 따라 소득분배에는 큰 차이가 발생한다.

둘째, 일단 주민들에게 권리를 부여한 것을 전제로 논의를 계속하자. 부머 사건의 경우는 버티기 효과(hold-out effect)가 커서 거래비용이 대단히 클 수 있는 경우이다. 그렇게 되면 비록 공해를 수반하는 생산활동의 사회적 이익이 사회적 비용(예컨대 공해비용)보다 큰 경우에도 공장은 주민들로부터 권익권을 살 수가 없으므로 결국 공장을 폐쇄할 수밖에 없게 된다.[25] 따라서 이러한 경우 재산규칙으로 주민들의 권익권을 보호하면, 환언하면 중지명령으로 문제를 해결하려 한다면 대단히 비효율적인 공장의 폐쇄가 결과된다. 따라서 법원이 중지명령을 택하지 않은 것은 앞에서 본 우리의 법정책적 분석틀이 제시하는 결론과 일치된다.

셋째, 다만 두 가지 중요한 차이가 있다. (1) 법원은 중지명령을 내리면 반드시 공장문을 닫아야 하는 것으로 가정하고 있다. (2) 그러한 전제 위에서 법원의 결론은 공해를 수반하는 경제활동의 사회적 이익과 사회적 비용을 비교형량(balancing test)한 결과 내린 판단이다. 이에 반하여 우리의 법정책 분석틀에 의하면 (1) 중지명령을 내린다고 해서 반드시 공장이 문을 닫는 것은 아니다. 공장이 문을 닫는 것은 오로지 거래비용이 커서 당사자 간의 권리의 교환이 불가능한 경우에 한한다. (2) 따라서 문제는 거래비용에 있고, 부머 사건의 경우는 숨기기 효과 등으로 인하여 거래비용이 크다고 판단되었기 때문에 재산규칙인 중지명령보다는 책임규칙의 채택을 바람직하다고 본 것이다.

법원의 판례와 우리의 분석틀 중 어느 쪽이 보다 합리적인가? 어느 쪽이 보다 우수한 분석틀인가? 이 문제에 답하기 위하여는 다음과 같은 문제를 고찰해야 한다. 법원이 부(負)의 외부효과가 큰 경제행위의 사회적 비용과 사회적 이익을 평가하는 데 과연 어느 정도의 전문성을 가지고 있을까? 법원이 당사자 간의 자

---

25) 지금 모든 논의는 공장이 공해방출을 피할 수 있는 방법으로는 공장폐쇄 이외에 다른 방법이 없음을 전제로 진행되고 있다.

발적 거래의 성립가능성, 즉 거래비용의 다과(多寡)에 대하여 판단을 내리는 편이 사회적 이익과 비용을 비교형량하는 것보다 용이하고 정확하지 않을까? 법원이 부의 외부효과가 큰 경제행위의 사회적 이익과 비용을 추정하여 이를 비교형량하는 것이 당사자 간의 거래성립가능성, 즉 거래비용의 크기에 대하여 판단하는 것보다 어렵다면 우리의 분석틀이 보다 합리적인 것이 되고, 그 반대의 경우라면 판례의 입장이 보다 합리적인 것이 된다.

넷째, 임시배상과 영구배상의 장단점을 보도록 하자. 임시배상의 경우의 장점은 상황 변화에 보다 유연하다는 것이다. 구체적으로 이야기하면 공해방지기술의 개발 등으로 공해의 정도가 줄어들면 그것이 다음 소송에 쉽게 반영되기 때문이다. 그만큼 공해를 줄이려는 유인을 공장에 제공한다고 볼 수 있다. 반면에 단점으로서는 과다한 소송비용이다. 주기적으로 소송을 통하여 새로운 피해에 대하여 배상여부와 그 금액을 결정하여야 하므로 그만큼 소송비용의 부담이 크다.

반면에 영구배상의 경우는 그 장점으로 우선 일거에 문제를 해결할 수 있으므로 소송비용이 크게 절약된다는 점을 들 수 있다.[26] 그러나 단점으로는 공장으로 하여금 공해를 줄이도록 하는 유인이 약화된다는 점과 미래의 예상피해를 현재가치(現在價値, present value)로 환산하는 데에 오류가 발생할 가능성이 크다는 점을 들 수 있다. 결국 어느 하나의 방법이 절대적으로 우월하다고 할 수는 없다. 손해액의 측정이 비교적 용이하고 크게 변하지 않는 경우에는 영구배상이 우월할 수 있고, 손해액의 측정이 비교적 어렵고 변화가 심한 경우에는 임시배상이 보다 우월할 수 있다.

다섯째, 영구배상의 경우 만일 배상을 받은 후 주민의 일부가 타지역으로 이사를 가면 그리하여 새로운 주민들이 들어오면 이들 새로운 주민들에게 다시 배상을 하는 것이 공정한가 아니면 배상을 거부하는 것이 공정한가? 환언하면 영구배상을 전제로 공장이 공해를 방출할 수 있는 권익권에 지역권(地役權)으로서의 성격을 부여할 것인가의 문제이다. 결론은 지역권으로서의 성격을 부여하는 것이 옳다고 본다. 만일 그렇다면 이사 온 주민들에게는 불공정한 결과가 되는 것은 아

26) 또 하나의 장점으로 지적할 수 있는 것은 주민들이 공해피해를 최소화하려고 노력할 것이라는 점이다.

닌가? 아니라고 본다. 그 이유는 공해피해의 위험이 있다는 사실 그리고 이미 전 거주자가 그에 대하여 영구배상을 받았다는 사실을 새로운 거주자가 미리 알 수 있다면, 그러한 사정이 매매계약 체결시 가격수준결정에 충분히 반영될 수 있다고 보기 때문이다. 사후보상(事後報償)은 못 받지만 주택가격의 하향조정이라는 형태로 사전보상(事前報償)의 메커니즘이 작용하기 때문이다. 따라서 문제는 영구배상을 받았다는 사실을 어떻게 공시하여 많은 사람들이 알도록 할 것인가이다.

이상에서 부머 사건에 대해 살펴보았다. 이 판례는 공해 내지 생활방해 문제를 다룸에 있어 권익권을 피해자 내지 인근주민에게 부여하고 이를 책임원칙으로 보호하는 경우에 해당한다고 볼 수 있다.

마지막으로 공해 내지 생활방해 문제를 다룸에 있어 네 번째 법정책, 즉 권익권을 공해발생자 내지 생활방해자에게 부여하고 이를 책임원칙으로 보호하는 경우에 해당한다고 볼 수 있는 판례로는 스퍼 사건을 들 수 있을 것이다.[27] 도시가 확산되면서 수만 마리의 소를 사육하는 목장 근처까지 주택이 개발되자 파리, 모기, 악취 등이 주택으로 날아들게 되고, 이에 주택개발회사는 목장의 폐쇄 내지 이전을 구하는 소송을 제기하였다. 법원은 주택개발업자의 청구를 받아들여 목장의 폐쇄 내지 이전을 명하였지만, 다만 주택개발회사는 목장의 폐쇄·이전으로 인한 목장주의 손해를 배상하여야 한다고 판시하였다. 목장은 오래전부터 그 장소에서 합법적으로 운영되어왔는바 그것을 폐쇄·이전하도록 하는 것은 목장 측의 잘못이 있어서가 아니라 주민의 이익을 고려하였기 때문이므로 주택개발회사는 목장주의 손해를 배상하여야 한다는 것이었다.

스퍼 사건에서 오염유발자(목장주)에게 오염발생을 중지하는 데 드는 비용을 배상 받을 수 있도록 권리를 준 것은 목장이 오래 전부터 합법적으로 운영되고 있었다는 점을 감안할 때 형평의 관념에 부합한다 할 수 있다. 또한 이 사건에서 주민의 악취 피해액을 산정하기보다 목장 폐쇄·이전 비용을 계산하기가 더 쉬울 것이라는 점도 그러한 권리배분이 설득력을 갖는 또 하나의 요인이라 할 수 있다.

뿐만 아니라 주택개발회사가 목장주에게 목장 폐쇄·이전 비용을 배상하도록

---

27) Spur Industries, Inc. v. Del E. Webb Development Co., 108 Ariz. 178, 494 P. 2d 700(Supreme Court of Arizona, 1972).

하는 것은 개발업자로 하여금 주택개발지를 선택함에 있어 올바른 인센티브를 갖도록 하는 효과를 가진다. 다른 장소에서 주택을 개발하는 비용이 목장폐쇄·이전 비용보다 적다면 다른 장소에서 주택을 개발할 것이기 때문이다.

사실 스퍼 사건은 "기존 생활방해 수인의 법리(doctrine of coming to the nuisance)"의 딜레마에 대해 하나의 해결책을 제시한 의미가 있다. 영미법에서 "기존 생활방해 수인의 법리", 즉 토지소유자는 토지구입 당시 이미 존재하고 있었던 생활방해에 대해 불평할 수 없다는 법리는 받아들여질 때도 있었고 배척될 때도 있었다. 그런데 이 법리는 받아들여도 문제가 있고 배척하여도 문제가 있다.

예를 들어, 오염을 배출하는 공장이 처음에는 주택지에서 멀리 떨어져 있었으나 시간이 지나면서 도시의 주택지가 공장근처로 확산되면서 결국 공장의 오염배출이 근처의 주민들에게 100의 비용을 부과한다고 가정해 보자. 공장의 이전비용은 30이고 주민들의 이전비용은 80이라고 하면, 공장 측에 오염방지 의무를 부과하여 옮겨가도록 하는 것(즉 기존 생활방해 수인의 법리를 배척하는 것)이 비용을 줄이는 방법이라 할 수 있다. 그러나 10만큼의 비용만 더 들이면 주택이 공장주위에 들어서는 대신 오염피해가 없는 다른 곳에 들어설 수 있었다고 하면, 최선의 해결책은 공장 측에 오염방지 의무를 부과하지 않음으로써(즉 기존 생활방해 수인의 법리를 받아들임으로써) 애초에 주택이 들어서지 못하도록 하는 것이다. 이런 상황에서 주택개발자의 공장 이전 청구를 받아들이면 공장이전이라는 사후적인 효율성은 달성되지만 사전적으로 더 바람직한 곳으로의 주택입지 선택은 이루어지지 않을 것이고, 주택개발자의 공장 이전 청구를 배척하면 사전적으로 더 바람직한 곳으로의 주택입지를 유도할 수 있겠지만, 어떻게 하여 주택이 들어섰을 경우의 공장이전이라는 사후적인 효율성은 확보되지 않게 된다.

이와 관련하여 앞에서 살펴본 스퍼 사건은 하나의 훌륭한 해결책을 제시하고 있는 셈이다. 주택개발회사는 목장을 폐쇄·이전시킬 수 있지만 그로 인한 목장주의 손해를 배상하여야 한다고 함으로써, 사후적으로 목장의 폐쇄·이전 비용이 주민의 피해나 주민 측의 이전비용보다 적은 경우에만 목장이 폐쇄·이전되도록 할뿐만 아니라, 사전적으로 주택개발업자로 하여금 다른 장소에서 주택을 개발하는 비용보다 배상해주어야 할 목장폐쇄·이전 비용이 적을 경우에만 애초에 목장 근처에 주택을 개발하도록 할 것이기 때문이다.

제 4 절
공용수용의 경제학

우리나라 헌법 제23조 제3항은 "공공필요에 의한 재산권의 수용·사용 또는 제한 및 그에 대한 보상은 법률로써 하되, 정당한 보상을 지급하여야 한다."고 규정하고 있다. 여기서 수용이란 개인의 특정 재산권에 대한 종국적·강제적(終局的·强制的) 취득을 의미한다. 이 공용수용권(eminent domain, governmental taking)의 문제를 어떻게 분석해야 할까?

우선 공공의 필요란 어떤 경우를 의미한다고 보아야 할까? 두 가지 조건이 동시에 성립하여야 한다고 본다. 첫째는 공공재(公共財, public goods)의 생산을 위한 경우이어야 한다. 도로나 공원이라든지 국방(國防)이나 법질서와 같은 소위 비배제성(非排除性, non-exclusion)과 비경합성(非競爭性, non-rivalry)이 강한 재화나 용역의 생산을 위한 경우이어야 한다.[28] 아무리 국가라 하여도 공공재가 아니고 단순한 민간재(民間財, private goods)의 생산을 위하여는 공용수용을 할 수 없다. 국가가 민간재의 생산과 관련하여 필요한 생산요소의 구매 등은 직접 시장을 통하여 민간과의 경쟁 속에서 하는 것이 옳다.[29] 한 가지 주의할 점은 여기서 말하는 공공재의 생산을 위한다는 조건 속에는 당해 자원을 공공재의 생산에 사용하는

---

28) 공공재의 특징으로 일반적으로 들고 있는 비배제성이란 당해 재화나 용역의 소비를 특정인들에게만 한정하기가 기술적으로 어렵거나 경제적으로 비용이 많이 드는 경우이다. 예컨대 국방과 같은 경우를 생각하면 쉽게 이해할 수 있다. 국방의 혜택을 국민의 일부에게만 한정하기는 대단히 어려울 것이다.
공공재의 또 하나의 특징으로 들 수 있는 비경합성이란 한 소비자의 소비가 다른 소비자의 소비를 방해하지 않는 경우이다. 내가 옷을 입으면 다른 사람은 동시에 그 옷을 입을 수 없지만 내가 공원에서 산책을 즐긴다고 해서 다른 사람의 산책을 크게 방해하지는 않는다. 국방이나 법질서와 같은 것은 비배제성과 비경합성이 거의 완벽하여 완전공공재에 가깝고 공원이나 도로 등은 비배제성과 비경합성을 가지나 완벽하지 아니하기 때문에 준공공재(準公共財)라고 부를 수 있다.

29) 왜 그럴까? 국가가 비록 민간재를 생산하는 경우라 할지라도 만일 현재의 재산권자보다 효율적으로 그 자원을 사용할 수 있다면 공용수용을 인정해야 한다는 주장이 있을 수 있다. 이러한 주장은 옳은 주장인가? 아니라면 왜 아닌가?

것이 자원의 보다 효율적 활용에 기여한다는 것을 전제하는 이야기이다. 환언하면 사인(私人)의 지배에서 국가의 지배로 자원을 이동함으로써 자원의 활용가치가 증대되는 것을 전제로 한다. 예컨대 특정 토지의 재산권자에 대한 효용 내지 가치가 1000이라면 이를 공공을 위해 공원화함으로써 창출할 수 있는 효용 내지 가치가 1000 이상일 때 비로소 공공의 필요를 위한 첫째 조건이 충족된다.

둘째는 거래비용이 큰 경우이어야 한다. 아무리 공공재의 생산을 위한 경우라 하더라도 거래비용이 크게 들지 않는 경우에는 공용수용이 아니라 당연히 시장에서의 거래를 통하여야 한다. 예컨대 공원을 조성하려고 하는 경우에도 그 토지의 소유자들이 소수이고 비교적 협조적이어서 큰 거래비용이 들지 않고도 쉽게 당해 토지를 정부가 매수할 수 있는 경우에는 공용수용을 하여서는 아니 될 것이다.

공용수용권(公用收用權)이 인정되는 것은 거래당사자들이 다수이어서 앞에서 본 버티기 효과(hold-out effect)가 발생하여 비록 사회적으로 바람직한 거래라 하여도 자발적으로는 거래가 성립할 수 없는 경우에 한한다고 보아야 한다.[30] 환언하면 효율적 거래가 거래비용의 과다(過多)로 인하여 성립할 수 없어서 자원의 효율적 활용을 저해하고 있을 때 비로소 공용수용이 필요하게 된다.

위의 두 가지 조건이 동시에 성립하여야 비로소 공용수용이 가능하게 된다. 그런데 이들 조건의 성립여부를 확인하기 위하여 우리나라 공용수용 관련법에는 다음과 같은 제도들이 준비되어 있다. 우선 공공재 생산을 위한 경우에만 공용수용이 인정되어야 한다고 하는 첫 번째 조건은 「공익사업을 위한 토지 등의 취득 및 보상에 관한 법률」(이하 '토지보상법') 제20조에서 정하고 있는 사업인정(事業認定)이란 제도를 통하여 그 성립여부를 확인할 수 있다. 사업의 인정이란 당해 사업이 토지보상법 제4조가 규정하는 공용수용을 할 수 있는 공익사업에 해당하는지 여부를 국토교통부장관이 확인하는 절차이다. 따라서 이 사업인정절차를 통하여 당해 사업이 과연 공공재 생산을 위한 경우인지 아닌지를 조사하고 확인할 수 있다.

다음으로 거래비용이 커야 한다고 하는 두 번째 조건은 토지보상법 제26조

---

30) 만일 국가가 공원의 조성을 구상하고 있는 토지의 소유자가 일인(一人)이라면 그때는 토지수용권을 인정하는 것이 옳은가? 아니면 시장에서의 자발적 교환을 통하도록 하는 것이 옳은가?

제1항이 요구하고 있는 협의(協議)절차를 통하여 그 성립여부를 확인할 수 있다. 토지보상법은 사업인정을 받은 후 사업시행자는 그 토지에 관한 권리의 취득 혹은 소멸을 위하여 토지소유자 및 관계인과 협의할 것을 요구하고 있다. 그리고 협의를 통하여 당사자들이 합의에 이르면 공용수용절차는 종결되고 토지의 수용효과가 발생한다. 다만 이러한 협의수용이 불성립하거나 불능한 경우에 한하여 토지수용위원회의 재결을 신청할 수 있도록 되어 있다(동법 제28조 제1항).

이와 같이 재결수용(裁決收用)절차 이전에 협의절차를 반드시 거치도록 한 이유는 당사자 간의 거래비용이 과연 효율적 거래를 성립시키지 못할 정도로 큰 것인지 아닌지를 확인하기 위한 것으로 해석된다. 만일 거래비용이 크지 않으면 당사자 간의 자발적 거래를 통하여 문제가 해결될 것이고, 가능하기만 하다면 그것이 가장 바람직한 해결방법이다. 그러나 거래비용이 너무 커서 당사자 간의 자발적 거래(협의)가 성립하지 못하면 불가피하게 정부가 개입하지 않을 수 없다. 이 때에 비로소 자원의 효율적 배분과 활용을 촉진하기 위하여 정부에 의한 비자발적 거래(재결수용)가 필요하게 된다. 이상에서와 같이 우리나라 토지보상법은 사업인정제도(事業認定制度)와 협의전치제도(協議收用前置制度)를 통하여 당해 사업이 과연 공용수용의 대상이 될 (1) 공공재를 생산하는 사업인지, (2) 거래비용이 크게 드는 사업인지 여부를 결정하고 있다고 볼 수 있다.[31)32)]

---

31) 그러나 실제로는 공익성 검증이 제대로 이루어지지 않고 있는 것이 현실이다. 공익성을 사전적으로 사후적으로 철저히 검증하고, 협의매수절차를 실질화하는 것이 필요하다는 지적으로는 조병구, "토지수용이 야기하는 사회적 비용", 『법경제학연구』 제11권 제2호 (2014).

대법원 2011. 1. 27. 선고 2009두1051 판결은 "공용수용은 헌법상의 재산권 보장의 요청상 불가피한 최소한에 그쳐야 한다는 헌법 제23조의 근본취지에 비추어 볼 때, 사업시행자가 사업인정을 받은 후 그 사업이 공용수용을 할 만한 공익성을 상실하거나 사업인정에 관련된 자들의 이익이 현저히 비례의 원칙에 어긋나게 된 경우 또는 사업시행자가 해당 공익사업을 수행할 의사나 능력을 상실하였음에도 여전히 그 사업인정에 기하여 수용권을 행사하는 것은 수용권의 공익 목적에 반하는 수용권의 남용에 해당하여 허용되지 않는다."고 판시한다.

32) 토지보상법 이외의 개별 법률에서 정한 별개의 처분으로 사업인정을 대체하는 "사업인정의제" 제도로 인해, 토지수용절차에서 공익성을 통제하는 것이 유명무실해진다는 지적으로는 정기상, "사업인정의제의 허와 실", 『법경제학연구』 제11권 제2호 (2014).

다음은 공용수용에서의 보상수준의 문제를 보도록 하자. 헌법에서 규정하는 "정당한 보상"이란 어느 수준의 보상을 의미하는가? 객관적인 시장가격을 의미하는가 아니면 재산권자의 주관적 가치를 의미하는가 하는 문제를 보도록 하자.

본래 공용수용권의 존재의의는 민간의 사용과 지배에서 공공의 사용과 지배로 자원의 사용주체를 이동함으로써 그 자원을 보다 효율적이고 생산적으로 사용하려는 데 있다. 따라서 공용수용제도가 가지고 있는 잠재적 위험의 하나는 공용수용이 자원의 보다 효율적 활용을 결과하지 못하고 오히려 자원의 비효율적 배분을 결과하지는 않을까 하는 데 있다.

이러한 문제 내지 위험은 일반 민간부문에서의 교환에서는 결코 나타날 수 없는 현상이다. 왜냐하면 사적 교환은 자발적이고 강제성이 없기 때문이다. 반면에 공용수용은 기본적으로 강제적 교환이기 때문에 위와 같은 위험이 발생할 수 있다. 예컨대 어떤 사람이 자기 소유의 토지에 특별한 애착을 가지고 있다고 가정하자. 그 토지에 대한 시장가치 내지 가격은 1,000인데 이 사람은 그 토지에 대하여 1,500의 가치를 느끼고 있다고 하자. 이 경우 정부가 1,000이라는 시장가격으로 보상하고(일단 잠정적으로 정당한 보상을 시장가격에 일치하는 보상이라고 가정하자), 1,300의 가치가 있는 공공의 목적을 위해 그 토지를 수용하였다면 이는 분명히 비효율적인 자원의 배분이 될 것이다. 1,500의 고가치(高價値) 활용부문에서 1,300의 저가치(低價値) 활용부문(from a higher-valued use to a lower-valued use)으로 자원이 이동하였기 때문이다.

이러한 일은 민간부문의 사적 교환(私的 交換)에서는 결코 일어날 수가 없다. 아무리 시장가격이 1,000이라고 하더라도 본인이 특별한 애착과 감정적 가치를 느끼기 때문에 본인이 느끼는 토지의 가치가 1,500이면 그 이하로는 결코 팔지 아니할 것이기 때문이다. 따라서 일반의 사적 교환에서는 자원의 비효율적 이동, 즉 고가치 활용부문에서 저가치 활용부문으로의 자원의 이동은 발생할 수 없다. 그러나 공용수용에서는 이미 앞에서 본 바와 같이 그러한 경우가 발생할 수 있다.

하나의 해결방법은 보상의 수준을 객관적인 시장가격(market price)으로 하지 아니하고 민간재산권자의 주관적 가치까지를 포함시킨 소위 주관적 가격(reservation price)으로 하는 방법이다. 그러면 앞에서 본 비효율적인 자원배분의 위험은 등장하지 않을 것이다. 항상 국가나 민간이 모두 자발적으로 합의할 때 공용수용이 발생하는 것과 마찬가지의 상황이 되기 때문이다.

이 방법은 일견 대단히 간단하고 유효한 방법으로 보이나 이 방법에도 큰 문제가 있다. 토지소유자에게 자신들의 주관적 가치를 과장할 유인이 있기 때문이다. 특히 공용수용대상자가 다수일 때는 서로 자신들의 진정한 주관적 가치를 숨기려 하고 가능하다면 마지막에 이 가치를 과장하여 내보이려 하는 숨기기 효과가 발생한다는 문제가 있다. 따라서 비록 비효율의 위험이 있다 하여도 불가피하게 객관적인 시장가격을 기준으로 할 수밖에 없다는 결론이 된다.[33] 이상이 우리나라 헌법 제23조 제3항에 대한 간단한 법경제학적 해석론이다.[34]

다음은 해석론이 아닌 입법론 내지 법정책론에 대한 논의로 넘어가도록 하자. 공용수용과 관련되는 법정책론적 과제는 두 가지가 있다. 첫째는 언제 수용을 할 것인가, 어떤 기준을 가지고 수용여부를 결정할 것인가이다. 둘째는 언제 보상을 할 것인가, 어느 기준을 가지고 보상여부를 결정할 것인가이다.[35]

두 번째의 과제와 관련하여 형평의 관점에서 보아 보상하는 것이 항상 당연하지 않는가 하는 의문이 있을 수 있으나, 이는 반드시 그렇다고 볼 수 없다. 보상이 항상 형평에 맞는 경우란 수용이 있기 이전의 소득분배가 정의롭다는 것을

---

33) 만일 토지를 수용당한 사람들이 주거를 이전해야 한다면 이 거주이전비를 보상에 포함시키는 것이 옳은가? 만일 보상에 포함시키는 것이 바람직하다고 본다면, 그 근거는? 만일 정부의 행위로 인하여 시장가격이 오른 경우 그 오른 시장가격을 보상하는 것이 옳은가? 예컨대 도로를 정부가 건설하였기 때문에 그 인근 토지값이 상승한 경우 도로 확장을 위하여 다시 그 인근 토지까지 수용을 하여야 하는 경우 보상가격은 무엇을 기준으로 하는 것이 옳은가? 만일 오른 가격으로 보상한다면 이는 세금을 가지고 그 인근 토지 소유자들을 부유하게 하여 주는 것이 되고 동시에 예산의 제약으로 인하여 수용을 어렵게 만드는 결과를 초래할 수도 있는데 이는 과연 바람직한가? 만일 오르지 않은 가격으로 보상을 한다면 정반대의 결과가 나타날 터인데 이는 과연 바람직한가? 효율과 형평의 두 가지 기준을 가지고 평가하여 보라.

34) 그러나 피수용자의 주관적 가치상실에 대해서도 적절한 보상이 필요하다는 견해로는 조병구, "토지수용이 야기하는 사회적 비용", 『법경제학연구』 11-2 (2014).

35) 토지수용 후 공익사업이 완료되기 전에 상황이 변경되어 공익사업이 취소되거나 공익사업의 유형 및 사업시행자가 변경되기도 한다. 이 경우 공익사업변경에 우선권을 부여할 것인지, 피수용자의 환매권에 우선권을 부여할 것인지도 법경제학의 관점에서 중요한 문제이다. 이에 관해서는 우선 김일중, "재산권의 법경제학", 『법경제학 이론과 응용』 1권, 서울: 해남, (2011)을 참조하라.

전제로 하는 이야기이다. 만일 그렇지 않다면 보상을 하지 않는 경우가 더 형평의 제고에 걸맞는 경우도 얼마든지 발생할 수 있다.36) 형평의 관점에서만 보면 보상이 보다 바람직한지 아닌지가 명확하지 않다.

그러면 효율의 관점에서 보면 어떨까? 항상 완전보상을 하는 것이 보다 효율적인가 아니면 보상하지 않는 경우가 보다 효율적인가? 이 문제에 대한 답도 확실하지 않다. 그 이유는 소위 "보상의 역설(補償의 逆說, paradox of compensation)"이라는 문제가 존재하기 때문이다.37) 만일 모든 경우에 시장가격으로 완전보상을 하면 피보상자는 자신의 소유재산에 대하여 과다투자(overinvestment)할 위험이 발생하고,38) 반면에 만일 완전보상을 하지 아니하면 이제는 정부가 과다수용(overregulation)할 위험이 발생한다는 것이다.39) 어느 쪽이든지 비효율이 발생할 위험이 있다. 이것이 보상의 역설이다. 따라서 형평의 관점에서 보든 효율의 관점에서 보든 과연 보상이 바람직한지 아니면 보상하지 않는 것이 바람직한지는 일률적으로 이야기하기 어렵다. 그렇다면 어떤 기준을 세우는 것이 바람직한가?40)

---

36) 다수의 저소득 자녀들의 교육시설 건축을 위해 부당하게 부를 축적한 고소득자 소유의 토지를 수용하는 경우를 생각해 보라.

37) 간단한 설명을 위해서는 R. Cooter and T. Ulen, *Law and Economics*, 6th edition, Pearson Education, 2012, pp. 331-334을 보라. 보다 자세한 논의는 다음의 두 논문을 참조하라. Lawrence Blume and Daniel L. Rubinfeld, "Compensation for Takings: An Economic Analysis", 72 *California Law Review* 569 (1984); Robert Cooter, "Unity in Tort, Contract and Property: the Model of Precaution", 73 *California Law Review* 1 (1985).

38) 예컨대 고속도로를 놓기 위해 정부가 토지를 수용할 계획이 있음을 숙지하고도 토지에 고층건물을 짓는 경우를 생각해 보라. 시가에 의한 완전보상을 받으니 개인으로서는 손해볼 것이 없겠으나, 이는 곧 도로건설을 위해 불가피하게 부수어야 할 불필요한 건물을 짓는 셈이 되므로 사회적 관점에서는 큰 비효율, 즉 낭비가 아닐 수 없다.

39) 정부가 공공도서관을 건축하는 경우 두 가지 설계가 있다고 생각해 보자. 하나는 좁은 땅에 고층으로 짓는 설계이고 다른 하나는 넓은 땅에 저층의 건물을 짓는 설계이다. 만일 수용토지에 대하여 보상을 하지 않아도 된다면 자연히 넓은 땅에 저층의 건물을 짓는 쪽이 선호될 것이다. 제한된 토지의 보다 합리적 활용이라는 관점에서 볼 때 위와 같은 선택은 비효율을 결과할 위험이 높다.

40) 이 문제는 어떤 의미에서는 특정한 정부의 재산권제한행위를 헌법상의 공용수용으로 볼 것인가 아니면 행정법상의 질서행정 내지는 경찰행정의 하나(예컨대 전염병 등의 위해방지를 위해, 혹은 교통체계의 확립을 위해 재산권에 특정한 사용제한을 가하는 경우, 혹은 공공의

다시 본래의 문제인 공용수용과 관련된 두 가지 법정책론적 과제에 대한 논의로 돌아가자. 이들 문제에 대하여 비교적 설득력 있는 기준을 제시하고 있는 학자가 마이클먼(F. Michelman)이다.41) 그는 우선 첫 번째 과제인 언제 수용을 할 것인가 하는 문제, 환언하면 공용수용여부의 결정기준으로서는 다음과 같은 기준을 제시하고 있다.

만일 $B-C<D$와 $B-C<S$가 동시에 성립하면 그러한 경우는 공용수용을 하지 말라.

여기서 B는 당해 사업의 이익(benefit)으로서 이는 당해 사업으로 이익을 볼 사람들이 그 사업의 채택을 위해 기꺼이 지불하려는 금액이다. 그리고 C는 당해 사업의 비용(cost)으로서 이는 당해 사업으로 손해를 볼 사람들에게 그 사업의 채택에 동의하도록 유인하기 위해 지불하여야 할 금액이다. 따라서 $B-C$는 당해 사업의 효율성이익(efficiency gains)이다.

D는 반도덕비용(反道德費用, demoralizing costs)으로서 다음의 두 가지로 구성된다. 즉 (1) 보상이 없음을 알았을 때 당사자나 그 동조자(同調者, sympathizer)가 받는 비효용(disutility)의 가치, (2) 당사자나 동조자 그리고 제3자들(자신들도 보상을 받지 못하는 경우에 처할 수 있다는 사실을 앎으로 인하여)의 장래생산감소분(將來生産減少分, lost future production)의 현재가치로 구성된다.

S는 해결비용(settlement costs)으로서 반도덕비용의 발생을 막기 위한 보상비용 및 보상에 합의하기 위해 드는 시간·자원·노력 등의 가치를 의미한다. 당사자뿐만 아니라 기타 관련자가 있는 경우에는 그들과의 합의비용도 이에 포함된다.

계속하여 마이클먼은 두 번째 과제인 보상을 할 것인가 여부와 관련하여 만일 $D>S$이면 보상하고 그 반대로 $D<S$이면 보상하지 말라고 하는 기준을 제시하고 있다.42) 앞에서 제시한 수용여부기준과 여기의 보상여부기준을 합하면 결

필요에 의한 시간별 혹은 지역별 영업규제 등)로 볼 것인가의 문제라고 할 수도 있다. 왜냐하면 전자는 반드시 보상을 하여야 하고 후자는 보상하지 아니하여도 되기 때문이다.

41) Frank I. Michelman, "Property, Utility and Fairness: Comments on the Ethical Foundation of 'Just Compensation' Law", 80 *Harvard Law Review* 1165 (1976).

42) 색스(J. Sax)는 보상여부에 대하여 마이클먼과는 전혀 다른 관점에서 흥미 있는 기준을

국 다음과 같이 된다.

즉 $B-C>S$이고 $D>S$이면 수용하고 보상하여야 하고, $B-C>D$이고 $S>D$이면 수용하되 보상을 하지 않아도 된다.

마이클먼이 주장하는 이 효율성 기준의 성격은 어떤 것인가? 엄밀히 이야기하면 이는 정부의 공용수용에 대하여 파레토효율성(Pareto-efficiency)보다는 허용적이지만, 칼도-힉스효율성(Kaldor-Hicks efficiency)보다는 제한적인 기준이라고 볼 수 있다.[43)]

파레토효율이란 보상을 전제하고도 이익이 비용보다 클 때 그 방향으로 움직이는 것을 의미한다. 즉 $B>C+S$일 때는 항상 보상을 하고 그 방향으로 움직이는 것이 파레토효율적이다. 따라서 비록 $B>C+S$일지라도 보상을 하지 아니하면 파레토효율성 기준에 부합하지 않는다. 그런데 마이클먼의 기준에 의하면

제시하고 있다. 그는 우선 모든 재산권이란 서로 연결되어 있어 독자적으로 존재할 수 없다는 것(Property does not exist isolation)을 강조한다. 따라서 불가피하게 재산권 사이에 파급효과(spillover effect)가 발생할 수밖에 없는데, 이러한 파급효과에 대한 중재자(mediator)로서의 정부의 개입, 정부의 개인의 재산권에 대한 제한은 보상의 필요가 없다는 것이다. 그러나 민간기업들과 마찬가지로 제한된 자원에 대한 경쟁적 사용자, 하나의 사업자(participant)로서 (예컨대 도로를 건설한다든가 혹은 공원을 조성하기 위해) 정부가 개인 재산권에 제한을 가할 때는 반드시 보상해야 한다는 것이다. 전자의 경우는 일종의 경찰행정(police power)으로 보아야 하고, 후자의 경우야말로 헌법상의 공용수용(taking)이라는 것이다.

예컨대 상위지역(上位地域)에서 석탄을 채취하기 위해 비스듬히 굴착을 깊게 하는 바람에 하위지역에 사는 거주자들의 주택지반이 붕괴하는 위험이 발생하는 경우, 이러한 파급효과를 막기 위해 상위지역에서의 석탄채취를 정부가 막는 것은 일종의 경찰행정이므로 이로 인해 상위지역의 토지소유자가 받은 피해를 국가가 보상할 필요는 없으나, 만일 국가가 상위지역에 집을 짓거나 나무를 심는 것을 제한한다면 이는 파급효과가 없는 경우의 제한이므로 일종의 공용수용이 되어 반드시 그 피해를 보상해야 한다는 것이다. 보다 상세한 것은 Joseph L. Sax, "Takings and Police Power", 74 *Yale Law Journal* 36 (1964); Joseph L. Sax, "Taking, Private Property, and Public Right", 81 *Yale Law Journal* 149 (1971)을 참조하라.

43) 이 점을 명확하게 밝힌 논문으로는 William A. Fischel and Perry Shapiro, "Taking, Insurance and Michelman: Comments on Economics Interpretations of 'Just Compensation' Law", 17 *Journal of Legal Studies* 269 (1988).

$B>C+S$, 즉 $B-C>S$하면서도 특히 반도덕비용이 작아, $S>D$인 경우에는 보상을 아니하고도 그 방향(공용수용)으로 움직일 수 있도록 되어 있다. 따라서 마이클먼의 기준은 파레토효율의 기준보다 정부의 수용행위에 대하여 보다 허용적이다.

반면에 칼도－힉스효율성의 경우는 이익이 비용보다 크다면(환언하면 이익을 보는 자가 손해를 보는 자의 손해를 보상하고도 이익이 남는다면) 보상하지 않고도 그 방향으로 움직이는 것이 바람직하다는 기준이다.

따라서 이는 $B>C$, 즉 $B-C>0$이면 환언하면 마이클먼이 이야기하는 효율성이익이 영(zero)보다 크면 보상하지 않고도 수용을 할 수 있다는 이야기가 된다. 그러나 마이클먼이 제시하는 기준은 $B-C>0$만으로는 충분하지 않고 $B-C>D$거나 혹은 $B-C>S$이어야 비로소 수용을 할 수 있게 되어 있다. 따라서 정부의 공용수용에 대하여 마이클먼의 기준은 칼도－힉스 경우보다 그만큼 제한적이라고 볼 수 있다.

요컨대 마이클먼의 기준은 파레토기준과 칼도－힉스기준의 중간에 위치하는 셈이다. 보다 합리적이라고 판단된다. 왜냐하면 파레토기준은 항상 보상을 요구하므로 사실상 정부가 할 수 있는 사업의 범위를 제약하는 측면이 너무 강하다. 따라서 효율적인 사업이 불가능하게 되는 경우가 발생할 수 있다. 반면에 칼도－힉스기준은 이익이 비용보다 크면 보상을 할 필요가 없다고 하기 때문에 정부 사업의 부담이 특정 개인이나 소수의 사람들에게 과도하게 집중될 위험이 크다. 따라서 형평의 문제가 발생할 여지가 크다.

흥미 있는 것은 엄격히 효율성에 기초하여 수용여부와 보상여부에 대한 자신의 기준을 제시한 후 마이클먼은 자신의 기준이 롤즈(J. Rawls)가 제시한 공평(公平)으로서의 정의(justice as fairness)의 기준에도 합치한다는 사실을 증명해 보이고 있다.

롤즈의 정의론은 두 가지 원칙 위에 서 있다. 첫째 원칙은 사회제도는 모든 사회구성원들에게 (타인의 자유를 침범하지 아니하는 범위 내에서) 최대의 자유(maximum liberty)를 확보해 주는 것이어야 한다는 것이다. 둘째 원칙은 차별적 대우(differential treatments)는 다음의 두 가지 조건하에서만 정의롭다는 것이다.

(1) 차별적 대우가 발생할 기회가 모든 사람들에게 평등해야 하고, (2) 그 차별적 대우가 결국은 사회 모든 구성원들에게 유리하며 특히 가장 불리한 대우를

받은 사람들(the least advantaged group)에게도 유리한 것일 때에만 정의롭다는 것이다. 이 두 번째 원칙의 두 번째 조건은 결국 어떤 경우를 의미하는가? 한마디로 차별대우를 하지 아니한 경우보다 차별대우를 한 경우가 중·장기적(中·長期的)으로 사회구성원 모두에게 유리한 것이 되는 경우를 의미한다.

즉 절대평등을 실현한 경우보다 차별대우를 한 경우가 특히 가장 차별을 많이 받았던 사람들을 포함하여 모든 사회구성원들에게 이익이 되는 경우를 의미한다. 예컨대 소득을 생산에 기여한 정도에 따라 분배하는 경우 이는 당장은 차별적 취급이지만 장기적으로 볼 때 국부의 급속한 증대를 결과하여 결국 지금 저소득을 받는 사람에게도(지금 당장 평등한 취급을 하는 경우보다 오히려) 유리한 결과가 되는 경우를 생각해 볼 수 있다. 이러한 경우라면 그 차별은 정의로운 차별이라는 것이다.

이 롤즈의 정의론을 보상의 문제에 적용해 보면 다음과 같이 될 것이다.

첫째, 모든 수용은 반드시 보상을 하여야 한다. 왜냐하면 보상하지 않으면 최대한의 자유가 보장되지 않기 때문이다. 보상을 받지 못하는 특정인에게는 자유침해가 되기 때문이다. 둘째, 다음과 같은 경우에는 수용에 대하여 보상하지 않을 수도 있다. (1) 모든 사람들에게 발생가능성이 동일하고, (2) 보상을 하지 않는 경우가 보상을 한 경우보다 피해자에게도 장기적으로는 유리한 것이 되어야 한다.

(2)에 초점을 맞추어 피해자의 이익보호라는 입장에서 생각해 보자. 피해자의 이익은 다음과 같은 두 가지 종류의 위험 내지 손해가 최소화되는 경우에 보장될 것이다.

첫째는 모든 수용에 보상을 요구함으로써 효율적인 사업을 채택할 수 없게 되어 발생하는 손해이다. 물론 이 손해는 작을수록 좋을 것이다.44) 둘째는 위의 손해를 줄이기 위해서 무보상(無補償) 원칙을 채택했다고 할 때 그 부담이 소수에게만 집중될 위험과 수용사업이익에의 참여가 충분하지 못할 위험이다.

이상의 두 가지 위험 내지 손해를 최소화할 수 있을 때 피해자의 이익이 최대한 보장된다고 볼 수 있다. 그런데 중요한 것은 위에서 마이클먼이 제시한 수용

44) 만일 반드시 보상해야 한다는 조건이 완화되어 보다 많은 효율적인 사업들이 수행될 수 있어 국부가 급속히 증가하는 경우를 상정하면, 현재는 무보상으로 피해를 본다고 하여도 장기적으로는 보상을 강제하는 경우보다(현재의 피해자도) 큰 이익을 볼 수 있으므로 그러한 기회의 상실은 그 자체가 손해라고 보아야 할 것이다.

과 보상의 효율성 기준이 여기서 논의하고 있는 롤즈 식의 정의의 기준과 합치한다는 사실이다. 이 두 가지 기준이 서로 어떻게 하여 일치하게 되는지 살펴보자.

일반적으로 해결비용(解決費用)이 크지 않고 그 사업의 효율성이익(efficiency gains)이 불확실하고 소수의 개인들에게 부담이 집중될 우려가 큰 경우에는 위의 정의의 기준에서 보아, 환언하면 위에서 본 두 가지 손해 내지 위험을 최소화한다는 관점에서 보아 보상을 강제하는 편이 바람직하다. 왜냐하면 해결비용이 크지 않다는 것은 보상을 하여도 곧 첫 번째의 위험(보상강제로 인해 효율적 사업을 수행 못해 발생할 손해가능성)이 크지 않다는 것을 의미한다. 또한 효율성이익이 불확실하다는 것은 나중에 사업이익에의 참여가 충분치 못할 위험이 크다는 것을 의미한다. 따라서 이러한 위험(두 번째 위험)을 줄이기 위해서도 보상을 하는 편이 보다 안전하다. 뿐만 아니라 소수에의 부담의 집중화의 가능성이 큰 경우, 이러한 위험(두 번째 위험)을 막기 위해서도 보상을 하는 편이 바람직하다.

요컨대 위와 같은 경우에는 보상을 하는 편이 보다 정의롭다고 할 수 있다. 그런데 위와 같은 경우란 대부분이 바로 $D>S$이어서 마이클먼 기준에 따르면 반드시 보상해야 하는 경우와 일치한다. 즉 해결비용이 크지 않고 부담이 소수에 집중되어 반도덕비용(demoralizing costs)이 커질 가능성이 높은 경우이다.

역(逆)으로 해결비용이 크고 효율성이익이 확실하고 부담을 많은 사람이 나누어 지게 되는 경우에는 정의의 기준에서 보아 보상을 하지 않는 편이 바람직하다. 그 이유는 해결비용이 큰 경우 반드시 보상을 요구하면 위에서 본 첫 번째의 위험(효율적인 사업을 할 수 없게 되는 위험)이 발생할 가능성이 크기 때문이다.

또한 많은 사람이 부담을 나누고 효율성이익도 확실하면 피해자가 이익에 참여하지 못할 위험이나 소수에게 부담이 과도하게 집중될 위험이 크지 않기 때문에 비록 보상을 하지 아니하여도 위에서 본 두 번째 위험이 발생할 가능성은 크지 않다. 이러한 경우에는 보상하지 않는 편이 정의롭다고 할 수 있다.

그런데 여기서도 바로 이 정의의 기준이 대부분 $S>D$라는 마이클먼의 효율성기준(무보상조건)과 일치한다. 즉 해결비용이 상대적으로 크고 부담이 다수에게 분산되어 반도덕비용이 상대적으로 작은 경우가 된다.[45]

---

45) 위에서 본 바와 같이 마이클먼은 효율성의 기준에서 보상을 해야 할 경우와 해서는 안

이상을 요약하면 롤즈 식의 정의의 기준과 마이클먼 식의 효율성 기준이 대체적으로 일치한다고 결론지을 수 있다.

다른 한편, 마이클먼 이후에도 많은 학자들이 공용수용과 보상에 대한 연구를 해 왔다. 여기에서는 특히 앞에서 언급한 보상의 역설, 즉 완전보상을 하면 토지소유자는 자신의 토지에 과다투자할 위험이 발생하고 반면에 완전보상을 하지 않으면 정부가 과다수용할 위험이 발생하는 문제에 대한 보다 분석적인 논의의 결과를 살펴보기로 한다.46)

어떤 토지가 공용수용될 위험이 전혀 없을 경우 그 토지에 대한 최적투자 정도는 5층 건물을 짓는 것이지만, 공용수용될 가능성이 30%라고 하면 최적투자 정도는 주차장을 짓는 것이라고 하자. 공용수용시 모든 개발투자에 대해 완전보상(full compensation)을 받는다면 토지소유자는 수용될 가능성이 있더라도 이러한 가능성을 고려하지 않고 투자를 함으로써 사회적 관점에서 보아 과다한 정도의 투자(여기에서는 5층 건물 건축)를 하게 될 것이다. 이러한 과다투자를 막기 위해서는 보상액이 투자액과는 독립적인 정액(lump sum)으로 되어야 한다. 정액보상의 특별한 한 형태는 무보상(no compensation)이다. 무보상은 이와 같이 토지소유자로

될 경우를 구별하였다. 그런데 효율성이 아니라 형평의 기준에서 보아 정부의 민간재산권제한이 보상을 필요로 하지 않는 경우가 있음을 로즈 액커먼(Susan Rose-Ackerman)은 지적하고 있다. 그리고 그 경우를 다음과 같이 제시하고 있다. ① 권익권(權益權) 자체에 문제가 있을 때, 예컨대 타인에게 주는 생활방해를 제거하기 위해 정부가 규제에 나서는 경우, ② 초과이윤 내지는 독점적 지대에 대하여 규제하는 경우, 예컨대 독점기업체에 대한 규제의 경우나 혹은 주요 관광지에 있는 토지(이미 독점적 지대를 누리는 토지)의 일부 공용을 병하는 경우, ③ 정부가 민간기업과 동일한 조건 속에서 경제활동을 하여 경쟁을 통하여 민간기업에 준 경쟁적 피해, ④ 정부의 규제가 기업별로 상이한 결과를 가져온 경우 등은 형평의 관점에서 볼 때 정부가 보상하지 말아야 한다고 주장한다. Susan Rose-Ackerman, *Rethinking the Progressive Agenda: The Reform of the American Regulatory State*, The Free Press, 1992, pp. 140-143.

46) L. Blume, D. Rubinfeld, and P. Shapiro, "The Taking of Land: When Should Compensation Be Paid?", 99 *Quarterly Journal of Economics* 71 (1984); W. Fischel and P. Shapiro, "A Constitutional Choice Model of Compensation for Takings", 9 *International Review of Law and Economics* 115 (1989); T. Miceli, "Compensation for the Taking of Land Under Eminent Domain", 147 *Journal of Institutional and Theoretical Economics* 354 (1991) 등 참조.

하여금 과다투자를 하지 않도록 한다는 점에서 바람직한 측면이 있으나, 앞에서 언급한 바와 같이 정부로 하여금 과다수용하게 하는 단점이 있다.

그러면 보상의 역설 문제를 해결하는 방법은 없을까? 하나의 유력한 방안은 수용가능성을 감안한 사회적으로 효율적인 수준의 투자, 즉 적정투자가 이루어진 때의 재산가치까지만 보상해 주는 것이다. 수용가능성이 30%일 때 사회적으로 최적투자 정도가 주차장을 짓는 것이라고 하면, 비록 그보다 더 많이 투자하여 3층이나 5층의 건물을 지은 경우라도 주차장을 지었을 때의 재산가치까지만 보상해 주자는 것이다. 이러한 한정보상(limited compensation)의 방법은 정부의 과다수용 위험을 없앨 뿐만 아니라 토지소유자의 과다투자 문제도 해결하게 된다.

제3장 재산권제도의 선택

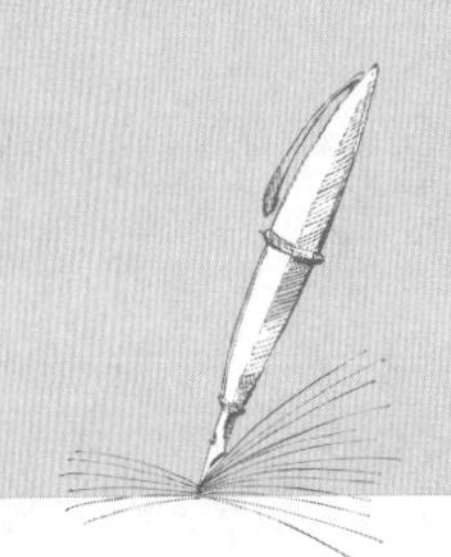

제1절 공유(共有)·국유(國有)·사유(私有)의 선택

우리는 앞에서 재산권제도를 공유(共有, common property)와 비공유(非共有, non-common property) 내지는 비소유(非所有)와 소유(所有)로 나누고 비공유 내지 소유를 개인이 권리주체가 되는 사유(私有, private property)와 국가가 권리주체가 되는 국유(國有, state property)로 나누었다. 비공유 내지 소유의 경우 지방자치단체 등이 권리주체가 되는 공유(公有, public property)를 생각할 수 있으나 이는 원리면에서 국유와 다르지 않기 때문에 앞에서와 마찬가지로 여기서도 별도의 취급을 하지 않기로 한다.

공유(共有), 사유 그리고 국유의 차이를 다시 한 번 정리하고, 어떤 재화의 경우에는 공유로 하고 어떤 재화의 경우에는 사유 혹은 국유로 하는 것이 자원의 효율적 배분에 기여하는 것이 되는가 하는 재산권제도의 효율적 선택의 문제를 살펴보도록 한다.

공유(共有)란 무엇인가? 공유란 한마디로 자원에 대한 비배타적(非排他的)이고 비양도적(非讓渡的)인 권리를 의미한다. 공유의 대상이 되는 재화는 누구든지 자유로이 사용·수익할 수 있으나(비배타성), 아무도 그 재화를 제3자에게 자유로이 양도할 수 없다(비양도성). 반면에 국유란 재화에 대한 배타성은 있으나 양도할 수 없는 권리를 의미한다. 국유의 대상이 되는 재화는 국가가 정하는 특정인들에게만 사용·수익하도록 할 수 있으나(배타성), 그 재화를 사용·수익하는 특정인들은 그 재화를 제3자에게 양도할 수 없다(비양도성). 이에 반하여 사유란 배타성과 양도성을 모두 가진 권리이다. 사유의 대상이 되는 재화는 그 재화의 소유자가 재화에 대하여 타인의 사용·수익을 배제할 수 있을 뿐만 아니라(배타성), 자유로이 그 재화를 제3자에게 처분할 수 있다(양도성). 일반적으로 시장에서 일어나는 대부분의 경제행위는 사유를 전제로 하고 있다. 반면에 정부나 국영기업체 그리고 지방공공단체 등의 경제행위는 국유를 그 배경으로 하고 있다.

재산권구조를 위와 같이 공유·국유·사유로 나눌 때, 한 가지 지적해 둘 사실은 동일한 재화라도 경우에 따라서는 공유도 될 수 있고, 국유 또는 사유도 될 수 있다는 사실이다. 예컨대 모든 사람들이 자유롭게 사용하고 있는 도로는 여기서 말하는 공유이나,[1] 같은 도로에 통행이 과다하여져서 국가가 나서 통행료를 받기 시작하면 이는 국유가 되고, 그 도로를 국가가 개인에게 불하하여 사인이 이를 관리하고 통행료를 받으며 또한 제3자에게 양도도 할 수 있게 된다면 이 도로는 사유가 된다.

이상과 같은 개념정리를 전제로 다음은 재산권구조의 효율적 선택원리를 찾는 문제를 보도록 하자.

재산권제도의 발생원리가 외부효과의 내부화에 있으므로 우선 외부효과가 존재할 때 이에 어떻게 대응할 것인가 하는 문제에서부터 출발하자. 〈그림 2-3〉은 부(負)의 외부효과가 존재하여 어떤 행위(예컨대 공유의 목초지에서의 가축의 방목행위)의 사회적 비용(社會的 費用)이 (자원의 황폐화비용 등이 포함되기 때문에) 사적 비용(私的 費用)보다 높은 것을 보여주고 있다. 사회적으로 바람직한 것은 사회적 한계편익(限界便益, *SMB*)이 사회적 한계비용(限界費用, *SMC*)과 일치하는 수준, 즉 A_2에서 행위의 수준이 결정되는 것이다. 그러나 이를 개인의 자유선택에 맡기면 개인은 자신의 사적 한계편익(*PMB*)이 사적 한계비용(*PMC*)과 일치하는 수준에서, 즉 A_1에서 행위수준을 결정하기 때문에 불가피하게 칠해진 부분인 *Oab* 만큼의 자원의 낭비를 결과한다. 이 자원의 낭비분이 곧 외부효과의 크기이고, 과다한 방목행위로 인한 자원의 황폐화비용이다.

---

1) 한 가지 유의할 점은 여기서 말하는 국유나 공유(共有)는 법률상 용어로서의 국유의 개념과는 반드시 일치하지는 않는다. 법률적으로는 무주물부동산(無主物不動産)은 국유가 원칙이므로(민법 제252조), 여기서 이야기하는 공유, 즉 비소유는 법률적으로는 부동산의 경우 존재할 수 없다.

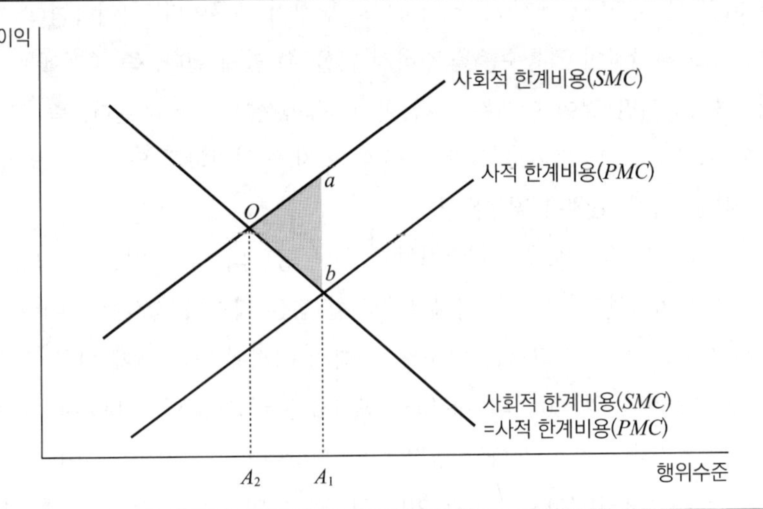

그림 2-3 외부효과

이 외부효과를 줄이기 위해 취할 수 있는 방법은 크게 두 가지가 있을 수 있다. 첫째의 방법은 당해 목초지를 국유화하는 것이다. 그리하여 〈그림 2-3〉에서 보이는 *ab* 만큼의 세금(혹은 목초지 사용료)을 모든 목초지 사용자들에 부과시키거나, 아니면 모든 사용자의 행위수준을 A_2의 수준으로 제한하기 위해 예컨대 법률에 의해 방목가축수(放牧家畜數) 등을 직접규제하는 방법을 취하는 것이다. 앞의 방식, 즉 세금부과 등을 통하여 사적 한계비용곡선을 사회적 한계비용곡선과 일치시킴으로써 목초지 사용자들로 하여금 스스로 자신들의 행위수준을 A_2의 수준에서 결정하도록 간접유도하는 방법을 흔히 가격규제(價格規制, price restriction) 혹은 경제주의(經濟主義, economism)라고 한다. 반면에 뒤의 방식, 즉 목초지 사용자들의 행위수준이 A_2 수준 이상이 되지 못하도록 법령 등에 의해 직접규제하는 방식을 흔히 수량규제(數量規制, quantity restriction) 혹은 법률주의(法律主義, legalism)라고 한다. 여하튼 이 두 가지 방식은 모두 공유였던 목초지를 국유화(國有化)함을 전제로 한다.

외부효과를 줄이기 위한 또 하나의 방법은 당해 목초지를 사유화(私有化)하는 것이다. 그렇게 되면 외부효과는 더 이상 외부효과로 남아 있을 수 없다. 왜냐하면 공유시에 제3자에게 미치던 영향, 즉 외부효과(예컨대 목초지 황폐화비용)가 사유가 되면 곧 자기자신에게 대한 영향으로 변하기 때문이다. 그리하여 스스로 이 외부효과를 감안하여 활동수준을 정하지 않을 수 없게 된다. 즉 종래에는 사회적 한계비용곡선이던 것이 이제는 사적 한계비용곡선이 되어 버린다. 즉 〈그림 2−3〉에서 보면 *PMC*가 *SMC*로 상방이동하여 양자가 일치하게 된다. 그 결과 행위수준은 자연스럽게 A_2에서 결정된다.

이상에서 외부효과를 내부화하기 위한 공유의 국유화방식과 공유의 사유화방식을 살펴보았다. 그런데 여기서 주의할 점은 각각의 방식에 상이한 비용이 든다는 것이고, 동시에 그 비용이 해당 재화의 성격에 따라 크게 다를 수 있다는 것이다. 환언하면 외부효과의 내부화과정에서는 국유화비용 내지 사유화비용이 들고, 그 비용의 크기는 재화의 성격에 따라 상이할 수 있다는 것이다.

국유화비용(國有化費用)이란 어떤 비용을 의미하는가? 외부효과를 내부화하기 위한 정부적 해결비용(government arrangement costs)이 가장 중요한 국유화비용의 하나가 될 것이다. 국유화비용을 *G*라고 한다면 이 *G*에는 〈그림 2−3〉에서의 *ab*를 찾아내어 이를 세금으로 징수하는 비용, 혹은 A_2 수준을 찾아내어 이를 법적 기준으로 만들어 법률로 강제하는 비용 등이 포함된다고 볼 수 있다. 뿐만 아니라 만일 *ab*나 A_2를 제대로 찾지 못하거나 혹은 찾았다 하여도 이를 집행하는 과정에서, 즉 과세나 법적 기준을 강제하는 과정에서 부정과 비리가 발생한다면 이러한 정부실패비용(政府失敗費用)도 여기서의 *G*에 포함시켜야 할 것이다. 요컨대 정부적 해결비용과 정부실패비용(government failure costs)의 합(合)이 여기서의 국유화비용, 즉 *G*가 된다.

다음으로 사유화비용(私有化費用)이란 어떤 비용을 의미하는가? 결국 외부효과를 내부화하기 위한 시장적 해결비용(market arrangement costs)이 가장 중요한 사유화비용의 하나가 될 것이다. 사유화비용을 *M*이라고 한다면, 이 *M*에는 사적 재산권의 설정 및 유지비용 그리고 거래비용을 낮추기 위한 계약법제도의 창출 및 유지비용 등이 포함된다고 볼 수 있다. 뿐만 아니라 만일 독과점현상 등으로 인하여 시장기구에 비효율과 불공정이 발생한다면 이러한 시장실패비용도 여기서의 *M*에 포함시켜야 할 것이다. 요컨대 시장적 해결비용과 시장실패비용(市場失敗費用, market failure costs)의 합이 여기서의 사유화비용, 즉 *M*이 된다.

이상의 논의를 전제로 재산권구조의 효율적 선택원리는 다음과 같이 정리할 수 있을 것이다.

첫째, 외부효과(*EX*)의 크기가 국유화비용이나 사유화비용보다 작을 때에는 비록 어느 정도 자원의 낭비(비효율)가 있다 하여도 이를 그대로 용인하는 편이 좋다. 즉 $EX<M$이고 동시에 $EX<G$일 때는, 즉 〈그림 2-3〉에서의 칠해진 부분인 *Oab*의 크기가 *M*이나 *G*보다 작을 때에는, 공유를 그대로 유지함이 바람직하다는 이야기이다. 그것이 보다 효율적 선택이라는 것이다. 예컨대 수요에 비하여 공급이 대단히 풍부한 자원의 경우라면 그러한 자원의 경우에는 외부효과의 크기는 결코 크지 않기 때문에 공유가 보다 효율적인 재산권구조가 될 가능성이 높다.

둘째, 외부효과의 크기가 국유화비용이나 사유화비용보다 크고 동시에 국유화비용이 사유화비용보다 클 때에는 그 자원 내지 재화를 사유화하는 것이 효율적인 선택이 된다. 즉 $EX>G>M$이거나 $G>EX>M$일 때는 사유를 택하라는 것이다. 그리고 자원배분의 효율성 제고는 시장기구에 맡기는 것이 바람직하다. 대부분의 재화는 이 범주에 속한다고 본다.

셋째, 외부효과의 크기가 국유화비용이나 사유화비용보다 크고 동시에 사유화비용이 국유화비용보다 클 때에는 그 재화나 자원을 국유화하는 것이 효율적인 선택이 된다. 즉 $EX>M>G$이거나 $M>EX>G$일 때는 국유를 택하라는 것이다. 그리고 이러한 경우 자원배분의 효율성 제고는 정부기구가 담당하는 것이 바람직하다. 예컨대 토지 등과 같이 공급 자체가 제한되어 있는 경우나 사회간접자본분야(교통·통신·전기) 등과 같이 다른 산업 분야에 주는 영향이 큰 경우에는 외부효과가 대단히 클 수 있다. 만일 이러한 분야에 독과점 등 시장실패현상이 나타난다면(예컨대 소수에 의한 토지의 과다보유와 사회간접자본의 자연독점화 등) *M*이 *G*보다 커질 가능성이 높고 그러한 경우에는 사유가 아니라 국유가 효율적 선택이 된다. 그리고 국가가 직접 자원배분의 효율성 제고에 노력하는 편이 보다 바람직할 수 있다.

끝으로 한 가지 지적할 사실은 지금까지는 재화의 성격이나 그 재화의 수급상황(需給狀況)의 특징에 따라 어떤 재산권제도가 보다 바람직한가를 보았으나, 실은 사회의 크기에 따라서도 어느 것이 바람직한 재산권제도인가가 크게 달라진다는 사실이다. 그 주된 이유는 사회의 크기에 따라 외부효과의 크기, 국유화의 비용 그리고 사유화의 비용이 크게 달라지기 때문이다. 이에 대한 논의는 이 문제에 대하여 비교적 명쾌하게 정리한 해롤드 뎀세츠(Harold Demsetz)의 주장을 직접 소개하는 것으로 대신하고자 한다.

> "사회의 크기가 커질수록 사회의 여러 조건들이 사유제도(私有制度, private ownership)를 선호하게 된다. 사회가 커질수록 중앙집권적으로 국가의 직접통제하에서 사회를 운영한다는 것이 점점 어려워진다. 사회가 일정한 규모 이상이 되면 사회 각 부문의 협동을 조직화해 내는 관료비용(bureaucratic costs)이 급속히 상승한다. 사회의 크기가 커지면서 사유제도에 대한 의존도 불가피하게 증가한다. 효율적인 분권화(分權化)는 사실상 사유제도로의 이행 없이는 이루어질 수 없다. 왜냐하면 사유화(privatization)란 자원의 소유자인 개인들이 자신들의 (자원활용)행위에 대하여 직접 책임을 지는 것을 의미하기 때문이다. 국유의 경우에 관료들은 자신들의 (자원활용)행위에 대하여 사유의 경우 개인들이 책임을 지는 것보다 훨씬 적게 책임을 진다. 그런데 결과에 대하여 책임을 진다고 하는 것(자기책임의 원리)이 모든 효율적인 유인체계(誘因體系)의 기본적 전제이다(this 'bearing of consequences' is prerequisite to an effective incentive system). 따라서 사회가 커질수록(국제사회와의 단절을 도모하지 않는 한) 사유제를 제도화하지 않을 수 없게 된다. 그리하여 사회가 개인에서 가족으로, 가족에서 종족으로, 그리고 작은 나라에서 큰 나라로 커질수록 보다 많이 사유제에 의존하게 된다."[2)]

제 2 절 유동물 등에 관한 재산권: 선점(先占)의 원칙

우리는 지금까지 앞에서 자원에 대한 재산권의 확정, 즉 재산권의 범위와 그 권리주체의 확정이 자원의 효율적 활용에 기본적 전제가 됨을 보았다. 따라서 이 재산권의 확정은 대단히 중요한 문제이다. 이 재산권의 확정문제와 관련하여 여기서는 논쟁의 여지가 많은 두 가지 문제만을 분석해 보도록 한다. 첫째는 예컨대

---

2) Harold Demsetz, *Ownership, Control and the Firm: The Organization of Economic Activity*, Vol. 1, Basil Blackwell, 1988, p. 24.

야생동물이나 물고기 등 소위 유동물(流動物, fugitive property)의 경우나 지하의 천연자원에 대해 누구에게 재산권을 귀속시킬 것인가 하는 문제이고, 둘째는 지적 생산활동의 산물인 발명·아이디어·정보 등에 대한 재산권 확정의 문제이다. 소위 지식재산권의 문제이다. 이 두 가지 문제에 대하여 살펴보도록 하자.

대부분의 자원의 경우에는 독립의 물건(物件)으로서 특정하기가 용이하여 누구에게 그 권리를 귀속시킬 것인가를 정하는 재산권의 확정이 그다지 어렵지 않다. 그러나 야생동물, 지하 온천수 등의 유동물의 경우에는 누구에게 그 자원에 대한 재산권을 귀속시킬 것인가를 확정하는 것이 결코 쉬운 일이 아니다. 이 유동물의 재산권 확정과 관련하여 두 가지 법정책방향을 생각해 볼 수 있다.

첫째는 당해 자원을 선점한 사람에게 재산권을 인정하는 방법이다.

둘째는 당해 자원이 존재하는 토지를 소유한 사람에게 그 재산권을 인정하는 방법이다.

이상 두 가지 법정책의 문제점들을 비교·분석해 보자. 우선 선점(先占)의 원칙(rule of first possession)에 의한 재산권 확정방법이 가지고 있는 최대의 문제는 선취(先取)를 위한 과다투자(過多投資, pre-emptive over-investment)가 일어날 수 있다는 점이다. 그리고 그 과다투자는 사회적 관점에서 볼 때 낭비적이고 비효율적이라는 점이다. 그러면 왜 선점의 원칙은 선취를 위한 과다투자를 결과하는가? 선점의 원칙을 전제로 할 때 일반적으로 선취를 위한 투자는 두 가지 종류의 이익을 투자자에게 가져온다. 첫째는 생산적 투자수익(生産的 投資收益, productive return)이다. 이는 자원의 생산적 활용도를 높여 자원의 생산적 가치를 높임으로써 발생하는 수익이다. 예컨대 지하에 있는 천연가스를 발견하여 발굴해 내는 것과 같이 자원의 생산적 가치 내지 생산적 활용가능성(productiveness)을 높임으로써 발생하는 투자수익이다. 둘째는 투기적 투자수익(投機的 投資收益, speculative return)이다. 이는 단순히 재산권의 이전으로 인해 발생하는 이익이다. 대상 자원의 생산적 가치를 높이는 것이 아니라 그 자원에 대한 재산권이 이전되어, 즉 생산적 자원이 무주물에서 특정인의 소유로 이전됨으로써 그 특정인에게 발생하는 이익이다. 사회적 관점에서 보면 생산적 투자수익을 위한 투자는 국부의 증대에 기여하기 때문에 바람직한 투자라고 볼 수 있다. 그러나 투기적 투자수익을 위한 투자는 국부의 증대에 기여하는 것이 아니라 단순히 국부의 분배를 결과하는 것이므로 사회적 관점에서 보아 가치증식적인 것은 아니다. 환언하면 자원배분의 효율성 제고에 기여하는 투자라고 할 수 없다.

예컨대 무주(無主)의 토지에 누구든지 담장을 먼저 치면 담장을 친 부분에 대하여는 곧 선점의 원칙에 따라 재산권을 인정한다고 하자. 이러한 경우 담장을 치는 것은 두 가지 효과를 가져올 수 있다. 하나의 효과는 담장을 침으로써 야생동물들이 함부로 들어올 수 없게 되어 그 땅에 안심하고 농작물을 심을 수 있게 됨으로써 얻는 이익이다. 이는 그 토지의 생산적 가치를 높이는 것이다. 다른 하나의 효과는 그 담장을 먼저 친 사람에게 소유권이 귀속된다고 하는 것이다. 이는 토지의 생산적 가치를 높이는 활동 내지 효과와는 아무 관계가 없다. 그 토지에 대하여 소유권을 획득하는 사람에게는 이익이 되는 효과가 되지만, 사회적으로 이익이 되는 효과는 아니다.[3] 국부의 증대나 자원의 효율적 활용에 기여하는 효과가 아니기 때문이다. 전자가 앞에서 이야기한 생산적 투자수익이고 후자가 투기적 투자수익이다.

사회적 관점에서 보아 바람직한 것은 선취를 위한 투자의 한계비용이 생산적 투자의 한계편익과 만나는 수준에서 선취투자(先取投資)가 이루어지는 것이다. 그러나 개인의 입장에서 보면 선취를 위한 투자수준을 선취투자의 한계비용이 생산적 투자와 투기적 투자의 합(合)의 한계편익과 만나는 수준에서 결정하는 것이 이익의 극대화가 된다. 따라서 선점한 사람에게 권리를 주는 법정책하에서는 사회적으로 바람직한 수준 이상으로 과도한 선취투자가 일어날 수밖에 없다. 따라서 예컨대 야생동물에 선점의 원칙을 적용하면 야생동물에 대한 과도한 수렵(狩獵)이 일어난다. 오늘날 문제가 되고 있는 고래나 물개 등 해양동물에 대한 과도한 포획의 문제도 이들 해양동물에 대한 재산권관계가 사실상 선점의 원칙에 따라 확정되기 때문에 발생하는 현상이다.[4]

---

3) 자원에 대한 재산권의 확정 자체는 외부효과를 내부화하고 자원의 생산적 활용도를 높이기 때문에 국부 증대에 기여한다. 그러나 그 재산권이 특정인에게 귀속되기 때문에 사회가 이익을 추가로 보는 것은 없다. 누구에게 귀속되든지 재산권을 확정함으로써 자원의 보다 효율적 활용이 가능해져 얻는 사회적 이익이 있을 뿐이다. 재산권관계가 확정되어 사회가 얻는 이익과 그 재산권이 특정인에게 귀속되어 그 특정인이 얻는 이익은 구별해야 한다.

4) 공유(共有)의 비극(tragedy of the commons)에서 일어나는 자원에 대한 과도한 착취

선점의 원칙은 이상과 같이 선취를 위한 과도한 투자와 과도한 경쟁이 일어날 수 있다는 문제점이 있는 반면, 이 법정책의 가장 큰 장점은 누구에게 유동물(流動物)에 대한 소유권을 부여할 것인가에 대하여 비교적 간단명료한 답을 구할 수 있다는 점에 있다. 환언하면 재산권확정을 위한 비용이 상대적으로 적게 든다는 장점을 가지고 있다. 예컨대 지하 천연가스의 소유자를 확정하는 문제를 생각해 보자. 만일 여기에 선점의 원칙을 적용하면 그 천연가스가 어디까지는 누구 소유 토지의 지하에 있었고 어디까지는 누구 소유 토지의 지하에 있었다든가 등을 논할 필요 없이 제일 먼저 채굴한 사람에게 그 소유권이 귀속하게 된다. 따라서 재산권확정이 대단히 용이하고 비용이 적게 든다.

두 번째의 법정책 방향은 유동물의 재산권관계를 그 유동물이 존재하는 토지를 소유한 사람에게 귀속시키는 방법이다. 사실은 반드시 토지가 아니더라도 상관없다. 무엇인가 쉽게 관찰될 수 있는 기존의 재산권에 연계시켜 유동물의 재산권관계를 확정하는 방법이다. 흔히 관찰하기 용이하고 사전에 확정하기 쉬운 것이 토지이기 때문에 토지와 연계하여 유동물의 재산권관계를 확정하는 방법이 자주 사용된다. 이 방법을 따르면 야생동물의 소유자는 그 야생동물이 살고 있는 토지의 소유자가 된다. 천연가스의 소유자는 그 천연가스가 매장되어 있는 토지의 소유자가 된다. 바다 속 물고기에 대한 소유권도 그 바다의 해저(海低)의 소유자에 속하게 된다.

이 두 번째 법정책의 장점은 선점의 원칙이 지배할 때와 달리 투기적 투자이익이 없기 때문에 선취를 위한 과도한 투자, 즉 비효율적인 투자가 발생하지 않는다는 데 있다. 반면에 단점은 당해 자원이 유동물이기 때문에 누구의 토지 위의 물건이었는지를 증명하기가 용이하지 않아 재산권확정비용이 많이 든다는 점이다. 또한 유동물이기 때문에 확정 후에도 재산권관계의 관리비용이 많이 든다. 예컨대 천연가스의 경우 채취한 당해 천연가스가 누구 소유의 어느 지하에 매장되어 있던 것인지를 구별하는 것이 결코 용이하지 않다. 또 구별한 후에도 재산권관계를 관리하는 것이 용이하지 않다. 지하 속에서는 가스들이 존재하는 여러 공간들이 서로 연결되어 있고 수시로 이동하기 때문이다.

(overexploitation) 문제가 여기서도 발생한다.

두 가지 법정책 모두가 장단점이 있다. 따라서 쉽게 특정하기 어려운 유동물의 경우에는 두 가지 법정책의 장단점을 비교형량(比較衡量)하여 그 재산권자를 확정하는 원칙을 세워야 할 것이다. 예컨대 재산권자의 특정비용이나 재산권관계의 관리비용이 크지 않고 그 대신 선점을 위한 낭비적 과다투자, 자원의 과도한 착취 등이 일어나는 것이 보다 큰 문제라고 판단되는 경우에는 두 번째의 법정책, 즉 유동물이 존재하던 토지의 소유자에게 재산권을 부여하는 방식이 보다 효율적인 방식이 될 것이다. 반면에 선취를 위한 과도한 투기적 투자와 자원에 대한 과도한 착취의 가능성이 크지 않은 대신에 재산권의 특정 비용과 관리비용이 많이 발생할 것이 예상되는 경우에는 당해 유동물의 재산권관계는 선점의 원칙에 따라 해결하는 것이 보다 효율적인 법정책이 된다.

이러한 의미에서 예컨대 우리나라 민법 제252조 제1항의 무주물 선점(無主物先占)의 규정, 즉 무주의 동산은 소유의 의사로 점유한 자에게 소유권이 귀속된다고 한 규정이나 민법 제254조의 매장물의 소유권 규정은 선점의 원칙을 적용해도 과도한 투기적 투자와 자원에 대한 과도한 착취 등의 문제가 사실상 크지 않고 그 대신 소유권을 당해 동산이 존재하던 토지 등과 연계시켜 확정하는 방법에는 많은 비용이 든다는 판단 등이 전제되어 있다고 해석할 수 있다.

그러나 여하튼 무주물 선점의 원칙을 적용하면 어느 정도의 투기적 투자 내지는 자원에 대한 과다한 착취가 일어난다. 예컨대 야생동물이나 바다 속의 물고기 등의 경우를 생각해 보자. 이들에 대하여 우리나라의 경우에는 앞의 민법 규정에 의해 선점의 원칙이 적용되기 때문에 불가피 투기적 투자나 과도한 자원착취(과도한 수렵이나 어획)가 일어난다. 그리하여 이 투기적 투자나 과도한 착취문제에 대하여 법정책적 대응책을 마련하지 않을 수 없다. 비록 부분적이지만 그러한 정책대응의 하나가 「야생생물 보호 및 관리에 관한 법률」이나 수산업법(水産業法)상의 특정 종류의 포획이나 어획에 대한 제한규정들이라고 본다.

제 3 절
지식재산권

정보·아이디어·저작·발명 등의 지적 생산물은 대단히 가치 있는 자원들이다. 이들 가치 있는 자원의 효율적 생산과 활용을 위하여 어떠한 재산권구조가 바람직할까? 이 문제에 답하기 위해서는 우선 이들 지적 생산물들이 가지는 특징 내지 특수성을 확실하게 이해하여야 한다. 이들 지적 생산물이 가지는 가장 중요한 특징의 하나는 첫째가 생산비용은 많이 들지만 제3자에게 이전하는 비용은 별로 들지 않는다는 점이다. 따라서 지적 생산물을 생산하기 위해 비용을 지불한 사람이 그 생산물을 판매하여 그 노력에 대한 대가를 회수하기가 곤란하다. 왜냐하면 일단 지적 생산물을 판매하면 이를 구매한 사람들이 제3자에게 그 지적 생산물을 복제(複製)하여 판매함으로써 쉽게 경쟁자로 등장할 수 있기 때문이다. 제3자에게 이전하는 비용이 적어서 구매자가 모두 잠재적 경쟁자가 될 수 있다는 것이다. 여하튼 대부분의 지적 생산물의 소비자들은 가능하다면 서로가 무임승차를 하려 든다. 지적 생산물을 생산자로부터 직접 사지 아니하고 이전비용만 지불하고 구매자로부터 구입하려고 노력을 하게 된다. 결국 소비에 있어 배제성(排除性)이 약하다는 것이다. 정보(情報)의 경제학에서는 이러한 특징을 정보의 비전유성(非專有性, non-appropriability)이라고 부른다.

지적 생산물이 가지는 두 번째 특징은 많은 사람들이 사용하면 할수록 그 가치가 증대한다는 점이다. 일단 생산된 지적 생산물의 사회적 가치란 결국 보다 많은 사람들이 이를 사용하여 효용을 올릴수록 커진다고 볼 수 있다. 이는 결국 나의 소비가 남의 소비를 방해하지 않기 때문에 나타나는 현상이다. 환언하면 소비에 있어서 비경합성(非競爭性)이 있기 때문이다. 앞에서 본 비배제성(non-exclusion)과 지금 지적한 비경합성(non-rivalry)을 합치면 결국 지적 생산물이란 전형적인 공공재적(公共財的) 성격을 가지고 있다고 볼 수 있다.

국방(國防)이라든가 공원(公園) 등의 경우와 마찬가지로 지적 생산물의 경우도 공공재의 성격이 강하기 때문에 민간시장에만 맡겨 놓으면 지적 생산물이 결코 사회적으로 바람직한 수준까지 생산되기 어렵게 된다. 많은 소비자들이 무임승차를 하려 들 것이고 따라서 생산자는 자신의 투자에 대하여 충분한 이익회수가 어렵게 되므로 생산활동을 줄일 것이기 때문이다. 결국 지적 생산물의 과소생산이 결과된다고 볼 수 있다.[5] 여기서 정부개입의 필요가 나온다. 그러면 어떤 식의 정부의 개입을 생각해 볼 수 있을까?

첫째는 정부가 직접 지적 생산물을 생산하는 방법이다. 둘째는 민간의 지적 생산활동을 보조금을 통해 지원하는 방법이다. 실제로 이 두 가지 방법은 현재도 사용되고 있는 방법이다. 예컨대 일기예보에 대한 정보나 교통정보 등은 정부가 직접 생산하여 공급하고, 기초과학에 대하여는 정부가 그 연구개발에 있어(R&D) 재정에서 보조금을 지급하고 있다. 정부출연연구소도 세우고 있다. 셋째는 지적 생산물에 대하여 재산권을 인정하는 방법이다. 소위 지식재산권제도(intellectual property right)의 도입이다. 넷째는 지적 생산물의 생산에 대하여 정부가 직접 보상하고 그 생산물을 공유화(共有化: 모든 사람이 자유스럽게 활용할 수 있도록)하는 방법이다.

지식재산권제도란 지적 생산물에 대한 재산권 설정을 통하여 지적 생산물의 배제성 내지 전유성(專有性)을 높임으로써 소위 무임승차 등의 현상을 막아 생산자의 투자이익을 확보하게 해 주는 제도이다. 그렇게 함으로써 결국 지적 생산활동에의 투자유인을 제공하여 투자를 자극·권장하기 위한 제도이다. 이 지식재산권제도는 본래 특허제도(patent system), 저작권제도(copyright system), 상표권제도

---

5) 정부 불개입시의 정보의 과소생산설(過少生産設)이 지금까지의 지배적 이론이다. 그러나 이에 대한 설득력 있는 반론들이 나오고 있다. ① 우선 정부의 개입 없이도 적정생산이 가능하다는 주장이다. 이는 정보에 비록 일반적인 비전유성이 있으나 간접적으로 전유성을 확보할 수 있는 길을 가질 수 있어 이를 통하여 투자이익을 회수할 수 있다는 주장이다. 예컨대 일기예보에 대한 정확한 정보를 생산한 사람이 있다면 그는 이 지적 생산물을 판매하지 않고도(따라서 비전유성이나 무임승차를 두려워할 필요가 없이) 오히려 이를 이용하여 곡물의 수급과 가격변동을 예상하여 선물시장(futures market)에 전략적 투자를 함으로써 지적 생산에 들인 투자의 수익을 간접적으로 회수할 수 있다는 주장이다. ② 과소생산이 아니라 오히려 과다생산되는 경향도 있다는 주장이다. 예컨대 특정 전략적 기술의 개발을 위한 경우 등에는 경쟁기업 간에 과도한 중복투자가 일어나 정보의 과다생산도 가능하다는 주장이다. 앞의 주장은 J. Hirschleifer, "The Private and Social Value of Information and the Reward to Innovative Activity", 61 *American Economic Review* 561 (1971)을 참조하고, 뒤의 주장은 R. Posner, "The Social Costs of Monopoly and Regulation", 83 *Journal of Political Economy* 807 (1975)을 참조하라.

(trademark system) 등 세 분야로 나누어 생각해 볼 수 있으나 여기서의 논의는 일단 특허제도를 중심으로 한다.

특허제도와 관련한 첫 번째의 법정책 문제는 최적의 특허존속기간(特許期間, optimal patent life)을 어느 정도로 하는 것이 바람직한가이다. 우리 나라의 특허법에 따르면 특허권의 존속기간은 20년이 원칙이고 특수한 경우에는 5년까지 연장이 가능하다(특허법 제88조, 제89조). 이들 기간은 과연 합리적인가? 이에 답하기 위해서는 특허제도의 사회적 비용과 사회적 이익을 함께 생각해 보아야 한다. 일반적으로 특허제도는 두 가지 사회적 비용을 수반한다. 따라서 특허기간을 길게 하면 할수록 이 두 가지 사회적 비용이 증가한다.

첫째 비용은 특허권을 가진 회사와 경쟁관계에 있는 회사들이나 혹은 그 특허발명을 사용해야 할 입장에 있는 회사들이 그 발명을 대체할 수 있는 방법이나 기술을 개발하기 위해 투자를 계속하기 때문에 발생하는 비용이다.

둘째 비용은 소비자들에게 발생하는 비용이다.[6] 특허란 본래가 일종의 법률적 독점(legal monopoly)의 창출이다. 따라서 소비자들은 불가피하게 제한된 공급과 높은 독점가격으로 특허물을 소비해야 한다. 이것은 분명히 큰 사회적 비용이다. 특히 지적 생산물에는 앞에서 지적하였듯이 소비의 비경합성이 있어서 보다 많은 사람들이 사용하면 할수록 그 생산물의 사회적 가치가 증대하는(국민의 총효용이 증대하는) 특징을 가지고 있다. 그런데 이를 법률적으로 막는 것이 특허제도이기 때문에 그만큼 사회적 비용을 유발한다고 볼 수 있다.

물론 특허제도는 사회적 이익을 창출한다. 그것은 이미 앞에서 지적하였듯이 지적 생산활동을 자극하고 권장하는 유인을 제공한다는 이익이다. 따라서 최적의 특허기간이란 이 특허제도가 가지고 있는 사회적 이익과 앞에서 본 사회적 비용이 조화되고 균형되는 수준에서 결정되어야 할 것이다. 이 관계를 나타낸 것이 〈그림 2-4〉이다. 〈그림 2-4〉를 보면, 특허기간이 길어지면 길어질수록 특허라는 독점이 만드는 사회적 비용이 증가함은 물론 그 증가률도 증가할 것이기 때문에, 특허라는 독점의 사회적 한계비용(*MSCM*: marginal social cost of monopoly)은 증가

6) 여기서의 소비자란 최종소비자만이 아니라 당해 발명을 사용하여 다른 상품을 만들어야 하는 생산자도 포함한다.

하여, 그 곡선은 우상향하는 것으로 나타난다. 반면에 특허기간이 길어지면 길어질수록 특허제도가 유도하는 발명을 위한 연구활동이 왕성해지는 것은 틀림없으나 그 증가율은 하락하리라고 본다. 따라서 특허의 사회적 한계편익(*MSBP*: marginal social benefit of patent)은 시간이 지남에 따라 감소하여, 그 곡선은 우하향하는 것으로 나타나고 있다. 그리하여 이 두 곡선이 만나는 *A*점에서 최적의 특허기간이 결정됨을 〈그림 2-4〉는 보이고 있다. 따라서 우리 나라 특허법이 특허기간으로 정하고 있는 20년이 〈그림 2-4〉의 *T**에 해당하는가 여부가 문제가 될 수 있다.

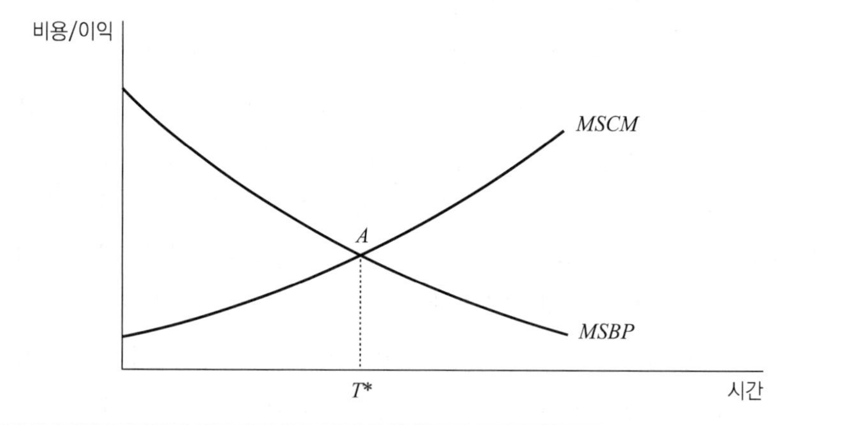

그림 2-4 최적특허기간의 결정

또 하나의 문제는 만일 발명에도 중요한 발명(major invention)과 덜 중요한 발명(minor improvement)이 있고, 어려운 발명과 단순한 발명이 있는데, 이 둘을 구별하지 아니하고 모두 20년의 특허기간을 일률적으로 적용하는 것이 과연 바람직한가 하는 것이다. 특허제도가 독점을 창출하기 때문에 사회적 비용을 야기한다는 사실에 대한 정확한 인식이 있다면 이중기간제도(二重期間制度, two-tiered patent system)도 생각해 볼 수 있을 것이다. 예컨대 중요하고 어려운 발명에 대하여는 20년 혹은 25년을, 그리고 단순하고 덜 중요한 발명에 대하여는 5년 혹은 10년을 특허기간으로 할 수도 있을 것이다.[7] 그렇게 함으로써 발명유인에 크게

7) 참고로 우리나라에서 실용신안권의 존속기간은 10년으로 되어 있다.

부(負)의 영향을 주지 않으면서 특허의 사회적 비용을 가능한 한 낮출 수 있을 것이다.[8)]

특허제도와 관련되는 두 번째 법정책 과제는 특허제도가 반경쟁적 목적에 이용되는 것을 어떻게 막을 것인가이다. 예컨대 특허를 선반 위에 올려 놓고 의도적으로 사용하지 않는 행위(patent shelving) 혹은 타회사의 사용을 갑자기 중단시키는 행위(patent blitzing) 등을 통하여 경쟁자를 도태시키고 시장의 독점화를 기도하는 경우 이를 어떻게 막을 것인가이다. 이 문제에 대하여는 「독점규제 및 공정거래에 관한 법률」을 통한 규제도 어느 정도 가능하다. 우리나라 독점규제법 제59조를 보면 무체재산권(無體財産權)의 권리행사라고 인정되는 행위에 대하여만 동법의 적용을 배제하고 있기 때문에 정당한 권리행사라고 보이지 않는 행위를 규제할 수 있음은 물론이다. 그러나 무엇으로 정당한 권리행사와 부당한 권리행사를 구별할 것인가? 시장결과로 판단할 것인가 아니면 행위자의 의도로 판단할 것인가?

특허제도 내에서도 이 문제에 대처하는 법정책을 구상해 볼 수 있다. 하나의 방법은 특허권자에게 매년 일정한 세금 혹은 특허갱신료(特許更新料)를 납부하도록 하는 방법이다. 세금이나 갱신료를 납부하지 않으면 특허권을 취소한다. 그리고 특허기간이 장기화될수록 환언하면 법정특허기간의 만기에 가까워질수록 세금이나 갱신료의 금액을 올리는 방법이다. 이렇게 함으로써 특허기간의 효율적 단축을 유도하여 특허라는 독점의 일반적·사회적 비용을 줄일 뿐만 아니라 특허를 반경쟁적 목적에 활용할 수 있는 가능성(특허를 장기간 의도적으로 사용하지 않는 행위 등)을 줄인다.[9)] 그러면 얼마를 세금이나 특허갱신료의 형태로 납부시키는 것이

---

8) 한 가지 추가로 지적할 사항은 앞으로 정보·아이디어·발명 등의 지적 생산물의 생애주기가 점점 짧아질 가능성이 높다는 점이다. 따라서 장기적으로는 특허기간의 점진적 단축이 불가피할 수도 있고 정책적으로는 오히려 바람직한 것이 될 수도 있다.

9) 이 제도를 활용하고 있는 독일의 경우 실제로 법정특허기간을 모두 채우는 경우는 전체의 8%에 불과하고, 평균특허기간도 실제는 8년이 안 된다. 특허라는 독점의 사회적 비용을 줄이는 데 이 제도가 크게 기여하고 있다. R. Cooter and T. Ulen, *Law and Economics*, 6th edition, Pearson Education, 2012, p.123. 우리나라 특허법에서도 특허권자는 매년 특허료를 납부하여야 하며, 이를 납부하지 아니하면 특허권은 소멸하는 것으로 되어 있다(제79조 및 제81조 참조).

바람직할까? 〈그림 2－4〉의 그림을 보면 세금 내지 갱신료의 크기는 특허라는 독점의 사회적 한계비용($MSCM$)의 크기와 일치시키는 것이 바람직하다. 즉 〈그림 2－4〉에서의 독점의 사회적 한계비용곡선과 X축(시간) 사이의 수직거리가 세금 내지 갱신료의 크기가 되어야 한다. 그래야 당사자들이 자발적으로 한계편익과 한계비용이 일치하는 T^* 수준에서 특허권을 포기하게 된다.

다른 하나의 방법은 특허의 강제실시(compulsory licensing)를 제도화하는 것이다. 시장에서의 반경쟁적 목적을 가지고 특허권을 악용하는 경우에 법원이 일정한 수수료 지불을 조건으로 제3자에게 그 특허를 사용할 수 있도록 하는 제도이다.[10] 이러한 강제실시정책도 반경쟁적 목적을 가지고 특허권을 악용하는 사례를 막는 데 어느 정도 유효하리라 본다.

다음은 지적 생산물의 과소생산을 막기 위한 정부개입의 네 번째 방법인 지적 생산에 대한 정부의 직접보상(direct compensation) 내지 포상(褒賞)과 생산물의 공유화(共有化) 방식을 보도록 하자. 이는 현행의 지식재산권제도에 대한 비판에서 시작되는 주장이고 모색되는 대안이다. 즉 지적 생산물에 대하여 재산권을 창설하면 불가피하게 생산물의 공급이 독점되어 그에 따라 고가격, 제한적 공급 등의 사회적 비용이 수반된다. 그런데 지적 생산물이란 많은 사람이 사용하면 할수록 사회적 가치가 증대하는 특징을 가진 재화이므로 실은 가능한 한 많은 사람들이 사용할 수 있도록 함이 바람직하다. 그런데 그렇게 하지 못하는 주된 이유가 지적 활동에의 투자유인을 제공하기 위해 지식재산권제도를 설정하였기 때문이다.

그렇다면 하나의 대안은 지적 생산활동에 대하여 정부가 직접포상을 함으로써 지적 활동에의 투자유인을 제공하고 다만 생산된 지적 생산물은 공유화하여 가능한 한 많은 사람들이 적은 비용으로(정보이전비용 정도로) 자유롭게 소비할 수 있도록 해야 한다는 주장이다. 예컨대 특정 발명에 대하여는 그 사회적 가치를 감안하여 정부가 충분한 유인이 될 수준에서(당해 발명자뿐 아니라 여타 경쟁적 연구자들에게도 충분한 유인이 될 수준에서) 발명자에게 직접 포상하고, 일단 발명된 아이디어·정보 등은 누구나 자유롭게 사용하도록 하자는 것이다. 그렇게 하면 발명이나 연구활동을 위한 적정유인을 제공할 수 있으면서도 지적 소유권이란 독점적 권리가 가져오는

10) 우리나라 특허법은 제107조 이하에서 통상실시권 설정의 재정(裁定) 제도를 규정하고 있다.

사회적 비용은 유발시키지 않을 수 있다는 것이다. 특히 독점행위의 사회적 비용이 큰 분야에서는 도입을 심각히 고려해 볼 수 있는 법정책이라고 본다.[11)]

11) 지식재산권의 문제 중에서도 특히 특허제도의 문제와 관련하여서는 흥미 있는 이론적·정책적 논의가 많다. 이들 문제를 비교적 잘 정리한 책으로는 W. S. Bowman, *Patent and Antitrust Law: A Legal and Economic Appraisal*, University of Chicago Press, 1973을 참조하라.

제4장 재산권제도와 경제발전

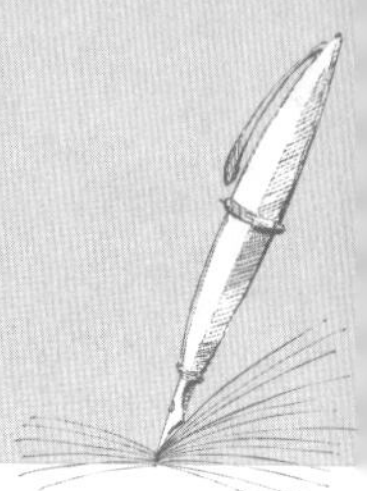

제 1 절 재산권제도와 자원배분 메커니즘

어느 사회 어느 시대든지 반드시 해결하여야 할 하나의 근본적인 경제문제가 있다. 즉 무엇을 얼마나 생산할 것인가 그리고 어떻게 생산할 것인가 하는 문제가 그것이다. 이것을 자원배분(資源配分, resource allocation)의 문제라고 한다. 무엇을 얼마나 생산할 것인가는 한 사회가 생산하여야 할 재화의 종류와 양에 대한 것이다. 예컨대 생산재는 얼마를 생산하고, 소비재는 얼마를 생산할 것인가 등의 결정이 이에 속한다. 이 결정은 사실상 오늘의 소비를 위해 보다 많이 생산할 것인가 아니면 내일의 소비를 위해 보다 많이 생산할 것인가의 선택을 의미한다. 생산재를 보다 많이 생산하는 사회는 내일을 중시하고 다음 세대의 소비를 중시하는 사회이고, 소비재 생산에 보다 많이 치중하는 사회는 그 반대이다. 같은 소비재 중에도 사치재(luxury goods)를 많이 생산하는가 아니면 필수품(necessity)을 보다 많이 생산하는가에 따라 그 사회가 어느 소비자의 소비와 효용을 보다 중시하는가, 즉 고소득자의 효용과 소비를 보다 중시하는가 아니면 저소득자의 효용과 소비를 보다 중시하는가가 나타난다. 따라서 무슨 물건을 얼마나 생산할 것인가를 결정하는 문제는 단순히 생산의 문제로 끝나는 것이 아니라 소비의 양과 소비의 분배를 결정한다. 뿐만 아니라 생산재 생산을 확대하면 생산재 산업에 종사하는 사람들의 소득이 상대적으로 높아지고 사치재 생산을 확대하면 사치품 산업에 종사하는 사람들의 소득이 상대적으로 높아진다. 따라서 생산의 결정은 소득의 분배에도 영향을 준다.

다음으로 살펴볼 문제는 어떻게 생산할 것인가의 문제이다. 이 문제는 결국 생산기술과 생산조직을 선택하는 문제가 된다. 사기업(私企業)이라는 민간조직을 통하여 생산할 것인가 아니면 정부가 국영기업을 통하여 직접 생산할 것인가? 또한 생산을 함에 있어 생산요소의 결합을 어떻게 할 것인가? 자본을 보다 집약적으로 사용할 것인가 아니면 노동을 보다 집약적으로 사용할 것인가? 이러한 모든 결정이 소위 어떻게 생산할 것인가에 속하는 문제들이다.

무엇을 얼마나 생산하고 어떻게 생산할 것인가 하는 경제의 근본문제를 해결하는 방식 내지 질서에는 크게 세 가지가 있다. 첫째는 자급자족경제(自給自足經濟, self-contained economy), 둘째는 시장경제(市場經濟, market economy), 셋째는 명령경제(命令經濟, command economy)이다.

자급자족경제는 아직 사회적 분업이 발전되지 않은 상황에서 자기수요를 기본적으로 자기가 공급하는 경제이다. 따라서 이때 무엇을 얼마나 어떻게 생산할 것인가 하는 문제를 자기 스스로 결정한다. 이때의 자기란 개인일 수도 있고 촌락공동체일 수도 있다. 이러한 경제에서는 자원배분을 위한 결정을 집단적으로 할 때에도 모두가 참여하는 직접민주적 협동방식을 통한다.

시장경제란 무엇을 얼마나 어떻게 생산할 것인가 하는 문제, 환언하면 자원배분의 문제를 시장기구를 통하여 해결하려는 경제이다. 시장에서의 가격의 상하방이동(上下方移動)을 매개로 하는 수요와 공급의 원리에 의해 자원배분의 문제를 해결하려는 경제이다. 생산자와 소비자는 경제적 의사결정에서 자유로운 의사결정의 주체가 된다. 생산자는 이윤을 극대화하기 위해 움직이고 소비자는 효용을 극대화하기 위해 움직인다. 다만 의사결정이 분권적으로 일어나기 때문에 발생할 수도 있는 사회적 과잉생산과 과소생산의 문제는 가격(價格)의 변화가 일종의 정보전달기능을 함으로써 해결한다.[1] 즉 과잉생산의 경우는 가격하락을 통하여 생

---

1) 어떤 정보를 전달하는가? 가격의 하락은 이제 소비자들이 더 이상 당해 재화를 원하지 않는다는 정보를 제공하므로 생산자들로 하여금 다른 분야로의 자원배분을 서두르라는 정보를 전달한다고 볼 수 있다. 동시에 소비자들에게는 당해 재화를 만드는 데 과거보다 생산비용이 덜 든다는 정보, 따라서 보다 많이 소비해도 좋다는 정보를 전달한다고 볼 수 있다. 반면에 가격의 상승은 소비자들에게는 당해 물건의 생산비용이 올랐으니 과거보다 더욱 절약해서 소비하라는 정보를, 그리고 생산자들에게는 소비자들이 과거보다 그 재화를

산감소와 소비증가를 유도하고, 과소생산의 경우는 가격상승을 통하여 생산증가와 소비감소를 유도한다. 이렇게 수요와 공급을 일치시키려는 시장가격의 매개기능, 일종의 정보전달기능을 통하여 무엇을 얼마나 어떻게 생산할 것인가를 결정하는 자원배분 메커니즘이 시장경제이다.

끝으로 명령경제는 중앙계획당국의 계획에 기초한 지시와 명령에 의하여 무엇을 얼마나 어떻게 생산할 것인가 하는 자원배분의 문제를 해결하려는 질서이다. 자생적이고 분권적인 의사결정질서로서의 시장을 활용하지 아니하고 작위적(作爲的)이고 중앙집권적 의사결정질서로서의 정부의 계획을 통하여 문제를 해결하려 한다. 따라서 이를 계획경제(計劃經濟)라고도 한다.

이상의 세 가지 이념형(理念型)은 반드시 상호배타적인 것은 아니다. 일반적으로 한 나라의 경제 속에는 위와 같은 세 가지 이념형이 모두 함께 공존할 수도 있다. 다만 어느 것이 보다 지배적인 것이냐가 중요하고 그에 따라 그 사회가 시장경제인가 아니면 명령경제인가가 결정된다고 보아야 할 것이다. 그 사회의 지배적 자원배분 메커니즘이 시장이면, 즉 경제활동의 70~80%가 시장기구를 통하여 이루어지면 그 사회는 시장경제하에 있다고 보아야 하고 반면에 경제활동의 70~80%가 정부의 계획을 통하여 조직되어 있으면 이는 명령경제라고 보아야 할 것이다.

한 가지 유의할 점은 시장경제도 엄밀하게 이야기하면 다음의 두 가지 종류로 나누어 보아야 한다는 점이다. 하나는 경쟁적 시장경제(competitive market economy)이고, 다른 하나는 독점적 시장경제(monopolistic market economy)이다. 경쟁적 시장경제와 독점적 시장경제 사이에는 질적 차이가 있기 때문에 이를 준별함이 바람직하다. 엄밀히 이야기하면 독점적 시장경제는 경쟁적 시장경제와 명령경제의 중간에 위치한다. 주지하듯이 경쟁적 시장경제에서는 "무엇을 얼마나 생산할 것인가"를 종국적으로 결정하는 것은 소비자의 선호와 선택이다.[2] 환언하면 소비자주권(消費者主權)이 성립하는 경제이다. 그리고 경쟁적 시장은 "어떻게 만들 것인가" 하는 문제를 가장 효율적이고 생산적인 방식으로, 환언하면 사회적 한계비용

보다 많이 원하니 보다 많은 자원을 당해 재화의 생산에 배분하라는 정보를 전한다고 볼 수 있다.

2) 왜 소비자의 기호와 선택인가?

(SMC: social marginal cost)이 가장 적게 드는 방식으로 만들어 내는 경제이다. 왜냐하면 경쟁의 압력이 작용하여 가격(P)을 끊임없이 사회적 한계비용에 접근시키기 때문이다. 즉 종국적으로는 $P=SMC$가 되기 때문이다.

반면에 독점적 시장경제하에서는 무엇을 얼마나 만들 것인가 하는 문제를 소비자의 기호나 선택이 아닌 생산자의 기호와 선택이 결정하게 된다. 즉 생산자주권(生產者主權)이 성립하는 경제이다. 그리고 독점적 시장경제는 경쟁의 압력이 없기 때문에 생산자가 반드시 가장 효율적인 방식 내지는 사회적 비용이 적게 드는 방식으로 생산을 조직화할 필요가 없다. 그 결과는 $P>SMC$가 되고 생산자는 항상 독점이윤을 향유하게 된다. 즉 자원의 비효율과 소득분배의 불공정이 동시에 나타난다.

독점적 시장경제하에서 일어나는 이러한 생산자주권의 횡포나 자원배분의 비효율 그리고 소득분배의 불공정 등의 문제가 가장 완전하고 극단적인 형태로 표출되는 것이 명령경제이다. 독점적 시장경제하에서의 생산자는 경쟁적 시장경제하의 생산자보다 경쟁의 압력을 훨씬 적게 받지만 결코 전무(全無)하다고 할 수는 없다. 높은 독점이윤을 노리는 잠재적 경쟁자의 시장진입이 있을지도 모르고, 또는 높은 독점가격 때문에 소비자들이 아직 독점화되지 않은 상품 쪽으로 소비대체(消費代替)를 할지도 모르기 때문이다. 따라서 경쟁의 압력이 완전히 배제되었다고 볼 수는 없다. 그러나 명령경제하에서는 경쟁의 압력을 전혀 느끼지 않는다. 왜냐하면 잠재적 경쟁자의 존재 자체가 계획경제하에서는 있을 수 없고, 소비자들의 자유로운 소비전환의 가능성도 극히 제한되어 있기 때문이다. 한마디로 완전 무결한 형태의 생산자주권이 확립된 경제가 바로 명령경제이기 때문이다.

이렇게 볼 때 이미 앞에서 이야기한 대로 독점적 시장경제는 시장경제와 명령경제의 중간에 위치하는 셈이다. 일반적으로 시장경제의 장점을 논하는 경우에는 경쟁적 시장경제를 전제로 하는 것이지 독점적 시장경제를 전제로 하는 것은 아님을 명심할 필요가 있다. 지금까지의 논의를 정리하면 자원배분의 메커니즘은 〈그림 2-5〉와 같이 나누어 볼 수 있다.

이와 같이 시장경제와 명령경제로 구분할 수 있는 자원배분의 메커니즘과 대별하여 사유(私有)와 국유(國有)로 나누어 볼 수 있는 재산권구조 사이에는 대단히 밀접한 상호규정성 내지 상호관련성(comparability)이 존재한다. 뒤에서 보듯이

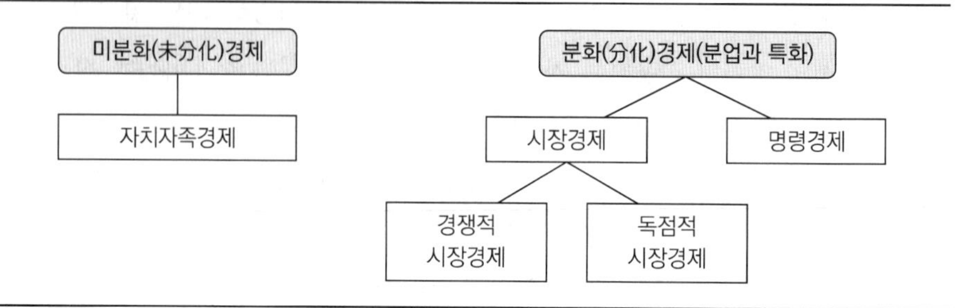

그림 2-5 자원배분 메커니즘의 종류

시장경제는 사유제와 결합하고, 명령경제는 국유제와 결합하여야 서로 발전하고, 제도로서도 안정성을 갖는다. 이론적으로 보면 소위 시장사회주의(market socialism)에서 보는 바와 같이 시장경제가 국유제나 공유제(共有制) 등과 결합하지 못할 이유는 없으나, 역사적 경험에서 보듯이 시장사회주의는 제도로서의 발전성과 안정성이 없다.

물론 여기서는 지배적 자원배분 메커니즘이 시장일 때는 지배적 재산권구조가 사유제가 된다는 이야기이고, 시장경제하에서는 국유가 전혀 존재할 수 없다는 것을 주장함은 결코 아니다. 마찬가지로 지배적 자원배분 메커니즘이 명령경제이면 지배적 재산권구조가 국유가 된다는 이야기이지 명령경제하에서는 사유는 전혀 존재할 수 없음을 주장하는 것은 아니다.

이상에서 본 자원배분 메커니즘과 재산권구조를 결합하면 소위 경제체제(economic system)가 된다. 따라서 경제체제는 크게 두 가지로 나눌 수 있다. 하나는 시장과 사유가 결합한 시장경제체제(market economic system)이고, 다른 하나는 명령(계획)과 국유가 결합한 명령경제체제(command economic system) 내지는 계획경제체제(planned economic system)이다.

그런데 여기서도 경제체제는 정치체제와 대단히 밀접한 상호규정성 내지 상호관련성을 갖는다. 시장경제는 정치적 다원주의(政治的 多元主義, political pluralism)와 결합하고 명령경제는 정치적 일원주의(政治的 一元主義, political monism)와 결합하는 경향을 갖는다. 왜 그럴까? 왜 시장경제는 재산권제도로서는 사유제도와 결합하고 정치체제로서는 다원주의와 결합하는 것일까? 그리고 왜 명령경제는 재산권제도로서는 국유제도와 결합하고 정치체제로서는 일원주의와 결합하는 것일까?

그 이유는 비교적 간단하다. 예컨대 자원배분의 메커니즘으로 시장경제를 선택한 경우에는 시장에서의 개인들의 자발적 분업(division of labor)과 특화(特化, specialization)를 통하여 생산성 향상이 일어나고, 생산물과 생산요소의 자유로운 이동과 자발적 결합을 통하여 교환과 생산활동이 일어난다. 그리고 가격의 자유로운 상하방(上下方) 움직임을 통하여 생산과 소비의 양과 질이 조절된다. 따라서 시장 메커니즘을 통하여 자원배분을 도모하기 위해서는 경제적 자유를 인정하지 않을 수 없다. 영업의 자유, 계약의 자유, 직업선택의 자유, 거주이전의 자유 등의 각종 경제활동의 자유를 인정하지 않을 수 없다. 왜냐하면 이러한 경제적 자유가 시장경제의 존립과 작동의 불가결의 전제조건이기 때문이다. 이러한 경제적 자유를 인정하지 않고는 시장경제가 제 기능을 할 수 없기 때문이다.

그런데 도대체 경제적 자유란 무엇인가? 자유란 국가나 타인으로부터의 간섭의 배제를 의미한다. 따라서 경제적 자유란 한마디로 경제적 자원분배(어느 직업을 가질까, 무엇을 생산할까, 무엇과 무엇을 교환할까 등)을 국가나 타인의 간섭을 받지 않고 독자적으로 할 수 있음을 의미한다. 자원분배에 대한 사적 자치(私的 自治, private and individual autonomy) 내지 사적 지배(私的 支配)를 의미한다. 개인이 얼마나 자기의 판단과 자기책임하에 경제적 의사결정을 할 수 있는지, 그리고 자원의 배분에 영향력을 줄 수 있는 결정을 국가나 타인의 간섭을 받지 않고 독자적으로 할 수 있는지를 의미한다. 그런데 이러한 자원에 대한 사적 자치와 사적 지배의 범위를 확정해 주는 제도가 바로 사유제(私有制)이다. 개인이 어디까지 자원배분에 대하여 독자적 판단과 행동을 할 수 있는가? 어디까지 국가나 타인의 간섭을 받지 않고 경제적 자원에 대한 자유로운 사용·수익·처분이 가능한지 그 범위를 확정하는 제도가 바로 사유제이다. 환언하면 경제적 자유의 내용과 그 범위를 확정하고 이를 법적으로 보장하는 제도가 사유제이다. 따라서 사유제란 경제적 자유의 법적 표현이고 경제적 자유의 보장을 위한 법적·제도적 장치라고 할 수 있다. 사유제와 경제적 자유는 동전의 양면과 같은 관계에 있다고 할 수 있다.

사유제에 의하여 개인의 경제적 자유의 영역이 확정되어야, 환언하면 자원에 대한 배타적 지배권의 범위가 확정되어야 비로소 자유스런 교환가능영역이 확정된다. 또한 그래야 비로소 교환경제인 시장경제가 작동될 수 있고 활성화될 수 있다.

여기서 반드시 지적해 두어야 하는 사실이 있는데, 그것은 경제적 자유는 정치적 자유 없이는 쉽게 공허해질 수 있다는 사실이다. 동시에 경제적 자유가 없는 정치적 자유는 자기모순이라는 사실이다. 경제적 자유는 정치적 자유가 존재할 때 비로소 성립할 수 있으며, 정치적 자유는 경제적 자유가 존재할 때 비로소 안정적이 될 수 있다.

그러면 정치적 자유란 무엇인가? 정치적 자유란 한마디로 법의 지배(rule of law) 혹은 정의의 지배(rule of justice)를 의미한다.[3] 통치자의 자의(恣意)의 지배와 부정의(不正義)의 지배가 있을 때에는 정치적 자유는 물론 경제적 자유도 존재할 수 없다. 경제적 자유의 법적 표현인 사유제가 언제 어떻게 통치자의 자의에 의해 침범당할지 모르기 때문이다. 법과 정의의 지배에 의해 사유제가 보호받지 못하는 한 경제적 자유는 쉽게 형해화(形骸化)하고 공허해진다.

그러면 법의 지배, 환언하면 정치적 자유를 유효하게 보장해 주는 정치체제는 무엇일까? 그 정치체제가 바로 정치적 다원주의이다. 다당제(多黨制), 의회민주제, 삼권분립(三權分立), 견제와 균형 등의 원칙이 실현되는 정치적 다원주의하에서 비로소 법의 지배가 실현될 수 있고, 그래야 정치적 자유는 물론 경제적 자유 그리고 그 제도적 표현으로서의 사유제 등이 보장될 수 있다. 이와 같이 정치적 다원주의는 경제적 자유가 성립하기 위한 전제가 된다. 동시에 역(逆)의 관계도 성립한다. 즉 정치적 다원주의라는 꽃이 피기 위해서는 경제적 자유가 전제되지 않으면 안 된다. 시장경제와 사유제가 정치적 다원주의를 위한 일종의 물질적·제도적 기초가 되기 때문이다.

이상을 요약하면 자원배분 메커니즘으로서의 시장경제, 지배적 재산권 구조

---

3) 법(法)의 지배(rule of law)와 법률(法律)의 지배(rule of legislature)를 나누어 생각하는 것이 생각을 정리하는 데 유효하다. 법의 지배는 원칙과 가치의 지배이다. 개인의 자유와 권리라고 하는 가치를 최대한 보장하기 위한 최소한의 원칙의 지배(rule of principle)이다. 따라서 법 자체가 가치이고 목적이고 정의이다. 그런데 법률의 지배는 입법부를 통과한 법률은 지켜져야 한다는 것을 의미하므로 반드시 개인의 자유와 권리의 보호를 목적으로 하지 않는 법률도, 아니 오히려 권리와 자유를 박탈하는 내용의 법률도 지켜야 하는 것을 의미할 수 있다. 법률의 지배는 원칙이나 목적으로서의 법이라기보다 편의나 수단으로서의 법의 성격이 강하다. 따라서 법률의 지배가 반드시 정의와 자유라는 목적에 봉사하리라는 보장이 없다. 그러므로 비자유국가에서도 법률의 지배는 얼마든지 있을 수 있으나, 법의 지배는 있을 수 없다. 법의 지배는 오직 자유국가(自由國家)에서만 존재한다.

로서의 사유제, 그리고 정치체제로서의 정치적 다원주의는 서로 긴밀히 관계하며, 상호의존하고 상호작용하며 함께 발전하는 관계에 있다고 할 수 있다. 즉 "시장경제", "사유제", "정치적 다원주의"는 원리적으로 결합되어 있고 항상 함께 존재한다는 것이다.[4)]

반면에 명령경제를 지배적 자원배분 메커니즘으로 사용하기 위해서는 불가피하게 집단주의를 개인주의에 우선시키지 않을 수 없다. 개인의 자유와 목적을 집단의 목적에 우선시켜서는 명령경제 자체가 가동될 수 없기 때문이다. 따라서 개인의 경제적 자유 그리고 그 법적 표현인 사유제는 처음부터 인정될 여지가 없다. 자원배분은 계획당국의 명령과 지시에 따라야 하고, 이 계획당국의 명령과 지시에 법률적 근거를 제공하는 것이 바로 국유제(공유도 포함)이다. 국유제란 국가의 이익을 대변한다고 하는 소수관료들의 경제적 자원에 대한 배타적·독점적 지배를 의미하기 때문이다. 따라서 자원배분 메커니즘으로서 명령경제 내지는 계획경제를 채택하는 한 국유제가 지배적 소유형태로 등장하지 않을 수 없다.

그런데 명령경제에 따른 경제적 의사결정의 집중화는 경제적 영향력의 집중화뿐만 아니라 불가피하게 정치적 영향력의 집중화, 나아가 정치적 의사결정의 집중화를 결과하게 된다. 어느 사회든지 경제적 영향력은 반드시 정치적 영향력으로 전환되기 때문이다. 경제적 영향력이 경제적 영향력으로 끝날 수는 없기 때문이다. 또한 역으로 정치적 의사결정이 효과적으로 집중화되어 있어야 명령경제의 도입과 그의 효율적 운영도 가능하게 된다. 어느 사회든지 개인들로 하여금 경제적 자유를 자발적으로 포기토록 하는 것은 결코 용이하지 않기 때문이다. 명령경제의 도입을 위해서는 어떤 형태로든 정치적 강제가 필요하고 이 정치적 강제는 정치적 일원주의가 전제될 때 비로소 가능하게 된다.

---

4) 사실은 시장경제란 경제적 다원주의이다. 경제적 분권주의이다. 환언하면 개인주의의 경제적 표현이다. 따라서 개인주의의 정치적 표현인 정치적 다원주의, 정치적 분권주의와 시장경제가 함께하는 것은 오히려 당연한 일이다. 개인주의라는 공통의 분모가 시장경제와 정치적 다원주의 속에 있기 때문이다.
어떤 사람들은 경제적 일원주의인 계획경제와 정치적 다원주의인 민주주의를 결합하여 이상사회를 만들려고 하였지만 이는 원리적으로 불가능하다고 본다. 결국 경제적 일원주의를 지키기 위해 정치적 다원주의를 포기하든가, 아니면 정치적 다원주의를 지키기 위해 경제적 일원주의를 포기하든가 그 어느 쪽이든지 하나를 선택하지 않으면 안 되게 되었다.

요컨대 경제체제로서의 명령경제체제는 정치체제로서의 정치적 일원주의, 즉 일당제(一黨制), 권력집중, 중앙집권적 의사결정 등과 결합하지 않을 수 없다는 이야기이다. 그리하여 "명령경제", "국유제", "정치적 일원주의"가 서로 상호의존하며 상호규정하며 함께 발전하는 경향을 보이게 된다.

이상을 정리하면 기본적으로 개인의 권리와 자유를 중시하는 개인주의(individualism)를 사회조직의 중심원리로 하는 경우에는 그 개인주의의 경제적 표현인 시장경제, 그 법적 표현인 사유제, 그리고 그 정치적 표현인 정치적 다원주의는 원리적으로 함께 결합될 수밖에 없고, 반면에 집단의 이익과 목적을 우선하는 집단주의(集團主義, collectivism)를 사회조직의 중심원리로 하는 경우에는 그 집단주의의 경제적 표현인 명령경제, 그 법적 표현인 국유제, 그리고 그 정치적 표현인 정치적 일원주의가 함께 결합될 수밖에 없다는 이야기이다.[5)]

끝으로 두 가지 점을 지적해 두기로 한다. 첫째, 시장경제체제와 자본주의를 동일시하는 경향이 있는데 이 양자는 준별하는 것이 옳다. 불필요한 혼동과 오해를 줄이기 위해서이다. 한마디로 시장경제체제는 이론적·철학적(理論的·哲學的) 범주에 속하는 개념이고, 자본주의는 경험적·역사적(經驗的·歷史的) 범주에 속하는 개념이다. 시장경제체제는 자원배분의 메커니즘으로서의 시장과 경제적 자유를 보장하는 제도적 장치로서의 사유제가 결합된 하나의 경제질서이다. 개별경제주체의 자유스런 분권적 의사결정에 자원배분기능을 맡기고 있는 경제질서원리이다. 경제체제의 하나의 이념형(理念型)이고 경제질서원리의 한 종류이다. 그러나 자본

---

5) 개인주의의 몇 가지 근본문제는 다음과 같다. 개인의 이익과 발전이란 무엇인가? 개인의 이익과 발전이 어떻게 사회전체의 이익과 발전에 연결되는가? 사회전체의 이익과 발전이란 무엇인가? 양자가 모순하지 않는 조건은 무엇인가? 환언하면, 어느 때 개인의 이익이 사회전체의 이익과 일치하고 어느 때 개인의 발전이 사회전체의 발전에 기여하는가?
집단주의의 몇 가지 근본문제는 다음과 같다. 집단의 이익과 발전이란 무엇을 의미하는가? 집단의 이익과 발전이 궁극적으로 개인의 이익과 발전에 어떻게 연결되는가? 왜 집단의 이익을 개인의 이익에 우선해야 하는가? 또한 집단의 이익과 목표는 누가 어떻게 결정하는 것이 가장 바람직한가?
각각의 문제에 대하여 답하여 보라. 각자가 가지고 있는 답이 옳다는 것을 어떻게 증명할 수 있을까? 우리의 현재 생각이 크게 틀릴 가능성은 없는가? 만일 우리의 현재의 생각이 크게 틀릴 수도 있다면 개인주의와 집단주의 중 어느 쪽을 선택하는 것이 보다 정직하고 합리적인 태도가 될까? 아니 양자를 결합해 볼 수는 없는가?

주의는 그렇지 않다. 이는 경제질서원리로서의 시장경제체제가 예컨대 17~18세기 유럽을 중심으로 나타난 하나의 구체적·역사적 현실태(現實態)이다. 따라서 엄밀히 이야기하면 자본주의를 경제질서의 한 종류 내지는 경제체제의 한 종류라고 이론적 범주에 넣고 분류하는 것은 옳지 않다.

원리적·이론적 개념이 아니라 역사적·현상적 개념이기 때문에 자본주의는 시대와 나라에 따라 얼마든지 상이할 수 있다. 예컨대 영국의 자본주의와 독일의 자본주의는 다르다. 일본의 자본주의와 미국의 자본주의도 크게 다르다. 같은 일본의 자본주의라고 하여도 제2차 세계대전을 기준으로 전전(戰前)의 자본주의와 전후(戰後)의 자본주의는 그 성격과 형태가 크게 다르다. 브라질 등의 중남미형 자본주의와 한국을 포함한 아시아형 자본주의도 또한 서로 크게 상이하다. 그러나 미국의 시장경제원리와 독일의 시장경제원리가 서로 다를 수 없다. 일본의 자본주의와 한국의 자본주의는 크게 상이하지만 일본의 시장경제원리와 한국의 시장경제원리는 결코 다를 수 없다. 질서원리(秩序原理)로서의 시장경제와 역사적 현실 속에서의 현상형태로서의 자본주의는 명백히 구별하여야 한다.[6)]

둘째, 사유제의 이익과 "사유(私有)의 집중(集中)"이 주는 폐해는 구별해야 한다. 재산권제도의 하나로서의 사유제는 이미 앞에서 보아 온 바와 같이 많은 이점(利點)을 가지고 있다. 사유제는 외부효과를 내부화하기 위하여 그리고 자원배분의 효율성 향상을 기하기 위하여서도 필요하다. 또한 경제적 자유를 담보하는 법적·제도적 장치로서 자유시장경제질서의 활성화를 위하여서도 사유제는 필요하다. 그러나 사유제의 이점이 그대로 사유의 집중(소유의 집중 내지 경제력의 집중)을

---

6) 학자들 간에는 자본주의에서 흔히 나타나는 문제점인 독점·빈부격차·노동소외·물질주의 등의 문제를 시장경제질서에서 필연적으로 수반되는 현상으로 잘못 이해하고 시장경제를 종식시켜야 이들 문제를 해결할 수 있다는 주장을 하는 경우가 적지 않다. 그러나 자본주의에서 일어나는 많은 병폐들은 실제는 시장경제원리(경쟁적 시장경제원리)가 제대로 작동하지 못하여 생기는 경우가 대부분이다. 역사로서의 자본주의와 원리로서의 시장경제를 구별하지 못하였기 때문에 자본주의비판 내지 반(反)자본주의가 그대로 시장경제에 대한 부정 내지 반(反)시장주의로 되어 버리는 오류를 낳는다. 이는 명백히 잘못이다. 반자본주의하에서도 얼마든지 친(親)시장주의가 될 수 있다. 전후 비교적 성공적인 경제발전을 수행하여 온 독일과 일본의 경우를 보면, 이들은 실제로 반자본주의·친시장주의의 길을 걸어왔다고 볼 수 있다.

합리화해 주는 것은 아니다. 사유의 집중은 독점, 빈익빈·부익부, 소외와 상대적 박탈감 등의 사회경제적 병폐를 야기한다. 뿐만 아니라 사유의 집중은 사적 소유를 사적 권력(私的 權力, 정치적 권력)으로 변화시키는 경향도 가지고 있다. 따라서 정치적 해악을 결과할 수도 있다. 이들 문제를 해결하기 위해서는 사유의 집중을 막고 사유를 분산하기 위한 정책적 노력이 긴요하다. 사유제는 좋은 제도이나 사유의 집중은 해악이 크다.[7)]

그런데 19세기 사회과학자들 사이에는 사유의 집중에서 오는 각종 병폐를 사유제 자체를 폐지함으로써 해결해 보려고 한 사람들이 많다. 이는 명백히 잘못이다. 사유제 자체를 포기하는 것은 자원배분 메커니즘으로서의 시장경제를 포기하는 것이고 정치적 다원주의(政治的 多元主義)를 포기하는 것이 된다. 빈익빈·부익부 혹은 독점 등과 같은 문제를 해결하기 위해서는 사유의 집중을 막음으로써 충분히 해결할 수 있다.[8)]

사유의 집중을 막기 위한 가장 대표적인 정책은 물론 경쟁정책(competition policy)이다. 시장의 자유공정 경쟁성을 높임으로써 사유의 집중을 줄일 수 있다. 이 경쟁정책과 더불어 형평의 제고를 위한 조세정책(tax policy) 그리고 각종의 지대추구행위(rent-seeking activities)를 막기 위한 정부정책이 함께 시행되어야 한다.[9)] 그런데 흔히들 시장경쟁을 높이는 것이 과연 사유의 분산에 기여하겠는가, 실제로는 그동안 경쟁을 통하여 독점이 나오고 경쟁 때문에 부익부·빈익빈이 결과된 것이 아닌가 하고 반문한다. 그러나 이는 그렇지 않다.[10)] 예컨대 대부분의 독점의

---

7) 존 스튜어트 밀(J. S. Mill)은 "올바른 사유제"와 "잘못된 사유제"라는 표현을 쓰고 있다. 그는 올바른 사유제란 노력과 제욕(制慾)의 열매를 당사자에게 귀속시키는 것을 의미하고, 자신은 아무 노력과 공로도 없이 타인의 노력이나 제욕의 열매를 수취하는 것은 사유제의 본래의 뜻이 아니라고 비판한다. John Stuart Mill, *Principle of Political Economy*, University of Toronto Press, 1965, p. 208

8) 사유제의 포기와 국유제의 도입은 새로운 형태의 정치·경제적 독점을 결과할 수도 있고 얼마든지 새로운 형태와 새로운 내용의 빈익빈·부익부를 낳을 수 있다. 따라서 독점과 빈부격차의 문제를 해결하기 위해서 사유제를 포기한다는 것은 명백한 오류이다.

9) 지대추구를 막기 위해서는 검사, 인허가 등 정부의 각종 경제규제행정을 대폭 간소화하는 것으로부터 출발하여야 할 것이다.

10) 경쟁에서 독점이 생기는 것이 아니라 경쟁의 부재에서 독점이 생긴다고 하는 점은 이미 19세기에 존 스튜어트 밀(J. S. Mill)도 밝힌 바가 있다. 동시에 경쟁은 나름의 폐해와

발생과정을 보면 시장에서의 자유롭고 공정한 경쟁의 결과로 독점이 생기는 경우(소위 경제적 독점)는 많지 않다. 독점은 많은 경우 인허가 등 정부의 규제정책(規制政策, regulatory policy)으로 생기거나(소위 법률적 독점) 혹은 권력에 의해 주어지는 금융상·재정상 특혜로 인하여 생기는 경우(소위 정치적 독점)가 많다. 한마디로 시장원리·경쟁원리 때문에 독점이 생기는 것이 아니라 시장원리·경쟁원리의 부재(不在)에서 독점이 생긴다. 그 대신 정치원리·반경쟁원리(政治原理·反競爭原理)의 과잉에서 독점이 생기고 유지되고 확대된다. 빈익빈·부익부의 문제도 마찬가지이다. 공정하고 자유스러운 시장경쟁의 결과로 소득분배가 악화되는 것이 아니라 공정한 시장경쟁의 부족, 각종 반경쟁적 장벽의 존재, 비리와 투기, 정경유착 등으로 소득분배가 악화되는 경우가 보다 일반적이다.

제 2 절
재산권제도와 경제성장

아담 스미스(Adam Smith)에 의하면 경제성장이란 일인당(一人當) 노동생산물의 연년(年年)의 증가를 의미한다. 이러한 의미의 경제성장을 결정하는 요인으로서 아담 스미스는 두 가지를 들고 있다.[11] 첫째 요인은 노동의 숙련, 기교, 판단(skill, dexterity, judgement)의 수준이다. 한마디로 노동생산성의 수준이다. 둘째 요인은 인구 중에서 생산적 노동(生産的 勞動)이 차지하는 비중이다.

그러면 먼저 노동생산성의 수준은 어떻게 결정되는가? 그는 노동생산성의

부작용(예컨대 동료 간의 시기와 적대감의 원천)도 있기는 하나 그것은 더 큰 악(인간의 생래의 게으름, 소극성, 관습의 노예, 한 번 선택한 것을 지속하려는 성벽 등)을 막기 위한 차선책으로 옹호되어야 한다는 점도 그는 주장하고 있다. 그는 경쟁은 진보를 위한 최선의 자극제는 아닐지라도 현재로는 아니 가까운 장래까지도 진보를 위한 불가결의 자극제라고 보고 있다. 보다 자세한 논의는 박세일, "J.S. Mill의 사회개혁론", 『서울대학교 법학』 제32권 제3·4호 (1991)를 참조하라.

11) 아담 스미스의 경제성장론은 그의 주저의 하나인 『국부론』에 잘 나타나 있다. 아담 스미스, 『국부론』(상)(하), 최임환 역, 을유문화사, 1983을 참조하라.

향상은 분업(division of labor)을 통하여 이루어진다고 주장한다. 따라서 분업의 정도가 발전할수록 노동생산성은 증가한다. 그러면 분업의 발달정도는 무엇에 의해 결정되는가? 그는 분업의 발달정도는 교환력(交換力, power of exchanging)의 크기, 환언하면 "시장의 크기"에 의해 결정된다고 보고 있다. 따라서 시장이 클수록 분업과 특화(specialization)의 가능성은 커지고, 이는 노동의 숙련과 기교와 판단력의 증가, 즉 노동생산성의 증가를 결과하여 궁극적으로 경제성장을 가능하게 한다는 것이다.

경제성장의 두 번째 요인인 생산적 노동의 비중의 증가란 인구 중에서 소위 생산적 노동, 즉 노동대상에 가치증식을 결과하는 노동자의 증가, 한마디로 제조업종사자들의 비중증가를 의미한다. 아담 스미스는 예컨대 정치인·법조인·예술인·성직자·하인 등의 서비스를 기본적으로 노동대상에 가치증식을 결과하지 못하는 노동으로 보아 비생산적 노동(非生産的 勞動)으로 분류하고 있다. 이들 비생산적 노동자들의 증가보다도 직접 재화의 생산에 종사하는 생산적 노동자들의 증가를 중시하고 이들의 비중의 증가를 경제성장의 두 번째 요인으로 보고 있다. 그리고 이 생산적 노동과 비생산적 노동의 비중 내지 구성의 변화는 그 사회의 자본의 양(capital stock)에 의존한다고 보고 있다. 자본의 양이 클수록 생산적 노동의 비중이 증가한다고 보는 것이다. 그리고 한 사회의 자본의 양은 그 사회구성원들의 절약(parsimony)과 재화의 신중한 사용, 즉 낭비의 축소에 의존한다고 그는 주장하고 있다. 요컨대 생산된 재화를 소비해 버리지 않고 절약하고 저축하는 것이 자본이 되고, 이 자본의 양이 커질수록 그 사회의 전 인구에서 차지하는 생산적 노동의 비중이 증가하고 그 결과가 경제성장이라는 것이다.

이상이 아담 스미스의 경제성장론의 개요이다. 아담 스미스는 스스로 위의 두 가지 경제성장요인 중 노동생산성의 증가를 생산적 노동의 비중증가보다도 중요하다고 이야기하고 있지만, 경제성장론에 있어 그의 이론적 기여는 경제성장에 있어 분업과 특화의 중요성을 지적했다는 데에 있다. 그리고 이 분업과 특화의 정도는 교환력이 클수록, 환언하면 시장의 크기가 클수록 보다 커진다는 점을 밝힌 데에 있다.

그러나 아담 스미스는 무엇이 교환력을, 즉 시장의 크기를 결정하는가 하는 문제에 대하여는 본격적이고 직접적인 분석을 하지 않고 있다. 그는 인간에게는 본래 교환성향(交換性向, propensity to exchange)이란 것이 있고 이것이 인간성에 내재하는 자연적 성향이라는 점을 지적하고 있으나, 무엇이 이 교환성향을 높이는가 혹은 현재화(顯在化)시키는가, 그리하여 그 사회의 분업과 특화의 정도를 높이는가 등에 대하여는 직접적 분석을 하고 있지 않다. 마찬가지로 절약과 저축의 중요성, 이를 통한 자본축적과 생산적 고용증대의 중요성 등에 대한 지적은 있으나 무엇이 한 사회의 절약의 크기, 저축의 크기를 결정하는가 하는 문제에 대하여는 본격적인 분석을 하고 있지 않다.

한마디로 "경제(經濟)하려는 의지(意志, the will to economize)", 즉 교환의 가능성을 확대하고 분업과 특화의 정도를 높이고, 동시에 절약하고 저축하여 자본을 축적하려 하는 의지 등이 한 사회에서 어떻게 발생하고 어떠한 요인들에 의해 그 크기와 정도가 결정되는가에 대한 본격적 분석은 없다는 이야기이다.

이 점을 보완하려 한 것이 아서 루이스(Arthur Lewis)의 경제성장론이다.12) 그는 경제성장의 요인으로서 다음의 세 가지를 들고 있다. 첫째는 경제하려는 의지, 둘째는 지식의 증가(increasing knowledge), 셋째는 자본의 증가(increasing capital)이다. 그런데 그는 이 중에서 "경제하려는 의지"를 가장 중시하고 이를 주어진 비용을 가지고 가능한 한 생산량을 극대화하려는 노력, 혹은 주어진 생산량을 만드는 데 필요한 비용을 가능한 한 최소화하려는 노력, 또는 경제적 기회(economic opportunity)를 최대한 활용하려는 노력으로 정의하고 있다. 그리고 그는 한 시대 한 사회에서 이 경제하려는 의지를 결정하는 요인으로 소위 경제제도(經濟制度, economic institutions)의 중요성을 강조하고 있다.

그는 기본적으로 "경제하려는 의지"와 "경제제도"와의 관계가 상호작용하는 것으로 보고 있다. 제도가 의지를 자극하고 역으로 의지가 새로운 제도를 창출하는 것으로, 즉 양자를 상호규정적(相互規定的) 관계로 이해하고 있다. 이러한 관점은 기본적으로 옳다고 본다. 그러나 그의 경제성장론은 제도가 의지에 미치는 영향을 중심으로 전개하고 있다. 그는 한 사회의 경제제도는 기본적으로 세 가지 과정(인과관계적 과정)을 통하여 경제의지에 영향을 미치는 것으로 보고 있다.

첫째는 경제제도가 "노력에 대한 공정한 보상"을 보장하는가 못하는가가 문

---

12) Arthur W. Lewis, *Theory of Economic Growth*, George Allen & Unwin, 1955.

제이다. 공정보상을 보장하는 경제제도가 발달되어 있을수록 경제하려는 의지는 높아지고 경제성장은 촉진되는 것으로 볼 수 있다. 무엇이 과연 공정한 보상이냐에 대하여 모두가 동의할 수 있는 객관적 기준을 제시하기는 어렵다. 그 사회 구성원들 중 다수의 주관적 판단에 맡길 수밖에 없다. 그러나 명백한 것은 경제적 노력의 결과가 노력하는 사람에게 공정하게 귀속되는 경제제도 없이는 경제하려는 의지나 경제의 성장을 자극할 수 없다는 점이다.

둘째는 경제제도가 "교역과 특화(trade and specialization)의 가능성"을 확대하는가 아닌가의 문제이다. 경제제도가 교역과 특화를 촉진하면 할수록 경제기회가 확대되고 경제하려는 의지는 자극을 받는다. 그 결과 경제성장은 이루어질 수 있다. 교역의 가능성이 확대되면 다른 지역의 새로운 지식 및 과학기술과 접할 수 있고, 새로운 외국의 상품을 보고 소비욕구를 느껴 보다 더 열심히 일할 수도 있고, 또한 교역을 통하여 시장의 규모가 확대되기 때문에 분업과 특화의 정도를 보다 심화시켜 노동생산성도 크게 제고시킬 수가 있다.

셋째는 경제제도가 "민간의 경제적 자유(economic freedom)"를 얼마나 폭넓게 허용하는가의 문제이다. 경제적 자유를 확대하면 할수록 경제하려는 의지는 높아지고 그 결과 경제성장은 촉진되게 된다. 여기서의 경제적 자유란 (1) 정부개입의 축소, (2) 사회적 수직이동가능성(垂直移動可能性)의 확대, (3) 직업의 자유나 영업의 자유와 같은 시장자유(freedom of market)의 확대 등을 의미한다.

이상과 같이 아서 루이스는 경제성장의 동인으로서 "경제하려는 의지", 즉 인간의 주관적 노력과 의지의 중요성을 지적하고, 이러한 인간의 의지와 노력이 경제제도에 의해 크게 영향을 받는다는 사실을 올바르게 강조하고 있다. 그러나 그는 제도와 의지의 상호관계에 대하여 통찰력 있는 견해를 밝히고는 있으나 여기서 이야기하는 경제제도의 보다 구체적인 내용이 무엇인지에 대하여는 체계적 분석을 하지 않고 있다. 환언하면 그는 경제제도들(economic institutions)이라는 비교적 막연하고 포괄적인 표현을 사용하고 있다. 그리고 경제제도들의 내용의 구체화, 특정화 내지 체계화는 시도하고 있지 않다.

아서 루이스의 연구에서 나타난 이러한 문제점 내지 한계를 보완, 발전시켜 나갈 수 있는 방법 내지 이론은 없을까? 경제성장에 영향을 미치는 경제제도의 내용을 보다 구체화, 특정화, 체계화할 수 있는 방법 내지 이론은 없을까?

이 문제에 대한 직접적인 해답은 아니나 문제의 해결에 크게 유용한 이론을 제공하고 있는 것이 더글라스 노스(Douglass C. North)의 일련의 연구이다.[13] 노스는 본래가 경제사학자(經濟史學者)이고 경제성장론을 본격적으로 연구한 학자는 아니다. 그러나 그의 연구 중 특히 경제제도의 변화가 경제적 성과에 미치는 영향이나 경제사에서의 구조적 변화에 관한 연구 등은 경제성장과 경제제도와의 상호관계에 대한 이론화에 크게 유용한 관점들을 제공해 준다. 그의 이론은 우리의 주제와 그의 연구는 오직 부분적으로만 관련되기 때문에 여기서 그의 이론 전반에 대한 체계적 소개는 하지 않기로 한다.[14] 다만 그가 제공한 몇 가지 중요한 이론적 관점을 참고하면서 경제제도의 이론화를 시도해 보도록 한다. 환언하면 한 사회의 구성원들의 "경제하려는 의지"에 영향을 주는 "제도"의 이론화, 즉 제도의 구체화, 특정화, 체계화를 시도해 보도록 한다. 이 작업이야말로 실은 한 시대 한 사회의 경제성장의 진정한 동인(動因)을 찾는 연구가 될 것이다.

경제성장의 근본적 동인이 되는 제도적 요인, 환언하면 "경제하려는 의지"를 활성화시키는 제도적 요인으로는 다음의 두 가지를 생각해 볼 수 있다. 첫째는 재산권제도(property right system) 내지 재산권구조(structure of property rights)가 올바르게 특정화(特定化, well-defined)되어 있어야 한다. 둘째는 각종의 법·제도·조직·정책의 내용이 시장에서의 거래비용(transaction cost)을 최소화(minimize)하는 것이

---

13) Douglass C. North and Robert Paul Thomas, *The Rise of the Western World: A New Economic History*, Cambridge University Press, 1973; Douglass C. North, *Structure and Change in Economic History*, W. W. North and Company, 1981; Douglass C. North, *Institutions, Institutional Change and Economic Performance*, Cambridge University Press, 1990.

14) 더글라스 노스의 일련의 연구를 시계열적으로 일독을 하면 쉽게 알 수 있는 것은, 그의 연구는 한편으로는 기존의 문제에 나름의 해답을 제공하면서도 다른 한편으로는 항상 새로운 문제를 제기하면서 끝난다는 사실이다. 그의 지적 탐구의 외연(外延)이 그의 자연연령(自然年齡)과는 관계없이 끊임없이 정열적으로 확대되었음을 감지하게 된다. 그는 자신의 오랜 연구를 종합하는 주요 저서에서 그 마지막을 다음과 같은 말로 끝내고 있다. "우리들은 이제 비로소 제도(institutions)에 대한 제대로 된 연구를 막 시작했음에 불과하다. 그러나 희망은 있다. 우리가 지금 가지고 있는 모든 문제에 대하여 확정적인 답을 해내지 못할지 모른다. 그러나 좀 더 나은 답을 해낼 수는 있을 것이다." Douglass C. North, *Institutions, Institutional Change and Economic Performance*, Cambridge University Press, 1990, p. 140.

어야 한다. 위의 두 가지 조건이 충족되면 그 사회 구성원들의 "경제하려는 의지"는 높아지고 경제는 고도성장을 유지할 수 있으며, 반면에 위의 두 조건의 충족이 미흡하면 "경제하려는 의지"는 약화되고 경제성장은 둔화된다. 예컨대 과거 중세(中世) 천 년간 경제성장이 정체되어 있었고 근래에는 사회주의가 경제성장의 둔화를 겪다가 체제가 붕괴하게 된 배경에는, 중세봉건시대와 현대 사회주의권에서는 재산권구조가 올바르게 특정화되어 있지 않았을 뿐 아니라 각종의 법·제도·조직·정책 등이 오히려 거래비용을 높이는 방향으로, 그리하여 거래와 교환을 위축시키고 그 결과 분업과 특화를 저해하는 방향으로 작용하였기 때문이다.

앞에서 아서 루이스가 제시한 경제제도가 경제의지에 미치는 세 가지 바람직한 영향 중 첫째와 셋째, 즉 "노력에 대한 공정한 보상"과 "경제적 자유의 확대"라는 조건은 여기서 주장하는 "재산권구조의 올바른 특정화"에 속하는 이야기가 된다. 그리고 아서 루이스가 제시한 두 번째 조건, 즉 "교역과 특화 가능성의 확대"라는 조건은 여기서 주장하는 "거래비용의 최소화"에 속하는 이야기가 된다.

재산권구조 내지 제도가 올바르게 특정화되지 않으면 자기 행위의 결과에 대한 책임을 자기가 지지 않게 되는 현상이 발생한다. 소위 자기책임원리(自己責任原理)가 성립하지 않는다. 우리는 이미 앞에서 공유의 목초지(牧草地)에서 일어나는 부(負)의 외부효과의 문제에서 이러한 현상을 보았다. 또한 재산권제도가 올바르게 특정화되어 있지 않으면 자원에 대한 투자의 회수가 불확실하기 때문에, 환언하면 노력에 대한 공정보상이 확보되지 않기 때문에 자원의 생산성을 높이거나 보다 효율적 활용을 위한 투자가 부진해진다. 이와 같이 노력에 대한 공정보상은 곧 재산권구조의 올바른 특정화가 있을 때 비로소 가능해진다.

동시에 경제적 자유의 허용 내지 보장의 문제도 실은 재산권제도의 올바른 정착과 직결되는 문제이다. 앞에서도 밝힌 바와 같이 사유란 경제적 자원에 대한 개인의 사적 자치의 영역, 환언하면 자원에 대한 개인의 경제적 자유의 범위를 확정하는 제도이고 그 확정된 범위 안에서 개인의 경제적 자유를 보호하는 제도이다. 따라서 경제적 자유의 보장의 문제는 재산권제도의 올바른 정착의 문제와 분리하여 생각할 수 없다.

아서 루이스가 제시한 교역과 특화 가능성의 확대라는 조건은 우리가 여기서 주장하는 거래비용의 최소화의 문제와 직접 관련된다는 사실은 별도의 설명이 필요 없다고 본다. 거래비용이 거래이익보다 커지면 아무리 상호이익이 되는 거래라 하여도 발생할 수 없다. 그리고 거래가 발생하지 않고 교환과 교역이 발생하지 않으면 분업과 특화는 일어날 수가 없다. 왜냐하면 분업과 특화란 본래가 교환과 교역을 전제로 한 행위이기 때문이다. 따라서 거래비용을 최소화하는 문제는 그대로 거래와 교역의 가능성을 높이고 특화와 분업을 촉진하는 문제가 된다.

그러면 아래에서 재산권구조의 특정화의 문제와 거래비용의 최소화의 문제를 하나씩 상세히 검토해 보도록 하자. 우선 재산권구조를 올바르게 특정화한다는 것은 무엇을 의미하는가? 재산권제도를 올바르게 정착시킨다는 것은 과연 무엇을 의미하는가? 이와 같은 문제부터 검토하도록 하자.

재산권제도의 올바른 특정화는 다음의 두 가지 조건이 성립됨을 의미한다. 첫째의 조건은 어떤 재화는 사유(private property)로 하며 어떤 재화는 국유(state property)로 하고 어떤 재화는 비소유(非所有) 내지 공유(共有, common property)로 할 것인가 하는 결정이 효율적으로 이루어져야 한다. 특히 사유로 해야 할 재화는 가능한 한 모두 사유로 하여 공유나 국유로 인한 비효율을 없애야 한다. 특히 공유로 인한 부의 외부효과, 즉 자원의 과잉착취나 생산적 투자의 위축을 없애야 한다. 한마디로 효율적인 재산권구조(efficient property structure)를 만들어야 한다. 그러면 효율적인 재산권구조란 과연 무엇을 의미하는가? 그리고 그것이 경제성장을 위해 왜 중요한가?

효율적 재산권구조란 실은 개인들의 경제활동을 사회적으로 바람직한 활동(socially desirable activities) 쪽으로 유도하는 재산권구조를 의미한다. 환언하면 경제활동의 사회적 수익률(social rate of return)과 사적 수익률(private rate of return)을 일치시키거나 아니면 그 차를 최소화시키는 재산권구조를 의미한다. 그런데 본래 어떤 행위의 사회적 수익률과 사적 수익률 사이에 불일치 내지 격차가 존재한다는 것은 결국 그 행위에 외부효과가 존재한다는 것을 의미한다. 따라서 효율적인 재산권구조란 이러한 외부효과 내지 파급효과의 발생을 줄이는, 즉 사회적 수익률과 사적 수익률 간의 격차를 축소시키는 재산권구조를 의미하고, 재산권구조가 올바르게 특정화되었다(well-defined system of property rights)는 말은 모든 경제활동에서 이러한 외부효과가 부재(不在)하게 되었다는 것, 그리하여 사회적 수익률과 사적 수익률이 일치하게 되었다는 것을 의미한다. 또는 표현을 달리하면 이는 모든 외부효과가 내부화(internalization of externality)되어 자기 행위의 사회적 결과 중 자신이 책임을 지지 않던 것(외부효과)을 이제는 자신이 책임을 지게 되었다(내부화)는 것, 한마디로 자기책임원리의 완전한 정착을 의미한다고도 할 수 있다. 자기 행위의 사회적 결과(이익과 비용)에 대하여 완전한 책임을 지게 될 때 비로소 사적 수익률과 사회적 수익률이 일치하게 되고 개인의 행위는 사회적 관점에서 보아 바람직하다고 생각되는 방향으로 움직이게 된다.

재산권구조의 올바른 특정화(特定化)를 위한 두 번째 조건은 정의의 법(law of justice)이 지배하여야 한다는 것이다. 앞에서 본 바와 같이 재산권구조의 내용이 효율적이어야 할 뿐 아니라 효율적인 재산권구조가 실제로 엄정하고 정의롭게 집행되어야 한다. 앞에서 본 바와 같이 아담 스미스는 정의의 목적을 침해로부터의 안전(The end of justice is to secure from injury)이라고 보고 정의의 원칙은 최고도로 엄정(precise)하고 정확(accurate)해야 하며 조금의 예외나 수정이 허용되어서는 안 된다고 주장한 바 있다. 그리고 하이에크(F. Hayek)는 법의 지배란 올바른 행위의 일반준칙(a universal rule of just conduct)으로서의 법의 지배를 의미하므로 편의(便宜, expediency)의 문제가 아니라 원칙(原則, principle)의 문제임을 강조하고 있다.

이러한 아담 스미스적인 정의의 법, 하이에크적인 법의 지배가 효율적 재산권구조와 더불어 성립할 때 비로소 재산권구조의 올바른 특정화가 가능해진다. 재산권 관련 법제가 엄정하고 정의롭게 실현되어야 경제행위의 각종 불확실성을 낮출 수 있다. 경제재(經濟財)의 이용을 둘러싼 각종 분쟁의 사전예방과 사후해결도 용이해진다. 노력에 대한 공정한 보상도 확실하게 보장될 수 있다. 경제적 자유의 영역도 명확하게 확정될 수 있고, 따라서 그 범위 안에서는 최대한의 자유가 보장될 수 있다. 이 모든 것들은 결국 "경제하려는 의지"를 자극하고 활발한 경제활동을 촉진한다.

다음은 경제성장에 근본동인이 되는 두 번째 제도적 요인인 거래비용 내지 교환비용의 최소화 문제를 보도록 하자. 거래비용(transaction cost)은 이미 앞에서도 여러 번 정의하였지만, 한마디로 경제활동에서 일어나는 제 비용 중 물리적 생산과정(物理的 生産過程)에 드는 비용(물리적 생산비용) 이외의 모든 경제활동의 조직화 비용(組織化費用)을 의미한다. 따라서 기업을 조직화하는 비용, 시장에서의 거래를 조직화하는 비용 등이 모두 이에 속한다.

아담 스미스가 특화(specialization)와 분업의 이익 그리고 교역의 이익(gains

from trade) 등을 주장한 이후 많은 경제학자들은 분업과 교역에는 이익이 크다는 측면만을 보았지 분업과 교역의 이익이 실현되기 위해서는 행위자 간에 협동과 협력이 필요하다는 사실 그리고 그 협동과 협력을 조직화하기 위해서는 적지 않은 비용이 든다는 사실은 인식하지 못하였다. 이 특화와 분업 그리고 교환과 교역을 위한 "협동과 협력을 조직화"하는 비용이 곧 거래비용이다.[15] 따라서 소위 로빈슨 크루소(Robinson Crusoe)경제에서는 존재하지 아니하던 제 비용이 곧 거래비용이 된다.[16]

그런데 이 거래비용은 구체적 내용을 보면 크게 두 가지로 나누어 생각할 수 있다. 하나는 측정비용(測定費用, measurement cost)이고, 다른 하나는 강제비용(强制費用, enforcement cost)이다. 측정비용이란 거래의 대상이 되고 있는 상품이나 용역의 각종 특징을 정확히 측정하는 데 드는 비용이다. 예컨대 거래의 대상이 되고 있는 재화의 물리적 특징뿐 아니라 법률적 특징 등을 정확히 알고 거래를 하여야 하는데 거기에는 적지 않은 비용이 든다는 사실이다. 거래의 대상이 용역인 경우도 마찬가지이다. 과연 용역제공자가 약속대로 최선의 노력을 하고 있는지 등을 알아내는 것은 결코 용이하지 않다. 예컨대 노동자들이 생산과정에 실제 투하한 노력의 질과 양을 제대로 측정하는 것은 대단히 어려운 일이다. 특히 거래의 일방이 재화나 용역의 제 특징에 대하여 보다 많은 정보를 가지고 이를 전략적으로 사용하려고 한다면 그 거래의 상대방의 측정비용은 크게 올라간다.[17]

---

15) 이 거래비용의 중요성을 최초로 제기하고 이론화한 사람은 코즈(R. Coase)이다. 그의 두 편의 논문이 사람들의 사고를 크게 바꾸어 놓았고, 이 두 편의 논문으로 인해 그는 노벨 경제학상을 수상하게 되었다. Ronald H. Coase, "The Nature of the Firm", 4 *Economica* 386 (1937); Ronald H. Coase, "The Problem of Social Cost", 3 *Journal of Law and Economics* 1 (1960).

16) 물론 로빈슨 크루소 경제에도 특정 재화를 만들기 위한 물리적 생산비용은 존재한다. 예컨대 책상을 만들기 위해 나무라는 원자재와 인력이라는 노동이 필요하다. 그러나 거래비용은 존재한다고 볼 수 없다. 로빈슨 크루소 경제에서는 분업과 교역이 없어 경제조직이 존재하지 않기 때문에 경제조직이 없는 경우에는 거래비용이 있을 수 없다. 노스(D. North)는 여기서 이야기하는 물리적 생산비용을 "전환비용(轉換費用, transformation cost)"이라고 부르고 있다. Douglass C. North, *Institutions, Institutional Change and Economic Performance*, Cambridge University Press, 1990, p. 28.

17) 거래 당사자 간에 정보의 양이 비대칭적이고 이를 일방이 전략적으로 활용하게 되면 소

강제비용이란 체결된 거래계약의 이행을 강제하는 데 드는 비용이다. 쉽게 이야기하면 계약이행을 담보하는 데 드는 비용이다. 계약이행의 담보의 방법에는 계약의 자발적 이행을 유도하기 위한 당사자 간의 계약적 조치(예컨대 담보의 제공 등)가 있을 수도 있고, 제3자인 국가의 개입을 통한 계약강제도 있을 수 있다. 그 어느 경우이든지 비용이 든다. 특히 국가의 공권력에 의해 계약이행을 담보하려 한다면 사법비용(司法費用)이란 비용이 들지 않을 수 없다.

분업의 확대와 교환의 진전의 사회적 이익이 아무리 크다고 하여도 그것만으로 모든 경우 분업과 교환이 저절로 일어나지 않는다. 분업과 교환에는 비용이 들기 때문이다. 측정비용과 강제비용으로 이루어지는 거래비용이라는 비용이 들기 때문이다. 따라서 분업과 교환은 분업과 교환의 이익이 있을 때 발생하는 것이 아니라 그 이익의 크기가 측정비용과 강제비용으로 구성되는 거래비용보다 클 때에만 발생한다. 그런데 여기서의 거래비용은 측정과 강제를 위해 실제 지불한 비용과 그 비용을 지불하고도 측정과 강제가 불완전하여 발생한 손실을 포함한다.[18] 따라서 실제 측정과 강제를 위해 지불한 비용과 그 비용을 지불하고도 불완전 측정과 불완전 강제로 인해 발생한 비용의 합보다 분업과 교환의 이익이 클 때에만 분업과 교환이 일어나는 것이다.

즉 교환의 이익이 거래비용보다 클 때에만 교환이 일어나고, 그 반대의 경우에는 아무리 사회적 이익이 큰 분업과 교환이라 하여도 성립하지 못하는 경우가 발생할 수 있다. 그러므로 가능한 한 거래비용을 최소화시키는 것이 분업과 교환

위 역의 선택(adverse selection)이나 도덕적 해이(moral hazard)의 문제가 발생한다. 이를 막기 위한 계약제도나 법제도가 준비되어 있지 않으면 위와 같은 경우 측정비용이 너무 커져서 아무리 유익한 거래라 하여도 거래의 성립 자체가 어렵게 된다.

18) 예컨대 계약강제가 불완전해지기 쉬운 데에는 두 가지 원인이 있다. 하나는 과연 약속대로 계약이행이 있었는가 아닌가를 판단하기 위해 필요한 당해 상품과 용역의 제 특징에 대한 측정(정보수집과 판단 등)이 정확해야 하는데 이것이 용이하지 않고, 다른 하나는 계약강제를 수행하는 기구나 조직이 과연 계약당사자들의 이익을 위해 최선을 다한다는 보장이 있는가 하는 문제이다. 소위 “대리인(代理人)의 문제”(agency problem)가 발생하기 쉽다는 것이다. 즉 계약강제기구나 조직에서 근무하는 사람들에게 계약의 공정한 이행의 집행 못지않게 자신들의 사적 이해관계의 추구도 동시에 할 위험이 상존한다는 것이다.

의 이익을 최대로 실현시켜 경제성장을 촉진하는 데 불가결의 요소가 된다고 할 수 있다.

여기서 한 가지 지적해 둘 사실은 "거래비용은 산업화의 진전에 따라 그리고 경제성장의 진전에 따라 거래의 종류와 양이 늘어남으로써 전체적으로 보아 끊임없이 증가해 왔다."는 사실이다. 따라서 이를 줄이기 위한 법적·제도적 노력이 함께 지속적으로 이루어지지 않으면 거래비용의 과다가 산업화와 경제성장의 진전에 장애물로 등장할 수 있다. 일반적으로 산업화가 본격화되기 이전에는 대부분의 거래가 서로 거래 상대방을 개인적으로 잘 알고 하는 개인적 거래(personalized exchange)였다. 거래의 종류와 양도 비교적 크지 않았고 지역적으로도 제한된 거래였다. 그리고 대부분의 거래가 반복적이고 지속적인 거래였다. 이러한 상황에서는 재화와 용역의 제 특징에 대한 측정비용이 크게 들지 않는다. 서로가 거래의 상대방과 재화나 용역의 제 특징을 익히 잘 알고 있기 때문이다. 또한 계약의 강제비용도 크게 들지 않는다. 국가 등의 제3자의 개입이 없이도 계약의 자발적 이행(self-enforcing mechanism)이 일어난다. 왜냐하면 소규모 시장에서의 반복거래관계에서는 서로가 명예나 상호신뢰를 지키는 경제적·비경제적 유인이 크게 작용하기 때문이다. 또한 사회적 관습이나 관행에 의한 압력도 작용하기 때문이다. 이러한 산업화 초기의 거래 단계에서는 측정비용이나 강제비용 등의 거래비용은 크지 않으나 역으로 분업과 특화가 발달하지 못해 물리적 생산비용은 많이 드는 편이라고 볼 수 있다.

산업화가 본격화되고 원격지 무역(long distance trade)이 발생하면서 비개인적 거래(impersonalized exchange)가 등장하기 시작한다. 그렇게 되면 상인행위규범(merchant code of conduct)을 만들거나 서로 담보나 볼모를 교환하거나 아니면 혈연관계를 맺는 등의 방법으로 가능한 한 거래를 고객화(clientization)하려 노력한다. 아직 제3자인 국가의 정식 개입 없이도 자신들 사이의 계약적 노력(契約的 努力)을 통해 증가하는 측정비용과 강제비용의 문제를 해결하려고 노력한다. 그러나 명백히 거래비용은 과거보다 더 많이 들게 된다. 거래비용은 증가하나 물리적 생산비용은 분업과 특화의 진전으로 인하여 오히려 줄어들고 재화의 양과 질도 보다 다양해진다.

산업화가 보다 진전되면서 대량생산·대량소비체제가 등장하고 이를 위한 초

거대기업(超巨大企業)들이 등장한다. 이제 거래는 대부분 비개인화되고 동시에 대부분의 계약이행은 제3자의 개입(third-party enforcement)을 통하여 보장받게 된다. 거래의 종류와 양이 복잡해지고 대량화되고 불특정다수를 상대하게 되면서, 측정과 강제의 문제, 즉 거래비용의 문제는 대단히 심각한 문제가 되지 않을 수 없다. 종래보다는 상대의 눈속임(shirking)이나 전략적 행위(戰略的 行爲, strategic behavior) 등이 발생할 가능성이 급격히 커지기 때문이다. 이제는 제3자인 국가의 개입, 보다 구체적으로는 각종의 법적·제도적 개입과 보호 없이는 시간적으로나 공간적으로 복잡해지는 분업과 교환을 효과적으로 그리고 적은 비용으로 조직화해 낼 수가 없게 된다. 효율적인 계약법제와 능률적인 사법제도의 수립이 필수적이게 된다.

그러면 거래비용을 최소화하기 위한 법적·제도적·정책적 노력에는 어떠한 것들이 있을 수 있을까? 우선 국내외 시장정보, 기술정보, 상품정보 등을 가능한 한 싼 가격으로 광범위하게 공급하는 것을 생각할 수 있다. 또한 계약법과 회사법 그리고 노동법 등을 거래비용을 최소화하는 방향으로 수정·보완하는 것도 거래비용을 낮추기 위해 중요한 일이다. 새로이 대두되는 각종의 상거래관행 그리고 새로운 경제조직형태(예컨대 기업 간의 수직적·수평적 관계 등) 등을 보다 효율적으로 규율할 수 있도록 법제의 정비와 그리고 각종의 거래분쟁을 보다 신속·공정하게 해결할 수 있는 제도의 보완도 거래비용을 낮추는 데 기여한다. 그 이외에도 분업과 교역에 대한 종래의 인위적·정책적 장애를 제거하는 일도 거래비용을 낮추는 데 기여한다. 예컨대 각종 인허가제도나 자격제도의 축소, 수출입규제 등의 경제활동규제의 철폐 등이 이에 속한다.

요컨대 거래비용을 줄이면 그만큼의 절약된 인적·물적 자원을 보다 직접적 생산 분야에 투하할 수 있다. 따라서 경제성장에 직접 기여하게 된다. 아담 스미스 식으로 표현하면 거래비용을 줄여 저축을 증대하면, 그만큼 그 사회의 자본의 양을 증가시킬 수 있어, 소위 생산적 노동의 비중을 증가시킬 수 있게 된다. 뿐만 아니라 더욱 중요한 것은 거래비용이 최소화될수록 교역과 교환의 폭이 확대된다. 즉 시장의 크기가 확대된다. 그 결과 분업과 특화가 진전되어 보다 세분화되고 고도화된다. 결국 노동생산성이 증가하고 경제성장이 이룩된다.

제3절 재산권제도의 발전과 정체

재산권제도가 왜 등장했는가는 이미 앞에서 누차 지적했듯이 공유(共有)의 비극 내지 공유의 비용을 줄이기 위해서이다. 공유제하에서는 자기 행위로 인한 사회적 결과의 전체에 대하여는 책임을 지지 아니하므로, 환언하면 타인에게 주는 외부효과에 대하여 책임을 지지 아니하므로 사적 수익률과 사회적 수익률 간의 괴리가 발생하게 되고 그 결과 자원에 대한 과도한 착취가 발생한다. 뿐만 아니라 자원의 생산성을 높이기 위한 투자는 덜 이루어진다. 왜냐하면 투자의 이익이 투자자에게 안정적으로 돌아간다는 보장이 없기 때문이다. 이러한 문제들은 효율적인 재산권제도(여기서는 사유제)를 도입하면 해결된다. 자원에 대한 과도착취가 중지되고 자원에 대한 생산적 투자도 증가한다. 전자를 재산권제도의 정태적(靜態的) 이익이라고 하고 후자를 동태적(動態的) 이익이라고 한다. 이 점은 이미 앞에서 밝힌 바 있다.

그런데 실은 효율적 재산권제도의 이익은 여기서 끝나지 않는다. 재산권제도가 확정되어야 비로소 재화에 대한 사적 자치(私的 自治)의 영역이 특정되고 재화의 시장가격이 형성되며 재화의 자유교환이 일어난다. 그 재화의 가치를 높일 수 있는 곳(그러한 능력이 있는 사람에게) 내지는 높게 평가하는 곳(그 재화를 보다 필요로 하는 사람에게)으로 시장가격을 매개로 재화가 이동된다. 이러한 자발적이고 자유로운 교환과 거래를 통하여 사실은 재화의 가치가 증가한다. 그런데 이러한 재화의 가치를 높이는 교환과 거래가 성립하기 위한 대전제의 하나가 "효율적 재산권제도"의 성립이다.

이상과 같은 사회적 이익이 큰 효율적 재산권제도는 어느 때 등장하는가? 그 등장과 발전과 변화의 원리는 무엇인가? 왜 어느 나라에서는 효율적인 재산권제도가 등장하여 그 사회의 경제성장에 기여하고, 왜 어느 시대에는 비효율적 재산권제도가 유지되면서 그 사회의 경제성장을 저해하는가? 효율적 재산권제도가 경제성장에 기여한다면 도대체 왜 모든 사회 모든 시대에 효율적인 재산권제도를 우리는 가질 수 없는가? 도대체 효율적 재산권제도의 등장과 발전과 변화를 결정하는 요인들은 무엇인가?

재산권제도의 등장과 변화를 결정하는 요인으로는 다음의 네 가지를 생각할 수 있다. 첫째는 상대가격(相對價格, relative prices)의 변화, 둘째는 기술(technology)의 변화, 셋째는 국가(state)의 정치적 역학관계의 변화, 넷째는 이념(ideology)의 변화이다. 앞의 두 가지, 즉 상대가격의 변화와 기술의 변화는 재산권제도의 등장과 변화를 결정하는 경제적 내지는 시장적 요인으로서 이미 앞에서 논한 바가 있다. 여기서는 주로 비경제적 요인인 셋째와 넷째 요인을 중심으로 논의하도록 한다.

국가란 강제력 내지 폭력에서 비교우위를 가진 조직이다. 재산권제도란 본래가 타인의 간섭을 배제하고 경제적 재화에 대하여 배타적 지배권을 주장할 수 있는 권리이므로 강제력에 의한 담보가 필수적이다. 환언하면 국가라는 폭력조직에 의한 보호와 지지가 필수적이다.

국가의 본질에 대하여는 종래 두 가지의 견해가 대립하여 왔다. 하나는 계약이론(契約理論, contract theory)이다. 국가란 사회전체의 이익 내지 부의 극대화를 위해 존재하는 조직이라는 이론이다. 다른 하나는 착취이론(搾取理論, exploitation theory)이다. 국가란 특정 계급이나 계층의 이해관계를 대변하는 기구라는 이론이다. 특정 집단의 이익을 극대화하기 위한 대리인(代理人)이라는 것이다. 물론 특정 집단의 이익을 제고하기 위한 범위 내에서는 사회전체의 부의 증대에 관심을 가지나 우선순위는 어디까지나 집단이익에 있다는 것이다.

생각건대 현실은 이 두 가지 견해를 상호대립적이라기보다 상호보완적인 관계로 이해하는 것이 옳다고 본다. 계약이론은 국가성립의 이론으로서는 보다 설명력을 가지나 정치적 영향력 행사를 위한 이익집단 간의 격전(激戰)의 장(場)으로서의 국가라는 측면을 너무 무시한 이론이다. 반면에 착취이론은 후자의 측면을 강조하는 데는 비교우위를 가지나 국가의 성립과 국가의 합법성(legitimacy)에 대한 설명이론으로서는 약하다고 본다. 국가라는 존재에는 실은 이 두 가지 측면이 모두 존재한다. 이 두 가지 측면이 동시에 존재한다는 사실에서 우리는 왜 어느 국가에서는 비효율적인 재산권구조가, 환언하면 성장저해적(成長沮害的)인 재산권구조가 장기간 유지되고 있고 유지될 수 있는가를 설명할 수 있다. 또한 국가의 법정책이 왜 불안정한가 그리고 그러한 불안정이 왜 반복적으로 나타나는가를 설명할 수 있다.

논의의 편의를 위하여 국가를 하나의 단일의사적 존재로 본다면 국가의 성격을 다음과 같이 특징화해 볼 수 있다. (1) 국가는 법과 정의 그리고 안전을 생산하고 이를 국민들에게 파는 존재이다. 법과 정의 그리고 안전의 생산에는 국가가 규모의 경제로 인하여 비교우위를 누린다. (2) 국가는 일종의 차별적 독점체(差別的 獨占體)이다. 즉 소비자들의 수요탄력성(需要彈力性)의 차이를 감안하여 상이한 가격정책(상이한 가격으로 재산권제도를 공급)을 사용함으로써 국가의 조세수입을 극대화하려 한다. 동시에 제품차별화를 통하여, 즉 상이한 내용의 재산권제도를 개발하여 이를 독점적으로 공급함으로써 국가의 조세수입을 극대화하려 한다. (3) 국가는 잠재적 경쟁자들에 의한 경쟁압력을 받는다. 경쟁의 압력은 국외로부터 올 수도 있고(외국의 침입이나 대량 해외이민), 국내의 정적(政敵)으로부터 나올 수도 있다. 이들 경쟁자들에 의한 대체가능성이 높을수록 국가의 독점력은 약화된다.

국가가 생산하는 법과 정의 속에 재산권제도와 거래비용을 낮추기 위한 각종 법제가 들어 있다. 그런데 재산권관련법제와 거래비용관련법제 사이에는 하나의 긴장관계가 있을 수 있다. 전자를 결정함에 있어서는 특정 집단의 이익증대가 우선적으로 고려될 가능성이 높고, 후자를 결정함에 있어서는 사회전체의 이익증대가 결정적으로 작용할 가능성이 높다.[19] 전자에서는 독점지대(獨占地代)의 극대화가, 후자에서는 생산량의 극대화가 목표가 될 가능성이 높다. 환언하면 거래비용관련법제는 효율적인 내용을 갖게 될 가능성이 많지만 재산권관련법제는 비효율적이 될 가능성이 높다는 이야기이다.

특히 비효율적인 재산권관련법제가 나타날 가능성이 높다고 보는 데에는 두 가지 이유가 있다. 첫째는 국내외의 정적(政敵)과의 경쟁관계이다. 특히 영향력 있는 이익집단을 정적에게 빼앗기고 싶지 않기 때문에 그들의 기득권을 가능한 한 보호해 주려 한다. 둘째는 조세징수비용(租稅徵收費用)과 관련되는 문제이다. 새로운 효율적 재산권구조가 "파이의 크기"는 분명히 증가시키나 조세징수비용이 많

19) 왜 그럴까? 재산권 관련 법제를 바꾸면 비록 효율적인 방향으로 바꾼다고 하여도 반드시 이익을 보는 자와 손해를 보는 자가 나오나, 거래비용관련법제의 경우는 그렇지 않다. 보다 효율적인 방향으로 바꿀수록 모두가 유리해진다.

이 들어 오히려 조세수입면에서는 과거의 비효율적인 재산권구조의 경우보다 못한 경우가 있을 수 있다. 이러한 경우에는 새로운 효율적 재산권관련법제가 도입되기 어렵다. 국가가 흔히 효율적 재산권구조보다 비효율적 재산권구조(예컨대 각종의 인허가제도 등)를 유지하려는 이유 중의 하나는 조세징수비용과 관련된다고 볼 수 있다.[20]

이상의 이유 등으로 효율적인 재산권구조의 등장은 생각보다 어렵다고 보아야 한다. 이 세계에 수많은 나라들이 있으나 경제발전을 성공적으로 수행하고 있는 나라는 왜 많지 않은가를 설명하는 데도 위에서의 논의들이 참고가 될 것이다. 왜냐하면 아무리 성장저해적인 비효율적 재산권제도라 하더라도 현재의 지배집단의 이해관계와 일치하면, 그리고 그 대안이 현재의 지배집단의 이해관계와 직접 반(反)한다면 새로운 대안으로의 재산권제도의 개혁은 사실상 기대하기 어렵기 때문이다. 따라서 결국 보다 효율적인 재산권제도의 도입을 위해서는 그 제도의 도입으로 이익을 보는 집단이 손해를 보는 집단의 손해를 보상해 주는 조치를 함께 하는 것이 개혁의 성공확률을 높인다. 손해를 보는 집단에게 손해에 대하여 어떤 형태로든 보상을 하면, 그리고 이익을 보는 집단이 대단히 영향력이 큰 집단이라면 재산권제도의 개혁을 위한 협상은 성공할 확률이 높다. 그러나 반대로 손해보는 집단이 보상을 받지도 못했는데 그 집단이 영향력이 큰 집단이라면 개혁은 성공하기 어려울 것이다. 이런 경우에는 비록 장기적으로는 모두에게 이익이 되는 효율적인 재산권구조라 하더라도 그와 같은 바람직한 방향으로의 개혁은 어려워진다.[21]

일반적으로 보아 효율적 재산권구조를 향한 제도개혁이 상대적으로 용이한

---

20) 인허가를 둘러싼 공무원들의 비리(非理)수입이나 부정부패수입을 여기서의 조세수입 속에 포함시켜 생각하면 왜 효율적인 경쟁적 재산권구조보다 비효율적인 비경쟁적 재산권구조가 보다 지배적 재산권구조가 될 수 있는지, 장기간 유지될 수 있는지를 이해하는 데 도움이 될 것이다.

21) 재산권구조의 개혁과정에 있어 피해보상의 중요성을 구체적 사례를 가지고 주장한 연구로는 Gary D. Liebcap, *Contracting for Property Rights*, Cambridge University Press, 1989. 한 걸음 더 나아가 재산권제도를 포함한 사회경제제도 일반의 발전과 변화를 분배문제를 둘러싼 투쟁의 부산물(a by-product of conflicts over distributional gains)로서 이해하는 입장이 있다. 이러한 관점에 서 있는 연구로는 Jack Knight, *Institutions and Social Conflict*, Cambridge University Press, 1992.

경우는 다음과 같다. (1) 제도개혁으로 인한 총이익이 큰 경우이다. 즉 새로운 재산권구조하에서의 "파이의 증가"가 대단히 큰 경우이다. 이런 경우에는 손해를 보는 집단에 대한 손해보상이 용이하여 개혁이 성공하기 쉽다. (2) 이해가 상충하는 집단의 수가 작을수록 개혁이 용이하다. 집단의 수가 크면 클수록 협상비용이 증가하고 바람직한 합의의 도출이 어렵다. (3) 이해당사자들이 내부적으로 단일한 선호(homogeneous preference)를 가질수록 개혁이 용이하다. 집단 내부의 성격이 복잡할수록 성공을 위한 다른 집단과의 연대도 어렵고 개혁 후의 집단 내부의 부(富)의 분배를 정하기도 어렵다. (4) 재산권제도를 바꿈으로써 이익을 보는 집단과 손해를 보는 집단이 명확히 드러나고 그 이익과 손해의 크기가 명확할수록 개혁은 성공하기 쉽다. 손해에 대한 보상도 개혁의 필요에 대한 설득도 보다 용이하기 때문이다. (5) 현재의 재산권제도하의 소득분배의 불평등도가 높을수록 그리고 새로운 재산권제도하에서의 예상소득분배의 불평등도가 낮을수록 개혁이 용이하다. 개혁을 위한 지지세력으로 보다 다수의 동원이 가능하기 때문이다. 이상의 각각의 경우가 효율적 재산권제도를 향한 제도개혁을 용이하게 하는 경우들이다.

끝으로 재산권제도의 등장과 발전을 결정짓는 넷째 요인인 "이념(ideology)의 변화"의 문제를 보도록 하자. 일반적으로 이념이란 다음의 세 가지 성격 내지 특징을 가진다고 볼 수 있다.[22] (1) 이념은 우리의 주위 환경을 보고 이를 체계적으로 이해하는 하나의 세계관(世界觀)으로서 우리의 의사와 행동결정과정을 경제화하고 단순화시키는 수단(an economizing device)의 하나이다. (2) 이념은 우리가 살고 있는 사회의 공정성(fairness of the world)에 대한 도덕적·윤리적 판단과 결부되어 있어 특정의 정치경제질서를 합리화하는 기능을 한다. 동시에 일반적으로 무엇이 적정소득분배인가에 대한 가치판단을 내포하고 있다. (3) 개인들은 이념이 자신들의 개인적 경험과 지속적으로 괴리되면 기존의 이념에 대하여 회의하기 시작한다. 그리고 자신들의 경험에 보다 부합하는 새로운 이념을 찾기 시작한다. 그러나 이념과 경험의 괴리가 상당기간 축적되어야 비로소 이러한 움직임이 가능하다.[23]

---

22) 보다 자세한 논의는 Douglass C. North, *Structure and Change in Economic History*, W. W. Norton and Co., 1980 특히 Chapter 5를 참조하라.

23) 이는 마치 토마스 쿤(T. Kuhn)이 패러다임의 변화를 설명할 때 주장하는 논리와 유사하다. 즉 지배적 과학이론이 설명할 수 없는 과학현상들이 상당기간 발견되고 축적되

특히 중요한 것이 두 번째의 특징이다. 즉 특정한 정치경제체제의 정당성을 보장해 주는 역할을 한다는 점이다. 만일 기존의 정치경제체제의 정당성에 대하여 많은 사람들이 이념적 확신을 가지고 있다면 그 이념의 힘만으로도 기존의 재산권구조의 강제비용은 크게 줄어든다. 그리고 그 재산권구조는 비록 비효율적이라고 할지라도 상당기간 유지될 수 있다. 그 재산권구조를 파기하는 것이 개인적으로 비록 이익이 된다 하여도 사람들은 그 재산권구조를 보호하고 유지하려 노력한다. 역으로 만일 새로운 재산권구조가 현재의 재산권구조보다 정의롭고 공정하다고 하는 이념적 확신을 가지게 된다면 새로운 재산권제도의 도입을 위한 집단적 노력이 일어난다. 개인적으로는 그러한 노력에서 얻을 수 있는 이익이 비용보다 크지 않아도 그러한 노력은 일어날 수 있다.

요컨대 "이념(理念)은 소위 무임승차(無賃乘車)의 문제를 극복하는 힘"이 된다. 모든 사람이 무임승차를 하려 한다면 사회의 의사결정이 그 구성원의 의사와 관계없이 이루어질 수도 있다. 구성원의 의사를 묻는 투표제도에도 왜곡이 생길 수 있다. 사소하게는 아무도 보지 않는 지방고속도로에서 휴지를 버리지 않을 이유가 없고, 크게는 이 세상에 민중이 앞장서는 "밑으로부터의 혁명"이란 도대체 일어날 수가 없다. 이 모든 행위의 경우 그 비용은 개인에게 집중되나 이익은 모두가 나누어 가지게 되기 때문에 합리적인 사람이라면 누구나 그러한 행위를 자기비용으로 하지 않고 남이 해 주기를 기다릴 것이기 때문이다. 그런데 어째서 우리는 많은 사람들이 투표에 참여하고 고속도로에서는 누가 보든 안 보든 휴지를 버리지 않는 것일까? 그리고 "밑으로부터의 혁명"도 때때로 경험하게 되는가? 그 이유는 이념의 힘이 있기 때문이다. 이익과 비용을 비교형량하면 개인적으로는 손해가 될지 모르더라도 그 행위 자체가 "옳다"고 믿기 때문에, "가치"가 있다고 믿기 때문에 행동하는 것이다.[24)]

다가 이들 이현상(異現象)을 설명하려는 새로운 패러다임이 갑자기 등장한다는 것이다. Thomas S. Kuhn, *Structure of Scientific Revolutions*, 2nd ed., University of Chicago Press, 1970.

24) 이념의 힘이 강할 때에는 무임승차의 문제가 상당 정도 해소될 수 있으나 일반적으로 이념의 힘이 약할 때에는 무임승차의 현상이 강하게 나타난다. 무임승차 경향이 강하기 때문에 나타나는 현상으로는 ① 비효율적인 재산권제도도 장기간 유지될 수 있고, 국민

따라서 어떠한 이념이 지배적이냐에 따라, 환언하면 기존의 재산권제도의 정당성을 믿는 이념의 힘이 강하냐 아니면 새로운 재산권제도의 정당성을 믿는 이념의 힘이 강하냐에 따라 재산권제도의 변화의 방향 및 그 변화의 가능성이 결정된다고 볼 수 있다.

다수의 지지를 받지 못하는 정권도 장기간 유지될 수 있다. ② 개혁은 "위로부터"가 일반적이고 "밑으로부터"는 예외적이다. ③ 혁명은 소수에 의한 궁정혁명이 일반적이고 다수에 의한 일반민중봉기는 예외적이다.

계약법과 계약구조(契約構造)

제1장 계약법(契約法)의 목적과 과제

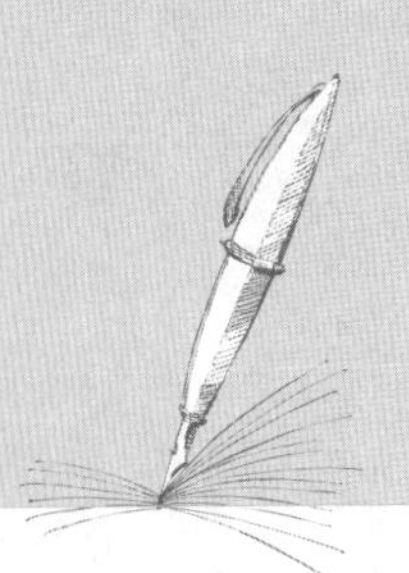

계약에 대한 법경제학적 연구는 대별하여 두 가지 부분으로 나누어진다. 하나는 계약법(契約法) 자체에 대한 연구이다. 각종 계약법원리에 대한 경제분석이다. 그리고 다른 하나는 계약구조(契約構造)에 대한 연구이다. 사회에 등장하는 각종 계약의 내용과 구조를 연구하여 어떠한 구조의 계약들이 존재하고, 왜 그러한 계약들이 등장하게 되었는지 그 존재이유와 기능 등을 밝히는 것이다. 여기서는 계약법에 대한 연구를 앞 장에서 먼저 하고 계약구조에 대한 연구는 뒷 장에서 하도록 한다.

제 1 절 계약법의 목적과 기능

계약법의 목적은 한마디로 계약행위를 경제화(經濟化, economize contracting behavior)하는 데 있다. 표현을 바꾸면 거래비용(transaction cost)을 최소화하는 데 계약법의 목적이 있다. 자원의 보다 효율적이고 생산적인 활용을 위하여는 첫째로 재산권제도가 확정되어야 하고, 둘째로 자발적 교환이 촉진되어야 한다. 그래야만 자원이 보다 효율적이고 생산적으로 사용할 수 있는 사람에게, 환언하면 당해 자원의 가치를 보다 높일 수 있는 사람에게 배분될 수 있다. 그리하여 국부의 증대를 결과할 수 있다.

그런데 이 자발적 교환에는 여러 가지의 거래비용이 든다. 계약체결비용부터 이행여부의 감시·감독비용까지 다양한 종류의 거래비용이 든다. 거래비용이 너무 크면 서로 이익이 될 수 있는 거래도 성립할 수가 없다. 따라서 자원의 효율적이고 생산적인 활용을 위해서는 거래비용을 가능한 한 낮추어 주는 것이 바람직하다. 특히 거래비용의 중요한 일부가 되고 있는 계약비용, 즉 계약체결비용과 감시·감독비용 그리고 분쟁해결비용을 가능한 한 낮추어 주는 것이 사회적으로 바람직하다. 여기에 계약법의 목적이 있다.

물론 계약법이 없어도 계약행위는 일어날 수 있다. 법이 없어도 자발적 교환행위는 일어날 수 있다. 그러나 그것은 효율적이 되지 못한다. 법적 강제력에 의해 이행이 담보되지 않기 때문에 계약의 이행여부가 불확실해진다. 따라서 계약의 즉시이행(卽時履行)을 선호하고, 가능한 한 계약성립과 이행 사이의 시간적·공간적 거리를 줄이려 노력한다. 그리고 동시에 이행여부를 쉽게 감시·감독할 수 있는 형태의 계약에 치중한다. 이 모든 것은 비효율을 결과한다. 마치 재산권제도가 확정되어 있지 아니했을 때의 투자행위가 장기투자(長期投資)보다 단기투자에만 치중하여 자원활용의 비효율을 낳는 것과 유사한 현상이 일어난다.

계약법이 없어도 계약행위가 자발적으로 지켜질 수 있는 하나의 가능성은 존재한다. 그것은 특히 계약행위가 반복적으로 일어나는 경우, 소위 명예(名譽)와 신용(信用)메커니즘(reputation mechanism)이 작동하는 경우이다.[1] 즉 반복거래(反復去來)에 있어서는 한 번 약속을 어기면 다시 거래의 상대가 되기 어렵기 때문에 약속을 지키려는 내적 유인이 작용한다. 반복거래의 경우에는 약속을 안 지켜 얻는 이익보다 지켜서 얻는 이익(거래의 지속)이 보다 크기 때문이다. 그러나 이 명예와 신용메커니즘도 완전한 것은 아니다. 만일 당사자가 연로(年老)하여 더 이상의 반복거래가 필요하지 않거나 혹은 현재계약(現在契約)의 가치나 중요성이 장래가능계약(將來可能契約)의 가치나 중요성을 능가하는 경우에는 명예와 신용의 메커니즘이 작동하지 않을 수도 있다. 결국 법이 없어도 교환과 계약은 일어날 수 있으나 그 효율성에는 한계가 있다.

본래 계약법의 목적이 거래비용 내지 계약비용을 낮추어 자원배분의 효율성

---

1) 명예와 신용이 계약이행을 강제하는 중요한 메커니즘(reputation as contract enforcer)이라는 사실은 이미 아담 스미스 때부터 지적되어 온 사실이다. 이에 대하여는 제4장에서 본격 논의하도록 한다.

을 높이는 자발적 교환과 거래를 촉진하는 데 있다면 과연 어느 경우에 어떤 식으로 거래비용을 낮춘다는 이야기인가? 좀 더 구체적인 계약법의 기능을 보도록 하자.

일반적으로 계약성립과 이행이 즉시에 일어나거나 쌍무계약(雙務契約)의 경우에서처럼 서로의 채무에 대한 이행이 동시에 일어나는 경우라면, 법이 거래비용을 낮추기 위해 개입 내지 기여할 여지는 크게 줄어든다. 그러나 위와 같은 즉시성(卽時性) 내지 동시성(同時性)이 없는 대부분의 계약의 경우에는 다음과 같은 두 가지 위험이 발생한다. 하나는 계약당사자 사이의 기회주의(機會主義, opportunism)의 발생이고 다른 하나는 계약 당시 예측하지 못한 특수상황(contingencies)의 발생이다. 이 두 가지 위험으로부터 발생하는 비용이 크다면 아무리 쌍방 모두에게 유리한 계약이라 하더라도 성립할 수 없다. 효율적 자원배분이 달성될 수 없다. 따라서 자발적 교환의 촉진과 자원의 효율적 배분을 위해서는 이 두 가지 위험으로부터 발생하는 비용을 줄이는 것이 중요하다. 여기에 계약법의 구체적 목적 내지 기능이 있다. 즉 첫째는 계약 당사자들 사이의 기회주의를 막고, 둘째는 예측하지 못한 특수상황이 발생할 경우 이를 공정하고 효율적으로 처리하는 기준을 제공한다. 특히 두 번째 기능은 당사자들이 작성한 계약의 내용 중 빠진 것, 즉 예측하지 못한 특수상황의 발생에 대비하여 계약조항을 보완해 주는 기능(filling out the missing clauses)이라고 볼 수 있다.

우선 기회주의의 문제부터 보도록 하자. 예컨대 갑이 을에게 주택 한 채를 지어 줄 것을 의뢰하였고 대금은 주택이 완성된 후에 주기로 하였다. 주택을 짓기 시작한 이상 보수를 받기 전까지는 을은 갑의 기회주의의 포로가 되기 쉽다. 만일 갑이 보수지급을 거부하면 을은 대단히 곤란해진다. 법이 당초의 계약에 강제력을 부여하지 않는다면 갑은 주택이 완공될 무렵에 재협상을 통하여 보수의 인하를 요구할지도 모른다.[2] 그러나 건축을 완료하고 보수를 지급한 후가 되면 상황은 역전된다. 즉 이제는 갑이 을의 기회주의의 포로가 될 수 있다. 주택을 지은

2) 우리는 여기서 왜 건축업자들이 일반적으로 건축진행단계(기성고)에 따른 보수의 분할지급을 요구하는가를 쉽게 알 수 있다. 비록 계약법이 있다 하여도 이를 활용하는 데는 비용이 들기 때문에 분할지급이라는 사적 계약을 통해 상대의 기회주의를 사전에 막으려는 의도라고 볼 수 있다.

후에라도 건축업자의 하자보수(瑕疵補修)가 필요한 경우가 흔히 발생한다. 뿐만 아니라 만일 그 주택이 제대로 된 자재(資材)를 사용하여 건축된 것이 아니라면 갑의 계약이익은 크게 훼손된다. 예컨대 법이 채무의 불완전이행에 대한 손해배상제도 등을 구비하고 이를 강제하지 않으면 갑은 을의 기회주의를 막기 위해 막대한 비용을 들여 건축과정을 일일이 감시·감독해야 하는 비효율을 낳는다. 만일 계약법이 없다면 이러한 기회주의의 방지비용은 커질 것이고 그로 인해 서로에게 유리한 바람직한 거래도 많은 경우 성립할 수 없게 될 것이다.

한 가지 예를 더 생각해 보자. 갑은 소 한 마리를 팔려고 한다. 을과 병이 소를 사겠다고 한다. 소는 갑에게는 30만원의 가치가 있고, 을에게는 100만원의 가치가 있고, 그리고 병에게는 50만원의 가치가 있다고 하자. 그렇다면 소가 을에게 팔리는 것이 가장 효율적인 것이 된다. 그런데 병은 50만원을 현금으로 가지고 있는 데 반하여 을은 그렇지 못하다. 을은 일주일 후에야 75만원의 현금이 생긴다. 을은 75만원의 가격으로 지금 그 소를 사서 인도를 받되 대금지급만은 일주일 후로 연기해 주기를 원한다. 이 경우 갑이 을의 약속을 믿고 소를 인도하면 그 후에는 을의 기회주의에 갑이 포로가 될 수 있다. 따라서 계약법이 을의 약속이행에 대하여 강제력을 부여하지 않으면, 환언하면 을의 채무불이행에 대한 제재수단(예컨대 손해배상이나 강제집행)을 법이 마련해 두지 않으면 갑은 을이 아니라 병에게 소를 팔기 쉽다. 이는 분명히 비효율적이다.[3] 이와 같이 계약법의 중요한 기능의 하나는 사람들로 하여금 기회주의적으로 행동할 수 없도록 하여 계약활동을 촉진하고 그 결과 자원배분의 효율성을 높이는 데 있다.

계약법의 다른 중요한 기능은 계약당사자들이 만든 계약에서 빠진 조항(條項)을 보충·보완해 주는 것이다. 계약 당시 예측할 수 없었던 돌발상황이 발생한 경우라든가 혹은 생각은 할 수 있었으나 발생가능성이 너무 작아서 이를 계약내용 속에 명시하지 아니한 경우에는 계약법이 이 빠진 부분을 보충하는 기능을 한다. 특히 비록 예상은 할 수 있는 상황이라 하더라도 그 발생가능성이 너무 작으면 이를 일일이 모든 계약서 속에 명시하는 것이 오히려 비효율적일 수 있다. 오히려

3) 물론 병이 소를 샀다고 하여도 일주일 후에 그 소를 다시 을에게 팔 수도 있다. 그러나 이는 불필요한 거래비용만을 추가로 발생시키는 셈이 된다.

계약법에 이러한 특수상황들에 대한 일반 규정을 두는 것이 보다 효율적이고 비용절약적이다.

특수상황(contingencies) 발생시의 이해조정을 위한 일반규정을 계약법에 새로이 만드는 경우나 혹은 기존의 관련 법조문 내지 기존의 계약서를 해석하는 경우 반드시 존중되어야 할 하나의 기준이 있다. 즉 당사자들이 그 특수상황의 발생을 미리 예상하였다면 어떠한 내용의 자발적 계약을 하였을 것인가를 먼저 생각해 보는 일이다. 당해 특수상황에 대처하는 조항을 당사자들이 계약체결시 만들었다면 어떤 내용이 되었을까를 상상하는 일이다.

계약당사자들은 각자 자기이익의 극대화를 위하여 노력한다. 그런데 자기이익을 극대화하는 방법의 하나가 계약당사자들의 공동이익의 극대화이기 때문에 이들은 자연히 계약을 통한 공동이익의 극대화 혹은 공동비용의 최소화를 추구할 것이다. 따라서 가능한 한 적은 비용으로 당해 특수상황을 처리하려 할 것이고, 이는 표현을 바꾸면 가장 효율적인 방향으로 당해 특수상황에 대처하려 함을 의미한다. 당사자들이 특수상황의 발생을 미리 알고 가장 효율적인 방향으로 이에 대처하려 한다면 과연 어떠한 대처를 하였을까? 만일 계약체결시에 이에 대처하려 하였다면 어떠한 내용의 자발적 계약을 하였을까? 이 경우에 당사자 모두에게 이익이 되는 계약내용이란 어떤 것이었을까? 이를 생각하여 당사자 간에 빠진 계약조항을 보완하여 주는 것이 바로 계약법의 두 번째 기능이다.

예컨대 갑이 대금을 지급하고 을로부터 특정한 물건을 사는 계약을 체결한 상황을 상정해 보자. 그러나 해당 물건을 인도하기 이전에 을의 창고에 보관 중이던 물건이 화재로 인하여 소실(燒失)되었다고 하자. 화재발생의 귀책사유는 갑, 을 모두에게 없다. 또한 계약서에는 이러한 사태에 대비한 계약조항이 없다. 어떻게 할 것인가? 이러한 경우 소위 빠진 계약조항을 보완하는 것이 계약법의 주요 기능의 하나이므로 물론 계약법에 의지하여 이 문제를 해결하여야 할 것이다. 그러면 위의 경우 계약법은 어떠한 원칙 내지 기준을 제시할 수 있을까? 아니, 하여야 할까? 당사자 간의 자발적 계약에 맡겼다면 그들은 당연히 화재의 발생을 가장 적은 비용으로 방지할 수 있는 사람(the cheapest cost avoider) 혹은 화재로 인한 피해를 가장 적은 비용으로 회피할 수 있는 사람(the cheapest cost insurer)에게 그 책임을 부과하였을 것이다. 왜냐하면 그렇게 하여야 계약관련 총비용을 최소화할 수 있고, 총비용이 최소화될 때 비로소 계약 당사자 모두의 이익이 극대화되기 때문이다. 일반론적으로 위의 경우에는 비록 을이 더 이상 물건의 소유자는 아니라고 하여도 당해 창고의 소유자이므로 창고의 상태, 화재발생가능성 등을 보다 잘 알고 있었을 것이므로 화재발생을 막기가 상대적으로 용이하고 화재발생으로 인한 비용 등을 회피하기 위해 보험에 드는 것도 용이하다고 보여진다. 따라서 위의 경우에는 을이 책임을 지는 것이 옳고, 을에게 책임을 묻는 그러한 법원칙을 계약법이 준비하고 있어야 한다고 본다.4)

지금까지 계약법의 기능을 주로 "기회주의의 방지"와 "빠진 계약조항의 보완"이라는 두 가지 분야에 집중하여 논의하여 왔다. 물론 이 두 가지 기능은 대단히 중요한 기능이지만 이 두 가지 이외에도 계약법의 본래의 목적인 거래비용의 최소화 혹은 계약행위의 경제화에 기여하는 계약법의 또 다른 기능이 있을 수 있다. 예컨대 보다 합리적이고 "효율적인 경제행위"의 촉진이 그것이다. 다음의 몇 가지 예를 생각해 보자.

(1) 한 부자가 나에게 대학을 보내주겠다고 약속하였다. 그래서 나는 아르바이트를 포기하고 입시준비를 하였으나 대학입학 후 그는 약속을 지키지 않았고 나는 이제 다른 아르바이트를 구할 수 없게 되었다.

(2) 갑은 을에게 "12일"에 물건을 인도하기로 약속하였다. 을은 이달 12일로 이해하였으나 갑은 내달 12일을 의미하는 것으로 이해하고 이달 12일이 경과하도록 물건을 인도하지 않았다. 그런데 몇 월인가가 명시되지 않은 경우 거래상관습(去來商慣習)은 이달을 의미하는 것으로 되어 있다.

(3) 제철회사가 철도회사에게 60일 이내로 철강을 납품하기로 약속하였다. 그러나 제철회사에 노동쟁의가 일어나 약속의 이행이 불가능하여졌다.

---

4) 우리나라의 경우에는 주지하듯이 민법 제537조에 의해 채무자위험부담주의(債務者危險負擔主義)를 택하고 있다. 따라서 위의 경우 을은 갑에게 받았던 물건의 대금을 반환해야 한다. 위의 경우에는 우연히 최소비용회피자(最小費用回避者) 내지 최소비용보험자(最小費用保險者)가 을이기 때문에 민법의 결론과 본문의 주장이 일치하나 만일 최소비용회피자 내지 최소비용보험자가 갑이라면 결론이 상이할 수도 있다고 본다. 따라서 민법 제537조는 입법론적으로 논쟁의 여지가 있다고 본다.

위의 세 가지 경우 모두에 법이 그 약속을 이행할 것을 강제하는 것, 즉 채무불이행(債務不履行)의 책임을 묻는 것이 바람직하다고 본다. 그 이유는 그렇게 함으로써 계약당사자들로 하여금 보다 합리적이고 효율적인 방향으로 경제행위를 하도록 유도할 수 있기 때문이다. 보다 합리적이고 효율적인 경제행위가 촉진되기 때문이다. (1)은 약속을 지키지 아니하여 사회적으로 바람직하지 않은 비용이 발생한 경우이므로 앞으로는 그러한 약속의 이행을 법이 강제함으로써 불필요한 사회적 비용의 발생을 사전에 막을 수 있다.[5] (2)의 경우에는 갑에게 책임을 부담시킴으로써 거래관습을 알지 못하는 갑과 같은 사람들로 하여금 가능한 한 빠른 시일 내에 거래관습을 익히게 하는 유인을 줄 수 있다. (3)의 경우는 제철회사가 철도회사보다는 노동쟁의를 막거나 그 발생을 예측하여 미리 필요한 조치를 취하기 쉬운 입장에 있기 때문에 제철회사에 책임을 물음으로써 제철회사가 보다 합리적이고 효율적으로 행동하도록 유도할 수 있다.

끝으로 한 가지 지적해 둘 중요한 사실은 계약법상의 여러 법원칙은 끊임없이 시장경쟁의 압력을 받는다는 사실이다. 만일 비효율적인 계약법의 원칙 내지 원리가 존재하고 그것이 새로운 입법과 해석에 의해 끊임없이 수정·보완되지 않는다면 계약당사자들이 얼마든지 보다 효율적인 내용의 계약을 작성하여 그 법원칙의 적용을 사실상 배제하고 무력화시킬 수 있기 때문이다.[6] 그리하여 비효율적인 법원칙은 실제로 아무도 사용하지 않는 법원칙이 되어 버린다. 결국 효율적인 법원칙은 더욱 발전하고 비효율적인 법원칙은 도태되어 나간다.[7]

---

5) 민법은 서면에 의하지 아니한 증여의 경우 해제를 인정하고 있다(제555조). 여기서는 이에 관하여 별도로 고려하지 않는다.

6) 계약법규정의 대부분은 임의규정(任意規定)으로서 당사자의 약정으로 그 적용을 배제할 수 있음을 상기하라(민법 제105조 참조).

7) 자세한 것은 제9편 제4장을 참조하라.

제 2 절
계약법의 과제

사람들은 끊임없이 약속을 한다. 상인들은 자신들이 파는 상품들이 가장 좋은 것이라고 약속하고, 연인들은 사랑을 약속하고, 장군들은 전쟁의 승리를 약속한다. 만일 당사자 두 사람이 서로 자발적으로 합의하고 그 약속을 서로 잘 지키면 대부분의 경우 법이 구태여 개입할 필요가 없다. 그러나 당사자 간에 자발적 협력이 이루어지지 않아 계약당사자의 일방 혹은 쌍방이 법적 강제력의 행사를 요구해 올 때 비로소 법이 문제되기 시작한다. 이러한 상황이 되면 계약법은 두 가지 문제를 해결해야 한다. 즉 여기서 두 가지의 계약법의 과제가 등장하는 것이다.

첫째 과제는 어떤 약속에 법적 강제력을 인정할 것인가이다. 어떠한 약속의 경우 그 이행을 법적으로 강제하고(enforceable promise), 어떤 약속의 경우 그 이행을 강제하지 않을 것인가이다. 여기서 법적 강제력을 인정한다는 것은 약속을 이행하지 않는 경우, 즉 채무불이행의 경우 법적 구제수단을 제공함을 의미한다. 그런데 법적 구제수단은 유효하게 성립한 계약의 경우에만 제공되는 것이므로 결국 특정한 약속에 대하여 법적 강제력을 인정할 것인가 아닌가 하는 문제는 당해 약속이 계약으로서 유효하게 성립하였는지 여부를 판단하는 문제가 된다. 예컨대 갑은 자신의 앞뜰에 있는 자동차를 파는 계약을 하였는데 을은 그 자동차가 갑의 뒤뜰에 있는 자동차인 줄 알고 계약을 체결한 경우, 즉 착오(錯誤)에 의한 약속의 경우에는 법이 강제력을 제공하는 것을 기피한다.[8] 왜냐하면 강제력 제공에는 비용이 드는데 강제력 제공의 이익이 없다고 보기 때문이다. 즉 당해 계약의 이행을 강제하여도 양 당사자들의 이익이 증진된다는 보장이 없기 때문이다. 이러한 경우는 당초 약속에 대하여 법이 강제력의 뒷받침을 인정하지 않는 경우이다.

둘째 과제는 채무불이행시에 어떠한 법적 구제수단을 제공할 것인가이다. 당사자 간에 채무불이행의 경우를 상정하여 손해배상액 등에 대한 예정(豫定)이 있

---

8) 우리나라 민법 제109조는 법률행위의 내용의 중요부분에 착오가 있는 경우에는 이를 취소할 수 있는 것으로 하고 있다.

다면 물론 그러한 합의가 존중되어야 하겠지만, 만일 당사자 간에 어떠한 사전합의가 없다면 법이 구체적인 구제수단을 강구해야 한다. 대표적인 법적 구제수단으로서는 강제이행(强制履行, specific performance)과 손해배상(損害賠償, damages)을 생각할 수 있다. 어느 경우에 어떤 구제수단이 보다 유효한가 또는 손해배상을 선택하는 경우 손해의 범위를 어디까지로 볼 것인가 등 입법적으로 결정하여 할 사항이 많다. 한마디로 채무불이행시 어떠한 법적 구제수단을 제공할 것인가가 계약법의 두 번째 과제라고 볼 수 있다.

이상의 두 가지 과제에 대하여 아래의 제2장, 제3장에서 각각 나누어 상론하도록 한다.

제2장 법적으로 유효(有效)한 계약이란?

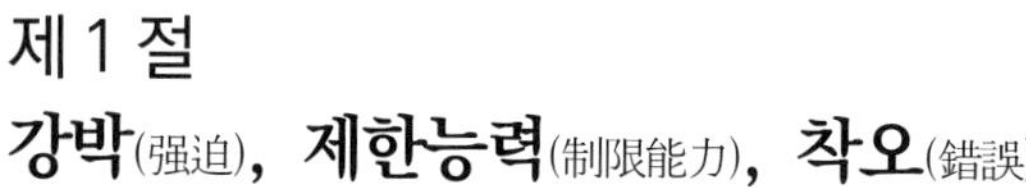

제 1 절 강박(强迫), 제한능력(制限能力), 착오(錯誤)

민법(民法) 제110조에 의하면 강박에 의한 의사표시는 취소할 수 있는 것으로 되어 있다. 따라서 강박에 의한 의사표시에 기초한 계약은 유효하지 않을 수 있다. 이와 관련하여 두 가지 문제가 발생한다. 첫째는 어디까지를 강박에 의한 계약으로 볼 것인가이다. 예컨대 만일 내 요구조건을 들어주지 않으면 나는 계약하지 않겠다고 위협한 경우 이를 강박으로 볼 것인지 여부가 문제된다. 둘째는 왜 강박에 의한 계약을 취소할 수 있는 것으로 하였는가이다. 왜 유효한 계약으로 하지 아니하였는가이다.

우선 어디까지를 강박으로 볼 것인가와 관련하여 개념적으로 다음의 두 가지를 구별하는 것이 도움이 된다. 하나는 허용된 위협(permitted threat)이고, 다른 하나는 금지된 위협(forbidden threat)이다. 그리고 이 중 금지된 위협만을 강박으로 보아야 할 것이다.

일반적으로 협상에서의 탈퇴 혹은 거래의 거부를 수단으로 하는 위협은 "허용된 위협"으로 보아야 한다. 왜냐하면 이러한 경우에는 새로운 가치의 창출은 없지만 기존의 가치의 파괴를 수반하지는 않기 때문이다. 자발적 거래가 성립하면 새로운 가치 창출이 가능하여 사회적으로 바람직한 결과가 도출된다. 그러나 새로운 가치의 창출, 즉 거래의 성립을 강제할 수는 없다. 따라서 거래의 거부를 금지된 위협으로 규정할 수는 없다. 비록 새로운 가치는 창출되지 아니하여도 기존의 가치의 감소 내지 파괴가 수반되지는 않기 때문이다.[1)]

---

1) 그러나 협상에서의 탈퇴가 협상을 위하여 한 자원투입을 무용한 것으로 돌림으로써 그

반면에 기존의 가치를 파괴하는 위협은 "금지된 위협"으로 보아야 한다. 예컨대 갑은 자동차 제조회사이고 을은 부품 제조회사라고 하자. 현재 을이 갑으로부터 1차 주문을 받아 필요한 부품을 만들어 공급하고 있다. 만일 을이 2차 주문도 자기에게 주지 않으면 1차 주문품의 공급을 중단하겠다고 위협하고 있다. 이러한 경우의 위협은 금지된 위협으로 볼 것인가 아니면 허용된 위협으로 볼 것인가? 위의 경우는 1차 거래로 발생한 가치증대분(價値增大分)의 실현을 도중에 중단시킴으로써 기존 가치의 파괴를 수반한다고 볼 수 있다. 따라서 앞에서 본 거래의 단순한 거부, 단순한 협상에서의 탈퇴위협과는 질적으로 다르다고 보아야 한다. 기존의 가치를 파괴하기 때문이다.

다음은 강박(强迫)에 의한 계약을 왜 유효한 계약으로 보지 않는가 하는 문제이다. 그 이유로 생각할 수 있는 것은 다음과 같다. (1) 만일 이를 유효하게 인정하면 정상적인 계약체결을 위한 노력보다 강박을 통한 계약체결을 위한 노력과 투자가 늘어난다. (2) 강박에 의한 계약을 피하기 위한 잠재적 피해자들의 자구노력(自救努力) 및 투자도 증가한다. 그러나 이 모든 노력과 투자는 사회적 관점에서 보아 생산적 자원의 낭비이자 비효율이다. (3) 이미 앞의 금지된 위협의 경우에서 본 바와 같이 사회적 가치의 파괴 내지 감소가 수반된다. 이상의 이유 때문에 강박에 의한 계약은 법적으로 유효한 계약으로 볼 수 없다. 그런데 여기서 한 가지 남는 문제는 우리나라의 민법 제110조는 왜 강박에 의한 계약을 무효(無效)로 하지 않고 취소(取消)할 수 있는 것으로 하였을까 하는 점이다. 이는 비록 강박에 의한 계약의 경우라 하더라도 당사자에게 가치증대적인 경우가 있을 수 있다는 것을 의미하는 것인가? 그리하여 당사자에게 선택권을 부여하는 것이 보다 효율적이라고 보기 때문인가? 그렇다면 과연 어떤 경우에 강박에 의한 계약이 계약무효의 경우보다 당사자의 효용을 증대시킬까? 입법론적으로 연구의 여지가 있다고 본다.

우리나라 민법은 미성년자(만 19세 미만인 자)의 경우는 법정대리인의 동의를 받지 않은 계약, 피성년후견인의 경우는 원칙적으로 모든 계약을 취소할 수 있는

러한 자원투입을 주저하게 만드는 경우도 있을 수 있다. 판례는 그러한 경우 계약교섭 부당파기로 불법행위책임을 지운다.

것으로 하고 있다(민법 제5조, 제10조). 법은 이들의 행위능력(行爲能力)에 문제가 있다고 보아, 환언하면 이들의 경우 자기 행위의 비용과 이익을 비교형량할 능력이 없다고 보아 이들이 체결한 계약의 유효성에 일정한 제한을 가하고 있다. 본래 계약의 자유 내지 사적 자치원리는 계약당사자가 자신의 행위의 비용과 이익을 충분히 비교분석할 능력을 가지고 있음을 전제로 한다. 그리하여 이를 전제로 이루어지는 자발적 거래 내지 계약은 항상 쌍방 모두의 이익증대가 된다고 믿고 법은 자발적 거래 내지 계약을 존중하는 것이다. 그리고 그러한 약속에 대하여 법적 강제력을 제공하는 것이다. 따라서 자신의 행위의 비용과 이익분석이 어려운 제한능력자가 체결한 계약에는 법적 강제력을 부여할 필요가 없다. 환언하면 계약의 유효한 성립을 인정할 필요가 없다. 두 가지 이유를 생각해 볼 수 있다.

첫째 이유는 당해 거래 내지 계약이 당사자(여기서는 제한능력자)의 효용을 높인다는 보장이 없기 때문이다. 계약은 본래가 쌍방유리화행위(雙方有利化行爲)이다. 그런데 제한능력자와 계약한 상대방은 분명히 이익이 되어서 계약을 하였겠지만 그 계약의 내용이 제한능력자에게도 이익이 된다는 보장이 없다. 행위능력자들 사이의 계약과 달리 계약이 쌍방유리화행위가 아닐 수도 있다는 것이다. 따라서 법이 이 계약의 유효성을 주장할 필요가 없게 된다. 만일 당해 계약이 제한능력자에게도 이익이 되는 것이 확실한 경우에는 어떠한가? 이 경우라면 구태여 법이 그 계약의 유효성을 부인할 필요가 없게 된다. 그리하여 우리나라 민법 제5조에는 미성년자가 권리만을 얻거나 의무만을 면하는 계약을 체결한 경우, 즉 그 계약이 제한능력자에게 이익이 되는 것이 확실한 경우에는 그 계약을 유효하도록 규정하고 있다.

둘째 이유는 행위능력이 있는 일반인들의 행위를 효율적인 방향으로 유도할 수 있기 때문이다. 본래 제한능력자를 돌보아야 할 사람들은 행위능력이 있는 사람들이다. 따라서 제한능력자가 참여한 계약의 유효성을 부인함으로써(취소할 수 있도록 함으로써) 이들 행위능력이 있는 일반인들로 하여금 제한능력자를 돌볼 유인을 제공한다고 볼 수 있다.[2] 예컨대 미성년자가 관계되는 거래에서 발생할 수 있는 위험(취소로 인한 위험)을 성년자가 부담케 함으로써 성년자로 하여금 미성년

2) 취소할 수 있도록 하지 않으면 행위능력자가 제한능력자를 이용하려 할 것이다.

자와의 거래에서는 반드시 법정대리인의 동의를 얻도록 노력하게 할 수 있다. 그런데 그것은 미성년자의 거래에서 발생할 수 있는 위험 그 자체를 적은 비용으로 줄이는 것이 된다. 왜냐하면 성년자가 그러한 위험의 최소비용회피자(最少費用回避者)이기 때문이다.

다음은 착오의 경우를 생각해 보자. 두 가지 종류의 착오를 생각해 볼 수 있다. 하나는 쌍방착오(雙方錯誤, mutual mistake)이고, 다른 하나는 일방착오(一方錯誤, unilateral mistake)이다. 쌍방착오는 양 당사자가 동일한 잘못된 관념을 가진 경우를 말한다. 예컨대 갑과 을이 매매 목적물인 암소가 새끼를 낳을 수 없다고 생각하고 매매하였는데 실제로는 새끼를 배고 있었던 경우이다. 이와 같은 쌍방착오의 경우에는 법은 그 계약의 유효성을 인정할 수 없다. 그 이유는 다음과 같다. 법은 본래 자발적 거래를 촉진하고 비자발적 거래는 억제한다. 왜냐하면 자발적 거래는 쌍방유리화행위이지만 비자발적 거래는 반드시 쌍방에게 유리한 결과를 가져온다는 보장이 없기 때문이다. 환언하면 비자발적 거래를 통하여 사회적 가치(예컨대 양 당사자의 효용의 합)가 증대한다는 보장이 없기 때문이다. 오히려 사회적 가치가 감소할 가능성이 보다 많다. 그런데 위의 예에서 본 바와 같은 쌍방착오의 거래를 유효하게 인정하고 그 계약의 이행을 법적으로 강제한다면 이는 본래 진의가 아닌 내용의 계약의 이행을 강제하는 셈이 되므로 곧 비자발적 거래를 인정하고 그 유효성을 인정하는 것과 같다.[3]

그러나 일방착오(一方錯誤)의 경우는 영미법에서는 대체적으로 일단 유효한 계약으로 본다.[4] 계약의 일방이 타방보다 우수한 정보(superior information)를 많이 보유하고 계약을 하는 경우라고 하여 그 계약의 유효성을 부인할 근거는 없다고 보기 때문이다. 예컨대 갑이 파는 물건이 대단히 가치가 나가는 물건인데 을은 이 사실을 알고 있으나 갑은 이를 몰랐던 경우에도 일단 계약은 유효하게 성립하는 것으로 취급한다. 그런데 이와 같은 법정책에는 하나의 딜레마가 존재한다. 즉

3) 윤진수, “계약상 공통의 착오에 관한 연구”, 『민사법학』 제51호 (2010) = 『민법논고』 VI, 박영사, 2015, 205면 이하.

4) 우리나라의 경우에는 계약의 중요부분에 착오가 있을 때에는 일방착오도 취소할 수 있는 것으로 하고 있다(민법 제109조). 쌍방착오 중에는 양 당사자의 의사의 객관적 불합치로서 계약의 불성립이 되는 경우도 있다.

본인에게 불리할 때는 쌍방착오로 만들고 본인에게 유리한 경우에는 일방착오로 만드는 경향이 발생한다. 예컨대 새끼를 밴 소를 서로가 모르고 팔고 산 경우를 생각해 보자. 그 소를 산 사람은 거래를 통하여 이익을 보았으므로 당초의 계약이 무효가 되는 것보다 유효하게 성립하는 편이 유리하다. 환언하면 쌍방착오가 아니라 일방착오가 되는 편이 유리하다. 따라서 자신도 처음에는 그 소가 새끼를 밴 사실을 알지 못했다고 하더라도 알고 있었다고 거짓 주장함으로써 일방착오로 만들려는 경향이 발생한다. 이러한 딜레마를 해결하는 방법의 하나는 착오를 일으킨 정보의 성격을 분석하는 방법이다.[5)]

정보의 성격을 고려하여, 일방착오의 경우에도 언제나 계약이 유효하다고 볼 것은 아니고, 착오에 빠지지 않은 당사자에게 정보제공의무(duty to disclose)를 인정하는 것이 나은 경우가 있을 수 있다. 일반적으로 착오를 일으키는 정보에는 두 가지가 있다고 생각해 볼 수 있다. 하나는 생산적 정보(生産的 情報, productive information)로서 이는 부의 증가 내지 생산에 활용될 수 있는 정보이다. 다른 하나는 재분배적 정보(再分配的 情報, redistributive information)로서 새로운 부의 창출에는 기여하지 않으나 그 정보를 소유한 사람에게 소득재분배가 유리하게 일어나게 할 수 있는 정보이다. 예컨대 새로운 제작방법의 발명이나 새로운 해로(海路)의 발견은 생산적 정보이나 특정지역 옆으로 새로운 고속도로가 건설될 예정이라는 정보는 재분배적 정보이다. 만약 착오를 일으키는 정보가 순전히 소득재분배적 성격만을 가진 경우에는 비록 일방착오라 하더라도 그 계약의 유효한 성립을 인정하지 않는 것이 좋다. 즉 계약의 취소를 인정한다. 반면에 그 정보의 성격이 생산적 정보인 경우에는 그 계약의 유효한 성립을 인정하여 계약의 취소나 무효를 불가능하게 한다.

생산적 정보를 몰라서 일방착오가 발생한 경우에는 당해 계약을 유효하게 만들어야, 즉 생산적 정보를 모르는 사람이 손해를 보도록 만들어야 앞으로 사람들이 생산적 정보를 획득하기 위해 보다 많은 노력과 투자를 하게 된다. 반면에 재분배적 정보를 몰라서 일방착오가 발생한 경우에는 당해 계약을 무효로 만들어

---

5) 다음을 참조하라. Robert Cooter and Thomas Ulen, *Law and Economics*, 6th edition, Pearson Education, 2012, pp. 356−360.

야, 즉 재분배적 정보를 모르는 사람이 손해를 보지 않도록 만들어야 앞으로 사람들이 소득재분배적 정보의 획득을 위한 노력과 투자를 덜 하게 된다. 생산적 정보를 획득하기 위한 노력과 투자는 사회적 가치를 증대시키기 때문에 이를 적극적으로 권장할 필요가 있다. 그러나 재분배적 정보를 얻기 위한 노력과 투자는 사회적 가치의 증대에는 조금도 기여하지 못하면서 오히려 사회적 관점에서는 일종의 낭비를 유발하므로 가능한 한 억제하는 것이 바람직할 것이다.6)

제 2 절 위험부담(危險負擔)의 문제

계약의 어느 일방에게도 고의나 과실이 없는 사유가 발생하여 계약의 목적물이 멸실 혹은 훼손된 경우, 당사자 어느 쪽에 그 손실을 부담시킬 것인가 하는 문제가 바로 위험부담의 문제이다. 예컨대 (1) 서울에 있는 갑이 제주도에 있는 을로부터 과일 1박스를 구매하는 계약을 체결하였다. 그런데 을이 제주도에서 과일을 배로 운송하던 중 태풍을 만나 배가 침몰하였다. 그 손실은 갑과 을 중 누가 부담하는 것이 바람직한가? 또 다른 예를 들어 보자. (2) 병은 정이 소유하고 있는 강원도 소재의 별장 한 채를 사기로 하고 매매계약을 체결하였다. 별장의 인도가 있기 전에 원인 모를 산불이 일어나 별장이 전소되었다. 병은 정에게 매매대금을 지급하여야 하는가? 아니하여도 되는가?

이러한 위험부담의 문제에 대하여 우리 민법은 원칙적으로 채무자위험부담주의(債務者危險負擔主義)를 택하고 있다(민법 제537조). 그리고 그러한 위험의 발생이 채권자의 귀책사유로 인한 경우에만 예외적으로 채권자위험부담주의(債權者危險負擔主義)를 택하고 있다(민법 제538조). 따라서 이 원칙을 위의 예에 적용해 보면 (1)의 경우에는 이행불능이 갑의 귀책사유로 인한 경우가 아닌 한 을은 과일인도

6) Thomas J. Miceli, *The Economic Approach to Law*, 3rd edition, Stanford Economics and Finance, 2017, pp. 95ff.

채무에서 벗어나고 갑은 을에게 매매대금을 지급하지 않아도 된다. 결국 태풍으로 인한 피해는 을이 부담하게 된다. (2)의 경우도 마찬가지로 정은 별장인도채무에서 벗어나고 병은 정에게 매매대금을 지급하지 않아도 된다. 결국 화재의 피해는 정이 지게 된다. 소위 쌍무계약의 속성, 즉 대가적 채무(代價的 債務) 사이의 견련성을 존중하는 채무자주의(債務者主義)가 바람직하다는 것이 우리 민법의 입장이다.

우리는 이미 앞에서 이 위험부담의 문제를 기본적으로 "계약의 빠진 조항(missing clauses)"의 문제로 이해하여야 한다고 주장하였다. 그리하여 만일 당사자들이 계약체결 당시에 이러한 특수상황(contingencies)의 발생을 미리 알았다면 어떤 내용의 계약조항을 만들었을까를 상상해 보는 것이 중요하고, 가능하다면 법정책은 그러한 상상의 결과를 반영해야 한다고 하였다. 그 결과 일률적으로 "채무자부담"이다 아니면 "채권자부담"이다라고 하지 말고 ① 누가 보다 적은 비용으로 당해 위험의 발생을 막을 수 있는가(the cheapest cost avoider or the cheapest preventer) 혹은 ② 누가 보다 적은 비용으로 당해 위험을 보험화(保險化)하여 그 비용을 분산시킬 수 있는가(the cheapest insurer)를 찾아 그에게 위험을 부담시키는 것이 바람직하다고 하였다.[7]

그 이유는 다음과 같다. 즉 양 당사자들이 계약체결 당시에 이 문제를 해결하려 했다면 분명히 위험의 발생으로 인한 부담 내지 비용을 최소화할 수 있는 방향으로 공동대처하려 하였을 것이다. 즉 그러한 내용으로 계약을 체결하였을 것이다. 환언하면, 가장 적은 비용으로 그 위험의 발생 자체를 막거나, 그 위험발생이 불가피한 경우라면 보험 등을 이용하여 가장 적은 비용으로 그 위험발생으로 인한 비용의 부담을 줄이는 방향으로 당사자들이 노력하였을 것이다. 그런데 실은 그러한 방향으로의 노력이란 곧 최소비용회피자(最少費用回避者)와 최소비용

---

7) 보다 자세한 연구로는 Richard A. Posner, *Economic Analysis of Law*, 4th edition, Little Brown and Co., 1992, pp. 102－109; Richard A. Posner and Andrew M. Rosenfield, "Impossibility and the Related Doctrines in Contract Law: An Economic Analysis", 6 *Journal of Legal Studies* 83 (1977); Jeffry M. Perloff, "The Effects of Breaches of Forward Contracts Due to Unanticipated Price Changes", 10 *Journal of Legal Studies* 221 (1981).

보험자(最少費用保險者)를 찾는 노력과 동일하다. 왜냐하면 그들을 찾아서 위험을 부담시키는 것이 그들로 하여금 보다 열심히 위험방지를 위해 혹은 보험을 통한 위험분산을 위해 노력하게 할 수 있기 때문에 사실은 가장 적은 비용으로 당해 위험에 계약당사자들이 공동대처하는 길이 되기 때문이다.

예컨대 위의 예에서 만일 최소비용회피자나 최소비용보험자가 누구이든지 그에게 위험부담을 지우면 그는 태풍 피해가능성을 더 줄이기 위해 예컨대 보다 큰 배로 수송을 시도하거나 태풍의 진로를 피하여 수송을 시도하는 등의 노력을 하게 된다. 화재의 경우도 마찬가지이다. 화재경보장치나 화재진압장비(가령 스프링클러)를 구비하는 등의 노력을 강화하게 되고, 또한 피해발생이 불가피한 경우에 대비하여 가장 비용효율적(cost-effective)인 보험에 들려고 노력하게 된다.

여하튼 위의 주장을 앞의 (1)의 예에 적용해 본다면 다음과 같게 된다. 만일 최소비용회피자 내지 최소비용보험자가 을이었다고 한다면 그는 자신의 과일인도채무에서 벗어날 수 있으나 갑에게 대금의 지급을 요구할 수는 없게 된다. 즉 태풍으로 인한 피해를 자신이 부담하는 것이 된다. 그러나 만일 최소비용회피자 내지 최소비용보험자가 갑인 경우에는 을은 과일인도채무에서 벗어날 뿐만 아니라 갑에게 대금의 지급(대가채무의 이행)도 요구할 수 있다. 즉 이 경우에는 태풍으로 인한 피해를 갑이 지는 셈이 된다. 같은 원리는 위의 (2)의 예에도 그대로 적용될 수 있다. 만일 정이 최소비용회피자나 최소비용보험자라면 그는 별장인도채무에서 벗어나지만 병에게 대금의 지급(대가채무의 이행)은 요구할 수 없어 화재피해의 부담을 정 자신이 지게 된다. 반면에 만일 정이 아니라 병이 최소비용회피자 혹은 최소비용보험자라면 정은 별장인도채무에서 벗어날 뿐 아니라 대금의 지급도 요구할 수 있게 된다. 결국 이 경우에는 화재의 피해는 병이 지는 셈이 된다.

위험부담을 위와 같이 누가 최소비용회피자인가 혹은 누가 최소비용보험자인가를 찾아 그에게 부담시키는 방법이 채권자부담주의나 채무자부담주의 일방을 택하여 일률적·경직적으로 결정하는 경우보다 공정하고 효율적인 결과가 나온다고 본다. 공정하다고 보는 이유는 예컨대 갑이 보다 적은 비용으로 위험의 발생을 막을 수 있는데도 불구하고 을이 단순히 채무자 혹은 채권자라고 해서 무조건 그 위험을 모두 부담한다는 것은 공평하다고 볼 수 없기 때문이다. 또한 이를 보다 효율적이라고 보는 또 다른 이유는 최소비용회피자에게 혹은 최소비용보험자에게 위험을 부담시키는 방법은 최소비용회피자 혹은 최소비용보험자들로 하여금 보다 열심히 위험의 회피 혹은 위험의 분산에 노력하게 하는 유인을 제공하기 때문이다. 그리하여 보다 적은 비용으로 위험발생 가능성 자체를 줄여 나갈 수 있기 때문이다.

제3장 채무불이행(債務不履行)시의 구제방법

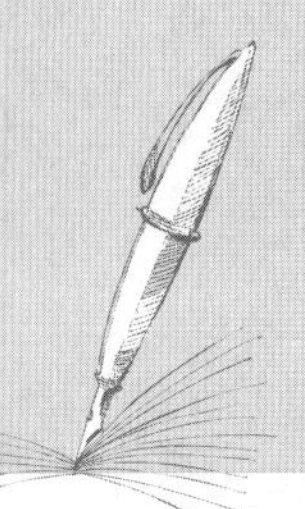

제 1 절 효율적 계약파기(契約破棄)

채무불이행(債務不履行)에 대한 구제방법에는 어떠한 것이 있는가 하는 문제에 대한 논의에 들어가기 전에 "효율적 계약파기(efficient breach of contract)"라는 개념을 이해할 필요가 있다. 모든 계약과 모든 약속은 지키는 것이 일반적으로 바람직하지만 경우에 따라서는 지키지 않는 것이 보다 효율적인 경우가 있다. 계약의 준수가 아니라 계약의 파기가 오히려 자원배분의 효율성을 높이는 경우가 존재한다는 것이다. 거의 모든 국가의 계약법은 묵시적으로 계약파기의 가능성을 열어두고 있다. 계약을 준수하지 않았다고 해서 형사처벌을 가하지는 않는 것이 보통이고, 계약불이행의 구제방법으로 강제이행만을 고집하지는 않는 경우가 많기 때문이다. 일정한 손해배상액만을 지불하면 계약을 파기할 수 있다. 이러한 점에서 우리나라의 민법도 예외는 아니다.

그러면 어느 경우에 소위 효율적 계약파기가 성립하는가? 어느 경우에 계약의 파기가 준수보다 오히려 자원배분의 효율성을 높이는가? 한마디로 계약을 이행하는 비용이 양 당사자들에게 주는 계약준수의 이익보다 커질 때(when the costs of performance exceed the benefits to all the parties) 효율적 계약파기가 성립한다. 계약이란 본래 계약당사자 서로의 효용을 높이기 때문에 성립한다. 환언하면 보다 효율적인 자원배분이 가능하기 때문에 계약이 성립한다. 그런데 계약을 체결한 이후 예측하지 못했던 특수상황(contingencies)이 발생하여 계약을 이행하는 것이 오히려 자원배분의 효율성을 해하고 오히려 계약파기가 보다 효율적 자원배분에 기여하게 되는 경우가 발생할 수 있다. 이런 경우에 발생하는 계약파기를 "효율적 계약파기(效率的 契約破棄)"라고 한다.1)

예컨대 갑이 을에게 자기 소유의 주택을 100만원을 받기로 하고 팔았다. 이 주택이 갑에게 주는 효용 내지 가치는 80만원이고 을에게 주는 효용 내지 가치는 120만원이다. 계약체결 후 이행 직전에 병이 나타나 갑에게 그 주택을 150만원에 사고 싶다고 하였다. 그 주택이 병에게는 150만원의 가치가 있다는 이야기이다. 이러한 경우 자원배분의 효율성의 관점에서 보면 그 주택은 그 집의 가치를 가장 높게 평가하는(the person who values it the most) 병에게 귀속되는 것이 바람직하다. 이러한 경우에 계약법은 그 주택이 병에게 귀속될 수 있는 계약파기의 길을 열어 놓아야 한다.

반대로 이제 을에게 새로운 사정이 생겼다고 하자. 즉 본래 갑의 주택이 을에게 120만원의 가치가 있었던 것은 바로 갑의 주택이 있는 동네에 을의 직장이 있었기 때문이다. 그런데 계약체결 후 그 이행 전에 갑자기 을의 직장이 다른 지방으로 이전하는 계획이 확정되었다. 이제 갑의 주택은 을에게 50만원의 가치밖에 가질 수 없게 되었다. 이제는 계약의 이행이 오히려 주택이라는 재화의 가치를 감소시켜 자원의 비효율적 배분을 결과하게 되었다. 이러한 경우에 법은 그 주택의 소유권을 그 주택의 가치를 을보다 높게 평가하는 갑에게 귀속하도록 하는 길, 즉 계약파기의 길을 열어 놓아야 한다. 이상과 같은 두 가지 경우에 발생하는 계약파기가 곧 여기서 이야기하는 효율적 계약파기이다. 자원의 효율적 배분을 위한 계약파기, 즉 자원의 흐름이 그 자원의 가치를 보다 높이 평가하는 쪽으로 흘러갈 수 있도록 하는 계약파기가 곧 효율적 계약파기이다.

위의 예에서 앞의 경우에 갑의 주택이 그 주택의 가치를 가장 높이 평가하는

---

1) 효율적 계약파기란 기본적으로 계약파기 시점의 비용과 수익을 비교한 개념이다. 그러나 거래사회에서 계약을 지킨다고 하는 신용과 신뢰는 그 자체로서도 대단히 중요한 가치이다. 특히 오늘날과 같이 장기에 걸친 계속거래가 일반적인 경우 계약당사자 간에 존재하는 신뢰관계는 더욱 중요하다. 따라서 계약파기의 자유를 너무 과다히 사용하면 새로운 계약관계 자체의 성립을 어렵게 할 수 있다. 상호불신이 많은 사회에서 계약은 성립하기 어렵다. 사실은 계약파기의 자유를 논할 때 보이지 않는 중요한 비용의 하나가 바로 이 신뢰관계의 파괴 내지는 신용의 실추라는 사실을 반드시 염두에 두어야 한다.

병에게 귀속되게 할 수 있는 길은 사실은 두 가지가 있다. 하나의 방법은 갑으로 하여금 을에게 손해배상(여기서는 20만원)을 하게 하고 직접 병에게 팔게 하는 방법이고, 또 다른 하나의 방법은 갑으로 하여금 일단 을에게 당초의 계약대로 집을 팔게 한 다음 병으로 하여금 다시 을로부터 그 주택을 사게 하는 방법이다. 첫 번째 방법은 계약파기에 대한 구제방법으로서 손해배상제도(損害賠償制度)를 채택한 경우이고, 두 번째 방법은 계약파기의 구제방법으로서 강제이행제도(强制履行制度)를 채택한 경우라고 볼 수 있다.

만일 주택을 사고 파는 계약을 하는 데 거래비용이 거의 들지 않는다면, 즉 거래비용이 영이라면 어느 방법을 채택하든 효율성에 차이는 없게 된다. 즉 종국적으로 주택이 병의 소유가 된다는 데는 어떤 차이도 발생하지 않는다. 다만 어느 방법을 사용하느냐에 따라 소득분배에만 차이를 발생시킬 뿐이다.[2] 그러나 거래비용이 영이 아니면 어느 방법을 사용하느냐에 따라 자원배분에 크게 다른 영향을 미칠 수가 있다. 예컨대 만일 주택을 사고 파는 계약을 하고 이를 이행하는 데 상당한 거래비용이 든다고 가정한다면, 두 번째 방법은 첫 번째 방법보다 많은 거래비용을 유발시킨다고 볼 수 있다. 첫 번째 방법은 주택의 소유가 갑→병으로 한 번 이전되나 두 번째 방법은 갑→을→병으로 소유권이 두 번 이전되기 때문이다. 따라서 위의 경우에는 계약파기에 대한 구제방법으로서 손해배상제도가 보다 효율적이라고 할 수 있다.

그러나 위의 주장은 한 가지 큰 제약을 가지고 있다. 즉 갑의 주택이 을에게 120만원의 가치를 가지고 있다는 사실을 알고 있다는 가정이다. 대부분의 경우 이를 알기는 쉽지 않다. 그 주택의 합의된 가격이 100만원이니까 을이 적어도 100만원 이상으로 그 주택의 가치를 평가하고 있다는 사실을 알기는 쉽지만, 보다 구체적으로 얼마로 평가하고 있는지는 정확히 알기 어렵다. 만일 을이 그 주택을 160만원의 가치가 있는 것으로 평가하고 있었는데, 법원이 이를 120만원으로 평가하고 20만원의 손해배상만을 을에게 하게 하고 갑으로 하여금 병에게 소유권을 이전하도록 허용하였다면, 나중에 을은 다시 병으로부터 그 집을 사야 하는 비

2) 구체적으로 두 가지 방법이 갑, 을, 병 3인의 소득분배에 어떠한 영향을 미치는가를 계산해 보라.

효율이 발생할 수도 있다. 왜냐하면 그 주택은 병에게는 150만원의 가치가 있는데 을에게는 160만원의 가치가 있기 때문이다. 따라서 이러한 경우에는 계약파기의 구제방법으로서 손해배상제도가 아니라 강제이행제도가 보다 효율적인 구제방법이 된다.

이상에서 본 바와 같이 계약파기의 구제방법으로서 손해배상제와 강제이행제 중 어느 쪽이 반드시 우월하다고 이야기할 수 없다. 이 문제에 대한 보다 자세한 논의는 뒤에서 다시 하기로 한다. 여기서는 효율적인 계약파기라는 개념을 소개하고 계약법의 목적은 효율적인 거래의 촉진, 가치증대적인 계약(value-maximizing contract)의 보호에 있는 것이지 비효율적인 거래의 강제나 가치감소적(價値減少的)인 계약까지 보호하려는 데에 있는 것은 아니라는 사실만을 지적해 두기로 한다.

제 2 절
손해배상액의 예정(豫定)

손해배상액의 예정(liquidated damages)이란 계약파기가 발생한 경우, 환언하면 채무불이행시 채무자가 지급하여야 할 손해배상액을 당사자 사이에 미리 정하여 두는 것을 의미한다. 손해배상액의 예정은 계약의 불완전성을 극복하고 완전계약(完全契約, perfect contract)으로 나아가려는 당사자들의 노력의 하나로 보아야 한다.[3] 다시 말해 특수상황의 발생에 대처하기 위한 당사자들의 사전합의의 하나

3) 엄밀히 이야기하면 완전계약은 다음과 같은 몇 가지 조건들이 구비되어야 비로소 성립한다. 첫째, 모든 특수상황의 발생에 대하여 그 대처방법을 사전에 당사자 간에 완전히 합의해 놓아야 한다(complete contingent contract). 둘째, 계약당사자 간의 어떠한 기회주의적 행위도 가능하지 않도록 계약 내용이 완벽하게 구성되어 있어야 한다. 셋째, 앞의 두 조건이 성립하기 위하여서는 완전정보와 영(零)의 거래비용이 전제되어야 한다. 완전계약이란 경제학에서 사용하는 완전경쟁개념(完全競爭槪念)에 상응하는 개념이다. 완전계약의 개념에 대하여는 뒤에서 다시 본격적으로 논의하도록 한다. 여기서는 우리가 지금 논하려는 손해배상액의 예정이란 문제가 실은 완전계약의 첫 번째 조건의 하나로 볼 수 있는 모든 특수상황 발생에 대한 사전 대처노력의 하나로 볼 수 있다는 점만 지적해 두기로 한다.

이다. 따라서 강행법규의 위반 등의 특별한 사정이 없는 한 당사자들의 의사는 존중되어야 한다.

그리하여 우리나라 민법은 당사자는 채무불이행에 대한 손해배상액을 예정할 수 있다고 하고 있다(민법 제398조 제1항). 그런데 흥미 있는 것은 우리나라 민법은 손해배상의 예정액이 부당히 과다한 경우에는 법원이 적당히 감액할 수 있도록 하고 있으나(민법 제398조 제2항), 부당히 과소하다고 해서 법원이 증액할 수는 없도록 규정하고 있다. 부당히 과다한 배상액이 무엇을 의미하는지 확실하지 않지만 소위 "통상의 손해"(민법 제393조)의 범위를 크게 벗어나는 배상액으로 이해한다면, 당사자 간에 합의한 금액이 단순히 통상의 손해범위를 넘는 고액(高額)이란 이유만으로 법원이 개입하여 감액하는 것에는 주의를 필요로 한다. 고액의 배상액을 약정하는 데는 나름의 합리적이고 효율적인 이유가 있을 수 있기 때문이다. 즉 고액의 배상액은 나름의 사회경제적 기능을 가지고 있을 수 있는 것이다. 우선 세 가지 기능을 지적할 수 있다.

첫째, 고액의 배상액을 약정하는 것이 계약파기에 대한 일종의 보험기능(保險機能)을 할 수 있다.[4] 이러한 상황은 특히 계약의 일방이 그 계약의 이행에 대하여 대단히 강한 주관적 집착 내지 가치(subjective valuation)를 가지고 있는 경우, 그리고 그 주관적 가치가 실현되지 않았을 경우의 손해에 대한 최선의 보험자(가장 유효하게 그러한 사태의 발생을 막을 수 있는 자)가 바로 계약상대방인 경우에 가장 잘 일어난다. 예를 들어 설명해 보자. 결혼식을 앞둔 서울에 있는 신랑이 지방에서 하는 결혼식에 자신과 자신의 하객을 싣고 정시(定時)에 결혼식장에 도착하는 것은 그에게는 주관적으로 대단히 가치가 높은 일이다. 만일 버스회사가 결혼식 당일 계약을 이행할 수 없게 된다면 신랑에게는 실로 대단한 낭패기 아닐 수 없다. 비록 버스회사가 예약금을 돌려주고 다른 버스로 갈 때 드는 모든 비용을 손해배상금으로 지불한다고 하여도 그의 주관적 가치의 손상을 보상하는 데는 도저히 미칠 수가 없을 것이다.

---

4) 이 점을 최초로 지적한 논문은 Charles J. Goetz and Robert E. Scott, "Liquidated Damages, Penalties and the Just Compensation Principle: Some Notes on an Enforcement Model and a Theory of Efficient Breach", 77 *Columbia Law Review* 554 (1977)이다.

예컨대 버스 한 대를 빌리는 경쟁적 시장가격이 50만원이라고 하고, 결혼식장에 본인과 하객이 정시에 도착하는 주관적 가치가 1,000만원이라고 하자. 그러면 이 신랑과 버스회사는 다음과 같은 내용의 계약을 할 수 있을 것이다. 즉 버스 임대비용을 경쟁적 시장가격보다 높은 70만원으로 하고, 그 대신 혹시라도 버스가 떠나지 못하는 경우 버스회사는 신랑에게 손해배상액으로 1,000만원을 지급할 것을 약정할 수 있을 것이다. 이때 경쟁적 시장가격과 실제 지급가격의 차이인 20만원은 실은 계약파기를 대비한 일종의 보험료(insurance premium)라고 볼 수 있다. 기계의 고장 등으로 인한 불가피한 계약파기의 가능성이 2%가 안 된다고 보는 경우에는 회사의 입장에서도 위와 같은 계약은 분명히 이익이 될 것이고, 신랑의 입장에서도 자신의 주관적 가치의 보호를 위해 20만원을 보험료로 지불하는 것은 합리적인 결정이 될 수 있다. 상황이 위와 같다면 1,000만원의 손해배상금의 약정은 70만원의 계약에 비하여 "부당히 과다한" 배상액의 예정으로 평가받을 가능성이 높다. 그러나 그렇다고 해서 법원이 개입하여 배상금의 감액을 결정하면 이는 곧 고액의 배상액이 가지는 보험기능을 부정하는 것이 된다. 당사자 간의 합리적이고 효율적인 계약을 부정하는 것이 된다. 결국 신랑은 다른 방법으로 만일의 사태에 대비하게 된다. 예컨대 회사를 달리하는 버스를 두 대 내지 세 대를 예약하거나, 외부보험회사에의 보험가입 등을 통하여 자신의 주관적 가치가 보상받을 수 있도록 조치를 취한다. 그런데 이들은 모두 불필요한 거래비용을 야기하는 대단히 비효율적인 방법들이다.

둘째, 고액의 배상액을 약정하는 것이 채무자의 계약이행의지 내지 능력에 대한 정보를 상대에게 전달하는 효율적인 수단이 될 수 있다. 예컨대 갑은 건축회사인 을에게 의뢰하여 건물을 지으려 한다. 그러나 갑에게는 특정한 날까지 그 건물을 완공시키는 것이 대단히 중요한데 을이 과연 그 일을 그날까지 해낼 수 있을지에 대하여 확신이 없어 망설이고 있다. 이러한 경우 을이 자신의 능력과 의지를 갑에게 전달할 수 있는 가장 비용이 적게 드는 효율적인 방법의 하나는 고액의 배상액을 제시하는 것이다. 이러한 경우 만일 법원이 배상액이 고액이라고 하여 그를 감액하려 한다면 을은 보다 비용이 많이 드는 다른 방법에 의해 자신의 능력과 의지를 갑에게 입증하여야 할 것이다.

셋째, 고액의 배상액을 약정하는 것이 신참자(新參者)의 시장진입(market entry)

의 수단으로 활용될 수도 있다. 환언하면 시장경쟁의 촉진기능을 한다. 위의 예에서 만일 을이 이 건축시장에서는 신참자이고 갑은 을의 과거 건축실적 등이 없기 때문에 그 능력을 의심한다면, 을이 갑으로부터 주문을 받기 위해 다른 기존의 건축회사인 병이나 정과 경쟁할 수 있는 방법의 하나는 고액의 배상액을 약정하는 길일 것이다. 물론 병과 정 등과 경쟁하는 다른 방법의 하나는 갑에게 병이나 정보다 건축단가를 보다 낮게 제공하는 길이다. 그러나 예컨대 을이 소규모의 영세한 신참회사라면 건축단가면에서 기존의 회사들과 경쟁하는 데는 한계가 있을 것이다. 결국 경쟁의 방법의 하나는 보다 양질의 서비스의 제공 등일 것이고 그러한 의지를 증명하는 방법의 하나가 고액의 배상액 약정이다. 환언하면 을을 선택한 것이 잘못으로 판명되는 경우가 발생한다 하여도 상대방은 어떠한 손해도 보지 않을 뿐만 아니라 오히려 이익을 볼 수 있도록 고액을 보상한다고 약속하여 상대를 안심시키는 방법의 하나가 고액의 배상액의 약정일 수 있다. 만일 법이 이러한 고액배상의 약정을 막으면 신참자의 시장진입이 그만큼 어려워지고 그만큼 건축시장은 덜 경쟁적이 되어 사회는 필요 이상으로 높은 건축비용을 부담하게 된다.

이상에서 명백히 드러난 바와 같이 고액의 손해배상의 약정에는 나름의 사회경제적 이유가 얼마든지 있을 수 있기 때문에, 제3자인 법원의 관점에서 부당하게 과다한 것으로 보인다 하여 이를 막으면 생각하지 않았던 여러 가지 역기능이 발생할 수 있다. 물론 너무 고액의 손해배상을 인정하면 나름의 부작용이 없는 것은 아니다. 우선 생각할 수 있는 것이 고액의 손해배상은 채무자에게는 효율적인 계약파기의 기회를 봉쇄할 수도 있다. 동시에 채권자에게는 채무자가 계약을 파기하도록 유도하는 유인을 줄 수도 있다. 그러나 이러한 부작용에 대하여는 나름대로의 조치를 강구할 수도 있을 것이다. 예컨대 채권자의 계약파기유도행위가 있을 때에는 채권자의 고액배상청구권을 제한할 수도 있을 것이다.[5]

---

5) 또 하나 검토해 볼 사항은 만일 손해배상액을 당사자 간에 약정하는 것이 채무불이행시 분쟁의 신속, 공정한 해결을 위하여 효율적이라고 한다면 법은 왜 모든 계약에서 손해배상액의 약정을 강제하지 않는가 하는 문제이다. 생각건대 강제하지 않는 현행 입법태도가 옳다고 판단되는데 그 합당한 이유를 밝혀 보라.

제 3 절
손해배상의 범위

채무불이행을 원인으로 하는 손해란 무엇을 의미한다고 보아야 할까? 이론적으로는 두 가지로 나누어 생각해 볼 수 있다. 첫째는 기대손해(期待損失, expectation damage)이다. 이는 만약 계약의 정상적인 이행이 있었으면 채권자가 누릴 효용의 수준을 보장해 주는 손해배상이다. 둘째는 신뢰손해(信賴損害, reliance damage)이다. 이는 만일 계약이 본래부터 없었더라면 채권자가 누릴 효용의 수준을 보장해 주는 손해배상이다.

이론적으로 보면 계약체결시보다 계약이행 이후의 효용수준이 높을 것이 예상되므로 후자의 효용수준을 보상해 주는 기대손해가 전자의 효용수준을 보상해 주는 신뢰손해보다 큰 경우가 일반적일 것이다. 그런데 실제로는 매매나 교환과 같은 쌍무계약의 경우에는 기대손해가, 그리고 증여와 같은 편무계약(片務契約)의 경우에는 신뢰손해가 자주 활용될 것이다. 예컨대 유학을 보내 주겠다는 약속을 믿고 종래의 직장을 그만두고 외국어 공부에만 열중한 경우에는 계약파기시 기대손해의 산정은 대단히 어려울 것이고 그 대신 신뢰손해의 산정이 보다 용이하여 통상의 손해로 평가될 가능성이 높다.

포즈너(R. Posner)는 위의 두 가지 경우 중 기대손해를 보상하는 것이 대부분의 계약의 경우 가장 바람직하다고 주장한다. 그 주된 이유는 기대손해의 보상을 요구할 때에만 계약파기가 효율적이 된다는 것이다.[6] 즉 효율적인 계약파기만을 허용하기 위해서는, 환언하면 비효율적인 계약파기가 발생하지 않게 하기 위해서는 계약파기시의 손해배상이 기대손해를 기준으로 하여야 한다는 주장이다. 예컨대 갑은 100만원의 생산비(평균이윤을 포함한)를 들여 기계를 만들어 을에게 100만원에 팔기로 계약하였다. 이 기계는 을에게는 120만원의 가치가 있는 것이다. 그런데 계약 후 특수상황이 발생하여 생산비가 130만원으로 올랐다. 갑으로서는 계

---

6) Richard A. Posner, *Economic Analysis of Law*, 4th edition, Little, Brown and Company, 1992, pp. 117－126.

약파기가 불가피해졌다. 사회적 관점에서도 계약이행이 반드시 바람직하지 않은 것으로 되어 버렸다. 오히려 계약이행을 강제하면 130만원을 들여 120만원의 가치를 창출하는 셈이 되어 비효율적인 자원배분이 된다. 여하튼 이런 경우 갑은 을에게 얼마를 손해배상하도록 하는 것이 바람직할까? 포즈너의 입장은 기대손해로서 120만원을 배상토록 하는 것이 바람직하다는 것이다. 즉 기대손해 120만원만을 배상하도록 할 때 비로소 효율적인 계약파기만이 가능하고 비효율적인 계약파기는 방지될 수 있다는 것이다.

여기서 비효율적인 계약파기란 생산비가 120만원 이하인데도 계약이 파기되는 경우 혹은 생산비가 120만원 이상인데도 계약이 파기되지 않는 경우를 의미한다. 120만원 이하의 생산비를 가지고 120만원 상당의 가치를 생산할 수 있으면 그러한 계약은 이행되는 것이 효율적이다. 따라서 그러한 경우 계약이 파기되면 이는 비효율적인 계약파기가 되는 셈이다. 반대로 생산비가 120만원 이상이 되면 계약은 파기되는 것이 효율적이다. 120만원 이상의 비용을 들여 120만원 상당의 가치만을 생산해 내는 것은 효율적이지 못하기 때문에 계약파기가 오히려 효율적이다. 그런데 만일 이러한 경우에 계약이 파기되지 못하면 이는 비효율적이라고 할 수밖에 없다.

만일 손해배상액이 기대손해의 수준 이하 예컨대 110만원이라고 한다면 생산비가 115만원이 된 경우에도 계약파기가 나타나게 된다.[7] 왜냐하면 갑의 입장에서는 계약을 이행하여 15만원의 손해(115만원－100만원)를 보는 것보다 110만원을 손해배상하는 편이 보다 이익이 되기 때문이다. 반대로 만일 손해배상액이 기대손실의 수준보다 높게 책정되어, 예컨대 130만원이라고 한다면 생산비가 125만원이 된 경우에도 계약파기현상이 나타나지 않는다.[8] 왜냐하면 갑의 입장에서는 계약을 이행하여 25만원(125만원－100만원)의 손해를 보는 것이 130만원의 손해배상액을 지불하는 것보다 이익이 되기 때문이다.

요컨대 손해배상액이 기대손해 이하가 되면 과다한 계약파기라는 계약파기의 비효율이 일어나고 그 반대로 기대손해 이상이 되면 과소한 계약파기라는 비

7) 이 경우에는 왜 계약파기가 일어나지 않는 것이 효율적인가?

8) 이 경우에는 왜 계약이 파기되는 것이 효율적인가?

효율이 일어난다. 따라서 기대손실과 손해배상의 수준을 일치시키는 것이 과다 및 과소한 계약파기를 피하고 적정의 계약파기, 환언하면 소위 효율적 계약파기만을 허용하는 손해배상이 된다는 것이다.

하버드대학의 쉐블(S. Shavell)도 기대손해에 기초하여 손해배상액을 산정하는 방법이 신뢰손실에 기초하여 산정하는 방법보다는 일반적으로 파레토 우월(Pareto superior)하다는 사실, 환언하면 과다계약파기나 과소계약파기를 줄여서 자원의 보다 효율적 배분에 기여한다는 사실을 인정한다. 그러나 기대손해에 의하는 방법도 결코 완전하지는 않다고 주장한다. 그의 주장과 이후의 학자들의 연구를 요약해 보면 그 이유는 다음과 같다.9)

일반적으로 채무자는 계약파기의 발생을 피하고 자신의 채무를 완전하게 이행하기 위하여 일정한 노력을 한다. 즉 계약파기를 피하기 위한 예방노력(precaution)을 한다. 그런데 그 예방노력의 비용은 일반적으로 혼자 부담하게 되나 그 이익은 채권자와 함께 나누어 가지게 된다. 따라서 통상의 경우라면 과소한 수준의 예방노력이 결과된다. 환언하면 과다한 계약파기가 나타난다. 따라서 법이 개입하여 계약파기시 기대손실에 상응하는 손해배상(expectation damages)을 채무자가 부담하도록 요구하게 되면 이제는 지금까지 일부는 외부화(外部化)되던 예방노력의 이익이 모두 내부화(內部化)되어, 즉 채권자에게 돌아가던 예방노력의 이익이 이제는 손해배상액의 감소라는 형태로 채무자의 이익으로 나타나기 때문에 채무자는 적정한 수준의 예방노력을 하게 된다. 그리하여 소위 과다한 계약파기라는 현상은 없어진다.

그러나 기대손해의 완전배상이라는 손해배상액의 산정방법은 이제는 채권자 쪽에 문제를 일으킨다. 즉 과다한 신뢰투자(信賴投資, reliance investment)의 문제가 그것이다. 만일 계약파기시의 손해배상의 수준이 채권자가 계약이행 후 누릴 효용수준을 모두 보상하는 수준이 되면 채권자에게는 계약이행을 전제로 소위 신뢰투자를 과다하고 방만하게 할 유인이 발생한다. 예컨대 식당의 건축이라는 채무

---

9) Steven Shavell, "Damage Measures for Breach of Contract", 11 *Bell Journal of Economics* 466 (1980); Robert Cooter and Melvin A. Eisenberg, "Damages for Breach of Contract", 73 *California Law Review* 1432 (1985).

의 이행을 전제로 음식재료의 과도한 사전주문 등을 생각해 볼 수 있다. 따라서 채무자의 계약파기의 경우에 채권자가 계약이행을 전제로 얻을 수 있는 모든 효용을 다 배상하게 되면 채권자는 과다신뢰투자를 하게 된다. 왜냐하면 신뢰투자가 이익을 결과하면 이는 자기에게 귀속되나 만일 계약파기로 인해 신뢰투자가 손실이 되는 경우에는 그 비용을 상대가 부담하기 때문이다. 즉 상대가 보상해 주기 때문이다. 반면에 계약이행을 전제로 채권자가 얻을 수 있는 기대효용을 채무자가 계약파기시에 전혀 배상하지 않는다고 하면 불가피하게 채권자는 신뢰투자를 적정수준에서 하게 된다. 왜냐하면 이제는 신뢰투자가 성공한 경우의 이익과 실패한 경우의 비용이 자신에게만 귀속되기 때문이다.

여기서 하나의 패러독스가 등장한다. 즉 기대손해의 완전배상은 채무자의 과소예방노력의 문제, 환언하면 계약파기의 과다발생의 문제는 해결하나, 채권자의 과다한 신뢰투자의 문제를 발생시킨다. 반면에 기대손실에 대한 무배상(無賠償)은 채권자의 과다신뢰투자의 문제는 해결하나, 채무자의 과소예방노력의 문제, 계약파기의 과다발생의 문제는 해결하지 못하게 된다. 결국 해결책의 하나는 소위 합리적으로 예측 가능한 기대손해(reasonably foreseeable expectation damages)만을 배상케 하는 것이라고 본다.

제 4 절 강제이행(强制履行)

계약파기에 대한 구제수단으로는 손해배상의 방법 이외에도 본래의 계약내용대로의 이행을 공권력에 의해 강제하는 방법이 있다. 우리 나라 민법 제389조도 채무의 성질이 강제집행을 하지 못할 것인 경우를 제외하고는 채권자는 강제이행을 법원에 청구할 수 있는 것으로 하고 있다.

일반적으로 강제이행(specific performance)은 다음과 같은 몇 가지 장점을 가지고 있다.

첫째, 손해배상의 방법만으로는 충분한 보상이 되지 않는, 즉 과소배상(過少

賠償, under-compensation)이 되는 경우가 존재하는데, 이 경우에는 강제이행이 보다 공정하고 효율적이라는 것이다. 예컨대 특이한 재화(unique goods)를 계약의 목적물로 한 경우, 토지거래의 경우, 특정 원자재나 중간재의 계속적 공급계약의 경우, 장기고용계약의 경우 등은 일반적으로 계약파기시 손해배상만으로는 충분한 배상이 되지 않는다. 그 주된 이유는 이들 계약의 경우 채권자의 주관적 가치가 대단히 중요한 의미를 가지는데 이를 법원이 객관적으로 평가하고 충분히 인정해 주기가 어렵기 때문이다. 따라서 일반적으로 위와 같은 거래의 경우, 환언하면 시장에서의 대체물(代替物)을 쉽게 찾기 어려운 특이한 재화나 용역을 계약대상으로 한 경우에는 손해배상만을 고집하면 대개 과소보상이 되기 쉽다. 그리고 과소보상은 이미 앞에서 지적한 바와 같이 과다한 계약파기라는 비효율을 결과한다. 그러므로 위와 같은 경우에는 손해배상보다 강제이행이 보다 바람직한 구제방법이라 할 수 있다.

둘째, 당사자 간의 교섭비용 내지 거래비용이 크지 않으면 강제이행제도가 사적 자치(私的 自治)의 원칙에 보다 충실한 구제방법이 될 수 있다. 왜냐하면 당사자 간의 합의에 의해 보다 효율적이고 공정하다고 판단되는 구제방법을 찾는 길이 열려 있기 때문이다. 우리는 앞에서 소위 권리 내지 권익권(entitlement)의 보호원칙으로서 재산규칙(property rule)과 책임규칙(liability rule)에 대하여 논한 바 있다. 그 이론을 여기에 적용해 보면, 여기서의 강제이행이란 실은 재산규칙이라고 볼 수 있고, 손해배상이란 책임규칙이라고 볼 수 있다. 그런데 이미 앞에서도 논한 바와 같이 당사자 간의 자발적 교섭과 거래가 적은 비용으로 가능한 경우라면 재산규칙이 보다 바람직한 권리보호 원칙이 되고, 자발적 거래나 교섭이 어려운 경우 또는 거래비용이 많이 드는 경우에는 책임규칙이 보다 바람직한 권리보호원칙이 된다.

그런데 계약파기의 경우에는 일반적으로 당사자 간의 거래비용 내지 교섭비용이 크지 않으리라고 판단된다. 왜냐하면 이미 거래당사자가 누구인지가 확실하고, 이미 당초의 계약체결을 위해 상호교섭한 경험이 있으며, 계약파기시 상대가 어느 정도의 피해를 보게 되는가에 대하여는 적어도 법원보다는 정확한 정보를 가지고 있을 것이기 때문이다. 그렇다면 일반적인 계약파기의 경우 손해배상제도보다 강제이행제도를 많이 사용하는 것이 보다 바람직하다는 결론이 된다. 왜냐하면 손해배상제도는 손해액에 대한 법원의 가치평가가 불가피하게 개입되지만 강제이행제도는 당사자 간에 보다 합리적인 문제의 해결을 위한 합의의 길을 열어 놓기 때문이다.[10] 요컨대 당사자 간의 거래비용이 크지 않은 경우에는 강제이행제도가 손해배상제도보다 효율적이고 공정할 수 있다는 이야기이다.

셋째, 강제이행의 경우가 손해배상의 경우보다 일반적으로 법원비용(法院費用) 내지 사법비용(司法費用)이 덜 들기 때문에 바람직하다. 법원이 구체적으로 발생된 손해를 추정하고 환가(換價)해야 하는 손해배상의 경우와 달리 당초의 계약 내용대로의 이행만을 감독하는 강제이행의 경우가 사법비용이 덜 든다는 주장이다. 그러나 이 주장에 대하여는 반론도 가능하다. 특히 "하는 채무"의 경우 이를 강제이행하려면 과연 제대로 계약이행이 되었는가를 판단하는 것이 결코 용이한 일이 아니라고 볼 수 있다. 따라서 "하는 채무"의 경우에도 비교적 표준화·정형화(標準化·定形化)되어 있는 경우(예컨대 타이핑 등)에는 강제이행의 사법비용이 크지 않겠지만, 비표준화·비정형화된 "하는 채무"의 경우에는(예컨대 연극 연출 등) 사법비용이 크게 들 수도 있을 것이다. 따라서 그러한 경우에는 강제이행제도가 아니라 손해배상제도가 보다 바람직한 계약파기에 대한 구제방법일 수 있다.[11]

강제이행제도의 단점 내지 문제점으로 쉽게 지적될 수 있는 사항은 소위 과실상계(過失相計)나 손익상계(損益相計)의 문제 등을 강제이행제도의 경우에는 다룰 수가 없다는 것이다. 예컨대 계약파기에 채권자의 책임도 일부 있는 경우(과실상계)나 혹은 계약파기를 통하여 채권자도 이익을 본 경우(손익상계) 등이 그것이다. 이러한 경우를 손해배상제도는 손해배상액의 수준을 조절함으로써 쉽게 다룰 수 있으나 강제이행제도의 경우에는 이를 적절히 다룰 방법이 없다.

강제이행제도와 손해배상제도 중 어느 것이 어느 경우에 보다 효율적이고 공정한 구제수단인가 하는 문제가 많은 학자들 사이에 끊임없이 논의되어 왔다.

---

10) 강제이행제도가 채택된 경우에는, 만일 채무자에게 발생하는 이행의 비용이 채권자에게 주는 이행의 이익보다 클 때에는 얼마든지 당사자 간의 교섭을 통한 보다 합리적인 제3의 해결책이 모색될 수 있다. 그러나 손해배상제도가 채택된 경우에는 당사자 간의 이러한 자발적 교섭의 가능성이 없어진다. 코즈의 정리를 상기하면 쉽게 이해가 될 것이다.

11) 비정형화된 "하는 채무"의 경우 계약파기시 법원에 의한 손해배상의 산정이 결코 용이한 것도 물론 아니다.

아직 결론이 났다고 볼 수 없으나 여하튼 법정책론적 관점에서 흥미 있는 문제이다. 크론먼(A. Kronman)은 계약 목적물의 특이성(uniqueness)을 가지고 선택기준으로 활용할 것을 제시하고 있다.12) 다시 말해, 특이한 재화나 용역의 경우, 즉 시장에서의 대체물을 쉽게 발견하기 어려운 경우에는 강제이행의 방법이 바람직하고, 특이하지 않은 재화나 용역의 경우, 시장에서의 대체물의 발견이 용이한 경우에는 손해배상제가 보다 바람직하다고 주장하고 있다. 그는 그 주장의 근거로서 만일 당사자들 사이의 자유로운 합의에 맡기면 특이성이 있는 재화의 경우에는 강제이행의 방법을, 그렇지 않은 경우에는 손해배상의 방법을 당사자들이 선택하리라는 것이다. 그가 그렇게 예상하는 근거는 다음과 같다.

일반적으로 채무자가 강제이행에 합의하기를 꺼리는 주된 이유의 하나는 계약성립 후 이행 이전에 보다 고가로 그 물건을 사겠다고 하는 제3자가 나올 수도 있기 때문이다. 그런데 특이성이 있는 재화의 경우에는 당해 재화의 시장이 충분히 발달되어 있지 않으므로 일반적으로 제3자의 등장 가능성이 적다. 그렇기 때문에 특이성이 있는 재화의 경우 채무자가 강제이행에 합의를 하지 않을 유인이 상대적으로 적다고 볼 수 있다. 반면에 채권자의 입장에서 보면 특이성이 있는 재화의 경우에는 그 재화에 대한 그의 수요 중 주관적 가치가 차지하는 비중이 높기 때문에 강제이행이 되지 않고 손해배상이 되면 실제 피해를 과소평가받을 가능성이 높다. 따라서 채권자는 특이성이 있는 재화의 경우에는 강제이행에 대한 선호도가 대단히 높다. 이상과 같이 특이성이 있는 재화의 경우에는 채무자가 강제이행을 거부할 이유가 별로 없고 그 대신 채권자는 강제이행을 강하게 선호할 것이므로 결국 당사자들의 자유로운 합의에 맡기면 강제이행을 선택할 가능성이 높다는 것이다. 반대로 특이성이 없는 재화의 경우에는 정반대의 이유로 인하여 채무자는 강제이행에 반대할 가능성이 높고 채권자는 강제이행에 집착할 이유가 적어진다. 따라서 당사자들의 자발적 합의에 맡기면 특이성이 없는 재화의 경우에는 강제이행이 아니라 손해배상에 합의하게 된다는 것이다.

이러한 크론먼의 주장에 대하여 슈워츠(A. Schwartz)는 반론을 제기하면서 강

12) Anthony T. Kronman, “Specific Performance”, 45 *University of Chicago Law Review* 351 (1978).

제이행의 방법을 보다 광범위하게 사용할 것을 주장하고 있다.[13] 특히 그는 크론먼의 주장 중 재화의 특이성 유무에 따라 당사자 간에 강제이행과 손해배상에 대한 선호가 달라진다는 주장에 대하여 비판한다. 그는 특이성이 많은 재화라 하여도 채무자가 강제이행에 쉽게 동의하리라고 보지 않는다. 그 이유는 특이성이 많은 재화의 경우에는 보다 높은 가격을 주겠다고 하는 제3자가 등장할 빈도(頻度)는 분명히 적지만 등장하는 경우 새롭게 제시되는 가격과 종래의 가격과의 차이는 클 것으로 보기 때문에, 채무자는 특이성이 있는 재화의 경우에도 결코 자신의 선택의 폭을 줄이는 강제이행제도에 동의하지 않을 것이라는 것이다. 따라서 크론먼이 예상하듯이 당사자간의 자발적 합의에 맡기면 특이성이 많은 재화의 경우에는 강제이행제도가 채택되고 특이성이 없는 재화의 경우에는 손해배상제도가 채택될 것이라는 보장은 없다는 것이다. 따라서 특이성 유무만을 가지고 효율적 구제방식의 선택기준으로 삼을 수 있다는 주장의 이론적 근거는 약하다는 것이다. 그 대신 슈워츠는 일반적으로 손해배상제도는 과소보상의 위험이 많고, 또한 많은 경우 손해배상액의 정확한 산정이 어렵다는 등의 이유를 들어 강제이행제도를 보다 광범하게 활용할 것을 주장하고 있다.

쉐블(S. Shavell)은 크론먼이 제시한 "특이성 유무"에 의한 구별보다는 프랑스 민법이 택하고 있는 소위 "주는 채무"에 대하여는 강제이행제도를 채택하고 "하는 채무"에 대하여는 손해배상제도를 채택하는 방식이 보다 효율적인 법정책이라는 주장을 펴고 있고, 비숍(W. Bishop)은 쉐블의 모델의 확장을 시도하고 있다.[14]

---

13) Alan Schwartz, "The Case for Specific Performance", 89 *Yale Law Journal* 271 (1979). 미국법에서는 우리나라에서와 달리 계약파기의 구제수단으로 지금까지는 주로 손해배상제도에 의존하여 왔다. 강제이행제도는 예외적인 경우에만 활용되었다. 최근 이러한 종래의 관행에 대하여 비판하면서 강제이행제도의 보다 광범위한 사용을 주장하는 견해들이 나오고 있다. 크론먼의 주장이 종래의 입장에 가깝다면 슈워츠의 입장은 명백히 강제이행제도의 적극활용을 주장하는 견해의 하나이다. 강제이행제도의 적극 활용을 주장하는 또 다른 연구로는 Thomas Ulen, "The Efficiency of Special Performance: Toward a Unified Theory of Contract Remedies", 83 *Michigan Law Review* 341 (1984)이 있다.

14) Steven Shavell, "The Design of Contracts and Remedies for Breach", 99 *Quarterly Journal of Economics* 121 (1984); William Bishop, "The Choice of Remedy for Breach of Contract", 14 *Journal of Legal Studies* 299 (1985).

생각건대, 기본적으로 효율적인 구제수단의 선택의 문제는 어느 수단을 선택하여야 (1) 이행되어야 할 가치가 있는 계약의 파기를 최소화하고, 즉 비효율적 계약파기를 최소화하고 동시에, (2) 이행할 가치가 없는 계약이 이행되지 않도록 할 것인가, 즉 비효율적 계약의 이행을 최소화할 것인가의 문제이다. 환언하면 어느 수단을 선택하여야 과다파기(過多破棄, excessive breach)와 과다이행(過多履行, excessive performance)으로 발생하는 비용의 합을 최소화할 것인가의 문제이다. 따라서 가능한 한 이 두 비용의 합을 최소화하는 방향으로 구제수단을 선택하여야 할 것이다.

이를 위해서는 구체적 사안을 놓고 다음의 문제를 물어 보아야 할 것이다. (1) 손해배상의 방법을 사용하는 경우 기대손실을 완전하게 보상해 주는 적정보상의 수준에서 이탈할 가능성 특히 과소배상이 될 가능성이 얼마나 큰가?[15] 이 가능성이 클수록 과다파기비용은 증가하고 그 반대일수록 과다파기비용은 감소한다. (2) 당사자 간의 협상비용 내지 거래비용은 어느 정도인가? 이 거래비용이 낮으면 강제이행의 방법을 사용하는 경우 과다이행이 될 가능성이 적고 거래비용이 높으면 과다이행이 될 가능성이 높다.[16] (3) 위의 두 가지 비용 중 어느 쪽 비용이 보다 크고 심각한 문제라고 보는가? 이 두 가지 비용을 비교형량하여 만일 과다파기의 위험과 비용이 과다이행의 위험과 비용보다 크다고 판단된다면 강제이행이 보다 효율적인 구제방법이고 그 반대의 경우라면 손해배상이 보다 효율적인 구제방법이 될 것이다.

---

15) 만일 과다배상이 될 가능성이 높다면 과소파기 환언하면 과다이행의 문제가 발생한다고 본다. 왜 그럴까?

16) 왜 거래비용(여기서는 당사자간의 협상비용)이 낮으면 강제이행의 방법을 사용하여도 과다이행의 위험이 발생하지 않는가? 반면에 왜 거래비용이 높으면 과다이행의 위험을 걱정해야 하는가? 앞에서 본 코즈 정리를 상기해 보자.

제4장 계약구조(契約構造)의 의의와 특징

제 1 절 완전계약(完全契約)과 불완전계약

계약에 대한 법경제학적 연구는 크게 두 가지 분야로 나누어진다. 하나는 계약법의 제 원리에 대한 연구이고, 다른 하나는 계약구조에 대한 연구이다. 지금까지 앞에서는 계약법의 제 원리에 대한 논의에 중점을 두었으나 이제부터는 계약구조에 대한 연구를 시작하기로 한다. 계약구조에 대한 연구란 현실적으로 존재하는 여러 종류의 계약의 구조와 내용에 대한 연구이다. 한마디로 계약행위(contracting) 자체에 대한 연구이다. 계약관계가 어떻게 창출되고 유지되며 새로운 환경변화에 어떻게 적응하는가? 특정한 내용과 구조를 가진 계약이 어떠한 이유에서 생성되고 존재하게 되었는가? 왜 그러한 구조와 내용이 필요하게 되었고 그러한 각각의 구조와 내용은 어떠한 기능을 가지고 어떠한 목적에 봉사하는가? 그리고 법적·경제적·문화적 환경은 계약내용과 구조의 형성과 발전에 어떠한 영향을 주는가? 역(逆)으로 계약내용과 구조의 고도화를 위하여 어떠한 내용의 법직·경제적·문화적 환경이 필요한가 등을 연구하는 것이다.

계약구조에 대한 연구를 시작하기 위하여 우선 "완전계약(perfect contract or complete contract)"이란 개념을 이해하여야 한다. 완전계약이란 다음의 세 가지 조건이 만족될 때 성립하는 계약이다. 첫째는 계약성립 후 계약이행 전에 발생할 수 있는 모든 상황을 당사자들이 완전히 예견하여야 한다. 둘째는 모든 상황의 발생에 대하여 어떻게 대처할 것인가, 어떤 식으로 각자가 위험과 책임을 분담할 것인가 등에 대하여 완전한 합의를 이루고 이를 계약화(契約化)하여야 한다. 셋째는 계약이 내용대로 완전히 이행되어야 한다. 모두가 자발적으로 계약을 완전히 지켜야 한다.

이러한 내용의 완전계약이 성립하기 위해서는 계약당사자들 사이에 완전정보(perfect information)와 영(零)의 거래비용이 전제되어야 한다. 완전정보가 있다면 모든 특수상황에 대한 예견이 어렵지 않을 것이고 완전정보와 더불어 당사자 간의 교섭 등에 거래비용이 거의 들지 않는다면 특수상황에 가장 효율적으로 대처하는 방식을 찾아 이에 합의하는 것도 전혀 어렵지 않을 것이다. 그리고 앞의 두 가지 조건이 성립하면 그러한 내용의 계약이 계약내용대로 이행되지 않을 이유가 없을 것이다. 혹시 기회주의(opportunism)의 등장을 우려할지 모르나 그러할 필요가 없다. 왜냐하면 원리적으로 볼 때 완전정보하에서는 기회주의는 성립할 수 없고, 비록 등장한다 하여도 완전계약하에서는 이의 발생을 방지하기 위한 내용의 계약이 당사자들 사이에 이미 합의되어 계약조문화되어 있을 것이기 때문이다.

물론 현실 속에서는 위와 같은 의미의 완전계약은 존재하지 않는다. 완전계약을 하나의 이념형(理念型)으로 상정하여 두는 것은 현실의 계약, 즉 현실 속에 있는 불완전계약을 연구할 때 비교분석하며 참고하기 위해서이다. 마치 현실경제 속에 완전경쟁시장이란 존재하지 않지만 완전경쟁시장모델을 만들어 현실의 시장구조를 이해하고 연구하는 데 중요한 참고 내지 비교기준으로 사용하는 것과 마찬가지이다. 현실의 계약은 대부분 불완전계약이다. 그 가장 중요한 이유는 인간은 "제한된 합리성(bounded rationality)"밖에 가지고 있지 못하기 때문이다. 인간은 완전한 정보를 가지고 있는 것이 아니라 제한된 정보만을 소화하고 이를 활용하는 데 불과하다. 그리하여 인간은 합리적이려고 의도는 하지만 실제는 제한적으로 그러할 뿐이다(Human agents are intendedly rational, but only limitedly so).[1)]

따라서 현실의 계약은 다음과 같은 이유로 불완전계약이 대부분이다. 첫째, 제한된 합리성으로 인하여 모든 특수상황에 대한 완전예상이 어렵다. 둘째, 따라서 특수상황에 대하여 완전한 계약적 대응책을 마련할 수 없다.[2)] 셋째, 제한된

---

1) Herbert A. Simon, *Administrative Behavior*, 2nd edition, The Macmillan Company, 1961, p. 24.

2) 뿐만 아니라 완전한 계약적 대응, 즉 모든 경우에 대비한 완벽한 계약조문화작업을 위해서는 상당한 교섭 및 거래비용 그리고 계약서작성비용이 든다. 또한 계약용어 자체에

합리성의 결과로 나타나는 당사자 사이의 정보의 비대칭성(非對稱性)을 이용한 기회주의가 등장하기 쉽다.[3] 여기서 기회주의란 개인이익의 극대화를 위하여 스스로 믿지 않는 약속을 하거나, 거짓되고 공허한 위협 등을 하는 경우를 의미한다. 한 가지 중요한 것은 모든 경제주체가 다 기회주의적으로 행동하는 것은 결코 아니라는 점이다. 일부의 경제주체들이 이러한 행동을 할 수 있다는 것이다. 문제는 뒤에서 자세히 보겠지만 일부의 경제주체라도 그렇게 행동할 때 이들을 어떻게 찾아낼 것인가, 어떻게 그들의 행위를 사전에 방지할 것인가가 계약구조의 연구에 중요한 의미를 가진다는 것이다.

불완전계약(imperfect contract or incomplete contract)이 가지고 있는 문제는 결국 다음과 같이 두 가지로 요약할 수 있다. 하나는 인간이 가지고 있는 제한된 합리성으로 인해 불가피하게 등장하는 계약의 불완전성(incompleteness), 즉 모든 특수상황에 대한 계약적 사전대응(契約的 事前對應)의 불가능의 문제, 환언하면 소위 "빠진 계약조항(missing clauses)의 문제"를 어떻게 다룰 것인가이다. 그리고 다른 하나의 문제는 기회주의의 문제이다. 당사자들이 소유하고 있는 정보에 있어 비대칭성이 존재하여 그로 인해 기회주의가 등장할 때 이를 어떻게 막을 것인가이다.

첫 번째 문제인 "빠진 계약조항의 문제"에 관하여는 앞에서 계약법에 관하여 논의할 때 계약법의 주요 기능의 하나가 바로 이 빠진 조항들을 보충·보완하는 것이라고 하였다. 그러나 그것은 법에 의한 보충·보완을 논한 것이고 여기서는 계약적 방법에 의한 보충·보완을 논하려고 한다. 이 점에 혼동이 없어야 한다. 어떤 식으로 계약을 만들면 빠진 계약조항의 문제를 해결할 수 있는가가 여기서 우리가 검토하려는 문제이다. 법에 의지하지 아니하고, 혹은 법에 의지하고도 부족한 부분을 당사자들 사이에 계약을 통하여 해결하려 할 때, 어떠한 내용과 구조의 계약이 등장할 것인가, 어떤 식의 계약적 해결이 가능한가를 보려는 것이다. 이와 관련하여 일반적으로 두 가지 방법을 생각할 수 있다. 하나는 관계적 계약

도 불완전성, 불명확성이 존재한다. 이러한 요인들도 불완전계약을 불가피하게 만드는 주요한 요인들이다.

3) 예컨대 매도인은 그 물건의 품질에 대하여 잘 알고 있지만 매수인은 이를 모를 때, 이러한 정보의 비대칭성을 매도인이 자신의 이익극대화를 위해 악용하려면 할 수 있을 것이다.

(關係的 契約)의 체결(relational contract)이고, 다른 하나는 묵시적 계약(默示的 契約, implicit contract)의 체결이다. 다음 절에서 이에 대하여 상론하도록 한다.

두 번째 문제인 "기회주의의 문제"에 대하여도 이미 앞에서 계약법의 중요 기능의 하나가 기회주의의 억제에 있다고 하였다. 그러나 그것은 법에 의한 기회주의의 억제이고 여기서 우리가 보려고 하는 것은 계약적 방법에 의한 기회주의의 최소화 노력이다. 어떤 식으로 계약을 만들면 기회주의의 발생의 가능성을 줄일 수 있을 것인가, 만일 당사자들이 계약을 통하여 기회주의의 발생을 억제하려 한다면 어떠한 내용과 구조의 계약이 등장할 것인가 등을 분석해 보려 한다.

기회주의에는 일반적으로 두 가지 종류가 있다. 하나는 계약성립 이전에 등장하는 기회주의이고, 다른 하나는 계약성립 이후에 등장하는 기회주의이다. 전자를 사전적(事前的) 기회주의(pre-contractual opportunism), 후자를 사후적(事後的) 기회주의(post-contractual opportunism)라고 부른다. 다음 절에서 각각에 대하여 상론하도록 한다.

소위 "빠진 조항의 문제"나 "기회주의의 문제"가 심각하게 존재하고 그에 대한 적절한 계약적 대응책이 강구되지 않으면 아무리 서로에게 이익이 되는 계약이라 하더라도 그 계약은 성립하지 못한다. 그런데 계약법에 의한 이들 문제의 해결에는 한계가 있다. 개별계약에 고유한 모든 특수상황의 발생에 대하여 법이 적절한 대응책을 완벽하게 제공하기는 사실상 불가능하다. 더구나 기회주의는 많은 경우 법적으로는 아무런 하자(瑕疵)가 없는 합법적인 행위로서 나타나는 것이 대부분이다. 따라서 계약법만으로 기회주의에 대처하는 것도 거의 불가능하다. 여기서 이 문제를 계약당사자들이 계약적 방법에 의해 풀어야 할 필요성 내지 당위성이 등장한다. 이 문제를 해결하지 못하면 아무리 쌍방 모두에게 이익이 되는 계약이라 하더라도 성립할 수 없기 때문이다. 따라서 사실상 대부분의 현실의 계약 속에는 이들 문제에 대한 나름의 계약적 해결책이 풍부하게 존재한다. 현실 속에서는 불완전계약을 좀 더 완전한 계약으로 만들어 보려는 계약당사자들의 노력들이 여러 형태로 나타나고 있다. 실은 이러한 노력들에 대한 체계적 연구가 바로 계약구조에 대한 연구 중 중요한 부분을 차지한다.

제 2 절
관계적(關係的) 계약과 묵시적(默示的) 계약

"제한된 합리성"으로 인하여 발생하는 소위 "빠진 조항의 문제"에 대처하는 계약적 방법의 하나는 관계적 계약(relational contract)을 체결하는 것이다. 관계적 계약이란 계약당사자의 관계를 장기적이고 반복적인 관계로 조직화하는 계약이다. 따라서 처음부터 모든 특수상황(contingencies)의 발생을 예상하여 완벽하게 대응할 수 있는 내용으로 계약을 만드는 대신, 특수상황이 발생하였을 때 그를 처리할 규칙과 절차 그리고 해결의 기본방향과 원칙 등에 대하여만 합의해 두는 방법을 택한다.

일반적으로 완전무결한 계약을 만드는 데는 많은 비용이 든다. 아니 많은 비용을 들이고도 완전계약이란 사실상 불가능할지도 모른다. 따라서 완전계약을 추구하는 대신, 계약당사자들의 공동의 가치와 목표, 특수상황 발생시 처리원칙과 절차 그리고 분쟁 발생시 해결기구와 절차 등만을 계약 속에 명시하고 서로의 관계를 계속적·반복적 관계로 발전시킨다. 그리고 특수상황이 발생하면 이미 상호 합의되고 이해된 방향과 원칙과 절차에 따라 문제를 해결한다.

예컨대 두 회사가 공동연구개발에 합의한 경우 서로가 최선의 노력과 협력을 할 것과, 비용부담의 기본원칙과 개발이익의 분배원칙, 그리고 분쟁 발생시 처리절차 등만을 합의하는 식으로 하여 두 회사의 관계를 일종의 관계적 계약관계로 발전시켜 나갈 수 있다. 노사간의 단체교섭제도(團體交涉制度)도 일종의 관계적 계약이다. 노사간 이해의 충돌이 일어날 수 있는 모든 경우를 고용계약 초기에 다 예상하여 그 해결책에 노사가 합의할 수는 없다. 아마 그것을 시도한다면 근로계약 자체가 처음부터 성립될 수 없을 것이다. 그리하여 나타난 계약적 해결책의 하나가 관계적 계약의 성격을 가지는 단체교섭제도인 것이다. 따라서 관계적 계약이란 예상할 수 없는 특수상황에 대처하기 위해 고안된 제도로서 계약비용을 줄이는 방법의 하나라고 볼 수 있다.

"빠진 조항의 문제"에 대처하는 또 하나의 방법으로는 묵시적 계약(implicit contract)의 방법이 있다. 묵시적 계약이란 당사자 사이에 일종의 공유한 기대(共有

한 期待, shared expectation)를 의미한다. 계약에 명시하지는 않았지만 서로 공유하는 사고·가치·기준 등을 의미한다. 만일 계약당사자들 사이에 서로 공유하는 기대, 서로 묵시적으로 합의한 기준 등이 있으면 이는 계약당사자들이 가지고 있는 제한적 합리성의 한계를 극복하는 대단히 강력한 수단으로 작용할 수 있다. 왜냐하면 이러한 공유하고 있는 기대나 가치는 예상하지 못한 특수상황이 발생하는 경우 그에 공동대처하는 묵시적 기준과 원칙을 제공해 주기 때문이다. 묵시적 계약의 대표적 예의 하나로서 기업문화(corporate culture)를 생각해 볼 수 있다. 기업문화는 그 기업의 구성원 사이에 존재하는 일종의 합의, 공유하는 원칙과 가치와 기대 등이다.

이러한 기업문화가 확실히 존재하는 경우 구성원 각자는 그 속에서 자신들의 행위결정에 대한 하나의 준거를 찾을 수 있고, 상대의 행위에 대하여도 높은 예측가능성을 가질 수 있다. 따라서 분쟁의 소지가 적을 뿐만 아니라 분쟁이 발생하는 경우에도 모두가 쉽게 납득할 수 있는 공정한 해결의 길이 쉽게 발견된다.[4)]

그런데 이 묵시적 계약(默示的 契約)을 강제하는 방법은 공권력에 의지할 수는 없다. 일반 명시적 계약(明示的 契約)의 경우에는 계약파기가 일어나면 법원에 그 구제를 신청할 수 있으나 묵시적 계약의 경우는 그렇게 할 수 없다. 별도의 방법을 찾아야 한다. 일반적으로 묵시적 계약에 규범력을 부여하는 방법으로 들 수 있는 것으로 소위 "명예와 신용의 메커니즘(reputation mechanism)"이 있다. 묵시적 계약을 지키지 않으면 명예와 신용이 크게 훼손이 되고 그렇게 되면 앞으로는 거래의 상대를 찾기 힘들 것이다. 누구라도 신용이 없는 사람이나 조직과 거래하기를 꺼릴 것이라는 사실이 하나의 압력 내지 강제력으로 작용한다. 이러한 관계는 특히 일회적이고 단속적(斷續的)인 거래의 경우보다 반복적이고 계속적(繼續的)인 거래의 경우에 자주 나타난다. 특히 반복적이고 계속적인 거래에 있어서는 신용

---

4) 한 사회의 도덕률(道德律)이나 전통, 관습 등도 그 사회전체로 보면 일종의 묵시적 계약이라고 할 수 있다. 근면·정직·협동 등의 생산적인 내용의 묵시적 계약이 발달되어 있는 사회가 있고, 사치·부정·갈등 등의 비생산적인 내용의 묵시적 계약이 발달되어 있는 사회가 있다. 다른 조건이 같다면 전자의 사회는 성장하고 후자의 사회는 후퇴할 것이다. 예컨대 정직과 근면을 존중하고 서로 협력·협동하는 사회와 그렇지 못한 사회 중 어느 쪽에서 분업과 특화 그리고 교환과 거래의 활동이 보다 왕성하게 일어날까?

과 명예가 하나의 자산이고 생산적 투자가 되는 경우가 많다. 신용과 명예가 유지될 때 보다 좋은 거래상대를 찾을 수 있고 또한 보다 적은 거래비용으로 거래관계를 조직화할 수 있다. 물론 신용과 명예는 그 자체로서 이미 하나의 가치이지만 신용과 명예가 이와 같이 거래비용을 최소화하는 데도 기여한다.

"명예와 신용의 메커니즘"은 특히 사안의 성격상 상세한 계약서를 작성할 수 없을 때, 법률적 강제력에 호소할 수 없을 때, 그러나 당사자들 사이에는 각자의 행위의 당부(當否)를 판단할 수 있는 충분한 공동의 가치, 기준 등이 형성되어 있을 때 유효하게 작용한다. 특히 반복적이고 계속적 거래의 경우에 명예와 신용의 메커니즘이 성립되기 쉽다.

예컨대 갑과 을 두 사람이 계약관계를 맺으려 한다고 하자. 네 가지의 경우를 생각해 볼 수 있다. 첫째는 갑이 상대를 믿고 신용을 제공하고 을이 이를 존중하는 경우이다. 서로가 서로의 신용과 명예를 존중하는 경우이다. 이때 갑과 을이 얻을 수 있는 이익이 각각 V라고 하자. 둘째는 갑이 상대를 믿고 신용을 제공하나 을이 이를 존중하지 않고 기회주의적으로 행동하는 경우이다. 이때 갑은 L만큼의 손해를 보나 을은 $V+G$만큼의 이익을 본다고 하자. 셋째는 갑이 상대를 믿지 않는데 을이 상대의 신용을 존중하려 하는 경우이고, 넷째는 갑이 상대를 믿지 않고 을도 상대의 신용을 존중하려 하지 않는 경우이다. 이상의 네 가지 경우를 요약하여 나타낸 것이 〈표 3-1〉이다.

표 3-1 명예와 신용의 메커니즘

	을이 신용을 존중	을이 신용을 존중하지 않음
갑이 신용을 제공	V, V	$-L$, $V+G$
갑이 신용을 제공하지 않음	0, 0	0, 0

이상과 같을 때 만일 거래가 1회에 끝난다고 하면 을은 갑이 제공하는 신용을 악용하여 $V+G$만큼의 이익을 얻으려 할 가능성이 높고 이를 예상하는 갑은 을에게 당초부터 신용을 제공하려 하지 않을 것이다. 그리하여 결국 거래는 성립되지 아니하고 그 결과 각자에게 돌아가는 이익은 0, 0이 될 가능성이 가장 크다.

이것이 소위 죄수(罪囚)의 딜레마(prisoner's dilemma)인 것은 앞에서도 설명한 바 있다. 각자가 나름대로 자기에게 가장 합리적인 방향으로 행위하였는데 그 행위의 사회적 결과는 대단히 비합리적이다. 사회적으로 합리적인 결과란 물론 서로 상대를 믿고 존중하여 서로에게 이익이 되는 거래가 성립하여 각자가 V, V씩의 이익을 가져가는 것이다. 그런데 죄수의 딜레마의 경우에는 그와 같이 사회적으로 바람직한 결과가 발생하지 않는다.

그러나 만일 거래가 1회에 끝나지 아니하고 반복된다면 그리고 계속적 관계가 성립된다면 죄수의 딜레마는 사라질 수 있다. 왜냐하면 을의 입장에서 볼 때 일회에 $V+G$를 얻고 마는 것보다 수회(N)에 걸쳐 NV만큼을 얻는 것이 보다 이익이 될 수 있기 때문이다. 즉 $NV > V+G$의 관계가 성립하는 한,[5] 을은 갑이 제공하는 신용을 존중하고 자기도 신용을 지켜 서로가 지속적으로 명예로운 거래관계를 유지할 것이다. 그렇게 되면 소위 신용과 명예의 선순환(善循環), 명예와 신용의 메커니즘이 작동하기 시작한다.[6] 서로가 보이지 않는 여러 가지 공동의 합의·가치·기대 등에 기초한 묵시적 계약이 자발적으로 존중하기 시작한다.[7]

---

5) 여기서 NV는 대단히 단순한 표현이다. 미래소비와 현재소비 사이에 소비자들의 선호도에 차이가 없다는 것을 가정한 경우의 표현이다. 본래는 미래 V의 가치를 모두 적절한 할인율(割引率)을 사용하여 현재가치로 환가(換價)한 후 이를 합계하여 비교해 보는 것이 원칙이다.

6) 게임이론적 표현을 사용하면 소위 내쉬균형(Nash Equilibrium)이 성립한다고 볼 수 있다. 종래의 행동패턴 내지 전략에서 벗어날 때 아무도 이익을 얻을 수 없게 되어 모두가 종래의 전략을 선택하는 경우 이루어지는 것이 내쉬균형이다. 내쉬균형에 대한 간단한 소개는 Dennis W. Carlton and Jeffrey M. Perloff, *Modern Industrial Organization*, Harper Collins, Publishers, 1989, pp. 280-293을 참조하라. 그리고 게임이론전반에 대한 평이한 설명서로서는 Avinash Dixit and Barry Nalebuff, *Thinking Strategically*, W. W. Norton and Co., 1991을 참조하라.

7) 반복적인 거래의 경우에 있어서도 만일 거래가 최종완료시점에 접근하면 어떻게 될까? 신용과 명예의 메커니즘의 작동유지가 어려워질지 모른다. 이것을 게임완료의 문제(end-game problem)라고 한다. 이 문제를 극복하는 방법으로서는 어떤 것들이 있을까? 고용주가 노령화되면 종업원들이 불안해 할지 모른다. 이런 경우에는 소유권을 젊은 사람에게 넘기는 방법도 있을 것이다. 종업원이 노령화되면 고용주가 불안해 할지 모른다. 고령자에게 보수를 올려 주는 방법에 의해 승진에 대해 줄어드는 관심을 보수에 대한 관심을 증대시켜 대처할 수 있을지 모른다. 그리하여 신용과 명예유지의 유인을 제공하는 것이 가능할 수도 있다.

제3절 사전적(事前的) 기회주의와 사후적(事後的) 기회주의

불완전계약(不完全契約)이 가지고 있는 또 하나의 문제는 "기회주의의 문제"이다. 어떤 종류의 계약을 작성함에 있어서도 어떻게 하여 이 기회주의의 발생가능성을 최소화할 것인가가 대단히 중요한 정책과제가 된다. 그리하여 여러 가지의 다양한 계약내용과 계약구조를 가지고 이 문제에 대처하기 위하여 당사자 간에 계약적 해결을 모색하게 된다. 산업구조의 고도화에 따라 나타나는 계약구조의 고도화의 내용 중 상당 부분은 실은 이 기회주의의 문제해결을 위한 것이다. 넓게는 국제화와 정보화의 물결 속에서 계약의 내용과 구조도 대체로 시간적·공간적으로 보다 확대되고 복잡화·다양화할 것이다. 그런데 이와 같이 계약의 내용이 공간적·시간적으로 확대되고 복잡화할수록 기회주의의 발생 가능성도 동시에 확대되고 복잡화한다. 따라서 이에 적절히 대처하는 법적·제도적 해결책의 개발과 연구 그리고 사인 간의 계약적 해결책의 개발과 연구 모두가 더욱 중요한 정책과제가 된다.[8)]

---

8) 계약법적 차원에서의 연구를 활성화하기 위해서는 무엇보다도 먼저 현재의 계약법이 오늘날 점점 복잡해지고 다양해지고 있는 계약 현실을 공정하고 효율적으로 규율할 수 있는가 하는 근본문제부터 재검토하여야 할 것이다. 그런데 이러한 법정책적 연구를 위한 기초작업의 하나는 현재 존재하고 끊임없이 변화하며 발전하고 있는 각종의 다양한 계약의 내용과 구조를 우선 있는 그대로 파악하고 정리하고 이해하는 일이다. 따라서 다양하게 변화, 발전하고 있는 계약 그 자체에 대한 연구가 계약법에 대한 법정책적 연구에 선행해야 한다.
이와 관련 코즈(R. Coase) 교수가 1991년 그의 노벨 경제학상 수상 기념 강연에서 한 이야기는 대단히 인상적이다. "우리에게 필요한 것은 좀 더 많은 실증분석이다. 계약에 대한 자료의 부족 그리고 기업의 활동에 대한 자료의 부족이 연구에 큰 장애가 되고 있다. 이 문제의 해결에 일조하기 위하여 나는 1990년 시카고 법대에서 정부공무원들과 학자들이 만나서 정보 속에 있는 많은 계약에 대한 자료와 회사활동에 대한 자료를 서로 나누는 기구를 조직하였다. 그리고 현재 피츠버그 대학에 '계약 및 기업구조연구소(Center for the Study of Contracts and the Structure of Enterprise)'를 설립하는 데 관여하고 있다. 거기서 기업의 각종 계약에 대한 자료를 모아 데이터 베이스를 만들려고 하고 있다. 그리하여 학자 등 연구자들에게 제공하려 하고 있다. 이러한 노력이 우리의 경제체제가 실제로 어떻게 움직이고 있는지를 올바로 이해하는 데 도움이 될 것이다"(R. H.

기회주의(opportunism)란 어떠한 이유에서 어떠한 형태로 발생하는가, 그리고 그에 대하여는 어떠한 계약적 대처가 가능한가 하는 문제를 보도록 한다. 기회주의에는 그 발생시점을 기준으로 하면 두 가지 종류가 있다. 하나는 계약성립 이전에 나타나는 기회주의이고, 다른 하나는 계약성립 이후에 나타나는 기회주의이다. 전자를 사전적 기회주의(事前的 機會主義), 후자를 사후적 기회주의(事後的 機會主義)라고 부른다. 그러나 그 어느 경우이든지 기회주의는 계약당사자 간에 존재하는 정보의 비대칭성에서 기인한다. 소위 사적정보(private information)의 비대칭성에서 기인한다.

제1항 역(逆)선택: 사전적 기회주의

우선 사전적 기회주의(pre-contractual opportunism)의 문제부터 보도록 하자. 이를 역선택(adverse selection)의 문제라고도 한다. 사전적 기회주의 내지는 역선택의 문제는 개인은 자기 자신에 대하여, 예컨대 자신이 팔려고 하는 물건, 자기 자신의 능력 그리고 건강 등에 대하여 많은 사적정보(私的情報)를 가지고 있는 데 반하여 계약의 상대는 이 개인이 속한 집단의 평균치에 대한 정보밖에 가지고 있지 아니할 때 발생한다.[9] 그러한 경우에는 평균 이상에 속하는 사람·물건·능력·건강 등은 시장에서 사라지고 평균 이하의 사람·물건·능력·건강 등이 시장에 범람하게 된다는 것이다. 그것이 역선택이다.

예를 들어 보자. 우선 보험의 경우를 보면 보험에 가입하려는 사람은 자신의 건강에 대하여 보험회사보다 더 많은 정보를 가지고 있다. 소위 개인과 보험회사 사이에는 사적정보의 비대칭성이 존재한다. 따라서 건강한 사람보다는 건강하지

Coase, "The Institutional Structure of Production", Alfred Nobel Memorial Prize Lecture in Economic Sciences, 1991).

9) 역(逆)의 선택문제에 대하여는 골드버그(V. Goldberg)의 설명이 가장 간단하고 명쾌하다. 그는 다음과 같이 설명하고 있다. "Adverse selection refers any situation in which an individual has knowledge about his own quality (the goods he sells, his ability to perform, his health status) while whomever he is dealing with knows only about the characteristics of the average member of the group." Victor P. Goldberg (ed.), *Readings in the Economics of Contract Law*, Cambridge University Press, 1989, p. 2.

않은 사람이 보험에 가입하려는 확률이 높을 것이고 보험회사로서는 그 구별이 어려울 것이다. 결국 그 개인이 속해 있는 집단(연령·직업 등)의 평균건강치에 의존하여 보험료를 책정할 수밖에 없을 것이다. 그런데 건강하지 않은 사람들이 보다 많이 가입하면 보험금 지급의 건수와 지급하여야 할 보험금의 양이 지속적으로 증가할 것이고 그 결과 보험료의 인상이 불가피하다. 이때 높은 보험료를 지급하고도 보험에 가입하려는 사람은 아마 건강이 상대적으로 더 나쁜 사람들일 것이다. 이러한 악순환이 지속되면 결국은 보험료는 한없이 오르게 되고 결국 보험시장은 문을 닫게 될 것이다. 이것이 사전적 기회주의의 한 예이다.

사전적 기회주의가 존재하면 가격변화가 수입의 변화만을 가져오는 것이 아니라 생산비용에도 영향을 주게 된다. 위의 예에서도 볼 수 있듯이 보험료의 인상이 보험금의 지급액을 증가시킨다. 하나의 예를 더 들어 보자. 은행이 융자를 하는 경우를 생각해 보자. 은행이 융자시 이자율을 올리는 것이 과연 은행에 이익이 될 것인가? 과연 은행의 수입을 올리는가? 일반적으로 기업체는 자신들에 대한 정보를 보다 많이 가지고 있으나 은행은 기업체에 대한 정보를 충분히 갖고 있지 못하다. 따라서 만일 역선택이 작용하게 되면 이자율을 올리는 경우 고수익-고위험(高收益-高危險, high-return high-risk)을 선호하는 기업들이 융자를 보다 많이 신청할 것이고 은행으로서는 이들 기업을 저수익-저위험(低收益-低危險)을 선호하는 기업들과 구별하는 것이 사실상 어렵게 된다. 사적정보의 비대칭성 때문이다. 그렇게 되면 고수익-고위험의 기업에도 저수익-저위험의 기업과 마찬가지의 조건으로 융자를 하게 되고 그 결과는 은행수지의 악화, 이자율의 재인상이 된다. 그러나 이자율을 재인상하면 역의 선택의 경향은 더욱더 증가한다. 즉 보다 고수익-고위험을 선호하는 기업들만이 고이자율 하에서도 융자신청을 계속할 것이고, 이제 저수익-저위험을 선호하는 기업들은 융자신청을 포기할 것이다. 그만큼의 높은 이자를 내고는 사업의 수익성 유지가 어렵다고 판단하기 때문이다. 그러나 고수익-고위험을 선호하는 기업의 경우는 은행 이자만 지불하고 나면 모든 이익이 자신들에게 귀속된다. 만일 큰 이익을 보면 그 이익이 자신들에 집중되고 그렇지 못하고 실패하는 경우(예컨대 파산하는 경우)에는 그 부담은 은행과 나누어 지기 때문에 고이자율하에서도 은행융자를 얻으려 할 것이다. 그 결과 은행경영수지는 악화되고 이자율은 더욱 올라가지 않을 수 없다. 그리고 이자율이 올라

가면 갈수록 더욱더 고수익-고위험을 선호하는 기업들만이 융자를 신청할 것이다. 결국 융자시장은 문을 닫지 않을 수 없게 된다.

이상의 두 가지 예에서 볼 수 있듯이 역선택은 종국에 가서는 상호이익이 되는 거래 자체의 성립이 불가능하게 만든다. 보험시장이 문을 닫을 정도로 보험료가 올라가고 융자시장이 문을 닫을 정도로 이자율이 올라간다. 물론 이는 역선택이 극단적으로 작용하는 경우이다. 현실적으로는 비록 역선택이 존재한다 하여도 보험시장이나 융자시장이 반드시 폐쇄되는 것은 아니다. 그 이유는 당사자들이 역선택의 가능성을 알고 이에 대처하는 계약적 조처를 취하기 때문이다. 사전적 기회주의를 줄이는 계약적 노력을 여러 가지로 강구하기 때문이다.

예컨대 보험의 경우에 보험가입자의 건강·성격·능력과 과거 건강관련 기록 등에 대한 여러 가지의 개인정보의 제출을 요구하고 그 정보의 객관성을 검증하는 여러 장치를 강구한다.10) 보험계약을 체결하기 이전에 가능한 한 사적정보의 비대칭성을 최소화하여 사전적 기회주의의 가능성을 줄이려 노력한다. 은행의 경우에도 융자에 대한 수요가 증가하였다고 해서 쉽게 이자율을 높이려 하지 않는다. 이자율을 높이면 고수익-고위험의 기업들만 융자를 받게 되고, 결국 채권회수불능의 경우가 증가하리라는 사실을 알고 있기 때문이다. 그리하여 융자수요가 증가하는 경우, 이자율을 높이는 대신 오히려 융자할당(credit rationing)을 통하여 융자대상기업을 경영상태가 우수한 기업들로 한정하려 노력한다.

그 이외에도 사전적 기회주의의 발생을 최소화하려는 제도적·계약적 노력은 많다. 예컨대 각종의 면허제도(licensing)나 자격제도(certificate)도 실은 사적정보의 비대칭성을 줄여 사전적 기회주의의 발생을 최소화하려는 제도의 하나라고 볼 수 있다. 정부가 의사·변호사·미용사 등 각종 용역제공자의 용역의 질(質)을 사전에 검증하여 소비자로 하여금 안심하고 당해 용역의 질을 믿고 이를 구매할 수 있도

---

10) 상법 제651조는 보험계약 당시에 보험계약자 또는 피보험자가 고의 또는 중대한 과실로 인하여 중요한 사항을 고지하지 아니하거나 부실의 고지를 한 때에는 보험자가 계약을 해지할 수 있도록 하고 있는데, 이는 이러한 규율이 법에 들어와 있는 예이다. 특별한 사정으로 인한 손해에 대하여는 예견가능성이 있어야 배상하게 하는 민법 제393조 제2항도 채무불이행이 있는 경우 손해가 통상의 경우보다 큰 채권자로 하여금 그러한 사실을 미리 알리도록 함으로써 같은 기능을 한다.

록 하는 제도가 바로 면허나 자격제도이기 때문이다. 또한 각종 상품 판매와 구매시 자주 활용되는 보증서(guarantee)의 경우나 소위 브랜드 네임(brand name)이나 기업의 명성(reputation) 유지를 위한 각종의 투자 등도 사실은 사전적 기회주의의 가능성을 줄이기 위한 노력의 일환이다. 그리하여 소비자들이 안심하고 구매할 수 있게 함으로써 보다 많은 소비자를 확보하기 위한 기업의 계약적 노력이다.[11]

제2항 도덕적 해이(解弛): 사후적 기회주의

다음은 사후적 기회주의(post-contractual opportunism)의 문제를 보도록 하자. 이를 때로는 도덕적 해이(道德的 解弛, moral hazard)의 문제라고도 한다. "도덕적 해이"란 용어는 본래 보험산업(保險産業)에서 나온 용어로서, 일반적으로 보험가입 후 보험가입자는 사고방지노력을 상대적으로 덜 하는 경향이 있음을 의미한다. 만일 필요한 사고방지노력의 내용과 정도 등을 미리 정확히 알 수 있거나, 쉽게 측정할 수 있으면 이를 보험계약내용 속에 넣어 규제하려 할지도 모른다. 그러나 일반적으로 필요한 사고방지노력의 내용과 정도를 특정할 수 없기 때문에 이를 계약조문화하기는 거의 불가능하다. 따라서 도덕적 해이의 경향이 불가피하게 나타난다. 도덕적 해이는 단순히 보험산업에서만 나타나는 현상이 아니다. 뒤에서 드는 각종의 예에서 알 수 있듯이, 우리의 경제사회현실 속의 여러 분야에서 여러 형태로 광범위하게 나타나는 현상이다.

일반적으로 도덕적 해이는 (1) 계약당사자 간의 이해관계가 일치하는 면과 일치하지 않는 면이 동시에 존재할 때, 즉 한 면에서는 이해가 일치하여 공동이익의 증진을 위해 계약관계가 성립되나 다른 면에서는 이해가 대립하고 상충할 때, (2) 계약당사자 모두의 공동이익을 위한 행위와 그중 일방만의 이익을 위한 행위를 적은 비용으로 쉽게 구별하거나 그 정도를 쉽게 측정할 수 없을 때 발생한다.

도덕적 해이의 경우도 역(逆)선택의 경우와 마찬가지로 기본적으로는 사적정

---

11) 사전적 기회주의(역선택)의 문제를 이해하기 위한 최선의 출발점은 다음의 논문을 읽는 것이다. George A. Akerlof, "The Market for Lemons: Quality Uncertainty and the Market Mechanism", 84 *Quarterly Journal of Economics* 488 (1970).

보의 비대칭성에서 비롯된다. 역선택은 계약성립 이전의 사적정보의 비대칭성 때문에 발생하고, 도덕적 해이는 계약성립 후 이행과정에서 발생하는 사적정보의 비대칭성 때문에 발생한다. 계약이행과정에서 발생하는 사적정보의 비대칭성이란 계약이행과정에서 어떤 행위가 과연 공동의 이익을 위한 행위인지 아니면 공동이익을 희생시키고 개인의 이익만을 위한 행위인지 일반적으로는 구별할 수 없으나 행위당사자만은 이를 잘 구별할 수 있는 경우를 말한다. 계약의 다른 당사자는 이를 구별할 수 없으므로 사적정보의 비대칭성이 존재한다고 할 수 있다. 이러한 사적정보의 비대칭성을 행위당사자가 전체의 이익 내지 공동의 이익을 희생시키면서 개인의 이익을 위하여 이용할 때 도덕적 해이라는 현상이 발생한다.

도덕적 해이의 구체적 예를 몇 가지 들어보자. (1) 의사들이 자신의 책임회피를 위해 필요 이상의 정밀검사나 과다투약(過多投藥) 등을 환자들에게 요구하는 경우이다(과잉진료). 물론 이때 의료경비의 증가분은 환자가 부담한다.[12] (2) 주택을 남에게 빌려 준 경우가 자기가 직접 사용하는 경우보다 쉽게 훼손되는 것을 경험한다. (3) 회사원들이 근무시간 중 개인의 용무를 위해 회사 차(會社 車)를 이용하는 경우이다. 개인의 용무를 위한 경우인지 아닌지 구별이 용이하지 않다. (4) 자동차 수리공이 필요 이상으로 자동차의 부속품을 새 것으로 갈아야 한다고 주장하는 경우이다. 자동차 소유자는 그 주장의 당부를 판단할 수가 없다. 소유정보의 비대칭성 때문이다. (5) 정부정책이 진정한 비용은 숨기고 이익만이 드러나기 쉬운 가시적 실적주의(可視的 實績主義)에 치중하는 경우이다. 투표권자들이 택하는 합리적 무지(合理的 無知, rational ignorance)를 악용하는 도덕적 해이의 예이다.[13]

---

12) 건강보험이나 의료보험 등 보험을 통한 부담이 늘어난다고 볼 수도 있다. 그 경우에도 결국은 간접적으로 환자를 포함한 보험가입자들의 부담이 늘어나는 셈이다.

13) 이때 "대리인"은 법에서 말하는 대리인과는 다른, 경제학적 개념임에 주의하라. 경제정보(經濟情報)의 경우에는 정보획득을 위한 투자의 비용과 이익이 투자자에 집중됨에 반하여 정치정보(政治情報)의 경우에는 비용은 투자자에게 집중되나 이익은 모든 사람이 나누어 가지게 된다. 예컨대 물건을 살 때 어디에 좋고 싼 물건이 있는가를 알기 위한 투자는 그 비용과 이익이 동일인에게 귀속되나 어느 국회의원이 유능하고 정직한 정치인인지를 알기 위한 투자의 비용은 개인이 부담하나 그 이익, 즉 올바른 정치인을 뽑아서 생기는 이익은 모든 국민이 나누어 향유하게 된다. 따라서 경제정보의 경우와 달리 정치정보의 경우에는 과소투자가 일어나기 쉽고 소비자들이 합리적으로 무지 쪽을 택하

이상의 문제들이 소위 도덕적 해이의 구체적 예들이다. 그런데 이러한 문제들은 소위 본인과 대리인의 문제(principal-agent relationship)로 재구성해 볼 수도 있다.[14] 대리인(代理人)은 본인의 이익을 위하여 행위하여야 함에도 불구하고 대리인과 주인의 목적함수(目的函數)가 다를 때, 그리고 대리인의 행위가 그 목적함수의 차이에서 기초한 행위인지(즉 대리인 자신을 위한 행위인지) 아닌지(즉 주인을 위한 행위인지) 구별하기가 어려울 때 발생하는 문제가 소위 대리인비용(agency cost)의 문제이다. 그런데 이 "대리인비용의 문제"는 바로 여기서 우리가 이야기하고 있는 "도덕적 해이의 문제"와 조금도 다를 바 없다. 위의 예에서 본 의사는 본래 환자의 대리인이고 회사원은 회사소유자의 대리인이다. 그리고 자동차 수리공은 자동차 주인의 대리인이고 정부는 국민의 대리인이다. 그런데 각각의 대리인들이 주인의 이익을 무시하고 자신들의 이익만을 위해 행동할 때 발생하는 문제가 바로 도덕적 해이의 문제, 사후적 기회주의의 문제이다.

사후적 기회주의의 문제 중 자주 거론되는 것이 소위 버티기(hold-up)의 문제이다. 이는 계약당사자의 일방 혹은 쌍방이 그 계약관계의 발전을 위하여 일정한 투자를 한 경우 나중에 자신의 투자분에 대한 투자이익의 회수여부가 상대방의 행위에 의존되게 되는 경우에 발생한다. 그러한 경우 상대가 기회주의적으로 행위하면 기존 투자의 이익회수를 위하여 상대의 요구에 일방적으로 응하지 않을 수 없는 상황이 된다. 이를 "버티기의 문제"라고 한다. 이 버티기의 문제는 특히 당사자 간의 특수관계의 발전을 위한 투자(relation-specific investment), 환언하면 당사자 간의 관계가 유지될 때에만 특별한 의미를 가지는 투자를 많이 하는 경우에 발생하기 쉽다. 예컨대 기업특유(企業特有)의 기능(firm-specific skill)을 배우기 위해 종업원들이 많은 투자를 하는 경우에는 당해 기업을 떠나면 그 투자이익의 회수가 불가능하므로 불가피하게 당해 회사에 장기간 근무하지 않을 수 없다. 이

는 경향이 발생한다. 이를 "합리적 무지"라 한다. 보다 자세한 논의는 제10편 법과 공공선택이론을 참조하라.

14) 본인을 주인이라 표현하기도 한다. 본인과 대리인의 문제를 논한 대표적 논문은 Michael C. Jensen and William H. Meckling, "Theory of the Firm: Managerial Behavior, Agency Costs and Ownership Structure", 3 *Journal of Financial Economics* 305 (1976)이다. 이 문제에 대한 보다 자세한 논의는 제6편 회사법의 경제구조를 참조하라.

때 만일 기업주가 기회주의적으로 행동하여 종업원들에게 부당한 요구(예컨대, 임금인상철회)를 하더라도 종업원들은 기업주의 요구에 응하지 않을 수 없다.

이러한 버티기의 문제는 대기업과 그 기업에만 부품을 만들어 납품하는 중소기업(하청업체)과의 관계에서도 발생하기 쉽다. 이러한 경우 해결방법의 하나는 특수관계발전을 위하여 쌍방이 함께 투자하는 것이다.[15] 그러면 상호버티기의 가능성이 생겨서 일방에 의한 일방적 기회주의의 가능성을 그만큼 줄일 수 있다. 또 하나의 방법은 양자가 합병을 하는 것이다. 예컨대 대기업과 중소기업이 수직합병(垂直合併)하여 하나의 기업이 되는 것이다. 그렇게 되면 분업과 특화의 이익은 상실되는 면이 있으나 버티기의 문제로 인하여 발생하는 불공정과 비효율은 해결될 수 있다.

이상이 사후적 기회주의, 즉 도덕적 해이에 대한 설명이다. 재론하지만 사전적 기회주의의 경우와 마찬가지로 이 사후적 기회주의도 그 정도가 심하면 아무리 상호이익이 되는 계약의 가능성이 존재한다 하여도 계약이 성립될 수 없다. 따라서 이 사후적 기회주의를 줄이기 위한 국가의 법적·제도적 노력과 계약당사자들 간의 사적·계약적 노력이 필요하다. 여기서는 사후적 기회주의를 줄이기 위하여 어떠한 사적·계약적 노력이 있을 수 있는가에 초점을 맞추어 사후적 기회주의에 대처하는 방법을 알아보도록 한다.

첫째, 감시·감독(monitoring)을 강화하는 방법이다. 계약상대방 혹은 대리인의 행위에 대한 감시와 감독을 강화하여 사적정보의 비대칭성을 줄여나가는 방법

---

15) 일반적으로 기업내 직업훈련 내지 기능훈련은 노동자와 기업주가 서로 그 비용을 분담하는 형식으로 이루어진다. 노동자들은 훈련기간 중의 상대적(훈련 없이 타기업에 종사하는 경우보다) 저임금을 감수한 형태로 훈련투자비용을 분담한다. 그리고 훈련이 끝난 후 상대적(타기업에 종사하는 경우보다) 고임금을 향유하는 형태로 그 투자이익을 회수한다.
동시에 기업주는 훈련기간 중 생산의 감소라는 형태로 훈련투자비용을 분담하고, 훈련이 끝난 후 노동자들에게 노동생산성 이하의 임금을 지급하는 형태로 투자이익을 회수한다. 결국 노사 양쪽이 모두 훈련투자에 참여하고 이익회수에 함께 참여하는 셈이다. 그렇게 함으로써 일방적인 버티기가 불가능하고 쌍방이 상대방의 존재를 필요로 하는 관계를 발전시킨다. 그리하여 서로가 고용의 장기화를 위해 노력한다. 이와 관련한 보다 자세한 논의는 제7편 노동법의 경제학을 참조하라.

이다. 가장 직접적인 방법으로는 예컨대 종업원(대리인)의 출퇴근 시간을 체크하는 방법과 같은 것이 있다. 보다 간접적인 방법으로는 경쟁자들로 하여금 상대방에 대한 정보를 제공하게 하는 방법이다. 마치 정치적 정보의 경우에는 야당이 집권당(대리인)의 비리에 대한 정보를 국민들(주인)에게 보다 잘 제공하듯이, 경쟁관계에 있는 기업이 경쟁사의 제품에 관한 상세한 정보를 소비자들에게 기꺼이 제공하려 한다.

여기서 반드시 강조해 둘 중요한 사실의 하나는 시장에서의 경쟁이 대단히 중요한 감시·감독기능을 한다는 점이다. 예컨대 노동시장 사정이 악화되어 실업률이 올라가면, 그 자체가 종업원들의 기회주의적 행위를 크게 줄일 것이다. 정권을 잃을지 모른다는 판단이 들면 집권당이 자기개혁을 시도할 것이다. 마찬가지로 자동차 수리업이 보다 경쟁적이 되면 손님을 속이는 업체는 오래 견디지 못할 것이다. 이와 같이 "시장을 통한 감시·감독(monitoring by markets)"이 사후적 기회주의를 줄이는 데 사실상 중요한 기능을 한다. 따라서 **시장의 경쟁성을 올리는 일은 사후적 기회주의의 예방을 위해서도 대단히 중요한 정책과제라 하겠다.**

둘째, 유인계약(誘因契約, incentive contract)을 활용하는 방법이다. 만일 계약상대방의 행위를 감시·감독하는 것 자체가 불가능하거나 그 비용이 많이 드는 경우에는 일종의 금전적 유인계약을 체결함으로써 기회주의의 가능성을 줄일 수 있다. 즉 계약상대방(대리인)의 개별행위를 감시·감독할 수 없는 경우에도 그 행위의 총결과는 쉽게 인지할 수 있으므로 행위의 결과에 대하여 금전적 보상을 강화함으로써 그의 행위를 보다 공동이익의 증진 쪽으로 유도할 수 있다. 행위자의 행위의 결과에 따라 금전적 보상의 수준을 크게 달리함으로써 기회주의적 행위를 막아 보려는 것이다.

그러나 이 방법에는 하나의 문제가 있다. 즉 노력이 곧 결과로 나타나지 않을 수 있다는 것이다. 행위자가 직접 통제할 수 없는 요인들(일반 경제상황의 변화 등)이 결과에 영향을 미칠 수 있다는 점이다. 따라서 유인계약을 체결하면 행위자가 통제할 수 없는 요인들에 의해 금전적 보상의 수준이 달라진다는 불공정이 발생할 수 있다. 또한 이와 같은 경우에 만일 행위자가 위험기피자라고 한다면 비효율이 증가할 수도 있다. 왜냐하면 유인계약은 일종의 위험분담계약(危險分擔契約)이기 때문이다. 그리하여 예컨대 기업주는 위험중립적(危險中立的, risk-neutral)이고 노동자는 위험기피적(危險忌避的, risk-averse)인 경우[16] 유인계약을 체결하면, 특히 기업경영이 어려운 경우에는 기업주의 위험이 노동자에게 이전되는 결과가 되어 위험의 총사회적 비용이 증가할 수 있다.[17] 이는 불공정할 뿐만 아니라 분명히 비효율적이다.

결국 위험분담(危險分擔)으로 인한 사회적 비용의 증가와 개선된 유인체계로 인한 사회적 이익의 증가를 조화시키는 범위 내에서 그러한 내용으로 유인계약을 체결하여야 할 것이다. 이상에서는 유인계약을 논하면서 금전적 유인을 중심으로 이야기하였으나 유인은 반드시 금전적 유인에 한정할 필요는 없다. 그리고 유인계약의 최종목표가 공동이익에 개인이익을 일치(goal congruence)시키는 데 있으므로 유인계약의 형태와 내용은 얼마든지 다양할 수 있다. 예컨대 작업공정을 개선하거나 좀 더 양호한 작업환경을 제공함으로써 노력에 드는 종업원들의 비용을 낮추어 주는 것도 하나의 예이다. 또한 각종 종업원참여 프로그램(employee involvement program), 이윤공유 프로그램(profit sharing program) 등을 통하여 "기업의 이익과 자신의 이익을 하나로" 느끼게 하는 노력도 여기서 이야기하는 유인계약의 일종이라고 볼 수 있다.

셋째, 보증금(bonding) 혹은 담보물의 제공을 사전에 요구하는 경우이다. 계약이 약속대로 이행되지 않는 경우 채무자가 미리 제공한 보증금이나 담보물을 돌려받지 못하게 함으로써 계약이행의 유인을 제고시키는 방법이다. 이 방법은 사후적 기회주의를 줄이기 위한 유효한 방법의 하나임은 틀림없으나 채무자가 보증금이나 담보물을 제공할 여력이 없을 때에는 사용할 수 없다는 한계가 있다.

어느 나라나 일반적으로 연령－임금곡선(年齡－賃金曲線, age-earning profile)이 상향(上向)하는 경향을 가지는데 그 이유 중의 하나가 여기서 이야기하는 보증금

---

16) 예컨대 50% 확률의 400만원을 선택할 것인가 아니면 100% 확률의 200만원을 선택할 것인가의 문제에 당면하여 전자를 택하는 사람을 위험선호적(危險選好的, risk-loving)이고 후자를 택하는 사람을 위험기피적(risk-averse)이라고 한다. 그리고 양자 사이에 아무런 차이를 느끼지 않는 사람을 위험중립적(risk-neutral)이라 한다. 상세한 논의는 제4편 불법행위법의 경제분석의 제3장을 참조하라.

17) 기업주가 비록 위험기피적이라 하더라도, 그 기피의 정도가 노동자보다 작은 경우에는 위의 논리가 성립한다. 그리고 기업주의 위험기피의 정도가 노동자보다 작다는 것은 비교적 합리적인 가정으로 보인다.

이론과 관련이 된다. 만일 종업원들이 기회주의적 행동(예컨대 업무태만 등)을 하면 발견되는 즉시 해고된다고 하자. 그러면 종업원들은 기회주의적 행위가 주는 이익과 발견되어 해고되는 비용을 비교형량하여 자신들의 행위내용을 결정할 것이다. 만일 해고의 비용이 높아지면 그만큼 기회주의의 가능성은 낮아질 것이다. 기회주의의 가능성을 낮추기 위해 해고의 비용을 높이는 방법의 하나가 바로 보증금제도이다. 그런데 연령－임금곡선의 우상향 경향(右上向 傾向)이 일종의 보증금의 기능을 하고 있다고 볼 수 있다. 연령－임금곡선이 우상향한다고 함은 생애고용기간(生涯雇傭期間)의 전반부에는 임금을 노동생산성 이하로 지불하고 고용기간 후반부에는 임금을 노동생산성 이상으로 지불하는 임금관행이 성립하는 것을 의미한다. 그런데 여기서 연령－임금곡선이 우상향하여 고연령일 때 고임금을 받을 수 있다는 사실이 하나의 보증금과 유사한 기능을 한다. 왜냐하면 해고되면 고임금을 받을 수 없어 보증금을 잃는 것과 마찬가지의 효과를 가져오기 때문이다. 즉 고연령－고임금의 연령－임금곡선이 해고의 비용을 높여 고용기간 중에 기회주의적 행위를 억제하는 기능을 하는 셈이 된다.[18]

넷째, 기회주의를 없애는 방법의 하나는 합병(merge)이다. 대리인과 본인과의 관계를 청산하는 것이다. 주인이 스스로 대리인의 역할을 하는 것이다. 단일한 소유구조(unified ownership) 속에의 편입이다. 그렇게 되면 더 이상 기회주의의 문제는 발생하지 않는다. 자기자신에 대하여 기회주의적으로 행위할 수는 없기 때문이다.

합병방식에 의한 문제해결에는 물론 기회주의의 소멸이라는 이익도 있지만 다음과 같은 비용도 있다. 첫째는 종래 향유하던 분업의 이익과 특화의 이익을 포기해야 한다. 대리인과 주인 간의 분업과 특화의 이익이 이제는 없어지기 때문이다. 둘째는 조직의 규모가 (합병 등으로) 커지면서 발생하는 소위 영향력비용(influence cost)의 문제가 등장한다.

예컨대 지금까지 외주(外注)를 주던 활동을 기업조직 내부의 활동으로 재편성하게 되면 내부조직의 확대가 불가피해진다. 그런데 내부조직이 확대되면 조직

18) 연령－임금곡선이 우상향하는 것이 강제퇴직제도의 불가피성을 합리화하는 이유가 될 수 있다는 주장이 있다. 과연 그러한가?

내부의 부서 간의 할거주의(割據主義)가 등장한다. 즉 중앙의사결정기구에 영향력을 행사하여 당해 부서의 집단이익을 최대화하려는 움직임이 일어난다.

이러한 움직임을 영향력 확대활동(influence activity)이라고 하고, 이로 인한 비효율을 영향력비용이라고 한다.[19] 이러한 영향력비용은 조직의 규모가 커지면 커질수록 증가하므로 합병의 방법으로 기회주의를 없앨 때 부담하지 않을 수 없는 비용의 하나이다.

지금까지 불완전계약이 가지고 있는 근본문제의 하나인 사전적 기회주의와 사후적 기회주의 문제에 대하여 간략히 살펴보았다. 앞에서도 누차 강조하였지만 기회주의의 문제를 줄이는 데 성공하지 못하면 아무리 상호이익이 될 수 있는 계약이라 하더라도 실제로 성립할 수가 없다. 소위 계약실패(契約失敗, contract failure)가 일어난다. 그만큼 자발적 교환과 자유로운 거래의 폭이 줄어들고 그 결과 분업과 특화의 가능성도 제한되어 결국 경제성장에 유해한 결과가 나온다. 따라서 계약법의 주요 정책과제의 하나도 바로 이러한 기회주의의 최소화에 있다고 할 수 있다. 동시에 계약구조에 대한 주요 연구과제의 하나도 앞으로 더욱 복잡해지고 다양해지는 계약관계현실 속에서 이 기회주의문제를 해결하기 위하여 사인 간에 어떠한 계약적 조치(contractual measure)가 가능한가, 어떠한 계약적 혁신(contractual innovation)이 가능한가를 연구하는 것이라 하겠다.

---

19) 이 영향력 확대활동은 이론적으로는 지대추구활동(rent-seeking activities)의 하나라고 볼 수 있다. 좀 더 자세한 설명은 Paul Milgrom and John Roberts, *Economics, Organization and Management,* Prentice-Hall, 1992, pp. 192−194, Chapter 8을 참조하라.

제5장 계약거버넌스구조의 종류

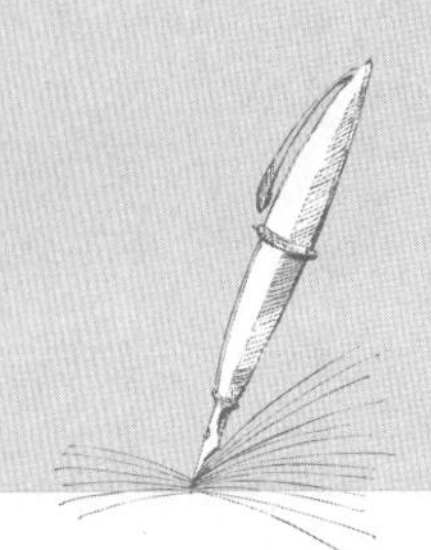

제1절 시장거래적 접근과 거래비용적 접근

계약에 대한 연구(study of contracting)에는 크게 두 가지 접근방법이 있다. 하나는 시장거래적·경제적 접근(市場去來的·經濟的 接近, the market-based economic approach)이고, 다른 하나는 거래비용적·제도적 접근(去來費用的·制度的 接近, the transaction cost-institutional approach)이다. 전자의 입장에서 계약을 연구하고 있는 대표적 학자는 포즈너(R. Posner)이고, 후자의 입장에서 계약을 연구하고 있는 대표적 학자는 윌리엄슨(O. Williamson), 맥닐(I. Macneil), 골드버그(V. Goldberg) 등이다.

지금까지 앞 장에서 본 계약법에 대한 연구의 대부분은 실은 포즈너 식의 시장거래적·경제적 접근방법을 택한 것이었다. 시장거래적·경제적 접근방법은 계약 연구의 대상을 "시장 거래"의 주된 형태인 비관계적·비연속적 개별거래(非關係的·非連續的 個別去來, discrete transaction)에 두고 있다. 예컨대 길거리에서 행인들에게 신문을 파는 경우와 같이 거래가 일회적이고 비연속적인 경우나 혹은 갑이 을에게 모월 모일까지 주택을 건축해 주기로 약속한 경우와 같이 계약성립과 계약이행의 시점 사이에 시차(時差)는 있으나 기본적으로는 일회적(一回的)이고 비연속적인 거래를 주 연구대상으로 하고 있다. 그리하여 이 시장거래적·경제적 접근에서는 계약법의 주된 기능을 (1) 약속을 안 지키는 사람에게 비용을 부과하고, (2) (당사자들의 자율에 맡겨 당연히 합의할 내용이라고 볼 수 있는) 기초적인 계약규범 내지 기준을 제공하여 계약행위를 경제화하고, (3) 각종의 특수상황 발생시의 권리의무관계를 명확히 하여 개별계약에서 빠진 조항을 보완·보충하는 데 있는 것으로 보고 있다. 그리고 이 시장거래적·경제적 접근방법은 "계약의 거버넌스구조(governance structure)로서의 계약법"에 의존하고 있다. 환언하면 계약법에 의존하여 계약이행을 확보하고 사전적·사후적 기회주의를 억제하며 특수상황발생에 대한 대처 등의 문제를 해결하려 한다.

반면에 거래비용적·제도적 접근방법은 계약연구의 대상을 넓혀 "시장에서의 거래"뿐 아니라 "조직내부(組織內部)에서의 거래" 혹은 "반조직(半組織)－반시장적 형태(半市場的 形態)의 거래"에까지 확대한다. 거래비용이 너무 많이 들어서 시장을 통한 거래를 포기하고 기업과 같은 조직을 만들어 거래를 내부화하는 경우나 반조직－반시장적 형태로 종종 언급되는 일본식 계열화(keiretsu) 등도 모두 계약연구의 대상으로 하고 있다.

이 거래비용적·제도적 접근방법은 계약의 내용과 종류에 따라 거래를 조직화하는 비용(계획비용, 변화대응비용, 감시·감독비용 등)이 달라지기 때문에 그 거래조직화비용, 즉 거래비용을 경제화하는 계약의 거버넌스구조도 계약의 종류와 내용에 따라 달라진다고 본다.[1] 그리고 시장거래의 경우에는 계약의 거버넌스구조에서 계약법이 가지는 비중이 크지만 그 밖의 거래에서는 법 이외의 규범, 비공식적 규칙, 전통과 명예, 비시장적 조직 등도 대단히 중요한 거버넌스구조의 내용을 형성한다고 본다. 따라서 계약법의 중요성은 계약의 성격에 따라 다르다. 계약에 대한 보다 본격적 연구를 위해서는 시장거래나 계약법에 대한 연구의 범위를 벗어나 보다 다양하고 복잡한 거래, 비시장적 거래, 비계약법적 거버넌스구조에 대한 연구까지 연구범위를 확대하여야 한다고 주장한다.

이러한 거래비용적·제도적 접근방식의 전통은 최소한 컴먼즈(J. Commons)에까지 거슬러 올라가야 한다.[2] 그는 일반 경제학자들과 달리 분석의 단위를 상품

---

1) 거래비용의 내역을 좀 더 자세히 본다면 사전적 거래비용(事前的 去來費用)과 사후적 거래비용(事後的 去來費用)으로 나눌 수 있을 것이다. 사전적 거래비용으로서는 계약상대방의 확정비용, 협상과 합의도출비용, 이행의 감시와 감독비용 등을 생각할 수 있고, 사후적 거래비용으로서는 상황변화가 있는 경우 공동이익의 재구성비용(계약의 일부변경 혹은 필요시 재계약비용), 계약의 거버넌스구조를 만들고 이를 유지하는 데 드는 비용(예컨대, "기회주의"를 막고 "제한된 합리성"을 극복하기 위해 드는 비용) 등을 들 수 있을 것이다.

2) John R. Commons, *Institutional Economics*, University of Wisconsin Press, 1934;

(commodity)에 두지 않고 거래(transaction)에 두고 있다. 그리고 제도(institution)는 거래에서 발생하는 상충하는 이해관계를 조화하는 것을 목적으로 한다고 보았다. 법이라는 제도도 이를 목적으로 하고 있지만 사회의 다른 제도들도 결국은 모두 이러한 목적으로 고안되어 발전하고 있다고 주장했다.

코즈(R. Coase)는 여기서 한 발 더 나아가 기업이란 거래를 조직화하는 방식의 하나라고 보았다.3) 거래를 조직화하는 방식이 시장만이 아니라 기업도 그 하나라고 보았다. 결국 거래를 시장을 통하여 조직화할 것인가 아니면 기업이란 조직을 통하여 조직화할 것인가는 어느 방식이 상대적으로 거래비용이 덜 드는가에 의해 결정된다고 생각했다.

이러한 거래비용적 접근방식의 전통을 보다 발전시킨 학자의 한 사람은 2009년 노벨경제학상 수상자인 윌리엄슨(O. Williamson)이다.4) 그는 소위 "거래비용의 경제학(transaction cost economics)"이란 분야를 앞장 서 개척하였다. 그는 인간의 행위에 대한 기본가정으로서 ① 제한적 합리성(bounded rationality)과 ② 기회주의(opportunism)를 주장하고 있다. 그리고 모든 경제조직(economic organization)의 문제를 계약의 문제로 본다. 조직과 제도를 "계약의 묶음"으로 본다. 그리하여 그는 조직 내지 제도구상(institutional design)의 기본문제를 어떻게 거래를 조직화하여 인간의 제한된 합리성에서 나오는 문제를 경제화하고 동시에 기회주의의 폐해를 최소화할 것인가의 문제로 보고 있다.5)

John R. Commons, *The Economics of Collective Action*, University of Wisconsin Press, 1970을 보면 컴먼즈의 생각의 대강을 알 수 있다.

3) Ronald H. Coase, "The Nature of the Firm", 4 *Economica* 386 (1937).

4) 우리의 주제와 관련하여 윌리엄슨의 견해를 가장 압축된 형태로 볼 수 있는 책은 Oliver E. Williamson, *The Economic Institutions of Capitalism*, The Free Press, 1985이라고 생각한다.

5) "The basic organizational design issue essentially reduces to this: organize transaction in such a way as to economize on bounded rationality while simultaneously safeguarding the transactions in question against the hazards of opportunism." Oliver E. Williamson, "Contract Analysis: the Transaction Cost Approach", in P. Burrows and C. G. Veljanovski (ed.), *The Economic Approach to Law*, Butterworths (1981), p. 46.

제 2 절
고전적 계약법, 신고전적 계약법, 관계적 계약법

맥닐(I. R. Macneil)은 계약법이 규율하려는 계약의 종류, 즉 계약내용의 질적 차이에 따라 계약법을 고전적(古典的) 계약법, 신고전적(新古典的) 계약법, 그리고 관계적(關係的) 계약법으로 나누고 있다.6) 여기서는 각각의 내용이 무엇인가를 알아보자.

우선 고전적 계약법(classical contract law)은 비관계적·비연속적(非關係的·非連續的) 개별계약(個別契約, discrete contract)을 규율대상으로 한다. 이는 마치 여행 중 고속도로에 있는 주유소에 우연히 들러 가솔린을 사고 파는 운전자와 유류판매자와의 관계와 같이 전혀 아무 관계가 없는 두 사람이 만나 일회적·비연속적 계약을 하는 경우를 규율대상으로 한다. 19세기의 계약법이 주로 여기서 이야기하는 고전적 계약법의 성격을 많이 가지고 있었다.

일반적으로 고전적 계약법은 계약이 가지고 있는 여러 특징 중에서 특히 다음의 두 가지에 주목한다. 하나는 자기완료성(自己完了性) 내지 분리성(分離性, discreteness)이고, 다른 하나는 현재성(現在性, presentiation)이다. 여기서 분리성이란 개별계약마다의 독자성 내지 자기 완료성을 의미하고, 현재성이란 미래에 발생할 사실도 모두 현재화(現在化)하여 이에 대해 계약조문을 분명히 해두는 것을 의미한다. 고전적 계약법은 이 두 가지 특징의 중요성을 강조하고 모든 계약에 이 두 가지 특징을 제고시키려고 노력하였다.

고전적 계약법은 비관계적·비연속적 개별계약을 가장 전형적인 계약형태로 보고 이의 규율을 주 목적으로 하기 때문에 일반적으로 다음의 특징을 가진다. (1) 계약상대방이 누구인지가 전혀 중요하지 않다. (2) 계약의 목적물을 가능한

---

6) Ian R. Macneil, "Contracts: Adjustment of Long-Term Economic Relations under Classical, Neoclassical and Relational Contract Law", 75 *Northwestern University Law Review* 854 (1978); Ian R. Macneil, "Economic Analysis of Contractual Relations", in P. Burrows and C. G. Veljanovski (ed.), *The Economic Approach to Law*, Butterworths (1981), pp. 61-92 등을 참조하라.

한 상품화하려고 한다. 따라서 예컨대 노동도 상품화하여 고용관계도 노동이란 상품의 매매관계로 보려고 한다. (3) 계약을 가능한 한 공식화하고 문서화하려 한다. (4) 채무불이행이나 기타 특수상황의 발생을 미리 예상하여 이에 대한 대책을 계약조문화하려 한다. 계약의 현재성을 중시하기 때문이다. (5) 계약관계 속이나 계약이행과정에 대한 제3자의 개입을 원칙적으로 인정하지 않는다. 제3자가 개입하면 그만큼 분리성 내지 자기완료성이 약화되기 때문이다.

이상과 같은 특징을 가지는 고전적 계약법하에서는 경제상황의 변화에 대하여 어떠한 계약적 대응이 가능할까? 환언하면 계약에 대한 법적 안정성의 요구와 경제적 유연성의 필요가 고전적 계약법하에서는 어떻게 조화되고 있는가? 예컨대 제철회사가 공급하는 철을 사용하여 난로를 만드는 회사는 난로에 대한 수요의 급격한 변화에 대비하여 어떠한 계약적 대응을 마련할 것인가? 이에 대한 답은 간단하다. 고전적 계약법하에서는 경기변동에 대한 위험부담은 각 당사자가 하게 된다. 따라서 예컨대 난로 제조회사로서는 제철의 주문을 소량으로 하고 빈도(frequency)를 높임으로써 만일의 경기변화에 대비하는 길밖에는 다른 방법이 없다. 경기변동에 공동대응을 위해서나 위험발생시 위험분담을 위한 계약적 조치라는 것은 고전적 계약하에서는 생각할 수 없는 일이다.

이상에서 본 바와 같이 고전적 계약법하에서는 계약자유의 최대보장을 목표로 예측가능한 룰을 제공하는 것을 중요시한다. 계약을 개별화, 자기완료화하고 공식화·표준화하며 더 나아가 장래의 상황도 될 수 있으면 현재화하려 한다. 고전적 계약법이 이러한 성격을 가지기 때문에, 특히 그 중에서도 현재성을 중시하기 때문에, 고전적 계약법하에서의 계약의 파기는 기대손실의 배상(expectation damages)을 중심으로 이루어진다.

다음은 신고전적 계약법(neo-classical contract law)을 보도록 하자. 모든 계약을 고전적 계약법만으로 규율할 수 없다. 예컨대 불확실성하의 장기계약(long-term contract)의 경우를 생각해 보자. 이러한 계약의 경우 고전적 계약법이 요구하는 완전한 현재성(現在性, complete presentation)이란 거의 불가능하다. 계약기간이 장기화할 때 미래에 발생할 각종 특수상황을 예측한다는 것은 도저히 불가능하다. 뿐만 아니라 실제로 발생해 보아야 그 내용이 어떠한지를 알 수 있는 경우가 대부분이다. 또한 이러한 장기계약의 경우에는 특수상황에 대한 정확한 예측보다도 어떤 특수상황이 발생한 경우 어떻게 이들 상황에 공동 대처할 것인가, 그러한 상황의 발생을 사전에 예방하기 위한 책임분담은 어떻게 할 것인가, 발생 후 비용의 분담은 어떤 원리에 의하여 할 것인가 등이 오히려 더욱 중요한 문제가 된다. 뿐만 아니라 불확실성하의 장기계약의 경우에는 계약의 분리성과 자기완료성을 확보하기 어려운 경우가 많다. 부속계약(附屬契約)들이 함께 체결되는 경우도 많고 상황의 변화에 따라 관련되는 후속계약(後續契約)이 뒤따를 가능성도 많기 때문이다.

이와 같이 고전적 계약이 상정하는 자기완료성과 현재성을 갖추기 어려운 거래를 해야 하는 경우에는 결국 세 가지 선택의 길이 있을 것이다. 첫째는 그러한 거래 자체를 포기하는 길이다. 이는 물론 서로에게 이익이 될 수 있는 공동이익향상의 기회를 포기하는 것을 의미한다. 둘째는 시장거래로서 조직화하는 길을 포기하는 대신 거래를 조직내부의 거래로 만드는 것이다. 환언하면 거래의 조직내부화(組織內部化)이다. 그렇게 함으로써 특수상황이 발생한 경우 조직 내의 위계적 명령질서를 통하여 수시로 거래내용을 재구성할 수 있고 항상 점진적 조정을 계속할 수 있다. 셋째는 시장거래로서 조직화의 길을 택하면서 추가적으로 필요한 새로운 계약거버넌스구조(contractual governance structure)를 고안해 내는 것이다. 예컨대 특수상황 발생시 책임분담의 문제 등을 해결할 규범을 당사자들의 계약내부에 혹은 계약외부에 존재하는 계약법 속에 준비해 놓는 것이다. 이 세 번째의 길이 바로 신고전적 계약법이 지향하는 길이다. 고전적 계약법이 19세기 계약법의 주요한 특징이었다면 신고전적 계약법은 20세기 전반기에 나타난 계약법의 새로운 경향을 의미한다.

신고전적 계약법은 불가피하게 불완전계약(incomplete contract)을 대상으로 한다. 특수상황의 발생으로 인한 소위 "빠진 조항"의 문제와 정보의 비대칭성으로 인한 기회주의의 가능성이 등장한다. 따라서 이들 문제에 대하여 신고전적 계약법은 나름대로의 해법을 제시해야 한다. 이에 반하여 과거의 고전적 계약법은 이러한 문제에 대하여 걱정하지 않아도 되었다. 왜냐하면 예컨대 빠진 조항이 있는 경우에는 계약의 자기완료성의 부족 내지 현재성의 부족을 이유로 계약으로서의 성립 자체를 부인하면 되었기 때문이다. 그러나 이제는 달라졌다.

신고전적 계약법의 또 하나의 특징은, 분쟁해결의 수단으로서 소송(訴訟, litigation)에 절대적으로 의존하는 고전적 계약법과는 달리, 신고전적 계약법의 경우는 제3자에 의한 중재(仲裁, arbitration)의 방법을 중시한다는 점이다. 왜냐하면 신고전적 계약법이 주 대상으로 하는 계약의 경우에는 당사자 간의 선의(善意)의 관계유지가 중요한 의미를 가지기 때문이다. 소송의 방법은 일반적으로 대립적이고 과거지향적이며 일방적이고 공식적인 면이 많으나 반면에 중재의 방법은 협조적이고 미래지향적이며 쌍방적이고 비공식적인 측면이 많다. 그리고 소송은 법원의 판단을 중시하나 중재는 문제의 명확화를 통한 당사자들의 이해증진을 중시한다. 따라서 고전적 계약과는 달리 분쟁해결 후에도 당사자들의 관계유지를 중시하는 신고전적 계약의 경우에는 소송보다 중재적 해결방법이 보다 중요한 의미를 가지게 된다.

끝으로 관계적 계약법(relational contract law)을 보도록 하자. 여기서는 앞의 신고전적 계약법의 경우보다도 당사자 간의 지속적 관계유지가 더욱 중요한 의미와 가치를 가진다. 아니 계약의 주목적이 그 관계의 유지·발전에 있다고 하여도 과언이 아니다. 신고전적 계약법에서는 기업 간의 장기계약이 주대상이라면 관계적 계약법에서는 기업 내의 관계, 조직 내의 관계가 주대상이 된다. 기업 내의 주주와 경영자와 종업원과의 관계가 그 대표적인 예일 수 있다. 또한 기업 간의 계약이라 하더라도 예컨대 프랜차이즈(franchise)계약이나 기술개발을 위한 장기공동사업(consortium)의 경우는 여기서 이야기하는 관계적 계약에 속한다. 한마디로 종래 의미의 시장거래를 벗어나 거래의 조직내부화(組織內部化) 혹은 반시장화-반조직화(半市場化-半組織化)의 경우가 여기서 이야기하는 관계적 계약이다. 따라서 순수한 시장적 거래의 영역에서 벗어나 나름의 규범과 규칙을 가진 하나의 소우주(小宇宙)를 만드는 것이라고도 할 수 있다.

신고전적 계약법의 경우에도 새로운 상황에 대한 유연한 대응이 중요한 문제이나 이 문제는 어디까지나 당초의 계약에 기초하여 해결된다. 그러나 관계적 계약의 경우에는 관계 자체가 상황변화에 따라 변화하고 발전하므로 반드시 당초의 계약에 구속될 필요가 없다. 예컨대 단체교섭제도(collective bargaining system)에서 보듯이 상황변화에 따라 수시로 새로운 규칙을 만들기도 하고 재협상을 하기도 한다. 따라서 분쟁의 해결방식도 대단히 다양하다. 조직 내의 위계적 질서에 기초한 위로부터의 지시와 명령에 의해 해결하기도 하고, 단체교섭에 의해 해결하기도 한다. 때로는 제3자에 의한 조정·중재·알선 등의 방법을 통하기도 하고,

극단의 경우에는 소송의 방법에 의존하기도 한다. 그러나 관계적 계약법의 경우에는 "관계의 유지와 발전"에 계약의 목적이 있으므로 이익상충의 사전조화 및 갈등의 사전예방 그리고 그를 위한 법적·제도적·계약적 장치의 마련 등이 대단히 중요한 의미를 가진다. 회사법과 노동법 등이 대표적인 관계적 계약법의 한 분야라고 볼 수 있다.

제 3 절
세 가지 계약거버넌스구조(governance of contractual relationships)

위에서 계약법의 종류를 계약법이 규율하려는 계약 내용의 성격과 특징의 차이에 따라서 세 가지로 나누어 보았다. 여기서는 이들 세 가지 계약법이 각각 어떠한 계약의 거버넌스구조를 전제 내지 필요로 하는지를 알아 보도록 한다.

"계약의 거버넌스구조"란 계약의 거래비용을 최소화하려는 공적·사적 노력이다. 거래비용을 최소화하기 위해 어떻게 "기회주의"를 방지하고 어떻게 "제한된 합리성"의 문제를 경제화할 것인가 등에 대한 국가적 차원에서의 법적·제도적 노력과 사인 간의 차원에서의 계약적 노력을 총칭한다. 그런데 이러한 의미의 계약의 거버넌스구조는 개별 거래내용의 특징에 따라 상이하다. 환언하면 개별 거래내용의 특징에 따라 거래비용의 최소화 방법이 다르고 따라서 상이한 계약거버넌스구조를 요구하는 것이다. 거래내용의 특징이 상이한 거래비용의 최소화 방법, 즉 상이한 거버넌스구조를 요구하고, 그 상이한 거버넌스구조가 상이한 계약법과 결합되어 있는 셈이다.[7)]

거래의 특징은 일반적으로 세 가지 기준에 의해 구별해 볼 수 있다. 첫째는 불확실성(uncertainty)의 정도, 둘째는 거래의 빈도(frequency), 셋째는 거래관련 특

7) 거래종류에 따라 상이한 유형의 거래거버넌스구조를 제시하고 이를 맥닐(I. R. Macneil)이 제시한 계약법 유형과 연계시키려는 노력은 윌리엄슨(O. Williamson)에 의해 시도되었다. Oliver E. Williamson, *The Economic Institutions of Capitalism*, The Free Press, 1985, Chapter 3.

수투자(transaction-specific investment)의 정도이다. 여기서 거래관련 특수투자란 당해 거래에 관련되어서만 의미를 가지는 투자를 의미한다. 그 투자가 당해 거래의 가치를 높이는 데는 크게 기여하나 당해 거래를 떠나서는 의미를 가지지 못하는 경우이다. 예컨대 갑회사에 납품할 특정제품을 만들 계획으로 제작된 특수목적의 기계를 구입하는 경우 혹은 갑회사에서만 노동생산성을 높일 수 있는 특수한 교육과 특별한 기술훈련(firm-specific training)을 받은 경우 등을 생각해 볼 수 있다. 이러한 거래관련 특수투자(去來關聯 特殊投資)가 많이 일어나는 거래를 "개성화거래(個性化去來, idiosyncratic transaction)"라고도 부른다. 거래가 이와 같이 개성화되면 거래당사자 상호 간에 의존성이 늘어나서 서로 협조적 관계를 유지하는 것 자체가 계약의 주목적이 된다. 왜냐하면 만일 서로의 관계에 이상이 생겨 계약파기 등의 일이 일어나면 그동안의 거래관련 특수투자의 가치가 일시에 모두 상실되게 되기 때문이다.

일반적으로 위의 세 가지 기준이 모두 낮은 경우, 즉 불확실성도 상대적으로 낮고, 거래빈도도 낮으며, 거래관련 특수투자도 거의 없는 경우의 거래는 시장이 가장 효율적인 계약거버넌스구조로 등장한다. 그리고 정반대로 불확실성도 높고, 거래빈도도 높으며, 거래관련 특수투자도 많이 해야 하는 경우의 거래는 일반적으로 조직내부화하는 경향을 보인다. 환언하면 기업 등의 조직이 가장 효율적인 계약거버넌스구조로 등장한다. 그리고 위의 두 극단 사이에 반시장적－반조직적(半市場的－半組織的) 형태의 다양한 계약거버넌스구조가 있을 수 있다.

어느 거래나 어느 정도의 불확실성은 있기 때문에 불확실성에 대한 고려는 당분간 뒤로 미루고 거래의 빈도와 거래관련 특수투자의 다과(多寡)만을 가지고 거래를 유형화하여 각각의 유형에 걸맞는 계약거버넌스구조에는 어떤 것이 있는지 그리고 각각의 거버넌스구조는 앞에서 본 세 가지 계약법의 유형과 어떻게 관련되는지 하는 문제를 보도록 하자. 〈표 3－2〉는 "계약의 종류"－"거버넌스구조의 유형"－"계약법의 유형" 3자 사이의 관계를 정리 요약한 것이다.

우선 시장거버넌스구조(market governance)부터 보도록 하자. 시장거버넌스구조는 시장이란 제도가 당해 계약의 가장 효율적인 거버넌스구조인 경우를 의미한다. 이 시장거버넌스구조는 거래관련 특수투자가 거의 없는 경우의 거래를 주대상으로 한다. 거래의 빈도는 문제가 되지 않는다. 표준화된 상품이나 용역(standardized

▌표 3-2▐ 계약의 거버넌스구조와 계약법의 유형

투자형태 / 거래빈도	무관계 (일반적)	중간적	관계특수적 (개성적)
낮음	시장거버넌스구조	3자(三者)거버넌스구조 (신고전적 계약법)	
높음 (반복)	(고전적 계약법)	2자(二者)거버넌스구조 (관계적·연속적 계약법)	단일(單一)거버넌스구조

good or service)의 일회적 혹은 반복적 거래에 주로 활용된다. 앞에서 보았듯이 고전적 계약법(classical contract law)이 주된 규율 대상으로 하던 소위 비관계적·비연속적 개별계약(discrete contract)이 주로 일어나는 곳이 바로 시장거버넌스구조다. 이 시장거버넌스구조하에서는 거래관련 특수투자가 거의 없어 거래의 대상이 누군가는 중요하지 않기 때문에, 기회주의를 막는 최선의 방법이 시장적 대안(market alternative)의 존재에 있다. 즉 시장에서 얼마든지 새로운 계약상대방을 찾을 수 있다는 사실이 기회주의의 등장을 막는 중요한 메커니즘이다. 반면에 독과점하에서는 기회주의의 등장이 용이하다. 따라서 시장에서의 자유·공정·경쟁성의 유지가 시장거버넌스구조의 효율성을 높이기 위한 대단히 중요한 정책과제가 된다. 이 시장거버넌스구조에서의 양 당사자 간의 관계의 유지는 특별한 가치를 가지지 않으므로 분쟁해결의 주된 수단은 소송이다. 그리고 계약파기의 주된 구제수단은 기대손실을 배상해 주는 방법이 택해진다.

다음은 3자거버넌스구조(trilateral governance)를 보도록 하자. 이는 개성화된 상품이나 용역 혹은 거래관련 특수투자가 약간 이루어진 상품이나 용역의 경우 빈도가 낮은 거래를 주대상으로 한다. 예컨대 특정 건물의 건축도급계약이나 혹은 특수기계의 주문생산 등을 생각해 볼 수 있다. 고전적 계약법이 전제하는 거래의 명료성, 자기완료성, 현재성 등을 모두 갖추기 어려운 거래들로 전형적으로 신고전적 계약법(neoclassical contact law)이 규율대상으로 생각하는 거래들이다. 거래관련 특수투자가 어느 정도 이루어지기 때문에 한 번 거래관계가 시작되면 적어도 거래관계가 끝날 때까지 서로 협조적 관계유지에 집착하게 된다. 따라서 시장적 대안(자유공정경쟁시장)은 매력적인 대안이 될 수 없다. 시장적 대안은 기존의

거래관계 특수투자의 포기를 의미하기 때문이다. 따라서 기회주의를 방지하기 위한 계약적 대안이 강구되어야 하고 그 내용이 당초의 계약 속에 포함되어 있어야 한다. 계약기간 중 관계의 유지가 중요하지만 장기적으로 완벽하게 기능하는 비시장적 거버넌스구조(예컨대 거래의 조직내부화)까지는 필요로 하지 않는다. 왜냐하면 기본적으로 여기서의 거래는 반복거래가 아니며 거래빈도가 낮은 거래이고, 일반적으로 비시장적 거버넌스구조를 설치하는 데는 나름의 비용이 상당히 들기 때문이다. 어떤 의미에서는 시장과 조직의 중간형태의 거버넌스구조나, 기본적으로 시장 쪽에 가까운 거버넌스구조라고 하겠다.

서로의 협조적 관계유지가 독자의 가치를 가지고 있으므로 분쟁해결의 방법도 소송(訴訟)에의 배타적 의존방식을 택하지 않는다. 오히려 계약이행 정도에 대한 객관적 평가를 위해서 혹은 분쟁 발생시의 중재자로서 제3자를 활용하는 경향이 강하다. 각종의 상사중재제도(商事仲裁制度) 등이 그 예가 될 것이다. 그리고 계약파기시 구제의 방법도 고전적 계약법에서는 기대손실에 대한 배상이 주된 구제수단이었지만 신고전적 계약법하에서는 이행의 강제(specific performance)가 상대적으로 보다 중요한 의미를 가진다. 그 주된 이유는 특수관계에서 오는 주관적 가치의 비중이 커서 기대손실의 정확한 평가가 용이하지 않고 동시에 시장에서의 대안발견이, 즉 시장에서의 대체물(substitute)의 발견 자체가 용이하지 않기 때문이다.

다음 2자거버넌스구조(bilateral governance) 혹은 의무계약구조(obligational contracting governance)라고 불리우는 거버넌스구조를 보도록 하자. 이 2자거버넌스구조와 다음에 볼 단일거버넌스구조(unified governance)는 앞에서 본 관계적 계약법(relational contract law)이 규율대상으로 하는 거래들의 거버넌스구조다. 그러나 양자 사이에는 다음의 차이가 있다. 즉 거래관련 특수투자가 대단히 많이 이루어져 거래가 사실상 개성화(idiosyncratic)되어 버리면, 환언하면 당사자들을 떠나서는 아무 의미가 없을 정도로 거래가 관계특수적이 되어 버리면, 그러한 거래는 단일거버넌스구조하에 두는 것이 가장 효율적이게 된다. 즉 조직을 통한 거래의 완전조직내부화가 가장 효율적 계약거버넌스구조가 된다.

그러나 거래관련 특수투자의 정도가 아직 그 정도에 이르지 않은 경우에는 시장을 통한 거래의 이점이 아직 남아 있을 수 있다. 즉 시장거래를 통한 규모의 경제(economy of scale)를 향유할 가능성이 아직 남아 있게 된다.8) 또한 시장을 통한 거래의 유연성의 확보가능성도 남아 있게 된다.9) 따라서 한편에서는 기본적으로 기업 간의 교환이라는 형태를, 즉 시장을 통한 거래라는 형태를 취하여 시장의 이점을 이용하면서, 동시에 다른 한편에서는 당사자 간에 일반시장거래에서는 볼 수 없는 깊은 내적 연계를 만들게 된다. 서로 간에 법적·도덕적·계약적·의리적 상호의무관계를 만들어 이미 투자했거나 투자하려 하는 거래관련 특수투자를 보호하려 한다. 독립된 기업 간의 거래인 것은 틀림없으나 기술지원, 자금지원, 인력교환, 오랜 상거래 신용 등으로 깊은 내적 연대성 내지 불가분리의 관련성을 가진 기업 간의 거래이다.10) 한마디로 시장과 조직의 중간형태라고 볼 수 있는 반시장-반조직의 거버넌스구조나 엄밀하게 이야기하면 시장보다는 조직 쪽에 좀더 가까운 거버넌스구조라고 할 수 있다. 일본에서의 대기업과 부품생산 중소기업 사이에 나타나는 계열화(keiretsu)가 여기서의 2자거버넌스구조의 좋은 예라고 할 수 있다.

끝으로 단일거버넌스구조(unified governance)는 거래관련 특수투자의 정도가 대단히 심하여 상품이나 용역이 당사자 사이에서만 의미를 가질 정도로 완전히 개성화된 경우이다. 그리고 물론 그러한 거래가 반복적으로 일어나는 경우이다.

---

8) 규모(規模)의 경제(經濟)로부터 오는 이익을 누리기 위해서는 시장을 통하여 개별기업의 조그만 수요들이 합쳐져야 한다. 그리하여 큰 수요를 형성할 때 비로소 규모의 경제를 창출해 낼 수 있다. 따라서 거래가 완전히 기업내부화되는 경우, 즉 시장을 통한 거래가 전혀 일어나지 않는 경우에는 규모의 경제에서 오는 이익의 향유가 거의 불가능하다. 왜냐하면 개별기업내부의 수요는 규모의 경제에서 오는 이익을 누릴 정도로 대량이 되기 어렵기 때문이다. 따라서 시장거버넌스구조를 활용할 때의 이점의 하나는 규모의 경제에서 오는 이익의 향유, 환언하면 기술적으로 가능한 최저비용(가격)으로 필요재화를 구입할 수 있다는 사실이다. 물론 이 이점은 거래를 조직내부화하면, 즉 단일기업 내 거래로 만들면 당연히 소멸된다.

9) 시장거래의 가능성을 남겨 놓으면 비록 불완전하지만 급격한 경기변동 등으로 인하여 필요한 경우 시장에서의 대체물(代替物)을 구할 수 있다. 시장적 대안의 가능성을 남겨 놓은 셈이 된다. 따라서 그만큼 거래의 유연성을 유지하는 것이 된다.

10) 따라서 비록 시장적 거래의 형태를 취하고는 있으나 수급상황의 변동시 가격조정(price adjustment)보다는 양적 조정(quantity adjustment)이 보다 지배적인 조정 메커니즘이 된다.

이러한 경우에는 시장을 통한 거래를 포기하고 조직내 혹은 기업내 거래로 만드는 것이 가장 효율적인 계약거버넌스구조가 된다. 예컨대 수직결합(垂直結合, vertical integration)의 경우가 좋은 예가 될 것이다.

한 가지 지적해 둘 사실은 거래되는 상품이나 용역이 특수하면 할수록 시장거래를 통한 경우와 기업내 거래를 통한 경우의 생산비의 차이가 줄어든다는 점이다. 거래되는 상품이나 용역이 일반적일수록, 환언하면 표준화된 것일수록 시장거래를 통하면 규모의 이익을 향유할 수 있기 때문에 기업내부의 생산을 통해 조달하는 경우보다 생산비용이 훨씬 적게 든다. 그만큼 기업내부의 생산이 불리하다. 그러나 거래되는 상품이나 용역이 특수하면 할수록 그 시장수요의 크기가 제한되기 때문에 시장을 통하더라도 규모의 이익을 누릴 수 없게 된다. 결국 시장을 통하는 것과 기업내부 생산을 통하는 것과의 생산비의 차이가 줄어든다. 따라서 거래되는 상품이나 용역의 특수성이 클수록 기업내부의 거래로 바뀌는 경향이 증가한다. 그런데 당사자 간에 개성화된 상품과 그 상품의 반복적 거래는 이미 특수성이 대단히 높은 셈이다. 따라서 시장에서의 구입과 자체생산 사이의 생산비의 차는 거의 존재하지 않는다. 오히려 문제는 거래관계의 안정적 유지, 장기적 협조관계의 확보 등이 더욱 중요한 의미를 가진다. 따라서 거래를 기업내 거래로 조직화하는 것이 보다 효율적이게 된다. 그리고 그 결과는 단일거버넌스구조다.

지금까지 거래의 중요 특징 중의 하나인 불확실성의 문제는 논외로 하여 왔다. 불확실성이 증가할 때 어떠한 변화가 예상되는가를 간단히 보도록 하자. 우선 시장거버넌스구조의 경우에는 별 변화가 없으리라고 본다. 규율하려는 계약의 성격 자체가 비관계적·비연속적 개별계약이므로 불확실성이 좀 높아진다고 해서 거버넌스구조에 변화는 있을 수 없다. 다만 불확실성이 많이 증가하면 당사자 사이에 거래 자체가 성립할 수 없을 것이다. 더 이상 거래의 명확성, 자기완료성 그리고 현재성 등을 요구하는 고전적 계약법의 규율대상이 될 수도 없을 것이다.

그러나 거래관계 속에 특수투자가 이루어지는 경우에는 불확실성의 증가는 투자회수와 관련하여 큰 문제가 될 수 있다. 그리하여 예컨대 3자거버넌스구조의 경우는 불확실성이 증가하면 두 가지 방향 중 하나를 선택해야 할 것이다. 하나는 거래관련 특수투자를 줄이고 시장거버넌스구조로 복귀하는 방법이고, 다른 하나는 보다 상세한 계약조문을 가진 3자거버넌스구조로의 발전이다. 예컨대 불확실성의 증대와 관련하여 보다 복잡한 경우를 다룰 수 있는 효율적인 중재제도(仲裁制度)를 고안해 내는 것 등을 생각할 수 있다. 그리고 2자거버넌스구조의 경우에는 만일 거래의 불확실성이 증가하면 대부분의 경우 단일거버넌스구조로, 환언하면 조직내부거래로 전환될 것이 예상된다.

4

불법행위법(不法行爲法)의 경제분석

제1장 불법행위법(不法行爲法)의 목적

제2장 불법행위와 책임원리(責任原理)

제3장 불법행위와 보험제도(保險制度)

제4장 시장형(市場型) 불법행위

제1장 불법행위법(不法行爲法)의 목적

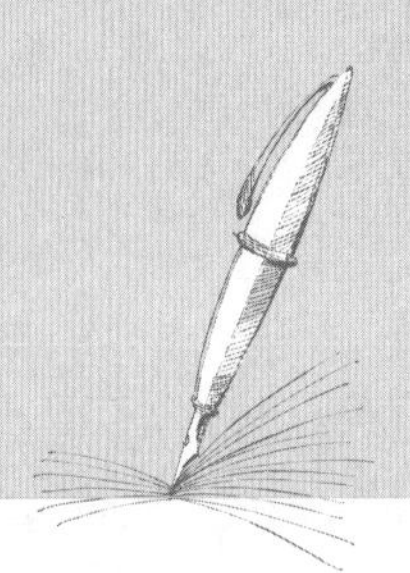

제 1 절 방지기능(防止機能)과 보상기능(補償機能)

불법행위법의 목적 내지 기능은 무엇인가?[1] 두 가지를 생각할 수 있다. 하

---

1) 불법행위법(不法行爲法)의 목적을 논하기 전에 실은 불법행위법이 왜 필요한가를 먼저 생각해 보아야 한다. 재산권제도와 계약법제만 있으면 되지 왜 구태여 불법행위법제가 필요한가? 예컨대 갑이 을에게 손해를 주는 행위를 하는 경우, 재산권법제를 통하여 누구에게 권리가 있는가를 확정하고, 환언하면 (손해를 주는 행위를 합법적으로 하기 위해 사전에) 누가 누구에게 권리를 사야 하는가, 혹은 (손해가 발생 후에는) 누가 누구에게 피해를 보상하여야 하는가 등을 정하고, 권리의 사고 파는 문제나 손해보상액을 정하는 문제 등은 당사자 간의 계약에 의해 해결하도록 내버려 두면 충분하지 않을까? 왜 구태여 불법행위라는 제도가 필요할까 하는 문제이다.
이에 대한 답은 한마디로 거래비용 때문이다. 불법행위의 경우 대부분이 사고의 형태로 나타난다. 사고의 가해자와 피해자가 사고 발생 전에 사고관련 계약을 체결한다는 것(예컨대 가해자가 피해자의 권리를 사거나 혹은 피해 발생시 보상액을 정한다든가)은 거의 불가능하다. 피해자가 누가 될지도 어느 정도의 피해가 발생할지도 모르는 상황이기 때문에 사전계약의 거래비용이 너무 많이 든다. 따라서 계약법제에 의지하여 문제를 해결할 수 없다. 계약법제는 사전계약의 거래비용이 크지 않은 사인 간의 관계를 질서지울 수 있으나, 거래비용이 큰 경우에는 불가피하게 불법행위를 필요로 한다. 즉 사후에 국가에 의한 보상액의 결정과 보상의 강제이다.
이와 같이 거래비용이 다과(多寡)를 가지고 계약법과 불법행위법과의 영역구별을 하는 경우, 경우에 따라 두 법제가 서로 중복되는 중간영역이 등장할 수 있다. 예컨대 제조물책임(製造物責任, product liability)의 경우가 그 하나이다. 이를 불법행위법으로 다룰 것인가 아니면 계약법의 문제로 다룰 것인가가 문제될 수 있다. 왜냐하면 소비자와 제조업자 사이에 계약을 체결한다고 하는 경우 거래비용이 교통사고 등과 같은 일반사고의 경우보다는 훨씬 작지만, 그러나 계약법에서 일반적으로 다루는 판매자와 구매자 사나는 불법행위를 방지하는 기능이다. 소위 방지기능(deterrence role)이다. 일반적으로 갑이 을에게 손해를 주는 위법한 행위를 하는 경우, 그 불법행위가 다른 합법적 행위를 하다가 부수하여 발생하는 경우가 많다. 예컨대 운전이라는 합법적 행위를 하다가 교통사고라는 불법행위를 결과하게 된다. 따라서 불법행위법의 목적은 운전행위라는 합법적 행위를 할 때 운전자로 하여금 좀 더 주의를 하게 하고 안전운행을 유도하도록 하는 데 있다. 교통사고를 막기 위해 가장 효과적인 방법은 운전행위 자체를 금지시키는 것일지 모른다. 그러나 이는 불법행위법의 목적이 아니다. 불법행위법의 목적은 예컨대 교통사고를 영(zero)으로 만드는 데 있는 것이 아니라 교통사고를 사회적으로 적정수준으로 줄이는 데 있다. 왜냐하면 운전행위 자체는 합법적 행위이고 또한 사회적으로 보아 가치창조적 행위(효용이나 부를 창조하는 행위)이기 때문이다. 그러면 여기서 사회적 적정수준(socially optimum level)이란 어떠한 수준일까? 뒤에서 다시 언급하겠으나 한마디로 이야기하면 사고관련 총비용(事故關聯 總費用), 환언하면 사고비용과 사고방지비용의 합을 최소화하는 수준의 사고(사고의 건수와 강도)를 의미한다. 따라서 불법행위법의 목적의 하나인 방지기능이란 곧 사고(불법행위)의 수준을 사회적 적정수준까지 낮추는 데 있다고 할 수 있다.

불법행위법의 또 하나의 목적 내지 기능은 보상기능(compensation role)이다. 산업화와 도시화가 진행되면서 공해·교통사고·산업재해·불량상품 등 현대적 유형의 불법행위가 급증하고 있다. 산업화와 도시화 그리고 인구의 증가에 따른 불가피한 현상이라고 볼 수 있다. 문제는 일단 발생한 불법행위로 인하여 생긴 피해자의 손해를 누가 얼마나 부담하게 할 것인가이다. 신속하고 공정한 피해보상을 어떻게 보장할 것인가이다. 이를 불법행위법의 보상기능이라고 한다. 실은 과거에는 불법행위제도의 주목적이 보상기능에 있다고 이해되어 왔다.[2] 그리하여 오랫동안 불법행위제도는 사회에서 발생한 손해의 공평하고 타당한 부담의 분배를 정

이의 거래비용보다는 훨씬 크기 때문이다.

2) 슈거맨은 다음과 같이 이야기하고 있다. "과거 수십 년간 일반적으로 불법행위법의 주목적(the central purpose of tort law)은 피해자의 보상에 있다는 견해가 지배하여 왔다." Stephen D. Sugarman, "Doing Away With Tort Law", 73 *California Law Review* 555 (1985), p. 591.

하는 제도로서 이해되어 왔다.

그러나 최근에 오면서 불법행위법의 목적 내지 기능에 대한 논의의 중심이 보상기능에서 방지기능으로 크게 바뀌고 있다.[3] 그 주된 이유는 특히 손해에 대한 보상기능은 보험제도(책임보험제도)에 의해 해결하는 것이 불법행위제도에 의지하는 것보다 더 효과적이라는 것이다.[4] 따라서 불법행위제도는 불법행위를 사회적 적정수준으로 낮추는 제도로서, 환언하면 보상기능보다는 방지기능을 주목적으로 하는 제도로서 이해하여야 한다는 것이다. 이러한 주장들이 지배적 주장으로 등장하면서 불법행위제도의 연구에서 방지기능에 대한 연구의 비중이 크게 늘어나고 있다. 그러면서 지금의 불법행위법제는 과연 사고 등의 불법행위를 사회적 적정수준으로 낮추는 데 어느 정도 기여하고 있는가? 과소방지(過少防止, under-deterrence)인가, 아니면 과다방지(過多防止, over-deterrence)인가 등이 주요한 논쟁이 되고 있다. 환언하면 현행의 불법행위제도하에서 야기되는 불법행위수준이 과연 사회적 적정수준 이상인가 아니면 이하인가? 불법행위제도를 어떻게 개선하면 불법행위의 수준을 사회적 적정수준으로 유도하는 데 보다 효율적일 수 있을까 등이 논의되고 있다.

---

3) 불법행위법에 대한 주요 연구서 두 편이 모두 이러한 입장에서 불법행위법제를 분석·연구하고 있다. William M. Landes and Richard A. Posner, *The Economic Structure of Tort Law*, Harvard University Press, 1987; Steven Shavell, *Economic Analysis of Accident Law*, Harvard University Press, 1987.

4) 하나의 흥미 있는 자료가 있다. 1985년 미국의 연방법원(聯邦法院)과 주법원(州法院)에서 다룬 모든 불법행위사건관련 거래비용(사건·행정비용)은 변호사비용을 포함하여 150~160억 달러로 나타나고 있다. 그런데 이러한 비용을 들여서 실제로 불법행위 피해자에게 지급된 순보상액(純補償額)을 약 150억 달러에 불과한 것으로 계산되고 있다. 결국 1달러를 들이면 불법행위제도는 50센트 정도만 피해자보상으로 가는 셈이다. 따라서 과연 불법행위제도가 피해자보상기능을 제대로 하고 있는가에 대하여 많은 회의가 나오고 있다. 반면에 보험의 경우에는 거래비용의 약 4배 정도가 피해자보상으로 지불되는 것으로 나오고 있다. 따라서 1달러를 들이면 약 80센트가 피해자 보상으로 가는 셈이다. 그만큼 보다 나은 보상기능을 한다고 볼 수 있다. John J. Donohue, “The Law and Economics of Tort Law: The Profound Revolution”, 102 *Harvard Law Review* 1047 (1989), pp. 1047−1048.

제 2 절
캘러브레시(G. Calabresi)의 사고비용론(事故費用論)

불법행위에 대한 법경제학적 접근을 시도한 최초의 체계적 연구는 예일대학의 캘러브레시(G. Calabresi) 학장의 사고비용(costs of accidents)에 대한 연구이다.5) 그의 연구를 중심으로 불법행위법 특히 그중에서도 사고법제(事故法制, accident law)에 대하여 분석해 보도록 한다.

그는 사고법제의 목적을 두 가지로 보고 있다. 제1차적 목적은 정의(justice) 내지 공평(fairness)이고, 제2차적 목적은 사고총비용의 최소화이다. 그런데 그는 정의나 공평은 엄밀히 이야기하면 사고비용의 최소화와 같은 차원의 목적이라고 볼 수 없다고 주장한다. 오히려 정의나 공평은 모든 사고법제가 반드시 통과하여야 할 하나의 최종적 테스트와 같은 것(fairness becomes a final test which any system of accident law must pass), 환언하면 모든 사고법제에 대한 하나의 제약(constraint) 내지 거부권(veto)과 같은 것으로 이해하여야 한다. 그리고 여기서의 정의 내지 공평이란 사고비용의 최소화라는 효율가치 이외의 많은 다른 가치 내지 목적들이 제대로 다루어지고 있는지를 보는 것이다. 그리하여 그는 사고법제를 분석할 때 우선 사고비용의 최소화라는 목적을 중심으로 분석하고 그 결과가 우리의 정의감 내지 공평의식에 합당한지를 나중에 평가해 보는 순서가 바람직하다고 이야기하고 있다. 왜냐하면 정의나 공평은 일종의 제약 내지 거부권이기 때문이다.

그러면 사고법제의 주요 목적의 하나인 사고총비용의 최소화란 무엇을 의미하는가? 이는 사고비용과 사고회피비용의 합(the sum of the costs of accidents and the costs of avoiding accidents)을 최소화하는 것을 의미한다. 그런데 이 사고총비용의 최소화라는 목적달성을 위하여 다음과 같은 세 가지 부차적 목표(sub-goals)들을 생각해 볼 수가 있다.

첫째는 사고건수와 사고의 강도(强度)를 낮추는 일이다. 이를 제1차 비용(the

---

5) Guido Calabresi, *The Costs of Accidents: A Legal and Economic Analysis*, Yale University Press, 1970.

primary cost)의 절감의 문제라고 한다. 이 제1차 비용을 낮추는 방법으로는 (1) 사고를 일으키는 행위 자체를 금지시키는 방법과 (2) 사고를 일으키는 행위 자체를 보다 비싸게, 그리하여 덜 매력적(more expensive, so less attractive)으로 만들어서 행위자들 스스로가 다른 행위를 선택하도록 하는 방법이 있다.

둘째는 사고로 인하여 발생하는 사회비용(societal costs resulting from accidents)을 줄이는 문제이다. 대표적인 것으로서는 피해자 보상문제로 인하여 발생하는 사회비용을 생각할 수 있다. 예컨대 특정인에게 보상비용의 부담이 과도하게 집중되어서 발생하는 사회비용, 혹은 보상이 신속하게 이루어지지 않아서 발생하는 사회비용 등을 생각할 수 있다.[6] 제1차 비용을 사고로 인하여 발생하는 직접비용(直接費用)이라고 한다면 여기서의 비용은 사고로 인한 일종의 간접비용(間接費用)이라고 볼 수 있다. 그리하여 이를 제2차 비용(the secondary cost)의 절감의 문제라고 한다. 이 문제의 해결의 방법으로서는 (1) 보험이나 세금을 통하여 위험을 분산시키는 방법(risk spreading),[7] (2) 혹은 부자들에게 부담을 집중시키는 방법(deep-pocket method) 등을 생각해 볼 수 있다.

셋째는 사고관련 행정비용(administrative cost)을 줄이는 것이다. 앞에서 본 제1차 비용과 제2차 비용을 낮추기 위해 드는 행정비용을 낮추는 문제이다. 이를 제3차 비용(the tertiary cost)의 절감의 문제라고 한다. 아무리 제1차 비용과 제2차 비용이 많이 절감된다고 하여도 그를 절감시키는 데 드는 행정비용이 너무 크면 아무런 사회적 이익이 없기 때문에 이러한 행정비용을 줄이는 문제도 동시에 감

---

6) 가해자가 피해보상의 부담으로 인하여 보상 후 파산하는 경우를 생각해 볼 수 있다. 이러한 경우가 발생하는 것은 물론 사회적으로 볼 때 결코 바람직하지 않다. 또한 피해보상이 신속하고 충분히 이루어지지 않아, 예컨대 피해자가 사고 후 제때 치료를 받지 못하여 피해의 정도가 악화되었다고 하자. 이러한 경우의 발생도 사회적으로 결코 바람직하지 않다. 따라서 어떻게 하여 이러한 사회적 비용을 줄일 것인가? 어떻게 하여 신속 공정한 보상이 가능하면서도 가해자에게 피해보상부담이 과도하게 집중되지 않도록 할 것인가? 이 문제가 바로 여기서 이야기하는 사고로 인한 사회적 비용, 즉 제2차 비용을 줄이는 문제이다.

7) 책임보험제도(責任保險制度)를 통하여 당사자들의 위험을 직접 분산할 수도 있고, 정부의 재정에서 피해보상을 함으로써 결과적으로 일반조세제도(一般租稅制度)를 통하여 사회 전체가 사고로 인한 손실을 나누어 부담하는 방법을 생각할 수 있다. 모든 사고로 인한 신체적 피해를 국가의 재정에서 보상하는 뉴질랜드의 경우가 후자에 속한다고 볼 수 있다.

안하여야 한다.

그런데 이상의 세 가지 부차적 목표 사이에는 일종의 상충관계(trade-off)가 성립한다. 예컨대 제2차 비용을 완전히 절감하기 위해 가장 쉬운 방법은 조세를 통한 사회보장의 방법일 것이다. 그러나 이 방법은 분명히 사고가해자의 사고방지노력을 높이는 목표, 즉 제1차 비용의 목표와는 모순한다. 또한 제1차 비용을 낮추기 위해 예컨대 교통경찰들을 더 많이 배치하고 교통규칙도 더 엄격히 시행하면 이는 교통사고 건수의 감소를 달성할 수 있을지 모르나 동시에 행정비용의 증대를 가져올 것이기 때문에 제3차 비용의 절감이라는 목표와 모순하게 된다. 따라서 우리가 목표로 해야 하는 것은 이들 세 가지 비용절감의 최선의 조합을 찾아내어 이를 시행하는 것이라고 할 수 있다.

이들 세 가지 비용의 절감 중 물론 가장 중요한 것은 제1차 비용의 절감이다. 사고 자체의 빈도와 강도가 줄어들면, 제2차 비용도 절감된다. 그리고 제2차 비용과 관련된 제3차 비용도 절감된다. 따라서 사고 자체의 빈도와 강도를 낮추는 문제는 사고법의 중심과제가 아닐 수 없다. 그런데 일반적으로 사고의 건수나 강도를 낮추는 방법으로서는 크게 다음의 두 가지 방법을 생각할 수 있다.

첫째는 특별방지(特別防止, specific deterrence) 내지 집단적 접근방법(collective approach)이다. 이는 사회가 금지해야 한다고 판단하는 특정의 행위나 혹은 행위의 수준을 집단적으로 정하고 이를 지키지 않았을 때는 처벌함으로써 그 기준을 강제하는 방법이다. 예컨대 자동차의 속도제한 혹은 안전벨트착용 강제 등을 생각할 수 있다.

둘째는 일반방지(一般防止, general deterrence) 내지는 시장적 접근방법(market approach)이다. 이는 사전에 집단적으로 바람직한 사고의 빈도라든가 강도를 정하지 아니하고 다만 사고의 비용을 행위자에게 부담시킴으로써 행위자 스스로가 사회적으로 바람직한 행동을 하도록 유도하는 방법이다. 사고의 비용을 행위의 가격에 반영시킴으로써 행위자 스스로가 사회적 적정수준까지 사고의 빈도와 강도를 줄이려고 노력하도록 만드는 방법이다.

일반방지방법은 행위를 결정할 때 행위자 스스로가 사고의 비용을 감안하여 행위하게 함으로써 ① 가능한 한 안전한 행위(safer activities)를 선택할 유인을 제공한다. 행위의 가격에 사고의 비용이 감안되지 아니할 때에는 위험한 행위를 선택하던 행위자들도 이제는 사고의 비용을 자신이 부담해야 하므로 보다 안전한 행위를 선택할 유인을 가지게 된다. ② 뿐만 아니라 이제는 선택한 행위 자체도 보다 안전하게 하려고(make activities safer) 노력하게 된다.

예를 하나 생각해 보자. 갑은 연평균 200만원의 자동차 사고비용을 일으키고 있는 사람이다. 그런데 신형 브레이크를 장착하면 연평균 100만원의 사고비용을 줄일 수 있다. 새로 나온 브레이크의 가격은 연 50만원이다. 만일 갑이 자동차 사고비용을 부담하지 않아도 된다면(예컨대 사고비용을 피해자가 부담한다든가, 혹은 정부가 부담한다든가 하면), 그는 새 브레이크를 장착하려 하지 아니할 것이다. 그러나 일반방지의 방법을 통하여 갑에게 사고의 비용을 부담시키면 그는 당연히 새 브레이크를 장착하려 할 것이다. 그렇게 함으로써 그 자신이 이익이 됨은 물론 사회 전체로 볼 때도 50만원이라는 사회적 비용이 절감되는 효과가 있게 된다.

그런데 위와 같은 경우에 일반방지의 방법을 택하지 아니하고 특별방지(special/specific deterrence)의 방법을 택하여 정부가 모든 차량에 대하여 새 브레이크를 장착하도록 집단적으로 강제한다면 어떠할까? 그것이 보다 효율적이지 않을까? 아니다. 을이라는 사람이 있다고 가정하자. 이 사람은 성격이 차분한 사람이라서 평소 운전을 안전하게 하여 연평균 사고비용이 25만원밖에 발생하지 않는다고 하자. 그런데 만일 이러한 사람의 경우에도 새 브레이크의 장착을 강제한다면 이는 이 사람에게 손해가 됨은 물론 사회적으로도 25만원(50만원−25만원)이라는 불필요한 사회적 비용을 발생시키는 셈이 된다. 결국 개개인의 사고비용이 상이하므로 특정한 집단적 기준을 일률적으로 적용하는 것은 그만큼 비효율적이 된다. 개개인의 사고비용에 대한 정보를 국가가 모두 확보하여야 비로소 효율적인 특별방지의 방법을 고안해 볼 수가 있는데 이는 사실상 불가능하다. 불가능하지 않다고 하더라도 비용이 너무 많이 들 것이다. 결국 개개인으로 하여금 자신의 사고비용을 스스로 평가하여 새 브레이크의 장착이 효율적인 것인지 아닌지를 판단하게 하는 편이 보다 효율적이다. 그리고 이러한 일반방지의 방법을 택할 때 을은 자신이 부담해야 할 25만원의 사고비용을 줄일 수 있는 방법을 스스로 찾을 것이고(예컨대, 보다 더 신중히 운전을 한다든가), 동시에 브레이크 제조회사도 사고비용을 연 25만원 이상 줄일 수 있는, 그러나 가격은 25만원 이하인 그러한 새로운 브레이크 개발을 위해 노력할 것이다.

지금까지 일반방지방법, 즉 시장적 접근방법의 장점을 지적했지만 이 일반방지방법만으로는 결코 완전한 사고방지가 이루어질 수 없다. 많은 장점을 가지고 있는 것은 사실이나 또한 한계도 있기 때문에 특별방지방법, 즉 집단적 방법에 의해 보완되어야 한다. 즉 특정행위는 금지되어야 하고 특정행위는 권장되어야 한다. 특별방지 내지 집단적 방법이 반드시 필요한 몇 가지 이유를 생각해 보면 다음과 같다.

(1) 현실의 세계는 결코 완전정보의 세계가 아니며 정부가 민간보다 더 많은 정보를 가지고 있는 경우가 적지 않기 때문에 정부의 판단이 민간의 판단보다 효율적일 수 있다. 예컨대 사고건수나 강도를 줄이는 보다 효율적인 방법을 정부가 알고 있는 경우 이를 민간부문에 강제할 수 있다(예컨대 안전벨트의 착용의무화).

(2) 사고비용 중 화폐화(貨幣化)할 수 없는 부분(non-monetizable costs)이 얼마든지 존재할 수 있다. 정신적·심리적 고통이라든가 신체피해 등과 같은 경우이다. 이러한 경우의 사고비용의 산정은 불가피하게 시장적 방법이 아닌 집단적 방법에 의하지 않을 수 없다.

(3) 강력한 도덕적 판단을 강제할 필요가 있는 경우이다. 효율의 가치를 넘어서는 다른 가치를 추구하는 경우가 있을 수 있다. 예컨대 살인이라든가 인신매매의 경우와 같이 비용과 편익의 비교분석(cost-benefit analysis) 자체를 거부하는 도덕적 판단이 개입되는 경우에는 일반방지의 방법으로는 합당하지 않다.

(4) 뒤에서 다시 논의하겠으나 시장적 접근을 하는 경우, 대부분의 당사자들이 보험에 가입하여 사고비용의 부담을 분산시키려 할 것이다. 그렇게 되면 그만큼 사고회피노력을 할 유인이 줄어든다. 이 문제를 해결하기 위한 방법의 하나가 특별방지방법(예컨대 안전거리유지, 속도제한 등)일 수 있다.

이상을 간단히 요약하면 전체적으로 볼 때 시장적 방법, 즉 일반방지방법이 사고의 제1차적 비용을 낮추는 가장 중요한 법정책이라고 할 수 있다. 그리고 시장적 방법은 집단적 방법인 특별방지방법에 비해 행정비용이 적게 들기 때문에 제3차 비용의 절감에도 기여한다. 그러나 이 시장적 방법은 위에서 살펴본 몇 가지 한계가 있기 때문에 반드시 집단적 방법에 의해 보완되어야 한다. 그리하여 이 두 가지 방법을 잘 조화시켜 균형 있게 활용함으로써 우선 사고의 빈도와 강도를 낮추고, 더 나아가 사고의 제2차, 제3차 비용의 절감에 기여하도록 노력하는 것이 사고법제(事故法制)의 목적이고 기능이라고 할 수 있다.

제2장 불법행위와 책임원리(責任原理)

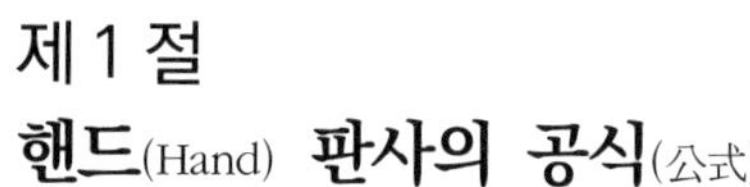

제 1 절 핸드(Hand) 판사의 공식(公式)

민법 제750조는 "고의 또는 과실로 인한 위법행위로 타인에게 손해를 가한 자는 그 손해를 배상할 책임이 있다."고 규정하고 있다. 고의로 인한 위법행위의 경우 손해배상책임이 있는 것은 당연하나, 과실의 경우에는 무엇을 기준으로 과실여부를 결정하느냐가 중요한 법정책적 과제가 된다. 일반적으로 민법 제750조에 대한 해석론을 보면 과실유무(過失有無)의 판단기준은 일반인, 보통인의 주의정도(注意程度)를 다하였는가 아닌가를 기준으로 하고 있다. 한마디로 개개인의 평상시의 주의정도를 기준으로 하는 구체적 과실이 아니라 평균인·표준인의 주의정도를 기준으로 하는 추상적 과실을 기준으로 하고 있다. 물론 이때의 평균인이란 당사자의 직업, 지위, 당해 사건의 환경 등을 고려한 평균개념이다.

그러면 이러한 평균인·표준인의 주의정도를 좀 더 객관화해 볼 수는 없을까? 좀 더 공식화해 볼 수는 없을까?

이 문제에 대한 하나의 답이 될 수 있는 기준을 미국의 러니드 핸드(Learned Hand) 판사가 제시하고 있다. 그는 선창에 매어 두었던 배가 밧줄이 느슨해져 움직이는 바람에 옆에 계류해 있었던 다른 배를 파손한 사건을 다루면서 가해를 한 배의 소유자의 주의의무의 정도를 판단하는 기준으로서 다음과 같은 기준을 제시하고 있다.

"소유자의 의무는 다음과 같은 세 가지 변수(變數)의 함수(函數)이다. ① 그 배를 묶어 둔 밧줄이 느슨해져 다른 배에게 피해를 줄 확률(確率), ② 그러한 사건이 생길 때 다른 배에게 줄 피해의 정도, ③ 그러한 사건을 방지하기 위하여 사전조치를 하는 데 드는 부담이 그것이다. 확률을 *P*라고 하고 피해를 *L*이라고 하고 부담을 *B*라고 한다면 배 소유자의 책임(과실)은 $B<PL$일 때 성립한다."[1]

환언하면 사고의 방지비용이 사고의 기대손실(사고확률×사고비용)보다 작은데도 그 사고방지노력을 하지 아니한 경우에는 과실이 성립하고, 반대로 사고의 방지비용이 사고기대손실보다 큰 경우에는 사고방지노력을 하지 아니해도 과실이 되지 않는다는 것이다. 따라서 과실판단의 기준이 되는 주의의무(注意義務)는 사고방지비용이 사고기대손실보다 작은 경우에만 성립하는 셈이다. 이러한 핸드 판사의 공식(Hand's formula)은 과실의 의미를 객관화하고 명확히 하는 데 크게 기여하였다고 볼 수 있다.[2]

핸드 판사 공식의 문제로 지적할 수 있는 것 하나는, 핸드 판사의 공식은 기본적으로 비용-편익분석(cost-benefit analysis)인데 그가 사용하고 있는 개념은 사실상 총비용과 총이익이라는 개념이다. 앞에서 본 *B*는 주의의무를 다하는 데 드는 총비용이고 *PL*은 주의의무를 다하여 얻을 수 있는 총이익이라고 볼 수 있다.[3] 따라서 그는 총비용이 총이익보다 큰 경우에만 과실의 성립을 주장하고 있는 셈이라고 할 수 있다. 그러나 비용-편익분석에서는 본래 한계비용(marginal cost)이나 한계이익(marginal benefit)과 같은 한계개념(限界槪念)을 사용하는 것이 옳다. 실제적으로도 주의의무를 다하느냐 아니하느냐의 양자택일의 관계라기보다 어느 정도 하느냐의 정도의 문제이기 때문에 한계개념을 사용하는 것이 합리적이다. 즉 주의를 한 단위 더 기울일 때 드는 비용(한계비용)과 그로 인해 사고기대손실을 얼

---

1) U.S. v Carrol Towering Co. (159 F2d 169 (2d Circuit, 1947)).

2) 핸드 판사의 공식은 그가 공식화하기 이전부터 미국의 판례나 이론 등에서 사실상 묵시적으로 사용되어 왔던 기준이라고 볼 수 있다. William M. Landes and Richard A. Posner, *The Economic Structure of Tort Law*, Harvard University Press, 1987, pp. 85-86.

3) *PL*은 본래 사고의 기대손실이다. 그런데 이는 역으로 이야기하면 사고회피의 이익이 될 수 있다. 즉 주의의무를 다하여 사고를 회피하는 경우 얻을 수 있는 기대이익이 바로 *PL*이 된다고 볼 수도 있다.

마나 줄일 수 있는가(한계이익)를 비교하여 과실유무를 판단하는 것이 보다 합리적이다. 이러한 경우 법원의 질문은 다음과 같아야 할 것이다. 즉 "현재의 주의수준을 놓고 볼 때, 한 단위 주의를 더 기울이는 것이 얼마나 어려운가? 그리고 한 단위 주의를 더 기울인다면 얼마나 추가적 사고방지가 가능한가?"

이러한 한계개념을 사용한 핸드 판사 공식을 '핸드 판사의 한계공식(限界公式, marginal Hand's formula)'이라고 한다면 그 내용은 다음과 같이 될 것이다. 즉 $dB < d(PL)$이면 과실, 그리고 $dB > d(PL)$이면 무과실(無過失)이 된다. 따라서 과실과 무과실을 구분하기 위해 요구되는 주의의무의 정도($\bar{X}$)는 $dB = d(PL)$일 때, 환언하면 한계비용(MC)과 한계이익(MB)이 일치되는 수준(X^*)에서 설정되는 것이 바람직하다.

이를 그림으로 표시하면 다음 〈그림 4－1〉과 같다. 〈그림 4－1〉의 (가)는 총비용(總費用)과 총이익(總利益)의 관계를 나타내고 있고,[4] (나)는 한계비용과 한계이익의 관계를 나타내고 있다. 여기서 비용이란 주의의 정도를 높이는 데 드는 비용, 즉 주의비용(注意費用, cost of care)이고, 이익이란 주의의 정도를 높이어 사고

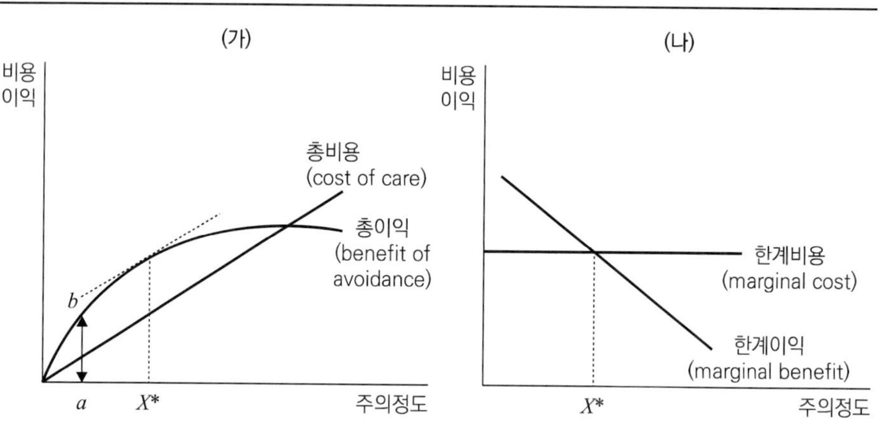

그림 4－1 핸드 판사의 한계공식(限界公式)

4) 총이익곡선, 즉 사고방지이익곡선의 모양을 이해하기 위해서는 〈그림 4－2〉의 사고비용곡선의 모양을 참조하는 것이 좋다. 사고비용곡선의 역 이미지가 사고방지곡선이 되기 때문이다. 구체적으로 예를 들어 보면 〈그림 4－1〉의 (가)의 *ab*는 〈그림 4－2〉의 *ab*와 일치한다.

가 회피됨으로써 얻는 이익, 사고회피이익(benefit of avoidance)이다. 논의의 편의상 총비용인 주의비용은 주의의 정도가 높아짐에 따라 일정한 비율로 증가하는 것으로 보았고 주의의 이익은 증가하되 증가율 자체는 감소하는 것으로 보았다.5) 따라서 주의의 한계비용은 주의의 정도에 관계없이 일정한 반면에 주의의 한계이익, 즉 사고회피이익은 주의의 정도가 높아짐에 따라 체감하는 것으로 나타나고 있다. 그 관계를 나타낸 것이 〈그림 4－1〉의 (나)이다.

그런데 〈그림 4－1〉의 (나)에서 한계비용과 한계이익이 일치하는 수준의 주의정도 X^*가 바로 핸드 판사의 한계공식이 요구하는 주의의무의 수준이다. 그리고 만일 우리가 추상적 과실의 판단기준으로 핸드 판사의 한계공식을 받아들인다면, 이 X^*가 바로 앞에서 본 일반인·보통인·표준인에게 요구되는 주의의무의 수준이라고 할 수 있다. 그리하여 이 X^* 이하의 주의수준, 환언하면 표준인·평균인들에게 요구되는 수준 이하의 주의 수준은 모두 과실이 된다고 할 수 있다.

그런데 흥미 있는 것은 이 X^*라는 주의수준은 사고의 총비용을 최소화하는 효율적 주의수준(efficient care level)이라는 것이다. 부연하면 사고의 비용과 사고회피비용의 합인 사고총비용을 최소화하는 주의수준이라는 것이다. 우리는 앞에서 불법행위법제의 목적 중 하나가 사고비용과 사고회피비용의 합인 사고총비용의 최소화에 있다고 하였다. 그렇다면 이 X^*는 사고총비용의 최소화를 결과하는 주의수준이기 때문에 불법행위법의 목적에 가장 합당한 주의의무수준이라고 할 수 있다. 사고총비용을 최소화하는 효율적 주의수준을 그림으로 나타낸 것이 〈그림 4－2〉이다.

〈그림 4－2〉에서는 논의의 편의상, 주의수준(X)에 따라 주의비용(WX)과 사고의 확률만이 변하는 것($p(X)$)으로 하였다. 즉 $B=WX$이고 $PL=p(X)L$으로 하였다. 그런데 사회적 총비용(SC)은 사고비용(PL)과 사고회피비용(B)의 합이므로 결국 $SC=WX+p(X)L$이 된다. 이 SC를 최소화하는 X를 구하기 위해서는 SC를 X에 대하여 일차미분(一次微分)하여 그 결과를 0으로 놓으면 된다. 즉

$dSC/dX=0=W+(dp/dX)L$ …………………… 식 ①이 성립해야 한다.

5) 왜 주의의 이익, 즉 사고회피이익은 주의의 정도가 높아짐에 따라 증가하기는 하되 그 증가율은 감소하는 것으로 보는 것이 합리적인가?

이 조건이 성립될 때 SC가 최소화되는 X를 구할 수 있다. 위 식 ①을 다시 정리하면

$W = -(dp/dX)L$ ··· 식 ②가 된다.

그런데 식 ②를 풀어 보면 결국 주의(care)의 한계비용(W)이 주의의 한계이익, 환언하면 사고비용의 축소($-(dp/dX)L$)와 일치할 때 SC를 최소화할 수 있는 X가 성립함을 알 수 있다. 한마디로 요약하면 〈그림 4-2〉의 X^*는 〈그림 4-1〉의 X^*와 일치한다. 왜냐하면 〈그림 4-1〉의 X^*는 주의의 한계비용과 한계이익이 일치하는 주의수준인데, 위의 식 ②에 의해 주의의 한계이익과 한계비용이 일치할 때 비로소 사고비용과 사고회피비용의 합인 사고총비용이 최소화되므로, 사고총비용을 최소화시키는 주의수준인 〈그림 4-2〉의 X^*점은 〈그림 4-1〉의 X^* 수준과 일치하게 된다.

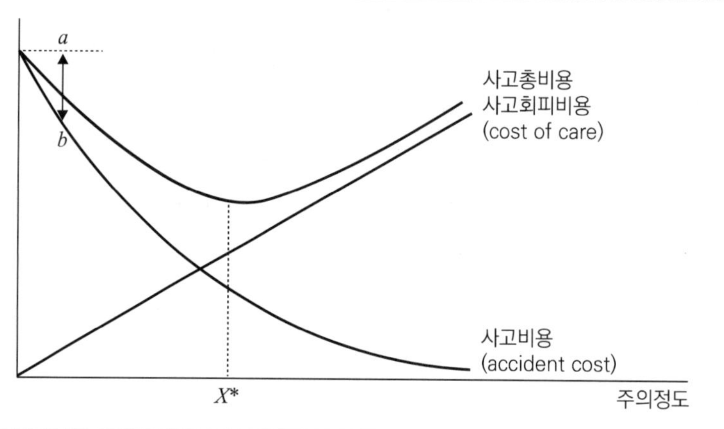

그림 4-2 사고총비용의 최소화

요컨대 핸드 판사의 한계공식에 의한 주의의무=사고총비용을 최소화하는 주의의무=불법행위법의 효율목적(效率目的)에 합치하는 주의의무=(우리의 판례와 학설이 이 핸드 판사의 한계공식을 받아들인다면) 일반인·보통인·평균인·표준인의 주의의무가 되는 셈이다.

제 2 절
각종 책임원칙의 효율성 분석

앞에서 핸드 판사의 한계공식을 다루었는데, 거기에서는 가해자의 주의정도가 사고위험에 영향을 미치는 것으로 보았다. 즉 가해자가 주의정도를 높이면 사고확률이 줄어드는 상황에서 가해자가 얼마만큼 주의를 기울이는 것이 사회적으로 가장 바람직할 것인지의 문제를 살펴보았다. 그러나 일반적으로 가해자의 주의정도뿐만 아니라 가해자의 행위정도, 그리고 피해자의 주의정도와 행위정도도 사고위험에 영향을 미칠 수 있다. 자동차 운전자가 자전거 운전자를 치는 사고 위험의 경우, 자동차 운전자가 얼마나 먼 거리를 달리는지는 가해자의 행위정도(level of activity)로 해석할 수 있고, 운전을 하면서 얼마나 도로사정을 잘 살피는지는 주의정도(level of care)로 해석할 수 있을 것이다. 마찬가지로 자전거 운전자가 얼마나 오랫동안 차도를 달리는지는 피해자의 행위정도로 볼 수 있고, 얼마나 조심스럽게 운행을 하는지는 주의정도로 볼 수 있다.

이하에서는 각종 책임원칙 하에서 당사자들은 어떻게 행동할 것인지, 그리고 그 결과는 사회적 후생의 관점에서 어떻게 평가될 것인지 등의 문제를 다루어 보기로 한다. 이러한 분석을 함에 있어 우리는 보다 단순한 모형에서부터 시작하여 이를 단계적으로 확장해 나가는 방식을 취하기로 한다. 첫째 가해자의 주의정도만이 사고위험에 영향을 미치는 경우, 둘째 가해자의 주의정도 및 행위정도가 사고위험에 영향을 미치는 경우, 셋째 가해자 및 피해자의 주의정도가 사고위험에 영향을 미치는 경우, 넷째 가해자 및 피해자의 주의정도뿐만 아니라 행위정도도 사고위험에 영향을 미치는 가장 일반적인 경우를 차례대로 분석해 보기로 한다.[6)]

6) 이하의 분석은 주로 Steven Shavell, *Economic Analysis of Accident Law*, Harvard University Press, 1987; Steven Shavell, *Foundations of Economic Analysis of Law*, Harvard University Press, 2004을 참조한 것이다. 다만, 수리모형보다는 주로 숫자 예를 통해 각종 책임원칙이 어떤 결과를 가져올 것인지를 분석한다.

제1항 가해자의 주의정도만이 사고위험에 영향을 미치는 경우

우선 피해자의 행위는 사고위험에 영향을 미치지 않고 가해자의 행위만이 사고위험에 영향을 미치는 비교적 단순한 상황으로부터 논의를 시작해 보기로 한다. 주택가에 비행기가 추락한다든지 도로변의 도시가스관이 폭발하는 경우, 주민이나 행인 등 피해자가 사고방지를 위해 할 수 있는 일은 거의 없을 것이다. 나아가 가해자의 행위정도는 일정수준으로 고정되어 있고 따라서 가해자의 주의정도만이 사고위험에 영향을 미치는 것으로 가정하자.

이제 가해자의 주의비용과 100만원의 손해를 가져오는 사고가 발생할 확률 사이의 관계가 〈표 4－1〉과 같이 주어져 있다고 가정해 보자. 여기에서 기대사고손해는 사고발생확률×100만원으로 계산되고 총사고비용은 주의비용과 기대사고손해의 합으로 계산된다. 사회적 목표는 가해자의 주의비용(costs of care)과 기대사고손해(expected accident losses)의 합, 즉 총사고비용(total accident costs)을 최소화시키는 데 있다고 할 수 있다.[7] 〈표 4－1〉에서 총사고비용은 가해자가 3만원의 주의비용을 들일 때 최소가 되는 것으로 나타나 있다.[8] 각종 책임원칙하에서 가해자는 얼마만큼의 주의를 기울일 것인가, 그리고 그 결과는 사회적으로 효율적인가?

표 4-1 주의비용, 사고발생확률, 기대사고손해 및 총사고비용의 관계 (단위: 만원)

주의비용	사고발생확률	기대사고손해	총사고비용
0	15%	15	15
3	10%	10	13
6	8%	8	14

7) 여기에서는 분석의 단순화를 위해 사건해결과 관련된 각종 비용은 고려하지 않기로 한다. 그리고 암묵적으로 당사자들이 위험중립적인 것으로 가정하고 있다. 당사자들이 위험기피적인 경우 보험의 가능성이 등장하게 됨은 제3장에서 설명한다.

8) 가해자가 주의비용을 x만큼 지불했을 경우의 사고확률을 $p(x)$, 사고가 한 번 났을 때 사고손해를 L이라 하면 기대사고손해는 $p(x)L$이 되고, 사회적 목표는 총사고비용 $TC = x + p(x)L$을 최소화시키는 것으로 된다. 핸드판사의 한계공식 내지 〈그림 4－2〉는 바로 이러한 총사고비용의 최소화 문제를 다룬 것이었다.

무책임원칙(no liability: 사고가 발생하더라도 가해자는 배상책임을 지지 않는 책임원칙)이 채택되었을 경우, 가해자는 사고손해의 존재는 고려하지 않고 의사결정을 할 것이고, 따라서 자신의 부담으로 귀착되는 주의비용만을 최소화시키려 할 것이다. 결국 가해자의 주의비용은 최적 이하(여기에서는 3만원이 아닌 0원)로 되고 총사고비용은 최적 이상(13만원이 아닌 15만원)으로 되어 사회적으로 비효율적인 결과가 나타나게 된다.

다음으로 엄격책임원칙(strict liability: 피해자가 입은 모든 사고손해를 가해자가 배상해야 하는 책임원칙)이 채택되었을 경우, 가해자는 자신의 주의비용뿐만 아니라 기대사고손해도 고려하여 주의정도를 결정하게 되고, 따라서 가해자는 총사고비용을 최소화시키는 수준의 주의비용(여기서는 3만원)을 지불하게 될 것이다. 결국 이 경우 엄격책임원칙은 사회적으로 효율적인 결과를 가져오게 된다.

과실책임원칙(negligence rule: 가해자에게 과실이 있을 때에만, 즉 가해자의 주의정도가 법원이 정한 상당한 주의 (due care)의 정도에 미치지 못했을 때에만 가해자는 피해자에게 사고손해를 배상해 줄 의무를 지게 되는 책임원칙) 하에서 법원이 정한 상당한 주의의 정도가 사회적으로 최적인 주의정도(여기에서는 3만원의 비용을 들이는 주의정도)와 일치할 경우, 가해자는 그 상당한 주의를 기울이게 되고 따라서 사회적으로 최적인 결과가 나타나게 된다. 〈표 4-1〉의 예에서 가해자가 3만원 혹은 6만원의 주의비용을 들였을 때에는, 가해자는 과실이 없는 것으로 되고 따라서 사고가 발생하더라도 사고손해를 피해자에게 배상해 줄 의무가 없게 된다. 반면 가해자가 0원의 주의비용을 들였을 때에는 상당한 주의를 기울이지 않은 것으로 되어 사고 발생시 그 손해를 가해자가 부담하게 된다. 결국 가해자의 주의비용과 배상책임 유무, 기대배상액, 가해자가 부담하는 총비용 사이의 관계는 〈표 4-2〉와 같게 된다. 가해자는 자신이 직면하는 총비용을 최소화하기 위해 3만원의 주의비용을 들이게 되고, 그 결과 총사회비용은 13만원으로 최소화되어 사회적 최적이 달성된다.

그러나, 과실책임원칙하에서 과실유무 판정의 기준이 되는 주의정도, 즉 상당주의의 정도가 사회적으로 최적인 주의정도보다 높거나 낮을 때에는 사회적으로 효율적인 결과를 가져오지 않게 된다. 〈표 4-1〉에서 가해자가 6만원의 주의비용을 들였을 때에 비로소 무과실로 인정된다면, 가해자는 자신이 직면하는 총

표 4-2 과실책임원칙하에서의 주의정도의 선택: 상당주의가 최적수준으로 설정된 경우

(단위: 만원)

주의비용	가해자의 배상책임	기대배상액	가해자부담 총비용
0	유	15	15
3	무	0	3
6	무	0	6

비용을 최소화하기 위해 6만원의 주의비용을 기울이게 되는데, 이는 비효율적인 결과이다. 한편 가해자가 0원의 주의비용을 들였을 때에도 무과실로 인정된다면 그때의 과실책임원칙은 앞에서 본 무책임원칙과 그 내용이 같게 되고 따라서 가해자의 주의 비용이 최적이하(0원)로 됨으로써 사회적으로 비효율적인 결과가 나타나게 된다.

이와 같이 과실책임원칙하에서는 과실유무 판정의 기준이 되는 주의정도가 사회적으로 최적인 수준으로 설정되어 있는지의 여부가 사회적으로 효율적인 결과가 유도되는지 여부를 좌우하게 된다. 가해자는 기본적으로 과실유무 판정의 기준으로 설정된 수준만큼 주의를 기울일 것인 바, 이는 한편으로 그만큼만 주의를 기울여도 배상책임을 면하므로 굳이 비용을 더 들여 그 이상으로 주의를 기울일 유인이 없을 것이고, 다른 한편으로 기준치보다 낮은 수준의 주의를 기울임으로써 새로이 부담하게 되는 기대배상액은 일반적으로 그를 통해 얻는 주의비용의 절감액보다 클 것이므로 기준치만큼은 주의를 기울일 것이기 때문이다.

제2항 가해자의 주의정도 및 행위정도가 사고위험에 영향을 미치는 경우

이제 가해자의 주의정도뿐만 아니라 가해자의 행위정도도 가변적이고 따라서 사고위험에 영향을 미치게 되는 경우를 생각해 보기로 하자. 여기에서 우리는 피해자의 행위는 여전히 사고위험에 영향을 미치지 않는 것으로 가정한다. 예컨대 자동차가 보행자를 치는 사고에서 보행자의 행위는 사고위험에 영향을 미치는 중요한 요소가 아니라고 판단되는 상황이라면 이러한 가정을 할 수 있을 것이다.

일반적으로 가해자의 행위정도는 자신의 효용에 영향을 미칠 것인 바, 일정 수준까지는 행위정도가 높아짐에 따라 효용도 커지게 될 것이다. 한편 가해자의 행위정도의 증가는 사고위험의 증가로 연결될 것이다. 분석의 편의를 위해 가해자의 주의정도가 일정수준에서 주어질 경우, 가해자의 행위정도가 $k(>0)$배 증가하면 기대사고손해도 k배 증가하는 것으로 가정한다.

가해자의 행위정도와 그것으로부터 얻는 효용의 크기 사이의 관계가 〈표 4-3〉과 같이 주어져 있다고 하자. 표에 의하면 행위정도가 4단위에 이르기까지는 행위정도가 증가함에 따라 총효용의 크기도 증가한다. 한편 가해자의 행위단위당 주의비용과 기대사고손해 등의 관계는 앞의 〈표 4-1〉에 주어진 것과 같다고 하자.

표 4-3 가해자의 행위정도와 총효용 사이의 관계

행위정도	0	1	2	3	4	5
총효용	0	40	60	69	71	70

이 경우 사회후생은 가해자의 주의정도와 행위정도가 각각 얼마일 때 극대화될 것인가? 사회적 목표는 가해자가 자신의 행위로부터 얻는 효용의 가치에서 총사고비용(즉 주의비용과 기대사고손해의 합)을 차감한 것을 극대화시키는 데 있다고 할 수 있다.[9] 우선 행위단위당 주의비용과 기대사고손해의 관계는 행위정도가 변하더라도 변하지 않는 것으로 가정하고 있으므로, 최적 주의정도는 행위단위당 3만원 수준이다. 가해자가 이렇게 행위단위당 3만원이라는 최적수준의 주의비용을 들였을 때 행위정도가 변함에 따라 총사고비용과 사회후생이 어떻게 변화하는지는 〈표 4-4〉에 나타나 있다. 표에 의하면 당해 행위를 함으로써 가해자가 얻는 총효용에서 총사고비용을 차감하는 것으로 계산되는 사회후생은 행위정도가 2단위일 때 극대화되는 것으로 나타난다.[10]

---

9) 가해자가 행위정도 s로부터 얻는 효용을 $U(s)$, 행위단위당 총사고비용을 $x+p(x)L$라 하면 사회적 목표는 사회후생 $SW=U(s)-s(x+p(x)L)$을 극대화시키는 것이라 할 수 있다.

10) 물론, 가해자의 행위단위당 주의정도가 최적이 아닌 경우에는 표의 총사고비용 및 사회후생은 다르게 계산된다. 예컨대 행위단위당 주의정도가 6인 경우 행위단위당 총사고비용은 〈표 4-1〉에 의해 14로 된다.

‖ 표 4-4 ‖ 행위정도, 총효용, 총사고비용 및 사회후생의 관계: 최적수준의 행위단위당 주의를 기울인 경우

(단위: 만원)

행위정도	총효용	총사고비용(=총주의비용+총기대사고손해)	사회후생
0 단위	0	0(=0+0)	0
1 단위	40	13(=3+10)	27
2 단위	60	26(=6+20)	34
3 단위	69	39(=9+30)	30
4 단위	71	52(=12+40)	19
5 단위	70	65(=15+50)	5

이제 각종 책임원칙은 어떠한 결과를 가져올 것인지, 특히 가해자로 하여금 2단위의 행위정도와 행위단위당 3만원 수준의 주의정도를 선택하게 함으로써 사회적으로 효율적인 결과를 가져오게 될 것인지를 살펴보기로 하자.

무책임원칙하에서는 가해자는 사고손해를 고려하지 않고 의사결정을 할 것이고 따라서 가해자의 주의정도는 최적 이하로 되고 행위정도는 최적 이상으로 될 것이다. 위의 예에서는 가해자가 주의비용을 전혀 들이지 않으면서 총효용을 극대화시키는 4단위의 행위정도를 택하게 될 것이다. 이 경우 행위단위당 총사고비용은 15만원이므로, 가해자의 당해 행위와 관련한 사회후생은 $71-15\times4=11$(만원) 수준에 머물게 된다.

엄격책임원칙하에서는 가해자는 피해자가 입는 모든 사고손해를 배상해야 하므로 이를 자신의 의사결정에 내부화(internalize)시키고, 따라서 가해자는 자신의 총효용에서 총사고비용을 차감한 액, 즉 사회후생을 극대화시키는 식으로 의사결정을 하게 된다. 위의 예에서는 가해자가 2단위의 행위정도와 행위단위당 3만원 수준의 주의정도를 선택하고 그 결과 사회후생은 극대치인 34만원 수준에 이르게 된다.

과실책임원칙하에서 상당한 주의의 정도가 사회적으로 최적인 주의정도에서 설정되어 있을 경우, 가해자는 최적 주의정도를 선택하게 된다. 그러나, 가해자가 이렇게 상당한 주의를 기울이게 되면 모든 사고손해에 대한 배상책임을 면하게 되므로 가해자는 행위정도가 사고손해에 미치는 영향은 고려하지 않게 되고 따라

서 사회적으로 과다한 행위 정도를 선택하게 된다. 〈표 4-5〉는 상당한 주의의 정도가 최적수준으로 설정된 경우의 과실책임하에서 가해자가 몇 단위의 행위 정도를 선택할 것인지를 보여주고 있다. 가해자는 당해 행위를 함으로써 얻는 총효용에서 상당한 주의를 기울이는 데 드는 총비용을 차감한 액을 극대화시키려 할 것이므로, 표에서 보는 바와 같이 가해자는 (총효용-총주의비용)을 극대화시키는 3단위의 행위정도를 선택할 것이다. 이때의 사회후생은 30만원 수준으로 무책임원칙하에서 보다는 높지만 엄격책임원칙하에서 보다는 낮은 것으로 나타난다.

표 4-5 과실 책임원칙하에서 행위정도의 선택: 상당한 주의의 정도가 최적수준으로 설정된 경우

(단위: 만원)

행위정도	총효용	총효용-총주의비용	총사고비용	사회후생
0 단위	0	0(=0-0)	0	0
1 단위	40	37(=40-3)	13	27
2 단위	60	54(=60-6)	26	34
3 단위	69	60(=69-9)	39	30
4 단위	71	59(=71-12)	52	19
5 단위	70	55(=70-15)	65	5

과실책임원칙하에서 상당한 주의의 정도가 지나치게 높게, 예컨대 위의 예에서 행위단위당 6만원의 주의비용 수준으로, 설정되어 있다면 그 결과는 어떻게 될까? 우선 가해자는 배상책임을 면하기 위해 행위단위당 6만원의 주의비용을 들일 것이고, 이 경우 행위단위당 총사고비용은 (6+8=) 14만원으로 된다. 가해자의 행위정도는 (총효용-총주의비용)을 극대화시키는 3단위 수준에서 선택되고 그때의 사회후생은 (69-14×3=) 27만원 수준에 머물게 됨을 확인해 볼 수 있다.

이상의 논의에서 명백해진 바와 같이, 가해자의 주의정도 및 행위정도는 사고위험에 영향을 미치지만 피해자의 주의정도나 행위정도는 사고위험에 영향을 미치지 않는 경우, 엄격책임원칙은 사회적으로 효율적인 결과를 가져오지만 과실책임원칙은 효율적인 결과를 가져오지 못한다. 그 이유는 과실책임원칙하에서 상당한 주의가 사회적으로 최적인 수준에서 설정되었다 하더라도 가해자는 일단 상

당한 주의를 기울이면 배상책임을 면하므로 행위정도가 높아짐에 따라 기대사고 손해가 증가하게 되는 측면은 의사결정시 고려하지 않게 되기 때문이다.

물론 과실책임원칙하에서 법원이 과실의 유무를 판정할 때 가해자의 행위정도도 고려한다면 가해자는 행위정도를 적절히 줄일 유인을 갖게 될 것이다. 그러나 법원이 과실유무의 판정시 통상적으로 행위정도의 요소를 고려하지 않는 데에는 나름대로의 이유가 있다고 할 수 있다. 우선 법원은 잠재적인 가해자가 어떤 행위로부터 얻게 되는 효용의 크기(예컨대 어떤 곳으로 자동차를 운전해 가는 행위의 필요성이나 중요성)를 가늠하여 그 행위정도와 관련한 기준을 제시하기란 쉽지 않을 것이다. 그에 비해 주의정도와 관련한 기준을 제시하는 것은 비교적 쉽다고 할 수 있는바, 예컨대 주택가를 시속 100㎞로 달려서는 안 된다는 데에는 누구든지 쉽게 동의할 것이다. 또한 가해자가 실제로 얼마만큼 행위를 했느냐를 알아내는 것은 쉽지 않을 수 있다. 행위정도를 확정하기 위해서는 사고 이전에 가해자가 무엇을 했는지를 알아내어야 할 것이기 때문이다. 반면 주의정도를 확정하기 위해서는 사고 당시의 가해자의 행태를 알아내는 것으로 충분한 경우가 많다.

가해자의 주의정도 및 행위정도가 사고위험에 영향을 미치는 상황에서 과실책임원칙은 가해자로 하여금 과도한 수준의 행위정도를 택하도록 한다는 논점의 실제적 중요성은 적절한 주의를 기울였음에도 불구하고 남아 있는 사고위험이 얼마나 큰가에 달려 있다고 할 수 있다.[11] 발파작업과 같이 충분한 주의를 기울여도 사고위험이 크게 남아 있을 경우 과실책임원칙의 채택은 문제로 될 수 있겠지만, 대부분의 일상활동의 경우 적절한 주의를 기울이면 사고위험은 그다지 크지 않으므로 과실책임원칙을 채택하면 행위정도가 과다해진다는 논점은 실제적으로 큰 중요성을 갖지 못할지도 모른다.

---

11) 과실책임원칙의 문제는 가해자가 기본적으로 $U(s)-s(x+p(x)L)$ 대신 $U(s)-sx$를 극대화시키는 s를 선택하고자 하는 데 있는데, $p(x^*)$ 값이 0에 가깝다면 그 문제가 없어지기 때문이다.

제3항 가해자 및 피해자의 주의정도가 사고위험에 영향을 미치는 경우

여기에서는 가해자의 주의정도뿐만 아니라 피해자의 주의정도도 사고위험에 영향을 미치는 경우를 생각해 보기로 한다. 예컨대 자동차가 보행자를 치는 사고의 경우 일반적으로 운전자의 주의정도 뿐만 아니라 보행자의 주의정도도 사고위험에 영향을 미치게 될 것이다. 가해자 및 피해자의 행위정도는 일정수준으로 고정되어 있는 것으로 가정한다.12)

가해자 및 피해자의 주의정도와 기대사고손해의 관계가 〈표 4-6〉과 같이 주어져 있다고 하자. 이 표에서 우리는 가해자의 주의정도 내지 주의비용은 0, 3, 6의 값을, 피해자의 주의정도 내지 주의비용은 0, 2, 4의 값을 가질 수 있는 것으로 가정한다. 그리고 사고가 한 번 나면 100만의 손해가 초래되는 것으로 가정하고, 따라서 표의 기대사고손해는 (사고발생확률×100)으로 계산된 것이다. 표의 숫자들은 가해자(피해자)의 주의정도가 일정수준으로 주어져 있을 때, 피해자(가해자)의 주의정도가 증가하면 사고확률은 줄어들지만 그 줄어드는 정도는 감소하는 것으로 설정되어 있음에 유의하라.

총사고비용은 가해자의 주의비용, 피해자의 주의비용, 그리고 기대손해의 합으로 계산되므로 〈표 4-6〉에 상응하는 주의정도와 총사고비용의 관계는 〈표 4-7〉

표 4-6 주의정도와 기대사고손해의 관계 (단위: 만원)

		피해자의 주의정도		
		0	2	4
가해자의 주의정도	0	22	15	12
	3	13	10	9
	6	9.5	8	7.5

---

12) 가해자가 x만큼, 피해자가 y만큼 주의를 기울였을 경우의 사고확률을 $p(x,y)$, 사고가 한번 났을 때 사고손해를 L이라 하면 기대사고손해는 $p(x,y)L$이 되고, 사회적 목표는 총사고비용 $TC = x + y + p(x,y)L$을 최소화시키는 것으로 된다.

과 같게 된다. 표에서는 가해자가 3만원 수준의 주의를 그리고 피해자가 2만원 수준의 주의를 기울일 때 총사고비용은 15만원 수준으로 최소화되는 것으로 나타나 있다. 이 예에서는 가해자와 피해자 모두 일정한 정(正, +)의 수준의 주의를 기울이는 것이 사회적으로 최적인 것으로 되어 있다.[13] 이제 각종 책임원칙이 가해자와 피해자로 하여금 얼마만큼 주의를 기울이도록 유도할 것인지를 살펴보기로 하자.

표 4-7 주의정도와 총사고비용의 관계 (단위: 만원)

		피해자의 주의정도		
		0	2	4
가해자의 주의정도	0	22	17	16
	3	16	15	16
	6	15.5	16	17.5

무책임원칙하에서 가해자는 사고손해를 고려하지 않고 의사결정을 할 것이고 따라서 자신의 부담으로 귀착되는 주의비용만을 최소화시키려 할 것이다. 위의 예에서 가해자는 0원 수준의 주의를 기울일 것이다. 한편 피해자는 사고손해를 스스로 부담하게 되므로 주의를 기울일 유인을 갖게 된다. 위의 예에서 피해자는 가해자가 0원 수준의 주의를 기울일 것을 예상하면서 자신이 부담하게 될 총사고비용을 최소화하기 위해 4만원 수준의 주의비용을 지불하게 될 것이다. 결국 가해자의 주의비용은 최적 이하(여기에서는 3만원이 아닌 0원)로 되고 피해자의 주의비용은 최적 이상(여기에서는 2만원이 아닌 4만원)으로 되어 사회적으로 비효율적인

---

13) 총사고비용 $TC=x+y+p(x,y)L$을 최소화시키는 x, y 값을 각각 x^*, y^*라 한다면, 우리의 숫자 예에서는 $x^*=3(>0)$, $y^*=2(>0)$인 셈이다. 실제로 가해자 및 피해자 쌍방이 일정한 정(正)의 수준의 주의를 기울이는 것이 총사고비용을 최소화시키는 길로 되는 경우가 일반적일 것이다. 물론 가해자 일방만이 혹은 피해자 일방만이 正의 수준의 주의를 기울이고 다른 일방은 전혀 주의를 기울이지 않는 것이 사회적으로 최적인 상황을 상정해 볼 수도 있을 것인 바, 이러한 상황에 대한 분석은 아래에서 최소비용회피자 모형으로 제시될 것이다.

결과(총사고비용은 15만원이 아닌 16만원)가 나타나게 된다.

엄격책임원칙하에서 가해자는 피해자가 입은 사고손해를 배상해야 하므로 주의를 기울일 유인을 갖지만 피해자는 모든 사고손해를 배상받으므로 스스로 비용을 들여 주의를 기울일 유인을 갖지 않게 된다. 위의 예에서 피해자는 0원 수준의 주의비용을, 그리고 가해자는 6만원 수준의 주의비용을 들이게 된다. 가해자는 피해자가 0원 수준의 주의를 기울일 것을 예상하면서 자신이 부담하게 될 총사고비용을 최소화하기 위해 6만원 수준의 주의비용을 지불할 것이기 때문이다. 결국 피해자는 최적수준 이하의 주의를 기울이고 가해자는 최적수준 이상의 주의를 기울이게 되어 사회적으로 비효율적인 결과(총사고비용은 15.5만원으로 됨)가 나타나게 된다.

기여과실의 항변이 인정되는 엄격책임원칙(strict liability with the defense of contributory negligence)는 피해자의 기여과실이 없는 한 가해자가 사고손해를 배상해 주어야 하는 책임원칙이다. 피해자의 주의정도가 법원이 정한 상당한 주의(due care)의 정도에 미치지 못할 때에는 피해자에게 기여과실이 있는 것으로 되는 바, 이때에는 사고손해를 피해자가 스스로 부담한다.

기여과실의 항변이 인정되는 엄격책임원칙하에서 피해자의 상당한 주의정도가 법원에 의해 사회적으로 최적인 수준에서 설정되어 있을 경우, 피해자는 상당한 주의를 기울일 유인을 갖게 되고 가해자도 사회적으로 최적인 수준의 주의를 기울일 유인을 갖게 된다. 즉 이 경우 사회적으로 최적인 결과가 나타나게 된다. 위의 예에서 법원이 피해자의 상당한 주의정도를 사회적 최적수준인 2만원 수준으로 설정했을 경우, 피해자는 0원의 주의비용을 들였을 때에는 사고발생시 그 손해를 배상받지 못하지만 2만원 혹은 4만원의 주의비용을 들였을 때에는 배상받게 된다. 따라서 가해자 및 피해자의 주의비용과 가해자 및 피해자가 부담하게 되는 총비용 사이의 관계는 〈표 4-8〉과 같게 된다. 표의 각 칸에서 앞의 숫자는 가해자가 부담하게 되는 총비용, 뒤의 숫자는 피해자가 부담하게 되는 총비용을 나타낸다. 물론 가해자가 부담하는 총비용과 피해자가 부담하는 총비용을 합하면 앞의 〈표 4-7〉에 나와 있는 총사고비용과 같다. 〈표 4-8〉에서 피해자가 2만원 혹은 4만원의 주의비용을 들였을 경우 피해자가 부담하는 총비용은 자신의 주의비용뿐임에 유의하라.

표 4-8 기여과실의 항변이 인정되는 엄격책임원칙하에서의 주의정도의 선택: 상당한 주의의 정도가 최적으로 설정된 경우

(단위: 만원)

		피해자의 주의정도		
		0	2	4
가해자의 주의정도	0	0, 22	15, 2	12, 4
	3	3, 13	13, 2	12, 4
	6	6, 9.5	14, 2	13.5, 4

표에서 쉽게 알 수 있듯이 피해자는 자신이 부담하는 총비용을 최소화하기 위해 2만원의 주의비용을 들이게 된다. 피해자는 2만원 수준의 주의만 기울여도 배상을 받을 수 있으므로 굳이 4만원 수준의 주의를 기울일 유인이 없을 것이다. 다른 한편으로 0원 수준의 주의를 기울이게 되면 주의비용은 그만큼 절감되겠지만 사고손해를 배상받지 못함으로써 자신이 부담하는 총비용은 오히려 더 커지게 된다. 결국 이 예에서는 가해자가 얼마만큼의 주의를 기울이든 피해자는 상당한 주의, 즉 2만원 수준의 주의를 기울이게 된다.[14] 피해자가 2만원 수준의 주의를 기울이고 따라서 사고손해를 자신이 부담해야 함을 아는 가해자는 자신이 부담하는 총비용을 최소화하기 위해 3만원 수준의 주의를 기울일 것이다. 왜냐하면 피해자가 2만원 수준의 주의를 기울였다면 가해자가 부담하는 총비용은 자신의 주의수준이 0원, 3만원, 6만원일 경우 각각 15만원, 13만원, 14만원으로 되기 때문이다.[15] 결국 기여과실의 항변이 인정되는 엄격책임원칙하에서 피해자의 기여과

---

14) 기여과실의 항변이 인정되는 엄격책임원칙 하에서 피해자가 상당한 주의를 기울이는 것이 항상 우월전략(dominant strategy)으로 되는 것은 아니다. 예컨대 가해자가 30만원의 주의비용을 들이고 피해자가 0원의 주의비용을 들일 때 기대사고손해는 1만원으로 된다고 할 경우, 가해자가 30만원 수준의 주의를 기울였다면 피해자는 0원의 주의비용을 들여 1만원의 기대사고손해에 직면하는 것이 2만원의 주의비용을 들여 사고손해를 배상받을 수 있게 되는 것보다 더 나을 것이다. 그러나 본문의 예를 통해서도 예상할 수 있듯이 상당히 넓은 범위의 가해자 주의정도에 대하여 피해자는 상당한 주의를 기울이는 것이 유리하게 된다.

15) 앞의 주에서 언급되었듯이 피해자가 2만원 수준의 주의를 기울이는 것이 지배적인 전략으로 되지 않을 수도 있지만, 피해자의 전략에 대한 가해자의 대응 및 그 가해자의 대응에 대한 피해자의 대응 등을 동시에 고려하면 피해자가 2만원 수준, 가해자가 3만원 수

실 유무를 판정하는 기준이 되는 상당한 주의의 정도가 사회적으로 최적인 수준에서 설정되어 있을 경우 사회적으로 최적인 결과가 나타나게 된다.

기여과실의 항변이 인정되는 엄격책임원칙하에서 기여과실 유무를 판정하는 기준이 되는 주의정도 즉 피해자의 상당한 주의의 정도가 사회적으로 최적인 주의정도보다 높거나 낮게 설정되었을 경우에는 어떻게 될 것인가? 예컨대 피해자가 4만원의 주의비용을 들였을 때 비로소 기여과실이 없는 것으로 인정된다면, 피해자는 상당한 주의에 해당하는 4만원 수준의 주의를 기울이고 가해자는 0원 혹은 3만원 수준의 주의를 기울이게 되는 비효율적인 결과가 나타나게 됨을 쉽게 확인할 수 있다. 한편 피해자가 0원의 주의비용을 들였을 때에도 기여과실이 없는 것으로 인정된다면 그때의 기여과실의 항변이 인정되는 엄격책임원칙은 단순한 엄격책임원칙과 그 내용이 같게 되고, 따라서 피해자에게 적절한 주의를 기울일 유인을 제공하지 못함으로써 사회적으로 비효율적인 결과를 가져오게 된다. 결국 기여과실의 항변이 인정되는 엄격책임원칙하에서는 피해자의 기여과실 유무를 판정하는 기준이 되는 주의정도가 사회적으로 최적인 수준으로 설정되어 있을 경우에만 사회적으로 효율적인 결과가 유도된다.

과실책임원칙(negligence rule)하에서는 가해자가 과실이 있을 때에만 사고손해를 부담한다. 즉 상당한 주의 혹은 그 이상의 주의를 기울였다면 사고가 발생하더라도 가해자는 피해자의 손해를 배상해 줄 책임을 지지 않는다. 반대로 상당한 주의를 기울이지 않았다면 가해자는 피해자의 행동여하에 관계없이 손해에 대한 배상책임을 지게 된다.

이러한 (단순)과실책임원칙하에서 가해자의 상당한 주의의 정도가 법원에 의해 사회적으로 최적인 수준에서 설정되어 있을 경우, 가해자는 기본적으로 배상책임을 면하기 위해 상당한 주의를 기울일 유인을 갖게 되고 피해자도 결국 자신이 부담하게 되는 사고손해를 적절히 줄이기 위해 사회적으로 최적인 수준의 주

준의 주의를 기울이는 것이 유일하면서도 안정적인 균형으로 됨을 확인할 수 있다. 앞의 예에서 피해자가 0원의 주의정도를 택하면 〈표 4－8〉에서 확인할 수 있듯이 가해자는 0원의 주의정도를 택할 것이고, 가해자가 0원의 주의정도를 택하면 피해자는 2만원의 주의정도를 택할 것이며, 피해자가 2만원의 주의정도를 택하면 가해자는 3만원의 주의정도를 택할 것이다.

의를 기울일 유인을 갖게 된다. 즉 이 경우 사회적으로 최적인 결과가 나타나게 된다.

앞에서 제시한 숫자 예에서 법원이 가해자의 상당한 주의정도를 사회적 최적수준인 3만원 수준으로 설정했다고 가정하면, 가해자는 0원의 주의비용을 들였을 때에는 사고발생시 피해자의 손해를 배상해 주어야 하지만 3만원 혹은 6만원의 주의비용을 들였을 때에는 배상해 주지 않아도 된다. 따라서 가해자 및 피해자의 주의정도에 따른 각각의 비용부담액을 게임행렬(game matrix)의 형식으로 표시하면 〈표 4−9〉와 같게 된다. (단순)과실책임원칙은 앞에서 살펴본 기여과실의 항변이 인정되는 엄격책임원칙과는 대칭적인 성질을 가지고 있음에 유의하라.

표 4-9 과실책임원칙하에서의 주의정도의 선택: 상당한 주의의 정도가 최적으로 설정된 경우

(단위: 만원)

		피해자의 주의정도		
		0	2	4
가해자의 주의정도	0	22, 0	15, 2	12, 4
	3	3, 13	3, 12	3, 13
	6	6, 9.5	6, 10	6, 11.5

표에서 쉽게 확인할 수 있듯이 가해자는 피해자가 얼마만큼의 주의를 기울이든 3만원 수준의 주의를 기울임으로써 자신의 총부담액을 최소화시키게 된다. 즉 〈표 4−9〉의 게임행렬의 경우 상당한 주의에 해당하는 3만원 수준의 주의를 기울이는 것이 가해자의 우월전략으로 된다. 가해자가 이와 같이 3만원 수준의 주의를 기울인다면 피해자는 2만원 수준의 주의를 택하게 될 것임은 표에서 명백하다. 결국 과실책임원칙하에서 가해자의 과실유무를 판정하는 기준이 되는 상당한 주의의 정도가 사회적으로 최적인 수준에서 설정되어 있을 경우 사회적으로 최적인 결과가 나타나게 된다.

가해자의 과실 유무를 판정하는 기준이 되는 상당한 주의의 정도가 사회적으로 최적인 주의정도보다 높거나 낮게 설정되었을 경우에는 어떻게 될 것인가? 가해자는 기본적으로 상당한 주의만 행하고자 하고 따라서 이 경우에는 사회적으

로 비효율적인 결과가 나타나게 됨을 우리는 쉽게 확인해 볼 수 있다.

기여과실의 항변이 인정되는 과실책임원칙(negligence rule with the defense of contributory negligence)은 가해자가 적어도 상당한 주의를 기울였다면 배상책임을 지지 않고, 나아가 상당한 주의를 기울이지 않아 과실이 있다 하더라도 피해자 역시 기여과실이 있다면 마찬가지로 배상책임을 지지 않는 책임원칙이다. 즉 피해자는 상당한 주의를 기울인 반면 가해자는 상당한 주의를 기울이지 않았을 때에만 가해자가 배상책임을 지게 되는 책임원칙이다.

기여과실의 항변이 인정되는 과실책임원칙도 가해자 및 피해자의 상당한 주의의 정도가 법원에 의해 사회적으로 최적인 수준에서 설정되어 있을 경우, 사회적으로 최적인 결과를 가져온다. 이러한 경우의 기여과실의 항변이 인정되는 과실책임원칙을 게임행렬 형식으로 표시하면 〈표 4-10〉과 같다. 이 게임행렬의 내용은 가해자와 피해자가 모두 0원 수준의 주의를 기울인 경우를 제외하고는 단순과실책임원칙에 대한 게임행렬인 〈표 4-9〉의 내용과 동일하다. 가해자와 피해자가 모두 0원 수준의 주의를 기울인 경우에는 가해자가 과실이 있지만 피해자도 기여과실이 있으므로 배상책임을 지지 않는다. 이 게임의 균형점은 어디인가? 즉 균형에서 가해자와 피해자는 얼마만큼의 주의를 기울일 것인가? 우리는 가해자가 3만원 수준, 피해자가 2만원 수준의 주의를 기울이는 것이 유일하면서도 안정적인 균형으로 됨을 쉽게 확인해볼 수 있다. 예컨대 가해자가 0원 수준의 주의를 기울인다면 피해자는 2만원 수준의 주의를 기울이는 것이 유리하고, 피해자가 2만원 수준의 주의를 기울인다면 가해자는 3만원 수준의 주의를 기울이는 것이 유리하며, 가해자가 3만원 수준의 주의를 기울인다면 피해자는 2만원 수준의 주의를 기울이는 것이 유리하다. 가해자(혹은 피해자)가 애초에 어떤 주의수준을 택하는 것으로 상정하든 상대방인 피해자(혹은 가해자)의 반응과 그 반응에 대한 가해자(혹은 피해자)의 반응 등을 생각해 보면 결국 가해자는 3만원 수준의 주의를 그리고 피해자는 2만원 수준의 주의를 택하는 쪽으로 각자의 전략이 수렴해 감을 알 수 있다. 이런 게임의 구조를 잘 아는 가해자와 피해자는 각각 3만원 및 2만원 수준의 주의를 기울이는 것으로 되는 것이다.

기여과실의 항변이 인정되는 과실책임원칙에서 가해자의 과실이나 피해자의 기여과실의 유무를 판정하는 기준이 되는 상당한 주의의 정도가 사회적으로 최적

‖ 표 4-10 ‖ 기여과실의 항변이 인정되는 과실책임원칙하에서의 주의정도의 선택: 상당한 주의의 정도가 최적으로 설정된 경우

(단위: 만원)

		피해자의 주의정도		
		0	2	4
가해자의 주의정도	0	0, 22	15, 2	12, 4
	3	3, 13	3, 12	3, 13
	6	6, 9.5	6, 10	6, 11.5

인 주의정도와 다르게 설정되었을 경우에는 일반적으로 효율적인 결과가 나타나지 않게 된다. (1) 예컨대 앞의 숫자 예에서 가해자가 0원의 주의비용을 들였을 때에도 과실이 없는 것으로 인정된다면 그때의 기여과실의 항변이 인정되는 과실책임원칙은 무책임원칙과 그 내용이 같게 되고 따라서 사회적으로 비효율적인 결과를 가져오게 된다. (2) 가해자의 상당한 주의의 정도는 사회적으로 최적인 3만원 수준의 주의로 설정되었으나 피해자의 상당한 주의의 정도는 사회적으로 최적인 수준보다 높게 4만원 수준의 주의로 설정된 경우에도 비효율적인 결과가 나타나게 됨을 확인할 수 있다.[16] (3) 다만 가해자의 상당한 주의의 정도가 사회적으로 최적인 수준으로 설정되었을 경우에는 피해자의 상당한 주의의 정도가 사회적으로 최적인 수준보다 낮게 설정되었다 하더라도 그 결과는 효율적으로 된다. 숫자 예에서 가해자의 상당한 주의의 정도가 3만원 수준의 주의로 설정되고 피해자의 상당한 주의의 정도가 (2만원 수준이 아닌) 0원 수준의 주의로 설정되었다면, 그때의 기여과실의 항변이 인정되는 과실책임원칙은 단순과실책임원칙과 내용이 같게 되고 따라서 효율적인 결과를 가져오게 된다. (4) 가해자가 6만원의 주의비용을 들였을 때 비로소 과실이 없는 것으로 인정된다면, 피해자의 상당한 주의의 정도가

16) 이 상황에서의 게임행렬은 위에서 제시한 기여과실의 항변이 인정되는 과실책임원칙하에서 상당한 주의의 정도가 최적으로 설정된 경우를 나타내는 게임행렬인 〈표 4-10〉에서 가해자의 주의정도가 0이고 피해자의 주의정도가 2일 때의 (기대)부담액 조합이 (15, 2)에서 (0, 17)로 바뀐 것으로 된다. 이렇게 변경된 게임에서는 이른바 순수전략균형(pure strategy equilibrium)은 존재하지 않고 진동(oscillation)이 일어나게 됨을 확인할 수 있다.

0원, 2만원, 4만원 중 어떤 수준으로 설정되었을 경우에도 비효율적인 결과가 나타나게 됨을 확인해 볼 수 있다.[17)]

비교과실책임원칙(comparative negligence rule)하에서는 단순과실책임원칙이나 기여과실의 항변이 인정되는 과실책임원칙에서와 마찬가지로 가해자는 상당한 주의를 기울인 때에는 배상책임을 지지 않는다. 그러나 비교과실책임원칙은 가해자와 피해자가 모두 상당한 주의를 기울이지 않았을 경우 사고손해를 가해자와 피해자가 분담한다는 점에서 가해자가 손해의 전부를 부담하게 되는 단순과실책임원칙이나 피해자가 손해의 전부를 부담하게 되는 기여과실의 항변이 인정되는 과실책임원칙과 다르다. 비교과실책임원칙은 단순과실책임원칙과 기여과실의 항변이 인정되는 과실책임원칙의 중간형태라 할 수 있다. 가해자와 피해자의 과실이 모두 인정되는 경우 각자가 분담하는 손해의 비율은 일반적으로 양 당사자들의 실제의 주의정도가 상당한 주의정도와 비교하여 얼마나 떨어져 있느냐에 의존한다. 즉 가해자의 실제의 주의정도와 상당한 주의정도 사이의 차이가 클수록 그리고 피해자의 그 차이가 작을수록 가해자의 손해분담비율은 더 커지게 될 것이다.

비교과실책임원칙도 상당한 주의의 정도가 사회적으로 최적인 수준으로 설정되어 있는 한 효율적인 결과를 가져온다. 가해자와 피해자의 상당한 주의의 정도가 사회적으로 최적인 수준인 3만원과 2만원의 수준으로 각각 설정되어 있다면, 그리고 가해자와 피해자가 모두 상당한 주의를 하지 않고 0원 수준의 주의를 기울인 때에는 손해액 22만원을 가해자와 피해자가 예컨대 절반씩 부담하게 된다면, 비교과실책임원칙하에서 당사자들의 주의정도에 따른 비용부담액을 나타내는 게임행렬은 〈표 4-11〉과 같게 된다. 게임행렬을 통해 쉽게 확인할 수 있듯이 가해자가 3만원 수준, 피해자가 2만원 수준의 주의를 기울이는 것이 유일하면서도 안정적인 균형으로 된다. 반면 비교과실책임원칙에서도 가해자나 피해자의 상당한 주의의 정도가 사회적으로 최적인 주의정도와 다르게 설정되었을 경우에는, 앞에서 기여과실의 항변이 인정되는 과실책임원칙에 대하여 설명한 바와 마찬가

17) 가해자의 상당주의정도가 6만원일 때, 피해자의 상당주의정도가 0원이면 가해자는 6만원, 피해자는 0원 수준의 주의를 기울이는 것으로, 그리고 피해자의 상당주의정도가 2만원 혹은 4만원이면 순수전략균형이 존재하지 않는 것으로 나타난다.

‖ 표 4-11 ‖ 비교과실책임원칙하에서의 주의정도의 선택: 상당한 주의의 정도가 최적으로 설정된 경우 (단위: 만원)

		피해자의 주의정도 0	피해자의 주의정도 2	피해자의 주의정도 4
가해자의 주의정도	0	11, 11	15, 2	12, 4
	3	3, 13	3, 12	3, 13
	6	6, 9.5	6, 10	6, 11.5

지로, 일반적으로 효율적인 결과가 나타나지 않게 된다.

이상의 분석에서 명백해졌듯이, 가해자의 주의정도뿐만 아니라 피해자의 주의정도도 사고위험에 영향을 미치는 경우, 무책임원칙은 가해자에게 적절한 주의를 기울일 유인을 제공하지 못함으로써 그리고 엄격책임원칙은 피해자에게 적절한 주의를 기울일 유인을 제공하지 못함으로써 사회적으로 최적인 결과를 가져오지 못하게 된다. 한편 기여과실의 항변이 인정되는 엄격책임원칙과 모든 종류의 과실책임원칙(단순과실책임원칙, 기여과실의 항변이 인정되는 과실책임원칙, 비교과실책임원칙 등)은, 과실 내지 기여과실의 유무를 판정하는 기준이 되는 상당한 주의의 정도가 사회적으로 최적인 수준으로 설정되어 있는 한, 사회적으로 효율적인 결과를 가져오게 된다. 이들 책임원칙하에서는 당사자들은 기본적으로 적절한 주의를 기울임으로써 사고손해의 부담을 면하게 되거나(각종 과실책임원칙하에서의 가해자 혹은 기여과실의 항변이 인정되는 엄격책임원칙하에서의 피해자의 상황), 적절한 주의를 기울임으로써 자신이 실제로 부담하게 되는 총비용(기대사고손해부담액+주의비용)을 줄일 수 있게 된다(각종 과실책임원칙하에서의 피해자 혹은 기여과실의 항변이 인정되는 엄격책임원칙하에서의 가해자의 상황).

우리는 지금까지 가해자와 피해자 모두 일정한 정(正, +)의 수준의 주의를 기울이는 것이 사회적으로 최적인 상황을 염두에 두면서 각종 책임원칙의 효율성을 분석해 왔다. 그러나 위에서의 분석결과는 가해자 혹은 피해자 일방만이 정(正)의 수준의 주의를 기울이는 것이 사회적으로 효율적인 경우, 즉 일방 당사자가 이른바 최소비용회피자(least cost avoider)인 경우에도 그대로 유효하다. 다만 후자의 경우에는 각종 책임원칙의 효율성을 분석함에 있어 그동안 많은 오류가 있어 왔다. 여기에서는 올바른 분석을 제시하고 나아가 기존 문헌에서의 분석상의 오류가 어디에서 생겨났는지를 간단히 살펴보기로 한다.

가해자와 피해자는 각각 주의를 기울이는 것과 주의를 기울이지 않는 것 중에서 어느 한쪽을 선택할 수 있는 상황에서, 가해자와 피해자 모두가 주의를 기울이지 않을 경우의 기대사고손해는 100만원이고 가해자와 피해자 중 일방이라도 주의를 기울이면 기대사고비용이 0원으로 된다고 가정해 보자. 그리고 가해자의 주의비용이 70만원이고 피해자의 주의비용이 40만원이라고 하자. 즉 사고의 최소비용회피자는 피해자인 경우이다. 그러면 사회적으로 효율적인 결과는 가해자는 주의를 기울이지 않고 피해자만 40만원의 비용을 들여 주의를 기울일 때 나타난다.[18]

표 4-12 최소비용회피자 모형에서 주의정도와 총사고비용의 관계: 피해자가 최소비용회피자인 경우 (단위: 만원)

		피해자의 주의정도: 부주의 (주의비용 0)	피해자의 주의정도: 주의 (주의비용 40)
가해자의 주의정도	부주의 (주의비용 0)	100	40
	주의 (주의비용 70)	70	110

피해자가 최소비용회피자인 경우 가해자는 주의를 기울이지 않는 것이 사회적으로 최적으로 된다. 법원이 가해자의 상당한 주의정도를 올바르게 0 수준으로 설정한다면(즉 가해자가 주의를 기울이지 않더라도 과실이 없는 것으로 판정한다면), 각종 과실책임원칙은 무책임원칙과 그 내용이 같게 되고, 따라서 가해자로 하여금 주의를 기울이지 않도록 그리고 피해자는 주의를 기울이도록 유도함으로써(즉 최소비용회피자인 피해자만 주의를 기울이도록 유도함으로써) 효율적인 결과를 가져오게 된다. 이러한 결과는 〈표 4－13〉의 게임행렬에서 확인할 수 있다. 게임행렬의 좌상

18) 즉 총사고비용을 최소화시키는 가해자의 주의정도 x^*는 0, 피해자의 주의정도 y^*는 40이다.

칸 내용이 (0, 100)으로 되어 있는 것은 가해자가 주의를 기울이지 않아도 배상책임이 없기 때문이다. 다음으로 기여과실의 항변이 인정되는 엄격책임원칙하에서도 피해자의 상당주의정도가 40 수준으로 올바르게 설정되어 있다면, 게임행렬의 좌상 칸 내용이 (0, 100)으로 된다. 이 경우 게임의 균형은 쉽게 확인할 수 있는 바와 같이 가해자는 주의를 기울이지 않고 피해자만 40만원의 비용을 들여서 주의를 기울이는 데에서 이루어진다. 결국 최소비용회피자의 관념이 적용되는 상황에서도 상당한 주의의 정도가 사회적으로 최적인 수준으로 설정되어 있는 한 각종 과실책임원칙과 기여과실의 항변이 인정되는 엄격책임원칙은 사회적으로 효율적인 결과를 가져오게 된다는 명제는 그대로 성립하게 된다. 반면 단순엄격책임원칙은 가해자로 하여금 70만원의 비용을 들여 주의를 기울이도록 유도함으로써 비효율적인 결과를 가져옴을 확인해 볼 수 있다.[19)]

표 4-13 각종 과실책임원칙과 기여과실의 항변이 인정되는 엄격책임원칙: 피해자가 최소비용회피자이고 상당주의정도가 최적으로 설정된 경우 (단위: 만원)

		피해자의 주의정도	
		부주의 (주의비용 0)	주의 (주의비용 40)
가해자의 주의정도	부주의 (주의비용 0)	0, 100	0, 40
	주의 (주의비용 70)	70, 0	70, 40

표 4-14 단순과실책임원칙하에서의 주의정도의 선택: 가해자가 주의를 기울이지 않으면 과실이 있는 것으로 판정할 경우 (단위: 만원)

		피해자의 주의정도	
		부주의 (주의비용 0)	주의 (주의비용 40)
가해자의 주의정도	부주의 (주의비용 0)	100, 0	0, 40
	주의 (주의비용 70)	70, 0	70, 40

---

19) 단순엄격책임원칙하에서는 〈표 4-13〉 게임행렬의 좌상 칸 내용이 (0, 100)에서 (100, 0)으로 바뀜에 유의하라.

그러나 기존 문헌에서는, 가해자 혹은 피해자 일방만이 주의를 기울여도 사고가 회피되는 상황에서, 가해자이든 피해자이든 주의를 기울이지 않으면 (기여) 과실이 있는 것으로 판정된다고 상정하면서 각종 책임원칙의 효율성 결과를 비교 분석함으로써, 예컨대 어떤 형태의 과실책임원칙은 다른 형태의 과실책임원칙보다 우월하다는 결과를 제시하기도 하였다. 위의 예에서 가해자가 주의를 기울이지 않으면 과실이 있는 것으로 판정되고 따라서 배상책임을 진다고 한다면, 단순과실책임의 게임행렬은 〈표 4-14〉와 같게 된다. 쉽게 확인할 수 있는 바와 같이 이 게임의 균형은 피해자는 주의를 기울이지 않고 가해자는 70만원의 비용을 들여 주의를 기울이는 데에서 이루어지는 바, 이는 사회적으로 비효율적인 결과이다. 반면 기여과실의 항변이 인정되는 과실책임원칙의 경우, 피해자가 주의를 기울이지 않으면 기여과실이 있는 것으로 되어 배상을 받지 못하므로 게임행렬의 좌상 칸 내용이 (0, 100)으로 되고 따라서 사회적으로 효율적인 결과를 가져오는 것으로 분석된다.[20] 결국 단순과실책임원칙은 비효율적인 결과를 가져오지만 기여과실의 항변이 인정되는 과실책임원칙은 효율적인 결과를 가져오는 것으로 분석되는 것이다. 이는 상당한 주의정도에 대한 잘못된 관념에서 비롯된 잘못된 분석결과이지만, 최소비용회피자 모형에서 상당한 주의정도를 위와 같이 잘못 이해할 소지는 상당히 크다 할 수 있으므로 최소비용회피자 모형으로 각종 책임원칙의 효율성을 비교할 때는 각별한 주의가 요청된다 하겠다.

제4항 가해자 및 피해자의 주의정도와 행위정도가 사고위험에 영향을 미치는 경우

가장 일반적으로는 가해자 및 피해자가 각각 행위정도 및 주의정도에 대한 의사결정을 하게 될 것이다. 가해자 및 피해자의 효용은 적어도 일정수준까지는

---

20) 이와 같이 가해자의 상당주의정도($\bar{x}$)를 70 수준으로 그리고 피해자의 상당주의정도($\bar{y}$)를 40 수준으로 (잘못) 설정할 경우, 기여과실의 항변이 인정되는 엄격책임원칙은 효율적인 결과를 가져올 것인가? 비교과실책임원칙은? 가해자가 40의 비용을 들여 주의를 기울이든지 피해자가 70만원의 비용을 들여 주의를 기울이면 사고가 회피되는 경우(즉 가해자가 최소비용회피자인 경우)에는 위의 분석결과가 어떻게 달라질 것인가?

각자의 행위정도가 늘어남에 따라 증가하지만 반면에 기대사고손해도 행위정도의 증가에 비례하여 증가하는 것으로 가정하기로 하자. 이 경우 사회적 목표는 가해자 및 피해자가 각자의 행위로부터 얻는 효용의 가치에서 총주의비용 및 기대사고손해를 차감한 값을 극대화시키는 데 있다고 할 수 있다.[21] 이제 각종 책임원칙은 어떠한 결과를 가져올 것인지 살펴보기로 한다.[22]

무책임원칙하에서는 가해자가 주의를 기울일 인센티브가 없을 것이고, 행위정도를 적절하게 줄일 인센티브도 없을 것이다. 그리하여 사고발생 위험은 높아지게 될 것인바, 피해자는 이에 대응하여 자신이 부담하는 총사고비용을 최소화시키는 주의정도와 행위정도를 선택하게 될 것이다. 결국 가해자의 주의정도는 사회적으로 효율적인 수준보다 적게 그리고 가해자의 행위정도는 효율적인 수준보다 많게 되며, 피해자의 주의정도는 효율적인 수준보다 많게 그리고 피해자의 행위정도는 효율적인 수준보다 적게 될 것이다.[23]

엄격책임원칙은 무책임원칙과 대칭적인 결과를 가져온다. 엄격책임원칙하에서는 피해자가 주의를 기울일 인센티브가 없을 것이고, 행위정도를 적절하게 줄일 인센티브도 없을 것이다. 가해자는 이에 대응하여 자신이 부담하는 총사고비용을 최소화시키는 주의정도와 행위정도를 선택하게 될 것이다. 결국 피해자의 주의정도는 사회적으로 효율적인 수준보다 적게 그리고 피해자의 행위정도는 효율적인 수준보다 많게 되며, 가해자의 주의정도는 효율적인 수준보다 많게 그리고 가해자의 행위정도는 효율적인 수준보다 적게 될 것이다.[24]

---

21) 가해자가 행위정도 s로부터 얻는 효용을 $U(s)$, 피해자가 행위정도 t로부터 얻는 효용을 $V(t)$, 가해자가 x만큼, 피해자가 y만큼 주의를 기울였을 경우의 사고확률을 $p(x,y)$, 사고가 한 번 났을 때의 사고손해를 L이라 하면 사회적 목표는 사회후생 $SW = U(s) + V(t) - (sx + ty + stp(x,y)L)$을 극대화시키는 것이라 할 수 있다.

22) 여기에서는 숫자 예를 다루는 대신 앞에서의 논의에 기초하여 각종 책임원칙이 어떤 결과를 가져올지, 어떤 상황에서 어떤 책임책임원칙이 더 나을지 등의 문제에 대한 분석결과를 제시한다.

23) 무책임원칙하에서 x는 0의 값, s는 $U(s)$를 극대화시키는 값을 갖게 될 것이고, y와 t는 앞에서 구한 x와 s의 값이 주워졌을 때의 $V(t) - (ty + stp(x,y)L)$을 극대화시키는 값을 갖게 될 것이다. 그 결과는 일반적으로 $x < x^*$, $s > s^*$, $y > y^*$, $t < t^*$로 될 것이다. 단, x^*, s^*, y^*, t^*는 $SW = U(s) + V(t) - (sx + ty + stp(x,y)L)$을 극대화시키는 값들이다.

24) 엄격책임원칙하에서는 일반적으로 $x > x^*$, $s < s^*$, $y < y^*$, $t > t^*$로 될 것이다.

기여과실의 항변이 인정되는 엄격책임원칙하에서 법원이 피해자의 상당주의 정도를 사회적으로 최적인 수준으로 설정했을 경우, 우선 피해자는 기본적으로 사고손해를 배상받기 위해 상당한 주의를 기울일 것이다. 한편 피해자는 자신의 순효용가치(자신의 행위로부터 얻는 효용의 가치로부터 주의비용을 차감한 값)를 극대화시키는 행위정도를 선택할 것이다. 즉 피해자는 자신의 행위정도를 늘림으로써 늘어나는 효용의 크기가 행위정도를 늘림으로써 더 부담하게 되는 주의비용을 능가하는 한 행위를 늘리고자 할 것이다. 그러나 사회적 관점에서 보면 효용의 증가분이 주의비용과 기대사고손해의 합의 증가분보다 클 때에만 피해자가 자신의 행위를 늘리는 것이 바람직하다. 결국 피해자는 사회적 관점에서 보아 과다한 행위정도를 선택하게 된다. 피해자가 상당한 주의를 기울임에 따라 사고위험을 전적으로 부담하게 되는 가해자는 효율적인 수준보다 높은 수준의 주의정도와 낮은 수준의 행위정도를 선택하게 될 것이다.[25] 요컨대, 기여과실의 항변이 인정되는 엄격책임원칙하에서 피해자의 상당한 주의정도가 사회적으로 최적인 수준으로 설정되었다 하더라도 사회적으로 효율적인 결과는 나타나지 않게 된다.

과실책임원칙하에서 가해자의 상당한 주의의 정도가 사회적으로 최적인 수준으로 설정되었을 경우, 우선 가해자는 기본적으로 배상책임을 면하기 위해 상당한 주의를 기울일 것이다. 한편 상당한 주의를 기울인 가해자는 배상책임을 면하므로 행위수준을 적정수준으로 낮출 인센티브는 갖지 않게 된다. 가해자가 상당한 주의를 기울임에 따라 사고위험을 전적으로 부담하게 되는 피해자는 효율적인 수준보다 높은 수준의 주의정도와 낮은 수준의 행위정도를 선택하게 될 것이다.[26] 위의 단순 과실책임원칙에 관한 분석은 기본적으로 기여과실의 항변이 인정되는 과실책임원칙과 비교과실책임원칙하에서 가해자 및 피해자의 상당한 주의의 정도가 사회적으로 최적인 수준으로 설정되었을 경우에도 그대로 적용된다. 요컨대, 각종 과실책임원칙은 가해자(및 피해자)의 상당한 주의정도가 사회적으로 최적인 수준에서 설정되었다 하더라도 가해자로 하여금 행위정도를 적절하게 낮출 유인을 제공하지

25) 기여과실의 항변이 인정되는 엄격책임원칙 하에서 $\bar{y}=y^*$로 설정된 경우 일반적으로 $x>x^*$, $s<s^*$, $y=y^*$, $t>t^*$로 될 것이다.

26) 과실책임원칙하에서 $\bar{x}=x^*$로 설정된 경우 일반적으로 $x=x^*$, $s>s^*$, $y>y^*$, $t<t^*$로 될 것이다.

못함으로써 사회적으로 효율적인 결과를 가져오지 못하게 된다.

그러면 가해자와 피해자의 주의정도 뿐만 아니라 행위정도도 사고위험에 영향을 미치는 가장 일반적인 경우에는 어떤 책임원칙을 채택하는 것이 바람직할 것인가? 위의 논의에 비추어 보면, 피해자보다 가해자가 너무 많은 행위정도를 선택할 가능성이 상대적으로 큰 경우에는 각종 과실책임원칙보다 기여과실의 항변이 인정되는 엄격책임원칙을 채택하는 편이 보다 바람직할 것이다. 반대로 피해자 쪽의 행위를 적절히 통제하는 것이 중요한 경우에는 각종 과실책임원칙이 더 우월할 것이다. 예컨대 사나운 개를 몰고 산책하는 행위가 주의를 기울인 경우라 하더라도 여전히 상당한 위험을 수반한다면 각종 형태의 과실책임원칙보다는 기여과실의 항변이 인정되는 엄격책임원칙이 보다 바람직할 것이다. 반면에 자전거 전용선이 없는 국도를 자전거로 달리는 행위가 주의를 기울인 경우라 하더라도 여전히 상당한 위험을 수반한다면 각종 과실책임원칙 쪽이 더 바람직할 것이다.

가해자 및 피해자로 하여금 사회적으로 최적인 주의수준과 행위수준을 선택하도록 유도하는 책임원칙은 없는가? 그런 이상적인 책임원칙은 존재하지 않는 것으로 나타나는 바, 가해자 혹은 피해자가 (사회적으로) 올바른 행위수준을 선택하기 위해서는 스스로 사고손해를 부담해야 하지만 책임원칙하에서는 가해자와 피해자가 동시에 사고손해를 부담할 수는 없기 때문이다. 이와 관련하여 다음의 두 가지 점이 언급될 수 있다. 첫째, 예컨대 가해자로 하여금 사고손해액만큼을 국가에 벌금으로 납부하도록 하고 피해자로 하여금 사고손해를 감수하도록 하면, 가해자와 피해자가 동시에 사고손해를 부담하는 셈으로 되고 따라서 그들은 각각 (사회적으로) 최적인 행위정도를 선택하게 될 것이다. 그러나 이 방법은 피해자에게 가해자를 적발·고지할 유인을 제공하지 못한다는 난점이 있다. 둘째, 만약 법원이 과실 혹은 기여과실의 유무를 판정함에 있어 주의정도뿐만 아니라 행위정도도 적절히 고려에 넣을 수 있다면 위에서 살펴본 각종 책임원칙들은 효율적인 결과를 가져올 수 있을 것이다. 그러나 앞에서도 논의한 바와 같이 법원이 (기여)과실 유무의 판정시 행위정도의 요소를 고려에 넣는 데는 많은 어려움이 따른다.

제5항 실제 법제에서의 책임원칙

실제 법제에서는 어떤 책임원칙이 채택되고 있는가? 대륙법계에서든 영미법계에서든 기본적으로 과실책임원칙이 채택되고 있고, 어떤 제한된 분야에서는 엄격책임원칙의 요소가 일정부분 들어가 있는 것으로 파악된다. 과실책임원칙이 기본으로 되어 있는 것은 소송비용 내지 사건해결비용의 측면에서 과실책임원칙이 더 우월하다는 점이 작용했을 것으로 생각해 볼 수 있다. 일반적으로 엄격책임원칙하에서의 총 배상청구 건수는 과실책임원칙하에서의 그것보다 많을 것이다. 엄격책임원칙의 상황과 비교할 때, 과실책임원칙하에서는 가해자가 무과실일 것 같거나 가해자의 과실을 입증하기 어려울 것 같을 경우에는 피해자가 아예 배상청구를 하지 않을 가능성이 있기 때문이다. 물론, 배상청구 건당 해결비용은 과실책임원칙의 경우 더 클 것이다. 과실책임원칙하에서는 가해자 과실유무라는 분쟁요소가 추가로 더 있어 가해자와 피해자가 합의에 도달하지 못할 가능성이 더 커지고 따라서 배상청구는 더 많은 비용이 드는 소송으로까지 발전할 가능성이 클 뿐만 아니라, 소송 그 자체도 과실유무가 판정되어야 하므로 더 많은 비용이 들 것이기 때문이다. 그러나 전반적으로 엄격책임원칙보다는 과실책임원칙의 경우 총 배상청구건수가 크게 줄어듦으로써 사건해결비용이 더 적을 것으로 판단된다.

우리나라 민법 제750조는 "고의 또는 "고의 또는 과실로 인한 위법행위로 타인에게 손해를 가한 자는 그 손해를 배상할 책임이 있다."고 규정하여 불법행위에서 과실책임원칙임을 기본으로 삼고 있음을 명백히 하고 있다. 그런데, 민법 제763조는 채무불이행으로 인한 손해배상에서의 과실상계에 관한 규정인 제396조 "채무불이행에 관하여 채권자에게 과실이 있는 때에는 법원은 손해배상의 책임 및 그 금액을 정함에 이를 참작하여야 한다."를 불법행위로 인한 손해배상에 준용하도록 규정하고 있다. 따라서 우리나라 민법은 결국 비교과실책임원칙을 채택하고 있다 하겠다. 다음으로 엄격책임원칙의 요소가 가미된 분야는 많은 경우 가해자의 주의에도 불구하고 사고위험이 크게 남아 있는 분야이다. 예컨대 동물점유자, 공작물 등의 점유자 및 소유자 등은 많은 나라에서 엄격책임 (즉 무과실책임) 또는 엄격책임에 가까운 무거운 책임을 지는 것으로 되어 있다. 우리나라 민법 제759조 제1항은 "동물의 점유자는 그 동물이 타인에게 가한 손해를 배상할 책임이 있다. 그러나 동물의 종류와 성질에 따라 그 보관에 상당한 주의를 해태하지 아니한 때에는 그러하지 아니하다."고 규정하여 과실에 관한 입증(증명)책임을 피해자로부터 가해자로 전환함으로써 동물의 점유자에게 보다 무거운 책임을 지우고 있고, 제758조 제1항은 "공작물의 설치 또는 보존의 하자로 인하여 타인에게 손해를 가한 때에는 공작물 점유자가 손해를 배상할 책임이 있다. 그러나 점유자가 손해의 방지에 필요한 주의를 해태하지 아니한 때에는 그 소유자가 손해를 배상할 책임이 있다."고 규정하여 공작물 점유자에게는 무과실의 입증(증명)책임을 그리고 공작물 소유자에게는 엄격책임(무과실책임)을 부과하고 있다. 가해자의 주의에도 불구하고 사고위험이 크게 남아 있는 분야에서 엄격책임원칙이 채택되는 예로는 그 밖에도 제조물책임법 제3조, 환경정책기본법 제44조, 원자력손해배상법 제3조, 토양환경보전법 제23조를 들 수 있다.

하지만, 가해자의 주의에도 불구하고 사고위험이 크게 남아있는 분야에서(기여과실의 항변이 인정되는) 엄격책임원칙이 채택되는 경향이 있다는 관찰은 대략적인 것에 불과하다. 어떤 분야에 과실책임이 적용되고 어떤 분야에 엄격책임이 적용되는지는 해당행위의 위험성뿐만 아니라 그 나라에서의 법의 역사, 책임원칙에 대한 이해 등의 요인에 의해서도 영향을 받게 될 것이다.

제 3 절
순차적 주의(sequential care)와 영미법에서 책임원칙의 변천

앞에서 보았듯이 가해자의 주의정도뿐만 아니라 피해자의 주의정도도 사고위험에 영향을 미치는 경우, 각종 과실책임원칙(단순과실책임원칙, 기여과실의 항변이 인정되는 과실책임원칙, 비교과실책임원칙 등)은 과실 내지 기여과실의 유무를 판정하는 기준이 되는 상당한 주의의 정도가 사회적으로 최적인 수준으로 설정되어 있는 한, 사회적으로 효율적인 결과를 가져오게 된다.

그러나 단순 과실책임원칙이 그대로 적용된다면 가해자가 어떻게 잘못하여

(inadvertently) 상당한 주의를 기울이지 않은 경우 가해자의 과실에 대해 뒤에 움직이는 피해자가 적절히 반응할 유인을 갖지 않게 된다. 〈표 4-9〉에서 가해자의 주의정도가 0수준이었다면 피해자는 4만큼의 주의를 기울이는 것이 사회적인 관점에서 효율적이지만 단순 과실책임원칙 하에서는 0만큼의 주의를 기울임으로써 기대사고비용을 크게 높이게 될 것이다.

1809년 영국의 Butterfield v. Forrester 사건[27]은 가해자가 어떻게 잘못하여 상당한 주의를 기울이지 않은 경우 뒤에 움직이는 피해자로 하여금 적절한 주의를 기울일 유인을 갖도록 하는 문제를 다룬 판결이다. 이 사건에서 피고 Forrester는 자기 집을 수리하면서 건축자재를 도로변에 놓아두었다. 자재의 일부는 도로의 중앙까지 나와 있었는데, 해거름에 원고 Butterfield는 과속으로 마차를 몰다가 도로변의 자재에 걸려 넘어져 다치게 되었다. 당시 100야드 거리는 볼 수 있는 상황이었고 좀 천천히 달렸다면 건축자재를 볼 수 있는 상황이었다. 원고는 피고에게 손해배상을 청구하였다. 당시 영국의 법은 (단순)과실책임원칙을 채택하고 있었지만, 법원은 피고(가해자)에게 과실이 있다 하더라도 원고(피해자)에게도 사고발생에 기여한 과실이 있다면 원고는 손해를 배상 받을 수 없다고 하면서 원고패소 판결을 내렸다. 이 판결 이후 영미에서는 기여과실의 항변이 인정되는 과실책임원칙이 지배하게 되었다. 〈표 4-10〉에서 확인해 볼 수 있는 바와 같이 기여과실의 항변이 인정되는 과실책임원칙은 가해자가 어떻게 하여 상당한 주의를 기울이지 않은 경우에도 피해자가 적절한 주의(여기에서는 2만큼의 주의)를 기울일 유인을 갖게 하여 총사고비용을 크게 낮추게 된다.

그러나 기여과실의 항변이 인정되는 과실책임원칙은 또 나름대로의 난점이 있다. 즉 피해자가 어떻게 잘못하여 상당한 주의를 기울이지 않은 경우 나중에 행동하는 가해자는 피해자의 과실에 대해 적절히 반응할 유인을 갖지 않게 된다. 〈표 4-10〉에서 피해자의 주의정도가 0수준이었다면 가해자는 6만큼의 주의를 기울이는 것이 사회적인 관점에서 효율적이지만 기여과실의 항변이 인정되는 과실책임원칙하에서는 0만큼의 주의를 기울이게 될 것이다. 이러한 기여과실의 항변이 인정되는 과실책임원칙의 난점과 관련된 판결이 1842년 영국의 Davies v. Mann

---

27) 11 East 60, 103 Eng. Rep. 926 (K.B., 1809).

판결[28]이다. 원고 Davies는 자신의 당나귀를 도로변에 풀어놓아 풀을 뜯어 먹도록 했다. 피고 Mann이 탄 3마리 말이 끄는 마차가 조금은 내리막인 그 도로를 과속으로 달리다 당나귀를 치었고 마차바퀴에 깔린 당나귀는 곧 죽게 되었다. 이에 원고는 손해배상을 청구하는 소송을 제기하였다. 피고(가해자)는 도로변에 당나귀를 풀어놓은 원고(피해자)에게도 기여과실이 있으므로 Butterfield v. Forrester(1809) 이후 확립된 기여과실의 항변이 인정되는 과실책임원칙에 의해 배상책임이 없다고 주장하였다. 그러나 법원은 비록 원고(피해자)에게 당나귀를 도로변에 풀어놓은 과실이 있었다 하더라도 피고(가해자)는 사고를 방지할 수 있을 정도의 속도로 마차를 달렸어야 한다고 판단하면서 원고승소 판결을 내렸다. 만약 피해자의 기여과실이 있으면 가해자는 항상 배상책임을 면한다고 할 경우, 도로 위에 자고 있는 사람을 치거나 중앙선을 넘어서 달리는 마차를 일부러 들이박는 행위를 정당화하려 할지도 모른다는 것이 그 논거 중의 하나였다. 이 판결 후 영미법에서 책임원칙은, 피해자의 기여과실은 배상책임에 대한 항변사유가 되지만, 피고(가해자)가 사고를 방지할 최후의 명백한 기회(last clear chance)를 가졌는데도 그 기회를 살리지 못한 경우에는 기여과실의 항변이 인정되지 않고 따라서 가해자는 배상책임을 부담하게 된다는 것으로 변화하였다.

앞에서 다룬 숫자 예에서 피해자가 먼저 행동하고 최후의 명백한 기회의 법리(doctrine of last clear chance)가 채택된 경우의 게임행렬을 표시하면 〈표 4-15〉와 같게 될 것이다. 피해자의 주의정도가 0수준이었다면 가해자는 6만큼의 주의를 기울이는 것이 사회적인 관점에서 효율적이므로 가해자가 그보다 적은 주의를

표 4-15 최후의 명백한 기회의 법리하에서 주의정도의 선택 (단위: 만원)

		피해자의 주의정도		
		0	2	4
가해자의 주의정도	0	22, 0	15, 2	12, 4
	3	16, 0	3, 12	3, 13
	6	6, 9.5	6, 10	6, 11.5

28) 10 M.&W. 546, 152 Eng. Rep. 588 (1842).

기울이면 배상책임을 지게 되는 것이다. 표에서 확인할 수 있는 바와 같이 최후의 명백한 기회의 법리는 원고(피해자)의 과실이 있음을 관찰한 후에 행동하는 피고(가해자)로 하여금 피해자의 과실에 대해 적절히 대응하도록 유도하게 된다.

그러나 최후의 명백한 기회의 법리도 난점이 있는바, 이 법리가 적용됨을 안다면 먼저 움직이는 피해자는 전략적으로 행동할 수 있다. 〈표 4－15〉의 게임행렬에서 피해자는 0만큼의 주의를 기울이는 것이 우월전략으로 되는 것이다. 이런 피해자 측의 전략적 행동 가능성을 고려하여 피고(가해자)가 뒤에 움직였는데도 불구하고 피고에게 배상책임을 물리지 않은 판결도 많았다. 예컨대, 1949년 미국의 Anderson v. Payne 사건[29]에서 법원은 원고(피해자)는 도로의 통행금지 구역임을 알면서 그곳을 걸어감으로써 자신을 위험에 노출시켰으므로 배상받을 수 없다는 판결을 내렸다. 한편으로는 뒤에 움직이는 사람으로 하여금 앞에 움직인 사람의 의도하지 않은 과실에 적절히 대응하도록 하면서 다른 한편으로는 앞에 움직이는 사람으로 하여금 기회주의적으로 행동하지 않도록 해야 하는 딜레마에 직면하여 사안에 따라 최후의 명백한 기회의 법리는 적용되기도 했다가 적용되지 않기도 해 왔다.

비교과실책임원칙은 이러한 딜레마를 완화시키는 책임원칙이라 할 수 있다. 비교과실책임원칙하에서는 〈표 4－11〉에서 확인할 수 있는 바와 같이 피해자가 어떻게 하여 0만큼의 주의만 기울였을 경우에도 가해자는 (사회적으로 최적인 6만큼의 주의는 아니지만) 어느 정도 (3만큼) 주의를 기울일 유인이 있게 된다. 그리고 비교과실책임원칙하에서 피해자는 전략적으로 행동할 유인이 없게 된다. 나아가 가해자가 먼저 움직이면서 어떻게 잘못하여 상당한 주의를 기울이지 않은 경우에도 피해자는 어느 정도 주의를 기울일 유인이 있게 된다. 최근 영미법에서 비교과실책임원칙이 보다 광범위하게 채택되는 추세에 있는데, 이러한 현상은 비교과실책임원칙이 형평성의 관념과 보다 더 잘 부합한다는 점과 함께 순차적 주의(sequential care)의 경우에 상대적으로 보다 바람직한 성질을 가지고 있다는 점이 작용하고 있는 것이 아닐까 추측해 볼 수 있다.[30]

---

29) 54 S.E.2d 82, 86 (1949).

30) 영미법에서의 책임원칙의 변천과 순차적 주의에 관한 여기에서의 논의는 주로 Robert

제 4 절 징벌적 배상(punitive damages) · 사용자책임(vicarious liability) · 공동불법행위(joint tort)

손해배상은 실제 입은 손해를 배상하는 것을 원칙으로 한다. 그러나 근래 몇몇 특별법에서는[31] 발생한 손해보다 더 많은 액을 배상하게 하는 징벌적 요소(懲罰的 要素)를 가진 배상제도(punitive damages)를 도입하고 있고, 확대 도입의 필요성에 대한 논의가 진행되고 있다.

법정책적인 관점에서 징벌적 배상제도 도입이 논의되는 데는 다음과 같은 이유가 있다. 예컨대 불량상품(不良商品)을 만들어 1년에 1,000명에게 총 1억원의 소비자피해(일인당 평균 10만원씩)를 발생시키고 있는 기업이 있다고 하자. 그런데 이 기업이 연 6,000만원을 들여 품질관리를 하면 불량상품을 없앨 수 있다. 이러한 경우에는 연 6,000만원을 들여 품질관리를 하는 편이 사회적으로 1억원의 손해를 줄여 4,000만원의 순이익을 가져오므로 효율적이다. 만약 불법행위제도가 완전하게 작동한다면 위와 같은 바람직한 결과가 나타날 수 있다. 불법행위제도가 불완전하게 작동한다면 위와 같은 사회적으로 효율적인 결과가 나오지 않을 수도 있다. 예컨대 피해 소비자 1,000명 중 200명만이 손해배상을 청구하였다고 하자. 그러면 회사입장에서는 2,000만원의 손해배상액을 지불하는 편이 6,000만원의 품질관리비를 지불하는 것보다 이익이 되므로 불량상품의 생산을 지속할 것이다. 한마디로 불법행위가 과다생산된다. 그리고 이 과다생산을 불법행위법이 제도적으로 막지를 못한다. 결국 사고총비용의 최소화를 주요 목표의 하나로 하고 있는 불법행위법의 본래의 목적에 반하는 결과가 나온다.

Cooter and Thomas Ulen, *Law and Economics*, 6th edition, Pearson Education, 2012과 Thomas J. Miceli, *Economics of the Law*, 3rd edition, Oxford University Press, 2017을 주로 참조한 것이다.

31) 하도급거래 공정화에 관한 법률 제35조 제2항, 대리점거래의 공정화에 관한 법률 제34조 제2항, 가맹사업거래의 공정화에 관한 법률 제37조의2 제2항, 기간제 및 단시간근로자 보호 등에 관한 법률 제13조 제2항, 공익신고자 보호법 제29조의2, 개인정보 보호법 제39조 제3항, 제조물 책임법 제3조 제2항 등.

이 문제를 해결하는 방법의 하나가 바로 징벌적 배상제도의 도입이다. 1,000명의 소비자 중 20%인 200명만이 손해배상을 청구하였으므로, 개별 소비자들이 요구하는 손해배상액(위의 예에서는 10만원)에 이 20%의 역수(逆數)인 5를 곱하여 그 금액(1인당 50만원)을 기업으로 하여금 손해배상청구를 하는 개별 소비자들에게 배상케 하도록 하는 것이다. 그렇게 되면 이제 기업의 총배상액은 1억원(200명×50만원)이 되므로 기업은 6,000만원을 들여 품질관리를 하는 쪽을 택하게 된다. 위의 예에서 나타난 5를 징벌승수(懲罰乘數, punitive multiplier)라고 부른다.[32)]

위와 같이 징벌적 배상을 하게 하면 불법행위제도의 불완전집행으로 인한 불법행위의 과다발생의 문제를 해결할 수 있다. 특히 불법행위제도가 불완전하게 집행될 수 있다는 사실을 숙지하고 이 약점을 악용하는 고의적 내지 악의적 불법행위자의 경우에는 이 징벌적 배상제도가 도입되지 않으면 그들의 과다한 불법행위를 막을 수 있는 사법적 방법(私法的 方法)은 없다.

다음은 사용자책임의 문제에 대하여 간단히 한 가지 문제점만을 지적해 두기로 한다. 일반적으로 민법 제756조에서 규정하고 있는 사용자책임의 존재 이유 내지 근거로 손해의 공평한 분배를 들고 있다. 예컨대 버스회사의 운전기사가 운전 중 과실로 행인을 부상케 한 때에 그 운전기사의 사용자인 버스회사에게 배상책임을 지우는 이유가 피해자에게 충분한 구제를 보장하기 위한 것이라는 주장이다. 피용자에게만 책임을 지워서는 피해자의 피해구제가 부족하기 때문에 사용자에게 책임을 지우는 것이라는, 결국 부담의 보다 합리적 분배가 목적이라는 주장이다. 이는 옳은 주장인 것은 사실이나 불충분한 주장이다. 손해의 분담 못지않게 중요한 것이, 사용자로 하여금 피용자들에게 보다 안전한 업무를 부과하도록 하고 보다 안전한 작업방법을 교육하도록 하는 등의 안전유인을 주기 위해서이다. 사용자로 하여금 그러한 방향으로 안전노력을 강화하도록 하여 결국 사고의 총비용을 낮추기 위해서이다.

---

32) 이 예에서 소비자들이 받는 배상액이 커지면 배상청구를 하는 소비자가 늘어날 것이라 가정하면, 불법행위의 과다생산 문제를 해결하기 위한 징벌승수는 5보다 작을 가능성이 크다. 예컨대 징벌승수 4를 적용하여 손해배상액을 40만원으로 높일 때 손해배상을 청구하는 소비자가 200명에서 250명으로 늘어난다면 기업의 총배상액은 1억원(250명×40만원)이 될 것이다.

만일 사용자책임제도(使用者責任制度)가 단순히 발생한 사고비용의 합리적이고 공평한 부담만이 문제라면,[33] 그리하여 사용자가 피용자보다 부담능력이 커서 피해자 보호를 위해 사용자로 하여금 책임을 부담시키는 제도라면 구태여 피용자가 "사무집행에 관하여" 제3자에게 준 손해에 대하여서만 사용자가 책임을 지도록 할 이유가 없다고 본다. 사무집행과 관련된 행위에 대하여서만 사용자책임을 인정하는 이유는 사무집행과 관련될 때에만, 그러한 범위 내의 일일 때에만 사용자는 사고발생에 대하여 영향을 미칠 수 있기 때문이다. 그러한 경우에만 사용자는 사고발생을 줄이기 위해 필요한 안전조치를 할 수 있고, 또 그러한 조치가 사고발생을 줄이는 데 유효하게 영향을 미칠 수 있기 때문이다. 본래 사용자책임제도의 목적이 사용자로 하여금 그러한 안전조치를 하도록 유도하는 데 있으므로 당연히 사용자가 그러한 조치를 할 수 있는 범위 내의 행위로 사용자책임이 제한될 수밖에 없다고 해석해야 한다.

사용자의 피용자에 대한 구상권을 인정하는 문제를 보자. 만일 사용자의 구상권을 인정하지 않으면 어떻게 될까? 피용자들 사이에 전형적인 도덕적 해이(道德的 解弛, moral hazard)의 문제가 발생할 수 있다. 그리하여 사고의 과다발생이 결과될 수 있다. 한마디로 피용자들로 하여금 사고방지를 위하여 노력할 유인을 크게 줄이는 결과가 되기 때문이다. 사고의 유형 자체가 사용자의 노력에 의하여 100% 방지될 수 있는 경우라면 구태여 구상권을 인정할 필요가 없을 것이다.[34] 그러나 사용자뿐만 아니라 피용자의 안전노력도 대단히 중요한 경우가 보다 일반적이라면 구상권의 인정은 도덕적 해이의 문제를 극복하기 위해 반드시 필요한 제도적 장치가 된다고 보아야 할 것이다.[35] 따라서 구상권은 필요하다고 본다.

---

33) 그 이론적 근거를 기업의 사회적 책임이라는 '기업책임의 이론'에서 찾느냐 아니면 이익이 있는 곳에 손해도 귀속되어야 한다는 '보상책임의 원리'에서 찾느냐는 그리 중요한 문제는 아니라고 본다. 두 이론 모두가 분배의 공정을 이유로, 그리고 피해자의 충분한 보호를 이유로 사용자의 책임을 논하고 있다는 점에서는 차이가 없다.

34) 뒤에서 자세히 논하겠으나 사용자책임의 문제가 소위 택일형 공동불법행위가 되는 경우로서 사용자(使用者)가 더 적은 비용으로 사고를 방지할 수 있는 때에는 구상권(求償權)을 인정하지 않는 것이 바람직하다.

35) 민법 제756조에서 사용자에게 면책사유를 인정하고 있고 동시에 피용자에 대한 사용자의 구상권을 인정하고 있는 것이 기업책임론의 입장에서 대단히 불충분하다는 비판이

다만 분석을 보다 깊이 한다면 구상권을 인정하되 그 범위를 어디까지 할 것인가를 문제 삼아야 할 것이다. 만일 사고가 사용자의 안전노력 미흡에 피용자의 안전노력 미흡이 겹쳐서 공동불법행위(共同不法行爲)의 일종으로 사고가 발생한 것이라면,[36] 어떤 형태로든 사용자와 피용자가 책임을 분담하는 것이, 환언하면 일부구상만을 인정하는 것이 양 당사자 모두의 안전노력을 유인하기 위하여 보다 효율적인 방법이 될 수 있다. 이 문제에 대하여는 곧이어 공동불법행위를 논할 때 좀 더 자세히 재론하기로 한다.

공동불법행위(joint tort)란 여러 명이 공동으로 불법행위를 하여 타인에게 손해를 가하는 경우를 말한다. 이러한 공동불법행위의 경우 우리나라 민법 제760조는 연대하여 손해를 배상할 책임이 있다고 규정하고 있다. 그리고 여기서 "연대하여" 책임을 진다고 하는 것은 공동불법행위자들이 소위 부진정연대채무(不眞正連帶責務)[37]를 부담한다는 것을 의미하고, 한 사람이 전부를 배상한 경우에는 본래 부담하여야 할 책임의 비율에 따라 공동불법행위자들 사이에 구상관계가 성립한다고 보는 것이 오늘날의 판례와 지배적인 학설의 입장이다. 그러나 공동불법

있을 수 있다. 그러나 이는 기본적으로 조문의 의의나 기능을 어떻게 보느냐에 달려 있는 문제이다. 분배의 개선에서 조문의 목적을 찾으면 위와 같은 비판이 당연히 있을 수 있고, 사고방지라는 효율의 입장에서 조문의 의의를 이해하면 위와 같은 비판은 잘못된 비판이 된다.

다만 한 가지 지적해 둘 문제는 만일 분배의 개선에 조문의 의의를 두어, 예컨대 사용자에게 면책사유를 인정하지 않기로 한 경우에, 피해자가 대재벌이고 가해자인 피용자를 고용하고 있는 사용자가 가난한 영세기업이라면 어떻게 될까? 이러한 경우에는 오히려 면책사유의 부인이 분배개선에 역행하는 것이 되지 아니할까? 이 영세기업주는 평소에 안전을 위해 최선의 노력을 하는 사람이라고 하면 면책사유의 부인은 더욱 불공정한 것이 되지 아니할까? 그렇다고 해서 사용자가 부자일 때는 면책사유를 부인하고 사용자가 가난할 때는 면책사유를 인정한다면 이는 법적 안정성을 크게 해하는 것이 될 것이다. 결국 근본적인 문제는 사법(私法)의 법제도를 가지고 소득분배의 개선을 위한 방편으로 사용한다는 것이 과연 가능하고 과연 바람직한가의 문제가 아닐까?

36) 예컨대 뒤에서 자세히 논할 연속형 공동불법행위(連續型 共同不法行爲)의 경우가 이러한 경우가 아닐까?

37) 부진정연대채무(不眞正連帶債務)란 다수의 채무자가 동일한 내용의 채무에 관하여 각각 독립하여 전부의 급부를 이행할 의무를 부담하고 그중 1인 혹은 수인(數人)이 급부를 하면 모든 채무자의 채무가 소멸한다는 점에서는 연대책임(제413조)과 같다.

행위는 그 유형이 다양하고 유형에 따라 행위자들의 유인체계(incentive system)가 상이할 수 있기 때문에, 일괄하여 공동불법행위제도 하나로만 묶어 단일한 법정책으로 대응하는 것이 과연 바람직한가가 문제될 수 있다. 사고총비용의 최소화라는 관점에서 공동불법행위제도를 세분화·유형화하고 각각의 경우에 보다 효율적인 법정책이 무엇인지를 연구·개발하는 것이 바람직하다고 생각한다.

공동불법행위는 크게 다음과 같이 세 가지 유형으로 나눌 수 있다. 첫째, 공동형 공동불법행위(joint care type), 둘째 택일형 공동불법행위(alternative care type), 셋째 연속형 공동불법행위(successive care type)가 그것이다. 공동형(共同型) 공동불법행위는 예컨대 두 사람이 각각 총을 쏘아 사람을 다치게 한 경우 혹은 두 집 사이에 있는 공동벽이 양측 모두의 관리소홀로 무너져 사고가 난 경우 등과 같은 경우이다. 이 공동형의 경우에는 어느 한편만 주의의무를 다한다고 하여 사고가 방지되지 않는다. 반드시 공동불법행위자 모두가 노력하여야 비로소 사고발생을 방지할 수 있는 경우이다.

다음은 택일형(擇一型) 공동불법행위이다. 이 택일형은, 예컨대 부품제조회사가 불량부품을 만들어 조립회사에 공급하였는데 이를 모르고 제품을 만들어 판결과 소비자에게 피해가 발생한 경우나 혹은 어떤 사람이 휘발유통을 뚜껑 없이 열어둔 채로 방치한 결과 다른 사람이 과실로 담뱃불을 버려서 화재가 발생하여 제3자에게 피해를 준 경우 등과 같은 유형이다. 이러한 경우에는 어느 한편만 주의의무를 다한다면 사고를 방지할 수 있는 경우이다. 예컨대 부품제조회사가 불량부품을 만들지 아니하였거나 조립회사가 이를 발견해 내어 불량제품을 만들지 아니했으면 소비자피해는 발생하지 않았을 것이다. 두 번째의 경우도 휘발유통에 뚜껑이 닫혀 있었거나 아니면 담뱃불을 던지지 아니했으면 화재가 발생하지 않았을 것이다. 따라서 이를 택일형 공동불법행위라고 한다.

세 번째로 연속형(連續型) 공동불법행위이다. 연속형의 예로 예컨대 갑이 운전하던 차가 사람을 치어 쓰러뜨린 후, 연이어 맞은 편에서 오던 을이 운전하는 차가 그 쓰러진 사람을 다시 치어 사망케 한 경우를 들 수 있다. 또 다른 예로 갑이 큰 나무의 가지를 베다가 옆집 지붕을 손상시켰는데, 그 옆집에 한 달간 세 들어 살던 을이 다락방에 있던 집주인의 물건을 제때에 옮기는 등 필요한 조치를 하지 않고 있던 사이, 며칠 후에 온 비로 지붕에서 물이 새어 물건이 못쓰게 되는 등 피해가 확대된 경우를 생각해 볼 수 있다. 모두 갑의 행위의 결과를 을이 악화시킨 경우이다. 이러한 경우에는 만일 갑이 충분한 주의를 기울였다면 을의 행위의 결과, 즉 사태를 더욱 악화시키는 결과를 막을 수 있었을 것이다. 그러나 을이 충분히 주의를 기울였다고 해도 이는 자신의 행위의 결과를 막을 수는 있어도 갑의 행위의 결과는 막을 수 없는 경우이다.

이와 같은 세 가지 경우에 각각 어떠한 법정책이 사고의 총비용을, 즉 사고발생비용과 사고방지비용의 합을 최소화할 수 있을까? 우선 공동형 공동불법행위의 경우를 보자. 분석의 편의를 위해 피해자의 주의정도와 행위정도 그리고 가해자의 행위정도는 일정수준으로 주어져 있고, 가해자의 주의정도만이 사고위험에 영향을 미치는 경우를 상정해 보자. 앞에서는 가해자가 한 사람인 경우를 다루었지만 여기에서는 가해자가 여러 사람인 경우를 다룬다. 다시 분석의 편의를 위해 가해자 내지 공동불법행위자가 2명이라고 가정해 보자. 공동형 공동불법행위란 이 두 명이 모두 일정한 정(正)의 수준의 주의를 기울이는 것이 사회적으로 최적인 상황이다. 〈표 4－16〉은 가해자1이 35만원의 비용을 들여 주의를 하고 피해자2도 30만원의 비용을 들여 주의를 하는 것이 총사고비용을 최소화시키는 경우를 나타내고 있다. 이러한 공동형 공동불법행위의 예에서 각종 책임원칙은 어떤 결과를 가져올 것인가?

표 4–16 공동형 공동불법행위에서 가해자들의 주의정도와 총사고비용의 관계 (단위: 만원)

		가해자2의 주의정도 부주의 (주의비용 0)	가해자2의 주의정도 주의 (주의비용 30)
가해자1의 주의정도	부주의 (주의비용 0)	기대사고손해 100 총사고비용 100	기대사고손해 50 총사고비용 80
가해자1의 주의정도	주의 (주의비용 35)	기대사고손해 50 총사고비용 85	기대사고손해 10 총사고비용 75

무책임원칙의 경우에는 가해자1과 가해자2 모두 주의를 기울일 유인을 갖지 못한다. 따라서 사고가 지나치게 많이 발생하게 되어 (〈표 4－15〉에서 총사고비용이

100만원으로 되어) 사회적으로 비효율적인 결과가 초래된다.

다음으로 엄격책임원칙하에서는 어떤 결과가 도출될 것인지를 살펴보자. 공동불법행위의 경우 가해자 중 한 사람이 전부를 배상한 경우에도 본래 부담하여야 할 책임의 비율에 따라 공동불법행위자들 사이에 구상관계가 성립한다고 보는 것이 일반적임은 앞에서 언급한 바와 같다. 그러면 엄격책임원칙의 경우 본래 각 공동불법행위자가 부담하여야 할 책임의 비율은 어떠한 것일까? 여기에서는 사고손해 배상액을 가해자1과 가해자2가 각각 절반씩 부담한다고 가정한다.[38] 〈표 4-17〉의 게임행렬은 이러한 가정하에서 가해자1과 가해자2가 각각 어떤 전략을 선택하느냐에 따라 각자 자신이 지게 되는 총부담액이 얼마로 될 것인지를 나타내고 있다. 예컨대 가해자1은 주의를 기울이지 않고 가해자2는 주의를 기울일 경우 가해자1이 부담하게 되는 총액은 기대사고손해 50만원의 절반인 25만원이 되고 가해자2가 부담하게 되는 총액은 기대사고손해의 절반인 25만원과 주의비용 30만원의 합인 55만원이 된다. 이 게임행렬의 균형은 쉽게 확인해볼 수 있는 바와 같이 가해자1과 가해자2 모두 주의를 기울이지 않는 데에서 이루어진다. 이러한 비효율적인 결과가 나타나게 되는 이유는 기본적으로 주의비용은 본인이 모두 부담하는 데 반해 주의를 기울여 기대사고손해 내지 배상액이 줄어드는 혜택은 두 사람이 나누기 때문이다. 이러한 일종의 공유의 비극 현상은 공동불법행위자의 숫자가 많으면 많을수록 더 심각해지게 된다. 결론적으로 공동형 공동불법행위에서 엄격

표 4-17 공동형 공동불법행위: 엄격책임원칙하에서 가해자들의 주의정도 선택 (단위: 만원)

		가해자2의 주의정도	
		부주의 (주의비용 0)	주의 (주의비용 30)
가해자1의 주의정도	부주의 (주의비용 0)	50, 50	25, 55
	주의 (주의비용 35)	60, 25	40, 35

38) 공동불법행위자들이 서로 긴밀하게 협동하여 그들 전체가 부담하는 비용을 최소화하기 위해 통합적 노력할 수 있는 특별한 상황이라면 기대사고손해를 줄이기 위한 각자의 노력을 보상해 주는 방식으로 사고손해 배상액을 분담할 수 있겠지만, 그렇지 않은 일반적인 상황이라면 공동불법행위자들이 같은 비율로 배상액을 분담한다고 보는 것이 자연스러울 것이다.

책임원칙은 일반적으로 효율적인 결과를 가져오지 못한다.

과실책임원칙은 어떤 결과를 가져올 것인가? 가해자1의 상당주의정도가 35만원의 비용을 들여 주의를 기울이는 것으로, 그리고 가해자2의 상당주의정도가 30만원의 비용을 들여 주의를 기울이는 것으로 올바르게 설정되었다고 하자. 각자는 상당주의를 다 한 경우 배상책임을 면한다. 두 가해자 모두 상당주의를 하지 않아 과실이 있는 것으로 판정될 경우 사고손해 배상액은 절반씩 부담한다고 하자. 〈표 4－18〉의 게임행렬은 이러한 가정하에서 가해자1과 가해자2가 각각 어떤 전략을 선택하느냐에 따라 각자 자신이 지게 되는 총부담액이 얼마로 될 것인지를 나타내고 있다. 예컨대 가해자1은 주의를 기울이지 않고 가해자2는 주의를 기울일 경우 가해자1은 과실이 있고 가해자2는 과실이 없으므로, 가해자1이 부담하게 되는 총액은 기대사고손해 50만원이 되고 가해자2가 부담하게 되는 총액은 주의비용 30이 된다. 두 가해자 모두 상당주의를 기울이면 두 사람 모두 배상책임이 없으므로 각자 자신의 주의비용만 부담한다. 이 게임행렬의 균형은 쉽게 확인해 볼 수 있는 바와 같이 가해자1과 가해자2 모두 주의를 기울이는 데에서 이루어진다. 이러한 효율적인 결과가 나타나게 되는 이유는 기본적으로 각 가해자는 배상책임을 면하기 위해 상당주의를 다하기 때문이다. 결론적으로 공동형 공동불법행위에서 과실책임원칙은 일반적으로 효율적인 결과를 가져오게 된다.

표 4-18 공동형 공동불법행위: 과실책임원칙하에서 가해자들의 주의정도 선택 (단위: 만원)

		가해자2의 주의정도	
		부주의 (주의비용 0)	주의 (주의비용 30)
가해자1의 주의정도	부주의 (주의비용 0)	50, 50	50, 30
	주의 (주의비용 35)	35, 50	35, 30

다음 택일형 공동불법행위를 보자. 택일형의 경우는 어느 한 편이라도 주의노력을 다하면 사고가 방지되는 경우이다. 〈표 4－19〉는 가해자2가 최소비용으로 사고를 방지할 수 있는 택일형 공동불법행위의 상황을 나타내고 있다. 최소비용회피자인 가해자2만이 30만원의 비용을 들여 주의를 기울이고 가해자1은 주의를

기울이지 않는 것이 효율적인 결과이다. 이 경우 각종 책임원칙은 어떠한 결과를 가져올 것인가?

‖ 표 4-19 ‖ 택일형 공동불법행위에서 가해자들의 주의정도와 총사고비용의 관계 (단위: 만원)

가해자1의 주의정도		가해자2의 주의정도: 부주의 (주의비용 0)	가해자2의 주의정도: 주의 (주의비용 30)
	부주의 (주의비용 0)	기대사고손해 50 총사고비용 50	기대사고손해 0 총사고비용 30
	주의 (주의비용 35)	기대사고손해 0 총사고비용 35	기대사고손해 0 총사고비용 65

무책임원칙은 가해자1과 가해자2 모두에게 주의를 기울일 인센티브를 제공하지 못함으로써 효율적인 결과를 가져오지 못한다. 엄격책임원칙은 앞에서 설명한 일종의 공유의 비극 현상으로 인해 〈표 4-20〉에서 확인해 볼 수 있는 바와 같이 일반적으로 효율적인 결과를 가져오지 못한다.

‖ 표 4-20 ‖ 택일형 공동불법행위: 엄격책임원칙하에서 가해자들의 주의정도 선택 (단위: 만원)

가해자1의 주의정도		가해자2의 주의정도: 부주의 (주의비용 0)	가해자2의 주의정도: 주의 (주의비용 30)
	부주의 (주의비용 0)	25, 25	0, 30
	주의 (주의비용 35)	35, 0	35, 30

택일형 공동불법행위의 경우 과실책임원칙은 어떤 결과를 가져올 것인가? 최소비용회피자인 가해자2만이 30만원의 비용을 들여 주의를 기울이고 가해자1은 주의를 기울이지 않는 것이 효율적이므로, 가해자1의 상당주의정도는 0원으로, 가해자2의 상당주의정도는 30만원으로 설정하는 것이 올바르다. 과실책임원칙하에서 상당주의정도가 이렇게 올바르게 설정된 경우의 게임행렬은 〈표 4-21〉과 같다. 쉽게 확인할 수 있는 바와 같이 균형은 가해자1은 주의를 기울이지 않고 가

해자2는 30만원의 비용을 들여 주의를 기울이는 데서 이루어지고 따라서 효율적인 결과가 도출된다. 반면 두 가해자 모두 주의를 기울이지 않았을 때 두 가해자 모두 과실이 있다고 판정하여 배상액을 절반씩 분담하게 한다면, 게임행렬은 〈표 4-20〉과 같게 될 것이고 따라서 비효율적인 결과를 가져오게 된다. 결론적으로 택일형 공동불법행위에서 과실책임원칙은 상당주의정도가 사회적으로 효율적인 수준으로 올바르게 설정되면 효율적인 결과를 가져오게 된다. 택일형 공동불법행위에서 법정책적 과제는 최소비용회피자를 찾아 그에게 책임을 집중시킴으로써 그로 하여금 사고방지노력을 다하도록 유도하는 것이다.

표 4-21 택일형 공동불법행위: 과실책임하에서 상당주의가 올바로 설정된 경우

		가해자2의 주의정도	
		부주의 (주의비용 0)	주의 (주의비용 30)
가해자1의 주의정도	부주의 (주의비용 0)	0, 50	0, 30
	주의 (주의비용 35)	35, 0	35, 30

그런데 최소비용회피자는 위에서 든 예를 참고로 이야기하면 첫 번째의 경우에는 당초에 휘발유통을 뚜껑 없이 아무 데나 놓아 둔 사람, 그리고 두 번째의 경우에는 당초에 불량부품을 제조한 부품회사가 될 가능성이 높다. 이들이 적은 비용으로 사고를 회피할 수 있는 최소비용회피자들이라면, 만일 이들이 주의의무를 다하였으면, 처음부터 사고도 발생하지 아니하였을 것이고, 따라서 담뱃불을 버린 사람이나 조립회사의 과실 등의 문제도 발생하지 아니하였을 것이다. 따라서 위의 불량부품의 사례에서는 부품회사가 최소비용회피자이므로 일단 소비자에 대한 피해보상은 조립회사가 하더라도 후에 부품회사에 전액을 구상할 수 있도록 하는 것이 옳은 법정책이다.

앞에서 본 사용자책임의 경우도 만일 '사용자가 주의의무를 다하였다면 사고를 막을 수 있었을 때'에는 여기서 이야기하는 택일형 공동불법행위가 될 수 있다. 이러한 경우에는 사용자가 최소비용회피자가 될 가능성이 많으므로 사용자가 피해자를 보상한 후에도 피용자에게 대한 구상권을 인정하여서는 안 될 것이다.

결국 위의 두 가지 경우 모두에서 최대의 법정책적 관심은 누가 최소비용회피자인가이다.

다음은 연속형 공동불법행위의 문제를 보도록 하자. 연속형의 경우에 가장 효율적인 법정책, 환언하면 가장 사고총비용을 낮추는 법정책은 다음과 같다. 우선 1차 가해자의 입장에서 볼 때 2차 사고가 예견가능한 범위 내의 일이라면 1차 가해자에게 1차 사고의 책임뿐 아니라 2차 사고의 책임도 함께 지도록 하는 것이 바람직하다. 왜냐하면 1차 가해자는 주의노력을 충분히 하면 1차 사고의 피해뿐만 아니라 2차 사고의 피해도 피할 수 있기 때문이다. 따라서 1차 가해자가 자기 행위의 주의수준을 결정할 때 1차 사고의 비용뿐만 아니라 2차 사고비용의 크기도 함께 감안하여 결정토록 하는 것이 보다 효율적인 결과(효율적 주의수준)를 가져오기 때문이다.

반면에 2차 사고의 가해자는 2차 사고에 대하여서만 책임을 지도록 하는 것이 효율적이다. 왜냐하면 2차 가해자의 경우에는 아무리 주의노력을 다한다고 하여도 1차 사고를 방지할 수는 없다. 따라서 아무리 책임수준을 높인다고 하여도 사고방지효과는 없고 오히려 불필요하게 사고방지비용만 높이는 셈이 된다. 사고방지효과가 없는 사고방지비용의 증대는 사고총비용의 최소화에 역행하기 때문에 바람직하지 않다.

앞에서 든 갑이 큰 나무의 가지를 베다가 옆집 지붕을 손상시켰고 을이 필요한 조치를 하지 않아 피해가 확대된 사례의 경우, 갑이 부담해야 할 배상액은 을이 적절한 조치를 취했다면 집주인이 입었을 손해액에다 을의 필요한 조치에 소요되는 비용을 합한 액이 되어야 할 것이고, 을이 필요한 조치를 하지 않아 발생한 확대 피해는 을이 배상책임을 져야 할 것이다.[39]

---

39) 공동불법행위(joint and multiple tortfeasors)에 대한 좀 더 심층적·체계적 분석은 William M. Landes and Richard A. Posner, *The Economic Structure of Tort Law*, Harvard University Press, 1987, pp. 190－227을 참조하라.

제3장 불법행위와 보험제도(保險制度)

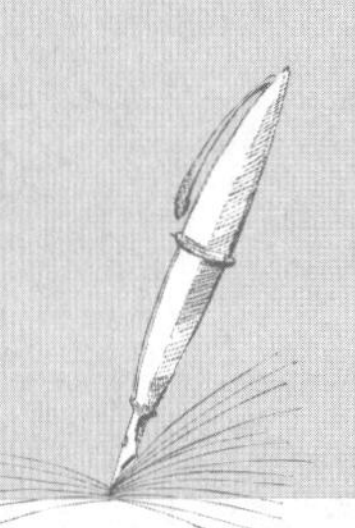

제 1 절 위험기피(危險忌避)와 보험제도

지금까지의 분석은 사람들이 모두 '위험중립적(risk-neutral)'이라는 것을 전제로 하여 진행시켜 왔다. 그러면 위험이란 도대체 무엇이고 위험중립적이란 무엇을 의미하는가?

위험(risk)이란 본래가 불확실한 결과들의 변화의 폭(variability of uncertain outcomes)을 의미한다. 예컨대 동전을 던져 앞면이 나오면 100만원을 받고 뒷면이 나오면 100만원을 주기로 하였다면 이때의 +100만원과 −100만원 사이가 바로 변화의 폭이 된다. 따라서 그 변화의 폭이 크면 위험이 크고 그 폭이 작으면 위험이 작다고 할 수 있다. 그리하여 그 폭이 없으면, 환언하면 하나의 단일한 결과만이 확실하게 나타나면 이는 위험이 없는 상태가 된다. 그런데 '위험기피적(危險忌避的, risk-averse)'이란 바로 이 변화의 폭이 큰 것보다 작은 것을 선호하는 경우를 의미하고 '위험중립적(危險中立的, risk-neutral)'이란 변화의 폭의 대소에 대하여 특별한 선호가 없는 경우를 의미한다. 즉 변화의 폭이 크든 작든 똑같은 효용을 느낀다는 것이다. 그리고 '위험선호적(危險選好的, risk-loving)'이란 변화의 폭이 작은 쪽보다 큰 쪽을 선호하는 경우이다.

그런데 일반적으로 사람들은 위험기피적이다. 그 이유는 부(혹은 소득)의 한계효용이 체감(diminishing marginal utility of income)하는 경향이 있기 때문이다. 부(富)를 많이 가지면 가질수록 마지막 한 단위의 부가 효용에 주는 기여(한계효용)의 정도가 점점 줄어든다는 것이다. 만일 이와 같이 부의 한계효용이 체감한다면 현재의 부(예컨대 1,000만원)에서 +100만원이 주는 효용의 증가보다 −100만원이 주는 효용의 감소가 더 클 것이다. 따라서 일반적으로 위에서 본 동전던지기와 같은 게임을 위험기피적인 사람들은 피하게 된다. 일반적으로는 위험기피적인 사람이 많지만 경우에 따라서는 위험중립적인 또는 위험선호적인 사람들도 있을 수 있다. 위험중립적인 사람은 결국 부의 한계효용이 일정한 경우이고 위험선호적인 사람은 부의 한계효용이 체증하는 사람이다.

위험에 대한 태도와 부의 한계효용과의 관계를 이해하기 위하여 〈그림 4−3〉을 보자. 〈그림 4−3〉은 위험기피적인 사람의 부의 총효용곡선을 보이고 있다. 총효용곡선이 위를 향하여 볼록한 것은 부가 증가함에 따라 한계효용(총효용곡선의 기울기)이 체감하기 때문이다. 현재 이 사람의 부의 수준을 W^*(1,000만원)이라고 가정하였다. 그리고 동전던지기를 하여 앞이 나오면 +100만원, 뒤가 나오면 −100만원이 되는 게임을 하는 경우 효용수준이 어떻게 나타나는지를 보여 주고 있다. 아무 게임도 아니하는 경우, 즉 현재의 부의 수준을 그대로 유지하는 경우의 효용수준은 $U(W^*)$으로, 게임을 하는 경우의 효용수준은 $U(W^{**})$라고 한다면 〈그림 4−3〉에서 명백히 드러난 바와 같이 $U(W^*) > U(W^{**})$의 관계가 성립한다. 환언하면 게임을 하는 경우보다 아니하는 편이 효용수준이 높다는 이야기이다.

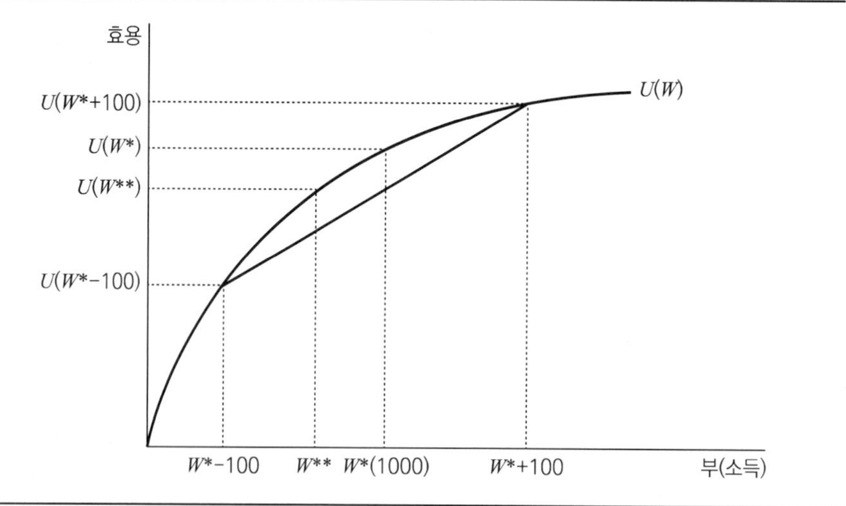

그림 4−3 위험기피자의 부(富)의 총효용곡선(總效用曲線)

어떻게 이러한 관계가 성립하는가를 보자.

$U(W^{**})$란 무엇일까? 게임을 하는 경우의 효용이란 결국 게임을 하여 이긴 경우의 효용과 진 경우의 효용의 중간값이라 할 수 있다. 이길 확률과 질 확률이 각각 1/2이므로,[1] 결국 두 경우의 효용의 중간값을 구하면 게임을 하는 경우의 효용수준을 구할 수 있게 된다. 따라서 $U(W^{**})$는 다음과 같이 표현할 수 있다.

$$U(W^{**}) = \frac{1}{2}U(W^{*}+100) + \frac{1}{2}U(W^{*}-100) \text{ 혹은}$$

$$\frac{1}{2}U(1100\text{만원}) + \frac{1}{2}U(900\text{만원})$$

그런데 이렇게 구한 $U(W^{**})$의 값은 $U(W^{*})$의 값보다 〈그림 4-3〉에서와 같이 작게 나타난다. 그 이유는 무엇일까? 앞에서 이미 설명한 대로 부의 총효용곡선이 위로 볼록하기 때문에, 환언하면 부의 한계효용이 체감하기 때문에, 100만원이 증가할 때의 효용증가분보다 100만원이 감소할 때의 효용감소분이 더 크기 때문이다. 즉, $U(1100) - U(1000) < U(1000) - U(900)$이기 때문이다. 따라서 $U(W^{*}) > U(W^{**})$가 된다.

그런데 여기서 한 가지 지적해 둘 사실은 위에서의 동전던지기 게임은 기본적으로 공정한 게임(fair game)이라는 것이다. 두 가지 결과가 나올 확률이 같고 나왔을 때의 상(賞)과 벌(罰)의 금액이 동일하기 때문이다. 소위 기대값(expectation value)으로 표현하면 위의 게임은 기대값이 0이 되기 때문에 공정한 게임이라고 할 수 있다. 같은 이야기를 다음과 같이 표현할 수도 있다. 게임에서 이기면 부가 1,100만원이 되고 지면 900만원이 되는 경우 그 확률이 각각 1/2이라고 한다면 이 게임의 기대값은 1,000만원이 된다. 즉 $1,100(1/2) + 900(1/2) = 1000$만원이다. 그런데 게임에 참가하지 아니하는 경우에도 기대값은 1000원(확률 1)이기 때문에 결국 게임에 참가하든 안 하든 기대값에서는 차이가 없다. 게임에 참가하든 안 하든 기대값에 차이가 없기 때문에 우리는 그러한 게임을 공정한 게임이라고 한다. 따라서 위험기피적이란 결국 공정한 게임 내지 도박을 기피하는 경향이라고 표현

---

1) 동전던지기를 하여 앞면이 나올 확률과 뒷면이 나올 확률이 각각 1/2이기 때문이다.

할 수도 있다. 그러나 물론 비록 기대값에서는 같다고 하지만, 하나는 결과가 확실한 경우(게임을 안 하면)이고, 다른 하나는 결과에 불확실성이 개입되어 있는 경우(게임을 하면)이다. 불확실성을 기피한다면 확실한 소득 1000만원이 불확실한 소득의 평균치 1000만원보다 얼마든지 선호될 수 있다. 따라서 공정한 게임을 기피하는 것이 결코 비합리적인 것은 아니다.

따라서 위험을 기피한다는 것은 불확실성을 기피한다는 것, 비록 그 결과의 평균값(기대치)은 같다고 하여도 불확실성이 개입되어 있기 때문에 기피한다는 것, 특히 현재의 확실한 상황보다 악화되는 경우의 효용체감분이 현재의 확실한 상황보다 개선되는 경우의 효용증가분보다 크기 때문에 전체로 보아 불확실성이 개입되면 총효용이 낮아진다는 것을 의미한다.[2)]

그러면 사람마다, 혹은 같은 사람이라도 현재 가지고 있는 부의 수준에 따라 위험기피의 정도 내지 강도가 모두 다를 터인데, 이 상이한 위험기피의 정도는 어떻게 표현할 수 있을까? 결국 위험을 피하기 위하여 얼마를 기꺼이 내놓겠는가, 얼마를 기꺼이 지급하겠는가(willingness to pay)를 보면 그 기피의 강도 내지 정도를 알 수 있지 않을까 생각한다. 이를 위의 〈그림 4-3〉에서 찾아보면 W^*와 W^{**}와의 사이의 간격이 될 것이다. 즉 $(W^* - W^{**})$가 바로 위험을 기피하기 위하여, 환언하면 동전던지기라는 위험부담행위를 피하기 위하여 기꺼이 지급할 금액이 된다. 예컨대 $(W^* - W^{**})$를 10만원이라고 한다면 동전던지기라는 위험부담행위를 피하기 위하여 10만원을 기꺼이 지급하겠다는 것을 의미하고, 이는 또한

---

2) 일반적으로 당사자가 위험기피적일 경우에는 위험중립적일 경우에 비해 더 많은 방지노력이 요구될 것이다. 예컨대 가해자의 주의정도만이 사고위험에 영향을 끼치는 경우 엄격책임원칙하에서 위험중립적인 가해자는 $x+P(x)L$을 최소화시키는 x를 선택하겠지만, 위험기피적인 가해자는 $P(x)U(W-L-x)+(1-P(x))U(W-x)$를 최대화시키는 x를 선택하게 된다. 전자의 x값에 비해 후자의 x값이 큰데, 이는 기본적으로 위험기피적일수록 사고가 났을 때의 효용감소분이 커지므로 사고방지노력을 더 하게 되기 때문이다. 과실책임원칙하에서 상당주의는 어느 수준에서 설정되는 것이 바람직할까? 과실책임원칙에서 가해자는 기본적으로 상당주의를 기울여 배상책임을 면하므로 사고위험을 피해자가 부담하게 된다. 따라서 바람직한 상당주의정도는 피해자의 위험선호에 영향을 받을 것인바, 피해자의 위험기피정도가 커질수록 바람직한 상당주의정도는 커지게 될 것이다.

게임에 참가하는 경우 부의 수준은 기대치로서는 1,000만원이 된다고 하여도 불확실성이 개재되어 있는 것이기 때문에, 이는 불확실성이 없는 부 990만원(W^{**})과 같은 수준의 만족(효용)밖에 주지 못한다는 것을 의미한다.

여기서 보험(insurance)의 가능성이 등장한다. 보험이란 본래가 위험기피적인 사람들이 일정액을 소위 보험료(premium)로 받고 그 대신 위험을 제거시켜 주는 제도이다. 위의 경우에 위험을 제거시켜 주는 보험(예컨대 손해보험)에 가입한다면 보험료의 최고수준은 10만원이 될 것이다. 위의 예를 동전던지기라고 하지 말고 변호사의 보수라고 생각해 보자. 사건에서 이기면 보수가 1,100만원이 되고 사건에서 지면 900만원이 된다고 가정하자. 그리고 승소확률은 1/2이라고 하자. 이러한 조건의 변호사들이 많이 있을 때, 그리고 그들 모두가 위의 〈그림 4-3〉에 나타난 바와 같은 부의 총효용곡선을 가지고 있을 때(위험기피적일 때), 보험회사가 등장할 수 있다.[3] 보험회사는 항상 991만원의 보수를 보장할 터이니 보수청구권을 보험회사에 양도하라는 조건을 제시할 수 있다. 이 조건은 위험기피적인 개별 변호사들에게는 분명히 바람직한 조건이 된다. 왜냐하면 이들이 보수의 변동이라는 위험을 기피하기 위하여 기꺼이 지불할 의사가 있는 금액은 10만원인데 실제 보험회사가 요구하는 보험료는 9만원인 셈이기 때문이다. 표현을 바꾸면, 자신들이 가지고 있는 보수청구권의 객관적 기대가치(客觀的 期待價値, expected value)는 1,000만원이지만, 실제 자신들에게 주는 주관적 만족, 즉 효용가치(效用價値)는 990만원(불확실성이 제거된 금액으로서)인데, 이 보수청구권을 991만원에 사겠다고 하는 셈이므로 이는 분명히 이익이 되기 때문이다. 반면에 위와 같은 변호사 100명이 이러한 보험에 가입한다면 보험회사는 매입한 보수청구권에서 실현되는 수입이 일인당 평균 1,000만원인데 991만원만 지급하므로 일인당 평균이익이 9만원이 되고, 100명의 변호사가 가입하였다면 그 총이익은 900만원이 되어 보험회사의 유지관리 등이 가능하게 된다. 결국 보험회사와 위험기피적인 변호사 모두의 이익이 된다.[4]

---

3) 논의의 편의상 여기서는 보험회사는 위험중립적이라고 가정하자. 그러나 보험회사가 반드시 위험중립적일 필요는 없다. 피보험자보다 덜 위험기피적이기만 하면 보험관계는 성립될 수 있다.

4) 개업변호사의 평균수입과 로펌 소속 고용변호사의 평균수입 사이에 차이가 나는 이유는

이와 같이 보험은 위험제거(또는 위험축소)의 한 방법이다. 어느 사회이든지 위험이 존재한다. 그러나 대부분의 사람들은 위험을 기피하기 때문에 위험을 가능한 한 더 적은 비용으로 제거시켜 주는 일은 그 사회 사람들의 효용을 높이고 나아가 사회후생(social welfare)의 수준을 높이는 일이 된다.5) 위험의 제거는 이와 같이 ① 직접적으로 효용을 높여서 사회적 후생(社會的 厚生)을 높일 뿐 아니라,6) ② 간접적으로는 사람들로 하여금 안심하고 사회적 가치가 있는 위험한 일(예컨대 벤처 비즈니스, R&D 투자 등)에 좀 더 많이 종사하도록 유도한다. 따라서 그만큼 사회적 후생을 더욱 높인다. 또한 위험의 제거 내지 축소는 ③ 소득분배의 향상에도 기여한다. 똑같은 소득수준에 있던 두 사람이 위험을 부담한 후의 상태와 위험을 기피한(보험 등으로) 후의 상태를 비교하면 후자가 보다 공평한 소득분배의 상태임을 쉽게 알 수 있다. 따라서 위험을 제거하는 일은 어느 사회에 있어서나 그 사회의 부의 증대와 소득분배의 개선을 위해 대단히 중요한 일이 된다.

제 2 절 위험제거기능과 사고방지기능

불법행위법의 주요 기능 내지 목적의 하나가 공정한 배상(fair compensation)을 촉진하는 데 있음은 이미 앞에서 밝힌 바 있다. 그런데 사고가 일어나 실제로 피해에 대한 배상을 하게 되는 경우 그 부담이 대단히 커서 피해에 걸맞은 공정

무엇일까?

5) 가능한 한 보다 적은 비용으로 위험의 제거 내지 축소가 이루어질수록 바람직하다. 위의 예에서는 9만원에 위험을 제거하는 예를 보인 셈이나 만일 1만원에 위험을 제거할 수 있다면 보험회사는 변호사들에게 991만원이 아니라 999만원을 지급할 수 있고 그 결과 그만큼 변호사들의 효용수준은 올라간다고 할 수 있다. 그런데 다른 사람들의 효용수준을 낮추지 아니하는 한, 변호사들의 효용수준의 증대는 사회후생의 증대라고 볼 수 있기 때문에 가능한 한 더 적은 비용으로 위험을 제거하는 것은 바람직한 것이 된다.

6) 보다 엄밀하게 이야기하면 단순한 효용이라는 표현보다 기대효용(expected utility)이라는 표현이 더 정확하다.

한 배상을 하지 못하는 경우가 발생할 수 있다. 가해자의 자력이 부족하여 피해자에게 충분한 배상이 되지 못하는 경우가 얼마든지 발생할 수 있다. 이러한 사태를 막기 위해 불법행위법은 특히 책임보험을 강제하는 경우가 많다. 여기서 책임보험이란 피보험자가 사고 등으로 제3자에게 손해배상을 하게 되는 경우 그 부담을 전보할 것을 목적으로 하는 보험이다.[7]

예컨대 우리나라의 자동차손해배상 보장법(自動車損害賠償 保障法)은 사실상 모든 자동차보유자로 하여금 책임보험에 들도록 강제하고 있다.[8] 그리고 사고가 발생하면 피해자가 보험회사에 대하여 직접 보험금의 지급을 청구할 수 있는 것으로 하고 있다. 그렇게 함으로써 자동차사고 피해자에게 공정한 배상을 확보해 줄 뿐만 아니라 동시에 자동차 운전자가 당면해야 하는 위험도 제거시켜 준다. 이와 같이 보험에는 공정배상의 확보와 위험제거라는 대단히 중요한 사회경제적 기능을 가지고 있지만, 반면에 사고방지기능을 약화시킨다는 근본적인 문제 내지 한계를 가지고 있다. 소위 도덕적 해이의 문제가 그것이다. 보험에서 위험의 부담을 제거시켜 주므로 상대적으로 위험을 회피할 유인이 적어진다는 문제이다. 여기에 불법행위법에 있어서의 하나의 딜레마가 발생한다. 즉 위험제거기능과 사고방지기능 간의 모순이다. 사고방지를 위하여는 당사자들이 보다 주의수준(注意水準)을 높이고 행위수준(行爲水準)을 낮추도록 유도하여야 하는데, 보험을 통하여 위험을 제거하면 당사자들이 이러한 사고방지노력을 덜하게 되는 정반대의 유인이 발생하기 때문이다.

이 도덕적 해이의 문제를 줄이기 위한 방법의 하나는 보험료차등제(保險料差

---

7) 일반적으로 손해보험은 타인의 불법행위로 인하여 피보험자에게 발생한 피해를 보험회사로부터 보상받기 위하여 가입하는 경우의 보험이고, 책임보험은 본인의 불법행위로 인하여 제3자에게 피해를 준 경우 그 제3자에 대한 손해배상책임을 대신해 주는 보험이다. 일반적으로 손해보험의 경우는 외부효과가 없어서(보험 가입이 없었으면 본인만이 그 피해를 보면 되므로) 본인이 알아서 가입여부를 판단하도록 하는 것이 바람직하여 국가가 개입하지 아니하나, 책임보험의 경우는 소위 외부효과가 발생할 수 있으므로(보험가입이 되어 있지 않으면 피해 발생시 제3자에 대한 공정한 보상이 이루어지지 못할 수 있으므로) 국가가 강제하는 경우가 적지 않다.

8) 엄밀하게 말하면 책임보험제도(責任保險制度) 이외에도 공탁제도(供託制度)가 있으므로 보험이 선택이 없는 강제는 아니지만 사실상 거의 대부분 보험제도를 활용하고 있다.

等制)이다. 보험료 결정에 있어 사고이력을 감안하여 차이를 두는 것이다. 사고를 덜 내는 사람에게 보다 적은 보험료를 받음(예컨대 no claim bonus system)으로써 사고방지의 유인을 제고하려는 제도이다. 또 다른 방법은 부분보험제(部分保險制)이다. 사고 전체를 배상하여 주는 것이 아니라 예컨대 손해배상을 하여야 할 금액의 몇 퍼센트(co-insurance) 혹은 얼마(금액)까지는(deductible) 당사자가 직접 부담하게 하고 나머지만을 보험회사가 부담하게 하는 제도이다. 이 방법도 결국은 피보험자로 하여금 사고방지를 위하여 보다 노력하도록 하기 위한 방법의 하나라고 볼 수 있다.[9)]

도덕적 해이의 문제 이외에 보험제도가 가지는 또 하나의 문제는 사람들은 소위 비금전적 손실(nonpecuniary loss)에 대하여는 과소보험하는 경향이 강하다는 것이다. 그 결과 일반적으로 피해자가 보험을 통하여 보상받는 금액과 가해자의 충분한 사고방지노력을 유도하기 위하여 가해자로 하여금 지급하게 할 금액 사이에 차이가 나타나게 된다. 환언하면 피해자가 수령하는 최적보험보상금(awards optimal for compensation)과 가해자의 사고방지노력을 유도하기 위한 최적보상금(awards optimal for deterrence) 사이에 차이가 나타난다. 물론 일반적으로 후자가 전자보다 크다.

일반적으로 사람들은 금전적 손실에 대하여는 전액을 보험에 들지만, 비금전적 손실, 예컨대 특정한 재화에 부착되어 있는 심리적 가치(사진에 담긴 추억)가 파손되는 경우나 혹은 신체의 일부가 훼손되는 경우 등은 그 피해의 전액을 보험에 들지 않는다. 추억 등과 같은 심리적 가치는 보험에 들지 않고 신체 일부의 훼손의 경우에도 치료비, 상실된 소득 이외에는 보험에 들지 않는다. 결국 비금전적 손실(非金錢的 損失)은 과소보험(過少保險)하는 경향이 강하다.

비금전적 손실에 대하여 과소보험하는 경향이 있는 주된 원인은 비금전적

---

9) 도덕적 해이가 대단히 중요한 문제인 것은 사실이나 과장될 필요는 없다고 본다. 그것은 보험제도를 통하여 보상받는 금액(보험금)이 일반적으로 실제피해액보다 작기 때문이다(그 주된 이유의 하나는 본문에서 지적하듯이 일반적으로 사람들은 비금전적 피해는 보험에 들지 않는 경향이 있기 때문이다). 따라서 행위자에게는 사고를 피하려는 유인이 여전히 강하다고 보아야 할 것이다. 그러나 비록 그렇다 하더라도 보험이 사고방지노력을 약화시키는 것 또한 부정할 수 없는 사실이다.

손실은 일반적으로 피해자의 소득이나 부에 직접 영향을 미치지 아니하기 때문이다. 소득의 한계효용에 영향을 미치지 않기 때문이다. 만일 피해자의 소득이나 부를 크게 낮춘다든가 하여 소득의 한계효용에 영향을 미친다면 반드시 보험을 구매하겠으나 비금전적 손실의 경우는 그렇지 않기 때문에 보험을 사지 않는다. 추억이라는 가치가 없어졌다고 소득이 줄어드는 것은 아니다. 신체 일부의 훼손이 그대로 그 사람의 부의 수준을 낮추지 않는다. 물론 치료비나 치료기간의 소득상실 등과 같이 부와 소득에 직접 영향을 주는 것이 있을 수 있다. 따라서 그러한 부분에 대하여는 보험에 든다. 그러나 그 이외의 가치의 훼손(신체 일부의 훼손으로 인한) 부분은 보험에 들지 않는다. 이러한 경향은 손해보험의 경우이든 책임보험의 경우이든 마찬가지로 나타난다. 특히 자동차보험과 같이 법적으로 강제된 책임보험의 경우를 보면 더욱 뚜렷이 드러난다. 사망이나 신체훼손의 경우 그 보험금이 실제 가치감소의 극히 일부만(치료비나 소득상실분과 같이 직접적이고 단기적인 경제손실부분만)을 보상하는 데 그치고 있음을 알 수 있다.

반면에 사고총비용을 최소화하는 수준으로 가해자의 주의노력을 기울이도록 유도하려면 가해자가 부담해야 할 손해배상액에는 금전적 손실뿐만 아니라 비금전적 손실도 함께 완벽하게 포함되어 있어야 한다. 사고와 상당한 인과관계 내에 있는 모든 손실이, 물질적 손실이든 정신적 손실이든, 금전적 손실이든 비금전적 손실이든 모두 포함되어 있어야 한다. 그래야 충분한 사고방지유인을 가지는 최적보상금이 된다. 여기서 앞에서 본 피해자의 최적보험보상금과 가해자의 최적보상금 사이에 차이가 발생한다. 전자의 경우에는 비금전적 손해가 부분적으로밖에 계상되지 않지만 후자의 경우에는 비금전적 손해가 완전하게 감안되어야 하기 때문에 후자가 전자보다 크다.

일반적으로 피해자가 받는 보상금과 가해자가 지급하여야 할 보상금의 차이가 발생하는 또 다른 이유들도 생각해 볼 수 있다. ① 사고가 발생하였다고 하여 반드시 그것이 소송화(訴訟化)되는 것은 아니다. 사고의 1/2만이 실제로 사건화(事件化)되어 피해보상을 받는다면 효율적 사고방지를 위하여 가해자가 지급하여야 할 보상금은 피해자가 받아야 할 금액의 2배가 된다. 앞에서 이미 논한 소위 징벌적 배상제도를 상기하면 이해가 쉬울 것이다. ② 만일 가해자가 사고행위를 통하여 일정한 위법적 이익을 얻거나 만족을 느끼고 있다면 그 경우 효율적 사고방지를 위해 가해자가 지급하여야 할 보상금은 피해자가 받아야 할 금액보다 커야 할 것이다.

이상과 같이 피해자가 받아야 할 혹은 받고 있는 보상금의 수준보다 가해자가 지급하여야 할 보상금의 수준이 높은 경우 어떻게 할 것인가? 이러한 상황을 그대로 방치하면 가해자의 과소방지노력 그리고 사고의 과다발생이 결과될 것이다. 이에 대한 법정책적 대안의 하나는 가해자에 대하여 책임원리(liability rule)에 의한 책임추궁 이외에 벌과금(fine)을 병과하는 방법이다. 그렇게 함으로써 가해자로 하여금 사고방지노력을 사회적 적정수준까지 기울이도록 유도할 수 있다. 동시에 책임원리를 보험과 연계시킴으로써 본래 의도하였던 피해자를 위한 공정보상의 확보와 가해자를 위한 위험제거의 기능을 살릴 수 있게 된다.[10]

이상에서 본 바와 같이 보험제도가 몇 가지 근본적인 문제를 가지고는 있으나 이미 불법행위제도의 불가결한 일부가 되고 있다. 보험제도가 피해자에게는 비교적 공정한 피해배상을 보장해 주고 가해자에게는 사고로 인한 위험을 상당 정도 제거해 주는 효과적인 제도로 정착하고 있다. 그런데 본래 보험에 의한 위험의 제거 내지 축소는 위험을 분산(risk-spreading)시키는 방법에 의하여 달성된다. 예컨대 특정 활동에 종사하는 사람들(예컨대 운전기사)을 보험가입자로 모아 이들 사이에 위험을 분산함으로써 위험이 제거 내지 축소된다. 그렇다면 좀 더 그 위험분산의 폭을 넓히면 좋지 않겠는가 하는 발상이 나올 수 있다. 위험분산의 폭을 보다 넓혀 사회의 모든 구성원, 그리고 사회의 모든 활동으로 확대하면 좋지 않을까 하는 발상이 나올 수 있다. 단순한 운전활동뿐 아니라 어느 정도의 사고의 위험이 있는 사회의 모든 활동, 그리고 운전기사들 사이만의 위험분산이 아니라 어

---

10) 피해자에 지급할 적정보험보상액(適正保險補償額)과 가해자에게 지급시킬 적정보상액 사이에 격차가 존재할 수 있음을 지적하고 그 법정책적 대안으로 벌과금제도의 도입을 최초로 주장한 사람은 쉐블(S. Shavell)이다. 과연 양자의 격차부분을 벌과금의 형태로 국가가 받아낼 것인가 아니면, 피해자에게 추가보상하는 것이 바람직한가 등에는 논란의 여지가 있으나 적어도 양자 사이에 격차가 발생할 수 있다는 점에 대하여는 이론의 여지가 없다고 보아야 할 것이다. Steven Shavell, *Economic Analysis of Accident Law*, Harvard University Press, 1987, pp. 228–235; John J. Donohue, "The Law and Economics of Tort Law: The Profound Revolution", 102 *Harvard Law Review 1047* (1989), pp. 1063–1067.

느 정도의 사고의 위험이 있는 사회의 모든 활동, 그리고 운전기사들 사이만의 위험분산이 아니라 사회 전 구성원 사이의 위험분산을 생각해 보면 어떻겠는가 하는 이야기가 나올 수 있다.

이러한 발상에서 나온 제도의 하나가 뉴질랜드에서 1972년 사고보상법(The Accident Compensation Act)에 의하여 도입된 소위 무과실보상제도(no-fault compensation)이다. 이 제도는 산업재해와 교통사고에 대한 일종의 사회보험이다. 인신 손해에 대하여만 인정되는 이 제도는 당사자의 과실유무 등을 묻지 않고 공동기금에서 피해를 보상한다. 그리고 그 기금은 모든 일반 취업자 및 자동차 소유자 모두로부터 거두어들여 조성한다. 이 무과실보상제도가 도입된 후 소위 코먼로(common law)상의 불법행위제도는 물적 사고(物的 事故)에 한하여 활용되고 인적 사고(人的 事故)에 대하여는 더 이상 불법행위제도상의 책임원리가 의미가 없게 되었다.

여하튼 이 무과실보상제도에 대하여는 도입된 이후 그 장단점에 대한 연구, 그리고 찬반 논쟁 등이 많았다.[11] 일반적으로 장점으로는 ① 모든 사고에 대한 피해보상이 가능하다는 점이다. 불법행위제도하에서는 손해배상이 실제적으로 모든 사고에 대하여 이루어지지 않는다. 고의나 과실, 그리고 인과관계, 위법성 등이 증명되어야 한다. 그러나 무과실보상제도하에서는 원칙적으로 사고가 있는 곳에 보상이 따르기 때문에 보상을 받는 사고의 범위가 크게 확대된다. ② 피해보상을 위한 사법 및 행정비용이 적게 든다는 점이다. 기금을 모으고 사고발생을 확인하는 정도의 관리비용만 있으면 사고에 대한 피해보상이 가능하다. 불법행위제도에 있어서와 같이 과실유무의 확인 등을 위한 사법비용이 전혀 들지 않는다.

이상의 장점이 있는 반면, 단점으로는 사고방지노력을 감소시킨다는 것이다. 소위 불법행위제도가 가지고 있는 주요 기능 내지 목적의 하나인 사고방지기능

---

11) 다음을 참조하라. D. Harris, "Accident Compensation in New Zealand", 37 *Modern Law Review* 361 (1972); James A. Henderson, Jr., "The New Zealand Accident Compensation Reform", 48 *University of Chicago Law Review* 781 (1981); B. J. Dunlop, "Compensation for Personal Injuries", in Evans and Trebilcock (eds.), *Lawyers and the Consumer Interest*, Butterworths (1981); Stephen D. Sugarman, "Doing Away with Personal Injury Law", Robert L. Rabin (ed.), *Perspective on Tort Law*, 3rd edition, Little, Brown and Company (1990), pp. 126-156.

(deterrence role)이 크게 약화된다는 것이다. 물론 모든 가해자에 대하여 과실 유무를 묻지 않고 일종의 사고세금(accident tax)을 부과하면 어느 정도 사고방지효과를 가질 수 있을지 모른다. 그러나 불법행위제도의 책임원리가 가지고 있던 사고방지기능이 무과실보상제도하에서는 크게 약화되는 것은 사실이다. 이 제도에 대하여 종합적·최종적 결론을 내기는 아직 이르고, 좀 더 심층적인 이론적·실증적 연구가 필요하다고 본다.

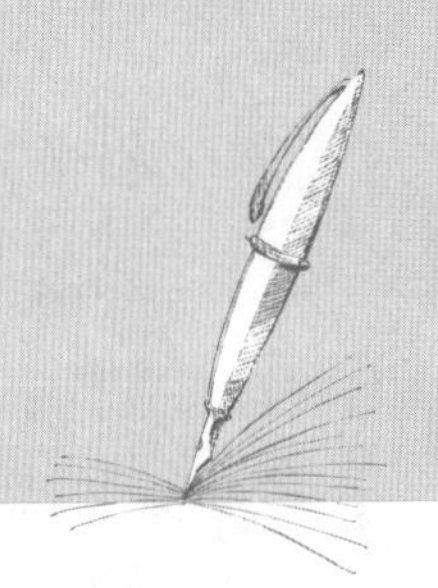

제4장 시장형(市場型) 불법행위

제 1 절 제조물책임(製造物責任)의 유형과 역사

앞에서 다룬 불법행위는 기본적으로 사고(accident)의 경우를 그 분석대상으로 하였다. 그런데 사고는 당사자 간의 사전협상(*ex ante* bargaining)이 전혀 불가능한 유형의 불법행위이다. 누가 당사자가 될지, 어떠한 상황에서 어떻게 일어날지 전혀 알 수 없는 것이 사고(事故)이다. 따라서 사고의 경우에는 사후협상(ex post bargain)만이 가능하다. 그러나 불법행위 중에는 당사자 간에 사전협상이 가능한 경우가 있다. 이러한 사전협상이 가능한 불법행위를 '시장형 불법행위(liability in a market setting)'라고 한다. 이 시장형 불법행위의 대표적인 것으로는 제조물에 결함이 있어 발생한 피해의 보상을 문제로 하는 제조물책임(product liability)과 노동자들의 업무상의 사유로 발생한 피해의 보상을 문제로 하는 산업재해(industrial accident)가 있다.

이 시장형(市場型) 불법행위의 경우에는 일반 사고형(事故型) 불법행위(예컨대 교통사고 등)와 달라, 당사자 간의 사전협상이 전혀 불가능한 것이 아니므로,[1] 가

---

1) 산업재해의 경우에는 사용자와 피용자 간에 업무상 발생한 피해(사고, 질병 등)에 대하여 그 책임분담을 어떻게 할 것인가를 직접 협상하는 것이 얼마든지 가능하다. 제조물책임의 경우에도 제조회사와 소비자 사이에 예컨대 제조물 보증(서)(product warranty)를 통하여 제조물의 결함으로 인하여 피해가 발생하였을 때 그 책임분담문제를 어떻게 할 것인가를 정할 수 있다. 당사자 간의 면전의 직접협상은 아니나, 제조회사가 보증서를 상품에 첨부시키고 소비자가 그 상품을 구입하기로 결정하는 행위를 통하여 서로 합의가 이루어지는 것으로 볼 수 있다. 이런 형식을 통하여 사전협상이 얼마든지 가능하다.

능한 한 당사자 간에 자발적인 계약을 통한 문제 해결을 촉진하기 위하여 계약법의 취급대상으로 볼 것인가, 아니면 사전협상의 가능성이 있다고 하여도 거래비용이 커서 사실상 협상이 불가능하거나 여러 가지 이유(예컨대 회사와 개인의 협상력의 비대칭성 등)로 그 결과가 사회적으로 볼 때 결코 바람직하지 않을 것이라고 판단하여 불법행위법의 대상으로 할 것인가가 이론적으로 문제된다. 뒤에서 자세히 보겠지만 학자들에 따라서는 계약법적 접근이 바람직하다고 보는 학자들도 있고 불법행위법적 접근이 바람직하다고 보는 학자들도 있다. 어떤 의미에서 이 시장형 불법행위 자체가 계약법과 불법행위법의 중간 법영역 혹은 두 법이 중첩 내지 중복되는 영역에 속해 있기 때문에 불가피하게 발생하는 견해의 대립이라고 볼 수 있다.

우선 제조물책임에 대한 논의로부터 시작하자. 제조물책임에 대한 법정책은 두 가지 차원 내지 기준으로 유형화할 수 있다. 첫 번째 기준 내지 차원은 제조물책임원리를 가변책임원리(可變責任原理, mutable liability rule)로 할 것인가 아니면 불변책임원리(不變責任原理, immutable liability rule)로 할 것인가이다. 그리고 두 번째 기준 내지 차원은 제조물책임원리를 ① 소비자절대책임(消費者絕對責任, absolute consumer liability), ② 과실책임(negligence), ③ 무과실책임(strict liability), ④ 기업절대책임(企業絕對責任, absolute enterprise liability) 중 어느 것으로 할 것인가이다.

제조물책임을 가변책임으로 할 것인가 아니면 불변책임으로 할 것인가라는 문제는 한마디로 당사자 간의 계약에 의하여 그 내용을 변화시킬 수 있는 책임(가변책임)으로 할 것인가 아니면 당사자 간의 자발적 합의에 의하여서도 변화시킬 수 없는 책임(불변책임)으로 할 것인가이다. 환언하면, 예컨대 제조물책임법(product liability law)이 별도로 있는 경우 혹은 민법 안에 제조물책임에 대한 별도 규정이 있는 경우, 이들 법과 다른 내용의 계약을 당사자, 즉 생산자와 소비자 사이에 체결할 수 있는가(임의규정), 아니면 할 수 없는가(강행규정)의 문제이다. 이는 제조물책임의 기본성격을 어떻게 보는가 하는 근본문제에 관련되는 문제이다. 이미 앞에서도 잠깐 언급하였으나 제조물책임문제를 계약법의 적용대상으로 보아야 하는가 아니면 불법행위법의 연장으로 보아야 하는가 하는 근본문제에 관련되는 문제이다.

가변책임으로 하여야 한다고 보는 일단의 학자들을 계약주의자(契約主義者,

contractarian)라고 명명할 때, 이들은 제조물책임문제를 기본적으로 당사자 간의 자발적 계약에 의하여 해결되는 것이 바람직한 문제로 본다. 한마디로 계약법의 문제로 본다. 제조물 자체의 결함이나 혹은 소비자의 잘못 사용 등으로 발생한 손해를 서로가 어떻게 나누어 책임지고 분담하는가는 가능한 한 당사자, 즉 생산자와 소비자 사이에 자발적 계약의 문제로 풀 수 있고 또한 그렇게 해결하는 것이 가장 공정하고 효율적이라고 보는 입장이다. 따라서 이들 입장에서는 기존의 제조물책임법과 다른 내용의 계약(예컨대, 법에서는 무과실책임으로 한 사항을 과실책임으로 변경하고자 할 때 등)을 당사자들이 원할 때에는 이를 허용하여야 한다고 주장한다.[2)]

반면에 제조물책임을 불변책임으로 하여야 한다고 주장하는 규제주의자(規制主義者, regulatarian)들은 제조물책임의 문제를 기본적으로 서로를 잘 아는 당사자 간의 계약의 문제로 보지 않고, 서로 모르는 사람들이 사고를 통하여 우연히 만나는 관계로, 즉 불법행위법의 대상으로 본다. 따라서 당사자들 사이의 자발적 계약이라는 것은 거래비용이 너무 커서 성립할 수 없다고 보고, 비록 성립한다고 하여도 ① 당사자 간의 교섭력의 비대칭성, ② 정보의 비대칭성 등으로 심각한 시장실패(market failure)가 예상되기 때문에 바람직하지 않다고 본다. 계약주의자들은 제조물책임의 문제에 있어서도 시장이 어느 정도 자기 기능을 잘 한다고 보고 있는 반면, 규제주의자들은 제조물책임의 문제는 시장의 실패, 환언하면 자발적 계약의 실패를 전제로 하기 때문에 불법행위법적 접근 내지는 행정법적 접근을 통하여 문제를 해결해야 한다고 본다.

제조물책임에 대한 법정책을 유형화하는 두 번째의 차원 내지 기준은 제조물책임원리로서 구체적으로 어떤 책임원리를 사용할 것인가이다. 앞에서의 기준이 제조물책임원리의 "성격(性格)을 규정하는 기준"이었다면 여기서의 기준은 제조물책임원리의 "내용(內容)을 정하는 기준"이다. 제조물책임에 대한 법정책에서 선택할 수 있는 책임원리에는 다음과 같은 종류를 생각할 수 있다.

---

2) 계약주의자들과 규제주의자들 사이에 견해가 일치하는 한 가지 문제는 소위 제3자 피해(third-party injury)에 대한 문제이다. 이 제3자 피해의 경우 책임분담을 정하는 문제에 대하여는 계약주의자들도 규제주의자들도 마찬가지로 불변책임으로 하여야 한다는 데 동의한다. 그 주된 이유는 부(否)의 외부효과(外部效果)를 막기 위해서이다. 그러나 실제로 제조물책임의 경우 제3자 피해가 발생하는 상황은 많지 않을 것이다.

첫째, 소비자절대책임(absolute consumer liability)원리이다. 모든 사고의 책임을 소비자가 부담한다. 그 사고의 원인이 생산과정의 결함으로 인한 것이어서 일반적으로 제조자가 최소비용회피자가 되는 경우라 하더라도 발생한 모든 사고의 책임을 소비자가 부담한다. 따라서 이는 엄밀하게 이야기하면 무책임원리(no liability)라고 할 수 있다.

둘째, 과실책임(negligence)원리이다. 이는 사고원인이 생산과정에서 제조자가 통상의 주의(due care)를 하였으면 피할 수 있었을 경우에 한하여, 환언하면 B(사고방지비용) $< PL$(사고기대비용)인 경우에 한하여 제조자가 그 사고에 대하여 책임을 지는 원리이다.[3] 따라서 생산과정의 결함으로 인한 사고 중에서도 제조자가 상당한 주의를 하였어도 피할 수 없는 경우($B>PL$)에 대하여는 제조업자는 책임을 지지 않는다.[4] 물론 소비과정의 잘못으로 인한 사고는 소비자가 책임을 져야 한다.

셋째, 무과실책임(strict liability)원리이다. 이는 생산과정상의 원인에 기인하는 모든 사고에 대하여 제조자가 책임을 진다. 그 생산과정에 제조업자의 과실이 있었는가 아닌가, 상당한 주의를 하였는가 아닌가는 문제 삼지 않는다. 환언하면 비용의 측면을 생각할 때 비록 사고방지비용이 기대손실보다 큰 경우(예컨대 $B>PL$)라 하여도,[5] 생산과정에서 그 원인이 발생한 경우에는 제조자가 그 손해에 대하여 책임져야 한다. 물론 순전히 소비과정의 잘못으로 인한 사고는 소비자가 책임져야 한다.

넷째, 기업절대책임(absolute enterprise liability)원리이다. 모든 사고에 대하여 그 책임을 제조자가 지는 경우이다. 생산과정의 결함에 의한 것이든 아니면 소비과정의 과실에 의한 것이든, 제조자가 최소비용회피자인 경우의 사고든 아니면 소비자가 최소비용회피자인 경우의 사고든 모든 사고의 책임을 기업이 진다.

이상과 같이 제조물 책임에 대한 법정책을 이론적으로 유형화하여 볼 때, 한가지 뚜렷이 드러나는 사실은 역사적으로 제조물책임은 ① 소비자절대책임 → ②

---

3) 더 엄밀하게는, 제조자가 주의를 한 단위 더 하는 비용이 그로 인해 줄어드는 기대사고비용보다 작은데도(즉 $dB<dPL$ 인데도) 그런 추가적인 주의를 하지 않은 경우를 말한다.

4) 엄밀하게는, $dB>dPL$인 경우이다.

5) 엄밀하게는, 한계사고방지비용이 한계기대손실감소보다 큰 경우(즉 $dB>dPL$인 경우).

과실책임 → ③ 무과실책임 → ④ 기업절대책임의 방향으로 발전해 왔으며, 최근에 와서는 다시금 회귀(U-turn)하는 현상이 나타나기 시작하고 있다는 사실이다. 또 하나 뚜렷이 드러나는 사실은 역사적으로는 제조물책임은 ① 가변책임원리(계약법적 접근) → ② 불변책임원리(불법행위법적 접근 혹은 행정법적 접근)로 발전하여 왔으나, 최근에 와서 다시 가변적 책임원리가 강조되는 경향이 보이고 있다는 것이다. 이를 〈그림 4-4〉로 나타내 보면, 역사적으로 제조물책임은 *A*에서 시작하여 *H*의 방향으로 발전하여 왔다가, 최근에 다시 *F*나 *C*의 방향으로 회귀하는 경향이 나타난다고 할 수 있을 것이다.6)

불변책임	*B*	*D*	*F*	*H*
가변책임	*A*	*C*	*E*	*G*
	소비자절대책임	과실책임	무과실책임	기업절대책임

그림 4-4 제조물책임에 대한 법정책유형

이러한 역사적 발전과 변화의 경험을 영미법 특히 미국법의 경험을 중심으로 하여 살펴보자. 19세기 중엽의 최초의 유명한 판례는 Winterbottom v. Wright 사건이다.7) 이 사건은 우편배달용 마차가 달리던 중 갑자기 부서져 우편배달원이 땅에 추락하여 피해를 입은 사건이다. 여기서 판사는 소위 우편배달원과 마차 제조자 사이에는 직접 계약관계(no privity of contract)가 없기 때문에 마차의 결함으로 인한 사고에 대하여 손해배상을 청구할 수 없다고 판시하였다. 비록 제조자의 과실이 사고의 직접의 원인이 되었다고 하더라도 직접적인 계약관계가 없기

6) 여기서 이야기하는 이러한 역사적 발전 패턴은 미국법을 중심으로 한 이야기이다. 미국법이 외국 여러 나라 중에는 제조물책임과 관련하여 비교적 오랜 법사(法史)를 가지고 있으며 여러 가지 이론과 실증연구가 많고 풍부한 판례와 많은 입법례(주법 등)를 가지고 있다. 따라서 미국의 경험을 정리하는 것은 제조물책임에 대한 비교법적 연구에 중요한 출발점이라고 본다.

7) 10 M. & W. 109, 152 Eng. Rep. 402(Ex.1842).

때문에 제조자의 손해배상책임은 인정할 수 없다는 것이다. 계약법의 테두리에서 제조물책임의 문제를 보려 하던 시대에 소비자절대책임의 원칙을 밝힌 유명한 판례이다. 위의 〈그림 4-4〉에서의 *A*의 법정책이 지배하는 시대의 판례라고 할 수 있다.

다음에는 1916년 MacPherson v. Buick Motor Co. 사건을 살펴보자.[8] 이 사건은 자동차의 나무바퀴에 결함이 있어 발생한 사고에 대하여 자동차 제조회사에 책임이 있는지 여부가 문제된 사건이다. 판결은 제조회사가 책임을 져야 하는 것으로 내려졌다. 이 판결은 두 가지 의의를 가진다고 볼 수 있다. 하나는 판매회사가 아닌 제조회사의 책임을 인정하였다는 점에서 종래 요구해 오던 계약관계의 직접성(privity of contract)을 요구하지 아니했다는 점이다. 그리고 다른 하나는 종래의 소비자절대책임의 원칙을 포기하고 과실책임원칙으로의 변화를 명확히 보이기 시작했다는 점이다. 그러나 제조물책임을 보는 기본시각은 아직 계약법적 영역에 머무르고 있어, 제조물책임을 기본적으로 가변책임으로 보고 있었다. 〈그림 4-4〉에서 보면 *C*의 법정책을 채택한 판례라고 할 수 있다.

그 이후 1944년의 Escola v. Coca-Cola Bottling Co. 사건에서는 과실책임원리에서 무과실책임원리로의 이행(移行)이 나타나기 시작하였고,[9] 1960년의 Henningsen v. Bloomfield Motors Inc. 사건[10]과 1963년의 Greenman v. Yuba Power Products Inc. 사건[11]에서 소위 무과실책임원리가 완전히 정착하게 되었다. 1960년 사건은 구매한 자동차를 운행하던 중 자동차 기어의 이상으로 인해 발생한 사고에 대하여 제조회사와 판매회사가 공히 책임을 지도록 한 판결이고, 1963년 사건은 가정용 전기공구의 부착물에 이상이 생겨 공구 사용 중 발생한 사고에 대하여 제조회

---

8) 217 N. Y. 382, 111 N. E. 1050(1916).

9) 24 Cal. 2d 453, 150 P. 2d 436(1944).
이 사건은 병을 냉장고에 넣다가 병이 폭발하여 식당 종업원이 크게 다친 사건이다. 이 사건의 판결 때부터 병의 제조과정에 과실이 없었다는 거증책임(擧證責任)을 제조업자가 지도록 하였다. 환언하면 과실이 없음을 증명하지 못하는 한 제조업자가 사고에 대하여 책임을 지도록 하였다. 엄밀한 의미의 무과실책임은 아니나 단순과실책임원리에서 무과실책임으로의 진일보라고 할 수 있다.

10) 32 N. J. 358, 161 A. 2d 69(1960).

11) 59 Cal. 2d 57, 377 P. 2d 897(1963).

사의 책임을 인정한 판결이었다. 그런데 이 두 판결 모두가 제조업자의 무과실책임을 천명하였을 뿐만 아니라 제조물책임원리는 불변책임(immutable liability)임을 명백히 하였다. 그리하여 제조업자는 예컨대 제품보증서(product warranty) 등을 통하여 이 무과실책임을 면하는 내용의 계약을 소비자와 체결할 수 없는 것으로 하였다. 위의 〈그림 4-4〉에서 보면 이제 *F*의 법정책이 지배하는 시대가 된 것이다. 1960년대가 명백히 하나의 전환점이었다고 할 수 있다.

그 이후 1975년의 McCown v. International Harvester Co. 사건[12]과 1982년의 Beshada v. Johns-Manville Products Corp. 사건[13]을 거치면서 제조물책임원리가 기업절대책임원리 쪽으로 이동하는 경향이 나타나기 시작했다. 1975년 사건은 트랙터 변속기의 결함과 피해자의 사용상의 과실이 경합하여 발생한 것이었는데, 법원은 소위 기여과실(寄與過失) 항변(抗辯)을 인정하지 않고 제조회사에게 모든 책임을 묻는 판결을 내렸다. 그런데 흥미로운 것은 법원이 비록 피해자인 소비자에게 과실이 있다 하여도 피해자의 손해부담능력이 작기 때문에, 상대적으로 손해부담능력이 큰 제조회사가 책임을 져야 한다고 판시한 점이다.[14] 1982년 사건은 석면(石綿)의 유해성에 대하여 적절한 경고를 하지 않았던 것이 문제가 된 사건이다. 그런데 그 유해성 경고를 하지 않았던 판매 당시에는 아직 유해성 여부가 과학적으로 밝혀지지 않았던 때였다. 그러나 이에 대하여 법원은 제조기업에 대하여 책임을 인정하였다. 분명히 기업절대책임 쪽으로 한 걸음 나아간 판결이라고 할 수 있다.

이상에서 간단히 살펴본 바와 같이 제조물책임원리는 소비자절대책임에서 출발하여 과실책임 그리고 무과실책임의 단계를 거쳐 점차 기업의 책임이 더욱 강조되는 성격을 띠기 시작하고 있고, 이와 동시에 제조물책임을 보는 기본시각이 계약법적 접근에서 불법행위법 내지 행정법적 접근으로 바뀌어 왔다. 우리나라도 2000

---

12) 342 A. 2d 381(Pa. 1975).

13) 90 N. J. 191, 447 A. 2d 539(1982).

14) 엄밀한 의미에서는 아직 기업절대책임이라고 볼 수는 없다. 왜냐하면 아직은 사고를 유발한 제품 자체가 결함 있는 제품임을 요구하고 있기 때문이다. 그러나 기업책임을 이유로 기업의 위험 내지 손해부담능력을 강조한 점에서 명백히 기업절대책임 쪽으로 이동하는 판례로 볼 수 있다.

년에 제조물책임법을 제정하여(2002. 7. 1. 시행) 부분적으로 무과실책임을 도입하는 한편,[15] 자동차, 의약품 등 일정한 상품에 대하여 행정법적인 안전성 규제를 가하고 있다. 그런데 최근에 특히 기업절대책임원리가 등장하면서 이와 같은 책임원리가 기업에 대한 과도한 부담이 된다는 비판이 등장하고 있다. 특히 제조물책임관련 소송건수와 소송목적의 가액이 증가하고,[16] 기업의 책임보험의 보험료가 급등하면서,[17] 그리고 제조물책임 소송에서 패소함으로써 파산하는 기업이 등장하고, 보험회사들도 제조물책임관련 보험상품을 팔지 아니하려 하면서 이러한 비판들이 강화되고 있다. 심지어는 미국기업의 국제경쟁력약화의 주요 원인의 하나가 바로 과도한 제조물책임 부담이라는 주장까지 나오고 있다. 오늘날 일반적으로 논의되고 있는 책임원리의 위기론(liability crisis) 속에서도 특히 제조물책임과 관련된 위기의식이 두드러지게 나타나고 있다. 적어도 학설상으로는 기여과실항변을 인정하는 무과실책임원리나 과실책임원리로 돌아가야 한다는 주장이 나타나기도 한다. 제조물책임의 문제를 계약법적 차원에서 다루어야 한다는 주장도 있다. 이러한 문제와 관련하여 어떠한 논의와 논쟁들이 있는지를 다음 절에서 알아보도록 한다.

---

15) 우리나라 제조물책임법은 국제적인 추세를 반영하여 소위 결함 있는 제품에 대한 무과실책임원칙(strict liability for defective products)을 채택하고 있다. 그리고 그 책임은 불변책임임을 명백히 하였다. 결함 있는 제품에 대한 무과실책임원칙은 소비자에 의한 기업 측 과실의 입증곤란 등으로 과실책임원칙의 적용이 현실적으로 어려울 때 기업과실의 유무 대신 제품결함의 유무를 기업의 배상책임유무와 연결시키는 책임원칙으로 이해할 수 있다.

16) 미국 연방법원에 제기된 제조물책임관련 소송건수가 1974년 1,579건이던 것이 1986년에는 13,595건으로 급증하는 등 계속 늘어나는 추세이다. Robert E. Litan and Clifford Winston (eds.), *Liability: Perspectives and Policy*, The Brookings Institution, 1988, p. 187.

17) 미국에서의 제조물책임을 포함한 불법행위 관련한 비용 추이에 관해서는 Robert Cooter and Thomas Ulen, *Law and Economics*, 6th edition, Pearson Education, 2012, pp. 262－270 참조.

제 2 절
제조물책임론과 계약론(契約論)

앞에서 살펴본 바와 같이 제조물책임과 관련하여 이론을 제시하는 학자들은 크게 두 그룹으로 나눌 수 있다. 하나는 계약주의자(contractarian)들이고, 다른 하나는 규제주의자(regulatarian)들이다.18) 그런데 이들이 서로 합의 내지 동의하는 가치가 하나 있다. 그것은 소비자주권(consumer sovereignty)이라는 가치이다. 즉 제조물책임에 대한 바람직한 법정책은 유능하고 상황을 숙지하고 있는 소비자(competent, informed consumer)들이 제조물사고의 위험분산에 대하여 가지는 선호를 반영하여야 한다는 것이다. 소비자들이 가장 원하는 위험분산의 규칙(rule)을 존중하여야 한다는 것이다. 이 점에 대하여는 양 그룹 간에 의견의 차이는 없다.

견해의 차이는 어떻게 하면 이 소비자들의 선호를 최대한 존중할 수 있는가에서 발생한다. 계약주의자들은 당사자 간의 자발적 합의가 소비자들의 선호존중의 지름길이라고 보고 제조물책임도 기본적으로는 계약법의 문제로 보아 결국 가변책임(可變責任)으로 다루어야 할 것을 주장한다. 이들은 기본적으로 제조물시장(product market)에 특별한 시장실패 문제가 있다고 보지 않는다.

그러나 규제주의자들과, 제조물책임원리를 무과실책임으로 그리고 최근에는 기업절대책임으로까지 발전시켜 온 법원의 판사들은 그렇게 생각하지 않는다. 이들은 제조물시장을 대단히 불완전한 시장으로 보고 있다. 그리하여 시장에 맡겨서는 소비자주권을 실현할 수 없다고 생각한다. 이들은 소비시장에는 다음과 같은 여러 가지 시장실패의 원인들이 존재한다고 주장한다.

첫째, 교섭력(交涉力)의 비대칭성(非對稱性)이다. 제조자는 소비자들에 비하여 우월한 교섭력을 가지고 있고, 그 교섭력을 착취적인 계약서나 보증서(exploitative warranty)를 작성하는 데 혹은 안전성이 없는 제품을 시장에서 사실상 강매시키는

18) 여기서 규제주의자라면 William M. Landes, Richard A. Posner, W. Kip Viscusi, Susan Rose-Ackerman, Stephen D. Sugarman 등을 지칭하고, 계약주의자라면 Peter Huber, Richard A. Epstein, George Priest, Alan Schwartz 등을 지칭한다. 이들 개개인의 주장에 대하여는 뒤에서 상론한다.

데 사용한다.

둘째, 소비자들은 위험을 과소평가하는 경향이 있다. 소비자들이 정확한 정보를 모를 수도 있고 제조자들이 고의로 소비자들의 낙관론을 부추기고 때로는 소비자들을 오도하기도 하기 때문이다.

셋째, 소수의 불행한 소비자들에게만 피해부담을 집중시키는 것은 공평하지도 않고 효율적이지도 못하다. 오히려 기업에 부담시킴으로써 최종적으로는 모든 소비자들에게 광범위하게 부담을 분산하는 것이 보다 바람직하다.19)

넷째, 대부분의 경우에 소비자들보다는 기업 측이 대체로 사고방지에 우월한 입장에 있다. 정보면에서나 능력면에서 우월하다.

이상의 이유로 인하여 제조물시장에 소비자주권의 실현을 맡기는 것은 바람직하지 않고, 제조물책임을 기업의 무과실책임으로 하고, 이 원칙은 당사자들의 자발적 계약에 의하여서도 변경할 수 없는 것으로, 즉 불변책임(不變責任)으로 하는 것이 바람직하다고 보는 것이 이들 규제주의자들의 일반적인 주장이다.

이러한 입장에 대하여 계약주의자들은 예컨대 "계약의 자유는 죽었다", "법원은, 소비자는 사고를 피할 능력이나 제품을 선택할 능력도 없고, 위험을 감식할 능력도 없다고 보고 있다. 이는 대단히 반시장적(反市場的, anti-market)·반자유적(反自由的, anti-freedom) 발상이다."라고 성토하고 있다. 이들 계약주의자들의 반론을 좀 더 자세히 살펴보도록 하자.

우선 제조자들이 자신들의 시장지배력을 이용하여 자기들에게만 일방적으로 유리한 계약서 혹은 보증서를 작성한다는 주장에 대하여 프리스트(G. Priest)는 다음과 같이 반론한다.

> "이론적으로도 경험적으로도 상품보증서는 결코 소비자를 착취하는 것이 아니다. 제조자의 소비자들에 대한 계약적 의무를 최대한 줄이기 위한, 그리하여 소비자에게 일방적으로 불리하고 제조자에게 일방적으로 유리한 문서로 보증서를

---

19) 기업에 책임을 부담시키면 두 가지 현상이 일어날 수 있다. 하나는 부담 자체를 직접 가격에 반영하여 제품의 가격인상이 일어난다. 이는 모든 소비자들에게 피해부담을 분산하는 과정이 된다. 그러한 의미에서 제조회사가 보험의 기능을 한다고 볼 수 있다. 또 하나는 보다 안전한 제품개발에 노력할 것이다. 이 또한 바람직한 방향으로의 유인이라고 볼 수 있다.

보는 소위 종래의 착취이론은 잘못이다. 보증(warranty)행위는 일종의 투자행위로 보아야 한다.[20] 보증서란 일종의 당사자 간의 계약이다. 보증서란 제품의 보다 장기간 사용을 위하여 서로가 어떻게 상호투자책임을 분담할 것인가, 그리고 제조물사고에 의한 피해를 줄이기 위하여 서로가 어떻게 투자책임을 분담할 것인가를 정하는 일종의 계약이다."[21]

따라서 구체적인 계약조항은 어느 쪽이 보다 효율적인 투자자인가에 의하여 결정된다. 사고의 경우에는 어느 쪽이 보다 최소비용회피자인가에 의하여 결정된다. 한마디로 효율적인 투자계약서 내지 위험분산계약서가 보증서이다.

프리스트의 이러한 주장은 비교적 많은 학자들의 동의를 얻고 있고, 또한 경험적 사실도 그의 주장을 뒷받침하는 것으로 나타난다. 예컨대 소비자와 제조자 사이의 보증서와 같은 내용의 계약이 동일 규모의 기업 간의 거래에서도 나타난다. 동일 규모의 기업 간의 거래를 착취와 피착취관계로 설명할 수 없다면, 소비자와 제조자 사이의 관계도 마찬가지로 보아야 한다는 이야기가 된다.

다음은 제조자들이 시장지배력을 이용하여 저질의 제품을 강매하거나, 소비자들에게 불리한 내용의 보증을 강제한다는 주장에 대한 반론이다. 슈워츠(A. Schwartz) 등은 이러한 주장에 대해 반론한다.[22] 예컨대 A란 회사가 있다고 하자. 현재 독

---

20) 이 투자이론(投資理論)을 혹자는 비교우위론(comparative advantage theory)이라고 부르고 있다. 소비자가 생산자가 서로의 비교우위에 따라 분업을 하듯이 상품의 보다 장기사용을 위하여, 그리고 사고방지를 위하여 함께 노력한다는 이야기이다. 일반적으로 보증서를 보면 ① 원재료라든가 기술에 문제가 발견되면 제조자가 책임지도록 하고 있는데 이는 이 문제를 사전에 방지하거나 사후에 추완하는 데 제조자가 비교우위를 가지고 있기 때문이다. ② 일반적으로 보증기간이 있는데 이는 그 기간 중에 발생하는 문제는 제조자 측에 발생원인이 있을 가능성이 많고 그 이후에 발생하는 문제는 소비자의 사용과정에서의 잘못으로 발생할 가능성이 많기 때문이다. ③ 파생적 손해(damages)에 대하여는 제조업자가 책임을 지지 않겠다는 조항이 있는데 이는 파생손해의 경우에는 소비자가 사고발생을 예상한다든가 사고회피를 위한 조치를 한다든가 하는 데 비교우위가 있기 때문이다.

21) George Priest, "A Theory of Consumer Product Warranty", 90 *Yale Law Journal* 1297 (1981); George Priest, "The Best Evidence of the Effect of Products Liability Law on the Accident Rate: Reply", *91 Yale Law Journal* 1386 (1982).

22) Alan Schwartz and Louis Wilde, "Imperfect Information in Markets for Contract Term: The Examples of Guarantee and Security Interests", 69 *Virginia Law Review*

점기업이라서 생산원가가 50만원인 제품을 100만원에 팔고 있다. 그런데 제품의 안전성을 획기적으로 높일 수 있는 새로운 안전장치가 개발되었다. 그 안전장치를 부착하는 비용은 20만원인데 이를 부착하면 소비자의 피해가 50만원만큼 줄어든다. 이러한 경우 과연 이 독점기업은 이러한 안전장치를 부착할 것인가 아닌가? 이러한 경우에는 안전장치를 부착할 것이라는 것이 슈워츠 등의 주장이다. 이 안전장치를 도입하여 부착시킴으로써 독점기업은 독점이윤을 보다 올릴 수 있기 때문이다. 소비자가 기꺼이 지급할 50만원과 부착비용 20만원 사이에 어디에서 이 안전장치의 가격을 정할 것인가는 독점기업의 시장지배력에 의하여 좌우될 수 있으나 비용효율성(費用效率性, cost-effective) 있는 안전장치가 부착된다는 사실은 틀림없다. 시장지배력은 바로 이 30만원(50만원−20만원) 내에서만 영향을 줄 뿐이다. 예컨대 이 중 절반만 독점기업이 차지하려 한다면 안전장치를 부착한 새로운 제품의 가격은 135만원이 될 것이고 독점이윤은 65만원(135만원−70만원)이 될 것이다.[23)]

요컨대 시장지배력이 있다고 하여 이익이 되는데도 불구하고 안전장치를 부착하지 않는다거나 혹은 일방적으로 소비자에게 불리한 계약조항만 보증서에 넣는 일은 있을 수 없다는 주장이다. 소비자들이 비싼 가격을 지급하고도 원하는, 소비자가 선호하는 계약조항(contract clause)이 있다면, 기업에 이익이 되는 한 왜 그 조항을 삽입하지 아니하겠는가[24)] 하고 반문한다. 만일 소비자들이 간절히 원하는 조항이 있고, 소비자들이 그 조항을 위해 기꺼이 지급할 금액이 그 조항의 회사 측 공급비용보다 작지 않을 경우에는, 기업은 당연히 이윤극대화를 위하여 소비자들이 원하는 조항을 삽입하게 된다는 것이다. 이와 같이 기업의 시장지배력과 관계없이 소비자들이 원하는 계약조항은 공급되게 되어 있다. 따라서 시장지배력을 가지면 소비자들에게 불리한 계약조항(예컨대 보증서상의)을 얼마든지 강

1387 (1983).

23) 왜 30만원 중에서 절반만 독점기업이 취하는 것으로 가정하는가? 시장지배력이 있으니 100% 모두를 독점이윤화하려 할 것이 너무나 자명하지 않는가 하고 반문할 수 있다. 이 반문은 과연 옳은가?

24) A. Schwartz, “Proposals for Product Liability Reform: A Theoretical Synthesis”, 97 *Yale Law Journal* 357 (1988).

요할 수 있다는 종전의 주장은 잘못이라고 비판한다.

다음으로 소비자들은 항상 제조물의 위험을 과소평가한다는 종래의 주장에 대하여 슈워츠(A. Schwartz)는 다음과 같이 반론한다. 소비자들이 제조물의 위험에 대하여 잘못된 인식을 가질 수 있다는 사실, 과소평가할 수 있다는 사실은 인정한다. 그러나 그것은 우연적이고 예외적인 것으로 보아야지 항상 지속적으로 반복하여 잘못된 인식을 가진다는 것은 있을 수 없다("randomly, but not systematically").[25] 예외도 있고 착오도 있겠지만 전체적으로 보면 올바른 인식, 올바른 판단으로 수렴된다. 따라서 기업은 마치 모든 소비자들이 올바르게 인식하고 정확하게 판단하고 있는 것으로 간주하고 자신들의 행동을 정하지 않을 수 없다. 또한 혹자들은 많은 사람들이 제품의 보증서를 읽지 않는다고 주장하는데 만일 소비자들의 1/3만 보증서를 읽어도 기업으로서는 마치 모든 소비자들이 읽는 것처럼 생각하고 행동할 수밖에 없다는 것이다. 보증서를 읽은 소비자들이 제품에 대하여 고가격을 지급하더라도 좋은 조건의 보증서를 선호한다면, 기업은 비용조건이 허용하는 한 이에 응하지 않을 수 없다는 것이다.

끝으로 프리스트(G. Priest)는 제조물사고 방지에 대한 소비자들의 역할을 과소평가하는 종래의 견해에 대하여 반론한다. 그는 실증자료가 뒷받침하듯이 소비자들의 역할이 사실은 제조회사의 역할보다 더욱 중요해지고 있음에도 불구하고 법원이 기업책임만을 강조하고 소비자의 역할을 경시하였기 때문에 점진적으로 제조물사고가 증가하였다고 주장한다.[26]

이상에서 우리는 종래의 규제주의자들의 주장에 대한 계약주의자들의 반론을 살펴보았다. 이를 통해 계약주의자들의 정치(精緻)한 논리와 실증분석이 종래의 규제주의자들의 논리보다 설득력을 가지는 것으로 이해되기도 한다. 여하튼 이들 계약주의자들의 주장은 시장실패는 종래 주장되어 왔던 것처럼 심각하지 않다는 것이다.

따라서 제조물책임은 계약법의 대상으로 하여야 하고 제조물책임은 당사자

---

25) Alan Schwartz, "Proposals for Product Liability Reform: A Theoretical Synthesis", 97 *Yale Law Journal* 357 (1988), pp. 374-384.

26) George Priest, "Modern Tort Law and Its Reform", 22 *Valparaiso University Law Review* 1 (1987).

간의 계약에 의하여 변화시킬 수 있는 가변책임(mutable liability)으로 하여야 한다는 것이다.

그러면 이들 계약주의자들은 제조물책임의 책임원리에 대하여는 어떠한 입장을 취하고 있는가? 앞에서 본 네 종류의 책임원리 중 어느 것이 제조물책임을 규율하는 책임원리로서 가장 바람직하다고 생각하고 있는가?

후버(P. Huber)는 기본적으로 제조물책임의 문제를 불법행위법이나 행정법의 영역에서 계약법의 영역으로 되돌려 놓는 것이 시급하고, 책임원리로서 소비자절대책임원리이냐 기업절대책임원리이냐는 사실상 별로 중요하지 않다고 주장한다.[27] 왜냐하면 계약의 자유가 인정되는 한 계약에 의하여 얼마든지 서로가 바람직하다고 생각하는 책임원리를 합의해 낼 것이기 때문이다. 그러나 구태여 분류한다면 결국 후버의 입장은 〈그림 4－4〉의 *A*의 법정책에 가까울 것이다. 흥미 있는 것은 그는 법적으로 제품의 안전성에 대한 정보의 공개를 강제할 것을 주장하고 있다. 왜냐하면, 그는 소비자들이 위험의 정도를 정확히 숙지하고만 있으면 당사자 간에 자유계약을 통하여 사회적으로 바람직한 해결책이 강구될 수 있을 것으로 보기 때문이다.[28]

엡스틴(R. Epstein)의 경우는 후버와 같이 어떤 책임원리든 원칙적으로 상관이 없다고 주장하지는 않는다. 그는 유능하고 상황을 잘 알고 있는 당사자들(most informed and competent parties)이 선택할 그러한 책임원리를 법이 선택하는 것이 중요하다고 본다. 그래야 불필요한 계약비용을 낮출 수 있다고 보기 때문이다. 그는 시장기능에 대한 신뢰가 크기 때문에 법이 시장을 흉내 낼 것(market-mimicking approach)을 주장한다.[29] 유능하고 상황을 잘 아는 당사자들이 시장에서 어떤 선

---

27) Peter Huber, *Liability: The Legal Revolution and its Consequences*, Basic Books, 1988.

28) 후버의 논리에 나타나는 하나의 모순은 만일 제품의 "안전성에 대한 정보"에 대한 소비자들의 유효수요(有效需要)가 있다면 시장에서 적정한 양의 정보가 공급될 것인데 왜 구태여 국가의 개입이 필요하다고 보는가이다. 제조물책임원리의 문제는 시장에서 효율적으로 해결되리라고 보면서 왜 정보의 경우는 예외로 취급하는가, 일반적으로 제조물시장에서의 시장실패는 심각한 문제가 아니라고 하면서 왜 정보시장에 대하여는 예외적으로 국가의 강제가 필요하다고 보는가가 명확하지 않다.

29) Richard A. Epstein, *Modern Product Liability Law: A Legal Revolution*, Quorum

택을 할 것인지를 법이 흉내 낼 필요가 있다는 주장이다. 따라서 상황에 따라 효율적인 법정책이 바뀔 수 있음을 인정한다. 그러나 그의 견해를 종합해 보면 제조물책임원리에 대한 그의 생각은 소비자절대책임(〈그림 4－4〉의 A)에 가깝다고 분류할 수 있다.

프리스트(G. Priest)는 그 자신이 보증서를 통한 제조자와 소비자와의 거래의 가능성과 중요성을 가장 강조한 학자이면서도 제조자와 소비자 간의 거래에는 상당한 거래비용이 존재한다고 본다. 앞의 후버는 거래비용이 별로 문제되지 않는다고 보고 있고, 엡스틴은 거래비용이 분명히 중요하게 존재하나 자원의 효율적 배분을 해할 정도는 아니라고 보는 데 반하여, 프리스트는 거래비용이 자원배분에 영향을 줄 정도의 크기와 의미를 가진다고 본다. 거래비용이 이와 같이 큰 의미를 가지는 경우에는 법정책의 선택이 자원배분에 결정적 영향을 미치게 된다. 이러한 관점에서 그가 주장하는 책임원리는 과실책임원리이다.[30] 따라서 〈그림 4－4〉의 *C*나 *D*에 속하는 법정책을 지지한다고 볼 수 있다.

슈워츠(A. Schwartz)는 우선 어떠한 책임원리를 법이 선택하든지 당사자들의 계약에 의하여 이를 변화시킬 수 있어야 한다는 사실을 전제로, 그는 상황을 잘 알고 있고 유능한 소비자가 선택할 책임원리는 기여과실의 항변이 가능한 무과실책임(strict liability with contributory negligence)이라고 주장한다.[31] 그리고 소비자가 그 책임원리를 선택할 것이라고 보는 이유는 그 원리가 가장 효과적으로 사고총

Books, 1980; Richard A. Epstein, “Products Liability as an Insurance Market”, 14 *Journal of Legal Studies* 645 (1985).

30) George Priest, “Modern Tort Law and Its Reform”, 22 *Valparaiso University Law Review* 1 (1987).

31) Alan Schwartz, “Proposals for Product Liability Reform: A Theoretical Synthesis”, 97 *Yale Law Journal* 357 (1988).
R. Cooter & T. Ulen도 Schwartz와 유사한 입장을 택하고 있다. 이들은 소비자가 자발적으로 위험감수를 선택하였거나 아니면 제품을 명백히 잘못 사용하여 사고가 난 경우에는 소비자가 책임을 지고, 그 이외의 경우에는 모두 제조업자의 무과실책임으로 할 것을 주장하고 있다. 그리고 이들은 제조물책임원리가 자신들이 제시하는 이 효율적 기준을 넘어서 기업절대책임쪽으로 이동하였기 때문에, 오늘날의 “제조물책임의 위기”의 문제가 발생하였다고 보고 있다. Robert Cooter and Thomas Ulen, *Law and Economics*, 6th edition, Pearson Education, 2012, pp. 199－211.

비용의 최소화를 이루어 낼 수 있다고 보기 때문이다. 이론적으로는 과실책임원리도 생각해 볼 수 있으나 과연 과실유무에 대하여 법원이 효율적인 판단을 내릴 수 있는지가 문제이기 때문에 지지할 수 없다는 입장이다.

제 3 절 제조물책임과 규제론(規制論)

이미 앞에서 보았듯이, 규제론자들은 여러 가지 이유로 제품시장에는 시장실패가 발생하기 때문에 시장에 맡기면 환언하면 당사자들의 자발적 계약에 맡기면 바람직한 결과가 나오지 않는다고 생각한다. 그리하여 불법행위법이나 행정법에서 제조물책임의 문제를 다루어야 효율적이고 공정한 결과가 나온다고 생각한다. 그런데 이들이 주장해 오던 시장실패의 요인들(예컨대 교섭력의 비대칭성, 소비자의 위험에 대한 과소평가 경향 등)을 하나하나 반박하고 있는 계약론자들의 반론을 앞에서 보았다. 이 계약론자들의 반론에 대하여 규제론자들의 유효한 이론적 반격은 많지 않다. 오직 랜즈(W. Landes)와 포즈너(R. Posner) 등이 몇 가지 이론적 반격을 하고 있을 뿐이다. 그러나 다른 학자들은 대체로 시장실패를 가장 중요한 규제이유로 들고 있다.

이들 규제론자들은 시장실패를 믿기 때문에 제조물책임에 대한 시장적 해결, 계약법적 해결에 대하여는 일치하여 반대하지만, 그렇다면 대안이 무엇이냐고 물으면 이에 대하여는 견해가 대단히 다양하게 갈라지고 있다. 랜즈(W. Landes)와 포즈너(R. Posner)는 제조물책임을 규율하는 법정책으로 불법행위법이 가장 효율적이라고 주장한다. 그러나 비스커시(W. Viscusi)는 제조물책임의 문제는 행정법에서 다루는 것이 바람직하고 불법행위법은 부차적 의미만을 갖도록 하는 것이 좋다고 본다. 로즈-액커먼(S. Rose-Ackerman)은 비스커시와 마찬가지로 불법행위보다는 행정법을 선호하나 그 선호의 정도가 강하여 불법행위법은 오직 임시적·잠정적 대안(stopgap)으로서 기능하도록 하고 대부분의 문제를 행정법의 차원에서 해결하자고 주장한다. 끝으로 슈거먼(S. Sugarman)은 제조물책임과 관련 불법행위법을 폐지하고 행정법의 차원에서 모든 문제를 해결하는 것이 바람직하다고 주장한다. 각자의 주장내용을 좀 더 자세히 살펴보도록 하자.

우선 랜즈와 포즈너는 정보비용 때문에 제품시장에서는 시장실패가 발생한다는 입장에서 출발한다. 일반적으로 제조물사고가 발생할 확률은 대단히 작기 때문에 제조물사고가 발생하였을 때 누가 책임을 져야 하는가 등을 소비자들은 알려고 하지 않는다는 것이다. 왜냐하면 그러한 정보를 알기 위한 노력의 이익이 그 노력의 비용보다 작기 때문이다. 따라서 소비자들은 실제로 보증서나 계약서의 조항들을 잘 읽지 않으며 경쟁기업들도 보증서의 내용을 가지고 다른 기업들과 경쟁하려 하지 않는다는 것이다.[32] 실증분석결과를 보아도, 제품의 보증서는 제품의 외형상 혹은 기능상 결함이 발견되어 제품을 교환한다든가 간단한 수리 등을 위하여 활용이 되고 있지, 제조물사고의 피해보상이나 위험분담을 위하여 이용되는 경우는 많지 않다는 것이다.

정보비용 때문에 소비자들이 과소정보(過少情報)를 가지고 소비결정에 임하게 되면, 안전하지 못한 제품들도 시장에서 판매될 뿐 아니라 안전한 제품과 같은 가격으로 팔리게 된다. 그리하여 시장을 통하여 불안전 제품을 규율 내지 규제(소비자들의 구매기피나 싼 가격 요구)하는 것이 불가능해진다. 이렇게 소비자들의 과소정보로 시장실패가 발생하는 경우에는 일반적으로 무과실책임원리가 바람직한 책임원리가 될 것이라고 이들은 주장한다. 시장실패가 있기 때문에 무과실책임원리로 제조자들에게 사고책임을 지도록 하여야, 이들이 사고방지를 위해 보다 노력하게 된다. 또한 무과실책임을 부과하여야 제품의 위험도의 차이가 가격에 반영되고, 가격에 반영되어야 소비자들의 제조물위험에 대한 인식도가 높아진다는 것이다.[33]

이와 같이 시장의 실패를 전제하기 때문에 이들은 제조물책임원리는 당사자들의 계약에 의하여 바꿀 수 없도록 하여야 한다고, 즉 불변책임이어야 한다고 주장한다.[34]

---

32) William Landes and Richard Posner, *The Economic Structure of Tort Law*, Harvard University Press, 1987, pp. 281－282.

33) Richard A. Posner, *Economic Analysis of Law*, 3rd edition, Little, Brown and Co., 1992, p. 181.

34) 이들은 정보비용으로 인하여 시장실패가 불가피하다고 보고 있으면서 시장실패에 대한 주요 정책의 하나인 행정법적 접근에 대하여는 전혀 분석을 하지 않고 있다. 불법행위

비스커시(W. Viscusi)는 제조물책임문제를 다루는 데 있어 기존의 불법행위제도에 대하여 비판적이면서 행정법적 접근의 우월성을 강조한다. 불법행위제도를 비판하는 주된 이유는 과실책임원리를 적용할 때 법원이 비용－편익분석(費用－便益分析)을 제대로 하지 못한다는 점이다. 기업으로 하여금 효율적인 제품안전기준을 찾도록 하는 효율적인 과실유무판단기준이 활용되어야 하는데 실제로 법원이 사용하고 있는 기준은 그렇지 못하다는 것이다. 그리하여 그는 보다 정치한 과실판단기준(elaborate negligence test)이 필요하다고 본다.35) 그러나 그는 기본적으로 제조물책임문제를 다루는 데 행정법이 불법행위법보다 효과적이라고 본다.36) 일반적으로 행정적 규제가 사전적이고 미래지향적(未來指向的)인 데 반하여, 불법행위법은 사후적이고 과거지향적(過去指向的)이라는 것이다. 또한 불법행위법은 개별적인 데 반하여 행정적 규제는 일반적이라는 장점이 있다는 것이다. 따라서 특수한 성격의 제조물책임의 경우라면 몰라도 일반적으로는 행정규제의 방법이 사고의 총비용을 낮추는 데 보다 효과적이라는 것이다.

그의 주장에 대하여 한 가지 지적할 수 있는 문제는 소위 규제실패(regulation failure)의 가능성이다. 시장이 실패한다고 해서 행정규제가 반드시 성공한다는 보장은 없기 때문이다. 예산의 한계, 이익집단의 영향력 그리고 소위 대리문제(agency

---

법의 효율성만을 강조하고 있을 뿐이다.

35) W. Kip Viscusi and Michael J. Moore, "Rationalizing the Relationship between Product Liability and Innovation", in Peter Schuck (ed.), *Tort Law and the Public Interest: Competition, Innovation, and Consumer Welfare*, Norton, 1991.
앞에서 본 프리스트와 여기서의 비스커시는 제조물책임 문제와 관련하여 분명히 과실책임원리를 바람직한 책임원리로 보고 있다. 그러나 둘 다 공통적으로 주장하는 것은 현재 법원이 사용하고 있는 과실판단기준은 적절하지 못하다는 것이다. 보다 정밀한 판단기준 내지 공식(more rigorous negligence formulation)이 있어야 한다고 주장한다. 반면에 슈워츠는 법원에 그러한 능력을 기대할 수 없다고 판단하여 과실책임원리가 아니라 무과실책임원리가 보다 효율적이라고 주장하고 있다.

36) W. Kip Viscusi, "Toward a Diminished Role of Tort Liability: Social Insurance, Government Regulation, and Contemporary Risks to Health and Safety", 6 *Yale Journal of Regulation* 65 (1989). 제조물책임 문제와 관련된 그의 여러 주장을 종합적으로 조감하기 위하여는 다음의 저서가 좋은 참고가 될 것이다. W. Kip Viscusi, *Reforming Products Liability*, Harvard University Press, 1991.

problem) 등 행정규제의 경우도 나름의 문제가 많기 때문에 이들 문제에 대한 대안도 함께 제시하는 것이 보다 설득력이 있을 것이다.37) 이 규제실패의 가능성을 보다 본격적으로 다루려는 학자가 로즈－액커먼이다.

로즈－액커먼(S. Rose-Ackerman)은, 불법행위법은 사실상 극히 예외적으로만 활용하고 주로 행정규제를 통하여 제조물책임의 문제를 해결할 것을 주장한다. 그러나 동시에 그녀는 규제개혁(regulatory reform)도 함께 주장하고 있다.38)

그녀는 행정규제(administrative regulation)에는 세 가지 종류가 있다고 본다. ① 명령과 통제(command-and-control regulation), ② 성과기반규준(performance-based standards), ③ 유인전략(incentive strategies)이 그것이다. 명령과 통제는 구체적이고 개별적인 특정결과를 요구하는 방식이고, 성과기반규준은 목표(일반기준)를 제시하고 거기에 이르는 방법의 선택은 개별 행위자에게 맡기는 방식이다. 그리고 유인전략(誘因戰略)이란 행위의 모든 비용(예컨대 사고비용 등)을 행위자가 부담하도록 만들어(내부화시켜) 행위자 스스로가 비용최소화를 위해 노력하도록 유도하는 방식이다.

이상의 세 가지 방식 중 그녀는 가능한 한 유인전략을 많이 사용할 것을 주장하고 있다. 유인전략이 불가능할 때에만 성과기준방식(成果基準方式)을 사용하고, 그것도 불가능할 때에만 명령 및 통제를 택할 것을 권하고 있다. 만일 행정규제에서 유인전략이 가능하다면 그녀의 입장은 불법행위법은 활용하지 않아도 좋다는 입장이다. 유인전략을 사용하지 못하는 경우에만 불법행위법의 보충적 역할이 필요하다. 예컨대 성과기준규제의 방법을 사용할 때는 경우에 따라 성과기준의 달성여부를 측정하는 데 막대한 비용이 들 수 있어 이러한 때에는 불법행위법을 통한 보완이 필요하다는 것이다.

끝으로 슈거먼(S. Sugarman)은 불법행위법의 적용을 완전히 폐지하고 행정규제만으로 제조물책임문제를 다룰 것을 주장하고 있다. 그는 불법행위법이 어떠한 책임원칙을 선택하든지 사고방지효과는 별로 없다고 본다.39) 그러나 그도 행정규제

---

37) 규제실패 내지 행정실패에 대한 본격논의는 제10편 법과 공공선택이론을 참조하라.

38) Susan Rose-Ackerman, "Tort Law in the Regulatory State", in Peter Shuck (ed.), *Tort Law and Public Interest: Competition, Innovation, and Consumer Welfare*, Norton, 1991.

39) Stephen D. Sugarman, "Doing Away with Personal Injury Law", in Robert L. Rabin

실패의 가능성은 인정하기 때문에 어떻게 규제부처(regulatory agency)를 문제에 즉각적으로 유효하게 반응하는 유능한 조직으로 만들 것인가(responsive and effective)가 대단히 중요하다고 한다. 그리하여 규제부처에 보다 강력한 권한을 주어 조사하고, 규제하고, 처벌하는 일을 보다 효과적으로 신속하고 철저하게 할 수 있도록 하여야 한다고 주장한다. 동시에 이들 규제부처의 의사결정에 대한 시민단체나 피해자집단 등의 참여를 강화하여 이들 규제부처를 유능하고 유효한 조직으로 만들어야 한다고 주장하고 있다.

제 4 절 산업재해문제의 원점(原點)

지금까지 가장 전형적인 시장형 불법행위의 하나인 제조물책임의 문제를 살펴보았다. 시장형 불법행위의 또 다른 하나의 전형은 산업재해문제이다.

우리나라에서 산업재해에 대응하는 법으로는 산업재해의 사전예방을 목적으로 하는 산업안전보건법(産業安全保健法)과 재해발생시 신속·공정한 사후보상을 목적으로 하는 산업재해보상보험법(産業災害補償保險法)이 있다. 먼저 산업안전보건법은 산업재해의 사전예방을 위하여 사업주에게 산업안전기준(안전시설설치, 유해물질표시나 사용제한 등)을 준수케 하고, 이를 수시로 자체 검사하게 하며, 근로자 및 관리자들에게 안전교육 등을 시키도록 하는 의무를 부과하고 있고, 동시에 근로자들에게도 산업재해방지노력 및 협력을 의무화하고 있다. 다음 산업재해보상보험법은 업무상 재해인 이상 재해발생에 대한 사업주의 과실유무를 묻지 않고, 피해근로자에 대하여 일정수준 이상의 신속보상이 가능토록 하고 있다. 이 법의 목적은 물론 근로자와 그 가족의 생존권 보호에 있다. 따라서 평소 사업주에게 일정의 보험료 납부를 강제하여, 이를 정부가 관리하고, 재해발생시 재해보상을 신속

(ed.), *Perspective on Tort Law,* 3rd edition, Little, Brown and Company, 1990, pp. 126-156.

하게 해주도록 하고 있다.

이상이 산업재해 문제에 대한 우리나라 법정책의 극히 간단한 소개이다. 그러면 우리는 다음과 같은 몇 가지 근본적인 질문들을 해 볼 수 있다. 첫째, 산업안전보건법은 산업재해발생을 낮추기 위한 법제도이다. 그렇다면 어느 수준까지 낮추는 것이 바람직한가? 소위 산업재해(産災)의 사회적 적정수준이라는 것이 있을 수 있는가? 있다면, 현행 산업안전보건법은 사업주와 근로자들의 산업재해방지노력을 자극하고 촉진시켜 우리 나라의 산업재해를 사회적 적정수준까지 낮추어 나갈 강력한 제도적 유인(institutional incentive)을 가지고 있는가?

둘째, 산업재해보상보험법은 재해에 대한 신속·공정한 적정보상에 그 목적이 있다. 그렇다면 어느 수준을 재해보상의 적정수준(optimum compensation)이라고 보아야 할까? 피해에 대한 완전보상(full compensation)이 적정보상수준인가, 아닌가?

셋째, 산업재해보상보험법은 소위 보험제도에 내재하는 도덕적 해이(moral hazard)의 문제로 인하여 노(勞)와 사(使) 모두의 산업재해방지노력을 감소시키지는 않는가? 만일 그렇다면 공정·신속한 보상과 산업재해방지노력의 제고를 양립시키는 제도적 장치는 있을 수 없는가?

이상의 세 가지 문제들을 중심으로 우리 나라 산업안전보건법과 산업재해보상보험법에 대한 법경제학적 분석을 해 보도록 한다.

대부분의 사람들은 산업재해가 '제로'인 상태, 즉 전무한 상황을 가장 바람직한 것으로 생각할지 모르나, 불행하게도 이는 기술적으로는 가능할지라도 사회·경제적으로는 반드시 합리적이고 타당한 목표는 아니다. 왜냐하면 산업안전(industrial safety)이란 것은 공기나 물과 같은 자유재(free goods)가 아니라 경제재(economic goods)이기 때문이다. 환언하면 산업안전이란 재화를 생산·소비하는 데는 일정한 비용(cost)이 들기 때문이다. 산업재해방지, 즉 산업안전을 창출하는 데는 우리 사회가 가지고 있는 제한된 인적·물적 자원을 일정부분 사용해야 하고, 그러한 자원은 우리 모두의 행복과 복지증진을 위해 다른 목적으로 얼마든지 사용될 수 있으므로, 그만큼 제한된 자원의 사용비용(타 목적에의 사용을 포기하는 비용)이 발생한다. 따라서 비록 산업안전을 이룩함으로써 생기는 편익(benefit)이 크다 하여도, 산업재해가 전무한 상태에 도달하기 위하여 무한정의 사회적 비용을 지출할 수는 없다. 이는 결국 산업재해방지를 위해 드는 사회적 비용과 산업방지로 인한 사회적 편익 내지 수익이 조화되는 수준에서 산업안전의 적정수준을 찾아야 한다는 이야기가 된다.

보다 구체적으로 표현한다면 산업재해로 인한 사회적 손실(damage cost)과 산업재해방지를 위한 사회적 비용(prevention cost)의 합(合)을 최소화하는 수준이 사회적으로 보아 적정산업안전수준이 된다. 이는 곧 산업재해방지로 인한 사회적 한계수익(social marginal benefit)과 산업재해방지에 드는 사회적 한계비용(social marginal cost)이 일치하는 수준에서 산업안전의 사회적 적정수준(optimal level of industrial safety)이 결정되어야 함을 의미한다.

그런데 정부가 개입하지 않아도 산업안전(산업재해예방)의 사회적 적정수준이 달성될 수 있다면, 구태여 정부개입이 필요한 것은 아니다. 그런데 우리나라에서는 산업안전보건법 등을 제정하여 이를 강제하고 있다. 그 이유는 정부개입 없이 민간에게만 맡겨서는 우리나라의 산업안전의 사회적 적정수준이 달성될 수 없다는, 즉 산업재해의 과다생산이 불가피하게 발생하게 된다는 정책판단에 서 있기 때문이다. 그렇게 판단하는 이론적 근거는 무엇일까?

두 가지 이론적 근거를 생각해 볼 수 있다. 첫째는 민간부문이 모든 산업안전기술에 대한 안전정보를 가지고 있지 못하기 때문에 산업재해방지를 위한 최소비용 안전대책(the most cost-effective method of prevention)을 항상 선택하리라는 보장이 없다는 사실이다. 둘째는 산업재해로 인해 발생하는 각종 비용·손실이 모두 기업에 귀속되지 않고 기업은 그 일부만을 부담하고 있다는 사실이다. 산업재해로 인한 각종 비용 내지 손실의 일부가 기업외부의 제3자 — 특히 산업재해방지에 아무런 영향력도 미칠 수 없는 위치에 있는 제3자 — 에게 부담될 때, 산업재해는 자연히 사회적 적정수준 이상으로 과다생산될 수밖에 없게 된다. 이 두 번째의 이론적 근거에 대하여 좀 더 자세히 생각해 보자.

인간은 본래 매일매일의 활동에서 어느 정도의 위험(risk)이 존재하는 것을 감수하고 생활하고 있다. 비록 어느 정도의 위험은 있어도 그 활동에서 얻을 수 있는 기대편익(expected benefit) — 물질적 이익이나 정신적 만족 — 이 위험의 가능성이 현재화(顯在化)하여 발생할지 모르는 기대손실(expected cost)보다 크기 때문에 그러한 활동을 계속하는 것이다. 예컨대 흡연이나 자가운전의 경우 등에서 이러한 사실을 쉽게 알 수 있다. 흡연이 건강에 해가 된다는 사실은 주지하는 바이나, 많은 사람들은 흡연이 주는 편익, 특히 심리적·정신적 만족 등이 건강을 해침으로써 생길 수 있는 기대손실보다 크다고 판단하기 때문에 흡연을 계속하는 것이다. 자가운전의 경우도 마찬가지이다. 정도의 차이는 있으나 인간생활에서 어떤 활동이든 어느 정도의 위험부담이 따른다. 따라서 이 위험의 '제로'화를 목표로 하는 것은 인간활동 그 자체의 중단을 전제하지 않으면 불가능할지 모른다.

위에서 흡연이나 자가운전의 예를 들었으나, 이러한 개인의 위험부담행위에 대하여 국가는 어떠한 개입이나 제한을 가하려 하지 않고 각자의 판단·선택, 즉 개개인이 계상한 기대편익과 기대비용에 기초하여 자유스럽게 행동하도록 방임하고 있다. 그러나 이에 반하여 산업안전의 경우에는 그렇지 않다. 산업안전문제에는 왜 국가가 개입하여 안전기준을 정하고 안전시설의 설치, 안전요원의 훈련과 배치 등을 법적으로 강제하는가?

흡연이나 자가운전의 경우는 그 기대손실과 기대수익이 기본적으로 동일인에게 귀속된다. 따라서 개개인이 각자의 기호·판단 등에 따라 흡연여부나 흡연량, 자가운전 여부나 운전량을 결정하여도 사회 전체로 볼 때 큰 문제가 없다. 왜냐하면 사회구성원 각자가 합리적 인간임을 전제한다면, 손실과 편익이 동일인에게 귀속되는 한 그들 스스로가 손실과 편익을 충분히 비교하여 판단하였을 것이므로, 그러한 판단의 결과는 사회적으로 합리적이라고 보아 무방하기 때문이다.

그러나 산업안전의 경우는 산업재해방지로 인한 기대수익과 산업재해방지를 위한 기대비용이 동일인(예컨대 기업주)에게 귀속되지 아니한다는 데 문제가 있다. 여기서 사적 비용(private cost)과 사회적 비용(social cost)의 괴리의 문제, 사적 수익(private benefit)과 사회적 수익(social benefit)의 괴리의 문제가 발생한다. 일반적으로 산업재해로 인한 사회적 손실은 기업주가 부담하는 부분(생산중단+기계운휴+생산성 하락+보험료 부담 등)과 근로자 부담분(장래소득의 상실+본인과 가족의 고통 등－피해보상금) 및 사회일반부담분(국민경제전반의 생산하락+근로력 상실+산업안전행정관리비+산업재해보험운영관리비 등)으로 구성된다고 볼 수 있다.

그런데 이 산업재해로 인한 사회적 손실은 곧 산업재해방지로 인한 사회적 수익을 의미한다. 그렇다면, 만일 이 산업재해방지로 인한 사회적 수익은 기업·근로자·사회일반에 분산하여 귀속되는 반면에 산업재해방지를 위한 비용은 기업주만이 부담하게 된다면, 기업주의 산업재해방지노력은 사적 한계수익(기업주 수익)과 사적 한계비용(기업주 부담비용)이 일치하는 수준에서 결정될 것이므로, 이는 자연히 사회적 한계수익(기업주 수익+근로자 수익+사회적 일반수익)과 사회적 한계비용(기업주 부담비용)이 만나는 사회적 적정수준 이하가 될 것이 분명하다 하겠다(여기서는 논의의 편의상 산업재해방지를 위한 사적 한계비용과 사회적 한계비용 간에는 괴리가 없다고 보자).

이와 같이 산업안전의 경우는 산업재해방지로 인한 기대수익과 산업재해방지를 위한 기대비용이 동일인에게 귀속되지 않아, 그 결과 산업재해방지의 사회적 수익과 사적 수익 간에 괴리가 발생하게 되므로, 정부의 개입 없이는 사회적 적정수준의 산업안전을 유지하기 힘들게 된다. 여기에서 바로 정부개입의 필연성 내지 필요성이 발생한다.

그러면 만일 정부가 산업재해로 인한 사회적 손실, 역으로 말하면 산업재해방지의 사회적 수익을 모두 산업재해방지주체인 기업에게 귀속시키는 법·제도를 만들어 강제한다면 어떻게 될까? 그렇게 되면 산업재해방지로 인한 사회적 수익과 사적 수익 간의 괴리가 축소 내지 없어지게 되어 정부개입의 필요성은 줄어들고 시장원리에 따른 민간의 수익-비용분석에 기초한 자유로운 의사결정에 맡겨도 큰 문제는 없게 된다. 그러나 이 경우에도 앞에서 지적한 정부개입의 다른 하나의 이론적 근거가 되는 산업안전기술에 대한 불완전정보의 문제는 그대로 남는다. 즉 기업이 이제는 사회적 수익과 사회적 비용이 일치하는 적정수준까지 산업재해방지노력을 하려고는 하겠지만, 산업안전기술(industrial safety technology)에 대한 정보부족으로 인해 과연 최소비용안전대책을 선택할 수 있겠는가 하는 문제는 남는다. 따라서 정부는 산업재해방지의 사회적 수익과 사적 수익을 일치시키려는 노력과 동시에 산업안전기술정보의 확산 노력 및 새로운 안전기술개발을 위한 투자 노력 등을 지속하지 않으면 안 된다 하겠다. 결국 산업재해방지의 사회적 수익과 사적 수익의 괴리의 문제와 산업안전기술에 대한 불안전정보의 문제가 완전히 해소된 후에야 정부개입의 필요성은 없어진다고 보아야 한다.

그런데 여기에 한 가지 흥미로운 이론적 문제가 있다. 산업재해발생으로 인한 사회적 비용을 기업에게 부담시키는 법·제도를 정부가 만들지 않아도, 산업재해발생으로 인한 사회적 비용과 그중 기업이 부담하는 사적 비용의 괴리를 축소시키는 별도의 시장메커니즘이 존재할 수 있다는 사실이다. 노동시장을 통한 사전보상(事前補償, *ex ante* compensation)의 메커니즘이 그것이다. 산업재해발생 후 사후보상(事後補償, *ex post* compensation)이 충분치 못해도, 환언하면 산업재해의 사회적 비용을 기업에 부담시키는 법·제도가 불충분해도 아래와 같은 두 가지 전제조건이 성립하면 노동시장을 통한 산업재해에 대한 사전보상 메커니즘이 작동하여 산업재해발생으로 인한 사회적 비용(산업재해방지의 사회적 수익)과 사적 비용(산업재해방지의 사적 수익)의 괴리를 크게 줄일 수 있게 된다. 두 가지 전제조건이란, 첫째가 근로자가 산업재해가능성과 위험의 내용을 정확하게 완전숙지(perfect information)하고 있을 것, 둘째는 근로자의 노동이동이 완전히 자유로울 것(perfect labor mobility), 아니면 강력한 노조가 존재하여 노사대등한 단체교섭력을 행사할 수 있을 것이다. 여기서의 노동이동의 자유는 산업 간·기업 간의 이동의 자유뿐 아니라 노동시장참가와 비참가의 자유까지를 말하는 것으로 이것이 가능하기 위해서는 상당수준의 비임금소득(非賃金所得)의 존재를 전제한다.

위와 같은 두 가지 전제조건이 성립하면, 산업재해문제는 비록 사후보상이 충분치 못해도 산업재해위험도(産災危險度)가 높은 직장과 낮은 직장 간에 임금격차의 발생이란 형태로 사전보상이 가능하게 된다. 정부개입 없이도 노동시장 메커니즘에 의해 어느 정도 해결의 길이 트이게 된다. 왜냐하면 다른 조건이 동일하다면, 산업재해위험도가 높은 산업의 사용자는 산업재해위험도가 낮은 산업의 사용자보다 높은 임금을 지급하여야 필요인력을 확보할 수 있기 때문이다. 이것이 곧 앞에서 언급한 바 있는 아담 스미스(Adam Smith)의 보상적(補償的) 임금격차(compensating wage differentials)이다. 즉 산업재해위험도를 충분히 보상하는 임금격차가 존재하여야 근로자들은 그 산업에의 노동공급을 결정할 것이다. 산업재해위험도가 높은 산업에 종사하는 근로자들은 위험수당(risk premium)을 당연히 요구하게 되고, 그것이 임금격차로 나타난다는 것이다. 그리고 이와 같이 그 산업의 평균임금수준에 추가 지급되는 위험수당이 곧 산업재해발생에 대한 사전보상 메커니즘이 되는 것이다.

이러한 상황에서는 만일 사업주가 산업재해방지를 위해 일정경비를 지출하여 위험도를 낮춘다면 그만큼 보상적 임금격차를 줄여도 필요노동력을 확보할 수 있기 때문에, 사업주가 산업재해방지를 위해 경비와 노력을 지출하면 실은 그만큼의 이익이 낮아진 임금수준의 형태로 사업주에게 귀속하는 것이 된다. 따라서 사업주는 산업재해방지를 위해 노력하게 되고, 산업재해방지를 위해 지출하는 한계비용과 낮아진 보상적 임금격차로 인한 한계수익이 일치하는 수준까지 그 노력을 계속하게 된다.

동시에 이 사전보상 메커니즘은 근로자들의 입장에서 보면, 사업주라는 중개인(middleman)을 통하여 임금수준의 저하라는 비용을 지급하고 산업안전이라는 경제재(經濟財)를 구매·소비하는 메커니즘이 된다. 물론 얼마만큼의 임금수준의 저하라는 비용을 지급하고 얼마만큼의 산업안전이라는 재화를 소비할 것인가 하는 문제는 근로자 개개인의 소득수준·기호·산업안전이라는 재화의 상대가격(相對價格) 등에 의하여 결정될 것이나, 위에서 우리는 산업재해가능성과 위험도에 대한 근로자들의 완전정보를 전제하였기 때문에 근로자들의 결정 — 얼마의 가격으로 얼마만큼의 산업안전을 구매할 것인가, 역으로 말하면 기존의 산업재해가능성에 대하여 얼마만큼의 위험수당을 보상적 임금격차의 형태로 사업주에게 요구할 것인가의 결정 — 은 사회적으로 적정수준을 크게 벗어나지 않을 것이라고 예상할 수 있다. 이렇게 사전보상 메커니즘이 작동하는 경우에는 산업재해방지수준을 사업주와 근로자 개개인의 자유의사결정에 맡겨도 산업재해방지수준은 사회적 적정수준에 쉽게 접근하게 되고, 정부의 개입필요성은 그만큼 줄어들게 된다. 이것이 바로 시민법사상(市民法思想)이 묵시적으로 상정하고 있는 완전경쟁적 노동시장 메커니즘이 지배하는 사회이다.

그러나 우리는 앞에서 제시한 두 가지 전제조건인 완전정보와 완전노동이동이 실제로는 많이 제약되어 있는 소위 사회법사상(社會法思想)이 지배하는 현실 속에서 살고 있다. 즉 근로자들은 일반적으로 산업재해가능성·위험도 등에 대하여 정확히 인지하지 못하는 경우가 많을 뿐만 아니라, 노동이동의 완전자유, 특히 노동공급을 중단할 수 있는 자유가 — 비임금소득이 크지 못하므로 — 사실상 존재하지 않는 경우가 많다. 만일 강력한 노조가 존재한다면, 산업재해위험도 등에 대한 객관적 정보도 보다 많이 보유할 수 있고, 사용자와의 교섭에도 유리하므로 산업재해에 대한 보상적 임금격차의 실현도 상대적으로 쉬워지는 것은 물론이다. 즉 그만큼 노동시장의 불완전성이 부분적으로나마 극복된다고 볼 수 있다.

그러나 대체로 현실 노동시장은 완전하기보다는 불완전하다. 불완전한 정보와 불완전한 노동이동 때문에 완전정보와 완전노동이동을 전제로 한 경우보다 보상적 임금격차의 수준도 낮아지고, 근로자가 사업주라는 중개인을 통하여 구매·소비하려는 산업안전수준도 낮아진다. 이는 곧 현실사회에서 실현되고 있는 산업재해방지수준이 사회적 적정수준보다 낮아짐을 의미한다. 외국의 경우에는 산업재해위험에 대한 보상적 임금격차의 존부 및 크기에 대한 구체적 실증분석들이 종종 나타난다. 그 연구결과들을 보면, 대부분의 경우 보상적 임금격차는 분명히 존재하나 그 크기는 충분치 못한 것으로 나타난다. 즉 노동시장의 불완전성으로 인하여 산업재해에 대한 사전보상 메커니즘이 충분히 작동하고 있지 않다는 것이다. 따라서 사후보상(법·제도) 없이 사전보상(시장 메커니즘)만을 통한 산업재해방지 메커니즘도 작동은 되고 있으나, 이것에만 의지하여서는 산업안전의 사회적 적정수준이 달성되리라는 것을 기대할 수 없다는 결론이 된다.

이상에서 우리는 산업안전이란 하나의 경제재이고, 산업안전의 적정수준이란 산업재해방지를 위한 사회적 한계비용과 산업재해방지로 인한 사회적 한계수익이 일치하는 수준에서 결정되어야 한다는 점, 그러나 현실적으로 볼 때 ① 산업재해방지로 인한 사회적 수익과 개별 기업이 얻는 사적 수익 간에는 괴리가 존재하고, ② 또한 산업안전기술에 대한 정보를 개별 기업이 충분히 가지고 있지 못하며, ③ 나아가 노동시장의 불완전성(불완전정보, 불완전한 노동이동)도 크기 때문에 보상적 임금격차라는 사전보상 메커니즘을 통한 기업의 산업재해방지유인도 충분치 못하므로, 산업안전수준결정을 개별 기업이나 근로자들의 자유로운 의사결정에 맡기면 산업안전은 결코 사회적 적정수준에 도달할 수 없다는 점, 따라서 어떤 방식이든 정부의 개입이 불가피하다는 점 등을 살펴보았다.

제 5 절
산업재해의 사전예방

제1항 법률주의와 경제주의

산업재해문제의 해결을 위한, 즉 산업안전의 사회적 적정수준의 달성을 위한 정부의 개입방법에는 대별하여 법률주의적 접근방법(legalism)과 경제주의적 접근방법(economism)의 두 가지 방법이 존재한다.

법률주의는 사인(私人)의 행동에 대하여 일정한 기준 내지 방향을 정하고 이에 위반한 자에 대하여는 법률적 제재수단을 동원함으로써 그 방향으로 사인들의 행동을 유도하려는 입장을 말한다. 환언하면 처벌이란 강제적 규제수단(legal penalty) 혹은 역유인(disincentive)을 활용하여 사인들의 행위를 일정방향(준법방향)으로 유도하는 방법이다.

반면에 경제주의는 사인의 행위에 대하여 일정방향으로 경제적 유인(economic incentive)을 제공함으로써 각자로 하여금 자발적·자리적(自利的) 의사결정을 통하여 정책이 바라는 방향으로 스스로 움직이도록 하는 입장을 말한다. 즉 경제주의는 '보이지 않는 손'이라는 시장 메커니즘을 창출하기 위해서만 정부가 개입하며, 정부가 바라는 소기의 목적에 도달하는 구체적 방법·과정 등은 개개의 사인들의 자유로운 의사결정과 자율적 선택에 맡기는 방법이다.

양자의 접근방법에는 각각의 장단점이 있으므로, 실제 활용면에서는 양자의 적절한 결합이 바람직한 것이 일반적이다. 그러나 우리 나라의 경우를 보면, 산업재해·환경규제·교통사고·불량상품 등 각종 문제의 해결에 있어 법률주의적 접근방법만이 항상 집중적으로 과도하게 활용되어 왔고, 경제주의적 접근방법은 거의 활용되지 못하였다. 우리나라의 산업안전문제도 기본적으로 법률주의적 접근방법을 택하고 있다. 이제 산업안전보건법에 나타나 있는 법률주의적 접근방법의 내용을 간단히 살펴보고, 그것이 가지고 있는 문제점들을 분석해 보도록 하자.

우리나라의 산업안전보건법은 산업재해의 예방의 수단으로 산업안전·보건기준(safety & health standards)의 설정이란 방식을 택하고 있다. 즉 동법은 산업재해율(産災率)을 사회적 적정수준까지 낮추기 위해 정부의 개입의 필요성을 인정하고, 그 개입방법으로서 안전기준의 설정 및 그 준수의 법적 강제, 즉 법률주의에 입각한 산업안전기준설치(safety standards setting) 정책을 택하고 있다. 이 안전기준의 설정 및 강제정책이 어떠한 의의와 문제점을 가지는가를 〈그림 4－5〉를 참조하면서 살펴보기로 하자.

논의를 단순화시키기 위하여 산업재해방지노력에 드는 사적 비용(안전시설설치, 안전기준준수비용, 안전훈련·교육비 등)과 사회적 비용 간에는 큰 차이가 없다고 가정하자. 〈그림 4－5〉를 보면, 개별 기업은 이윤극대화의 논리상 산업재해예방노력의 사적 한계비용과 사적 한계수익이 일치하는 수준인 S_1만큼의 예방노력(안전기준설치 및 준수)을 할 것이므로, 그 결과 A_1만큼의 산업재해의 발생을 허용할 것이다. 이는 산업재해예방노력의 사회적 적정수준인 사회적 한계비용과 사회적 한계수익이 일치하는 수준인 S_2, 그리고 그에 상응하는 사회적 적정산업재해율인 A_2보다 훨씬 많은 산업재해의 발생을 의미하게 된다. 여기에서 우리는 산업재해문제에 대한 정부개입의 필요성을 볼 수 있다.

이러한 산업재해문제에 있어서, 현행의 산업재해율 A_1을 사회적 적정수준인

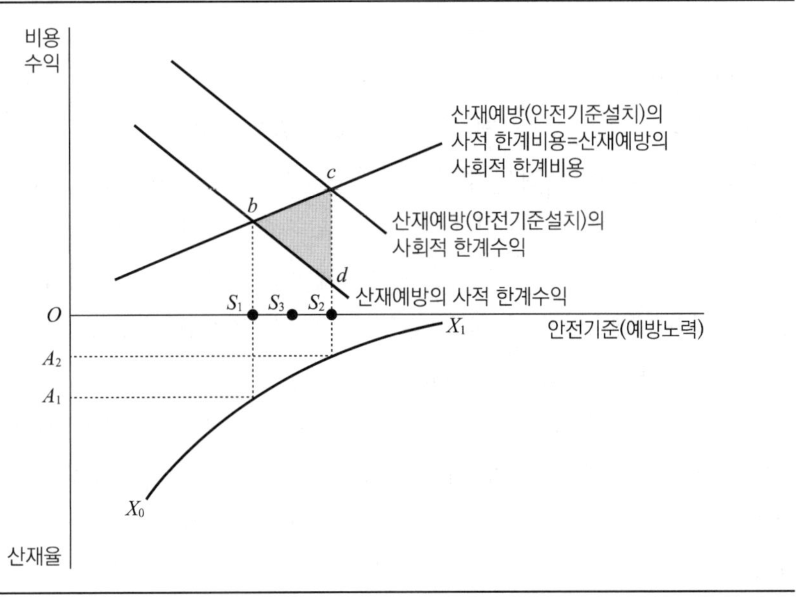

그림 4－5 개별기업의 안전기준설치(예방노력) 및 산재율결정메커니즘

A_2로 낮추기 위해, 즉 개별기업의 산업재해방지노력을 S_1에서 S_2로 높이기 위해 현행의 산업안전보건법은 법률주의에 입각하여 S_2 수준의 안전수준의 설치 및 준수를 법적으로 강제하는 방법을 사용하고 있다. 그런데 산업재해율을 낮추기 위한 현행의 산업안전기준설치 및 준수강제방법, 즉 산업안전보건법적 접근방법은 다음과 같은 취약점 내지 문제점을 가지고 있다고 본다.

첫째, 〈그림 4-5〉에서 법적으로 강제되는 S_2의 안전기준수준이라는 것이 개별 기업의 입장에서 보면 안전기준준수(예방노력)의 한계비용이 한계수익보다 크기 때문에 이윤극대화를 가능케 해 주는 수준이 아니라는 점이다. 환언하면, S_2 수준을 유지하려면 기업은 칠해진 $\triangle bcd$만큼의 비용을 추가부담해야 되며 이는 그만큼의 이윤감소를 의미한다.

이와 같이 S_2의 수준은 기업의 이윤극대화점이 아니라 추가비용부담이 법적으로 강제되는 점이기 때문에, 기업입장에서 보면 가능한 한 이를 회피하고 싶은 강한 경제적 유인이 존재하게 된다. 환언하면 기업은 법적 안전기준(예방노력)을 준수하지 않을 경우 발생할 기대손실(불이익), 즉 불준수가 적발되어 처벌됨으로써 발생할 손실과 안전기준을 준수함으로써 부담하게 되는 비용인 $\triangle bcd$와의 크기를 비교형량하게 되고, 만일 전자가 후자보다 크지 않다면 법정안전기준 불준수(예방노력회피)의 길을 택할 가능성이 커진다. 결국 경제적 유인은 법이 원하는 방향과 반대방향으로 작용하게 되어 적정수준의 처벌이 전제되지 않는다면 안전기준 불준수의 경향이 상존하게 된다는 문제가 발생한다.

둘째, 〈그림 4-5〉에서 법적 강제가 수반되어야 할 S_2의 산업안전기준을 어떻게 찾아내는가 하는 문제이다. 본래 이 S_2의 기준이란 그 기준을 준수하는 데 드는 사회적 한계비용과 그 기준을 준수하여 얻을 수 있는, 즉 산업재해의 감소로 인한 사회적 한계수익이 일치하는 수준의 산업안전기준인 것이다. 이는 개별 기준별로 결국 비용-편익분석(cost-benefit analysis)을 해야 한다는 이야기가 되고, 그렇게 하여야 적정안전기준인 S_2의 확정이 가능하다는 이야기가 된다. 그러나 개별안전기준마다 비용-편익분석을 하기 위해서 대단히 많은 양의 정보가 필요하고, 필요정보수집에는 많은 비용이 든다. 그렇지만 이를 충분히 하지 않는 경우 현행의 법정안전기준이 과연 S_2의 수준인지 아닌지 알 수 없다는 문제점이 존재한다.

비록 일시적으로 적정안전기준인 S_2의 수준을 제대로 찾았다 하여도, 이 기준이 일단 실정법상 확정되면 불가피하게 일정기간 동안 경직성을 띠게 된다. 그런데 오늘날은 산업기술이 급변하고, 새로운 기계·공정·작업과정 등이 끊임없이 개발·도입됨에 따라 새로운 형태와 종류의 산업재해가 지속적으로 나타나고 있는 시대이다. 그런데 안전기준이 가지는 위와 같은 제도적 경직성 때문에 급변하는 기술환경 속에서 과연 얼마나 유효하게 산업재해예방기능을 다할 수 있는가 하는 문제가 제기될 수 있다.

셋째, 특정안전기준(特定安全基準)은 동종업종이나 동종산업 내 모든 기업에 통일적·일률적으로 강제하는 현행 산업안전보건법하에서는 ① 산업재해방지에 있어 비효율, 즉 불필요한 사회적 낭비를 초래할 수 있고, ② 개별 기업으로 하여금 좀 더 비용을 덜 들이면서도 산업재해를 보다 효과적으로 줄일 수 있는 방법을 모색·연구토록 하는 유인 내지 여지를 제공하지 못한다.

특정안전기준을 동종 산업 내지 업종의 모든 기업에 일률적·통일적으로 적용하면, 〈그림 4-6〉에서 볼 수 있듯이 비효율, 즉 사회적 낭비를 쉽게 초래하게 된다. 개별 기업마다 그 기업의 특수한 기술적 환경·인력구성 및 작업과정상의 특징을 가지고 있기 때문에 산업재해방지의 사회적 수익이 다를 수 있는데 〈그림 4-6〉에서와 같이 S^*라는 통일기준의 일률적 적용을 강제하면 A기업에서는 산업안전이 과다생산되고 B기업에서는 산업안전이 과소생산되어 양자 공히 $\triangle abc$와

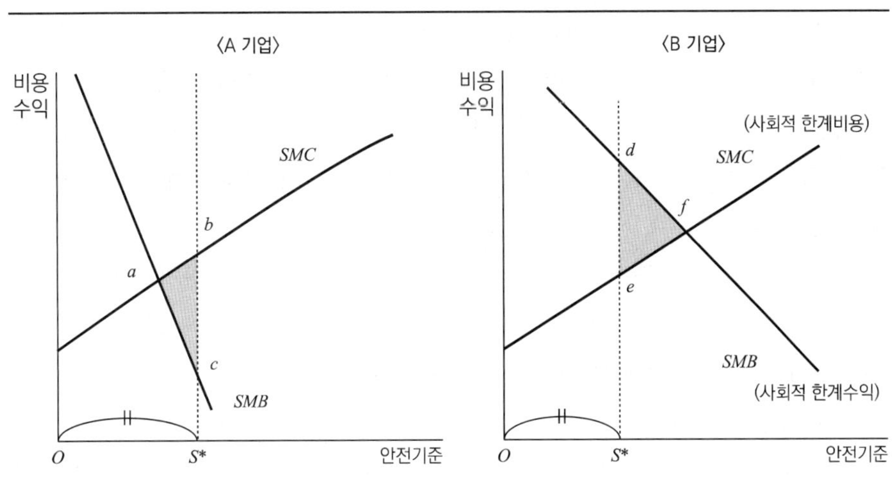

그림 4-6 통일안전기준적용시의 비효율

△*def*만큼의 비효율 내지 낭비가 발생하게 된다.

또한 개별 기업마다 기술·경영 사정이 다르므로 산업재해를 줄이는 가장 효과적인 방법이 기업마다 얼마든지 다를 수 있는데, 현재의 특정안전기준의 일률적용방식(一律適用方式)에는 개별 기업으로 하여금 이러한 방향으로 독자적 노력을 하도록 하는 제도적 유인이 존재하지 않는다. 개별 기업의 입장에서 보면, 법적으로 요구되는 최소한의 안전기준요건의 충족에 안주하게 되고 그 기준의 형식적 준수에만 머무르게 되며, 스스로 좀 더 적은 비용으로 보다 효과적으로 산업재해를 줄일 수 있는 방법을 연구·개발하려는 노력을 하지 않게 된다.

이상에서 우리는 산업안전보건법이 취하고 있는 안전기준설정 및 준수강제라는 산업재해문제에 대한 법률주의적 접근방식의 특징과 문제점을 살펴보았다. 다음은 만일 산업재해문제를 경제주의적 입장에서 접근한다면 어떠한 특징과 문제점이 발생하는가 하는 문제를 가장 전형적인 경제주의적 방식의 하나인 산업재해세(injury tax, 産業災害稅) 혹은 산업재해부과금제(injury charge)를 중심으로 살펴보도록 하자.

산업재해세방식이란, 〈그림 4－5〉로 돌아가 설명해 보면, 정부가 사회적 적정산업재해율인 A_2를 달성하기 위해 기업의 안전기준(예방노력)을 S_2의 수준으로 끌어올려야 된다고 판단하는 경우, 정부는 안전기준설치(예방노력)로 인한 사회적 한계수익과 사적 한계수익의 차(gap)만큼, 즉 〈그림 4－5〉에서는 $\overline{cd}$만큼의 사적 한계수익의 상방이동(上方移動)효과를 가져오도록 산업재해세 혹은 산업재해부과금을 각각의 산업재해가 발생하는 개별기업에 대하여 부과하는 방식이다. 이는 곧 개별기업의 안전기준설치로 인한 사적 한계수익곡선을 사회적 한계수익곡선과 일치되도록 상방이동시킴으로써 기업 스스로가 자율적 결정에 의해 S_2 수준의 안전기준을 충족시키도록 유도하는 것을 의미한다.

이 산업재해세부과방식은 특정안전기준 강제방식보다 세 가지 명백한 장점을 가지고 있다. 첫째는 안전기준 강제방식은 이를 준수하는 것이 기업에 비용부담(손실)이 되지만 산업재해세방식은 산업재해율을 낮추는 것이 기업에 이익(산업재해세의 경감)이 된다는 사실이다. 안전기준방식은 그 법정기준을 지키는 것이 기업에 추가적 비용부담이 되므로 가능한 한 준수하지 않으려 할 것이고, 불준수의 경우 적발·처벌될 기대손실과 준수하는 데 드는 비용을 비교형량하여 법정기준

준수여부를 결정하지만, 산업재해세방식은 안전기준 등의 준수를 통하여 산업재해율을 낮추면, 그만큼 산업재해세부담이 경감되어 기업의 이익이 되므로 기업은 자발적으로 안전기준의 준수 등의 산업재해방지노력을 하게 된다는 점이다.

두 번째의 산업재해세부과방식의 장점으로는 개별 기업이 가장 효과적이고 비용극소화가 가능한 산업재해방지방법을 스스로 연구·발견·선택하도록 유도할 수 있다는 점을 들 수 있다. 특정 기준의 일률적용이라는 안전기준방식이 기업의 형식적 준수 등의 비효율을 발생시킬 수 있음은 이미 앞에서 지적하였는데, 산업재해세방식은 이러한 단점이 없다. 왜냐하면 산업재해세방식은 높은 산업재해율을 낮추는 것이 기업에 유리하도록 하는 경제적 유인만을 제공할 뿐 구체적으로 어떤 방식에 의하여 산업재해율을 낮출 것인가는 개별 기업의 기술적·인적 환경에 맞추어 기업 스스로가 발견·채택하도록 하기 때문이다. 따라서 개별 기업은 각자의 사정에 맞추어 안전교육을 강화하거나, 미숙련자들을 위험도가 높은 작업공정에 배치하지 아니하거나, 혹은 안전점검을 보다 자주 하는 등 기업 스스로 산업재해를 낮추는 가장 유효한 방법을 선택하게 된다.

이상의 두 가지는 경제주의적 접근방식이 법률주의적 접근방법에 대하여 일반적으로 가지는 명백한 장점이다. 이외에도 산업재해세방식은 세수증대를 통한 재원의 확보가 가능하다는 이점이 있다. 이 재원은 산업재해방지기술개발, 산업안전교육의 확대 등에 활용될 수 있을 뿐만 아니라 산업재해피해보상에도 활용될 수 있다. 또한 산업재해세방식과 안전기준 강제방식 사이에는 집행비용 내지 행정비용상의 차이가 크게 존재한다. 안전기준 강제방식의 경우에는 안전기준 준수여부를 확인하기 위해서 정부가 조사·감독인원을 증원하고 조사·감독 횟수도 크게 늘려야 하는데, 이 같은 인적·물적 자원의 소모라는 사회적 비용이 산업재해세 방식에서는 불필요하게 된다.

산업재해세부과방식은 이상과 같이 장점이 많은 방식이나 그 나름의 문제점 내지 단점도 가지고 있다. 첫 번째의 문제점은 적정산업재해세(optimum injury tax)의 크기를 어떻게 확정하느냐 하는 것이다. 환언하면 〈그림 4-5〉에서 $\overline{cd}$의 크기를 어떻게 찾아내느냐 하는 문제이다. $\overline{cd}$는 본래 산업재해예방노력의 사회적 한계수익과 사적 한계수익의 차이고, 이를 역으로 이야기하면 산업재해발생으로 인한 사회적 한계손실과 사적 한계손실의 차를 의미한다. 따라서 개별 기업별로 이를 정확히 계상하는 데에는 많은 정보가 드는 어려운 작업이다. 이는 앞에서 안전기준설치방식에서 지적한 적정안전기준, 즉 〈그림 4－5〉에서 S_2를 찾아내는 것과 마찬가지로 어려운 일이다. 다만 산업재해세 방식에서 $\overline{cd}$를 찾아내는 것과 안전기준설치방식에서 S_2를 찾아내는 것이 둘 다 쉬운 일이 결코 아니고 많은 미시정보(微視情報)의 수집·분석비용을 요하지만, 한 가지 차이가 있다면, 안전기준방식의 경우는 비용과 수익 양면 모두의 분석(cost-benefit analysis)이 필요한데, 산업재해세의 경우는 수익측분석(benefits analysis)만으로 충분하다는 것이다. 왜냐하면 안전기준방식에서 S_2를 찾기 위해서는 특정 수준의 안전기준 준수비용과 그 준수가 가져올 산업재해방지효과(안전기준 준수수익)를 동시에 감안하여야 하지만, 산업재해세 방식의 경우에서 $\overline{cd}$를 찾기 위해서는 산업재해방지효과(예방노력으로 인한 수익)만을 분석하면 되기 때문이다. 따라서 산업재해세 방식이 안전기준방식보다 미시정보의 수집·분석비용이 상대적으로 덜 든다는 이점은 있다.

산업재해세방식의 또 하나의 문제점은 산업재해세로 인해 추가된 비용부담을 기업들이 생산하는 제품의 가격상승을 통하여 일부라도 전가시켜 버린다면, 그만큼 산업재해세의 산업재해율 감소효과는 줄어들 것이라는 단점을 가지고 있다는 것이다. 물론 제품가격의 상승을 통한 전가가 얼마나 가능한가는 결국 제품시장구조에 의해 좌우된다. 일반적으로는 독과점의 경우가 상대적으로 쉽고 시장구조가 경쟁적일수록 어려울 것이다. 다만 비록 독과점도가 높은 시장구조의 경우라도 이미 자신들의 시장지배력을 최대한 활용하고 있는 경우라면, 제품가격에의 전가는 결코 쉽지 않을 것이며 오히려 산업재해세부담은 독점이윤의 감소를 결과하게 될 것이므로, 그만큼 산업재해율을 낮출 유인은 발생할 수 있다고도 볼 수 있다.

제2항 안전기준설치제(安全基準設置制)

앞에서 법률주의의 대표적 예인 안전기준설치제(safety standards setting)와 경제주의의 대표적 예인 산업재해세제(injury tax)를 비교·분석하여 보았다. 또한 상대적으로 보아 산업재해세방식이 보다 많은 장점을 가지고 있음도 알았다. 그러나 법률주의와 경제주의는 결코 상호배타적 관계로 이해되어서는 곤란하고 오히려 상호보완적 관계로 이해되어야 하며, 산업재해를 줄이기 위한 종합대책이라는 관점에서 함께 활용되고, 발전되어야 할 정책수단들이라 하겠다.

안전기준설치방식에 많은 비효율이 있음을 앞에서 지적하였고, 특히 적정기준의 확정의 어려움을 이야기하였으나, 만일 우리가 적정기준이 아닌 최저안전기준의 설치를 목표로 한다면 최저안전기준(minimum safety standards)의 확정은 크게 어렵지도 않고 결코 비효율을 야기하지도 않는다고 판단된다. 예컨대 〈그림 4-5〉에서 적정안전기준인 S_2를 찾기는 어려우나 최저안전기준인 S_3를 찾기는 비교적 쉽다고 본다. 왜냐하면 최저안전기준은 한계분석(marginal analysis) 없이도 쉽게 확정할 수 있을 것이기 때문이다. 예컨대 유해물질(有害物質)에 표시를 한다든가, 공작기계의 위해한 부분에 덮개 장치를 하도록 강제한다든가, 폭발성물질의 취급은 특정 구조물 내에서만 허용한다든가 하는 것을 상정할 수 있다. 또한 정부가 이와 같이 최저안전기준만을 설정하여 법적으로 강제하는 경우에는 사용주에게 산업재해예방을 위한 최소한의 기술적 필요지식과 필요정보를 알려 주는 교육기능·정보전달기능도 할 수 있다는 이점이 있다.

그리고 안전기준설정방식이 적정기준이 아니라 최저기준설정을 목표로 한다면 과도한 안전기준의 강제에 따른 비효율, 예컨대 〈그림 4-6〉에서는 A기업의 경우와 같은 비효율은 발생하지 않을 것이다. 또한 안전기준설치방식이 비록 산업재해세 방식보다 특히 효율성·유연성의 관점에서 많은 단점을 가지고 있음에도 불구하고 반드시 필요하다고 판단되는 또 다른 이유의 하나는 현대고도산업사회에도 인체에 치명적 해를 줄 수 있는 생산공정 혹은 작업과정이 존재할 수 있다는 사실, 그리고 그러한 분야에서는 안전기준의 설치를 사전에 강제하는 편이 사후에 산업재해세를 부과하는 방식보다 산업재해방지에 오히려 보다 효율적일 수 있다는 사실, 즉 보다 적은 비용으로 보다 많은 산업재해의 사전예방이 가능할 수도 있다는 사실에 있다.[40]

안전기준설치가 효율적이라면, 안전기준의 수준을 높이고 적용대상을 크게 확대하는 것이 산업재해예방에 보다 바람직하지 않은가 하는 단순한 주장이 나올 수도 있다. 그러나 이미 앞에서 보았듯이 과도히 높은 수준의 안전기준의 설정은

40) 어느 경우에 왜 안전기준설치방식이 산업재해세부과방식보다 효율적일 수 있는가를 생각해 보라.

그만큼 준수비용(遵守費用)을 높여 상대적으로 불준수(non-compliance)의 이익을 높이기 때문에, 되도록이면 안전기준을 지키지 않고자 하는 기업의 수도 증가시켜 전체적으로 보아 산업안전의 수준이 반드시 높아지리라는 보장은 없다. 따라서 이상의 여러 점을 고려할 때 산업재해예방을 위해서는 안전기준설치방식은 일단 최저기준설치를 목표로 운용하고, 여기에 부가하여 산업재해세부과방식을 도입함이 바람직하다고 본다.

다음 안전기준방식과 관련하여 중요한 문제는 일단 설정된 안전기준을 지키도록 어떻게 강제할 것인가 하는 문제이다. 아무리 합리적인 최저안전기준이 설정되었다 하여도 개별 기업이 이 기준을 지키지 않으면, 산업재해축소에는 아무 효과를 가지지 못할 것이다. 그런데 우리나라에서는 일반적으로 개별 기업의 안전기준의 준수가 크게 미흡하다는 것이 큰 문제로 되고 있다.

그러면 왜 우리나라에서는 개별 기업이 안전기준의 준수를 회피하는가? 결국 준수에 드는 기대비용(expected cost of compliance)보다 불준수의 경우의 기대손실(expected cost of non-compliance)이 작기 때문일 것이다. 예컨대 프레스·용접기 등에 안전장치부착비용 또는 분진·소음 등의 방지비용(C)보다 이러한 법정안전기준 불준수로 인한 기대손실(L), 즉 불준수가 적발·처벌될 확률(P)과 처벌의 강도(S)의 곱이 낮기 때문이다. 즉 $C>L(S\times P)$이므로 법정안전기준 불준수가 나타난다고 볼 수 있다. 만일 앞으로 $C<L$의 관계가 성립하도록 노력한다면 우리나라에서도 안전기준 준수도는 크게 높아질 수 있을 것이다.

제3항 산업재해부과금·산업재해세(産災稅)

앞의 분석에서 우리는 경제주의적 접근방식, 즉 산업재해세방식이 가지는 많은 장점에 대하여 보았다. 동시에 우리는 적어도 최저안전기준의 설정 및 법적 강제는 앞으로도 지속적으로 필요함도 보았다. 최저안전기준은 결코 적정안전기준이 아니므로 적정안전기준의 달성, 즉 적정수준의 방지노력을 유도하기 위해서는 우리나라에도 최저안전기준의 법적 강제와 병행하여 산업재해세(産災稅) 내지 산업재해부과금 방식이 도입되어야 할 것이다.

그러나 이미 앞에서 밝힌 바와 같이 산업재해세방식의 도입에 있어서 하나의 어려운 점은 산업재해세의 크기, 즉 〈그림 4-5〉에서 $\overline{cd}$만큼의 사적 한계수익의 상방이동효과를 가져오는 산업재해세의 크기를 확정하는 문제이다. 이론적으로 보면 이는 산업재해방지노력으로 인한 사적 한계수익과 사회적 한계수익 간의 격차, 역으로 이야기하면 산업재해발생으로 인한 사적 한계비용과 사회적 한계비용간의 격차와 같은 크기가 되어야 할 것이다. 따라서 엄밀하게 이를 계상하는 것은 결코 쉽지 않다. 그러나 만일 우리가 산업재해세방식을 도입할 경우 산업재해세 혹은 산업재해부과금의 크기 결정에 있어 하나의 간이한 방법 내지 편법은 있을 수 있다.

산업재해발생으로 인한 직접비용과 간접비용을 1:4로 보는 하인리히(Heinrich) 가정을 일단 받아들인다면, 그리고 산업재해발생의 직접비용을 산업재해보상지급액으로 본다면, 다음과 같은 비교적 간단한 산업재해세액의 확정방식을 생각해 볼 수 있다.

$$\overline{cd}(=\text{산재건당 세액})=\frac{\text{A기업 재해에 지급된 연간총보상액}}{\text{A기업의 연간총산재건수}}\times 4$$

혹은 산업재해보상지급액과 보험료 납부액과는 장기적으로 대차가 없다고 볼 수 있으므로 위의 식은 다음과 같이 바꿀 수도 있을 것이다. 즉

$$\overline{cd}(=\text{산재건당 세액})=\frac{\text{A기업의 연간보험료총액}}{\text{A기업의 연간총산재건수}}\times 4$$

그리고 위와 같이 계상된 금액은 일응 산업재해로 인한 사회적 비용과 사적 비용간의 격차의 크기를 나타내 준다고 볼 수 있으므로, 이 금액을 당해 기업에서 산업재해가 발생할 때마다 매건당 부과시키는 식으로 하여 우리나라에서도 산업재해세방식을 도입할 수 있을 것이다. 물론 위의 산정방식은 예시에 불과하다. 만일 산업재해세 도입이 결정되면 보다 본격적으로 구체적인 적정세액 산정방식(適正稅額 算定方式)이 개발되어야 한다.

특히 산업재해의 종류에 따라 사회적 비용의 크기, 사회적 비용과 사적 비용의 괴리의 크기가 다를 것이므로, 이를 산업재해세액의 크기 결정에 반영하는 방식의 개발이 필요할 것이다.

그리고 이렇게 하여 징수된 산업재해세는, 첫째 현재의 산업재해보상금의 수준을 높이는 데 활용할 수 있고, 둘째 산업재해방지기술의 개발투자를 위해서도 활용할 수 있으며, 셋째 기업의 산업재해방지투자, 안전장치 도입노력 등에 대한 지원금으로 활용될 수 있을 것이다.

제4항 보조금제

지금까지 법률주의에 입각한 안전기준설정 및 강제방식과 경제주의에 입각한 산업재해세방식을 중심으로 논하였다. 그러나 이상의 방식과 병행하여 생각할 수 있는 또 하나의 정책방향은 기업의 산업재해방지노력을 정부가 직접 지원하는 보조금제를 도입·확대하는 것이다. 〈그림 4-5〉로 돌아가서 이 방식이 가지는 의미를 보면, 안전기준(예방노력)을 S_2의 수준까지 제고시키기 위하여 안전기준설치의 사적 한계비용을 우하향이동(右下向移動)시키는 방법이 된다.

즉 〈그림 4-5〉에서 사적 한계비용과 사적 한계수익이 d점에서 만나도록 유도하는 방법이다. 이러한 노력은 안전기준방식을 택하든 산업재해세 방식을 택하든 혹은 양자를 동시에 택하든 무관하게 산업재해율을 낮추도록 하는 데 추가적·독자적으로 기여할 수 있는 보완적 정책방향이다.

구체적으로는 다음과 같은 경우를 생각할 수 있다. 산업안전시설을 생산하는 산업에 대한 재정·금융상의 지원을 확대하여 안전시설 생산업체에 기술개발·생산비 인하 등을 촉진시켜 산업안전시설이나 기구 자체의 가격하락 혹은 질의 고급화를 결과함으로써 안전시설의 설치, 안전기준의 제고를 도모하는 기업의 부담을 낮추어 주는 방식이 있다. 또는 안전기준설치를 계획하는 기업에게 직접적으로 금융상·세제상의 혜택을 확대함으로써 이들 기업이 부담하는 안전기준설치의 사적 한계비용의 인하를 직접 도모할 수도 있다. 이와 더불어 안전관리자에 대한 교육·훈련 등에 정부가 교재·교관 및 교육시설의 제공 등의 각종 지원을 하는 것도 개별 기업의 산업재해예방노력의 사적 비용을 낮추어 결과적으로 산업재해율을 낮추는 데 기여함은 물론이다.

다만 이상과 같이 정부가 각종 지원을 확대하여 개별 기업의 산업재해방지비용을 낮추어 주려는 정책방향이 성공하기 위해서는 반드시 하나의 전제조건이 필요하다. 즉 개별 기업이 진정으로 산업재해방지를 위해 노력하려고 하는 욕구·의사가 전제되어야 한다. 그러한 강한 욕구 내지 의사는 산업재해세의 도입이나 혹은 안전기준 준수여부에 대한 단속 강화에 의하여 유발될 수 있을 것이다.

환언하면 법적 제재나 경제적 유인 등에 의하여 개별 기업 스스로가 산업재해방지를 위해 노력할 강한 의사 형성이 제기되지 않으면 정부의 각종 지원 노력은 만족할 만한 성과를 거두지 못할 것이다.

제 6 절 산업재해의 사후보상

제1항 문제의 제기

산업재해보상보험법은 원칙적으로 모든 사업체의 사업주들로 하여금 산업재해보상보험에 가입하고 일정한 보험료를 납부하게 하는 한편, 업무상 재해가 발생하는 경우 근로자에게 그 재해의 종류별로 정해진 보상금을 지급하고 있다.

이상과 같은 내용의 산업재해보상보험법이 가지는 가장 큰 문제점의 하나는 바로 도덕적 해이(moral hazard)의 문제이다. 본래 보험제도의 목적의 하나는 위험분산(risk sharing)에 있다. 산업재해보상금을 고용노동부 장관이 관장하는 보험사업을 통하여 확보하게 되면 산업재해발생으로 인하여 야기되는 사업주의 비용부담이 분산된다. 그런데 이와 같이 비용부담이 분산되면 결국 사업주의 산업안전노력·산업재해예방노력이 크게 약화될 가능성이 있다.

물론 산업재해보험제도의 가장 중요한 목적이 사회법적(社會法的) 입장에서 피해근로자들에 대한 신속·공정·효율적 보상을 기하는 데 있음은 주지의 사실이다. 이 고유의 목적에 대하여 반론을 제기하는 것은 아니나, 보험제도가 사업주의 산업재해예방노력을 약화시킬 가능성이 있다는 사실은 중요한 문제이다.

이 문제점을 〈그림 4-7〉에서, 보험제도를 통하여 위험분산이 가능한 경우와 그렇지 않은 경우 사업주의 산업재해방지노력의 수준에 어떠한 차이가 발생하

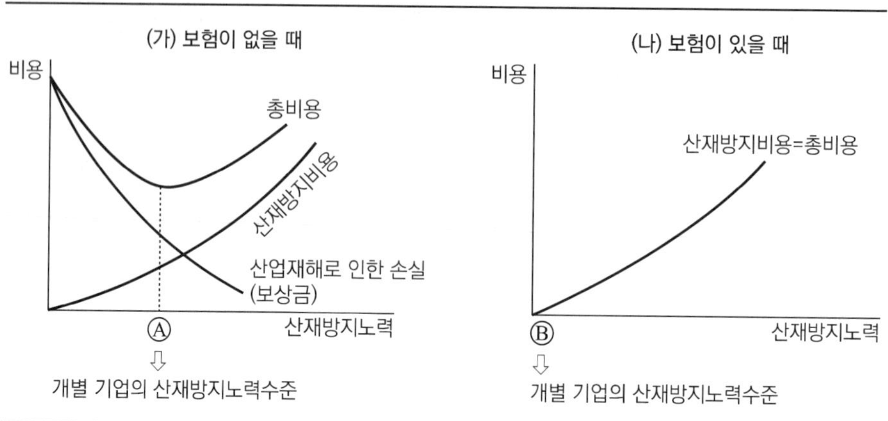

그림 4-7 보험이 사업주의 산재방지노력에 미치는 영향

는가를 보도록 하자.

만일 보험이 존재하지 않은 경우라면 개별 기업은 산업재해발생시 법정보상금 전액을 스스로가 부담하여야 한다. 그러한 경우 기업의 산업재해방지노력은 어느 수준에서 결정될까? 결국 산업재해발생으로 인해 부담할 보상금과 산업재해예방노력에 지출되는 비용의 합인 총비용을 최소화하는 수준에서 결정될 것이다. 이를 〈그림 4-7〉에서 보면 〈그림 4-7〉의 (가)의 Ⓐ점이 될 것이다. 왜냐하면 개별 기업이 이윤극대화의 논리에 따라 행동한다고 가정한다면, 이는 곧 비용최소화의 논리에 따라 행동함을 의미하는 것이 되므로 결국 두 가지 비용의 합을 낮추는 수준인 Ⓐ에서 자기행위수준을 결정할 것이기 때문이다. 그리고 이 Ⓐ의 수준은 산업재해예방의 사적 한계수익과 사적 한계비용이 만나는 수준과 동일한 수준이라는 사실도 명심해 둘 필요가 있다. 즉 앞의 〈그림 4-5〉에서의 S_I의 수준이 〈그림 4-7〉의 (가)의 Ⓐ수준과 실은 동일한 산업재해방지노력수준인 것이다.

다음으로 만일 보험제도가 존재하고 산업재해발생시 보험기관이 산업재해보상금을 전액보상해 주는 경우에는 어떻게 될까? 이런 경우에는 〈그림 4-7〉의 (나)에서 볼 수 있는 바와 같이 산업재해로 인한 손실곡선(보상금)은 존재하지 않게 되어 산업재해방지비용만이 곧 총비용이 되므로, 비용최소화의 논리에 따르는 기업으로서는 Ⓑ수준에서 자신의 산업재해방지노력수준을 결정하게 될 것이다. 다만 여기서는 논의를 단순화하기 위해서 개별 기업의 산업재해발생률(산업재해방지노력)이 당해 기업의 보험료율 수준에 주는 영향은 크지 않다고, 즉 무시할 만하다고 가정하였다. 특히 우리 나라와 같이 보험료율을 업종 전체의 평균산업재해율에 기초하여 업종별로 결정하는 경우에는 위의 가정은 큰 무리가 아니라고 판단된다.

〈그림 4-7〉을 중심으로 한 이상의 논의에서 본 바와 같이 Ⓐ는 Ⓑ보다 명백히 높은 방지노력수준이므로, 보험제도가 개별 기업의 산업재해방지노력을 약화시키는 작용을 하고 있음은 부인할 수 없다.

산업재해보상보험법과 관련하여 제기될 수 있는 두 번째의 문제점은 재해보상의 적정수준에 관한 문제이다. 즉 산업재해보상수준을 어느 수준에서 결정하는 것이 바람직한가 하는 문제이다. 보상의 적정수준을 논함에 있어 적어도 다음의 세 가지 사항이 동시에 감안되어야 한다. 첫째, 보상수준이 얼마나 피해근로자의 생존권적 기본권(生存權的 基本權) 보장에 충실한가? 둘째, 보상수준은 사업주의 산업안전노력에 어떠한 영향을 주는가? 또한 근로자들의 산업재해방지노력에는 어떠한 영향을 주는가? 셋째, 보상수준(사후보상)은 앞에서 언급한 사전보상(事前補償) 메커니즘의 한 형태인 보상적 임금격차(補償的 賃金隔差)에 어떠한 영향을 미치는가? 이상의 세 가지 문제점들을 동시에 충분히 감안하여야 산업재해보상의 적정수준에 대한 올바른 논의가 가능하다.

예컨대 보상수준을 높인다면 일면, 재해근로자들에게 그들이 받은 재해정도에 보다 상응하는 공정보상을 기할 수 있기 때문에 근로자들의 생계보호, 생존권적 기본권 확보에는 크게 기여할 수 있다. 동시에 보상수준이 높아져서 사업주의 보험료부담수준이 높아지면, 이는 곧 산업재해발생으로 인한 사업주의 부담비용을 높이는 것이 되므로 사업주의 산업안전·산업재해예방노력의 강화를 결과할 것이다. 즉 높은 보상수준은 산업재해율을 낮추는 효과가 있다. 그러나 반면에 높은 보상수준은 근로자들의 산업안전노력, 작업시의 주의력 집중 등에는 부정적 영향을 준다. 왜냐하면 보상수준이 높아지면, 산업재해로 인해 근로자가 부담하는 손실 중에서 적어도 경제적 손실의 크기는 작아지게 되므로, 그만큼 근로자들의 산업재해방지노력은 상대적으로 약화될 수 있다. 따라서 높은 보상수준은 산업재해율을 높이는 결과를 야기할 수도 있다. 특히 근로자들의 주의·안전의식의 부족이 재해발생의 주원인이 되는 종류의 산업재해의 경우에는 더욱 그러하다. 동시에 높은 보상수준은 산업재해율이 높은 직종과 낮은 직종 간의 임금격차, 즉 보상적 임금격차를 축소시키는 효과를 가져올 수 있다. 왜냐하면 사전보상과 사후보상간에는 일종의 상충관계(trade-off)가 존재할 수 있기 때문이다.

반대로 만일 보상수준을 낮춘다면, 앞에서 이야기한 여러 효과가 정반대 방향으로 작용하게 된다. 즉 피해근로자의 생존권적 보호측면은 약화되고, 사업주의 산업재해예방노력도 약화되나, 반면에 근로자의 산업재해예방노력은 강화될 수 있고, 산업재해율이 높은 직종과 낮은 직종 간의 임금격차는 확대되어 나갈 것이다. 여기서 특히 지적해 두고 싶은 것은 산업재해보험의 보상수준은 근로자와 사업주의 산업재해방지노력에 각각 정반대의 방향으로 영향을 미칠 수 있다는 점이다.

여하튼 산업재해보상보험법이 가지고 있는 두 가지 기본문제, 즉 보험제도가 가지는 도덕적 해이의 문제와 산업재해보상의 적정수준 결정문제에 대한 이론적 분석과 문제제기는 이 정도에서 그치고, 다음에는 이들 문제의 해결을 위하여 우리나라에서는 어떠한 방향으로의 정책노력이 있어야 하는가 하는 문제를 보기로 하자.

제2항 개별보험료율제

보험제도가 가지고 있는 도덕적 해이의 문제는 보험료가 피보험자의 위험방지노력의 정도와 연계하여 산정되도록 함으로써 어느 정도 극복할 수 있다. 동일사업·동일보험료율제는 전형적인 공유의 비극(tragedy of commons)의 문제를 야기한다. 즉 개별 기업의 입장에서 보면 산업재해율을 낮추기 위한 노력에 드는 비용이 그 노력으로 인해 개별 기업이 얻는 기대이익(예컨대 보험료율의 인하)보다 크게 되기 쉬워서 개별 기업은 산업재해방지노력을 덜하게 된다. 왜냐하면 개별 기업의 산업재해율을 낮추기 위한 비용은 당해 기업이 혼자 부담하는 데 반하여, 개별 기업의 산업재해율의 하락이 동종사업 전체의 평균산업재해율의 하락에 미칠 수 있는 영향은 미미하기 때문이다. 비록 그것이 영향을 주어 보험료율 인하에 약간 기여하는 경우에도 이 기대이익은 동종사업에 속하는 모든 기업들이 나누어 공유하기 때문이다. 이와 같이 비용부담은 개별 기업에 집중되고, 이익향유는 모든 기업에 분산되므로 자연히 전자가 후자보다 크게 되어 모두가 산업재해방지를 위한 비용부담을 기피하고 이익향유에만 참가하려는 소위 무임승차의 문제가 야기된다. 그렇게 되면 모든 사업주의 산업안전노력은 사회적으로 바람직한 수준 이하에 머무를 수밖에 없게 된다. 이 경우 보험료율을 피보험자의 위험제거노력에 연계시켜 조정하는 개별실적요율제가 도움이 될 수도 있다.

그 밖에 보험제도가 가지는 도덕적 해이의 문제에 대처하는 방안으로는 부분보험제(部分保險制, partial insurance)의 도입도 생각해 볼 수 있다. 이는 산업재해발생시 법정보상금의 일정수준까지만 보험기관이 책임을 지고, 나머지 부분은 피보험자인 사업주가 책임지게 하는 제도이다. 구체적 형태로서 법정보상수준의 일정비율(예컨대 75%)까지만 보험기관이 책임을 지는 비례식제도(比例式制度, co-insurance) 혹은 일정금액까지만 책임을 지는 공제식제도(控除式制度, deductible system) 등을 생각할 수 있다. 어떤 형태이든 부분보험제의 도입은 산업재해발생시 피보험자의 비용부담을 증대시켜 기업 스스로의 산업재해예방 및 산업안전노력을 제고시키는데 기여하게 된다.

다만 재해근로자의 생존권보호라는 측면에서 보면, 즉 피해에 대한 공정보상의 신속한 실현을 확보한다는 측면에서 보면, 보상금 중 기업의 직접분담분이 어김없이 이행된다는 제도적 보장이 전제되어야 한다. 그러나 이 이행지체의 문제도 기업이 자신들의 직접분담분을 자가보험(自家保險, self-insurance)에 드는 경우에는 그리 큰 문제가 아닐 수도 있다. 산업재해보상을 위해 법정보험과 자가보험이 병존하는 예는 외국에서는 일반적 현상이다.

앞으로 우리나라의 법정산업재해보상수준을 사회적 최저보상수준 이상으로 지속적으로 높여 간다면, 사회적 최저수준까지는 정부주도의 법정보험으로, 그리고 그 이상은 민간주도의 자가보험으로 해결하는 방식도 생각해 볼 수 있다. 이런 경우 민간부문(민간보험회사)에는 보험제도가 가지는 도덕적 해이의 문제해결을 위한 각종 보험기법이 발달되어 있으므로 적어도 자가보험부분에서 만큼은 사업주의 산업재해방지노력을 크게 약화시키지는 않을 것이라고 본다. 따라서 현재의 정부주도의 법정보험제도에 민간주도의 자가보험제를 가미하는 정책방향도 앞으로 우리나라에서 연구·검토할 필요가 있다고 본다.

제3항 보상수준의 적정성

산업재해보상의 적정선은 어느 수준에서 결정되어야 하는가? 결론부터 이야기하면, 적정수준은 피해에 대한 완전보상(full compensation)일 필요는 없다. 거기에는 두 가지 이론적 이유가 있다. 첫째는 이미 앞에서 언급한 바와 같이, 산업재해에 대해서는 노동시장에서의 보상적 임금격차의 메커니즘을 통해 적어도 부분적으로는 사전보상이 이미 이루어지고 있다고 보아야 하기 때문이다. 다른 조건이 동일하다면, 산업재해율이 높은 직장의 경우가 그렇지 않은 직장의 경우보다 높은 임금을 주고 있다고 보아야 한다. 물론 근로자들의 산업재해위험도에 대한 정보나 노동이동의 자유가 현실 근로시장에서는 불완전한 상태이기 때문에 결코 완전한 사전보상 메커니즘이 작동한다고 볼 수는 없다. 그러나 적어도 산업재해위험도의 차이에 기초한 보상적 임금격차가 우리 나라의 노동시장에서도 부분적으로는 존재한다고 보아야 할 것이다.

두 번째 이유로는 현실적으로 발생하는 많은 종류의 산업재해 중 적어도 일부의 경우에는 근로자가 산업재해발생의 최소비용회피자(the cheapest cost avoider)인 경우가 있을 수 있다는 사실 때문이다. 근로자가 사용주보다 적은 비용으로, 예컨대 작업시 약간의 안전주의나 안전노력을 더 기울이면 쉽게 회피할 수 있는 종류의 산업재해가 발생하고 있다면, 이러한 산업재해의 발생을 막기 위해서는 근로자의 안전노력을 약화시킬 수 있는 완전보상의 원칙은 재고되어야 한다. 환언하면, 재해에 대한 보상수준과 근로자들의 산업재해예방노력 사이에는 부(負)의 상관관계가 존재할 수 있으므로 완전보상의 원칙이 반드시 바람직하다고 볼 수 없다.

이상의 두 가지 이유를 감안할 때 결코 완전보상이 산업재해보상의 적정수준은 아니다. 이론적으로 보면 보상의 적정수준을 다음과 같이 일응 정리해 볼 수 있을 것이다.

산업재해보상의 적정수준＝완전보상수준－보상적 임금격차를 통한 사전보상부분－근로자의 안전노력 유도부분

그러면 여기서 완전보상수준은 어떻게 결정되어야 하는가를 잠깐 생각해 보

자. 산업재해피해에는 직접적인 경제적 피해(현재수입과 장래수입의 감소)와 본인과 가족 등의 정신적·육체적 고통 등 여러 종류의 피해가 있을 수 있다. 이들 각종 피해를 어떻게 현금화할 수 있을까? 우선 피해당사자에게 최소한 얼마를 지급하면 그 피해를 감수할 수 있는가를 물어보는 방법(equivalence variation)이 있을 수 있을 것이다. 또 하나의 방법으로 피해자가 그 피해를 회피하기 위해 얼마를 기꺼이 지불하겠는가를 물어보는 방법(compensation variation)이 있을 것이다. 그러나 후자의 경우는 피해자 본인이 가지고 있는 부(富)와 소득수준에 의해 영향을 받기 쉬우므로, 즉 소위 부의 효과(wealth effect)가 작용할 수 있으므로, 엄밀한 의미에서는 전자가 보다 공평한 방법이라 할 수 있다.

형법과 형사정책

제1장 형법의 경제학

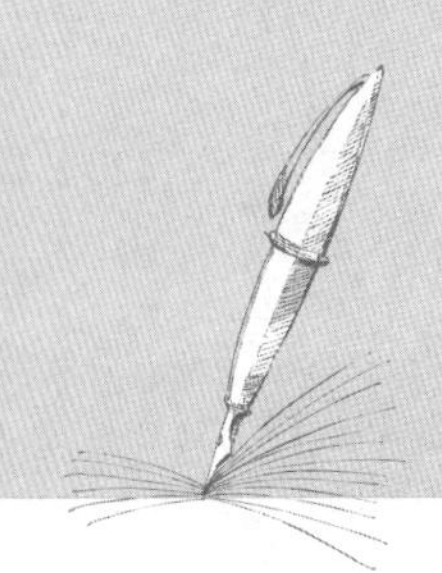

제1절 범죄란?

범죄란 무엇인가? 어떠한 행위를 우리는 범죄로 규정하는가? 아니 왜 사회는 그러한 행위를 범죄로 규정해야 하는가?[1)] 원리적으로 어떠한 행위를 사회가 바람직하지 않다고 평가할 때 그 행위를 민사상(民事上)의 불법행위로 규정할 수도 있고, 형사상(刑事上)의 범죄로 규정할 수도 있다. 사회는 어떤 경우에 특정 행위를 불법행위로 규정하고, 어떤 경우에 형사상의 범죄로 규정하는가? 범죄로 규정하기 위해서는 최소한 다음과 같은 네 가지 요건이 충족되어야 한다.

첫째, 범의(criminal intent), 환언하면 해를 가하려는 의도(intention to harm)가 있어야 한다. 예컨대 타인 소유의 고가(高價)의 도자기를 보관자가 실수로 깨뜨린 경우 또는 진열 중인 도자기를 관람객이 실수로 깨뜨린 경우와 비교할 때, 손괴를 목적으로 깨뜨린 경우는 크게 다르게 취급된다. 전자의 경우에는, 임치계약의 상황이 아닌 한 민사상 불법행위의 문제로 취급하여 도자기의 보관행위 자체는 막지 않으나 다만 보관 중에 보관자가 필요한 주의의무를 다하도록 유도하기 위해 그 행위자의 과실유무만을 물어 손해배상여부를 결정하는 것이 일반적이다. 그에 비해, 후자의 경우는 형사상의 문제로서 그러한 의도를 가진 행위 자체를 막고 이

---

1) 이 문제를 논함에 있어 형법학에서 논의되고 있는 범죄개념의 형식적 성립요건인 구성요건해당성(構成要件該當性)과 위법성(違法性), 그리고 책임(責任)을 논하는 것은 별로 도움이 되지 않는다. 왜냐하면 이는 예컨대 범죄란 사회가 금지하는 행위라고 답하는 것과 같이 동의반복(tautology)에 불과하기 때문이다.

를 처벌의 대상으로 한다(형법 제366조: 재물손괴죄). 따라서 형사책임은 행위자의 주관적 사정을 중시하므로 고의범(故意犯)만을 처벌하는 것이 원칙이고 과실범(過失犯)에 대한 처벌은 예외에 속한다고 볼 수 있다.[2] 반면에 민사책임은 피해자의 손해에 대한 전보(塡補)를 통하여 가해자 행위를 수정하는 것이 목적이므로 과실이라도 당연히 그로 인한 손해를 배상하여야 한다.[3]

둘째, 행위의 유해성(有害性)이 사적인 것이 아니라 사회적인 것이어야 한다. 불법행위에서는 유해성이 사적이고 개인적인 것이나 범죄의 경우에는 유해성은 사회적이고 공적인 것이다. 여기서 사회적 유해성이란 "사회의 평화와 안전을 해하는 것"을 의미한다. 일종의 공공재(public goods)에 대한 침해 내지 위해를 의미한다고 볼 수 있다. 따라서 형법에서는 소위 피해자가 없는 범죄(victimless crime)가 발생할 수 있다. 도박·마약·풍속에 관한 죄 등이 이에 속한다. 이들 행위는 당사자들 사이에는 서로의 자발적 의사에 기초하여 서로의 효용을 증대시키는 행위이다. 따라서 엄밀한 의미의 개인적 피해자는 없다. 그러나 이들의 행위가 사회의 평화와 안전이라는 공공재를 침해했다고 보기 때문에 금지시키는 것이다. 이와 같이 유해성의 성격이 다르기 때문에 형사법의 경우에는 소위 미수(未遂), 교사(敎唆), 공모공동정범(共謀共同正犯) 등과 같이 직접 실행에 가담하지 않은 행위를 범죄로 규정하여 처벌하나, 민사법의 경우에는 미수 등은 문제가 되지 않는다. 개인의 재산적 법익을 침해하는 범죄(가령, 절도죄)의 경우에도 이는 단지 피해자의 재산상 손실을 가져올 뿐만 아니라, 인근 주민들의 생활에도 영향을 미치고(안전설비에 대한 비용지출 증가), 사회체계의 안정성을 훼손시킨다는 점에서 사회적으로 유해하다(이른바 "확장손해").

이상의 두 가지 요건만 충족하면 일단 그 행위에 대한 도덕적 비난가능성

2) 우리나라 형법 제14조는 "정상의 주의를 태만함으로 인하여 죄의 성립요소인 사실을 인식하지 못한 행위는 법률에 특별한 규정이 있는 경우에 한하여 처벌한다."고 규정하여 이와 같은 입장을 취하고 있다.

3) 여기서 "가해자의 행위의 수정"이란 가해자가 행위결정시 자신의 행위의 외부효과를 충분히 감안하여 행동하도록 함을 의미한다. 민사상의 불법행위제도는 소위 외부효과의 내부화(internalization of externality)가 목적이고 이를 달성하기 위해 피해자에게 발생한 손해(외부효과의 크기)를 가해자에게 배상하도록 하는 것이다. 그리고 이를 통해 장래의 잠재적 가해자로 하여금 외부효과를 감안하도록 유도하는 것이다.

(moral culpability)이 성립하기 때문에 그러한 행위를 범죄행위라고 규정할 수 있다. 그러나 형법상의 범죄행위가 되려면 다음의 두 가지 요건이 더 충족되어야 한다.

셋째, 그 행위가 공적·처벌적 제재(punitive sanction)의 대상이 되어야 한다. 불법행위의 경우에는 피해자 개인에 대한 책임이 문제되므로 사적 구제, 즉 사적 배상(compensation)이 원칙인 데 반하여, 범죄의 경우에는 사회적 책임이 문제가 되므로 공적 처벌(punishment)이 가해진다. 그런데 배상과 처벌에는 중요한 차이가 있다. 배상은 가해자에게 비용을 부담시켜 피해자를 이롭게 하나, 처벌은 가해자에게 부담을 주지만 피해자에게 직접 이익이 되지 않는다.

넷째, 사실인정의 기초가 되는 증거자료는 일정한 요건을 갖춘 것이어야 한다. 민사재판의 경우에는 당사자 간의 이해조정이 주 목적이므로, 당사자는 거의 모든 사실자료를 증거로 제출하고, 법원은 이를 토대로 사실을 인정할 수 있다. 반면에 형사재판의 경우에는 개인의 인격침해의 위험이 커서 일정한 요건을 갖춘 증거, 즉 증거능력이 있는 증거에 기초하여 사실을 인정할 수 있을 뿐이다. 예컨대 민사재판의 경우에는 법원에서의 자백은 증명을 요하지 않는 불요증사실(不要證事實)로 인정하나(민사소송법 제288조), 형사재판의 경우에는 피고인의 자백이 그 피고인에게 불이익한 유일의 증거인 때에는 이를 유죄의 증거로 하지 못한다(형사소송법 제310조). 그 외에 사법경찰관이 작성한 조서(調書)의 증거능력에도 일정한 제한을 가하고 있다(형사소송법 제312조).

이와 같이 형사사건의 경우 증거자료에 대하여 엄격한 증거능력을 요구하는 것은 영미법국가의 경우에서도 마찬가지이다. 예컨대 검찰 측이 주장하는 범죄사실이 이성을 가진 사람이라면 당연히 의심할 만한 소위 합리적인 의심(reasonable doubt)을 "넘을 정도"로 증명되지 않으면 형사상 유죄로 인정되지 않는다. 반면에 민사재판의 경우에는 일방이 주장하는 사실에 대한 증거력이 상대방보다 우월하면 그것만으로 사실의 존재 내지 부존재가 인정된다. 한마디로 민사재판의 경우에는 소위 증거우월의 원칙(preponderance of evidence)이 지배한다.

이상을 요약하면 결국 어떤 행위가 범죄로 규정되어 처벌되려면 (1) 범의(犯意)의 존재, (2) 사회적 유해성, (3) 공적 처벌의 대상성, (4) 증거자료의 엄격한 증거능력의 구비 등의 요건을 갖추어야 한다.

제 2 절 형법의 기능

위에서는 서술적으로 민사상의 불법행위와 대비하면서 형법상의 범죄의 개념을 정의하려 하였다. 다음은 조금 더 분석적으로 과연 우리는 왜 형법을 필요로 하는가 하는 문제를 보도록 한다. 형법은 일반적으로 사회질서의 기본가치를 보호하는 기능을 수행한다. 그런데 여기서 문제 삼고자 하는 것은 왜 기본가치를 보호하기 위해서는 반드시 형벌이란 수단이 필요한가 하는 점이다. 왜 기본가치를 해하는 행위를, 환언하면 사회적으로 바람직하지 않은 행위를 민사상의 불법행위제도만으로 규율할 수는 없는가? 구태여 형법이 필요한 이유는 무엇인가? 다음과 같은 몇 가지 이유를 생각할 수 있다.

첫째, 도덕적으로 비난받아야 할 행위를 대상으로 하는 것이 형법이므로 이는 도덕적으로 비난받아야 할 성격의 행위가 아닌 불법행위와 구별하는 것이 당연하다. 이러한 입장은 일찍이 홀(J. Hall)에 의하여 주장되었다. 그는 다음과 같이 주장하였다.

> "형법의 일반 원칙들은 도덕적 비난가능성(非難可能性)의 원칙(principles of moral culpability)에 기초하여 있다. 형법과 불법행위제도는 전제하는 가치판단이 다르다. 형법은 도덕적으로 잘못된 행위(moral wrongs)를 하면 처벌한다는 신념이 그 가운데에 자리하고 있다. 그러나 도덕적 비난성은 불법행위의 경우에는 2차적 의미만을 갖는다."[4)]

이러한 입장은 대부분의 법학자들이 받아들이고 있는 일반론으로 예일대학의 콜만(J. L. Coleman) 교수는 이러한 입장을 다음과 같이 정리하고 있다.

> "… 불법행위제도는 기본적으로 도덕적 문제가 되지 않는 과실(non-moral character of negligence)에 관련된 문제이다. 반면에 형법은 기본적으로 책임의 도덕적 측면(moral aspect of conditions of responsibility)이 문제된다. … 환언하면 형

---

4) Jerome Hall, "Interrelations of Criminal Law and Torts (Parts 1 and 2)", 43 *Columbia Law Review* 753, 967 (1943).

> 법에서의 문제는 과연 국가는 특정인의 자유를 박탈할 권리를 가진다고 보아야 하는가의 문제이다. 그러나 불법행위제도에서는 과연 국가는 특정 당사자가 받은 손해를 상대방에게 이전시킬 충분한 이유를 가지고 있는지 여부를 묻는 문제이다. 따라서 전자의 경우에는 당사자가 처벌을 받을 만한 일을 했는가가 문제가 되고, 후자의 경우에는 두 당사자 사이에 어느 쪽이 손해를 부담하는 것이 보다 바람직한가가 문제된다."[5)]

한마디로 형법은 도덕적 비난가능성을 문제삼기 때문에 불법행위제도와는 질적으로 다른 행위를 대상으로 하고 있다는 이야기이다.

둘째, 범죄는 단순히 사인 간(私人 間)의 이해조정의 문제가 아니라 공익의 침해가 관련되는 문제이다. 범죄는 사회의 평화와 안전이라는 사회질서의 기본가치를 해하므로 단순한 피해보상의 차원이 아닌 처벌의 차원에서 그 행위 자체를 금지하여야 한다. 따라서 행위 자체는 허용하면서 다만 그 행위의 외부효과를 감안하여 행위를 적정수준으로 자제하도록 유도하는 불법행위제도와는 근본적으로 다른 법제가 필요하게 되는데, 그 법제가 바로 형법이다. 살인의 고의를 가지고 사람을 다치게 한 경우를 생각해 보자. 이 경우는 개인의 생명이나 신체라는 개인법익만이 침해된 것으로 보이나 실은 그렇지가 않다. 이러한 살인행위로 말미암아 많은 사람들이 안심하고 사회활동을 할 수 없게 된다면 그만큼 사회의 평화와 안전이라는 기본가치를 해하는 것이 되고 이는 그대로 공익에 대한 침해가 된다.

셋째, 배상제도(compensation)만을 가지고 사회적으로 바람직하지 않은 행위를 통제하는 데는 한계가 있다. 따라서 형벌제도가 필요하다. 이 입장은 포즈너(R. Posner) 판사에 의해 가장 잘 대변되고 있다. 그는 다음과 같이 주장하고 있다.

> "자본주의 사회에서 형법의 주된 기능은 시장을 통하지 않은 강제된 거래(forced exchange)를 막는 데 있다. 특히 거래비용이 크지 않아 강제된 거래보다 자발적 거래가 자원배분의 효율성을 높일 수 있는 상황이라면 시장을 통하지 않는 거래는 비효율적이다. 그런데 불법행위법만으로 시장을 통하지 않는 거래(market bypassing)를 막는 것은 어렵다. 왜냐하면 가해자의 행위를 막기 위한 적정한

---

5) Jules L. Coleman, *Markets, Morals and the Law*, Cambridge University Press, 1988, Chapter 6을 참조하라.

수준의 배상(optimal damages)이 가해자의 자력을 벗어나는 경우가 자주 있기 때문이다. 따라서 공적인 강제와 비경제적 제재인 자유형(自由刑) 등이 필요하게 된다."6)

일단 범죄를 손해배상제도로 규율한다고 가정하자. 환언하면 피해자가 받은 손해만큼을 가해자에게 배상하도록 강제한다고 하자. 일반적으로 손해배상제도가 완전배상(perfect compensation)이 되기 위해서는 피해자가 배상을 받은 후의 상태와 그 손해를 받기 전의 상태 사이에 차이가 없어야 한다. 손해를 받기 전과 후 사이에 피해자가 느끼는 효용에 차이가 없어야 한다. 그런데 예컨대 살인의 경우 얼마만큼의 배상이 있어야 피해자에게 살인 이전의 효용수준을 보장하는 것이 될 수 있을까? 만일 위와 같은 의미의 완전보상이 불가능하다면 결국 가해자의 행위의 사회적 비용은 충분히 내부화될 수 없어 범죄는 과다생산되는데 그것은 분명히 비효율이 된다.7)

완전배상이 가능한 경우가 있다고 하자.8) 그러한 경우에도 범인이 체포될 확률은 일반적으로 1보다 작기 때문에 피해자가 받는 피해액만을 배상시켜서는 충분한 규제효과가 없게 된다. 예컨대 절도한 물건의 가격이 1,000만원이라고 할 때 체포확률을 20%로 보면 기대처벌비용(expected punishment cost)은 200만원이 된다. 즉 절도를 함으로써 범인이 부담하게 될 기대비용은 200만원이다. 왜냐하면 체포시 피해자의 손해만 배상해 주면 되기 때문이다. 따라서 이러한 배상제도

6) Richard A. Posner, "An Economic Theory of the Criminal Law", 85 *Columbia Law Review* 1193 (1985)를 참조하라.

7) 물론 살인의 경우 효율이 중요하다는 이야기는 아니다. 그러나 순전히 경제적 관점 그 중에서도 효율의 관점에서 보아도 손해배상제도는 완전배상이 불가능할 때는 범죄의 과다생산이라는 비효율을 결과한다는 이야기이다. 이 점에 대하여 R. Cooter and T. Ulen은 다음과 같이 이야기하고 있다. "우리는 완전배상이 불가능한 경우에, 형법을 불법행위법으로 대체하는 것은, 그리하여 형벌을 손해배상으로 대체하는 것은 비효율을 결과한다고 주장한다." Robert Cooter and Thomas Ulen, *Law and Economics*, 6th edition, Pearson Education, 2012, pp. 460－463.

8) 우리가 법률의 보호를 권리의 보호와 이익의 보호로 나누어 생각하고, 현재 문제가 되고 있는 것이 권리의 보호의 문제라면, 아무리 완전배상이 가능하더라도 권리보호의 측면에서 배상제도를 피하고 형벌제도의 채택의 필요를 얼마든지 주장할 수 있다.

는 오히려 시장에서의 자발적 거래보다 절도를 통한 비자발적 거래를 부추기는 효과가 있다. 따라서 이러한 경우 손해배상제도가 어느 정도의 규제효과를 가지기 위해서는 최소한 배상액이 4,000만원을 넘어 절도의 기대비용(기대처벌비용)이 절도의 기대이익인 800만원 선을 넘어서야 한다. 그런데 이는 대단히 큰 금액이다. 비록 완전보상이 가능한 경우에도 위와 같이 범인의 체포확률(逮捕確率)이 낮기 때문에 실제 규제효과를 기하기 위해 범인이 반드시 부담해야 하는 배상액은 대단히 커야 한다. 이러한 점은 실제 손해보다 더 많은 손해배상을 명하는 징벌적 손해배상제도의 근거가 되기도 한다. 그런데 적발확률을 고려하여 피해자가 입은 실제 손해보다 더 큰 액수의 금전배상을 명하더라도, 이는 많은 경우 범인의 지급능력을 넘어서게 된다(자산의 불충분성 문제(asset insufficiency) 또는 판결의 집행불능 문제(judgment proof)). 따라서 금전배상(金錢賠償)을 원칙으로 하는 배상제도만으로는 충분한 규제효과를 거둘 수 없다.

요컨대 형법의 목적 내지 기능은, 첫째, 도덕적으로 비난받아 마땅한 행위로부터 사회적 질서의 기본가치를 보호하고, 둘째, 당사자 간의 자발적인 거래인 시장거래의 활용을 촉진하는 데 있다. 전자는 법학자들의 전통적이고 지배적 견해이고, 후자는 일부 경제학자들이 주장하는 견해이다.[9)]

---

9) 포즈너 판사로부터 시작된 이러한 견해는 클리보릭(A. K. Klevorick)에 의해 좀 더 일반화되고 있다. 그는 포즈너의 주장에 반대하여 형법이 반드시 시장거래만을 촉진시키는 것이 아니라, 사회가 선택한 바람직한 형태의 거래구조(transaction structure that society has chosen)를 일반인들에게 강제한다고 보고 있다. 따라서 그 거래구조는 시장일 수도 비시장(非市場)일 수도 또는 거래(去來)의 폐쇄(閉鎖)일 수도 있다. 예컨대 투표권의 매매를 막는 것은 시장거래를 막는 것이고 거래의 폐쇄를 사회가 선택한 것으로 보아야 하기 때문에 포즈너의 입장은 너무 협소하다고 보고 있다. 그리고 그는 거래구조의 선택은 사회구성원들의 도덕적·정치적·법적 선택으로 형성된다고 본다. Alvin K. Klevorick, "Legal Theory and the Economic Analysis of Torts and Crimes", 85 *Columbia Law Review* 905 (1985)를 참조하라. 이러한 견해를 잘 설명할 수 있는 범죄의 유형이 있기는 하나 형법 전반에 대한 이론으로는 부족하다는 견해가 있다. George P. Fletcher, "A Transaction Theory of Crime?", 85 *Columbia Law Review* 921 (1985) 참조.

제 3 절
가격(price)이냐? 제재(sanction)이냐?

사회구성원의 행위를 통제 내지 제어하는 방법으로 두 가지를 생각해 볼 수 있다. 하나는 그 행위에 가격을 책정하여 그 가격을 지급해야만 그 행위를 할 수 있도록 하는 것이다. 이때 그 가격의 크기를 그 행위가 결과하는 사회적 외부효과의 크기에 일치시킴으로써 우리는 그 행위의 수준 또는 빈도를 사회적으로 바람직한 수준으로 끌어올릴 수도 있고 끌어내릴 수도 있다.

사회적 외부효과가 정(positive)인 활동의 경우에는 부(負)의 가격, 즉 보조금을 지급함으로써 그 활동의 수준을 끌어올리고, 반대로 외부효과가 부(negative)인 경우에는 정(正)의 가격, 즉 세금이나 벌금을 지불하도록 함으로써 그 활동의 수준을 끌어내릴 수가 있다.

이렇게 가격을 통한 통제가 있게 되면 개인이 자신의 활동수준이나 활동의 종류를 정할 때 자기 자신의 사적 비용과 사적 편익만을 고려하는 것이 아니라 자기 활동에 부과되는 가격의 크기, 환언하면 자기 행위의 사회적 외부효과까지를 감안하여 자신의 활동수준이나 활동의 종류를 정하게 된다.

다른 통제방법은 특정 행위 자체를 완전히 금지하거나 그 행위의 일정수준 이상을 규제하고 이를 지키지 않을 때에 일정한 제재를 가하는 방법이다. 물론 이때의 제재의 수준은 당해 행위의 사회적 외부효과와 직접 관련될 필요는 없다. 당해 행위를 막을 수 있기에 충분한 정도의 불이익이면 된다. 전자의 방법은 일반적으로 공해(公害) 등의 불법행위의 경우 자주 활용되는 방법이고, 후자는 형법에서 지배적으로 사용되고 있는 방법이다. 전자는 경제학자들이 선호하는 방법이고, 후자는 법학자들에게 친숙한 방법이다.

우리가 사회구성원의 어떤 행위를 규제하려 할 때 어떠한 규제방법을 택하는 것이 보다 바람직한가? 도시화와 산업화의 진전에 따라 우리 사회에서 새로운 규제를 요하는 행위가 증가하고 있다.[10] 이러한 때 어떤 행위는 어떤 방식을 선

10) 이와 직접 관련되는 논의는 아니나 요즈음 민사문제의 형사화 현상이 증가하고 있다.

택하여 규제하는 것이 보다 바람직한가에 대한 보다 확실한 입법기준을 설정할 필요가 있다고 본다. 입법기준 내지 법정책기준을 세우기 위해 두 가지 규제방식의 특징을 살펴보도록 하자.

우선 지적할 수 있는 것이 제재(制裁, sanction)의 경우에는 허용되는 행위와 그렇지 않은 행위 사이에 행위자가 부담하는 비용이 크게 다르다는 점이다. 그러나 가격(價格, price)의 경우에는 행위자가 부담하는 비용이 자기 행위 수준의 변화에 상응하여 점진적으로 변화한다. 따라서 행위자는 가격의 변화에 보다 탄력적(彈力的)으로 반응하고, 제재수준의 변화에는 상대적으로 비탄력적으로 반응한다. 왜냐하면 일반적으로 대부분의 사람들은 금지된 행위를 하지 않기 때문에 제재수준의 약간의 변화가 사람들의 행위에 영향을 별로 미치지 않는다. 따라서 대부분의 사람들은 제재수준의 약간의 변화에서 영향을 받지는 않는다. 그러나 물론 금지된 행위를 할 것인가 말 것인가의 경계에 있는 "소수의 한계적 사람들의 행위"에는 제재수준의 약간의 변화도 큰 영향을 미칠 수 있다.

반면에 가격의 경우에는 많은 사람들에게 영향을 줄 수 있다. "많은 사람들의 한계적 행위"에 영향을 줄 수 있다. 그러나 그 영향의 크기는 가격변화가 크지 않는 한 작게 나타난다. 요약하면 제재수준의 약간의 변화는 소수의 한계적 사람들에게 큰 영향을 미칠 수 있는 반면, 가격수준의 약간의 변화는 다수의 사람들의 한계적 행위에 작은 영향을 미치게 된다.

이상의 특징을 전제로 다음과 같은 두 가지 입장이 바람직한 법정책 기준으로 제시될 수 있다. 하나는 어느 방법이 보다 효율적인가, 어느 방법이 보다 적은

환언하면 형법과 불법행위법의 중복현상, 제재적 성격의 민사책임의 증가현상 등이 급증하고 있다. 이러한 문제에 대한 연구를 위해서도 여기서의 제재냐 가격이냐, 금지냐 가격이냐의 논의는 좋은 참고가 될 수 있다고 생각한다. 형법과 불법행위법과의 중복현상에 대한 연구로서는 다음을 참조하라. Kenneth Mann, "Punitive Civil Sanctions: the Middleground Between Criminal and Civil Law", 101 *The Yale Law Journal* 1795 (1922); John C. Coffee, Jr., "Does Unlawful Mean Criminal? Reflections on the Disappearing Tort/Crime Distinction in American Law", 71 *Boston University Law Review* 193 (1991). 민사상 손해배상이나 과징금 등을 통해 규제할 수 있는 행위에 대하여 형사처벌이 이루어지고 있는 "과잉범죄화" 문제에 대한 법경제학적 분석으로는 김일중, 과잉범죄화의 법경제학적 분석, 한국경제연구원 (2013).

비용으로 보다 큰 제어효과를 낼 수 있는가의 관점에서 제시된 입장이다. 이는 쿠터(R. Cooter) 교수에 의해 제시되고 있다. 또 다른 하나는 효율성과는 관계없이 입법자의 당해 행위에 대한 도덕적 확신유무에 따라 법정책을 선택할 것을 주장하는 입장이다. 이는 커피(J. Coffee) 교수에 의해 주장되고 있다. 각각의 견해를 보도록 한다.

먼저 쿠터 교수의 기준은 다음과 같다.

> "만일 입법자(立法者)가 바람직한 행위의 종류나 바람직한 행위의 수준을 결정하는 것이 어렵고, 역으로 바람직하지 않은 행위가 주는 사회적 폐해나 바람직한 행위수준 이상의 행위가 가져오는 사회적 폐해의 크기를 결정하는 것이 보다 쉽다면 그러한 경우에는 가격의 방법을 사용하라. 반면에 그 행위의 사회적 폐해의 크기를 결정하는 것이 어렵고, 역으로 그 행위가 바람직한지 아닌지, 바람직한 활동수준이 얼마인지를 결정하는 것이 보다 쉬운 경우에는 제재의 방법을 사용하라."11)

여기서 어려우냐 쉬우냐는 입법자의 입장에서 볼 때 어느 쪽 정보의 획득이 보다 용이하냐의 의미로 보면 된다. 따라서 적은 정보비용으로 상대적으로 쉽게 바람직한 행위의 종류나 그 수준을 알 수 있다면 제재의 방법, 즉 금지의 방법을 사용하여 그 수준 이상의 행위를 금지시키고, 그 역의 경우, 즉 보다 적은 비용으로 보다 쉽게 바람직하지 않은 행위나 바람직한 수준 이상의 행위가 가져오는 사회적 폐해를 알 수 있다면 가격의 방법을 사용하여 그 폐해만큼을 가격으로 행위에 부과하라는 것이다.

이에 반하여 커피 교수의 기준은 다음과 같다.

> "만일 입법자가 당해 행위와 관련된 도덕적 기준에 대하여 자신이 있다면 제재, 즉 금지의 방법을 택하고, 만일 입법자가 당해 행위의 도덕적 기준에 대하여 확신이 없을 때 혹은 가치 간의 충돌(value trade-off)이 있을 때에는 가격의 방법

---

11) 여기서 바람직한 수준이란 사회적으로 적정수준(socially optimal)이라는 뜻이다. 사회적 한계수익과 한계비용이 만나는 수준의 활동을 의미한다고 보면 된다. 보다 상세한 논의는 Robert Cooter, "Price and Sanctions", 84 *Columbia Law Review* 1523 (1984)를 참조하라.

을 사용하라."[12)]

기본적으로 쿠터 교수는 어느 쪽 방법이 보다 적은 비용으로 보다 큰 효과를 가져오는가 하는 효율성의 관점에 서서 제재와 가격의 선택기준을 제시한 것이라면, 커피 교수는 비도덕적 행위는 금지의 대상이 되는 것이 원칙이고 그렇지 않은 행위는 가격을 통하여 규제하는 것이 바람직하다는 가치판단을 기초로 하여 선택기준을 제시하고 있다. 그리하여 입법자가 가지는 당해 행위의 도덕성에 대한 확신의 정도에 따라 제재 또는 가격을 선택할 것을 주장하고 있다. 어느 쪽 주장이 보다 합리적인가? 각자 구체적인 경우를 생각하면서 판단해 보라.[13)]

12) John C. Coffee, Jr., "Paradigms Lost: The Blurring of The Criminal and Civil Law Models and What Can Be Done About It", 101 *Yale Law Journal* 1875 (1992).

13) 예컨대 불법행위법에서 논의하는 과실책임원리는 여기서 설명한 가격(price)의 방법에 해당한다면 무과실책임원리는 여기서 이야기하는 제재(sanction), 즉 금지에 해당한다고 볼 수 있다. 커피 교수가 제시한 기준에 따르면 무과실책임은 과실책임보다 비도덕적인 요소가 보다 많이 개입될 때 요구되는 책임원리이어야 한다.

제2장 범죄행위의 결정이론

제 1 절 대립하는 두 가지 가설

올바른 형사법과 형사정책을 세우기 위해서는 먼저 범죄행위가 어떻게 결정되는지에 대하여 올바른 이론이 정립되어야 한다. 범죄자가 범죄행위를 할 것인지 여부를 결정할 때 어떤 요인들이 어떻게 작용하는지를 알아야 범죄행위를 통제하기 위한 올바른 정책방향을 찾아낼 수 있다. 범죄자란 어떤 사람들이고 범죄행위는 어떻게 결정되는가?

1960년대 말까지만 하여도 이들 문제에 대한 연구는 거의 대부분이 사회학자들에 의해 주도되어 왔다.[1)] 그들 중 대부분은 범죄자를 일반인들과는 다른 사람들로 보고 있다. 따라서 그들의 연구는 범죄자들은 일반인들과 어떻게 다른가 하는 데 집중되어 왔다. 그들은 범죄자들은 각종의 유인체계(incentive system)나 유인체계의 변화에 대하여 일반인들과는 달리 충분히 합리적으로 대응하지 않는다고 보았다. 따라서 비록 범죄의 기대이익과 기대비용을 변화시킨다고 해도 범죄행위를 막을 수는 없다고 보았다. 그들은 이와 같이 범죄자들은 일반인들과 다르기 때문에 처벌(punishment)은 범죄예방에 별로 도움이 되지 않으며, 오히려 형사정책의 방향을 재활 내지 사회복귀(rehabilitation)에 두어야 한다고 생각했다. 이들의 입장을 우리는 병리가설(病理假說, the sickness hypothesis)이라고 부르기로 한

1) 이들 입장에 대한 간단한 조사연구로는 Paul B. Horton and Gerald R. Leslie, *The Sociology of Social Problems*, Appleton-Centry-Crofts, 1970을 참조하라.

다. 왜냐하면 이들은 기본적으로 범죄행위를 일종의 병리현상으로 보기 때문이다.

이상과 같은 병리가설에 대하여 합리가설(合理假說, the rationality hypothesis)이 1960년대 말부터 등장하기 시작했다. 합리가설은 시카고 대학의 베커(G. Becker) 교수가 1968년에 쓴 논문이 효시가 되어[2] 많은 경제학자들에 의해 주창되어 오고 있다.

이 합리가설은 기본적으로 범죄자들도 일반인들과 같은 사람이라는 가정 위에 서 있다. 범죄인들은 일반인들과 같이 주어진 제약(constraints) 속에서, 예컨대 시간과 자원의 제약 속에서 자기의 효용을 극대화하려고 노력하는 합리적 인간이라는 것이다. 합리적 인간이라는 것이 결코 실수를 하지 않는다든가 모든 것에 대하여 완전정보를 가지고 있다는 것을 의미하는 것은 물론 아니다. 자기행위의 이익과 비용을 계산하면서 실수를 하기도 하고 불완전하고 제한된 정보 속에서 자기 행위를 결정하기도 한다. 그러나 범죄인들도 일반인들과 같이 이러한 여러 제약 속에서 가능한 한 자신의 효용을 높이기 위해 좀 더 합리적 선택을 하려고 노력한다는 것이다. 이러한 입장을 베커는 위에서 이야기한 논문에서 다음과 같이 표현하고 있다.

> "어떤 사람들이 범죄자가 되는 것은 그들의 행위의 기본동기(basic motivation)가 다른 사람들과 다르기 때문이 아니라 그들의 이익과 비용이 다른 사람들과 다르기 때문이다."

범죄자들도 비용과 이익의 변화에 대응하는 합리적인 인간이라고 한다면 범죄자의 행위변화는 범죄행위의 비용과 이익의 변화를 통해서만 가능하게 된다. 한마디로 범죄행위의 기대이익을 낮추고 기대비용을 높임으로써 범죄행위에 영향을 미칠 수 있다. 따라서 처벌은 범죄행위를 줄이는 유효한 수단이 된다.[3]

---

2) Gary S. Becker, "Crime and Punishment: An Economic Approach", 76 *Journal of Political Economy* 169 (March/April 1968).

3) 경제학에서 행위에 영향을 주는 변수는 그 행위의 가격(price)과 행위자의 기호(taste, preference)이다. 그런데 기호의 변화에 대한 이론은 경제학에는 없다. 또한 행위의 변화를 기호의 변화로 설명하기 시작하면 동의반복(同意反復, tautology)에 빠질 위험이 있다. 따라서 경제학은 행위의 변화를 주로 가격의 변화로 설명한다. 여기서의 가격의 변화는 당해 행위에 관련되는 비용과 이익의 변화로 나타난다. 처벌의 강화는, 다른 조

이상의 두 가지 가설은 반드시 상호대립적이고 상호배타적인 것인가? 그렇지 않다고 생각한다. 오히려 상호보완적으로 이해하는 것이 옳다고 생각한다. 베커가 그의 논문에서 사용한 공식을 그대로 활용하여 어떻게 두 가설을 상호보완적인 관계로 이해할 수 있는가를 보도록 하자.

어떤 개인 i가 특정기간 동안 범죄행위를 실행할 빈도(頻度)를 O_i라고 하고, 그가 행위 후 유죄판결을 받을 확률(確率)을 P_i, 처벌의 강도(强度)를 F_i라고 하자. 그리고 범죄행위의 실행빈도에 영향을 미칠 기타 변수들을 모아 이를 U_i라고 하자. U_i에는 예컨대 그가 합법적인 분야에서 일을 하면 얼마를 벌 수 있는지, 다른 종류의 불법적인 행위를 하면 얼마를 벌 수 있는지, 그가 길에서 얼마나 자주 검문검색을 받는지, 그의 성격에 범죄성향이 남보다 강한지 아닌지 등 처벌의 강도와 처벌을 받을 확률 이외에 범죄빈도에 영향을 미칠 모든 변수들이 포함된다.

여기서 경제학자들의 주장을 요약하면 $dO_i/dF_i<0$과 $dO_i/dP_i<0$이라는 것이다. 환언하면 "U_i의 영향을 고정시켜 놓고 보면" 처벌의 강도를 높인다면 범죄실행의 빈도는 줄어들 것이고 처벌받을 확률을 높이는 경우에도 마찬가지로 범죄실행의 빈도를 낮출 것이라는 주장이다. 반면에 사회학자들의 주장은 $|dO_i/dF_i| < |dO_i/dU_i|$ 내지는 $|dO_i/dP_i| < |dO_i/dU_i|$라는 것으로 풀이할 수 있다. 환언하면 U_i의 영향이 F_i나 P_i의 영향보다 훨씬 크기 때문에 F_i나 P_i가 O_i에 주는 영향은 상대적으로 미미하고, 따라서 F_i나 P_i를 변화시켜 O_i에 큰 변화를 기대하는 것은 잘못이라는 것이다. 이 두 가지 주장을 자세히 살펴보면 각각의 주장에 나름의 합리성과 근거가 있다.

경제학자들이 주장하듯이 U_i를 고정시켜 놓은 상태라면, 사회학자들도 F_i나 P_i가 O_i에 주는 영향이 전혀 없다고 주장할 수는 없을 것이다. 튤럭(G. Tullock) 교수는 나치 강제수용소의 예를 들면서 처벌받을 확률이 확실하고 그 강도가 극심하기 때문에 아무리 감정이 격한 상태가 되더라도 감시원에게 대항하는 경우는 거의 없었다고 지적하고, 인간은 고도의 격정의 순간에도 이해득실을 따지는 최소한의 합리적 사고는 하는 법이라고 주장한다.[4] 이 주장은 지나친 주장이 아니

건이 같다면, 범죄행위의 비용을 높여 범죄행위의 빈도나 강도를 줄이게 된다.

4) 그는 자동차 주차위반이라는 경미한 불법의 경우에도 만일 주차위반자들을 모두 기름에

라고 본다. 따라서 F_i나 P_i의 영향은 분명히 있다고 보아야 할 것이다.

그러나 이를 인정한다고 해서 U_i의 영향을 무시할 수는 없다. 예컨대 합법적 분야에서 취업활동시의 소득수준, 소시오패스와 같은 반사회적 성향 내지는 범죄 성향의 유무 등의 변수가 범죄행위의 빈도에 전혀 영향을 미치지 않는다고 주장할 수 있는 경제학자는 아마 전혀 없을 것이다. 다만 경제학자는 F_i와 P_i에 관심을 집중하였고, 사회학자는 U_i에 관심을 집중하였을 뿐이라고 보아야 한다. 따라서 두 가지 주장을 상호보완적으로 이해하고 두 가지 주장이 제시하는 바람직한 정책을 함께 추구하는 것이 옳다고 생각한다.5)

제 2 절 범죄의 기대비용과 기대이익

범죄행위자도 보통사람들과 마찬가지로 이해득실을 따지는 합리적 인간이라고 본다면, 그는 당해 행위에서 얻을 수 있는 기대이익(expected benefit)에서 기대비용(expected cost)을 뺀 기대순이익(expected net gain)을 극대화하려 할 것이다. 〈그림 5－1〉에서 A를 극대화하려 한다는 이야기이다. 그런데 이 기대순이익을 극대화하는 방법은 결국 한계기대이익(marginal expected benefit)과 한계기대비용(marginal expected cost)이 일치하는 점에서 자신의 행위수준을 결정하는 것을 의

튀긴다면(by boiling all offenders in oil) 주차위반은 크게 줄어들 것이라고 이야기하고 있다. 물론 이어서 그는 범죄를 효과적으로 줄이는 처벌방법이 있다고 해서 그 방법이 무조건 바람직하다는 주장을 할 수 없다고 부언하고 있다. Gordon Tullock, "Does Punishment Deter Crime?", Ralph Andreano and John J. Siegfried (eds.), *The Economics of Crime, John Wiley and Sons* (1980). A라는 제재수단이 매우 강력하여 B라는 범죄를 억제하는 데 도움이 되더라도, B라는 범죄의 불법성의 강도에 비추어 너무 중한 제재수단이라면 A라는 제재수단은 정당화되기 어렵다(비례성의 원칙).

5) 물론 인간이 얼마나 합리적이냐, 특히 범죄자들이 얼마나 합리적이냐 하는 문제에 대한 양 가설 간의 차이는 계속 남을 수 있다. 그러나 그것도 질적 차이라기보다는 양적 차이가 아닌가 생각한다. 사회학자들이 처벌무용론을 주장한 것은 오히려 현재의 교정행정(矯正行政)의 문제점을 지적한 것으로 보아야 하지 않을까?

미한다. 환언하면 〈그림 5－2〉에서의 B점에서 범죄행위의 수준을 정하는 것이 된다. 따라서 범죄행위의 수준을 줄이기 위해서는 범죄행위자의 한계기대이익과 한계기대비용에 영향을 주어야 한다. 한계기대이익을 낮추고 한계기대비용을 높여야 한다. 이상이 개인의 경우에 있어 범죄행위결정이론이다. 그러면 이러한 개인들이 모여 이루는 범죄사회 전체의 경우는 어떠할까?

범죄행위를 통하여 얻을 수 있는 기대이익에서 범죄의 기대비용을 제(除)한 범죄의 기대순이익(期待純利益)을 Y축에, 그리고 범죄행위의 빈도를 X축에 그려 넣으면 우리는 〈그림 5－3〉에서 보는 바와 같은 우상향(右上向)하는 범죄공급곡선(supply curve of crimes)을 얻을 수가 있다. 이 범죄공급곡선은 개인의 경우가 아니

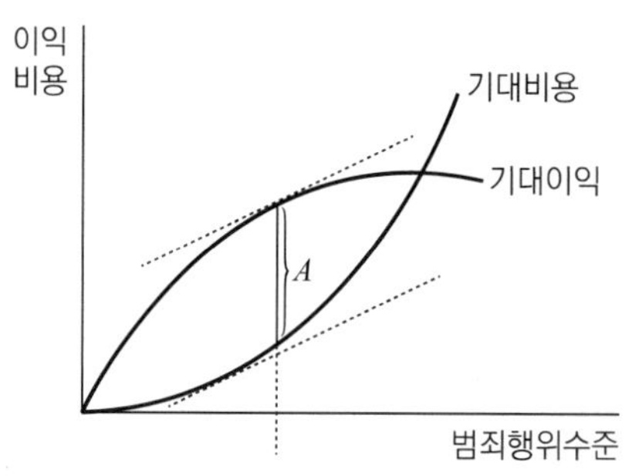

그림 5–1 범죄행위의 총비용과 총이익

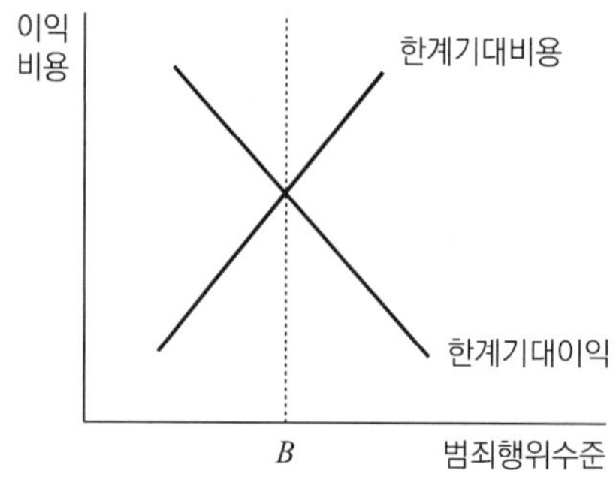

그림 5–2 범죄행위의 한계비용과 한계이익

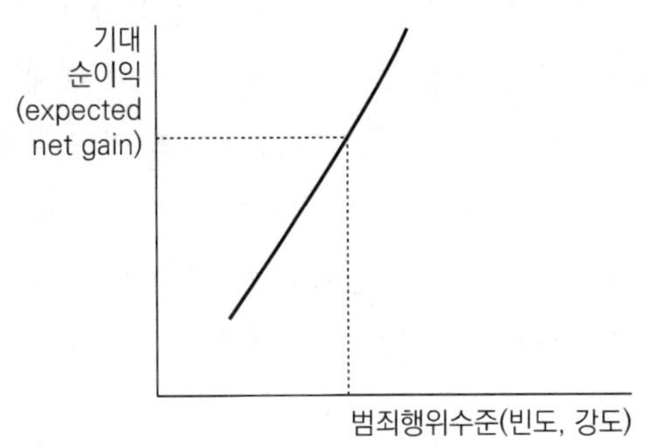

그림 5-3 범죄공급곡선(犯罪供給曲線)

라 사회 전체 내지는 지역 전체의 경우이다.[6] 한 사회 내지 지역의 범죄의 공급곡선이 이와 같을 때, 범죄를 줄일 수 있는 방법은 대별하여 두 가지가 있다. 하나는 범죄의 기대순이익을 줄임으로써, 환언하면 공급곡선상에서 왼쪽으로 이동시키는 방법이고, 다른 하나의 방법은 공급곡선 자체를 왼쪽으로 평행이동시키는 방법이다.

우선 공급곡선상의 이동을 통한, 환언하면 범죄행위의 기대순이익을 낮추기 위한 방법에 대하여 생각해 보자. 기대순이익을 낮추는 방법은 결국 한편에서는 기대비용을 올리고 다른 한편에서는 기대이익을 낮추는 방법이 될 것이다. 따라서 여기서 우리는 범죄의 기대이익과 기대비용의 내역을 따져 보아야 한다. 우선 기대이익은 물질적 이익과 심리적 이익으로 나누어 생각할 수 있다. 물질적 이익은 당해 범죄행위로부터 행위자가 직접 얻는 금전적 이익이다. 이 이익은 그 행위가 사회에 주는 해악과는 반드시 일치하지 않는다. 절도의 경우를 예로 들어 보면, 그 물건을

6) 개인의 범죄공급곡선은 반드시 우상향하지 않을 수도 있다. 소위 소득효과(income effect)가 대체효과(substitution effect)보다 크면 개인의 공급곡선은 좌상향할 수도 있다. 환언하면 기대순이익이 높을수록 범죄행위가 줄어들 수도 있다. 일반적으로 소득수준이 낮을 때는 대체효과가 소득효과보다 크고 소득수준이 높아지면 그 반대가 된다고 보면 개인의 범죄공급곡선은 후굴(backward-bending)하는 것이 일반적일지 모른다. 그러나 개인이 아니라 시장에서의 공급곡선은 항상 우상향하리라 본다. 그 주된 이유는 범죄의 기대순이익이 증가하면서 기존의 범죄자의 활동이 보다 활발해질 뿐 아니라 그동안 합법 영역에서 활동하던 사람 중 일부가 불법분야로 이동하리라 보기 때문이다.

암시장(暗市場)에서 현금화했을 때의 가격이 여기서의 물질적 이익의 크기가 되고, 피해자가 동일한 물건을 일반 시장에서 얼마에 구입하여 대체할 수 있는가 하는 소위 시장대체가격은 직접 관계가 없다. 암시장에서의 가격은 싼데 시장대체가격이 높다든가 아니면 피해자가 당해 물건에 대하여 특별한 애정을 가지고 있다든가 하면 그만큼 사회에 주는 해악은 크고 범죄자 개인이 얻는 이익은 작을 수 있다.

다음으로 심리적 이익이란 예컨대 범죄행위시 느끼는 성취감·모험심의 만족·동료로부터의 인정 등을 들 수 있다.

이상의 두 가지 종류의 기대이익에 대하여 법정책이 영향을 미칠 수 있는 여지는 사실상 많지 않다. 오히려 법정책이 큰 영향을 줄 수 있는 것은 다음의 기대비용 분야이다.

범죄의 기대비용은 우선 직접비용과 기회비용 그리고 기대처벌비용으로 나누어 생각할 수 있다. 직접비용(direct cost)이란 범죄행위에 직접 필요한 범죄경비와 죄책감·공포감 등의 심리비용을 의미한다. 그리고 기회비용(opportunity cost)이란 기본적으로 시간의 기회비용을 의미하는 것으로 여기서 가장 중요한 것은 합법적 분야에서 취업을 하였더라면 얻을 수 있는 소득의 일실(逸失)이 가장 큰 기회비용이 된다. 다음은 기대처벌비용(期待處罰費用, expected punishment cost)이다. 이는 두 부분으로 나누어진다. 하나는 처벌의 강도(severity of punishment)이고, 다른 하나는 처벌받을 확률(probability of punishment)이다. 처벌받을 확률이란 “체포될 확률×기소될 확률×유죄판결을 받을 확률”을 의미한다.

이상의 논의를 전제로 범죄행위를 줄일 수 있는 몇 가지 정책방향에 대하여 생각해 보자. 우선 범죄의 기대비용 중 중요한 부분이 되고 있는 기회비용 특히 합법적 영역에서의 취업소득을 높이는 정책방향을 생각해 볼 수 있다. 합법적 영역에서의 취업의 가능성과 취업시의 소득수준을 높여 줌으로써 범죄기대비용을 높이면, 그 결과 범죄활동을 낮출 수 있다. 고임금 직장에의 취업기회를 높이기 위한 공공사업의 확대, 기술 및 기능훈련의 강화 등은 범죄를 줄이기 위한 좋은 정책방향이 될 수 있다.

경제성장은 범죄에 어떠한 영향을 줄까? 이론적으로는 경제성장은 합법적 취업가능성을 높이고 고임금 직종(高賃金 職種)의 확대를 가져와서 범죄의 기회비용을 높이는 것은 사실이나, 다른 한편으로 경제성장은 범죄의 기대이익도 제고시킴으로써 범죄에 주는 최종영향은 쉽게 이야기할 수 없다. 이론적으로는 서로 정반대 방향의 두 가지 가능성이 모두 존재한다. 결국 이 문제는 실증분석의 문제라고 할 수 있다.[7]

범죄의 기대비용 중 또 다른 중요한 부분은 기대처벌비용이다. 기대처벌비용을 올리는 방법은 처벌의 강도를 높이거나 처벌의 확률을 올리는 것이다. 다만 여기서 유의할 점은 처벌의 강도나 처벌의 확률은 엄밀히 이야기하면 범죄행위자가 느끼는 주관적 강도와 주관적 확률이라는 사실이다. 물론 주관적으로 느끼는 강도와 확률이 객관적인 것과 크게 다를 수는 없을 것이나, 엄밀하게 이야기하면 양자는 구별해야 할 것이다. 여하튼 각각의 방법의 한계와 득실은 뒤에 재론하기로 하고, 여기서는 기대처벌비용을 크게 하면 범죄의 기대순이익을 낮추어 범죄행위를 줄일 수 있다는 사실만을 지적하기로 한다.

범죄행위를 줄이는 다른 방법은 범죄공급곡선 자체를 왼쪽으로 이동시키는 방법이다. 예컨대 잠재적 범죄행위자들의 범죄성향 자체를 낮추는 정책적 노력이 바로 여기에 해당된다. 학교와 가정교육의 강화를 통한 준법정신의 제고, 재활교육(再活敎育)의 강화를 통한 반사회적 성향의 순화, 가정문제 및 정신건강에 대한 상담 강화 등이 이에 속한다. 일반적으로 사회학자들이 많이 지적하는 형사정책은 대부분이 범죄공급곡선의 이동을 통한 범죄행위의 축소라고 볼 수 있다.

제 3 절
형벌의 효과

형벌이 과연 범죄를 줄이는가? 이 문제는 올바른 법정책 수립에 대단히 중요한 의미를 가진다. 그런데 이에 대하여 이론적 차원에서 경제학자와 사회학자

7) 경제성장이 범죄에 주는 영향은 쉽게 알 수 없으나, 소득분배 및 재분배정책이 범죄에 주는 영향은 비교적 쉽게 예측할 수 있다. 소득분배 및 재분배정책이 이루어지면 범죄의 기대이익은 낮아지고, 동시에 범죄의 기회비용과 심리비용은 올라가기 때문에 범죄행위의 감소를 결과할 것이다.

들 간의 견해의 차이가 있음은 앞에서 이미 보았다. 여기서는 구체적 자료와 통계에 기초한 실증분석들이 이 문제에 대해 어떤 결과들을 보이고 있는가를 보도록 하자.

우선 형벌이 범죄방지의 효과가 있다고 보는 가설을 제어효과가설(制御效果假說, deterrence hypothesis)이라고 부르자. 일반적으로 많은 경제학자들이 제어효과가설을 받아들이는 이유는 아주 간단하다. 즉 수요곡선이 우하향(downward-sloping)하기 때문이다. 만일 어떤 물건의 가격이 오르면 사람들은 그 물건에 대한 수요를 줄인다. 마찬가지로 범죄의 기대비용(가격)이 증가하면 범죄는 줄어든다고 보는 것이다. 이 점에 대하여 반론을 하기는 쉽지 않을 것이다. 아마 문제는 이미 앞에서도 지적한 바 있지만 처벌을 강화했을 때 실제로 얼마나 범죄가 줄어드는가, 환언하면 기대비용의 변화에 대한 범죄행위의 탄력성문제이다. 이 제어효과가설을 비교적 수준 높은 통계기법을 활용하여[8] 검증한 최초의 연구는 베커의 제자인 에를리히(I. Ehrlich)의 연구이다. 그는 1940, 50, 60년대 자료를 가지고 강도(强盜)를 대상으로 한 연구를 하였다. 연구결과를 보면 유죄판결의 확률이 높아짐에 따라 강도의 발생은 명백히 줄어드는 것으로 나타났다. 반면 처벌의 강도(强度)가 강도발생에 미치는 영향은 1950년대 자료에는 명백히 나오나 1940년대와 1960년대 자료에서는 발견되지 않았다.[9] 물론 그의 연구결과는 범죄발생에 영향을 미칠 많은 여타 사회경제적 변수와 인구학적 변수 등을 가능한 한 통제한 후의 결과이다.

그 이후 보티(H. L. Votey, Jr.)와 필립스(L. Phillips) 등이 보다 자세하게 이 문제에 관하여 연구하였는데, 그들의 연구결과는 기본적으로 제어효과가설을 지지하고 있다.[10] 카-힐(R. A. Carr-Hill)과 스턴(N. H. Stern)은 영국의 통계를 가지고

---

8) 비교적 수준 높은 통계기법이란 소위 '다중회귀분석(multiple regression)'의 방법을 의미한다. 주지하듯이 다중회귀분석을 통하면 다른 변수의 영향을 통제하고 특정변수의 영향만을 뽑아낼 수 있어 여러 가지 흥미로운 분석을 할 수 있다.

9) Isaac Ehrlich, "Participation in Illegitimate Activities: A Theoretical and Empirical Investigation", 81 *Journal of Political Economy* 521 (1973)

10) Harold L. Votey, Jr. and Llad Phillips, "Police Effectiveness and the Production Function for Law Enforcement", 1 *Journal of Legal Studies* 423 (1972); Llad Phillips and Harold L. Votey, Jr., "An Economic Analysis of the Deterrent Effect of Law Enforcement on Criminal Activity", 63 *Journal of Criminal Law, Criminology and*

검증한 결과 처벌받을 확률과 처벌의 강도가 범죄발생률과 통계적으로 유의(有意)한 역(逆)의 관계가 있음을 밝히고, 기본적으로 앞의 보티 등의 연구결과와 자신들의 연구결과가 일치한다고 주장하였다.11)

또 다른 종류의 연구로는 수형자들의 사회복귀 후의 행태를 일정기간 동안 계속 추적하여 이들의 행태에 처벌의 강도와 확률이 어떤 영향을 미치는가를 살펴본 것이 있다. 위트(A. Witte) 교수의 연구결과를 보면, 과거에 높은 처벌의 강도와 처벌의 확률을 경험했던 사람들이 사회복귀 후 상대적으로 새로운 범죄를 덜 저지르는 것으로 나타났다. 중(重)한 범죄의 경우에는 범죄를 줄이는 데 처벌의 강도가 처벌의 확률보다 더 영향력이 크고, 반면에 경(輕)한 범죄의 경우에는 처벌의 확률이 처벌의 강도보다 영향력이 큰 것으로 나타났다.12)

이상의 연구들은 주로 처벌의 강도 등이 범죄의 발생에 미치는 영향을 본 것이나, 경제변수의 변화가 범죄발생에 어떤 영향을 미치는가를 본 연구들도 많이 있다. 간단히 몇 가지 연구결과만 요약하면, 일반적으로 실업률은 범죄발생과는 연관관계가 없고, 범죄발생과 경기순환도 연관관계가 없으며, 범죄발생의 장기추세는 경기(景氣)와는 무관한 것으로 나타나고 있다.13) 일견하면 이러한 연구결과

Police Science 330 (September 1972).

11) R. A. Carr-Hill and N. H. Stern, *Crime, the Police and Criminal Statistics*, Academic Press, 1979. 잉글랜드와 웨일즈의 1894~1967년간의 통계자료를 가지고 연구한 월핀(K. Wolpin)의 연구도 마찬가지의 결론을 보이고 있다. 이 연구는 통계의 기간이 장기일 뿐 아니라 통계의 질이 미국의 경우보다 양호하여 관심의 대상이 되었다. Kenneth Wolpin, "An Economic Analysis of Crime and Punishment in England and Wales, 1894~1967", 86 *Journal of Political Economy* 815 (1978).

12) Ann Witte, "Estimating the Economic Model of Crime with Individual Data", 94 *Quarterly Journal of Economics* 57 (1980).

13) 세 가지 연구만 소개하기로 한다. Thomas Orsagh and Ann Witte, "Economic Status and Crime: Implications for Offender Rehabilitation", 72 *Journal of Criminal Law and Criminology* 1055 (1981); Philip J. Cook and Gary A. Zarkin, "Crime and Business Cycle", 14 *Journal of Legal Studies* 115 (1985); James Q. Wilson and Philip J. Cook, "Unemployment and Crime-What is the Connection?", 79 *Public Interest* 3 (1985). 노동시장 상황과 범죄와의 관계에 대한 체계적 분석으로는 James Q. Wilson and Richard J. Herrnstein, *Crime and Human Nature*, Simon & Schuster, 1985.

는 우리의 상식과 어긋나는 것같이 보이지만 실은 그렇지 않다. 실업률의 증가 혹은 경기의 하락은 합법적 영역에서의 취업기회를 낮추어 범죄의 기회비용을 낮추지만 동시에 경기의 일반적 하락은 범죄의 기대이익도 함께 낮추기 때문에 과연 범죄의 기대순이익에 어떤 영향을 미칠지, 그리하여 범죄발생에 어떠한 영향을 미칠지에 대하여 예측하는 것은 쉽지 않다. 그 답은 간단하지 않다. 두 가지 움직임이 상쇄된다면 범죄발생에는 아무런 영향을 주지 못할 수도 있다.[14)]

---

14) 만일 경기(景氣)의 상승과 실업률의 감소가 범죄발생에 영향을 주지 못한다면 형사정책의 하나로 자주 거론되는 잠재범죄자들을 위한 취업기회의 확대정책이라든가 고임금직종에의 취업을 위한 기능 및 기술훈련의 강화정책 등은 무의미한 것인가? 생각해 보라.

제3장 형사정책의 경제분석

제1절 범죄의 사회적 비용

형사정책의 목적은 범죄의 사회적 비용(social cost of crime)의 최소화에 있다. 그러면 사회적 관점에서 볼 때 범죄의 비용은 어떠한 것이 있을까? 크게 두 가지 사회적 비용을 생각할 수 있다. 첫째는 범죄로부터의 피해비용(damage cost)이다. 이는 범죄행위가 피해자에게 직접 끼치는 각종 피해의 사회적 비용과 범죄행위가 사회에 미치는 부정적 영향의 사회적 비용을 함께 의미한다. 범죄행위로 인해 파괴된 재화라든가, 피해자가 받는 신체적·정신적 고통과 피해 그리고 범죄행위로 인한 사회기강의 해이, 준법정신의 이완, 정부에 대한 불신 증가 등이 모두 포함된다.[1] 파괴된 재화 등의 피해비용의 산정은 그 재화의 시장가격을 활용하면 비교적 그 계량화가 용이하나, 신체적 피해의 경우는 그 피해비용의 계량화가 용이하지 않다. 그러나 전술한 보상적 임금격차(compensating wage differentials)의 이론을 활용하면 전혀 불가능한 것도 아니다.[2]

---

1) 엄밀한 의미에서 절도의 경우 도난당한 물건 자체의 가치는 여기서 이야기하는 사회적 비용에 들어가지 않는다. 왜냐하면, 적발과 처벌이 이루어지지 않는 한, 절도는 단순한 부(富)의 재분배이기 때문에 도품(盜品)에 훼손이 없다면 소유권의 이전 자체가 사회적 비용을 발생시켰다고 볼 수 없는 것이다. 다만 시장을 통한 소유권 이전이 아니기 때문에, 환언하면 자발적 이전이 아니라 강요된 이전이기 때문에 절도는 소유권질서나 계약질서에 그만큼 질서문란을 결과하게 되고 그 부분은 명백히 사회적 비용이라고 할 수 있다.

2) 보상적 임금격차에 대한 설명은 제4편 불법행위법의 경제분석 제1장 제2절을 참조하라.

둘째는 범죄의 예방과 처벌을 위한 범죄통제비용(犯罪統制費用, control cost)이다. 여기에는 범죄의 예방과 관련된 각종의 경찰비용 그리고 처벌을 위한 각종 사법 및 행정비용 등이 모두 포함된다. 공적 비용은 물론이지만, 특히 범죄예방과 관련되어 개인이 자신의 생명과 재산보호를 위해 지출하는 사적 비용도 여기의 통제비용에 포함시켜야 한다. 예컨대 자신의 집과 사무실에 감시카메라 등을 설치하거나 혹은 사설 경비원을 고용했다면 이도 모두 사회적 범죄통제비용에 들어간다.

이상의 두 가지 비용을 그래프로 표시하면 〈그림 5-4〉와 같다. X축은 범죄의 빈도나 강도를 나타내고, Y축은 비용을 나타낸다. 여기서는 범죄의 빈도나 강도가 증가하면 범죄피해비용은 급속히 증가하는 것으로 보았고, 동시에 범죄통제비용은 범죄를 줄여 나가면, 즉 X축의 우편에서 좌편으로 이동하면 급속히 증가하는 것으로 보았다. 이 두 가지 비용의 수직적 합이 범죄의 사회적 비용으로 나타나고 있다. 형사정책이란 앞에서 이미 밝힌 대로 이 범죄의 사회적 비용을 최소화하는 데 있으므로 최적의 형사정책을 사용한 경우 최적의 범죄수준(optimal amount of crime)은 X^*가 된다고 보아야 한다.[3] 왜냐하면 그때 범죄의 사회적 비용곡선이 최저수준을 기록하기 때문이다. 그리고 그때의 범죄통제비용은 OA이므로 이것이 최적의 범죄통제수준(optimal amount of control) 혹은 최적통제예산규모(optimal amount of control budget)가 된다. 환언하면 범죄예방과 처벌을 위하여 얼마만큼의 인적·물적 자원을 투입하는 것이 사회적 관점에서 보아 가장 바람직한가? 그 최적 사용량이 바로 OA인 것이다.

이상과 같은 의미의 최적의 범죄통제수준 혹은 최적의 형사정책수준은 다음과 같은 방법으로 찾을 수 있다. 예컨대 피해비용을 D라고 하고 통제비용을 C라고 하자. 그리고 D를 C의 함수로 표현하자. 즉 $D=D(C)$라고 하자. 그러면 범죄의 사회적 비용 S는 $S=D(C)+C$가 된다. 그리고 이 범죄의 사회적 비용인 S를 최소화하는 C의 수준을 찾으면 그것이 범죄의 사회적 비용을 최소화하는 최적의

3) 최적범죄수준이란 용어가 나오는 것은 우리가 가지고 있는 자원에는 한계가 있는 반면, 범죄예방이나 처벌 외에도 우리는 효용을 증대시키는 여타 활동(교육, 주택, 의료, 사회보장 등)에 자원활용을 해야 할 보다 시급한 경우가 얼마든지 있을 수 있기 때문이다.

통제비용, 환언하면 최적의 범죄통제수준이 된다고 볼 수 있다. 주지하듯이 S를 C로 일차미분(一次微分)하여 이를 영(零)으로 놓으면 그것이 S를 최소화하는 필요조건이 된다. 즉 $1+dD(C)/dC=0$이 필요조건이다. 이 필요조건을 $-dD(C)=dC$라고 표현하면 이는 다음과 같이 해석될 수 있다. 통제비용의 한계적 증대가 피해비용의 한계적 감소와 일치할 때 C가 바로 최적의 범죄통제수준인 C^*가 된다고 해석할 수 있다. 물론 여기서의 C^*는 위의 〈그림 5－4〉에서의 OA와 일치한다.

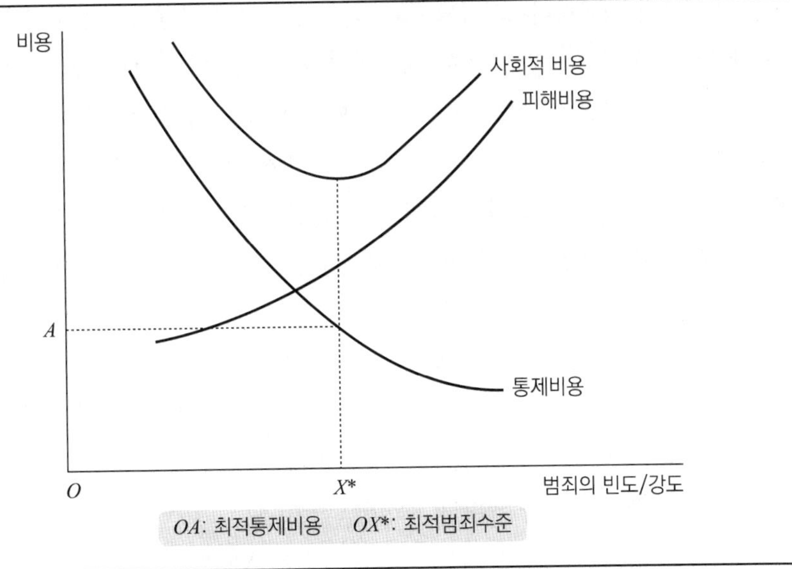

그림 5-4 범죄의 사회적 비용

제2절 범죄통제예산의 효율적 집행

앞에서 본 C^* 내지는 〈그림 5－4〉에서의 OA를 사회적 관점에서 본 범죄의 예방과 처벌을 위한 최적의 예산규모라고 볼 수 있다. 그렇다면 이렇게 결정된 최적의 예산규모를 어떻게 사용하는 것이, 예컨대 범죄별로 내지는 지역별로 어떻게 배분하여 사용하는 것이 가장 바람직한가 하는 문제가 등장한다. 범죄통제예산의 효율적 배분과 사용의 문제이다.

미국의 경우에는 실증분석의 자료가 많아 그 일부를 인용하겠지만 어느 나라의 경우나 범죄통제예산의 배분과 사용에는 비효율과 불공평이 적지 않은 것 같다. 예컨대 한 연구에 의하면 경찰관의 지역별 내지 시간대별 그리고 업무별 할당과 배치과정에 있어 주민들의 경찰수요(警察需要)의 수준과 수요내용이 거의 반영되지 않는 것으로 드러났다. 같은 연구에 의하면 만일 시간대별 수요의 변화사정을 반영하여 경찰서비스의 공급을 보다 효율적으로 조정하면 현재 인원의 10%를 감축해도 현재 수준과 동일한 정도의 서비스 제공이 가능한 것으로 나타났다. 그리고 특히 지역별 할당을 보다 효율적으로 하면 현재 수준보다 15% 내지 20% 높은 경찰 서비스를 공급할 수 있는 것으로 밝혀졌다.[4] 경찰인력의 비효율적 활용은 일반적으로 경찰인력과 그들의 시간을 전화를 받거나 순전히 보고용 자료를 만드는 등의 단순사무처리 업무에 너무 많은 시간과 노력을 소모하기 때문에 발생한다. 만일 이러한 단순사무처리 업무를 비경찰(非警察)민간인들에게 맡기고 경찰인력과 그들의 시간을 좀 더 많이 범죄예방과 검거에 집중시킬 수 있다면 범죄통제의 생산성은 크게 증가할 것임에 틀림없다고 본다. 한 연구에 의하면 이러한 단순사무처리 업무를 비경찰민간인들에게 맡기면 경찰 인력을 10% 내지 15% 증가시킨 것과 같은 효과가 있다고 주장하고 있다.[5]

경찰예산과 사법예산을 합한 범죄통제예산 자체의 크기가 과연 사회적 적정수준인가 아닌가도 논쟁이 되고 있다. 에를리히(I. Ehrlich)의 경우는 법집행에 사회가 너무 적은 자원을 투자하고 있다고 비판한다. 그는 범죄통제예산을 2,200만 달러(1966년 가격으로 당해 연도의 범죄통제총예산의 1%에 해당)를 증액하면 중죄(重罪, felony)로 인한 사회적 비용 1억 8,000만 달러를 감소시킬 수 있다고 주장하고 있

4) Richard B. Hoffman, "Round Table on Allocation of Resources in Law Enforcement", 59 *American Economic Review* 510 (May 1969).

5) 이러한 학자들의 지적을 수용하여 현재 미국에서는 종래의 경찰업무 중 단순사무처리 성격이 강한 업무의 상당부분은 비경찰민간인력으로 대체시키고 있다. Llad Phillips, "Factor Demand in the Provision of Public Safety", J. M. Heineke (ed.), *Economic Models of Criminal Behavior*, North-Holland, 1978.

다.[6] 반면에 스위머(E. Swimmer)는 미국의 10만 명 이상의 도시에서는 현 예산의 80% 수준만으로도 현재수준의 법집행을 충분히 해낼 수 있다고 주장하고 있다.[7] 스위머의 주장이 범죄통제예산의 과다에 비판의 중점을 둔 것인지 아니면 예산집행의 비효율을 지적하는 데 비중을 둔 것인지는 명백하지 않으나, 여하튼 두 사람 모두의 연구에 대하여는 범죄통제 내지 법집행의 사회적 이익을 너무 과소평가하지 않았느냐는 지적이 많다. 특히 범죄통제로 얻어지는 비화폐적 사회이익, 예컨대 공동체에 대한 신뢰와 규범의식의 제고 등의 사회심리적 이익이 두 연구 모두에서 충분히 감안되지 않았기 때문이다.

범죄통제예산의 전체규모가 과연 적정한지 여부의 문제는 좀 더 많은 연구와 본격적 분석을 필요로 한다. 그러나 기존 연구를 종합해 볼 때 한 가지 확실한 것은 주어진 물적·인적 예산이 지역별 내지는 범죄종류별로 효율적으로 배분되고 활용되고 있는 것 같지는 않다.[8] 한정된 범죄통제예산을 범죄종류와 지역별로 어떻게 배분하는 것이 바람직한가? 이 문제에 대한 답은 비교적 간단하다.

우선 먼저 범죄종류별로 어떻게 예산을 배분하는 것이 바람직한가 하는 문제부터 보도록 하자. 범죄통제의 총예산이 확정되어 있는 상황에서 주어진 예산을 범죄종류별로 어떻게 배분하는 것이 바람직한가 하는 문제는 곧 어떻게 배분하는 것이 범죄의 사회적 비용을 최소화하느냐의 문제가 된다. 그리고 이 범죄의 사회비용의 최소화는 범죄종류별로 다음과 같은 관계가 성립하면 이루어진다고 볼 수 있다.

---

6) Isaac Ehrlich, "Participation in Illegitimate Activities: A Theoretical and Empirical Investigation", 81 *Journal of Political Economy* 521 (1973).

7) Eugene Swimmer, "Measurement of the Effectiveness of Urban Law Enforcement: A Simultaneous Approach", 40 *Southern Economic Journal* 618 (April 1974).

8) 법집행예산의 효율적 배분의 문제를 다룬 연구를 몇 가지만 더 소개하면 다음과 같다. Llad Phillips and H. L. Votey, Jr., "Police Effectiveness and the Production Function for Law Enforcement", 1 *Journal of Legal Studies* 423 (June 1972); Llad Phillips, Harold L. Votey, Jr. and John Howell, "Handguns and Homicide: Minimizing Losses and The Costs of Control", 5 *Journal of Legal Studies* 463 (June 1976); Thomas F. Pogue, "Effects of Police Expenditures on Crime Rates: Some Evidence", 3 *Public Finance Quarterly* 14 (January 1975); James Q. Wilson and Barbara Boland, *The Effect of Police on Crime*, Washington D.C.: U.S. Government Printing Office, 1979.

$$\frac{MB_1}{MC_1}=\frac{MB_2}{MC_2}=\frac{MB_3}{MC_3}=\cdots\cdots=\frac{MB_i}{MC_i}$$

즉 각 범죄종류별로 당해 분야에 사용된 예산의 마지막 한 단위가 창출하는 한계수익(범죄피해 비용의 감소)이 범죄종류별로 같아지도록 예산을 배분하여야 한다. 환언하면 각 분야에 사용된 예산의 마지막 한 단위가 창출하는 한계생산성(限界生産性)이 범죄종류별로 같아야 한다. 만일 특정 범죄 분야의 MB/MC(한계수익/한계비용)이 다른 범죄분야에 비해 높다면 다른 범죄 분야에 사용되던 예산을 이 특정분야 쪽으로 이동시킴으로써 사회전체의 복지를 증가시킬 수 있다. 왜냐하면 같은 총예산으로 이제는 보다 한계생산성이 높은 분야, 보다 한계수익이 큰 분야로 자원을 이동시켰기 때문에 사회전체적으로 보아 보다 큰 총수익을 만들어 낼 수 있기 때문이다.[9)]

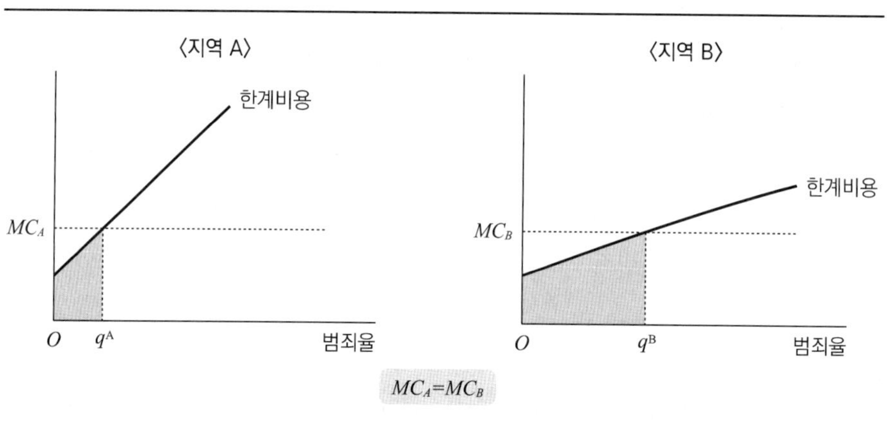

그림 5–5 효율성 기준에 의한 예산배분

---

9) 구체적으로 *MB/MC*를 계산해 내는 것은 그렇게 용이하지는 않지만 결코 불가능한 것은 아니다. *MB/MC*에 대한 자료를 산출해 내려면 구체적으로는 범죄예방생산함수(crime prevention production function) 내지는 경찰생산함수(police production function)를 각 범죄종류별로 추정해 내야 한다. 그러나 구태여 *MB/MC*를 계산해 내지 아니하고 *AB/AC*(평균수익/평균비용)로 대신해도 큰 무리는 아니라고 본다. 경찰생산함수에 관한 여러 이론과 실증연구의 결과 등에 대한 소개로는 David J. Pyle, *The Economics of Crime and Law Enforcement*, Macmillan Press, 1983을 참조하라.

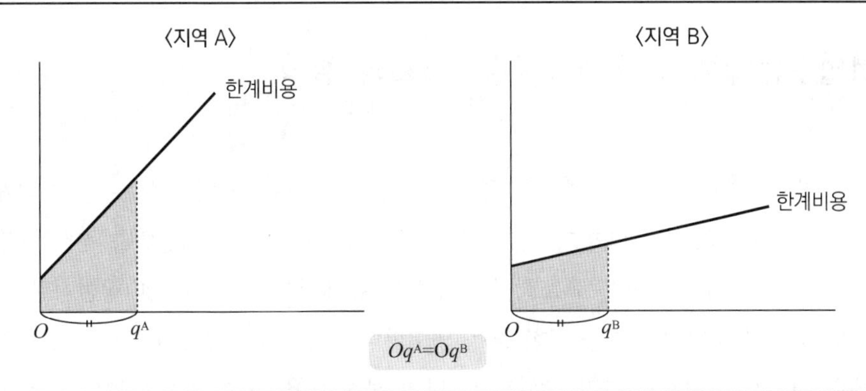

▌그림 5-6▌ 형평성 기준에 의한 예산배분

다음은 지역별로 범죄통제예산을 어떻게 배분하는 것이 바람직한가 하는 문제를 보도록 하자. 여기서는 두 가지 결정기준을 생각할 수 있다. 첫째는 효율성 기준이고, 둘째는 형평성 기준이다. 여기서 효율성 기준에 따른다는 것은 예산배정의 목표를 범죄발생으로 인한 사회전체의 총비용의 최소화에 둔다는 것을 의미한다. 따라서 이를 위해서는 〈그림 5-5〉에서와 같이 각 지역의 범죄의 한계비용을 동일하게 만드는 방향으로 예산을 배분해야 한다. 그렇게 하면 범죄의 총사회적 비용은 최소화된다. 다만 범죄발생률은 지역별로 격차가 발생할 수 있다. 예컨대 중범죄(重犯罪)가 상대적으로 많이 발생하는 지역에 보다 많은 예산이 투입될 뿐만 아니라, 범죄의 한계비용의 지역별 동일화 과정에서 결과적으로 경범죄지역의 범죄발생률이 중범죄 지역의 범죄발생률보다 높아지게 된다.

반면에 형평성 기준에 따라 예산을 배분한다는 것은 지역별 범죄발생률의 균등화에 목표를 두는 것이다. 〈그림 5-6〉이 바로 이 형평성 기준에 의해서 예산을 배분하는 경우를 보이고 있다. 형평성 기준을 따르면 범죄의 사회적 총비용이 최소화되지 않기 때문에 효율성에서는 손실이 발생하나 적어도 범죄발생률 면에서는 지역 간의 차이는 없어진다. 어느 기준을 사용하는 것이 바람직한가는 결국 당해 사회의 구성원들이 결정할 문제이다. 그러나 현실적으로는 효율성 기준과 형평성 기준의 조화와 종합도 생각해 볼 수 있다. 예컨대 모든 지역에 적용되는 통일기준으로 최대허용 범죄발생률(maximum crime rate)을 정한 다음, 그 범위 안에서 범죄의 사회적 총비용을 최소화하기 위한 노력을 할 수도 있다.

제3절 최적기대형벌수준(optimal expected punishment level)의 결정

형사정책에 있어 또 하나의 중요한 이론적 문제는 기대형벌수준을 어떻게 정하는 것이 가장 바람직한가 하는 점이다. 어느 수준에서 기대형벌을 정하는 것이 범죄의 사회적 비용을 최소화하는가 하는 문제이다. 여기서 기대형벌이란 처벌의 강도에 처벌의 확률을 곱한 값을 의미한다. 이는 이미 앞에서 보았듯이 범죄행위 결정시 범죄자가 고려하는 자기부담의 사적 비용 중 가장 중요부분이 된다.

기대형벌수준을 정함에 있어 최소한의 조건은 그 수준이 범죄행위를 이익이 남는 장사로 만들어서는 안 된다는 것이다. 환언하면 범죄행위로 얻을 수 있는 기대이익이 범죄행위로 인하여 범죄자가 부담하게 될 기대비용보다 커서는 안 된다는 것이다. J를 처벌의 강도라고 하고 P_1을 처벌의 확률이라고 하자. 그리고 B를 범죄행위로부터 얻을 이익의 크기라고 하고 P_2를 범죄행위가 성공할 확률이라고 하자. 그러면 최소한 $J\times P_1 > B\times P_2$가 되어야 한다는 것이다. 그렇다면 만일 $J\times P_1 = B\times P_2$이면 어떨까? 이렇게 되면 비용－편익의 분석면에서 합법행위와 불법행위 간의 차이를 없애어 처벌의 범죄예방효과가 없어진다. 포즈너(R. Posner) 식으로 표현하면, 시장거래를 통한 재화의 획득과 범죄행위를 통한 재화의 획득 간에 범죄자에게 주는 효용의 차이를 없애기 때문에 시장거래를 촉진한다는 형법의 본래의 기능을 해하게 된다. 따라서 반드시 $J\times P_1 > B\times P_2$가 되어야 한다.

다음으로 $J\times P_1$은 $B\times P_2$보다 얼마나 커야 할까? $J\times P_1$(기대형벌)을 크게 하면 할수록 분명히 범죄예방효과가 클 것이기 때문에 범죄예방효과의 극대화를 위하여 $J\times P_1$을 가능한 한 크게 하면 어떨까? 그것이 바람직하지 않을까? 답은 그렇지 않다. $J\times P_1$을 무한정 크게 할 수 없는 데는 다음과 같은 몇 가지 이유가 있다.

첫째, 범죄자의 기본적 인권이 문제된다. 헌법 위반의 문제가 발생할 수 있다. 그 이전에 가벼운 범죄에 중벌을 가하는 것은 사회적 형평의식에 반한다.

둘째, 형벌에서 중요한 것은 한계형벌(marginal punishment) 내지는 한계방지(marginal deterrence)효과이다. 그런데 처벌의 강도를 너무 높이면 한계방지효과가 줄어든다. 심한 경우에는 한계방지효과가 부(負)가 되는 수도 있다. 예컨대 경미한 범죄를 사형에 처하면 사형에 처할 중죄를 막을 수 있는 방법이 없게 된다. 또한 예컨대 살인의 경우와 절도의 경우를 똑같이 사형에 처한다면 절도범으로 하여금 증인을 없애기 위해 살인을 유도하는 효과를 낳는다. 따라서 무조건의 중벌은 오히려 처벌의 범죄예방효과를 줄인다.10)

셋째, 처벌에는 적지 않은 사회적 비용이 든다. 각종의 경찰비용·법원비용·교도소비용뿐만 아니라 범죄자 개인의 기회비용도 적지 않다. 따라서 우리는 범죄의 피해비용과 동시에 범죄통제비용(예방과 처벌비용)의 최소화에도 노력해야 한다. 예컨대 범죄자의 현재소득 선호도(現在所得 選好度)가 높아 10년의 징역과 15년의 징역 사이에 큰 차이를 느끼지 않는다면 징역 5년을 추가하는 것은 추가적인 범죄방지효과 없이 처벌비용만 크게 부담하는 셈이 된다.11)

넷째, 과도방지(over-deterrence)의 가능성이 발생한다. 흔하지는 않겠지만 범죄행위 자체가 사회가 인정하는 효용을 산출하는 경우에는 과도방지의 문제가 발생할 수 있다. 예컨대 산에서 길을 잃고 헤매다 주인이 비운 산장에 들어가 음식을 훔쳐 먹어야 하는 경우, 만일 절도에 대한 처벌의 강도가 종신징역이라면 사회적으로 보아 바람직한 이러한 절도행위도 막게 된다.12) 또한 교통사고의 경우 그 처벌의 정도가 너무 높으면 운전행위라는 사회적으로 바람직한 행위 자체를 크게

10) 이 점을 처음으로 강조한 학자는 스티글러(G. J. Stigler)였다. 그는 기대처벌수준은 범죄의 기대이익수준에 맞추어 강화하여야 하나 무조건의 중벌은 역효과가 있다고 강조하고 있다. 5달러를 훔쳤다고 만일 손을 자른다면 왜 5,000달러를 훔치지 않겠는가 하고 한계 비용의 중요성, 한계방지효과의 중요성을 강조하고 있다. George J. Stigler, "The Optimum Enforcement of Laws", 78 *Journal of Political Economy* 526 (1970).

11) 현재소득 선호도란 미래소득 혹은 미래시간을 현재소득 내지는 현재시간과 어떻게 교환할 것인가를 나타내는 것이다. 현재소득 선호도가 높다는 것은 미래소득 내지 시간보다 현재소득 내지 시간을 크게 선호한다는 것을 의미한다. 따라서 이 선호도가 높으면 예컨대 미래의 5년을 현재의 1년과 교환하려 들 것이다.

12) 이 경우에는 긴급피난(緊急避難)의 법리로도 해결할 수 있다(형법 제22조 참조). 그러나 베커(G. Becker)나 포즈너(R. Posner)는 범죄행위에도 사회적 효용을 증대하는 경우가 있음을 인정하고 이를 근거로 기대처벌의 수준이 과도해서는 안 된다고 주장한다. 즉 비록 흔하지는 않으나 가치극대화하는 범죄행위가 있을 수 있기 때문에 이러한 경우 이를 막지 않기 위해 기대처벌수준을 과도하게 높여서는 안 된다는 이야기이다. Richard Posner, *Economic Analysis of Law*, Little Brown and Co., 1992, p. 224.

위축시켜 운전 자체를 꺼리게 된다든가 지나친 수준의 안전운전을 하게 된다. 환경범죄의 경우도 유사한 과도방지의 문제가 발생할 수 있다.[13] 뿐만 아니라 과도방지의 문제는 기대형벌의 수준을 높이기 위해 처벌의 확률을 높이려고 노력할 때, 범죄용의자뿐만 아니라 일반인들에 대한 과도한 단속·수사 등으로도 나타날 수가 있다.

이상에서 본 이유 등으로 기대형벌의 수준을 무작정 높이는 것은 결코 바람직하지 못하다. 그렇다면 기대형벌(期待刑罰)의 상한선은 어느 수준이 바람직할까? 하나의 가능한 주장은 기대형벌의 수준이 범죄의 사회적 비용보다 커서는 안 된다는 주장이다.[14] 범죄예방을 위해 사용하는 비용이 범죄로 인해 발생할 사회적 비용 이상이 되어서는 범죄예방의 의미가 없지 않은가라고 주장할 수 있다. 범죄의 피해비용을 H라고 하고 범죄행위가 성공할 확률을 앞에서와 같이 P_2라고 하자. 그리고 범죄통제비용을 C라고 하면 범죄의 사회적 비용은 $H \times P_2 + C$로 표시할 수 있다. 그러면 기대형벌의 수준이 범죄의 사회적 비용 이하여야 한다는 주장은 $H \times P_2 + C > J \times P_1$의 관계가 성립되어야 함을 의미한다. 앞에서 제시한 최소조건을 여기서의 최고조건과 함께 사용하여 표현하면 결국 $H \times P_2 + C > J \times P_1 > B \times P_2$가 된다. 여기서 좀 더 나아가 B와 H 사이에 대차가 없다고 보면[15] 바람직한 기대형벌 수준은 결국 다음과 같이 정리해 볼 수 있다.

$$H \times P_2 + C > J \times P_1 > H \times P_2$$

---

13) 환경범죄(環境犯罪)에 대한 처벌의 이론적 문제와 실증분석을 함께 다룬 논문으로는 Mark A. Cohen, "Environmental Crime and Punishment: Legal/Economic Theory and Empirical Evidence on Enforcement of Federal Environmental Statutes", 82 *Journal of Criminal Law and Criminology* 1054 (1992) 참조.

14) 이러한 주장을 명시적으로 하고 그에 기초하여 바람직한 기대형벌수준을 제시하려 한 논문으로는 Samuel Kramer, "An Economic Analysis of Criminal Attempt: Marginal Deterrence and The Optimal Structure of Sanctions", 81 *The Journal of Criminal Law and Criminology* 398 (1990)이 있다.

15) 엄밀하게 이야기하면 H와 B 사이에는 차이가 존재할 수 있다. 범죄행위로부터 행위자가 받는 이익과 그 행위로 인해 피해자에게 발생하는 피해 사이에는 격차가 존재한다. 그러나 행위자의 이익보다 피해자의 피해가 객관화·계량화하기 쉽기 때문에, 환언하면 시장가치로 환산하기가 쉽기 때문에 B를 H로 대체하기로 한다.

즉 바람직한 기대형벌수준은 당해 범죄의 사회적 비용(피해비용+통제비용)보다는 적어야 하나 당해 범죄의 피해비용보다는 커야 한다.

이와 같이 바람직한 기대형벌의 수준을 정한 다음의 문제는 기대형벌의 구성요인이 되고 있는 처벌의 강도(强度, J)와 처벌의 확률(確率, P_1)을 어떻게 조합시킬 것인가 하는 점이다. 어떤 식의 조합을 선택할 것인가의 문제이다. 동일한 기대형벌수준을 유지하면서도 처벌의 강도를 높이고 처벌의 확률을 낮출 것인가 아니면 처벌의 강도를 낮추고 처벌의 확률을 높일 것인가 하는 선택의 문제이다. 어느 쪽이 보다 바람직한가?

기대형벌의 동일 수준이 유지되는 조건이라면 가능한 한 처벌의 강도를 높이고 처벌의 확률을 낮추는 것이 범죄의 통제비용을 낮추는 길이 될 것이다.[16)]

예컨대 10%의 처벌확률이 있는 10년의 징역형과 20%의 처벌확률이 있는 5년의 징역형이 있을 때, 이들의 기대형벌수준은 범죄자가 위험 중립적(risk-neutral)이라고 가정하면, 똑같이 1년씩이다. 따라서 범죄방지효과는 동일하다. 그러면 범죄통제비용은 어떠한가? 우선 수감비용을 보면 양자 간 차이는 거의 없다. 예컨대 전자의 경우에는 10명의 범죄자가 10년의 수감생활을 하게 되고 후자의 경우에는 20명의 범죄자가 5년의 수감생활을 하게 된다. 따라서 수감비용면에서는 대차가 없다. 그러면 다음으로 경찰비용과 법원비용은 어떠한가를 보자. 여기서는 양자 간에 차이가 확연히 드러난다. 전자의 경우에는 체포·기소·유죄판결의 확률이 후자의 경우보다 1/2의 수준이기 때문에 그만큼 경찰인력과 법원비용이 덜 들게 된다. 보다 적은 비용으로 같은 수준의 범죄방지효과를 낼 수 있는 셈이다. 그렇다면 위 예에서는 10%의 처벌확률이 있는 10년 징역형이 보다 효율적이라는 이야기가 된다.[17)]

---

16) 이 점을 최초로 주장한 학자는 베커(G. Becker)이다. 앞으로 소개한 그의 논문(1968)에서 그는 처벌의 강도를 높이고 확률을 낮추는 것이 보다 바람직하다고 주장했을 뿐 아니라 간단한 범죄자의 행위모형을 통해 범죄자들의 처벌 확률에 반응하는 탄력성이 처벌 강도에 반응하는 탄력성보다 큰 것을 수리적(數理的)으로 증명하고 있다.

17) 실제로 이와 같이 높은 처벌강도와 낮은 처벌확률이 선택된다면 이는 정의와 형평의 문제를 야기할 수 있다. 20%의 5년 징역형을 버리고 10%의 10년 징역형을 취하는 것이 비록 효율적일지는 모르나 체포된 범죄자에 대한 부정의는 아닌가, 형평에 반하는 것은 아닌가 하는 문제가 제기될 수 있다. 한 가지 반론은 사전확률(*ex ante* probability)이

일반적으로 높은 처벌의 수준과 낮은 확률이 효율적이라고 주장되는 또 하나의 근거로는 범죄자들은 일반적으로 위험기피적(risk-averse)이기 때문에 높은 확률보다 낮은 확률을 싫어하므로 낮은 확률 쪽이 범죄방지 효과가 보다 크다는 것이다. 환언하면 "낮은 확률과 높은 처벌" 쪽이 "높은 확률과 낮은 처벌" 쪽보다 범죄자들에 의해 기피되므로 그 기피의 정도만큼 범죄방지효과가 크다는 것이다. 다른 한편, 실제로 범죄자들이 높은 확률과 낮은 처벌의 조합을 더 선호할지는 검증이 요구되는 면이 있다. 예를 들어, 만일 범죄자가 현재의 상황에 매우 높은 가치를 부여하는 제한된 합리성을 가지고 있다면, 높은 처벌 확률을 더 꺼릴 수도 있는 것이다.

이상의 논리를 극단적으로 끌고 가면 범죄통제비용의 감축을 위해 처벌의 확률은 최저수준으로 낮추고 처벌의 강도는 최고수준으로 높여야 바람직하다는 이야기가 된다. 과연 그러한가? 아니다. 처벌의 강도를 무작정 높일 수 없는 하나의 중요한 이유가 있다. 그것은 바로 법집행(law enforcement)에서의 오류(mistake)의 발생가능성 때문이다. 일반인들이 대부분 위험기피자들이고 법집행에 오류발생 가능성이 있는 경우에는 올바른 법정책은 범죄의 사회적 비용뿐만 아니라 일반시민들이 부담하는 위험비용도 동시에 낮추도록 노력해야 한다. 경찰비용·법원비용 등의 범죄통제비용을 낮추는 것도 중요하지만 오류·오판발생 가능성으로 인한 일반인들의 위험부담비용(risk-bearing cost)도 함께 낮추어야 한다.[18]

모든 범죄자들에게 동일한 한, 비록 사후결과에 불평등(ex post inequality)이 있다 하여도 이를 가지고 불공정하고 형평에 반한다고 할 수 없다는 주장이다. 우리가 복권을 불공정하고 형평에 맞지 않는다고 볼 수 없는 것과 마찬가지라는 주장이다. 이것이 앞에서 소개한 포즈너(R. Posner)의 책(1992)에서 그가 주장하는 논리이다. 어떻게 생각하는가?

18) 여기서의 위험부담비용이란 위험기피자인 일반인들이 자신들이 부담해야 하는 위험을 피하기 위해 얼마를 기꺼이 지급할 용의가 있는가 하는 금액을 의미한다. 우리는 여기서 위험기피를 가정하였기 때문에 처벌의 확률이 낮아지고 처벌의 강도가 올라갈수록 위험의 정도가 증가하여 위험부담비용도 증가한다. 결국 일반인들이 법집행의 오류를 피하기 위해 기꺼이 지급할 금액이 증가한다. 변호사비용의 상당부분은 바로 이 위험부담비용의 성격을 가진다. 올바른 법정책의 방향은 사회의 위험부담비용을 가능하다면 줄여 주는 것이다. 같은 조건이라면 위험부담비용이 적을수록 좀 더 많은 자원이 보다 생산적인 방향으로 흐를 수 있고, 경제사회의 주체들도 보다 안심하고 예측가능성을 가

그런데 주지하듯이 일반인들이 부담하는 위험부담비용은 처벌의 확률이 낮고 처벌의 강도가 높을수록 커지고 그 반대의 경우에는 작아진다. 따라서 일반인들이 부담하는 위험비용을 낮추기 위해서는 처벌의 확률을 높이고 처벌의 강도를 낮추어야 한다.

요컨대 범죄통제비용을 낮추기 위해서는 처벌의 확률을 낮추고 강도를 높이는 것이 바람직하나, 일반인의 위험부담비용(危險負擔費用)을 낮추기 위해서는 반대로 처벌확률을 높이고 강도를 낮추는 것이 바람직하게 된다. 두 비용의 축소를 위한 법정책 방향이 상호충돌하는 셈이다. 결국은 이 두 가지 비용의 합을 최소화하는 선에서 처벌의 확률과 강도를 정하게 된다.[19] 그렇게 하여 결정된 수준을 우리는 '적정확률(optimum probability)' 그리고 '적정강도(optimum severity)'라고 부를 수 있다. 따라서 범죄통제비용을 낮추기 위해 처벌확률은 낮을수록 좋고 처벌강도는 높을수록 좋다는 앞의 주장은 옳지 않다.[20]

끝으로 처벌의 강도와 처벌의 확률 간에 범죄방지 효과면에서 어떠한 차이가 있는가 하는 문제를 살펴보도록 하자. 지금까지 우리는 동일수준의 기대형벌이라면 범죄방지효과는 동일하다고 전제하였다. 그리하여 범죄자들의 위험중립을 전제하는 한 10% 확률의 10년 징역과 20% 확률의 5년 징역은 범죄방지 효과면

지고 사회경제 활동에 종사할 수 있다.

19) 이 문제를 예시적 숫자를 사용하면서 이해하기 쉽게 설명한 자료는 A. Mitchell Polinsky, *An Introduction to Law and Economics*, 4th edition, Wolters Kluwer Law & Business, 2011, Chapter 10을 참조하라.

20) 여기서는 주로 일반인들의 위험부담비용을 낮추어 주기 위해 처벌의 강도가 무조건 높아서는 안 된다고 주장하고 있으나 그 이외에도 많은 다른 이유들이 제시되고 있다. 특히 최근에는 범죄자가 처벌의 확률에 대하여 불완전한 정보를 가지고 있을 때 처벌의 강도를 무조건 높이는 것은 효율적이 아니라든가, 범죄자들 사이에 부의 격차가 커서 벌금지급능력에 차이가 있는 경우 처벌의 강도를 무조건 높이는 것은 비효율적이라는 주장들이 나오고 있다. 전자의 주장은 Lucian Arye Bebchuk and Louis Kaplow, "Optimal Sanctions When Individuals are Imperfectly Informed about the Probability of Apprehension", 21 *Journal of Legal Studies* 365 (1992)를 참조하고, 후자의 주장에 대하여는 A. Mitchell Polinsky and Steven Shavell, "A Note on Optimal Fines When Wealth Varies among Individuals", 81 *American Economic Review* 618 (1991)를 참조하라. 또한, 처벌확률이 낮아지면, 처벌이 이루어지지 않은 범죄와 관련된 피해자들의 효용상실(부정의한 사회에 대한 불만)이 증가할 수 있다는 점도 고려해야 한다.

에서 차이가 없다고 보았다. 이 전제는 옳은 것이다.

그런데 이제 우리는 다음과 같은 질문을 하고자 한다. 예컨대 처벌의 확률을 1% 올릴 때 범죄의 빈도는 몇 % 줄어들까? 또한 처벌의 강도를 1% 증가시킬 때 범죄의 빈도는 몇 % 줄어들까? 범죄빈도의 축소라는 면에서 생각할 때 처벌확률의 증가가 보다 효과가 있을까? 아니면 처벌강도의 증가가 보다 효과적일까? 이 문제에 대하여는 여러 실증분석의 결과들이 있으나 아직 학계에 지배적 합의는 성립되어 있지 않다. 이미 앞에서 소개한 위트(A. Witte)의 연구결과를 보면 중(重)한 범죄의 경우는 처벌의 강도가, 그리고 경(輕)한 범죄의 경우에는 처벌의 확률이 더 범죄예방에 효과가 있는 것으로 나타났고, 모든 범죄유형을 종합해 보면 처벌의 확률, 환언하면 처벌의 확실성이 처벌의 강도보다 범죄억지력이 있는 것으로 나타났다.[21] 반면에 마이어(S. Myers)의 연구결과를 보면 처벌의 확실성보다 처벌의 강도가 보다 범죄억지력이 큰 것으로 드러났다.[22] 그러나 이후의 보다 큰 표본을 가지고 실증분석을 한 그로거(J. Grogger)의 연구결과를 보면 처벌의 확실성은 범죄억지에 명확히 영향력이 큰 것으로 나타났으나, 처벌의 강도는 그 영향력이 대단히 미미하여 통계적 유의성(統計的 有意性)도 없는 것으로 드러나고 있다.[23] 이 문제에 대하여는 이미 앞에서 언급한 바와 같이 학계에 지배적인 결론은 없다. 처벌의 강도보다 처벌의 확실성을 보다 강조하는 연구결과들이 나오기도 한다.

---

21) Ann Witte, "Estimating the Economic Model of Crime with Individual Data", 94 *Quarterly Journal of Economics* 57 (1980).

22) S. B. Myers, "Estimating the Economic Model of Crime: Employment versus Punishment Effect", *Quarterly Journal of Economics* 157 (1983).

23) Jeffrey Grogger, "Certainty vs. Severity of Punishment", 29 *Economic Inquiry* 297 (1991).

제 4 절
벌금형(fine)인가, 자유형(imprisonment)인가?

앞에서 논한 기대형벌수준(expected punishment level)이 정해지면 또 하나의 정책적 선택은 벌금형(罰金刑)으로 할 것인가 아니면 자유형(自由刑)으로 할 것인가이다.[24] 가능하다면 자유형보다 벌금형이 보다 많이 활용되어야 한다고 본다. 그 이유는 한마디로 자유형은 벌금형보다 사회적 비용이 너무 많이 들기 때문이다. 벌금형의 경우는 벌금 자체가 재정수입이 되고 벌금을 낸 후에는 자유롭게 사회활동과 생산활동을 할 수 있으므로 국부의 증대에 일상적으로 기여할 수 있으나, 자유형의 경우는 수감비용이 크게 든다는 문제뿐만 아니라 수형기간(受刑期間) 중 생산활동에 참여할 수 없어 그만큼 기회소득(機會所得)의 일실(逸失)을 결과하고, 궁극적으로는 국부의 감소를 초래한다.[25] 동시에 수형자가 합법 영역에서 취업할 수 있는 기술과 기능수준의 퇴화, 소위 인적자본의 퇴화가 수형기간 중 진행된다. 요컨대 벌금의 경우에는 벌금자가 부담하는 고통이나 비효용이 재정수입의 증가라는 형태로 사회의 다른 부문의 효용증대로 연결될 수 있으나, 자유형의 경우는 수형자가 받는 비효용과 고통이 사회의 다른 부문의 이익으로 전환되지 않는다. 따라서 특정 처벌수준을 목표로 범죄행위자에게 부과하는 고통 내지 비용의 정도가 같다면 벌금형이 바람직하다고 본다.

여기에 하나의 반론이 있을 수 있다. 벌금형의 경우 만일 벌금을 내지 못하면 환형처분으로 노역장에 유치되는데(형법 제69조 이하 참조) 이는 결과적으로 가난한 사람에 대한 차별을 의미하는 것이 아닌가? 이 반론은 다음과 같은 사실을 은연중에 전제하고 있다. 즉 징역형은 벌금형보다 많은 비효용을 가져온다는 것, 따라서 징역형을 받는 빈도가 많은 계층은 그만큼 손해라는 것이다. 그러나 이 문제는 기본적으로는 벌금형과 자유형의 교환비율의 적정성의 문제라고 생각한다. 다음의 두 가지 문제가 해결되면 위와 같은 반론은 그 근거가 약해질 것이다. 첫

---

24) 여기서 언급하는 자유형은 주로 징역형을 암묵적으로 전제하는 것이다.

25) 징역형의 경우 교도소에서 노역을 해야 하지만, 사회에서 통상의 경제활동을 하는 경우에 비해 생산성이 높지 않을 것이다.

째, 벌금형을 충분히 높여 자유형이 주는 고통과 동일한 수준의 고통을 벌금형도 줄 수 있도록 하고 둘째, 벌금형과 자유형의 교환비율에 있어서 부자(富者)와 빈자(貧者)의 경우 사이에 충분한 차이를 둔다면, 보다 구체적으로는 그들의 소득의 한계효용의 차이만큼의 교환비율의 차이를 둔다면 벌금형이 빈자에 대한 차별이라고 주장할 수는 없을 것이다.26)

요컨대 동일한 범죄행위 억제효과가 있다면 사회적 비용이 상대적으로 덜 드는 벌금형을 보다 많이 활용하는 것이 바람직하다고 본다. 그렇다면 자유형은 어느 때 활용되어야 하나? 어느 때 활용하는 것이 사회적으로 바람직한가? 자유형 활용의 사회적 적정범위 내지 적정기준을 생각해 보도록 하자.

첫째, 범죄자의 자산이 하나의 기준이 될 수 있다. 범죄자의 자산이 적으면 적을수록 벌금형으로는 범죄행위를 방지할 수 있는 여지가 줄어든다. 왜냐하면 소유자산 모두를 몰수나 압수하여도 범죄행위를 통하여 얻을 수 있는 기대이익이 범죄자의 소유자산보다 커서 범죄행위를 효과적으로 제어할 수 없기 때문이다. 따라서 벌금형이나 몰수형 만으로는 범죄행위를 방지할 수 없는 경우가 발생할 수 있다.

둘째, 처벌회피(處罰回避)의 가능성이다. 도주 등이 성공하여 처벌을 피할 수 있는 확률이 클수록 불가피하게 벌금형의 크기는 증가한다. 이미 앞에서 본 바와 같이 기대처벌수준이란 처벌의 확률에 처벌의 강도를 곱한 값이다. 따라서 처벌의 확률이 낮아질수록 처벌의 강도는 높아질 수밖에 없다. 확률이 1/2로 줄면 벌금은 2배로 늘고, 확률이 1/5로 줄면 벌금은 5배로 는다. 그리고 이와 같이 증가하는 벌금형의 크기는 곧 범죄자의 자산의 범위를 쉽게 넘어선다.

셋째, 범죄행위로부터 얻을 수 있는 기대이익의 크기이다. 이 사적 기대이익이 클수록 이를 막기 위한 벌금의 크기는 커지고 이는 쉽게 범죄자의 자산의 크기를 넘어선다.

---

26) 교환비율의 적정성을 제고하는 방법의 하나로는 스웨덴 등의 스칸디나비아 제국에서 활용하고 있는 소위 일수벌금제도(day-fine system)를 생각할 수 있다. 벌금형을 결정할 때 총금액으로 하지 않고 일수로 계산하여 개개인의 일일소득(daily income)×일수(number of days)로 계산된 금액을 벌금으로 내도록 하는 방법이다. 빈자와 부자의 일일소득에 차이가 큰 만큼 벌금액의 차이가 커질 것이다.

넷째, 범죄행위가 결과하는 피해비용의 크기이다. 만일 범죄행위를 억제하지 못했을 때 발생하는 사회적 피해비용이 크면 클수록 범죄행위를 방지할 필요성은 증대한다고 볼 수 있다. 그리고 방지의 필요성이 커질수록 벌금형의 크기만으로 방지할 수 있는 여지는 줄어든다.

다섯째, 범죄자가 앞으로도 일정기간 내에 재범을 할 위험이 크다면, 일정기간 동안 그를 사회에서 격리하는 것이 효율적이다. 향후 재범을 통해 발생할 사회적 비용이 그를 격리하는 비용보다 크기 때문이다. 범죄자의 특성에 비추어 자유형의 "사전적" 억지효과가 크지 않은 경우에도, 범죄자를 일정기간 동안 사회로부터 격리한다는 것 자체(incapacitation)가 효율적일 수 있다.

이상의 기준들을 동시에 감안하여 범죄가 결과할 사회적 피해비용은 큰데 그 범죄행위를 효과적으로 방지하는 데 있어 벌금형의 한계가 드러나면 비록 자유형의 사회적 비용이 벌금형보다 크더라도 자유형이 보다 효율적인 처벌방법이 된다. 환언하면 범죄방지의 필요성은 증가하는데 벌금형으로 효과적인 범죄방지가 어려우면 비록 비용이 든다고 해도 자유형을 채택하는 것이 범죄의 사회적 총비용(피해비용과 통제비용)을 줄이는 데 보다 효율적이라는 이야기이다.[27]

제 5 절 조직범죄와 마약범죄

지금까지는 개인의 차원에서 개별범죄를 중심으로 논의를 진행하여 왔다. 개별범죄가 아니라 집단화된 조직범죄(organized crime)의 경우 어떠한 새로운 문제들이 제기되는가를 보도록 한다. 조직범죄는 조직폭력, 마약거래, 도박, 성매매, 협박 및 공갈(racketeering), 폭리적인 고리(高利)의 금전소비대차계약(loansharking)

27) 이 문제에 대한 보다 자세한 논의는 다음 논문들을 참조하라. Steven Shavell, "Criminal Law and the Optimal Use of Nonmonetary Sanctions as a Deterrent", 85 *Columbia Law Review* 1232 (1985); Louis Kaplow, "A Note on the Optimal Use of Nonmonetary Sanctions", 42 *Journal of Public Economy* 245 (1990).

등의 분야에서 기업적 규모로 나타나는 경우를 볼 수 있다.

우선 범죄가 기업화되고 조직화되는 이유는 무엇인가부터 보도록 하자. 범죄의 조직화의 유인으로서는 첫째, 규모의 경제를 들 수 있다. 규모가 커질수록 범죄행위의 실행비용이 줄어들 수 있다. 규모가 커야 위험의 분산이 가능하다. 도박의 경우가 대표적인 예에 속한다. 또한 규모가 커야 경찰, 사법부, 필요하다면 입법부 등에 로비하고 그들을 매수하는 것이 가능하다. 규모가 커야 필요인력의 양성 등 장기적 안목에서의 '투자'가 가능하다.

둘째, 독점의 이익이 있다. 불법적인 재화나 용역의 제공을 배타적으로 독점할 수 있어 독점가격을 강제할 수 있고 독점이윤을 향유할 수 있다.

셋째, 지하세계(地下世界)의 사실상의 통치조직(underworld government)으로 군림함으로써 생기는 경제적·정치적 그리고 심리적 이익과 보상이 크다.

그런데 이상의 이유 등으로 등장하는 조직범죄는 과연 사회적 악(惡)인가? 물론 조직범죄는 사회적 악이다. 그런데 여기서 지적해 두어야 하는 것은 조직범죄가 사회적 순기능(順機能)도 한다는 사실이다. 우선 "조직범죄는 범죄의 발생을 줄이는 데" 기여한다. 주지하듯이 모든 독점체(獨占體)는 생산량을 축소시킴으로써 독점가격을 높이고 독점이윤을 실현한다. 조직범죄도 독점체인 이상 예외일 수 없다. 다만 일반 상품생산의 경우에는 독점체는 독점이윤을 위하여 사회적 선(social good)인 재화의 생산을 축소시키나, 조직범죄의 경우에는 독점이윤을 위하여 사회적 악(social bad)인 범죄의 생산을 축소시킨다. 조직범죄의 경우는 완전경쟁적 범죄시장보다 불법적 재화와 용역의 생산을 줄이고 그 가격을 올린다. 이는 명백히 범죄생산 자체의 축소를 결과한다.28)

뿐만 아니라 범죄시장의 조직화·기업화는 범죄시장에서의 각종의 외부효과를 내부화하는 경향을 가진다. 예컨대 폭력 등이 내부화되는 하나의 외부효과일 수 있다. 과거에는 범죄시장에서의 각종 폭력은 하나의 외부효과 내지 외부비용이었으나, 범죄시장이 조직화되면 이는 내부효과 내지 내부비용화한다. 따라서 경

28) 이 점을 최초로 지적한 논문은 James M. Buchanan, "A Defence of organized Crime?", Ralph Andreano and John J. Siegfried (eds.), *The Economics of Crime*, John Wiley and Sons, 1980이다.

찰 등과의 불필요한 마찰 등을 피하기 위해 범죄시장 내부에서의 폭력의 발생을 최소화하려는 노력이 등장한다. 조직화가 범죄생산의 축소와 범죄시장의 질서화(秩序化)를 가져오는 측면이 있다. 따라서 범죄의 조직화를 막는다는 정책과제와 범죄 자체의 발생을 줄인다는 정책과제는 엄밀히 구별하는 것이 바람직하다. 왜냐하면 조직범죄의 축소가 반드시 범죄발생의 축소를 의미하지는 않기 때문이다.

조직범죄를 어떻게 축소할 것인가? 조직범죄의 행태에 착안하여 접근하는 방법을 살펴보자. 일반적으로 조직범죄의 경우 주된 활동은 현장에서 소비자를 대상으로 불법적 재화와 용역을 직접 제공하는 것이 아니다. 오히려 현장에서 마약을 팔거나 성매매와 도박을 알선하는 등의 일은 독립된 소규모 범죄집단이나 개인이 하는 것이 보통이다. 조직범죄는 대부분의 경우 현장성(現場性)을 피한다. 조직범죄의 주된 기능은 이들 개별범죄집단 혹은 개인들에게 그들이 필요로 하는 자금과 폭력, 그리고 필요하다면 경찰에의 로비 등을 통한 음성적 보호를 제공하는 것이다. 자금·폭력·로비 등을 이들 개별범죄집단에게 배타적으로 제공하여 개별범죄시장의 독점성을 확보해 주거나 개별범죄시장의 과점적 질서를 유지해 주고 그 대가로 자신들이 제공하는 용역에 대하여는 일방적 독점가격을 설정하고 이를 강제한다.

이들이 제공하는 자금·폭력·로비 중에서 가장 중요한 것은 자금이다. 약탈적 고리대는 물론이고 마약거래나 도박은 막대한 자금을 필요로 하고 이 자금의 조달과 공급을 바로 이들 범죄조직들이 맡고 있는 것이다. 따라서 조직범죄에 대한 정책은 이들 범죄조직 속으로 흘러 들어가는 자금원을 추적하여 이를 막고, 이들 범죄조직으로부터 개별범죄집단이나 개인 범죄자에게 흘러 들어가는 자금을 차단하는 데 그 중점을 두어야 한다. 이들 자금의 차단은 첫째로 범죄조직의 자금동원능력을 약화시켜 그들의 범죄시장에 대한 독점적·배타적 지배력을 약하게 하고, 둘째로 개별범죄집단이나 개인 범죄자들로 하여금 종전보다 높은 이자의 범죄자금에 의존하지 않을 수 없게 한다. 그렇게 하면 종래 비합법영역에서의 투자수익률이 누렸던 상대적 이점이 크게 축소된다. 그리하여 점진적으로 이들의 활동을 합법 영역으로 유도한다.[29)]

---

29) 물론 위험부담의 정도가 높기 때문에 비합법 영역에서의 투자수익률은 일반적으로 합법

다음은 마약범죄에 대하여 보도록 하자. 마약범죄의 가장 큰 특징의 하나는 강한 중독성이다. 일단 마약중독이 되면 마약구매자금을 계속 확보하기 위하여 범죄행위를 저지르는 경우가 불가피하게 증가한다.30) 그런데 이러한 특징을 가진 마약범죄의 경우 지금까지의 정책방향은 소위 공급억제이었다. 즉 가능한 한 마약의 공급경로를 차단함으로써 마약의 공급량 자체를 줄여 마약범죄를 줄이려는 것이었다. 공급량을 줄이면 마약 소비량이 줄어 마약범죄발생의 가능성을 줄일 수 있다고 보았다. 이러한 종래의 정책방향에 대하여 두 가지 비판적 정책 대안을 생각해 볼 수 있다.

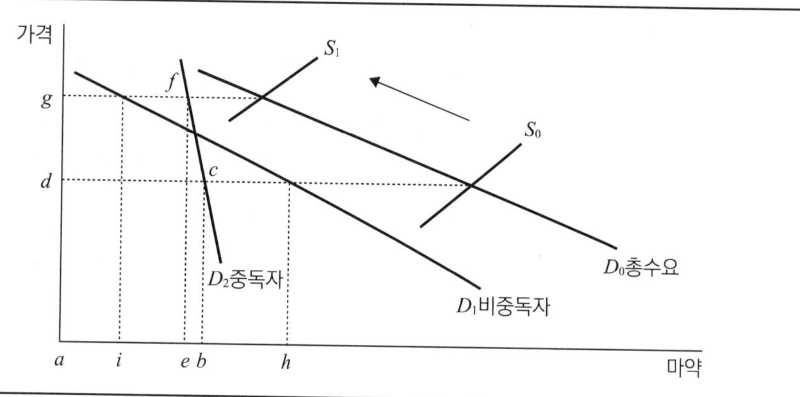

그림 5-7 부분적 합법화의 효과

첫 번째 대안은 부분적 합법화 방안이다. 일반적으로 중독자의 경우 마약에 대한 수요곡선은 대단히 비탄력적(inelastic)이기 때문에 비록 공급 경로가 차단되

영역에서의 투자수익률보다 높다. 그러나 비합법 영역에의 자금유입을 차단함으로써 비합법 영역에서의 이자율을 고율로 만들면, 그만큼 비합법 영역에서의 투자수익률을 낮추는 것이 되어 결국은 비합법 영역에서의 활동의 수준을 낮출 수 있다. 조직범죄와 관련하여 이 점을 강조한 논문은 Paul H. Rubin, "The Economic Theory of the Criminal Firm", Ralph Andreano and John, J. Siegfried (eds.), *The Economics of Crime*, John Wiley and Sons, 1980.

30) 여기서는 헤로인 등과 같은 중추신경마비형(中樞神經麻痺型) 마약에 한하여 논하기로 한다. 마약복용을 하면, 환각상태 내지는 이상상태가 되어 범죄를 저지르는 소위 중추신경흥분형(中樞神經興奮型) 마약의 경우는 여기서는 논외로 하기로 한다.

어 마약 공급량이 준다고 해도 소비는 크게 줄지 않고 오히려 가격만 크게 올려놓게 된다. 그렇게 되면 중독자의 경우는 과거보다 더 큰 금액의 마약구매대금이 필요하게 되고 이를 확보하기 위해 보다 많은 범죄행위를 저지르게 된다. 이를 〈그림 5-7〉에서 설명하면 종래에는 *abcd*만큼의 자금만 있으면 필요한 마약 *ab*를 구매할 수 있었으나 이제는 공급 경로의 차단으로 공급이 S_0에서 S_1으로 줄어 필요한 구매대금이 오히려 *aefg*로 크게 증가하게 되었다. 비중독자(非中毒者)의 경우에는 공급의 차단이 마약의 가격을 올려 소비를 *ah*에서 *ae*로 크게 줄이게 되어 대단히 바람직한 결과가 나왔다고 볼 수 있으나, 중독자의 경우는 소비는 크게 줄지 않고 오히려 구매대금조달의 필요만 크게 올려서 범죄발생의 가능성만 크게 높인 셈이 되었다. 따라서 바람직한 정책방향은 중독자의 경우는 마약을 합법화하고 비중독자의 경우에는 계속 마약을 불법화하는 것이다.[31] 즉 마약 중독자들을 판별검사 후 국가에 등록하게 하고, 이 등록된 마약환자들에게는 합법적으로 낮은 가격으로 마약을 공급하고, 반면에 비중독자의 마약구매는 지속적으로 지하경제의 고가격을 통하여서만 구매할 수 있도록 하자는 것이다. 다만, 모든 종류의 마약에 관하여 이러한 부분적 합법화 방안을 채택하는 것이 타당한지에 대해서는 추가적인 검토의 여지가 있을 것이다.

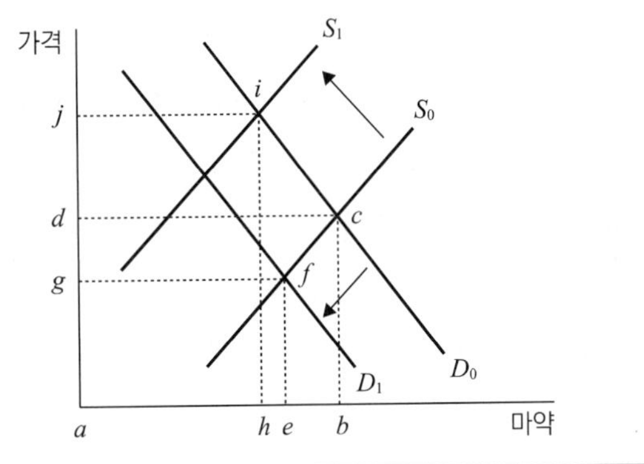

그림 5-8 수요억제형의 효과

31) 1920년대부터 1968년까지 영국에서의 헤로인·몰핀 등의 마약에 대한 기본정책은 본문에서와 같은 중독자에 대한 합법화와 비중독자에 대한 불법화정책이었다.

둘째의 대안은 지금까지의 공급억제형 정책에서 수요억제형 정책으로의 전환이다. 환언하면 교육과 재활프로그램(치료보호)을 통하여 마약에 대한 수요를 줄이도록 노력하는 것이다.[32] 공급억제형 정책과 수요억제형 정책의 효과를 〈그림 5-8〉에서 보면, 마약공급을 억제하면, 즉 공급곡선을 S_0에서 S_1으로 이동시키면 소비는 줄지만 가격은 크게 올라 마약구매대금은 *abcd*에서 *ahij*로 오히려 그 크기가 증가한다. 그러나 교육과 재활사업을 통하여 마약에 대한 수요를 억제하면, 즉 수요곡선을 D_0에서 D_1으로 이동시키면 소비만 감소하는 것이 아니라 가격도 하락하여 마약구매대금은 *abcd*에서 *aefg*로 낮아지게 된다. 결국 공급억제형 정책은 필요한 마약구매대금을 높여서 범죄발생 가능성을 높이나, 수요억제형 정책은 필요한 마약구매대금의 크기를 낮추어 그만큼 마약범죄의 발생가능성을 줄이는 셈이 된다. 이상의 두 가지 정책대안은 결코 상호배타적인 것이 아니기 때문에 상호보완적으로 활용하는 것이 보다 바람직하다고 본다.

제 6 절 범죄정책의 기본방향

지금까지의 논의를 바탕으로 범죄정책의 기본방향을 생각해 보자. 우선 범죄발생을 줄이려면 첫째, 범죄의 비용 그중에서도 기대처벌비용(expected punishment cost)을 높여야 한다. 범죄의 처벌의 강도와 동시에 처벌의 확률을 높여야 한다. 범죄의 이익이 비용보다 커서 범죄가 "수지맞는 장사"가 되어서는 안 된다. 둘째, 범죄의 비용 중에서 범죄의 기회비용을 높여야 한다. 즉 합법 영역에서의 취업의 가능성을 높여 주고 고임금을 얻을 수 있는 기술과 기능을 갖출 수 있도록 도와

32) 이 정책방향에 대한 소개와 검토는 Richard A. Posner, *Economic Analysis of Law*, 4th edition, Little Brown and Co., 1992, pp. 245-247. 포즈너는 이 정책대안에 대하여 회의적인 듯하다. 결국 교육효과는 중산층에 보다 잘 나타날 것이므로 마약사용자 구성 비중을 중산층에서 빈민계층으로 낮추는 데 기여할 뿐이 아닌가 하고 비판하고 있다. 과연 그렇다고 보아야 할까?

야 한다. 이렇게 범죄의 기회비용을 높이는 일은 실은 범죄를 하지 않고서도 얻을 수 있는 기대이익을 높이는 것이 된다.

그런데 이상의 두 가지 정책방향은 동시에 추구되어야 효과적이다. 범죄의 기대처벌비용을 높이면서 범죄를 하지 않고 얻을 수 있는 기대이익을 함께 높이지 아니하면 정책의 효과는 크게 준다. 이 점에 대하여 윌슨(James Q. Wilson) 교수는 다음과 같이 표현하고 있다.

> "범죄행위 이외에는 다른 대안이 없도록 만들어 놓고 형사정책을 논하는 것은 효과가 없다. 마찬가지로 범죄행위를 수지맞는 장사로 만들어 놓고 합법 영역에서의 취업가능성을 높이기 위해 기술과 기능교육을 강화하는 정책도 효과가 없다. 합법적 취업기회가 없으면 범죄행위를 할 수밖에 없을지 모르나, 동시에 범죄가 수지맞는 장사가 된다면 아무리 합법적 취업기회가 있어도 의미가 없을 것이다."33)

혹자는 만일 합법적 취업기회가 범죄행위보다 충분히 매력적이면 범죄가 줄지 않겠는가 하고 생각할지 모른다. 따라서 처벌의 강화보다 합법적 취업기회를 매력적으로 만들어야 한다고 주장할지 모른다. 부분적으로는 옳은 이야기이다. 그러나 범죄의 기대순이익보다 매력적인 합법적 취업기회란 사실 대단히 고임금의 경우가 아니면 거의 없을지도 모른다. 특히 대체로 교육수준이 낮고 기능수준이 낮은 잠재범죄자들에게 그들의 범죄행위를 막을 정도로 충분한 고임금을 지불할 수 있는 취업기회란 결코 많지 않을 것이다. 따라서 처벌의 강화를 통하여 범죄의 기대비용을 높임으로써 범죄의 기대순이익을 함께 낮추지 않으면 안 된다.

역으로 혹자는 범죄의 처벌수준을 충분히 높이면 합법적 취업기회를 제공하지 않고도 범죄를 예방할 수 있다고 생각할지 모른다. 그러나 다른 선택의 여지가 전혀 없는 상황에서 처벌의 강화는 비인간적일 뿐 아니라 처벌비용만 올리고 범죄방지에도 전혀 기여하지 못하는 비효율을 낳는다.

셋째, 범죄자의 도덕적 재활을 위해 노력하여야 한다. 지금까지는 범죄행위와

---

33) James Q. Wilson, *Thinking about Crime*, revised edition, Vintage Books, 1985, p. 251.

관련된 경제적 편익과 비용분석을 중심으로 범죄정책을 생각해 보았으나 이러한 공리주의적(utilitarian) 접근에는 명백한 한계가 있다. 우리가 범죄행위를 처벌하는 것은 범죄행위가 단순히 사회적으로 불편하기 때문에, 경제적으로 비용이 발생하기 때문에 처벌하는 것만은 아니다. 옳지 않기 때문에, 도덕적으로 크게 잘못되었기 때문에 범죄행위에 대한 도덕적 증오(moral horror)가 있기 때문에 처벌하는 것이다. 따라서 범죄자들로 하여금 잘못을 깨닫고 부끄러움을 느끼도록 하는 도덕성의 재활노력을 함께 기울이지 않으면 범죄정책은 성공하기 어렵다. 범죄인들이 범죄행위에 대하여 조금도 부끄럽게 생각하지 않고 오히려 잡힌 것이 운이 나빴다고 생각한다면, 그리고 지속적으로 반사회적 성향을 나타낸다면 범죄율의 감소를 기대하기는 어렵다. 물론 어떤 요인들이 사람의 성격과 성품을 결정하고 그 변화에 영향을 주느냐 하는 문제는 결코 쉬운 문제는 아니다.[34] 그러나 오늘날 알려진 우리의 지식과 지혜의 범위 내에서 최대한의 노력을 하여야 한다. 가정·학교·사회·교도소 등에서의 도덕성 재활교육이 시급하다. 이러한 노력은 앞의 〈그림 5-3〉에서 설명한 범죄공급곡선을 왼쪽으로 이동시키는 효과를 가질 것이다.

넷째, 범죄의 예방을 위한 민간의 자구노력이 제고되어야 하고, 처벌의 확실성을 높이기 위해 경찰행정이 보다 효율적이어야 한다. 범죄다발 지역에서는 민간인들 스스로가 경찰의 도움 아래 방범대 등의 자구조직을 만들 수 있도록 하고 정년퇴임한 경찰인력을 파트타임으로라도 활용할 수 있어야 한다. 경찰행정에서도 보다 효율적인 방향으로 인적·물적 자원의 배분이 이루어져야 한다. 범죄유형별, 지역별, 경찰기능별로 경찰자원을 배분함에 있어서 효율성 기준이 보다 명백히 반영되도록 노력해야 한다.[35]

---

34) 범죄행위에 인간의 성격이 어떻게 관계되는가, 그리고 범죄행위의 기본동인에 가족관계, 노동시장 상황, 사회 문화와 전통이 어떻게 영향을 미치는가를 비교적 광범위하게 정리한 자료로는 James Q. Wilson and Richard J. Herrnstein, *Crime and Human Nature: The Definitive Study of the Causes of Crime*, Simon and Schuster, 1985 참조.

35) 경찰장비의 현대화(예컨대 순찰차나 CCTV의 확대보급)가 보다 시급한가 아니면 인력의 보강이 보다 시급한가를 알기 위해서는 경찰생산함수(police production function)를 추정하여 각각의 생산요소의 한계생산성을 알아보아야 한다. 또한 범죄예방에 과연 순찰차나 CCTV가 더 효과적인지 아니면 경찰인력들이 직접 "도보 순찰(foot patrol)"하는 것이 보다 효과적인지도 분석해 보아야 한다.

회사법의 경제구조

제1장 기업이란?

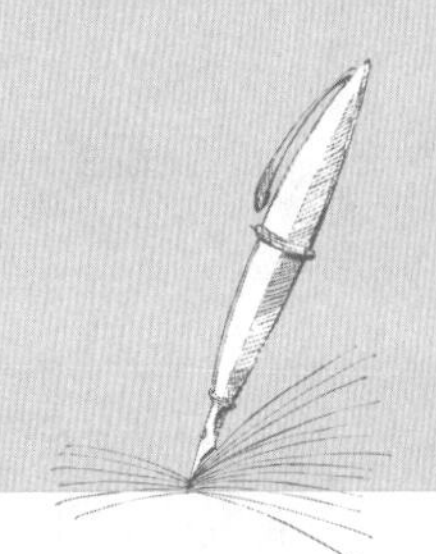

제 1 절 시장인가? 조직인가?

기업(firm)이란 무엇인가? 기업은 생산을 조직화하는 하나의 방법이다.[1] 사회적 분업이 어느 정도 발달된 사회에서는 어느 사회든 사회적 분업을 어떻게 생산적으로 조직화할 것인가 하는 문제가 등장한다. 어떻게 사회적 분업 간에 생산적 협동질서(生産的 協同秩序)를 만들어 낼 것인가? 어떻게 하여 생산적 자원을 가진 사람들, 환언하면 기계와 장비를 가진 사람들, 기술과 숙련을 가진 사람들, 원료와 중간재를 가진 사람들 사이에 원만한 협력관계를 만들어 내어 그 사회가 필요로 하는 생산을 효율적으로 수행해 낼 것인가가 중요한 문제가 된다.

그런데 생산을 조직화하는 방법, 사회적 분업 간에 협동질서를 만들어 내는 방법에는 크게 두 가지 방법이 있다. 하나는 시장(market)을 통한 방법이고 다른 하나는 기업이라는 조직(organization)을 통한 방법이다. 시장을 통한 방법이란 생산적 자원을 가진 수평적 관계에 있는 사람들, 즉 생산요소 소유자들이 단기계약(短期契約)을 통하여 특정한 생산물의 생산을 위해 일시적으로 협동하는 방식이다. 반면에 기업을 통한 방법이란 생산요소 소유자들이 생산적 협동을 위하여 자신들 사이의 관계를 일시적이고 수평적인 관계에서 지속적이고 수직적인 관계(hierarchy)로 전환할 것을 약속하는 장기계약(長期契約)을 체결하여 이 기초 위에서 생산활

---

1) 기업(firm)과 회사(corporation)는 다르다. 기업은 생산조직의 한 방식이고 회사(주식회사)는 자본달의 한 방식이다.

동에 계속적으로 협동하는 방식이다.[2)]

소비자의 입장에서 생각하면 이해가 좀 더 쉬울 수 있다. 예컨대 여러 생산요소 소유자들이 협력하여 만들어 내야 하는 상품을 원하는 소비자가 있다고 하자. 그 사람이 자신이 원하는 물건을 공급받을 수 있는 방법은 두 가지가 있을 것이다. 하나는 시장에 나아가 여러 생산요소 소유자들, 즉 기계소유자, 기술소유자, 원료소유자 등과 개별 협상을 통하여 그들에게 각각의 생산요소의 시장가격의 지불을 약속하고 개별 계약을 체결하여, 이들이 제공하는 생산요소 간의 생산적 협동을 직접 조직화해 내는 방법일 것이다. 그리하여 원하는 물건을 공급받는(스스로 만들어 내는) 방법일 것이다. 이것이 바로 위에서 이야기한 시장을 통한 방식이다. 다른 하나의 방식은 이들 생산요소 소유자들 사이의 일종의 조직체 내지 협력체(coalition of resource owners)라고 볼 수 있는 기업을 통하여, 즉 기업의 대표를 만나 그에게 자신이 소비하고자 하는 상품의 공급을 의뢰하는 것이다. 이것이 조직을 통한 방식이다.

이상의 두 가지 방법 중에 어느 쪽이 보다 적은 비용으로 소비자가 원하는 물건을 공급할 수 있을까? 그것은 어느 물건을 소비자가 원하는지에 달려 있는 문제이다. 동시에 당시의 기술수준, 그 사회의 경제발전의 단계, 법과 제도의 내용 등에도 크게 의존한다. 그 이유는 다음과 같다. 두 가지 방법에는 각각 나름대로의 상이한 비용이 들기 때문이다. 그리고 그 비용은 만들려는 상품의 성격·당시의 기술 및 경제발전수준·지배적인 법 제도의 내용 등에 의하여 크게 달라지기 때문이다. 그러면 각각의 방법에는 어떠한 상이한 비용이 드는가?[3)]

시장을 통한 생산의 조직화 방법에 드는 가장 큰 비용은 거래비용(transaction cost)이다. 우선 우리가 원하는 상품을 만들어 내는 데 적당한 개별 생산요소 소유

2) 시장에서도 장기계약이 불가능한 것은 아니다. 그러나 뒤에서 보는 바와 같이, 시장에서의 장기계약을 통한 안정적인 생산은 많은 사회적 비용이 소요된다. 일반론적으로 이러한 사회적 비용이 너무 높아지게 되면 장기계약은 기업으로 전환된다.

3) 시장과 조직을 이용하는 비용은 결국 계약의 거래비용(costs of contracting)과 소유의 거래비용(costs of ownership)으로 표현할 수 있다. 각 거래비용의 내용을 자세하게 분석한 고전적인 문헌으로는 Henry Hansmann, *The Ownership of Enterprise*, 1996, pp. 24–49 참조.

자들을 찾아내야 하고, 그들이 공급하는 생산요소의 시장가격에 대한 올바른 정보를 얻어 내야 하고, 그리고 그들과 개별 협상을 통한 개별 계약을 체결해야 한다. 코즈(R. Coase)는 이것을 "가격기구활용비용(cost of using price mechanism)"이라고 표현하고 있다.[4] 반면에 기업을 통한 생산의 조직화 방법에 드는 가장 큰 비용은 조직비용(organization cost)이다. 생산요소 소유자 간의 협동체인 기업의 형성·유지·관리비용(cost of forming and maintaining coalition)이다. 기업을 통한 생산의 조직화 방법은 시장을 통하는 경우에 나타나는 거래를 상당부분 내부화(internalization of transaction)하기 때문에 그만큼 거래비용은 감축시키나 반면에 조직비용이라는 새로운 비용을 야기하게 된다.

결국 거래비용(去來費用)과 조직비용(組織費用) 중 어느 것이 큰가에 따라 당해 상품의 생산이 시장을 통하여 조직화될 것인가 아니면 기업을 통하여 조직화될 것인가가 결정된다. 만일 거래비용이 조직비용보다 작으면 그 상품의 생산은 시장을 통하여 이루어질 것이다. 왜냐하면 그렇게 하는 편이 생산비용이 상대적으로 적게 들어 보다 싼 가격으로 소비자의 요구에 답할 수 있기 때문이다. 반대로 만일 조직비용이 거래비용보다 작다면 그러한 상품의 생산은 위와는 정반대의 이유로 기업을 통하여 이루어질 것이다. 어느 생산방식이든 생산비용을 최소화할 수 있는 생산의 조직화방식이 당해 상품의 생산을 지배하게 된다. 결국 시장에서의 경쟁의 힘이 그러한 선택을 결과한다고 볼 수 있다.

또한 기업의 크기는 거래내부화(去來內部化)의 이익과 그 정도에 의존한다. 하나의 거래를 시장에 맡길 것인가 아니면 기업이란 조직 속으로 내부화할 것인가? 어느 쪽이 비용이 적게 드는가에 따라 기업의 크기가 결정된다. 예컨대 하나의 부품을 시장에서 구입할 것인가 아니면 기업의 내부에서 직접 생산할 것인가는 어느 편이 보다 적은 비용으로 당해 부품의 공급의 장기적 안정성과 품질수준의 유지 등을 보장해 줄 수 있는가에 달려 있다. 기업의 조직 속으로 편입시키는 것이 시장에서 거래를 통한 확보보다 더 적은 비용이 든다면, 즉 조직비용이 거래비용

---

4) 기업에 대한 법경제학 이론을 최초로 제시한 학자가 바로 코즈이다. 그의 기업이론을 밝힌 다음의 논문은 반드시 일독할 필요가 있다. Ronald Coase, "The Nature of the Firm", 4 *Economica* 386 (1937).

보다 적게 든다면 그런 경우에는 기업의 규모가 커질 수밖에 없다.

추가적 생산활동 내지 거래활동의 거래내부화비용(internalization cost), 즉 조직비용이 시장을 통한 거래비용보다 적게 드는 한 기업의 규모는 지속적으로 커진다. 이렇게 하여 기업이 지속적으로 커지다가 마지막 한 단위의 거래 내지 생산활동의 조직비용이 거래비용을 넘어설 때 규모확대는 중단된다. 결국 기업의 크기는 거래비용과 조직비용이 한계적(限界的, marginally)으로 일치하는 데에서 결정되는 셈이다. 이러한 맥락에서 기업이란 소위 수직적 결합(垂直的 結合, vertical integration)의 다른 명칭이라고도 볼 수 있다.5)

근래에는 이렇게 시장과 조직의 이분법에 기초하면서도 시장에서의 거래비용의 다른 측면을 강조하는 견해가 유력하게 대두하고 있다. 2014년 노벨 경제학상을 수상한 하트(O. Hart) 등 일군의 학자들이 개발한 계약이론(contract theory)에 의한 연구성과이다. 이를 흔히 "소유권적 접근방법(property rights approach)"이라고 한다. 왜 소유권이 중요한가? 이 질문이 이론의 이해에 핵심이다.6) 이 이론에서는 시장을 통한 생산의 조직화에 드는 비용으로서 특히 계약의 불완전성으로 인하여 발생하는 당사자들의 버티기 현상(hold-up problem)을 중시한다. 이렇게 버티기 현상이 심해지면 관계에 특유한 투자(relationship-specific investment)의 최적화가 달성되지 못하여 비효율이 초래된다는 것이다.

쉽게 설명하면 다음과 같다. 甲이 운영하는 A회사에서 자동차를 만들기 위해서 乙이 운영하는 B회사로부터 자동차 부품을 구매하는 계약을 체결하였다고 하자. 이런 계약은 장기공급계약의 형태로 이루어질 가능성이 높다. 여기서 만일 A회사가 부품 공급선을 거의 아무 비용 없이 바꿀 수 있다면, B회사가 계약을 지

---

5) 수직적 결합(垂直的 結合)이란 기업이 생산에 필요한 원자재나 부품 혹은 중간재를 시장에서 구입하지 않고 직접 기업내부에서 생산조달하기로 하는 결정을 의미한다. 다르게 표현하자면, 수직적으로 결합된 두 회사, 예컨대 100% 지분으로 연결된 모자(母子)회사는 하나의 기업이라는 의미가 된다. 이것이 생산활동을 중심으로 한 기업의 개념과 법인격을 중심으로 한 회사의 개념이 차이가 나는 부분이다.

6) 소유권적 접근방법에 기초한 논문은 무수히 많다. 가장 직설적인 아이디어는 Oliver Hart, *Firms, Contracts and Financial Structure*, 1995, pp. 29–55 참조. 마찬가지로 Oliver Hart, "An Economist's Perspective on the Theory of the Firm", 89 *Columbia Law Review* 1757 (1989) 참조.

키지 않거나 아니면 당사자 사이에 존재하는 정보불균형을 이용하여 자신이 이익을 얻거나 하는 일이 발생하지 않을 것이다. 그런 일이 생기면 A회사로서는 부품 공급선을 교체하면 그만이기 때문이다. 반대로 B회사의 입장에서도 부품 납품처를 쉽게 교체할 수 있다면 A회사의 막무가내식 요구에 강하게 대처할 수 있다. 그러나 현실에서는 A회사든 B회사든 이런 교체가 매우 힘들다. 무엇이 이를 가로막고 있을까?

여러 가지 비용을 생각할 수 있겠으나, 계약이론에서는 A회사와 B회사가 부품 공급계약을 체결하게 되면 그 관계에 기초하여 각자 일정한 투자가 이루어지게 된다는 점을 주목한다. 이런 관계에 특유한 투자(relationship-specific investment)는 그 관계가 없어지면 경제적으로 아무런 가치가 없는 투자를 말한다. 예컨대 A회사가 B회사 근처에 공장을 세우기로 했다거나 아니면 B회사의 부품에만 들어맞는 디자인이나 생산라인을 이미 구축해 놓았다거나 하는 것들이다. 계약관계를 끊는다는 것은 이렇게 이미 지출한 투자를 포기한다는 것을 의미하기 때문에 쉽지 않다. 그러나 그 결과 상대방의 무리한 요구에도 끌려 다녀야 하는, 즉 상대방에게 버티기(hold-up)를 허용하게 되는 것이다. 조금 더 사전적으로 생각해 보면, A회사와 B회사가 이처럼 서로의 버티기 현상을 완전히 없앨 수 없다는 것을 인식하게 되면 관계에 특유한 투자를 줄이거나 처음부터 장기공급계약을 하지 않게 될 것이다. 시장을 통한 생산의 조직화는 관계에 특유한 투자의 최적화를 달성하지 못한다는 문제를 야기하고, 그래서 기업을 통한 생산의 조직화가 나타난다.

여기서 말하는 기업을 통한 생산의 조직화는 예컨대 A회사가 B회사를 합병하는 것을 생각하면 된다. 그런데 왜 A회사와 B회사가 하나로 합병되면, 다시 말해서 시장이 아니라 기업을 통하여 생산을 조직화하게 되면 버티기 현상이 사라지는가? A회사와 B회사가 합병하기는 했지만, 실제로 A사업부는 甲이, B사업부는 乙이 경영하고 있다고 하고, 다른 물적 시설도 전혀 달라지지 않았다고 하자. 그럼 구체적으로 위 합병으로 인하여 과연 무엇이 달라졌는가? 이 질문은 결국 시장과 다른 "기업"의 본질은 무엇인가 하는 질문으로 생각할 수 있다. 계약이론에서 제시하는 해답은 생산에 소요되는 물적 자산(non-human assets)을 지배 또는 소유하는 주체가 다르다는 것이다. 여기서 소유권적 접근방법(property rights approach)이라는 표현이 나온다. 처음에는 B회사의 공장과 같은 부품생산에 필요한 물적 시설을 B회사 또는 乙이 지배하고 있었으나, 합병 이후에는 A회사 또는 甲이 지배한다는 것이다.

왜 물적 자산에 대한 지배 또는 소유가 중요한가? 그것은 근본적으로 당사자 사이에 체결한 계약이 불완전(incomplete)하기 때문이다.[7] 여기서 불완전하다는 의미는 미래의 특수상황이 생겼을 때 당사자들이 어떤 권리의무를 가지는지 모두 열거하는 것이 불가능하다는 의미이다. 계약에 열거되지 못한 상황이 발행할 때, 생산을 위한 인적 자원을 통제할 수 있는 힘은 오직 물적 자산에 대한 지배권 또는 소유권으로부터만 나온다. 시장에서 乙이 버티기를 할 수 있는 이유는, 설사 甲이 乙과의 관계를 끊더라도 乙은 계속 부품생산시설을 보유 또는 지배할 수 있기 때문이다. 반면 기업에서 乙의 버티기가 곤란한 이유는 甲이 乙과의 관계를 끊는 순간 乙은 물적 자산을 두고 그냥 기업 바깥으로 나가야 하기 때문이다. 물적 자산은 甲 또는 A회사가 소유하고 있기 때문이다. 하나의 기업으로 통합되면 乙이 할 수 있는 것이라고는 자신의 노동력을 이용하지 못하게끔 하는 것밖에 없기 때문에, 시장에서 협상하던 때보다 협박의 강도가 낮아진다. 그 결과 甲은 乙의 버티기를 걱정하지 않으면서 관계에 특유한 투자를 사회적으로 적정한 수준까지 올릴 수 있다는 것이다.

제 2 절 조직비용: 감독의 문제(monitoring problem)

앞에서 기업이란 생산을 조직화하는 방법의 하나로서 생산요소 소유자들 간의 일종의 협동체 내지 협력질서라고 하였다. 환언하면 일종의 팀워크를 통한 생산방식이 기업이다. 그런데 이러한 팀 생산(team production)을 운영하는 데는 앞에서 이야기한 조직비용으로서 감시·감독비용이 든다. 감시·감독비용이 문제가

7) 그래서 이 설명을 다른 말로 "불완전계약 접근방법(incomplete contract approach)"이라고 한다.

되는 이유는 다음과 같다.

일반적으로 팀 생산에는 팀 멤버 개개인의 생산적 기여의 정도를 정확히 측정해 내기 어렵다는 근본적인 문제가 있다. 예컨대 몇 사람이 함께 트럭에 짐을 싣는 경우를 생각해 보자. 과연 개개인의 생산적 기여분을 어떻게 정확히 구별·측정해 낼 수 있겠는가? 미시경제학에서는 한계생산물(限界生産物)의 가치가 임금을 결정한다고 하나 팀 생산의 경우 어떻게 팀 멤버 개개인의 한계생산물의 가치를 측정할 수 있겠는가? 여기서 팀 생산의 경우에는 "개인의 생산적 기여의 정도를 정확히 측정해 낼 수 없다."는 소위 측정의 문제(metering problem)가 등장하게 된다.[8)]

그런데 이 측정의 문제가 존재하게 되면 개개인의 노력에 대한 보상수준을 개개인의 노력과 성과에 직접 연결시키는 것이 대단히 어렵게 된다. 그렇게 되면 소위 팀 멤버들 사이에 "기회주의적 행위(機會主義的 行爲: opportunistic behavior)" 혹은 상호 "눈속임(shirking problem)의 문제"가 등장하기 쉽다. 서로 노력은 덜하고 보상은 많이 받으려 하는 경향이 생긴다. 이것이 기업이라는 팀워크를 통하여 생산활동을 조직화할 때 부담해야 하는 가장 큰 조직비용이 된다.

어떠한 기업조직이든 이 멤버들 사이의 기회주의적 행위를 줄일 수 없어 거대한 조직비용을 야기시킨다면 그만큼 그 기업의 생산성은 떨어지고 결국 경쟁에서 낙후될 수밖에 없다. 반면에 소위 측정의 어려움의 문제를 상당히 해결하여 멤버들 사이의 눈속임의 문제를 줄일 수 있는 기업의 경우는 그만큼 생산적인 기업이 될 수 있으므로 경쟁에서 승리하게 된다. 따라서 이 조직비용을 얼마만큼 줄일 수 있느냐 하는 문제는 기업조직의 사활이 걸린 문제라고 볼 수 있다.

다만 여기서 한 가지 지적해 둘 사실은 이러한 "기회주의적 행위"나 "눈속임의 문제"는 시장에서의 경쟁의 힘에 의해서 어느 정도까지는 견제를 받는다는 것이다. 무한정 기회주의적 행위나 눈속임의 문제가 심화될 수는 없다. 왜냐하면 두 가지 종류의 경쟁시장의 힘이 작용하기 때문이다. 첫째는 "생산물 시장에서의 경

---

8) 이 문제를 최초로 제기한 학자는 Armen A. Alchian과 Harold Demsetz이다. 이들의 다음 논문은 일독할 가치가 있다. Armen A. Alchian and Harold Demsetz, "Production, Information Costs, and Economic Organization", 62 *American Economic Review* 777 (1972).

쟁"이 기회주의적 행위나 눈속임의 문제가 심한 비효율적이고 비생산적인 기업을 장기간 허용하지 않는다. 그러한 기업은 기회주의적 행위나 눈속임의 문제가 상대적으로 적은 보다 생산적인 기업과의 경쟁에서 도태당한다.[9] 둘째는 "생산요소시장에서의 경쟁" 때문이다. 예컨대 기술소유자들 간의 경쟁이 기회주의적이고 눈속임을 많이 하는 기술자들을 도태시키기 때문에 그 한도에서는 무한정의 기회주의나 눈속임은 성립할 수 없다.

그러나 이러한 경쟁시장의 힘에 의한 견제에는 한계가 있다. 왜냐하면 경쟁시장에서의 정보도 완전정보는 아니기 때문이다. 어느 기업에 눈속임을 많이 하는 기술자가 존재하는지를 알아야 다른 기술자가 경쟁을 할 터인데 그러한 정보 자체가 완전할 수 없다. 아니 그러한 정보가 완전하다면, 즉 누가 눈속임을 많이 하는지 하는 문제가 처음부터 등장하지도 아니했을 것이다. 따라서 경쟁시장에서의 힘(competitive market force)이 팀 생산에서의 멤버들 간의 기회주의적 행동을 어느 정도 억제하는 기능을 하는 것은 사실이나, 그 억제의 기능에는 명백한 한계가 있다.

제 3 절 소유자기업

그러면 이 눈속임과 기회주의적 행위를 더 줄이기 위해 어떤 가능한 방법이 있는가? 하나의 방법은 팀 생산 멤버들의 생산활동에 대한 감독을 강화하는 방법일 것이다. 그리고 보다 효율적인 감독을 위해 특정인에게 감독기능을 특화 내지 전문화시키는 방법이 있을 것이다. 그리하여 그 사람으로 하여금 팀 멤버들의 생

9) 동구(東歐)나 구(舊)소련 등의 국가사회주의권(國家社會主義圈) 몰락의 큰 원인의 하나가 바로 이 팀 생산에 있어서의 기회주의적 행위의 문제, 눈속임의 문제를 제대로 해결하지 못한 데서 비롯되는 바 크다. 그들 국영기업이나 국영공장에서의 생산성의 낙후 그리고 그러한 저생산성의 지속적 축적이 부족(不足)의 경제(economy of shortage)를 결과하였고 마침내 세계적 규모의 체제경쟁에서 국가사회주의권의 몰락을 가져왔다.

산활동을 조사·관찰·평가하고, 노력에 상응하는 보상체계를 개발하고 집행하는 일 등에만 특화시킴으로써 조직 전체의 생산성을 높일 수 있을 것이다. 그런데 여기에 하나의 딜레마가 등장한다. 즉 "그 감독자(監督者)는 누가 감독할 것인가(Who will monitor the monitor)"하는 문제이다. 감독자 스스로가 자신의 이익만을 위해 기회주의적으로 행동한다면 그것을 막을 수 있는 방법은 무엇인가 하는 문제이다.

물론 앞에서도 잠깐 언급한 바와 같이 생산요소시장(生産要素市場)에서의 경쟁, 즉 여기서는 감독자시장에서의 경쟁이 감독자의 무한정의 기회주의적 행위를 어느 정도 견제하는 것은 사실이다. 그러나 그것만으로 부족하다. 어떻게 할 것인가? 하나의 방법은 그 감독자를 당해 기업활동의 잔여이익 청구권자(殘餘利益 請求權者, residual claimant)로 만드는 방법이다. 즉 당해 기업활동의 소득에서 여타 팀 멤버들에 대한 보상분을 제하고 남은 잔여이익에 대한 청구권을 이 감독자에게 독점시키는 방법이다. 이를 위해서는 물론 여타 팀 멤버들에 대한 보상분은 사전에 계약에 의해 고정시켜 놓아야 한다. 그러면 그 기업활동의 성과는 그대로 잔여이익의 다과(多寡)로 나타날 것이고 그만큼 당해 기업의 감독자는 기업의 성과를 올리기 위해 노력하게 된다. 이제는 기업의 성과를 올리는 것 그 자체가 자신의 사적 이익(私的 利益)을 극대화하는 방법이 되기 때문에 기회주의적 활동의 필요가 없어진다. 이제는 보다 효율적인 감독을 통하여 다른 팀 멤버들의 기회주의적 행위를 줄일수록 그리하여 보다 생산적인 기업을 만들수록 자신의 잔여이익이 증가하므로 스스로 효율적인 감독을 위해 노력하게 된다.

그리고 감독을 보다 효과적으로 하기 위해서는 감독자에게 여타 멤버들과 팀과의 계약갱신권(契約更新權)을 부여하는 것이 바람직하다. 그리하여 (1) 팀 멤버들의 생산활동에 대한 감독권, (2) 기업활동의 잔여이익에 대한 청구권, (3) 팀 멤버들과의 계약갱신권 등을 이 감독자에게 부여하게 되면 이 감독자는 소위 소유자(ownership)의 지위를 가지게 되어, 소위 고전적인 소유자기업(所有者企業)이 등장한다.[10] 여기서 우리는 이 고전적 소유자기업의 제도적 의의는 팀 생산에서

10) 고전적 기업의 소유자가 소위 기업가(entrepreneur)의 원형 내지 전형이라고 볼 수 있다. 기업가는 일반적으로 세 가지 기능을 가진다. 첫째는 혁신기능(innovation)이고, 두 번째는 성공적·창의적 적응기능(successful adaptive change), 세 번째는 위험부담기능(risk-taking or uncertainty bearing)이다. 혁신기능은 새로운 제품의 개발, 새로운 생산

의 기회주의적 행위를 줄이기 위한 데 있음을 알 수 있다. 동시에 소유자에게 부여하는 잔여이익 청구권은 팀 생산을 보다 생산적으로 만들기 위한 유인장치 내지는 보상체계라는 사실을 알 수 있다.11)

제4절 회사 제도(주식회사)

생산을 조직화하는 방식의 하나로 등장한 기업은 산업화의 진전에 따라 고전적 소유자기업에서 회사기업(會社企業, corporate firm)으로 변모·발전한다.12) 특

방식의 도입 등을 통하여 독점적 성격을 가지는 이윤을 창출하는 기능을 말한다. 이 독점이윤은 여타 기업도 곧 모방하기 때문에 일시적 성격을 띠지만 기업가는 지속적인 새로운 혁신을 통하여 성장한다. 창조적 적응기능은 일반 경영인들이 하는 일상적 업무의 단순 반복이 아니라 새로운 환경에의 창조적이고 동적인 적응과정을 의미한다. 그러한 의미에서 일반경영자(management)와 기업가(entrepreneurship)와는 다르다. 끝으로 기업가는 자기책임하에 위험을 부담하고 불확실성에 도전하는 사람이다.

이상과 같은 의미의 기업가를 움직이게 하는 동인(動因)이 바로 경제학에서 이야기하는 이윤(profit)이다. 주지하듯이 경제학에서의 이윤은 회계학에서의 이윤에서 기업가 본인의 기회소득을 공제한 나머지를 의미한다. 완전경제하에서 이 이윤은 영(零)이 된다. 따라서 기업가가 추구하는 이윤은 엄밀한 의미에서 불완전경쟁이윤, 독점이윤이라고 볼 수 있다. 그리고 그 이윤이 바로 기업가들이 수행하는 혁신기능, 위험부담기능, 동적 적응기능에 대한 보상이라고 볼 수 있다. 이러한 관점에서 기업가의 기능과 이윤의 문제를 다룬 대표적인 고전적 논문은 다음과 같다. Frank H. Knight, "Profit and Entrepreneurial Function", 2 *Journal of Economic History* 126 (1942).

본문에서 감독자에게 부여되는 잔여이익 청구권은 기업가들의 위험부담기능과 혁신기능에 대한 보상으로서의 독과점적 이윤과 근본적으로 같은 성격으로 볼 수 있다.

11) 기업소유자의 이익과 기업의 이익은 항상 일치한다고 보아야 하느냐 하는 근본적인 문제가 제기될 수 있다. 이는 대단히 중요한 문제의 제기이다. 뒤 본문에서 상론하도록 하고 여기서는 문제의 지적에 그친다.

12) 챈들러가 주장한 기업발전론적 관점에서 보면, 창업단계의 소규모기업들은 주로 소유자 개인의 자금력이나 사내 유보금에 의존한다. 그러나 기업이 확대 성장을 위한 새로운 투자기회가 생김에 따라 기업가 개인의 자금력으로 감당할 수 없어 외부자금 특히 금융자본에 의존하게 된다. 그러나 기업의 규모가 거대해지면서 금융기관을 통한 자금원으

히 대량생산방식과 대량수송수단의 발전과 더불어 거대기업이 등장하게 되고 이 거대기업은 무엇보다도 거대자본의 조달을 필요로 하게 된다. 여기에서 회사 제도 특히 주식회사(株式會社) 제도가 등장하게 된다. 따라서 회사 제도는 거대자본의 조달방식의 하나로서의 의미가 크다.

주식회사는 기업경영을 전문적인 경영능력이라는 인적자본(human capital)을 가진 전문경영인에게 위탁하고, 주주는 자신이 투하한 자본에 대해서만 위험을 부담하는 제도이다. 이러한 주주의 유한책임성(有限責任性)과 소유분산은 주주의 위험회피적 투자와 주식의 자유로운 교환을 가능케 하여 기업에게 거대한 자본을 효과적으로 조달할 수 있게 되었고 이를 기초로 기업은 부가가치 창출의 가장 중요한 수단으로서 등장할 수 있게 되었다.

그러나 소유와 경영의 분리는 주주와 전문경영인 간의 이해관계를 어떻게 조화시킬 것이냐 하는 문제를 발생시킨다. 소유와 경영이 통합되어 있다면 소유자가 동시에 경영자이므로 이해관계의 조화문제가 발생하지 않으나, 소유와 경영이 분리되면 주주의 입장에서 전문경영인이 과연 누구의 이익을 위해 일할 것이냐는 의문을 갖지 않을 수 없다.

위에서 살펴본 바와 같이 주식회사는 거대자본의 동원을 용이하게 하기 위해 (1) 주주의 유한책임제(limited liability)와 (2) 전문경영인 제도, (3) 그리고 주식의 자유처분 제도를 도입했다. 그러나 이렇게 되면 두 가지 문제가 등장한다. 첫째는 고전적 의미의 소유자 개념이 약화·퇴색한다는 문제이다. 자기의 책임과 위험부담하에 기업활동을 영위한다는 의미의 소유자 개념이 약화되고 단순한 투자자로서의 주주 개념이 강화된다. 사실 엄밀하게 이야기하면 주주는 소유자(owner)라기보다는 투자자(investor)의 성격이 강하다. 그러한 의미에서 엄격히 이야기하면 소유와 경영의 분리란 말은 옳지 않다.

주주를 투자자로 본다면 주주와 사채권자(社債權者, bondholder)의 차이는 어

로 부족하기 때문에 주식발행에 의한 자금조달을 높이게 된다는 것이다. 기업의 소유구조의 발전에 관한 내용은 다음의 논문을 참조하라. Alfred D. Chandler, "The United States: Seedbed of Managerial Capitalism", in Alfred Chandler and Herman Daems (eds.), *Managerial Hierarchies*, Cambridge, Mass., Harvard University Press (1980), pp. 9−40.

디에 있다고 보아야 할까? 한마디로 주주는 좀 더 위험감수적이고 좀 더 낙관적인 투자자이고, 사채권자는 상대적으로 보다 위험기피적(risk-averse)이고 비관적인(pessimistic) 투자자라고 볼 수 있다. 그러한 차이 이외에 양자 사이에 과연 다른 질적 차이가 있는가? 특히 주주의 유한책임제와 주식의 자유양도성을 전제로 주주는 언제든지 주식시장에서 기존기업과의 관계를 단절할 수 있는 상황에서 주주가 투자자 이상의 의미를 가지는가?[13]

둘째는 앞에서 지적한 약화되는 소유자개념을 전제로 할 때 누가 어떻게 전문경영인들을 감독할 것인가 하는 문제이다. 회사의 주식이 무수한 소액주주로 분산되어 있을 때, 그리고 주주들이 당해 기업의 경영지배의사(control motive)와 능력을 가지고 있지 않고, 오직 투자이익(investment and financial motive)에만 관심을 가지고 있을 때, 전문경영인들의 기회주의적 행위의 가능성은 어떻게 통제되어야 하는가 하는 문제이다.[14]

우리는 감독자를 감독하기 위하여, 환언하면 감독자의 기회주의적 행위나 눈속임의 문제를 해결하기 위하여 앞의 고전적 소유자기업의 예에서는 감독자에게 잔여이익 청구권을 주어 감독의 강화를 유도하였다. 그러나 오늘날의 주식회사기업의 경우에는 잔여이익 청구권을 가진 주주가 더 이상 감독자의 기능을 하기 어려운 상황이 되었다는 데 문제의 심각성이 있다. 이 문제는 결국 주주가 실제 경

13) 주주의 유한책임으로 인하여 전통적인 소유자기업과 차이가 나타나게 된 측면이 있다. 하지만 전통적인 소유자기업에서 감독자, 즉 소유자는 잔여이익 청구권(residual claimant)을 가지게 된다는 점을 상기할 필요가 있다. 주식회사에서도 이러한 시각은 그대로 유지되어, 주주가 회사의 최종적 의사결정을 할 수 있는 근거를 주주의 잔여이익 청구권자로서의 성격에서 구한다. Frank H. Easterbrook and Daniel R. Fischel, "Voting in Corporate Law", 26 *Journal of Law and Economics* 396 (1983).

14) 이 문제를 최초로 제기한 학자는 벌리와 민즈이다. 그들은 주식소유가 불특정다수의 투자가들에 의하여 분산될수록 기업경영의 지배권이 주주로부터 떨어져 나온다는 소유·지배의 분리이론을 제시하였다. 이들은 기업통치권을 임원의 임면에 관한 권한으로 정의하며, 이러한 인사권에 대해서 소액주주의 어느 누구도 실질적인 영향력을 발휘하지 못하고, 대신에 위임장(proxy)의 수집에서 유리한 입장에 서게 되는 전문경영인들이 실질적인 세력을 장악하는 것으로 풀이하고 있다. 그들의 다음 저서의 특히 제4장을 참조하라. Adolf A. Berle and Gardiner C. Means, *The Modern Corporation and Private Property,* New York, Macmillan, 1932.

영진의 행동이나 노력을 정확히 관찰할 수 없다는(unobservable) 것에 그 근본적인 원인이 있다. 만일 경영진을 관찰할 수 있다면 그에 따라 보상체계를 정하여 경영진에게 적절한 인센티브를 부여할 수 있기 때문이다. 그러나 그러한 관찰이 불가능한 현실에서는 감독이 효과적으로 이루어지기가 쉽지 않다. 이 문제는 회사계약이 체결된 이후 주주와 경영진 사이의 정보비대칭이 문제된다는 측면에서 근본적으로 도덕적 해이(moral hazard)의 한 형태로 볼 수도 있다. 도덕적 해이를 전제로 적절한 보상체계에 대한 수학적 해법을 연구하는 분야가 바로 경제학의 계약이론(contract theory)이다. 그러나 수학적 분석을 통한 결론은 많은 경우에 실제 적용이 쉽지 않다는 한계가 있다. 여기서 오늘날 회사법의 법경제학 분야에서 가장 핵심이 되는 기업지배구조의 문제(corporate governance problem)가 등장한다.

제2장 기업지배구조

제 1 절 비교지배구조론

기업지배구조(corporate governance)의 문제는 광의로 보면 여러 형태의 기업 내지 회사의 내부 및 외부 관리·운영구조, 유인(誘引) 및 보상체계(補償體系) 등에 대한 비교법적 혹은 비교제도론적 연구가 주된 연구과제이다. 기업지배구조에 대한 비교법 내지 비교제도론적 연구가 특히 많이 이루어진 분야로는 다음의 두 분야를 들 수 있다. 한 분야는 동구(東歐)나 구소련 등 국가사회주의권의 개혁과 개방 과정에서 종래의 국영기업(國營企業)을 어떻게 민영화(privatization)할 것인가 하는 문제와 관련하여 민영화한 후 창출해야 할 바람직한 기업지배구조, 공정하고 효율적인 기업지배구조는 무엇인가를 연구하는 분야이다. 다른 한 분야는 선진제국 각국의 회사제도, 특히 미국·일본·독일·영국의 회사제도를 지배구조에 초점을 맞추어 비교·연구하는 분야이다. 이 분야에 대한 연구는 1990년대 전반부까지는 특히 일본과 독일경제의 제2차 세계대전 이후의 급속한 발전과 세계경쟁에서의 비교우위가 그 나라들이 가지고 있는 회사제도, 특히 기업지배구조의 우위에서 온다고 보는 미국의 학자들에 의해 주도적으로 연구되어 왔다. 그러나 1990년대 후반부터는 1990년대 초부터 호황을 누리고 있는 미국경제의 경쟁력이 미국기업의 지배구조에서 비롯되었다는 견해가 대두되면서 세계 여러 나라의 학자들로부터 미국기업의 지배구조에 대한 연구도 활발히 진행되고 있다. 이러한 배경 속에서 OECD 각료이사회는 선진적인 기업지배구조의 모범을 제시한다는 뜻에서, 1999년 5월 “OECD 기업지배구조 원칙”을 확정한 바 있고, 이러한 국제규범화

움직임에 따라 우리나라에서도 IMF 금융위기 이후 다양한 제도적 개선을 하였다.[1]

일반적으로 기업지배구조는 소유구조(所有構造),[2] 지배구조(支配構造),[3] 경영구조(經營構造),[4] 자본구조(資本構造)[5] 등을 포함하는 개념이다. 이러한 기업지배구

---

1) OECD의 기업지배구조 원칙의 작성 목적은 개별 기업과 각 OECD 가맹국에 획일적인 기업지배구조 규범을 강요하려는 것은 아니다. 그러나 기업들이 국제적으로 준수하여야 할 최소한의 규범을 담고 있기 때문에 국제법보다 오히려 더 강력한 규제수단으로 작용할 가능성이 있다. OECD는 기업지배구조의 기본원리로 공정성(fairness), 투명성(transparency), 신뢰성(accountability), 책임성(responsibility)의 4가지를 들고 있다. 이 원칙에 관한 자세한 내용은 OECD, *OECD Principles of Corporate Governance,* May 1999를 참조하라. 우리나라도 IMF 금융위기 이후 다양한 제도의 개선을 시도하였다. 자세한 것은 이후 본문에서 설명하겠지만, 송옥렬, "기업경영에서 법치주의의 확산: 외환위기 이후 회사법의 발전을 중심으로", 『서울대학교 법학』 제55권 제1호 (2014), pp. 59-103 참조. 근래에는 자본의 국가 간 이동이 급속히 증가되면서 세계의 기업지배구조가 유사한 모습으로 수렴(收斂)되는 현상을 보이고 있다. 각국은 자국으로 투자자본을 유인하기 위하여 지배구조의 개선을 도모하고 있으며, 나아가 경쟁조건의 평등이라는 관점에서 타국에 대해 기업지배구조의 투명성을 요구하고 있다.

2) 소유구조(ownership structure)는 누가 얼마만큼의 주식을 점유하고 있는가, 기업의 주식이 어떠한 형태로 분포되어 있는가를 가리킨다. 기업의 대주주가 개인이나 가족인가 또는 정부인가, 아니면 소유주가 광범하게 분산되어 있는가를 가리킨다.

3) 지배구조(governance structure)는 기업을 실질적으로 누가 지배, 통치하는가를 가리킨다. 구체적으로 사장과 주요 경영진을 누가 선발하며, 중요한 기업의 의사결정은 누구에 의해서 이루어지며, 이들 경영자들은 어떻게 감시되고 통제되는가 하는 점이다. 소유와 경영이 100% 일치하는 경우에는 소유구조는 곧 지배구조가 된다. 그러나 소유가 분산되기 시작하면서 소유구조와 지배구조 사이에 괴리(乖離)가 발생하게 된다. 즉 소유지분과 지배력이 일치하지 않는 상황이 발생하게 된다. 지배구조의 문제는 소유지분에 적정한 경영지배력을 갖게 하는 것에만 있는 것이 아니다. 오히려 소유지분이 광범위하게 분산되었을 때, 이들 많은 수의 소수주주(minority shareholders)의 이익이 기업경영에 반영되도록 사장과 경영진을 어떻게 뽑고, 또한 이들을 감시하는 장치를 어떻게 만드는가가 더 중요한 과제이다. 이러한 제도적 장치가 없이 소유와 경영의 분리만을 주장하는 것은 위험한 발상일 수 있다.

4) 경영구조(managerial structure)란 재화(財貨)나 용역(用役)을 공급하는 기업의 부가가치(附加價値) 활동이 제대로 이루어지도록 뒷받침하여 주는 조직과 인사체계를 가리킨다. 경영구조는 구체적으로는 사람의 선발과 교육, 조직구조, 경영기획, 업적평가 및 보상, 노사관계, 기업문화 등의 다양한 구성요소로 되어 있다. 건전한 경영구조가 뒷받침을 해 주어야만 지배구조가 건실하게 자리잡을 수 있다. 또 역으로 소유구조와 지배구조가 제대로 정착되어야만 경영구조도 제대로 작동하고, 그 결과 기업이 좋은 성과를 올릴 수 있다.

5) 자본구조(capital structure) 또한 기업지배구조에 중요한 영향을 미친다. 기업이 외부자금

조의 구성 요소들이 서로 유기적으로 연결되어 기업지배구조를 형성하게 된다. 우선 소유구조는 기업의 본인이 누구인가를 밝혀 줄 뿐 아니라 기업경영권(經營權)의 정당성의 원천을 제공하기 때문에 지배구조에 주요한 영향을 미치게 된다.6)

기업의 지배구조는 내부지배구조(internal corporate structure)와 외부지배구조(external corporate structure)로 분류하는 것이 일반적이다. 내부지배구조는 주주총회, 이사회나 준법감시, 내부감사 등 기업내부의 집행기관이나 감독기관을 통해 경영에 대한 감시기능이 이루어지는 내부적 통제기구인 반면, 외부지배구조는 기업인수시장(企業引受市場), 전문경영인 노동시장(managerial labor market), 사채시장(社債市場), 외부감사 등 기업외부의 시장기구 또는 감독기관을 통하여 경영에 대한 감시기능이 이루어지는 외부적 통제장치이다.

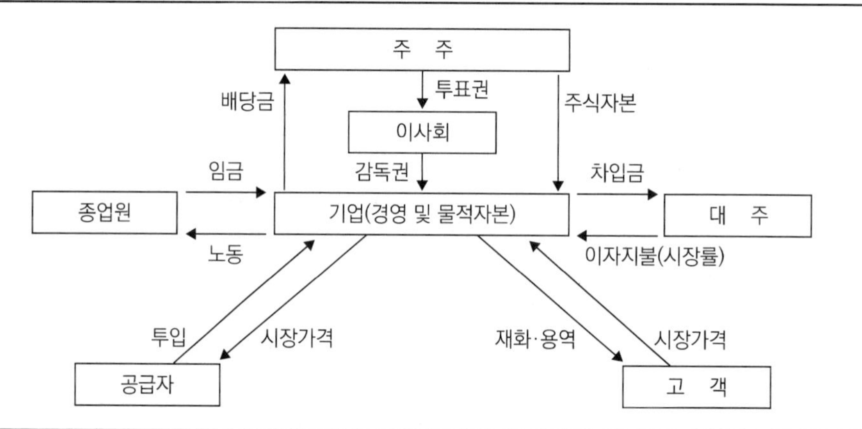

그림 6-1 지배구조의 기본모델

자료: Margaret M. Blair, *Ownership and Control: Rethinking Corporate Governance for the Twenty-First Century*, The Brookings Institution, Washington, D.C., 1995, p. 20.

조달을 자본시장에서 증자(equity financing)에 의할 것이냐, 은행의 차입(debt financing)에 의할 것이냐는 기존 주주의 소유구조를 변화시킬 수 있을 뿐만 아니라 경영자나 채권자의 이해관계에 영향을 미치게 된다. 자본구조에 대해 이론적으로 정리한 논문으로 다음을 일독할 필요가 있다. M. Harris and A. Raviv, "The Theory of Capital Structure," *Journal of Finance* 47 (1991), pp. 297–355.

6) 일반적으로 전문경영인에 의한 기업지배구조를 경영자지배(management control)라 하고, 이에 비해 대주주에 의한 기업지배는 소유자지배(owner control)로 구분한다.

〈그림 6−1〉에서 보여 주는 기업지배구조는 여러 나라에 동일하게 적용될 수 있는 기본모델이다. 기업은 기업주나 경영진에 의해 조직·운영되고 은행이나 다른 대주(貸主, lenders)로부터 차입(debt financing)하거나 자본시장에서 주식을 발행하여 물적자본(物的資本, physical capital)을 준비한다. 주주는 자신의 지분만큼의 이사회 구성 투표권을 갖는다. 대주는 자금을 공급하고 어떠한 이해관계자(stakeholders)보다 우선하여 대출원금과 이자에 대한 권한을 갖는다. 주주는 기업이 적자(赤字)가 나면 손실을 입고 이익이 나면 그것은 모두 주주에게 돌아간다. 이러한 주주의 잔여이익 청구권때문에 주주는 기업의 의사결정과 자산의 운용에 높은 관심을 가지게 되며, 이사회구성의 투표권을 통해 경영에 관한 영향력을 행사한다. 기업의 이사회, 종업원, 공급자, 고객 등과의 관계는 어느 나라에 있어서나 그 기본구조는 큰 차이가 없다.[7)]

이미 앞에서 여러 차례 상술한 바와 같이 소유자기업(所有者企業, proprietorship)은 한 사람이 여타 멤버들을 감독하고, 그들과의 계약갱신권을 가지며, 또한 잔여이익 청구권을 가지는 경우이다. 한마디로 회사의 최고의사결정권과 잔여이익 청구권이 한 사람에게 집중되어 있는 경우이다. 이러한 소유자기업의 경우는 우선 지배구조상의 이점으로 첫째, 소위 공동소유(共同所有)의 문제(common ownership problem)가 발생하지 않는다. 소유자가 1인이기 때문에 몇 사람이 기업을 공동소유함으로써 발생하는 소위 공유의 비극(共有의 悲劇, tragedy of commons)의 문제가 발생하지 않는다. 공동소유의 경우는 서로 노력은 적게 하고 이익은 많이 받아 내려 하는 경향이 생겨 조직 자체가 쉽게 황폐화하는 경향이 있는데 여기의 소유자기업의 경우에는 1인소유(一人所有)이기 때문에 그러한 위험은 발생할 가능성이 없다. 둘째, 소유와 경영이 한 사람에게 집중되어 있으므로 양자가 분리되어 있을 때 등장하는 경영인의 기회주의적 행동의 문제가 발생하지 않는다. 환언하면 경영인에 대한 감독의 문제(monitoring cost)가 발생하지 않는다. 따라서 그만큼 효율적일 수 있다.

반면에 소유자기업은 다음과 같은 단점을 가지고 있다. 첫째는 사업계획의

---

7) Margaret M. Blair, *Ownership and Control: Rethinking Corporate Governance for the Twenty-First Century,* The Brookings Institution, Washington, D.C., 1995, pp. 20−22를 참조하라.

시계(視界, planning horizon problem)가 짧아질 위험이 있다. 본래 여러 사업계획 중 어떤 사업계획을 선택할 것인가는 당해 기업의 소유자가 가지고 있는 장래소득(將來所得)과 현재소득(現在所得)의 주관적 교환비율(marginal rate of time preference)에 의하여 결정된다. 이 장래소득과 현재소득의 주관적 교환비율은 소유자가 장래소득에 비하여 현재소득을 얼마만큼 선호하는가를 나타내는 것으로 만일 소유자가 "현재소득 X(1+γ)"을 "장래소득"과 동일하게 평가한다면 여기서의 γ가 바로 장래소득과 현재소득의 주관적 교환비율이 된다. 예컨대 이 교환비율이 0.2인 사람은 현재 소비를 100만원 희생하는 대가로 장래소비 120만원을 요구하는 사람이다. 이러한 사람의 경우 장래소득이 120만원 이상 될 것이 확실하지 않는 한, 현재소비를 100만원 희생하며 100만원의 투자를 하려 하지 않을 것이다.

그런데 한 사회에는 그 사회평균의 장래소득과 현재소득의 교환비율이 있다. 그것이 사실은 시장이자율(市場利子率)이다. 그런데 일반적으로 이 시장이자율인 γ^*보다 소유자기업의 소유자개인의 γ가 상대적으로 높을 가능성이 많다.[8] 그렇다면 여러 사업계획 중 시장이자율로 평가해 볼 때 수익이 있는 사업도 소유자기업의 경우는 기피할 가능성이 높게 된다. 한마디로 사회적으로 보아 바람직한 사업도 소유자기업의 경우 소유자의 장래소득과 현재소득의 교환비율이 높아 채택되지 않을 가능성이 많게 된다. 요컨대 소유자기업의 경우는 일반적으로 사회적 사업계획의 시계보다 개인적 사업계획의 시계가 짧기 때문에 장기보다 단기지향형 투자가 많아지는 폐단이 있다는 것이다.

---

8) 왜 일반적으로 시장에서의 장래소득과 현재소득의 교환비율보다 개인의 그것이 더 높을까? 첫째 이유는 개인이 단체나 집단보다 더 위험기피적(危險忌避的)이기 때문이다. 그리하여 개인의 경우가 더 높은 교환비율을 더 요구하는 경향이 있다. 일반적으로 집단이나 단체는 개인보다 여러 가지로 위험분산이 용이하다. 예컨대 주식회사와 개인을 비교해 보자. 전자의 경우는 거대한 자본력을 배경으로 여러 사업에 위험을 분산할 수 있을 뿐 아니라, 주주들 자신들도 이미 여러 회사의 주식에의 분산투자를 통해 위험을 분산하였기 때문에 자기가 주식을 보유하고 있는 개별 회사에 요구하는 위험기피의 정도가 크지 않다.
둘째는 개인보다 집단이나 단체의 경우가 존속기간이 일반적으로 길다. 개인의 경우는 자연히 자신의 경제활동기간 안에 활동사업의 결과를 얻으려 하는 경향이 있다. 그러나 집단이나 단체의 경우는 얼마든지 개인의 자연적 수명이나 경제활동기간을 넘어 존속할 수 있고 활동할 수 있다.

둘째는 다각화(diversification)의 문제이다. 소유자기업의 경우 사업의 성패가 개인에 주는 영향이 직접적이고 집중적이기 때문에 단일사업에서 오는 위험을 분산하기 위해 여러 사업 분야에 문어발식 확장을 꾀하는 경우가 많다. 특히 각각의 사업에서 나오는 장래기대소득(將來期待所得)의 흐름 간에 부(負)의 상관관계가 클수록 위험분산의 효과가 크므로, 아무런 관련성이 없는 분야로 사업을 확장하는 경향이 강하다. 한마디로 혼합결합(混合結合, conglomerate integration)적인 성격이 강한 사업확장이 지배적이다. 요컨대 소유자기업의 경우에는 사회적으로 보아 위험부담이 상대적으로 적은 사업분야에 집중하는 경향을 가지며 동시에 상호연계성이 적은 사업분야에 문어발식 확장을 꾀하는 경향을 가진다.

셋째는 사업의 규모가 불가피하게 소유자 개인자본의 크기에 의해 제한된다는 한계를 가진다. 투자를 위한 외부로부터의 자본차입이 전혀 불가능한 것은 아니나 개인기업이 가지는 공신력의 한계, 외부채권자의 기업주에 대한 감시·감독의 어려움 등으로 거래비용이 높아 외부로부터의 차입에는 한계가 크다.

결국 이상의 논의를 요약하면 소유자기업은 위험부담이 적은 소규모사업, 특히 소유자 개인의 지속적·직접적 관리가 요구되는 질(質) 위주의 사업에 합당하다고 할 수 있다.

다음은 공개법인(주식회사)의 경우를 보자. 우선 회사지배구조상 장점으로 들 수 있는 것은 첫째, 앞의 소유자기업의 경우와 달리 사업계획의 시계가 짧아질 위험이 없다. 소유자의 효용의 극대화와 사회적으로 바람직한 투자의 선택 간의 괴리가 발생하지 않는다. 앞에서 본 $\gamma > \gamma^*$의 문제가 발생하지 않고, 일반적으로 γ^*에 의하여 투자여부가 결정된다.

둘째, 주주의 유한책임제(有限責任制)와 주식의 자유양도성(自由讓渡性)으로 인하여 주주의 위험분산과 위험부담의 축소가 가능하므로 수많은 주주로부터의 거액의 투자를 동원해 낼 수 있다. 또한 주식시장을 통하여 주주의 위험부담을 축소할 수 있기 때문에 공개법인의 경우는 소유자기업과 달리 오히려 위험부담이 있는 사업에도 진출할 수 있다는 이점이 있다. 위험부담이 있는 거대사업 분야, 규모의 경제를 향유할 수 있는 거대산업 분야에 합당한 제도라고 볼 수 있다.

셋째, 주주의 위험부담기능(risk-bearing function)과 전문경영인의 경영기능(managerial function)을 분리시킴으로써 소위 분업(分業)과 특화(特化, specialization)

의 이익을 향유할 수 있다. 이제는 전문경영능력을 가진 사람이 동시에 높은 위험부담능력을 갖추지 아니하고도 자신의 경영능력을 발휘할 수 있으며, 반대로 경영능력은 없으나 위험부담능력이 있는 사람도 이제는 사업에 참여할 수 있게 된다. 더 나아가 위험부담기능의 특화는 잔여이익청구권시장, 즉 주식시장을 생성·발전시켜 주가변동을 통하여 기업의 업적과 성과를 끊임없이 평가할 수 있게 만든다. 동시에 전문경영기능의 특화도 경영인노동시장의 형성을 가능하게 하여 끊임없이 유능한 경영인의 육성과 선발이 가능하게 만든다.

공개법인(주식회사)의 기업지배구조상의 단점으로 들 수 있는 것은 첫째, 기업의 규모가 커지면서 조정비용(coordination cost)이 크게 증가할 가능성이 있다는 점이다. 거대조직의 관리운영비용의 증가의 문제이다. 조직의 경직성의 증가, 관료주의(官僚主義)의 등장, 부문 간의 할거주의(割據主義), 중앙집권적 의사결정의 문제 등에서 발생하는 문제이다. 둘째, 전문경영인들에 대한 감독기능의 약화문제이다. 공개법인의 경우 무수히 분산된 주주들은 비록 잔여이익 청구권을 가지고 있다고 하나 앞의 공동소유(共同所有)의 문제에서 본 바와 같은 이유로 적극적으로 직접 나서서 경영을 감시·감독할 유인이 거의 없다. 또한 경영이 마음에 안 드는 경우에는 얼마든지 주식시장에서 소유주식을 처분하고 타회사의 주식을 매수할 수 있다. 따라서 공개법인의 경영은 사실상 경영인들의 자의(恣意)에 맡기게 되는 경향이 강해지고 여기서 경영인들에 의한 기회주의적 행위의 가능성이 등장한다. 그리고 그 가능성이 현실화되는 만큼 조직비용은 증가한다.

다음은 미공개법인(close corporation)의 경우를 보도록 하자. 미공개법인의 경우는 일반적으로 대주주가 직접 경영에 참여하는 경우가 많고, 여타 주주의 경우도 대주주와 직간접의 인간관계를 가진 경우가 많다. 이러한 경우에는 소위 위험부담기능과 전문경영기능의 분리에서 오는 장점, 즉 특화와 분업에서 오는 이익은 충분히 향유하지 못하나, 반면에 양 기능의 분리에서 오는 단점, 즉 전문경영인의 기회주의적 행위의 가능성은 그만큼 줄어든다고 볼 수 있다. 동시에 대주주의 의사가 사실상 기업의 최고의사가 되므로 그 한도 내에서 앞의 소유자기업의 논의에서 본 것과 같은 사업계획 시계(視界)가 짧아진다는 문제가 등장한다.

이상에서 소유자기업, 공개법인, 미공개법인 각각의 지배구조상의 문제점들을 간단히 살펴보았다. 각 조직 형태는 나름의 장점과 단점을 가지고 있다. 여기서 우리는 왜 우리 사회에 여러 형태의 사회조직이 공존하는가를 알 수 있다. 그것은 각 조직형태의 장단점이 다르기 때문에 각각 나름의 비교우위를 가질 수 있기 때문이다. 따라서 자신의 비교우위가 있는 산업분야 내지 업종분야에서 각자 지배적인 조직형태로 등장하게 되고 그래서 한 사회 내에서 여러 종류의 조직형태의 공존이 가능하게 된다.

제 2 절 주식회사제도의 문제: 대리인비용(agency cost)

주지하듯이 주식회사제도(공개법인)가 오늘날 현대사회에서 지배적인 기업형태가 되고 있다. 그 이유는 어디에 있을까? 첫째 이유는 대량생산 체제가 요구하는 거대자본의 동원에 가장 유리한 제도이기 때문이다. 유의할 것은 거대자본의 동원 그 자체가 목적은 아니라는 데 있다. 거대자본의 동원만이 문제라면 국가가 조세권(租稅權)을 동원하여서라도 직접 나설 수도 있다. 주식회사제도의 의의는 주식시장을 통하여 위험부담을 가능한 한 낮추어 투자자의 자발적 투자를 최대한 동원할 수 있다는 데 있다. 주식회사제도가 오늘날의 지배적 회사형태가 된 두 번째 이유는 전문경영인력을 최대한 효율적으로 활용할 수 있는 제도라는 데 있다.

주식회사제도의 이러한 이점은 실은 흔히 소유와 경영의 분리라고 불리는 위험부담능력(危險負擔能力)과 전문경영능력(專門經營能力)의 분리에서 온다. 이 양 기능의 분리가 가져오는 분업의 이익 내지 특화의 이익에서 온다. 우선 이 양 기능을 분리함으로써 주식시장을 통하여 위험을 분산시킬 수 있어 일반투자가들이 부담해야 하는 투자에 따른 일반 위험부담수준을 전반적으로 낮출 수 있다. 더 나아가 위험부담능력의 효율적 배분을 이룰 수 있다. 환언하면 주식시장을 통하여 투자자의 위험부담능력과 의사에 따라 위험부담수준이 상이한 회사의 주식에 투자할 수 있으므로 그만큼 거대자본의 효율적 동원이 가능하게 되는 것이다.

다른 한편 양 기능의 분리는 전문경영인 노동시장(專門經營人 勞動市場)의 형성을 가능하게 한다. 그리하여 전문경영능력이 있는 사람들은 비록 위험부담능력이 없어도 얼마든지 기업활동에 종사할 수 있게 되었고, 주식이 광범위하게 분산된 경우에는 대주주의 눈치를 보지 않고도 자신의 전문능력과 소신에 따라 기업활동을 할 수 있게 되었다. 더 나아가 전문경영인 노동시장의 형성은 경영인력의 단순한 활용을 가능하게 할 뿐 아니라 그의 효율적 배분을 가능하게 한다. 노동시장에서의 임금수준의 상하방 이동과 다양한 임금 격차를 통하여 상이한 경영능력을 적재적소에 배치하고 활용할 수 있게 한다.

요컨대 위험부담능력과 전문경영능력의 분리를 통하여 거대자본의 효율적 동원과 배분 그리고 전문경영인력의 효율적 동원과 배분이 가능하게 되었다고 볼 수 있다. 여기에 주식회사제도의 이점과 효율성의 근거가 있다. 주식회사제도가 다른 회사제도보다 효율적이기 때문에 지배적인 조직형태로 등장하는 것이다.

그러면 주식회사제도에는 이러한 이점만 있는가? 아니다. 주식회사제도 나름의 문제가 있다. 그 문제는 아이러니컬하게도 위험부담능력과 경영능력의 분리에서 온다. 이 양 기능의 분리가 한편에서는 앞에서 본 바와 같은 많은 제도적 장점을 가지고 있지만 동시에 새로운 문제의 근본원인이 되고 있다. 양 기능의 분리에서 나타나는 소위 대리(代理)의 문제(agency problem)가 그것이다.

대리문제란 어떤 문제인가? 대리문제는 대리관계(agency relationship)에서 발생하는 대리비용(代理費用, agency cost)의 문제이다. 그러면 대리관계란 어떤 관계인가? 대리관계는 본인(principal)이 대리인(agent)으로 하여금, 본인의 이익을 위하여 행사할 것을 조건으로 자신의 권리의 일부를 행사하게 하고 대리인의 그러한 노력에 대하여 보상을 지급하는 관계이다.[9] 대리인이란 본인으로부터 그러한 임무를 위임받은 자를 뜻한다.

그런데 대리이론에 의하면 대리인은 본인의 이익의 희생 위에 자신의 이익을 추구하려는 이기적 동기를 가질 수 있기 때문에 결과적으로 본인과 대리인 사이에는 이해상충의 문제, 이른바 대리문제가 등장할 수 있다는 것이다. 대리이론에 의

9) 여기서 대리인의 개념은 민법상의 법률행위에 대한 대리(민법 제114조)와는 다른 개념이다. 민법상의 대리는 대리인의 법률행위로 인한 법률효과가 본인에게 귀속된다는 것이지만, (법)경제학에서 말하는 대리는 주로 대리인의 행위로 인하여 본인의 효용이 변화한다는 것에 핵심이 있다. 본인의 효용함수를 결정하는 한 변수로서 대리인의 행동이 포함된다는 의미이다.

하면, 결국 기업도 하나의 대리관계로 볼 수 있으며 주주는 바로 본인이며 경영자는 대리인에 해당한다. 경영자는 자신의 이익을 위하여 주주의 부(富)에 손해를 끼칠 수 있다. 이러한 의미의 대리관계는 실은 주위에서 흔히 발견되는 관계이다. 예컨대 국회의원과 국민의 관계, 고용자와 피고용인의 관계, 지주(地主)와 소작인(小作人)의 관계, 의사와 환자의 관계 등이 모두 대리관계에 속한다고 볼 수 있다.

그런데 대리관계에서는 일반적으로 본인보다 대리인이 능력과 정보면에서 우위를 점하는 경우가 많다. 위임된 일 자체에 대한 전문적 지식과 정보를 대리인들이 본인보다 더 많이 가지고 있는 경우가 일반적이다. 이를 정보의 비대칭성(情報의 非對稱性, asymmetric information)이라고 부른다. 뿐만 아니라 대리인들이 과연 본인의 이익을 위하여 열심히 노력하는지를 측정해 볼 수 있는 수단이 대단히 제한적인 경우가 일반적이다. 앞에서 팀 생산의 문제를 논할 때 나왔던 측정의 문제(測定의 問題, metering problem)가 여기서도 발생한다. 이와 같이 정보의 비대칭성과 측정의 문제가 있게 되면 대리인의 기회주의적 행위(opportunistic behavior)와 눈속임(shirking)의 문제가 대리관계에도 등장하게 된다.

이상에서 본 대리관계의 문제를 주식회사제도의 경우에 적용하여 보면 세 가지 종류의 본인－대리인관계가 성립됨을 알 수 있다. 하나는 주주(shareholder)와 전문경영인의 관계에서 성립하는데, 여기서 주주가 본인이고 경영진이 대리인이다. 또 하나는 주주와 채권자(debtholder)의 관계에서 성립하는데, 여기서는 채권자가 본인이고 주주가 대리인이다. 마지막으로 지배주주와 소액주주 사이의 대리인문제도 있다. 지배주주가 대리인이고 소액주주는 본인에 해당한다. 각각의 경우 대리인문제가 어떤 형태로 나타나는가 하는 문제를 자세히 보도록 하자.[10]

우선 주주와 전문경영인 사이에 나타나는 대리인문제로부터 시작하자. 예컨대 처음에 주주와 경영인이 동일인이었다고 하자. 환언하면 회사주식의 100%를 경영인이 직접 가지고 있었다고 하자. 그러면 대리인의 문제는 물론 발생하지 아니하고, 주주－경영자는 자신의 효용을 극대화(utility maximization)하는 방향으로

10) 이 본인－대리인 문제를 주식회사제도와 관련하여 최초로 제기한 학자는 젠센(Jensen)과 메클링(Meckling)이다. Michael C. Jensen and William H. Meckling, "Theory of the Firm: Managerial Behavior, Agency Costs and Ownership Structure", 3 *Journal of Financial Economics* 305 (1976).

회사를 운영하여 갈 것이다. 자신의 기업활동의 대가로 회사에서 얻을 수 있는 화폐적(貨幣的) 보상(소비)과 비화폐적(非貨幣的) 보상(소비)이 주는 효용의 합을 극대화하려 할 것이다. 그리고 이 효용의 합을 극대화하기 위하여, 마지막 한 단위의 화폐적 소비가 주는 한계효용과 마지막 한 단위의 비화폐적 소비가 주는 한계효용이 같아지는 수준에서 화폐적 소비의 양과 비화폐적 소비의 양을 결정할 것이다. 여기서 화폐적 소비란 금전 그 자체를 의미하고, 비화폐적 소비란 예컨대 고급사무실, 외제차, 멋있는 비서, 각종 기부활동 등을 통한 좋은 대외 이미지, 친척 혹은 친구로부터의 구매, 필요 이상의 초현대적 설비의 도입 등을 의미한다.

따라서 회사주식의 100%를 경영인이 가지고 있는 경우에는 예컨대 100만원에서 얻는 경영인의 한계효용이 100만원어치의 비화폐적 소비에서 얻는 경영인의 한계효용과 같아지는 수준에서 비화폐적 소비의 양을 결정한다. 환언하면 *MU*(100만원) = *MU*(100만원어치의 비화폐적 소비)에서 비화폐적 소비의 양을 결정한다.11)

이 주주경영인(株主經營人)이 지금까지 자신이 소유하던 100%의 주식 중 20%를 매각하였다고 가정하자. 그리고 경영은 물론 계속한다고 보자. 그러한 때 이 경영자의 비화폐적 소비의 양은 어느 정도가 될까? 이제는 이 경영자가 100만원어치의 비화폐적 소비를 하였기 때문에 회사가 주주들에게 줄 수 있는 화폐적 보상의 양이 100만원어치 줄어들었다 하여도, 이 경영자가 부담하는 화폐적 소비의 감소의 양은 80만원에 불과하게 된다. 나머지 20만원은 다른 주주들이 나누어 부담하기 때문이다. 한 마디로 이제는 *MU*(80만원) = *MU*(100만원어치의 비화폐적 소비)에서 비화폐적 소비의 양이 결정된다. 따라서 앞의 경우보다 비화폐적 소비의 양이 늘어난다. 결국 경영자와 주주(여기서는 20%에 해당하는 주주) 간에 이해의 상충(conflict of interest)12)의 문제가 발생한다. 그리고 이것이 대리비용 발생의 주된

---

11) 여기서 *MU*는 물론 한계효용(marginal utility)이다. 여러 소비활동에서 얻을 수 있는 총효용(total utility)을 극대화하기 위해선, 각각의 소비활동의 수준을 각각의 소비활동에서 얻을 수 있는 한계효용들이 같아지는 수준에서 정하여야 한다. 왜냐하면 만일 한계효용에 차이가 있다면 한계효용이 높은 쪽 소비활동의 양을 확대하고 한계효용이 낮은 쪽 소비활동의 양을 축소함으로써 총효용을 높일 수 있기 때문이다. 환언하면 한계효용에 차이가 있는 한 아직 총효용의 극대화가 이루어졌다고 볼 수 없기 때문이다.

12) 경영자와 주주 간의 이해상충의 문제는 경영자는 주주의 이익보다 자신의 이익 증대를 더 중시하는 동기를 가지게 되면서 발생한다. 우선, 경영자는 기업 도산에 따른 자신의

원인이 된다.

같은 논리로 주주경영인이 자신소유의 주식을 90%를 팔았다고 하면 이제 그는 *MU*(10만원) = *MU*(100만원어치의 비화폐적 소비)가 되는 수준에서 비화폐적 소비의 양을 결정하게 된다. 이때의 비화폐적 소비의 양은 물론 앞의 경우보다 크게 늘어나게 된다. 결국 필요 이상의 과도한 비화폐적 소비의 발생은 주식이 광범위하게 분산되어 있고 회사의 경영이 전문경영인에게 맡겨져 있는 주식회사(publicly held corporation)의 경우에 발생할 수 있는 대리비용의 하나의 예시이다. 실은 과도한 비화폐적 소비보다도 더욱 심각한 문제가 될 수 있는 것은 위의 예에서 자신의 보유주식이 줄어들면서 나타나는 경영인의 일에 대한 열의의 감소, 노력의 감소, 무사안일적 경향의 증가 등일 것이다.

이상에서 본 바와 같이 주주와 전문경영인 사이에는 본인－대리인 관계의 성립으로 인한 비효율과 낭비가 발생한다. 그리하여 이 비효율을 줄이기 위해 본인은 각종의 감독과 감시를 강화하고, 경우에 따라서는 대리인 쪽에서 기회주의적 행위를 하지 않겠다는 약속을 스스로 제공하기도 한다. 이와 같이 본인－대리인 관계의 성립으로 인해 발생하는 일체의 비용을 우리는 대리비용이라고 부른다.

대리비용의 구성을 좀 더 구체적으로 살펴보면,[13] 첫째가 감독비용(監督費用, monitoring costs)이다. 대리인의 행위를 직접 감시·감독하는 데 드는 비용뿐만 아니라 일의 성과에 대한 평가비용, 합리적 보상체계와 유인체계의 도입비용, 기회주의적 행위의 제재비용(制裁費用) 등을 의미한다. 둘째가 보증비용(保證費用, bonding

---

실업 가능성을 줄이기 위해 가능한 투자위험이 없는 사업을 선호하여 부채비율을 줄이고자 할 것이다. 둘째, 경영자는 장기적으로 주주의 수익률이 높은 사업보다는 단기적으로 경영성과가 높은 사업을 선호하게 된다. 셋째, 경영자는 가급적 적게 노력하고 보다 많은 부수혜택(perquisite)을 얻고자 한다. 넷째, 경영자는 기업지배권(corporate control)의 이전에 따른 자신의 실업(失業) 가능성을 최소화 하고자 한다. 예를 들어 비록 주주의 장기적 이익에 배치되는 것이라도 경영자는 자신의 고용안전보장을 우선하는 투자결정이나 기업자산의 사적(私的) 이용을 도모할 수 있다. 이러한 경영자의 도덕적 해이(moral hazard) 문제는 앞서 언급한 경영정보에 대한 주주와 경영자 간의 정보의 비대칭 정도가 심할수록 그 가능성이 커진다고 할 수 있다.

13) Michael C. Jensen and William H. Meckling, "Theory of the Firm: Managerial Behavior, Agency Costs and Ownership Structure", 3 *Journal of Financial Economics* 305 (1976), pp. 305－306.

costs)이다. 경우에 따라서는 대리인이 스스로 기회주의적 행위를 하지 않겠다는 물적·인적 보증을 하기도 한다. 이와 관련된 비용이 보증비용(保證費用)이다. 셋째는 잔여손실비용(殘餘損失費用, residual loss)이다. 앞의 감독활동이나 보증활동 모두에는 비용이 들기 때문에 대리인의 기회주의적 행위를 100% 없애는 것은 사실상 불가능하다. 따라서 감독과 보증노력을 하고 나서도 남는 비효율과 낭비가 있을 수 있다. 대리관계로 인한 생산의 감소 혹은 본인의 효용감소라고 볼 수 있는 부분이다. 이 세 가지를 합하여 우리는 대리비용이라고 부른다.

일반적으로 주식회사의 경우 소유와 경영이 분리되어 있는 경우 전문경영인이 가지는 재량(裁量)의 범위는 매우 광범위하다 할 수 있다. 투자 프로젝트에서부터 생산요소의 조달, 현금의 인출, 거래가격의 결정에 이르기까지 실질적인 의사결정을 하게 된다. 따라서 전문경영인의 이러한 재량을 사적 이익(私的 利益)을 제고하는 기회로 활용한다면 이는 결국 주주의 이익을 탈취하는 결과가 초래될 것이다. 또한 경영자에 대한 보상이 일반적으로 고정적으로 이루어지는 까닭에 주주와 경영자 간에 존재하는 정보의 비대칭성이 경영자로 하여금 경영성과를 올리기 위한 적극적 노력을 회피(shirking)하게 할 수도 있다. 화폐적 보상(소비)이 고정되어 있기 때문에 가급적 적게 일하고 앞에서 본 비화폐적(非貨幣的) 보상(소비)을 높이는 것이 경영자의 효용을 오히려 증가시킬 수도 있다.

또한 주주는 장기적인 현금흐름에 따라 배당 또는 주가차익을 얻을 수 있으나, 경영자는 과거의 업적에 의존하여 보상(ex-post settling-up)을 받기 때문에 주주를 위해 장기적인 미래의 현금흐름(cash flow)을 확보하기보다는 단기실적(短期實績, short-termism)에 치중할 수 있다. 또한 주주는 앞서 언급한 것처럼 분산투자를 통해 위험을 감소시킬 수 있는 데 비하여 경영능력은 위험을 분산할 수 없는 비시장자산(非市場資産, non-marketable asset)이기 때문에 경영자 자신의 책임을 줄이기 위해 위험을 회피하는 방향으로 경영방침을 정할 수도 있다. 이러한 모든 행동은 결국 주주의 손실로 돌아가게 된다.

이와 같이 주주와 전문경영인 간에 발생하는 대리비용이 바로 주식회사제도에 내재하는 근본적 문제 내지 약점의 하나이다.[14] 여기서 잊지 말아야 하는 것

---

14) 혹자는 전문경영인이 외부에서 자본을 차입하여 모든 주주들로부터 주식을 구입하여

은 이미 앞에서 본 바와 같이 주식회사제도는 거대자본동원의 이익이라든가 전문경영능력의 활용이익 등 많은 이점이 있다는 사실이다. 그러나 이와 동시에 주식회사제도에는 지금 본 바와 같이 대리비용이라는 비용이 드는 제도이다. 물론 전자의 이익이 후자의 비용보다 크기 때문에 주식회사라는 제도가 등장할 수 있었고 오늘날처럼 번창하고 있는 것은 사실이다. 그러나 주식회사제도에는 대리비용이라는 문제가 있다는 사실을 잊어서는 안 된다. 뒤에서 자세히 보겠지만 주식회사와 관련된 각종 법제의 대부분은 실은 바로 이 대리비용을 어떻게 낮출 것인가를 목적으로 하고 있다.[15]

다음은 주주와 채권자의 사이에 발생하는 대리비용의 문제를 보도록 하자. 이 경우에도 세 가지 종류의 대리비용이 발생한다. 첫째는 부(富)의 감소비용(wealth loss costs)이다. 일반적으로 타인으로부터 차입하여 사업을 하는 경우에는 자신의 자본으로 하는 경우보다 위험부담이 높고 대신 수익률이 높은 사업에의 투자를 선호한다. 특히 주식회사의 경우 유한책임제(limited liability)이기 때문에 극단적인 경우 투자에 실패하여도 주주나 전문경영인의 부담은 적고, 반면에 투자가 성공하면 높은 이익을 향유할 수 있기 때문에 타인자본차입에 의한 사업의 경우 고위험·고수익 사업에 대한 투자선호경향이 생긴다. 이와 같이 과도한 고위험사업에 대한 투자선호로 인하여 발생하는 부의 감소가 회사와 채권자 사이의 대리비용의 하나를 구성한다. 이러한 위험선호는 경제의 확장기에는 주주의 자본투자 수익률을 높이는 장점이 있지만, 경제의 침체기에는 기업의 도산(倒産) 위험을 급속히 증가시키는 문제를 갖고 있다.

둘째는 파산가능성 증가비용(bankruptcy costs)이다. 차입의 경우에는 총자산

100% 소유한다면 대리인 문제는 해결될 수 있고, 따라서 그만큼 보다 효율적인 회사를 만들 수 있지 않겠는가 하고 주장할지 모른다. 이 주장은 타당한가? 만일 그렇다면 왜 현실적으로 그러한 회사들이 많이 나타나지 않는가? 이 주장의 문제점은 어디에 있는가?

15) 대리비용은 회사마다 산업마다 다를 것이다. 그러나 같은 산업이라면 어느 회사가 대리비용을 보다 많이 낮출 수 있었는가가 그 회사의 시장경쟁력을 높이는 데 크게 기여할 것이다. 국가의 경우도 마찬가지이다. 대리비용은 국가마다 다를 수 있다. 그 나라의 법제, 상관습, 국민들의 의식구조, 행동양식 등에 따라 대리비용이 나라마다 크게 다르게 나타날 것이다. 따라서 다른 조건이 같다면 보다 작은 대리인 비용을 달성하는 국가일수록 그 국가의 국제경쟁력이 높아진다고 볼 수 있다.

속에 차지하는 차입의 규모가 증가할수록 채무변제불능(債務辨濟不能)의 사태가 발생할 가능성이 증가한다. 이 점이 주식의 경우와 다르다. 특히 문제가 되는 것은 일단 특정차주(特定借主)와 차입계약을 체결한 후에도 지속적으로 외부차입을 확대하는 경우이다.16) 또한 기업의 변제불능시 경영자가 부채상환에 대한 결정권을 가지므로 경영자는 채권자를 곤란에 빠뜨릴 수 있을 뿐 아니라 잔여자산의 채권확보에 있어서도 일반적으로 채권자가 다수이므로 상호이해의 상충으로 교섭이 용이하지 않을 수 있다. 이것은 결국 채권자에게 과다위험(過多危險)을 초래하게 된다.

셋째는 감독비용(monitoring costs)과 보증비용(bonding costs)이다. 가능한 한 회사가 성실히 하도록 감시하고 감독하는 비용이다. 예컨대 금융기관이 대출한 기업에 대한 사후관리가 여기에 해당할 것이다. 또한 대출받은 기업이 담보를 제공한다든가 정기적으로 금융기관에 재무제표를 제출한다든가 등이 여기서의 보증비용에 해당한다. 이상의 세 가지의 합이 주주－채권자 간의 대리비용이다.

마지막으로 특히 우리나라의 경우에 문제되는 것은 지배주주와 소액주주 사이의 대리인문제다. 다른 국가와 마찬가지로 우리나라 회사법도 전통적인 경영자와 주주 사이의 대리인문제를 해결하는 것에 중점을 두고 있다. 그런데 이러한 틀은 앞서 설명한 바와 같이 주로 다수의 분산된 주주, 소유와 경영의 분리, 전문경영자에 의한 경영 등을 전제로 하고 있어서, 이러한 전제가 충족되지 못하는 우리나라 현실에서 만족스럽지 못한 결과를 초래할 수 있다. 우리나라의 현실을 보면, (1) 많은 회사에서 지배주주가 존재하여 중요한 의사결정을 내리고 있고, (2) 회사가 단독으로 존재하는 것이 아니라 특히 대규모 상장회사의 경우 순환출자 구조를 통하여 기업집단을 형성하고 있다는 점에서 위에서 설명한 전제와 괴리가 있다. 그 결과 사실상 우리나라에서 문제되는 것은 전통적인 경영자와 주주 사이의 대리인문제가 아니라 지배주주와 소액주주 사이의 대리인문제다. 쉽게 말하자

---

16) 계약체결시의 회사의 재무구조(財務構造)의 상황은 차입이자율(借入利子率)에 반영된다고 볼 수 있다. 재무구조가 나쁜 회사의 경우라면 높은 이자를 지급해야 차입할 수 있고, 좋은 경우라면 낮은 이자율로 차입이 가능하다. 그러나 계약체결 후의 재무구조의 악화가능성(예컨대 지속적인 외부차입의 확대)에 대하여서는 채권자보호(債權者保護)를 위한 별도의 제도적 장치를 강구할 필요가 있다.

면, 기업집단 또는 회사를 사실상 지배하고 있는 지배주주가 사익을 추구하거나 다른 소액주주의 이익을 해하는 기회주의적 행동을 함으로써 사회적으로 비효율을 야기할 수 있다는 것이다. 이 경우 대리인문제의 틀에서 보면 지배주주의 행동에 따라 소액주주의 효용이 변하기 때문에, 지배주주가 대리인이고 소액주주가 본인이 된다.

앞에서 본 세 가지 대리비용을 어떻게 줄일 것인가 하는 문제가 주식회사제도 발전의 근본에 관련되는 문제이다. 더 나아가서는 주식시장과 사채시장(社債市場)은 물론 금융시장 전체의 발전에 깊이 관련되는 문제이다. 흔히 제기되는, 바람직한 회사법제인가 아닌가, 바람직한 기업지배구조(good corporate governance)인가 아닌가의 문제도 실은 이들 대리비용을 얼마나 낮출 수 있는가의 문제로 요약될 수 있다. 뒤에서 상론하겠으나 회사법제의 목적의 하나가 바로 대리비용의 축소이다. 다만 주의할 것은 회사법제 이외에도 대리비용을 축소시키는 다양한 메커니즘이 존재한다는 사실이다. 이 사실에 대한 인식을 위해 회사법제에 대한 본격적 분석과 함께 법 이외에도 어떠한 대리비용 축소 메커니즘이 존재하는지 함께 살펴보도록 한다. 그전에 최근의 소유구조에 관한 논의를 잠깐 살펴보도록 한다.

제3절 사적 이익(私的 利益)과 소유구조

기업소유구조에 관한 논의는 최근 법과 재무이론(law and finance) 분야의 핵심적인 이론이다. 문제는 투자자의 보호수준이 기업의 소유구조에 어떠한 영향을 주는가 하는 것이다. 사실 어떤 소유구조가 사회적으로 효율적인지에 대해서는 아직 일반적인 '정답'은 없다. 주식소유가 분산된 분산소유체제든 주식소유가 특정인에게 집중되어 있는 지배주주체제든, 각 소유구조는 사회적 효율성의 관점에서 장단점이 있기 때문이다. 지배주주체제에서는 주식의 유동성이 떨어진다거나 지배주주의 전문성이 떨어지는 등의 문제가 있고, 반면 분산소유체제에서는 경영진의 기회주의적 행동의 가능성이나 경영진의 단기실적주의 등이 사회적 비효율을 야기하게 된다.

기업의 소유구조 이론에서는 이렇게 비효율성을 야기하는 요소에 대해서는 크게 관심을 기울이지 않는다. 대신 기업이 산출한 몫의 분배에 많은 관심을 기울인다. 분배에 관한 문제가 논의되는 이유는 사후적으로 어떻게 분배가 이루어지는가에 따라 당사자의 사전적 인센티브가 달라지기 때문이다. 기업이 산출한 부 가운데 지배주주 또는 경영진이 다른 소액주주를 배제하고 누리는 부분을 흔히 "사적 이익(private benefit)"이라고 하는데, 이러한 사적 이익의 크기에 따라 기업의 소유구조를 선택하는 사전적 인센티브가 왜곡된다는 것이다. 일반적으로 이러한 부의 유출은 지배주주가 존재하는 경우에 더 크겠지만 반드시 그렇게 가정할 필요는 없다. 근래에는 미국의 재무적 연구를 중심으로 영미식 분산소유체제가 지배주주체제보다 더 효율적이라는 주장도 많은데, 반드시 그렇지는 않다는 점을 주의해야 한다. 투자자 보호를 강조하는 연구들이 그러한 인상을 주는 이유는 그 경제학적 모형들이 주로 지배주주의 사적 이익에 주목하고 있기 때문이다. 오히려 소유구조 이론에서 얻을 수 있는 시사점은 투자자 보호법제가 단순히 분배적 차원에서, 즉 투자자의 이익을 보호하기 위해서 존재하는 것이 아니라, 사회적 효율성을 추구하는 측면에서도 정당화될 수 있다는 점이 중요하다.

설명을 위하여 먼저 간단한 모형을 생각해 보자. 기업의 소유구조가 분산소유체제이든 아니면 지배주주체제이든 각각의 비효율이 존재한다고 하자. 주어진 사회적 여건에 따라 어느 경우에는 분산소유체제가 더 효율적일 수도 있지만, 또 어떤 사회에서는 지배주주체제가 더 효율적일 수도 있다. 예를 들어, 현재 100주의 주식 중에서 50주를 지배주주가 소유하고 있고 나머지 50주는 분산되어 있는 회사를 생각해 보자. 먼저 현재의 기업가치가 100원인데, 지배주주가 지배권을 포기하고 주식을 완전히 분산시켜서 분산소유체제로 전환하면 기업가치가 110원으로 증가하는 경우를 생각해 보자. 그리고 현재 기업가치는 지배주주 60원, 소액주주 40원으로 나누어 가지고 있다고 하자. 여기서 지배주주가 추가적으로 가지는 20원을, 소액주주를 배제하고 지배주주만 누리고 있다는 의미에서 "사적 이익"이라고 부른다. 여기서 질문은 이러한 상황에서 위 기업이 분산된 소유구조로 이행하겠는가 하는 것이다.

사회적인 관점에서 본다면 그렇게 되는 것이 효율적이다. 10원의 가치증가가 있기 때문이다. 그러나 이러한 상황에서 50% 지배주주는 자신의 주식을 팔 인센티브를 가지지 않는다. 왜냐하면 시장에서 자신의 주식을 매각하는 경우, 완전정보시장을 가정하더라도, 110원의 50%인 55원밖에 받지 못하기 때문이다. 현재 60원의 가치를 누리고 있는 지배주주가 그렇게 할 인센티브가 없다. 지배주주가 자신의 주식을 팔면서 60원 이상 받기 위해서는 기업가치가 120원 이상으로 상승되어야 하는데, 결국 기업의 가치증가가 100원에서 120원 사이에서 생기는 경우, 이러한 변화는 비록 사회적으로 효율적임에도 불구하고 일어나지 않는다. 지배주주는 소유구조 선택에 관해서 왜곡된 인센티브를 가지게 되는 것이다. 개인의 인센티브와 사회적 효율성의 괴리라는 기본적인 직관이 이 모형에서도 유효하다. 이러한 설명은 〈그림 6-2〉를 보면 더 쉽게 알 수 있다.

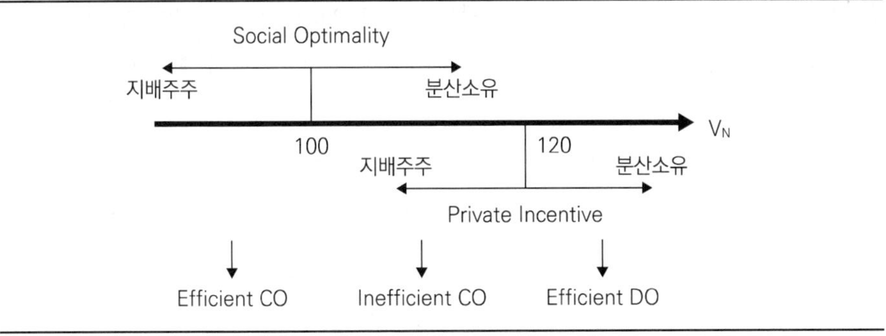

그림 6-2 소유구조의 사전적 인센티브

이러한 계산과정을 잘 보면, 지배주주의 인센티브가 왜곡되는 이유는 지배주주가 사적 이익을 누리고 있기 때문임을 알 수 있다. 소유구조이론에서는 이렇게 지배권에 따르는 사적 이익을 투자자에 대한 보호법제가 미흡하기 때문에 발생하는 것으로 본다. 만일 투자자 보호법제가 잘 강제되고 있어서 지배주주가 함부로 자신의 이익을 추구할 수 없게 된다면, 사적 이익이 0원에 가깝게 되고, 그렇게 되면 분산소유구조하에서 기업의 가치가 100원보다 커지는 경우 지배주주는 주식을 팔고 분산된 소유구조로 이행할 인센티브를 가질 수 있다. 사적 이익을 통제하는 것이 회사법의 역할이라고 한다면, 회사법은 이를 통하여 사회적 효율성에 봉사하는 것으로 볼 수 있다.

위 모형은 일부의 변수만을 고려한 간단한 모형이지만, 이것만 가지고도 기업의 소유구조에 관한 몇 가지 쟁점에 대한 시사점을 얻을 수 있다.

(1) 지배권을 행사하는 데 필요한 현금흐름에 대한 권리가 적어지면 소유구조 선택에 왜곡이 발생할 가능성이 더 높아진다. 예를 들어, 현재 지배주주가 50주가 아니라 20주를 보유하면서 기업을 지배하고 있다고 하자. 그 의미는 지배주주가 기업이 창출하는 현금흐름의 20%만을 보유한다는 것이다. 지배권 프리미엄을 여전히 20원이라고 하고 위 계산을 다시 하면, 지배주주는 회사의 가치가 얼마로 커져야 분산된 소유구조로 이행하려고 할까? 현재 지배주주의 몫은 (80원×20%)+20원=36원이므로, 지배주주는 기업가치가 180원 이상이 되어야 시장에 자신의 지배주식을 매각할 인센티브를 가진다. 지배주주의 인센티브가 사회적 효율성으로부터 이탈하는 범위가 100원에서 180원 사이로 넓어진 것이다. 물론 수식을 사용하면 보다 정확하게 표현할 수 있으나, 간단한 직관으로도 지배에 필요한 지분이 적어질수록 현재의 지배주주가 존재하는 소유구조가 비효율적일 확률이 더 커짐을 짐작할 수 있다. 2000년대 이후 우리나라에서 기업집단에 대한 출자총액 규제의 근거로 소유와 지배의 괴리가 등장한 것도 이러한 직관으로 쉽게 설명할 수 있다.

(2) 이 모형은 소액주주를 왜 보호하여야 하는지에 관해서 시사하는 바가 크다. 기업지배구조이론에서 소액주주의 보호를 강조하는 것은 소액주주가 보호받을 만한 이유가 있거나 그렇게 보호하는 것이 정의롭기 때문이 아니다. 흔히 “개미” 투자자라고 하면서 소액투자자들을 마치 생활보호 대상자처럼 생각하는 것은 문제의 본질을 흐릴 따름이다. 소액투자자 가운데는 국제적인 헤지펀드도 있고 투자회사와 같은 기관투자자도 있다. 나아가 위 숫자 예에서 소액주주는 주당 0.8원, 지배주주는 주당 1.2원으로, 소액주주는 지배주주보다 주당 0.4원 적게 가치를 배분받고 있지만, 그렇다고 소액주주가 손해를 보고 있는 것은 아니다. 어차피 시장이 효율적이었다면 소액주주는 그 주식을 주당 0.8원을 주고 매입했을 것이기 때문이다. 따라서 설사 기업지배구조가 좋지 않아서 주가가 낮다고 하더라도, 소액주주가 이러한 정보가 반영된 가격에 주식을 매입했다면 나쁜 기업지배구조로 인한 피해자는 아니다. 그런데 왜 소액주주를 보호하여야 하는가? 이 모형에서 말하고자 하는 바는, 소액주주를 보호하지 않으면 지배주주의 인센티브가 왜곡되어 결국 사회적 효율성을 달성하지 못하기 때문이다. 소액주주의 보호는 분

배의 차원이 아니라 사전적 인센티브라는 효율의 차원에서 이해할 수 있다.

(3) 우리나라의 재벌의 소유구조에 대해서는 이 간단한 모형이 시사점을 가진다. 재벌 그룹 전체를 하나의 회사로 보면, 재벌 그룹은 지배주주가 존재하고 있기 때문이다. 현실에서 나타나는 지배주주 체제는 사회적으로 바람직하지 않은 것인가? 또는 소유구조를 지배주주 체제로 갈지 전문경영인 체제로 갈지는 시장에서 선택할 수 있도록 해야 하는 것은 아닌가? 예를 들어, 우리나라와 같이 신뢰가 부족한 사회에서는 경영진의 대리비용을 막을 수 있는 지배주주 체제가 보다 바람직한 것은 아닌가? 위 모형을 놓고 생각해 보면, 일부는 옳고 일부는 틀린 주장이다. 현실의 지배주주 체제는 그것이 더 효율적이라서 나타난 것일 수 있다. 예를 들어, 위 사례에서 분산된 소유구조로 가면 기업가치가 90원이 된다고 하자. 이 경우에도 계산해 보면, 현재 60원의 가치를 누리는 지배주주로서는 시장에 자신의 보유주식을 팔면 45원밖에 받지 못하므로, 결국 계속 지분을 보유하게 된다. 이 경우 나타난 지배주주 체제는 사회적으로 효율적이다. 일반적으로 경영진의 대리비용이 너무 큰 경우에는 경영진의 행위를 감시할 수 있는 지배주주의 존재가 사회적으로 효율적일 수 있으며, 따라서 일방적으로 지배주주의 존재와 투자자 보호의 미비를 연결시킬 이유는 없다. 현실적으로 지배주주 체제가 존재하는 것이, 지배주주가 사적 이익을 추구하기 쉬워서 존재하는 것인지, 아니면 전문경영인의 대리비용이 워낙 높기 때문에 그쪽으로 이행하지 못하는 것인지는 더 따져보아야 하는 것이다. 이 모형은 특정한 지배주주체제의 효율성을 단언할 수는 없으나, 만일 법이 투자자의 보호를 강하게 하여 지배주주가 누릴 수 있는 사적 이익을 매우 낮은 수준으로 만들 수 있다면, 사회적으로 비효율적임에도 불구하고 지배주주 체제가 나타날 "확률"이 줄어든다는 것은 말할 수 있다.

(4) 위 모형에서는 사회적으로 분산된 소유구조가 효율적임에도 불구하고 개인적으로는 지배주주 체제를 택할 인센티브가 있음을 보이고 있다. 그 반대의 가능성은 없는가? 예를 들어, 미국에서는 분산된 소유구조가 대부분인데, 이것이 반드시 그 사회에서 효율적이어서 그렇게 된 것인가? 아니면 사회적으로는 지배주주 체제가 효율적임에도 불구하고 분산된 소유구조가 나타난 것은 아닌가? 투자자 보호만을 고려하는 모델에서는 그럴 수 있는 가능성이 없다. 다시 말해서, 위 사례에서 분산된 소유구조로 가면 기업가치가 90원이 됨에도 불구하고 지배주주

가 비효율적으로 주식을 파는 경우는 만들어 낼 수 없다. 일반적으로 "투자자 보호수준"이라는 변수의 효과는 위에서 설명한 방식으로밖에는 작동하지 않는다. 투자자 보호가 잘 이루어지지 않으면 분산소유가 효율적임에도 불구하고 지배주주 체제가 왜곡되어 나타날 수 있으나, 투자자 보호가 완벽하게 된다고 해서, 그 반대의 현상, 즉 지배주주 체제가 효율적임에도 불구하고 분산소유가 나타나는 것은 아니다. 투자자 보호라는 이러한 편향성을 가지고 있기 때문에 그 한계를 정확히 인식할 필요가 있다. 흔히 미국의 논문을 읽다 보면 분산된 소유구조의 우월성을 전제하고 있는 듯 보이는 것도, 그러한 전제를 명시적으로 하고 있다기보다는 투자자 보호를 강조하다 보니 저절로 그렇게 되었다는 것으로 이해하는 것이 옳다.

제3장 대리비용 축소를 위한 제도

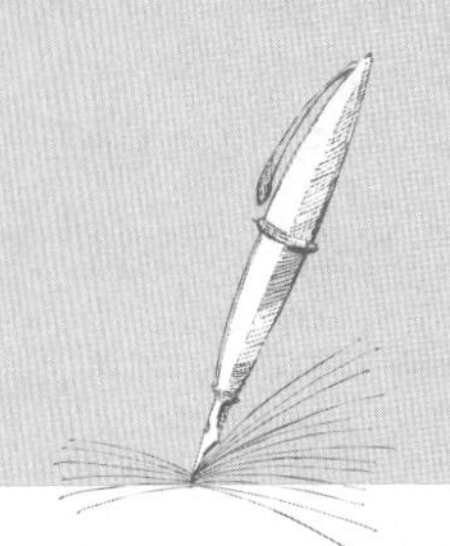

주식회사제도와 관련되는 대리비용의 문제 중, 특히 주주와 전문경영인 간에 발생하는 대리비용의 문제에 초점을 맞추어 이 대리비용의 축소를 위한 어떠한 메커니즘들이 존재하는가를 보도록 한다. 대별하면 (1) 계약을 통한 방법, (2) 법률을 통한 방법, (3) 주주권의 행사를 통한 방법, (4) 시장을 통한 방법, (5) 새로운 패러다임 구축을 통한 방법으로 나누어 생각할 수 있다. 아래에서 각각 나누어 설명하도록 한다.

제 1 절 계약을 통한 방법

제1항 자본구조(資本構造)의 조정

계약을 통한 대리비용의 축소방법에는 두 가지가 있다. 하나는 자본구조(capital structure)의 조정을 통한 방법이고, 다른 하나는 경영인들의 보수구조(executive compensation)의 개선을 통한 방법이다.

자본구조란 회사의 총자산(assets)을 구성하는 자본(equity)과 부채(debt)의 상대적 비중, 자기자본과 타인자본의 상대적 비중을 의미한다. 표현을 좀 달리 하면 회사발행 유가증권 중 주식(stock)과 사채(bond)의 상대적 구성비라고도 할 수도 있다. 한마디로 필요한 자본을 어느 정도 내부조달에 의존하고 어느 정도 외부차입에 의존하는가이다. 대부분의 회사의 경우 이 양자를 모두 활용하고 있다. 필요자본을 100% 내부조달(주식)하는 경우도 거의 없고, 반대로 100% 외부차입에만 의존하는 경우도 없다. 왜 그럴까?

두 가지 이유를 생각해 볼 수 있다. 하나는 주식과 사채를 동시에 활용함으로써 위험과 수익률에 대하여 다양한 선호를 가진 많은 투자가로부터 자본을 광범위하게 조달할 수 있기 때문이다. 고위험－고수익(high risk-high return)을 선호하는 투자가와 저위험－저수익(low risk-low return)을 원하는 투자가 모두로부터 자본을 조달할 수 있다. 일반적으로 주식의 경우는 고위험－고수익을 선호한다고 볼 수 있고 사채의 경우는 저위험－저수익을 선택한다고 볼 수 있다. 사채의 경우에도 담보부사채(擔保附社債)의 경우가 무담보사채(無擔保社債)의 경우보다 저위험－저수익을 선호하는 투자라고 볼 수 있다.[1)]

두 번째 이유로 생각할 수 있는 것은 주식과 사채를 동시에 활용함으로써 대리비용을 최소화 할 수 있기 때문이다. 이미 앞에서 본 바와 같이 주식과 사채의 두 가지 자본조달방법 모두에 대리비용이 든다. 주주와 경영인 사이뿐만 아니라 회사와 채권자 사이에도 대리비용이 발생한다. 따라서 비용최소화를 목표로 하는 회사는 개별 대리비용이 아니라 총대리비용의 최소화를 목표로 하게 된다. 그리하여 이 총대리비용이 최소화되는 자본구조, 즉 그러한 내부조달과 외부차입의 구성을 지향하게 된다. 이러한 자본구조를 최적자본구조(最適資本構造, optimal capital structure)라고 부른다.[2)] 총대리비용을 최소화하는 이러한 최적자본구조는 각각의 자본조달방식의 한계대리비용(限界代理人費用)이 균등화(均等化)되는 수준에서 내부조달과 외부차입의 양을 정하면 달성될 수 있다.

이상과 같은 이유로 인하여 회사는 내부와 동시에 외부자본에 반드시 의존하게 되는데, 이 중 특히 외부자본에의 의존이 주주와 경영인 간에 발생하는 대리

1) 담보부사채의 경우가 무담보사채의 경우보다 일반적으로 평균이자율(平均利子率)이 낮음을 상기하라.

2) 최적자본구조의 문제는 주지하듯이 모딜리아니(Modigliani)와 밀러(Miller)가 자본구조의 문제, 즉 자기자본과 타인자본의 비중의 문제는, 완전자본시장(完全資本市場)하에서는 회사의 가치(시장가치)와 무관하다는 주장을 편 바 있고, 그 이후로 다양한 이론들이 제시되었다. Holstrom and Tirole, "The Theory of the Firm", 1 *Handbook of Industrial Organization* 63, Schmalensee and Willig (eds.) (1989) 참조.

비용을 축소시키는 데 기여한다는 점이 중요하다. 환언하면 자본구조가 주주와 경영인 간의 대리비용을 낮추는 기능을 한다는 점이다. 자본구조가 대리비용을 낮추는 효과는 다음과 같은 두 가지 경로를 통하여서이다.

첫째는 채권자를 통한 경영에 대한 감독기능의 도입이다. 우리는 앞에서 분산된 다수의 주주의 경우 경영에 대한 감시와 감독의 전문능력도 부족할 뿐 아니라, 감시와 감독의 유인도 존재하지 않음을 보았다. 그러나 채권자의 경우 대부분이 회사나 금융기관과 같이 기관채권자(機關債權者)가 많기 때문에 일반적으로 개인주주의 경우보다 경영에 대한 감독과 감시의 전문능력이 뛰어나다. 또한 경영부실의 경우 주주는 주식을 처분할 수 있으나 채권자의 경우는 그 피해를 피하기 어렵다. 뿐만 아니라 주주의 수보다 채권자의 수가 일반적으로 적기 때문에 소위 무임승차(free riding)의 문제가 덜 발생한다. 이러한 이유로 채권자에 의한 감독 내지 감시기능이 요구되는 것이다.

둘째는 파산가능성(破産可能性)의 제고를 통한 경영에의 압력이다. 자산의 구성요소 중 부채의 비중을 지속적으로 증가시키면 그만큼 지불불능사태가 도래할 가능성을 높인다. 왜냐하면 부채의 경우는 경영수지(經營收支)의 변화와 무관하게 일정의 이자를 지불하고 만기가 되면 원금도 완납해야 하기 때문이다. 따라서 자기자본인 주식의 경우와 달리 타인자본인 사채 등의 경우, 그의 증가는 회사의 파산가능성을 높이고 이는 전문경영인들로 하여금 더욱 적극적인 경영개선노력을 하도록 유도한다. 결국 자본구조 그중에서도 특히 타인자본의 비중은 경영인의 기회주의적 행위를 줄이는 데, 환언하면 대리인 비용을 낮추는 데 기여한다고 볼 수 있다. 왜냐하면 파산의 경우는 경영인들에게도 상당한 비용의 부담을 의미하기 때문이다. 경영인들도 가능한 한 파산은 피하여야 하기 때문이다.

경영인들이 부담하는 파산비용(破産費用)으로는 우선 자신의 경영능력에 대한 시장적 평가(市場的 評價)의 저하를 들 수 있다. 비록 파산의 원인이 일반적인 경기침체에 있었다 하더라도, 실제의 파산의 원인과 무관하게 당해 전문경영인에 대한 시장적 평가는 나빠질 수밖에 없다. 따라서 앞으로 경영인 노동시장에 나올 때 일단은 불리해진다고 볼 수 있다. 뿐만 아니라 만일 경영인이 당해 회사특유의 인적 자본(firm-specific human capital)을 많이 투자해 놓았다고 한다면, 파산의 경우는 당해 투자의 회수가 불가능하기 때문에 그만큼 손해가 난다. 여기서 회사특유의 자본이란 당해 회사를 매개로 한 여러 가지 인간관계, 신용과 신뢰관계, 당해 회사에서만 의미가 있는 여러 실무경험과 전문지식 그리고 정보 등을 의미한다. 이러한 회사관련 특유의 인적 자본은 당해 회사가 존속하고 그 속에서 근무하는 경우에만 의미와 가치가 있기 때문에 사회의 파산은 이들 모든 인적 자본투자의 손실을 의미한다. 이상과 같은 이유로 전문경영인들도 적지 않은 파산비용을 부담하는 셈이기 때문에, 파산가능성을 높이는 타인자본의 존재 그리고 그 비중의 증가는 경영인들로 하여금 보다 많은 경영노력을 하도록 유도한다고 볼 수 있다.[3)]

제2항 보수구조(報酬構造)의 개선

이상이 자본구조를 통한 대리비용의 축소문제이고, 다음은 계약을 통한 두 번째의 방법인 전문경영인들의 보수구조의 개선문제를 보도록 한다. 만일 경영인들의 경영노력을 정확히 측정해 내어 거기에 상응하는 적정한 보상을 정확히 할 수 있다면 그리고 그러한 비용이 작다면, 우리는 대리비용의 문제의 거의 대부분을 해결하였다고 할 수 있다. 왜냐하면 비록 대리인과 주인과의 사이에 이해관계의 괴리가 있다 하여도 주인을 위한 대리인의 노력에 정확히 상응하는 보상체계를 고안해 낼 수 있다면, 그리고 대리인의 활동 속에서 자기를 위한 노력이 아니라 주인을 위한 노력만을 정확히 구별해 이를 측정해 낼 수 있다면, 사실상 대리문제는 발생하지 않는다고 할 수 있기 때문이다. 물론 이러한 의미의 완전한 보상

---

3) 젠센(Jensen)이나 스툴즈(Stulz)도 부채가 경영자의 재량을 제한함으로써 경영자의 대리비용을 감소시킨다고 주장한다. 그 이유는 첫째, 부채는 원리금(元利金)의 정기지급을 의무화시키므로 경영자의 현금흐름에 대한 통제력과 재량이 감소된다. 둘째, 부채의 상환을 확보하기 위해 채권자는 경영에 대한 감시를 강화하게 될 것이다. 이러한 이유들로 경영자가 기업자산의 낭비 등 부적절한 사적 이익을 추구하는 대리비용이 감소될 것이다. 즉 부채는 경영자가 자신의 사욕을 억제하고 주주의 이익에 봉사하게 하는 일종의 구속적(bonding) 수단으로서의 의미를 갖게 된다. 이와 같은 논의는 다음의 논문에 잘 요약되어 있다. M. Jenson, "Agency Costs of Free Cash Flow, Corporate Finance and Takeovers", *American Economic Review* 76 (1986), pp. 323−329; R. Stulz, "Managerial Discretion and Optimal Financing Policies", *Journal of Financial Economics* 26 (1988), pp. 25−59.

체계란 현실적으로 존재하지는 않는다. 그러나 보다 완전한 보상체계를 만들어 보려는 노력 속에서 우리는 대리비용을 줄여 나갈 수 있는 것이다. 실제로 많은 회사들이 현재 사용하고 있는 경영인 보수구조(예, 스톡 옵션 등) 속에 이미 이러한 의미의 대리비용 축소동기가 크게 작용하고 있다고 본다.

대리비용을 줄일 수 있는 바람직한 보수구조를 구상하는 데는 다음과 같은 근본적인 문제가 있다. 우선 지적할 수 있는 것이 경영진들의 경영노력의 정도를 직접 관찰 내지 측정할 수 없다는 것이다. 우리가 관찰하고 직접 측정할 수 있는 것은 경영노력이 아니라 경영결과(output: Y)이다. 그런데 경영결과는 경영노력(effort: E)의 함수이기도 하나 동시에 경영노력과는 직접 관계가 없는 경영외적 요인(經營外的 要因)들도 작용한다. 단순히 운(運)이 좋거나 나쁠 수도 있고, 거시경제상황이 좋거나 나쁠 수도 있다. 이러한 경영노력 이외의 요인들을 기타요인(random factors: R)이라고 부르자. 그러면 일응 $Y=f(E, R)$이라고 쓸 수 있다. 이를 보다 간단하게 $Y=E+R$이라고 하자.

우리가 관찰할 수 있고 측정할 수 있는 경영결과(Y)와 보수수준(compensation: C)을 맞출 때, $C=Y$로 할 때 두 가지 경향이 동시에 발생한다. 하나는 유인효과(誘因效果, incentive effect)이다. C와 E의 정(正)의 상관관계(相關關係)가 긴밀할수록 E를 증대하는 효과가 발생한다. 환언하면 경영결과에 보수수준을 일치시킬 때 경영노력과 보수수준 사이에 얼마나 긴밀한 상관관계가 결과되느냐에 따라 유인효과의 크기가 결정된다. 상관관계가 긴밀하면 유인효과가 커서 그만큼 대리비용이 줄어들고, 상관관계가 약하면 유인효과도 작아 대리비용의 축소효과도 작다.

$C=Y$로 할 때 발생하는 다른 하나의 효과는 반유인효과(反誘因效果, disincentive effect)이다. 위험부담효과(risk effect)라고도 부를 수 있다. 이는 바로 Y 속에 들어 있는 혹은 Y에 영향을 주고 있는 R의 존재 때문에 발생한다. $C=Y$로 할 때 C와 R과의 사이에도 정(正)의 상관관계가 발생한다. 환언하면 경영외적 사정(經營外的 事情), 본인들의 영향권 밖의 요인인 기타요인에 의하여 경영인들의 보수수준이 영향을 받게 된다. 그러면 당연히 그만큼 경영인들은 기타요인에 의한 보수변동의 위험을 부담하게 되고 경영노력에는 반(反)유인으로 작용하게 된다. 따라서 현실적으로 관찰할 수 있는 경영결과를 보수수준의 결정기준으로 할 때 주의해야 하는 것은 어떻게 하여 위의 유인효과를 최대화하고 반유인효과를 최소화할 것인

가 하는 문제이다.

이러한 노력의 하나로 생각해 볼 수 있는 것은 E와는 상관관계가 없지만 R과는 상관관계가 있다고 판단되는 제3의 변수인 X를 도입해 보는 방법이다. 물론 이 X는 쉽게 관찰되고 측정될 수 있는 변수이어야 한다. 예컨대 당해 산업의 시장수요의 변화를 나타내는 변수 등을 생각할 수 있다. 그러면 예컨대 다음과 같은 형태의 보수구조를 구상해 볼 수 있다.[4)]

$$C = a + b(E + R + fX)$$

여기서 a는 경영인의 개인적 특성, 예컨대 교육·경력 등을 나타내는 요인들에 의해 결정되는 기본급(基本給)이라고 하자. b는 일종의 노력유인의 강도(intensity of incentives)를 나타내는 파라미터라고 볼 수 있다. 이 b가 높으면 높을수록 E가 C에 미치는 영향이 증대한다. 그러나 b를 무조건 높일수록 좋은 것은 아니다. 인간의 능력에는 한계가 있어, b를 높인다 하여도 E의 증대에는 한계가 있기 때문이다. 또한 b를 높이면 R이 C에 주는 영향도 함께 높아지게 된다. f는 과연 우리가 X에 얼마나 비중을 두고 있는가, 나아가 R에 얼마나 비중을 두고 있는가를 나타내는 파라미터이다.[5)] 사실 b와 f의 수준을 어떻게 정할 것인가가 보수구조결정에 가장 중요한 결정요인이다. b와 f의 수준은 산업별로 기업별로 각각 상이할 수밖에 없겠으나 어느 수준으로 결정하는 것이 앞에서 본 유인효과를 최대화하고 반유인효과(反誘引效果)를 최소화할 수 있겠는가, 그리하여 대리비용을 축소시킬 수 있겠는가가 중요한 문제이다.

---

4) 보수구조와 노력유인(incentive)의 문제에 대한 보다 본격적인 논의는 다음의 책이 참고가 된다. 특히 제7장을 참조하라. P. Milgrom and J. Robert, *Economics, Organization and Management,* Prentice Hall, 1991.

5) 만일 $X=2R$이고(R과 X가 자연 1의 상관관계를 가진다), $Y=E+R$의 관계라면 f가 $-1/2$의 값을 갖는 것이 유인효과를 최대화하기 위해 바람직하다. 왜냐하면 $C=a+bE$가 되기 때문이다. 그러나 위와 같은 경우는 극히 예외적인 경우이고 일반적으로 R과 X가 1의 상관관계를 갖기도 어렵고, $Y=f(E, R)$의 functional form이 $Y=E+R$과 같이 선형인 경우도 드물다.

제 2 절
법률에 의한 방법

제1항 선관주의의무(善管注意義務)

우리나라 상법 제382조 제2항은 회사와 이사의 관계는 민법의 위임(委任)에 관한 규정을 준용한다고 하고 있고, 민법 제681조는 수임인(受任人)은 선량한 관리자의 주의(注意)로써 위임사무를 처리하여야 한다고 규정하고 있다. 그리고 상법 제399조는 이사(理事)가 그 임무를 해태한 때에는, 환언하면 선량한 관리자로서의 주의의무를 게을리한 때에는 회사에 대하여 손해를 배상하도록 규정하고 있다.

주지하듯이 오늘날 현대회사의 이사는 전문경영인으로서 고도의 전문적 능력과 판단이 요구되는 일을 행하는 사람들이다. 따라서 독자적 판단과 재량의 여지가 충분히 보장되어야 맡은 바 일을 성공적으로 수행할 수 있다. 영미법의 경우에는 소위 경영판단원칙(business judgment rule)을 도입하여, 이사의 경영상의 판단은 비록 회사에 손실을 주는 결과가 발생하였다 하여도 단순히 그 사후적 결과만 가지고 그 판단이 옳았는지 법원이 판단하지 않는다. 예를 들어, 이사가 미래에 60%의 확률로 성공하고 40%의 확률로 실패하는 투자안을 놓고 여러 정보를 분석하여 합리적으로 판단하였다면, 단순히 미래에 40%의 확률이 실현되었다고 하여 그 의사결정을 탓할 수 없다는 것이다. 사실 이러한 원칙은 특별히 대단한 법원칙이 아니라 미래의 불확실성을 전제로 하는 의사결정에 있어서는 당연한 것이라 할 수 있다. 그렇지 않다면 미래의 상황에 관하여 아무런 의사결정도 할 수 없기 때문이다. 이러한 의미의 경영판단원칙은 이사의 선관주의의무의 내용으로서 우리나라에서도 인정되고 있다.

다음은 선관주의의무와 손해배상제도(損害賠償制度)에 대하여 보도록 하자. 우선 다음과 같은 문제제기로부터 시작하자. 과연 법원이 전문경영인인 이사가 선량한 관리자로서의 주의의무를 다했는지 여부를 판단할 수 있는 능력이 있는가이다. 오늘날 현대회사의 경영은 고도의 전문성을 요구하고 있는데 경영인들의 판단과 결정에 대하여 과연 그 결정과 판단에 선관주의(善管注意)를 다했는지 아니하였는지를 법원이 판단할 수 있는가 하는 문제이다. 경영과정에는 성공도 실패도 있을 수 있고 경영노력과는 무관한 경영결과가 나올 수도 있기 때문에 더욱 비전문인들의 판단은 쉽지 않다고 본다. 더욱 어려운 것은 회사에 어느 정도의 손해를 끼쳤는가를 확정하는 문제이다. 손해배상액의 산정의 문제는 더욱 고도의 전문성이 요구된다고 볼 수 있다. 그렇다면 법률은 왜 구태여 이상의 선관의무와 그에 대한 손해배상기준을 규정하고 있는가 하는 문제가 제기될 수 있다.

결론부터 이야기하면 실은 손해배상의 실현에 제도의 중점이 있는 것이 아니라고 보아야 할 것이다. 손해배상의 실현에 제도의 중점이 있지 않다고 보는 데는 몇 가지 이유가 있다. 첫째는 앞에서 이미 언급한 바와 같이 법원이 판단하기에는 선관의무 이행여부에 대한 판정이나 실질 손해배상액 산정이 사실상 대단히 어렵다는 이유이다. 둘째는 회사의 주주들에게는 손해의 발생을 피할 수 있는 길이 열려 있다는 사실이다. 주지하듯이 주주들은 투자분산(portfolio management)을 통하여 이미 위험부담(危險負擔)을 최소화시켜 놓았기 때문에 또한 주식시장에서 얼마든지 기존 주식을 수시로 처분할 수 있기 때문에 사실상 손해의 발생을 얼마든지 피할 수 있다.[6] 이러한 상황 속에서 손해배상은 사실상 큰 의미가 없다.

따라서 선관의무의 규정은 손해배상의 실현에 제도의 의미가 있는 것이 아니라고 보아야 한다. 이 제도의 의의는 전문경영인들로 하여금 회사의 이익에 좀 더 충실하도록 권장하는 선언적(宣言的) 의미에서 찾아야 할 것이다. 그리하여 조금이라도 대리비용의 축소에 기여토록 하는 데 이 제도의 목적이 있다고 할 것이다.

여기서 한 가지 지적해 둘 사실은 실제로 이사들이 선량한 관리자의 주의의무를 다하지 않을 가능성은 그리 크지 않다는 것이다. 왜냐하면 선관의무의 해태는 주주뿐만 아니라 경영인 본인들에게도 손해가 되기 때문이다. 선관의무의 문

---

6) 투자관련위험에는 두 가지 위험을 생각해 볼 수 있다. 하나는 체계적 위험(體系的 危險, systemic risk)이고, 다른 하나는 비체계적 위험(非體系的 危險, non-systemic risk)이다. 체계적 위험은 투자시장 전체의 움직임과 관련되어 나타나는 위험이고, 비체계적 위험은 투자한 개별 기업의 특이한 사유로 인해 발생하는 위험(idiosyncratic risk)이다. 따라서 투자자들이 여러 회사에 투자분산을 한다 하여도 체계적 위험을 축소시킬 수 있다. 여기서 논의하고 있는 이사의 선관주의 불이행의 위험은 개별 기업별로 그 발생 가능성과 그 크기가 다른 비체계적 위험이기 때문에 투자 분산을 통하여 사실상 거의 영(零)으로 만들 수 있다.

제는 회사의 파이(pie)를 크게 만드는 문제와 관련된다. 파이를 크게 만들면 그 성과가 보수수준의 향상 등 어떤 형태를 통하든 경영인들에게도 그 이익의 일부가 돌아간다고 보아야 할 것이다. 따라서 선관주의의 정도에는 문제가 있을 수 있으나 적극적으로 선관주의를 해태할 가능성은 크지 않다고 본다.

제2항 경업금지(競業禁止)와 자기거래제한(自己去來制限)

오히려 대리비용의 문제와 관련하여 보다 큰 문제가 되는 것은 파이(pie)의 증대와 관련된 문제가 아니라 파이의 분배와 관련된 문제이다. 분배문제와 관련되어서는 경영인들의 기회주의적 행위가 보다 적극적으로 나타날 수가 있기 때문이다. 이러한 의미에서 대리비용의 문제와 관련하여 보다 중요한 것은, 상법 제397조에 규정된 이사의 경업금지, 제397조의2에 규정된 회사기회의 유용금지, 제398조에 규정된 이사 또는 지배주주의 회사와의 자기거래의 제한이라고 볼 수 있다. 상법 제397조는 이사가 자기나 제3자의 계산으로 회사의 영업부류에 속하는 거래를 하지 못하도록 규정하고 있고, 제397조의2는 이사가 회사의 이익이 될 수 있는 사업기회를 자기 또는 제3자의 이익을 위하여 이용할 수 없다고 하고 있다. 제398조는 이사 또는 지배주주가 자기 또는 제3자의 계산으로 회사와 거래를 하기 위해서는 사전에 이사회의 승인을 받도록 하고 있다.

앞에서 본 선관의무의 문제와 위 단락에서 언급한 경업금지, 회사기회 유용금지, 자기거래제한의 문제 사이에는 질적인 차이가 있음을 간과해서는 안 된다. 앞의 선관의무의 문제에서는 선관의무해태의 결과가 시장을 통하여 파이의 축소로 나타난다. 예컨대 회사의 영업실적의 부진 등이 그것일 것이다. 그리고 그러한 부정적 결과의 비용의 일부를 이사 본인들도 부담하게 된다. 한마디로 선관의무의 경우에는 시장에 의한 자율규제가 어느 정도 가능한 셈이다. 그러나 경업의 경우나 자기거래의 경우에는 시장에 의한 자율규제가 작동하지 않는다. 경업이나 자기거래의 경우에는 곧 파이의 분배문제가 되기 때문에 손실은 회사로 돌아가 모두가 함께 분담하나 이익은 이사 개인에게 집중되어 버린다. 그만큼 회사와의 경업에 종사할 유인과 자기거래를 할 유인은 크게 된다. 환언하면 그만큼 이사의 기회주의적 행동의 유인이 강하다고 볼 수 있고 그만큼 이를 금지하지 않으면 대리비용의 문제가 심각해진다고 볼 수 있다. 따라서 이때에는 상법 제399조의 손해배상제도가 앞의 선관의무의 경우와는 달리 자기기능을 하게 되고 또 하여야 한다.

경업(競業), 사업기회의 유용, 자기거래(自己去來)의 경우에 파이의 증대를 가져오는 경우도 존재할 것이다. 회사에 유리한 경우도 존재할 수 있다는 것이다. 그러나 그러한 거래가 과연 파이의 증대를 가져오는가 아니면 파이의 분배에만 차이를 가져오는가 여부를 개별 사건을 통해 법원에서 판단하기란 결코 쉽지 않다. 그리하여 이 문제는 직접적인 이해당사자들이며 또한 전문가들이라고 볼 수 있는 이사회에 맡기는 구조이다. 합리적 입법이라고 볼 수 있다.

제 3 절 주주권의 행사

대리비용을 줄이기 위한 제도적 장치의 하나로 주주의 권리 그중에서도 특히 공익권적 주주권(共益權的 株主權)의 행사를 생각할 수 있다. 여기서 공익권적 주주권이란 주주가 이익배당청구권(상법 제462조) 등과 같이 자기의 직접적 이익만을 위해서가 아니라 회사 전체의 이익을 위하여 행사하는 권리를 의미한다. 몇 가지 예를 들어보면, 우선 이사의 선임(選任)과 해임(解任)에 대하여 주주는 의결권을 행사할 수 있다(상법 제384조, 제385조). 동시에 재무제표(財務諸表) 및 그 부속명세서·영업보고서·감사보고서의 열람권을 가지고 있다(상법 제448조 제2항). 이러한 권리들은 1주 이상을 소유하는 주주는 누구라도 행사할 수 있는 공익권의 하나이다.

더 나아가 발행주식총수의 일정 수[7] 이상에 해당하는 주식을 가진 주주에게만 인정되는 소수주주권(少數株主權)으로는 부정행위 등의 의심이 있을 때 회사의 업무와 재산상태의 검사를 위한 검사인(檢查人) 선임청구권(상법 제467조), 이사의

7) 상장회사에 대해서는 소수주주권의 행사를 위한 지분이 낮아지고 대신 보유기간이 6개월 이상일 것이 요구된다. 상법 제542조의6 참조.

해임청구권(상법 제385조 제2항), 회계장부열람권(상법 제466조 제2항), 이사의 위법행위에 대한 유지청구권(留止請求權: 상법 제402조), 이사의 책임추궁을 위한 대표소송제도(代表訴訟制度: 상법 제403조) 등이 있다. 이들 제도는 명백히 주식회사제도의 대리비용을 줄이기 위한 제도적 장치로서 경영인들에 대한 주주들의 직접적 감시감독을 가능케 하는 제도들이다.

문제는 과연 이들 권리들이 주주들에 의해 제대로 행사되고 본래 의도했던 감시·감독기능을 할 수 있느냐이다. 전형적인 현대적 주식회사의 경우 주식은 수많은 소액주주들에게 광범위하게 분산되어 있어 서로 무임승차하려 할 뿐 누구도 앞장서서 감시·감독의 부담을 지려하지 않기 때문이다. 이러한 무임승차(無賃乘車, free riding)의 경향은 주식의 자유처분권(自由處分權)이 보장되어 있어 더욱 강하게 나타날 수 있다. 그렇다면 주주의 권리는 형식적으로는 보장되어 있어도 그 권리의 행사가 사실상 충분하지 않기 때문에 주주권의 형해화 현상이 일어날 수 있고, 따라서 주주권 행사를 통한 대리비용의 축소는 크게 기대할 수 없게 된다.[8]

이러한 상황에서 비교적 소수주주(少數株主)로서의 주권을 행사할 여지가 있는 기관투자가(機關投資家, institutional investors)들이 보다 적극적으로 경영에 대한 감독자의 기능을 하여야 한다는 주장이 나오고 있다.[9] 그리하여 종래 이들 기관투자가

8) 주지하듯이 우리나라의 경우 대부분의 대기업은 주식회사제도를 형식적으로 택하고는 있으나 사실상 소유주기업의 경우가 대부분이다. 환언하면 창업자나 그 가족이 사실상의 압도적 대주주로서 그 회사를 지배하고 있다. 따라서 그 범위 내에서는 소위 대리비용의 문제가 외국에 비해 상대적으로 덜 나타날 수 있다. 반면에 소유주기업이기 때문에 앞에서 본 바와 같이 ① 위험부담기능과 전문경영기능의 분리에 의한 분업과 특화의 이익을 얻을 수 없고, ② 사업계획의 시계(planning horizon problem)가 짧아질 위험이 있고, ③ 소액주주의 이익의 희생 위에 지배적 주주의 효용 극대화만이 우선 될 위험이 있고, ④ 위험부담을 줄이기 위해 과도하게 문어발식 경영확대(diversification)를 도모할 위험이 있다.

9) 기관투자가의 힘은 적극적이기보다는 잠재적(latent)이며 어떤 의사결정의 선택을 제약하는 힘이라 할 수 있다. 왜냐하면 주식보유가 반드시 직접적으로 기업의 의사결정을 할 역할과 지위를 제공하는 것이 아니기 때문이다. 적어도 기관투자가는 시장에서의 주식매매를 통해 일정한 역할을 할 수 있으며, 이는 경영장의 의사결정에 압력과 같은 역할을 할 수 있다. 최근 들어 기관투자가의 비중이 증대되어 가는 것이 세계적인 추세이다. 소유권을 바탕으로 적극적으로 경영에 개입하여 자신의 이익을 추구하려는 주주행동주의(shareholder activism)가 확대되고 있다. 그러한 활동은 주로 이사회에의 참여 또는 압

들에 대한 불필요한 정부의 각종 규제를 풀 것을 건의하고 있다. 주식의 대중화 현상과 더불어 주식분산이 더욱 진행되면 될수록 은행, 보험, 투자신탁, 각종 연금기금 등의 기관투자가들의 주식보유비율이 상대적으로 늘어날 것이고 그 의미가 커질 것은 당연하다. 만일 이들이 전체 주주의 입장에 서서 보다 적극적으로 경영에 대한 감시·감독의 기능을 할 수 있다면 바람직한 것은 물론이다. 일상의 경영활동에의 개입은 바람직하지도 가능하지도 않겠으나 적어도 경영실적이 대단히 나쁠 때 방만한 경영권행사에 대한 효과적 견제로서 기관투자가들이 역할을 하는 것은 바람직하다고 본다. 그러나 현실적으로는 다음과 같은 해결하여야 할 문제가 있다.

과연 기관투자가들에게 감시·감독의 유인이 있느냐의 문제이다. 우선 지적할 수 있는 문제가 기관투자가들이 감시·감독을 하기로 한다고 해도 그 대상이 되는 기업들이 자신들의 사업관계 속에서는 고객이 되는 경우가 일반적이다. 따라서 감시·감독은 고객을 불편하게 만드는 것이 될 수 있기 때문에 바람직하지 않을 수 있다. 더구나 다른 주주들과 마찬가지로 기관투자가의 경우도 만일 회사의 경영이 마음에 안 드는 경우에는 얼마든지 주식시장에서 자기소유주식을 팔고 다른 회사로 투자선을 전환할 수도 있다. 이러한 이유에서 우리나라는 물론이고 미국이나 다른 선진국에서도 기관투자가들이 효과적인 감독기관으로 활동하는 것은 상당히 제한적이다. 다만 최근에는 특정 기업의 주식을 매집하여 경영에 간섭하는 헤지펀드가 등장하여 다시 주주행동주의의 논의가 활발해지고 있는 상황이다.

어느 조직이든 그 조직의 일원은 그 조직의 행위에 불만이 있을 때 두 가지 선택에 직면한다. 하나는 목소리를 높이는 것(voice)이고 다른 하나는 그 조직을 떠나는 것(exit)이다.[10] 만일 떠나는 비용이 목소리를 높이는 비용보다 상대적으

력, 기업부실에 대한 책임추궁, 경영투명성 제고 요구 등으로 나타난다. 기관투자가의 성격과 역할에 대해서는 뒤의 제5장에 서술하고 있다. 다음을 논문을 참조하라. Michael Jensen, "Eclipse of the Public Corporation", 67 *Harvard Business Review* 61 (Jan./Feb. 1989); Mark J. Roe, "A Political Theory of American Corporate France", 91 *Columbia Law Review* 10 (1991); John C. Coffee, Jr., "Liquidity versus Control: The Industrial Investor as Corporate Monitor", 91 *Columbia Law Review* 1277 (1991); Bernard S. Black, "The Value of Institutional Investor Monitoring: The Empirical Evidence", 39 *U.C.L.A. Law Review* 895 (1992).

10) 이 문제를 이론적인 차원에서 최초로 잘 정리한 글로는 Albert O. Hirschman, *Exit,*

로 적게 들면 그 조직을 떠날 것이고, 반대로 떠나는 비용이 상대적으로 많이 들면 그 조직에 남아 목소리를 높일 것이다. 따라서 기관투자가들의 감시·감독기능의 강화를 우리가 원한다면 그리하여 대리비용의 축소를 기대한다면 기관투자가들이 조직을 떠나는 비용을 높이고, 환언하면 투자를 수시로 회수할 수 있는 비용을 높이고, 반대로 감시·감독의 비용, 즉 목소리를 높이는 비용을 낮추어 주어야 한다. 그러할 때 비로소 기관투자가들의 경영에 대한 감시·감독기능의 강화가 가능할 것이다.

제 4 절 시장을 통한 방법

다음은 시장의 힘을 통한 대리비용의 축소 메커니즘이다. 대리비용의 축소를 위하여 두 가지 시장이 작동할 수 있다. 하나는 기업지배시장(market for corporate control)이고, 다른 하나는 경영인노동시장(managerial labor market)이다. 기업지배시장이란 현재 회사의 경영진이 회사의 인적·물적자원을 가지고 바람직한 수준의 생산성을 내지 못한다고 판단하는, 동일한 자원을 가지고 보다 높은 생산성을 낼 수 있다고 생각하는 개인 혹은 집단이 행하는 기업매수(企業買受, takeover)의 장(場)을 의미한다. 구체적인 기업매수의 방법은 합병(合併), 영업양수(營業讓受), 공개매수(tender offer), 위임장 경쟁(proxy contest) 등의 여러 방법이 있을 수 있다.[11)]

Voice and Loyalty, Harvard University Press, 1970을 참조하라.

11) 여기서 공개매수(tender offer)란 대상회사(target company)의 지배권을 취득할 목적으로 신문광고 등을 통하여 현재의 시장가격보다 높은 가격조건으로 대상회사의 발행주식을 구매할 뜻을 밝히고, 불특정다수의 투자가로부터 대상회사의 주식을 사들이는 것을 의미한다. 미국의 경우에 일명 "Williams Act"라고 불리우는 1968년에 개정된 증권거래법(Securities Exchange Act of 1934)에 주식공개매입의 개시조건, 방법 등에 대한 구체적 규정을 두고 있다. Williams Act의 경우는 주식공개매입에 대하여 비교적 중립적 입장을 가지고 오직 정보의 공개와 공정한 룰 설정에 노력하고 있었다. 1980년대 기업매수의 붐이 일어난 이후 제정된 각 주법(州法)은 주식공개매입에 대하여 보다 규제적인 입장을 취하고 있다.

기업성과의 하락으로 주가가 하락한다면 기업인수를 통하여 성과개선의 이익을 향유하려는 외부투자가의 동기를 유발시킬 것이다. 특히 적대적 인수(敵對的 引受)의 위협은 경영자들에게 징벌효과(懲罰效果)와 같은 영향을 미치게 된다. 기업매수가 과연 바람직한 현상인가 아닌가, 기업지배시장의 활성화가 과연 바람직한 정책과제인가 아닌가에 대하여는 여러 가지 논란이 있을 수 있다. 그러나 명백한 것은 기업매수현상이 과열되는 것은 사회적으로 결코 바람직하지 않는다고 하더라도 기업매수시장 자체의 폐쇄는 결코 바람직하다고 볼 수 없다. 기업매수시장의 존재 자체가 하나의 잠재적 위험으로서 대리비용의 축소에 기여할 수 있고, 보다 효율적인 지배구조로의 전환가능성을 열어 놓기 때문이다.[12]

다음은 경영인노동시장이다. 경쟁적인 경영인노동시장의 존재는 경영자들의 경영성과를 감시·감독하는 효과적인 장치일 수 있다. 경영자노동시장은 외부노동시장(外部勞動市場)과 내부노동시장(內部勞動市場)으로 나누어 생각할 수 있다. 우선 외부노동시장의 경우를 보면, 유능하지 못한 혹은 기회주의적 행위를 많이 하는 경영자가 높은 보수를 받고 있을 때는 항상 경쟁적 외부노동시장으로부터 공급되는 보다 유능하고 기회주의적 행위를 덜 하는 경영자들에 의해 대체될 가능성이 열려 있다. 항상 외부노동시장에 있는 경영자들과 사실상의 경쟁관계에 놓여 있는 셈이고 이 경쟁관계가 대리비용을 낮추는 데 기여한다.

경영자노동시장에는 외부시장뿐만 아니라 기업내 시장 소위 내부노동시장(internal labor market)이 있다. 밑에서 올라오는 경쟁의 압력과 감시가 있다. 밑으

---

12) 우리는 시장이론에서 현실적으로 경쟁관계가 성립되어 있지 않더라도 잠재적 경쟁의 가능성이 열려 있을 때 경쟁시장과 유사한 시장성과를 결과함을 알고 있다. 사회의 많은 인적·물적 자원이 기업매수시장에 집중되어 단기차익만을 노리는 것은 결코 바람직한 현상은 아니다. 그러나 기업매수의 가능성 자체를 제도적으로 막아 놓는 것은 올바른 정책방향이라 할 수 없다. 어떻게 하여 비생산적인 기업매수시장을 피하고 보다 생산적인 기업매수시장을 만들 것인가가 중요한 정책과제라고 본다. 우리나라는 종래 구(舊) 증권거래법 제199조(의결권대리행사의 권유의 제한)와 제200조(주식의 대량소유의 제한) 등을 통하여 기업매수시장의 성립 가능성 자체를 사실상 금지하고 있었다. 이것은 1990년대 기업공개를 유도하면서, 그 대가로 기업들에게 지배권이 탈취되지 않도록 약속한 것이었다. 자본시장이 발전하던 초기였던 한계가 있었던 것인데, IMF 금융위기를 겪으면서 모두 폐지되었다.

로부터의 경쟁의 압력은 내부노동시장이 발달되어 있을수록, 즉 승진·승급의 내부화가 일반화되어 있으면 있을수록 더욱 강하다. 내부의 감시와 감독의 압력은 경영활동에도 앞에서 이야기한 "팀 생산"의 측면이 있기 때문에 나타나는 현상이다. 경영자로서의 생산성이 상급자와 하급자의 생산적 노력의 정도와 깊은 관계가 있기 때문에 자연히 상급자 노력의 정도에 하급자가 관심을 가지지 않을 수 없게 된다. 그만큼 경쟁압력이 생기는 셈이다. 이상과 같은 외부 및 내부의 경영자노동시장의 존재는 경영자들로 하여금 보다 좋은 경영성과를 올리도록 하는 보이지 않는 경쟁의 압력에 놓이게 하고, 그러한 범위 내에서 대리비용의 축소를 결과하게 된다.[13)]

제5절 새로운 패러다임 구축을 통한 방법

이 방법은 주주와 경영자 간의 대리비용을 어떻게 축소시킬 것인가 하는 문제를 직접 다루고 있지는 않다. 오히려 지금까지 우리의 논의의 전제 그 자체에 대해 질문을 제기하고 반대한다. 경영자들이 왜 주주의 이익에 봉사하여야 하는가 하는 질문이 그것이다. 우리는 지금까지 경영자들이 주주의 이익에 봉사해야 한다고 하는 전제 위에서 어떻게 하여 그것을 좀 더 가능하게 할 것인가 하는 문제를 중심으로 논의하여 왔다. 그리하여 경영자 측의 기회주의적 행동의 가능성을 줄이는 문제에, 소위 대리비용의 축소의 문제에 논의의 초점을 맞추어 왔다.

13) 경영자노동시장이 발달하게 되면 주식시장에서 위험을 분산시키는 주주보다 경영자의 위험이 커져 경영자의 대리인적 행태가 완화될 수 있다. 경영자의 보수는 시장에서의 평판에 따라 사후적으로 정산되는 것이므로 경영자는 자신의 인적 자본의 가치를 높이고자 경영성과에 매달리게 된다. 즉 경영자는 사전적으로 자신의 능력에 대한 좋은 평판을 확보하기 위해 많은 노력을 할 것이다. 주식의 소유와 경영지배의 분리를 대단히 효율적인 경제조직행태로 보고 대리비용의 문제도 경영자노동시장이 존재하기 때문에 큰 문제가 될 수 없다고 주장하는 논문으로서는 Eugene E. Fama, "Agency Problems and the Theory of the Firm", 88 *Journal of Political Economy 288* (1980).

새로운 패러다임의 구축을 논하는 사람들은 회사의 이사들은 주주만을 위하여서가 아니라 회사의 최고이익(最高利益, the best interests of the corporation)을 위하여 일해야 한다고 주장한다.14) 이사들의 선량한 관리자로서의 의무 혹은 충실의무(忠實義務)는 주주만의 이익실현을 위한 것(shareholder only standard)이 아니라 회사의 최고이익실현과의 관계 속에서 요구되는 것으로 본다. 이들의 주장은 다음과 같다.

역사적으로 볼 때, 본래 법률이 회사제도를, 보다 구체적으로 유한책임제(有限責任制)와 회사의 영속성(永續性, perpetual life to corporation)을 법적으로 인정하기 시작한 것은 회사의 존재가 공익(公益)에 봉사한다고 판단하였기 때문이었다. 주주들의 사익추구를 위한 노력이 소위 아담 스미스의 "보이지 않는 손"에 의해 공익의 신장을 결과하기를 기대하였기 때문이었다. 따라서 엄밀히 말하면 주주들의 사익추구에 대한 법적 보장이란 예컨대 사회적 부(富)의 증대라고 하는 사회의 가장 중요한 목표의 실현을 위한 수단에 불과한 것이다.

자본주의의 초기에는 회사의 이익과 주주의 이익은 대부분의 경우 일치하여 별 문제가 없었다. 그러나 오늘날의 공개주식회사(公開株式會社, publicly-held corporation)의 경우에는 점점 주주와 회사와의 관계가 소원해지고 있다. 주주는 회사에 대하여 장기적 관계설정(關係設定)을 목표로 하지 않고, 단기적 투자이익(短期的 投資利益)에만 관심을 가지게 되었다. 그러면서 회사의 이익과 개별 주주의 이해관계 사이에 괴리가 발생하기 시작한다. 이러한 상황의 변화 속에서 회사의 이사들로 하여금 주주의 이익만을 위해 일하도록 하는 것은 잘못이다. 이사들의 경영의사결정의 기준을 주주의 이익의 극대화에서 회사의 최고이익의 극대화 쪽으로 이동시

14) 이들의 입장을 가장 잘 정리한 논문으로서는 Steven M. H. Wallman, "The Proper Interpretation of Corporate Constituency Statues and Formulation of Director Duties", 21 *Stetson Law Review* 163 (1991)을 참조하라. 이들은 미국의 각 주법(州法)을 개정하여 회사의 이사의 의무규정들 속에 "회사의 최고이익(最高利益)에의 우선봉사" 및 "주주의 이익뿐 아니라 회사관련 인사, 예컨대 종업원, 채권자, 공급업자, 지역사회 등의 이익도 균형 있게 반영할 것"을 명문화시키려 하고 있다. 이들의 주장에 의하면 28개 주가 이미 주법에 부분적이나마 이러한 패러다임의 변화가 반영되고 있다고 한다. 1983년 Pennsylvania주는 주(州)의 회사법을 개정하여 이러한 패러다임의 변화에 크게 앞장서고 있다.

켜야 한다.

그러면 회사의 최고이익이란 어떻게 정의될 수 있을까? 첫째, 회사의 최고이익이란 회사의 부(富)의 창출능력을 극대화하는(enhancing its ability to produce wealth indefinitely) 데 있다. 이는 물론 현재의 부의 창출능력뿐 아니라 장래의 부의 창출능력까지 감안한 개념이다. 따라서 이사들이 가장 관심을 가져야 하는 회사의 이익이란 바로 이 부의 창출능력의 제고에 있다. 둘째, 회사의 최고이익이란 광의의 회사구성원(corporate constituency)들, 예컨대 주주(shareholders), 종업원(employees), 고객(customers), 채권자(creditors), 공급업자(suppliers), 지역사회(local community) 등의 이익을 조화시키고 종합하는 데 있다. 이들 구성원들의 이익을 이사회에서 효율적이고 공정하게(a fair and equitable manner) 조화시키고 종합하면 각 구성원들 간의 이해의 첨예한 대립을 사전에 해소할 수 있고 균형을 이룰 수 있다. 이상의 두 가지 관점에서 정의되는 회사의 최고이익의 실현을 위해 이사들은 노력해야 한다는 것이다.

혹자는 여러 구성원들의 이해의 조정과 종합이 불가능하지 않겠는가 오히려 소위 잔여이익 청구권자(residual claimant)로서의 주주의 이익을 우선시킨다는 단일목표(單一目標)가 회사의 가치제고(價値提高) 내지 회사의 최고이익실현에 보다 효과적이 아니겠는가 하고 반문할지 모른다.[15] 그러나 여기서 우선 지적해 두어야 할 것은 주주의 이익이라 하여 반드시 단일적(homogeneous)이 아니라는 사실

15) 지금까지 지배적인 견해를 요약하면 아마 다음과 같을 것이다. "잔여이익 청구권자로서 주주들만이 회사의 가치를 극대화할 유인이 있다. 회사는 한계이익(限界利益)과 한계비용(限界費用)이 만나는 수준까지 새로운 사업에 투자할 필요가 있지만 주주 이외에는 다른 구성원들은 아무도 그러한 노력을 할 유인이 없다. 종업원이나, 채권자, 공급업자 등은 모두가 고정소득 청구권자(固定所得 請求權者)이기 때문이다. 물론 이들도 기업이 어떠한 사업에 투자할 것인가에 의해 약간의 영향을 받겠지만 …… 주주들만의 투자의 한계비용과 한계이익을 부담하고 수취하기 때문에 그들만이 회사의 의사결정을 지배해야 회사의 가치를 극대화할 수 있다." Frank H. Easterbrook and Daniel R. Fischel, "Voting in Corporate Law", 26 *Journal of Law and Economics* 395 (1983) 참조. 이외에도 몇 가지 이유를 더 들면서 기존 패러다임의 변화에 반대하는 입장을 잘 정리한 논문으로는 Jonathan R. Macey, "An Economic Analysis of the Various Rationales for making Shareholders the Exclusive Beneficiaries of Corporate Fiduciary Duties", 21 *Stetson Law Review* 23 (1991)이 있다.

이다. 첫째로, 주주마다 사업계획의 시계(視界, investment horizon)가 다를 수 있다. 어떤 사람은 단기적 사업계획을 선호하고 어떤 사람은 장기적 사업계획을 선호할 수 있다. 둘째로, 비록 사업계획의 시계는 같다고 하여도 위험부담에 대한 태도가 다를 수 있다. 예컨대 여타 분야에 투자분산을 많이 한 주주는 위험중립적(危險中立的)일 수 있으나 여타 분야에 투자분산이 없고 당해 회사에만 투자한 주주의 경우에는 대단히 위험기피적(危險忌避的)일 수밖에 없다. 셋째로, 현재의 주주와 장래의 주주 간의 이해의 대립이 있을 수 있다. 그러나 미래의 주주의 이익을 대변할 기관이 없으므로 자연히 현재의 이익만이 우선된다. 그 결과는 단기투자이익 우선의 결정이 지배적이게 된다. 결국 이상에서 본 바와 같이 주주의 이익이라고 하여 결코 단일적인 것은 아니고, 종합과 조정이 불가피하게 필요한 것이다. 마찬가지로 회사의 여러 구성원들의 이익을 종합하고 조정하는 것도 필요하고 또한 얼마든지 가능한 일이다.

사실 더욱 중요한 문제는 구성원 이익의 종합과 조정의 난이(難易)가 아니라 오늘날의 회사제도에서는 주주의 이익과 회사의 이익이 양립하지 않는 경우가 발생한다는 것이다. 예컨대 A와 B의 두 가지 사업계획이 있다고 하자. 하나는 50%의 확률로 180만원을 벌 수 있는 사업이고, 다른 하나는 100%의 확률로 120만원을 벌 수 있는 것이다. 그리고 두 가지 모두의 경우 사업비용은 100만원이 든다고 하자. 회사의 이익의 관점에서 보면 A의 경우는 기대이익이 −10만원이고[16] B의 경우는 기대이익이 20만원이기 때문에 당연히 B를 바람직한 사업계획으로 선택할 것이다. 그러나 주주의 입장에서 보면, 특히 투자분산을 광범위하게 하고 있는 주주의 이익에서 보면 오히려 B보다 A가 바람직한 사업일 수 있다. 왜냐하면 B의 경우 100% 확실성을 가진 20만원의 배당금이 생기는 데 반하여, A의 경우에는 50%의 확실성을 가진 80만원의 배당금이 생길 수 있어서, 전자는 기대이익이 20만원인 데 반하여 후자의 경우는 40만원이 되기 때문이다.[17] 이상의 간단한 예에서 본 바와 같이 오늘날의 회사제도하에서는 회사의 이익과 주주의 이익

16) A의 기대이익은 90이므로 90−100=−10이다.

17) 물론 이 주장은 광범위한 투자분산을 통하여 주주가 이미 위험부담의 수준을 영(零)에 가깝게 낮추어 놓았다는 것을 전제로 하고 하는 주장이다. 따라서 사업이 실패하는 경우의 비용부담은 고려되고 있지 않다.

이 양립하지 않을 수 있기 때문에 이사들은 주주의 이익만을 우선해서는 곤란하고, 회사의 이익을 우선해서 의사결정을 해야 한다는 설명이다.

한 가지 더 지적해 둘 것은 회사의 이익을 우선시키는 일 그 자체가 실은 회사의 구성원 모두의 장기적 이익에 봉사하는 것이 된다는 사실이다. 종래의 패러다임에 의하면, 주주 이외의 회사구성원은 모두가 고정소득청구권자(固定所得請求權者, fixed income claimants)들이기 때문에 회사의 장기발전에 관심이 없다고들 주장하나 결코 그렇지 않다. 종업원의 경우도 경험과 경력이 쌓이고, 당해 회사 특유의 기술과 기능, 인간관계 등의 인적자본이 축적되면서 회사의 장기발전과 깊은 이해관계를 가진다. 채권자, 부품공급업자, 그리고 그 회사가 위치하여 있는 지역사회도 모두 당해 기업의 장기발전에 깊은 정(正)의 이해관계를 가진다. 주주의 경우도 단기이익의 극대화에만 집착하지 않는다면, 자연히 당해 기업의 장기발전으로 인한 합당한 이익을 향유할 수 있다. 따라서 회사의 부의 창출능력을 장기적으로 높이는 방향으로 이들 회사구성원 모두의 이해관계를 수렴하는 것이 필요하다. 그리고 그것이 바로 회사의 최고이익우선(最高利益優先)의 경영원칙을 법제화하는 것이다. 환언하면 이사의 선관의무(善管義務)의 대상을 주주의 이익에서 회사의 이익으로 전환시키는 일이다. 이상이 회사법의 새로운 패러다임을 주장하는 학자들의 견해이다.[18)]

이미 앞에서 지적하였지만 이들의 주장은 기존의 대리비용의 문제를 해결하기 위한 논의는 아니다. 오히려 회사의 주인-대리관계를 주주와 경영자의 관계로 보아 온 종래의 입장에서 광의(廣義)의 회사구성원과 경영자의 관계로 바꾸어야 함을 주장하고 있다. 아직 이론의 역사가 짧아 주장 그 자체의 당부에 대한 논

---

18) 흥미 있는 사실은 미국의 경우 전문경영인들이 이러한 패러다임의 변화를 지지하고 있다는 사실이다. 미국의 200대 회사의 최고 경영자들이 모이는 Business Roundtable의 1990년 결의문을 보면, "주주를 넘어서 회사의 구성원 모두를 감안하는 기업지배 구조를 만드는 것이 회사의 성공적 장기발전을 위해 긴요하다. 혹자는 이사들은 주주의 이익만을 감안해야 한다고 주장한다. 그러나 역사와 법을 보면 좀 더 넓은 관점을 가질 것을 요구한다. 회사에 대한 이사의 책임의 일부로서, 혹은 주주의 장기적 이익을 위해서도 회사 구성원 모두의 이해관계를 주의 깊게 고려하는 것이 이사(理事)의 책무(責務)이다." "Corporate Governance and American Competitiveness" (March 1990)의 일부임. 46 *Business Lawyer* 241 (1990)에 나온 전문에서 인용.

의는 뒤로 미루어 둔다 하더라도, 명백한 것은 회사의 본인-대리인 관계를 주주와 경영자에서 회사구성원과 경영자로 바꾼다 하여도 역시 주인과 대리인과의 사이에서 발생하는 대리비용의 문제는 여전히 남는다는 사실이다. 환언하면 주주의 이익에서 회사의 이익으로 경영의 목표를 전환하는 경우에도 그 목표의 달성을 위하여 누가 어떻게 경영자를 감시·감독할 것인가 하는 문제는 그대로 남는 셈이다. 과연 이 문제를 어떻게 풀어야 할까?

제4장 **회사법의 기본논리**

제1절 회사법의 목적

일반적으로 회사법의 목적 내지 기능에 대하여 규제주의(規制主義) 내지 간섭주의적 관점이 지배적이다. 회사법의 특징의 하나로 자주 거론되고 있는 공공성(公共性)이란 주장이 이를 뒷받침하고 있다. 회사란 본래가 사원(社員)의 경제적 이익을 도모하는 조직이지만 그들의 이익은 공익(公益)을 해(害)하지 않는 범위 내에서만 허용될 수 있다는 주장이다. 그리하여 공익의 보호가 회사법의 임무라는 주장이다. 하나도 틀린 말은 아니다. 반드시 회사법뿐만 아니라 모든 법은 본래가 공공재(公共財, public goods)이기 때문에 공익실현을 목적으로 한다. 회사법이라 하여 특별히 더 공익적이어야 하는 것은 아니다.

문제는 공익의 구체적 내용을 어떻게 확정할 것인가? 누가 확정할 것인가? 그리고 그 실현을 위해 누가 책임질 것인가? 보다 근본적인 문제는 왜 사익과 공익의 괴리가 발생한다고 보는가? 어느 때 발생하고 어느 때 발생하지 않는다고 보는가? 일반적으로 민법상의 사적 자치(私的 自治)의 원칙은 사익과 공익의 일치를 전제로 하는 원리인데 왜 회사법에서는 사익과 공익의 일치가 불가능하다고 전제하는가 등등의 문제들이다.

좀 더 구체적으로 이야기하면, 회사법을 규제주의적 관점에서 보는 경우 흔히 주장할 수 있는 논리가 주주와 채권자의 보호를 위해서 회사법의 여러 규정들이 필요하다고 한다. 이는 공익의 관점에서 보아 경영자의 자의(恣意)로부터 주주와 채권자의 이익을 보호할 필요가 있다는 것이다. 과연 그러한가? 국가의 회사법적 개입이 없으면 주주와 채권자의 이익은 과연 보호될 수 없는가? 만일 회사법이 존재하지 않는다면 주주와 채권자의 이익은 전혀 보호받지 못하는가?

주주(株主)는 일종의 투자자이다. 반드시 특정회사의 주식에만 투자해야 할 이유는 없다. 또한 투자의 방법으로는 주식 말고도 여러 종류의 채권의 매입, 은행에의 예금도 있다. 채권자의 경우도 마찬가지이다. 그렇다면 주주나 채권자는 자신이 기대하는 기대투자이익(期待投資利益)이 충분히 보장되지 아니한다면 투자를 할 이유가 없다. 아니 그러한 보장을 당연 요구할 것이다. 따라서 주주나 채권자들의 이러한 기대나 요구에 부응하지 못하는 회사는 필요자본을 충분히 조달할 수 없을 것이고 그러한 회사는 다른 조건이 같다면 장기적으로 시장경쟁에서 살아 남을 수 없을 것이다. 결국 회사법적 보호가 없어도 당사자들끼리, 즉 경영진과 주주 그리고 채권자들이 모여 각자의 이익에 부응하면서도 모두의 이해를 잘 조화시키고 조정할 가장 합리적이고 효율적인 계약내용(契約內容)을 만들어 내리라고 보아야 한다. 그리고 그 계약내용 속에는 주주나 채권자의 이익에 대한 충분한 보호규정이 들어가 있다고 보아야 할 것이다.

만일 이사들로 대표되는 그 회사의 경영진들이 주주와 채권자의 이익을 충분히 보호하는 계약내용을 만들어 내지 못한다면 어떻게 될까? 주주의 경우라면 좀 더 이익보호가 잘되는 계약내용을 가진 회사 쪽으로 투자상대를 바꿀 것이다. 따라서 당해 회사는 자본동원에 크게 어려움을 겪게 된다. 채권자들도 마찬가지이다. 거래상대를 바꾸던가 아니면 사회적 평균치(社會的 平均値)보다 높은 이자율(利子率)을 요구할 것이다. 한마디로 주주와 채권자의 이익을 충분히 보호하지 못하는 비효율적 계약내용을 가진 회사는 보다 효율적 계약내용을 가진 회사보다 높은 자본비용(資本費用)을 지불하지 않으면 안 된다. 결국 비효율적 계약내용을 가진 회사는 시장경쟁 속에서 도태되고 효율적인 계약내용을 가진 회사만이 살아남게 될 것이다. 그리하여 모든 회사들이 자본비용을 낮추기 위해 가능한 주주와 채권자의 이익보호를 철저히 할 수 있는 보다 효율적인 계약내용을 만들려고 노력할 것이다.

회사법이 없다고 하여도 시장경쟁의 압력으로 이해당사자들이 서로의 이해조정을 해 낸다면, 그리하여 가장 효율적인 이사회－주주－채권자 간의 계약내용을 만들어 낼 수 있다면 도대체 회사법의 존립목적 내지 의의는 무엇인가? 회사법이 없어도 주주와 채권자의 이익이 당사자들 간의 자발적 계약을 통하여 충분히 보장될 수 있다면 회사법의 존재의의는 어디서 찾아야 하는가?

회사법의 의의는 표준계약서(標準契約書, standard-form contract)의 제공이라는 의미를 가진다. 회사의 모든 당사자들, 주주, 이사, 채권자 등이 만일 교섭비용(negotiation cost)이 영(零)이었다면 당사자들이 당연히 자발적으로 합의하였을 그러한 내용과 조건의 표준계약을 제공하는 데 있다. 그렇게 함으로써 회사제도라는 계약의 집합체(nexus of contracts)를 만드는 거래비용을 최소화하는 데 계약법의 목적이 있다.[1] 그리고 최소화하려는 거래비용 중 가장 중요한 것은 앞장에서 논의한 주주와 이사, 채권자와 회사 간에 등장하는 대리비용(agency cost)이다.

표준계약의 내용은 그 시대 그 사회에 지배적인 정의나 효율의 관념(상관습)에도 맞고, 또한 당사자들의 사적 이익의 요구를 조화·수렴하는 내용을 의미한다. 당사자들에게 서로 자유스러운 계약체결을 허용하였을 때 당사자들 간에 협의하면 당연히 수렴될 내용의 계약을 의미한다. 예컨대 우리 상법 제462조 제2항에서 규정하고 있는 배당가능이익(配當可能利益)의 범위는 합리적인 회사의 채권자라면 자신들의 채권보호를 위하여 누구나 계약에 삽입할 것을 요구할 사항이다. 동시에 회사측에서 볼 때에도 가능한 한 낮은 이자로 외부자본을 이용하기 위해서는 당연히 들어 주어야 할 내용의 계약사항이다.

환언하면 상법의 동 규정이 없어도 회사와 채권자 간에는 동일하거나 유사한 계약 내용을 체결할 것이라는 이야기이다. 그러나 상법의 규정이 있으므로 개

---

1) 회사에 대한 정의에 대해서는 다음과 같은 몇 가지 학설이 있다. 첫째는 회사주체설(entity theory)이다. 이는 회사는 비록 법에 의해 의제된 것이나 경제활동을 영위하기 위한 하나의 독립된 주체라는 주장이다. 둘째는 양보설(concession theory)이다. 이는 국가로부터의 양보 내지 허락에 회사의 의미를 찾는다. 회사성립에서 국가의 역할에 중점을 두는 이론으로 오늘날에는 회사의 사회적 책임과 관련되어 주장되곤 한다. 셋째는 계약설(contract theory) 내지는 계약집합설(nexus of contracts)이다. 이는 회사를 각 당사자들 간의 계약의 집합체로 본다. 주주도 자본을 공여하는 계약당사자의 일방으로 볼 뿐이고 주주는 곧 소유자라는 개념은 크게 희석된다. 회사는 주주, 경영책임자, 채권자, 종업원, 소비자들 간의 계약체(契約體)로 본다. 이 입장에 서면 당사자들 간의 자발적 계약의 내용은 가능한 존중되어야 하므로 당연히 국가의 개입에 대하여 소극적인 입장을 취하게 된다.

별 회사와 개별 채권자가 체결할 개별 계약내용에 동일한 내지 유사한 규정을 만들 필요가 없어진다. 그만큼 회사와 채권자 간의 거래비용을 줄일 수 있게 된다.[2] 여기서 줄어드는 거래비용의 내용을 보면 앞장에서 논의해 온 회사와 채권자 간의 대리비용의 축소와 같은 내용이 된다.[3]

과연 당사자들은 회사법상의 규정이 없이도 주주의 유한책임제(limited liability)를 자발적 계약내용으로 도입하겠는가? 그리하여 유한책임제도를 단순한 표준계약의 일부로서의 의미, 즉 당사자 간의 거래비용을 줄이는 데 기여하는 제도로서의 의미만 있다고 볼 수 있는가? 결론부터 이야기하면 그렇다. 뒤에서 보는 바와 같이 유한책임제도도 자본동원의 효율성을 제고하기 위해서는 당연히 당사자들 간에 자발적으로 합의할 그러한 계약내용의 일부이다. 법적 강제가 없어도 이해당사자들 간의 합리적 이해조정이 이루어진다면 당연히 합의할 내용의 하나이다.

예를 들며 생각해 보자. 자기자본이 없는 기업인이 새로운 아이디어로 사업에 착수하려 한다고 하자. 사업의 성공 확률은 80%라고 하고, 위험부담이 전혀 없는 시장이자율은 연 6%라고 하자. 이 기업인이 타인자본을 빌리려 한다면 연 32.5%의 높은 이자율을 부담하지 않으면 안 될 것이다.[4] 그러나 대부분의 경우

---

2) 여기서의 거래비용은 결코 단순히 당사자 간의 계약체결비용만을 의미하는 않는다. 계약체결에 따른 비용은 물론이고 계약의 이행여부를 감시·감독하는 비용, 나아가 필요시 이행을 강제하는 비용 등도 당연히 포함된다. 국가가 회사법을 통하여 당사자 사이에서 자동 성립하는 계약의 내용을 확정해 줄 뿐만 아니라 나아가 계약의 감시·감독과 이행의 강제까지를 담보해 주는 것은 이해당사자들의 입장에서 보면 대단히 큰 거래비용의 절약이 된다.

3) 이미 여러 설명에서 명백히 되었겠지만 거래비용은 대리비용보다 큰 개념이다. 엄밀하게 이야기하면 대리비용은 거래비용의 한 종류라고 보는 것이 타당하다. 그런 의미에서는 본인–대리인 문제의 연구는 거래비용에 대한 연구의 한 분야라고 보는 것이 옳다. 이러한 입장에서 본인–대리인 문제뿐 아니라 거래비용과 관련된 기존의 여러 연구를 비교적 광범위하게 요약 정리한 책으로는 Thrainn Eggertsson, *Economic Behavior and Institutions,* Cambridge University Press, 1990이 있다.

4) 왜냐하면 위험부담이 전혀 없는 경우 현재의 100만원은 1년 후 106만원이 되므로, 성공확률이 80%인 사업의 경우에도 1년 후 채권자의 기대수익이 최소한 106만원은 되어야 채권자는 기꺼이 투자를 할 것이다, 즉 $0.8X=106$만원이 되어야 하고, 이때의 X는 132.5만원이다. 이는 곧 32.5%의 이자율을 의미한다(논의의 편의상 채권자는 위험중립적이며 사업이 실패한 경우에는 전혀 채권회수가 불가능함을 가정한다).

연 32.5%라는 높은 이자율을 지불하는 것 자체가 사업에 큰 부담이 될 것이다. 파산가능성을 높일 것이다. 따라서 가능한 한 외부로부터의 차입자본의 비중을 일정수준으로 낮추기 위해 노력할 것이고, 이를 위한 방법의 하나는 기업인이 자신과 같이 사업할 파트너를 구하는 방법이다. 파트너의 경우는 이윤을 함께 나누어야 한다는 비용은 들지만 이자를 부담하지 않아도 되므로 파산가능성을 높이지 않게 된다.

그러나 파트너의 경우에도 문제는 남는다. 첫째는 만일 그가 도중에 파트너 관계를 단절하고자 할 때에는 혹은 그가 사망하여 단절이 불가피해지는 경우에는 어떻게 할 것인가이다. 만일 이러한 경우에 단절을 불가능하게 한다면 그만큼 동원가능한 자본의 양이 줄어들 것이다. 따라서 당사자들은 이러한 경우 단절이 가능한 계약내용을 찾으려 노력할 것이다. 여기서 투자자본의 자유양도성(自由讓渡性)을 인정할 필요가 나온다.

둘째, 파트너는 당연히 그 회사의 부채에 대하여서도 책임을 져야 하므로 자신이 직접 경영에 참여하든가 아니면 지인(知人)으로 하여금 경영케 하여 사업을 성공시키려 할 것이고 가능한 한 경영부실을 사전에 막으려 노력할 것이다. 그러므로 이런 경우에는 경영에 대한 직간접 참여의 의사와 능력을 가지지 않은 사람의 경우에는 파트너가 되려고 하지 않을 것이다. 따라서 경영의 의사와 능력이 없는 사람들로부터의 자본동원은 그만큼 어렵게 된다. 여기서 보다 많은 자본동원을 위하여 회사의 부채에 대하여 투자자의 책임을 제한하는 유한책임제의 필요가 나온다. 더 나아가 투자지분의 자유양도성과 유한책임제가 결합되면 주식회사의 경우 투자자인 주주는 분산투자(分散投資)를 통하여 자신들이 부담하는 위험을 개별 기업이 부담하는 위험과 관계없이 더욱 낮출 수 있다. 이와 같이 당사자들 간의 자발적 계약에 의해서도 유한책임제가 등장할 수 있다. 아니 거대자본의 효율적 동원을 위하여서는 당연히 등장할 수밖에 없다. 유한책임제는 투자사업의 위험의 일부를 채권자에게 이전시키는 제도이기 때문에 채권자에게 불리하므로 당사자들 간의 자발적 계약에 맡기면 결코 등장하기 어려운 제도가 아닌가 하는 의문이 제기될 수 있다. 이미 앞의 예에서 본 바와 같이 채권자들은 자신들이 부담하는 위험을 그 정도에 따라 높은 이자율로 보상을 받기 때문에 문제가 되지 않는다. 앞의 예에서 만일 기업인이 자신의 개인 자산을 채권자에게 담보로 하였다면 비록 80%의 성공확률만 있는 사업의 경우에도 이자율은 6%를 크게 상회하지 않을 것이다. 왜냐하면 앞에서 32.5%의 이자율은 사업실패 가능성이 20%라는 부담을 채권자가 진다는 것을 전제로 하여 산출된 이자율이었음을 상기해야 할 것이다.

채권자의 경우도 유한책임제로 인해 그가 부담해야 하는 위험을 높은 이자율로 사전에 보장받을 수 있기 때문에 유한책임제가 채권자에게 불리한 제도라 할 수 없다. 따라서 유한책임제는 주주, 경영자는 물론, 채권자를 포함한 당사자들 모두에 의해 자발적으로 합의될 수 있는 그러한 계약이다. 따라서 이 유한책임제를 회사법에서 법제화함으로써 개별 당사자들이 오랜 시간과 자원을 들여 개별 계약을 할 필요를 없애고 그만큼의 거래비용을 줄이게 되는 셈이다.

회사법에 나와 있는 각종의 채권자 보호조항(保護條項)들도 사실은 회사와 채권자들이 자발적으로 합의할 수 있는 그러한 가장 합리적인 내용을 법제화한 것이다. 일반적으로 채권자들이 부담하는 위험(risk)은 회사파산의 위험이다. 그러나 파산의 위험, 보다 구체적으로는 사업계획의 실패의 위험도 채권채무계약 성립 당시 알 수 있었던 것은 문제가 되지 않는다. 왜냐하면 앞에서 본 바와 같이 계약 당시 이미 예상되는 위험의 정도는 이자율에 반영시킬 수 있기 때문이다. 그러나 계약 후 위험의 정도의 변화는 이자율로 반영시킬 수 없으므로 채권자가 추가로 부담해야 하는 보상받지 못하는 위험이 된다. 예컨대 계약체결 후 회사채무의 증가와 그로 인한 파산 가능성의 증가는 기존의 채권자에게 큰 위험부담의 증가가 아닐 수 없다. 따라서 채권자는 당연히 회사의 재무제표(財務諸表) 등, 정보제공을 요구하게 되고 동시에 경영부실을 막기 위해 경영에 대한 감시·감독을 요구할 것이다. 물론 감시·감독을 과다하게 요구하면 경영의 창의와 자율성을 제약하는 것이 되어 오히려 회사와 채권자 모두에게 손해가 되므로 감시·감독의 수준은 필요한 최소한에 그칠 수밖에 없다.

여하튼 이와 같은 정보요구와 최소한의 감독의 요구는 회사와 채권자들 간의 자발적 계약에 맡겨도 자연히 계약내용의 일부가 될 그러한 내용들이다. 예상되는 이들 당사자 간의 합리적 계약내용을 법제화한 것이 회사법의 채권자 보호조항들이다. 상법 제448조의 재무제표에 대한 채권자의 열람권과 교부청구권(交付請求權), 제439조의 자본금감소에 대한 채권자 이의권, 제462조의 이익배당에 대한 제한 등은 모두 이러한 성격의 조항들이다.[5] 이러한 채권자 보호조항을 법제화함으로써 개별 당사자들이 개별 계약적으로 이를 협상하고 명시적으로 조문화할 필요를 크게 줄인다.

지금까지의 논의를 요약하면, 회사법은 주주의 이익만을, 혹은 경영의 자유만을, 혹은 채권자의 이익만을 대변하는 것이 아니다. 이들 이해당사자들 간의 이해를 조화·조정하여 그들 간의 자유협상에 맡겨도 당연히 합의에 도달할 표준계약내용을 법제화함으로써 당사자 간의 거래비용을 낮추는 것을 목적으로 한다.[6] 이와 같이 회사법은 거래비용, 보다 구체적으로는 대리비용을 최소화함으로써 결국 자본동원비용의 최소화에 기여하고, 나아가 그 사회의 부의 극대화에 기여한다. 이러한 목적에 보다 부합하는 회사법을 우리는 효율적인 회사법(efficient corporation law)이라고 부를 수 있다.[7] 그리고 한 사회의 회사법이 보다 효율적일수록 그 사회의 자원의 보다 효율적인 배분이 가능하게 되어 국부(國富)의 증대에 기여하게 된다.[8]

---

5) 이러한 조항들은 주주의 이익에도 일치한다. 왜냐하면 채권자 보호가 잘 될수록 그렇지 않은 경우보다 더 낮은 이자율로 타인자본을 활용할 수 있기 때문이다. 따라서 채권자 보호 조항은 경영자와 채권자 사이에서뿐만 아니라 주주도 포함한 모든 관계당사자들이 합의할 수 있는 계약내용이라고 할 수 있다.

6) 회사법의 내용이 주주, 이사, 채권자 등 이해당사자들 간의 자본계약에 맡겨도 이들 사이에서 당연히 합의에 도달할 내용과 같은 것이라는 주장은 이들 간의 계약체결을 위한 협상시의 거래비용이 영(零)이거나 영에 가까운 경우를 상정하는 주장이다. 현실적으로 협상과 합의비용(예컨대 교섭력이나 정보력에 차이가 있는 경우 등)이 큰 경우에는 당사자 간에 합의될 계약의 내용과 회사법의 내용 사이에는 얼마든지 괴리가 발생할 수 있다.

7) Richard Posner는 다음과 같이 표현하고 있다. "An efficient corporate law is not one that maximizes creditor protection on the one hand or corporate freedom on the other, but one that mediates between these goals in a fashion that minimizes the costs of raising money for investment." Richard Posner, "The Right of Creditors of Affiliated Corporations", 43 *The University of Chicago Law Review* 499 (1976).

8) 오늘날과 같은 세계화·지구촌화의 시대에는, 보다 효율적인 회사법, 보다 거래비용을 많이 낮추어 줄 수 있는 회사법을 가진 나라, 그리하여 보다 적은 비용으로 거대자본(巨大資本)을 동원할 수 있는 여건을 만들어 주는 나라가 그렇지 못한 나라보다 경쟁에 유리하게 된다. 비효율적인 회사법을 가진 나라, 예컨대 채권자보호가 충실치 못한 회사법을 가진 나라에서는 당연히 채권자들은 높은 위험부담을 고(高)이자율로 보상받으려 할 것이다. 따라서 그러한 나라에서는 회사법의 비효율성만큼 자본동원 비용이 증가한다.

제 2 절 유한책임제(limited liability)

주주는 회사에 대하여 주식의 인수가액을 한도로 출자의무를 부담할 뿐이고(상법 제331조), 회사의 채권자에 대하여 아무런 책임을 지지 아니한다. 예컨대 회사가 도산하는 경우에도 주식의 취득을 위하여 지급한 금액만을 상실할 뿐 그 이상으로 회사의 채권자에 대하여 책임을 지지 아니한다. 이 경우 회사채권자에 대하여 변제의 담보가 되는 것은 오로지 회사의 재산뿐이다. 이것이 주주의 유한책임제(有限責任制)이다. 이 유한책임제야말로 주식회사법의 가장 중요하고 본질적인 특징의 하나이다. 왜 유한책임제가 등장하였을까? 그 주된 목적과 기능은 무엇일까? 한마디로 유한책임제는 주주의 위험부담기능과 경영자의 전문경영기능의 분리에서 오는 비용(cost of separation)을 최소화해 주는 기능을 한다. 그리하여 소유와 경영의 분리를 촉진하고 그 결과 거대자본의 동원과 전문경영인의 등장을 가능하게 한다.

우선 어떻게 유한책임제가 거대자본의 동원을 용이하게 하는가를 보자. 첫째, 유한책임제는 주주들이 전문경영인들을 감시·감독할 필요를 크게 줄인다. 동시에 다른 주주들의 재산의 변동에 대한 감시·감독의 필요도 크게 줄인다. 만일 무한책임이 요구된다면 주주들은 전문경영인들을 보다 잘 감시·감독해야 하고 동시에 다른 주주들의 재산변동에 대하여도 열심히 감시·감독하여야 한다. 왜냐하면 전문경영인들이 잘못하면 그 결과에 대하여 주주들이 무한책임을 져야 하고 그때 회사채무에 대한 최종담보는 모든 주주들의 재산이기 때문이다. 따라서 전문경영인들의 경영실적뿐만 아니라 다른 주주들의 재산변동에 대하여도 깊은 이해관계를 가지게 되어 감시·감독이 불가피하다. 그러나 유한책임제하에서는 이러한 필요가 크게 줄어들어 보다 많은 사람들이 용이하게 주주가 될 수 있다. 감시·감독비용이 크게 줄어 투자가 그만큼 용이하게 된다는 이야기이다.

물론 비효율적인 회사법을 가진 나라에서도 당사자들의 계약으로 효율적인 관계를 정리하려는 사적(私的) 노력이 당연히 일어날 것이다. 보다 효율적인 관계가 쌍방 모두에게 유리할 것이기 때문이다. 그러나 그러한 사적 노력 자체가 사실은 불필요한 거래비용의 발생을 의미한다. 따라서 효율적인 회사법 제도를 가진 나라보다는 불리하다.

둘째, 주식양도자유(株式讓渡自由)의 원칙과 결합될 때, 유한책임제(有限責任制)는 투자의 분산(diversification of investment)을 가능하게 하여 그만큼 투자자들로 하여금 투자에 따른 위험을 감소시킬 수 있게 한다. 무한책임제(無限責任制)하에서는 투자의 분산은 오히려 위험부담을 증대시키는 데 반하여 유한책임제하에서는 분산투자는 위험부담을 감소시킨다. 일반적으로 투자의 위험을 감소시킬수록 그만큼 투자비용을 낮추게 되므로 보다 많은 자본의 동원을 가능하게 한다. 유한책임제는 이상과 같이 자본동원을 용이하게 할 뿐 아니라 전문경영인들의 효율적 경영을 촉진하는 기능도 한다.

그 이유의 하나는 다음과 같다. 경영인들이 효율적 경영을 하지 아니하면 먼저 주식투자자들이 그 회사를 떠나게 된다. 그리하여 주가가 떨어지고 그러면 당해 회사를 보다 효율적으로 경영할 자원을 가진 주식투자자들이 그 회사를 적대적으로 매수하려 들 것이다. 그리고 그것은 현재의 전문경영인들을 새로운 전문경영인들로 대체함을 의미한다. 따라서 이러한 가능성을 줄이기 위하여 현재의 전문경영인들은 회사를 보다 효율적으로 경영하려고 노력하게 된다. 그러나 만일 유한책임제가 아니고 주식양도의 자유도 없다면 위와 같은 새로운 주주들에 의한 회사인수의 가능성은 존재할 수 없기 때문에 그만큼 효율적 경영의 압력은 덜 받는다고 볼 수 있다.

둘째, 효율적 경영을 촉진하는 다른 이유는 정(正)의 순이익이 있을 때 투자가 이루어지기 때문이다. 주식의 자유양도성과 유한책임제로 인하여 주주들이 분산투자를 할 수 있고 이를 통하여 투자위험을 크게 줄일 수 있기 때문에, 전문경영인들이 고위험－고수익 사업에도 진출할 수 있다. 무한책임제하에서는 비록 정(正)의 순이익(positive net value)이 있는 사업의 경우라 할지라도 위험의 정도가 높으면, 환언하면 예상수익의 변동폭(high variance)이 크면 너무 위험하다고 하여 주주들이 그러한 분야로의 사업진출을 막을 가능성이 높다.

그러나 유한책임제하에서는, 특히 주주들이 분산투자를 통하여 투자위험을 크게 낮춘 경우에는, 이러한 가능성은 적다. 전문경영인들은 자신들의 판단에 따라 정(正)의 순이익이 있는 경우에는 비록 위험이 높은 경우라 하여도 얼마든지 사업투자를 할 수 있다.[9] 정(正)의 순이익이 있을 때 투자하는 것은 개별 기업의

9) 물론 이때는 위험만 높은 것이 아니라 예상수익도 높을 것이므로 이윤 극대화를 위한

입장에서뿐 아니라 사회적 관점에의 보아도 바람직한 투자라고 할 수 있다. 그런데 이러한 합리적 투자가 무한책임제(無限責任制)하에서는 이루어지기 어렵다. 유한책임제하에서는 저위험－저수익이든 혹은 고위험－고수익이든 정(正)의 순이익이 있는 경우에는 사업투자가 이루어질 가능성이 높다. 따라서 유한책임제가 그만큼 경영의 효율성을 증대시킨다고 볼 수 있다.

셋째, 유한책임제는 회사 채권자들로 하여금 경영에 대한 감시·감독기능을 제고하도록 유도한다. 그리하여 결국 전문경영인들의 경영효율성을 높이게 된다. 무한책임의 경우에는 회사채권자들은 회사의 경영에 대하여 감시·감독하게 된다. 그런데 회사채권자들은 경우에 따라서는 대단히 효율적 경영감시기능을 할 수 있다. 예컨대 유사한 사업에 대한 대출경험이 많은 은행은 개별 회사의 주주보다 전문경영인들이 하려고 하는 신규사업의 사업성, 수익성 등에 대하여 보다 올바른 정책판단을 할 수 있다. 한마디로 회사채권자들이 주주보다 경영에 대하여 보다 효율적으로 감시·감독을 할 수 있는 경우도 적지 않다.

결국 유한책임제란 주주와 채권자 사이의 일종의 위험부담제도(危險負擔制度, risk sharing arrangement)라고 볼 수 있다. 위험부담 내지 위험축소를 위하여 주주와 채권자가 공동으로 경영을 감시·감독하도록 하는 제도라고 할 수 있다. 주주는 잔여이익 청구권자(residual claimant)이므로 당연히 경영을 감시·감독할 유인이 본래 있으나, 채권자들에게는 그러한 유인이 본래 약한데 이를 강화하기 위한 제도가 바로 유한책임제라는 것이다.

그러나 이상과 같은 목적과 기능을 가지는 유한책임제하에서는 기업이 고위험－고수익 사업(high risk-high return project)을 과도하게 선호할 가능성이 크다는 점이다. 왜냐하면 유한책임제하의 주주의 입장에서 보면 고위험－고수익 사업이 성공하면 그 수익은 독점하지만 그 사업이 실패한 경우에는 그 실패의 비용(예컨대 회사의 파산)은 회사채권자와 나누어 부담하기 때문이다. 환언하면 고위험－고수익 사업을 선호하게 된다는 이야기다. 따라서 여기서 일종의 도덕적 해이(moral hazard)의 문제가 발생할 수 있다. 유한책임제도가 가지는 이 도덕적 해이의 문제를 어떻게 해결하는 것이 바람직할까?

합리적인 투자가 된다.

우선 지적할 사항은 이러한 도덕적 해이의 가능성이 있을 때, 그리하여 회사가 과도하게 고위험 사업에 투자할 위험이 있을 때, 비록 불완전하지만 사전보상 메커니즘이 존재한다는 것이다. 즉 채권자들은 당연히 그러한 도덕적 해이의 가능성을 예견하고 그 부분에 대한 위험보상(危險補償, risk-premium)을 사전에 요구하게 된다.[10] 그리고 그 위험보상은 고이자율(高利子率)의 요구 또는 보다 확실한 담보의 요구 등의 형태로 나타난다. 이러한 사전보상 메커니즘이 존재하게 되면 회사는 채권자들에게 지불할 추가적 위험보상을 줄이기 위해서라도 고위험 사업에 과도하게 진출하는 것을 자제하게 된다. 따라서 사전보상 메커니즘이 작동하는 범위 내에서 도덕적 해이의 발생은 그만큼 축소된다고 볼 수 있다.

그러나 현실적으로는 불완전정보 등으로 거래비용이 많이 들어 사전보상(事前補償)이 충분하지 못한 경우가 일반적이라고 볼 수 있다. 그러한 경우에는 어떻게 할까? 채권자와의 계약시에는 앞으로 고위험 사업에 진출하지 아니할 것을 약속하고도 나중에, 즉 계약체결 후에 고위험 사업에 진출해 버린다면 그리하여 회사파산의 가능성을 높인다면 어떻게 대처하는 것이 바람직할까? 어떠한 법제도적 대응이 가능할까?

첫째, 회사법인격부인(會社法人格否認)의 법리(lifting or piercing the corporate veil)를 생각해 볼 수 있다. 이는 회사의 법인격을 전면적으로 부정하는 것이 아니라 특정한 법률관계에 한하여 회사의 법인격을 부정하여 회사와 주주를 동일의 법인

---

10) 엄격하게 이야기하면 이러한 사전보상 메커니즘은 채권자와 회사 사이에만 존재하는 것은 아니다. 예컨대 노동자와 회사 사이에도 존재할 수 있다. 뿐만 아니라 소비자와 회사, 그리고 거래상대방과 회사 사이에도 존재할 수 있다. 회사가 고위험 사업에 투자하여 파산의 위험성을 높이는 경우, 아니 그러한 가능성이 많은 경우에는 소비자는 당연히 저가격을 (왜냐하면 나중에 애프터 서비스를 못 받을 수도 있기 때문에) 그리고 거래상대방은 자기가 파는 경우에는 고가격을 자기가 사는 경우에는 저가격을 요구하게 된다. 포즈너(R. Posner)는 이들 채권자, 노동자, 소비자, 거래상대회사 등 모두를 소위 "자발적 채권자(voluntary creditors)"라고 부르고, 이들의 경우는 사전보상(事前補償) 메커니즘이 있어 본문에서 걱정하는 도덕적 해이의 문제가 거의 발생하지 않는다고 주장하고 있다. 물론 사전보상 메커니즘이 완전하게 작동한다면 그렇게 주장하라 수도 있겠으나 현실적으로는 사전보상 메커니즘이 완전히 작동한다고 보기는 어려워 어느 정도 도덕적 해이가 발생한다고 보아야 할 것이다. Richard A. Posner, "The Rights of Creditors of Affiliated Corporations", 43 *University of Chicago Law Review* 499 (1976).

격자로 취급하는 제도이다. 예컨대 특수한 경우에는 회사주권자들이 스스로의 이익보호를 위하여 회사의 배후에 있는 주주에 대하여 무한책임을 추궁할 수 있는 원칙이다. 우리나라 판례도 이 원칙을 본격적으로 인정하고 있으며,[11] 학설은 민법상 신의성실의 원칙에서 실정법적 근거를 찾고 있다.

일반적으로 회사법인격부인의 법리는 다음의 경우에 더욱 그 적용의 필요성이 커진다고 볼 수 있다.

(1) 공개법인(公開法人)보다 비공개법인(非公開法人)의 경우이다. 우리나라에서도 그렇지만 일반적으로 비공개법인의 경우에는 위험부담기능과 전문경영기능의 분리가 이루어지지 않는 경우가 많다. 투자자가, 즉 주주가 사실상 직접 경영을 책임지는 경우가 많다. 이런 경우에는 주주-경영자들은 고위험 사업에 과도하게 투자할 유인을 가지게 된다. 왜냐하면 앞에서 보았듯이 고위험 사업에의 투자가 성공시 이익은 자신에게 집중되고 실패시 비용은 회사채권자들과 분담하게 되기 때문이다.

그러나 공개법인의 경우에는 방만한 경영을 하게 되면 자본시장에서 적대적 회사매수(敵對的 會社買受, hostile takeover)의 움직임이 발생할 수도 있다. 또한 자본시장에서의 주가의 변동 등을 통하여 회사경영실적과 성과가 수시로 객관화된다. 따라서 그만큼 경영자들은 효율적 경영의 압력을 받는다. 이러한 견제 메커니즘이 비공개법인의 경우에는 존재하지 않는다. 그 결과 회사채권자에 대한 주주-경영자의 기회주의적 행위의 가능성, 즉 도덕적 해이의 가능성이 커진다. 따라서 회사법인격부인의 법리는 비공개법인에 보다 적극적으로 도입·활용되어야 할 것이다.[12]

(2) 모회사(母會社)와 자회사(子會社)의 관계에서는 모회사의 주주가 아니라

---

11) 대법원 2001. 1. 19. 선고 97다21604 판결에서 처음 본격적으로 인정되었으며, 다수의 판례에서 이 원칙을 채용하고 있다. 자세한 설명은, 송옥렬, 『상법강의』 제6판, 홍문사, 2016, pp. 691-697 참조.

12) 반대로 Henry Hansmann & Reinier Kraakman, "Toward Unlimited Shareholder Liability for Corporate Torts", 100 *Yale Law Journal* 1879 (1991)에서는 공개법인의 경우에도 법인격부인의 법리가 적극적으로 적용되어야 하는 다양한 근거를 제시하고 있다.

모회사의 재산에 대하여 위의 법리를 적용하는 것이 보다 바람직하다. 일반적으로 모회사와 자회사의 관계를 이용하여 모회사가 기회주의적(도덕적 해이)으로 행동하는 경우가 있을 수 있다. 예컨대 자회사로 하여금 외부자금을 차입하여 고위험 사업 분야에 투자하게 하고, 성공하면 모회사가 이익을 차지하고, 실패하면 자회사가 파산하여 그 비용의 일부를 외부채권자에게 부담시키는 행위를 할 수 있다. 이러한 경우 회사법인격부인의 법리를 적용하여 자회사의 채권자가 모회사에 그 책임을 물어야 하는데, 이러한 경우 그 책임추궁의 대상은 모회사의 주주가 아니라 모회사의 재산이어야 한다. 모사회의 주주의 재산에 책임을 추궁하면 이는 결국 무한책임제가 되므로 유한책임제가 가지는 각종의 이점(예컨대 위험부담기능과 전문경영기능의 분리, 거대자본의 동원, 자본시장을 통한 경영에 대한 감시감독 등)을 포기하는 것이 된다. 따라서 모기업 주주의 재산이 아니라 회사의 재산에 대하여 책임추궁을 인정하는 정책방향이 옳다고 생각한다.

(3) 계약법(契約法) 분야가 아니라 불법행위법(不法行爲法) 분야에 보다 적극적으로 회사법인격부인의 법리를 적용하여야 할 것이다. 계약법 분야에서는 주주들의 도덕적 해이 가능성에 대하여, 환언하면 회사가 고위험 사업에 진출함으로써 증가하는 파산위험의 가능성에 대하여 회사채권자가 계약을 통하여 사전에 위험보상(risk premium)을 받을 가능성이 크다. 일반적으로 계약의 경우에는 자발적으로 채권자(voluntary creditor)가 되는 경우이므로, 실제로 그러한 도덕적 해이의 가능성이 크다면 회사채권자들은 사전에 계약을 통하여 고(高)이자율의 요구 형태로 보상받으려 할 것이다.

반면에 불법행위의 경우에는 이러한 사전보상(事前補償)의 기회가 없기 때문에 사후보상(事後補償)을 철저히 하지 않으면 도덕적 해이로 인한 불이익 문제를 해결할 길이 없게 된다. 한마디로 불법행위의 경우에는 대부분이 비자발적으로 채권자(involuntary creditor)가 되는 경우(예컨대 사고로 인한 피해자)이므로 사전보상을 위해 계약을 할 가능성 자체가 없다. 결국 사후보상이 그만큼 중요해지고 따라서 회사법인격부인의 법리가 적용되어야 할 필요는 그만큼 증대된다고 볼 수 있다.[13)]

---

13) 예컨대 고의적 성격이 강한 건축회사의 부실공사로 인하여 많은 사고피해자가 발생한 경우 이들의 손해배상청구권을 유효하게 실현시켜 주기 위하여 회사법인격부인의 법리

둘째, 유한책임제하에서 주주의 도덕적 해이를 줄이기 위해서 건실한 재무구조의 유지를 요구하는 방법이 있다. 일반적으로 자기자본의 비중이 작으면 작을수록 요행을 기대하고 과도하게 고위험 사업(高危險 事業)에 투자할 위험이 높기 때문에 자기자본비율(自己資本比率)을 높여 이와 같은 위험을 감소시키려는 것이다. 그러나 한 가지 주의할 점은 이와 같은 요구가 지나치면 그것 자체가 시장에의 진입장벽(進入障壁, entry barrier)이 되어 독과점을 결과할 위험이 있다는 것이다. 따라서 과도한 요구는 바람직하지 않으나 회사에게 어느 수준의 건실한 재무구조를 요구하는 것은 바람직하다고 본다.

상법이 자본감소(資本減少)에 대한 주주총회의 특별결의가 있은 날로부터 2주 내에, 회사채권자에게 일정기간 내(2개월 이상)에 이의를 제출할 것을 공고하도록 하고 있고, 알고 있는 채권자에게도 개별로 최고(催告)하도록 하고 있는 것(상법 제439조 제2항, 제232조 제1항)은 바로 여기서 이야기하는 주주의 도덕적 해이를 막고, 건실한 재무구조를 확보하기 위한 제도의 일종이라고 볼 수 있다.

셋째, 경영자책임제(經營者責任制, managerial liability)를 생각해 볼 수 있다. 예컨대 과도하게 고위험 사업에 투자하여 회사가 파산하게 되는 경우 경영책임자들도 회사와 연대하여 책임을 묻는 제도이다. 그러나 이러한 경영자책임제는 경영자가 도덕적 해이에 빠져 무리하게 고위험 사업에 투자하였기 때문에 실패한 것인지 아니면, 전문경영인으로서 건실한 노력을 다하였으나 외생적(外生的) 요인(예컨대 해외경기의 악화)으로 인하여 불가피하게 실패한 것인지를 구별하는 것이 결코 쉽지 않기 때문에 이를 그대로 도입하여 시행하는 것은 어려울 것이다. 따라서 우리나라에서는 일종의 절충형으로서 다음과 같은 제한적 내용의, 이사의 제3자에 대한 손해배상책임제를 두고 있다. 상법은 이사가 그의 임무를 악의 또는 중대한 과실로 인하여 해태하여 제3자에게 손해가 발생한 경우에는 연대하여 그 손해를 배상할 책임이 있다고 규정하고 있다(상법 제401조 제1항). 여기서 제3자의 전형적 경우는 물론 회사채권자이다.

를 적용하여 당해 건축회사의 주주들의 개인재산에 대하여 책임을 묻는 경우를 생각해 보라.

제5장 기업지배구조의 국제비교

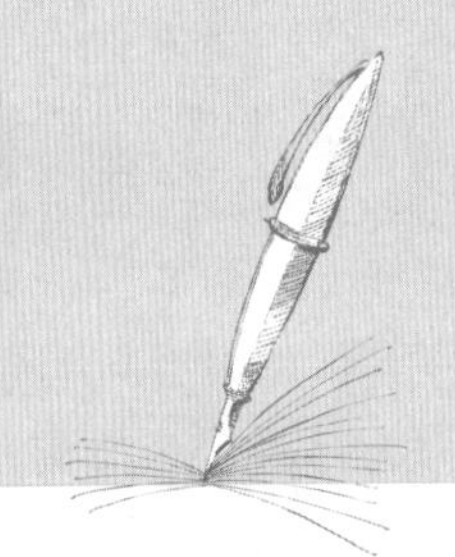

기업지배구조는 나라에 따라 각기 다양한 형태를 취하고 있다. 그 주된 원인은 무엇인가? 한마디로 그 원인은 기업지배구조가 그 사회의 경제적·제도적·문화적 제 여건을 반영한 환경의 산물이기 때문이다. 따라서 기업지배구조는 한 나라의 경제체제나 경제체질을 특징지우는 핵심 요소 중의 하나라고 볼 수 있다.

본 장의 제1절에서는 미국과 영국, 제2절에서는 일본과 독일의 기업소유구조와 지배구조를 살펴보도록 한다. 그리고 제3절에서는 한국기업의 소유 및 지배구조를 살펴보고, 앞으로 우리나라에 바람직한 새로운 기업지배구조의 방향을 생각해 보도록 한다.

제 1 절 미국과 영국의 지배구조

제1항 영·미기업의 소유구조

미국과 영국 등 앵글로색슨(Anglo-Saxon)계의 기업지배구조는 다수(多數)의 소액주주형(少額株主型)으로 소유와 경영의 분리를 기본 특징으로 하고 있다. 일반적으로 기업지배구조의 차이는 주로 소유구조에 의해 발생한다. 왜냐하면 주식회사제도에서 의결권을 가진 주식의 소유구조는 지배력(control 또는 governance)의 정도를 의미하고 소유구조의 차이에 따라 의사결정권의 유무(有無)와 책임소재 등이 다르기 때문이다.

19세기 말까지 영·미기업은 소수의 지배대주주에 의해 소유되고, 이들이 직접 기업의 경영을 담당하는 전형적인 소유자기업(proprietorship)의 형태를 띠고 있었다.[1] 그러던 것이 20세기 초를 기점으로 기업들이 활발한 사업확장을 통해 급속히 대형화되면서 소유와 경영의 분리현상이 나타나기 시작하였다. 기업의 급속한 성장에 따른 대규모 자금의 필요를 처음에는 주로 사내유보금(社內留保金)과 은행대출 등에 의존하였으나 이에 한계를 느껴 점차 주식발행에 의한 자금조달의 방식을 취하게 되었기 때문이다.[2] 주식발행이 계속 확대되면서 창업자 또는 그 가족들의 주식소유비중은 점차 낮아지기 시작하였고, 이어서 소유와 경영의 분리, 전문경영자에 의한 기업지배 형태가 등장하였다.[3]

이렇게 시작된 영미형 기업소유구조도 그 이후 변화하여 초기의 다수의 소액주주가 지배하던 형태에서 점차 기관투자의 비중이 높아지는 형태로 바뀌어 오

---

1) Berle-Means(1932)가 경영자 지배론(management control)을 발표한 이래 기업소유구조를 결정하는 요인과 소유구조가 기업행태와 경영성과에 미치는 영향에 대한 연구가 발전되어 왔다. Berle-Means의 소유구조 변화이론에 의하면 창업단계의 소규모 기업은 주로 소유주 개인의 자금력이나 사내유보금을 통한 자금조달에 의존하여 경영한다. 이 단계에서는 자본의 조달이 주로 소유경영자(owner management)에 의존하는 소유자기업의 형태를 가진다. 따라서 기업주식의 절대지분을 가진 창업주, 즉 소유경영자가 기업경영에 절대적인 지배력을 행사한다. 다음을 참조하라. Adolf Berle and Gardiner Means, *The Modern Corporation and Private Property,* New York, Commerce Cleaning House, Inc., 1932.

2) 기업의 확대 성장과 더불어 소수자본가에 의한 경영은 자본의 조달에 있어서나 경영능력에 있어서 한계에 부딪히게 되었다. '규모의 경제(economy of scale)'를 달성하기 위해 기업은 확대 성장을 추구하게 되었고, 이를 위해 주식시장으로부터 자본조달을 증가시킴으로써 다수의 대중투자자들에게 주식이 광범위하게 분산되었다.

3) 미국에서 경영자 자본주의(management capitalism)의 기반이 더욱 공고화된 것은 제1차 세계대전(1914~1917) 기간으로 이 시점에 이르러 19세기 후반에 창업했던 기업들의 대부분은 창업 2세들에 의한 세대교체가 이루어졌고, 기업들의 사내 유보금에 의한 자본축적이 축적이 충분히 이루어짐으로써 은행에 대한 자금의존도가 크게 낮아졌다. 창업 1세들의 퇴진 및 은행세력들의 퇴조, 그리고 경영기술의 전문화 추세 등은 전문경영자들의 위치를 더욱 공고히 하였던 것이다. Berle-Means는 경영자지배가 성립되기 위해서는 ① 주식소유의 광범위한 분산, ② 소유와 경영의 분리, ③ 기업성장에 있어 경영자의 적극적 역할이라는 3가지 조건을 들고 있다. Adolf Berle and Gardiner Means, *The Modern Corporation and Private Property,* New York, Commerce Cleaning House, Inc., 1932, pp. 8, 85, 94, 114를 참고하라.

고 있다. 특히 1990년대 이후로 각종 연금(年金), 기금(基金) 등의 기관투자가(機關投資家)의 다수지분소유가 크게 확대되고 있다.[4] 이와 같이 영미형의 소유구조는 일반적으로 개인과 기관투자가의 비중이 높은 것이 특징적이다. 2015년 기준으로 미국은 기관투자자의 비중이 47%, 개인투자자의 비중이 37%에 이르러, 개인과 기관투자가의 비중을 합하면 80%를 넘는다. 영국의 경우에도 기관투자가와 개인의 비중이 역시 80% 이상이다.

기관투자자의 비중이 큰 영미(英美)의 주주는 주로 분기별 수익률 등 기업의 단기실적을 바탕으로 기업경영을 평가하고 경영실적이 기대에 미치지 못할 경우 주식을 매각한다. 따라서 영미기업의 경영자들은 주식의 시장가치, 즉 주가(株價)의 단기 극대화(短期 極大化)를 위하여 움직이는 경향이 크다.[5]

이상과 같이 주식의 소유분산의 확대에 따라 기업경영이 소유자로부터 분리되어 소위 전문경영인에 의해 이루어지는 영미형 기업구조의 특성을 "경영자 지배(management control)" 또는 "경영자 자본주의(managerial capitalism)"라고 부르기도 한다.

제2항 지배구조

한 기업의 경영진을 선임하고 감독하는 제도를 지배구조(corporate structure)라고 한다. 이 기업의 지배구조에는 내부지배구조(internal corporate structure)와 외부지배구조(external corporate structure)가 있다.

내부지배구조(內部支配構造)란 기업내부의 조직과 제도를 통한 경영에 대한 감시와 감독 그리고 견제를 의미한다. 가장 대표적인 제도로서는 이사회(理事會)

4) 미국은 연금기금, 보험, 투자신탁(mutual funds), 은행신탁계정 등 기관투자가의 성장에 따라 주식소유에 있어 기관투자자의 지분이 급격히 상승하였다. 기관투자가들은 기업의 인수·합병(M&A), LBO(Leveraged Buy Outs의 약자로 남의 돈을 빌려 기업을 매매하는 것을 의미) 등 기업의 매매압력의 실세(實勢)로 자본시장에 등장하였다. 1991년의 조사에 따르면 이들 기관투자가의 지분비율이 총발행주식의 50.6%를 점유하고 있다.

5) 기업의 경영자는 분기별로 기업의 성과에 대한 정보를 시장에 보고하여야 하고 이에 따라 보상을 받거나 책임을 지기 때문에 단기적인 주가수준의 유지 내지 상승에 지대한 관심을 기울이게 된다. 따라서 장기적인 전략수립이나 투자가 소홀하게 된다.

제도가 있다. 그 이외에도 외부감사제도와 내부감사제(internal auditing system)가 있으며 종업원감시제도 등을 포함한 여러 형태의 기업내부의 경영감시제도들이 있다. 외부지배구조(外部支配構造)란 기업의 외부에서 작동하는 경영에 대한 감시·감독과 견제압력이다. 예컨대 기관투자가들의 감시, 자본시장과 금융시장에서의 평가, 기업지배시장(market for corporate control)과 경영인노동시장(managerial labor market)에서의 움직임, 상품시장에서의 경쟁압력 등이 이러한 기업외부에서 작동하는 경영에 대한 견제와 통제 압력들이다. 이외에도 기업이해관계자들(stakeholders) 간의 이해관계에 영향을 미치는 법적·제도적 규범을 마련한다거나 이해관계자 간 분쟁발생시 판결 등을 통해 기업지배구조에 영향을 미칠 수 있다는 점에서 정부와 법원 등도 광의의 외부지배구조에 포함시킬 수 있다.

기업지배구조는 나라마다 다양한 형태로 나타난다. 그 주된 이유는 각 국가의 기업소유구조의 변화, 발전과정의 차이뿐만 아니라 기업의 성장발전에 영향을 미치는 정치·사회·문화적 환경과 그리고 법적·제도적 배경이 다양한 까닭이다.

그런데 기업지배구조의 차이는 다양한 이해관계자(stake-holders) 간의 이해관계에 영향을 미치고, 보다 궁극적으로는 이러한 이해관계자들의 인센티브 구조에 영향을 미침으로써 기업의 경영성과에 큰 영향을 미치게 된다. 그 결과 기업의 생산성과 국제경쟁력을 결정하는 큰 요인의 하나가 된다. 따라서 이러한 기업의 지배구조의 차이가 궁극적으로는 국가의 국제경쟁력도 좌우할 수 있다는 의미에서 글로벌시대의 경쟁은 "자본주의체제 간 경쟁(competition of capitalist system)" 또는 "기업지배구조 간 경쟁(competition of corporate governance system)"으로 정의되기도 한다.6)

가) 내부지배구조

(1) 이사회

주주와 경영자 간의 대리인문제를 줄이는 직접적인 수단으로서 가장 효과적

6) 다음의 논문을 참조하라. Mark J. Roe, "Some Differences in Corporate Structure in Germany, Japan, and United States", 102 *The Yale Law Journal* 1927 (1993), pp 1927－2003.

인 것은 독립적인 이사회를 통한 감시와 감독이다. 이사회제도는 본래가 경영자의 업무집행에 대한 감시와 감독을 위하여 도입된 제도이다.[7] 특히 미국과 영국 기업의 경우, 이사회는 명실상부하게 주주의 이익을 대변하여 경영진의 경영행위를 감시하는 역할을 담당해 왔다.

이사회의 기능에 대해서는 미국에서는 각 주(州)의 회사법에 따라 각기 다른 내용으로 명시되어 있으나, 대체로 경영방침 및 경영전략의 결정, 이익의 배당, 자본의 조달 및 자본구성, 경영자의 임면(任免) 및 보수의 결정, 기업경영체계의 적합성에 대한 검토 등에 있어 주주로부터 부여된 의무를 수행하는 것이다. 따라서 이사회가 제대로 자기기능을 유지하기 위해서는 얼마나 "경영자들로부터 독립성을 유지하느냐"의 문제가 대단히 중요한 문제가 된다.

일반적으로 이사회는 사내이사(社內理事)와 사외이사(社外理事)로 구성된다. 사외이사라 함은 영·미 방식의 단일 이사회제도하에서 이사진의 일부를 외부인사로 위촉한 경우를 의미한다. 사외이사제를 도입함에 있어 내부이사와의 구성비, 사외이사의 역할, 사외이사의 선발방식, 사외이사제의 운용방식, 사외이사에 대한 보상 등에 관한 일정한 규칙이 있는 것은 아니다. 미국의 주요 기업의 경우 내부이사(경영진으로부터 발탁된 이른바 executive board member) 대(對)사외이사간의 비율이 평균 3 대 7 정도인 것으로 알려져 있다. 일반적으로 사업의 역사가 오래되고 규모가 큰 기업일수록 전체 이사진 중에서 사외이사가 차지하는 비중이 높다고 한다. 미국이나 영국에서는 사외이사의 비중만이 늘어나는 것이 아니라, 진정 회사에 기여하는 유능한 사외이사 선정의 중요성이 점차 강조되고 있다.[8]

---

7) 이사회의 이러한 기능을 강화하기 위해 경영진으로부터 독립적인 이사회와 사외이사(outside director)의 중요성이 강조되고 있다. 뉴욕증권거래소는 1960년대부터 상장기업에 대해 3명 이상의 사외이사를 두도록 규정하고였고, 1979년부터는 경영자로부터 독립되는 사외이사만으로 구성된 감사위원회를 설치할 것을 상장조건(上場條件)으로 규정하고 있다. 영국은 사회이사의 비율이 미국보다 낮은 42%에 불과한 반면, 최고경영자가 이사회 회장을 겸하는 경우는 1/3에 불과하고 나머지는 회장과 CEO가 분리되어 있어 경영진에 대한 견제기능을 강화하고 있다. 보다 자세한 내용은 Robert A.G. Monks and Neil Minow, *Corporate Governance,* Blackwell Business 1995, p. 183, 189 및 p. 303 참조하라.

8) Jonathan P. Charkham, *Keeping Good Company: A Study of Corporate Governance*

그렇다면 영미형 이사회제도의 문제점은 무엇인가? 영·미기업의 이사회제도에 대해서도 몇 가지 비판과 자성(自省)의 목소리가 있다. 첫째, 이사의 선임과정에서 점차 객관적 기준을 잃고 있다는 지적과 더불어 이사회운영 자체가 형식화(形式化)한다는 문제가 거론되고 있다.9) 둘째, 영미에서는 전통적으로 주주이익의 극대화를 기업운영의 궁극의 목표로 인식하여 왔기 때문에 이사회가 자연 주주의 이익을 최우선으로 대변하는 기구로 정착되어 왔다. 그러나, 1980년대에 들어와 미국의 주식시장이 투기장화(投機場化)하고 주주들이 자신들이 투자한 기업에 대한 관심이 낮아지자 이사회가 대표하는 대상을 주주에게만 한정시킬 수 없다는 견해가 대두하고 있다. 이를테면, 이사회는 예전과는 달리 주주를 포함한 여타 이해당사자들(stakeholders, 종업원, 채권자, 지역주민, 거래처 등)의 이익도 골고루 대표하는 기구로 전환해야 한다는 주장이 나오고 있다.

나) 외부지배구조

기업의 경영자에 대한 통제와 감독은 경쟁적 시장환경에서 오는 시장압력(market force)을 통하여서 이루어지기도 한다. 미국과 영국의 경우, 매우 경쟁적인 자본시장, 금융시장, 기업인수시장, 전문경영인시장, 상품시장 등이 발달되어 있

---

in Five Countries, Clarendon Press, Oxford, 1994, pp. 248-348을 참조하라.

9) 미국기업에서의 이사선정은 주로 이사회 의장(chairman)에 의해 크게 영향을 받으며, 특히 대기업의 경우 흔히 해당기업의 CEO가 이사회 의장직을 겸하고 있다. 따라서 이사에 의해 감시를 받는 대상인 최고경영자가 이사 선임에 지나치게 영향을 끼친다는 비판과 함께 더 객관성 있는 기준에 의하여 이사를 선임하여야 한다는 요구가 증대하고 있다.
또한 미국기업들의 이사들이 이사회 직무를 위하여 연중 할애하고 있는 기간은 평균 14일 정도라고 한다(여기에는 이사회 회의에 참석하는 일수는 물론, 회의를 위하여 준비하는 시간과 여행에 드는 시간 등이 모두 포함된 것임). 이사들의 이와 같은 시간 제약으로 인하여 전문성이 높은 회사업무 보고내용들을 제대로 파악하고 평가하기가 구조적으로 용이하지 않으며, 이사들 상호 간의 의사교환이나 결속력의 확보가 어렵다는 지적도 나오고 있다. 영미형 이사회제도의 문제점을 잘 요약하고 있는 논문으로 다음을 참고하라. April Klein, "Affiliated Directors: Puppets of Management of Effective Directors?", *Corporate Governance Today,* Columbia Law School (May 1998), pp. 317-356; Jay W. Lorsch, *Pawns or Potentates: The Reality of America's Corporate Boards,* Boston, Massachusetts, Harvard Business School Press, 1989.

어 이러한 기능을 한다.

(1) 기관투자가[10)]

주식소유의 기관화(機關化)는 세계적인 추세이다. 미국의 경우 기관투자가들의 주식점유율은 1960년대 초반까지만 하여도 뉴욕증권거래소 시가총액의 20% 수준에 지나지 않았다. 그러나 그 후 기관소유지분이 계속 상승하여 1975년에 35%, 1985년에 45%, 1990년에는 54%수준에 이르고 있으며, 2000년대 이후에도 계속 50% 전후를 유지하고 있다.[11)]

본래 기관투자가의 주식보유가 직접적으로 기업의 의사결정에 영향을 미칠 지위를 제공하는 것은 아니다. 기관투자가의 힘은 기업의 의사결정을 대체한다기보다는 제약하는 힘이라고 볼 수 있다. 기관투자가는 시장에서 주식을 사고 파는 행위를 통하여, 환언하면 당해 기업에 대한 시장평가(市場評價)를 통하여 경영자의 의사결정에 일정한 압력을 가할 수 있다. 이것은 결국 경영자가 기관투자가의 목적과 기대에 부응하는 경영전략을 선택할 유인을 높이게 된다.

종래 미국에서는 기관투자가가 주주총회에서 의결권을 행사하기는 하나 이

---

10) Novak (1997)에 의하면 주요 기관투자가인 연금기금이 주요 기업 주식의 약 30%를 보유하고 있고, 1994년 세계의 연금기금의 축적자산 규모는 10조 달러에 달하고 있으며, 이것은 세계 3대 주식시장에 상장된 모든 기업의 시장가치와 같은 액수라고 한다. 1993년 'California State Public Employee Pension'은 상당수 국가의 GDP 규모보다 큰 720억 달러를 보유하고 있다. 기관투자가의 역할과 기능에 대해 잘 요약한 논문으로 다음을 참고하라. Margaret M. Blair, *Ownership and Control: Rethinking Corporate Governance for the Twenty-First Century,* The Brookings Institution, Washington D.C., 1995, pp. 145－201; Jonathan. P. Charkham, "A Larger Role for Institutional Investor", Nicholas Dimsdale and Martha Prevezer (eds.), *Capital Market and Corporate Governance,* Clarendon Press, Oxford (1994), pp. 99－110; M. Novak, *On Corporate Governance: the corporate as it ought to be,* The AEI Press, 1997.

11) 미국에서 주식소유의 기관화 현상에 가장 크게 기여한 기관은 단연 연금기금이다. 1980년대에 걸쳐 연금기금이 소유한 주식만으로도 뉴욕증권거래소 시가총액의 20%수준을 상회해 왔으며, 미국 20대 연금기금들이 이들 시가총액의 10% 정도를 점하고 있다. 또한 연금기금들이 1980년대를 통해 대기업들의 중·장기 부채의 약 40%를 보유하고 있어서 이들 기관들이 미국기업들의 가장 큰 채권자이기도 하다. 결과적으로 연금기금이 주식자본의 가장 큰 소유주가 된 임을 의미한다. 이와 같은 기관소유지분의 증대는 기관들의 자본시장에서의 역할에 중대한 변화를 불러일으키고 있다.

사회를 통해 기업경영에 직접 참여하는 경우는 거의 없었다. 다만, 주식시장에서 기관투자가가 주식을 매입하면 경영자의 능력이나 경영전략을 인정하는 것으로, 주식을 매각하면 경영자의 능력이나 경영전략을 불신하는 것으로 본다는 'Wall Street Rule'을 통한 간접적 의사표시 내지 통제만이 일반적이었다.

그러나 점차 기관투자가들이 주주권행사에 적극성을 보이는 경향이 두드러지고 있다. 주주들이 배당금이나 시세차익(時勢差益)에만 주력하던 종래의 관행에서 벗어나 소유권을 바탕으로 적극적으로 경영에 개입해 자신의 이익을 추구하는 주주행동주의(株主行動主義, shareholder activism)가 확산되고 있다. 기관투자가들의 주식소유 비중이 커질 뿐 아니라 주식을 장기보유하는 경향까지 등장하여 기관투자가들이 안정주주(安定株主)로서의 위치를 갖는 경우가 증대하고 있다. 그 결과 기관투자가가 일종의 관계투자가(關係投資家, relationship investor)로서의 성격을 가지게 되어 경영감시자로서의 적극적 역할이 보다 증대되고 있다.[12)]

(2) 자본시장

주식시장의 시장압력이 기업 경영성과의 개선에 미치는 효과는 종국적으로는 기업지배권시장(corporate control market)이라고 불리는 기업인수시장(企業引受市場, takeover market)을 통해 나타난다. 기업인수시장[13)]은 일종의 시장의 가격기구

---

12) Pound (1988)는 기관투자가의 성격과 관련하여 기관투자가의 주식소유가 기업가치(企業價値)에 미칠 수 있는 영향에 대해 3가지 가설을 제시한다. 첫째, 효율적 감시(efficient-monitoring) 가설로 기관투자가는 전문적 분석능력과 정보를 가지고 있어 소액투자가보다 감시비용이 낮으며, 따라서 기관투자가의 지분율과 기업가치는 양(+)의 관계를 갖는다는 것이다. 둘째, 이해상충(conflict-of-interest) 가설로 기관투자가는 해당기업과 경쟁관계에 있는 다른 분야의 사업과도 관계를 가지고 있다는 것이다. 따라서 기업가치와 음(−)의 관계를 갖는다. 셋째, 전략적 일치(strategic-alignment) 가설로 기관투자가와 경영자는 전략적으로 같은 입장에 서서 협력하는 것이 상호이익이라는 것이다. 따라서 기업가치와 음(−)의 관계를 갖는다. J. J. Pound, "Proxy Contests and the Efficiency of Shareholder Oversight", 20 *Journal of Economics* 237 (1988).

13) 기업인수시장은 기업지배권 자체에 대한 경쟁이 이루어짐으로써 대주주에 대한 소액주주의 권익을 보호하는 데 있어서도 중요한 역할을 한다. 적대적 인수 위협의 증가는 외부의 소액주주의 사적 이익을 내부 대주주가 탈취하는 것에 대한 효과적인 제어수단이 된다. 또한 인수협의에 지배적 대주주만 참여하는 우호적 인수(M&A)에 비해, 적대적 인수에서는 통상 시장가격보다 높은 가격이 제시된다는 점에서 소액주주의 이익이 보호

를 이용한 기업통제장치이다.

일반적으로 기업인수시장을 통하여 기존 경영진을 교체하는 방법은 크게 두 가지로 나뉘어진다. 첫째는 기존 경영진의 의사에 반(反)하는 적대적(敵對的)인 상황에서의 경영진 교체 방식으로서, 주식시장에서 기존 주주들을 대상으로 시세(時勢)보다 훨씬 높은 가격으로 매수 주문을 내는 공개매수(tender offering) 방식과 주주총회에서 의결권의 과반수를 확보하기 위하여 기존 주주들로부터 위임장을 취합하는 위임장경쟁(proxy contest)방식 등을 들 수 있다.[14] 둘째는 기존 경영진과 상호합의하에 이루어지는 경영진 교체방식으로서 기업합병(corporate merger)의 방식 등이 그것이다.

우선 1980년 이후 경영진의 의사에 반하는 적대적 기업인수(hostile takeover)나 부채자금을 동원한 기업매수(leveraged buyout)가 비효율적 기업을 인수하여 경영자를 교체하거나 기업구조를 개편함으로써 경영효율화를 도모하는 수단으로 광범위하게 이용되었다. 이러한 경향은 기업의 효율적 경영을 촉구하고 산업구조개편을 촉진하며 궁극적으로 미국기업의 국제경쟁력 회복에 크게 기여한 것으로 평가되고 있다.

그러나 반면, 기업 인수거래가 활발히 진행되면서 주식시장이 지나치게 투기장화하는 소위 "카지노 자본주의(casino capitalism)"에 대한 우려도 등장하고 있다. 왜냐하면 경영진이 교체되면서 실질적으로 경영이 개선되는 경우도 있지만, 재무제표(財務諸表)의 숫자놀음과 함께 단기간의 매매차익만을 목표로 하는 예가 자주

된다. 우호적 M&A는 업종 전체의 전망은 밝으나 특정기업의 성과가 저조할 때 일어나기 쉬우며, 적대적 M&A는 업종 전체의 경기가 악화되었을 때 구조조정 등 과감한 정책변화를 위해 채택되는 것이 일반적이다.

14) 적대적 인수는 경영자에 대한 중요한 통제수단으로 작용할 수 있다. 적대적 인수 위협은 경영자들에게 징벌효과와 같은 영향을 미쳐 주주들의 이익을 보호하도록 작용한다. Jensen-Ruback(1983)은 기업인수시장은 경영성과가 미흡한 경영자를 퇴출시키거나 외부투자가에 대한 이익의 분배를 통해 자유현금흐름 문제를 해결함으로써 미래의 이익창출의 가능성을 증대시키고 인수기업과 피(被)인수기업의 혼합적 가치를 증대시키는 효과를 갖고 있다고 한다. Michael Jensen and R. Ruback, "The Market for Corporate Control: The Scientific Evidence," *Journal of Financial Economics*, Vol. 11 (1983), pp. 5−50을 참조하라.

나타나기 때문이다. 또한 기업인수를 위한 공개매수 과정에서 내부자거래(內部者去來)로 인한 불공정 거래시비가 자주 문제점으로 제기되고 있다. 또 경영진이 주주의 지지를 확보하고 적대적 기업매수자의 주식매집(株式買集)을 어렵게 하기 위하여 주가상승을 목적으로 단기수익 위주의 경영에 더욱 치중하여 장기성장을 위한 투자를 소홀히 하는 경향도 나타나고 있다.[15)]

(3) 금융시장

일반적으로 영·미기업의 지배구조에서 금융기관의 기업통제 역할은 일본이나 독일에 비해 미약한 편이다. 그 주된 이유는 영미에서는 그동안 은행 등 금융기관이 기업 등의 비금융기관의 주식을 보유하는 것을 엄격히 규제하여 왔기 때문이다. 그 결과 은행이 기업경영에 개입하거나 적극적인 감시자 역할을 할 수 없었다. 이처럼 일본, 독일과는 달리 영미형 모델이 기업지배, 통제에 있어 은행의 역할이 배제되고 있는 것은 은행업과 증권업의 엄격한 분리체제를 유지해 온 영미의 금융제도의 전통에서 그 배경을 찾아볼 수 있다.

미국은 1929년 대공황으로 인한 대대적인 금융기관의 도산 경험을 배경으로 향후 은행경영의 건전성을 확보하고 여수신(與受信) 업무와 증권업의 겸업에 따른 이해상충의 문제(conflict of interest)를 방지하기 위해 1933년 Glass-Steagall 법을 제정하여 은행업과 증권업을 분리하고 은행의 증권인수 및 중개업무를 금지하였다. 다만 은행의 증권신탁부를 통한 고객자산의 증권부문에서의 운영만은 할 수 있도록 하였다.

1956년에는 은행지주회사법(Bank Holding Company Act)을 제정하여 은행지주회사는 비은행기업의 의결권주식의 5%까지 보유할 수 있도록 허용하였으나 이해

---

15) 이 밖에 적대적 기업인수의 부정적인 측면으로는 새로운 경영진에 의한 경영쇄신이란 일반적으로 수익전망이 밝지 못한 사업부서, 공장 등을 폐쇄하거나 기존의 고용인원을 감축시키는 것으로 나타나는데, 결과적으로 한 지역경제의 재정 및 고용효과에 막대한 희생을 가져다 주게 마련이다. 그 외에도, 기업인수자금을 지나치게 부채에 의존한 나머지 해당기업의 재무구조가 크게 취약해진다는 점, 인수거래 과정에서의 증권사 및 변호사 수수료 등 경제 전체가 물어야 하는 제반 사회적 비용, 외부세력에 의한 경영권 위협에 대처하기 위하여 기존 경영진이 치르게 되는 기업자산의 낭비 등의 폐해도 적지 않다고 지적되고 있다.

상충 문제의 발생우려로 인해 실제 주식보유는 활발치 못하였다.

이처럼 은행의 주식보유가 제한적이나마 허용되고 있는데도 대개의 은행은 적극적으로 주식보유를 확대하거나 주주권 행사 등 기업지배에 개입하지 않고 있다. 그 주된 이유는 은행이 채권자[16]임과 동시에 주식보유를 통해 지배력을 행사하는 위치에 있게 되면, 기업이 도산하는 경우 채권자로서 은행의 채권변제 우선순위가 후퇴하고, 심지어 기업의 채무상환의무 등 법적인 의무까지 은행이 부담해야 하는 경우도 발생할 수 있기 때문이다.

제 2 절
일본과 독일의 지배구조

일본과 독일형 기업지배구조의 특징은 무엇인가? 가장 큰 특징은 계열사와 금융기관의 소유지분이 많고 그들의 역할이 큰 것이라 할 수 있다. 영국이나 미국에 비해 상대적으로 시장경제의 역사가 짧은 일본과 독일기업의 경우에는 기업상호간, 그리고 기업과 은행 간 서로 출자관계를 맺고 기업의 존립과 성장, 시장의 확대 등을 중요 목표로 하는 기업지배구조를 발전시켜 왔다. 즉 단기적인 주식가치의 극대화나 이해당사자 누구의 이익극대화보다 기업의 생존과 발전, 기업의 장기발전능력인 "부(富)의 생산능력"의 제고를 제1차적으로 중시하는 기업지배구조를 발전시켜 왔다.[17]

---

16) 채권자로서 은행의 역할에는 긍정적 견해가 크다고 할 수 있다. 은행은 다른 이해관계자(stakeholders)와 달리 정보분석 및 관리능력이 우월하고, 기업의 투자계획, 자금조달계획 등 사전적으로 축적된 정보가 많아 정보의 비대칭성을 완화할 수 있는 장점이 있다. 주식시장에 의한 감시가 사후적인데 비하여, 은행에 의한 감시는 사전적이라는 점에서 효율성 면에서도 우월하다고 할 수 있다. D. Diamond, "Financial Intermediation and Delegated Monitoring", *Review of Economic Studies* 51 (1984), pp. 393－414; "Government, Financial Markets, and Economic Development", *NBER Working Paper* 3669 (1991) 참조.

17) 영·미기업의 지배구조가 시장의 효율성 극대화, 단기 주주자산 극대화를 목적으로 하는 데 반해, 일본·독일형 지배구조는 효율성 중심의 이윤추구보다는 효율성은 다소 떨어지

이 때문에 소유구조는 불가피하게 기업 상호 간의 투자라는 “관계중심의 구조”를 이루게 되었고 지배구조가 이해당사자들 간의 “협력중심의 구조”라는 특징을 가지게 되었다고 볼 수 있다. 이러한 기업지배구조는 선진국 중에서 후발주자(後發走者)인 일본과 독일기업들이 선발주자인 영·미기업을 추월하려는 과정에서 형성된 구조라고 보아야 할 것이다.

제1항 소유구조

가) 일본의 소유구조

일본기업의 소유구조는 다른 어느 나라와도 비교하기 어려운 독특한 구조를 갖고 있다. 제2차 세계대전 이전까지 대기업들은 소수 재벌들에 의해 소유되어 있었으나 경영권은 전통적으로 상당부분 전문경영자에 귀속되어 있었다. 그러나 제2차 세계대전 직후 미군정(美軍政)에 의해 단행된 재벌(zaibatsu) 해체로 주식소유가 일반대중, 공급자, 고객, 종업원, 금융기관 등으로 다양하게 분산되게 되었다.[18]

일본 주요 기업의 주식 대부분은 계열기업, 채권자(주로 은행), 주요 거래처 및 공급자들인 안정주주(stable shareholders)들에 의해 소유되어 있다. 특히 일본의 기업집단은 계열기업 간의 상호주식보유(相互株式保有)가 특징적이다. 주거래은행(主去來銀行, main bank)이 동일계열인 경우가 대부분이며 일반적으로 이들 주거래은행이 계열기업주식의 5% 정도를 보유하고 있다. 물론 이들 계열기업들도 주거래은행주식을 상호보유한다. 그 밖에 동일계열은 아니라 하여도 오랜 사업관계에 있는 대형 시중은행이나 보험사, 신탁회사 등도 대기업주식의 약 5% 정도씩을 점유하고 있어 이들이 보유하고 있는 총지분도 약 20%에 달한다.

더라도 계열기업이나 은행 등과의 관계(relationship)유지를 중심으로 장기지속성을 중시하는 지배구조를 발전시켜 왔다.

18) 미군정에 의해 재벌은 해체되었으나, 구(舊)재벌조직의 계열기업들이 새로운 집단으로 재구성되어 자신들의 주식을 상호보유하기에 이르렀다. 제2차 세계대전 이후에 설립된 주요 기업들도 예외 없이 이러한 형태의 기업집단을 형성하고 있으며 상호출자 형태의 소유구조를 보이고 있다. 6대 기업집단(미쓰이, 미쓰비시, 스미토모, 후요, 다이치캉킹, 상와)을 살펴보면, 이른바 “사장단회의(社長團會議)”를 중심으로 기업경영이 운영되고 있다.

일본의 경우 주식상호출자를 보면, 개개기업은 매우 적은 지분의 주식을 보유하나 기업군(企業群) 전체로서는 당해 기업에 지배력을 행사할 수 있을 정도의 충분한 지분을 보유하고 있다. 물론 이러한 상호주(相互株)의 목적은 사업상 필요한 기업 간의 장기적이고 안정적인 유대관계와 결속을 위한 것이다. 뿐만 아니라 상호주는 증시에서 거래되는 유동주식을 감소시켜 주가를 높게 유지하기 위한 수단으로도 활용되어 왔다. 또한 상호주는 일본의 증시개방 초기 외국의 적대적 기업인수로부터의 방어를 위한 안정주주층 확보수단으로도 활용되어 왔다.[19]

나) 독일의 소유구조

독일기업[20]은 미국과 영국에 비해 소유집중이 높다. 대기업들의 경우 절반 이상이 주식의 50% 이상을 소유한 단일 대주주를 갖고 있으며, 공개 대기업에서도 80%가 지주회사를 통해 주식의 25% 이상을 가진 단일 대주주를 갖고 있다.[21] 특히 이들 대주주 중에는 은행이 많은데 이는 독일에서는 여신과 투자기능이 결합된 겸업은행제(兼業銀行制, universal banking)가 시행되어 은행이 자금조달원의 기능을 하는 동시에 대주주로 기업에 참여할 수 있는 길도 열려 있기 때문이다. 뿐만 아니라 독일은 소지인 주식제도이므로 고객인 소액주주들이 은행에 의결권을 대리위임하는 경우가 일반화되어 있어(주주권대리행사에 대한 제한이 없어) 은행이 실제 소유지분보다 훨씬 큰 영향력을 기업에 행사할 수 있다.[22]

---

19) Nakamura, Tetsu, *The Japanese Financial System and the Bank's Role,* Working Paper, School of Business Administration, Univ. of Michigan (1993), p. 14 참조하라.

20) 독일은 1인소유기업(single owner firm), 무한책임 파트너십(Offene Handelsegesellschaft, OHG), 유한책임 파트너십(Kommanditgesellschaft, KG), 유한책임회사인 비공개 개인회사(Gesellschaft mit beschrankter Haftung, GmbH) 및 주식회사(Aktiengesellschaft, AG) 등의 다양한 형태의 기업이 있으나 주로 유한책임회사(GmbH)나 주식회사(AG)가 많다.

21) S. Gorton and F. Schmid, "Universal Banking and the Performance of German Firms", *NBER Working Paper* 5453 (1996).

22) OECD (1995) 통계에 의하면 위임장을 통하여 대형은행들이 주요 기업의 1/4 이상의 통제권을 확보하고 있다고 하며, 3~4개 대형은행들의 경우 직접 소유한 주식이나 자회사인 투자회사의 지분, 위임장 지분 등으로 대기업에 대해 30% 이상의 의결권 지분을 행사한다고 한다. Marth Prevezer and Martin Ricketts, "The UK Compared with Germany and Japan", Nicholas Dimsdale and Martha Prevezer (eds.), *Capital Market and*

사실상 독일의 대기업은 3~4개의 대형은행이 다수의 의결권(30% 이상의 의결지분)을 행사하고 있는데 이는 은행이 직접 소유하는 주식과 자회사인 투자회사의 소유지분, 그리고 은행고객으로부터 위임받은 주식의 의결권으로 구성된다. 은행은 이러한 의결권 행사를 통해 기업의 감독이사회에 은행대표를 파견한다.

이것이 가능한 원인은 독일은행이 겸업주의를 채택하고 있을 뿐 아니라 은행의 타기업주식보유에 대한 일반적 금지조항이 없기 때문이다.[23]

은행에 의한 기업주식의 보유는 과거 산업화 과정에서 기업자금의 부족분을 은행이 대출이나 출자를 통해 공급한 데서 비롯되었다. 또한 부실기업 구제과정에서 은행부채를 주식으로 전환하는 예가 많아져 은행의 주식보유 비중이 높아졌다.[24] 특히 주요 은행은 대기업 주식의 상당 부분을 직간접적으로 보유하면서 감독이사회(supervisory board)를 통해 영향력을 행사하고 있다. 이처럼 독일에서는 은행이 단순한 대출자금 공급자로서가 아니라 주식소유를 통해 대주주로서 기업의 경영에 직접 개입하고 있는 것이 영미형 구조와 다른 점이다.

Corporate Governance, Clarendon Press, Oxford (1994), p. 246.

23) 물론 은행자본 충실화의 측면에서의 주식보유 한도에 대한 규제는 있다. 예컨대 은행의 특정 기업주식 보유규모가 자기자본의 50%를 초과할 수 없고 은행의 보유주식 및 비유동성자산(illiquid assets)의 총규모가 은행의 자기자본을 초과할 수 없도록 규정하고 있다. 그러나 이러한 제한 내에서는 은행이 직접 타기업의 주식을 폭넓게 매입·보유할 수 있다.

24) 독일에서 은행이 주요 주주의 위치를 확보하게 된 데에는 첫째, 연방정부와 주정부가 소유하고 있던 주요 기간산업체들이 민영화되는 과정에서 은행에 의한 주식인수가 활발히 이루어졌고, 둘째, 상업은행업(commercial banking)과 투자은행업(investment banking)이 동시에 취급되고 있는 독일 특유의 겸업형의 은행업무체제가 중요한 요인으로 작용하였다. 예를 들어 은행이 기업에 대출하면서 최초의 거래가 이루어지다가 자연스럽게 자본참여로 발전할 수도 있고, 또는 처음부터 기업의 최초 공모(initial public offering) 과정에서 주간사(主幹事)로서 주식을 인수, 보유하는 경우가 발생할 수 있다. 정부소유 은행의 경우에는 이와 같은 일반 기업에의 지분참여가 상대적으로 더욱 활발하나, 민간소유 은행의 경우에는 비금융업체에 대한 출자비중을 점차 감소시켜 가는 경향도 보이고 있다. 다음의 논문을 참조하라. Ellen R. Schneider-Lenne, "The Role of German Capital Markets and the Universal Banks, Supervisory Boards, and Interlocking Directorships", Nicholas Dimsdale and Martha Prevezer (eds.), *Capital Market and Corporate Governance,* Clarendon Press, Oxford (1994), pp. 284-305.

제2항 지배구조

가) 일본의 지배구조

일본기업의 지배구조에서 금융기관 특히 생명보험회사들의 역할이 매우 크다. 그러나 일본의 생명보험회사들은 기업의 통제나 경영간섭을 목적으로 주식에 투자한 것이 아닌 단순한 기관투자가의 성격이기 때문에, 현대 일본기업에서 기업지배의 근거를 주식소유로부터 찾기는 어렵다. 지배주주가 존재하지 않는 영미기업들의 경영자들은 기업인수시장과 같은 외부적 장치에 의하여 감독, 통제받고 있지만 일본 대기업들의 경우는 상호출자의 형식으로 집단을 이루고 있기 때문에 외부의 적대적 세력에 의한 경영권 탈취의 가능성이 존재할 수 없다. 그뿐만 아니라 전통적으로 사회적 합의를 중시하는 일본적 풍토에서 외부에서 강요된 비자발적 기업 인수는 거의 발생하지 않는다.

일반적으로 일본기업의 주주는 계열기업이나 은행 등 법인주주(法人株主)로 구성되고 이들은 단기의 경영성과에 따른 배당수입보다 기업의 장기성장에 따른 이자소득이나 사업상의 우호관계의 유지를 보다 선호하는 것으로 알려져 있다. 따라서 경영자는 단기 경영성과나 주가변동에 지나치게 반응하지 않아도 되며 적대적 기업인수를 우려할 필요도 적어 보다 장기적인 안목에서 기업의 성장을 위한 투자결정 등을 할 수 있다.

(1) 이사회

영미형 기업들에서는 기업인수시장과 같은 외부통제장치 외에도 독립적인 이사회제도와 같은 내부통제장치가 활발히 작동하고 있다. 일본기업의 경우 영미형이나 독일에 비해 이사회의 기능이 미약하여 경영자에 대한 감독·감시 기능이 거의 발휘되지 못하는 반면, 후술할 사장단회의(社長團會議)에서 주요 경영전략이 협의, 결정되는 특징을 갖고 있다.

일본기업의 이사진은 대부분 내부이사들로 구성되어 있으며, 이들의 역할은 업무집행기능에 한정되어 있다. 따라서 이사회가 일반주주를 대신하여 회사를 감독하는 기능은 매우 취약하다. 관리이사적(管理理事的) 성격이 강하고 감독이사적(監督理事的) 성격은 거의 없다. 그러나 일본의 대기업은 계열기업과 관련은행의 상호출자를 통한 기업집단을 형성하고 있기 때문에 이러한 기업집단 내의 내부거래, 정보교환 등을 통한 상호견제라는 기업집단적 상호감시장치는 작동하고 있다고 볼 수 있다.

일본 대기업의 이사회는 전통적으로 내부이사 중심으로 구성되고 사외이사를 도입한 곳은 거의 없었다. 그러나 2000년대 이후 사외이사의 도입이 늘어났으며, 2014년 상법 개정으로 상장회사에 대하여 사외이사의 선임이 의무화되었다. 이러한 개혁을 통하여 현재의 일본의 지배구조도 변화하고 있는데, 궁극적으로 영미식에 도달할 것인지는 더 두고 보아야 할 것이다.

(2) 사장단회의

일본의 기업지배구조는 영·미 기업에서 관찰할 수 있었던 기업통제장치와는 상당히 차이가 있다. 이사회의 경영에 대한 감독·감시기능이 취약한 대신 일본의 대기업은 사장단회의(社長團會議)[25]라는 독특한 제도를 운영하고 있다. 사장단회의를 통해 계열기업 사장들이 정기적으로 교류하는데, 여기서는 주로 경영성과의 상호보고, 이사 등 경영진 선임논의, 경영전략의 상호협의나 의견 및 정보의 교환 등이 이루어진다. 여기서는 주요 경영사항에 대한 공동의 결정을 하기도 하고 단순한 의견교환으로 끝나기도 하나 어느 경우든 회의 결과는 사실상 각 계열기업의 사장들에게 엄청난 압력으로 작용한다. 만일 특정 기업이 전체 의견에 반하여 행동하면, 주식의 상호보유구조를 가지고 사장단회의에 참가한 기업들이 공동으로 당해 특정 기업에 대하여 집단적 제재를 가할 수 있기 때문이다.

이와 같이 일본기업은 어느 특정 대주주가 지배권을 단독적으로 행사하지 않고 계열기업의 최고경영자끼리의 상호지배·상호견제의 구조를 이루고 있다. 환언하면, 대기업의 계열사들은 상호 간의 정보교환체제를 정교히 구축하고 있으며,

---

25) 계열기업 사장단회의에서 이사 등 경영진 선임이나 경영전략에 관한 상호협의나 정보교환이 이루어진다는 점에서 사장단회의는 독일의 감독이사회(supervisory board)와 유사하다. 그러나 사장단회의는 경영전략을 직접 결정하거나 임원을 임면(任免)하는 등의 공식적 권한을 갖는 조직이 아니며 참여자들이 동등한 수평적 관계에서 상호협의하고 감시하는 기능을 수행한다. Mark J. Roe, "Some Differences in Corporate Structure in Germany, Japan, and the United States", 102 *The Yale Law Journal* 1927 (1933), pp. 1943 이하를 참조하라.

이와 같은 정보채널을 통하여 일본 특유의 상호감시의 내부 감독체제가 형성되어 있다고 볼 수 있다.[26]

(3) 기관투자가

외부지배구조로서 영미형 기업구조에서는 기업인수시장이 가장 중요한 역할을 하는 데 반하여 자본시장이 상대적으로 발전하지 못한 일본에서는 기업경영에 대한 견제장치로서 적대적 기업인수가 매우 드문 대신 금융기관들이 중요한 역할을 한다. 일본에서는 은행이 주주 또는 채권자로서 기업과 장기적 거래관계를 맺으면서 기업경영에 일정한 통제력을 행사하고 있는데 특히 일반은행이나 기관투자가보다는 주거래은행(主去來銀行)의 경영감시·감독기능이 중요한 역할을 하고 있다.

은행의 역할이 이렇게 중요하게 된 이유는 어디에 있는가? 그것은 전통적으로 일본기업들의 필요자금의 공급원은 주로 은행대출이었는데, 대출 심사과정을 통하여 그리고 대출 이후의 고객관리를 통하여 은행이 기업경영의 감시자로서 역할을 담당해 왔기 때문이다. 그러나 1980년대에 들어와 일본기업의 주된 자금공급원이 사내 유보금(社內 留保金) 또는 유상증자(有償增資)로 대체되면서 은행에 의한 기업통제·감시기능은 크게 약화되고 있다. 그뿐만 아니라, 기업들이 수행하는 프로젝트들의 내용이 최첨단 사업 분야에 집중되면서 프로젝트 내용의 전문성과 복잡성 때문에 은행의 대출심사기능에 한계가 나타나기도 하였다.

일본의 지배구조에 있어 특히 중요한 역할을 하는 것이 주거래은행(main bank)[27]이다. 일본은 미국과 유사하게 투자은행업과 상업은행업을 분리하는 금융

26) 일본의 기업집단은 대부분의 경우 대규모의 시중은행, 종합상사, 그리고 중요 제조업체를 중심으로 중핵기업으로 구성되어 있는데, 바로 이들이 그룹산하 계열회사의 기업정보를 수집하고 평가하는 역할을 맡고 있다. 두 번째로, 그룹 산하 기업들은 각종 형태의 위원회를 구성하여 상호정보를 교환하고 현안 문제를 논의하는데, 그러한 과정을 통하여 계열 기업의 경영내용이나 개별 경영자의 기업행위가 노출되고 평가받는 계기가 마련되는 것이다. 예를 들어 일본 기업그룹들이 흔히 이용하는 '중역회'의 경우 계열사들의 주요 예산, 인사문제 등이 다루어진다. 세 번째로, 그룹 산하 핵심업체들은 계열사들이 어려움에 처할 때 문제해결을 위한 구체적인 방안을 강구하고 적절한 조치를 취하는데, 이러한 일련의 과정들이 모두 경영책임자에 대한 통제효과를 발생시키고 있다.

27) 주거래은행과 기업은 별개의 독립된 법인이다. 대체로 주거래은행은 기업 대주주의 하나이다. 상장기업의 경우 은행법상 한도인 5%까지 주식을 보유한다. 주거래은행은 당해 기

제도를 택하고 있으나, 미국과는 달리 은행의 주식보유는 비교적 자유롭게 허용하고 있고 은행의 기업에 대한 주주권 행사도 보편화되어 있다.

일본에서 주거래은행은 당해 기업에 이사를 파견하여 경영정책결정 과정에 직접 참여할 수도 있고 감사를 보내어 경영상황을 일일이 감시·감독할 수도 있다. 당해 기업이 부실화되었을 때는 금융개입을 통하여 기업을 청산할 수도 있고 경영자교체 등 경영진의 책임을 직접 물을 수도 있다. 이러한 경영참여과정에서 주거래은행은 외부 자본시장에서는 불가능하거나 매우 비싼 비용을 지불해야 될 기업내부정보를 얼마든지 입수할 수 있는 장점이 있다. 소위 금융시장에서 나타나는 정보의 비대칭성을 크게 줄여 보다 효율적인 융자나 투자가 가능할 수 있다는 점이다.

그러나 주거래은행제도도 하나의 큰 단점을 가지고 있다. 당해 기업이 계열기업이라는 관계로 연결되어 있기 때문에 한계기업 또는 부실기업(不實企業)이라도 퇴출시키지 않고 계속 지원함으로써 부실을 가중시켜 자원배분의 엄청난 비효율을 결과할 수 있다는 점이다.

나) 독일의 지배구조

독일기업에서의 경영자에 대한 감독장치는 이원화(二元化)된 이사회제도를 주축으로 이루어지고 있다. 즉 독일기업의 이사회는 회사중역들로 구성되는 경영이사회(經營理事會, management board)와 회사경영진들은 참여할 수 없고 외부인사(단종업원대표는 가능)로만 구성되는 감독이사회(監督理事會, supervisory board)의 이중구조를 지니고 있다. 이러한 이중 이사회제도(two-tier boards system)는 회사법이 제정되던 당시부터 기본원칙으로 내려오고 있다.

업의 금융차입의 비중이 가장 높으며 기업에 대한 대출결정에서 다른 금융기관을 선도하며 대출 신디케이트에서 주간사의 역할을 한다. 주거래은행은 거래기업의 경영정보를 수집·평가하고 관련은행에 공급하는 대리감시(delegated monitoring) 및 지배·지배 기능을 담당한다. 이러한 정보서비스 및 통제기능은 일종의 내부자본시장뿐만 아니라 대주주로서, 거래기업의 회사채 신탁관리인으로 당해 기업의 구제나 청산여부를 결정한다.

(1) 이중(二重) 이사회제도

상술한 바와 같이 독일의 기업지배구조의 특징은 이사회가 경영이사회와 감독이사회로 이원화되어 있다는 점이다. 감독이사회는 주주총회에서 선출되는 주주대표, 채권자대표, 관련기업대표, 공익대표 등의 감독이사와 종업원들이 선출하는 감독이사로 구성되며 주요경영정책을 결정하고 그 집행상황을 감시한다. 반면, 경영이사회는 주로 경영집행기능만을 수행한다. 이와 같이 권한과 책임이 분명히 분리되어 있다. 일반적으로 감독이사는 주로 사외이사로 구성되나 대기업의 경우에는 종업원대표도 감독이사회에 참여하여 주주대표와 공동으로 기업경영에 참여하는 공동의사결정제도(co-determination system)를 채택하고 있다.

1) 감독이사회 감독이사회의 주 기능은 주주를 대신하여 회사의 장기발전을 위해 주요경영정책을 결정하며, 경영진을 감독·감시하고 필요시 지도·자문기능도 담당한다. 또한 경영이사회 이사의 선임권과 경영진의 보수를 결정하는 권한을 가지며 경영이사가 직무태만 등 심각한 사유가 있을 경우에는 해임권도 갖는다.[28] 감독이사회의 구성은 회사의 규모와 종업원 수에 의해 결정되는데 일반적으로 3~20명 정도이다.

감독이사회 회장(chairman)[29]은 감독이사 중에서 선출하는데 과반수의 동의

---

28) 감독이사회에의 종업원 대표의 참여는 제2차 세계대전 후에 법제화되었다. 처음에는 1951년 철강산업과 탄광산업에만 적용되었으나, 이어서 1956년 여타 산업으로 부분 확대되었으며(당시에는 총감독이사의 1/3이 근로자 대표여야 했음), 1976년에 이른바 Co-Determination Act가 제정되면서부터 보다 일반화되었다. 종업원 500인 이하의 유한회사의 경우는 주주가 감독이사를 선임하고 500~2,000명의 종업원을 가진 경우에는 감독이사의 1/3은 종업원이 선임하도록 규정하고 있다. 2,000명 이상인 기업은 감독이사의 1/2은 주주총회에서, 나머지 1/2은 종업원 및 노조대표가 선출한다. 이러한 면에서 독일의 기업지배구조는 기업의 이해관계자의 상호신뢰와 협력관계에 의존한다. 감독이사회의 권한과 책임은 회사에 따라 조금씩 다르기는 하나, 대체로 ① 회사의 장기전략 또는 중요결정(기업 인수 또는 처분, 공장폐쇄, 주요 시설물의 대체, 주요 조직의 개편 등)에 대한 사전승인 또는 사후보고, ② 회사 중역들의 임면에 관한 결정 등으로 요약할 수 있다. 감독위원회의 구성과 기능에 관한 상세한 내용은 Jonathan P. Charkham, *Keeping Good Company: A Study of Corporate Governance in Five Countries,* Clarendon Press, Oxford, 1994, pp. 17−25.

29) 독일기업의 지배구조에서 감독이사회의 회장은 막중한 영향력을 행사하고 있다. 회장은

를 얻지 못하는 경우 주주대표들이 선출하고, 부의장은 종업원대표들이 선출한다. 감독이사회는 연 2~4회의 정기이사회를 개최하고 필요한 경우 감독이사회 회장은 임시이사회 소집권을 가지고 경영자로부터 특정 문제에 대한 보고나 경영전반에 대한 현황보고를 요청할 수 있다.

독일의 경우 비록 주요기업경영전략의 결정에 근로자대표가 참여하여 주주대표와 함께 공동의 의사결정구조를 유지하고 있으나 기업지배구조에 있어서 궁극적으로는 주주, 즉 자본가 우위(資本家 優位)가 확보되어 있다. 주주들은 주주총회에서 의결된 사항을 감독이사회를 거치지 않고 직접 경영이사회에 회부할 수도 있다. 그리고 거의 대부분 감독이사회의 회장은 주주대표가 맡는다. 그래서 감독이사회는 사실상 적극적인 감시기능보다는 자문기능이 강하다는 비판도 있다. 그러나 주주의 권익보호로 일관된 영·미방식의 이사회제도와는 달리, 독일에서는 근로자·경영자·투자자 모두의 입장을 종합적으로 고려하면서 기업이라는 조직자체의 장기발전에 더욱 큰 가치를 부여하고 있다는 점은 명백하다.

2) 경영이사회 경영집행에 책임을 지는 경영이사회는 최소한 1명 이상의 이사로 구성되어야 하고 종업원이 2,000명 이상인 기업의 경우 경영이사 중 1명은 인력 및 노무담당이사(labor director)이어야 한다. 경영이사의 선임 및 해임은 감독이사회에서 결정되며 해임안은 주주총회에 부의된다. 경영이사의 임기는 5년이며 연임이 가능하나 감독이사회의 임원을 겸직하지 못한다. 경영이사회는 경영정책과 경영방침 및 경영실적을 감독이사회에 정기적으로 보고해야 한다.

(2) 자본시장

독일의 자본시장은 일본과 유사하게 공개매수방식(M&A)을 통하여 기업을 인수하기가 매우 힘들게 되어 있다. 주 이유는 개별 기업별로 경영권의 보호장치가 철저히 갖추어져 있기 때문이다. 첫째, 독일기업들은 주주가 기업의 승인하에서만 주식을 양도할 수 있다는 거래제한규정을 회사정관에 명시할 수 있다(현재 전체 독

주주들에 의해 선출되지만 주주 편에만 서서 투표권을 행사하는 것은 아니고, 오히려 주주라는 한정된 이해당사자들의 권익보다는 기업 전체의 이익을 염두에 두고 결정을 내리는 것으로 알려져 있다.

일 주식회사들 중 1/3이 이와 같은 규정을 두고 있다). 둘째, 기업 간의 상호출자가 허용되어 있는 현 상황에서 외부세력에 의해 적대적 기업인수가 시도될 때, 상호주식보유로 맺어진 관계 회사들 간에 긴밀한 방어적 협조가 가능하다. 셋째, 독일기업들은 회사정관을 통하여 소유주식 중 일정 한도까지만 의결권을 행사할 수 있도록 제한할 수 있다.[30]

독일의 경우 자본시장에서 기관투자자(은행을 제외한)의 기업에 대한 견제 역할도 지극히 미미한 것으로 알려져 있다. 투자신탁회사, 보험회사 등의 기관투자자들이 주주총회 또는 감독이사회에 참여함으로써 일반투자자들을 대신하여 경영진에 영향력을 행사할 수는 있으나 실제로 적극적·공격적 참여는 하지 않는다.[31]

(3) 금융시장

미국과 영국에 비해 자본시장이 상대적으로 덜 발전한 독일에서는 경영통제장치로서 자본시장을 통한 적대적 기업인수는 매우 드물다. 영미의 기업인수시장과 유사한 제도로 독일에서도 대주주 거래시장(大株主 去來市場, market in share blocks)이라는 제도가 있다. 이는 금융기관을 통하여 기업인수가 일어나는 제도이나 실제로 영미에서와 같이 경영에 대한 충분한 감시·통제기능을 수행한다고 볼 수 없다.

일반적으로 은행이 기업경영에 영향력을 미치는 것은 자금대출을 통한 금융거래관계에 기초하여서이다. 그러나 독일의 경우에는 그 이외에도 여러 형태로 기업경영에 영향력을 미칠 수 있다. 첫째, 무엇보다도 은행이 기업의 소유주식지분을 통해 직접적으로 의결권을 행사할 수 있고 둘째, 소액주주를 대신하는 위탁관리자(trustee)로서 의결권을 대리행사[32]할 수 있으며 셋째, 은행은 자신의 임원

30) 실제로 독일에서는 적대적 기업인수(hostile takeover)의 예가 극히 드문 것으로 알려져 있다. 그럼으로 자본시장을 통한 경영진 견제효과는 약할 수밖에 없다.

31) 독일의 경우, 기업이 주주명부를 갖고 있지 않고 은행이 주식을 위탁받아 계좌관리를 맡고 있는 경우가 일반적이다. 그래서 은행이 주주를 대신하여 투표권을 행사하는 경우가 많다. 그러나 이때에도 은행의 역할은 자기 의견을 관철시키고자 하는 능동적 의사전달이 아니고 일반주주의 의견을 전달하는 중개자적 성격으로 한정된다.

32) 미국과는 달리 독일에서는 경영자가 일반주주로부터 의결권을 위임받을 수 있는 제도적 장치는 없다. 그러나 주주가 주식을 직접 소유·보관하고자 할 경우 주식증서 발행비용이

을 기업의 감독이사회의 이사[33]로 파견하여 주요 의사결정에 참여시킬 수 있다.

대형은행들의 기업지배권 행사에 대해서는 여러 찬반의견이 있지만, 대체적으로는 은행과 기업 간 주식보유를 통한 긴밀하고 장기적인 결속관계로 인해 그동안 은행부문이 독일산업의 성장·발전에 중추적 역할을 하였다는 평가가 지배적이다.

상술한 바와 같이 독일기업은 투자자금수요를 주로 은행으로부터의 장기차입에 의존하였고 주식시장으로부터의 조달규모는 미미하였다. 따라서 미국의 경영자가 주주로부터 지속적인 압력을 받는 데 비해 독일기업의 경영자는 단기수익을 중시하는 주주로부터의 압력에서 비교적 자유스러웠다고 볼 수 있다. 그리고 그것이 독일기업들이 기술개발 등 장기투자에 보다 치중할 수 있었던 여건을 조성하였다고 볼 수 있다.

이상에서 영국과 미국 그리고 일본과 독일의 기업지배구조의 차이를 살펴보았다. 이러한 차이를 〈표 6-1〉와 같이 요약하여 정리할 수 있다. 한마디로 미국

높아 소액주주는 주식을 주로 은행에 위탁 관리하고 있다. 은행은 고객예탁주식의 보관 및 배당의 대리수령 기능을 맡으며 의결권의 대리행사(proxy voting)도 가능하게 되어 있다. 일반적으로 의결권의 대리행사에 정해진 한도는 없으나 주주로부터의 서면 위임이 필요하고 위임장은 15개월간 유효하다. T. Baums and M. Grusonn, "The German Banking System-System for the Future?", 19 *Brooklyn Journal of International Law* (1993); US General Accounting Office (1993), p. 109; Mark J. Roe, "Some Differences in Corporate Structure in Germany, Japan, and United States", 102 *The Yale Law Journal* 1927 (1993).

33) 그러나 은행의 감독이사회 참여를 통한 지배력 행사에 대해서는 유보적인 견해도 강하다. 감독이사회가 진정한 감독권한을 보유한다기보다는 자문위원회(advisory board)의 역할에 가깝다고 보는 견해도 있다. 예를 들어 감독이사회가 경영이사의 선임 및 해임권을 가진다고는 하나 5년 임기 초임의 경영이사는 해임하지 못하며, 감독이사회에 결원이 생기는 경우 경영이사회가 그 일부를 선임할 수 있게 되어 있다. 또 대기업의 경우 감독이사회의 1/2이 종업원대표로 구성되어 있어 주주는 감독위원회의 권한이 너무 커지는 것을 바라지 않으며 은행도 경영층과 공조체제를 유지하는 것을 선호한다는 것이다. 다음의 논문을 참조하라. T. Baums and M. Grusonn, "The German Banking System-System for the Future?", 19 *Brooklyn Journal of International Law* (1993); US General Accounting Office(1993), p. 109; Mark J. Roe, "Some Differences in Corporate Structure in Germany, Japan, and United States", 102 *The Yale Law Journal* 1927 (1993).

과 영국의 기업지배구조는 시장규율(market discipline)을 통한 규제가 지배적인데 반하여 일본이나 독일의 경우는 조직을 통한 통제(organizational control)가 보다 지배적이라고 할 수 있다.34) 조금은 과도한 요약이지만 두 그룹의 지배구조상의 차이를 특징적으로 이해하는 데는 도움이 될 수 있을 것이다.

표 6-1 영미형(英美型)과 일독형(日獨型) 지배구조의 차이

영 미 형	일 독 형
• 시장중심형 모형(market-based model) • 경영자들의 단기(短期)주의(short termism) • 이윤 극대화(profit maximization) • 효율성(efficiency) 추구 • 신축성(flexibility) • 시장 적응성(responsiveness)이 높음	• 관계중심형 모형(relationship-based model) • 장기(長期)투자 • 감가형(減價型) 다각화(多角化) (value-reducing diversification) • 기업의 존속(perpetuation of the enterprise) • 기업의 위상구축(building a corporate position) • 초과 설비(excess capacity) • 저(低)대리인비용 (reduced large agency costs)

자료: D. Chew, *Studies International Corporate Finance and Governance System: A Comparative Study of the U.S., Japan and Europe*, Oxford University Press, September, 1997, p.1.

제 3 절
한국 기업의 지배구조

우리나라에서 기업지배구조가 관심을 모으게 된 것은 특히 1990년대 말 IMF 외환위기를 초래한 원인의 하나로 기업지배구조의 낙후성이 지적되면서부터였다. 세계화와 정보화, 국가 간 자본이동의 급격한 증대, 국제경쟁의 격화 등으로 그

---

34) 보다 상세한 내용은 다음을 참조하라. Martha Prevezer and Martin Ricketts, "Corporate Governance: The U.K. Compared with Germany and Japan", Nicolas Dimsdale and Martha Prevezer (eds.), *Capital Market and Corporate Governance,* Clarendon Press, Oxford (1994), pp. 237-256.

동안 과다차입(過多借入)에 의하여 외형적 성장만을 추구해 온 대기업들은 기업지배구조의 개편과 경영투명성의 제고 등 대대적인 기업혁신의 압력을 받고 있다. 세계경제경영환경의 급격한 변화가 가속화되면서 우리나라 기업도 세계적 수준의 합리적인 기업지배구조로의 신속한 개편이 지속적으로 요구된다고 볼 수 있다.

본 절에서는 앞에서 살펴본 기업지배구조의 국제비교를 바탕으로 우리나라 기업지배구조의 문제점을 살펴보고 새로운 발전방향을 생각해 보도록 한다.

제1항 소유구조

우리나라의 대기업은 대부분 1960년대 이후의 정부주도의 고도성장기간 중에 등장하여 1인 혹은 소수(少數) 대주주(大株主)에 의해 소유·지배되는 대기업집단 즉 재벌의 형태로 성장·발전해 왔다. 따라서 한국기업의 지배구조에 대한 연구는 대기업집단, 재벌구조에 대한 연구가 중심이 되지 않을 수 없다.

우선 우리나라 대기업의 소유구조를 보면 너무 집중적이고 폐쇄적이라는 평가를 받는다.[35] 대기업의 계열사들은 총수(總帥)와 그 가족들에 의해 소유가 집중되어 있다. 총수와 가족들의 소유집중은 당해 계열사에 대하여 직접 주식을 소유하는 형태와 여타 계열사지분을 통하여 간접적으로 소유하는 형태로 나누어진다. 1998년 4월 기준으로 30대 대기업의 소유구조가 동일인 3.1%, 특수관계인(가족 등) 4.8%, 계열회사 36.6%로 총수와 그 가족이 사실상 지배하는 내부지분율이 44.5%

---

35) 우리 기업들의 폐쇄적인 소유구조는 전통문화적인 요소와 정치경제적 환경으로부터 그 원인을 찾을 수 있을 것이다. 첫째, 우리의 전통적 가치관은 혈연적 요소를 대단히 중히 여기고 연공서열에 입각한 위계질서를 크게 강조해 왔다. 이러한 의식구조는 기업활동에도 그대로 반영되어 상급자의 가부장적 리더십, 권위주의적 의사전달체계, 가족경영방식의 유지와 기업 승계 등의 속성을 지니게 되었다. 둘째, 과거 우리 정부의 경제정책 추진과정에서도 대주주의 지분이 집중되는 방향으로 조장되어 왔었다. 그간의 경제정책은 급속한 경제성장에 치중한 나머지 대기업들을 중심으로 금융지원을 비롯한 각종 혜택이 주어져 왔었다. 결과적으로 지금까지 우리나라 대기업들은 「창업 → 성장 → 대규모 자금조달의 필요성 대두 → 기업공개 → 지분분산」이라는 기업의 진화과정을 밟는 대신에, 「창업 → 성장 → 금융지원확대 → 지분집중 → 가족경영체제의 구축」과 같은 특수한 기업변천과정을 보이게 되었다.

에 이르고 있다. 이 비율은 그 이후에도 계속 악화되어, 2010년 기준으로 53개 기업집단의 내부지분율은 50.5%이며, 동일인 2.1%, 총수일가 지분율 4.4%에 불과하고, 계열회사 지분율이 43.6%에 이른다. 총수의 지분율을 규모가 큰 기업집단일수록 낮아진다. 지속적인 개혁입법에도 불구하고 기업의 소유구조는 오히려 더 악화되었다는 것이다.

또한 시간이 감에 따라 가족지분율은 증자(增資)를 통한 자금조달로 인하여 그 비중이 감소하는 추세를 보이는 데 반하여 계열기업의 상호출자 지분율은 오히려 증대하는 경향을 보이고 있다. 실제로 기업의 신규투자의 상당부분이 상호출자(相互出資)를 통하여 일어났다는 것을 말해 주고 있다. 이와 같이 우리나라 대기업의 경우 대부분 창업자(創業者)나 그 가족이 대기업집단을 소유·지배·경영하며 그 소유·지배·경영권은 세습하는 것이 보편적인 관행으로 되어 왔다.[36]

제2항 지배구조

가) 내부지배구조

(1) 이사회

우리나라 기업의 대부분은 이사회가 주주를 대리하여 경영을 감시·통제하는 본연의 기능과 역할을 충실히 수행하지 못하고 있다. 그 이유는 현실적으로 대주주가 소유·지배·경영하는 우리나라의 기업조직에서 이사회가 최고 경영자를 임면(任免)하고 감시·감독하는 관계가 아니라 오히려 대주주인 소유경영자가 이사회의 회장으로서 이사회의 이사를 선임, 해임하고 감시·감독하는 관계가 성립했기 때문이다.

---

36) 대기업 집단의 총수는 이사회 회장(chairman of the board of directors)과 최고경영자(Chief Executive Officer: CEO)를 겸하는 경우가 대부분이다. 일부에서 회장과 CEO 양자의 분리현상도 나타나고 있으나, 우리 나라의 경우 회장이 단순히 이사회 회장으로서만이 아니라 실질적인 경영을 담당하고 있어 경영정책 결정기능과 집행기능이 명확히 분리되어 있지 않고 총수가 기업경영 전반에 걸쳐 절대적이고 포괄적인 지배권을 행사하고 있다.

우리 기업의 이사회는 소유경영자와 수직적 위계관계(垂直的 位階關係)에 있는 종업원 중에서 이사를 선임하는 관행이 지배적이고 따라서 이사의 다수가 경영진에서 뽑혀 온 내부이사(內部理事)들이다. 따라서 경영정책의 결정과 더불어 그 집행의 기능을 동시에 수행하고 있다.

(2) 사외이사

이사회가 경영감시자로서 기업지배구조상의 자기역할을 제대로 할 수 있기 위해서는 두 가지 조건이 성립되어야 한다. 첫째는 우선 이사회가 소유경영자의 영향력으로부터 독립성(獨立性)을 확보할 수 있어야 한다. 그리하여 독자적으로 기업경영을 감시·감독하고 통제할 수 있어야 한다. 둘째 이사회와 기업의 실무경영진 간에 존재하는 정보의 비대칭성(非對稱性)을 상당정도 극복할 수 있어야 한다. 정보의 비대칭성이 너무 크면 효과적인 경영감시와 감독이 원천적으로 불가능해진다.

일반적으로 이사회의 독립성을 확보하기 위한 방안으로는 이미 앞에 본 바와 같이 영미(英美)의 경우와 같이 사외이사(社外理事)들의 비중과 역할을 늘이는 방안과 독일의 경우와 같이 집행이사회와 별도로 감독이사회를 구성하여 후자로 하여금 전자를 견제하도록 하는 방안이 있다.

우리나라는 IMF 외환위기 이후 소유경영자의 독단경영(獨斷經營)에 제동을 거는 기업개혁차원에서 영미식의 사외이사제를 도입하였다. 여러 차례의 개정을 거쳐, 현재 제도는 다음과 같다. 상장회사는 사외이사의 수가 이사 총수의 4분의 1 이상이 되어야 하며, 자산총액 2조원 이상인 대규모 상장회사는 사외이사를 3인 이상 그리고 이사 총수의 과반수가 되어야 한다(상법 제542조의8 제1항, 상법시행령 제34조 제1항, 제2항). 사외이사는 독립성을 유지해야 하므로 상법 제382조 제3항에서 그 자격을 엄격하게 제한하고 있다. 나아가 자산총액 2조원 이상의 대규모 상장회사는 사외이사의 후보를 추천하기 위해서 후보추천위원회를 두어야 하고, 그 후보추천위원회는 사외이사가 위원의 과반수를 차지해야 한다(상법 제542조의8 제4항, 제5항).

사외이사(社外理事)가 자기기능을 제대로 하기 위하여는 적어도 두 가지 조건이 필요하다. 첫째 조건은 사외이사의 선임과정이 객관적이고 공정하며 투명하여야 한다. 특히 소유경영자의 직간접 영향이 없어야 한다. 둘째 조건은 사외이사들의 전문성과 헌신성이 높아야 한다. 전문성이 높아야 소위 정보의 비대칭성을 줄일 수 있다. 제대로 알지 못하고는 경영을 정확히 감시·감독할 수 없기 때문이다. 더욱 중요한 것은 사외이사들의 헌신성을 높이기 위한 제도적 유인장치를 강구하는 일이다. 많은 경우 사외이사들의 활동이 극히 형식에 흐를 가능성이 높다. 따라서 감시·감독의 성과에 따라 사외이사에게 일정한 금전적 보상을 한다든가 또는 기업의 경영성과(經營成果)와 정(正)의 이해관계를 직접 가지고 있는 기관투자가나 혹은 채권자 중에서 사외이사를 선임한다든가의 방법 등을 연구해 보아야 할 것이다.

이사회 회장을 최고경영자(CEO)로 할 것이냐 사외이사로 할 것이냐가 중요한 문제가 있다. 이미 앞에서 보았듯이 영국에서는 이사회 회장과 최고경영자가 분리된 경우가 많으나 미국의 경우는 일치하는 경우가 많다. 그러나 미국에서도 이사회 회장을 사외이사로 선임하여 이사회의 독립성을 강화하여야 한다는 주장이 나오기도 한다. 이사회의 경영감시기능을 원칙대로 활성화하려 한다면 분리의 방향이 옳을 것이다. 환언하면 이사회 회장은 최고경영자가 아니라 사외이사 중에서 선임하는 것이 바람직하다고 본다. 그래야 이사회의 경영 감시·감독 기능이 활성화될 수 있을 것이다.

다만 한 가지 조건은 이사회가 너무 구체적인 사항이나 미시적(微視的)인 사항까지 경영개입을 하는 것은 결코 바람직하지 않다. 이사회는 경영의 큰 원칙과 방향, 중요사항에 대한 결정에만 국한하는 것이 바람직하다. 그리고 대부분의 구체적 경영사항은 최고경영자에게 맡기는 것이 옳다. 이렇게 주장하는 데는 두 가지 이유가 있다. 하나는 경영의 전문성에 대한 존중이다. 현장의 경영책임자의 전문적 경영판단을 존중하여야 한다는 것이다. 이를 존중하지 않고는 경영의 책임성을 물을 수 없다. 다른 하나는 사외이사의 경우에는 경영정보에 대한 접근과 이해에 한계가 있다는 사실이다. 아무리 노력하여도 사외이사와 최고경영책임자와 사이의 정보의 비대칭성은 상당부분 남을 수밖에 없을 것이기 때문이다.

나) 외부지배구조

(1) 기관투자가

근래 들어 전세계적으로 금융의 세계화와 금융의 증권화(證券化)가 가속화되면서 자산운용시장으로서의 증권시장의 역할이 증대되고 또한 증권시장에서의 기관투자가의 중요성이 크게 증대되는 이른바 증시(證市)의 기관화(機關化)현상이 일어나고 있다. 우리나라에서도 금융의 증권화와 증시의 기관화 현상이 현저해질 것으로 예상된다. 소득수준의 향상과 인구의 고령화(高齡化)가 진전됨에 따라 다른 선진국에서와 같이 각종 연금 및 연금성격의 신탁투자자산이 크게 증가하게 될 것이고 이러한 연기금(年基金)이 주식에 대한 투자를 강화하면 기관화현상은 더욱 가속화될 것이다. 그리고 파생상품(派生商品)의 보편화 등으로 투자기법이 고도화되고 전문화되기 때문에 과거에 비해 개인보다는 전문적인 기관투자가가 주식투자에 훨씬 더 유리한 위치를 차지할 것으로 보여, 주식소유의 기관화 현상은 더욱 심화되어 갈 것이다.

이러한 변화를 배경으로 우리나라에서도 기업의 지배구조상 기관투자가의 역할, 구체적으로는 이들의 경영에 대한 감시와 감독에 대한 기대가 높아지고 있다. 역사적으로 우리나라에서 이러한 기관투자가의 경영감시 역할이 미미했던 데는 몇 가지 이유가 있다. 우선 가장 큰 이유는 산업화와 증권시장의 역사 자체가 일천하고 우리나라 기업에서 소유와 경영의 분리가 별로 진전되어 있지 못하였기 때문에 그동안에는 기관투자가의 기업경영 감시기능 자체가 별문제가 되기 어려운 상황이었다. 다음으로는 그동안 우리나라에서는 정부의 금리규제(金利規制)로 인하여 금융상품 간의 수익률 경쟁압력이 높지 않았기 때문에 기관투자가들이 투자수익을 높이기 위해 기업경영에 개입할 유인(誘引) 자체가 크지 아니했다고 볼 수 있다.

그러나 이제 상황이 바뀌고 있어 기관투자가들의 경영감시역할에 대한 기대가 높아지고 있다. 우리나라에서도 기관투자가가 앞으로는 지배적 대주주의 경영독주에 대한 소극적인 의사표시인 "매도 후 퇴각자세(Wall Street Rule)"만을 유지할 수는 없다고 본다. 기업경영에 보다 적극적으로 개입하여 경영효율성을 제고시킴으로써 장기적인 기업가치 상승을 도모해야 할 필요성이 점차 커지고 있다.

그런데 여기에 한 가지 근본적인 문제가 남아 있다. 즉 우리나라의 기관투자가들의 상당부분이 대기업집단의 계열기업이라는 사실이다. 따라서 일반 대기업집단 소속의 여타 계열기업과 마찬가지로 경영의 독자성이 부족할 수 있다. 예컨대 기관투자기관의 지배적 대주주가 자신을 위하여 혹은 같은 기업집단 내 다른 계열기업의 지원을 위하여 불법적으로 혹은 부당하게 기관투자기관을 활용할 수 있다는 점이다. 이렇게 되면 기업집단 내의 다른 계열기업에의 지원을 통한 도덕적 해이(moral hazard)가 얼마든지 일어날 수 있고 그 결과는 비효율과 불공정이다. 이와 같이 우리나라에서는 기관투자기관 자체의 기업지배구조가 아직 대단히 취약하다는 데 문제점이 있다. 따라서 일반 기업의 경영 감시·감독을 위하여 기관투자가들의 역할을 제고하는 노력과 더불어 기관투자기관 자체의 기업지배구조 개선을 위한 노력을 함께 강화하여야 한다. 특히 기관투자기관들은 공공적 성격이 크므로 이들에 대한 내부통제(內部統制), 내부지배구조의 강화를 위한 제도적 노력이 각별히 시급하다고 본다.

(2) 자본시장

과거 우리나라에서는 기업의 인수거래(引受去來)에 대하여는 엄격한 제한을 하여 왔다. 그러나 IMF 관리체제 이후 정부주도의 본격적인 기업구조조정 정책이 추진되면서 우리나라의 기업인수시장도 좀 더 활성화되었다. 그러나 아직 우리나라에서는 기업인수 합병(M&A)시장의 움직임은 이제 시작에 불과하다고 보아야 한다. 특히 한계기업 내지 부실기업의 시장 퇴출 등, 기업의 구조조정의 필요를 생각하면 기업인수 합병시장이 보다 활성화되는 것이 바람직하다. 그러나 현재 기업인수 합병시장의 가장 큰 장애가 있다. 소위 순환출자(循環出資) 메커니즘을 통한 소유경영자의 가공자산(架空資産)이 그것이다. 이 가공자산이 차지하는 주식지분을 낮추지 아니하고는 기업인수 합병시장의 활성화는 대단히 어려운 것이 현실이다. 가공자산을 낮추기 위해 계열기업 간의 순환출자 메커니즘을 단절하는 것이 시급하다.

다만 기업인수 합병거래에는 나름의 사회적 비용도 적지 않게 발생한다는 점을 잊어서는 안 된다. 예컨대 기업경영의 단기실적(短期實績)이 주가(株價)에 주는 영향이 큰 상황에서 기업인수시장이 활성화되면 경영자들이 단기실적위주의 경영에 치중하게 되고 장기발전을 위한 투자를 소홀히 하게 된다. 단기매매차익만을 노리는 카지노 자본주의(casino capitalism)가 등장할 수도 있다. 따라서 무분별한 기업인수시장의 과도한 활성화는 반드시 바람직하다고 볼 수 없다. 그러므로 하나의 제도로서의 기업인수시장은 확실히 자유화하고 개방하되 무분별한 적대적 기업인수에 대하여는 적절한 규제가 함께 있어야 할 것이다.

(3) 소액주주권[37]

사외이사제가 소유집중과 소유경영자의 전횡에 대한 내부통제·감시장치의 하나라면 소액주주권은 기관투자가, 자본시장(M&A시장) 등과 함께 외부통제·감시장치의 하나라고 할 수 있다. 소액주주권 보호가 갖는 기본적인 의미는 개별 상장기업(上場企業)의 대주주와 경영진의 전횡적 경영으로부터 소액주주의 권익을 보호하는 데 있다. 소액주주권을 통해서 상장기업의 경영투명성을 확보하게 되면 대주주의 전횡은 물론 기업의 정경유착적 부정·부패행위까지도 견제할 수 있다.

그런데 일반적으로 주식이 보다 광범위하게 분산되면 될수록 주주와 경영자(우리의 경우에는 소유경영자) 간에 이해상충이나 대리인비용 문제가 더욱 크게 발생하고 동시에 소액주주가 주주총회에서 자신의 목소리를 낼 수 있는 여지는 점점 줄어드는 문제가 발생한다. 따라서 소액주주의 목소리를 높이는 문제, 그들의 권리보호가 중요한 문제로 대두된다. 소액주주의 권익을 강화하는 것은 (1) 투자가로서의 보호뿐 아니라, (2) 기업의 소유경영자의 독단경영에 대한 견제를 통하여 기업의 효율성을 높여, (3) 보다 많은 생산적 투자자금을 기업으로 유입시키기 위해서도 반드시 필요하다고 볼 수 있다.

그러나 우리나라에서는 이들 소액주주의 권익보호를 위한 제도적 장치가 정비되지 못한 상태에 있었다. 소액주주권의 강화가 제도화된 계기는 IMF의 요구 때문이었다. IMF가 요구한 "기업구조조정 추진방안" 중 소액주주의 권익보호강화 내용을 반영하여 1998년 증권거래법을 세 차례에 걸쳐 개정하면서 본격화되기 시작하였다.

증권거래법상 주요 개정내용을 보면 상장법인의 소수주주권(少數株主權) 행사

37) 소액주주권(少額株主權)과 소수주주권(少數株主權)이 혼용되어 쓰이고 있다. 일반적으로 소액주주권은 단독주주권과 소수주주권을 포괄하는 개념이다. 주로 소액주주라는 용어는 지배주주(대주주)에 대한 경제적·상대적 개념이고, 소수주주라는 용어는 상법에서 다수주주에 대한 법률적·회계학적 개념이다.

요건 전면 개정(1998. 2. 24), 상장기업의 주주대표소송 제기요건 완화(1998. 5. 25), 소수주주권 강화 및 집중투표제(集中投票制) 도입(1998. 12. 28) 등이다. 이미 상장법인에 대해 소액주주의 대표소송권(代表訴訟權) 행사요건을 완화(증권거래법 개정)하여 종전 1%(1997년 4월 이전은 5%)에서 1998년 4월 1일 0.05%로 같은 해 5월 25일 0.01%로 낮추었다. 이 규정들은 이후 큰 변화 없이 유지되었으며, 이후 증권거래법이 자본시장법으로 통합되는 과정에서 소수주주권에 관한 내용은 모두 상법의 상장회사 특례 규정으로 편입되었다(상법 제542조의6). 사실 그동안 소수주주의 대표소송이 매우 드물었던 것은 주식의 절반이 대주주나 기업집단에 집중되어 있는 상황에서 5%라는 행사요건을 충족시키기 어려웠기 때문이다. 따라서 이러한 변화는 분명 큰 진전이다. 만일 모든 주주에게 소송권한을 부여하는 단독주주권(單獨株主權) 제도가 도입되면 더욱 큰 변화가 나타날 것이다.

다만 소액주주들의 대표소송은 손해배상금(損害賠償金)이 소송당사자가 아니라 회사에 귀속되기 때문에 이해관계자들의 적극적인 참여를 유도한다는 측면에서는 한계가 있다고 본다. 따라서 손해배상액이 이해관계자에게 직접 귀속되는 집단소송제(集團訴訟制)가 도입되어야 소액주주의 보다 적극적 소송참여를 유도할 수 있고 그만큼 소액주주들의 기업경영감시·감독효과를 증대시킬 수 있다. 집단소송은 현재 분식회계나 부실공시 등 일부 증권소송에 한하여 도입되어 있다.

소액주주권의 강화에 대한 비판적 견해도 있다. 예컨대 (1) 소액주주권이 강화되면 소송이 남발되어 기업경영의 불안정성이 심화되고, (2) 이로 인해 금융기관이 대출을 보수적으로 운용하여 신용경색이 일어날 수 있으며, (3) 또한 기업집단의 내부거래가 제약되어 필요자금의 적시확보가 곤란, 신규투자가 제약되며, (4) 기업의 의사결정의 지연으로 구조조정이 지연되고, (5) 이른바 "총회꾼"의 횡포가 우려된다는 것 등이다.

물론 소송남발로 인해 소송비용이 증가할 수도 있다. 그러나 이 문제에 대하여는 적절한 대응제도를 함께 발전시킬 수 있다고 본다. 예컨대 대표소송의 경우에는 사외이사로 구성된 이사회에 특별위원회를 두어 동 위원회에게 대표소송 기각청구권(代表訴訟 棄却請求權)을 부여하는 방안, 혹은 집단소송의 경우 손해배상청구의 대상을 허위공시(虛僞公示) 등 고의(故意)나 중과실(重過失)에 의한 경우로 한정하는 방안 등을 생각해 볼 수 있다.

소액주주 보호는 정부가 개입하여 증시를 부양하거나 투자손실을 보상해 주는 데 있는 것이 결코 아니다. 기업경영의 투명성을 높여 내부자거래, 불공정거래를 방지하고, 시장정보의 효율적 생산·공급을 통해 시장투명성을 높임으로써 투자자가 자기책임하에 투자를 할 수 있도록 하는 것이 가장 중요하다. 그리고 그러한 방향으로의 노력을 통하여 기업의 소유자경영의 전횡에 대한 적절한 견제역할을 하는 데 이 제도의 의의가 있다고 보아야 한다.

제3항 새로운 지배구조를 향하여

경제와 금융의 세계화 현상에 따라 법과 제도의 세계화 경향도 나타나고 있다. 즉 기업의 지배구조도 하나의 단일 형태로 수렴되는 경향이 나타나고 있다. 세계 여러 나라의 기업지배구조가 특히 영미형(英美型)으로 수렴되는 경향이 강하게 나타나고 있다. 그러나 지배구조라는 제도도 다른 제도와 마찬가지로 개별 국가 간의 역사와 문화의 벽을 쉽게 뛰어넘지 못한다. 무리하게 외국제도를 무조건 모방하면 그 제도가 실제로 작동하지 못하게 된다. 그 결과 법 이상(法 理想)과 법 현실(法 現實), 제도와 현실의 괴리가 심하게 나타난다. 따라서 한편에서는 국제적인 보편성을 가지면서도 다른 한편에서는 국내적 실효성을 가지는 효과적인 기업지배구조를 모색하고 이를 우리 경제·경영 현실에 바르게 뿌리내리게 하는 것이 우리의 절실한 과제이다.

지배구조개혁은 재벌개혁은 물론 금융개혁의 핵심문제라고 볼 수 있다. 기업과 은행의 지배구조개혁을 통하여 상품시장과 금융시장을 공히 경쟁구조로 만들어야 우리 경제의 국제경쟁력을 높일 수 있기 때문이다.

기업지배구조는 본래가 경영·기술환경변화에 따라, 정치·경제환경변화에 따라 끊임없이 진화하는 제도이다. 1998년 OECD보고서[38]는 "기업지배구조는 변화의 과정으로 보아야 하고, 보편적인 모델은 없으며, 모든 국가나 기업이 따라야

---

38) OECD, *Corporate Governance: Improving Competitiveness and Access to Capital in Global Markets,* A Report to the OECD by Business Sector Advisory Group on Corporate Governance, April 1998, pp. 8–9.

하는 정태적(情態的)이고 완결된 구조도 없다. 따라서 실험정신(實驗精神)과 다양성이 존중되어야 한다. 기업지배구조는 국가마다 문화의 차이에 따라 달라지게 마련이며 한 국가의 지배구조를 타국으로 쉽게 이식시킬 수 없다."고 선언하고 있다. 이는 대단히 옳은 지적이다.

7

노동법의 경제학

제1장 노동법과 노동시장

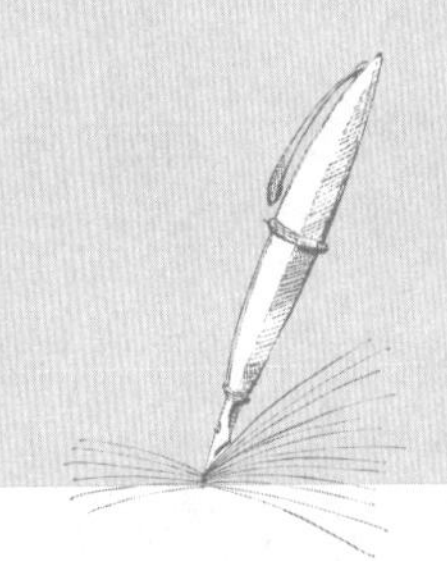

모든 사회에는 그 사회가 필요로 하는 재화와 용역의 생산을 담당하는 조직이 존재한다. 그리고 그 조직 속에는 생산과정을 계획하고 명령하고 관리하는 관리자(manager)와 관리자의 지시를 받고 일하는 피관리자(被管理者, the managed)가 존재한다. 생산현장에서 이 관리자와 피관리자 간의 관계를 노사관계(industrial relations)라고 하고, 이 노사관계를 규율하는 법이 노동법이다.[1] 노사관계를 좀 더 광의로 해석하면 관리자와 피관리자의 관계뿐만 아니라 정부와 이들의 관계까지를 포함하기도 한다. 따라서 노사관계를 이와 같이 노·사·정(勞·使·政) 간의 관계로 보면 광의(廣義)의 노동법은 이들 삼자의 관계를 규율하는 법으로 보아야 할 것이다.

노동법은 어떠한 목적과 기능을 가지고 있는가? 산업화의 역사를 보면 그 속에서 노동법은 산업화의 발전단계에 따라 상이한 목적과 기능을 가지고 있었음을 알 수 있다. 좀 더 구체적으로 보면 노동법의 목적과 기능은 당시의 노동시장의 특징과 상황에 의해 크게 영향을 받았다.

산업화의 초기에는 일반적으로 노동시장은 소위 무제한적 노동공급(無制限的勞動供給, unlimited labor supply)의 상태에 놓여 있었고, 노동법의 목적과 기능은 노동력의 사회적 재생산을 확보하는 데 있었다.[2] 비인간적 근로조건하에 방치해

---

1) 관리자와 피관리자 사이에 존재하는 관계가 노사관계이기 때문에 노사관계는 자본주의 경제체제하에서만 문제되는 것은 아니다. 관리자와 피관리자가 존재하는 한 노사관계는 존재하기 때문에 사회주의 경제체제하에서도 노사관계는 존재한다. 다만 문제해결 방식이 다를 뿐이다. 자본주의하에서는 당사자 간의 자치적 문제해결방식인 단체교섭제도가 가장 중심적인 문제해결방식이나 사회주의하에서는 관료적 문제해결방식이 중심이 되고 있을 뿐이다.

2) "무제한적 노동공급"이란 용어를 사용하면서 후진국의 경제개발의 문제를 노동시장의

둠으로써 발생하는 노동력의 마손(磨損)을 막고 그 재생산을 목표로 필요한 최소한의 임금과 근로조건을 확보해 주는 제도적 장치가 노동법이었다. 무제한적 노동공급의 단계에서는 노사 간의 교섭력은 근로자들에게 대단히 불리한 방향으로 비대칭적이다. 정부의 제도적·법적 개입이 없으면 임금·노동시간 등의 근로조건은 쉽게 열악해지고 급기야는 비인간적수준까지 내려가게 된다. 따라서 이때의 노동법의 목적과 기능에는 근로조건의 열악을 막는다는 의미에서 명백히 사회적 형평의 제고라는 측면이 강했다.3)

그러나 산업화의 진전에 따라 노동시장이 무제한적 노동공급의 단계에서 벗어나 제한적 노동공급(limited labor supply)의 단계로 이전됨에 따라 노동법의 목적과 기능도 변하게 된다. 노동력의 사회적 재생산의 확보가 노동법의 목적이었던 시대는 끝나게 되었다. 산업화의 진전에 따라 국민경제가 대량생산·대량유통·대량소비의 단계로 들어가면서 노사 간의 교섭력의 비대칭성도 크게 줄어들게 되었다.

왜냐하면 첫째로, 이제는 노동공급이 제한적이기 때문에 노동시장의 여건이 반드시 사용자에게만 유리하게 작용하지 않게 됐다. 사용자들 간의 구인경쟁(求人競爭)이 노동자들 사이의 구직경쟁(求職競爭)보다 격화될 수도 있기 때문에 교섭력이 때로는 노동자들에게 오히려 유리해질 수도 있게 됐다. 둘째로, 대량생산체제가 요구하는 거대자본에 대응하여 거대하고 강력한 산업별 노동조합(industrial unionism)들이 등장하기 시작했다.4) 따라서 경기상승시, 즉 일반적 노동력부족의 시기에는

성격변화의 측면, 즉 무제한적 노동공급시장에서 제한적 노동공급시장으로의 전환이란 측면에서 다룬 최초의 학자는 Arthur W. Lewis이다. 다음 논문을 참조하라. Arthur W. Lewis, "Economic Development with Unlimited Supplies of Labour", 22 *Manchester School of Economic and Social Studies* 139 (May 1954).

3) 물론 개별 자본의 무한착취에 의한 노동력의 마손을 국가가 총자본의 입장에서 제한한다고 하는 경제적 효율의 측면도 전혀 없었다고는 할 수 없다. 大河內一男, 『社會政策: 總論』, 有斐閣, 1963을 참조하라.

4) 본래 노동조합은 산업화 초기에는 특정의 기술과 기능을 가진 노동자들이 중심이 되는 직종 내지 직능별조합(職能別組合, craft unionism)이 지배적인 형태이었다. 그러다가 산업화가 19세기 말, 20세기 초를 전후하여 대량생산체제로 접어들면서 거대기업의 주 노동력이 다수의 반숙련공(半熟練工, semi-skilled worker)으로 바뀌게 되었다. 이에 따라 이제는 수많은 반숙련공을 기반으로 산업별 노동조합이 지배적인 노동조합의 형태로 등장하게 되었다.

강력한 노동조합의 존재로 노사 간의 교섭력은 오히려 노동자들에게 유리하게 비대칭적이 될 수도 있게 된다. 그리하여 산업화의 성과에 대한 노동자들의 분배의 몫이 증가하고 임금 등의 근로조건은 단순한 노동력 재생산비의 수준을 넘어 국민경제의 생산성상승률에 맞추어 증가하게 된다.[5)]

이러한 제한적 노동공급의 단계가 한동안 지속되면서 노동법의 목적과 기능에 대한 논쟁이 일어나기 시작한다. 좀 더 구체적으로는 노동조합의 목적과 기능을 재확인 내지 재정립하기 위한 논쟁이 일어난다. 노동조합은 소득분배만을 위한 제도, 환언하면 형평(equity)만을 위한 제도인가, 아니면 생산증대나 경제적 효율(efficiency)에도 기여하는 제도인가? 노동조합이 본래 형평을 위한 제도로 출발한 것은 사실이나 아직도 사용자로부터의 소득이전(所得移轉)만을 위한 제도로서 충분한가? 만일 사용자로부터 노동자들에게 소득이전만을 위한 제도라면, 같은 목적을 다른 방법(예컨대 조세 및 보조금제도)으로 이룰 수는 없는가? 무제한적 노동공급의 시대와는 달리 이제는 노동조합이 형평뿐 아니라 효율에도 기여하는 조직이 되어야 하는 것은 아닌가? 그렇다면 과연 어떻게 노동조합이 생산성 향상에 기여할 수 있는가? 도대체 제한적 노동공급의 단계에 걸맞는 새로운 노동조합의 목적과 기능은 무엇이어야 하는가? 이상과 같은 문제들이 제기된다.

이러한 노동조합 내지 노동법의 기능과 목적에 대한 근본적이고 새로운 문제의 제기는 산업화 후기(産業化 後期) 내지 탈산업화(脫産業化)의 단계로 오면서 더욱 활발해지는 경향이 있다.[6)] 이러한 경향에는 두 가지 요인이 작용하고 있는

---

5) 노동시장이 산업화 초기의 무제한적 노동공급의 단계를 벗어나 제한적 노동공급의 단계로 들어가면, 환언하면 고전파적 노동시장(classical labor market)의 성격을 벗어나 신고전파적 노동시장(neo-classical labor market)의 단계로 들어가면 임금은 그때부터 생산성을 반영하기 시작한다. 그리하여 실질임금(實質賃金)은 실질노동생산성증가율(예컨대, 1인당 실질 GNP 증가율)과 장기적으로 일치하는 경향을 가진다. 반면에 고전파적 노동시장의 단계에서는 명목임금(名目賃金)은 생계비의 변화만을 반영하고 장기적으로 실질임금은 고정되는 경향을 가졌었다.

6) 종래의 대립적 노사관계만으로는 새로운 사회경제환경에 적응할 수 없다고 보고 노동조합의 단체 교섭기능 이외에 경영에의 참여 및 생산에의 협조 기능의 중요성을 구체적 실증자료와 예를 가지고 강조한 대표적 책으로는 Thomas A. Kochan, Harry C. Katz and Robert B. Mckersie, *The Transformation of American Industrial Relations, Basic Books*, 1986; Charles C. Heckscher, *The New Unionism: Employee Involvement in*

것으로 보인다. 첫째는 경제의 무국경화(無國境化)와 관련되어 나타나는 국제경쟁의 격화이다. 국제시장에서의 국가 간·산업 간·기업 간 경쟁이 격화되면서 노동조합의 기능이 단순한 소득분배적 기능에만 머물러도 좋은가, 생산과 효율의 문제를 외면하고도 과연 노동자들의 권익을 장기간 향상시킬 수 있는가 하는 문제가 끊임없이 제기되어 오고 있다. 종래의 대립적 노사관계관을 고집하는 한 생산과 효율에의 협조라는 문제는 결코 쉬운 문제가 아니다.

둘째는 정보화 및 기술의 고도화와 함께 나타나는 지식노동자(knowledge worker) 비중의 증가이다. 지식노동자의 비중증가와 더불어 노동자들의 참여의 욕구와 능력이 대폭 제고되고 있다. 분배에의 참여뿐만 아니라 생산에의 참여, 관리와 경영에의 참여욕구가 증대하고 있다. 참여에는 능력뿐 아니라 책임의 문제도 동시에 수반되기 때문에 종래의 분배위주의 노동조합관만으로는 결코 이러한 참여욕구의 증대에 답하는 것이 용이하지 않다. 앞으로의 과제는 노동조합이 이들 두 가지 도전에 대하여 어떻게 대응하여야 하는가, 그리고 노동법은 이들의 변화를 어떻게 제도적으로 수용하여야 하는가 하는 문제로 요약될 수 있을 것이다. 한마디로 "노동조합운동의 새로운 이념정립(理念定立)"과 "노동법 개혁"이 앞으로 노사관계의 발전에 있어 가장 큰 과제라고 할 수 있다.

---

the Changing Corporation, Basic Books, 1988이 있다.

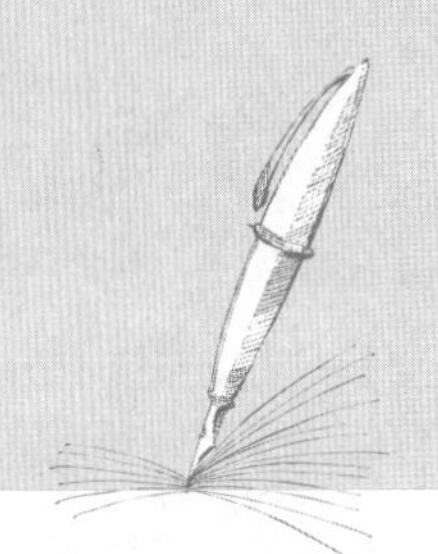

제2장 무제한적 노동공급과 노동법

제1절 아담 스미스의 교섭력이론(交涉力理論)

무제한적 노동공급단계의 노동시장의 조건, 즉 산업화 초기의 노동시장의 조건에 대한 이론으로는 아담 스미스(Adam Smith)의 노동시장론이 가장 합리적이다. 흔히 아담 스미스를 자유방임론자(自由放任論者)라고 하나 그는 결코 현실을 있는 그대로 받아들이고 무조건 이를 찬미하는 정관적(靜觀的) 내지 소극적 자유방임론자가 아니었다. 그는 현실을 그대로 두면 독점과 교섭력의 차이 등이 발생할 수 있음을 항상 경계하였고, 독점을 줄이고 교섭력을 균등하게 하여 자유방임정책이 성공할 수 있는 조건, 환언하면 경쟁적 시장조건을 만들 것을 강조하였다. 이러한 조건의 성립을 전제로 자유방임을 주장한 능동적(能動的)이고 적극적인 자유방임론자가 아담 스미스였다.[1] 그의 이러한 태도는 당시의 노동시장에 대한 그의 견

1) 이 점에서 아담 스미스는 리카도(David Ricardo)와 크게 대비된다. 리카도는 여기서 이야기하는 정관적·소극적 자유방임론자였다고 할 수 있다. 그는 현실을 있는 그대로 인정하는 식의 자유방임을 주장한다. 예컨대 그는 다른 일체의 계약과 마찬가지로 임금도 자유시장의 경쟁에 맡길 만하고 결코 입법부의 간섭에 의해 통제돼서는 안 된다고 주장하고 있다. 리카도는 현실의 임금을 수요와 공급의 관계에서 결정되는 일종의 경쟁 균형가격으로 보아 당시의 시장임금이 최저생활비수준을 못 벗어나는 것은 공급압력 때문이고, 이는 노동시장이 정상으로 작동하였기 때문이라고 보았다. 따라서 노동자의 복지향상을 위해서는 노동자들의 가족의 수를 줄어야 한다고 주장한다. 이에 반하여 아담 스미스는 시장임금이 최저생활비수준을 벗어나지 못하는 이유는 경쟁적 노동시장이 제대로 작동하지 않아서, 즉 노사 간의 교섭력의 비대등성이 너무 커서 발생하는 것으로

해에서도 잘 나타난다. 그의 노동시장론은 노동시장이 경쟁적 시장이 되기 어렵다는 사실에 대한 인식에서 출발한다. 그리고 이 인식이야말로 무제한적 노동공급단계의 노동시장조건에 대한 가장 정확한 사실파악이라고 본다.

그는 『국부론』에서 다음과 같이 이야기하고 있다.

> "통상의 임금이 어떻게 결정되는가는 그 이해관계가 같지 않는 양 당사자 사이에 체결된 계약에 의존한다. 직인(職人)들은 가능한 한 많이 얻으려 하고 사용자는 가능한 한 적게 주려 한다. 전자는 임금을 인상시키기 위해 단결하고 후자는 그것을 인하하기 위해 단결하는 경향이 있다."[2]

여기서 그는 본래 노동시장은 쌍방독점적 시장(雙方獨占的 市場, bilateral monopoly)이 되기 쉬운 경향이 있음을 지적하고 있다. 계속하여 그는 노동시장에서 노사 간의 교섭상 지위(bargaining position)에는 구조적으로 비대등성(非對等性)이 있음을 지적하고 있다.

> "보통 노동쟁의에 있어 양 당사자의 어느 쪽이 유리한 지위를 점하는가, 즉 어느 쪽이 다른 쪽을 강제하고 자기들의 조건에 복종시킬 수 있는가를 예견하는 것은 어렵지 않다. 사용자는 그 수가 적기 때문에 훨씬 쉽게 단결하고 …… 사용자는 장기간 지탱하는 것이 가능하다. …… 예컨대 사용자들은 한 사람도 고용하지 않고도 이미 가지고 있는 자재(資材)로 1년이나 2년 정도는 대체로 생활할 수 있다. 그러나 많은 직인들은 일이 없으면 1주간 생활도 하기 힘들고 1개월간 생존가능한 자는 소수이고 1년간 생존가능한 자는 거의 없다. 장기간을 보면 직인에게 사용자가 필요한 것처럼 사용자에게도 직인이 필요하지만 사용자의 필요는 그렇게 긴박한 것이 아니다."[3]

파악하고 있다. 앞의 리카도의 관점은 아담 스미스의 관점과는 크게 대조적이다. 물론 아담 스미스도 교섭력의 비대등성이 발생하는 주 원인의 하나가 노동수요보다 노동공급이 과다(過多)한 데서 온다는 사실을 숙지하고 있었다. 그러나 그는 현실을 경쟁시장의 결과로 보고 이를 자유방임할 것을 주장하는 대신에 현실을 경쟁의 부재상태로 보고 이의 개선을 생각한 점에서 리카도의 관점과는 크게 다르다고 하겠다.

2) 아담 스미스, 『국부론(상)』, 최임환 역, 을유문화사, 1983, p. 67.

3) 아담 스미스, 『국부론(상)』, 최임환 역, 을유문화사, 1983, p. 68.

그는 노동시장에서 나타나는 이러한 교섭상 지위의 구조적 비대등성은 노동자들이 단결하여도 완전히 해소하기 어렵다는 점을 강조하고 있다.

> "사용자들은 임금을 낮추기 위해 단결을 기도한다. 이러한 단결은 직인(職人)들의 대항적·방어적(對抗的·防禦的) 단결로부터 자주 저항을 받는다. …… 직인들은 쟁점을 신속하게 결착시키기 위해 소리 높여 소란을 피우는 수단에 호소하고 때로는 놀랄 만한 폭력이나 불법행위에도 호소한다. 그들은 절망적으로 되고 절망적인 사람들의 어리석음과 무모함으로 행동한다. …… 그러나 직인들의 이러한 소동 또는 단결된 폭력으로 무엇인가 이익을 얻어내는 경우는 드물다. 이러한 단결은 때로는 관헌(官憲)의 간섭으로, 때로는 사용주의 완강한 저항 때문에, 때로는 대다수 직인들의 목전의 생존을 위한 굴종의 필요 때문에 주모자는 처벌 혹은 해고되고 빈손으로 끝나 버리곤 한다."[4]

여기서 그는 비록 노동자들이 단결하였다 하여도 그 교섭상의 지위가 절망적으로 약한 사실을 지적하고 있다.

그러면 어떻게 할 것인가? 노동자들의 열악한 노동조건의 개선의 방법은 없는가? 아담 스미스는 경제성장을 통한 노동수요의 지속적 확대에서 그 답을 찾고 있다.

> "사용주(使用主)들은 항상 어디서도 끊임없이 단결하고 노동자들의 임금을 현재 수준 이상으로 인상하지 않으려 노력한다.[5] …… 그러나 임금에 의해 생활하는 사람들에 대한 수요가 끊임없이 증가하는 경우, 즉 매년의 일이 전년의 고용보다도 많은 수로 제공되는 경우, 노동자들은 자신들의 임금을 위하여 단결할 필요가 없다. 사용주들 사이에 경쟁을 일으켜 임금인상을 막는 사용주들의 자연의 단결을 자발적으로 붕괴시키기 때문이다."[6]

결국 아담 스미스의 입장은 다음과 같이 요약할 수 있다.

첫째, 임금은 노사 간의 교섭에 의해 결정되는 것이다. 그리고 노동자는 임금인상을 위해 단결하고 사용자는 임금인하를 위해 단결한다. 그런데 사용자의

4) 아담 스미스, 『국부론(상)』, 최임환 역, 을유문화사, 1983, p. 69.
5) 아담 스미스, 『국부론(상)』, 최임환 역, 을유문화사, 1983, p. 67.
6) 아담 스미스, 『국부론(상)』, 최임환 역, 을유문화사, 1983, p. 70.

단결이 노동자의 단결보다 용이하다.

둘째, 경쟁시장 메커니즘이란 교섭상의 지위의 대등성을 전제할 때 성립한다. 따라서 사는 자와 파는 자가 다수(多數)라고 하여도 교섭상의 지위에 비대등성(非對等性)이 크면 경쟁시장기구는 작동하지 않는다. 그런데 산업화 초기에는 구직경쟁이 구인경쟁보다 격렬하여 교섭상의 지위에 비대등성이 크므로 노동시장에서 경쟁시장기구가 작동하지 않는다. 따라서 이때의 노동조건의 열악성은 경쟁시장 메커니즘의 결과라기보다는 오히려 경쟁적 시장이 정상적으로 기능하지 않기 때문에 발생하는 것이다.

셋째, 교섭상의 지위에 비대등성이 존재하는 경우 이의 극복을 위한 노동자의 단결은 노동시장의 경쟁성을 높이는 역할을 한다. 그러한 의미에서 노동자의 단결은 경쟁촉진적이다. 그러나 구직자가 구인자를 크게 앞서는 무제한적 노동공급의 단계에서는 노동자들의 단결도 교섭력의 비대등성을 극복하기 어렵다. 정부의 노동탄압적 개입도 빈번하고 사용자의 반발도 완강하다. 뿐만 아니라 저축부족과 경제적 조건의 열악으로 노동자들의 단결유지도 쉽지 않다.

넷째, 이상과 같은 경우 결국 임금의 수준은 최저생활비수준을 벗어나기 힘들다. 임금이 생존비수준 이상이 되려면 경제가 끊임없이 성장하여 구직자보다 일자리가 많아 사용자 간에 구인경쟁이 일어나는 노동시장의 초과수요상태가 계속되어야 한다. 환언하면 무제한적 노동공급의 단계에서 벗어나 제한적 노동공급의 단계로 넘어가야 한다. 이렇게 될 때 비로소 노사 간의 교섭력에도 대등성이 성립되고, 노동시장에서도 경쟁시장이 기능하기 시작한다. 그리하여 비로소 임금수준은 노동의 생산기여분인 노동생산성에 접근하기 시작한다.

결국 아담 스미스의 관점에서 볼 때 무제한적 노동공급의 단계, 즉 산업화의 초기단계에서 노동조합의 역할은 경쟁촉진적인 것이 된다.[7] 왜냐하면 경쟁은 교섭력의 대등을 전제로 하는데 노동조합은 이 대등성의 회복을 목표로 하기 때문이다. 물론 그는 노동조합의 역할이 무제한적 노동공급의 단계에서는 극히 제한적일

---

7) 이 견해는, 노동조합을 노동시장의 경쟁을 제한하는 조직으로 경쟁제한적 독점조직으로 보는 오늘날의 이론들과 비교하면 극히 대조적이라 하겠다. 최근 이론에 대하여서는 제3장에서 상론토록 한다. 다만 왜 이러한 차이가 나오는가 생각해 보라.

수밖에 없음을 알고 있었고, 따라서 결국 경제성장을 통한 노동수요의 창출의 중요성을 보다 강조하고 있다. 그러나 그의 노동시장관(勞動市場觀)에서 볼 때 그가 당시의 노동조합의 역할을 경쟁촉진적인 것으로 보았음은 틀림없다고 하겠다.

제 2 절 계약자유원칙의 한계

무제한적 노동공급단계의 노동시장의 조건을 좀 더 심층적으로 이해하기 위하여 앞에서 본 아담 스미스의 관찰을 다시 한 번 음미해 보도록 하자. 그는 앞의 인용문에서 대부분의 직인(노동자)들은 일이 없으면 1주간의 생존도 어렵다고 하였다. 이는 환언하면 생존을 위해서는 반드시 필요한 최소한의 생활물자의 한계량이 존재하고 그 한계량에서의 생활물자의 한계효용(marginal utility)은 무한대(無限大)임을 의미한다. 이 최저필요한계량(最低必要限界量, survival minimum)에서의 효용이 거의 무한에 가까움을 그림으로 표시하면 〈그림 7-1〉과 같다.[8)]

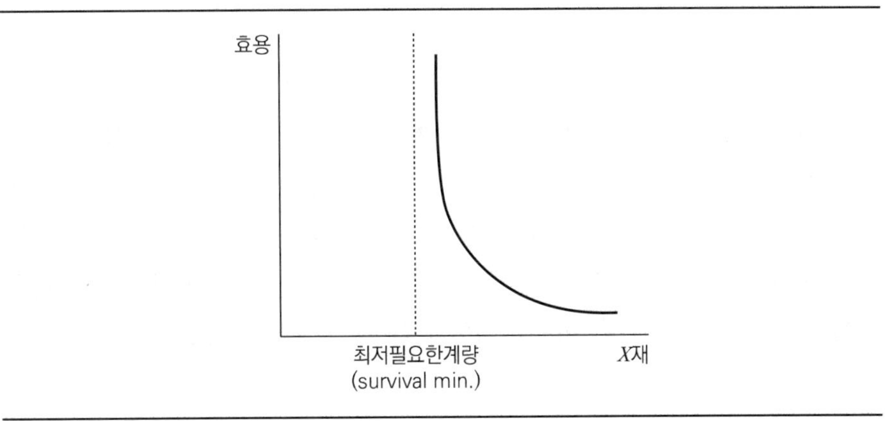

그림 7-1 최저필요한계량의 효용

8) 여기서 최저필요한계량이란 반드시 생물학적 생존을 위해 필요한 최저수준을 의미하는 것은 아니다. 최소한의 사회적 생존을 위해 필요한 수준으로 보아도 좋다.

생존을 위해 반드시 필요한 생활물자인 X와 Y가 있고, 갑과 을 두 사람이 있다고 하자. 이들 사이의 교환관계의 성립을 무차별곡선(無差別曲線)을 이용하여 에지워스 상자(Edgeworth box)상에 나타내면 〈그림 7－2〉와 같아질 것이다.[9] 우리가 흔히 경제학 교과서에서 보는 에지워스 상자는 〈그림 7－2〉 속에서 A에 해당하는 부분만이다. 그러나 산업화의 초기, 무제한적 노동공급의 단계에서는 A 이외에도 B, C, D의 부분이 존재하고 이들 부분이 큰 의미를 가짐에 주목해야 한다.

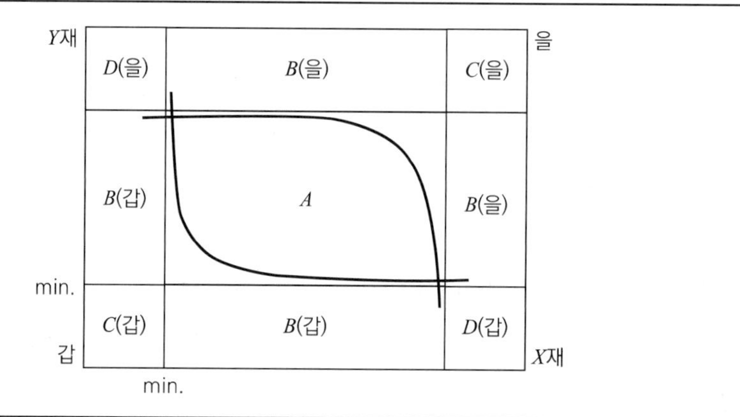

그림 7–2 에지워스 상자

〈그림 7－2〉에서 A에서만 갑과 을의 무차별곡선이 공존한다. B와 C에서는 갑과 을 중 각각 일방의 무차별곡선만이 존재하고, D에서는 갑과 을 모두의 무차별곡선이 존재하지 않는다. 자신들이 가지고 있는 생활물자의 양이 최저필요한계량에 미치지 못할 때 그 물자에 대한 자신의 효용은 무한대이고 교환의 여지는 전혀 존재하지 않기 때문이다. 오직 자신들이 보유하고 있는 생활물자의 양이 최저필요한계량을 넘어설 때 비로소 타인과의 자발적인 물자교환의 여지가 발생하

9) 에지워스 상자는 사회전체의 자원이나 생산요소의 부존량, 그리고 이로부터의 선택을 사각형을 통해 시각적으로 보여주는 것이다. 생존을 위한 최저필요한계량에서는 효용이 무한대라고 하는 간단한 개념을 가지고 이를 에지워스 상자 분석에 확대 적용하여 노동조합이나 사회보장제도의 필연성을 증명한 학자는 일본의 辻村江太郎 교수이다. 이와 관련하여 그의 『經濟政策論』, 筑摩書房, 1977의 일독을 권한다.

게 된다. 따라서 *A*의 영역에서만 진정한 의미의 경쟁적 교환이 가능하고 경쟁적 시장이 성립하며, 계약자유의 원칙이 자기 기능을 할 수 있다. 즉 *A* 영역만이 "경쟁적 교환영역"이다.

C 영역을 보면, 예컨대 *C*(갑)의 경우에는 을의 무차별곡선은 존재해도 갑의 무차별곡선은 존재하지 않는다. 갑의 경우에는 자기가 보유하고 있는 *X*재와 *Y*재를 모두 소비해도 최저필요한계량에 미치지 못하여 자신의 생존 자체도 크게 위협받고 있는 상황이다. 따라서 을과의 교환의 여지는 전혀 없다. 즉 *C* 영역은 "교환불능영역(交換不能領域)"이다. 만일 사회구성원들의 일부가 *C*의 영역에 있다면 이들에 대한 국가의 대응은 최저수준의 사회적 삶의 보장을 목표로 하는 공적 부조(公的 扶助) 등의 사회보장정책일 수밖에 없다. *C* 영역의 존재에서 사회보장정책의 필연성이 등장하는 셈이다.

다음으로 *D* 영역을 보자. *D*에서는 갑과 을 모두의 무차별곡선이 존재하지 않는다. 예를 들어 *D*(갑)을 보면 갑은 *X*재를, 을은 *Y*재를 얼마든지 방출하여서라도 현재의 *D* 영역에서의 탈출이 시급한 상황에 있다. 그리하여 〈그림 7−3〉에서 볼 수 있듯이 *d*로의 이동을 서로가 서두른다. 일단 d에 도달하여야 무차별곡선의 등장이 가능하다. 그 이후 최종적으로 *a*와 *b* 사이에 어디서 균형이 이루어지는가는 당시의 갑과 을 사이의 교섭력의 크기에 의해 좌우된다. 여하튼 *D* 영역에서는 갑과 을 모두의 무차별곡선이 존재하지 않기 때문에 경쟁적인 교환관계의 성립은 불가능하다. 한마디로 *D* 영역은 "경쟁불능영역(競爭不能領域)"이라고 볼 수 있다.

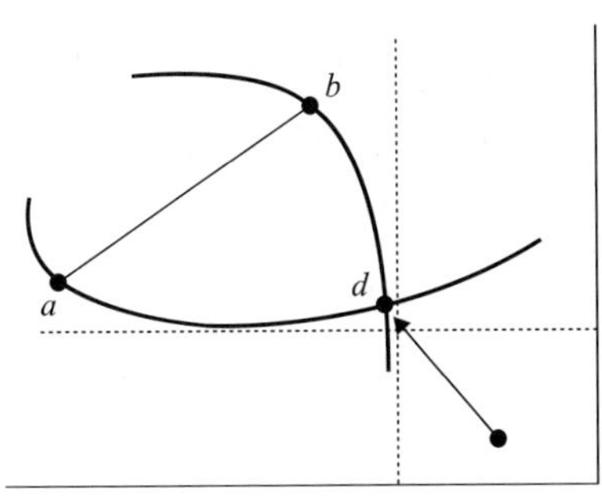

그림 7−3 경쟁불능영역

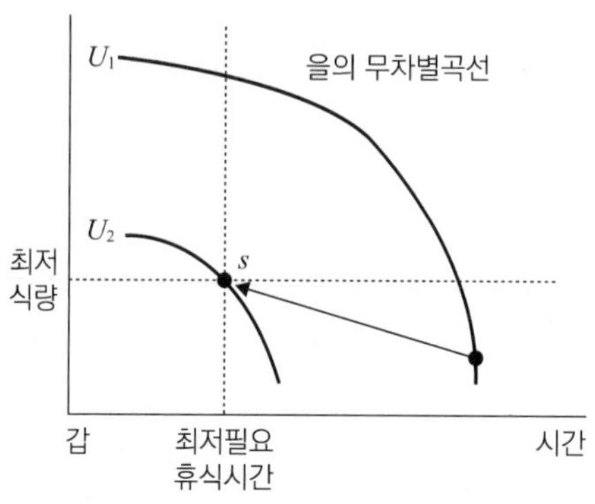

그림 7-4 극심한 불완전경쟁영역

그러나 D 영역과 같이 한 재화는 과도하게 보유하고 다른 재화는 거의 생존을 위협받을 정도로 부족한 경우는 실제 극히 드물다.

B 영역을 보면, 예컨대 B(갑)의 경우 갑에게는 을과의 교환이 급하지만 을은 갑과의 교환이 급하지 않은 상황이다. X재를 잉여시간(1일 24시간)이라고 하고, Y재를 생존을 위한 필수품인 식량이라고 하자. 갑은 현재의 B의 영역에서 벗어나려고 환언하면 부족한 식량을 얻으려고 자신의 잉여시간 중 생존을 위해 필요한 최저수준의 휴식시간을 제외한 모든 시간을 기꺼이 제공하려 할 것이다. 반면에 을은 교환을 서두를 필요가 없기 때문에 교환을 하는 경우 가능한 높은 수준의 효용을 달성하려 할 것이다. 즉 〈그림 7－4〉에서 보면 을은 U_1이 아니라 U_2에서 교환이 이루어질 것을 요구할 것이다. 결국 〈그림 7－4〉의 s 점에서 교환이 성립할 가능성이 높다. 갑은 생존을 위해 교환을 서둘러야 할 입장이고, 을은 그렇지 않기 때문에 갑과 을 사이에는 교섭상 지위의 극심한 비대등성이 존재한다. 그러한 의미에서 B 영역은 "극심한 불완전경쟁영역(不完全競爭領域)"이라고 볼 수 있다.

결국 노동자 갑은 가능한 최장노동시간(maximum hours of work)을 제공하고 그 대신 최저수준의 식량을 공급받게 된다. 이것이 〈그림 7－4〉에서 s의 의미이다. 아담 스미스와 칼 마르크스(Karl Marx)가 본 세계도 이와 같은 세계이다.[10)]

10) 여기서 마르크스의 시장부정론(市場否定論)이 나온다. 그는 〈그림 7－4〉의 s에서 비인간적인 시장의 결과를 보고 시장이란 제도는 사유재산제도와 함께 인류의 해방을 위해

B 영역에서는 아무리 을이 다수라 하여도 경쟁시장의 메커니즘은 작동하지 않는다. 이와 같이 교섭력이 극심하게 대등하지 못한 경우는 노동시장의 경우뿐만 아니라 독점 대기업과 영세 중소기업 간의 거래관계나 지주(地主)와 소작인(小作人) 간의 거래관계에서도 발생할 수 있다.

지금까지의 논의를 정리해 결국 경쟁적 시장이 성립하여 계약자유의 원칙이 성립하는 것은 초기조건(initial condition)이 *A*의 영역에 있을 때 뿐이고, 그 밖의 영역에 있을 때에는 시장 자체의 성립이 불가능하거나 시장이 성립되어도 극심하게 불완전한 경쟁시장이 된다. 그리하여 대단히 불공정한 결과가 초래됨을 보았다. *B*, *C*, *D* 등의 영역이 상당부분 존재하는 무제한적 노동공급의 단계에서 소극적 자유방임은 불공정의 심화를 의미하며, 그러한 상황에서 계약자유의 원칙이란 허구(虛構)임을 알 수 있다. 따라서 이러한 상황에서 노동조합의 존재는 노동시간을 보다 경쟁적으로 만드는 역할을 하게 되고, 갑과 을의 교환이 *A* 영역에서 이루어지도록 하는 데 기여하게 된다.[11]

마땅히 파괴되어야 할 제도라고 주장하게 된다. "시장기구"에 대신하여 그가 주장한 "계획기구"가 보다 공정하고 효율적인 제도라는 이론적 보장이 없음은 물론이고 역사적·경험적으로도 그 반대임이 드러났다. 그러나 당시 무제한적 노동공급단계에서 그가 노동시장적 결과에 대해 보인 분노는 충분히 이해할 수 있다.

11) 오늘날의 신고전파 경제학은 *A* 영역의 존재만을 전제로 *A* 영역의 분석에만 노력을 집중하여 왔기 때문에 노동조합이라든가 사회보장 등의 문제, 복지국가라든가 노동보호의 필요 등의 문제를 경쟁시장의 문제와는 관련이 없는 경제 외적인 요청으로 보아 왔다. 그러나 시장에는 *A*뿐 아니라, *B*, *C*, *D* 등의 영역도 존재할 수 있음을 인정하게 된다면 노동보호라든가 소득재분배라든가 등의 문제가 오히려 경쟁시장의 기능회복을 위하고, 경쟁시장이 작동할 수 있는 영역의 확대를 위해 필요불가결한 정책수단으로 이해하게 되어 평등과 효율의 문제도 상호대립적인 것이 아닌 상호보완적인 것으로 이해할 수 있게 된다.

제3절
공적 부조(公的 扶助)·최저임금제·실업보험제

우리의 사회에 앞서 본 〈그림 7－2〉의 *A*뿐만 아니라 *B*, *C*, *D* 등의 영역이 존재한다면 어떻게 할 것인가? *C* 영역의 경우에는 우선 최저의 생활 자체가 가능토록 하는 공적 부조 등의 사회보장제도의 필요가 있음은 이미 앞에서 보았다. 우선 최저수준의 생활이라도 가능하게 한 후 서서히 경쟁적 시장 안으로 진입하도록 유도하는 것이 바람직하다. 그러면 *B*의 경우에는 어떻게 하여야 하는가?

앞에서 든 예에서 생각하면 하나의 방법은 근로기준법을 통하여 최장근로시간제(最長勤勞時間制)를 도입하는 것이다. 그러면 〈그림 7－5〉에서 볼 수 있는 바와 같이 최종균형이 *s*가 아니라 *t*에서 이루어진다. 여기서의 *f*의 기울기가 곧 단위시간당 임금률이 되기 때문에 최장근로시간제의 도입은 임금률 상승과 같은 효과를 가져온다. 다른 하나의 방법은 최저임금제(最低賃金制)의 도입이다.

그러면 〈그림 7－6〉에서 볼 수 있는 바와 같이 균형점이 *s*에서 *g*로 바뀌게 된다. 그렇게 되면 이제는 종래의 극심한 불완전경쟁상황이 극복되고 갑도 경쟁적 시장에서 활동할 수 있게 된다.[12)]

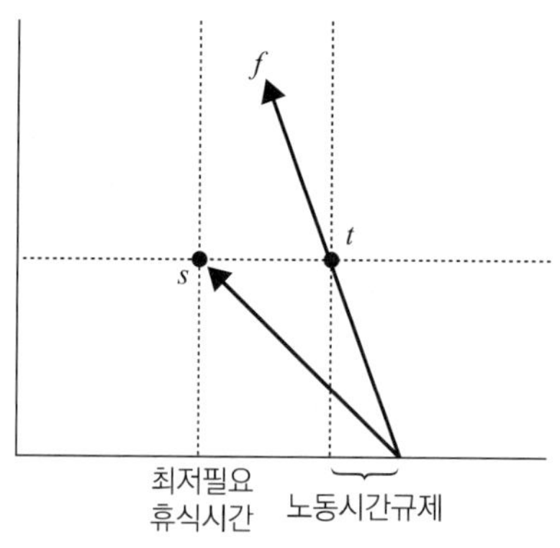

그림 7–5 최장근로시간제(最長勤勞時間制)의 효과

12) 위의 경우에서는 최저임금제가 최장근로시간제보다 갑의 효용수준을 높이는 데 보다 효과적인 것으로 드러났다. 왜 그런가를 생각해 보라.

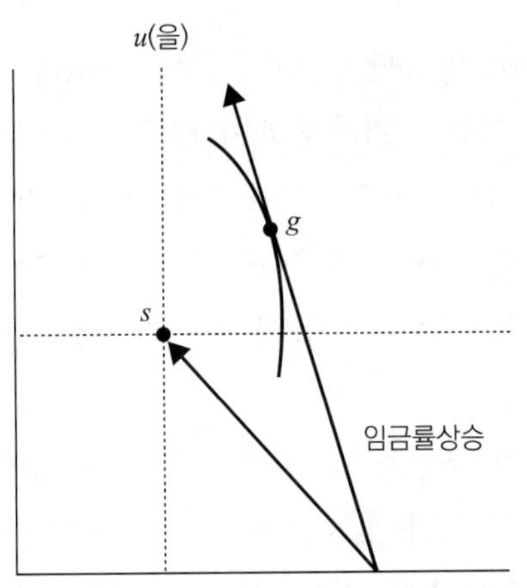

▮그림 7-6▮ 최저임금제(最低賃金制)의 효과

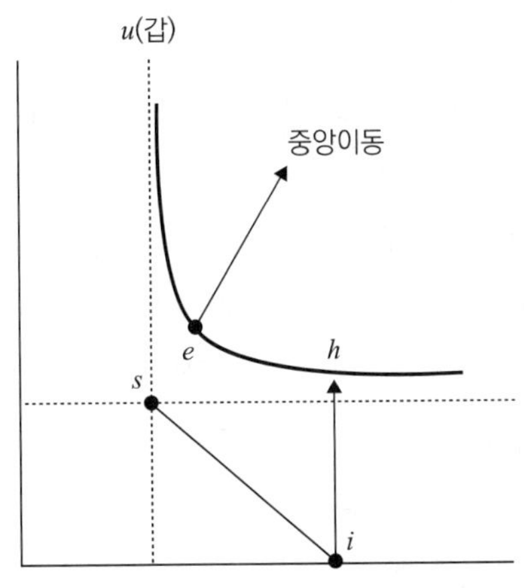

▮그림 7-7▮ 실업보험제(失業保險制)의 효과

또 다른 하나의 방법으로는 실업보험제도(失業保險制度)의 도입을 생각할 수 있다. 만일 일정기간 최저생활비를 상회하는 실업수당을 지급받을 수 있다면 갑의 교섭상의 지위는 그만큼 개선되어 보다 경쟁적인 고용계약을 체결할 수 있게 된다. 〈그림 7-7〉에서 보면 실업보험제도의 도입은 초기조건을 i에서 h로 이동시키는 효과를 가져온다. 환언하면 갑이 처한 위치를 B 영역에서 A 영역으로 이동시킨다. 그러면 최종의 균형은 e 부근에서 일어날 것이다.

노동조합의 조직도 하나의 방법으로 생각해 볼 수는 있다. 그러나 B의 영역에서는 노조의 조직 자체가 대단히 어려울 뿐만 아니라 조직된다고 할지라도 유효한 교섭을 해내기가 대단히 어려울 것이다.[13] 결국 B의 영역에서는 최저임금제나 실업보험제 등의 국가의 직접개입에 의해 갑의 초기조건을 A의 영역으로 이동시키는 일이 시급하고, 그 이후 최종균형점을 〈그림 7-7〉에서 보는 바와 같이 에지워스 상자의 중앙으로 좀 더 이동시키는 데 노동조합의 역할을 기대하는 것이 합리적일 것이다.

정부의 개입에 의해 초기조건을 A 영역으로 끌어냈다고 하여도 최종균형이 〈그림 7-7〉의 e 부근이 되면 끊임없이 C(갑)에 빠질 위험이 있다고 보아야 한다. 또한 아직 e의 부근은 분배조건이 대단히 불평등한 상황임을 잊어서는 안 된다. 따라서 경쟁시장의 활성화를 위해서는 최종균형점을 가능한 한 e에서 에지워스 상자의 중앙으로 이동시키는 것이 필요하고 이 과정에서는 노동조합의 교섭력이 결정적 역할을 하게 된다.[14]

이상에서 우리는 무제한적 노동공급의 단계에서의 노동관련법제가 가지는 의미를 보았다. 끝으로 강조되어야 하는 것은 결국 이들 법제 못지않게 중요한 것은 "에지워스 상자의 크기" 자체를 키우는 것, 즉 경제성장이라 하겠다. 그리하여 보다 많은 사람들이 A 영역에서 활동할 수 있도록 하는 것이다. 그리고 이것은 지속적 경제성장을 통하여 무제한적 노동공급의 단계를 벗어나 제한적 노동공급의 단계로 진입함을 의미한다.

---

13) 앞으로 아담 스미스가 비록 노동자들의 단결이 있어도 사실상 노사 간 교섭력의 비대등성이 극복되기 어렵다고 본 것은 이러한 B 영역의 존재를 전제한 이야기이다. 물론 B 영역에서도 노조가 성공적으로 활동을 할 수 있다면 그만큼 B에서 A 영역으로의 이동, 즉 노동시장의 경쟁성 제고에 기여하는 셈이 된다.

14) 시장의 경쟁 메커니즘이 자원의 낭비 없는 이용을 위한 자동조절장치로서 특히 우수하다는 점은 누구도 부정할 수 없는 사실이다. 그러나 초기의 분배조건이 불평등하면 시장의 경쟁 메커니즘이 작동해도 본래의 위치에서 크게 개선되기 어렵다. 즉 본문의 예에서 e에 초기분배조건이 놓이게 되면 비록 경쟁적 교환이 일어난다고 해도 e의 부근을 크게 벗어날 수가 없다. 한마디로 시장의 경쟁 메커니즘을 통한 분배의 시정을 기대하기는 어렵다. 경쟁시장은 효율의 집행자이지 정의의 집행자는 아니다.

제3장 제한적 노동공급과 노동조합법

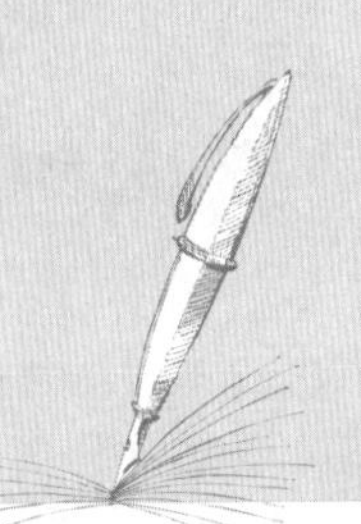

무제한적 노동공급 단계에서의 노동법이 당사자 간의 교섭력(交涉力)의 대등성회복(對等性回復)을 통하여 경쟁촉진적인 기능을 하는 것을 보았다. 산업화가 진전되어 제한적 노동공급의 단계에 이르면 노동법은 어떠한 목적에 봉사하고 어떠한 역할과 기능을 하는가?[1] 여기서는 노동법 중에서도 특히 노동조합법을 중심으로 논의를 전개하여 나가도록 한다.

제 1 절 카르텔(cartel)로서의 노동조합

노동조합법의 목적을 노동공급의 카르텔화를 위한 제도로서 이해하는 이론이 있다. 노동의 공급을 독점·제한함으로써 노동의 가격을 시장가격 이상으로 올리려는 제도가 노동조합이고, 이러한 노동공급독점(labor monopoly)을 합법화하고 이를 지원하는 법제도를 노동조합법으로 보고 있다. 이와 같이 노동조합법을 노

---

1) 무제한적 노동공급의 단계에서 제한적 노동공급의 단계로의 진전은 노동공급곡선이 수평적인 상황에서 우상향하는 상황으로의 전환이라고 이해하면 될 것이다. 노동공급이 생존비수준에서 거의 수평적이던, 즉 거의 무제한 공급이 가능하던 상황이 끝나고 임금의 추가적 인상이 없이는 추가적 노동공급이 어려운, 환언하면 노동공급곡선이 우상향하는 상황으로 변하는 것을 의미한다. 산업화의 진전에 따라 잉여노동(surplus labor)이 소진된 후에는 자연히 제한적 노동공급이 시작된다. 엄밀한 의미의 신고전파 경제이론이 상정하는 노동시장은 이때부터 시작된다고 볼 수 있다.

동시장의 독점화를 위한 법으로서 이해하는 입장을 취하고 있는 대표적 학자가 포즈너(Richard A. Posner)이다.[2)]

노동공급을 카르텔화함으로써 노동시장을 독점하면 시장임금수준 이상의 임금을 받아낼 수 있는 이점이 있음은 사실이다. 그러나 누가 카르텔화를 위하여, 즉 노동조합의 조직을 위하여 노력할 것인가? 잘못하여 사전에 사용자에게 발각되면 불이익한 처우를 받을 수도 있다. 카르텔화의 이익은 모두에게 분산되나 카르텔화의 비용은 개인에게 집중될 수 있다. 따라서 대부분의 사람들은 카르텔화에 적극적으로 나서지 않을 수 있다. 모두가 무임승차(free riding)를 하려고 들 것이기 때문이다. 이러한 상황 속에서 노조의 조직, 즉 노동공급의 카르텔화는 생각보다 쉽지 않다. 노동조합법이란 이러한 상황에서 카르텔화의 비용을 낮추는 데 직접 기여한다. 부당노동행위제도(不當勞動行爲制度) 등을 통하여 노동자들의 카르텔화 노력에 대한 사용자들의 방해를 적극적으로 제어한다. 동시에 파업 중의 대체노동활용의 제한(對替勞動活用의 制限) 등을 통하여 기존 카르텔이 와해될 가능성을 최소화한다.

이와 같이 노동공급의 카르텔화 내지 독점화를 목적으로 하는 법이 노동조합법 내지 노동법이기 때문에 노동법은 경쟁과 효율을 위한 제도가 아니라 소득분배를 위한 제도이고 기본적으로 비경쟁·비효율의 제도라고 본다. 포즈너 판사는 과거 19세기나 20세기 초에는 노동시장에 수요독점적(monopsonistic) 요소가 많아서 노동조합의 결성이 오히려 효율을 제고했던 때가 있었을지는 몰라도 적어도 오늘날의 노동조합은 효율의 제도는 아니라고 주장한다.[3)] 그 자신은 노동조합이 소득분배를 위한 제도일 뿐 효율을 위한 제도가 아니라고 해서 결코 바람직하

---

2) Richard A. Posner, "Some Economics of Labor Law", 51 *The University of Chicago Law Review* 988 (1984).

3) 포즈너도 과거에는 노동자들이 어디에 다른 고용기회가 열려 있는지를 몰라서, 특히 노령노동자들의 경우에는 직장이동을 위한 지역이동의 경제적 심리적 비용이 너무 커서 사실상 사용자가 수요독점(需要獨占, monopsony)상태에 있게 되어 실제임금이 경쟁적 시장임금보다 낮은 수준에서 결정되는 수가 있었다는 점은 인정한다. 이러한 수요독점의 경우에는 노동조합은 임금인상과 고용의 확대를 동시에 가능케 하므로 오히려 노동시장을 보다 경쟁적으로 만드는 데 기여하게 된다. 그러나 그는 1935년 Wagner Act가 제정되기 훨씬 전에 이러한 수요독점의 상황은 미국경제에서는 끝났다고 본다.

지 않다고 주장하는 것은 아니라고 이야기하고 있다. 그러나 그의 노동독점으로서의 노동조합관(勞動組合觀) 그리고 이를 조장하는 법제로서의 노동법관(勞動法觀)은 과연 노동시장에서 독점을 조장하고 경쟁을 파괴하는 노동조합법이 합리적이고 바람직한 법제도인가 하는 논쟁을 불러일으키고 있다.

시카고대학의 엡스틴(Richard Epstein) 교수는 기본적으로 포즈너와 같이 노동독점으로서의 노동조합관에 입각하여 과연 우리가 노동을 다른 상품과 달리 취급할 필요가 있는가, 왜 다른 상품에서는 독점을 금지하면서 노동에서는 독점 또는 카르텔화를 인정하고 이를 조장하는가, 노동의 문제는 민법으로 취급하면 되지 왜 구태여 노동법이 필요한가, 하는 문제를 제기하고 있다.4) 흔히 노동에 대한 특별취급의 이유로 노사 간 교섭력의 비대등성이 거론되고 있으나 엡스틴 교수는 이는 사실보다 과장되어 있다고 보고 있다. 실은 사용자 간의 구인경쟁도 결코 만만하지 않다고 본다. 시장임금 이하로 고용을 확보할 수는 절대 없으므로 노동의 문제도 시장의 힘에 맡기는 것이 보다 효율적이라고 주장한다. 그리고 만일 소득분배가 목적이라면 구태여 노동조합을 통하지 않고 조세와 사회보장제도를 통하여 분배를 개선하는 것이 보다 효율적이라고 주장한다.5)

이러한 견해는 특히 미국학계에서 시장 메커니즘의 자동조절기능을 믿는 보수파들의 생각을 대변하는 견해이다. 그러나 요즈음과 같이 노동조합운동에 대한 부정적 시각이 지배적인 사회적 분위기 속에서, 그리고 특히 미국에서 두드러지는 현상이지만 노동조합의 조직률이 지속적으로 하락하고 있는 상황 속에서 이러한 견해는 만만치 않은 이론적 도전으로 받아들여지고 있다.6)

---

4) Richard Epstein, “A Common Law for Labor Relations: A Critique of New Deal Labor Legislation”, 92 *Yale Law Journal* 1357 (1983); Richard Epstein, “In Defense of the Contract at Will”, 51 *The University of Chicago Law Review* 947 (1984).

5) 이러한 문제의 제기에 대하여 어떠한 반론이 가능한가를 생각해 보라.

6) 엡스틴 교수의 문제제기에 대하여 하버드대학의 와일러(Paul C. Weiler) 교수가 비교적 체계적인 반론을 제시하고 있다. 단순히 엡스틴 교수의 문제제기에 대한 반론뿐 아니라 오늘날 미국의 노사관계가 당면하고 있는 문제를 심층적으로 분석하고 이론적·정책적 대안을 제시하고 있다. Paul C. Weiler, *Governing the Workplace: the Future of Labor and Employment Law*, Harvard University Press, 1990을 참조하라.

제 2 절
집단목소리(collective voice)로서의 노동조합

다음은 노동조합을 두 가지 얼굴을 가진 존재로서 이해하는 이론이다.7) 하나의 얼굴은 앞에서 살펴본 독점체(monopoly)로서의 노동조합이고, 다른 하나는 집단목소리(collective voice)로서의 노동조합이다. 따라서 노동조합법의 목적을 단순히 "노동공급의 카르텔화"를 위한 것으로만 이해하지 않고 "집단목소리의 제도화"를 위한 것으로 이해한다. 그리고 후자의 측면을 더 중요한 것으로 이해한다. "집단목소리의 제도화"로서의 노동조합이란 측면이 등장하면서 비로소 노동조합은 단순히 소득분배의 기능만을 가진 존재가 아니라 효율이나 생산성 제고의 기능도 가진 존재로서 부각된다. 환언하면 "파이의 분배"에만 관련되고 이해관계를 가지는 존재로서의 노동조합이 아니라 "파이의 생산"에도 관련되고 직접 기여할 수 있는 존재로서 노동조합이 등장하게 된다.

우선 독점체로서의 노동조합이라는 측면부터 고찰해 보도록 하자. 독점체로서의 노동조합이란 결국 노동조합이 노동공급의 독점력을 활용하여 경쟁시장의 균형임금수준 이상으로 임금을 올릴 수 있고 현재에도 올리고 있다는 주장이다. 경쟁시장의 균형임금수준 이상으로 임금을 올리면 당연히 고용은 줄고 그 결과 국민총생산도 줄며, 소득분배는 사용자에게 불리하고 노동자에게 유리하게 변화한다는 주장이다. 소득분배는 개선될지 모르나 생산과 효율은 저해된다는 입장이다.

그런데 노동시장에서의 독점은 일반 생산물시장에서의 독점과는 다른 몇 가지 특징을 가지고 있음을 잊어서는 안 된다. 첫째는 독점기업은 가격을 일방적으로 결정하지만 독점노조는 임금을 노사 간의 단체교섭을 통하여 결정한다. 따라

---

7) 이 입장을 가장 선명하게 정리하고 표명한 학자는 하버드대학의 프리맨과 메도프이다. 그들의 대표적 저서로는 Richard Freeman and James Medoff, *What Do Unions Do?*, Basic books, 1984이 있다. 이 책에서 그들은 자신들의 이론적 입장과 동시에 실증적 연구결과를 제시하고 있다. 즉 미국의 노조가 과연 상대임금(相對賃金)을 얼마나 올렸는지, 생산성에의 기여는 어느 정도 하였는지, 이직률은 어느 정도 줄였는지 등에 대한 실증연구의 결과가 제시되고 있다.

서 그 과정에서 기업의 여러 사정이 반영되고 고려된다. 기업이 강력하게 반발하면 독점노조라고 하여도 결코 일방적으로 임금을 마음대로 올릴 수 없다. 둘째로 비록 독점노조라고 하여도 노조의 임금인상능력은 시장의 힘에 의하여 제약을 받지 않을 수 없다. 즉 임금의 인상은 불가피하게 고용의 감소를 결과하기 때문이다. 따라서 무조건 무리한 임금인상만을 요구할 수는 없을 것이다.[8] 셋째는 노동의 공급독점체로서의 노조의 임금인상능력은 노조가 조직되어 있는 기업 내지 산업의 독과점력(獨寡占力)에 크게 의존된다는 사실이다.

예컨대 생산물시장이 완전경쟁시장인 경우에는 노동조합은 그의 독점력을 발휘하기가 대단히 곤란하다. 왜냐하면 노조가 임금을 경쟁시장수준 이상으로 올리면 당해 기업은 타기업과의 경쟁에서 불리해지고, 따라서 다른 조건이 같다면 그 기업은 시장경쟁에서 탈락하게 된다. 이러한 경우 대응책의 하나는 완전경쟁시장에 속하는 전산업에 노조를 조직하는 것이다. 그렇게 되면 임금인상은 당해 산업의 총고용수준을 낮추기는 하겠지만 모든 기업의 비용수준을 함께 인상시켜 개별 기업의 탈락은 있을 수 없다. 그러나 이는 그렇게 현실성 있는 이야기는 아니다. 그렇다면 결국 노조의 독점력은 완전경쟁시장이 아니라 독과점시장에 속하는 산업 내지 기업에서 가장 잘 발휘된다고 볼 수 있다. 왜냐하면 이때에는 임금을 비노조기업보다 높은 수준으로 올린다고 하여도 당해 기업의 생산물시장에서의 경쟁탈락을 두려워할 필요가 없기 때문이다. 결국 노동조합의 독점력의 행사는 독과점시장에 속해 있는 기업 내지 산업의 독과점이윤의 일부를 임금인상으로 흡수하는 셈이 된다.

이상을 요약하면 독점체로서의 노조는 분명 국민총생산의 증대에 역행하는 측면을 가지고 있다. 그러나 노조의 독점력행사는 사용자로부터의 제약, 경쟁시장으로부터의 제약 등 여러 제약 속에 있다. 노조의 독점력이 비교적 유효하게 행사될 수 있는 경우는 전체 산업이 노조화되어 있거나, 아니면 생산물시장이 독과점

8) 노동조합이 과연 무엇의 극대화를 목표로 행동하는가 하는 문제에 대한 합의된 단일 이론은 아직 없다. 고용에 대한 고려는 거의 없고 오로지 고임금(wage level)만을 목표로 하는지, 아니면 고용량도 동일 비중으로 중요시하여 임금에 고용량을 곱한 총임금(total wage bill)의 극대화를 목표로 행동하는지 등에 대한 실증분석도 흥미 있는 연구과제가 될 것이다.

구조하에 놓여 있을 때이다.[9)]

다음은 집단목소리로서의 노동조합이란 측면을 보도록 하자. 일찍이 허쉬만(Albert O. Hirschman) 교수가 지적하였듯이 어느 사회제도나 조직이 자기의 본래의 기능, 바람직한 역할 내지는 본래의 이상에서 벗어날 때 이를 교정하는 메커니즘(recuperation mechanism)은 두 가지가 있다.[10)]

하나는 퇴출(退出, exit)의 메커니즘이다. 시장적 내지는 경제적 메커니즘이라고도 볼 수 있다. 예컨대 어느 기업의 생산물에 하자가 있을 때 이를 교정하는 방법의 하나는 소비자들이 당해 기업의 상품을 소비하지 않고 다른 회사의 상품으로 옮겨 가는 것이다. 이러한 소비자들의 퇴출행위가 당해 기업에 잘못된 관행을 교정하는 압력으로 작용한다.

다른 하나의 방법은 목소리(voice)의 메커니즘이다. 비시장적(非市場的) 내지는 정치적(政治的) 메커니즘이라고 볼 수 있다. 앞의 예에서 보면 소비자들이 당해 기업을 찾아가 생산물의 하자에 대하여 항의하고 시정을 요구하는 방법이다. 법원에 손해배상을 구하는 소(訴)를 제기하는 것도 물론 여기서의 목소리 메커니즘에 속한다.[11)]

허쉬만 교수의 이러한 이론을 노동의 영역에 적용하면 퇴출의 메커니즘은 회사에 불만이 있을 때 사표를 제출하고 회사를 떠나는 것이 되고, 목소리의 메커니즘은 노조를 조직하여 회사에 대한 불만을 표출하는 것이 된다. 전자를 "노동

---

9) 엄밀한 의미에서 생산물시장이 독과점화되어 있지 않아도, 예컨대 특수한 생산기법을 가지고 있다든가 혹은 특수한 원자재를 확보하고 있다든가 하여 비용구조에서 타기업에 비해 이점이 있는 경우에도 노조의 독점력은 유효하게 발휘될 수 있다.

10) 보다 자세한 내용은 Albert O. Hirschman, *Exit, Voice and Loyalty: Response to Decline in Firms, Organizations and States*, Harvard University Press, 1970을 참조하라.

11) 흔히 경제학자들은 시장의 메커니즘, 즉 퇴출의 메커니즘을 중시하고 정치학자들은 비시장의 메커니즘, 즉 목소리의 메커니즘을 중시하는 경향이 있으나, 허쉬만 교수는 양자가 모두 중요하다고 강조하고, 특히 경제학자들의 경우 시장 메커니즘은 자동적으로 작동하나 비시장 메커니즘은 자동적이 아니라고 보는 경향이 있지만 이는 잘못이라고 지적한다. 양자가 모두 자동적으로 작동한다고 주장한다("It is our contention that nonmarket forces are not necessarily less automatic than market force."). 그리고 그는 어느 사회제도나 조직의 쇠퇴를 막는 이러한 자기교정의 두 가지 메커니즘은 상호보완적이라고 주장한다.

시장을 통한 교정"이라면, 후자는 "노사관계를 통한 교정"이라고 볼 수 있다. 노동시장을 통한 교정이란 예컨대 노동력이 노동자를 인격적으로 대우하지 않는 회사를 떠나 노동자를 인격적으로 대우하는 다른 회사로 이동함으로써 잘못된 회사를 교정함을 의미한다. 이와 동일한 교정기능은 노동조합을 통한 집단목소리를 통하여서도 달성될 수 있다.

그런데 노동의 경우 이 두 가지 메커니즘 사이에는 하나의 중요한 차이가 존재한다. 즉 "퇴출을 통한 메커니즘"에는 단지 당해 회사를 떠나는 한계노동자(marginal workers)들의 의사와 불만만이 간접적·묵시적으로 회사에 전달된다는 한계가 있다. 불만을 가지고 있으나 떠나지 않는 노동자들의 의견은 회사에 전달될 수 있는 길이 없다. 예컨대 젊은 노동자와 일반훈련(general training)을 받은 근로자들의 노동이동이 일반적으로 높다면 이들의 불만은 회사에 전달될 수 있다. 그러나 일반적으로 노동이동이 낮은 중고령(中高齡)노동자나 특수훈련(specific training)을 많이 받은 근로자들의 의사와 불만은 회사에 전달될 수 없어 그 부분에 대하여서는 자기교정(自己矯正)의 메커니즘이 작동하지 않는다.[12]

이러한 한계가 "목소리를 통한 메커니즘"에는 존재하지 않는다. 노동조합이 조직되면 당해 산업이나 기업의 모든 노동자들의 의사와 불만이 노조조직을 통하여 내부수렴되고 정리되어 노조요구의 형태로 회사측에 전달되기 때문이다. 따라서 젊은 노동자뿐만 아니라 중고령층, 일반훈련뿐만 아니라 특수훈련을 받은 근로자 모두의 의견이 공평하게 반영될 수 있다. 특히 오늘날과 같은 기업의 거대화와 장기고용의 경향 속에서 젊은 노동자층의 의견과 선호는 중고령 근로자들의 그것과 크게 다를 수 있다. 이러한 때 단체협약에 이들 모두의 의견을 공평하게 반영하는 문제는 조직의 생산성과 유연성을 높이기 위해서도 더없이 중요한 문제라 할 것이다.

---

12) 여기서 일반훈련(general training)이란 당해 회사를 떠나 다른 회사에 종사하게 되는 경우에도 의미가 있는 훈련, 환언하면 그러한 경우에도 생산성 제고를 결과하는 훈련이고, 특수훈련(specific training or firm-specific training)이란 당해 회사에 종사하는 경우에만 생산성 제고를 결과하는 훈련, 다른 회사에 종사하게 되면 생산성 제고의 효과를 내지 못하는 내용의 훈련이다. 이 개념을 최초로 구별한 학자는 베커(G. Becker)이다. 다음을 참조하라. Gary S. Becker, *Human Capital: A Theoretical and Empirical Analysis with Special Reference to Education*, Columbia University Press, 1964.

노동문제의 경우 특히 노동조합이란 집단의 목소리가 필요한 또 다른 이유가 있다. 첫째는 노조가 단체교섭을 통하여 확보하는 대부분의 것들은 그 성격이 공공재(public goods)적인 것이 많다는 점이다. 산업안전관련제도, 고충 및 불만처리제도, 퇴직금제도, 교육훈련제도, 승진·승급 및 배치전환 등이 모두 공공재적인 것들이다. 따라서 이들의 생산을 시장의 메커니즘에만 남겨 두면, 환언하면 근로자 개개인의 개별교섭(個別交涉)에만 맡겨 두면 사회적으로 적정한 수준 이하에서 이들 공공재가 공급되는 경향을 가진다. 왜냐하면 모든 공공재 생산의 경우에서와 같이 이 경우에도 무임승차자(free rider)의 문제가 발생하기 때문이다. 따라서 개별교섭이 아니라 노조를 통한 단체교섭이 가능할 때 이들 공공재의 적정공급이 비로소 가능해진다.

둘째는 노조의 지원이 없이 개별교섭을 하게 되면 근로자들은 해고나 불이익처분의 위험 때문에 자신들의 진정한 선호를 표출하지 못하게 된다. 물론 노동시장의 상황이 극심한 노동부족의 경우에는 그렇지 않으나, 일반적인 경우 개별교섭에서의 노동자의 입장은 사용자에 비해 약할 수밖에 없다. 노동자들의 진정한 선호의 표출을 위하여 집단목소리로서 노조의 역할이 필요하게 된다.

지금까지 노동조합이 가지고 있는 두 가지 얼굴 내지 측면에 대하여 살펴보았다. 이들 두 가지 측면 중 어느 측면을 보다 강조하느냐에 따라서 노동조합에 대한 부정적 시각과 긍정적 시각이 갈리게 된다. 노동조합의 활동과 역할에 대하여 부정적인 평가를 하는 사람들은 노조의 독점체로서의 기능을 강조하고, 긍정적인 평가를 하는 사람들은 집단목소리로서의 노조의 기능을 강조한다. 이들 견해의 대립을 정리해 보도록 하자.

우선 경제전반의 효율의 문제에 대한 이들의 견해대립을 보자. 독점체로서의 노조의 기능을 강조하는 입장에서 보면, 노조는 경제의 효율을 저해하는 조직이다. 그 결과 노조의 활동은 국민총생산을 감소시킨다. 그 과정을 보면 첫째, 노조가 경쟁시장수준 이상으로 임금을 높임으로써 고용을 감소시키고, 기업으로 하여금 보다 자본집약적(資本集約的)인 생산방법을 사용토록 유도한다. 또한 실제 필요한 수준 이상으로 양질의 노동력을 보유토록 한다.13) 둘째, 기업에 압력을 가하

13) 왜 노조가 조직되어 있는 기업이 비노조기업보다 양질의 노동력을 보유하는가?

기 위한 단체행동인 스트라이크는 작업중단을 의미하므로 그만큼 생산에 차질을 가져온다. 셋째, 노조가 요구하는 취업규칙과 각종의 작업규칙 등은 그 경직성으로 말미암아 노동과 자본의 생산성을 낮춘다.

반면에 집단목소리로서의 기능을 강조하는 입장에서 보면 노조는 생산성을 높이고 경제효율을 제고하는 조직이다. 한마디로 국민총생산의 증대에 기여하는 조직이다. 그 과정을 보면 첫째, 작업장에서의 의사발표와 불만토로의 기회가 확보됨으로써 이직(離職)의 가능성을 줄인다. 이직이 줄어들게 되면 신규노동력의 채용과 훈련비용이 줄어들고 잦은 이직으로 인한 작업중단비용도 줄어든다. 또한 장기고용이 보장됨으로써 노사 모두에게 생산성 향상을 위한 교육훈련투자를 할 유인을 증대시킨다.[14]

둘째, 노동조합은 장기근속자의 목소리를 상대적으로 높인다. 그래서 승진이나 임금수준 등이 근속과 연계되는 경향을 가진다. 이러한 상황에서는 장기근속자는 안심하고 신참자를 위해 여러 가지 기술과 기능습득의 기회를 제공하고 필요한 도움을 주려 노력한다. 그만큼 생산성은 향상된다.[15]

셋째, 노조의 존재와 활동 자체가 경영에 주는 충격효과(shock effect)가 있을 수 있다. 경영자로 하여금 보다 효율적이고 투명하며 공정한 경영을 하도록 압력을 가함으로써 그만큼 경영의 방만과 낭비, 비효율과 불공정을 줄일 수 있다.

---

14) 고용의 장기성이 보장되지 않으면 기업의 입장에서도 근로자의 기술과 기능습득을 위한 투자에 소극적이게 된다. 왜냐하면 기술과 기능 습득 후 타 직장으로의 이동은 그 동안의 교육훈련 투자의 손실을 결과하기 때문이다. 같은 이유로 근로자의 입장에서도 고용의 장기성이 보장되지 않으면 교육훈련에 열심히 참여할 유인이 없게 된다. 물론 교육훈련 중 일반훈련(general training)은 타직장에서도 활용가능하므로 교육을 받을 유인이 있다고 볼 수 있다. 그러나, 특수훈련(specific training)은 당해 직장에서만 의미가 있으므로 고용이 장기적이지 않으면 그러한 훈련교육에 열심히 참여할 유인은 없다.

15) 엄밀하게 이야기하면 승진과 임금수준을 근속(勤續)과 연계시키는 일이 생산성 향상에 역행하는 경우도 발생할 수 있다. 근속보다는 개개인의 작업성과에 연계시키는 방법이 보다 생산성 제고에 기여할 수도 있다. 그러나 후자의 경우는 종업원들 간에 경쟁을 유발하여 서로가 자신들이 보유하고 있는 기능이나 기술을 남에게 특히 신참자들에게 알려주지 않으려는 경향이 나타난다. 이러한 경향은 분명 기업 전체의 생산성 향상에 지장을 준다. 이론적으로는 여러 가능성이 존재하나 현실적으로 어느 가능성이 보다 중요한가는 실증분석의 문제이다.

넷째, 집단 목소리로서의 노조는 노사 간에 의사소통을 원활하게 한다. 서로의 생각과 감정의 흐름을 촉진한다. 그러면 동일한 노동비용하에서도 노동자들을 보다 많이 만족시킬 수 있는, 그리하여 보다 생산성을 높일 수 있는 경영방법, 작업방법들이 등장한다. 그리고 정보교환과 의사소통의 원활화는 노사 쌍방에 불필요한 오해와 불신을 줄이기 때문에 그만큼 조직의 분위기를 생산적이고 활기차게 만든다.

다음은 소득분배 문제에 대한 이들의 견해대립을 보도록 하자. 우선 독점체로서 노조를 보는 입장에서는 노조는 소득분배를 악화시킨다고 본다. 노조는 노조가 조직되어 있는 산업이나 기업의 임금을 올림으로써 그 기업과 산업의 고용을 축소시키기 때문에 여기서 나온 노동력이 비조직기업이나 산업부문에서 취업을 하게 된다. 그 결과는 비조직부문의 임금수준의 하락이다. 결국 노조의 활동은 조직부문의 임금을 높일 뿐 아니라 비조직부문의 임금의 하락을 결과하므로 노조는 소득분배의 불평등도를 높이는 데 기여하게 된다.

반면에 노조를 집단목소리로 보는 입장에서는 역으로 노조의 활동이 소득분배의 개선에 기여한다고 주장한다. 본래 노조는 정치적 조직이기 때문에 다수의 의견이 노조를 지배하게 된다. 그런데 주지하듯이 근로자들의 다수는 평균임금 이하를 받고 있다.[16]

따라서 당연히 이들의 이해가 노조의 임금정책에 보다 많이 반영되고, 그 결과 동일 기업이나 산업 내의 임금격차는 축소된다. 환언하면 고임금소득자의 이해보다는 저임금소득자의 이해가 보다 많이 노조의 임금정책에 반영되기 때문에 임금격차가 줄어든다는 이야기이다. 동시에 남녀 간 임금격차를 줄이는 데 기여하는 동일노동 동일임금(同一勞動 同一賃金)의 원칙 등 오래된 노조의 임금정책의 전통도 임금격차의 축소에, 그리하여 소득분배의 개선에 기여하게 된다.[17]

---

16) 왜 근로자들의 다수는 평균임금수준 이하의 임금을 받고 있다고 보는가? 이는 임금의 분포가 정상분포(normal distribution)가 아니라 대수정상분포(log normal distribution)이기 때문이다. 임금이 대수정상분포를 한다는 것은 하나의 경험법칙(經驗法則)이다.

17) 여기서는 노동소득과 자본소득 간의 소득분배문제는 다루지 않았다. 독점체로서 노조를 보는 입장에서 이야기하면 노조는 분명 노동소득의 몫을 높이는 데 기여한다고 볼 것이다. 그러나 집단목소리로 노조를 이해하는 입장에서 보면 노조는 "파이의 크기" 자체를

다음은 사회조직으로서의 노조에 대한 이들의 견해대립을 보도록 하자. 노조를 독점체로 보는 입장에서는 노조를 비조직근로자들이 조직부문에 취업하는 자유를 제한하는 존재로서 비교적 부패하고 내부적으로 비민주적인 조직으로 본다. 또한 자신들의 독점력을 강화하기 위해 각종의 특별입법을 로비하는 특별이익집단으로 본다. 특히 소속 기업이나 산업의 생산물시장에서의 독과점적 지위의 확대를 위해 소속 기업이나 산업의 사용자와 함께 정부와 국회에 로비하는 사익추구집단(私益追求集團)으로 본다.[18)]

이러한 부정적 견해에 대하여 집단목소리로 노조를 보는 입장에서는 노조를 다수결의 원칙에 따라 운영되는 대단히 민주적인 조직으로 볼 뿐 아니라, 오늘날의 정치적 민주주의의 성장을 위해서도 필요불가결한 사회제도로서 이해한다. 특히 노동하는 국민들 대부분의 이해를 대변하는 정치적 조직으로서의 노조의 의미를 높이 평가한다. 따라서 단순한 사익추구집단이 아니라 공익실현조직(公益實現組織)으로 노동조합을 평가한다.

이상에서 두 가지 견해의 대립을 보았다. 그러나 위의 두 가지 견해는 상호배타적인 것은 아니다. 어느 나라 어느 시대 노동조합에도 이 두 가지 경향 내지 측면이 공존한다고 보는 것이 옳다.[19)] 독점체로서의 측면이 강하게 부각되는 사회에서는 노조는 순기능보다 역기능이 많다고 보아야 할 것이고, 집단목소리의 측면이 보다 강하게 나타나는 사회에서의 노조는 순기능이 역기능보다 크다고 보아야 할 것이다.

키우는 데도 기여하기 때문에 최종적으로 노동과 자본의 몫의 변화에 어떠한 영향을 미칠 것인가에 대해서는 유보적 입장을 취할 것이다.

18) 소속기업이 독과점이윤을 누릴수록 노조의 독점력이 보다 유효하게 행사될 수 있기 때문이다. 즉 고용의 큰 감소 없이 높은 임금인상을 획득할 수 있기 때문이다. 따라서 특히 대기업 독과점기업의 노조는 고임금의 유지를 위하여 생산물시장의 독과점구조에 안주할 유혹을 받는다.

19) 노조가 가지고 있는 양면성 중 어느 쪽 측면이 보다 강하게 부각되는가는 장소와 시대에 따라 달라진다. 프리맨(R. Freeman)과 메도프(J. Medoff)는 앞에서 소개한 책에서 미국의 경우에는 노조의 양면성 중 어느 측면이 보다 강하게 기능하여 왔는지를 실증분석하고 그 결과를 보이고 있다. 자세한 것은 Richard B. Freeman and James L. Medoff, What do unions do?, Basic Books (1984)을 참조하라.

따라서 국가정책의 입장에서 보면 어떻게 하면 독점체로서의 노조의 기능을 약화시키고 집단목소리로서의 노조의 기능을 강화시킬 것인가가 문제된다. 독점체로서의 기능 내지 측면을 약화시키기 위해서는 두 가지 방법을 생각할 수 있을 것이다. 하나는 독점노조는 독점기업과 결합할 때 보다 유효하게 독점력을 발휘하므로 생산물시장의 독과점구조를 축소시키는 일이다. 그러면 그것이 그대로 노조의 독점력 행사에 제약을 가하는 것이 된다. 따라서 독과점구조의 축소를 위한 정책수단인 독점규제행정의 강화 또는 경제의 개방화를 통한 해외경쟁의 도입 등이 그대로 노조의 독점력 행사를 제어하는 정책방향이 될 것이다. 독점체로서의 노조의 기능을 약화시키는 또 다른 하나의 방법은 노조부문과 비노조부문의 공존을 허용하는 것이다. 노조부문과 비노조부문과의 경쟁을 유도함으로써 노조의 무리한 독점력의 행사에 한계를 지우는 방법이다.

집단목소리로서의 노조의 순기능을 극대화하기 위해서는 노조의 단체교섭기능뿐만 아니라 노조의 경영협의기능 내지 경영참가기능이 강화되어야 한다. 이를 위해서는 노사 양쪽의 노사관계를 보는 기본시각이 바뀌어야 한다. 상호대립적인 시각보다는 상대를 파트너로서 받아들여 공존공영을 함께 모색해 나가는 방향으로 생각과 자세가 바뀌어야 한다. 그리고 이를 위해서는 의사소통과 정보교류의 확대를 통하여 노사 간 상호신뢰를 구축해 가는 것이 우선 중요하다.

제 3 절
내부노동시장(內部勞動市場)과 노동조합

앞에서 본 "카르텔 내지 독점체"로서의 노동조합관은 노동조합을 국민 총생산의 축소와 비효율을 결과하는 조직, 파이의 증대에는 기여하지 않고 오직 파이의 분배에만 관련하는 조직으로 이해하고 있다. 따라서 이러한 관점에서 보면 노동법 내지 노동조합법은 소득분배에 관한 법이 된다. 그런데 분배의 개선을 위해서는 오히려 세법(稅法)이나 사회보장법이 보다 효과적이 아니냐는 반론이 나올 수 있다.

이에 반하여 "집단목소리의 제도화"로서 노동조합을 보는 입장에서는 노동조합은 단순히 소득분배에만 관련하는 제도가 아니라 파이의 증대, 국민총생산의 증대에 직접 기여하는 조직으로 나타난다. 분배의 조직이라기보다는 효율을 위한 조직의 측면을 보다 중요시한다. 여기서 비로소 노동조합은 효율과 생산을 위한 제도라는 시각이 등장하게 된다.

노동조합이 효율과 생산을 위한 제도라는 주장, 아니 효율과 생산을 위해 필수불가결한 제도라는 주장은 소위 내부노동시장론(內部勞動市場論)과 관련하여 나타나기도 한다.[20] 이들은 노동법을 내부노동시장(internal labor market)의 효율성 제고를 위한 법제도라고 보고 노조의 단체교섭제도도 내부노동시장의 효율성 제고를 위한 제도적 장치로서 이해한다. 환언하면 내부노동시장의 시장실패(market failure)를 막기 위해 필요한 법과 제도가 노동법과 노동조합이란 주장이다.

종래의 노동법학자들이 경제의 효율에 대하여 비교적 관심을 덜 가졌던 것은 그들이 주로 외부노동시장(外部勞動市場)에만 신경을 썼기 때문이라고 본다. 주지하듯이 외부노동시장(external labor market)은 수요와 공급에 의해 고용량과 임금이 결정되고 취업과 이직이 수시로 일어나고 고용량과 임금의 변화도 심한 노동시장이다. 일반 경쟁적 생산물시장과 크게 다르지 않은 시장이다. 이러한 외부노동시장만을 전제로 할 때 노동법은 경제의 효율을 제고하는 제도가 되기 어렵다.[21] 오히려 경제의 효율을 저해하는 기능을 하는 제도로서 이해되기 쉽다. 따라서 그동안 노동법학자들은 소득분배의 개선이라든가 기타 비경제적 이유에서

---

20) 이러한 주장을 하는 대표적인 논문으로는 다음을 참고하라. Michael L. Wacher and George M. Cohen, "The Law and Economics of Collective Bargaining: An Introduction and Application to The Problems of Subcontracting, Partial Closure and Relocation", 136 *University of Pennsylvania Law Review* 1349 (May 1988); Michael L. Wacher and Randall D. Wright, "The Economics of Internal Labor Markets", 29 *Industrial Relations* 240 (Spring 1990).

21) 외부노동시장은 일반기술(general skill)을 가진 노동자와 그 일반기술을 구하는 사용자가 서로 만나고 서로 헤어지는 장이다. 일반적으로 경쟁적 성격이 강하며 시장의 지역적 규모도 큰 편이다. 미숙련노동이나 일용(日傭)노동시장을 생각하면 크게 틀리지 않는다. 이런 노동시장은 고용기간도 짧고 임금의 등락도 수요와 공급상황의 변화에 따라 심한 편이다. 이러한 성격의 노동시장을 전제할 때 노동법, 즉 정보의 노동시장에의 법적 개입은 당연히 경쟁적 시장의 효율을 해하는 것으로 이해되기 쉽다.

노동법의 의의나 목적을 찾으려고 하였다.

그러나 실제로 현실의 노동시장의 대부분은 내부화되어 있다. 즉 내부노동시장이 지배적인 노동시장의 형태이고 그 비중이 증가해 오고 있다. 우선 내부노동시장은 외부노동시장과는 달리 장기고용(long-term employment relations)을 특징으로 하고 소위 입직점(入職點, ports of entry)이 제한되어 있으며, 기업의 내부승진을 통한 직무개발(職務開發)의 길이 열려 있다. 오늘날 기술 및 기능직과 사무직 그리고 거의 모든 전문직과 행정관리직에는 이 내부노동시장이 개발되어 있다.

이러한 내부노동시장은 실은 생산 및 경영기술조건의 변화와 노동자들의 선호의 변화로 인해 등장하기 시작한 것이다. 노동자들도 보다 안정된 직장에서 긴 안목을 가지고 자기능력을 개발하고자 하고, 동시에 기업의 입장에서도 기업 특유의 기술조건과 직장분위기에 익숙한 안정된 노동력을 장기적으로 확보하는 것이 보다 생산적이고 비용절약적인 것으로 이해하게 되었다. 결국 노동자의 이익과 기업의 이익의 합, 즉 공동이익(joint benefit)을 극대화하기 위해서 내부노동시장이 등장했다고 볼 수 있다. 그리고 이 내부노동시장 등장의 결정적인 계기는 생산물시장의 경쟁에서 소위 기업특유의 기술과 훈련(firm-specific skill and training)의 중요성이 커지게 된 데 있다. 단순한 일반기술과 훈련만 가지고는 더 이상 경쟁에서의 우위확보가 어렵고, 특유의 기술과 기능이 시장경쟁에서의 성패를 가름하게 되면서 내부노동시장의 중요성이 증대하기 시작했다.

그러나 노사 모두에게 이익이 되는 내부노동시장의 개발, 즉 기업 특유의 기술과 훈련에 투자하는 데에는 하나의 근본적인 어려움이 있다. 즉 사전적으로는 모두에게 이익이 되나 사후적으로는 서로가 서로에게 얽매여서 서로의 포로(lock-in effect)가 되는 경향이 발생한다. 따라서 이러한 상태에서 서로가 상호신뢰에 기초하여 행동하지 않으면 일방이 부당하게 큰 손해를 보고 상대는 크게 이익을 보게 되는 결과가 나올 수 있다.

예컨대 기업이 기업 특유의 기술훈련투자를 노동자들에게 해 놓았는데 투자에 대한 수익을 거두기 전에 노동자들이 갑자기 기업을 떠나는 경우 또는 반대로 그 기업에서만 의미를 가지는 기술 내지 기능을 열심히 배워 놓았는데 어느 날 갑자기 해고를 당하는 경우 등이 그 예이다.

이러한 뜻밖의 이직 내지 해고로 인해 발생할 수 있는 불이익의 문제를 줄이기 위한 방법의 하나로 기업 특유의 기술훈련투자의 비용을 노사가 함께 부담하게 하는 방법을 생각할 수 있다.[22] 투자비용을 함께 부담하게 함으로써 노사가 각각 자기투자분에 대한 장래의 투자수익을 향유하기 위해서 서로가 장기고용관계의 유지에 노력하게 된다는 것이다. 그렇게 하여 내부노동시장의 개발을 유도하자는 것이다. 그 구체적 방법은 기업의 임금정책을 통하여 할 수 있는데 그 내용을 개략적으로 보면 다음과 같다. 즉 기업의 임금정책을 〈그림 7-8〉에서와 같이하는 것이다.

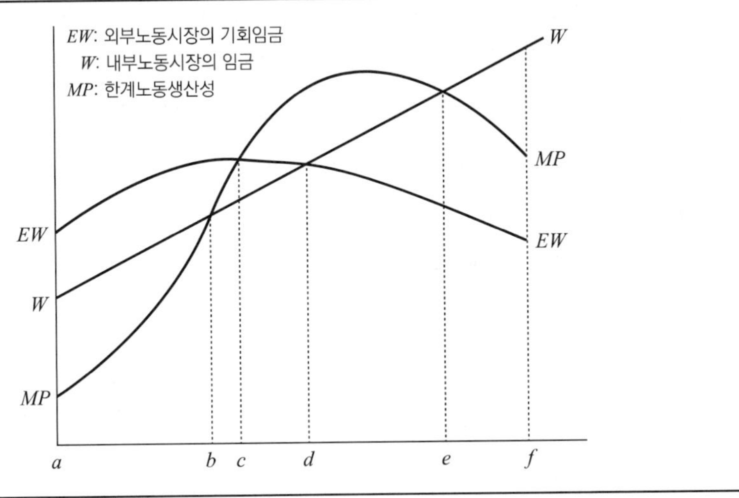

그림 7-8 내부노동시장의 임금·생산성 곡선

우선 입직 초기(入職 初期)에는 노동자는 자신이 받는 임금을 자신이 다른 기업에서 받을 수 있는 기회임금수준(opportunity wage)보다 낮게 받음으로써 기업 특유의 기술훈련투자비용의 일부를 부담한다. 이 노동자들이 투자비용의 일부를 부담하는 것이 〈그림 7-8〉에서는 고용관계성립의 전반부인 *ad*기간에는 *EW*(외부노동시장에서 받을 수 있는 임금수준)보다 *W*(현 직장에서의 임금수준)가 낮은 것으로

22) 이 점을 최초로 주장한 학자는 베커(G. Becker)이다. 그는 실제로 많은 기업들이 이와 같은 노력을 하고 있다고 주장하고 있다. Gary Becker, *Human Capital: A Theoretical and Empirical Analysis with Special Reference to Education*, Columbia University Press, 1964.

나타난다. 즉 자신이 다른 기업에서 받을 수 있는 임금수준보다 낮은 임금수준을 감수하는 형태로 노동자들은 기술훈련에 참가하고 그 비용의 일부를 부담하는 셈이다. 따라서 〈그림 7−8〉에서 *ad*기간 중 *EW*곡선과 *W*곡선 사이의 간격을 나타내는 삼각형이 곧 노동자들이 부담하는 기술훈련투자비용부분이 된다.

동시에 기업도 기술훈련투자비용의 일부를 부담한다. 부담의 방식은 기술훈련투자를 받는 동안 노동생산성의 하락을 감수하며, 임금수준을 하향조정(下向調整)하지 않는다는 것이다.[23] 〈그림 7−8〉에서 *ab*기간 동안 *W*가 *MP*(노동자의 한계노동생산성)보다 높은 것으로 나타난다. 이는 훈련기간 동안에는 불가피하게 노동생산성의 하락이 발생하는데 이러한 노동생산성의 하락을 임금에 반영하지 않고 임금을 노동생산성수준 이상으로 지불함으로써 기업도 훈련비용의 일부를 부담함을 나타내고 있다. 따라서 〈그림 7−8〉에서 *ab*기간 중 *W*곡선과 *MP*곡선 사이의 간격을 나타내는 삼각형이 곧 기업이 부담하는 기술훈련투자비용 부분이 된다.

이렇게 노사가 함께 훈련투자비용을 분담하면 각각에게는 어떠한 투자수익이 보장되는가? 노동자의 경우는 *d*의 시점이 지난 후 *EW*, 즉 외부노동시장에서 자신이 받을 수 있는 기회임금수준보다 높은 *W*, 즉 내부노동시장인 현 직장에서 자신이 받는 임금수준을 받음으로써 훈련투자의 수익을 향유하게 된다. 노동자들이 부담하는 투자비용은 *ad*기간 중의 *EW*와 *W* 사이의 삼각형이고 노동자들이 향유하는 투자이익은 *df*기간 중의 *EW*와 *W* 사이의 삼각형이다. 적어도 후자의 현재가치(present value)의 크기가 전자의 현재가치의 크기보다 크거나 같아야 노동자들은 기술훈련투자에 참여하게 되고 내부노동시장도 발전하게 된다.[24] 그런데 대부분의 산업이나 기업의 경우 투자이익의 현재가치가 투자비용의 현재가치

---

23) 기술훈련투자는 공식적인 훈련프로그램보다는 비공식적인 형태로 직장의 선배나 동료가 후배를 가르쳐 주는 형식을 많이 취한다. 또한 작업장에서의 실제 작업과정에 참여하여 배우는 소위 learning by doing의 형식이 지배적이나 그 어느 경우이든 기술훈련을 받고 있는 노동자뿐 아니라 그에게 가르쳐 주는 노동자의 노동생산성도 훈련기간 동안에는 떨어지게 마련이다.

24) 여기서 각각의 삼각형의 현재가치를 내기 위한 할인율(discount rate)로서는 노동자들의 현재소비선호도(現在消費選好度), 즉 노동자들의 장래소비와 현재소비의 교환비율을 사용하면 될 것이다. 물론 자본시장이 완전하게 발달되어 있으면 이 비율은 그대로 시장이자율과 일치할 것이다.

보다 크기 때문에 내부노동시장은 발전하게 된다.

반면에 기업은 *b*의 시점이 지난 후 *be* 사이의 기간 동안에 *MP*, 즉 노동생산성이 *W*, 즉 임금수준보다 높아지기 때문에 투자수익을 향유할 수 있다. *be*기간 동안 *MP*가 *W*보다 높기 때문에 얻을 수 있는 이익(훈련투자이익)의 현재가치가 적어도 *ab*기간 동안 *W*가 *MP*보다 높아 부담했던 비용(훈련투자비용)의 현재가치와 *ef*기간 동안 *W*가 *MP*보다 높아 부담하게 되는 비용(노령화비용)의 현재가치의 합보다 크거나 같아야 기업은 기술훈련투자에 참여하게 된다.[25] 그런데 대부분의 산업이나 기업의 경우 전자가 후자들의 합보다 크기 때문에 내부노동시장이 발전한다.

만일 노사가 위와 같은 합리적 임금정책을 시행하기로 서로 합의한다면 내부노동시장은 비교적 쉽게 성립할 수 있을 것으로 보인다. 왜냐하면 위와 같은 임금정책은 노사 모두에게 이익이 되기 때문이다. 그러나 실제 내부노동시장의 성립의 문제는 그렇게 간단하지 않다. 그 주된 이유는 노사간의 정보(情報)의 비대칭성(非對稱性, asymmetric information)이 존재한다는 사실과 노사가 자신들이 비교우위를 가지고 있는 정보를 자신들의 이익을 위해 전략적(strategic behavior)으로, 기회주의적(opportunistic behavior)으로 사용할 수 있는 가능성이 남아 있기 때문이다.

노동자는 자신이 일한 노동의 정도, 일에 쏟은 정성과 열의의 정도에 대하여 사용자보다 정확한 정보를 가지고 있다. 반면에 기업은 자신들이 생산한 상품에 대한 시장수요의 변화와 자본과 노동의 기술적 대체가능성에 대하여 노동자보다

---

25) 〈그림 7-8〉에서 *MP*곡선을 우상향 볼록형으로 그린 것은 다음과 같은 이유이다. 고용초기에는 아직 경험도 짧고 기업 특유의 기술훈련을 받기 위한 활동 등으로 노동생산성이 낮을 것으로 보았고, 고용중기에는 경험의 축적과 기술훈련의 결과로 높은 노동생산성이 시현될 것으로 보았다. 그러나 고용의 후기에 들면 고령화로 인한 인적 자본의 마손과 더불어 젊어서 배웠던 기술도 상대적으로 낙후되어 노동생산성이 떨어질 것으로 보았다. 그러나 내부노동시장에서는 정기승급승진제(定期昇給昇進制), 연공서열적 임금제(年功序列的 賃金制) 등으로 인해 고용의 후기가 되어도 임금이 생산성하락경향과 무관하게 하락하지 않고 지속적 상승의 경향을 가지는 것이 일반적이다. 그러므로 고용의 후기에는 임금수준이 일반적으로 노동생산성수준을 상회하게 된다(고령화비용). 따라서 기업의 입장에서 보면 고용의 중기에 나타나는 임금수준을 넘는 생산성수준으로 인해 얻는 기술훈련 투자이익의 크기가 고용 초기에 부담했던 기술훈련 투자비용뿐 아니라 고용후기에 나타나는 고령화비용까지 합한 것보다 커야 한다.

정확한 정보를 가지고 있다. 실제로 얼마나 열심히 일을 했는지에 대하여는 노동자 스스로가 보다 잘 알고 있고, 기업경영이 실제로 어려운지 아니면 사업이 잘되고 있는지는 기업 쪽이 보다 잘 알고 있다는 이야기이다. 이와 같이 정보의 비대칭성이 존재하면 노사공동이익(勞使共同利益)의 극대화를 위하여 서로 비교우위가 있는 분야에 정보수집을 특화하도록 하고, 그렇게 얻은 정보를 서로 공유하며, 전체를 위해 사용하도록 하는 것이 바람직하다. 그러나 문제는 비교우위가 있는 분야에 대하여 수집한 정보를 노사 각자가 자신들의 이익의 극대화를 위하여서만 사용하지 않는다는 보장, 환언하면 전략적 행위(戰略的 行爲)를 하지 않는다는 보장이 없다는 데 있다.26)

예컨대 노동자들은 자신들이 일에 쏟은 정성과 노력의 정도를 과대보고할 유인이 있다. 역으로 이야기하면 기업측에 알려지지 않는다면 맡은 일에 자신의 능력과 성의를 다 발휘하지 않으려고 할 것이다. 소위 눈속임(shirking)의 문제가 발생한다. 이 눈속임이란 형태의 전략적 행위가 일어나면 이는 〈그림 7-8〉에서 *MP*, 즉 노동생산성곡선 전체를 *X*축의 방향, 즉 아래 방향으로 평행이동시키게 된다. 이러한 노동자들의 전략적 행위로 인하여 기업이 특히 큰 피해를 볼 수 있는 기간은 기술훈련투자의 이익을 기업이 향유하는 *be*기간이 된다.

반면에 기업 측에서도 정보의 비대칭성을 이용하여 전략적으로 행위할 수 있다. 즉 기업의 경우는 생산물시장의 시장수요에 대한 보다 정확한 정보를 가지고 있으므로 생산물시장의 수요감퇴와 그로 인한 기업경영의 어려움을 이유로 임금의 하향조정이나 노동자에 대한 일부해고가 불가피함을 주장할 수 있다. 환언하면 실제는 그렇지 않지만 기업은 자신들의 정보수집상의 우위를 이용하여 *MP*

---

26) 여기서 비교우위가 있는 분야란 결국 정보수집비용이 상대적으로 적게 드는 분야를 말한다. 즉 노동의 투하량이나 강도에 대한 정보는 노동자에게, 그리고 기업의 영업실적이나 전망에 대한 정보는 경영자에게 그 정보의 수집을 특화시킴을 의미한다. 그리고 여기서 전략적 행위란 자신이 모은 정보를 전체의 공동이익을 위해서가 아니라 개인의 이익 극대화를 위하여 사용하는 행위를 말한다. 여기서는 소위 기회주의적 행위와 같은 개념으로 사용하고 있다. 기회주의(opportunism)에 대한 보다 상세한 설명은 다음을 참조하라. Oliver E. Williamson, *Markets and Hierarchies: Analysis and Antitrust Implications*, The Free Press, 1975. 여기서 윌리엄슨은 조직실패(organizational failure)의 주요 원인의 하나로 이 개념을 사용하고 있다.

곡선이 하향이동했다고 주장할 수 있다. 뿐만 아니라 생산과정에서의 자본과 노동의 기술적 대체성에 대하여서도 기업 측이 보다 많은 정보를 가지고 있기 때문에 해고여부뿐만 아니라 해고의 크기를 결정하는 데도 기업 측 주장이 보다 영향력을 가질 수밖에 없다. 그런데 기업은 이 영향력도 전략적으로 사용할 수 있다. 실제로는 수요감퇴가 미미한데 이를 과장할 수 있고, 실제는 기업경영이 어렵지 않은데 이를 어렵다고 보고할 수 있으며, 실제 필요한 해고보다도 많은 건수의 해고의 불가피성을 주장할 수 있다. 이러한 기업의 전략적 행위로 인해 노동자가 받을 피해가 특히 크게 예상되는 기간은 〈그림 7-8〉에서 *ef*기간이다. 이 기간은 기업입장에서는 자신들의 기술훈련투자분에 대한 투자이익의 회수가 끝난 기간이기 때문에 더 이상의 고용관계의 지속이 불필요한 기간이다. 이때는 *MP*보다 *W*가 높은 기간이므로 고용관계의 단절이 기업에 오히려 이익이 될 수 있는 때이다. 물론 반드시 고용관계의 단절이라는 형태로서가 아니더라도 임금의 인하요구라는 형태로도 기업의 전략적 행위가 나타날 수 있다.[27]

이와 같이 노사 모두가 전략적으로 행위하면 노사 모두에게 공동이익이 되는 내부노동시장의 성립은 불가능해진다. 따라서 노사의 전략적 행위의 가능성을 줄이기 위해 노사 간 자발적인 각종 계약적 노력(contractual effort)이 등장하게 된다.[28] 그런데 문제는 노동자의 전략적 행위를 줄이는 것보다 기업측의 전략적 행위를

---

27) 다른 조건이 같다면 전략적 행위로 인해 기업이 얻을 수 있는 이익의 크기는 연령-임금곡선(年齢-賃金曲線)의 기울기가 가파를수록, 즉 *W* 다른 조건이 같다면 전략적 행위로 인해 기업이 얻을 수 있는 이익의 크기는 연령-임금곡선(年齢-賃金曲線)의 기울기가 가파를수록, 즉 *W*의 기울기가 가파를수록 크고, 반면에 전략적 행위로 인해 노동자가 얻을 수 있는 이익의 크기는 연령-한계생산곡선(年齢-限界生産曲線)의 기울기, 즉 *MP*의 기울기가 가파를수록 크다고 볼 수 있다 기울기가 가파를수록 크고, 반면에 전략적 행위로 인해 노동자가 얻을 수 있는 이익의 크기는 연령-한계생산곡선(年齢-限界生産曲線)의 기울기, 즉 *MP*의 기울기가 가파를수록 크다고 볼 수 있다.

28) 양 당사자 모두에게 이익이 된다면 당사자들은 어떤 형태로든 서로의 이익실현을 위해 합리적인 계약내용을 찾아 낸다고 본다. 다만 예컨대 계약이행을 위한 감시비용(monitoring cost)이 너무 큰 경우에는 비록 합리적 내용의 계약이 이론적으로 존재할 수 있어도 현실적으로 당사자들 사이의 그러한 내용의 계약체결은 어렵게 된다. 이러한 때 정부가 각종 법제도를 통하여 감시비용을 줄여 준다면 당사자 간에는 서로 이익이 되는 합리적 내용의 계약이 성립할 수 있다.

줄이는 것이 훨씬 어렵다는 데 있다. 여기서 기업 측의 전략적 행위를 줄이기 위한 법제도적 장치로서 노동조합의 필요성이 등장한다. 여기서 내부노동시장의 시장실패를 막고 그의 성립을 담보하는 법제로서 노동법의 존재의의가 등장한다.

노동자의 전략적 행위를 줄이는 방법의 하나로 생각할 수 있는 것은 임금수준을 생산량 혹은 성과(output)와 연계시키는 방법이다. 노동자의 노력의 수준(input)은 직접 관찰하고 측정하기가 어렵기 때문에 비교적 관찰하고 측정하기 쉬운 생산량이나 성과와 임금을 연계시킨다. 이 방법은 물론 완전한 방법은 아니다. 왜냐하면 생산량이나 성과는 노동자의 노력의 정도 이외에도 여타 요인 특히 노동자가 직접 통제할 수 없는 요인들(예컨대 거시경제상의 변동 등)에 의해서도 영향을 받기 때문이다. 그러나 비록 불완전하지만 노동의 생산량 혹은 성과와 임금을 연계시킴으로써 노동자들의 전략적 행위를 어느 정도는 제한할 수 있다.29)

또 다른 하나의 방법은 노동자들에게 전략적 행위를 하지 않겠다는 담보(擔保, bond)를 요구하는 것이다. 그리고 다음과 같은 관계가 성립하도록 노력하는 것이다. 예컨대 S를 눈속임으로, 즉 전략적 행위를 통하여 노동자가 얻을 수 있는 이익이라고 하고, P를 눈속임이 발각되어 처벌을 받을 확률이라고 하자. 그리고 B를 노동자가 제공한 담보물의 가치라고 하자. 이러한 때 기업은 $PB>S$의 관계가 성립하도록 노력함으로써 노동자의 전략적 행위를 축소시켜 나갈 수 있다. 즉 전략적 행위를 하면 B를 잃어 손해를 보게 함으로써 전략적 행위 자체가 노동자들에게 불이익을 주도록 하자는 것이다. 그런데 현실적으로 노동자들에게 담보제공을 요구하는 것은 무리이다. 따라서 노동자의 담보는 내부노동시장에서 장기고용과 관련된 각종의 이익, 예컨대 고위직으로의 승진기회 혹은 퇴직금, 기업연금 등과 같은 후불적 성격(後拂的 性格)의 보상금의 형태를 취하게 된다. 결국 만일 전략적 행위가 발견이 되면 승진기회라든가 퇴직금, 기업연금 등의 혜택을 잃게 함으로써 전략적 행위를 막자는 것이 된다. 구체적 방법은 P와 B의 크기를 크게

29) 노동자들이 소위 위험기피자(risk-averse)들이라면 생산량이나 성과의 변화에 따른 임금의 격심한 변동에 반대할 것이다. 동시에 자신들이 통제할 수 없는 요인들(예컨대 거시경제적 요인)에 의해 생산량과 성과가 변화한 경우에는 임금변동이 불공정하다고 생각할 것이다. 이상의 두 가지 요인 때문에 임금을 생산량이나 성과와 직접 연계시키는 데는 한계가 있다.

함으로써 가능할 것이다. 이상과 같은 방법들이 모두 완벽한 것은 아니나 이러한 방법들을 통하여 노동자들의 전략적 행위의 가능성을 크게 줄일 수 있다. 그리고 이러한 방법들에 대하여는 노동자들도 자발적으로 합의할 것이다.[30]

그런데 문제는 기업 측의 전략적 행위를 감시하고 감독하는 데는 마땅한 방법이 없다는 것이다. 물론 기업이 전략적 행위를 무제한 함부로 하지는 않으리라고 본다. 왜냐하면 모든 경제행위에 있어 신뢰와 명성은 일종의 자본이라는 소위 명성(名聲) 메커니즘(reputation mechanism)이 존재하고 있기 때문이다. 노동자들에 대한 전략적 행위를 하는 기업은 머지않아 소문이 나고 그 기업의 명성이 떨어지고 좋은 노동력들이 몰리지 않아 결국은 높은 임금을 주지 않고는 좋은 노동력을 구할 수 없게 된다. 특히 거래관계가 일회적이 아니고 지속적이고 반복적일 때 신뢰와 명성의 유지는 대단히 중요하다.[31] 따라서 기업이 할 수 있는 전략적 행위에도 일정한 보이지 않는 내적 제약이 있다.[32] 그러나 그렇다고 하더라도 이 내적 메커니즘 이외에는 기업의 전략적 행위를 제어하고 이를 감시할 적당한 방법이 없다. 여기서 나온 방법이 바로 노동법이 보장하고 있는 노동조합을 통한 단체교섭(collective bargaining)의 방법이다. 단체교섭을 통하여 노사가 서로 전략적 행위를 하지 않을 것을 약속하고 이를 단체협약에 구체화할 뿐만 아니라 그 약속의 준수여부를 상호 감시·감독할 수 있다. 특히 노동조합은 단체행동을 통하여 기업에게 부담을 줄 수 있고, 기업도 직장폐쇄를 통하여 노동자에게 부담을 줄 수 있기 때문에 서로가 전략적 행위를 삼가고 장기공동이익의 극대화에 보다 협력할

---

30) 왜냐하면 내부노동시장의 성립이 노사 모두에게 유리하기 때문에 노동자들이 이를 반대할 이유가 없기 때문이다. 따라서 비교적 쉽게 노사 간의 자발적 합의에 이를 수 있다.

31) 이론적으로 보면 거래관계가 일회적이 아니고 계속적이고 반복적일 때 양 당사자 사이에는 전략적 행위를 자제할 유인이 생긴다. 전략적 행위를 피하고 서로 신뢰와 약속을 지키는 것이 전체의 이익이 됨은 물론 개별 행위자들의 이익도 된다. 이런 경우를 게임이론(game theory)의 용어를 빌리면 내쉬균형(Nash Equilibrium)이라고 한다. 명성의 메커니즘과 내쉬균형에 대한 좀더 자세한 설명은 Paul Milgrom and John Roberts, *Economics, Organization and Management*, Prentice-Hall, 1992, pp. 259－269를 참조하라.

32) 엄밀하게 이야기하면 이러한 내적 제약은 정도의 차이는 있을지 몰라도, 앞으로 본 노동자의 전략적 행위의 경우에도 그대로 적용될 수 있다. 즉 노동자의 경우도 고용관계에서 신뢰와 명성을 지키는 것이 중요한 가치를 가진다.

수 있게 된다.

이상의 논의를 정리하면 결국 노동조합은 내부노동시장의 성립과 원활한 발전을 위해 필요한 법적·제도적 장치라는 것이다. 내부노동시장의 효율성 실현을 위해 반드시 필요한 제도라는 것이다.[33] 내부노동시장은 노사 모두에게 이익이 되는 바람직한 제도이다. 그러나 정보의 비대칭성으로 인해 발생하는 전략적 행위의 가능성을 막지 못하면 내부노동시장은 아무리 바람직한 제도라 하여도 성립할 수가 없다. 즉 내부노동시장의 실패가 일어난다. 그런데 이 전략적 행위의 발생을 막아 내부노동시장의 실패를 제거하는 제도가 바로 노동조합이다. 따라서 노동조합은 "효율을 위한 제도"가 된다.

그러면 노동조합이 조직되어 있지 않는 기업이나 산업의 경우는 어떠한가? 여기서 노동법은 기업의 전략적 행위를 막기 위해 노동조합을 통한 간접규제가 아닌 직접규제의 형식을 취하게 된다. 예컨대 근로기준법, 산업안전보건법 등이 그 예이다. 근로기준법상의 모든 규정은 내부노동시장의 발전을 위한 제도로서, 내부노동시장 성립의 거래비용을 줄이기 위한 제도, 환언하면 내부노동시장에서 기업의 전략적 행위를 막기 위한 제도로서 이해할 수 있다. 정당한 이유 없는 해고를 금지하는 근로기준법 제23조 제1항(해고 등의 제한) 및 제24조 제1항(경영상

---

33) 기업의 전략적 행위를 줄이기 위해, 예컨대 기업이 생산물시장의 수요감퇴를 이유로 임금의 인하를 주장할 때 노동자들은 실제 수요감퇴여부를 확인하기 위해 임금의 인하가 아니라 노동시간의 단축을 주장할 수 있다. 왜냐하면 실제 수요감퇴가 없는 상황에서 임금인하는 이윤의 증대를 결과하나 노동시간의 단축은 생산물의 생산량의 감소를 결과하므로, 만일 실제 수요감퇴가 없다면 기업이윤의 감소를 결과한다. 따라서 기업이 전략적 행위를 했다면 자신도 그만큼 불이익을 받게 되어 전략적 행위가 그만큼 어려워진다. 또한 수요감퇴로 인해 해고가 불가피하다고 주장할 때도 기업이 전략적 행위를 하는지 여부를 판단하기 위해 해고의 순서를 신참자순으로 할 것을 노동자들은 요구할 수 있다. 왜냐하면 수요감퇴가 없는데도 해고를 하는 경우라면 신참자의 해고가 고참자보다 기업에 주는 손실이 더욱 크기 때문이다(왜 그럴까?). 따라서 기업은 전략적 행위로서의 해고주장을 하기가 더욱 어렵게 된다. 그런데 이러한 주장들도 노동조합의 성립을 전제로 해서 가능한 일이다. 만일 노동조합이 조직되어 있다면 생산물시장의 수요감퇴가 있을 경우에는 우선 노동시간 조정을 먼저 하고 해고가 불가피할 때에는 신참자, 즉 소위 연공서열(seniority)이 낮은 순서부터 한다고 노사 간의 협약을 체결해 둘 수 있다. 그러면 기업의 전략적 행위의 가능성은 그만큼 자동적으로 줄어든다. 그러나 이 모든 것이 노조의 성립을 전제로 하여서만 가능한 일이다.

이유에 의한 해고의 제한) 규정은 명백히 내부노동시장에서의 기업의 전략적 행위의 가능성을 막으려는 취지이다. 또한 근로계약 체결시 근로조건을 명시하도록 한 동법 제17조 그리고 취업규칙의 작성과 신고를 의무화한 동법 제93조의 규정 등도 같은 맥락에서 이해할 수 있다. 요컨대 노동조합법뿐만 아니라 여타 노동관계법도 내부노동시장의 성립을 위한 법, 내부노동시장의 성립과정에서 발생하는 거래비용을 줄이기 위한 법이라고 볼 수 있다.[34)]

---

34) 여기서 거래비용을 줄인다는 것은 두 가지 내용을 가진다. 하나는 기업의 전략적 행위를 막음으로써 노사 간에 자발적인 내부노동시장계약의 성립을 촉진시킨다는 의미이고, 다른 하나는 노동법의 제규정이 노사 간에 성립할 수 있는 가장 공정하고 효율적인 계약관계를 그 내용으로 하고 있기 때문에 노사가 개별 고용관계계약을 체결할 때 일일이 같은 내용을 반복하지 않아도 된다는 의미이다.

8

독점규제법의 경제적 기초

제1장 독점규제법의 목적과 의의

제1절 독점규제법의 목적

우리나라의 「독점규제 및 공정거래에 관한 법률」(이하 "공정거래법"이라 한다)의 목적은 무엇일까?[1] 동법 제1조를 보면 "…… 공정하고 자유로운 경쟁을 촉진함으로써 창의적인 기업활동을 조장하고 소비자를 보호함과 아울러 국민경제의 균형발전을 도모함을 목적으로 한다."고 되어 있다. 그리고 자유공정경쟁의 촉진 방법으로서 시장지배적(市場支配的) 지위의 남용방지, 과도한 경제력집중의 방지, 그리고 부당한 공동행위(共同行爲) 및 불공정거래행위의 규제를 들고 있다.

우선 입법기술적으로 볼 때, 자유공정경쟁의 구체적 촉진방법을 제1조 법의 목적에 나열적으로 명기할 필요는 없다고 본다. 그렇게 함으로써 하나의 해석상의 문제가 등장한다. 즉 경제력집중(經濟力集中)의 방지가 자유공정경쟁의 촉진방법으로서의 의의(意義)만을 가지는가 하는 문제이다. 경제력집중의 방지에는 소득분배의 개선이나 사회적 형평의 제고라는 의의도 있을 수 있고, 경제력의 집중이 사회적 힘과 정치적 힘의 집중을 가져올 우려가 크기 때문에 정치사회적 힘의 집중을 방지함으로써 민주적이고 분권적(分權的)인 정치체제의 유지에 기여한다는 의의도 있을 수 있다. 또는 단순히 중소기업의 보호라는 의의도 가질 수 있다. 그런데 왜 경제력집중 방지가 가지는 정치적 의의나 사회적 형평의 의미를 배제하

1) 이하에서 공정거래법은 우리나라 실정법을 의미하고, 경쟁법 일반을 의미할 때에는 공정거래법 또는 독점규제법 표현을 혼용한다.

고 오직 경쟁의 촉진이라는 의미에만 한정하려 하는지가 명확하지 않다. 환언하면 과연 경쟁의 촉진이 목적이고 경제력집중의 방지가 수단이 될 수 있는가이다. 오히려 경제력집중 방지를 위한 여러 수단 중의 하나가 경쟁의 촉진일 수 있다고 보아야 하지 않는가이다.[2)]

또 하나의 문제는 동법 제1조에서 경쟁의 촉진을 통하여 달성하려는 목적에 대한 설명부분이다. 동법은 경쟁을 통하여 창의적인 기업활동을 조장한다고 하고 있는데, 이는 기업의 각종 혁신(innovation)의 촉진에 시장의 경쟁적 압력이 분명히 기여할 수 있기 때문에 그 의미를 쉽게 납득할 수 있는 부분이다. 그러나 그 다음 부분, 즉 경쟁을 통하여 소비자를 보호한다는 부분은 경쟁을 통하여 소비자의 복지(consumer welfare) 내지 후생을 높인다고 표현하는 것이 보다 정확한 표현이라고 본다. 소비자의 보호는 엄밀히 이야기하면 소비자피해의 구제라는 의미로 이해될 소지가 많다. 경쟁을 통하여 얻을 수 있는 것은 소비자 복지, 소비자 만족의 극대화이지 소비자피해의 구제가 아니다. 물론 경쟁은 신속한 소비자피해의 구제에도 기여하지만 엄밀히 이야기하면 양자는 크게 다른 개념이다.[3)]

---

2) 이러한 혼란은 독점규제법이 1980년 제정 당시에는 경제력집중에 대한 규제가 없다가, 1986년부터 새로이 경제력집중의 방지제도를 독점규제법에 도입하면서 발생하였다고 생각된다. 입법론적으로 볼 때에는 두 가지 해결책이 가능하다고 생각한다. 첫째는 경제력집중 방지만을 위한 별도의 입법(예컨대 경제력집중방지법)을 하고 이를 일반적인 시장경쟁촉진법인 독점규제법과 병존시키는 것이다. 그렇게 되면 「경제력집중방지법」의 경우는 단순히 현재 독점규제법에 있는 지주회사(持株會社)의 설립금지나 상호출자(相互出資)의 제한 등의 규제에 그치지 않고 상속에 대한 제한, 세제 및 금융, 그리고 자본시장을 통한 경제력집중의 방지조치 등도 함께 입법화해 볼 수 있을 것이다. 둘째의 방법은 현행 독점규제법체제를 그대로 유지하되 독점규제법의 목적에 시장경쟁의 촉진과 경제력집중의 방지를 동일한 차원의 목적, 동일한 비중을 가지는 목적으로 명기하는 것이다. 환언하면 "자유공정경쟁의 촉진", 즉 경제적 효율의 달성과 동시에 "경제력집중의 방지", 즉 사회경제적 형평의 달성 내지는 정치적 민주주의의 보장을 독점규제법의 두 가지 목적으로 명시하는 것이다.

3) 한 가지 더 지적한다면 독점규제법 제1조에서 이야기하는 "소비자"란 과연 누구를 가리키는가 하는 문제이다. 여기서의 소비자는 생산자에 대립되는 개념으로 사용하는 것인가, 아니면 생산자도 한편으로는 소비자이기 때문에 생산자까지를 포함한 광의의 개념으로 사용하는 것인가이다. 어느 쪽의 해석론을 취하는가에 따라 독점규제법의 목적 해석과 관련 실제적으로 큰 차이가 등장할 수 있다고 본다(어떠한 차이일까?).

다음에 문제로 남는 부분은 경쟁을 통하여 국민경제의 균형 있는 발전을 도모한다는 부분이다. 여기서 균형 있는 국민경제란 무엇일까? 여기서 균형이란 지역 간·산업 간·기업 간의 균형을 더 나아가 계층 간의 균형까지도 의미한다고 보아야 할 터인데 과연 이러한 균형들을 경쟁의 촉진만으로 달성될 수 있는가? 균형이란 불가피하게 형평이란 개념과 연결되는데 가치판단을 전제로 하는 형평의 제고가 경쟁의 촉진만으로 가능하겠는가 등의 문제가 남는다.

이상의 논의에서 알 수 있는 것은 우리나라의 공정거래법은 동법 제1조의 목적에 대한 규정만을 보아서는 법문상 동법의 목적이 무엇인지가 명백하지 않다. 따라서 공정거래법의 "목적에 대한 이론"이 필요하다고 본다. 목적에 대한 올바른 법이론이 서야 그 목적에 입각하여 올바른 법집행과 올바른 법해석을 할 수 있기 때문이다.

그렇다면 과연 독점규제법은 어떠한 목적을 가졌다고 보아야 할까? 결론부터 이야기하면 두 가지의 최고목적을 가졌다고 보아야 한다. 첫째는 경쟁을 통한 자원배분의 효율성의 달성이고, 둘째는 경제력집중(經濟力集中)의 방지라는 사회경제적 형평의 달성이다. 그러면 이 양자 사이에 충돌이 있을 때는 어느 목적이 우선해야 하는가 하는 문제가 등장한다. 그 답은 경쟁의 촉진이 경제력의 분산에 우선해야 한다. 가능한 한 양 목적이 동시에 달성될 수 있도록 노력해야 하되 만일 선택이 불가피한 경우에는 효율성의 제고를 형평의 제고에 우선시켜야 한다고 본다.

학자들에 따라서는 독점규제법의 목적이 효율성의 제고라는 단일목적을 가지고 있다고 하는 주장을 하는 경우도 있다.[4] 그러나 엄격히 말해 독점규제법은 단일목적을 가졌다고 볼 수는 없다. 본래가 다목적적이라고 보아야 한다.[5] 독점

---

4) 예컨대 R. Posner, "The Chicago School of Antitrust Analysis", 127 *University of Pennsylvania Law Review* 925 (1979); R. Bork, *The Antitrust Paradox: A Policy at War With Itself*, Basic Books, 1978.

5) 미국의 독점금지법이 가지고 있는 여러 목적 내지 기능을 광범위하게 잘 정리한 고전으로는 Carl Kaysen and Donald F. Turner, *Antitrust Policy*, Harvard University Press, 1959가 있다. 그동안 독점금지법의 목적으로 주장되어 온 여러 이론들을 비판적으로 정리하면서 결국은 소비자 복지(consumer welfare)의 증대가 가장 중요한 목적이 되어야 된다고 주장한 논문으로는 Terry Calvani, "Consumer Welfare is Prime Objective of Antitrust", 7 *Legal Times* 14 (1984).

규제법의 다목적성(多目的性) 내지 다측면성(多側面性)은 다음과 같이 정리해 볼 수 있을 것이다. 첫째, 독점규제법은 바람직한 경제적 시장성과를 목적으로 하고 있다. 여기서 "바람직한 경제적 시장성과"란 무엇인가? (1) 경제적 효율의 달성, (2) 경제적 진보(progress)의 성취, (3) 경제안정(stability)의 달성, (4) 소득분배의 개선의 네 가지로 요약해 볼 수 있다. 이 네 가지가 모두 독점규제법과 관계되지만 이 중 효율의 달성이 가장 직접적으로 관계된다. 독점을 규제하고 시장을 자유·공정경쟁의 시장으로 만듦으로써 가장 먼저 쉽게 확보될 수 있는 것이 효율성의 달성이다. 경제적 진보, 환언하면 기술과 경영의 혁신을 결정하는 요인은 여러 가지가 있다.[6] 그중의 하나가 분명히 시장경쟁의 압력이다. 시장경쟁의 압력이 강할수록 혁신의 유인이 크다고 볼 수 있다. 따라서 그 부분만큼 독점규제법은 경제적 진보에도 기여한다고 볼 수 있다.

소득분배의 개선과 독점규제법의 관계는 어떻게 보아야 하는가? 경제적 효율의 달성이나 경제적 진보의 성과가 시장경쟁이 있어야 소비자들의 이익으로 전환될 수 있다는 측면에서 소득분배의 개선과 관련될 수 있다. 시장이 경쟁적이어야 기술혁신의 열매가 저가격(低價格)과 고품질(高品質)로서 나타나 소비자들의 복지증대를 결과할 수 있기 때문이다. 또한 독점규제법을 통한 독점이윤의 축소가 소득분배에 기여한다고 볼 수 있다. 특히 독점적 대기업의 독점이윤의 축소는 분명히 소득분배의 개선에의 기여라고 볼 수 있다. 그러나 소득분배의 개선을 위한 주된 정책수단은 시장의 경쟁성 제고라기보다는 시장기능에 대한 정부의 개입으로 나타난다. 예컨대 조세(租稅)나 보조금정책이 그것이고, 또한 이들 정책이 독점규제정책보다 소득분배개선에 보다 효과가 크다. 독점규제정책을 통한 독점가격의 하락이 물가안정에 기여하는 면은 있을지 몰라도 경제안정과 독점규제와는 직접적 관계가 가장 적다.

이상을 요약하면 결국 바람직한 경제성과와 관련하여 독점규제법이 가장 크게 기여할 수 있는 것은 시장의 효율성의 달성 그리고 경제적 진보의 촉진이라고 볼 수 있다.

---

6) 혁신의 결정요인으로는 시장의 경쟁압력 이외에도 기술인력의 공급상황, 사회전반의 R&D 투자의 정도, 혁신적 기업인과 진취적 사회기풍의 존재 등을 들 수 있다.

둘째, 독점규제법은 경쟁의 촉진 자체에 큰 목적가치(目的價値)를 두고 있다. 단순히 바람직한 경제성과를 얻기 위한 수단으로서의 경쟁개념에 끝나지 아니하고 경쟁 자체를 하나의 목적으로 보는 관점(competition as an end)이 독점규제법에 존재한다. 예컨대 독점규제법에 나타나는 독점적 대기업의 시장지배력 자체에 대한 반감은 그 시장지배력이 사실상 사회적으로 악한 결과를 가져오느냐 아니냐에 관계없이 나타나는 면이 강하다. 그리고 동시에 독점적 대기업의 시장지배력에 대한 규제방식도 기본적으로는 정부의 조직을 통한 관료적 통제보다는 경쟁적 시장기구의 활성화를 통한 시장적 통제에 의존하려 한다. 정부나 대기업의 관료기구를 통한 자원배분보다는 시장을 통한 자원배분이 하나의 가치로서 선호되는 측면이 독점규제법에 존재한다.

시장 특히 경쟁적 시장이 하나의 가치로서 선호되는 주된 이유는 시장과정(市場過程)의 비사인성(非私人性, impersonality)과 공정성(fairness)에 있다. 경쟁적 시장과정에는 기본적으로 사적인 요소가 존재하지 않기 때문에 개인의 자의가 개입할 수 없고 따라서 그만큼 공정하다는 것, 따라서 그 자체로서 바람직하다는 것이다. 요컨대 독점규제법에는 가능한 한 관료부문을 줄이고 시장부문을 확대하려는 노력, 시장과 경쟁 자체를 하나의 선한 가치로 보고 이를 목적화하려는 측면이 존재한다.

셋째, 독점규제법은 기업의 거래행위에 있어 윤리성의 제고를 목표로 한다. 이미 앞에서 본 바와 같이 경쟁적 시장기구 자체가 경쟁과정을 통하여 공정한 거래행위를 결과하는 측면이 존재한다. 예컨대 공정하지 못한 거래자가 거래과정을 통하여 기업사회에서 신용을 잃고 결국은 자연도태되는 것이 그러한 과정이다. 그러나 독점규제법은 그러한 경쟁적 시장과정을 통한 윤리성 확보에 그치지 않고 기업의 여러 거래행위에 공정하다고 판단되는 일련의 행위규범을 제시하고 이를 강제한다(불공정 거래행위의 금지 등). 우리나라의 경우는 특히 법 자체의 이름을 "독점규제 및 공정거래에 관한 법률"로 명명하여 공정거래적 측면, 환언하면 거래의 윤리성 제고의 측면을 강조하고 있다. 여기서 공정이란 시장 내에서의 동등한 취급(equal treatment for firms now operating in the market)이 주 내용이라고 보아야 할 것이다.[7]

---

7) 시장내에서 활동하고 있는 기업들만을 동등하게 취급하면 되지, 앞으로 시장진입이 예상

넷째, 독점규제법은 대규모기업집단(大規模企業集團)에의 경제력 및 정치·사회적 영향력의 집중을 막는 것을 목적으로 하고 있다. 경제력의 집중 자체가 시장의 자유·공정경쟁을 저해할 뿐만 아니라 중소기업의 육성에 반하는 것은 주지의 사실이다. 따라서 중소기업의 발전을 위해서,[8] 대기업과 중소기업의 균형 있는 발전을 위하여 경제력집중이 억제되어야 함은 물론이다. 그런데 경제력의 집중은 단순히 경제 분야에서의 힘의 집중으로 끝나지 아니하고 정치적·사회적 영향력의 집중으로 전환되기 쉽다. 그런데 기업이라는 조직은 정치적으로 국민에 대하여 책임을 지는 조직이 아니다. 따라서 기업이 정치적 영향력을 행사하는 것은 민주주의의 이상에 반한다. 본래 이상적인 민주주의는 중소상공인·자영업주 등 중소규모의 유산자(有産者)계층을 기반으로 한다는 사실을 명심해야 한다. 그러므로 민주주의 유지발전을 위하여서도 대규모기업집단에의 경제력의 집중은 방지되어야 한다. 이를 위해 (1) 대규모기업집단의 규모 자체를 줄이려는 노력(상호출자의 금지 등), (2) 중소기업보호를 위해 대규모기업집단의 시장행위에 일정한 제한을 가하려는 노력(시장지배적 지위의 남용금지 등),[9] (3) 중소기업 육성을 위한 세제상·금융상의 직접 지원의 방법 등을 생각할 수 있다. 이 중 앞의 두 가지가 곧 독점규제법이 사용하고 있는 방법이다. 그만큼 독점규제법은 중소기업의 보호와 대규모기업집단의 정

되는 기업까지도 현재 활동 중인 기업들과 동등하게 취급해야 하는 것은 아닐 것이다.

8) 미국의 경우에서는 중소기업의 보호 내지 중소규모 경제단위의 유지가 대단히 중요한 독점금지법의 목적의 하나로 인정되고 있다. 예컨대 핸드 판사(Judge Learned Hand)는 United States v. Aluminum Co. of America (148 F. 2d 416 2d Cir. 1945) 사건에서 다음과 같이 이야기하고 있다. "미국의 독점금지법의 역사에서 지속적으로 가정되어 온 사실의 하나는 독점금지법의 목적의 하나는 비록 비용이 들더라도(in spite of possible cost) 산업조직의 단위를 작게 유지하여야 한다는 것이다. 작게 유지하는 것 그 자체(for its own sake)를 목적으로 보아야 한다는 것이다. 작게 유지하는 것 그 자체(for its own sake)를 목적으로 보아야 한다는 것이다. 독점금지법은 경제적 성과가 어떠하든 관계없이(regardless of their economic results) 산업의 집중은 그 자체로서 바람직하지 않다(inherently undesirable)는 믿음 위에 서 있다."

9) 엄밀히 이야기하면 시장지배적 지위의 남용금지는 개별 기업을 대상으로 하는 것이지 대규모기업집단을 대상으로 하는 것은 아니다. 그러나 대규모기업집단 내 주력기업들이 적지 않은 경우에 시장지배적 사업자들이므로 이들의 지위남용행위에 대한 규제는 간접적으로 경제력집중에 대한 견제가 될 수 있다.

치·경제적 영향력의 증가의 억제를 목표로 하고 있다고 볼 수 있다.

이상에서 본 바와 같이 독점규제법은 다목적과 다기능을 가지고 있다고 보아야 한다. 그러나 이 여러 목적 중 가장 중요한 목적을 선택한다면 이미 앞에서 지적한 바와 같이 첫째는 경쟁을 통한 경제적 효율성의 달성이고, 둘째는 경제력의 집중의 방지를 통한 사회적 형평의 달성이다.[10] 그러나 이 두 가지 중요 목표 간에 모순과 길항관계(拮抗關係)가 발생하여 그중 하나만을 불가피하게 선택해야 한다면 경쟁을 통한 경제적 효율성의 달성을 우선시켜야 한다고 생각한다. 환언하면 독점규제법은 경제적 효율의 달성을 제1차적 목표(principal objective)로 해야 한다고 생각한다. 이러한 주장은 결코 모든 사회적 선택(social choice) 내지는 집단적 선택(collective choice)에 있어 효율이 형평보다 우선되어야 함을 주장하는 것은 아니다. 다만 독점규제법의 목적을 논함에 있어서는 양자택일이 불가피한 경우 효율을 형평보다 우선해야 한다는 주장이다.

제 2 절 경제적 효율성이란?

우리는 앞에서 독점규제법의 1차적 목적은 경제적 효율성의 제고에 있다고 하였다. 그렇다면 과연 경제적 효율성(economic efficiency)이란 무엇을 의미하는가? 경제적 효율성에는 두 가지 종류가 있다. 하나는 생산적 효율성(productive efficiency)이고, 다른 하나는 배분적 효율성(allocative efficiency)이다. 생산적 효율성이란 쉽게 이야기하면 기업의 생산물과 생산요소 간의 비율이라고 할 수 있다. 보다 적은 생산요소를 투입하여 보다 많은 생산물을 만들어 낼 수 있는 기업이 그렇지 않은

---

10) 경제력 집중의 방지가 반드시 사회적 형평의 제고만을 결과하는 것은 아니다. 경제적 효율성도 높인다. 그러나 경제력집중의 방지가 경쟁촉진을 통해 경제적 효율성을 높이기 때문에, 그 이유로 우리나라 독점규제법이 경제력집중의 방지를 입법화하였다고는 볼 수 없다. 경제력집중이 가져올 소득분배의 악화, 계층 간 위화감의 제고 등의 사회적 폐해와 대규모기업집단의 정치적 영향력 증대 등 정치적 위험을 경제적 효율성과 함께 고려하여 경제력집중의 방지를 입법화하였다고 보아야 할 것이다.

기업보다 생산적 효율성이 높다. 일반적으로 독점규제법의 규제대상이 되는 행위를 하는 기업의 경우 그들은 자신들의 행위가 생산적 효율성을 높인다고 주장한다.

생산적 효율성에 대한 독점규제법의 태도는 일반적으로 긍정적이나 조건부 긍정(條件附 肯定)이다. 독점규제법은 생산적 효율성을 높이는 기업의 행위에 대하여 긍정적이나 다만 그 행위가 당해 기업의 시장적 지배력을 높이지 않는 범위 내에서만 긍정적이다. 반면에 독점규제법은 생산적 효율성을 높이기 위해 노력하지 않는 비효율적 기업을 규제하지는 않는다.[11]

배분적 효율성(配分的 效率性)은 사회전체의 복지와 관련되는 개념이다. 주어진 기술 수준과 주어진 자원(생산요소)을 가지고 그 자원을 어떻게 활용하는 것이 사회전체의 복지수준을 높일 수 있는가 하는 문제에 답하는 개념이다. 대표적인 배분적 효율성 개념으로 파레토효율성(Pareto-optimal) 개념이 있다. 파레토효율성이란 그 사회구성원 중 한 사람이라도 보다 불행하게 만들지 아니하고는 다른 사람의 복지를 더 향상시킬 수 없는 상황에 달한 경우를 의미한다. 자원배분을 변화시켜 한 사람이라도 보다 행복하게 만들 수 있다면 — 다른 사람들은 종전과 같은 만족의 수준에 머무르게 하면서 — 그러한 변화를 파레토우월(優越, Pareto-superior)이라고 한다. 따라서 파레토우월이 더 이상 불가능하게 된 상태가 곧 파레토효율이 달성된 상황이라고 볼 수 있다.

그런데 문제는 한 사람에게도 손해를 주지 않으면서 어떠한 바람직한 변화를 가져올 수 있는 경우, 즉 파레토우월적 변화란 사실상 대단히 어렵다고 하지 않을 수 없다. 예컨대 범죄자를 처벌하는 경우도 그 당사자는 손해를 보게 되므로 결코 파레토우월은 아니다. 독점기업에 대한 규제의 경우도 마찬가지이다. 사실상 파레토효율성의 달성을 전제로 하는 자원배분의 변화란 극히 제한적인 경우에 한하고 대부분의 변화는 파레토효율일 수 없다. 여기서 이러한 문제점을 극복하기 위해 나온 개념이 소위 잠재적 파레토효율(potential Pareto efficiency) 혹은 칼도-힉스효율(Kaldor-Hicks efficiency)개념이다. 예컨대 어떤 자원배분의 변화가 그 변화로 인하여 이익을 보는 사람들이 그 변화로 인하여 손실을 보는 사람들의 손실을 모두 보상해 주고도 남을 정도의 이익을 만들 수 있다면 그러한 변화는 잠재

11) 왜 그럴까? 왜 비효율적인 기업에 대하여 규제하지 않는가?

적 파레토효율적이라는 것이다. 환언하면 어떤 변화로 인해 발생하는 사회적 이익의 크기가 그 변화로 인해 발생하는 사회적 손실의 크기보다 큰 경우를 잠재적 파레토효율이라고 한다.

이렇게 되면 예컨대 독점기업에 대한 규제는 당해 기업의 경우는 손실을 보게 되지만 시장의 경쟁성 제고로 인해 사회 전체적으로 얻는 이익이 그 손실보다 크므로 그러한 규제는 잠재적 파레토효율일 수 있게 된다. 이러한 잠재적 파레토효율의 경우에는 실제로 이익을 얻은 자들이 손실을 본 자들의 손실을 보상하는가 여부는 효율성 달성에 아무런 영향을 주지 않는다.[12)]

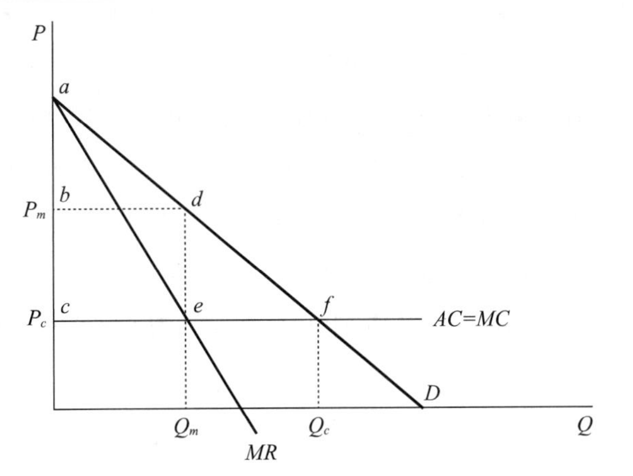

그림 8-1 완전경쟁시장과 독점시장의 비교

〈그림 8-1〉을 보면 잠재적 파레토효율의 관점에서 볼 때 왜 독점에 대한 규제가 효율적인가를 쉽게 알 수 있다. 완전경쟁시장의 경우에는 시장가격은 한계비용에서 결정되므로 이 경우 소비자잉여(consumer surplus)는 △*acf*가 된다. 그러나 독점의 경우에는 한계비용과 한계수입이 일치하는 데서 생산량을 결정하기 때문에 이 경우의 소비자잉여는 △*abd*가 된다. 결국 종래의 소비자잉여 중 □*bcefd*

12) 만일 실제로 보상을 해야 할 것을 요구한다면 이는 곧 파레토효율로의 복귀를 의미하게 된다. 왜 그럴까? 생각해 보라.

가 없어진 셈이다. 그런데 이 중 □*bced*는 생산자잉여의 증대라는 형태로 독점기업에 귀속되었으나 △*def*는 완전히 사라진 셈이 된다. 결국 △*def*는 경쟁시장이 독점시장화하면서 완전히 사라진 손실분(損失分, deadweight loss)이 된다. 따라서 독점기업에 대한 규제를 강화하여 독점시장을 경쟁시장으로 전환시키는 것은 독점기업으로는 손해일지 몰라도, 사회전체적으로는 독점으로 인해 사라진 손실분인 △*def*를 회복하는 것이 되어 사회적 이익이 크기 때문에 잠재적 파레토효율이 된다.

잠재적 파레토효율의 예를 한 가지 더 들면 시장지배력을 증가시키지 않는 범위 내에서 기업이 생산적 효율성을 제고한 경우이다. 예컨대 시장지배 확대형(市場支配 擴大型)이 아닌 순수한 비용축소형 수직결합(費用縮小型 垂直結合, cost-reducing vertical integration)의 경우,13) 당해 기업과의 경쟁관계에 있는 기업은 손해를 보겠으나, 당해 기업과 소비자는 이익을 보게 되고, 일반적으로 이러한 경우 후자의 이익의 크기가 전자의 손해의 크기보다 크기 때문에 잠재적 파레토효율이 된다.

잠재적 파레토효율은 여러 가지 의미에서 유용한 개념이다. 다만 한 가지 한계가 있다면 다른 효율성의 개념에도 모두 해당되는 이야기이지만 소득분배와는 무관한 개념이라는 것이다. 따라서 극단의 경우 독점기업의 이익이 소비자들의 손실과 정확히 일치하는 경우 잠재적 파레토효율면에서는 중립적일 수 있게 된다. 따라서 앞에서 우리가 지적한 우리나라 공정거래법의 또 하나의 목적인 경제력집중의 방지에는 잠재적 파레토효율의 개념이 거의 도움이 되지 않는다.

그러나 비록 이러한 한계가 있다 하여도 적어도 경쟁을 통한 효율성의 제고라는 독점규제법의 제1차적 목적의 달성여부를 보기 위해 잠재적 파레토효율 개념은 유용한 판단기준일 수 있다.

독점규제법과 관련하여 배분적 효율성의 제고라는 용어보다는 소비자복지의 증대라는 용어가 흔히 사용되고 있다. 그리고 양자가 혼용되는 경우도 있다. 그런데 한 가지 확실히 해 둘 것은 소비자복지의 증대 혹은 소비자후생의 증대라는

13) 비용축소형 수직결합이란 예컨대 위험의 분산이나 거래비용의 축소를 목표로 하거나, 혹은 비효율적 경영을 보다 효율적인 경영으로 대체하기 위하여 수직결합이 발생하는 경우이다.

개념은 엄밀히 이야기하면 대단히 모호한 개념이다. 만일 소비자들을 국민 모두라고 본다면 소비자복지의 향상은 국민복지의 향상을 의미하여 독점규제법은 국민복지의 향상을 위한 법이 된다. 어느 법이 국민복지의 향상을 목적으로 하지 않겠는가? 지금 우리가 문제로 하고 있는 것은 국민복지의 향상을 측정하는 기준을, 예컨대 효율성 기준 등을 찾아 이를 가지고 독점규제법의 성패를 평가하고 바람직한 해석론과 입법론을 발전시키려 하고 있는 것이다. 그런데 소비자를 국민으로 보고 소비자복지의 증대를 논하면 이는 동의반복적(同意反復的)인 순환론(循環論)이 되기 쉽다.

그렇다면 소비자를 생산자에 대치되는 개념으로 생각한다면 어떨까? 그리하여 소비자복지만의 증대를 독점규제법의 목적으로 보면 어떠할까? 이렇게 되면 분명히 소비자복지의 증대와 배분적 효율의 증대는 상호모순하기 시작한다. 왜냐하면 배분적 효율의 증대란 소비자잉여와 생산자잉여의 합을 최대화하는 것인데, 생산자에 대립하는 개념으로서의 소비자복지의 증대란 소비자잉여만을 최대화하는 것이기 때문이다. 과연 독점규제법이 생산자잉여를 전혀 무시한 소비자잉여의 최대화만을 목표로 한다고 할 수 있을까? 결국 어느 식으로 소비자개념을 해석하든 소비자복지의 향상이라는 용어는 이론적으로 볼 때 그 개념이 극히 모호하다고 하지 않을 수 없다. 물론 소비자후생의 증대나 소비자복지의 증대라는 용어를 사용하면서 그 의미는 배분적 효율성의 제고 혹은 잠재적 파레토효율의 제고라는 의미로 사용하고 있다고 주장한다면 더 이상의 논의의 필요가 없을 수도 있다.

제 3 절 독점의 사회적 비용

독점(獨占)이란 자신이 파는 상품의 생산량을 조절하여 그 상품의 가격에 영향을 줄 수 있는 경우를 의미한다. 따라서 가격에 대한 영향력의 유무(有無)가 독점이냐 아니냐에 중요한 판단기준이 된다. 생산량을 줄여서 가격을 올릴 수 있다는 것은 경쟁가능한 다른 생산자가 존재하지 않는다는 것을 의미한다. 특허나 인허가

제도로 인해 법률적으로 경쟁자의 존재 자체가 불가능한 경우도 있고, 혹은 비록 경쟁자가 존재할 수는 있어도 유효한 경쟁자가 되는 데 시간이 오래 걸리는 경우, 예컨대 시장진입에 기술적 혹은 경제적 장애가 있는 경우 등도 있을 수 있다. 이런 경우에는 독점자는 생산량을 줄여 가격을 올릴 수 있다.

독점자가 가격을 올리기 위해 생산량을 줄여 나간다면 어디까지 줄여 나갈까? 생산량을 줄이면 우선 생산을 덜 하므로 총비용은 줄어들 것이다. 총수입은 어떻게 될까? 생산량을 줄일 때 가격이 얼마나 변화하는가에 의해 총수입은 증가할 수도 감소할 수도 있을 것이다. 만일 생산량의 감소율보다 가격의 상승률이 크면 총수입은 증가할 것이고, 반대로 생산량의 감소율보다 가격의 상승률이 작으면 총수입은 감소할 것이다. 전자의 경우를 우리가 일반적으로 수요가 비탄력적(inelastic)인 경우라고 하고 후자를 수요가 탄력적(elastic)인 경우라고 한다.[14] 따라서 수요가 비탄력적인 한 독점자는 끊임없이 생산량을 줄여 가격을 올리려 할 것이다. 왜냐하면 그렇게 함으로써 총수입은 오히려 증가하는데 총비용은 생산감소에 상응하여 감소하여 총수입에서 총비용을 제한 값인 총이익은 오히려 증가하기 때문이다.

그러면 이러한 생산축소노력은 어디까지 계속 될까? 우선 쉽게 생각할 수 있는 것은 수요가 탄력적인 상태로 될 때까지 그리하여 생산량의 감소율보다 가격증가율이 작아져서 총수입이 감소하기 시작할 때까지는 생산감소를 계속할 것이다. 그러나 총수입이 감소하더라도 그 감소분이 생산축소로 인한 총비용의 감소분보다 작다면 이윤의 극대화를 위하여 생산축소를 계속할 것이다. 그리하여 생산축소로 인한 총수입의 한계적 감소분(한계수입)이 생산축소로 인한 총비용의 한계적 감소분(한계비용)보다 커지려고 할 때, 환언하면 양자가 일치하는 수준에서 생산의 축소는 중지될 것이다.

그러면 이상과 같은 논리구조를 가진 독점을 왜 독점규제법은 규제하려 하는가? 그 이유는 무엇인가? 독점의 사회적 폐해, 사회적 비용은 과연 무엇인가 하는

14) 여기서 탄력적이란 수요의 가격탄력성이 1보다 큰 경우, 환언하면 가격 1% 변화에 대하여 수요의 변화가 1%보다 큰 경우를 의미하고 역으로 비탄력적인 경우란 가격 1%의 변화에 대하여 수요가 1%보다 적게 변화하는 경우를 의미한다.

문제를 보도록 하자. 독점의 사회적 비용은 크게 나누면 세 가지를 들 수 있다.

첫째, 앞에서 이미 설명한 "완전히 사라진 복지손실분(deadweight welfare loss)"이다. 앞에서 본 〈그림 8−1〉에서 △*def*가 바로 이에 해당한다. 이 복지손실분은 어떻게 하여 발생하는가? 그것은 독점자가 생산을 축소하여 가격을 한계비용 이상으로 높인 데서 발생한다. 주지하듯이 완전경쟁의 경우에는 가격은 한계비용과 같은 수준에서 결정된다.[15] 〈그림 8−1〉에서 경쟁시장가격인 P_c가 한계비용인 *MC*와 일치하는 것으로 나타나 있는 것도 이 때문이다. 그런데 독점의 경우에는 가격과 비용 사이에 괴리가 발생한다. 즉 〈그림 8−1〉에서 독점가격인 P_m은 한계비용인 *MC*보다 위에 있다.

이것은 어떤 의미를 가지는가? 본래가 수요의 측면에서 볼 때 가격은 소비자의 선호의 강도를 나타내는 지표이다. 소비자가 기꺼이 지불할 의사가 있는 금액(willingness to pay)이 수요곡선상의 가격으로 나타난다. 가격이란 그만큼 소비자의 효용을 만족시켜 줌을, 즉 그만큼 소비자에게 소중함을 의미한다. 반면에 한계비용이란 소비자에게 그만큼 소중한 재화를 생산하기 위해 얼마만큼의 사회적 자원을 사용하였는가를 나타낸다. 따라서 $P_m > MC$란 "소비자의 만족"이 "자원활용 비용"보다 큼을, 즉 "만족">"비용"을 의미하므로 그 생산물이 사회적 관점에서 볼 때 아직 과소생산되고 있음을 뜻한다. 아직도 적은 사회적 비용(자원활용 비용)으로 보다 큰 소비자의 만족을 이루어 낼 수 있는 여지가 있음을 의미한다.

〈그림 8−1〉에서 수요곡선상 *df* 사이에 있는 소비자들의 경우가 바로 이러한 경우에 해당한다. 이들의 경우 수요곡선의 높이로 나타나는 "만족의 수준"은 높은데 한계비용의 높이로 나타나는 "비용의 수준"은 낮다. 따라서 생산을 증가하여 이들의 수요를 만족시켜 주는 것이 사회적으로 만족을 극대화하는 것이 된다. 즉 파레토효율이 된다. 그런데 독점자가 생산을 인위적으로 축소하기 때문에 이들은 불가피하게 보다 열등한 대체재를 찾아 소비하지 않을 수 없게 된다.[16] 이와 같이 독점자의 과소생산으로 인한 강요된 소비대체(消費代替) 때문에 발생하

15) 왜 반드시 그래야 하는가?

16) 여기서 열등한 대체재란 소비자에게 주는 만족(효용) 수준은 낮고 반면에 생산비용은 더 드는 경우를 의미한다. 왜 이러한 의미의 열등한 재화로의 소비대체가 일어난다고 보는가?

는 비효율이 바로 〈그림 8－1〉의 △*def*의 복지손실분이다.[17]

둘째, 독점적 지위의 획득(獲得)·유지비용(維持費用)이다. 독점의 사회적 비용은 앞에서 본 복지손실분만이 아니다. 복지손실분은 독점의 폐해의 극히 일부일지 모른다. 더 큰 자원의 낭비 내지 비효율은 독점적 지위를 획득하고 유지하기 위해 생산적 자원을 비생산적으로 사용하는 데서 온다.[18] 예컨대 인허가 등 정부의 특혜를 받아 독점적 지위를 확보하려는 기업이나, 특별입법을 통하여 독점적 지위를 확보하려는 기업은 예상되는 독점이윤의 상당부분을 정부나 국회의 로비를 위해 사용하려 할 것이다. 극단적인 경우에는 예상되는 독점이윤의 거의 전부를 이러한 로비 등의 소위 지대추구행위(地代追求行爲, rent-seeking activities)에 사용할 수도 있을 것이다. 결국 앞의 〈그림 8－1〉에서 독점이윤이었던 □*bced*가

---

17) 이 복지손실분의 크기는 다음과 같이 개략적으로 측정(approximation)해 볼 수 있다.

△*def*의 크기 $= -1/2t^{*}Ve$

$t^{*} = t \times t$

$t = (P_m - P_c)/P_c$;　P_m: 독점가격, P_c: 경쟁가격

$V = P_c \times Q_c$;　Q_c: 경쟁시장에서의 생산량

e=수요의 가격탄력성

이 복지손실분을 최초로 측정한 하버거(A. Harberger)의 연구를 보면 GNP의 0.1% 정도밖에 안 되는 것으로 나타났다. 그리하여 과연 복지손실분이라는 자원배분의 비효율을 근거로 독점을 규제하는 것이 의미가 있는가 하는 논란이 일어났다. 그러나 하버거의 모든 연구는 ① 독점금지법이 시행되고 있는 상황에서의 측정이었고, ② 독점의 폐해는 모든 산업에 골고루 나타나는 것이 아니라 특정 독과점산업에 집중적으로 나타나는 것이므로 이들 산업의 경우의 복지손실분은 대단히 클 수 있고, ③ 뒤에서 보겠지만 독점의 폐해는 복지손실분만이 아니라 독점적 지위를 구하기 위한 각종의 지대추구행위(地帶追求行爲, rent-seeking activities)로 인한 낭비 등도 포함되어야 하고, ④ 추정을 위해 사용한 자료와 추정방법론상 몇 가지 문제 등이 있어, 독점규제행위가 큰 의미가 없다고 하는 주장은 설득력을 상실했다. 그 이후에 몇몇 연구들이 뒤따랐으나 작게는 GNP의 0.5%에서 크게는 6%까지 비교적 다양한 연구결과가 나왔다. 쉐러(F. M. Scherer)는 하버거의 자료나 방법론상의 문제점을 고쳐 추정하면 GNP의 0.5%－2% 정도가 복지손실분이 될 것이라고 주장하고 있다. 비교적 합리적인 수준이 아닌가 생각한다. 다음을 참조하라. Arnold C. Harberger, "Monopoly and Resource Allocation", 44 *American Economic Review* 77 (1954); Scherer and Ross, *Industrial Market Structure and Economic Performance*, 3rd edition, Houghton Mifflin Co., 1990. 특히 pp. 661－667.

18) 이 점을 최초로 지적한 논문의 하나는 Richard A. Posner, "The Social Costs of Monopoly and Regulation", 83 *Journal of Political Economy* 807 (1975).

실은 독점적 지위의 획득·유지비용으로 사용될 수 있다. 그렇게 되면 독점으로 인한 자원의 낭비에는 앞에서 본 복지손실분만이 아니라 종래 독점이윤으로 분류하였던 부분까지도 포함시켜야 하게 된다.

정부의 인허가나 국회의 특별입법을 통한 독점적 지위의 확보 대신에 몇몇 기업들이 카르텔(cartel)을 통하여 독점적 지위를 확보하려고 하는 경우에는 어떠할까? 이때도 물론 카르텔의 형성과 유지를 위해 드는 비용 등은 모두 앞에서 본 일종의 비생산적 지대추구행위로 보아야 할 것이다. 그런데 낭비는 거기에서 끝나지 않는다. 비록 카르텔을 통하여 가격담합(price-fixing)을 한 경우에도 각 기업은 가능한 한 상품을 다양화(differentiation)하거나 혹은 애프터 서비스 등을 개선하거나 혹은 선전광고활동 등을 강화하여 개별 기업의 시장점유율을 높이려 할 것이다.[19] 소위 비가격경쟁(non-price competition)이 격화될 수 있다. 이러한 비가격경쟁은 부분적으로는 소비자들의 후생을 증가시키는 데도 기여하지만 필요 이상의 과도한 다양화 그리고 과도한 광고비지출 등의 형태로 생산비용을 불필요하게 높이게 된다. 그러면 그 부분만큼은 사회적 낭비라 하지 않을 수 없다.

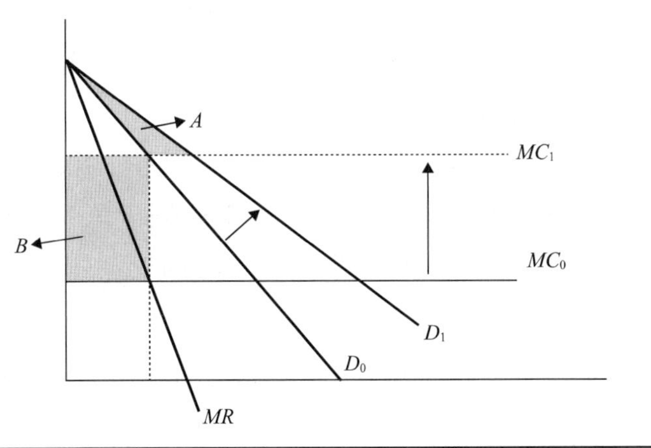

그림 8-2 비가격경쟁의 경우

19) 자신의 시장점유율을 높이면 판매상품당 $P_m - P_c$만큼씩의 독점이윤을 향유할 수 있기 때문이다. 가격이 담합되어 고정되어 있으므로 결국 누가 상대적으로 보다 많은 시장점유율을 차지하느냐가 주요한 경쟁방법이 될 수 있다.

〈그림 8－2〉를 보면 이러한 관계가 잘 나타나 있다. 비가격경쟁(非價格競爭)으로 인하여 소비자의 후생이 증가하는 것은 수요함수의 오른쪽으로의 이동으로 나타나 있다. 그리고 과도한 비가격경쟁으로 인해 생산비의 불가피한 증가는 한계비용곡선의 상향이동으로 나타나 있다. 결국 〈그림 8－2〉에서도 명백히 드러나듯이 과도한 비가격경쟁은 소비자의 후생증가분보다 생산비용의 증가분을 크게 만들 수 있다. 그리고 이론적으로는 이러한 비가격경쟁은 예상되는 독점이윤이 모두 소진될 때까지 계속될 수 있다. 결국 〈그림 8－2〉의 B의 부분이 〈그림 8－1〉의 ㅁ$bced$와 같아질 수 있다는 이야기이다.

이상과 같은 지대추구행위와 관련되어 나타나는 독점의 사회적 비용의 크기는 독점이윤의 크기인 〈그림 8－1〉에서의 ㅁ$bced$의 크기와 같은 것으로 보는 것이 일반적 견해이다. 그런데 좀 더 깊이 생각해 보면 실제 지대추구행위와 관련되어 나타나는 독점의 사회적 비용의 크기는 이 독점이윤의 크기보다 훨씬 클 수도 있다. 클 수밖에 없는 이유에는 두 가지가 있다. 첫째는 독점적 지위를 획득한 기업뿐만 아니라 획득하려고 노력했으나 실패한 기업의 지대추구비용도 함께 고려되어야 하기 때문이다. 이들도 모두 예상독점이윤을 상한선으로 해서 지대추구활동을 하였을 것이다.[20] 이러한 기업이 다수일 때는 실패한 지대추구활동으로 인한 사회적 비용은 대단히 클 수 있다. 이론적으로는 그러한 사회비용의 합은 독점이윤의 크기보다 수배·수십 배 클 수 있다.

둘째 이유는 독점을 막으려는 정부의 독점규제비용과 독점의 횡포를 피하려는 소비자들의 노력비용도 사실은 독점의 사회적 비용으로 보아야 하기 때문이다. 독점규제를 위한 입법·행정·사법비용과 독점피해를 피하려는 개별 소비자의

---

20) 튤럭(G. Tullock)은 개별 기업들의 지대추구활동을 위해 지출된 비용의 합(合)의 크기가 경우에 따라서는 예상되는 독점이윤보다 커질 수도 있음을 보이고 있다. 환언하면 지대추구 경쟁과정에서 얻으려는 지대의 크기보다 경비지출이 커질 수 있다는 것이다. 그는 개별 경쟁기업들의 경비지출의 합은 지대의 크기보다 수배·수십 배 커질 수 있음을 보여 주고 있다. Gordon Tullock, “Efficient Rent Seeking”, in *Toward a Theory of the Rent-Seeking Society*, James M. Buchanan, Robert D. Tollison, and Gordon Tullock (eds.), Texas A&M University Press (1980). 이 논문에 대한 보다 이해하기 쉬운 설명을 보려면 다음을 참조하라. Victor P. Goldberg (ed.), *Readings in Economics of Contract Law*, Cambridge University Press, 1989, pp. 43－50.

자구노력과 소비자단체의 집단노력 등이 모두 독점의 사회적 비용이다. 정부나 소비자들의 이러한 노력을 위한 비용지출도 모두가 예상되는 독점이윤의 크기를 상한선으로 할 것이다.[21] 그렇다면 이 모든 비용들을 합계하면 실제의 독점의 사회적 비용은 대단히 커질 수가 있다.

지대추구행위로 인한 독점의 사회적 비용이 예상독점이윤보다 작아질 수 있는 가능성도 물론 존재한다. (1) 독점이윤을 모두 지대추구행위로 반드시 소진시켜야 할 필요가 있는 것은 아니다. 생각보다 로비비용이 적게 들고도 독점의 확보가 가능할 수도 있다. (2) 앞의 비가격경쟁의 경우에서 보았듯이 지대추구행위 자체가 소비자들의 효용을 증대시켜 줄 수도 있다. 즉 〈그림 8-2〉에서의 *A*를 만들어 낼 수도 있다.

이상의 모든 가능성을 종합하여 볼 때 지대추구행위와 관련된 독점의 사회적 비용이 예상독점이윤보다 클 가능성이 보다 많다.

세 번째의 독점의 사회적 비용은 소위 *X*비효율(X-inefficiency)의 증대이다. *X*비효율이란 주지하듯이 라이벤슈타인(H. Leibenstein)이 사용한 용어로서 조직관리운영과 관련하여 발생할 수 있는 비효율을 의미한다.[22] 일찍이 아담 스미스도 국부론에서 "독점은 좋은 기업경영을 막는 대적(大敵)이다(a great enemy to good management)."라고 지적한 바 있지만 라이벤슈타인은 경쟁압력의 부재는 기업의 경영을 방만하게 하여 생산비용의 증대를 결과할 수 있다고 주장하고 있다.

앞의 〈그림 8-1〉에서는 독점기업이나 경쟁기업의 생산비용곡선이 동일한 것으로 그려져 있다. 두 기업 모두 가장 효율적으로 생산한다는 것이다. 그러나 독점의 경우에 *X*비효율이 존재하게 되면 독점기업의 생산비용곡선은 경쟁기업보다 위에 위치하게 된다. 마치 〈그림 8-2〉에서 비가격경쟁으로 인하여 생산비용곡선이 상향이동하는 것과 같은 결과가 된다. 따라서 이 *X*비효율이 독점의 사회

---

21) 소비자들이 독점을 피하기 위한 비용지출의 상한선이 왜 독점이윤인가?

22) Harvey Leibenstein, "Allocative Efficiency vs. X-Efficiency", 56 *American Economic Review* 392 (1966). 실제로 X비효율의 크기가 어느 정도 되는가를 알기 위한 측정방법과 여러 연구에서 나타난 기존의 측정결과에 대한 소개는 Scherer and Ross, *Industrial Market Structure and Economic Performance*, 3rd edition, Houghton Mifflin Co., 1990, pp. 668-672를 참고하라.

적 비용의 또 다른 하나의 구성부분이 된다.

다만 주의할 것은 독점의 경우 왜 이러한 X비효율이 발생하는가 하는 문제이다. 두 가지 경우로 나누어 생각해 볼 수 있다. 먼저 기업이 이윤을 극대화한다고 가정하고 생각해 보자. 독점기업이든 경쟁기업이든 이윤을 극대화한다면 당연히 비용을 최소화하려 노력할 것이다. 따라서 경쟁기업의 경우에는 비용최소화의 유인이 있는데 독점기업에는 비용최소화의 유인이 없다고 보는 것은 잘못이다.

경쟁기업이든 독점기업이든 이윤극대화를 전제로 하는 한 비용최소화의 유인은 똑같이 존재한다. 독점기업이라고 하여 돈을 낭비할 유인이 있다고 보기는 어렵다. 그렇다면 어떤 근거에서 독점의 경우 생산비용면에서 비효율이 존재한다고, 즉 생산비가 경쟁기업의 경우보다 더 많이 들 것이라고 보는가? 그 이유는 비용최소화 유인에 독점기업과 경쟁기업 간에 차이가 있는 것은 아니지만 비용최소화의 능력(정보능력)에 차이가 있기 때문이다. 경쟁기업의 경우에는 시장에서의 경쟁을 통하여 끊임없이 다른 기업들의 비용최소화 노력에 접하게 된다. 그러한 노력들이 특히 시장가격을 통하여 나타난다. 시장가격이란 어떤 의미에서는 다른 기업들의 효율성 제고 노력과 그 결과들을 집약적으로 보여 주는 지표라고 볼 수 있다.

그래서 이러한 가격의 변동을 통해 다른 기업의 노력을 보고 스스로도 끊임없이 효율성 제고에 노력하게 된다. 소위 "경쟁의 압력"이라는 것이다. 그런데 독점기업의 경우에는 이러한 의미의 시장가격도, 시장압력도 없다. 자신이 과연 효율적으로 생산하고 있는지를 점검해 볼 지표가 없다. 자신이 과연 효율적으로 경영하고 있는지 점검해 볼 수단이 없다. 자기 스스로가 시장가격을 결정하기 때문이다. 따라서 독점의 경우에도 비용최소화의 유인은 존재하나 비용최소화의 능력(정보능력)은 경쟁기업의 경우보다 부족하고 그 결과 X비효율이 발생할 수 있다.

독점의 경우 X비효율이 발생할 수 있는 또 하나의 경우로서 소위 이윤극대화의 가정을 취하지 않는 경우를 보자. 기업이 이윤만을 극대화하지 않고, 예컨대 기업의 이윤과 전문경영인의 개인적 효용(예컨대 좋은 사무실, 후한 후생복지비 등)의 합을 극대화하려 한다면, 그만큼 기업은 비용최소화의 압력을 덜 받게 된다.[23)]

23) 이는 물론 소유와 경영의 분리를 전제로 한 이야기이다. 소유는 수많은 주주들에게 분산소유되어 있고 경영은 사실상 전문경영인들에 의해 장악되어 있을 때 소위 전문경영

그런데 비용최소화의 압력을 덜 받는 정도는 독점이윤을 내고 있는 독점기업의 경우와 그렇지 못한 경쟁기업의 경우가 크게 다르다. 물론 독점기업의 경우가 비용최소화의 압력을 덜 받는다. 따라서 그 결과 독점기업의 경우가 경쟁기업의 경우보다 전문경영인의 개인적 효용증대를 위한 자원사용이 증가하게 된다. 결국 독점의 경우 상대적으로 *X*비효율이 증가한다.

제4절 독점의 사회적 이익

주지하듯이 슘페터(J. Schumpeter)는 시장지배력(市場支配力)과 기술혁신 사이에는 정(正)의 상관관계(相關關係)가 있다고 주장한다. 독점적 대기업은 일반적으로 자금동원력이 크고, 위험부담능력이 뛰어나며, R&D 투자에 있어 규모의 경제를 향유하기가 용이하므로, 소위 기술혁신에 적극적이며 기술혁신을 선도한다고 주장한다.[24] 만일 이것이 사실이라면 이는 독점의 사회적 공헌 내지 이익이 아닐 수 없다. 우리는 지금까지 독점의 사회적 비용을 독점이 주로 정태적 효용(static efficiency: 특히 배분적 효용)에 주는 부의 효과(negative effect)를 중심으로 논하여 왔으나, 만일 독점기업이 경쟁기업보다 기술혁신에 기여가 크다면 이는 독점이 동태적 효용(dynamic efficiency: 기술진보)에 정의 기여(positive effect)를 하는 셈이 된다. 만일 슘페터의 주장이 옳다면 앞의 〈그림 8－1〉에서 독점기업과 경쟁기업의 생산비용곡선을 동일하게 그린 것은 잘못일 수도 있다. 경쟁기업의 경우보다 독점기업의 경우가 더 낮아야 한다. 과연 슘페터의 주장은 타당한가? 이론적으로 타당할 뿐 아니라 실증적으로도 지지되는 주장인가?

슘페터 명제의 이론적 검토를 위해 두 가지 경우로 나누어 생각해 보자. 첫

인들의 개인적 효용증대를 위해 회사자원이 사용될 여지가 발생한다. 이 문제는 제6편 회사법의 경제구조에서 대리인비용의 문제로서 자세히 다룬 바 있다.

24) Joseph Schumpeter, *Capitalism, Socialism and Democracy*, 3rd ed., Harper and Row, 1950.

번째 경우는 한번 기술혁신을 하면 그 기술혁신이 특허(patent)에 의해 보호될 뿐 아니라 특허에 의해 보호되는 기술혁신의 이익이 장기에 걸쳐 지속되는 경우이다. 두 번째 경우는 한번 기술혁신을 하여 특허권을 취득하였다 하여도, 유사한 새로운 기술혁신이 일어나 특허를 취득하게 되면 기존의 기술혁신의 이익을 사실상 새로운 특허권자와 분점해야 하는 경우이다. 전자는 비경쟁적 특허경쟁(非競爭的 特許競爭, no patent race)의 경우이고 후자는 경쟁적 특허경쟁(patent race)이 있는 경우이다.

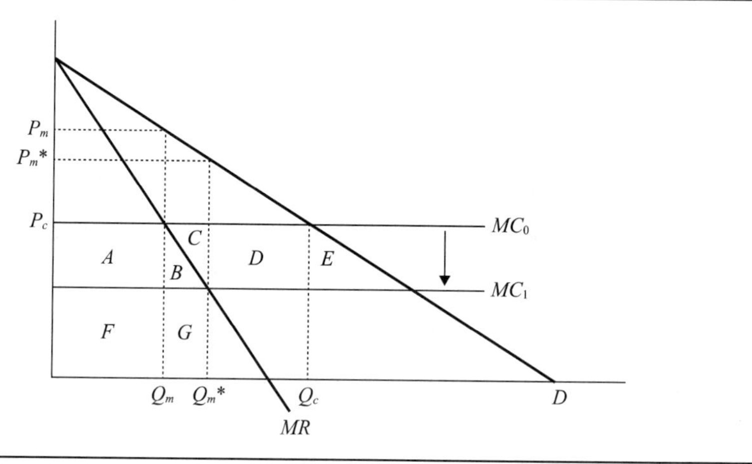

그림 8-3 혁신효과(革新效果)의 차이

전자의 경우를 생각하면 경쟁기업의 경우가 독점기업의 경우보다 혁신의 유인이 강하다고 할 수 있다. 이는 경쟁기업의 경우가 독점기업의 경우보다 혁신의 이익이 크기 때문이다. 이는 〈그림 8-3〉을 보면 알 수 있다. 혁신으로 인하여 한계생산비가 MC_0에서 MC_1으로 떨어졌다고 하자. 경쟁기업의 경우에는 가격은 종래와 같이 P_c이고 생산량도 종래와 같이 Q_c이다. 왜냐하면 다른 수많은 경쟁기업에는 기술혁신이 없었으므로 여전히 한계생산비는 MC_0이고 따라서 시장가격은 P_c이기 때문이다.[25] 그러나 동일한 내용의 혁신이 독점기업의 경우에 발생하면

25) 여기서는 기술혁신을 한 기업이 다른 모든 경쟁기업들과 가격전쟁을 도모하지 않고 오

가격과 생산량이 변화하게 된다. 시장가격이 따로 존재하는 것이 아니라 독점기업이 정하기 때문이다. 기술혁신으로 인하여 독점기업의 경우 독점가격은 P_m에서 P_m*로 하락하고 독점기업의 생산량은 Q_m에서 Q_m*로 증가한다. 여기서 우리는

$$\text{경쟁기업의 혁신의 이익} = A+B+C+D$$
$$\text{독점기업의 혁신의 이익} = A+B$$

라고 표시할 수 있다. 경쟁기업의 혁신의 이익이 $A+B+C+D$임은 쉽게 이해할 수 있을 것이다. 왜냐하면 생산량과 가격은 종전과 마찬가지로 각각 Q_c이고 P_c인데 실제 생산비는 이 기업의 경우만 기술혁신의 덕분으로 MC_1이 되었기 때문이다. 따라서 경쟁기업의 경우에는 혁신으로 인해 $A+B+C+D$만큼의 추가이익이 발생한다. 독점의 경우에는 혁신의 이익은 혁신 후의 총수입(total revenue)의 증가분과 혁신 후의 총비용(total cost)의 감소분의 합으로 생각할 수 있다. 그런데 혁신 후의(생산 증가로 인한) 총수입의 증가분은 $B+G$이고 혁신 후의(생산 증가로 인한) 총비용의 감소분은 $A-G$이다.[26] 따라서 혁신의 이익은 $(B+G)+(A-G)$이므로 결국 $A+B$가 된다.

결국 경쟁기업의 경우가 독점의 경우보다 혁신의 이익이 크고 따라서 혁신의 유인이 보다 강하다는 이야기이다.[27] 따라서 경쟁적 특허경쟁이 없는 경우에는 경쟁적 기업의 경우가 독점적 기업의 경우보다 혁신의 유인이 보다 크기 때문에 이 경우에는 슘페터의 명제는 옳지 않다고 볼 수 있다.

반면에 후자의 경우, 즉 경쟁적 특허경쟁이 있는 경우에는 슘페터의 명제가 옳은 주장이 될 가능성이 크다. 경쟁적 특허경쟁이 있는 경우 독점기업은 만일 자신이 끊임없이 선두주자가 되지 않으면, 환언하면 다른 경쟁기업에 의해 추월을 당하게 되면, 지금까지의 투자한 R&D 비용뿐만 아니라 기존의 독점적 지위와 이

직 기술혁신으로 이룬 자신의 이익증대분만을 지속적으로 향유하려 한다는 것을 가정하고 있다.

26) 왜 그럴까?

27) 이상은 각각의 기업의 입장에서 본 혁신의 이익들이다. 만일 사회전체의 관점에서 기술혁신의 이익을 본다면 그 크기는 얼마나 될까? 혹자는 $A+B+C+D+E$가 될 것이라고 주장한다. 과연 그러한가?

익도 새로운 특허권자와 함께 나누어야 하는 복점(duopoly)상태가 된다. 그러나 추월하려는 기업의 경우에는 추월에 실패하면 지금까지의 R&D 투자분만 손해를 보면 된다. 결국 끊임없는 새로운 특허경쟁에서 실패하는 경우 치러야 하는 비용의 크기가 기존의 독점기업이 추월하는 기업보다 훨씬 크다고 할 수 있다. 반면에 경쟁적 기업들 간에는 위와 같은 쫓고 쫓기는 관계가 성립하지 않는다. 추월당하였다 하여도 추월기업과 함께 나누어야 할 독점이익이 없기 때문이다. 따라서 독점기업의 경우가 경쟁기업의 경우보다 혁신에 앞장서야 할 유인이 더 크다고 할 수 있다.[28]

이상과 같이 혁신의 유인 측면을 보면 일반적으로 경쟁기업과 독점기업 중 어느 쪽이 보다 혁신적인가에 대하여는 일률적으로 답하기 극히 어렵다. 구태여 일반화를 시도한다면, 특허경쟁의 가능성이 상대적으로 적은 산업이나 업종 혹은 그러한 기술의 경우에는 일반적으로 경쟁기업이 보다 혁신적이고, 반면에 특허경쟁이 심한 산업이나 업종 혹은 기술의 경우에는 독점기업이 보다 혁신적이라고 볼 수 있을 것이다.

시장구조와 기술혁신의 관계에 대한 실증연구는 대단히 많다. 그러나 연구의 결과들이 매우 다양하고 상호모순되는 경우도 많아 이 문제에 대한 일률적인 결론을 내리기는 대단히 어렵다. 한 가지 일반론이 가능하다면 시장구조와 기술혁신과의 관계는 결코 직선적인 관계가 아니라는 것이다. 환언하면 경쟁에서 독점으로 갈수록 기술혁신적이 된다거나 역으로 독점에서 경쟁으로 갈수록 기술혁신적이 되는 그러한 관계가 아니다. 오히려 대부분의 경우 시장구조와 기술혁신은 비직선적(非直線的, non-linear)관계라는 것이다. 즉 아주 경쟁적인 시장의 경우에는 오히려 비혁신적이고, 느슨한 과점시장(寡占市場)이나 느슨한 카르텔의 경우가 보다 혁신적이며, 더 나아가 독점이나 견고한 카르텔이 되면 다시 비혁신적이 되는 관계라는 것이다.[29]

---

28) 사실 엄밀히 이야기하면 독점기업의 경우에는 추월하려는 자만 따돌리면 된다. 따라서 특허를 확보해 놓고도 사실상 휴면상태(sleeping patent)에 두는 경우도 적지 않다.

29) 쉐러와 로스는 그들의 책에서 이러한 일반적 경향을 예측할 수 있는 있는 모형을 제시하고 있다. 간단하면서도 흥미 있는 모형이므로 일독을 권한다. Scherer and Ross, *Industrial Market Structure and Economic Performance*, 3rd edition, Houghton Mifflin

쉐러(Scherer)와 로스(Ross)는 시장구조와 기술혁신의 관계에 대한 기존의 실증연구들을 비교적 자세히 검토한 후 다음과 같이 결론짓고 있다.

> "완전경쟁시장의 경우 기술혁신이 어려울 것이라는 슘페터의 주장은 옳다. 그러나 독점이나 견고한 카르텔의 경우가 보다 기술혁신적이라는 주장은 잘못이다. 급속한 기술혁신을 위해 필요한 것은 독점적 요소와 경쟁적 요소의 혼합(a subtle blend of competition and monopoly)이다. 전자보다는 후자의 성향이 강한 혼합이 필요하다. 다만 기술혁신의 기회가 풍부한 분야일수록 독점적 요소의 중요성은 줄어든다."30)

Co., 1990, pp. 630−637.

30) Scherer and Ross, *Industrial Market Structure and Economic Performance*, 3rd edition, Houghton Mifflin Co., 1990, p. 660.

제2장 관련시장(關聯市場)과 시장지배력(市場支配力)

제 1 절 일정한 거래분야란?

독점이란 무엇인가? 독점이란 시장지배력(monopoly power)을 의미한다. 그러면 시장지배력 혹은 독점력이란 무엇을 의미하는가? 시장지배력이란 한마디로 시장가격(市場價格)을 한계생산비(限界生産費)수준 이상으로 올릴 수 있는 힘을 의미한다. 그런데 주지하듯이 완전경쟁시장하에서의 한계생산비(한계비용)수준은 시장가격과 같으므로 어느 기업 혹은 기업군들의 시장지배력의 유무나 그 정도를 확정하기 위해서는 그 기업이나 기업군들이 시장가격을 완전경쟁시장가격보다 얼마나 높은 수준으로 올릴 수 있는가를 보아야 한다.

그런데 이러한 의미의 시장지배력의 유무(有無)나 정도를 확정하기 위해서는, 뒤에 자세히 설명하겠지만, 당해 기업의 상품에 대한 수요의 가격탄력성(價格彈力性)만 알면 시장지배력의 크기를 쉽게 확정할 수 있다. 당해 기업상품에 대한 수요의 가격탄력성만 알면 사실은 "시장의 크기" 환언하면 "일정한 거래 분야의 크기"를 확정하지 않고도 당해 기업의 시장지배력을 알 수 있다.

그러나 많은 경우 특정기업의 상품에 대한 수요의 가격탄력성을 측정하기란 그렇게 용이하지 않다. 그래서 대부분의 경우 두 단계를 통하여 시장지배력의 유무와 정도를 확정한다. 제1단계는 소위 일정한 거래 분야, 즉 관련시장(關聯市場, relevant market)의 크기를 정하는 단계이다. 독점이란 일정한 시장에서의 시장지배력을 의미하므로 우선 일정한 시장의 크기를 정하는 것이 필요하다. 그리고 나서 제2단계는 당해 시장에서의 당해 기업의 시장점유율(market share)을 찾아내는 것이다. 이 시장점유율의 크기를 가지고 시장지배력의 유무나 정도를 확정한다. 이와 같이 두 가지 단계를 걸치는 것이 일반적이다.

우리나라의 경우, 종전에는 형식적으로 시장점유율을 가지고 시장지배적 사업자를 지정하고 있었다. 구(舊)공정거래법 제2조 제7항을 보면 시장지배적 사업자라 함은, 동종 또는 유사한 상품이나 용역의 공급에 있어 시장점유율이 100분의 50 이상인 1개 사업자, 그리고 사업자의 시장점유율의 합계가 100분의 75 이상인 3개 이하의 사업자로 되어 있었다. 여기서 어디까지를 동종(同種) 또는 유사한 상품으로 볼 것인가가 실은 관련시장의 범위를 확정하는 것이 되고 그 확정이 끝난 다음에는 당해 기업의 시장점유율을 계산하여 그 크기를 가지고 시장지배력 유무를 판단하게 된다. 그러다가 1999년 동규정을 개정하여 "일정한 거래 분야의 공급자나 수요자로서 단독으로 또는 다른 사업자와 함께 상품이나 용역의 가격·수량·품질 기타의 거래조건을 결정·유지 또는 변경할 수 있는 시장지위를 가진 사업자"로 실질적으로 규정하면서 이 판단에 있어서는 종전의 시장점유율뿐만 아니라, 진입장벽의 존재 및 정도, 경쟁사업자의 상대적 규모 등을 종합적으로 고려한다(공정거래법 제2조 제7호). 위 시장점유율 규정은 제4조로 옮겨 추정기준으로 변경하였는데, 현재 공정거래위원회는 이 제4조의 추정규정을 적극 활용하고 있다. 여전히 시장점유율 기준으로 시장지배적 사업자를 판단하는 경향이 있으며, 이 요건에 해당하지 않는 경우에는 시장지배적 지위를 잘 인정하지 않는다.

그런데 관련시장의 크기를 확정하는 문제는 공정거래법에서 대단히 중요한 의미를 가진다. 단순히 동법 제3조에서 시장지배적 사업자의 지위남용행위를 규제하기 위해 누가 시장지배적 사업자인가를 정하는 데에만 관련시장의 개념이 활용되는 것은 아니다. 동법 제7조에서 경쟁제한적 기업결합을 제한하는 경우 그리고 동법 제19조에서 부당한 공동행위(共同行爲)를 제한하는 경우 등의 경우에도 경쟁제한적인가 아닌가를 정하기 위해서는 무엇보다도 먼저 관련시장의 범위가 확정되어야 한다. 관련시장, 즉 일정한 거래분야의 범위가 확정되어야 그 거래분야에서 과연 경쟁제한적 효과가 있는지 여부를 판단할 수 있다. 그러면 여기서 일정한 거래분야란 과연 무엇을 의미한다고 보아야 하는가?

동법 제2조 제8호를 보면 일정한 거래 분야란 "거래의 객체별·단계별 또는 지역별로 경쟁관계에 있거나 경쟁관계가 성립될 수 있는 분야를 말한다."고 되어 있다. 그러면 경쟁관계 내지 경쟁관계가 성립될 수 있는 범위란 보다 구체적으로 무엇을 의미한다고 보아야 할까? 여기서 경쟁관계에 있는가 아닌가는 무엇을 기준으로 판단해 보아야 할까? 어느 경우에 경쟁관계에 있다고 보아야 할까? 한마디로 수요 혹은 공급의 측면에서 볼 때 대체가능성(substitutability)이 높으면 이는 경쟁관계에 있다고 보아야 할 것이다.1) 여기서 대체가능성이 높다고 하는 것은, 작지만 의미 있는(small but significant) 가격인상이 있는 경우 적지 않은 소비자들이 다른 상품으로 소비대체(消費代替, substitution in consumption)를 하는 경우 또는 다른 상품의 생산자가 공급을 크게 늘리는 경우, 즉 생산대체(生產代替, substitution in production)가 일어나는 경우를 의미한다. 이런 사고방식을 SSNIP테스트라고 부른다. 여기서 생산대체란 종래의 유휴설비를 활용하여 기존 상품의 생산을 늘리는 경우도 있고, 지금까지 다른 상품을 만들어 오던 생산시설을 적은 비용으로 개조하여 당해 상품과 소비의 대체성이 높은 새로운 상품을 만드는 수도 있을 것이다.

예컨대 *X*재와 *Y*재가 있는 경우 만일 *X*재의 가격을 작지만 의미 있게 올렸을 때 적지 않은 소비자들이 *X*재 대신 *Y*재를 사용하게 되면 *X*재와 *Y*재 간에는 소비대체(消費代替)가 일어나는 것이다. 따라서 *X*재와 *Y*재는 경쟁관계에 있다고, 환언하면 동일한 관련시장에 속한다고 보아야 한다. 뿐만 아니라 *X*재의 가격을 작지만 의미있게 올렸을 때 *Y*재 생산업자가 *Y*재의 생산을 크게 증가시킨다면, 혹은 지금까지 *Z*재를 생산하던 기업이 단기에 신속하게 시설을 개조하여 *Y*재나 *X*재의 생산에 참여한다면 이는 생산대체가 일어나는 것으로 보아야 하고 이러한

1) 기본적으로 유사한 관점에서 한동안 수요의 교차탄력성(交叉彈力性, cross elasticity of demand)이란 개념이 시장개념의 확정을 위해 자주 논의된 적이 있다. 그런데 문제는 여기에는 공급의 측면이 들어가 있지 않다. 예컨대 오른손잡이 골프채와 왼손잡이 골프채는 수요의 교차탄력성(交叉彈力性)은 거의 없지만 생산과 공급의 측면에서는 생산의 교차탄력성은 대단히 높을 것이다. 결국 왼손잡이 골프채와 오른손잡이 골프채는 동일시장으로 분류해야 하는데 수요 측 사정만 보면 낮은 교차탄력성으로 인하여 다른 시장으로 분류될 위험이 있다.
또 하나의 문제는 *X*재의 가격변화가 *Y*재의 수요변화에 주는 영향과 *Y*재의 가격변화가 *X*재의 수요변화에 주는 영향이 크게 다르게 나오는 경우가 발생한다는 점이다. 전자를 계산해 보면 교차탄력성이 낮아 이종(異種)의 시장으로 분류해야 하는데 후자를 계산하면 교차탄력성이 높아 동종(同種)의 시장으로 분류해야 하는 경우가 나온다. 어떤 경우가 그러한가 각자 생각해 보라.

경우에는 X, Y, Z재 생산기업 모두가 경쟁관계에 있다고, 환언하면 동일한 관련시장에 속한다고 보아야 한다.

다만 주의할 것은 특히 생산대체(生産代替)의 경우에는 단기간에 신속한 시설개조라는 조건이 엄격히 요구되어야 한다. 왜냐하면 장기에 걸치는 시장진입도 모두 생산대체로 보아 이를 모두 경쟁관계개념에 포함시키는 것은 시장의 크기를 부당히 확대하는 것이 된다. 생산대체는 시장진입과는 명백히 달리 단기에 적은 비용으로 쉽게 일어날 수 있는 경우만을 의미한다. 따라서 상당한 시설투자를 하거나 인력을 훈련하여야 경쟁상품을 생산할 수 있는 경우에는 새로운 시장진입이고 기존의 시설이나 인력을 대부분 그대로 활용하고 약간의 시설개체 정도로 쉽게 경쟁상품을 생산할 수 있는 경우에만 생산대체로 보아야 한다.

이상과 같이 생산과 소비에 있어서의 대체성의 정도를 고려하여 관련시장의 크기를 정하는 것이 이론적으로 가장 합리적인 것으로 보인다. 그런데 한 가지 문제가 있다. 즉 앞에서 작지만 의미 있는 가격인상이 있는 경우라고 할 때 그때의 가격수준이 문제가 된다. 어느 가격에서 작지만 의미 있는 가격상승이 있을 때라고 보아야 할까, 무엇을 기준가격으로 할 것인가가 문제가 된다. 이것이 문제가 되는 것은 다음과 같은 이유 때문이다.

기존의 시장가격에서 작지만 의미 있는 가격인상을 하였다고 하는 경우 만일 기존의 시장가격이 이미 독점가격이라면 소비대체와 생산대체가 크게 일어날 가능성이 높아 시장의 범위를 부당하게 확대할 가능성이 발생한다. 그리고 그 결과 독점기업을 독점이 아니라고 판단할 위험이 커진다.

독점가격이란 무엇인가를 다시 생각해 보자. 독점가격이란 이미 올릴 수 있는 한 올린 가격이다. 더 이상 올리면 이제 가격의 상승률보다 수요의 감퇴율이 높아서 독점기업의 총수입을 오히려 줄이는 수준까지 이미 오른 가격이다. 우리가 독점기업은 항상 수요의 가격탄력성이 탄력적(elastic)인 데에서만 활동한다고, 환언하면 수요의 가격탄력성이 1보다 큰 데에서만 가격수준과 생산량수준을 정한다고 이야기하는 것은 이러한 상황을 두고 하는 이야기이다. 그렇다면 이미 독점이 된 기업의 시장가격, 즉 독점가격을 기준으로 하여 그 이상으로 다시 가격을 인상하면 당연히 소비자들은 다른 상품을 찾아 소비대체를 할 것이고 동시에 생산자들도 독점이윤에의 참여를 위해 생산대체를 시도할 것이다. 그 결과 가격인상이 소비대체와 생산대체에 주는 영향이 크게 나타난다.

예컨대 *X*재가 독점상품이라서 이미 가격수준이 상당히 높은데 그 위에 다시 가격을 올리면 *X*재에서 *A*재나 *B*재로 소비자가 소비이동을 하게 되고, 종래 *C*재나 *D*재를 생산해 오던 기업들도 증가된 독점이윤 때문에 *X*재 생산에 관심을 가지게 된다. 그러나 가격인상이 큰 소비대체와 생산대체를 가져온다고 해서 이들 *A*, *B*, *C*, *D*재를 모두 *X*재와 동일시장에 속한다고 본다면 이는 큰 잘못이 된다. 결국 관련시장의 크기를 부당하게 확대하는 것이 되어 그 결과 이미 독점기업이 되어 있는 *X*재 생산기업을 독점기업이 아니라고 판단하게 된다.[2] 환언하면 높은 소비대체나 생산대체의 가능성 자체가 경우에 따라서는 독점의 존재 그 자체를 의미할 수도 있다는 것이다.

이 딜레마를 해결하기 위해서는 두 가지 방법이 있을 수 있다고 본다. 하나는 현재의 시장가격을 기준으로 하여 가격인상이 수요와 공급에 어떤 영향을 주는가를 보지 말고, 통상의 경쟁적 이윤(normal competitive profit)이 발생하는 경우의 시장가격, 즉 경쟁적 시장가격(competitive price)을 기준으로 하여 거기서 작지만 의미 있는 가격인상이 있었을 때 수요와 공급에 주는 영향이 어떠한가를 보도록 하는 방법이다.

또 하나의 방법은 가격의 인상효과뿐만 아니라 가격의 하락효과도 함께 측정하여 검토해 보는 방법이다. 만일 가격의 하락이 수요의 작은 증가만을 가져오는 반면에 가격의 인상이 수요의 큰 하락을 가져온다면 이는 분명 이미 당해 상품이 독점상품임을 의미한다고 보아야 한다.[3] 반면에 가격의 하락이 수요의 큰

---

2) 이러한 문제점에 착안하여 포즈너는 1956년의 U. S. v. Du Pont 사건(소위 Cellophane monopolization 사건)을 비판한다. 그는 연방대법원이 시장의 크기를 확정하면서 사용한 소위 합리적 상호교환성(reasonable interchangeability)이란 개념이 첫째, 생산에서의 대체성을 감안하지 아니했고, 둘째 합리적 상호교환성을 판단할 때의 어느 가격수준을 기준으로 하는지가 불확실하다고 비판했다. 특히 후자와 관련하여 현재의 시장가격에서 이를 판단하게 되면 만일 현재의 시장가격이 독점가격이면 본문에서 지적한 것과 같은 문제가 발생할 수 있음을 지적하고 있다. Richard Posner, *Antitrust Law: An Economic Perspective*, University of Chicago Press, 1976.

3) 왜 그럴까? 이 두 번째 방법을 제시한 논문은 Krattenmaker, Landes and Salop, "Monopoly Power and Market Power in Anti-trust Law", 76 *Geo. Law Journal* 241 (1987).

증가를 그리고 가격의 인상이 수요의 큰 하락을 가져오는 경우라면 아직 이 상품은 경쟁상품이고 시장개념은 확대되어야 함을 의미한다.

이상과 같은 방법을 통하여 문제점을 보완해야 하겠지만, 결국 시장범위의 확정은 생산과 소비에 있어서의 대체가능성을 기준으로 할 수밖에 없다고 본다. 가격의 작지만 의미 있는 상하방(上下方) 변동이 수요와 공급에 주는 영향을 보아 시장의 범위를 확정해야 한다고 생각한다. 이와 관련하여 한 가지 흥미 있는 개념은 보여(K. Boyer)가 제시한 "이상적인 담합가능집단(ideal collusive group)"이란 개념이다. 그는 시장개념을 정할 때 이상적인 담합이 가능한 집단을 단일시장으로 보자고 주장한다.[4] 앞에서 우리가 소비와 생산에서의 대체가능성을 기준으로 제시한 시장개념과 기본적으로 크게 다르지 않은 내용이라고 본다.

시장에는 본래 두 가지 차원이 있다. 하나는 상품을 기준으로 하는 상품시장이고, 다른 하나는 지역을 기준으로 하는 지역시장이다. 따라서 어디까지를 동일상품시장에 속한다고 볼 것인가 혹은 어디까지를 동일지역시장에 속한다고 볼 것인가가 사실은 시장범위확정에 구체적 과제가 된다. 지금까지 앞에서 주장한 대체가능성기준은 상품시장(product market)의 크기뿐만 아니라 지역시장(geographical market)의 크기를 확정하는 데에도 그대로 적용될 수 있는 기준이다. 다만 지역시장의 경우 해외무역부문을 구체적으로 어디까지 관련시장에 포함시킬 것인가 하는 것이 중요과제로 남는다.

이 문제는 곧 구체적으로는 우리나라 공정거래법 제2조 제8호에서 이야기하는 경쟁관계에 있거나 경쟁관계가 성립될 수 있는 범위를 우리나라의 법률적 국경을 넘어 어디까지 인정할 것인가의 문제이다. 경제적 국경의 범위를 어디까지 확대할 것인가의 문제이다. 그리고 이 지역시장의 범위를 어디까지 잡느냐에 따라 과연 특정 기업결합이나 특정 공동행위에 실질적 경쟁제한 효과가 있는가 없는가의 판단이 달라지게 된다. 지역시장의 범위를 해외까지 확대하여 크게 잡으면 사실상 대부분의 기업결합이나 공동행위는 경쟁제한 효과가 없어지는 것으로 나타날 것이다.

이 문제에 대한 하나의 극단적 입장은 전세계시장(world market)을 하나의 지

4) Kenneth D. Boyer, "Industry Boundaries", in T. Calvani and J. Siegfried (eds.), *Economic Analysis and Antitrust Law* (2nd edition), Little, Brown and Co., 1988, pp. 70−77.

역시장으로 보는 견해일 것이다. 관세나 비관세장벽과 같은 인위적 제한이나 수송비와 같은 경제적 장애가 없다면 세계시장을 단일의 관련지역시장으로 보아 무방할 것이다. 그러나 현재로는 이러한 제한들로 인하여 사실상 세계시장을 단일시장으로 볼 수는 없다. 소비와 생산에 있어서의 대체가능성이 아직은 충분히 높다고 볼 수 없기 때문이다.

보다 합리적인 견해로는 일단 국가단위의 시장(national market)을 하나의 관련지역시장으로 보고 다만 국제무역의 광범위한 존재를 인정하여 국제경쟁가능성을 지역시장의 확정에 적극 고려하는 입장이 있다. 이와 관련하여 랜드스와 포즈너(Landes and Posner)는 논쟁의 여지가 많은 주장을 제시하고 있다. 그들의 주장은 다음과 같다.

> "만일 멀리 떨어져 있는 생산자가 우리의 지역시장에 자신들의 생산물의 일부라도 팔고 있다면, 당해 상품의 시장범위를 확정할 때 이 생산자의 전판매량(all its sales)을, 그것이 어디서 만들어지고 있든지 불문하고, 동일 관련시장범위(同一關聯市場範圍)에 포함시켜야 한다. 왜냐하면 이미 생산량의 일부라도 팔고 있다는 사실 자체가 우리의 지역시장에의 그들의 공급능력을 보여 주고 있기 때문이다. 그들은 우리 시장의 가격이 오르면 다른 시장에의 판매를 줄이고 우리 시장에로의 판매이동을 도모할 것이기 때문이다."[5)]

소위 판매이동가설(販賣移動假說, diversion approach)을 주장하여 해외에서 수입되어 국내에서 판매되고 있는 상품의 경우 그 상품의 세계판매량 모두를 관련시장범위 확정시 시장범위에 포함시켜야 한다는 주장이다. 그리고 그들은 여기서 그치지 않고 좀 더 나아가 멀리 떨어져 있는 생산자의 실제 생산량뿐만 아니라 활용되지 않고 있는 생산능력을 포함한 총생산능력(total capacity) 전체를 시장범위에 포함시켜야 한다[6)]고 주장한다.

그들의 이러한 주장에 대하여 많은 비판들이 나왔다. 예컨대 첫째는 그들의 주

---

5) Landes and Posner, "Market Power in Antitrust Cases", 94 *Harvard Law Review* 937 (1981), pp. 963-967.

6) Landes and Posner, "Market Power in Antitrust Cases", 94 *Harvard Law Review* 937 (1981).

장은 국내생산상품과 수입상품이 동일상품(homogeneous products)의 경우에만 적합할 여지가 있을 뿐이고, 차별화된 상품(differentiated products)의 경우에는 적용되기 어렵다는 것이다. 차별화된 상품은 항상 어느 정도의 독점력을 수반하며 국내에서 현재 일부만 판매되고 있다는 사실은 단순히 가격 때문만이 아니라 당해 상품의 특징에 대한 소비자들의 선호도에 한계가 있다는 것을 나타내고 있을 수도 있다는 것이다. 둘째는 그들의 주장은 수송능력에 한계가 있을 수 있다는 사실을 전혀 고려에 넣지 아니했을 뿐 아니라 수송비용에 대하여도 고려가 충분하지 않다는 것이다. 아무리 가격조건이 유리해졌다고 하여도 예컨대 파이프를 이용한 가스의 운송 등과 같이 수송 능력 자체의 한계가 있을 수도 있다. 수송비의 문제도 물량의 증가에 따라 보다 큰 비율로 증가할 수도 있다. 셋째는 만일 거대한 판매이동을 기도하는 경우에는 국가 간 정치적 문제가 발생할 수도 있다는 점이다. 현재 존재하는 관세나 비관세장벽 자체가 판매이동물량의 증가에 따라 얼마든지 보다 제한적으로 작용하고 기능할 수 있다. 넷째는 판매이동을 계속하면 우리 시장에서의 공급은 늘어 가격은 하락하고 반면에 당해 외국에서는 당해 상품의 공급이 줄어 그곳에서의 가격인상이 불가피해지므로 그러한 상황에서 무제한의 판매이동은 불가능하다는 것이다. 일정한 수준 이상이 되면 더 이상의 판매이동의 유인이 없어진다는 것이다.[7)]

랜드스와 포즈너의 주장에는 과도하게 시장범위를 확대할 위험이 있는 것은 사실이다. 그러나 어떤 형태로든 해외로부터 오는 경쟁의 압력을 시장의 개념정립에 반드시 반영해야 하는 것도 사실이다. 특히 오늘날과 같이 경제의 국제화의 속도가 빨라지고 폭이 급속히 확대되고 있는 상황에서 이러한 필요는 더욱 증대한다고 볼 수 있다. 이러한 상황변화를 어느 선까지 반영할 것인가? 가장 합리적인 방법은 본래의 시장개념으로 돌아가 작지만 의미있는 가격변동이 있을 때 일어나는 소비대체와 생산대체의 크기를 보아 이를 기준으로 관련시장의 범위를 확정해야 할 것이다. 그런데 이때 소비대체와 생산대체의 발생지를 앞으로는 국내에 한정하려고만 해서는 안 될 것이다. 상당히 큰 소비대체가 해외에서 일어난다

7) Louis Kaplow, "The Accuracy of Traditional Market Analysis and a Direct Adjustment Alternative", 95 *Harvard Law Review* 1849 (1982); M. Handle, H. Blake, R. Pitofsky, H. Goldschmid, *Trade Regulation: Cases and Materials*, 3rd ed., The Foundation Press, Inc., 1990, pp. 214−215 등을 참조하라.

면 또한 상당히 큰(substantial) 생산대체가 해외에서도 일어난다면 이들을 감안하여 관련시장의 범위를 넓게 정하려는 노력이 필요하다. 결국 국제화 등 경제체계 변화의 추세에 따라 관련시장범위의 점진적 확장이 불가피할 것이다. 그리고 그것은 보다 정확히 경제의 현실을 반영하는 것이기 때문에 바람직한 것이다.

제 2 절
시장지배력(市場支配力)이란?

우리는 앞에서 이미 시장지배력 혹은 독점력이란 시장가격을 한계생산비(marginal cost)수준 이상으로 올릴 수 있는 힘이라고 정의하였다. 또한 경쟁시장에서의 한계생산비란 시장가격과 일치하므로 결국 시장지배력이란 시장가격을 경쟁적 시장가격 이상으로 올릴 수 있는 힘을 의미한다. 물론 손해를 보며 가격을 올리는 것은 아무 의미가 없으므로 여기서 가격을 올린다는 것은 생산에 대한 시장수요가 크게 떨어지지 않는 범위 내에서 그리하여 가격을 올리는 것이 오히려 이윤의 극대화에 기여하는 것이 되는 범위 내에서의 이야기이다.

여기서 유의할 것은 시장지배력(market power)은 한계생산비 이상으로 시장가격을 올릴 수 있는 힘이므로 엄격히 이야기하면 시장점유율(市場占有率, market share)과는 명백히 다른 개념이라는 점이다. 시장점유율은 본래가 관련시장에서의 생산량 혹은 거래량 중에서 당해 기업의 생산량 혹은 거래량이 차지하는 비중을 의미하기 때문이다. 물론 뒤에 보듯이 시장지배력과 시장점유율은 일정한 관계를 가지고 있다. 따라서 전혀 무관하다고 할 수는 없다. 그러나 시장점유율이 곧 시장지배력을 나타내는 것은 결코 아니고 뒤에 자세히 보겠지만 시장점유율만을 가지고 시장지배력의 크기를 갈음해 보려는 것은 대단히 불완전한 방법이다.

앞에서 보았듯이 우리나라 공정거래법은 시장지배적 사업자를 판단함에 있어 시장점유율에 의한 추정(공정거래법 제4조)을 적극 활용하고 있다. 그러나 이 방법은 불완전한 방법이다. 그러면 시장점유율만을 가지고 시장지배력의 크기를 측정하는 것은 왜 불완전한 방법인가, 보다 나은 대안은 없는가 등의 문제를 지금부터 살펴보도록 한다. 먼저 시장지배력과 시장점유율과는 어떤 일정한 관계를 가지고 있는가 하는 문제부터 살펴보도록 하자.

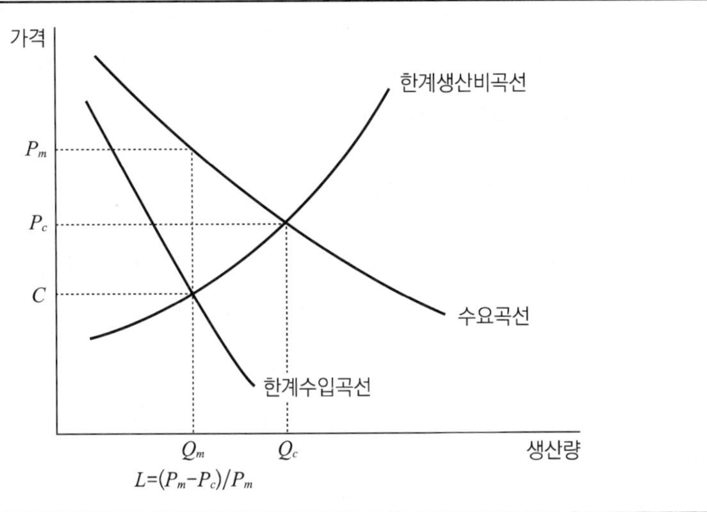

그림 8-4 독점시장과 러너 지수

우선 시장지배력에 대한 정의로 다시 돌아가자. 시장지배력을 한계생산비 이상으로 시장가격을 올릴 수 있는 힘이라고 할 때 이를 〈그림 8-4〉에서 나타내보면 P_m과 C 사이의 수직거리가 될 것이다. 즉 $P_m - C$가 시장지배력이 될 것이다.

그리고 이 시장지배력을 지수화(指數化)해 본다면 다음과 같은 러너 지수(Lerner Index)로 표시할 수 있을 것이다.[8)]

$L_i = (P_i - MC_i)/P_i$

L_i = 기업 i의 러너 지수

P_i = 기업 i의 생산물의 시장가격

MC_i = 기업 i의 생산물의 한계비용[9)]

---

8) A. P. Lerner, "The Concept of Monopoly and the Measurement of Monopoly Power", 1 *Review of Economic Studies* 157 (1934).

9) 러너 지수 계산시의 시장가격이나 한계생산비는 이윤극대화생산량(profit maximizing output)

그런데 MR_i를 기업 i의 한계수입(marginal revenue)이라고 보고, DE_i를 기업 i의 생산물에 대한 시장수요의 가격탄력성이라고 한다면 $MR_i = P_i(1-1/DE_i)$의 관계가 성립한다.[10] 그런데 우리는 현재 이윤극대화생산량(profit maximizing output) 수준에서의, 즉 〈그림 8−4〉의 생산량 Q_m에서의 시장지배력의 크기를 측정하는 논의이므로 항상 $MR_i = MC_i$이다. 따라서 $MR_i = MC_i = P_i(1-1/DE_i)$를 위의 L_i 식에 대입하면 다음과 같은 결과가 나온다.

$$L_i = (P_i - MC_i)/P_i = 1/DE_i \cdots\cdots (1)$$

한마디로 러너 지수는 당해 기업의 상품에 대한 시장수요의 가격탄력성(價格彈力性)의 역수(逆數)가 된다. 예컨대 수요탄력성이 2이면 러너 지수가 1/2임을 의미하고 이는 또한 당해 기업의 상품의 시장가격이 한계비용의 2배임을 의미한다. 또한 식 (1)은 수요탄력성이 크면 클수록 시장가격은 경쟁시장가격에 접근한다는 사실을 보이고 있다.[11]

한 가지 주의할 것은 여기서의 DE_i는 당해 기업의 상품에 대한 시장수요의 가격탄력성(firm elasticity of demand)이라는 사실이다. 따라서 어느 기업의 생산물인가를 묻지 않는 당해 상품 일반에 대한 시장수요의 가격탄력성(market elasticity of demand)과는 구별해야 한다. 전자를 기업의 수요탄력성이라고 하고, 후자를 시장의 수요탄력성이라고 부르자. 현재 우리가 보려는 것은 개별 기업의 시장지배력이므로 여기서의 탄력성은 당연히 후자가 아니라 전자이다. 즉 특정 개별 기업

에서의 가격과 생산비임을 명심하라. 즉 한계비용과 한계수익이 일치하는 생산량 수준에서의, 〈그림 8−4〉의 생산량 Q_m의 수준에서의 가격과 생산비이다.

10) P를 가격, Q를 생산량이라고 한다면 TR(총수입) $= P(Q) \times Q$이다. 이 총수입을 생산량으로 미분하면 MR(한계수입)은 다음과 같이 쓸 수 있다. $MR = d(PQ)/dQ = P + (dP/dQ) \cdot Q = P(1-1/DE)$이다. 왜냐하면 DE(수요의 가격탄력성) $= -(dQ/dP)(P/Q)$이기 때문이다.

11) 수요탄력성이 무한대이면 러너 지수는 1이 된다. 수요탄력성이 무한대라는 것은 완전경쟁시장의 상태임을 의미하므로 완전경쟁시장의 러너 지수는 1이라는 것이 된다. 수요탄력성이 1이거나 그 이하인 경우 러너 지수는 시장지배력을 나타내는 지수로서의 의미를 잃는다. 왜 그럴까?
한 가지 추가로 지적해 둘 것은 러너 지수는 시장지배력을 나타내는 지수로서는 항상 최대가능치를 나타낸다는 사실이다. 환언하면 $(P_m - MC)/P_m > (P_m - P_c)/P_m$이라는 것이다. 왜 그럴까?

의 수요탄력성이다.

식 (1)을 보면 특정 기업의 시장지배력을 알기 위해서는 당해 기업의 이윤극대화 생산량에서의 한계비용을 알면 된다. 그러면 시장가격과의 관계 속에서, 구태여 시장의 개념이나 시장의 범위를 논하지 아니하고도 쉽게 시장지배력을 산출해 낼 수 있다. 아니면 당해 기업의 생산물에 대한 수요탄력성을 알면 시장지배력은 그 탄력성의 역수(逆數)이므로 여기서도 시장의 범위를, 소위의 일정한 거래 분야의 크기를 확정하지 아니하고도 당해 기업의 시장지배력의 크기를 쉽게 알 수 있다. 그러나 한계비용이든 아니면 수요탄력성이든 그 측정이 쉽지 않다. 그래서 일반적으로 택하는 방법의 하나가 먼저 시장의 범위 내지 일정한 거래 분야의 크기를 확정한 다음 당해 시장에서의 시장점유율을 측정하여 시장지배력을 추정하는 방식을 택하고 있다.

그러면 시장지배력과 시장점유율은 과연 어떠한 관계를 가지고 있는가 하는 문제를 보도록 하자.[12] 이 관계를 보기 위해 몇 가지 가정을 하자. 우선 시장은 하나의 지배적 기업(dominant firm)인 i와 다수의 비지배적인 기업들인 j로 구성되어 있다고 하자. 그리고 모든 기업은 동일한 상품(homogeneous products)을 생산한다고 하자. 그러면 기업 i의 시장지배력과 기업 i의 시장점유율은 다음과 같은 관계를 가지게 된다.[13]

---

12) 이 문제를 처음으로 제기하고 그 관계를 밝힌 논문은 Landes and Posner, "Market Power in Antitrust Cases", 94 Harvard Law Review 937 (1981)이다. 그리고 이 관계를 한 개의 지배적 기업과 다수의 비지배적 기업이 존재하는 경우에 한정하지 아니하고 수 개의 경쟁적 대기업이 존재하는 경우로 확장하여 보려는 노력이 J. Ordover, A. Sykes and R. Willing, "Herfindahl Concentration, Rivalry and Mergers", 95 Harvard Law Review 1857 (1992)에서 시도되고 있다.

13) 식 (2)는 다음과 같은 과정을 통하여 나왔다.
기업 i에 대한 시장수요량 (DQ_i)는 전체시장수요량 (DQ_m)에서 다른 기업들이 공급하는 양(SQ_i)를 제한 것이라고 볼 수 있다. 즉 $DQ_i = DQ_m - SQ_j$이다.
다음에 이 DQ_i를 가격(P)으로 미분하면 $dDQ_i/dp = dDQ_m/dP - dSQ_j/dP$이 된다.
그 다음 위의 식의 양변을 $-(P/DQ_i)$로 곱하면 $-(dDQ_i/dP) \times (P/dQ_i) = DE_i = -(dDQ_m/dP)(P/DQ_i) + (dSQ_j/dP)(P/DQ_i)$가 된다.
위의 식의 오른쪽 첫째 항에 DQ_m/DQ_m을 곱하고 두 번째 항에 SQ_j/SQ_j를 곱한 후 이를 정리하면 $DE_i = DE_m(DQ_m/DQ_i) + SE_j(SQ_j/DQ_i)$가 된다.
그런데 $DQ_i/DQ_m = S_i$이고 $SQ_j/DQ_i = (1 - S_i)/S_i$이므로 위의 식을 다음과 같이 쓸 수

$$DE_i = \frac{DE_m}{S_i} + \frac{SE_j(1-S_i)}{S_i} \cdots\cdots (2)$$

즉 기업 i의 수요탄력성(DE_i)은 당해 기업의 시장점유율(S_i)과 시장의 수요탄력성(DE_m)[14] 그리고 여타 기업들의 공급탄력성(SEj_i)의 함수로 나타난다. 식 (2)를 식 (1)에 대입하여 다시 정리해 보면 다음과 같다.

$$L_i = \frac{(P_i - MC_i)}{P_i} = \frac{S_i}{(DE_m + SE_j(1-S_i))} \cdots\cdots (3)$$

식 (3)을 보면 다음과 같은 몇 가지 흥미 있는 사실들을 볼 수 있다. 첫째, 시장수요탄력성(DE_m)이 낮으면 낮을수록 시장지배력은 늘어난다. 둘째, 여타 기업들의 공급탄력성이 낮으면 낮을수록 시장지배력은 늘어난다. 셋째, 시장점유율이 높으면 높을수록 시장지배력은 늘어난다. 시장점유율이 시장지배력에 주는 영향은 두 가지 인과관계를 통하여 나타난다.

하나는 시장점유율이 크면 클수록 당해 기업의 생산량감소가 가격의 인상에 주는 영향은 커진다는 관계이고, 다른 하나는 시장점유율이 크면 클수록 가격의 인상으로 인해 유인되는 경쟁기업들의 공급량은 작아진다는 관계이다.

넷째, 시장지배력을 보기 위해서는 시장점유율 하나만으로는 부족하고 시장수요탄력성, 그리고 여타 기업들의 공급탄력성 등도 함께 고려하여 보아야 한다. 그렇지 않으면 다음과 큰 오류를 범할 수 있다. 예컨대 시장점유율이 40%인 기업이 있다고 하자. 그런데 시장수요는 비교적 비탄력적이라서 탄력성이 0.5라고 하고 타기업들의 공급탄력성도 비탄력적이라서 0.5라고 하자. 그러면 시장점유율이 40%밖에 되지 않는 기업이지만 이 경우 러너 지수는 1/2이기 때문에 시장가격을 경쟁시장가격 혹은 한계생산비보다 2배나 높게 올릴 수 있는 시장지배력을 발휘

있다.

$DE_i = DE_m(1/S_i) + SE_j(1-S_i)/S_i$ 이 식이 바로 본문에서의 식 (2)이다.

14) 다시 지적하지만 여기서의 시장의 수요탄력성(DE_m)이란 누가 생산했는가를 묻지 않고 당해 생산물전체에 대한 시장의 수요탄력성(가격탄력성)을 의미한다. 따라서 누가 생산했는가를 묻는 그리하여 특정기업의 생산물에 대한 수요탄력성(DE_m)과는 구별해야 한다.

하게 된다. 따라서 이런 경우 시장점유율만 보아 시장지배력이 크지 않다고 판단한다면 큰 잘못을 범하게 된다. 역의 경우도 얼마든지 생각해 볼 수 있다. 예컨대 시장수요가 탄력적이어서 탄력성이 3이고 타기업의 공급도 탄력적이어서 탄력성이 3이라고 한다면 이런 경우에는 시장점유율이 70%라 하여도 당해 기업은 시장가격을 한계생산비에 20% 정도를 넘기기 힘들게 된다. 앞의 경우에는 40%의 시장점유율을 가지고 한계비용의 2배까지 시장가격을 올릴 수 있는 지배력을 가지고 있는 데 반하여 뒤의 경우에는 70%의 시장점유율을 가지고도 한계비용의 20% 정도 가격을 올리는 데 그치게 된다.

그러면 시장지배력을 올바로 평가하기 위해서는 어떻게 하는 것이 바람직할까? 결국 여러 요소들을 동시에 고려할 수밖에 없다. 시장점유율뿐만 아니라 시장수요탄력성, 여타 기업의 공급탄력성, 나아가 새로운 시장진입의 가능성 그리고 당해 기업의 이윤(profitability)의 크기와 그 지속성 등을 모두 고려해 보아야 할 것이다. 특히 이윤의 크기는 몇 가지 가정하에서는 독점으로 인한 복지손실분(deadweight loss: *DW*)의 크기를 나타내는 자료로 사용될 수 있다.[15] 그런데 복지손실분이란 시장가격과 한계생산비 사이의 거리(시장지배력)와 기업의 수요탄력성의 크기에 의해서 결정된다. 따라서 이윤의 크기는 특히 장기이윤(long-term profit)의 경우 시장지배력을 추정할 수 있는 중요 자료가 될 수 있다. 현재 공정거래위원회는 시장점유율뿐만 아니라, 진입장벽의 존재 및 정도, 경쟁사업자의 상대적 규모(공정거래법 제2조 제7호), 경쟁사업자 간의 공동행위 가능성, 유사품 및 인접시장의 존재, 시장 봉쇄력, 자금력 등을 종합적으로 고려하여(남용행위 심사기준 Ⅲ) 시장지배력을 판단한다.

15) 수요곡선이 직선적이고 한계비용이 고정적이면(constant and industry), 독점으로 인한 복지손실분은 정확히 독점이윤의 1/2이 된다. 왜 그럴까?

제3장 부당한 공동행위(共同行爲)의 제한

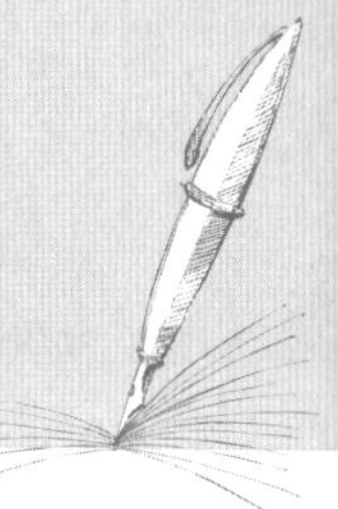

제 1 절 카르텔(cartel) 성립의 이론

우리나라 공정거래법 제19조는 다른 사업자와 공동으로 부당하게 경쟁을 제한하는 공동행위(共同行爲)를 할 수 없다고 규정하고 있다. 그리고 공동가격결정, 공동생산량제한 등의 공동행위의 구체적 양태를 열거하고 있다. 한마디로 반경쟁적인 카르텔 행위를 규제하고 있는 것이다. 그런데 카르텔 행위의 효율적 규제를 위해서는 카르텔은 왜 생기고, 어떠한 문제점을 가지고 있으며 또한 어떠한 시장구조조건 혹은 상품조건하에서 용이하게 성립하고 어느 경우에는 카르텔 형성이 어려운가 등에 대한 올바른 이해를 가져야 한다. 그래야 첫째, 어떤 공동행위가 발견되었을 때 그것이 어떤 유인으로 왜 등장했으며, 그 행위의 반경쟁성이 어느 정도인지를 판단할 수 있다. 그리고 둘째, 독점규제의 인적·물적자원을 보다 효과적으로 카르텔 형성의 가능성이 가장 높은 산업 혹은 높은 상품에 집중투하하여 규제의 효과를 높일 수 있다. 따라서 카르텔 성립의 이론에 대한 올바른 이해가 있어야 한다.

아담 스미스는 그의 『국부론』에서 다음과 같이 이야기하고 있다.

> "동일 직종의 사업주들이 모이면 비록 파티나 기분전환을 위해 모인 경우라 할지라도 그들 간의 대화는 거의 대부분 공공(공익)에 반하는 공모(共謀, conspiracy against public)나 혹은 가격인상을 위한 계략(contrivance to raise prices)으로 끝난다. 법을 가지고 이러한 모임 자체를 막는 것은 불가능하다. 현실적 집행도 어렵고 자유와 정의의 원리에도 어긋나기 때문이다. 법이 동종의 사업주들이 때

때로 만나는 것을 막지는 못한다 할지라도 적어도 그러한 모임을 조장해서는 안 될 것이고 필요하게 만들어서는 더더욱 안 될 것이다."[1)]

시장의 구조가 어떻든지 기업은 서로의 행위를 공동으로 조정하여 생산량을 줄이고 가격을 올려 공동으로 독점이윤을 확보하고 이를 나누어 갖고 싶어하는 강력한 유인이 작용한다. 주지하듯이 이러한 방향으로 공동행위를 하기 위해 결성된 조직을 "카르텔(cartel)"이라 한다. 특정 산업에 속하는 모든 기업들을 카르텔화하면 그것은 당해 산업에 단일 독점이 존재하는 것과 마찬가지의 반경쟁효과를 가져오고 카르텔 구성원들은 독점이윤을 나누어 가질 수 있게 된다(shared monopoly). 따라서 모든 기업들은 독점이윤을 나누어 가지기 위해 아담 스미스가 이야기한 대로 기회만 있으면 카르텔화를 시도한다.

그러나 다행히 시장에는 카르텔화를 막는 두 가지 큰 요인이 존재한다. 하나는 내적 제한(內的 制限)이고, 다른 하나는 외적 제한(外的 制限)이다. 내적 제한이란 카르텔 구성원 간에는 서로의 공동행위약속을 지킴으로써 얻는 이익도 많지만(독점이윤의 분할), 공동행위약속을 어겨서 얻을 수 있는 이익도 적지 않으므로 그 약속을 파기할 유인도 동시에 존재하다는 사실에서 온다. 환언하면 서로 약속한 공동행위를 지켜 나중에 독점이윤을 나누어 가지는 것도 큰 이익임에는 틀림없으나, 그에 못지않게 다른 구성원들이 약속을 지킬 때 자신은 약속을 파기함으로써 얻는 이익은 더욱 크다는 사실이다. 이렇게 공동행위성립의 유인도 존재하지만 파기(破棄)의 유인(誘因)도 구성원 모두에게 존재하기 때문에 사실 카르텔화는 생각하듯 그렇게 용이한 것은 아니다.

카르텔화를 막는 두 번째 요인, 즉 외적 제한은 카르텔을 조직하고 이를 유지하는 데 비용이 많이 든다는 사실에서 온다. 카르텔을 조직하는 데는 비용이 많이 든다. 구성원들이 만나서 공동가격에 합의하고, 전체생산량을 기업별로 할당하고 하는 데는 적지 않은 비용이 든다. 뿐만 아니라 조직 후에도 카르텔의 유지를 위해서는 서로가 합의한 내용을 제대로 준수하는가를 효과적으로 감시·감독해야 한다. 이 감시·감독비용이 또한 적지 않다. 요컨대 독점이익의 분할이라는 카르텔화

---

1) Adam Smith, *An inquiry into the Nature and Cause of the Wealth of Nations* (1776), Modern Library Edition, 1937, p. 128.

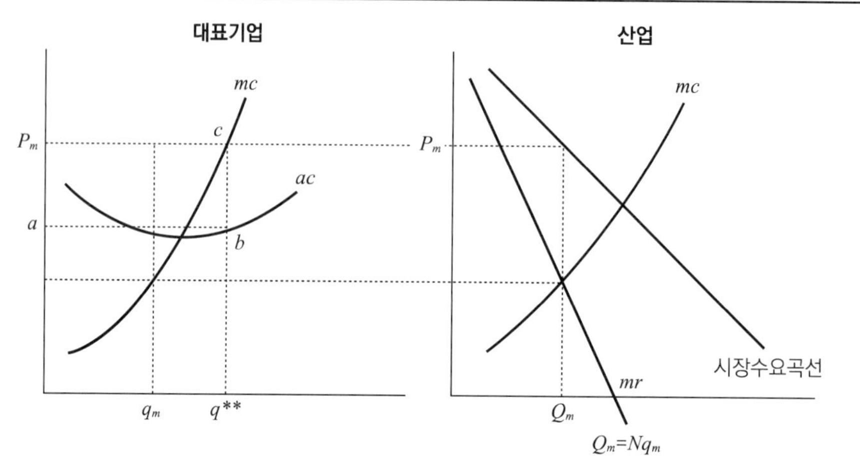

‖ 그림 8–5 ‖ 카르텔

의 이익도 분명히 있지만 카르텔화의 비용, 즉 조직비용과 감시비용도 적지 않다.[2)]

우선 카르텔화를 막는 내적 제한에 대한 논의에서부터 시작하자. 〈그림 8−5〉를 보면 이 문제를 쉽게 이해할 수 있다. 〈그림 8−5〉의 오른쪽 그림은 당해 산업의 모든 기업이 모여서 카르텔을 조직하면서 합의한 협정공동가격과 공동생산량 조건을 보이고 있다. 공동의 독점이윤을 극대화하기 위해 한계비용과 한계수익이 만나는 데서 공동생산량이 결정되고, 그 생산량과 시장수요곡선이 만나는 데서 협정가격이 결정됨을 보이고 있다. 그렇게 하여 결정된 공동생산량을 이 카르텔에 참가한 N개의 기업들이 균등하게 나누어 생산하기로 했다고 가정하고 특정의 대표기업의 가격과 생산량 그리고 비용곡선들을 보이고 있는 것이 왼쪽의 그림이다. 이 왼쪽의 그림을 보면 왜 카르텔 구성원들이 계약파기의 유인을 가지는가, 왜 다른 구성원들을 속이고 싶어 하는 강력한 유인을 가지는가를 알 수 있다.

왼쪽 그림을 보면 가격은 P_m이고, 할당된 생산량은 q_m이다. 그런데 문제는 이 q_m이 대표기업의 관점에서 보면 이윤을 극대화하는 생산량(profit maximizing

2) 엄격히 말하면 카르텔화의 비용 중에는 조직비용과 감시비용 이외에도 경쟁제한적 공동행위가 발견되어 처벌될 확률에 처벌의 강도를 곱한 소위 기대처벌비용(expected punishment cost)도 함께 포함되어야 한다.

output)이 아니라는 사실이다. 이윤극대화를 위해서는 주지하듯이 한계비용(mc)과 한계수익(mr 혹은 P)이 일치하는 수준에서 생산량을 결정해야 한다. 그런데 한계비용곡선과 이 경우 한계수익곡선인 가격수준이 일치하는 곳의 생산량은 q_m이 아니라 q^{**}이다. 따라서 대표기업의 이윤극대화생산량은 q_m이 아니라 q^{**}가 된다. 그러므로 이윤의 극대화를 목표로 하는 대표기업으로서는 당연히 자신의 생산량을 q^{**}까지 확대하려는 유인, 그리하여 □$P_m abc$ 크기의 독점이윤을 향유하려는 유인을 가지게 된다. 환언하면 계약파기(契約破棄)의 유인(incentive to cheat)을 가진다는 것이다. 이러한 계약파기의 유인이 내부적으로 존재하기 때문에 카르텔의 조직은 생각처럼 용이한 것은 아니다.

다음은 카르텔화를 막는 외적 제약, 즉 조직비용과 감시비용의 문제를 보도록 하자. 카르텔화의 이익은 독점이윤의 확보이고, 카르텔화의 비용은 조직비용(組織費用)과 감시비용(監視費用)이다. 카르텔을 조직해야 하고 그리고 나서도 구성원 간에 계약파기가 발생하지 않는가를 지속적으로 감시해야 한다. 이와 같이 카르텔화에는 이익과 비용이 함께 발생하기 때문에 카르텔은 오직 이익이 비용보다 클 때에만 성립하게 된다. 그런데 이 중 특히 카르텔화의 비용의 크기는 산업의 특징, 시장구조의 특징, 그리고 상품의 성격 등에 의해 크게 달라진다. 그리하여 어떠한 산업이나 시장구조의 특징이 그리고 상품의 성격이 카르텔화의 비용을 낮추어 카르텔의 조직을 용이하게 하는가를 알아야 한다. 이를 알게 되면 독점규제를 위한 인적·물적 자원을 보다 유효하게 카르텔의 성립 확률이 높은 분야에 집중적으로 투자할 수 있기 때문이다.

카르텔은 다음과 같은 경우에 용이하게 성립한다.[3] 첫째, 다수보다 소수의 기업(a few firms)이 존재하는 경우이다. 공동가격수준의 책정이나 총생산량의 기업별 할당 등에 대한 합의가 다수의 기업보다 소수의 기업 사이에 성립하기가 보다 용이하다.

둘째, 시장진입에의 제한(barriers to entry)이 있는 산업의 경우이다. 무엇이

3) T. Calvani and J. Siegfried, *Economic Analysis and Antitrust Law*, 2nd Edition, Little Brown and Co., 1988. 특히 Chapter 3; D. W. Carlton and J. M. Perloff, *Modern Industrial Organization*, Harper Collins, 1990. pp. 216－223을 참조하라.

시장진입에의 제한으로 작용하는가 하는 구체적 내용은 다양할 수 있다. 예컨대 특허권(特許權)일 수도 있고 인허가권(認許可權)일 수도 있다. 아니면 기업의 특별한 생산비밀 혹은 영업비밀일 수도 있다. 규모의 경제일 수도 혹은 시장진입초기에 요구되는 막대한 고정자본투자(固定資本投資)가 시장진입제한일 수도 있다. 여하튼 어떤 이유에서든 시장진입에의 제한이 큰 사업일수록 시장가격을 한계비용 이상으로 올리기가 용이하기 때문에 카르텔 성립의 가능성이 그만큼 높다.

셋째, 다양한 상품보다는 동일한 상품(homogeneous products)을 생산하는 산업의 경우이다. 다양한 상품, 차별화된 상품의 경우보다는 균일한 동질의 상품의 경우가 가격경쟁이 보다 치열하다. 왜냐하면 차별화된 상품의 경우처럼 광고경쟁 등의 비가격경쟁(非價格競爭)의 가능성이 거의 없기 때문이다. 차별화된 상품의 경우는 공동가격을 설정하여도 비가격경쟁을 통하여 쉽게 계약파기가 가능하다. 그러나 균일상품의 경우는 그렇지 못하다. 비가격경쟁이 불가능하여 우회적 계약파기가 불가능하다. 뿐만 아니라 균일한 상품의 경우가 협정가격을 준수하는지 여부를 보다 용이하게 감시할 수 있다. 감시비용이 차별화된 상품보다 상대적으로 적게 든다.

넷째, 지배적 대기업들이 존재하는 집중도(集中度)가 높은 산업의 경우(concentrated industry)이다. 시장점유율이 높은 대기업들이 존재하면 이들의 시장영향력이 결정적이기 때문에, 이들이 선도하여 명시적 혹은 묵시적 담합을 중소기업들로부터 유도해 내기가 용이하다.

다섯째, 사업자협회(trade association)가 존재하는 경우이다. 사업자협회가 존재하는 경우에는 담합비용을 크게 낮춘다. 협회에서는 모든 구성원들이 주기적으로 만나고 업종전체의 이익을 위해 함께 생각하기 때문이다. 앞에서 아담 스미스가 지적한 대로 협회의 활동은 카르텔화를 분명히 촉진한다. 특히 기업수가 많은 경우에 카르텔화가 성공하는 것은 협회의 활동을 통한 경우가 많다.

여섯째, 일반적으로 다음과 같은 성격의 상품을 판매하는 경우이다. (1) 정부가 구매하는 상품의 경우: 가격조건이 뒤에 공포되므로 담합 준수여부에 대한 감시가 용이하다. (2) 소비자의 수가 상대적으로 적고 대량구매가 일반적인 상품의 경우: 그렇지 않은 경우보다 감시비용이 적게 든다. (3) 고정비용이 많이 드는 상품의 경우: 고정비용이 클수록 가격경쟁을 피하고 안정된 수익을 구하려는 유인이 커진다. (4) 수요가 안정적인 상품의 경우: 수요가 안정적일수록 협정가격의 준수여부에 대한 감시가 용이하다. (5) 기술혁신의 속도가 빠르지 않은 상품의 경우: 기술혁신의 속도가 빠르면 협정가격을 보다 자주 갱신해야 하므로 부담이 커지고, 또한 기술혁신을 비가격경쟁의 한 방법으로 활용하여 사실상의 계약파기와 같은 효과를 얻을 수 있는 가능성도 증가한다. 이상에서 우리는 카르텔화가 상대적으로 용이한 산업과 상품의 특징들을 살펴보았다.

다음은 카르텔이 구성원들의 계약파기를 막기 위해 어떠한 제도와 상관행(商慣行)들을 발전시키고 있는가를 보도록 하자.[4)]

첫째, 가격뿐만 아니라 다른 조건이나 내용에 대한 협정을 같이 한다. 가격에 대한 협정뿐 아니라 생산량 등을 동시에 규제한다. 또한 가격, 생산량, 판매량, 가동률 등에 대한 정기적인 정보교환 협정을 함께 한다. 그렇게 함으로써 감시비용을 낮춘다.

둘째, 시장분할(市場分割)을 한다. 소비자의 종류별 혹은 지역시장별로 시장을 분할하여 지배하는 협정을 한다.

셋째, 시장의 점유율을 고정한다. 예컨대 카르텔 형성 직전의 시장점유율 수준으로 점유율을 고정할 것을 협정한다. 시장점유율은 관찰이 비교적 용이하여 감시비용을 낮춘다.

넷째, 최혜소비자대우조항(最惠消費者待遇條項, most-favored customer clause)을 활용한다. 카르텔 소속기업들이 판매계약체결시 계약서 내에 반드시 최혜소비자대우조항을 넣을 것을 협정한다. 최혜소비자대우조항이란 과거의 가격수준보다 낮추어 판매할 수 없게 하는 조항으로 만일 과거가격과 현재가격 간에 차이가 발견되면 그 차이를 과거의 소비자 전원에게 환불해 줄 것을 약속하는 제도이다. 이러한 최혜소비자대우조항을 판매계약서에 넣음으로써 계약파기적인 가격의 인하를 제도적으로 막을 수 있다.

다섯째, 경쟁대응조항(競爭對應條項, meeting competition clause)을 활용한다. 경쟁대응조항이란 만일 경쟁사가 싼 가격으로 물건을 판 것이 확인되면 경쟁사와 같은 낮

---

4) Steven Salop, "Practices That (Credibly) Facilitate Oligopoly Coordination", in J. Stiglitz and F. Mathewson (eds.), *New Developments in Analysis of Market Structure*, MIT Press, 1986과 George Hay, "Oligopoly, Shared Monopoly and Antitrust Laws", 67 *Cornell Law Review* 439 (1982)를 참조하라.

은 가격수준으로 가격을 재조정해 줄 것을 판매계약시 약속하는 것이다. 그렇게 함으로써 소비자들로 하여금 경쟁사들의 가격인하행위를 사실상 감시하도록 유도한다.

여섯째, 수송비관련 조항에 대한 협정을 한다. 수송비의 차이로 인하여 생산자가격과 소비자가격 간에 괴리가 발생하면, 카르텔 구성원들 사이에 비록 생산자가격을 일치시켰다 하여도 소비자가격에서 차이가 생길 수도 있다. 그러면 이러한 괴리를 이용하여 소비자가격을 낮추어 시장점유율을 높이려는 유인이 발생한다. 이를 막기 위해 전국을 단일 시장권으로 하여 협상공동가격을 평균수송비를 포함한 소비자배달가격으로 통일하는 협정을 할 수 있다. 아니면 몇 개의 지역권(地域圈)으로 나누어 수송비의 표준화를 협정하는 방법도 있을 수 있다.

일곱째, 경쟁복귀가격(競爭復歸價格, trigger price)을 결정하여 이를 활용한다. 일정가격을 경쟁복귀가격으로 정하고 시장가격의 수준이 이 수준 이하로 되면 모든 기업들은 자동으로 카르텔 협정 전의 수준까지 생산량을 증가시킬 수 있게 한다. 환언하면 카르텔의 와해를 자동화한다. 그렇게 함으로써 약속을 안 지키는 것에 대한 타기업의 보복 내지 대응이 즉각 가능하도록 하여 계약파기의 비용을 높이고 그 이익을 줄이려는 것이다.

이상에서 우리는 카르텔 성립을 용이하게 하는 산업조건 및 시장구조, 그리고 상품의 특징 등을 살펴보았고 동시에 카르텔들이 서로 약속을 잘 지키도록 유도하기 위해, 환언하면 감시비용을 낮추기 위해 어떠한 제도나 관행들을 발전시키고 있는지도 보았다. 그리하여 우리는 보다 유효한 독점규제를 위해 제한된 인적·물적 자원들을 어떤 산업 혹은 상품부문에 보다 집중적으로 사용해야 하는가를 알 수 있게 되었다. 또한 어떠한 제도나 관행이 발견될 때 그것이 카르텔 유지를 위한 조치인지 아닌지를 판단해 볼 수 있는 몇 가지 예시적 기준도 살펴보았다.

우리나라의 공정거래법은 주지하듯이 어떠한 공동행위가 발견되었을 때 그것이 경쟁을 실질적으로 제한하는 것인지 아닌지를 조사하여 실질적으로 경쟁을 제한하는 경우에 한하여 이를 금지하고 있다. 따라서 실제로 어떤 행위가 발견되었을 때 우선 그 행위가 과연 공동행위인지 아닌지를 판단해야 하고 다음으로 공동행위라는 사실이 발견된 경우에는 과연 그 공동행위가 경쟁제한적인가 아닌가를 판단해야 한다. 이러한 의미에서 카르텔에 대한 지금까지의 논의는 공정거래법집행에 유용한 정보와 이론을 제공한다고 할 것이다.

제 2 절
과점경쟁(寡占競爭)과 동조적 가격인상

앞에서는 카르텔을 조직하여 공동행위에 합의하고 이를 실천에 옮기는 과정에서 발생하는 문제와 이를 규제하는 문제 등을 살펴보았다. 그런데 만일 카르텔을 조직했다거나 공동행위를 합의했다거나 하는 증거는 없으나, 공동행위의 결과는 있는 경우 어떻게 할 것인가? 당사자 간에 명시적 합의나 의사소통은 없는데 한 기업이 가격을 올릴 때 여타 기업이 가격을 동조적(同調的)으로 인상하여 사실상 하나의 카르텔과 같이 행동함으로써 결과적으로 공동독점이윤(共同獨占利潤)을 극대화하는 시장결과를 가져오는 경우 이를 어떻게 할 것인가?

일반적으로 개별 기업의 시장점유율이 낮은 비교적 경쟁적 시장구조하에서는 위와 같은 현상이 일어나기가 어렵다. 한 기업이 가격을 경쟁시장가격 이상으로 올리면 다른 기업들은 자신의 가격을 올리지 않고 시장점유율의 확대를 기도할 것이다. 결국 경쟁시장가격 이상으로 가격을 인상한 기업만이 시장에서 축출되게 된다. 그러나 과점시장구조하에서는 다른 상황이 나타날 수 있다. 몇몇 기업의 시장점유율이 비교적 높은 과점시장하에서는 기업 간의 상호의존성(oligopolistic interdependence)이 대단히 크다. 한 기업의 행위가 다른 기업에 주는 영향이 클 뿐만 아니라 다른 기업의 반응 내지 반격이 또한 이 기업에 주는 영향이 크다. 따라서 서로 자신들의 행위를 결정할 때는 반드시 다른 기업들의 반응 내지 반격을 감안하여야 한다. 뿐만 아니라 과점시장에는 시장점유율이 높은 한두 개의 지배적 기업(dominant firm)이 존재하는 수가 많다. 그러할 때는 이 지배적 기업이 사실상 가격을 결정하고 가격의 변화를 선도하는 역할을 하는 수가 많다. 소위 가격선도(價格先導, price leadership) 기능이 그것이다.[5)]

이러한 과점기업 간의 상호의존성 때문에 과점시장의 경우에는 완전 경쟁적

---

5) 소위 과점적 상호의존성에 대하여는 Scherer and Ross, 앞의 책(1990), pp. 199－233을 참조하고, 지배적 기업에 의한 가격선도기능에 대한 보다 자세한 설명은 D. W. Carlton and J. M. Perloff, *Modern Industrial Organization*, Harper Collins, 1990, Chapter 8을 참조하라.

시장의 경우와 달리 한 기업이 가격을 올리면 다른 기업들이 종래의 가격을 유지하거나 혹은 가격을 오히려 낮추어 판매량을 늘리는 전략을 택하기가 어렵다. 왜냐하면 그렇게 하는 경우 곧 반격이 들어와 서로 경쟁적으로 가격인하를 시도하게 됨으로써 서로가 큰 손해를 보는 결과를 낳을 수도 있기 때문이다. 따라서 이러한 경우에는 다른 기업들도 가격을 동조적으로 인상하여 오히려 카르텔의 방향으로, 즉 공동독점이윤을 추구하는 방향으로 함께 노력하려 한다. 특히 최초로 가격을 인상한 기업이 시장점유율이 높은 지배적 기업인 경우에는 사실상 다른 기업들은 동조적 가격인상 이외에는 다른 대안을 가지지 못한다. 이상의 경우에 등장하는 것이 소위 과점시장에서 나타나는 구조적 문제의 하나인 동조적 가격인상 또는 의식적 병행행위(conscious parallelism)의 문제이다. 소위 묵시적 담합(tacit collusion)의 문제가 바로 이것이다.[6)]

그런데 이 동조적 가격인상의 문제를 공정거래법에서 다룰 때 하나의 근본적인 딜레마가 있다. 즉 동조적 가격인상을 엄하게 규제한다면 이는 곧 과점시장 구조하에 있는 기업들로 하여금 과점시장적 논리 내지 제약을 무시하고 행동할 것을 요구하는 셈이 된다는 것이다. 예컨대 가격결정에 있어 과점시장의 특징의 하나가 과점적 상호의존성인데 동조적 가격인상의 금지는 곧 이러한 과점적 상호의존성(寡占的 相互依存性)을 무시하고 행동할 것을 과점시장의 기업들에게 강제하는 셈이 된다. 과점시장 자체를 법률적으로 부정한다면 몰라도 과점시장의 존재를 인정하면서 과점시장의 기본논리인 상호의존성만을 부인하도록 기업들의 행동을 강요하는 것은 무리임에 틀림이 없다. 그렇다고 하여 동조적 가격인상은 분명히 사실상의 카르텔 효과, 즉 독점적의 시장효과를 가져올 터인데, 이를 알면서 그대로 방치하는 것도 공정거래법의 입법취지에 비추어 합당하지 않은 것이 된다. 환언하면 동조적 가격인상을 인정하면 사실상의 카르텔화를 인정하는 셈이 되기 쉽고, 반면에 동조적 가격인상을 엄격히 금지하면 사실상 과점시장구조 자체를 부정하는 셈이 된다. 여기에 기본 딜레마가 있다.

학자들은 이 문제를 어떻게 보고 있는가? 학자들의 견해를 몇 가지 그룹으

---

6) 법학자들은 이를 동조적 가격인상의 문제라고 취급하고, 경제학자들은 이를 묵시적 담합의 문제로 취급하나 기본 내용은 같은 것이다.

로 나누어 생각해 볼 수 있다. 우선 일단의 학자들은 이 문제가 그렇게 심각한 문제가 아니라는 입장을 취한다. 동조적 가격인상 혹은 묵시적 담합이 그렇게 일반적인 현상이고 또한 중요한 현상으로 보지 않는다. 그러한 현상이 있을 수 있으나 대단히 예외적인 현상이고, 결코 보편화된 현상으로 그리고 반경쟁적 효과가 큰 현상으로 보지 않는다. 이러한 입장을 비교적 명확히 전하고 있는 것이 다음과 같은 윌리엄슨(O. Williamson) 교수의 주장이다.

> "과점시장(寡占市場)에서 카르텔화가 쉽게 진행되리라고 그리하여 공동독점이윤을 나누어 가지게 되리라고 생각하는 것은 너무 단순한 생각이다. 특히 그들이 차별적 상품을 생산하는 경우, 비용구조가 다른 경우, 시장점유율이 다른 경우, 그리고 마땅한 협의기구가 없는 경우 등에는 더욱 공동독점이윤의 추구가 어렵다. 아주 원시적인 형태를 제외하고는 말이다. 물론 균일한 상품(homogeneous products)을 생산하는 대단히 시장집중도가 높은 산업의 경우 그리고 동시에 시장진입장벽이 큰 경우 등에는 예외가 성립할 수 있다. 그러나 일반적으로는 과점적 상호의존성의 문제가 과점을 해체해야 하는 데까지 이를 정도의 심각한 문제라고 보지 않는다. 보통의 경우 과점시장에서 담합(collusion)이 성공하기는 어렵다. 비록 성립한다 하여도 이는 충분한 명시적 의사소통이 있을 때에만 가능하다. 따라서 명시적 담합에 대한 독점금지법의 일반규제만으로 충분하다."7)

결국 과점시장이라고 해도 담합 자체가 어렵고 비록 담합이 가능한 경우에도 묵시적(默示的) 담합이란 사실상 거의 불가능하고 대부분이 명시적(明示的) 담합이므로 이는 지금까지의 카르텔에 대한 규제, 즉 종래의 공동행위에 대한 규제로 충분하다는 것이다. 과점시장이라고 해서 예컨대 과점해체와 같은 별도의 입법조치가 필요한 것은 아니라는 주장이다. 한마디로 과점이라고 해서 일반 카르텔 규제와 다른 별도의 취급이 필요없다는 이야기이다. 왜냐하면 묵시적 담합의 가능성이 사실상 크지 않기 때문이다.

기본적으로 과점에 대하여 별도의 규제나 입법조치가 필요없다는 주장은 소위 경합성 시장이론(contestable market)을 주장하는 학자들에 의해서도 지지되고

---

7) Oliver E. Williamson, *Markets and Hierarchies: Analysis and Anti-Trust Implication*, The Free Press, 1975, p. 246.

있다.[8] 경합성 시장이론이란 간단히 이야기하면 시장 내에 존재하는 기업의 수가 소수라 하여도(심지어는 비록 하나라 하여도) 시장 밖의 다른 기업들에 의한 시장진입의 위협(a threat of entry)이 있는 한 그 기업은 대단히 경쟁적으로 행동한다는 것이다. 환언하면 완전경쟁시장하에서 활동하는 것과 같은 시장효과, 즉 가격이 한계생산비와 일치하는 시장효과를 결과한다는 것이다. 따라서 이 이론에 따르면 시장진입에 장벽이 없는 한 과점시장이라 하여도 완전경쟁시장과 크게 다른 시장효과를 결과하는 것이 아니게 된다. 따라서 과점이라 하여 별도의 논의나 대책이 필요한 것이 아니다. 결국 시장진입의 위협이 있는가 없는가가 중요하지, 과점이기 때문에 묵시적 담합의 가능성이 더 크다거나 혹은 반경쟁적 효과를 수반하는 동조적 가격인상의 가능성이 더 크다고 볼 수는 없다는 것이다.

요컨대, 이상의 주장은 결국 과점시장에도 상당 정도 경쟁성이 존재할 수 있을 뿐만 아니라 실제로 묵시적 담합의 가능성이 그리 크지 않기 때문에 동조적 가격인상은 큰 문제가 아니라는 것이다. 따라서 과점시장을 위한 별도의 법정책이 필요하지 않다. 반면에 다른 일련의 주장들은 과점시장에서의 묵시적 담합의 가능성, 환언하면 동조적 가격인상의 가능성이 대단히 높다고 본다. 따라서 이에

---

8) Harold Demsetz, "Why Regulate Utilities?", 11 *Journal of Law and Economics* 55 (1968); W. Baumol, J. Panzer and R. Willing, *Contestable Markets and the Theory of Industry Structure*, Harcourt Brace Jovanovich, 1982. 이들에 의하면 시장은 다음과 같은 세 가지 조건이 성립하면 소위 완전경합시장(perfectly contestable market)이 된다고 보고 있다. 첫째, 새로운 기업이 기존의 기업과 대비해 볼 때 특별히 불리한 것이 없어야 한다. 예컨대 동일한 생산기술, 생산요소가격, 시장정보 등을 향유할 수 있어야 한다. 둘째, 진입과 관련하여 소위 잠긴 비용(sunk cost)이 존재하지 아니해야 한다. 잠긴 비용이 존재하면 시장퇴출(市場退出)이 어려워서 이것이 자유로운 시장진입(市場進入)을 저해한다. 예컨대 시장진입을 위해서는 거대한 시설투자를 해야 하는데 투자 후 퇴출하려 할 때 이 투자분을 시장에서 쉽게 제값을 받고 회수할 수 없다면 그만큼 시장진입여부를 결정할 때 주저하게 된다. 즉 자유로운 진입이 사실상 어렵게 된다. 셋째, 진입여부가 알려진 후 실제 새 기업이 상품을 공급할 때까지의 기간이 짧아야 한다. 특히 기존 기업이 진입을 막기 위해 가격을 변동시킬 수 있기 전에 상품공급이 가능해야 한다. 이상의 조건이 성립하면 당해 시장에 존재하는 실제 기업의 수와 관계없이 완전경쟁시장과 같은 시장효과가 예상된다는 것이다. 논쟁의 여지가 많은 주장이나 여하튼 잠긴 비용의 중요성, 진입과 퇴출장벽의 중요성, 잠재적 경쟁의 중요성 등을 강조한 면은 높이 평가할 만하다.

대하여 별도의 법정책이 나와야 한다고 주장한다. 앞의 주장을 소극론이라고 한다면 이와 같은 주장은 적극론이라고 부를 수 있다.

이 적극론의 입장도 다시 두 가지로 나눌 수 있다. 하나는 과점시장 자체를 해체해야 한다는 주장이다. 물론 모든 과점시장을 다 해체해야 한다는 것은 아니다. 특히 시장지배적 사업자가 있고 사실상의 독과점력이 상당히 존재한다고 판단되는, 그리하여 동조적 인상을 전제로 한 가격선도현상이 일상적으로 나타난다고 판단되는 경우에 한하여 올바른 법정책은 지배적 사업자를 해체하여 독과점 시장구조 자체를 경쟁체제로 바꾸어야 한다는 것이다. 독과점적 시장구조 자체를 그대로 두고 묵시적 담합만을, 환언하면 동조적 가격인상만을 찾아내어 이를 규제한다는 것은 사실상 자기모순이라는 것이다. 이미 앞에서 밝힌 바와 같이 과점구조 자체는 인정하면서 과점의 기본논리상 당연히 나타나는 동조적 가격인상 혹은 가격선도현상만을 금지시키겠다는 것은 명백히 자기모순이고 자가당착이라는 것이다.

이러한 적극론의 입장은 미국에서는 1968년 한 특별연구위원회가 존슨 대통령에게 건의한 「집중산업법」(集中産業法, Concentrated Industries Act)과 1976년 상원의원 하트(Senator Hart)가 제출한 소위 「무과실독점화법안」(無過失獨占化法案, No-Fault Monopolization Bill) 등에 잘 나타나고 있다. 앞의 법안은 과점기업이 몇 가지 반경쟁적인 구조적 문제점들을 노정하는 경우 그 기업을 재조직하고 재구성(reorganization)하자는 것이고, 뒤의 법안은 독과점력이 발견되면 그것이 합법적인 특허권에 의한 것이거나, 아니면 이를 해체하면 규모의 경제에 막대한 손실이 발생한다는 것을 기업이 증명하지 못하는 한 원칙적으로 그 기업을 해체(divestiture)하자는 것이다.[9)]

또 하나의 적극론은 동조적 가격인상이라는 현상이 발견되고 거기에 묵시적 담합의 존재를 추정케 할 상황적 증거(狀況的 證據, circumstantial evidence)만 존재하면 이를 불법으로 규제하자는 주장이다.[10)] 일반 카르텔의 경우는 공동행위에 대

9) 좀 더 상세한 논의는 Scherer and Ross, *Industrial Market Structure and Economic Performance*, 3rd edition, Houghton Mifflin Co., 1990, pp. 479-483을 참조하라.

10) 미국의 경우 위와 같은 입장을 취하고 있는 대표적 판례는 American Tobacco Co. et al. v. U. S. 328 U. S. 781 (1946)이다. 그리고 이 판례의 법학적·경제학적 의의를 정리한 논문으로서는 William H. Nicholls, "The Tobacco Case of 1946", 38 *American Economic Review* 285 (1949).

한 구체적 합의의 증명을 요구한다. 물론 반드시 직접적 증거만이어야 할 필요는 없고 간접적 증거의 경우도 증거능력이 있으나, 적어도 그 증거에서 합의의 사실이 충분히 유추될 수 있는 것이어야 한다. 그러나 동조적 가격인상의 경우에는 증거요구의 수준을 크게 낮추어 간접적 증거도 필요없고 상황적 증거만 있으면 묵시적 합의의 존재를 인정하자는 주장이다. 반드시 회합을 했다든가 혹은 의사소통의 기회가 있었다든가 등의 직간접의 증거를 제시할 필요가 없고, 비록 구체적 증거는 없어도 다만 상황적 사항이 그러한 합의가 비록 묵시적으로라도 있을 수 있었음을 보여 준다면 그것으로 충분하다는 것이다.

우리나라 공정거래법은 과점기업 사이의 동조적 가격인상에 대한 명시적 규정은 없다. 사실상의 시장지배적 기업이 존재하는 과점기업이라고 하여 일반 카르텔의 공동행위에 대한 규제와 다르게 별도의 취급을 시도하고 있지는 않다. 해석론으로는 동조적 가격인상을 공동행위로 의율할 수 없을 것이다. 동조적 가족인상은 합의가 없이 상호의존성에 의한 결과에 불과하기 때문이다. 다만 합의가 추정된다면 공동행위가 될 수 있다. 동법 제19조 제5항에서 "2 이상의 사업자가 제1항 각 호의 어느 하나에 해당하는 행위를 하는 경우로서 해당 거래분야 또는 상품·용역의 특성, 해당 행위의 경제적 이유 및 파급효과, 사업자 간 접촉의 횟수·양태 등 제반사정에 비추어 그 행위를 그 사업자들이 공동으로 한 것으로 볼 수 있는 상당한 개연성이 있는 때에는" 부당한 공동행위를 할 것을 합의한 것으로 추정하고 있다. 이것은 단순히 과점시장에 지배적 기업이 존재한다는 것만 가지고 묵시적 공동행위의 성립을 인정하는 것은 아니고, 다양한 정황을 종합하여 판단하라는 것이다. 이를 통하여 어느 정도 동조적 가격인상을 규제하는 것은 가능하다고 본다. 그러나 공정거래법을 보다 구체화하더라도, 여전이 문제는 남는다. 동조적 가격인상을 보다 효과적으로 규제하면 할수록 앞에서 지적한 자기모순의 문제, 즉 과점시장을 인정하면서 과점의 논리는 부정하려는 자기모순의 문제가 더욱 선명하게 등장한다는 사실이다.[11]

---

11) 어떤 의미에서는 공정거래법 자체가 자기모순(自己矛盾)일 수도 있다. 시장지배적 사업자의 시장지배력 자체는 인정하면서 시장지배력의 행사는 금지하려 한다든가, 과점구조 자체는 인정하면서 과점적 상호의존성은 부정하려 한다든가 등이 대표적인 예일 것이다. 그러면 이러한 자기모순은 어디서 자기 합리화의 근거를 찾아야 할까? 답을 생각해 보라.

제4장 기업결합

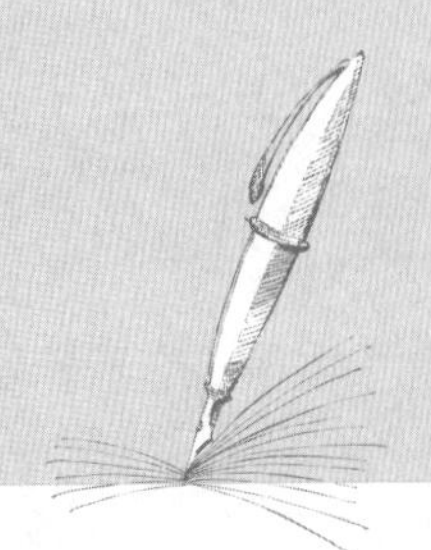

제1절 수평적 결합(horizontal integration)

기업결합이란 2개 이상의 기업이 사실상 단일 경영지배체제 속으로 들어가는 것을 의미한다. 법률적으로 단일 법인이 되는가 아닌가는 별로 중요하지 않다. 사실상 단일의 경영지배 속에 편입되면 기업결합으로 본다. 우리나라 공정거래법은 기업결합의 방법으로 다섯 가지 유형을 제시하고 있다. 주식의 취득, 임원의 겸임, 회사의 합병, 영업의 양수(讓受), 새로운 회사설립에의 참여가 그것이다.

일반적으로 기업결합은 세 가지 유형으로 나눌 수 있다. 하나는 수평적 결합(水平的 結合, horizontal integration)이다. 동일한 시장 내에 경쟁관계에 있는 2개 이상의 기업이 결합함을 의미한다. 다음은 수직적 결합(垂直的 結合, vertical integration)이다. 거래단계를 달리하는 기업 간의 결합이다. 예컨대 생산업자와 판매업자 간의 결합 혹은 원료공급업자와 생산업자 간의 결합 등이 이에 속한다. 끝으로 혼합결합(混合結合, conglomerate integration)이 있다. 이는 수평적 결합도 수직적 결합도 아닌 기업결합을 의미한다. 동일한 시장에서 서로 경쟁하는 관계도 아니고 서로 거래관계를 가지고 있지도 않은 기업들간의 결합을 의미한다. 따라서 수평결합도 수직결합도 아닌 나머지의 모든 기업결합은 혼합결합이다.

수평적 결합은 동일시장 내의 기업들간의 결합이므로 경쟁관계에 있는 사업체의 수가 줄어드는 효과가 발생한다. 따라서 일반적으로 반경쟁적 효과 내지 독점효과(monopoly effect)가 있음을 부정하기 어렵다. 다만 그 정도는 결합 후의 기업의 시장점유율의 크기가 어느 정도인가에 달려 있다고 볼 수 있다. 그러나 수평적 결합은 다른 일면에는 생산비용을 낮추는 효과(cost-saving effect)도 있을 수 있다. 예컨대 두 기업이 하나가 된 후 생산·판매·자금조달·인력투자·R&D 투자 등 모든 분야에서 규모의 이익을 향유할 수 있다.[1] 결국, 수평적 결합의 시장효과는 이 두 가지 효과, 즉 독점효과(獨占效果)와 생산성효과(生産性效果)의 상대적 크기에 달려 있다고 할 수 있다. 독점효과의 크기가 생산성효과를 능가하면 이는 우리나라 공정거래법 제7조에서 규정하고 있는 "경쟁을 실질적으로 제한하는" 경우에 해당할 것이고, 만일 역으로 생산성효과가 독점효과를 능가하면 이는 "경쟁을 실질적으로 제한하지 않는" 경우에 해당할 것이다.

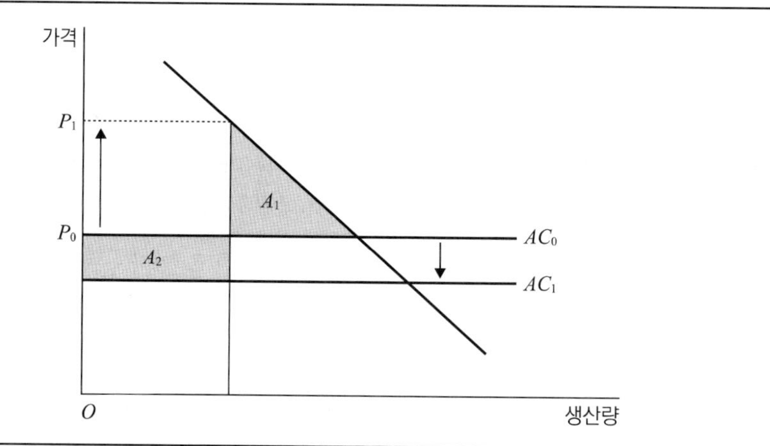

그림 8-6 수평적 결합의 경우: 독점효과와 생산성효과

이 관계를 나타낸 것이 〈그림 8-6〉이다. 〈그림 8-6〉은 수평적 결합을 통하여 독점효과와 생산성효과가 동시에 발생한 경우를 상정하고 있다. 기업결합 전의 가격은 P_0인데 기업결합 후 시장점유율이 증가해서 독점효과가 발생하여 가

1) 기업결합의 사회적 이익으로 다음과 같은 내용을 추가할 수 있다. 즉 기업결합은 비효율적인 사업주 내지 경영층을 보다 효율적인 사업주 내지 경영층으로 대체시키는 방법의 하나라고 볼 수도 있다. 물론 이 주장은 반드시 수평적 결합에만 한하는 이야기는 아니다. 모든 형태의 기업결합에 해당될 수 있는 주장이다. 과연 실제로 어느 정도 효율적 경영으로의 대체효과가 있었는가는 기업결합 전과 후를 비교·분석해 보아야 할 실증분석의 문제이다.

격이 P_1으로 상승하였다고 하자. 동시에 기업결합으로 인해 규모(規模)의 이익(利益)이 실현될 수 있었다고 하자. 그래서 이러한 생산성효과로 인해 평균비용곡선은 AC_0에서 AC_1로 하락하였다고 하자. 그러면 기업결합으로 인한 독점효과의 크기는 A_1이 될 것이고, 생산성효과는 A_2가 될 것이다. 그리하여 결국 이 양자의 상대적 크기에 의해 당해 결합이 경쟁을 실제로 제한한다고 볼 것인가 아니면 제한하지 않는다고 볼 것인가가 결정된다.

윌리엄슨(O. Williamson)은 실제로 많은 수평적 결합의 경우 A_2가 상대적으로 크고 A_1은 상대적으로 작은 것으로 보고 있다. 구체적 근거로 그는 수요탄력성이 1이라고 가정할 경우 예컨대 20%의 가격인상을 위해서 2.4%의 생산비용감축만 있으면 A_1와 A_2를 일치시킬 수 있음을 증명해 보이고 있다.[2] 환언하면 수요탄력성이 1인 경우에는 기업결합으로 인하여 20%의 가격인상의 효과가 있었다 하여도 생산비용이 2.4% 이상만 감소하면 생산성효과가 독점효과보다 더 크게 된다는 것이다. 또한 같은 연구는 수요탄력성이 1/2인 경우에는 20% 가격인상이 있었다 하여도 생산비가 1.1% 이상만 감소하면 생산성효과가 독점효과보다 더 크게 됨을 보이고 있다. 이와 같이 윌리엄슨은 수평결합에 생산성효과가 있음을 지적하고 독점효과만을 강조하여 규제일변도로 나아가서는 곤란하다고 주장한다.

이러한 그의 주장에 대하여 그가 지적한 생산성효과의 중요성은 인정하지만 현실적으로 독점효과나 생산성효과의 측정이 과연 가능하겠는가 하는 비판이 있다. 예컨대 포즈너(R. Posner)는 다음과 같이 비판하고 있다.

> "소송과정(訴訟過程)에서 효율에 준 합병의 효과를 측정한다는 것 자체가 사실상 무리일 뿐 아니라 합병을 통해 늘어난 시장점유율이 가격에 준 효과를 찾는다는 것도 마찬가지로 어려운 일이다."[3]

그 외에도 생산성효과가 있음을 인정한다 하여도 과연 생산성효과가 독점효과를 능가하겠는가에 대하여 의문을 제기하기도 한다. 예컨대 기업결합 전에도

---

2) Oliver Williamson, "Economies as an Antitrust Defense Revised", 125 *University of Pennsylvania Law Review* 699 (1977).

3) Richard Posner, *Antitrust Law: An Economic Perspective*, University of Chicago Press, 1976, p. 112.

어느 정도의 시장지배력이 있어서 이미 가격이 평균비용수준보다 높은 경우라면 기업결합 후의 독점효과를 상쇄하기 위해 필요한 생산성효과가 앞의 〈그림 8-6〉의 경우보다 훨씬 커야 한다는 사실이 지적되었고 윌리엄슨 자신도 이를 인정하고 있다.4) 그 이외에도 소위 독점의 효과, 즉 가격인상의 효과가 반드시 당해 산업에만 국한되어 일어나지 않고 다른 산업의 가격에도 영향을 미칠 수 있다는 문제, 따라서 〈그림 8-6〉의 독점효과는 과소평가되었다는 비판 등도 있다.

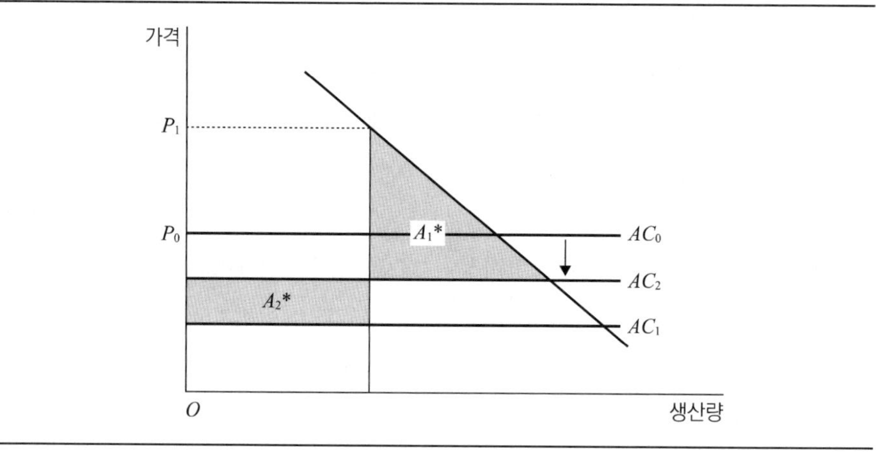

그림 8-7 내부성장의 경우

그러나 〈그림 8-6〉에 대한 결정적 비판은 다음과 같은 기업의 내부성장을 통한 생산성효과 실현가능성에 대한 지적이다. 만일 규모의 경제의 실현 등의 이유로 기업결합이 결과하는 생산성효과가 크다면 이는 반드시 기업결합을 통하지 아니하고도 기업의 내부성장(internal expansion)을 통하여서도 얼마든지 얻을 수 있다는 것이다. 따라서 기업결합을 법률로 규제하는 것은 생산성효과의 실현을 영원히 불가능하게 하는 것이 아니라 일정한 기간을 연기시키는 것에 불과한 것이 된다. 특히 당해 시장 자체가 성장하고 확대되고 있는 상황에서는 더욱 그러하다. 경쟁사를 희생시키지 아니하고도 내부성장을 통한 규모의 경제의 실현이 가

4) Oliver Williamson, "Economies as an Antitrust Defense: Reply", *The American Economic Review* (December 1969).

능하기 때문이다.[5] 이러한 내부성장의 가능성을 인정하게 되면 앞의 〈그림 8−6〉은 〈그림 8−7〉로 바뀌어져야 한다. 〈그림 8−7〉에서는 법률이 기업결합을 금지하고 있는 상황 속에서 기업이 내부성장을 통한 생산성효과를 달성함으로써 평균비용곡선을 AC_0에서 AC_2로 인하시킨 경우를 가정하고 있다. 만일 이 내부성장에 2년이 걸렸다면 2년 후의 시점에서 기업결합의 이익과 비용을 계산해 보면 기업결합의 이익은 〈그림 8−6〉의 A_2에서 〈그림 8−7〉의 A_2^*로 줄어들고, 기업결합의 비용은 〈그림 8−6〉의 A_1에서 〈그림 8−7〉의 A_1^*로 늘어남을 알 수 있다. 결국 기업의 내부성장의 가능성, 내부성장을 통한 규모의 이익의 실현가능성을 인정한다면 기업결합의 사회적 비용은 시간이 감에 따라 늘어나고($A_1 \rightarrow A_1^*$), 기업결합의 사회적 이익은 시간이 감에 따라 줄어든다는 것을 알 수 있다($A_2 \rightarrow A_2^*$). 결국 이를 역으로 이야기하면 당초의 기업결합에 대한 법률적 규제의 사회적 비용은 시간이 감에 따라 줄어들고, 그 규제의 사회적 이익은 시간이 감에 따라 늘어남을 알 수 있다. 따라서 이와 같이 기업의 내부성장을 통한 규모의 이익의 달성 가능성을 인정하게 되면 수평적 결합에 대한 규제는 보다 강화되어야 한다는 주장이 보다 설득력을 갖게 된다. 여하튼 윌리엄슨이 수평적 결합이 가져올 수 있는 생산성효과의 가능성을 지적한 것은 적절한 일이라고 본다. 그러나 과연 그 효과가 수평적 결합이 가져올 독점효과를 능가할 것인가에 대하여는 회의적이다.

제 2 절 수직적 결합(vertical integration)

앞서 보았듯이 수직적 결합이란 동종산업이나 업종에 속하나 거래단계를 달리하는 기업 간의 결합이다. 판매자와 구매자의 관계에 있는 기업 간의 결합이 된다. 일반적으로 판매자의 입장에 있는 사업체를 상역산업(上域産業, upstream industry),

5) 반드시 기업결합이나 내부성장을 통하지 않고도 예컨대 특정한 계약관계의 설정(contractual arrangement)을 통하여, 예컨대 R&D 공동개발을 위한 합작투자회사의 설립 등의 방법을 통하여 생산성 제고의 효과를 달성할 수 있는 경우도 있을 수 있다.

그리고 구매자의 입장에 있는 사업체를 하역산업(下域産業, downstream industry)이라고 한다.

이러한 수직적 결합은 수평적 결합과 달리 경쟁사의 감소가 수반되지 않으므로 기업결합이 경쟁에 주는 효과가 명확하게 드러나지 않는다. 따라서 수직적 결합의 시장효과를 올바로 평가하기 위하여는 우선 수직결합의 동인들을 분석해 보아야 한다. 그리하여 그 성격들을 시장성과 내지 시장결과와 연결시켜 기업결합의 효과를 평가해야 한다. 무엇이 기업들로 하여금 수직적 결합을 하도록 유도하는가? 수직적 결합의 이유 내지 목표는 어디에 있는가? 그리고 그 목표는 어느 정도 달성되는가? 등을 자세히 분석해 보아야 한다. 그리고 그 동인들과 시장결과들을 반경쟁적 시장효과, 즉 독점효과가 큰 경우와 반대로 생산성효과가 큰 경우로 나누어 생각해 보아야 한다.

물론 현실의 수직적 결합의 경우 대부분은 독점효과와 생산성효과가 동시에 나타나는 경우가 많을 것이다. 따라서 결국은 상대적 비중의 문제가 될 가능성이 많다. 그러나 수직결합의 반경쟁적 동인이 확실한 경우, 또는 결과적으로 독점효과가 생산성효과를 능가하는 경우에는 우리나라 공정거래법 제7조 제1항에서 규정한 "경쟁을 실질적으로 제한하는" 경우에 해당하는 것으로 보아야 할 것이다. 그리고 그 반대의 경우라면, 즉 생산성 제고의 목표가 확실한 경우, 또는 결과적으로도 생산성효과가 독점효과보다 큰 경우 그러한 경우에는 수직적 결합은 허용되어야 할 것이다. 따라서 어떤 요인들이 수직적 결합을 가져오는가 하는 문제에 대한 심층적 이해가 있어야 수직결합에 대한 올바른 법정책을 세울 수 있다.

대별하여 보면 수직결합의 요인은 세 가지로 나누어 생각해 볼 수 있다. 첫째는 조세의 회피나 정부의 행정규제를 회피하려는 경우이다. 둘째는 비용절감 등 효율성 제고를 위한 경우이다. 셋째는 시장지배력을 높이기 위한 경우이다.

첫째, 수직결합은 정부의 행정규제나 조세회피를 위한 수단으로 활용될 수 있다. 예컨대 정부가 평균비용에 일정이익(mark-up pricing)의 가산을 허용하는 형태로 가격규제를 하는 경우 이 가격규제에서 벗어나는 방법의 하나가 수직결합일 수 있다. 즉 원료공급기업을 수직결합하면 원자재의 내부거래단가(內部去來單價)를 조정하여 평균비용의 크기를 얼마든지 조절할 수 있기 때문이다. 다른 한편 가격규제를 받는 상품을 수요하는 기업도 정부의 가격규제에서 벗어나는 방법의 하나로 수직결합을 할 수 있다. 일반적으로 가격규제를 받으면 당해 상품에 대한 초과수요가 발생하여 정부가 당해 상품을 불가피하게 할당하게 된다. 그런데 이 할당분만으로 만족할 수 없는 수요기업이 존재하는 경우 그들은 당해 상품의 공급기업을 수직결합을 함으로써 가격규제로 인한 할당제(割當制)의 규제를 벗어날 수 있다. 수직결합을 하면 내부거래를 통하여 당해 상품을 확보할 수 있으므로 당해 상품을 공급받는 데 제한을 받지 않게 된다.

또한 만일 세율이 지역별로 혹은 거래단계별(예컨대 제조업자와 판매업자)로 다르거나 한계세율이 크게 다른 경우 조세회피의 한 방법으로 수직결합을 이용할 수 있다. 소위 이전가격(transfer price)을 변동시킴으로써 기업이 이윤을 한 지역에서 다른 지역으로 혹은 한 업종에서 다른 업종으로 비교적 쉽게 이동시킬 수 있기 때문이다. 이윤에 대하여 정부가 직접규제하는 경우에도 위와 같은 방법을 통하여 정부의 이윤규제를 상당부분 회피할 수 있다. 그러나 이상과 같이 조세회피나 행정규제회피를 위하여 수직결합방법을 활용하는 경우는 엄밀히 이야기하면 독점규제법의 관심대상은 아니다. 오히려 정부규제당국이나 조세당국이 보다 효율적인 정부규제나 조세정의의 실현을 위하여 관심을 가져야 할 분야라고 본다.

둘째, 효율성 제고를 위하여 수직결합이 발생하는 경우이다. 수직결합이 효율성을 높이는 데 기여할 수 있는 계기는 여러 가지 있다. 그중 가장 중요한 것이 소위 거래비용(transaction cost)의 절약이다. 수직결합의 주요 동인과 주요 결과의 하나가 거래비용의 절약이고 이를 통한 효율성 제고에 있다는 이야기이다.

일반적으로 시장에서의 거래관계를 통하여 필요한 상품을 팔고 사면 거래비용이 든다.[6] 거래비용에는 계약의 성립과 체결을 위한 비용뿐 아니라 계약성립

---

6) 물론 시장기구를 활용하여 필요한 재화를 구매하면 거래비용(transaction cost)이 든다. 거래비용이란 한마디로 시장기구활용비용(市場機構活用費用)이다. 그러나 이를 절약하기 위해서 기업결합을 하면, 환언하면 조직 자체 내에서 필요 재화를 생산하면 이번에는 조직활용비용인 소위 조정과 감시비용(coordinating and monitoring cost)이 든다. 즉 필요 재화의 생산을 위해 조직 내의 각 부서 간의 활동을 조정하고 동시에 생산노동자들의 생산활동을 감독해야 한다. 결국 거래비용이 상대적으로 더 크면 기업결합의 방법, 즉 자체 생산의 방법이 선호될 것이고, 조정과 감시비용이 상대적으로 더 크면 시장에서의 구매의 방법이 선호될 것이다. 이러한 상황 속에서 거래비용이 조정과 감시비용보다 더 커서 만일 기업결합이 선택된다면 그 기업결합은 엄격히 말해 시장의 거래비용

후 서로의 성실이행을 담보하기 위한 상호감시비용도 포함된다. 소위 상대의 전략적 행위 내지 기회주의적 행위(opportunistic behavior)로 인해 발생하는 비용 그리고 그 비용을 막기 위한 비용도 거래비용의 중요한 항목이 된다.

예컨대 상품의 수급변화가 심한 경우에는 변화가 있을 때마다 새로운 계약을 체결해야 하는데 그 계약체결비용도 크지만 그것보다 더욱 큰 것은 상대가 수급의 격심한 변화를 전략적으로 이용함으로써 발생할 수 있는 비용이다. 예컨대 수요가 급격히 증가했을 때 가격의 일방적 인상을 요구하거나 상품의 인도를 지연 내지 거부하는 경우를 생각해 볼 수 있다. 이러한 기회주의적 행위로 인한 비용 그리고 그를 막기 위한 비용 등이 사실은 거래비용의 중요 항목이 된다.

그런데 이와 같은 의미의 거래비용은 앞에서 보았듯이 상품 자체의 성질과 그 제조과정에 특이성(specificity)이 큰 경우나 거래의 불확실성이 높고 효율적 거래를 위해서는 많은 정보가 필요한 경우에 많이 발생한다. 예컨대 상품의 질에 대하여 장기간 사용해 본 후가 아니면 판단할 수 없는 경우라든가, 실제로 그 상품의 제조과정을 지켜보지 않으면 그 질을 판단할 수 없는 경우라든가 등의 경우 이러한 상품을 시장에서 구매하는 데는 거래비용이 상당히 든다. 고품질(高品質)을 보장받기 위하여서는 여러 계약적 조치가 있어야 하기 때문이다.

이상과 같이 거래비용이 많이 드는 경우에 수직결합을 하면 거래비용의 상당부분을 절약할 수 있다. 거래비용은 생산과정에 직접 투하되는 비용이 아니므로 이를 절약하면 할수록 효율적 자원배분, 즉 효율성 제고에 기여하게 된다.

다음으로 수직결합이 효율성 제고에 기여하는 계기는 두 기업 사이에 경영지배의 효율성에 차이가 있는 경우, 예컨대 상역기업(上域企業)의 경영은 비효율적인 데 반하여 하역기업(下域企業)의 경영은 효율적인 경우에 수직결합을 통하여 하역기업의 경영으로 상역기업의 경영을 대체함으로써 효율성을 제고할 수 있다.[7] 요컨대 수직결합을 통하여 비효율적 경영지배를 효율적 경영지배로 대체하여 효율성을 높인다는 것이다.

에서 조직의 조정과 감시비용을 제한만큼의 거래비용의 절약을 결과하는 셈이 된다.

7) 역의 경우는 나올 수 없는가? 즉 왜 비효율적 경영이 효율적 경영을 대체할 가능성에 대하여는 지적하지 않는가?

또한 두 기업의 이윤이 부(負)의 상관관계를 가지고 있을 때 이 두 기업을 수직결합시킴으로써 위험을 분산(risk diffusion) 내지 축소(risk reduction)시킬 수 있다. 예컨대 금생산업자와 보석가공업자의 관계를 생각해 보자. 급격한 수요변동으로 인한 금가격의 폭등, 그로 인한 금생산업자의 이윤증가, 그리고 원자재(금)가격의 폭등으로 인한 보석가공업의 이윤하락의 경우를 생각해 보자. 이러한 경우 이 두 기업을 수직결합하면 그만큼 위험의 분산 내지 축소가 가능하게 된다.

셋째, 시장지배력을 높이기 위하여 수직결합이 일어나는 경우이다.

(1) 우선 생각할 수 있는 것이 소위 수직결합으로 인한 시장봉쇄효과(市場封鎖效果, market foreclosure)이다. 예컨대 상역기업(판매자)과 하역기업(구매자)이 수직결합을 하면 판매자와 경쟁관계에 있는 기업들은 그만큼 유효구매자를 잃게 되고 구매자와 경쟁관계에 있는 기업은 그만큼 안정된 공급업자를 잃게 된다. 결국 두 시장 모두에서 수직결합이 일어난 만큼의 시장봉쇄효과가 일어난다.

(2) 다음으로 생각할 수 있는 것은 경쟁배제효과(競爭排除效果, anti-competition)이다. 수직결합으로 인한 시장봉쇄로 한 시장에 독과점이 등장하면 다른 시장의 경쟁도 쉽게 배제시킬 수 있다. 예컨대 수직결합으로 인하여 상역시장의 경쟁사가 줄어 그 시장을 사실상 독과점화하였다고 하자. 그러면 하역시장에서 경쟁관계에 있는 기업들은 불가피하게 높은 독과점가격으로 원자재를 공급받게 되어 그만큼 생산단가가 올라 하역시장에서의 경쟁에서 불리해진다. 결국 상역시장뿐 아니라 하역시장에서의 경쟁의 배제를 결과한다.

또 다른 방법은 상역시장에 있는 기업이 자신들의 생산물(원자재)의 공급가격을 올리고 동시에 하역시장에서의 생산물(제품)의 시장가격을 낮추는 방법이 있다. 그렇게 하면 하역시장에서의 경쟁기업들은 높은 원가와 낮은 시장가격 때문에 경영상의 애로를 겪게 된다. 결국 하역시장에서의 경쟁기업들은 시장에서 축출된다. 물론 이 경우에도 앞의 경우와 마찬가지로 수직결합으로 인하여 상역시장에서 어느 정도의 시장지배력이 창출됨을 전제로 하고 하는 이야기이다.

(3) 다음은 가격차별화(price discrimination)나 카르텔화(cartelization)의 성공을 위하여 수직결합이 이용되는 경우이다. 독점기업들은 독점이윤의 극대화를 위해 소비자들의 수요의 가격탄력성이 다를 때 가격차별제(價格差別制)를 도입한다. 그런데 이 가격차별제가 성공하기 위해서는 소비자 사이에는 상품의 전매가 성립할

수 없어야 한다. 환언하면 싼 가격으로 상품을 산 소비자가 비싼 가격으로 상품을 사야 하는 소비자들에게 물건을 되팔 수 없어야 한다. 그런데 이 소비자 간의 상품매매를 막는 방법의 하나로 수직결합이 이용될 수 있다. 하역시장 중 가격차별제에 의해 낮은 가격을 지불하는 부문을 수직결합함으로써 하역시장기업 간의 상품의 매매를 막아 하역시장에서의 가격차별제의 효과를 높일 수 있다.

카르텔의 효과적 조직을 위해서도 수직결합이 이용되는 수가 있다. 이미 살펴본 바와 같이 카르텔의 조직화에 있어 가장 어려운 문제의 하나가 구성원들이 모두 협정가격(協定價格)을 지키는가 아닌가를 어떻게 감시할 것인가이다. 이 감시 문제를 해결하기 위해 수직결합이 활용될 수 있다. 예컨대 상역시장에 카르텔을 조직하려는 경우, 하역시장의 일부를 수직결합함으로써 상역시장의 기업들이 하역시장의 기업들에게 공급하는 상품의 공급가격의 변화를 쉽게 감시할 수 있다.

(4) 소위 수직독점(vertical monopoly)을 통하여 시장지배력을 확산하는 경우이다. 상역시장이 독점화되어 있는 경우 상역시장의 독점기업이 하역시장의 기업을 수직결합함으로써 하역시장에서 시장지배력을 확대하려고 하는 경우이다. 다만 한 가지 주의할 것은 위와 같은 경우 모든 수직결합이 항상 독점이윤의 제고에 기여하는 것은 아니라는 사실이다. 결론부터 이야기하면 하역시장에 있는 기업의 생산함수의 성격에 따라 독점이윤을 높이는 데 기여할 수도 있고, 그렇지 않을 수도 있다. 생산함수가 고정생산함수(固定生産函數, fixed-proportions production function)인 경우, 즉 생산물을 한 단위 더 생산할 때 필요한 생산요소의 비중 내지 비율이 생산요소의 가격변동에 관계없이 항상 고정되어 있는 경우에는 수직결합은 독점이윤의 제고에 별로 기여하지 않는다. 반면에 생산함수가 가변생산함수(可變生産函數, variable-proportions production function)인 경우, 즉 생산물을 한 단위 더 생산할 때 필요한 생산요소의 비중 내지 비율이 생산요소의 가격변동에 따라 가변적인 경우에는 수직결합은 독점이윤의 제고에 기여하게 된다.

그 이유는 다음과 같다. 고정생산함수의 경우에는 수직결합을 하든 하지 아니하든 상역기업이 하역기업의 제품가격수준에 직접 영향을 줄 수 있다. 왜냐하면 상역기업이 제공하는 생산요소는 그 가격의 높고 낮음에 불문하고 일정비율을 사용하여야 하역기업의 생산품이 나올 수 있기 때문이다. 따라서 상역시장제품의 가격이 그대로 하역시장제품의 가격에 반영되고, 이러한 관계는 수직결합을 했느냐 아니했느냐에 관계없이 존재한다. 따라서 수직결합의 이익이 없다. 그런데 수직결합에는 일정한 비용이 들므로 이런 경우에는 수직독점현상은 일어나지 않을 것이다.

그러나 가변생산함수의 경우에는 이야기가 달라진다. 수직결합을 하지 않으면 하역기업은 상역기업의 제품가격(독점가격)이 올라감에 따라 점점 다른 생산요소로 대체를 시도한다. 그런데 이 대체는 명백히 비효율적인 대체이다.[8] 반면에 만일 수직결합을 하게 되면 이러한 하역기업의 생산요소의 비효율적인 대체를 막을 수 있다. 하역기업으로 하여금 가장 효율적인 생산함수를 선택할 수 있도록 할 수 있다. 효율적인 생산함수의 선택은 이윤의 증가를 가져오고 이 이윤의 증가가 수직결합의 비용보다 커지면 수직결합은 독점이윤을 높이는 데 기여하게 된다. 따라서 이와 같이 생산함수가 가변적인 경우에는 수직독점현상이 일어나게 된다.

이상에서 우리는 수직결합이 발생하는 여러 요인들을 생각해 보았다. 효율성 제고를 위한 수직결합의 경우도 있고, 시장지배력 제고를 위한 수직결합의 경우도 있음을 보았다. 물론 후자가 보다 중요하게 작용하는 수직결합의 경우에는 독점규제법에 의한 규제가 필요하게 된다. 그러나 전자가 중요하게 작용하는 수직결합의 경우에는 독점규제의 대상이 되어서는 곤란하다.

끝으로 한 가지 지적할 사실이 있다. 즉 어떤 요인에 의한 어떤 내용의 수직결합(vertical integration)이든 그 수직결합을 법적으로 규제하면, 많은 경우 기업들은 소위 수직적 계약제약(垂直的 契約制約, vertical restriction)을 통하여 동일한 내용의 관계설정을 도모하려 한다는 사실이다. 환언하면 본래 수직결합으로 이루려던 상역기업과 하역기업 사이의 특정 관계설정을 당사자 간의 장기계약(long term contract)을 통하여 이루려 한다는 것이다.[9] 이 장기계약이 바로 수직적 계약제약이다.

---

8) 왜 비효율적인 대체(代替)인가 생각해 보라. 생산함수의 성격에 따라 수직독점이 독점이윤을 높일 수도 있고 그러하지 않을 수도 있다는 점에 대한 보다 상세한 분석은 D. W. Carlton and J. M. Perloff, *Modern Industrial Organization*, Harper Collins, 1990, pp. 510－520을 참조하라.

9) 앞에서 수직결합의 요인에 대한 설명부분에서 나온 예이지만 만일 상역(上域)시장기업이 자신의 상품의 공급가격을 올리고, 동시에 하역(下域)시장의 상품의 시장가격을 낮추어 하역시장에서의 경쟁사들을 축출하려는 경우 하나의 방법은 수직결합이지만 다른 하나의 방법은 하역시장의 특정 기업과 장기계약을 체결하여 환언하면 소위 수직적 계약제약

일반적으로 상역기업과 하역기업 사이의 관계설정에는 세 가지의 선택이 있다. 하나는 "시장(market)"을 통한 관계설정이다. 상역기업의 제품을 시장에서 하역기업이 구매하여 자신들의 생산과정에 생산요소로 활용한다. 이 경우 양자의 관계는 일반적인 시장기구를 통하여 규율된다. 다음은 "장기계약(restriction)"을 통한 관계설정이다. 양 당사자가 서로의 관계를 시장을 통한 일회적이고 단기적인 관계로 끝내지 않고 지속적이고 장기적인 관계로 발전시키려 노력한다. 그리하여 서로 상대방의 행위에 제약을 가하는 장기계약을 체결하여 설정된 관계를 규율한다. 끝으로 "결합(integration)"을 통한 방법이 있다. 두 회사가 합병 등의 방법으로 단일 경영지배체제 안에 들어간다.

상역기업과 하역기업 간에 관계설정을 위한 위와 같은 세 가지 방법 중 어느 방법을 선택할 것인가는 결국 각 방법이 가지고 있는 이익과 비용의 상대적 크기에 의존한다고 볼 수 있다.[10] 따라서 예컨대 법적 규제의 강화 등으로 수직결합을 통하여 시장지배력의 확대를 도모하는 것이 어렵게 되면, 기업은 당연히 동일한 목적의 달성을 수직적 계약제약을 통하여, 즉 양 당사자 간의 장기계약을 통하여 달성하려 하게 된다. 그러므로 효율적 독점규제를 위하려면 경쟁제한적인 수직적 결합만을 규제하여서는 불충분하고 경쟁제한적인 수직적 계약제약도 함께 규제하지 않으면 안 된다. 요컨대 수직적 결합을 규제할 때에는 위와 같이 기업결합과 계약제약 간에 대체관계(代替關係)가 존재한다는 사실을 명심하여야 한다.

(垂直的 契約制約)을 통하여 그들의 시장가격을 일정수준 이하로 묶어 놓을 수가 있다.

10) 엄밀하게 이야기하면 수직결합의 크기가 기업의 크기를 결정한다. 필요한 상품을 시장에서 구매하는 경우(시장을 통한 관계설정)보다 직접 생산하는 경우(결합을 통한 관계설정)가 보다 경제적이면, 환언하면 보다 비용절약적이면 그 기업의 크기는 확대될 것이다. 더 나아가 필요한 상품을 시장에서 구매하는 경우도 단기적·일회적 구매계약(시장을 통한 관계설정)에 의할 것인가 아니면 장기적·지속적 계약(계약제약에 의한 관계설정)에 의할 것인가는 당해 상품의 중요성·성질 등에 비추어 어느 쪽 방법이 보다 비용절약적인가에 의해 결정될 것이다. 그런데 이러한 선택의 간계는 장기계약과 기업결합의 경우에도 존재한다. 그 사회의 사회경제적 사정이 장기계약의 안정성 등을 위협하면 기업들은 기업결합을 통하여 문제를 해결하려 할 것이고, 반면에 기업결합에 부정적인 법적 규율이 많으면 장기계약을 통하여 문제를 해결하려 할 것이다. 위의 세 가지 방법에 어떠한 각각의 비용과 편익이 있을 수 있는가를 생각해 보라.

제 3 절 혼합적 결합(conglomerate integration)

혼합적 결합이란 기업결합 중 수직결합과 수평결합이 아닌 나머지 모든 결합을 의미한다. 이 혼합적 결합도 흔히 세 가지 유형으로 나눈다. 하나는 상품확대형(商品擴大型, product extension)이다. 이는 서로 경쟁관계에 있지 않는 상품을 만들고는 있으나 생산공정이나 판매조직 등에서 상호관련성이 있는 상품을 생산하는 기업 간의 결합이다. 예컨대 식료품 생산기업과 음료품 생산기업 간의 결합의 경우가 여기에 속할 것이다. 기업결합을 함으로써 상당부분의 판매조직과 생산공정의 일부를 상호이용할 수 있을 것이다. 다음은 시장확대형(市場擴大型, market extension)이다. 동일한 상품 또는 경쟁관계에 있는 상품을 만들고 있으나 서로 상이한 지역시장에 속하고 있는 기업들 간의 결합이다. 예컨대 A지역의 백화점과 B지역의 백화점이 결합한 경우이다. 끝으로 순수혼합결합형이 있을 수 있다. 위의 두 가지 어디에도 속하지 않는 혼합결합의 경우이다. 예컨대 시멘트회사와 화장품회사 간의 기업결합의 경우이다.

이상의 세 가지 유형 중 경쟁제한과 관련하여, 특히 문제가 되기 쉬운 것은 상품확대형과 시장확대형이다. 왜냐하면 이 두 가지 유형의 경우는 뒤에서 논의할 소위 잠재적 경쟁(potential competition)을 제한할 가능성이 크기 때문이다. 그 외의 순수혼합결합의 경우는 시장의 경쟁질서에 주는 경쟁제한적 효과가 명확하지 않다. 따라서 이 문제는 순수독점규제란 측면에서는 다루기 어렵고, 경제력집중의 제한이라는 측면에서 다루어져야 할 문제이다.

우리나라 공정거래법도 이러한 혼합결합을 규제하고 있다. 공정거래법 제7조의 조문은 결합의 양태를 문제삼고 있지 않고 결합의 효과만을 문제삼고 있기 때문이다. 따라서 당해 결합이 "경쟁을 실질적으로 제한하는"가 아닌가가 문제이지 어떤 형태의 결합이었느냐, 환언하면 수직적 결합이었느냐 혼합적 결합이었느냐 등은 중요하지 않다고 본다. 따라서 경쟁제한적 혼합결합은 경쟁제한적이기 때문에 당연히 공정거래법 제7조의 적용대상이 되어야 한다. 다만 한 가지 지적해 둘 사실은 혼합결합의 문제가 단순히 반경쟁적 효과와의 관계 속에서만 다루어질 문제는 아니라는 것이다. 혼합결합의 문제를 다룸에 있어 경제력집중의 억제라는 측면이 강조되어야 한다고 본다. 특히 순수혼합결합의 경우에는 더욱 그러하다. 따라서 경제력집중을 억제하고 현행법이 과연 혼합결합을 규제하는가 아닌가의 여부에 대한 논란을 근원적으로 없애기 위하여 별도의 입법적 해결이 바람직할 수도 있다.

혼합결합도 다른 형태의 기업결합과 마찬가지로 효율성 제고와 독점력 제고라는 두 가지 시장효과를 동시에 가질 수 있다. 따라서 혼합결합에 대한 올바른 법적·경제적 평가를 위해서는 혼합결합의 긍정적 측면과 부정적 측면을 모두 이해하여야 한다.

우선 긍정적 측면으로는 첫째, 혼합결합기업이 효율적인 소자본시장(小資本市場, miniature capital market)의 기능을 함으로써 자원배분의 효율성 제고에 기여할 수 있다는 점이다. 이 점을 특히 강조한 학자는 윌리엄슨(O. Williamson)이다. 그는 일반 자본시장의 자본배분기능보다도 혼합결합기업의 내부자본배분기능(內部資本配分機能)이 보다 효율적이라고 주장한다. 그는 다음과 같이 이야기하고 있다.

> "기업의 관리자들은 자금을 가장 수익률이 높은 곳에 배분하는 일종의 자본시장 기능을 한다. 자금은 기업내부에서의 경쟁을 통하여 효율적으로 배분된다. 일반적으로 의사소통비용 그리고 상황변화에 대한 적응비용이 외부자본시장에 의존하는 경우보다 내부자금배분에 의존하는 경우가 훨씬 작다. 특히 연속적인 의사결정이 필요한 경우, 예컨대 하나의 자금배분이 있은 후 그 결과를 보고 곧 뒤이어 다른 자금배분이 뒤따라야 하는 경우, 기업내부의 자금배분이 외부자본시장의 자금배분보다 훨씬 효율적이다."[11]

> "중간재시장(中間財市場)의 실패라는 관점에서 수직적 결합을 이해하여야 하듯이 자본시장의 실패(failures in the capital market)라는 관점에서 혼합결합기업의 장점을 이해하여야 한다.[12] 기업의 내부자본배분이 외부자본시장의 경우보다 효율적인 이유는 첫째, 내부통제(internal control)가 외부통제보다 투자수행

---

11) Oliver E. Williamson, *Markets and Hierarchies: Analysis and Antitrust Implication*, The Free Press, 1975, pp. 147-148.

12) Oliver E. Williamson, *Markets and Hierarchies: Analysis and Antitrust Implication*, The Free Press, 1975, p. 156.

능력, 투자과정, 그리고 투자결과 등에 대한 정보획득이나 평가능력면에서 훨씬 유리하고, 둘째 상황변화에 대한 선별적 적응과 신속한 적응에 있어 내부시장이 외부시장보다 유리하고, 셋째 개입의 비용(cost of intervention)이 외부자본시장에 의한 경우보다 내부관리자에 의한 경우가 비용이 적게 든다."[13]

둘째, 소위 범위의 경제(範圍의 經濟, economy of scope)과 규모의 경제(規模의 經濟, economy of scale)를 향유할 수 있다.[14] 특히 구매나 판매과정에서는 범위의 이익과 규모의 이익을 동시에 누릴 수 있고 생산과정에서도 범위의 이익을 누릴 수 있다. 구매나 판매과정에서 전문인력과 지식, 판매망과 소비자 정보 등 공통의 요소가 많이 존재한다. 따라서 혼합결합의 경우 이들 생산요소를 공동 활용할 수 있어 큰 비용절감을 기대할 수 있다(범위의 이익). 뿐만 아니라 혼합결합 후 판매나 구매의 규모가 커지면서 이 분야에서의 평균비용의 감소효과도 나타날 것이다(규모의 경제). 생산과정에서는 만드는 상품이 다르기 때문에 규모의 효과를 기대할 수는 없겠으나, 적어도 고도의 기술인력, 전문 경영기법, 생산적 기업문화 등 공통의 생산요소를 활용할 수 있어 범위의 이익은 기대할 수 있을 것이다. 한마디로 혼합결합의 경우에는 소위 공동효과(共同效果, synergy)를 통한 효율성의 제고를 기대할 수 있다는 이야기이다.

셋째, 위험분산(risk dispersion) 내지 위험축소(risk reduction)의 효과가 있다. 수익률이 상이한 여러 기업들에 투자함으로써 단일기업에 투자한 경우에 비하여 위험분산의 효과가 크다. 특히 기업들의 수익률이 부(負)의 상관관계에 있는 경우

---

13) Oliver E. Williamson, *Markets and Hierarchies: Analysis and Antitrust Implication*, The Free Press, 1975, pp. 158-159.

14) 범위의 이익이란 한 기업이 여러 생산물을 생산하는 편이 여러 기업이 각각 하나씩의 생산물을 생산하는 경우보다 평균비용이 절약됨을 의미한다. 여러 생산물을 한 기업이 생산하면 기술인력, 경영노하우, 시장정보 등의 공통의 생산요소를 함께 나누어 활용할 수 있으므로 그만큼 효율의 제고와 비용의 절약이 가능하다.
규모의 경제란 생산량의 규모가 커지면서 평균비용이 하락함을 의미한다. 그 주된 이유로서는 예컨대 생산량의 규모, 즉 시장의 규모가 커지면서 노동의 분업과 특화(specialization)가 보다 진전될 수 있어 생산성이 높아지기 때문이다. 그 이외에도 생산량이 커지면 당초의 고정투자가 평균비용 중에 차지하는 비중이 줄어들기 때문에 생산량의 증가에 따라 평균비용이 하락할 수 있다.

에는 위험축소의 효과가 크다.

넷째, 혼합결합은 다른 기업결합의 경우와 마찬가지로 비효율적 경영을 효율적 경영으로 대체하는 기능을 가질 수 있다. 혼합기업 스스로가 다른 기업을 직접 결합하여 그 기업의 비효율적 경영을 축출하고 보다 효율적 경영으로 바꿀 수도 있고, 아니면 단지 기업결합의 위협 등을 통하여 다른 기업의 경영에 자극을 주어 그들을 보다 효율적으로 만드는 데 기여할 수도 있다. 여하튼 혼합기업이 앞에서 예를 든 보다 효율적인 내부자금배분, 범위의 경제와 규모의 경제의 이용, 위험축소와 위험분산의 이익 등으로 보다 효율적인 기업이 되면 될수록 직접 또는 간접으로 비효율적 경영을 축출하는 효과는 증대된다고 볼 수 있다.

다음은 혼합결합의 부정적 측면을 보자. 첫째, 소위 잠재적 경쟁을 제거하여 시장지배력을 강화할 수 있다. 여기서 잠재적 경쟁(潛在的 競爭, potential competition)이란 지금 현재 실질 경쟁(actual competition) 관계에 있지는 않지만 가격이 현재 수준 이상으로 오르면 쉽게 시장진입이 가능하여 곧 경쟁관계가 될 수 있는 그러한 성격의 경쟁을 의미한다. 따라서 이 잠재적 경쟁이란 시장진입조건과 깊은 관계에 있다. 새로운 기업에 의한 시장진입이 어려우면 어려울수록 그만큼 잠재적 경쟁은 배제되어 기존 기업들의 시장지배력이 증가하고, 반대로 새로운 기업에 의한 시장진입이 쉬우면 쉬울수록 그만큼 잠재적 경쟁가능성이 높아져 기존 기업들의 시장지배력은 약화된다.

이 잠재적 경쟁의 중요성을 처음으로 강조한 베인(J. Bain)에 의하면[15] 실질 경쟁만이 기업의 생산량과 가격을 규율하는 것이 아니라 실은 시장진입조건(condition of entry)에 의해 결정되는 잠재적 경쟁도 시장의 행동과 성과를 정하는 데 결정적으로 작용한다고 주장한다. 따라서 그에 의하면 만일 혼합결합에 의해 이러한 잠재적 경쟁의 가능성을 줄이게 된다면 그것은 기존 기업들의 시장지배력 확대라는 측면에서는 실질적 경쟁을 줄이는 것과 동일한 효과가 있다고 보아야 한다. 따라서 당연히 독점규제정책의 관심사항이 되어야 한다.

예컨대 동일한 물건을 생산하는 두 기업이 서로 다른 지역시장에서 활동하고 있었으나 실제로는 서로가 잠재적 경쟁의 관계라서 서로가 자의적 가격인상을 자

---

15) J. Bain, *Barriers to New Competition*, Harvard University Press, 1956.

제하고 있었다고 하자. 그런데 이 두 기업이 혼합결합을, 소위 시장확대형 혼합결합을 하였다고 하자. 그러면 이는 양측 모두의 잠재적 경쟁을 제거하는 결과가 되기 때문에, 혼합결합 이후 이들의 시장지배력, 환언하면 현실적 혹은 잠재적 경쟁의 위험을 느끼지 아니하면서 시장가격을 올릴 수 있는 힘은 크게 확대된다고 볼 수 있다. 이는 분명 반경쟁적인 결과이고 따라서 독점규제의 대상이 되어야 한다.

또 하나의 예를 들어 보자. 현재 서로 경쟁관계에 있지 않는 상품을 만드는 두 기업이 있다고 하자. 그러나 생산기술과 공정의 유사성, 판매방식과 조직의 유사성 등으로 만일 한 기업이 상품가격을 올려 독점이윤을 향유하려 하면 다른 기업이 자신의 생산설비나 판매조직을 재구성하여 쉽게 시장진입할 수 있는 관계에 있었다고 하자. 이러한 잠재적 경쟁의 관계에 있던 두 기업이 소위 상품확대형 혼합결합을 하면, 잠재적 경쟁이 더 이상 존재하지 않게 되기 때문에 결합 후 이들의 시장지배력은 크게 확대된다. 이 경우도 독점규제의 대상이 되어야 한다. 우리나라 공정거래법 제7조에서 이야기하는 "경쟁을 실질적으로 제한하는" 경우에 해당된다고 보아야 한다.

스티너(P. Steiner)가 이 잠재적 경쟁의 개념을 이해하기 쉬운 도표를 활용하여 설명하고 있다.[16] 잠재적 경쟁자는 현재는 기존 기업보다 비용면에서 불리하지만 만일 시장가격이 현재의 수준보다 오르면 비용면의 불리가 해소되어 시장진입을 하여 실질적 경쟁관계에 들어갈 수 있다고 보자. 만일 이 잠재적 경쟁자가 없어지면 기존의 기업은 안심하고 가격을 올릴 수 있다고 보자. 그리하여 이 잠재적 경쟁자의 존재가 기존 기업들이 현재의 가격수준을 더 이상 올리는 것을 사실상 억제하는 기능을 하고 있다고 보자.

이러한 전제 위에서 〈그림 8-8〉을 보면, *GCE*는 잠재적 경쟁자가 가지는 당초의 비용면의 불리(cost disadvantage)의 정도를 나타내는 선이다. 이를 스티너는 시장진입의 일반조건(general conditions of entry)이라고 부르고 있다. 또한 〈그림 8-8〉에서 P_c는 완전경쟁시장가격이고 P_m은 독점시장가격이다. 〈그림 8-8〉의 *X*축은 잠재적 경쟁관계에 있는 기업의 수를 의미하고 *Y*축은 시장가격수준을 의미한다.

16) Peter O. Steiner, *Mergers*, University of Michigan Press, 1975.

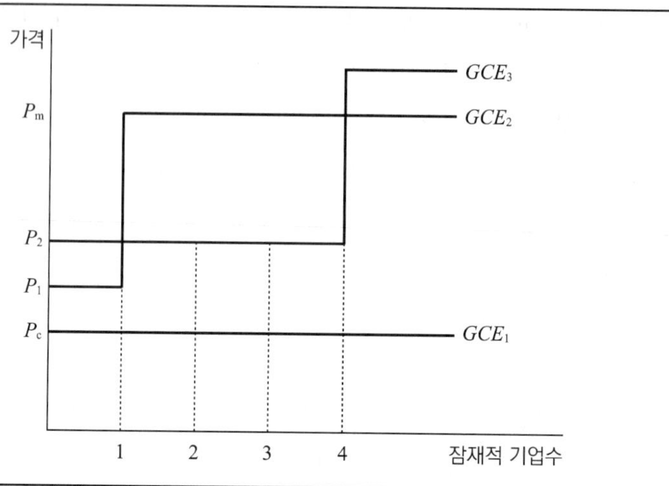

그림 8-8 혼합적 결합

GCE_1은 시장진입이 완전히 자유로운 경우를 보이고 있다. 즉 잠재적 경쟁자가 비용면에서 기존의 기업들에 비해 조금도 불리하지 않은 경우이다. 따라서 현재의 완전경쟁적 가격수준인 P_c에서 가격이 조금만 오르려 해도 잠재적 경쟁이 그대로 현재화한다. 현재의 가격수준에서 이미 현재화되어 있다고 보아도 된다. 실은 이 경우는 잠재적 경쟁과 실질적 경쟁의 구별의 필요가 없는 경우이다. 왜냐하면 비용면에서 불리함이 없기 때문이다. 다음은 시장진입이 완전히 봉쇄되어 있는 경우인데 이 때의 가격수준은 독점시장가격인 P_m에서 결정된다.

GCE_2는 어느 경우인가? 이는 잠재적 경쟁자로서 한 기업만이 존재하는데 이 기업이 존재하기 때문에 시장가격이 P_1에서 유지되고 있는 경우이다. 가격이 이 P_1 수준 이상으로 오르면 곧 잠재적 경쟁자가 시장에 진입하게 되기 때문에 기존의 기업들이 시장가격을 P_1 이상 올리지 못하고 있는 경우이다. 따라서 잠재적 경쟁자의 비용면에서의 불리의 정도는 대략 P_1-P_c 정도가 된다고 볼 수 있다. GCE_1은 만일 이 잠재적 경쟁자가 없어지면 기존 기업들은 시장가격을 P_1에서 곧 P_m으로 인상시킬 것이라는 것을 보이고 있다.

GCE_3은 기존 기업에 비해 비용면에서 불리함이 동일한 수준인 잠재적 경쟁자가 4개 있는 경우를 나타내고 있다. 이들이 있기 때문에 기존 기업들은 시장가격을 현재의 P_2 수준 이상으로 올리지 못하고 있다. 상황이 이상과 같을 때 만일

혼합결합이 일어나 잠재적 경쟁자인 한 기업이 없어진다면 어떠할까? 아직 잠재적 경쟁자인 3개의 기업이 존재하므로 기존 기업들은 안심하고 가격인상을 시도할 수 없다. 비록 하나의 잠재적 경쟁자가 없어진다고 해도 나머지 3개 기업이 유효하게 시장가격의 수준을 P_2 이상으로 올리지 못하도록 억제하고 있는 셈이다.

혼합결합을 통하여 하나의 잠재적 경쟁자가 소멸되는 경우, 그 시장효과는 GCE_2의 경우와 GCE_3의 경우가 크게 다르게 나타난다. GCE_2의 경우에는 혼합결합이 경쟁을 실질적으로 제한하는 효과를 가져온다. 그러나 GCE_3의 경우에는 비록 잠재적 경쟁자를 줄이는 혼합결합이 있었다 하여도 아직 경쟁을 실질적으로 제한하는 혼합결합이라고 볼 수 없다. 따라서 전자의 경우는 독점규제의 대상이 되어야 하나 후자의 경우는 그렇지 않다.

둘째, 혼합결합의 또 하나의 부정적 측면은 혼합결합기업의 정치적 영향력이 증대한다는 점이다.[17] 기업의 정치적 영향력의 증대는 정치적 민주주의의 발전을 위해 유해함은 별도의 증명이 필요하지 않다. 일반적으로 혼합결합은 다음과 같은 이유로 기업의 정치에의 영향력을 크게 높이리라 생각한다.[18]

(1) 혼합결합은 시장의 집중도를 높이는 경향을 가질 터인데 시장집중도가 높은 산업은 그렇지 않은 경우보다 정치에의 영향력 행사를 위해 보다 많은 투자를 한다. 그 이유는 시장집중도가 높으면 당해 산업에 소수의 기업이 존재할 것이므로 이들 사이의 정치적 영향력 행사의 방향과 방법 등에 대한 합의의 도출이 보다 용이하다. 소위 협상비용이 덜 든다. 또한 관련 기업이 소수이므로 정치적 영향력을 성공적으로 행사하였을 때 그 이익의 분배 몫이 크다. 따라서 개별 기업이 정치적 영향력 행사에 보다 적극적이다. 그리고 관련 기업이 소수이기 때문에

17) 이 정치적 영향력의 증대문제 이외에도 혼합결합이 가져올 수 있는 여타 문제, 예컨대 소득분배에 주는 영향, 노동시장에 주는 영향, 지역사회에 주는 영향 등의 문제를 비교적 자세히 분석한 논문으로는 John. J. Siegfried and M. Jane Barr Sweeney, "The Social and Political Consequence of Conglomerate Mergers", in M. Keenan and L. J. White, *Mergers and Acquisitions*, D. C. Health and Co. (1982)를 참조하라.

18) 물론 과연 혼합결합기업이 먼저 성립하고 그 다음에 정치적 영향력이 행사된다고 보아야 하는지, 아니면 정치적 영향력 때문에 혼합결합의 성립이 가능하다고 보아야 하는지, 어느 쪽이 먼저인지는 실은 판단이 용이한 문제는 아니다. 그러나 명백한 것은 이 양자 사이에는 밀접한 상관관계가 있다는 점이다.

소위 무임승차(free ride)의 가능성이 작다.

(2) 혼합결합은 일반적으로 대규모기업을 만드는 경향을 가지는데 대규모기업은 소규모기업에 비하여 정치적 영향력행사를 위한 투자의 효율성이 높다. 그 이유는 우선 정치활동과 경제활동에는 정보, 인력, 자금, 인맥 등 공통의 생산요소가 많이 존재하여, 환언하면 일종의 범위의 경제(economy of scope) 내지는 공동효과(synergy effect)가 작용하는데 이러한 공통의 생산요소를 많이 가지고 있는 대기업의 경우가 중소기업보다 보다 효율적이고 비용절약적인 정치활동을 할 수 있다. 또한 정치적 영향력의 행사를 위해서는 일정한 고정자본의 투자가 필요하다. 그런데 정치활동의 빈도나 규모 자체가 대기업의 경우가 크기 때문에 영향력 행사의 평균비용이 중소기업의 경우보다 낮아진다. 물론 고정자본의 투자 자체도 대기업의 경우와 달리 중소기업의 경우에는 큰 부담이 될 수도 있다.

(3) 혼합결합은 생산하는 상품의 수를 늘리는 경향을 가지는데 이는 정치적 영향력 행사의 필요성과 그 효율성을 동시에 높인다. 관련산업이 다양해지면서 정치력 행사의 필요도 다양해진다. 이 다양한 필요를 묶어 전문화함으로써 정치투자의 효율성을 높일 수 있다. 동시에 광범위하게 동원할 수 있는 인적·물적·정보적 자원도 증가하므로 그만큼 보다 생산적인 선택과 활용이 가능해진다. 예컨대 수출산업과 수입산업이 혼합결합을 한 경우와 같이, 정책 이슈에 대하여 서로의 이해가 상반되는 경우에는 종래와 달리 정치적 영향력의 방향을 조직 내에서 사전 조정할 수 있다. 따라서 보다 유효하게 한 방향으로 정치적 영향력을 집중 행사할 수 있다. 결국 정치적 영향력의 증대를 결과한다.

이상에서 우리는 혼합결합의 긍정적 측면과 부정적 측면을 몇 가지로 나누어 보았다.[19] 우리나라의 경우에도 시장경쟁적 측면과 경제력집중의 측면을 동시에 감안한 통일된 법정책이 나와야 한다. 이와 같은 법정책을 준비하는 과정에서 위에서 관찰한 혼합결합의 사회적 이익과 사회적 비용에 대한 신중한 비교형량이 반드시 필요할 것이다.

---

19) 흔히들 혼합결합의 부정적 측면의 하나로 규모의 불경제(diseconomy of scale)를 드는 수가 있다. 즉 경영규모와 관리규모가 커지면서 생길 수 있는 관료주의, 운영의 경직성, 비효율적 조정과 통제 등이 그것이다. 그런데 본문에서는 이에 대한 논의를 하지 아니했다. 왜 그랬을까?

소송제도의 경제분석

제1장 소송제도의 이상(理想)

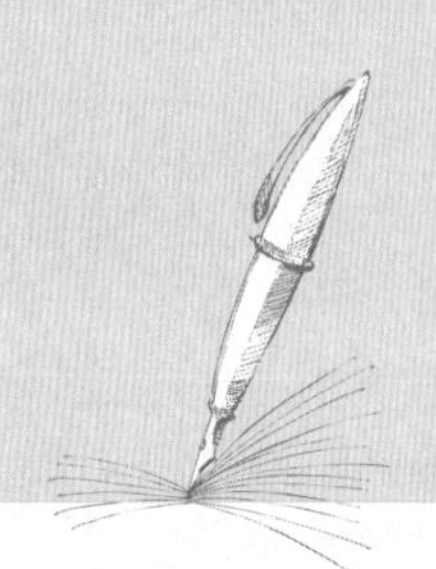

제1절 민사소송에 있어 사회적 비용의 최소화

소송제도(訴訟制度)는 민법, 형법, 행정법 등의 "실체법(實體法)의 구체적 실현"을 목표로 국가가 마련한 절차(節次)에 관한 제도이다. 이러한 목적을 가진 소송제도는 나름의 제도적 이상(理想)을 가지고 있다. 흔히 민사소송제도의 이상으로는 적정(適正), 공평(公平), 신속(迅速), 경제(經濟)의 4가지가 주로 강조되고 있고, 또한 형사소송제도의 이상으로는 실체진실주의(實體眞實主義)와 적정절차(適正節次) 및 신속한 재판(裁判)의 원칙 등이 제시된다.

이러한 소송제도의 여러 이상들을 크게 재분류하면 다음과 같이 2가지로 요약해 볼 수 있다. 하나는 "과오(過誤) 없는 재판"이고 다른 하나는 "경제적(經濟的)인 재판"이다. 민사소송제도의 이상으로 주장되고 있는 적정과 공평은 바로 여기서의 과오 없는 재판을 의미하고 신속과 경제는 경제적인 재판을 의미한다고 볼 수 있다(민사소송법 제1조 제1항 참조). 또한 형사소송제도의 이상으로 제시되고 있는 실체진실주의(實體眞實主義)와 적정절차(適正節次)는 과오 없는 재판을 목표로 하는 것이고 신속재판(迅速裁判)은 경제적인 재판을 의미하는 것으로 볼 수 있다.

따라서 소송제도의 이상은 경제적으로 표현하면 오판비용(誤判費用, error cost)과 소송제도운용비용(訴訟制度運用費用, operating cost)의 합인 소송의 사회적 비용(社會的 費用, social cost)을 최소화하는 데 있다고 요약·정리할 수 있다.

여기서 제도운용비용(制度運用費用)이란 소송당사자들이 국고(國庫)에 납입하는 인지대(印紙代), 송달료, 증인에 지급하는 여비 등의 재판비용(裁判費用)과 소송

수행을 위하여 당사자들 스스로가 부담하여야 하는 소송서류 작성료, 변호사보수 등의 당사자비용(當事者費用)뿐 아니라 국가가 부담하는 판사들의 인건비 등 소송제도 운용비용까지를 포함한다.[1])

그리고 여기서 오판비용(誤判費用)이란 법원이 완전정보가 아니라 불완전정보에 기초하여 판결함으로써 발생하는 사회적 비용을 의미한다. 완전정보, 즉 100%의 실체적 진실과 100% 완벽한 법률지식에 기초하여 행한 판결을 완전정보판결(完全情報判決, perfect information judgment)이라고 부른다면, 현실의 실제판결(實際判決, actual judgment)은 정도의 차이는 있으나 이 완전정보판결에서 어느 정도 괴리(乖離)될 수밖에 없다. 물론 이 괴리를 축소할수록 오판비용은 줄어들기 때문에 바람직하다. 그러나 오판비용을 줄이려고 노력하면 할수록 그 대신 제도운용비용은 증가한다는 부담이 발생한다.

오판비용(誤判費用)을 구체적 예(例)를 통하여 이해하여 보자. 갑(甲)이라는 자동차 소유자가 A라는 회사가 만든 엔진 오일을 사용하였는데 그 제품이 불량하여 자동차 엔진이 크게 훼손되었다고 하자. 그리하여 법원에 엔진 훼손분(毁損分)에 대한 손해배상(損害賠償)을 청구하였다고 하자. 그러나 실제 엔진 훼손비용은 250원인데 법원은 200원으로 판결하였다고 하자. 우선 완전정보판결은 250원이고 실제판결은 200원이므로 그 차이인 50원을 오판비용으로 해석할 수 있다.

그러나 주의할 것은 이 50원이란 비용은 오판비용의 극히 일부라는 사실이다. 판결의 오류는, 그것이 사실판단의 오류이든 법률적용상의 오류이든 항상 당사자들의 행동에 영향을 미치게 된다. 오판은 항상 소위 사람들의 행동유인구조(行動誘引構造, incentive system)에 변화 내지 왜곡을 가져오게 된다. 위의 경우와 같은 오판이 나오면 A회사는 불량품을 줄이기 위한 노력을 분명히 덜하게 된다. 만일 불량품을 줄이려는 노력을 덜하여 회사가 얻는 이익을 100원이라고 하고 이로 인하여 갑(甲)뿐 아니라 을(乙), 병(丙) 등 수많은 자동차 소유자가 받을 피해를

---

1) 법률적으로는 당사자비용(當事者費用)으로서 소송비용(訴訟費用)에 산입(算入)되는 변호사보수(辯護士報酬)는 변호사에 지급하는 보수의 전체가 아니라 대법원 규칙으로 정한 금액의 범위에 한정하기로 되어 있다(민사소송법 제109조 제1항). 그러나 소송제도의 경제분석을 위하여 여기서 논하고 있는 제도운용비용(制度運用費用) 속에는 변호사에게 지급하는 보수의 전체를 포함시키는 것이 보다 합리적이다.

합쳐서 1,000원이라고 한다면 오판의 사회적 비용은 위에서 본 甲이 부담하는 50원으로 끝나는 것이 아니라, 900원(=1,000－100)이 된다.[2] 이와 같이 오판비용에서 중요한 것은 잘못된 판결이 현재와 미래의 모든 이해당사자들의 행동에 미치는 영향이라고 보아야 한다. 따라서 오판비용은 대단히 커진다.

한 가지 예를 더 들어보자. 어떤 사고(事故)의 기대비용(期待費用)이 100원이고 그 사고를 가해자(加害者)가 회피하는 데 드는 회피비용(回避費用)이 90원이라고 하자. 그리고 법원은 완전정보를 가지고 과실책임원리를 적용하여 완전정보판결(完全情報判決)을 내리고 있다고 가정하자.[3] 그렇다면 당연히 그 사고는 가해자의 노력에 의하여 회피되게 된다. 왜냐하면 완전정보판결이기 때문에 법원은 정확히 100원의 손해배상을 피해자에게 지급하도록 판결할 것이고, 따라서 가해자가 스스로 회피노력을 하지 않으면 10원의 불필요한 손해를 받게 되기 때문이다.

그런데 소송절차상의 미비나 판사의 부주의로 인하여 사고·사건 중 평균 15%는 항상 잘못된 판단이 나온다고 가정하자. 환언하면 가해자의 과실이 있는데도 이

---

2) 본문에서는 설명의 편의를 위하여 문제를 단순화하였으나 보다 완벽한 분석을 위하여 제기될 수 있는 문제점이 두 가지 있다. 하나는 법원의 오판(誤判)이 본문에서와 같이 기업에 유리한 방향으로가 아니라 기업에 불리한 방향으로 나올 수도 있다는 점이다. 불량 엔진 오일로 인한 피해액을 법원이 본문에서와 같이 과소추정(過少推定)할 가능성도 열려 있다는 점이다. 그렇다면 어느 쪽으로의 오판이 실제로 보다 많으냐에 따라 기업의 행동 유형은 달라질 수 있다.
다른 하나는 법원의 오판이 기업의 행동에만 영향을 주는 것이 아니라 자동차 소유자들의 행동에도 영향을 줄 수 있다는 점이다. 환언하면 자동차 소유자에게 불리한 오판이 계속되면 자동차 소유자들이 과거보다 불량품(不良品)을 사지 않으려고 좀 더 주의하게 된다는 점이다. 그렇다면 오판(誤判)의 사회적 비용(社會的 費用)은 본문에서 제시한 수준보다 약간 줄어들게 된다.

3) 사고기대비용(事故期待費用, expected accident cost)이란 사고(事故)로 인하여 발생하는 비용(피해자에게 발생하는 피해)에 발생확률(發生確率)을 곱한 값을 의미한다. 그리고 여기서 법원이 과실책임원리(果實責任原理)를 적용한다는 것은 결국 사고기대비용이 회피비용(回避費用, 가해자가 사고를 회피하는 데 드는 비용)보다 큰 경우에도 회피노력을 하지 아니하면 과실(過失)로 본다는 것을 의미한다.
따라서 본문의 예(例)에서와 같이 사고기대비용(事故期待費用)이 100원이고 회피비용이 90원이라면 가해자는 반드시 회피노력을 하여야 하고 그렇지 아니하면 과실이 성립되어 손해배상을 하여야 한다. 물론 사고기대비용이 100원인데 회피비용이 110원이라면 가해자가 회피노력을 하지 아니하여도 과실이 성립되지 않는다.

를 부인하는 판결이 나올 확률이 15%라고 하자. 그러면 가해자의 입장에서 본 기대사고비용(期待事故費用, 가해자가 실제 지불하여야 할 기대손해배상액)은 85원이 된다.4) 가해자의 사고회피비용은 90원인데 사고발생시 기대손해배상액(期待損害賠償額)은 85이므로 이 경우 가해자는 사고회피노력을 하지 않게 된다. 요약하면 오판이 없는 경우에는 가해자는 사고회피노력을 하지만 오판이 있는 경우에는 사고회피노력을 하지 않는다는 결론이 된다.

만일 오판확률(誤判確率)을 15%에서 10% 미만으로 줄이는 데 제도운용비용(制度運用費用)의 추가비용이 5원이 든다고 하면 오판비용이 10원인데 이를 고치는 데 5원의 비용이 들기 때문에 우리는 제도개선을 위한 노력을 해야 한다. 그렇게 하여야 오판비용과 제도운용비용의 합(合)인 소송의 사회적 비용(社會的 費用)을 최소화하는 것이 된다.5)

이와 같이 소송제도의 이상이 소송의 사회적 비용, 즉 오판비용과 제도운용비용의 합을 최소화하는 것임을 도표로 나타내면 〈그림 9-1〉과 같다.

*X*축은 소송제도개선(訴訟制度改善)을 위한 투자(投資)를 표시하고 *Y*축은 비용(費用)의 크기를 표시한다. 소송제도개선을 위한 투자를 확대하여 나가면 당연히 오판발생가능성은 줄어들어 오판비용곡선은 우하향(右下向)하게 되고 반면에 제도운용비용은 증가하여 그 곡선이 우상향(右上向)한다. 결국 이 두 가지 곡선의 수직적 합(垂直的 合)인 소송의 사회적 비용곡선(社會的 費用曲線)은 포물선을 그리게 된다. 즉 이 포물선의 최저점(最低點)이 바로 오판비용과 제도운용비용의 합인 사회적 비용을 최소화하는 점이 된다.6)

---

4) 여기서 기대사고비용(期待事故費用, expected accident cost)이란 사고비용에 오판이 발생하지 않을 확률, 즉 (1－오판확률(誤判確率))을 곱한 값이다. 오판가능성(誤判可能性)으로 인하여 가해자의 입장에서의 기대사고비용은 85로 줄었으나 피해자에게 발생하는 사고비용은 여전히 100원이다.

5) 만일 오판확률(誤判確率)을 15%에서 10%로 줄이는 데 추가제도운용비용이 20원이 든다면 제도개선노력을 하지 않는 편이 오판비용과 제도운용비용의 합(合)인 사회적 비용을 최소화하는 선택이 된다.

6) 총비용(總費用)＝제도운용비용(制度運用費用)＋오판비용(誤判費用)이므로 이를 다음과 같이 표현할 수 있다. Total Cost＝$AX+p(X)E$, 여기서 X는 제도개선투자량(制度改善投資量)이고, p는 오판 발생 확률이며, E는 오판 발생시의 오판비용이다. 이 식을 X에 대

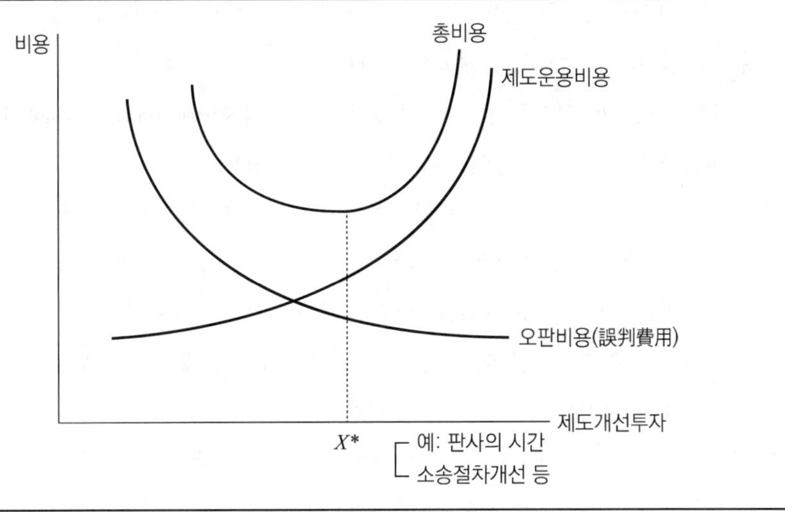

‖ **그림 9-1** ‖ 소송제도의 이상(理想): 소송의 사회적 비용의 최소화

제 2 절
민사소송 절차의 편익: 사회적 이익과 개인적 인센티브

앞서 설명한 바와 같이, 소송을 통해서 원고와 피고 사이에 얼마의 재산이 이전되든 그것은 부의 재분배에 불과하므로 효율과는 아무런 상관이 없다. 그리고 위에서 살펴본 바와 같이, 민사소송제도의 유지에는 운영비용과 오판비용이 수반된다. 소송을 통하여 원고로부터 피고에게로 금전이 이전되는 것 자체가 사회적 이익이 아니라면 소송의 사회적 이익은 무엇인가? 결국 아무런 사회적 순이익이 없음에도 국가는 법원을 운영하고 있는 것인가? 물론 민사소송절차는 법질서 전체의 유지에 필수적이기 때문에, 그 편익은 법질서 유지에 따른 사회의 안정

해서 1차 미분(微分)하면 $dTC/dX=0=A+dp/dX\times E$가 된다. 즉 제도개선투자의 한계비용(限界費用, A)이 제도개선투자의 한계이익(限界利益)인 제도개선투자로 인한 오판비용의 축소분($dp/dX\times E$)과 일치할 때가 바로 총비용이 최소화되는 점이고 위의 도표에서는 포물선의 최저점(最低點)이 된다.

이라고 추상적으로 이야기할 수 있다. 여기서는 개인적 인센티브와 연결시키기 위해서 조금 더 구체적으로 생각해 보자.

민사소송법의 경제학에서는 "소송을 통한 억지(deterrence through litigation)"라는 개념을 이용하여 소송의 사회적 편익을 설명하는 것이 일반적이다. 다시 말해서, 소송을 통하여 사회적 손실을 초래하는 행위가 사전적으로 억지될 수 있다는 점이다.[7] 예컨대 불법행위 모델을 다시 생각해 보자. 첫째, 사고가 발생한 경우 원고가 입는 손해는 10,000원, 원고의 소송비용은 3,000원, 피고의 소송비용은 2,000원이라고 하자. 만일 이 경우 사고확률은 10%인데 피고로서는 어떤 방법을 쓰더라도 10% 미만으로 사고확률을 낮출 수 없는 상황이라고 하자. 사고가 나면 원고는 소송비용 3,000원을 들여 10,000원의 손해배상을 얻을 수 있으므로 소를 제기하겠지만, 이는 사회적으로 바람직하지 않다. 소송의 결과 피고로부터 원고에게 10,000원이 이전될 따름이고, 다른 사회적 이익은 발생하지 않기 때문이다. 결과는 소송비용만큼의 낭비만 생길 따름이다. 이 사례는 사회적으로 바람직하지 않음에도 원고에게 소송을 할 인센티브가 있는 경우이다.

둘째, 만일 피고가 10원을 지출하여 사고확률을 1%로 낮출 수 있다면 어떻게 될까? 원고는 여전히 3,000원의 비용을 들여 10,000원의 손해배상을 얻을 수 있으므로 소를 제기할 것이다. 따라서 피고로서도 — 이 경우 피고도 2,000원의 소송비용을 지출한다고 가정한다 — 주의를 하지 않을 경우 기대손실이 1,200원인데, 10원을 지출함으로써 이를 120원으로 절약할 수 있기 때문에, 10원을 지출할 인센티브가 있다. 그렇게 되면 소송비용까지 포함한 사회적 총사고비용을 낮출 수 있다.[8] 이처럼 소송이 사회적으로 바람직한 이유는 소송의 가능성으로 인하여 사회적 손실을 초래하는 행위가 억지될 수 있기 때문이다.

물론 소송이 사회적으로 바람직하다고 해서 언제나 소송이 일어나는 것은 아니다. 피고가 10원을 지출하여 사고확률을 1%로 낮출 수 있으나, 이번에는 사

7) 자세한 논의는 Steven Shavell, "The Fundamental Divergence Between the Private and the Social Motive to Use the Legal System", 26 *Journal of Legal Studies* 575 (1997).

8) 소송이 없는 경우 사회적 총사고비용은 (10,000원+3,000원+2,000원)×10%=1,500원이지만, 소송이 제기되는 경에는 10원+(10,000원+3,000원+2,000원)×1%=160원이 된다.

고가 발생한 경우 원고의 손해를 1,000원이라고 하자. 원고는 3,000원의 비용을 들여 1,000원의 손해배상을 얻으려고 하지는 않을 것이므로 소를 제기하지 않을 것이다. 따라서 피고로서도 주의비용을 추가로 지출할 이유가 없고, 따라서 사회적 총사고비용은 1,000원의 10%인 100원이 될 것이다. 그러나 사회적으로는 소가 제기되는 것이 보다 바람직하다. 소송이 어쨌든 생긴다고 하면, 피고로서는 — 이 경우 피고도 2,000원의 소송비용을 지출한다고 가정한다 — 주의를 하지 않을 경우 기대손실이 300원인데, 10원을 지출함으로써 이를 30원으로 270원만큼 절약할 수 있기 때문에, 주의를 기울일 것이다. 사회적으로 총사고비용을 70원으로 낮출 수 있다.[9] 사회적으로는 소가 제기되는 것이 30원의 이익을 가져다 주지만, 원고는 소송의 인센티브를 가지지 못한다.

이상에서 살펴본 바와 같이, 소송제도에서는 항상 사회적 최적과 원고의 인센티브에 차이가 발생한다. 그 이유는 크게 두 가지이다. 첫째는 위 사례에서 보았듯이 가장 중요한 이유는 원고의 이익과 사회적 이익이 서로 다르기 때문이다. 원고의 이익은 피고로부터 받는 배상액이지만, 사회적 이익은 소송으로 인한 억지효과이기 때문이다. 이것이 사회적 최적과 원고의 인센티브를 다르게 하는 결정적 요소가 된다.

둘째는 위 사례에서는 분명하지 않지만, 비용 측면에서도 왜곡이 일정 부분 발생할 수 있다. 원고는 자신의 소송비용만을 부담할 뿐 피고나 법원의 소송비용을 부담하지 않기 때문이다. 이렇게 되면 원고의 인센티브는 항상 과다하게 소송을 제기하는 방향으로 나가게 된다. 다만 이러한 비용 측면의 왜곡은 소송비용 부담을 통하여 일정 부분 조절이 가능하므로 결정적인 요소는 아니라고 할 수 있다. 실제로 우리나라는 원고에게 일정한 인지대를 내도록 하고 있고, 패소시 피고의 소송비용까지 부담하도록 함으로서 이러한 왜곡을 시정하고 있다.

그러나 단순히 비용부담을 공평하게 하고자 하는 법정책이 반드시 사회적으로 바람직하다는 보장은 없다는 점도 주의할 필요가 있다. 예컨대 원고에게 인지대 등의 형태로 법원의 소송비용을 부담시키는 정책은 원고의 소송 인센티브를 줄이는 효과가 있다. 따라서 이러한 정책은 원고가 비효율적으로 과다하게 소송

---

9) 10원+(1,000원+3,000원+2,000원)×1%=70원.

할 인센티브를 가지고 있을 때 적절한 정책이다. 만일 사회적 이익이 큼에도 불구하고 원고가 누리는 이익이 작아서 소가 제기되지 않고 있다면, 이러한 정책은 왜곡을 더 심화시킬 따름이다. 또한 패소자에게 상대방 소송비용까지 부담시키는 제도도 마찬가지이다. 원고가 소를 제기하면 100% 원고가 이긴다고 전제하면 이러한 제도는 원고의 소송비용 부담을 덜어주기 때문에 원고에게 보다 과도하게 소를 제기할 인센티브를 부여한다. 그러나 만일 사회적 이익이 별로 없음에도 불구하고 원고가 과다하게 소송을 하고 있는 경우라면 이러한 소송비용 정책은 과다한 제소를 더욱 심화시킬 따름이다. 결국 이러한 해결책들은 어느 한쪽 방향으로만 왜곡을 시정하고 있기 때문에, 만일 다른 방향으로 왜곡이 발생하는 경우에는 왜곡을 보다 증폭시킬 위험이 있는 것이다.

제2장 왜 소송으로 가는가?

제 1 절 화해(和解)인가? 소송인가?

"사회 있는 곳에 분쟁(紛爭)이 있다."고 한다. 그러나 모든 분쟁이 소송(訴訟)으로 가는 것은 아니다.[1] 재판을 통한 해결을 도모하지 않고 당사자 간의 화해(和解)를 통하여 해결되는 경우도 적지 않다. 소송법상으로 보면 소(訴)의 취하(取下)의 상당부분과 청구(請求)의 포기(抛棄), 인낙(認諾), 제소전(提訴前) 화해, 소송상(訴訟上)의 화해 등의 대부분은 사실상 당사자 간의 협상을 통한 문제의 해결이라고 볼 수 있다.

미국에서는 민사사건의 약 5～10%만이 판결까지 가고 나머지는 대부분 당사자 간의 화해로 해결된다고 추정된다.[2] 어떤 연구는 미국에서의 자동차 사고의 2%만이 재판으로 간다고 보고하고 있다.[3]

그러나 우리나라에서는 외국, 특히 미국에 비하여 화해율(和解率)이 대단히 낮고 반대로 판결률(判決率)이 높은 편이다. 우리나라에서의 제1심 민사본안사건

---

1) 여기에서는 주로 민사소송제도(民事訴訟制度)를 분석대상으로 삼기로 한다. 물론 본고에서 제시하는 분석 틀(analytic framework)을 일부 수정·발전시키면 형사소송제도(刑事訴訟制度)의 연구에도 큰 도움이 될 수 있다고 본다.

2) Robert Cooter and Thomas Ulen, *Law and Economics*, 6th ed., Pearson, 2012, pp. 442－443.

3) Richard A. Posner, *Economics Analysis of Law*, 4th ed., Little Brown and Company, 1992, p. 554.

(民事本案事件) 처리 결과를 보면 전체 처리건수 중 흔히 60% 이상의 사건이 판결에 의하여 처리되고, 광의(廣義)의 화해(和解)에 의하여 처리된 것은 30% 내외인 경우가 많다. 광의의 화해란 소취하(訴取下), 조정(調整), 화해, 인낙(認諾)을 모두 포함한 개념이다. 조정, 화해, 인낙만을 협의(俠義)의 화해라고 보면 협의의 화해율은 더욱 낮아진다. 우리나라는 이와 같이 화해율이 낮고 판결률이 대단히 높은 경향을 보이고 있다.4)

일반적으로는 법원을 통한 소송비용(訴訟費用)보다 당사자 간의 협상비용(協商費用)이 적게 든다. 그리고 분쟁사안에 대해 당사자들이 보유하고 있는 정보(情報)에 큰 격차가 있다고 보기도 어렵다. 그렇다면 모든 분쟁이 재판으로 가지 않고 당사자 간의 협상과 화해로 해결되는 것이 오히려 당연하고 자연스러운 현상일 것이다. 그렇다면 도대체 왜 재판으로 가는 경우가 발생하는가? 도대체 왜 소송이 일어나는가?

우선 생각할 수 있는 이유는 재판결과에 대하여 이해당사자들이 상이한 기대와 전망을 가지고 있기 때문일 것이다. 구체적으로 표현하면 원고는 크게 이기리라 생각하고 피고는 적게 지리라 내지는 원고의 주장에 정당한 이유 없다고 생각한다. 이것을 상대적 낙관주의(相對的 樂觀主義, relative optimism)라고 부른다. 당사자 모두에게 이 상대적 낙관주의가 크면 클수록 재판을 피하기 어렵다. 좀 더 자세히 살펴보자.5)

---

4) 우리 나라에서 왜 이런 현상이 나타나는가? 이와 관련하여 어떠한 법정책(法政策)이 바람직한가 하는 문제는 본편의 뒷부분에서 다루도록 한다. 여기서는 우선은 어느 나라에서나 적용될 수 있는 소송제도의 경제분석(經濟分析)을 위한 일반이론을 전개하기로 한다.

5) 여기서 제시하는 이론적 분석 틀(analytic framework)은 다음 연구들을 참조하였다. 이 분석 틀은 본래 Gould (1973)와 Landes (1971)에 의하여 시작되어 그 이후 Shavell (1982), Posner (1992), Cooter and Rubinfeld (1989) 등에 의하여 발전되어 왔다. 특히 종합적인 정리로 Miceli (2017) 참조. J. Gould, "The Economics of Legal Conflicts", 2 *Journal of Legal Studies* 279 (1973); W. Landes, "An Economic Analysis of the Court", 14 *Journal of Law and Economics* 61 (1971); S. Shavell, "Suit, Settlement, and Trial: A Theoretical Analysis Under Alternative Methods for the Allocation of Legal Costs", 11 *Journal of Legal Studies* 55 (1982); R. Cooter, and D. Rubinfeld, "Economic Analysis of Legal Disputes and Their Resolution", 27 *Journal of Economics Literature* 1067 (1989); Richard A. Posner, *Economic Analysis of Law*, 4th ed., Little Brown

원고(p)가 피고(d)에게 피고의 불법행위에 대하여 손해배상을 청구하는 사건이 있다고 하자. 재판에 가기 전에 서로 화해를 위하여 협상을 하였는데, 특정한 화해금액을 피고가 원고에게 지급하면 서로 화해하기로 하고 협상을 진행하고 있다고 하자.

S^*는 화해금액(和解金額, 화해에 이르는 합의금액)
P_p는 원고가 기대하는 승소확률(勝訴確率)
J_p는 원고가 기대하는 판결금액(判決金額, 손해배상액)
P_d는 피고가 예상하는 원고의 승소확률
J_d는 피고가 예상하는 판결금액(손해배상액)
t_p는 원고의 소송비용(訴訟費用), s_p는 원고의 화해비용
t_d는 피고의 소송비용, s_d는 피고의 화해비용이라고 하자.
$t_p > s_p$이고, $t_d > s_d$라고 가정하자.

그리고 논의의 단순화를 위하여 일단 당사자들은 모두 위험중립적(危險中立的, risk-neutral)이라고 가정하고, 소송비용과 화해비용은 각자가 부담하는 것으로 가정한다.[6)]

---

and Company, 1992, pp. 549－594; Robert Cooter and Thomas Ulen, *Law and Economics*, 6th edition, Pearson Education, 2012, pp. 382－403; Thomas J. Miceli, *Economics of the Law*, 3rd edition, Stanford Economics and Business, 2017.

6) 소송비용을 각자가 부담하지 않고 예컨대 패소자(敗訴者)에게 부담시키는 제도(예컨대 영국, 한국 등)의 경우에 대한 분석은 뒤에서 다시 상론(詳論)한다.
그리고 여기서 당사자들이 위험중립적(危險中立的)이란, 어떤 선택을 할 때 선택의 결과에서 오는 기대가치(期待價値, expected value)가 같으면 위험(risk)의 존재에 대하여는 특별한 선호(選好)나 기피심리(忌避心理)가 없다는 이야기이다. 일반적으로 위험이란 불확실한 결과의 변화의 폭을 의미한다. 예컨대 동전을 던져 앞면이 나오면 10을 받고 뒷면이 나오면 10을 주기로 했다면 변화의 폭, 즉 위험은 +10, －10 즉 20이 된다. 그러나 기대가치는 동전의 앞면과 뒷면이 나올 확률이 각각 1/2이기 때문에 $10(1/2)+\{-10(1/2)\}=0$이 된다. 앞이 나오면 +20으로 하고 뒤가 나오면 －20으로 하도록 했다면 변화의 폭은 즉 위험은 40이 된다. 그러나 이때도 기대가치(期待價値)는 앞의 경우와 같이 $20(1/2)+\{-20(1/2)\}=0$이 된다. 후자(後者)가 전자(前者)보다 분명히 위험은 증대하였으나 기대가치는 동일하다. 이러한 경우 위험중립적(risk-neutral)인 사람은 전자와 후자 간의 선택에 있어 어느 한편을 특별히 선호하지 않는다. 반면에 위험기피적(危險忌避的, risk-averse)인 사람은 전자, 즉 기대가치는 같아도 위험이 작은 쪽을 선호하고 위험선호적(危險選

그러면 원고(原告)의 기대소송이익(期待訴訟利益, expected value of trial)은 $P_pJ_p-t_p$이고 원고의 화해가치(和解價値, value of settlement)는 S^*-s_p가 된다.[7] 원고의 화해가치가 기대소송이익보다 크면 원고는 화해를 선택하게 될 것이므로 원고의 화해수용조건(和解受容條件)은 $S^*-s_p \geq P_pJ_p-t_p$가 된다. 이는 다음 식 (1)과 같이 표현할 수 있다.

$$S^* \geq P_pJ_p-(t_p-s_p) \cdots\cdots (1)$$

식 (1)의 오른쪽 항은 원고의 화해합의를 위한 최소수용가격(最少受容價格, minimum price to accept)이 된다. 원고의 입장에서 볼 때, 이 가격 이하로는 도저히 화해를 받아들일 수 없는 가격이다. 따라서 이 원고의 최소수용가격보다 화해가격이 적어도 크거나 같아야 화해가 성립된다.

같은 방식으로 피고의 화해수용조건을 찾아보면 피고의 기대소송비용(期待訴訟費用, expected cost of trial)은 $P_dJ_d+t_d$이고 피고의 화해총비용(和解總費用, total cost of settlement)은 S^*+s_d이므로 피고의 화해수용조건은 $S^*+s_d \leq P_dJ_d+t_d$이 된다. 즉 피고는 화해총비용이 기대소송비용보다 작아야 화해를 선택하게 된다. 이 관계를 다음 식 (2)와 같이 표현할 수 있다.

$$S^* \leq P_dJ_d+(t_d-s_d) \cdots\cdots (2)$$

식 (2)의 오른쪽 항은 피고가 화해합의를 위하여 제시하는 최대제시가격(最大提示價格, maximum price to offer)이 된다. 피고의 입장에서 이 가격 이상으로는 도저히 화해해 줄 수 없는 가격이다. 따라서 식 (2)는 화해가격이 피고의 최대제시가격과 같거나 아니면 적어야 화해가 성립될 수 있음을 보이고 있다.

원고의 화해수용조건과 피고의 화해수용조건을 합하면, 즉 식 (1)과 식 (2)을 합하면 다음과 같은 화해성립범위(和解成立範圍, settlement range)가 나온다.

好的, risk-love)인 사람은 후자, 즉 기대가치는 같아도 위험이 큰 쪽을 선호한다.

7) 기대소송가치(期待訴訟價値)란 소송을 통하여 얻을 수 있다고 기대되는 순이익(純利益, 금액)을 의미한다. 즉 승소확률(勝訴確率)에 판결금액(判決金額)을 곱한 금액에서 소송비용을 제(除)한 금액을 말한다. 또한 화해가치(和解價値)란 화해를 통하여 얻을 수 있는 순이익으로서 화해금액에서 화해비용을 제한 금액이다.

$$P_pJ_p-(t_p-s_p)\leq P_dJ_d+(t_d-s_d) \cdots\cdots (3)$$

예컨대 피고의 최대제시가격(最大提示價格)이 1,000원인데 원고의 최소제시가격(最少收容價格)이 900원이면 위의 식 (3)이 성립하기 때문에 화해는 성공할 수 있다. 그리고 이때의 화해성립범위는 100원이 된다. 그러나 피고의 최대제시가격이 1,000원인데 원고의 최소수용가격이 1,100원이라면 위의 식 (3)은 성립하지 않고 화해는 성공하지 못한다. 이때는 화해성립범위는 존재하지 않는다. 결국 식 (3)이 성립하여야 당사자 간 화해는 성공할 수 있다. 이 식 (3)을 식 (4)와 같이 바꾸어 쓸 수 있다.

$$P_pJ_p-P_dJ_d\leq(t_p-s_p)+(t_d-s_d) \cdots\cdots (4)$$

이 식 (4)도 화해성립범위를 보여 주는 식이다. 이 화해성립범위가 크면 클수록 화해가능성은 증가한다. 화해성립범위가 커질수록 화해가능성이 증가하는 이유로는 두 가지를 생각해 볼 수 있다. 하나는 합의가능점(合意可能點)의 증가이다. 예컨대 화해성립범위가 위의 예(例)에서와 같이 100원인 경우보다는 200원인 경우(즉 피고의 최대제시가격은 그대로 1,000원인데 원고의 최소수용가격이 800원인 경우)에 합의가능점이 증가한다. 따라서 화해성립범위가 클수록 합의가 보다 용이해진다. 다른 하나의 이유는 화해성립범위가 클수록 화해합의가 성립하지 않았을 경우의 손해가 커진다는 것이다. 위의 식 (4)의 오른쪽 항, $(t_p-s_p)+(t_d-s_d)$이 사실은 합의성립으로 인하여 당사자들이 받게 될 공동이익(共同利益, corporative surplus)이 된다. 따라서 합의가 성립되지 않으면 이 공동이익이 실현되지 못하기 때문에 그만큼 당사자들에게 손해가 된다. 이상의 두 가지 이유로 결국 화해성립범위가 크면 클수록 화해가능성은 증가한다고 결론지을 수 있다.[8)]

8) 본문에서 화해가능성(和解可能性)이 증가한다고 이야기하고 있지 반드시 화해가 성공한다고 주장하고 있지 않는 점에 유의하기 바란다. 뒤에서 상론(詳論)하겠으나 화해성립범위는 화해성립의 필요조건(必要條件)이지 충분조건(充分條件)은 아니다. 객관적 조건으로 보아 서로 이익이 된다고 하여 반드시 협력적 게임(cooperative game)이 성립하는 것은 아니다.

제 2 절
상대적 낙관주의와 정보공개

식 (4)의 의미를 좀 더 자세히 관찰해 보자. 우선 $P_p = P_d$이고 $J_p = J_d$이면 위의 식 (4)는 항상 성립한다. 즉 화해가 성공하고 소송으로 가지 않는다.9) 이는 무엇을 의미하는가? 양 당사자가 상대적 낙관주의(相對的 樂觀主義)에 빠지지 않고 서로가 처한 상황에 대하여 정확한 정보와 이해(양 당사자가 승소확률이나 판결금액 등에 대하여 동일 내지 거의 유사한 기대와 전망)를 가지면 가질수록 당사자들은 소송으로 가지 않고 화해를 하게 된다는 사실이다.

그러면 소송으로 가고 화해로 가지 못하게 하는 상대적 낙관주의는 어디서 오는가? 상대적 낙관주의가 발생하는 가장 중요한 이유의 하나는 사적정보(私的情報, private information)의 차이 때문이다. 자기만이 가지고 있고 상대는 모르는 정보가 바로 사적정보인데 원고와 피고 간에 이 사적정보에 차이가 있기 때문에 상대적 낙관주의가 등장하게 된다.

그런데 이 사적정보 중 상대에게 불리한 정보는 자발적으로 공개하려 할 것이고 상대에게 유리한 정보는 자발적으로는 공개하려 하지 않을 것이다. 자발적으로 공개되는 정보는 상대방에게 불리한 정보로서 이는 상대의 상대적 낙관주의를 교정(축소)하는 역할을 할 것이기 때문에 당사자 간의 화해의 가능성을 높이고 소송의 가능성을 낮춘다.

반면에 자발적으로 공개되지 않는 정보는 상대방에게 유리한 정보로서 이는 상대의 상대적 낙관주의를 교정(증대)함으로써 오히려 화해의 가능성을 낮추고 소송의 가능성을 높이게 된다. 그러나 비자발적으로 정보가 공개되면 상대의 화해가능성은 낮추지만 동시에 본인(공개가 강제 당하는 당사자)의 화해가능성은 오히려 높이게 된다. 즉 본인의 소송가능성은 낮아진다. 왜냐하면 이제는 자신에게는 비공개가 유리하던 정보가 비자발적으로 공개되었기 때문에 자신의 승소가능성(勝

---

9) 왜냐하면 식 (4)의 오른쪽 항은 항상 정(正)의 값이기 때문에 왼쪽 항이 0이면 위의 식은 항상 성립한다. 오른쪽 항이 항상 정(正)인 것은 소송비용이 화해비용보다 크다고 가정하였기 때문이다.

訴可能性)은 그만큼 약화되었다고 볼 수 있기 때문이다. 따라서 비자발적인 정보의 공개가 소송가능성에 주는 종합적 효과는 알 수 없다.

그러나 소송제도의 이상의 달성이라는 관점에서 보면 가능한 정보공개(情報公開)는 촉진하는 것이 바람직하다고 할 수 있다. 정보의 자발적 공개의 경우에는 오판비용과 제도운용비용을 모두 낮춘다. 왜냐하면 자발적으로 공개되는 정보는 상대의 상대적 낙관주의를 교정하여 화해의 가능성을 높이고 소송의 가능성을 낮추기 때문에 제도운용비용이 적게 든다. 또한 모든 정보의 공개는 자발적 공개이든 비자발적 공개이든, 판결을 보다 완전정보판결(完全情報判決)에 가까이 가도록 만들기 때문에 오판비용을 줄인다. 따라서 정보의 자발적 공개를 촉진하는 것은 오판비용과 제도운용비용을 모두 낮추어 소송제도의 사회적 비용의 최소화라는 소송제도의 이상 실현에 기여하게 된다.

다음으로 정보의 비자발적 공개(非自發的 公開)의 경우를 보자. 이 경우에는 정보의 공개가 제도운용비용에 주는 영향은 정(正)인지 부(負)인지 사전(事前)에 알 수 없다. 왜냐하면 이미 앞에서 본 바와 같이 비자발적으로 공개되는 정보의 경우는 상대의 소송가능성은 높이나 본인의 소송가능성은 낮추기 때문이다. 따라서 제도운용비용에 주는 영향은 알 수 없다. 그러나 비록 비자발적인 경우라 하여도 정보의 공개는 판결을 완전정보판결에 가까이 가도록 하는 데 기여하기 때문에 분명히 오판비용은 낮추게 된다. 따라서 비자발적 정보공개도 제도운용비용과 오판비용의 합(合)인 사회적 비용을 낮추는 방향으로 작용한다고 볼 수 있다. 환언하면 비자발적 정보공개도 소송제도의 사회적 비용의 최소화라는 이상에 기여하는 것이 된다.

결국 자발적인 정보공개이든 비자발적인 정보공개이든 모두 소송제도의 사회적 비용의 최소화에 기여하는 것이 되고 따라서 가능한 정보공개를 촉진하는 방향으로 소송제도가 설계되고 운용되어야 한다.

이와 관련하여 소송법상 준비서면제도(準備書面制度)나 변론준비절차제도(辯論準備節次制度)는 대단히 중요한 제도라고 본다. 당사자로 하여금 서로의 주장과 쟁점을 정확히 정리하여 변론(辯論) 전에 상대에게 알리게 하는 준비서면제도나 법원이 주도하여 변론 개시 전에 당사자 간의 쟁점과 증거를 미리 정리하는 변론준비절차제도 등은 보다 강화되고 활성화되는 것이 바람직하다.

이들 제도는 일차적으로 당사자 간의 자발적 정보공개를 촉진하는 제도이고 부분적으로는 비자발적 정보공개도 가능토록 하는 제도이다. 일반적으로 이들 제도는 자발적 정보공개를 비자발적 정보공개보다 더욱 활성화시킬 것이다. 그 이유는 자발적인 경우는 당사자들이 스스로 자진하여 모든 정보를 다 공개하려 들겠지만 비자발적인 경우는 가능한 숨기려 하기 때문이다. 따라서 법원은 주도권을 가지고 비자발적 정보공개를 보다 적극적으로 유도하여야 하는바, 법원과 당사자 간의 정보의 비대칭성(非對稱性, 보유정보의 격차)으로 인하여 불가피하게 그 실효에는 한계가 있을 수밖에 없다. 따라서 비자발적 정보공개(非自發的 情報公開)를 촉진하는 보다 적극적인 제도개발이 필요하다고 본다.[10]

하여튼 자발적이든 비자발적이든 정보공개를 촉진하는 방향으로의 제도개선과 제도강화는 당사자들로 하여금 분쟁사안에 대하여 보다 정확한 정보와 객관적이고 중립적인 이해를 가질 수 있게 하여 정보부재(情報不在) 등에서 오는 상대적 낙관주의에서 벗어나게 한다. 그 결과 불필요한 소송은 줄고 당사자 간의 화해의 가능성은 높아진다. 일반적으로 소송비용은 화해비용보다 크기 때문에 자발적 화해가 가능하기만 하다면 이를 촉진시키는 것이 소송제도의 이상의 하나인 소송제도운용비용(訴訟制度運用費用)의 최소화에 기여하게 된다.

뿐만 아니라 정보공개의 촉진은 비록 화해를 선택하지 않고 소송을 계속하는 경우에도 법원의 판결을 완전정보판결(完全情報判決)에 보다 근접시키는 데 크게 도움이 된다. 그 결과 소송제도의 이상의 하나인 오판비용의 최소화에 기여하게 된다.

10) 예컨대 숨긴 정보가 나중에 발견되면 경제적으로 큰 부담이 되는 수준의 벌과금부과제도(罰科金賦課制度) 등을 생각해 볼 수 있다.
이론적으로 보면 비자발적 정보공개(非自發的 情報公開)를 촉진하는 것은 민사소송법의 대원칙의 하나인 변론주의(辯論主義, 소송자료의 수집·제출책임은 당사자에게 맡기고 법원은 이들 제출된 자료만을 재판의 기초로 삼아야 한다)에 반(反)하는 것이 아니냐는 문제의 제기가 있을 수 있다. 그러나 소송제도의 기본목표가 오판비용과 소송제도운용비용의 합을 최소화하는 데 있다면 '변론주의의 기본정신은 유지하되' 진실규명과 소송경제를 위하여 어느 정도의 직권주의(職權主義)의 가미는 불가피하다고 본다.

제3절
소송물가액, 소송지연, 전략적 행위

위의 식 (4)를 약간 변형시켜 보자. 논의의 편의상 원고가 기대하는 판결금액(判決金額)과 피고가 예상하는 판결금액이 크게 다르지 않다, 아니 두 금액이 동일한 J 수준이라고 가정하자. 즉 $J_p=J_d=J$라고 가정하자. 그러면 위의 식 (4)는 다음과 같이 표현할 수 있다.

$$P_p - P_d \leq \frac{\{(t_p - s_p) + (t_d - s_d)\}}{J} \quad \cdots\cdots (5)$$

식 (5)는 다음의 두 가지 이론적 가능성을 보여 주고 있다. 하나는 $P_p - P_d$가 크면 클수록 식 (5)의 왼쪽 항이 커져서 식 (5)가 성립하기 어렵게 되기 때문에 화해로 갈 가능성은 줄어들고 소송으로 갈 가능성이 커진다는 것이다. 환언하면 승소확률과 관련하여 서로가 자신들이 상대적으로 유리하다고 생각하면, 즉 각자의 상대적 낙관주의(相對的 樂觀主義)의 정도가 크면 클수록 소송의 가능성이 커진다는 것이다.

다른 하나는 J가 크면 클수록 식 (5)의 오른쪽 항이 작아져서 식 (5)가 성립할 가능성이 줄어들어 화해가 아니라 소송의 가능성이 커진다는 것이다. 환언하면 소송물의 가액(價額)이 크면 클수록 화해는 어려워지고 소송의 가능성이 커진다는 것이다. 역(逆)으로 소송가액이 작으면 작을수록 소송비용을 부담하고 소송을 수행할 이익이 줄어들거나 아주 없어질 수 있게 된다.

위의 두 번째 주장에 대하여는 약간의 조건을 달아 두는 것이 옳다. 우선 소송물의 가액이 크면 클수록 화해보다는 소송의 가능성이 증가한다는 것은 당사자들이 위험중립적(危險中立的, risk-neutral)이라는 가정을 전제할 때에는 항상 성립하는 이야기가 된다. 그러나 만일 당사자들이 위험기피적(危險忌避的, risk-averse)이라면 소송가액이 크면 오히려 화해의 가능성을 높일 수도 있다는 점을 잊어서는 안 된다.

그리고 만일 소송물가액이 커지면 당사자들은 보다 유능한 높은 수임료의 변호사들을 고용하려 할 것이다. 왜냐하면 유능한 변호사라면 반드시 P_p와 P_d에 변화를 줄 수 있는데, J가 커지면 커질수록 P_p와 P_d의 변화가 기대소송이익(P_pJ_p 혹은 P_dJ_d)에 주는 효과가 커지기 때문이다. 따라서 소송물가액이 커지면 쌍방이 보다 유능한 변호사들을 고용하려 할 것이고 그 결과는 P_p-P_d의 차이를 줄이는 방향으로 작용할지 모른다. 그렇게 되면 오히려 소송의 가능성을 낮추고 화해의 가능성을 높인다.

뿐만 아니라 t_p, t_d나 s_p, s_d 등에도 변화가 일어날 수도 있다. J가 커지면 일반적으로 t_p, t_d를 s_p, s_d보다 더 많이 증가시킬지 모른다. 그러한 변화가 일어난다면 화해가능성은 증가한다. 이상과 같은 몇 가지 이유로 소송가액이 커지면 항상 소송의 가능성이 증가한다고 하는 주장에는 반론(反論)의 여지가 있다. 그러나 일반적으로 다른 조건이 일정하고(ceteris paribus) 소송물가액이 크면 클수록 화해가능성보다는 소송가능성이 커진다고 보아야 무방할 것이다.

이번에는 식 (4)를 다른 방식으로 변형시켜 보자. 승소확률(勝訴確率)에 대한 원고와 피고의 기대(期待) 내지 예상치가 동일하게 P라고 가정하자. 즉 $P_p=P_d=P$라고 가정하자. 그러면 식 (4)을 다음과 같이 표현할 수 있다.

$$J_p-J_d\leq\frac{\{(t_p-s_p)+(t_d-s_d)\}}{P} \qquad \cdots\cdots (6)$$

식 (6)을 보면서 소송물가액에 이자를 부과하여 패소자에게 부담시키는 경우와 이자부과가 없는 경우, 그리고 일반적으로 여러 가지 사정으로 소송이 지연되는 경우와 그렇지 않은 경우, 각각의 경우가 화해가능성과 소송가능성에는 어떠한 영향을 미치는가를 생각해 보도록 하자.

예컨대 불법행위에 대한 손해배상의 경우 우리나라에서는 사고발생 일로부터 판결 일까지는 연 5%의 이자를 그리고 판결 일부터 이행 일까지는 연 15%의 이자(지연손해금)을 지급하도록 한다. 만일 이 제도가 없다면 어떻게 될까? 아니 역(逆)으로 만일 이 이자율을 높인다면 소송가능성과 화해가능성 중 어느 쪽이 증가할까? 결론부터 이야기하면 일반적으로 소송물에 이자를 부과하거나 기존의 이자율을 높이면 소송가능성은 높아지고 화해가능성은 낮아진다.

왜 그런가? 예를 들어 설명해 보자. 이자를 부과하기 전의 J_p는 120이고 J_d

는 100이었다고 가정하자. 그런데 여기에 이자를 5%를 부과시키면 J_p는 126이 되고 J_d는 105가 된다. 그리하여 $J_p - J_d$는 이자부과 전에는 20이던 것이 이제는 26이 된다. 결국 식 (6)의 왼쪽 항이 커지는 셈이 된다. 따라서 그만큼 화해가능성은 줄고 소송가능성은 증가하게 된다.

같은 논리의 역의 경우가 바로 소송지연(訴訟遲延)의 경우이다. 만일 이자율의 변동 없이 소송지연만이 일어난다면 불가피하게 J_p나 J_d를 현재가치(現在價値, present value)로 환산한 값은 줄어든다. 할인율(이자율, discount rate)에는 변화가 없어도 소송지연으로 할인기간(割引期間, discount period)이 늘어나기 때문에 J_p나 J_d의 현재가치는 줄어든다. 그 결과 $J_p - J_d$도 줄어든다. 결국 식 (6)의 왼쪽 항이 작아지므로 그만큼 화해의 가능성은 증가하고 소송의 가능성은 줄어들게 된다. 따라서 소송지연은 다른 조건에 변화가 없다면 소송가능성을 낮추고 화해의 가능성을 높인다고 볼 수 있다.[11)]

소송지연은 외국에서도 자주 제기되는 문제이지만 우리나라에서도 심각한 소송제도의 문제점 중의 하나로 지적되고 있다. 소송지연의 문제도 좀 더 깊이 들어가면 단순한 소송기간의 장단(長短)의 문제만이 아니라 불필요한 법정출석의 빈도(頻度)와 소송비용의 과다 등의 문제도 함께 고려되어야 할 개념이다. 그 이외에도 일반적으로 소송지연의 문제를 해소하기 위하여 예컨대 (1) 법관의 대폭증원, (2) 변론(辯論)의 집중화 방안, (3) 법관의 전문화 촉진, (4) 소송지휘권의 적극행사를 통한 소송 촉진, (5) 조정제도의 활성화, (6) 화해율 제고 노력 등을 생각해 볼 수 있다.

---

11) 소송지연(訴訟遲延)이 다음과 같은 경우에는 반드시 소송가능성(訴訟可能性)의 감소로 연결되지 않을 수도 있다. 첫째, 피고의 현재가치 할인율(現在價値 割引率)이 원고의 현재가치 할인율보다 큰 경우이다. 예컨대 원고가 피고보다 금전에 대하여 좀 더 여유를 가지고 있는 경우에는, 소송지연으로 인한 J_p의 축소(현재가치로 환산하기 때문에 발생하는 J_p의 축소)보다 J_d의 축소가 보다 크게 일어날 수 있다. 그 결과 소송지연으로 $J_p - J_d$의 차이가 오히려 늘어날 수도 있다. 그러면 소송가능성은 오히려 증가한다.
둘째, 소송의 지연이 재판결과의 불확실성을 높이는 경우가 발생할 수도 있다. 이러한 경우에는 소송가능성을 오히려 증대시킨다. 왜냐하면 이미 본문의 식 (5)에서 보았듯이 일반적으로 재판결과의 불확실성이 높아지면(P_p와 P_d의 차이가 커지면) 소송가능성은 증대되기 때문이다.

그러나 소송지연대책과 관련된 논의에서 항상 한 가지 중요한 문제점이 간과되고 있다. 즉 소송 촉진을 위하여 소위 가격기구(價格機構, price mechanism)를 전혀 활용하지 않는다는 점이다. 환언하면 가격의 상하방 이동(上下方 移動)을 통하여 수요와 공급을 일치시키는 가격 메커니즘을 전혀 활용하지 않는다는 점이다.

예컨대 어떤 음식점에 항상 손님들이 줄을 선다면, 즉 음식 서비스지연의 문제가 만성적(慢性的)으로 발생한다면, 이 문제를 해결하는 방법 중 하나는 음식가격을 높이는 길이다. 물론 종업원 수도 늘리고, 시설을 확장하는 것도 하나의 방법일 수 있지만 가격기구(價格機構)를 전혀 활용하지 않고는 과다수요(過多需要)의 만성적 문제를 해결하기가 쉽지 않다. 경우에 따라서는 종업원증원과 시설확장이 오히려 역효과를 결과할 수도 있다.[12] 따라서 시설확장이나 종업원 수의 증대 등은 가격인상과 함께 할 때 보다 효과적이 될 수 있다.

같은 맥락에서 생각할 때 소송지연의 문제를 해결하기 위해서는 우선 소송비용 중 당사자가 국고(國庫)에 납입하는 재판비용(인지대 등)의 인상문제에서부터 검토해야 할 것이다. 왜냐하면 이론적으로 보면 소송지연의 문제는 재판수요가 재판공급보다 과다하다는 것을 의미하고 이는 곧 재판의 가격이 너무 낮게 책정되어 있다는 것을 의미하기 때문이다. 여기서의 재판가격(裁判價格)이란 재판이라는 서비스이용 비용을 의미하므로 재판비용도 이 비용의 중요 부분이 될 것이다.

여하튼 이런 경우에는 재판이라는 서비스가격을 높여야 재판 서비스에 대한 과다수요를 줄일 수 있다. 당사자 한 사람이 부담하는 재판비용을 법원활용의 사회적 비용(1인당 사회적 비용)의 수준에 근접하도록 올려 책정하여야 한다.[13] 그렇

12) 가격인상 없이 종업원 수만을 늘리고 시설을 확장하면 오히려 손님들의 수가 더 빨리 늘어나 음식 서비스 지연의 문제는 더욱 악화될 수도 있다. 왜냐하면 과거에는 지연 때문에 가지 않던 고객들도 이제는 서비스가 개선될 것이라고 생각하고 찾아올 것이기 때문이다. 고속도로의 체증문제(遞增問題)를 풀기 위하여 고속도로 사용료를 인상하지 않고 고속도로의 도로 폭만을 확장하는 것은 경우에 따라서는 고속도로의 체증문제를 더욱 악화시킬 수 있는 것과 기본적으로 같은 원리이다.

13) 여기서 "법원활용(法院活用)의 사회적 비용(社會的 費用)"이란 재판이라는 서비스를 창출하는 데 드는 사회적 비용, 환언하면 재판 서비스 생산(공급)비용을 의미한다. 따라서 법원시설유지비, 판사인건비 등이 모두 이에 포함된다. 이 총생산비용을 이용자의 수로 나눈 것이 1인당 법원활용의 사회적 비용이 될 것이다.

지 않고는 과다수요로 인한 소송지연문제를 해결하기 어려울 것이다. 환언하면 재판비용(가격)이 결국 재판수요와 재판공급을 일치시키는 수준에서 결정되도록 노력하여야 한다는 이야기이다.

이와 같이 가격을 인상시킴으로써 재판수요를 줄이려는 노력과 동시에 소송지연을 막으려면 재판공급(공급능력)을 늘리려는 노력도 물론 함께 하여야 한다. 한마디로 판사 증원, 재판제도의 합리화·정보화 등이 그것이다. 예컨대 소송지연의 문제를 다루려면 수요와 공급의 양면에서 접근하여야 한다는 이야기이다. 그런데 지금까지 소송지연의 문제는 주로 공급의 측면에서만 논의되어 왔지 수요의 측면은 항상 간과되는 경향이 있어 왔다고 본다. 따라서 앞으로는 판사 증원문제 못지않게 재판비용의 적정화(適正化)문제도 함께 다루어야 소송지연에 대한 올바른 대처방안이 될 것이다.[14)]

식 (4)에서 $P_pJ_p-P_dJ_d$가 크면 클수록 화해가 성립하기 어렵고 소송으로 갈 가능성이 크다는 것을 알 수 있었다. 그렇다면 무엇이 P_pJ_p와 P_dJ_d와의 차이를 크게 만드는가? 세 가지 요인을 생각해 볼 수 있다. 첫째 요인은 이미 앞에서 지적한 대로 사적정보(私的情報)의 차이이다. 상대가 모르는 개인만이 가지고 있는 정보의 차이 때문에 승소확률이나 판결금액에 대하여 당사자들이 서로 상이한 기대를 가질 수 있다.

이용자 1인의 재판비용이 반드시 1인당 법원활용의 사회적 비용과 100% 일치해야 할 필요는 없다. 그 주된 이유는 개인의 법원이용에서는 개인에 귀속되는 사적 이익(私的利益) 이외에 사회적 이익도 동시에 창출될 수 있기 때문이다. 즉 좋은 판례가 창출되면 불특정 다수(不特定 多數)에게 이익이 될 수 있기 때문이다.

환원하면 개인의 법원 이용에는 정(正)의 외부효과(外部效果, positive externality)가 있을 수 있기 때문에 정(正)의 외부효과로 인한 사회적 이익은 법원이용의 사회적 비용 계산시 제(際)하여야 할 것이다.

14) 재판의 수요와 공급을 일치시키는 균형재판비용(均衡裁判費用)이 너무 높아 약자(弱者)의 권익보호(權益保護)라는 사회적 형평(社會的 衡平)의 관점에서 문제가 된다면 그 해결방법은 여러 가지가 있을 수 있다. 예컨대 가격 자체는 높은 수준으로 그대로 두면서 국가가 저소득층의 재판비용을 보조하여 주는 방법을 택할 수도 있다. 아니 보다 바람직하게는 저소득층의 화해비용을 보조하는 방법을 택할 수도 있다. 다른 하나의 방법은 바로 판사 증원 등을 통한 재판공급의 증대이다. 공급을 늘리면 가격(재판비용)을 높이지 아니하고도 재판의 수급을 일치시켜 소송지연을 막을 수 있다.

둘째 요인은 법 자체의 불확실성 때문이다. 법과 판례의 변화가 심한 경우, 입법의 미비로 인하여 법조문 해석 자체에 모호성이 큰 경우, 법 적용 과정에 일관성과 투명성이 부족한 등등의 경우에는 소송결과가 불확실하게 된다. 그 결과 $P_pJ_p - P_dJ_d$가 커지고 그만큼 화해보다는 소송으로 갈 가능성이 커진다. 법 자체가 안정적이고 그 적용결과가 예측 가능하면 할수록 $P_p = P_d$, $J_p = J_d$가 될 가능성이 증가하기 때문에 그만큼 소송 가능성은 줄어들고 화해가능성은 증대된다.

셋째 요인은 오판가능성(誤判可能性, legal error) 때문이다. 앞의 법 자체의 불확실성이 큰 경우와 같은 이유로 오판가능성이 크면 클수록 $P_pJ_p - P_dJ_d$는 커진다. 즉 소송가능성은 늘고 화해가능성은 준다.

앞에서 지적하였듯이 등식 (4)의 오른쪽 항, 즉 $(t_p - s_p) + (t_d - s_d)$은 결국 재판으로 가지 않고 화해함으로써 원고와 피고 양자가 얻을 수 있는 공동이익이 된다. 주의할 것은 위의 식 (4)가 성립하여 공동이익분(共同利益分)이 성립한다고 하여 반드시 화해가 성립한다고 볼 수는 없다는 사실이다. 왜냐하면 위의 식이 성립하면 분명 합의하는 것이 양 당사자 모두에게 이익이 되는 것은 사실이지만, 화해의 공동이익분을 어떻게 배분할 것인가, 환언하면 화해금액(和解金額)을 구체적으로 어느 수준에서 정할 것인가에 대하여 양 당사자 간의 이견(異見)이 크면 합의가 성립하지 않을 수도 있기 때문이다. 만일 양 당사자가 소위 전략적(戰略的)으로만 행동(strategic behavior)한다면 서로에게 이익이 되는 결과를 만들어 내지 못할 수도 있기 때문이다.[15] 따라서 식 (4)는 화해성립의 필요조건이지 충분조건은 아니다. 좀 더 상론해 보자.

---

15) 전략적 행위(戰略的 行爲)란 개인이 가지고 있는 사적정보(私的情報)의 불완전 공개 내지는 왜곡된 공개를 통하여 타인을 오도하거나 혼란시킴으로써 개인 본인의 단기이익(短期利益)의 극대화를 도모하는 행위를 의미한다. 예컨대 계약관계에서 상대를 합법적으로 오도하여 선택의 여지가 없는 궁지에 몰아넣고 나서 완전항복을 강요하는 경우 등이 이에 속한다.
사회적 게임에 참여한 사람들이 모두 이와 같이 자기의 단기이익만을 위하여 전략적으로 행동할 때에는 그러한 사회에서는 비록 모두에게 공동이익이 되는 사업이 있다 하여도 성사되기 어렵게 된다. 환언하면 이러한 사회에서는 모두에게 이익이 되는 협력적(協力的) 게임(cooporative game)은 불가능하게 된다. 이러한 의미의 전략적 행위를 때로는 기회주의적 행위(機會主義的 行爲, opportunistic behavior)라고도 부른다.

식 (1)과 식 (2)를 합친 앞의 식 (3)을 잠시 다음과 같이 표현해 보자.

$$P_pJ_p-(t_p-s_p)\leq S^*\leq P_dJ_d+(t_d-s_d) \cdots\cdots (7)$$

다시 지적하지만 식 (7)에서 S^*를 중심으로 왼쪽 항은 원고가 화해를 수용할 최저가격(最低價格)이고 S^*를 중심으로 오른쪽 항은 피고가 화해를 수용할 최고가격(最高價格)이다. 결국 식 (7)은 피고의 최고가격이 원고의 최저가격보다 커야 화해가 성립함을 보이고 있다고 할 수 있다.

예를 들어 다음과 같이 가정해 보자. $J_d=J_p=10{,}000$원, $P_p=0.8$, $P_d=0.7$, $t_p=t_d=1{,}000$원, $s_p=s_d=100$원이라고 하자. 그러면 원고의 최저화해가격은 7,100원이 되고 피고의 최고화해가격은 7,900원이 된다. 피고의 최고가격이 원고의 최저가격보다 크기 때문에 화해가 성립할 수 있다. 소송으로 가지 않고 화해가 성립함으로써 당사자들이 누릴 수 있는 공동이익은 800원(=7900−7100)이 된다. 따라서 화해성립의 필요조건은 성립한 셈이다. 그러나 식 (7)이 성립한다고 하여서 반드시 화해가 성공적으로 성립하는 것은 아니다.

만일 당사자들의 이 공동이익 800원의 배분(결국 S^*를 어느 수준에서 결정하는가의 문제이다)에 합의하지 못하면 화해가 아무리 모두에게 이익이 되는 경우라 하여도 화해를 성공적으로 이루어 내지 못한다. 문제는 당사자들이 서로 협력하여 합리적인 S^*, 즉 화해가격을 찾아내야 한다. 그래야 화해가 성공할 수 있다. 만일 서로가 전략적으로 행동하여 서로가 상대를 혼란시키면서 상대에게 무리한 양보나 일방적 항복만을 요구한다면(예컨대 어느 일방이 공동이익 800원의 독식(獨食)을 주장한다면) 화해는 성립하기 어렵게 된다. 따라서 식 (4)와 식 (7)은 화해성립의 필요조건이지 충분조건은 아니다.[16)]

---

16) 이는 경제학에서의 쌍방독점(雙方獨占, bilateral monopoly)의 경우와 마찬가지이다. 쌍방독점의 경우에도 양 당사자가 합리적인 가격수준에 합의하는 것이 결코 쉬운 일은 아니다. 쌍방독점의 경우의 전형적인 예로는 공장이 하나밖에 없는 지역에서 공장주(工場主)와 노동조합 간의 임금결정협상의 경우를 생각해 볼 수 있다. 이 경우 노사(勞使)가 서로 전략적 내지 기회주의적으로 행동하면 분명히 존재하는 노사쌍방 모두에게 이익이 되는 합리적이고 타협적인 임금수준을 찾아내지 못한다. 결국 공동이익을 실현시키지 못하고 협상결렬로 파업 내지 직장폐쇄에 돌입하게 된다.

제 4 절 협박소송(frivolous suit)의 가능성

이상 기초이론의 기본 아이디어는, 원고는 소송으로부터 얻는 편익이 소송을 수행하기 위해 소요되는 비용보다 클 경우에 소를 제기한다는 것이다. 그런데 이러한 조건이 충족되지 못함에도, 다시 말해서 소송으로부터 얻을 수 있는 순이익이 음수임에도 불구하고 원고가 소를 제기하는 경우가 있다. 원고로서는 판결로 가게 되면 순이익이 음수이지만, 만일 판결로 가지 않고 화해로만 끝난다면 양의 순이익을 얻을 수 있기 때문에 이러한 소송을 제기한다는 것이다. 이러한 소송을 흔히 "frivolous suit" 또는 "strike suit"이라고 하는데, 소송에 이길 가능성이 없음에도 소를 제기하여 피고를 협박한다는 의미에서 "협박소송" 정도로 번역하면 무난할 것 같다.[17] 협박소송과 관련하여 가장 중요한 문제는 "왜 피고는 원고의 협박에 굴복하는가" 하는 점이다. 다시 말해서, 원고의 소제기는 자신의 피해를 전제로 하는 협박이기 때문에 이론상으로는 신뢰할 수 없는 협박(empty threat)일 가능성이 높은데, 왜 합리적인 피고가 화해를 하게 되는가 하는 점이다. 위 이론의 연장선에서 몇 가지 설명이 있다.

먼저 가장 쉬운 상황은 정보불균형, 다시 말해서 원고의 소제기가 협박소송인지 아닌지 피고가 알지 못하는 경우이다.[18] 이 경우 피고로서는 화해에 응하지 않았을 경우 원고가 실제로 재판으로 진행할 가능성이 있고, 이 경우의 손실이 충분히 크다면 이러한 만약의 결과를 방지하기 위해서 보다 적은 금액의 화해에 응할 인센티브가 있다. 예를 들어, 원고가 100원의 금액을 청구하였는데, 이 소송은 25%의 확률로 협박소송 — 구체적으로 사실 원고의 손해가 20원에 불과하

---

17) 흔히 '남소(濫訴)'라 표현되는 상황도 그 일부는 협박소송의 범주에 포함하여 생각해 볼 수 있다.

18) 정보불균형에 근거한 협박소송이론 논문으로는, Lucian A. Bebchuk, "Suing Solely to Extract a Settlement Offer", 17 *Journal of Legal Studies* 437 (1988); Avery Katz, "The Effects of Frivolous Lawsuits on the Settlement of Litigation", 10 *International Review of Law and Economics* 3 (1990). 본문의 설명은 Steven Shavell, *Foundations of Economic Analysis of Law*, Harvard University Press (2004), pp. 420−421 참조.

다 — 이지만 피고는 구체적으로 당해 원고가 협박소송을 제기하고 있는지는 구별할 수 없다고 하자. 소송비용은 원고가 30원, 피고가 20원이다. 손해가 20원인 경우에는 당연히 원고로서는 소송비용이 더 크므로 소송을 제기할 인센티브가 없지만, 피고가 이를 모르고 있기 때문에 소송을 제기한 것이다. 피고는 원고가 75%의 확률로 실제로 100원의 손해를 입었다는 것을 알고 있으므로, 이 경우 원고가 요구하는 최소화해금액은 70원이 되고, 피고가 제기할 수 있는 최대화해금액은 120원이다. 이제 70원에 화해하는 경우를 전혀 화해를 하지 않는 경우와 비교해 보자.[19] 70원을 피고가 제시하면 원고가 어느 유형이라고 이 금액을 받아들일 것이다. 따라서 피고의 기대손실은 70원이 된다. 화해를 하지 않는 경우 재판이 진행될 확률은 75%이므로, 그 경우의 손실 120원의 기대값은 90원이 된다. 따라서 피고로서는 70원을 지급하고 화해하는 편이 이익인 것이다. 이 사례에서 핵심적인 것은 원고가 제기하는 소송이 실제로 협박소송일 확률이 충분히 작다는 것이다. 그 결과 피고가 원고의 불확실한 협박을 무시하고 소송을 진행하였을 경우 기대손실이 충분히 커야 한다. 만일 그렇지 않다면, 예를 들어, 이 사례에서 협박소송일 확률이 약 42%보다 크다면 원고로서는 화해금액을 지급하지 않는 것이 이익이다.[20]

그런데 피고가 원고의 협박소송인지를 분간할 수 없는 경우는 직관적으로도 수긍할 수 있다. 이론적으로 보다 중요한 것은 원고가 충분히 협박소송인지 알 수 있었던 경우이다. 이 경우 직관적으로 원고의 협박은 효력이 없음이 분명한데, 피고는 왜 이를 받아들이게 되는가? 이에 관하여 중요한 설명으로, 법원의 오류 가능성을 전제하는 모델, 피고가 소송비용을 먼저 지출하여야 하는 모델, 소송비용

---

19) 피고로서는 70원 미만의 금액을 지불하면서 화해할 이유는 전혀 없다. 왜냐하면, 그렇게 되면 손해가 20원인 원고의 경우에만 화해에 응할 것이고 손해가 100원인 원고는 결국 재판을 진행할 것이기 때문이다. 손해가 20원인 원고는 어차피 재판으로 갈 인센티브가 전혀 없기 때문에, 이러한 원고에게 70원 미만의 금액을 지급하는 것은 피고로서는 낭비에 불과하다.

20) 소송이 협박소송일 확률을 P라고 하면, 화해를 하지 않는 경우 재판이 진행될 확률은 $(1-P)$가 되고, 따라서 기대손실 120원$\times(1-P)$ 값이 70원보다 커야 화해를 하게 된다. 120원$\times(1-P)>$70원에서, $P<5/12$. 따라서 협박소송일 확률이 5/12, 약 42% 이하일 경우에만 화해를 하게 된다.

을 절차가 진행됨에 따라 분할하여 지출하는 모델 등이 있다.[21]

첫째, 법원의 오류가능성이 있다. 법원의 판단에 오류가 있는 경우 또 다른 문제는 협박소송이 가능하게 된다는 점이다. 이러한 협박소송은 제2종 오류, 다시 말해서 아무 잘못이 없는 피고에게 법원이 잘못을 인정할 수 있기 때문에 발생한다. 예를 들어, 이러한 제2종 오류의 가능성이 20%라고 하자. 그리고 만일 이러한 가능성이 없다면 피고는 전혀 책임을 지지 않는다고 하자. 원고와 피고의 소송비용은 각각 100원이다. 원고가 주장하는 소송금액을 1,000원이라고 하면 원고의 기대판결금액은 200원이 되고, 따라서 소제기로 인한 기대이익은 100원이 된다. 피고의 경우에도 제2종 오류의 가능성을 20%라고 생각하면, 피고는 200원의 기대손실과 100원의 소송비용을 지출하여야 한다. 따라서 원고와 피고는 100원에서 300원 사이에서 화해를 하게 된다. 이러한 논리는 기본적으로 "원고기대이익－피고기대손실＜원고소송비용＋피고소송비용"의 공식과 다르지 않다. 여기서 원고와 피고의 기대값을 결정하는 확률로서 "법원의 제2종 오류의 확률"이 대신 사용되었을 따름이다. 따라서 동일한 논리로 원고와 피고가 생각하는 법원의 제2종 오류의 확률이 동일하면 언제나 화해가 가능하게 된다.

둘째, 소송비용 지출의 순서도 문제가 된다. 대부분의 소송에서 피고가 승소하기 위해서는 피고도 소송비용을 지출하여야 한다. 만일 피고가 소송비용을 지출하지 않고 가만히 있으면 자백간주 등으로 패소할 수밖에 없다면, 원고가 설사 협박소송을 제기하더라도 피고는 소송비용을 절약하기 위해서 상당한 화해금액을 지불할 인센티브를 가지게 된다. 예를 들어, 원고가 10원의 비용으로 소를 제기할 수 있으며, 소송금액은 100원이라고 하자. 이 모델에서는 원고가 거의 비용을 들이지 않고 소를 제기할 수 있고, 원고의 소송비용 지출은 피고의 대응 이후에 본격적으로 일어난다는 점이 특징이다. 만일 피고가 30원의 비용을 들여 방어를 하

21) 세 개의 모델에 대한 자세한 것은, 차례대로, Keith N. Hylton, "Costly Litigation and Legal Error Under Negligence", 6 *Journal of Law, Economics, and Organization* 433 (1990); David Rosenberg & Steven Shavell, "A Model in which Suits Are Brought for Their Nuisance Value", 5 *International Review of Law and Economics* 3 (1985); Lucian A. Bebchuk, "A New Theory Concerning the Credibility and Success of Threats to Sue", 25 *Journal of Legal Studies* 1 (1996) 참조.

면 이 소송은 100% 피고의 승소로 끝나지만 방어를 하지 않으면 원고가 이긴다고 하자. 이러한 예측은 원고도 동일하다. 이 경우 소가 제기되면 피고로서는 30원의 비용을 들여 100원의 손실을 피하고자 할 것이므로 당연히 방어를 하게 되고, 이를 예측하는 원고는 소를 제기하는 것이 10원의 낭비에 불과하다고 생각할 것이다. 그러나 다른 가능성은 없는가? 원고가 일단 10원을 들여 소를 제기하였다고 하자. 이 경우 피고는 최소한 30원의 손실을 보아야 한다. 여기서 원고는 피고에게 30원 이하로 — 예를 들어, 25원 정도에 — 화해를 하자고 제의할 수 있다. 피고로서는 이러한 제의를 받아들이는 것이 이익이고, 따라서 화해를 하게 된다. 이처럼 소제기 이후 피고가 소송비용을 지출해야만 하는 경우에는 원고의 협박소송이 가능해진다. 이 모델은 원고가 실질적인 소송비용을 지출하기 전에 피고가 상당한 소송비용을 지출하는 경우를 설명하는 데 그치고, 나아가 화해금액이 소송금액과 아무 상관없이 오직 피고의 소송비용과만 연관되어 있다는 점에서, 일반적인 협박소송의 구조를 설명하는 데는 제한적이라고 하겠다.

셋째, 소송비용을 분할하여 지출할 수 있다면 협박을 신뢰성 있게 만들 수 있다. 예를 들어, 소송금액이 100원이고 원고와 피고의 소송비용을 모두 140원이라고 하자. 피고의 소송비용은 이 모델에서는 상관없으나, 편의상 원고와 동일하게 전제한다. 원고는 이 소제기로부터 40원의 기대손실이 발생할 뿐이기 때문에, 설사 원고가 소송을 하겠다고 위협하더라도 이는 신뢰할 수 있는 협박이 되지 못한다. 그런데 이 상황에서 원고의 소송비용을 70원씩 두 단계로 나누어 지출할 수 있다면 어떻게 될까? 여기서 중요한 점은 두 번째 단계에 왔을 때, 원고가 첫 번째 단계에서 지출한 70원은 이미 매몰비용(sunk cost)이 되어 있다는 것이다. 따라서 원고에게 이 소송은 140원을 들여 100원을 얻는 것이 아니라, 70원을 들여 100원을 얻는 소송으로 변하게 된다. 원고로서는 70원을 들여 100원의 배상금을 받아낼 수 있다면 30원의 이익을 볼 수 있기 때문이다. 그렇다면 피고도 처음 원고의 소제기 협박을 신빙성 있는 협박으로 받아들이게 될 것이다. 소송 단계를 여럿으로 나눔으로써 이전 단계의 금액을 모두 매몰비용으로 만들게 되면 마지막 단계의 협박을 신뢰성 있게 만들 수 있다. 비록 전체적으로 보아서는 원고의 보수가 음수이지만, 마지막에 피고에게 손해를 입히겠다는 협박을 신뢰성 있게 만들 수 있어서 그 이전 단계에서 피고로부터 상당한 금액의 화해금액을 얻어낼 수 있다는 것이다.

이처럼 이론적으로 정보가 서로 대등한 경우에도 협박소송이 가능하다는 것은 매우 중요한 의미를 가진다. 결국 정보가 완전한 경우에도 협박소송이 어느 정도 가능하기 때문에, 단순히 소송관련 정보의 공개만으로 이에 완벽하게 대처하는 것은 어려운 일이다.

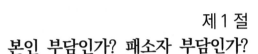

제3장 소송비용의 부담

제 1 절 본인 부담인가? 패소자 부담인가?

지금까지의 분석은 분석의 편의상 소송비용을 원고와 피고가 각자 부담하는 것을 전제로 하여 분석하여 왔다. 그러나 실제 입법례(立法例)를 보면, 소송비용부담제도는 두 가지 종류로 대별(大別)된다. 하나는 미국이나 일본[1] 등이 채택하고 있는 본인부담제도(本人負擔制度)이고 다른 하나는 영국과 독일 그리고 한국 등이 채택하고 있는 패소자부담제도(敗訴者負擔制度)이다. 전자는 소송비용을 소송결과에 관계없이 원칙적으로 원고와 피고가 각자 부담하는 제도이고, 후자는 소송비용을 소송결과에 따라 패소자가 자신의 것은 물론 상대의 소송비용까지를 부담하는 것을 원칙으로 하는 제도이다.

우선 이 두 가지 제도 중 어느 제도가 보다 바람직할까? 패소자부담제도를 지지하는 사람들은 패소자부담제도는 소송비용의 부담 때문에 자신의 정당한 권리행사를 하지 못하는 사람들의 소송참여(訴訟參與)를 보다 용이하게 한다고 본다. 따라서 소송건수(訴訟件數)는 늘 것이고 이는 재판에 의한 권리행사의 기회를 보다 많은 사람들에게 실질적으로 보장하고 확대하는 것이 되기 때문에 패소자부담

1) 일본 민사소송법 제61조에서는 소송비용(訴訟費用)의 패소자부담주의(敗訴者負擔主義)를 천명하고는 있으나 일본에서는 소송비용에서 변호사비용(辯護士費用)을 제외시키고 있다. 즉 변호사비용은 본인부담주의이다. 실제로 소송비용의 가장 큰 부분이 변호사비용임을 감안하여 여기에서는 일본을 소송비용의 본인부담제도를 채택한 나라로 분류하고자 한다.

제도가 보다 바람직하다고 주장한다.

반면에 본인부담제도를 지지하는 사람들은 패소자부담제도는 소송에서 패소하면 상대방의 소송비용까지를 모두 부담하여야 하므로 오히려 정당한 소송의 개시(開始)까지도 억제하는 효과를 가지므로 소송건수는 줄어들게 되고, 그 결과 재판에 의한 정당한 권리행사의 기회를 억제하는 역작용을 하게 된다고 주장한다. 따라서 본인부담제도가 보다 바람직하다고 주장한다. 어느 쪽 주장이 옳은가? 과연 본인부담제도보다 패소자부담제도가 소송건수를 늘릴 것인가 아니면 그 반대인가?

이 문제를 분석하기 위하여 각각의 제도의 화해성립범위(和解成立範圍, settlement range)를 추출하여 그 크기를 비교하여 보자. 우선 분석을 간단하게 하기 위하여 $J_p=J_d=J$, $s_p=s_d=0$이라고 가정하자. 그리고 패소자부담제도의 경우부터 보도록 하자.

패소자부담제도하의 원고의 기대소송이익(期待訴訟利益)은 $P_pJ-(1-P_p)(t_p+t_d)$가 된다. 즉 승소(勝訴)하면 소송비용을 전혀 부담하지 않지만 패소(敗訴)하면 상대방의 비용까지 부담해야 한다. 원고는 $S^* \geq P_pJ-(1-P_p)(t_p+t_d)$일 때 화해를 받아들이게 된다. 반면에 피고(被告)의 기대소송비용(期待訴訟費用)은 $P_d(J+t_p+t_d)$가 되고 피고는 $S^* \leq P_d(J+t_p+t_d)$일 때 화해를 받아들이게 된다. 이 두 조건을 함께 성립시키는 조건이 바로 패소자부담제도하에서의 화해성립범위이고 이는 식 (8)과 같다.

$$(P_p-P_d)(J+t_p+t_d) \leq t_p+t_d \qquad (8)$$

다음은 본인부담제도의 화해성립범위(和解成立範圍)를 보자. 이는 이미 앞의 식 (4)에 나와 있다. 분석을 간단히 하기 위한 가정($J_p=J_d=J$, $s_p=s_d=0$)을 전제로 식 (4)를 다시 쓰면 다음과 같이 된다.

$$(P_p-P_d)J \leq t_p+t_d \qquad (9)$$

식 (8)과 식 (9)를 비교하여 보면, 양(兩) 식의 오른쪽 항은 같은데 식 (8)의 왼쪽 항의 크기가 식 (9)의 왼쪽 항의 크기보다 크기 때문에 패소자부담제도의 경우가 본인부담제도의 경우보다 화해성립범위가 작다. 환언하면 패소자부담제도의 경우가 본인부담제도의 경우보다 화해성립가능성이 작고 그 반대로 소송가능성은 크다.

패소자부담제도의 경우가 소송가능성을 높인다는 위의 결과는 실은 이미 앞에서 본 소송물(訴訟物)의 가액(價額)의 크기가 크면 클수록(패소자부담의 경우 소송물의 가액은 $J+t_p+t_d$이고 본인부담제도의 경우는 J이다) 소송가능성을 높인다는 관찰과 일치한다.

이와 같이 전반적 소송가능성은 패소자부담제도의 경우가 높은 것은 확실하다. 그러나 모든 경우에 항상 소송가능성이 높은가? 혹시 문제되고 있는 당해 사건의 승소가능성(勝訴可能性)의 정도에 따라 소송가능성(訴訟可能性)에 주는 영향이 달라지지는 않는가? 패소자부담제도가 소송가능성을 높인다는 결과가 승소가능성에 따라 달라질 가능성은 없는가? 예컨대 패소자부담제도는 패소시의 당사자의 부담을 높이기 때문에 불필요한 소송, 환언하면 승소확률(勝訴確率)이 낮은 소송은 억제시키지만, 반면에 승소확률이 높은 소송은 오히려 승소시 소송으로 얻는 이익이 커지므로(소송비용을 상대로부터 환불받을 수 있으므로) 소송을 촉진시키다고 볼 수는 없는가? 일견 합리적인 주장으로 보이는 이러한 예측의 당부(當否)를 분석해 볼 수는 없을까?

승소가능성의 정도에 따라 양 제도의 소송가능성에 미치는 영향에 어떠한 차이가 발생하는지를 분석해 보도록 하자. 이를 위하여 우선 각각의 제도하에서 균형화해가격(S^{**})을 산출하도록 한다. 여기서 균형화해가격(均衡和解價格)이란 원고와 피고가 함께 수용할 화해가격(화해금액)을 의미한다. 양 제도하의 균형화해가격을 각각 산출하여 이 균형화해가격이 어느 제도하에서 보다 작은가를 찾아내야 한다. 일반적으로 균형화해가격이 작은 쪽이 보다 쉽게 화해의 합의를 이루어 낼 수 있을 것이므로 균형화해가격이 작은 쪽에 소송가능성이 낮다고 결론지을 수 있다.

다음으로 어느 쪽의 균형화해가격이 크고 어느 쪽이 작은가를 가름에 있어 승소가능성이 어떤 역할을 하는가 혹은 어떤 영향을 미치는가를 보아야 한다. 그러면 우리는 승소가능성이 상이한 제도를 통하여 소송가능성에 미치는 영향을 알 수 있게 된다.

우선 분석을 단순히 하기 위하여 $P_p=P_d=P$라고 하자. 그리고 소송으로 가지 않고 화해를 함으로써 얻을 수 있는 공동이익을 원고와 피고가 각각 1/2씩 나눈다고 보자. 그러면 본인부담제도하에서의 균형화해가격(S_a^{**})=원고의 기대소송이익+화해이익/2, 즉 식 (10)이 된다.

$$S_a^{**} = PJ - t_p + \frac{(t_p + t_d)}{2} \quad \cdots\cdots (10)$$

여기서 $PJ-t_p$는 원고의 기대소송이익이고 $(t_p+t_d)/2$는 화해이익의 1/2이 된다.[2] 같은 방식으로 패소자부담제도하에서의 균형화해가격(S_e^{**})을 산출하여 보면 식 (11)이 된다.

$$S_e^{**} = PJ - (1-P)(t_p + t_d) + \frac{(t_p + t_d)}{2} \quad \cdots\cdots (11)$$

여기서도 $PJ-(1-P)(t_p+t_d)$은 패소자부담제도하의 원고의 기대소송이익이고 $(t_p+t_d)/2$는 패소자부담제도하의 화해의 공동이익의 1/2이다.[3]

양 제도하에서 어느 쪽의 균형화해가격이 작을까? (10)과 (11)을 비교해 보면 다음과 같이 정리할 수 있다.[4]

$$-(1-P)(t_p+t_d)+t_p<0\text{이면 } S_e^{**}<S_a^{**}$$
$$-(1-P)(t_p+t_d)+t_p\geq 0\text{이면 } S_e^{**}\geq S_a^{**} \quad \cdots\cdots (12)$$

이를 다시 정리하면,

$$P<\frac{t_d}{(t_p+t_d)}\text{이면 } S_e^{**}<S_a^{**}$$

---

2) 본인부담제도(本人負擔制度)하에서의 원고의 기대소송이익은 기대하는 판결금액(判決金額)에 승소확률(勝訴確率)을 곱한 값에서 본인이 부담하는 소송비용을 제(除)한 값이 된다. 그리고 화해의 공동이익은 피고가 제시할 최고화해가격(最高和解價格)에서 원고가 받아들일 최저화해가격(最低和解價格)을 뺀 값이 된다. 따라서, $(P_dJ+t_d)-(P_pJ-t_p)=(t_p+t_d)-(P_p-P_d)J$가 된다. 그런데 분석의 편의상 $P_p=P_d$를 가정하였기 때문에 위의 값, 즉 화해의 공동이익은 (t_p+t_d)가 된다.

3) 패소자부담제도(敗訴者負擔制度)하의 화해의 공동이익도 피고가 제시하는 최고화해금액에서 원고가 받아들일 최저화해금액을 뺀 값이 된다. 즉 $\{P_d(J+t_p+t_d)\}-\{P_pJ-(1-P_p)(t_p+t_d)\}=\{P_d+(1-P_p)\}(t_p+t_d)-(P_p-P_d)J$가 된다. 여기서도 분석을 단순화하기 위한 $P_p=P_d$의 가정을 도입하면 결국 화해의 공동이익은 (t_p+t_d)가 된다.

4) 식 (11)에서 식 (10)을 나누어 보라.

$$P \geq \frac{t_d}{(t_p + t_d)} \text{이면 } S_e^{**} \geq S_a^{**} \cdots\cdots (13)$$

예컨대 승소확률(P)이 일정수준, 즉 $t_d/(t_p+t_d)$보다 작으면 패소자부담제도하의 균형화해가격($S^{**}e$)이 본인부담제도하의 균형화해가격($S^{**}a$) 보다 작아져 화해성립이 보다 용이하고 따라서 소송가능성은 줄어든다. 반대로 승소확률이 일정수준, 즉 $t_d/(t_p+t_d)$보다 큰 경우에는 패소자부담제도의 경우의 균형화해가격이 높아져 화해성립이 어렵고 따라서 소송가능성을 높이게 된다.

환언하면 승소확률이 일정수준보다 낮으면 패소자부담제도의 경우가 오히려 본인부담제도보다 소송가능성을 낮추고 반대로 승소확률이 높은 경우에는 패소자부담제도의 경우가 본인부담제도의 경우보다 소송가능성을 높이게 된다.[5] 결국

5) 패소자부담제도가 승소확률이 낮은 경우 소송발생을 줄인다는 주장은 일반적으로 받아들여지고 있다. 당초에 이 문제에 대하여 이론적인 모델을 제공한 학자는 하버드대학의 Shavell이다. S. Shavell, "Suit, Settlement, and Trial: A Theoretical Analysis Under Alternative Methods for the Allocation of Legal costs", 11 *Journal of Legal Studies* 55 (1982)이다. 여기서 Shavell은 다음과 같이 주장하고 있다. "원고가 기대하는 승소가능성이 특정수준(critical level) 이상으로 충분히 높을 때, 소송빈도(frequency of suit)는 영국제도(패소자부담제도)하에서가 미국제도(본인부담제도)하에서보다 크다. 역으로 특정수준보다 낮으면 소송빈도는 미국제도하에서 보다 크다." 기본적으로 같은 주장을 다음 논문에서도 하고 있다. D. Rosenberg and S. Shavell, "A Model in Which Suits are Brought for Their Nuisance Value", 5 *International Review of Law and Economic* 3 (1985).

최근에 이러한 주장에 대하여 부분적 수정을 시도하는 주장이 제기되고 있다. 스탠포드대학의 Polinsky의 주장이 그것이다. 그는 한 논문에서 "승소확률이 낮은 원고가 미국제도보다 영국제도하에서 소송을 하면 보다 손해를 보는 것(worse off)는 사실이다. 그러나 미국제도하에서 보다 영국제도하에서 화해가격(settlement offer)이 기대소송이익(expected value of going to trial)의 하락 폭보다도 더 크게 떨어짐으로 인하여 소송으로 갈 유인은 오히려 줄어든다고 볼 수 있다"라고 주장하고 있다. 환언하면 승소확률이 낮은 경우에는 미국제도보다 영국제도하에서 기대소송이익이 낮아지기 때문에 소송으로 갈 유인(誘引)이 줄어든다고 볼 수 있지만 동시에 화해가격의 변동폭(하락폭)이 더 크기 때문에 소송으로 갈 유인이 늘어난다고 볼 수도 있다는 주장이다.

제도의 변화가 화해가격에 미치는 영향의 이론적 가능성을 분석해 낸 것은 기여이나 그의 모델은 모든 분쟁은 일단 소(訴)제기로 간다는 것을 전제로 한 분석이어서 스스로 인정하듯이 한계를 가진다. 영국제도가 기대소송이익을 낮추면 처음부터 소제기를 하지 않을 수도 있기 때문이다. 선택이 소송의 지속이냐 화해냐만이 아니라 소제기냐 아니냐

패소자부담제도는 승소가능성이 낮은 경우에는 패소시 부담증가를 결과하므로 소송가능성은 낮추고 반대로 승소가능성이 높은 경우에는 승소시 얻는 이익이 크므로 소송가능성을 높인다는 앞에서 본 예측이 타당하다는 사실이 입증되었다.

위의 결론을 예를 들어 좀 더 쉽게 설명하여 보자. 예컨대 승소확률이 아주 낮아 $P_p=0.1$이고, 소송가액 $J=100,000$원이며, 소송비용은 각각 $t_p=300$원, $t_d=200$원인 사건이 있다고 하자. 그러면 소송비용은 본인부담제도하에서는 1의 확률로 t_p, 즉 300원을 부담하게 되나 패소자부담제도하에서는 0.9의 확률로($t_p+t_d=500$), 즉 450원을 부담하게 된다. 따라서 원고의 기대소송비용을 150원 높이는 셈이 되고 이는 기대소송이익을 그만큼 줄이는 것(700원에서 550원으로)이 되어서 소송으로 갈 가능성을 낮춘다고 볼 수 있다.

다시 식 (13)으로 돌아가자. 만일 $t_p=t_d$, 즉 원고와 피고의 소송비용에 대차가 없다면 위의 식 (13)은 곧 다음과 같은 흥미로운 결과를 도출한다.

$P<0.5$이면 $S_e^{**}<S_a^{**}$

$P\geq 0.5$이면 $S_e^{**}\geq S_a^{**}$

환언하면 승소확률이 50% 미만일 때에는 패소자부담제도의 경우가 소송가능성을 낮추고, 승소확률이 50% 이상일 때에는 소송가능성을 높이게 된다.

지금까지의 분석에 몇 가지 제약이 있음을 명백히 하여 두자.

첫째, 지금까지의 분석은 당사자들이 위험중립적이라는 가정 위에서 진행시켜 왔다. 그러나 만일 당사자들이 위험기피적이라면 당사자들은 패소자부담제도보다 본인부담제도를 선호할 것이다. 왜냐하면 전자가 후자보다 패소와 승소 사이의 금전적 부담 내지 보상의 격차가 크기 때문에 그만큼 보다 위험한 선택이 되기 때문이다. 따라서 당사자들이 위험기피적일 때에는 패소자부담제도가 본인부담제도보다 소송가능성을 낮추고 화해의 가능성을 높일 것이다.[6)]

도 포함한다면 종래의 주장, 즉 승소가능성이 낮은 사건의 소송가능성은 영국제도하에서 줄어든다는 주장은 계속 정당한 주장이 될 수 있다.

A. M. Polinsky and D. Rubinfeld, "Does the English Rule Discourage Low-Probability-of-Prevailing Plaintiffs?", 27 *Journal of Legal Studies* 141 (1998).

6) 다음을 참조하라. D. Coursey and L. Stanley, "Pretrial Bargaining Behavior within

둘째, 지금까지의 분석에서는 양 제도하에서 소송비용에는 차이가 없다는 것을 묵시적으로 가정하여 왔다. 그러나 어느 제도냐에 따라 소송비용에 차이가 있다면 우리의 결론은 달라질 수 있다. 생각건대 패소자부담제도가 본인부담제도보다 소제기여부를 검토하기 위한 사전비용(事前費用)이 좀 더 많이 든다고 보아야 합리적일 것이다. 왜냐하면 (1) 승소와 패소 사이의 금전적 부담 내지 보상의 격차가 크기 때문에 좀 더 신중한 준비를 할 것이고, (2) 승소시에는 자신의 소송비용을 상대가 부담하므로 소송비용의 추가지출분의 한계비용(marginal cost of additional expenditure)이 낮아질 수 있다.[7] 따라서 좀 더 많은 비용투자(費用投資)를 할 것이다.

이와 같이 소송비용 면에서 양 제도 간의 차이가 발생하면 어떤 결과가 나오는가를 보기 위해서는 식 (8)을 다음 식 (14)와 같이 변형시켜 보자.

$$(P_p - P_d)J \leq \{1-(P_p - P_d)\}(t_p + t_d) \cdots\cdots (14)$$

소송비용, 즉 $(t_p + t_d)$이 증가하면 결국 식 (14)의 성립가능성은 커지고 이는 곧 그만큼 화해성립범위(和解成立範圍)가 확대됨을 의미한다. 따라서 패소자부담제도가 본인부담제도보다 소송비용을 증가시키는 경우에는 패소자부담제도가 본인부담제도보다 오히려 소송가능성을 줄이고 화해가능성을 높이는 것이 된다.

지금까지의 분석을 종합하면 다음과 같이 정리해 볼 수 있다. (1) 소송당사자들이 위험중립적이고 양 제도 간에 소송비용의 큰 차이가 없다면 일반적으로 패소자부담제도가 본인부담제도보다 소송가능성을 높인다. (2) 패소자부담제도가 주는 이러한 효과는 승소가능성이 높은 사건일수록 보다 크게 나타난다. 그러나 승소가능성이 낮은 사건의 경우에는 패소자부담제도가 오히려 소송가능성을 낮출

---

the Shadow of Law: Theory and Experimental Evidence", 8 *International Review of Law and Economics* 161 (1988); J. Donohue, "Opting for the British Rule, or If Posner and Shavell Can't Remember The Coase Theorem, Who Will?", 104 *Harvard Law Review* 1093 (1991).

7) 본격적인 분석을 위해서는 다음을 참조하라. A. Katz, "Measuring the Demand for Litigation: Is the English Rule Really Cheaper?", 3 *Journal of Law, Economics, and Organization* 143 (1987); J. Hause, "Indemnity, Settlement, and Litigation, or I'll Be Suing You", 18 *Journal of Legal Studies* 157 (1989).

수 있다. (3) 양 제도하에서의 소송비용이 서로 상이할 수 있다. 일반적으로 패소자부담제도하의 소송비용이 클 것으로 예상되는데 그렇다면 그만큼 화해의 가능성을 높인다. 따라서 앞에서 본 패소자부담제도가 소송가능성을 높이는 효과는 그만큼 감소 내지 약화된다고 보아야 한다. (4) 만일 당사자들이 위험중립적이 아니라 위험기피적(危險忌避的)이라면 그만큼 패소자부담제도는 기피될 것이고 이는 패소자부담제도하에서의 화해의 가능성을 높이고 소송의 가능성을 낮출 것이다.

이상과 같은 이론적 분석의 결론은 과연 실증적 분석에 의하여서도 지지되는가? 한 실증연구(實證硏究)에 의하면 위험중립적 가정 위에서 내린 위의 결론의 대부분이 실증적으로도 타당함을 증명하고 있다.[8)] 그 연구는 패소자부담제도가 일반적으로 화해성립범위를 축소시킴으로써 소송가능성을 높이는바, 특히 승소확률이 높은 경우에 그러한 효과가 더 크게 나타나고 있음을 보이고 있다. 반면에 승소확률이 낮은 경우에는 오히려 화해의 가능성을 높인다는 사실도 보이고 있다. 그리고 패소자부담제도가 본인부담제도보다는 소송비용을 높인다는 사실도 함께 보이고 있다.

또 다른 실증적 연구결과를 보면 패소자부담제도가 본인부담제도보다 (1) 일반적으로 원고의 승소확률이 높고, (2) 화해금액이 평균적으로 높으며, (3) 판결금액도 높다고 한다.[9)] 그런데 이들 실증분석의 결과는 실은 앞에서 본 우리의 이론적 분석에 기초한 주장과 일치하는 것이다. 앞에서 우리는 패소자부담제도는 승소가능성이 높은 사건의 소송가능성을 높인다고 하였다. 그리고 그때 균형화해금액은 본인부담제도의 경우보다 크다고 하였다. 그렇다면 당연 패소자부담제도하에서 원고의 승소확률이 높아야 할 것이고 화해금액도 평균적으로 높을 수밖에 없을 것이다.

---

8) 이 연구는 미국의 플로리다 주(州)의 의료사고소송(醫療事故訴訟) 자료를 가지고 실증분석을 하였다. 미국은 본인부담제도가 일반적인데 플로리다 주(洲)는 의료사고소송의 경우 1980~1985년 사이에 패소자부담제도(敗訴者負擔制度)를 도입하였던 기간이 있다. 그래서 실증적 자료에 의한 양 제도의 비교연구가 가능하였다. 다음을 참조하라. E. Snyder and J. Hughes, "The English Rule for Allocation Legal costs: Evidence Confronts Theory", 6 *Journal of Law, Economics, and Organization* 345 (1990).

9) J. Hughes, and E. Snyder, "Litigation and Settlement Under the English and American Rules: Theory and Evidence", 38 *Journal of Law and Economics* 225 (1995).

제 2 절
성공보수

끝으로 성공보수(成功報酬)의 소송가능성과 화해가능성에 미치는 영향에 대하여 간단히 분석해 보도록 하자. 여러 형태의 성공보수가 있겠으나 여기서는 소송(訴訟)이나 화해에 성공하면 승소한 판결금액이나 화해금액의 일정 비율(%)을 변호사에게 지급하고, 소송이나 화해에 실패하면 아무 것도 지급하지 않는 것을 조건으로 하는 성공보수의 경우를 검토하기로 한다.

승소금액(勝訴金額)이나 화해금액(和解金額)의 B%만큼을 성공보수로 지급할 것을 약속하였다고 하자. 그리고 분석을 단순화하기 위하여 $s_p=s_d=0$이라고 가정하자. 그러면 원고의 기대소송이익(期待訴訟利益)은 $P_p\{1-(B/100)\}J$가 되고 원고의 화해가치는 $S^*\{1-(B/100)\}$이 된다. 양변을 공통으로 들어 있는 $\{1-(B/100)\}$으로 나누자. 그리고 양자를 비교하여 만일 후자가 전자보다 크면, 즉 $S^*\geq P_pJ$가 되면 원고는 화해를 받아들일 것이다.

피고가 화해를 받아들일 조건은 기본적으로 앞의 식 (2)와 같다. 여기서는 $s_p=s_d=0$을 가정하였으므로 식 (2) 대신에 $S^*\leq P_dJ+t_d$가 된다. 이 원고와 피고가 화해를 받아들일 조건을 합쳐서, 성공보수제하에서의 화해성립범위를 구하면 식 (15)가 된다.

$$(P_p-P_d)J\leq t_d \quad\cdots\cdots (15)$$

이 식 (15)를 앞의 식 (4)와 대비하면 이제 앞의 식 (4)는 $(P_p-P_d)J\leq t_p+t_d$가 되므로(왜냐하면 $s_p=s_d=0$, $J_p=J_d=J$를 가정하였으므로), 식 (15)의 경우가 식 (4)보다 화해성립범위가 좁아지게 된다. 그 결과 화해가능성은 줄어들고 소송가능성은 증가하게 된다. 따라서 성공보수의 경우가 일반적인 본인부담제의 경우보다 소송가능성이 증가한다고 보아야 할 것이다.[10] 이러한 결과가 나오는 이론적 이

10) 패소자부담제도(敗訴者負擔制度)와 비교하면 어떻게 될까? 이는 식 (15)을 본문에 있는 위의 식 (8)과 대비하여 보면 알 수 있다. 증명은 생략하고 결론만 이야기하면 $t_p-(P_p-P_d)(t_p+t_d)\geq 0$이면, 패소자부담제도의 경우보다 성공보수의 경우가 소송가능성을 높인다

유로서는 성공보수하에서는 원고에게는 소송으로 가는 한계비용(限界費用)이 거의 영(零)에 가깝기 때문이라고 생각된다. 따라서 화해가능성은 줄고 소송가능성은 증대한다.11)

(패소자부담제가 성공보수보다 화해성립범위가 커지기 때문이다). 반면에 $t_p-(P_p-P_d)(t_p+t_d)\leq 0$이면 패소자부담제도의 경우보다 성공보수의 경우가 화해가능성을 높인다(이제는 패소자부담제가 성공보수보다 화해성립범위가 작아진다).

11) 이와 관련 다음을 참조하라. G. Miller, "Some Agency Problems in Settlement", 16 *Journal of Legal Studies* 189 (1987); J. Donohue, "The Effects of Fee Shifting on The Settlement Rate: Theoretical Observation on Costs, Conflicts, and Contingency Fees", 54 *Law and Contemporary Problems* 1093 (1991).
본래 성공보수(成功報酬)는 두 가지 사회경제적 기능을 가지고 있다고 본다. 하나는 원고가 승소확률은 높은데 소송비용을 부담할 수 없는 상황(liquidity problem)에서의 법률구조기능(法律構造機能)이다. 또 다른 하나의 기능은 변호사들에게 법률서비스 제공에 최선을 다 하도록 유도하는 동기유발(動機誘發)의 기능이다. 이 두 가지 기능 모두 대단히 중요하고 바람직한 기능이다. 그런데 성공보수는 한 가지 근본적인 한계 내지 문제점이 있다. 소위 대리문제(代理問題, agency problem)가 그것이다. 성공보수 속에서 변호사와 의뢰인 간의 이해(利害)의 상충(相衝)이 발생할 수 있다는 문제가 그것이다.
예컨대 원고의 변호사에게 100,000으로 화해하자고 하는 오퍼(offer)가 와 있다. 그런데 소송으로 가면 90%의 확률로 150,000의 승소판결을 받아 낼 수 있는 경우라고 하자. 그러나 소송을 하려면 변호사의 시간, 노력 등의 비용(엄밀히 이야기하면 기회비용)이 25,000만큼 든다고 하자. 그리고 성공보수제의 비율은 30%라고 하자.
이러한 경우 만일 화해를 하면 원고에게는 70,000 그리고 변호사에게는 30,000이 각각 지불될 것이다. 그러나 만일 소송으로 가면 원고의 기대수입(期待收入)은 94,5000이 된다. 150,000에서 성공보수비인 45,000을 공제한 금액의 90%가 그의 기대소송이익이 되기 때문이다. 즉 94,500=0.9(150,000−45,000)이기 때문이다. 반면에 소송으로 가는 경우 변호사의 기대수입은 15,500이 된다. 왜냐하면 45,000에 0.9를 곱한 값에서 자신의 기회비용을 공제하여 하기 때문이다. 즉 15,500=45,000×0.9−25,000이기 때문이다. 결국 원고의 입장에서 보면 소송으로 가는 것이 바람직하나 변호사의 입장에서 보면 화해의 경우가 보다 바람직하게 된다. 이 예는 Richard A. Posner, *Economic Analysis of Law*, 4th ed. Little, Brown and Company, 1992, p.568을 참조하라.
소위 의뢰인과 변호사 간의 이해의 상충(conflict of interest)이 일어난다. 이러한 이해의 상충이 일어나는 이유는 소송의 이익이 모두 변호사에게 귀속되지 아니하고 의뢰인과 함께 나누어 가지기 때문이다. 물론 모든 소송이익을 변호사에게 귀속시킬 수는 없다.
여하튼 법률시장에서의 정보는 대단히 불완전하기 때문에 소위 대리문제로 발생하는 변호사와 의뢰인 간의 이해의 상충은 심각한 문제일 수 있다. 이 문제를 어떻게 줄여나갈 것인가가 중요한 법정책의 과제 중 하나이다. 앞으로 보다 심층적 연구가 필요하다고 본다.

제4장 소송제도와 법의 효율화

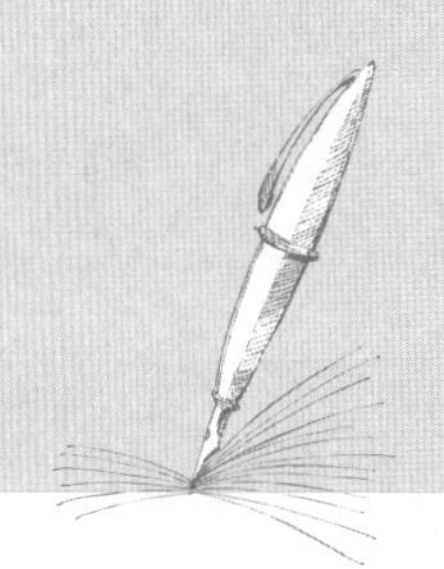

제1절 효율적인 법과 비효율적인 법

앞의 식 (5)를 보면, 소송물의 가치, J가 크면 클수록 식 (5)가 성립할 가능성이 줄어든다. 환언하면 화해성립범위가 줄어들어 화해가능성은 줄고 소송가능성은 증가하는 것을 알 수 있다. 이 단순한 사실에서 출발하여 우리는 법의 진화(進化)의 방향, 좀 더 좁혀서 이야기하면 판례의 발전방향에 대하여 논할 수 있다.

소송물(訴訟物)의 가치(價値)가 크면 클수록 소송의 가능성이 증가한다는 사실에서 우리는 판사가 의도적으로 노력하지 아니하여도 판례는 효율화의 방향으로 나아가고 있다는 주장을 할 수 있다.

주장의 근거는 다음과 같다. 일반적으로 비효율적인 법(inefficient law) 내지 비효율적인 판례는 당사자들에게 불필요하게 많은 희생과 비용을 치르게 만든다는 것이다. 이 많은 희생과 비용이 실은 소송을 통하여 회복 내지 보상받고자 하는 소송의 가치가 되기 때문에 비효율적인 법 내지 판례일수록 소송의 가치(소송물의 가치)를 높여서 결국 소송가능성을 높이게 된다는 것이다.[1] 그러면 소송의 빈도(頻度)만 높아지는 것이 아니라 동시에 소송의 가치가 크기 때문에 소제기자(訴提起者)의 소송과정에 투자할 비용(訴訟費用)도 높아지게 된다. 보다 유능한 변

1) 엄밀히 이야기하면 소송의 가치(價値)와 소송물(訴訟物)의 가치는 다르다. 전자(前者)는 소송물의 객관적 가치(客觀的 價値)뿐만 아니라 당사자의 주관적 가치(主觀的 價値)가 포함되나 후자(後者)는 일반적으로 객관적 가치에 국한한다. 그러나 여기서는 양자의 차이를 무시하고 논의를 전개한다.

호사를 고용하고 보다 철저한 사전준비 등을 통하여 소송가능성도 높아진다. 이와 같이 소송가능성과 승소가능성이 함께 높아지므로 그 결과 비효율적인 판례는 효율적인 판례로 바뀌게 된다는 것이다.

환언하면 비효율적인 법 내지 판례가 효율적인 법(efficient law) 내지 판례보다 소송빈도와 승소가능성(소제기자의 승소가능성) 모두가 높기 때문에 그만큼 수정과 보완의 가능성도 높아진다는 것이다. 따라서 판사가 법의 효율성을 의식적 내지 의도적으로 반대하지 않는 한, 효율적인 법 내지 판례에 비하여 비효율적인 법 내지 판례의 수는 점차 줄어들게 되고, 그 결과 법의 진화, 내지 판례의 발전은 효율적인 쪽으로 나아간다는 것이다.[2)]

위의 주장을 두 부분으로 나누어 검토하기로 하자. 하나는 우선 비효율적인 법일수록 소송의 대상이 될 가능성이 높다고 하는 주장이고, 다른 하나는 소송의 대상이 되면 될수록 법의 변화 가능성이 높아진다는, 즉 비효율적인 법이 효율화한다는 주장이다.

우선 앞의 주장에 대하여 보면, 결론은 일반적으로 다른 조건이 같다면(ceteris paribus) 비효율적인 법일수록 소송의 대상이 될 가능성이 높아진다고 보아야 할 것이다. 예를 들면서 생각해 보자. 소위 권익권(權益權, entitlement)을 잘못된 사람에게 부여하는 비효율적인 판례의 경우를 생각해 보자. 갑(甲)과 을(乙)이 이혼을 하려는데 재산분할에 있어 이견이 있는 경우이다. 갑은 함께 살던 주택에 대하여 15,000의 가치를 부여하고 있는데 을은 주택에 대하여 10,000의 가치만을 부여하고 있다고 하자. 효율적인 법이라면 그 주택에 대하여 가장 높은 가치를 인정하는 사람에게 그 집에 대한 권익권을 부여하는 것이 되어야 한다. 즉 이 경우에는 갑에게 주택의 권익권을 귀속시키는 것이 효율적인 판례이다. 그런데 비효율적인

2) 법과 판례의 효율화(效率化) 경향에 대하여는 많은 연구가 있다. 주요한 연구를 소개하면 다음과 같다. Paul H. Rubin, "Why is the Common Law Efficient?", 6 *Journal of Legal Studies* 51 (1977); George L. Priest, "The Common Law Process and the Selection of Efficient Law", 6 *Journal of Legal Studies* 65 (1977); John Goodman, "An Economic Theory of the Evolution of the Common Law", 7 *Journal of Legal Studies* 393 (1978); William Landes and Richard A Posner, "Adjudication as a Private Good", 8 *Journal of Legal Studies* 235 (1979); Jack Hirshleifer, "Evolutionary Models in Economics and Law", 4 *Research in Law and Economics* 167 (1982).

판례 때문에 권익권이 을에게 귀속되었다고 하자. 그러면 분명히 소송이 일어날 가능성이 커진다고 볼 수 있다.

만일 갑에게 권익권이 귀속되면 법원의 결정을 번복시키기 위한 노력(소송)의 가치(價値)는 을에게 10,000이 되나, 만일 을에게 권익권이 귀속되면 법원의 결정을 번복하기 위한 노력(소송)의 가치는 갑에게 15,000이 된다. 따라서 다른 조건이 같다면 당연히 을에게 권익권이 귀속되는 경우가 갑에게 권익권이 귀속되는 경우보다 소송발생가능성(訴訟發生可能性)이 커진다. 예컨대 비효율적인 판례의 경우가 효율적인 판례보다 소송의 가치를 높이게 되는 셈이다. 따라서 소송가능성이 높아진다. 앞의 식 (4)에서 소송물의 가치가 클수록 소송가능성이 커진다고 하는 주장과 기본적으로 같은 맥락의 주장이다.

또 하나의 예를 들어보자. 두 가지 판례가 있다고 하자. 판례 A는 특정의 불법행위 사건에 대하여 가해자에게 높은 수준의 주의의무를 요구하는 판례이고, 판례 B는 피해자에게 높은 수준의 주의의무를 요구하는 판례라고 하자. 그런데 이 불법행위는 그 성질상 가해자가 높은 주의를 할 때 보다 잘 회피되는 그러한 종류의 불법행위라고 하자. 가해자가 높은 주의의무를 하면 피해자가 하는 경우보다 사고발생확률(事故發生確率)이 1/2이 된다고 하자. 이런 경우에는 가해자에게 높은 주의의무를 요구하는 A가 효율적인 판례가 되고 그 반대인 B가 비효율적인 판례가 된다. 위와 같은 경우, 비효율적인 판례 B를 적용하면 사고발생이 2배가 되어 다른 조건이 같다면 판례 B가 보다 자주 소송대상이 되고 법원 심사의 대상이 된다. 반면에 효율적인 판례 A는 소송대상이 될 가능성이 1/2로 줄어든다. 예컨대 이 경우는 비효율적인 판례가 소송의 가치를 높이지 아니하고도 소송가능성을 크게 높이는 경우이다.[3)]

다음은 비록 비효율적인 법의 경우가 소송가능성이 높아 소송의 대상이 되는 경우가 많다고 하여서 그 자체가 곧 비효율적인 법이 변화하여 효율화할 것이

---

3) 이 경우에도 비효율적 판례가 비록 이해당사자(利害當事者)에게 주는 소송의 가치는 높이지 않지만 사회전체에 주는 소송의 가치는 높일 수 있다고 본다. 왜냐하면 높은 사고발생률(事故發生率)을 결과하는 비효율적 판례를 소송대상으로 하는 것은 그 반대의 결과를 생산하는 효율적 판례를 대상으로 하는 경우보다 분명히 사회적 가치(社會的 價値)가 크다고 볼 수 있기 때문이다.

라고 볼 수 있는가 하는 문제이다. 이 문제에 대하여는 결론부터 이야기하면 법원이 의식적으로 반효율적(反效率的)으로 나아가지 않는 한, 비효율적인 법이 소송대상이 되면 될수록 그 법은 효율화될 가능성이 높다고 본다.

비효율적인 법 내지 판례의 경우가 효율적인 법 내지 판례의 경우보다 소송가능성이 높다는 것은 승소를 위한 노력을 더 한다는 것을 의미하고 이는 두 가지 형태로 나타날 것이다. 하나는 소송빈도(訴訟頻度) 내지 소송횟수(訴訟回數)가 증가하는 것으로 나타나고, 다른 하나는 매(每) 소송 건당 소송비용의 증가로 나타날 것이다.

소송빈도가 증가하면 예컨대 그것만으로도 비효율적인 판례가 당사자들(비효율적인 법으로 인하여 손해를 보는 당사자들)에 의하여 도전을 받을 기회가 많아짐을 의미하고, 동시에 그 주장의 당부(當否)를 확정하기 위하여 비효율적인 판례 자체가 법원의 사법적 심사대상이 될 가능성과 회수를 증가시킨다. 또한 위의 예(권익권을 을에게 부여한 경우)에서 본 바와 같이 비효율적인 판례의 경우 소송물의 가치가 커서 이해관계가 크기 때문에 당사자로서는 가능한 높은 수임료의 유능한 변호사를 고용하여서라도 철저한 소송준비를 하려고 노력하게 된다. 한마디로 소송건당 소송비용을 더 많이 지불하게 된다.[4] 그러하다면 그러한 소송준비를 위한 노력 자체가 승소가능성을 높이게 된다. 그런데 여기서의 승소란 바로 비효율적인 판례의 수정, 즉 판례의 효율화를 의미한다.[5]

---

4) 소송물(訴訟物)의 가액(價額)이 크면 클수록 소송비용(訴訟費用)이 증가하게 된다는 것, 환언하면 J가 크면 클수록 t_p가 커진다는 것은 쉽게 증명할 수 있다. 다음을 참조하라. J. Goodman, "An Economic Analysis of the Evolution of the Common Law", 7 *Journal of Legal Studies* 393 (1978); A. Katz, "Measuring the Demand for Litigation: Is the English Rule Really Cheaper?", 3 *Journal of Law, Economics, and Organization* 143 (1987).

5) 물론 위의 주장에 대하여는 두 가지 정도의 문제제기를 할 수 있다. 첫째, 비록 비효율적인 판례라 하더라도 그 비용(판례의 비효율성으로 인한 사회적 고통)이 광범위하게 퍼져 버리면 소송의 대상이 될 가능성이 줄어들고, 반면에 비록 효율적인 판례라 하여도 그 비용이 소수(少數)에게 집중되면 소송의 대상이 될 가능성이 클 수도 있다는 점이다. 전자(前者)의 경우는 비효율적인 판례로 인하여 사회전체에 주는 고통은 대단히 크나 피해자 개개인에게 돌아가는 고통의 양은 작기 때문에 이들은 적극적으로 소(訴)제기를 하지 않게 된다. 후자(後者)의 경우는 사회전체에 주는 고통의 양은 크지 않으나

위의 주장을 실증적(實證的) 자료로 검증하여 볼 수는 없을까? 실증연구의 결과를 보면 대체로 법의 변화, 예컨대 판례의 변화와 소송건수(訴訟件數)와는 통계적으로 유의(有意)한 정(正)의 관계(significantly positive relationship)가 있음을 밝혀내고 있다.6) 판례의 변화가 많을수록 소송건수도 많고 소송건수가 많을수록 판례의 변화도 많다는 것이다.

그러나 문제는 통계적으로 유의(有意)한 정(正)의 관계를 발견하였다고 하여 그것이 그대로 인과관계(因果關係)를 의미하는 것은 아니라는 사실이다. 법의 변화, 판례의 변화가 보다 많은 소송 내지 법적 분쟁을 야기한 것인지 아니면 소송 내지 법적 분쟁의 증가가 법의 변화, 판례의 변화를 결과한 것인지, 어느 쪽이 보다 중요한 인과관계인지는 확실하지 않다.

앞의 가능성, 즉 법의 변화가 소송의 증가를 야기한다는 주장은 법은 이념(理念)에 의하여 지도된다(law is idea-driven)는 주장으로 볼 수가 있고, 뒤의 가능성, 즉 소송의 증가가 법의 변화를 가져온다는 주장은 법은 시장(市場)에 의하여 인도된다(law is market-driven)는 주장으로 볼 수 있다. 그런데 실증적 자료는 그 어느 한편의 주장만을 지지하고 있지는 않다. 결국 두 가지 방향의 움직임이 함께 작용하고 있다고 보는 것이 옳을 것이다. 법의 변화가 소송의 증가를 가져오고 동

소수의 피해당사자에게 주는 고통은 크기 때문에 소송가능성은 높아진다는 것이다. 따라서 이것은 옳은 문제제기라 할 수 있다.

둘째, 경우에 따라서는 기존의 판례를 지키는 것 자체가 대단히 중요한 가치를 가지는 경우가 있다. 예컨대 비록 그 판례가 비효율적이라 하더라도 사회적·집단적 공감에 기초한 정의(正義)의 감정(感情) 내지 정의의 덕(德)에 합치하기 때문에 유지되는 경우가 있다. 이런 경우에는 당연히 반드시 비효율적인 판례의 효율화가 일어나지 않는다. W. Landes and R. Posner, "Adjudication as a Private Good", 8 *Journal of Legal Studies* 235 (1979).

6) 우리의 모델에서도 법의 변화(變化)가 심하면 소송가능성이 증가하는 것은 쉽게 예상할 수 있다. 식 (3)을 보라. $P_pJ_p-P_dJ_d$가 크면 클수록 화해성립범위가 줄어들어 소송가능성이 증가한다. 그런데 법이 불안정하면 할수록 $P_pJ_p-P_dJ_d$가 커진다. 반면에 법이 안정적이면 법의 적용결과에 대한 예측가능성도 높아져 $P_p=P_d$, $J_p=J_d$가 되는 경향이 생긴다. 즉 $P_pJ_p-P_dJ_d$의 폭은 줄어들고 소송가능성도 함께 줄어든다. 실증분석연구로는 다음을 참조하라. G. Priest, "Measuring Legal Change", 3 *Journal of Law, Economics, and Organization* 193 (1987); R. Cooter, "Why Litigants Disagree: A Comment on George Priest's Measuring Legal Change", 3 *Journal of Law, Economics, and Organization* 227 (1987).

시에 소송의 증가가 법의 변화를 가져온다고 보아야 할 것이다. 다만 명백한 것은 소송의 증가와 법의 변화는 깊은 상호관련 속에 있다는 사실이다.

여기서 한 가지 지적해 둘 사실은 법의 변화, 좁게는 판례의 변화는 일종의 공공재(public goods)적 성격이 크다는 점이다. 따라서 새로운 판례의 창출은 항상 사회적으로 적정수준 이하에서 머무를 가능성이 크다. 즉 항상 과소생산(過少生産) 될 가능성이 크다.

새로운 효율적 판례는 일종의 공공재(公共財)라서 한 사람의 사용이 다른 사람의 사용을 방해하지 않는다. 마치 좋은 공기(空氣)와 같은 것이다. 그래서 많은 사람들이 무임승차(無賃乘車, free riding)하려 한다. 즉 비용은 지불하지 않고 이익만을 향유하려 한다. 새로운 효율적인 판례는 분명히 다수의 많은 사람들에게 이익이 되지만 새로운 판례를 창출하기 위한 비용은 소수의 소송당사자들에게 집중되어 부담하게 된다. 비용은 집중되고 이익은 분산되므로 사회적으로는 항상 사회가 요구하는 적정수준보다는 과소생산(過少生産)이 된다. 결국 보조금의 지원 등의 국가지원이 있어야 새로운 효율적인 판례가 사회적으로 요구되는 수준까지 창출될 수 있다.

제 2 절 여러 규범 간의 경쟁

지금까지 소송제도가 법의 효율화를 가져올 수 있다는 사실을 검토하여 보았다. 법의 효율화를 가져오는 또 하나의 길은 사회의 제(諸) 규범 간의 경쟁(competition among social norms)을 통해서이다. 제정법(制定法) 이외에도 많은 사회적 규범이 관습법(慣習法)의 형태로 혹은 단순한 관습의 형태로 혹은 자치법규(정관 등)의 형태로 존재하고 기능하고 있다. 이러한 여러 사회적 규범 중에서 보다 효율적인 규범이 결국은 경쟁을 통하여 그 사회의 지배적 규범이 된다.

요컨대 여러 가지 상관행(商慣行)이 있다고 하자. 비효율적인 것과 효율적인 것이 함께 있다고 하자. 효율적인 상관행을 가진 그룹(국가)은 비효율적인 상관행을 가진 그룹(국가)보다 낭비가 적고 보다 생산적이기 때문에 같은 비용을 가지고 보다 많은 것을 생산하여 보다 많은 소비자들은 만족시킬 수 있다. 결국 효율적인 상관행을 가진 그룹이 시장경쟁에서 이기고 전체시장을 지배하게 된다. 그 결과 그 그룹이 가진 상관행이 일반화된다. 비효율적인 상관행을 가졌던 그룹은 시장에서 도태되든지, 아니면 살아남기 위하여 보다 효율적인 상관행으로 바꾸든지 하여야 한다. 이러한 규범 간의 경쟁에서 이긴 상관행은 결국 법원이 이를 상관습법(商慣習法)으로 인정하여 규범화(規範化)한다. 경우에 따라서는 제정법의 일부로 입법화(예컨대 우리나라에서는 백지어음의 효력에 대한 상관습법이 어음법 제10조로 입법화되었다)되기도 하고 판례법화(判例法化)하기도 한다.

우리나라 상법 제1조는 "상사(商事)에 관하여 본 법에 규정이 없으면 상관습법에 의하고 상관습법에 없으면 민법에 의한다."고 규정하고 있다. 상관습법을 민법보다 우선시켜 소위 제정법우선주의(制定法優先主義)에 예외적 규정을 두고 있는 셈이다. 상사활동은 본래 대단히 동태적(動態的)이고 변화가 심하며 현장성이 강하다. 현장에서의 새로운 상관습이 필요와 상황변화에 따라 끊임없이 변화·발전하고 있다. 그리하여 고정적이고 획일적인 성문법(成文法)의 규정을 넘어, 보다 현실적이고 합리적인 상관습법이 쉽게 형성되고 발전된다. 따라서 이를 존중하는 것은 상사활동의 원활한 지원을 위하여 대단히 옳은 일이다.

이러한 의미에서 법(法)은 창조(創造)하는 것이 아니라 발견(發見)하는 것이라는 주장도 나올 수 있다. 결국 여러 관습·관행 중에서 가장 지배적이고 합리적인 관행을 찾아 이를 입법화한다는 것이다.

사회는 지속적으로 더욱 복잡·다양해지고 여러 종류의 자발적인 민간조직들이 등장하게 된다. 각종 직능조직, 직업조직, 지역조직, 여가단체, 종교단체, 시민단체 등이 그것이다. 이러한 조직들은 내부의 각종 자치규범(自治規範)을 가지고 자율적인 윤리규범 등도 가지게 된다. 그러면서 관행과 관습뿐 아니라 이들 자치규범도 중요한 법원(法源)이 된다. 그리고 이들 자치규범들도 시간이 감에 따라 효율경쟁을 하게 된다.

예컨대 앞으로는 광의(廣義)의 법개념 속에 관습법, 자치법규 등 여러 종류의 사회적 규범이 차지하는 비중이 점차 증가하게 될 것이다. 그리고 이들 관습법과 자치법들 사이의 경쟁이 격화되면서 법의 효율화는 가일층 진행될 것이다.

법의 효율화를 가져오는 또 다른 요인의 하나는 입법자나 법원이 실제로 효율성을 중요한 가치로 고려한다는 사실이다. 많은 경우 내세우는 명분과 설명 속에는 효율의 추구라는 언급이 없으나 실제는 효율을 고려한 입법과 판례가 많다는 사실이다. 내세우는 명분은 공평이나 사실은 효율인 경우의 예를 들어보자. 요컨대 판례에서 과실상계(過失相計) 내지는 비교과실주의(比較過失主義, comparative negligence)의 채택이 증가하는 것이 그 예의 하나이다. 또한 과거보다 각종 불법행위의 경우 요구되는 주의의무(注意義務)의 정도가 강화되는 것도 그 예의 하나이다.

제 3 절 소송제도의 개선방향

외국과 비교할 때 우리나라의 화해율(和解率)은 대단히 낮고 판결률(判決率)은 높다. 외국에서는 많은 분쟁이 소송으로 가지 않고 화해를 통하여 해결되나 우리나라의 경우에는 정반대의 경향이 강하다. 왜 그럴까? 우리나라에서 화해율이 낮은 이유는 무엇일까? 우리가 앞의 식 (1)에서 식 (15)까지에서 제시한 이론적 분석 틀에 기초하여 분석해 보면 우리나라의 화해율이 낮은 이유는 다음과 같이 정리해 볼 수 있다.

첫째, 우리나라의 경우가 다른 나라에 비하여 소송당사자들 사이에 상대적 낙관주의(相對的 樂觀主義)의 정도가 더 크다고 판단된다. 즉 식 (4)에서의 $P_pJ_p - P_dJ_d$의 값이 너무 크다는 것이다. 불확실한 정보와 잘못된 판단에 기초하여 원고는 승소확률이나 승소금액을 객관적인 수준보다 훨씬 높이 기대하고 있고 역(逆)으로 피고는 정반대 방향으로 생각하고 있다는 것을 의미한다. 환언하면, 소송사건과 관련된 정확한 정보의 유통이 극히 불완전하여 당사자들의 잘못된 기대와 판단의 정도가 크다는 것이다.

일반적으로 소송사건과 관련되는 정보에는 사건내용의 실체적 진실과 관련된 사실정보(事實情報, factual information)와 적용법률과 관련된 법률정보(法律情報,

legal information)의 두 가지가 있을 수 있다. 우리나라 소송당사자들은 이 두 가지 정보 모두의 공급면에서 대단히 불완전한 상태에 있다고 볼 수 있다. 불완전한 정보공급상황에서 판단을 하기 때문에 승소확률(勝訴確率)과 승소금액(勝訴金額) 모두에 대한 원고와 피고 간의 예상기대가치(豫想期待値)의 차이가 커지고 그 결과 화해율은 낮아지고 소송은 증가하게 된다.

당사자들 사이에 사실정보(事實情報)의 공유가 좀 더 원활하게 이루어지도록 하기 위해서는 일반적으로 변론기일 전에 사전준비가 충실히 되어 양 당사자가 서로의 주장, 제시하는 증거 및 서로의 사실적·법률적 쟁점을 충분히 인지하고 정리한 후에 변론에 임할 수 있도록 유도할 필요가 있다. 그런 면에서 준비서면제도(準備書面制度), 변론준비절차제도(準備節次制度), 쟁점정리절차(爭點整理節次) 등이 어떻게 잘 활용되느냐 여부가 중요하다. 그에 따라 당사자들이 정확한 사실정보에 기초하여 현실성 있는 소송전략을 계획할 수 있게 되고, 불확실한 정보에 기초한 무리한 소송진행을 하는 것은 피하게 된다. 환언하면, 사실정보의 유통촉진은 P_p와 P_d, 그리고 J_p와 J_d를 서로 접근시켜, 결국 $P_pJ_p-P_dJ_d$의 값을 축소시키고 그 결과 앞의 식 (4)에 의하여 화해율을 높이게 된다.

불완전 정보의 다른 하나는 법률정보(法律情報)이다. 당해 사건에 적용되는 관련 법률정보는 물론 소송제도 및 절차에 대한 법률정보에 대하여도 대부분의 당사자들은 극히 무지한 경우가 일반적이다. 법률정보에 대한 소송당사자들의 일반적 무지가 담당변호사들의 판단 내지 결정에 대한 의존도를 크게 높인다. 이론적으로 보면 법률정보에 대한 무지는 당사자들의 기대의 차이, 즉 $P_pJ_p-P_dJ_d$의 차이를 확대시킬 수도 있고 축소시킬 수도 있다. 어느 방향으로 진행될지는 이론적으로는 사전에 예측할 수 없다. 다만 확실한 것은 법률정보의 불완전성이 모든 소송진행과 소송전략에 대한 판단에 있어 담당변호사에 대한 의존도를 크게 높인다는 사실이다.

여기서 소위 대리문제(代理問題, agency problem)가 발생한다.[7] 본인(本人)인

7) 본인(本人)과 대리인(代理人)의 관계란 대리인이 본인의 이익을 위하여 노력할 것을 조건으로 본인의 권리(혹은 그 일부)를 행사하고 그 대신 본인을 위한 노력에 대한 보상을 본인으로부터 받는 관계이다. 이러한 관계를 전제로 발생하는 대리인문제(代理人問題)란 한마디로 과연 대리인이 본인의 이익만을 위하여 노력하는가의 문제이다. 본인의

의뢰인과 대리인인 변호사 사이에 존재하는 법률정보의 비대칭성(보유정보의 격차) 때문에 과연 변호사의 판단과 노력이 의뢰인의 이익만을 위하여 행한 것인가 아닌가를 확인하기 어렵다는 문제이다. 이러한 대리문제는 반드시 의뢰인과 변호사 간에만 존재하는 문제는 아니다. 국회의원과 국민, 주주(株主)와 전문경영인, 회사와 근로자 등과 같이 본인과 대리인 관계가 성립하는 모든 관계에서 발생하는 문제이다. 특히 대리인이 본인보다 능력·정보 면에서 우수할수록, 그리고 대리인이 과연 본인만을 위하여 노력하는지에 대한 감독 내지 감시가 어려울수록 이 대리인문제는 더욱 심각해진다고 볼 수 있다.

대리문제가 발생하면 대리인의 행동과 판단이 과연 어디까지가 본인을 위한 것이고 어디까지가 대리인 스스로를 위한 것인지를 알 수 없게 된다. 대부분의 경우 대리인은 양자(兩者)의 공동이익(共同利益)을 위하여 노력하겠으나, 때로는 양자의 이해관계가 상충하는 경우가 발생할 수 있고, 이때의 대리인의 행위가 문제가 된다.

어느 나라든 의뢰인(依賴人)과 변호사 사이에는 법률정보의 비대칭성이 존재[8]하기 때문에 소위 대리문제가 발생하는 것이다. 다만 우리나라의 경우 화해율이 낮고 판결률이 높은 이유의 하나가 바로 이 대리문제 때문은 아닌가 하는 것이다.

이익의 희생 위에 대리인 자신의 이익추구는 없는가의 문제이다. 이러한 대리인문제가 발생하는 주된 이유는 두 가지이다. 하나는 본인과 대리인 간의 정보의 비대칭성(非對稱性)이다. 대부분의 경우 대리인이 본인보다 보다 많은 정보를 가지고 있다. 다른 하나는 대리인의 노력을 객관적으로 측정할 수 없다는 점이다. 객관적으로 측정할 수 없는 이유로서는 ① 신뢰할 만한 과학적인 측정방법 자체가 존재하지 않는 경우와 ② 노력의 결과 내지 성과에 영향을 미치는 요인 중에서 운(運)과 우연(偶然)의 작용이 클 경우이다.

8) 의뢰인과 변호사 간의 법률정보의 비대칭성(非對稱性)은 어느 나라나 있을 수 있으나 그 비대칭성의 정도는 나라에 따라 달라질 수 있다. 일반적으로 국민의 법률지식과 법의식(法意識)의 정도가 중요하다. 국민일반이 가지고 있는 교양법학수준, 그리고 준법의식(遵法意識) 등에 따라 비대칭성의 정도가 달라진다. 다음으로 중요한 것은 변호사(辯護士)의 수(數) 내지 변호사들 간의 경쟁의 정도일 것이다. 변호사수가 많아 경쟁체제가 성립되면 변호사가 의뢰인을 적극적으로 교육하게 된다. 즉 적극적으로 법률정보를 공급하게 된다는 것이다. 왜냐하면 경쟁체제하에서는 자신들이 공급하는 법률 서비스의 질(質)에 대하여 의뢰인으로부터 정확하고 공정한 평가를 받아야 성공할 수 있기 때문이다. 따라서 이를 위하여 변호사는 의뢰인에게 적어도 자신의 노력을 올바로 평가받기 위하여 필요한 법률정보를 적극 공급하게 된다.

이 문제를 본격 분석하기 위해서는 소송비용(t_p, t_d)과 화해비용(s_p, s_d), 그리고 재판과 화해 각각의 경우의 변호사비용구조의 변화 등에 대한 보다 구체적 실증분석이 필요하다. 다만 이미 앞의 식 (15)에서 보았듯이 성공보수제(成功報酬制)가 본인부담제(本人負擔制)보다 명백히 화해율을 낮추고 소송가능성을 높이는 것임을 알 수 있었다. 우리나라 변호사비용구조에서 성공보수가 차지하는 비중이 높다는 사실과 관련 시사하는 바가 크다고 본다. 다만 보다 본격적인 실증분석 없이는 아직 결론을 낼 수는 없기 때문에 여기서는 문제의 제기만으로 그친다.

둘째, 앞의 식 (1)에서 식 (15)까지의 분석에 기초하여 우리는, (1) 일반적으로 소송물가액(訴訟物價額)이 크면 클수록 화해가능성보다 소송가능성을 높인다. (2) 또한 소송물가액에 이자(利子)를 부과하여 패소자에게 부과시키는 경우 그 이자율이 높으면 높을수록 화해가능성보다 소송가능성을 높인다. (3) 소송지연(訴訟遲延)이 심각하면 할수록 현재가치(現在價値)로 환산한 소송물가액이 작아지므로 화해가능성보다 소송가능성은 낮아진다. (4) 법의 변화, 판례의 변화가 심하면 심할수록 화해가능성보다 소송가능성이 커진다. (5) 오판의 가능성이 크면 클수록 화해가능성 보다 소송가능성이 커진다 등의 주장을 하여 왔다.

이러한 이론적 추정들이 과연 우리나라의 경우 높은 판결률(判決率)의 원인으로 작용한다고 볼 수 있는가 하는 문제에 대하여는 아직 구체적 실증분석이 없기 때문에 확정적으로 답하기 어렵다. 이에 답하기 위해서는 외국제도와의 비교연구가 필수적이고, 이를 위한 충분한 자료수집과 자료검토가 선행되어야 한다. 이 실증분석의 문제는 다음의 연구과제로 미루도록 한다.

셋째, 아무리 화해성립범위(和解成立範圍)가 존재한다고 하여도 당사자들이 전략적(戰略的) 내지 기회주의적(機會主義的)으로 행동하면 화해율은 낮아지고 판결률은 올라갈 수밖에 없다. 거짓으로 위협적 태도를 보인다든가 당해 사건과 관계없는 상대의 약점을 악용하려 한다든가 등을 생각할 수 있다. 쌍방이 서로 이러한 태도로 나오면 협력적(協力的) 게임(corporative game)을 전제로 한 화해는 성공하기 어렵게 된다.

또한 당사자들이 소송을 통하여 경제적 이익을 추구하지 않고 비경제적 가치(非經濟的 價値)를 추구하려 한다면 당연 화해율은 낮아지고 판결률은 올라간다. 비경제적 가치로서는 심리적 보상(억울함과 분노 등) 혹은 정치적 이유(새로운 판례의 창출) 등을 생각할 수 있다. 물론 순수하게 경제적 이익만을 추구하는 소송은 드물다. 정도의 차이는 있을지 모르나 모든 소송에는 감정적 보상 등 비경제적 가치가 일정한 역할을 하는 것은 사실이다. 문제는 모든 소송에서 후자가 차지하는 비중이 외국에 비하여 우리나라가 크면 클수록 화해는 어렵고 판결률은 올라가게 된다는 것이다. 우리나라 소송당사자들이 특히 외국에 비하여 협력적 게임에 익숙하지 못하여 협력적 게임을 잘 하지 못하는지, 외국에 비하여 모든 소송에서 비경제적 가치 추구의 비중이 특히 큰 것은 아닌지 하는 문제에 대하여는 아직 정답을 알 수 없다. 실증연구축적이 충분하지 않기 때문이다. 앞으로 법사회학(法社會學)이나 법인류학(法人類學)에서 다루어야 할 주요 연구과제의 하나라고 생각한다.

10

법과 공공선택이론(公共選擇理論)

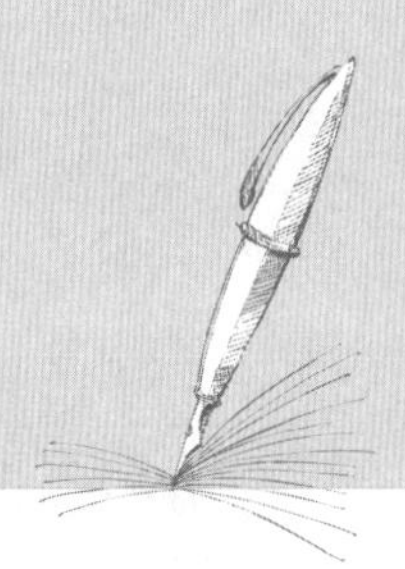

제1장 입법 및 행정행위와 이익집단

제1절 다원주의(pluralism)와 공화주의(republicanism)

제1항 공익(公益)이란?

입법행위(立法行爲)와 행정행위(行政行爲, 규제)가 법적 정당성(legitimacy)을 가지는 가장 기초적인 전제는 그 행위가 공익(public interest)의 실현을 위한 행위라는 것이다.[1] 만일 입법행위와 행정행위가 공익의 실현을 위한 것이 아니라 사익(private interest)에 봉사하기 위한 것이라면, 행위의 정당성이 상실될 뿐 아니라 공법(公法) 특히 헌법과 행정법의 해석과 적용에 큰 문제가 발생하지 않을 수 없다. 만일 입법부와 행정부가 특정 이익집단의 사익관철을 위해 특별입법과 규제행정을 계속한다면 사법부의 역할과 기능은 어떠하여야 하는가가 심각한 문제로 등장한다. 삼권분립의 원칙, 입법권의 독자성의 원칙을 존중하여 특별입법의 문리적(文理的) 해석과 기계적 적용에 안주할 것인가, 아니면 위헌법률심사기능(違憲法律審査機能)이나 위헌위법명령규칙심사기능(違憲違法命令規則審査機能)의 활성화 등을 통하여 공익의 보호를 위해 보다 적극적 역할을 법원이 할 것인가가 문제로 등장하지 않

---

1) 일반적으로 행정법학에서 사용하는 행정범위란 "행정청이 법 아래서 구체적 사실에 관한 법집행으로서 행하는 권력적 단독행위인 합법행위"를 의미한다(김동희, 『행정법 I』, 박영사, 1991, p. 181). 그러나 여기서 우리가 사용하는 행정행위 개념은 이러한 최협의(最狹義)의 개념이 아니라, "행정청이 행하는 모든 행위" 혹은 "행정청에 의한 공법행위"라는 최광의(最廣義) 내지 광의의 행정행위를 의미한다.

을 수 없다. 따라서 입법과 행정과정에서 공익실현이 어느 정도 보장되는가를 주의 깊게 관찰하고 연구할 필요가 있다.

입법과 행정과정에 미치는 특수이익집단(special interest group)들의 영향력에 대하여는 종래 이를 긍정적으로 보는 견해와 부정적으로 보는 견해가 있어 왔다.[2) 전자는 로위(Lowi) 교수에 의해 소위 "이익집단 자유주의(interest group liberalism)" 라고 불렸던 것으로 기본적으로 다원주의(多元主義, pluralism) 부류에 속하는 견해이다. 이 견해에 의하면 이익집단의 형성은 자연스러운 현상이고, 이익집단 간의 이해의 대립도 극히 자연스러운 현상이다. 이러한 서로 경쟁하고 상충하는 이익집단들 간의 이익의 타협과 조화 그리고 균형이 정치이고, 그 최적균형(optimum equilibrium)이 곧 입법이다. 공익이란 따로 존재하는 것이 아니라 본래가 이들 상호대립하는 제 이익집단들의 이익주장의 타협이 공익이고, 그들 간의 가장 적정한 균형이 공익이다. 따라서 그러한 의미에서 입법은 공익을 대변하는 것이다. 따라서 이 견해에 의하면 정치 내지 정부의 역할이란 여러 종류의 이익집단의 형성을 최대한 돕고 이들 간에 상호이해와 타협을 촉진하는 것이 되야 한다.[3)]

이러한 다원주의적 견해에 대립하는 견해가 공화주의(共和主義, republicanism)이다. 이 견해에 의하면 공익이란 공동체 전체에 무엇이 공동선(共同善, public virtue, common good)이 될 수 있는가를 공동체 구성원들이 토론과 숙의(deliberation)를 통하여 찾아내는 것이다. 공익이란 단순한 사익의 총합이 아니다. 단순한 사익 간의 타협과 조화도 아니다. 따라서 공익이란 구성원들이 자신의 사익을 앞세우지 아니하고 아니 오히려 사익의 희생을 전제로 모두가 함께 무엇이 공동체 전체의 이익이 되는가를 심사숙고하고 연구·토론하여 합의에 도달한 결과가 된다. 그리고 그 결과가 곧 입법이 된다. 그러므로 정치란 개개 집단의 사익을 넘어서 공익을 발견해 가도록 구성원들의 토론과 사색을 조직화하고 촉진하는 데 그 의

---

2) 일반적인 소개로는 다음을 참조하라. William N. Eskridge, Jr. and Philip P. Frickey, *Legislation: Statutes and The Creation of Public Policy*, West Publishing Co., 1988, Chapter 1.

3) Theodore J. Lowi, *The End of Liberalism: The Second Republic of the United States*, 2nd ed., W. W. Norton and Co., 1979.

의가 있다.[4]

오늘날 어느 나라의 헌법을 보아도 이 두 가지 견해가 공존하고 있음을 알 수 있다.[5] 공존할 수밖에 없는 이유는 우리가 비록 공화주의로부터 시작하여 정치라는 것이 공익의 발견, 공동선의 발견을 위한 토론과 사색이라고 하더라도 그 토론과 사색의 과정에서는 인간의 본성상 불가피한 견해의 대립, 견해를 달리하는 집단 간의 대립이 발생하지 않을 수 없다. 그렇게 되면 결국 불완전한 해결책이지만 대표를 뽑지 않을 수 없고 대표들로 하여금 공익의 내용을 결정하게 하지 않을 수 없다. 동시에 대표가 특정 이익집단의 견해만을 집중적으로 대표하지 않도록 이를 견제하는 권력의 분립, 주기적 선거 등을 제도화하지 않을 수 없게 된다.

그렇다면 문제는 입법과 행정과정에 특수이익집단의 영향력이 실제로 어느 정도 큰가, 그리고 또한 이익이 집단화되지 않아 상대적 불이익을 받는 그룹의 크기는 어느 정도인가, 한마디로 소위 대표과정(代表過程)의 불평등성(inequality in representative process)이 어느 정도 심각한 문제인가이다. 이 불평등성이 크면 클수록 이 불평등성을 줄이려는 여러 제도적 장치(예컨대 로비활동에 대한 규제강화, 정치자금의 투명성 제고 등)가 강구되어야 하고 동시에 공화주의적 요소(예컨대 지방자치의 활성화, 직접민주제의 강화 등)가 보다 많이 공법 분야에 들어와야 한다.

제2항 투표자의 합리적 무지(合理的 無知)

먼저 이론적으로 보면 특수이익집단의 입법 및 행정에 대한 영향력이 결코 작지 않을 수 밖에 없다. 왜냐하면 시민들의 경제적 결정과 정치적 결정 사이에는 본질적으로 큰 차이가 있기 때문이다. 일반적으로 정치적 의사결정인 투표행위와

---

4) 공화주의(共和主義)에 대한 연구를 위해서는 대표적인 공화주의 학자인 선스틴(C. Sunstein)의 다음 논문이 좋은 시발점이 될 것이다. Cass Sunstein, "Internet Groups in American Public Law", 38 *Stanford Law Review* 29 (1985).

5) 미국의 경우에는 헌법은 물론 연방대법원의 판례에서도 다원주의와 공화주의적 요소가 함께 나타나고 있다. 연방대법원의 입장은 입법과정과 행정과정에 있어 이익집단문제의 심각성에 대하여 어느 정도의 이해를 보이면서도 여전히 기본적으로는 입법부의 독자성을 존중하려는 태도를 취하고 있다.

경제적 의사결정인 구매행위 사이에는 다음과 같은 세 가지 차이가 있다. 첫째, 정치적 의사결정에는 강요된 보편성(compelled universality)이 존재한다.[6] 경제적 의사결정은 구매자의 자발성을 전제로 현재 선택이 필요하다고 생각하는 사람만이 의사결정에 참여한다. 그러나 정치적 의사결정의 경우에는 선택의 필요를 느끼든 느끼지 않든, 혹은 당해 사항에 대하여 관심이 있든 없든, 혹은 당해 사항에 대하여 잘 알고 있든 아니든, 투표에 참여해야 하는 강요된 보편성이 존재한다. 예컨대 비행기 표를 살 것인가를 결정하는 경제적 결정의 경우에는 현재 비행기를 탈 사람, 즉 이해당사자가 자신의 필요와 다른 운송수단을 사용하는 경우와의 이해득실을 비교·판단하여 결정을 내린다. 그러나 비행기 산업에 정부의 보조금 지원을 할 것인가 아닌가를 투표하는 정치적 결정의 경우에는 비행기 산업에 대하여 전혀 관심도 없고 무지한 사람도, 비행기를 전혀 타 보지 않은 사람 또는 앞으로도 탈 가능성이 전혀 없는 사람도 비행기를 자주 타는 사람과 함께 투표에 참여하게 된다.

둘째, 시장에서의 구매행위에는 소비자의 선호(選好)의 강도(强度, intensity of preference)를 투표에 반영시킬 수 있는데 정치적 의사결정인 투표의 경우에는 투표자의 선호의 강도를 반영할 수가 없다. 환언하면 시장에서의 구매행위에는 일인다표(一人多票)가 가능한데 정치적 의사결정인 투표에는 일인일표(一人一票)가 원칙이라는 것이다. 경제시장에서는 소비자가 강하게 절실하게 원하는 경우에는 고가(高價)를 지불하고 얼마든지 당해 상품을 구매할 수 있기 때문에 자신의 선호의 강도를 소위 지불의사(willingness to pay)로 나타낼 수가 있다. 그러나 정치시장에서는 일인일표이므로 투표자가 아무리 강하게 선호한다고 해도 이를 표시할 수 있는 길이 없다. 그런 의미에서는 경제시장이 정치시장보다 더 민주적이라고 볼 수 있다.

셋째, 경제적 의사결정의 경우에는 결정의 결과 내지 효과가 본인에게 집중되어 나타나지만, 정치적 의사결정의 경우에는 결정의 결과 내지 효과가 모든 사람들

---

6) 이 강요된 보편성에 대하여 처음으로 지적한 논문은 George J. Stigler, "The Theory of Economic Regulation", 2 *Bell Journal of Economics and Management Science* 1 (Spring 1971)이다.

에게 분산되어 나타난다. 올바른 의사결정을 위한 비용, 정보수집 비용 등이 결정자 일인에게 집중되어 나타나는 점에서는 정치적 결정이나 경제적 결정 사이에 차이가 없다. 그러나 올바른 결정의 효과 내지 이익은 경제적 결정에는 결정자 일인에게 집중되나 정치적 결정의 경우에는 모든 사람들에게 분산되어 나타난다. 경제적 결정의 경우, 예컨대 좋은 물건을 사기 위해 여러 상점을 돌아보고 그 물건을 사용해 본 사람들의 의견을 들어보고 하는 비용은 구매자 본인이 부담하지만 그렇게 하여 좀 더 좋은 물건을 보다 싼 가격으로 살 수 있게 됨으로써 얻는 이익도 구매자 본인이 독점하게 된다. 그러나 정치적 결정의 경우에는 누가 좀 더 훌륭한 지도자인가를 알아보기 위해 노력하는 비용은 투표자 본인만이 부담하지만 좀 더 훌륭한 지도자가 선출되어 얻는 이익은 그 사회 구성원 모두와 함께 나누게 된다.

이상의 세 가지 차이에서 나타나는 현상이 정치적 의사결정에 있어 소위 투표자의 합리적 무지(合理的 無知, voters' rational ignorance)라는 것이다. 투표자가 아무리 올바른 정치적 판단을 위하여 정보수집, 연구조사 등의 노력을 한다고 하여도 정치적 투표에는 강요된 보편성이 존재하여 올바른 판단을 할 수 있는 사람뿐만 아니라 그렇지 않은 사람들도 함께 투표를 하기 때문에 또한 정치적 투표에는 선호의 강도를 전혀 반영시킬 수 없기 때문에, 자신의 연구조사노력이 전체의 투표결과에 미칠 수 있는 여지는 대단히 미미하게 된다. 뿐만 아니라 비록 자신의 노력이 투표의 결과에 영향을 미치어 바람직한 투표결과가 나왔다 하여도 그 이익은 노력한 사람이나 그렇지 않은 사람이나 모두가 함께 나누게 된다. 환언하면 비용은 집중되는데 이익은 모두에게 분산된다. 따라서 경제적 의사결정의 경우와 달리 정치적 의사결정의 경우에는 올바른 결정을 위한 노력을 상대적으로 덜하는 경향이 생긴다. 합리적 이유에서 경제정보의 수집과 분석에는 많은 노력을 들이나 정치정보의 수집과 분석은 기피하게 된다. 이것이 이익자의 합리적 무지라고 불리는 현상이다.[7)]

정치적 의사결정에 있어 투표자의 합리적 무지가 있기 때문에 나타나는 현

---

7) 표현을 달리하면 결국 정치정보든 경제정보든 한계비용과 한계수익이 일치하는 수준에서 정보수집·분석활동을 하게 될 터인데, 정치적 의사결정의 경우에는 투표가 가지고 있는 위의 세 가지 특징으로 인하여 개별 투표자의 입장에서 보면 정보수집과 분석의 한계수익이 너무 작아 정치적 정보 수집과 분석활동의 수준이 사회적으로 바람직한 수준에 비해 대단히 낮을 수밖에 없다는 것이다.

상이 몇 가지 있을 수 있다.

첫째, 특별이익입법(特別利益立法, special interest legislation)이 증가하는 경향이 있다. 특별이익집단의 이익에 봉사하는 입법, 그들의 이해관계를 대변하는 입법이 증가한다. 예컨대 개별 정책입법에 대한 국민들의 찬반이 〈표 10－1〉과 같은 경우를 생각해 보자.

표 10–1 정책별 국민의 찬·반

	찬성	반대
1) 농산물 가격보조의 확대	20%	80%
2) 실업보험금의 증대	30%	70%
3) 대학 학자금보조의 확대	10%	90%

이때 위의 세 가지 정책을 모두 지지하는 정당이나 정치가는 성공할 확률이 높으나 위의 정책을 모두 반대하는 정당이나 정치가는 실패할 가능성이 높다. 왜냐하면 투표자의 합리적 무지로 인하여 예컨대 농민들은 자신들이 직접 혜택을 받는 농산물 가격보조는 과대평가하고 실업보험금이나 학자금지원의 증대 등으로 인하여 자신들이 새로이 추가 부담해야 할 세금의 증대는 과소평가하는 경향이 있기 때문이다. 똑같은 경향이 노동자나 학생의 경우에도 존재하기 때문에 결국 위의 세 가지 정책을 모두 지지하는 정치가는 농민, 노동자, 학생의 지지를 받아, 즉 20＋30＋10＝60%의 지지를 받아 성공하고 그렇지 않은 정치가는 실패하게 된다.

이와 같은 이유로 인하여 정치가들은 특수이익집단을 위한 개별이익입법(個別利益立法)을 함께 묶어 입법화하는 경향을 가진다. 예컨대 위의 〈표 10－1〉의 경우 세 가지 정책을 각각 개별적으로 입법화하는 것은 대단히 어려우나 이를 함께 묶어 입법화하는 것은 훨씬 용이하다. 왜냐하면 반대가 크게 줄기 때문이다. 개별입법을 시도하는 경우에는 예컨대 농산물 가격보조의 경우 찬성은 20%, 반대는 80%이고, 실업보험금 증대의 경우 찬성은 30%, 반대는 70%, 대학 학자금 보조확대의 경우 찬성은 10%, 반대는 90%이므로 세 가지 모두 그 어느 하나도 입법화될 수 없다. 그러나 이 세 가지 입법을 묶어 함께 일괄 입법화를 시도하면 찬성은 60% 그리고 반대는 40%가 되므로 무난히 통과될 수 있다.

둘째, 이익은 드러나고(apparent benefit) 그 비용은 감추어지는(hidden cost) 정책이 보다 많이 채택된다. 그 반대의 경우는 비교적 채택되기 어렵다. 예컨대 R&D 등 기술개발을 위한 투자보다는 보다 가시적(可視的)인 도로건설 등이 선호된다. 경쟁촉진정책이나 공평과세를 위한 제도개혁정책 등 소위 경제질서의 효율성과 공정성을 높이기 위한 질서정책(秩序政策)보다는 물량위주의 성장촉진정책이 보다 자주 선택된다. 같은 논리에서 일반적으로 산업구조조정 등 질(質) 위주의 정책보다 가시적이고 쉽게 드러나는 양(量) 위주의 정책이 자주 채택된다. 대표적인 예로 보호무역주의(保護貿易主義)를 들 수 있다. 외국상품에 대한 높은 관세는 국내 생산업자에게는 해외경쟁이 배제되므로 그만큼 큰 이익이 되나 국내 소비자들에게는 높은 가격으로 물건을 사야 하므로 그만큼 손해가 된다. 그러나 생산자에게 주는 이익은 이익을 받는 생산자를 용이하게 특정할 수 있어 쉽게 드러나지만 소비자에게 주는 손해 내지 비용은 불특정다수의 소비자를 대상으로 하기 때문에 그 손해가 감추어지는 경향이 있다. 따라서 정치적으로는 생산자보호를 위한 보호무역정책이 소비자보호를 위한 자유무역정책(自由貿易政策)보다 선호된다.

뿐만 아니라 정책입안시 가능한 한 정책효과는 가시적으로 나타나게 하고 동시에 그 비용은 감추는 경향이 등장한다. 예컨대 후진국 정부가 정부지출을 늘려 고도성장을 선도하는 경우 통화증발(通貨增發)로 재정적자를 메꾸는 정책을 자주 사용한다. 그 이유는 고도성장의 효과는 고용증가 등으로 쉽게 가시화되지만 통화증발로 인한 인플레는 그 효과가 국민 모두에게 분산되어 서서히 나타나기 때문이다. 조세수입의 증대를 위한 수단으로서도 직접세 증대보다는 간접세(間接稅) 증대가 정치적으로 자주 선호되는 것도 마찬가지의 이유에서이다. 간접세의 증대도 결국 최종적으로는 모두 소비자의 부담이 되지만 직접세의 증대의 경우와는 달리 그 조세부담을 느끼는 정도가 훨씬 작다. 따라서 조세저항이 적고 그만큼 정치적으로 도입이 용이하다. 소득분배의 면에서는 간접세가 명백히 역진적(逆進的, regressive)인데도 불구하고 자주 활용되는 이유가 여기에 있다.

셋째, 특정 이익집단의 입법 및 행정에 대한 로비활동이 가능하게 된다. 일반적으로 정치인들은 자신들의 재선을 목표로 정치적 지지의 극대화, 득표수의 극대화(votes maximization)를 위해 노력한다. 그런데 만일 투표자의 합리적 무지가 없다면 결코 특정 이익집단만의 이익을 위한 입법활동을 할 수 없을 것이다. 왜냐하면 그러한 입법활동을 유권자들이 알면 이를 용인하지 않을 것이기 때문이다. 결코 다음 선거에서는 그러한 정치인을 지지하지 않을 것이기 때문이다. 따라서 정치정보의 불완전성 그리고 투표자의 합리적 무지 등이 특정 이익집단을 위한 정치인의 입법활동을 가능케 하며 동시에 그러한 이익집단에 의한 로비활동을 유효하게 만든다.[8)]

지금까지의 논의를 정리하는 의미에서 다음과 같은 네 가지 경우를 생각해 보자. (1) 입법의 이익이 국민 모두에게 분산되고 그 비용도 모두에게 분산되는 경우, (2) 입법의 이익은 일부 국민에게 집중되나 그 비용은 모두에게 분산되는 경우, (3) 입법의 이익은 국민 모두에게 분산되나 그 비용은 일부 국민에게 집중되는 경우, (4) 입법의 이익이 일부 국민에게 집중되고 그 비용도 일부 국민에게 집중되는 경우가 그것인데, 네 가지 경우에 각각 예상되는 입법행태를 정리한 것이 〈표 10－2〉이다.[9)]

우선 (1)의 경우에는 특정 이익집단의 로비활동이 예상되지 않으므로 입법이 성립하지 않거나, 입법화된다고 하여도 상징적 입법(象徵的 立法, symbolic bill)이나 행정부에의 위임입법(委任立法, agency regulation)이 많이 나타난다. (2)의 경우에는 특정 이익집단에 의한 찬성의 소리가 강하고 반대의 소리는 약하므로,[10)] 특정 이

---

8) 한 가지 지적할 사실은 로비그룹도 자기 구성원 사이에는 일종의 공공재를 생산하는 셈이기 때문에 무임승차의 문제가 발생할 수 있다는 점이다. 따라서 예컨대 특정 상품의 수입업자 혹은 특정 산업의 주요 생산업자 혹은 특정 직종의 종사자 등과 같이 비교적 적은 구성원을 대표하는 로비활동이 보다 일반적인 현상이다. 경우에 따라 노동조합과 같이 다수의 구성원의 이익을 대변하는 로비활동이 존재하는 경우도 있으나 이는 다른 목적으로 형성된 조직이 자신의 조직활동의 부산물(by-product)로서 로비활동을 하는 것으로 이해하여야 하고, 로비활동 자체를 위해 거대조직을 조직하기는, 그리하여 로비활동이 다수의 이익을 대변하기는 대단히 어렵다고 보아야 한다. 자세한 논의는 다음을 참조하라. Mancur Olson, *The Logic of Collective Action*, Harvard University Press, 1965.

9) 〈표 10－2〉는 축약된 형태의 표이나 위의 네 가지 경우 각각을 입법수요의 측면과 입법공급의 측면으로 나누어 보다 상세히 정리한 책으로는 Michael Hayes, *Lobbyists and Legislators: A Theory of Political Process*, 1981이 있다. Hayes의 Model에 대한 간략한 소개는 William N. Eskridge, Jr. and Philip P. Frickey, *Legislation: Statutes and The Creation of Public Policy*, West Publishing Co., 1988, Chapter 1을 참조하라.

10) 반대의 소리가 약한 이유의 하나는 물론 투표권자들의 무지 때문이나, 다른 하나의 이

표 10-2 사안의 특성별 입법행태

특성	입법행태
(1) 이익 분산/비용 분산	상징입법, 행정위임입법
(2) 이익 집중/비용 분산	소득분배적 입법, 자율위임
(3) 이익 분산/비용 집중	모호한 입법, 행정위임입법
(4) 이익 집중/비용 집중	입법불능, 행정위임입법

익집단의 이익을 위한 소득분배적 입법(distributive bill)이 등장하고 때로는 당해 이익집단의 자율 내지 자치에 맡기는 위임입법(self-regulation)이 나타나게 된다. 특정 지역이나 집단을 대상으로 하는 선거공약(pork-barrel)이나 그들을 위한 이익입법은 이러한 성격을 가지기 쉽다. (3)의 경우에는 반대가 조직적으로 일어날 가능성이 큰 반면, 지지는 쉽게 조직화되지 않는다. 따라서 입법은 극히 모호한 내용의 입법(ambiguous bill)이나 행정부에의 위임입법(agency regulation)의 형식을 취할 가능성이 크다. 예컨대 공정거래법, 소비자보호법 등이 이러한 범주에 속한다.[11] (4)의 경우에는 찬성과 반대의 조직화가 매우 강하게 나타나므로 입법이 불가능하거나(no bill), 입법화가 이루어진다고 하여도 실질적으로 상당부분의 내용은 행정부에의 위임입법(agency regulation)이 될 가능성이 크다. 예컨대 노동관계입법이 이에 속한다고 볼 수 있다.

제3항 이념(理念)인가? 로비인가?: 실증분석

지금까지 우리는 이론적으로 볼 때 입법과 행정에 대한 이익집단의 영향력이 상당히 강할 수밖에 없음을 보았다. 그러나 엄밀히 이야기하면 이는 아직 이론

유는 소위 무임승차(無賃乘車)의 문제 때문이다. 즉 비록 당해 입법의 비용을 결국 국민 모두가 부담하게 되는 것을 알았다 하여도 왜 내가 앞장서 이를 문제삼을 필요가 있는가, 누군가 다른 사람이 이를 문제삼을 때까지 기다리면 어떨까 하는 문제 때문이다.

11) 미국의 경우 독점금지법(Anti-Trust Law)에 특히 애매모호한 표현이 많은 것(예컨대 monopolization 등)은 기업의 경영·기술환경의 변화에 보다 유연히 대응하며 경쟁정책을 추진하기를 바라는 입법자의 의도도 있었다고 판단되나 그에 못지않게 입법 당시 독과점기업들의 반대를 무마하기 위한 타협의 산물이라는 측면이 크다.

적 가능성의 영역에 속하는 문제이다. 실제로 이익집단의 영향력이 어느 정도인가는 별도의 실증분석의 결과를 보아야 한다.

그런데 실증분석의 결과를 보기 전에 한 가지 지적해 둘 사실이 있다. 지금까지 우리는 정치가는 자신의 재선만을 위해 노력하는 극히 이기적 존재, 환언하면 득표수의 극대화만을 위해 노력하는 존재로 가정하여 왔다. 과연 이 가정은 타당한가. 정치인들의 행태를 보면 분명히 자신에의 정치적 지지의 극대화만을 위해 노력하는 측면이 없지 않으나 동시에 정치인들의 행태의 상당부분은 소위 정치적 신념 내지 정치적 이념(政治的 理念, ideology)의 실현을 위해 노력하는 측면이 분명히 존재한다. 이 이념의 중요성이 지금까지 우리의 논의에서는 완전히 배제되었음을 잊어서는 안 된다.

그런데 이 이념은 인간의 행위를 설명하는 데 대단히 중요한 의미를 가진다. 한 가지 예를 들면 만일 지금까지 앞에서 이야기한 대로의 논리(예컨대, 경제적 합리성)만을 고집하는 경우 왜 사람들이 투표를 하러 가는지를 설명하기 어렵게 된다. 앞에서 본 대로 자신의 투표가 전체 투표결과에 미치는 영향은 극히 미미하고, 설사 공익에 이로운 투표결과가 나왔다고 하여도 그 혜택은 모두와 함께 나누어야 하므로 구태여 자신이 투표행위를 위해 시간 등의 비용을 지불할 이익이 없다고 판단할지 모른다. 그렇다면 대부분의 사람들은 투표장에 나가지 않아야 한다. 그런데 실제로 많은 사람들이 투표에 참여하는 것은 어떤 이유일까? 공공선택이론가(公共選擇理論家)들이 흔히 투표의 패러독스(the paradox of voting)라고 부르는 이러한 현상이 일어나는 이유는 어디에 있을까? 한마디로 그것은 교육의 힘이고 이념의 힘이라고 생각한다.[12] 투표참가는 민주사회의 시민으로서 권리인 동시에 의무이므로 투표에 참가하는 일 자체가 올바른 일이라고 생각하기 때문일

12) 일반적으로 교육수준이 높은 사람일수록 투표에의 참가율이 높다고 한다. 마골리스(H. Margolis)는 투표행위가 경제적으로 보아 합리적 행위가 아니라는 사실을 잘 알고 있는 고학력자일수록 보다 많이 투표에 참여한다는 사실을 지적하면서, 이념이라는 것이 크게 작용한다는 의미에서 시장에서의 구매활동을 통한 경제적 의사결정과 선거에서의 투표행위를 통한 정치적 의사결정 사이에 차이가 있다고 주장한다. H. Margolis, *Selfishness, Altruism, and Rationality; A Theory of Social Choice*, Cambridge University Press, 1982.

것이다.13) 투표에의 참가는 경제적 합리성(economic rationality)은 없어도 소위 칸트적 합리성(Kantian rationality)은 있기 때문이다.

이념이 이와 같이 인간의 행위결정에 중요한 역할을 한다면 결국 정치인들의 입법행위에 있어 이 "이념의 힘"과 지금까지 앞에서 논의해 온 이익집단의 "로비의 힘", 환언하면 정치인 개인의 이기적 동기(利己的 動機), 그 어느 것이 보다 결정적 역할을 하는가가 흥미로운 문제가 아닐 수 없다. 이 문제에 대한 여러 실증분석의 결과를 살펴보는 것은 동시에 앞에서 제기한 문제, 즉 우리의 입법과 행정에 이익집단의 영향력이 실제 어느 정도인가를 가늠하여 보는 문제이기도 하다.

대부분의 외국의 연구결과를 보면 이익집단의 로비의 힘도 적지 않게 작용하고 이념의 힘도 상당 정도 작용하는 것으로 나타나고 있다.14) 그리하여 두 가

---

13) 경제학자들 사이에는 투표의 패러독스도 지금까지와 마찬가지로 투표자의 이기적 동기에 기초한 비용－편익분석(費用－便益分析)을 통하여 설명하려는 시도가 끊임없이 계속되어 왔다. 그러나 생각건대 투표에의 참가는 이기적 동기보다는 교육과 이념을 통해 형성된 사회적 동기에 기초한 행위로 보는 것이 보다 합리적이라고 본다. 여하튼 비용－편익분석에 의해 이 투표의 패러독스를 설명하려는 연구노력을 보기 위해서는 특히 Dennis C. Mueller, *Public Choice* II, Cambridge University Press, 1989의 Chapter 18: the Paradox of Voting을 참조하라.

14) 경제적 이해관계의 중요성이 증명된 연구로는 Netter, "An Empirical Investigation of the Determinants of Congressional Voting on Federal Financing of Abortions and ERA", 14 *Journal of Legal Studies* 245 (1985); Primeaux, Filer, Herren, and Hollas, "Determinants of Regulatory Policies Toward Competition in the Electric Utility Industry", 43 *Public Choice* 173 (1984); Frendreis and Walterman, "PAC Contributions and Legislative Behavior: Senate Voting on Trucking Deregulation", 66 *Social Science Quarterly* 401 (1985) 등이 있다. 반면에 이념의 중요성이 드러난 연구로는 Bernstein and Anthony, "The ABM Issue in the Senate, 1968－1970: the Importance of Ideology", 68 *American Political Science Review* 1198 (1974); Goldstein, "The Political Economy of Trade: Institutions of Protection", 80 *American Political Science Review* 161 (1986); Mitchell, "The Basis of Congressional Energy Policy", 57 *Texas Law Review* 591 (1979); Kenski and Kenski, "Partnership, Ideology, and Constituency Differences on Environmental Issues in the U.S. House of Representatives: 1973－1978", 9 *Policy Study Journal* 325 (1980) 등이 있다. 특히 이념의 힘을 강조한 이론적·실증적 분석으로는 다음의 논문을 참조하라. Joseph H. Kalt and Mark A. Zupan, "Capture and Ideology in the Economic Theory of Politics", 74 *American Economic Review* 279 (1984); Joseph H. Kalt and Mark A. Zupan, "The Apparent Ideological

지 설명변수(說明變數)를 모두 사용하는 경우가 보다 큰 설명력을 가지는 것으로 드러난다.[15] 비교적 종합적인 실증분석을 한 슈로츠만과 티어니(Schlozman and Tierney)의 연구결과를 보면 이익집단의 영향력은 다음과 같은 다섯 가지 경우에 상대적으로 크게 나타난다.[16] (1) 이익집단이 새로운 입법을 시도하는 경우보다 새로운 입법의 시도를 봉쇄하려는 경우, (2) 이익집단의 목표가 포괄적이고 광범위하며 가시적(visible)인 경우보다 한정적이고 동시에 기술적이며 비가시적(invisible)인 경우, (3) 이익집단이 의도하는 목표에 여타 집단 특히 언론이라든가 주요 사회인사들의 동의와 지원이 있을 때, (4) 국회입법보다는 행정부에의 위임입법(委任立法)을 목표로 하는 경우 혹은 호의적인 정치분위기가 있는 경우, (5) 이익집단이 상당한 인력과 자원을 투자한 경우 등이 그것이다. 결국 사안에 따라 여건에 따라 이익집단의 영향력은 때로는 대단히 약할 수도 있고, 때로는 거의 결정적일 수도 있다는 이야기가 된다.

요컨대 입법행위와 행정행위에 미치는 이익집단의 영향력은 모든 경우에 결정적으로 작용하는 것은 결코 아니다. 정치인들의 정치적 신념 또는 이념 등도 경우에 따라서는 중요한 영향력을 입법과정에 미친다. 그러나 정치적 이념에 크게 반하지 않는 경제적 입법의 경우나 기타 국민적 관심이 집중되지 않는 가시성이 약한 기술적 입법의 경우에는 이익집단의 영향력이 결정적일 수가 있다. 따라서 입법과 행정에 미칠 수 있는 이익집단의 영향력에 대한 우리의 법정책면에서의 관심과 경계는 계속되어야 한다.

Behavior of Legislators: Testing for Principal-Agent Slack in Political Institutions", 33 *Journal of Law and Economics* 103 (1990).

15) Sam Peltzman, "An Economic Interpretation of the History of Congressional Voting in the Twentieth Century", 75 *American Economic Review* 656 (1985).

16) K. Scholzman and J. Tierney, *Organized Interests and American Democracy*, Harper and Row, 1986.

제 2 절
행정규제의 경제학

제1항 공익이론(公益理論)

지금까지는 입법행위를 중심으로 이익집단의 문제를 보았으나, 다음은 행정행위를 중심으로 이익집단의 문제를 보도록 하자. 정부의 행정행위 그중에서도 특히 규제행정(規制行政)에 대한 이론은 대별하여 세 가지로 나누어 생각해 볼 수 있다.

첫째는 공익이론(public interest theory)이다. 행정규제는 공익실현을 위한 정부의 행위라는 주장이다. 많은 공법학자와 과거의 경제학자들이 받아들이던 이론이다. 이 이론은 (1) 정부의 행정규제에는 거의 비용이 들지 않고, (2) 민간부문 환언하면 시장부문(market sector)은 대단히 불완전하다고 보는 두 가지 가정 위에서 있다. 그리하여 시장부문을 그대로 두면 사회적으로 바람직하지 않은 비효율과 불공정이 발생하기 때문에 정부가 행정규제를 통하여 시장에 개입하여야 한다고 주장한다.

이 이론은 시장부문의 불완전성을 주로 자연독점(natural monopoly)과 외부효과(externality)에서 찾는다. 산업의 평균생산비가 규모의 확대에 따라 지속적으로 하향하는 자연독점산업의 경우에는 주지하듯이 생산의 효율성(productive efficiency)과 배분의 효율성(allocative efficiency) 사이에 갈등이 발생한다. 생산의 효율성만을 생각하면 당해 산업에 하나의 기업만이 존재하면 충분하나 그러한 경우에는 곧 독점기업이 되어 독점이윤을 추구할 것이고, 이는 배분의 효율성을 크게 해하게 된다. 따라서 정부의 개입과 규제가 불가피하다는 주장이다. 대부분의 철도·운송·전기·가스·수도·통신·전화 등의 분야가 자연독점산업 분야에 속한다.

외부효과의 경우도 마찬가지이다. 주지하듯이 외부효과에는 정(正)의 외부효과(positive externality)와 부(負)의 외부효과(negative externality)가 있다. 그 어느 경우든지 외부효과가 존재하는 경우에는 비록 완전경쟁의 시장이라 하더라도 자원배분의 효율성은 달성되지 않는다. 정의 외부효과가 있는 산업의 경우에는 일반적으로 사회가 바람직하게 생각하는 수준보다 과소생산되는 경향이 있으므로 정부가 생산보조금 등을 지원하여 생산을 장려하여야 하고, 부의 외부효과가 있는 산업의 경우에는 반대로 과잉생산되는 경향이 있으므로 정부가 세금이나 벌금 등을 부과하거나 혹은 생산량에 대한 직접규제 등을 통하여 생산을 억제하여야 한다는 것이다. 예컨대 교육산업이나 기술개발산업과 같이 정의 외부효과가 있는 산업은 정부가 지원하고 공해유발 산업과 같이 부의 외부효과가 큰 산업은 정부가 행정규제를 통하여 이를 억제하는 것이 바람직하다는 것이다.

이와 같이 자연독점이나 외부효과 등과 같이 시장의 불완전성, 환언하면 시장실패가 있는 경우 이의 교정을 위하여 정부의 행정규제가 필요하고, 따라서 정부의 행정규제는 공익의 실현, 효율성과 공정성을 높이기 위한 노력이라고 보는 입장이 바로 공익이론이다.

그런데 공익이론에는 다음과 같은 문제가 있다. 우선 시장실패가 있을 때 행정규제를 통하여 이를 교정하면 사회전체에 이익이 된다고 하는 주장이 그대로 행정규제의 성립을 설명하는 이론이 될 수 없다는 사실이다. 사회적으로 이익이 된다고 해서 반드시 바람직한 행정규제가 일어난다고 보장할 수 없기 때문이다. 환언하면 규제실패나 정부실패가 일어나지 않는다는 보장이 없기 때문이다. 다시 강조하지만 자연독점이나 외부효과 등의 시장실패를 교정하면 분명히 사회적 이익이 되지만 이는 어디까지나 올바른 행정규제에 대한 사회적 수요가 있다는 사실을 의미할 뿐이다. 반드시 사회적으로 보아 바람직한 내용의 행정규제가 공급된다고 하는 보장은 없다. 따라서 행정규제의 공급 메커니즘에 대한 이론이 함께 제시되지 않는 한 공익이론은 당위(sollen)를 가지고 존재(sein)를 설명하려는 주장에 불과하다고 보아야 한다.[17]

이 공익이론이 가지고 있는 또 하나의 문제는 만일 공익이론이 타당하다면 정부의 행정규제가 자연독점적 산업이나 외부효과가 큰 산업에만 집중적으로 나타나야 할 터인데 실제 실증자료를 보면 반드시 그렇지 않다는 사실이다. 오히려

17) 그래서 어떤 학자들은 이 공익이론을 사실설명으로서의 규범분석(normative analysis as a positive theory)이라고 부르기도 한다. Viscusi, Vernon, and Harrington, *Economics of Regulation and Antitrust*, D.C. Heath and Co., 1992, Chapter 2를 보라.

자연독점이나 외부효과와는 관계가 없는 많은 산업들이 행정규제의 대상이 되어 있다. 예컨대 법률직, 미용사, 치과의사, 음식산업, 건축업 등에 대한 각종의 행정규제가 그것이다. 그동안의 경험을 보면 행정규제는 반드시 자연독점이나 외부효과와 관련되어 있지 않을 뿐 아니라 경우에 따라서는 규제가 사회적으로 보아 바람직하지 않은 경우도 많았고 규제받는 산업이 규제를 요구하거나 규제를 받기 위해 로비를 하는 경우도 적지 않았음을 알 수 있다.18) 그렇다면 행정규제가 과연 시장실패를 교정하기 위한 것인지 아니면 기득권을 가진 혹은 가지려는 이익집단의 이익확보를 위한 것인지 의문이 생기지 않을 수 없다.

제2항 포로이론(捕虜理論)

행정규제에 대한 두 번째 이론은 포로이론(capture theory)이다. 포로이론이란 행정규제는 공익을 위한 것이 아니라 규제받는 산업의 요구에 의해 그들의 이익신장을 위하여, 환언하면 생산자의 이익(pro-producer)을 위하여 존재하는 것이고, 시간이 지남에 따라 규제행정을 담당하는 행정부처는 당해 산업의 지배를 받게 된다는 이론이다.19) 결국은 입법부뿐 아니라 행정부처도 당해 산업의 포로가 되어 버린다는 주장이다. 마르크스(Karl Marx)의 주장도 포로이론의 하나로 볼 수 있다. 자본주의하에서는 자본가, 대기업가가 사회의 모든 제도를 지배한다. 그런데 행정규제도 사회제도의 하나인 이상 예외가 될 수 없다. 따라서 결국은 행정규제도 대기업가의 통제하에 놓이게 된다는 주장이다. 최근에는 정치학자들 사이에 이러한 포로이론을 지지하는 견해가 많이 나오고 있다.20)

---

18) 미국의 경우를 보면 예컨대 1887년의 Interstate Commerce Act의 통과로 철도회사들 간의 요금차별이 규제를 받기 시작했으나, 실은 이는 철도회사들 간의 카르텔 유지를 용이하게 해 주는 결과를 낳았을 뿐(왜 그럴까?) 소비자들이 이익에 반하는 행정규제였다. 물론 이때 철도회사들은 이 입법을 적극 지지했었다.

19) 행정규제가 결국은 생산자를 위한 제도라는 점을 잘 정리한 연구의 하나는 William A. Jordan, "Producer Protection, Prior Market Structure and the Effects of Government Regulation", 15 *Journal of Law and Economics* 151 (1972).

20) 포로이론을 포함하여 행정규제에 대한 기존의 이론들을 잘 정리한 논문으로는 Richard A. Posner, "Theories of Economic Regulation", 5 *Bell Journal of Economics and*

포로이론은 앞의 공익이론보다 행정규제에 대한 역사적 경험에 비추어 볼 때 보다 설득력을 가지는 것은 사실이다. 그러나 이 포로이론도 다음과 같은 몇 가지 문제점을 가진다. 우선 포로이론은 엄밀히 이야기하면 이론이라기보다는 가설(hypothesis)이라고 보는 편이 정확하다. 왜냐하면 행정부처와 규제산업(規制産業, regulated industry) 간의 관계를 설명하는 이론구성이 없다. 따라서 어떻게 하여 행정부처가 규제산업의 포로가 되는지 혹은 될 수밖에 없는지에 대한 설명이 없다. 또한 왜 규제산업만이 당해 행정부처에 영향을 미치는 유일한 조직이어야 하는지, 왜 당해 산업의 생산물을 소비하는 소비자단체는 규제산업의 움직임에 대항하여 당해 행정부처에 영향을 미칠 수 없는지 등에 대한 설명이 없다. 뿐만 아니라 왜 규제산업은 기존의 행정부처만을 포로로 하는지 혹시 새로운 행정부처를 창출할 수는 없는지, 만일 행정부처를 시간을 들여 포로로 만들 수 있다면 왜 처음부터 그러한 행정부처의 등장 자체를 막지 못했는지 등에 대한 설명도 없다.

끝으로 중요한 문제는 실증적인 규제의 역사와 경험을 보면 포로이론으로는 설명할 수 없는 행정규제가 적지 않다는 사실이다. 행정규제의 상당수는 규제산업의 이익을 위한 것이 아니라 소비자들의 이익을 위한 경우도 적지 않다. 예컨대 환경관련 규제라든가 제조물책임관련 규제 혹은 산업재해관련 규제 등은 명백히 소비자나 노동자들을 위한 규제이고 동시에 이는 규제산업의 이윤의 감소를 결과하기 때문에 포로이론으로는 설명할 수가 없다.

제3항 경제이론(經濟理論)

행정규제에 대한 세 번째 이론은 경제이론(economic theory)이다. 행정규제의 경제학이다. 이 경제이론은 1971년 스티글러(G. Stigler)에 의해 이론화가 시작되었고 그 이후 펠츠만(S. Peltzman)에 의하여 좀 더 일반적 이론으로 발전하였다.[21] 이 이론은 행정규제를 하나의 생산물로 보고 수요와 공급 양 측면에서 접근·분석한다.

Management Science 335 (1974)이 있다.

21) George J. Stigler, "The Theory of Economic Regulation", 2 *Bell Journal of Economics and Management Science* 3 (1971); Sam Peltzman, "Toward a More General Theory of Regulation", 19 *Journal of Law and Economics* 211 (1976).

우선 규제에 대한 수요 측면부터 보도록 하자. 정부는 행정행위를 통하여 기업이나 산업에 여러 가지 경제적 혜택을 줄 수 있다. 경제적 혜택을 줄 수 있는 방법을 몇 가지 생각해 보면, (1) 가장 직접적인 것은 보조금의 지급이다. (2) 인·허가제도나 수입쿼터 등을 통하여 새로운 경쟁자의 시장진입을 막아 줄 수 있다. (3) 대체재(代替財)의 관계에 있는 산업의 생산감소를 유도하거나, 혹은 보완재(補完財)의 관계에 있는 산업의 생산증대를 촉진함으로써 간접이익을 줄 수 있다.[22] (4) 직접적인 가격통제(price-fixing)를 통하여 경쟁기업 간의 경쟁을 막고 카르텔화를 촉진함으로써 경제적 이익을 줄 수 있다. 이 중에서도 가장 흔히 사용하고 있고 또 중요한 의미를 가지는 방법은 인허가 등을 통한 시장진입제한과 가격통제의 방법이다. 그런데 이 진입제한과 가격통제의 방식은 결과적으로 당해 산업의 독점화 내지 카르텔화를 촉진하게 된다는 점에 유의해야 한다.

일반적으로 기업이 소위 이윤을 높일 수 있는 방법에는 두 가지가 있다. 하나는 "생산의 효율성(productive efficiency)을 높이는 방법"이다. 생산성을 증가시킴으로써 보다 싼 가격으로 보다 양질의 상품을 공급할 수 있다면 그러한 기업은 시장경쟁에서 이길 것이고, 당연히 높은 이윤을 향유할 것이다. 다른 하나의 방법은 "시장지배력(market power)을 높이는 방법"이다. 비록 생산성의 향상이 없다 하여도 시장지배력을 높일 수 있다면 그러한 기업은 높은 독과점이윤을 향유할 수 있다. 그런데 시장지배력을 올리는 방법에는 두 가지가 있을 수 있다.

하나는 경제적 독점(經濟的 獨占)을 조직화하는 것이고, 다른 하나는 법률적 독점(法律的 獨占)을 조직화하는 것이다. 여기서 경제적 독점의 조직화란 동종산업의 종사자들 간의 자발적 협정을 통한 카르텔화를 의미하고, 법률적 독점이란 정부의 행정규제를 통한 당해 산업의 카르텔화를 의미한다. 따라서 기업이나 산업의 입장에서 보면 자발적 민간카르텔화와 강제적 법률카르텔화는 서로 대체관계(對替關係)에 있다고 볼 수 있다. 어느 쪽이 보다 적은 비용으로 보다 효과적으로 카르텔화를 이루어 낼 수 있느냐에 따라 특정 기업이나 산업의 선택이 달라질 수 있다. 즉 경제적 독점의 길을 선택할 수도 있고, 법률적 독점의 길을 선택할 수도 있다.

---

22) 버터 생산업자가 버터의 시장수요를 증가시키기 위해 마가린의 생산감소를 유도하고 빵의 생산증대를 유도하는 경우를 생각해 보라.

만일 동종산업의 종사자들이 모여 자발적으로 카르텔을 조직화하는 편이 보다 용이하고 그리고 비용이 적게 든다면 민간카르텔화를 시도할 것이다. 반대로 입법부나 정부를 설득하여 시장진입제한이나 가격통제 등의 행정규제를 얻어냄으로써 법률카르텔을 조직화하는 편이 보다 용이하고 비용도 적게 든다면 로비의 방법을 사용할 것이다. 그런데 주지하듯이 민간카르텔을 조직하는 데는 두 가지 어려움 내지 비용이 든다. 하나는 동종산업의 종사자들이 모여 생산량과 가격조건에 합의하는 데 드는 비용이다. 생산량과 가격조건에 대한 결정은 그대로 카르텔 구성원 각자의 이윤의 크기를 결정하기 때문에 모두가 동의할 수 있는 합의에 도달하는 것이 결코 용이하지는 않다. 다른 하나의 비용 내지 어려움은 합의된 카르텔 협정의 준수여부를 감시·감독하고 그 준수를 강제하는 데 드는 비용이다. 주지하듯이 다른 구성원들이 카르텔 협정을 준수하는데 자기만이 이를 준수하지 않고 협정가격보다 약간 낮은 가격으로 시장판매를 시작하면 막대한 이윤을 볼 수가 있다. 따라서 카르텔 협정 내부에는 이미 이를 파기할 유인이 내재하여 있다고 볼 수 있다. 그러한 상황에서 모든 구성원들이 협정을 지키는가를 감시하고 협정의 준수를 강제하는 일은 결코 용이한 일이 아니다.

물론 민간카르텔의 조직·관리비용은 개별 산업과 개별 업종의 특징과 시장상황에 따라 다르다. 민간카르텔의 조직과 관리비용이 큰 산업의 경우에는 여타 조건이 같다면 법률카르텔에의 수요, 즉 행정규제에의 수요가 높을 것이고, 반면에 민간카르텔의 비용이 작은 산업의 경우에는 행정규제에 대한 수요가 낮다고 볼 수 있다. 예컨대 회사수가 많지 않은 산업이나 업종의 경우, 동시에 생산물의 종류도 비교적 단일한 경우가 일반적으로 민간카르텔의 조직화가 용이하다고 한다. 왜냐하면 카르텔 협정의 체결 및 감시비용이 상대적으로 적기 때문이다. 만일 그렇다면 행정규제에 대한 수요는 회사수가 비교적 많은 산업이나 업종의 경우 그리고 비교적 다양한 제품을 생산하는 경우에 보다 커진다는 결론이 될 수 있다.

다음은 행정규제에 대한 공급 측면을 보도록 하자. 우선 민간카르텔과 달라서 법률카르텔의 경우에는 입법이라고 하는 일정한 정치과정이 필요하게 된다. 물론 앞에서 본 바와 같이 투표자의 합리적 무지가 있기 때문에 이익집단을 위한 특별이익입법이 가능하지만, 특별이익입법을 계속 통과시키거나 이익의 정도, 환언하면 특혜의 정도를 계속 증가시키면 일반 소비자들의 반발의 증대 내지는 유권자로부터의 정치적 지지의 감소라고 하는 정치적 비용이 반드시 발생하게 된다. 따라서 이러한 특별이익입법의 정치적 비용에 대한 보상으로서 규제를 원하는 산업은 당해 정치인 내지 정당에 정치자금을 공급하든가 아니면 자신들이 설득 가능한 지지투표수를 최대한 동원, 이를 제공하는 것이 일반적이다.[23] 여하튼 행정규제의 공급에는 일정한 정치비용이 든다는 사실의 인식이 중요하고 소비자의 반발 등의 정치비용이 있기 때문에 규제산업의 경우 이윤이 증가하기는 하되 완전독점의 경우만큼 증가하도록 허용하지는 않는 것이 일반적이다. 이 관계를 나타내는 것이 〈그림 10-1〉의 적정규제정책(適正規制政策)이다.[24]

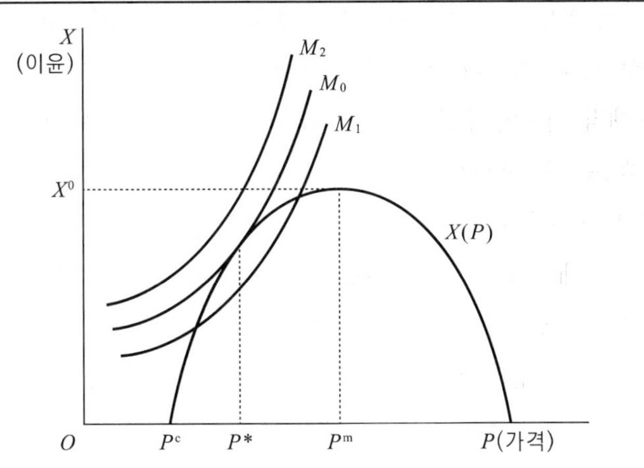

그림 10-1 적정규제정책: 펠츠만(Peltzman) 모델

〈그림 10-1〉에서 M을 정치적 지지함수(政治的 支持函數, political supporting function)라고 하자. 이 정치적 지지함수는 규제산업의 생산물의 가격이 올라갈수록 고가격에 대한 소비자들의 반발이 커져 정치적 지지는 떨어지고 반면에 규제산업의 이윤이 증가할수록 당해 규제산업으로부터의 정치적 지지(정치자금의 공급,

23) 이익집단이 입법자를 회유하여 특별이익입법을 얻어내기 위한 비용은 독재국가와 민주국가 사이에 어느 쪽이 보다 많이 들까? 소위 부패비용(腐敗費用)은 어느 쪽이 보다 클까?

24) 물론 여기서의 적정(適正)이란 정치인이 입장에서의 적정(optimal)이다. 사회적 관점에서의 적정이 아니라 사적 관점에서의 적정이다.

지지표의 동원)는 올라가는 것을 나타내고 있다. 따라서 M함수가 좌측 상단 쪽으로 이동할수록 전체적으로 보아 보다 큰 정치적 지지를 획득함을 의미한다.

다음은 X이다. 이 X는 규제산업의 이윤함수(規制産業의 利潤函數, profit function)로서 이윤을 생산물가격의 함수로 나타내고 있다. 〈그림 10－1〉에서 P^c는 완전경쟁시장가격으로 이때 기업이윤은 영(零)이다.[25] 그리고 P^m은 독점시장가격으로 이때의 기업이윤은 X^0이다. 이상과 같은 상황에서 정치가에의 정치적 지지를 극대화하는 P의 수준을 찾아보면 이는 P^*가 됨을 알 수 있다. 결국 이 P^*가 정치가의 입장에서 볼 때 가장 적정한 규제수준이라고 볼 수 있다. P를 P^*수준 이상으로 올리면 소비자의 반발로 인한 정치적 지지의 감소의 정도가 규제산업에 의한 지지증가의 정도보다 크기 때문에 전체적 지지의 수준은 줄어든다. 반대의 경우에는 규제산업의 지지의 감소정도가 소비자의 지지의 증대 정도보다 크기 때문에 역시 전체적 지지의 수준은 줄어든다. 따라서 P^*가 가장 정치적 지지를 극대화하는 규제수준이 된다.[26]

〈그림 10－1〉에서 우리는 몇 가지 흥미 있는 사실을 알 수 있다. 우선 행정규제의 경우 규제산업이 독점이윤을 100% 실현할 수 있는 수준까지는 규제하지 않는다는 사실이다. 그리고 다음으로 자연독점산업(自然獨占産業)이나 완전경쟁(完全競爭)에 가까운 산업의 경우가 행정규제의 대상이 될 가능성이 보다 크다는 사실이다. 이 두 극단의 경우가 행정규제를 통하여 정치인이 자신의 정치적 지지를 극대화하는 데 보다 큰 효과가 있기 때문이다. 환언하면 규제의 효과(정치적 지지의 증대)가 완전독점과 완전경쟁의 경우가 예컨대 과점의 경우보다 크다는 이야기이다.[27]

---

25) 왜 기업이윤이 영(零)인가?

26) 여기서 한 가지 주의할 사실은 수요 측면에서의 규제의 내용과 공급 측면에서의 규제의 내용은 같을 수도 상이할 수도 있다는 점이다. 수요 측에서의 규제는 당연히 당해 산업에 이익이 되는 규제만을 의미한다. 그러나 공급 측에서의 규제는 정치가의 정치적 지지의 극대화가 목적이기 때문에 규제산업에 이익이 되는 규제도 있을 수 있고 손해가 되는 규제도 있을 수 있다. 예컨대 규제산업에 이익이 되는 규제는 가격상향조정허용(價格上向調整許容)이나 타기업의 시장진입의 봉쇄로 나타날 수 있으며, 반면에 규제산업에 손해가 되는 규제는 가격의 하향조정강제(下向調整强制)나 경쟁촉진정책으로 나타날 수 있다.

27) 왜 그럴까?

한편, 베커(G. Becker)는 앞에서 본 스티글러와 펠츠만의 이론을 더욱 발전시켜서 특정한 행정규제 또는 특별이익입법을 얻기 위한 이익집단 사이의 경쟁과 상호작용을 고려한 규제이론을 만들어서 보다 현실의 규제를 잘 설명하려는 노력을 시도한 바 있다.[28]

이상에서 우리는 행정규제의 수요의 측면과 공급의 측면을 살펴보았다. 결국 어떠한 행정규제가 현실로 등장하느냐 하는 것은 수요 측 사정과 공급 측 사정을 동시에 보지 않으면 안 된다. 수요 측 이해와 공급 측 이해가 일치할 때 행정규제는 비로소 현실화된다고 본다. 이상이 바로 행정규제에 대한 경제이론의 주 내용이다.

그러면 경제이론의 입장에서 지금까지의 논의를 정리하여 행정규제시장에서는 어떠한 특징들이 예상되는가를 요약해 보도록 하자.

① 소규모산업이나 직종보다 대규모산업이나 직종의 경우가 행정규제를 수요할 가능성이 보다 크다. 왜냐하면 대규모의 경우에는 민간카르텔이 형성되기 어렵기 때문이다. 동시에 대규모의 경우에는 큰 지지투표수와 큰 정치자금을 동원할 수 있기 때문에 공급측면에서도 유리할지 모른다. 그러나 대규모 산업에 규제를 통한 특혜를 주는 것은 쉽게 드러나기 때문에 정치적으로 비용이 많이 들어 공급측면에서 볼 때 오히려 불리할 수도 있다.

② 그러나 농업 등과 같이 규모가 아주 큰 산업의 경우에는 비록 수요 측에서는 무임승차의 문제 등으로 조직화가 어려워 규제에 대한 수요가 약하지만 공급측을 보면 정치인들 스스로가 기업가적 기능(entrepreneurial function)을 발휘하여 오히려 규제공급에 앞장설 가능성도 높다. 왜냐하면 농업은 대단히 큰 지지투표수를 보유하고 있기 때문이다.

③ 공급 측 사정만을 보면 입법의 이익이 소수에게 집중되고 입법 결과로 발생하는 비용은 다수에게 분산되는 그러한 내용의 규제의 경우가 성립하기 쉽다. 왜냐하면 투표자의 합리적 무지라는 일반 가정 아래 그러한 입법의 통과가 상대적으로 정치비용이 덜 들기 때문이다. 그러한 의미에서는 소수가 강하게 원하는 규제의 경우가 성립이 용이하다. 그러나 최종적으로는 수요 측도 함께 고려해 보

---

28) Gary Becker, “A Theory of Competition Among Pressure Groups for Political Influence”, *Quarterly Journal of Economics* 98 (1983)

아야 한다. 즉 그러한 소수가 민간카르텔을 자발적으로 조직화하지 못할 어떤 사정이 있을 때 비로소 규제의 현실적 성립은 가능해지는 것이다.

④ 행정규제는 일반적으로 규제산업의 이익을 위해 존재한다. 그러나 규제의 수준은 규제산업의 독점이윤의 100% 실현을 보장하는 데까지는 가지 않는다. 규제산업 생산물의 가격인상에 대한 소비자들의 반발이 규제공급의 정치적 비용으로 작용하기 때문이다.

⑤ 행정규제는 완전경쟁적 시장산업과 자연독점적 시장산업의 경우에 나타날 가능성이 크다. 왜냐하면 〈그림 10－1〉에서 본 바와 같이 과점적 시장산업의 경우보다 위의 두 경우에의 행정규제가 정치인에 대한 정치적 지지를 보다 높이기 때문이다. 이는 물론 공급 측 중심의 이야기이나 수요 측 사정을 보아도 과점의 경우에 규제에 대한 수요가 완전경쟁의 경우보다 적다고 보는 것이 합리적이다. 왜냐하면 완전경쟁의 경우보다 과점의 경우가 민간카르텔화가 보다 용이하기 때문이다. 자연독점의 경우 당해 산업으로부터의 규제수요는 없으리라고 본다. 그러나 규제공급의 측면에서 보면 자연독점의 경우에도 규제를 하여 독점가격을 하향조정시키는 것이 소비자로부터의 정치적 지지의 극대화에 보다 유리하기 때문에 정치가의 입장에서 규제의 이익이 크다.[29] 실증적으로도 철도·통신·전화·전기 등 자연독점산업에 행정규제가 많고, 동시에 완전경쟁에 가까운 산업, 예컨대 버스·이발소·음식점·농업 등에도 행정규제가 많은 것으로 나타난다.

---

29) 앞에서의 농업의 경우와 대비하면 흥미롭다. 농업의 경우에는 규제수요는 약하나 정치적 지지획득을 위해 규제의 공급이 일어난다고 하였다. 여기의 자연독점의 경우에도 마찬가지로 규제수요는 없다. 그러나 정치적 지지획득을 위해 규제의 공급이 일어난다. 다만 차이는 농업의 경우에는 농업보호의 방향으로의 규제이나 여기서는 소비자보호의 방향으로의 규제, 자연독점에 대한 부정적 방향으로의 규제임이 다르다.

제2장 대의제 민주주의의 위기

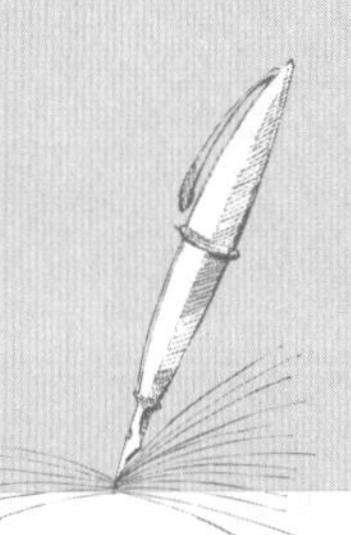

제 1 절
다수결원리와 중위투표자(median voter)

법학이 연구대상으로 하는 여러 법현상 중 매우 중요한 성문법은 반드시 입법과정을 통하여 성립한다. 따라서 입법과정이라는 일종의 정치과정이 가지고 있는 여러 특징과 문제들에 대하여 정확히 이해하는 것은 성문법연구, 나아가 법학연구에 있어 가장 기본적 과제의 하나라 하겠다. 앞장에서 우리는 입법과정과 행정과정에 미치는 이익집단들의 영향력에 대하여 고찰해 보았다. 여기서는 입법과정 자체가 가지고 있는 문제, 입법과정 속에 내재하는 몇 가지 문제들을 살펴보도록 하자.

우선 지적할 수 있는 문제는 입법의 의사결정과정에서 채택하고 있는 다수결원리(majority voting rule)가 가지고 있는 문제이다. 물론 다수결원리 이외에도 완전합의제, 혹은 2/3찬성제 등 여러 형태의 의사결정원리가 있을 수 있으나 일반적으로 단순다수결원리가 입법과정에 있어 가장 지배적인 의사결정원리이다.[1)]

공익실현을 목표로 다수결원리를 통하여 입법적 의사결정을 할 때, 환언하면 공공재의 공급량을 결정할 때 어떠한 문제들이 등장하는가를 보기 위해 〈그림 10－2〉를 활용해 보도록 하자. 예컨대 국회의원 3인이 있다고 가정하고 이들이 다수결원리에 따른 투표를 통해 사회보장수준(예컨대 실업보험의 급여기간)을 정하

---

1) 과연 다수결원리가 최적(optimal)의 의사결정원리인가에 대한 이론적 연구는 이미 오래 전부터 있었다. 대표적인 연구로 다음을 보라. J. M. Buchanan and G. Tullock, *The Calculus of Consent*, University of Michigan Press, 1962.

‖그림 10-2‖ 다수결원리에 의한 공공재공급량의 결정

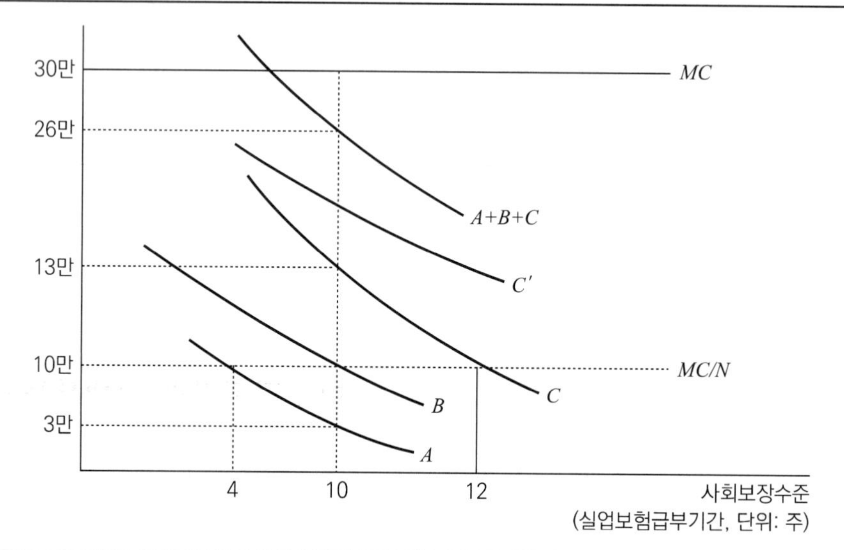

는 입법을 하려 한다고 하자. 〈그림 10-2〉에서 *A*, *B*, *C*는 국회의원 3인이 공익을 위해 최선이라고 생각하는 각자의 사회보장수요곡선이다. 더 정확히 표현하면 각각의 상이한 사회보장수준이 이들 국회의원들에게 주는 한계효용 내지 한계이익을 의미한다. 그리고 여기서는 논의의 단순화를 위하여 사회보장공급산업은 한계비용이 일정한 산업(constant marginal cost industry)이라고 가정하자. 환언하면 사회보장수준을 한 단위씩 높일 때 한계비용의 체감이나 체증이 없다고 가정하자. 그리고 물론 사회보장비용은 모든 사람이 골고루 세금의 형태로 부담한다고 보자. 그러면 1인당 부담하는 세금은 MC/N이 된다(여기서 MC는 한계비용이고 N은 그 사회의 구성원수이다).

이상과 같은 경우 다수결원리에 따라 투표를 하면 어떠한 결과가 나올까? 우선 사회보장수준, 구체적으로는 실업보험의 급여기간을 4주(週)로 할 것인지 여부를 가지고 투표를 한다면 *A*, *B*, *C* 모두가 찬성을 할 것이다. 왜냐하면 4주라는 급여기간이 각자에게 주는 한계효용이 각자가 부담해야 하는 한계비용(세금)인 10만원 수준보다 크거나 최소한 같기 때문이다. 그런데 이 4주는 다수결원리의 균형점이 될 수 없다. 왜냐하면 급여기간을 보다 늘리자는 주장이 *B*와 *C*로부터 당

연히 나올 것이기 때문이다. 이 4주의 급여기간은 *B*, *C*에게는 아직 한계효용(이익)이 한계비용보다 큰 점이기 때문이다. 그러면 급여기간을 10주로 할 것인지 여부를 놓고 투표를 한다면 어떻게 될까? *A*는 반대하나 *B*와 *C*는 찬성을 하여 다수결원리에 의해 결국은 10주안은 통과될 것이다. 그러면 12주안은 어떻게 될까? 이 안은 *C*만이 찬성하고 *A*와 *B*는 모두 반대하게 되어 부결될 것이다. 결국 위의 경우 다수결원리에 의한 결정의 최종균형점은 10주가 될 것이다.

이상의 간단한 예는 다수결원리가 가지고 있는 몇 가지 중요한 문제점 내지 특징들을 알려주고 있다. 첫째, 다수결원리를 통한 의사결정에서는 결국 중위투표자(median voter)의 선호가 그 결과를 지배하게 된다는 것이다. 위의 예에서는 중위투표자인 *B*의 선호가 최종결과를 결정하여 10주안이 통과되었다. 이 10주안은 *B*의 한계효용과 한계비용을 일치시켜 주는 안이다. *A*는 10주 미만을 원했고 *C*는 10주 이상을 원했으므로 결국 *B*만이 완전히 만족하고 다른 사람들은 모두 만족하지 못하게 되었다. 따라서 다수결원리는 흔히들 이해하듯이 다수를 만족시켜 주는 결정원리라기보다는 중위투표자를 만족시켜 주는 원리이다.

둘째, 투표자 개인의 선호의 강도(intensity of preference)나 그 변화는 투표결과에 크게 작용하지 못한다. 예컨대 위의 〈그림 10－2〉에서 사회보장수준에 대한 *C*의 선호가 크게 변화하여 그의 사회보장수요곡선이 *C*에서 *C'*로 이동했다고 하자. 그러나 이와 같은 선호의 변화는 투표의 결과에 아무런 영향을 미치지 못한다.[2)]

---

2) 일인일표의 다수결원리하에서도 개인 선호의 강도나 강도의 변화가 투표결과에 영향을 줄 수 있는 방법이 전혀 없는 것은 아니다. 하나의 가능성은 소위 음성적 투표교환제(陰性的 投票交換制)이다. 예컨대 3인이 두 가지 안건에 대하여 투표하는 경우 3인 중의 1인이 두 가지 안건 중 하나의 통과를 몹시 원한다면, 환언하면 그 안건에 대한 선호의 강도가 대단히 높다면 그 사람을 다른 한 사람과 음성적으로 담합하여 다른 안건에서의 협조 내지 양보를 약속하고 자신이 강하게 원하는 안건의 통과를 이루어낼 수 있다. 이 음성적 투표교환제는 현실에서 적지 않게 활용되고 있는 것으로 알려져 있다. 특히 다수의 횡포로부터 소수의 권익신장을 위해 이 투표교환제(投票交換制)가 사용되는 경우도 있다. 종합적으로 이 투표교환제가 사회적 후생을 증가시키는가 아닌가의 논쟁이 흥미롭다. 다음을 참조하라. G. Tullock, "Some Problems of Majority Voting", 67 *Journal of Political Economy* 571 (1959); T. Schwartz, "Voting Trading and Pareto Efficiency", 24 *Public Choice* 101 (1975); W. H. Riker and S. J. Brams, "The Paradox of Voting Trading", 67 *American Political Science Review* 1235 (1973). 이 투표교환제가 실제로

오직 중위투표자의 선호에 변화가 있을 때에만 투표결과가 달라질 수 있다. 따라서 많은 사람들이 정부가 시민들의 요구 혹은 요구의 변화에 충분히 답하지 않는다고 불만을 가지는 것은 다수결원리의 한계에서 오는 당연한 결과일 수 있다.

셋째, 다수결원리는 반드시 경제적으로 효율적인 결과를 보장하는 메커니즘이 아니다. 주지하듯이 효율적인 결과가 되려면 위의 예에서 전체 사회보장제도의 한계비용이 개개인의 한계효용의 합과 일치하여야 한다. 그러나 실제 위의 〈그림 10−2〉를 보면 최종 결정된 10주안의 경우, 제도도입의 한계비용은 30만원인데 개개인의 한계효용의 합은 26만원(=3+10+13)으로 한계비용이 한계효용보다 크다. 결국 사회적 관점에서 보면 10주안은 과도한 셈이고 그만큼 비효율적이라고 볼 수 있다.

다수결원리에 기초한 투표에 있어 중위투표자의 중요성(median voter theorem)은 양당제도(兩黨制度)하의 선거에 대한 연구를 통해서도 간단히 증명될 수 있다.[3] 예컨대 특정 정책이슈에 대한 유권자들의 정치적 성향을 진보와 보수로 나누어 이를 〈그림 10−3〉에서와 같이 *X*축에 나타내고 *Y*축에는 각각의 성향별 유권자들의 분포를 그려보자. 그리고 여기서 *M*은 중위투표자의 입장을 표시하는 것으로 보고, *A*당의 정책노선을 A^*로 *B*당의 정책노선을 B^*로 표시하도록 하자. 그러면 선거에서는 *B*당이 승리할 것을 쉽게 예상할 수 있다. 왜냐하면 A^*와 B^*의 정가운데 있는 C^*의 왼쪽에 있는 유권자들은 *A*당을 지지할 것이고, C^*의 오른쪽에 있는 유권자들은 *B*당을 지지할 것인데, C^*가 *M*보다 왼편에 위치하고 있어 결국 C^*의 오른편에 있는 유권자의 분포가 C^*의 왼편에 있는 유권자의 분포보다 크기 때문에 다수결원리에 따르면 *B*정당의 승리가 되지 않을 수 없다. 이 사실을 양정당이 안다면 서로 자신의 정책노선을 가능한 한 중위투표자의 정치적 성향에

얼마나 존재하는지, 그리고 투표결과에 대한 영향력은 어떠한지를 본 흥미 있는 실증분석으로는 Thomas Stratmann, "The Effects of Logrolling on Congressional Voting", 82 *American Economic Review* 1162 (1992)이 있다.

3) 이 문제를 최초로 분석한 학자는 호텔링(H. Hotelling)이다. 그 이후 다운스(A. Downs) 등에 의해서 보다 발전되어 왔다. H. Hotelling, "Stability in Competition", 39 *Economic Journal* 41 (1929); A. Downs, *An Economic Theory of Democracy*, Harper and Row, 1957.

맞추려 노력할 것이고, 따라서 여기의 예에서도 중위투표자의 정치적 성향이 선거에서 승리하는 정당의 정책노선을 결정하는 셈이 된다. 결국 중위투표자의 정치적 선호의 중요성이 다시 한 번 입증되었다.4)

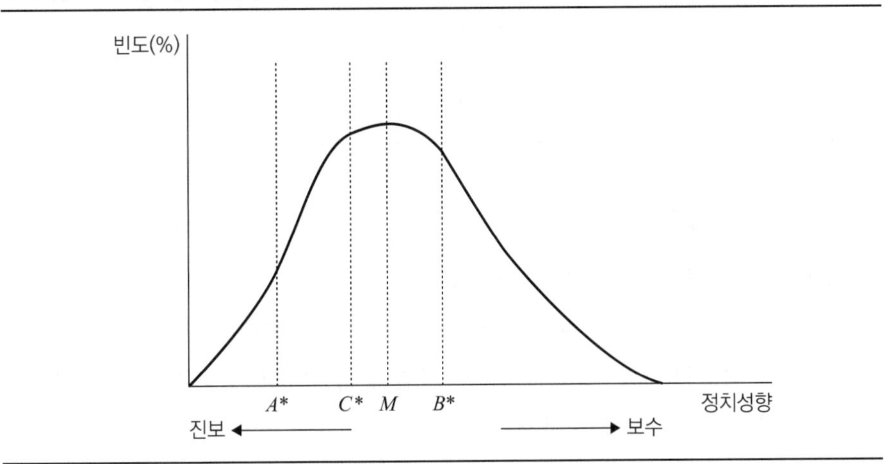

그림 10-3 다수결원리의 중위투표자

제 2 절
다수결원리와 애로우의 정리(Arrow's Theorem)

앞 장에서는 입법과정과 행정과정, 환언하면 공익의 내용을 확정해 나가는 과정에서 이익집단의 영향을 분석하였으나 여기서는 입법적 의사결정과정, 환언하면 공익의 내용을 확정하는 투표과정 자체가 가지고 있는 특징과 문제점들을 살펴보고 있다. 앞 절에서는 다수결원리와 관련하여 중위투표자의 중요성에 대하여 분석하였으나, 본 절에서는 다수결원리와 관련하여 사이클 현상(cycling)을 살펴보도록 한다.

---

4) 위의 〈그림 10-3〉에서는 유권자들의 정치적 성향이 정상분포(正常分布, normal distribution)를 하는 것을 가정하였다. 일반적으로 소득분배는 대수정상분포(代數正常分布, log normal distribution)를 하는 것으로 알려지고 있다. 유권자들의 정치적 성향이 소득분배의 경우와 마찬가지로 대수정상분포를 한다고 해도 위의 설명은 여전히 유효하다. 왜 그럴까?

예컨대 공립학교에 대한 정부지원의 폭에 대한 국회의원들의 선호가 〈표 10－3〉과 같은 경우가 있다고 하자. 이러한 경우 투표를 한다면 어떠한 결과가 나올까?

‖ **표 10-3** ‖ 정부지원폭에 대한 선호도

국회의원 갑: 대폭 > 소폭 > 중폭
국회의원 을: 중폭 > 대폭 > 소폭
국회의원 병: 소폭 > 중폭 > 대폭

우선 대폭지원안(大幅支援案)과 소폭지원안(小幅支援案)을 상정하여 투표를 하면 대폭지원안이 통과될 것이다. 왜냐하면 국회의원 갑, 을이 대폭안을 지지하고 오직 병만이 반대할 것이기 때문이다. 다음은 통과된 대폭안과 새로운 안인 중폭안을 가지고 투표를 하면 어떻게 될까? 당연 중폭안이 지지될 것이다. 왜냐하면 이제 을, 병이 중폭안을 지지하고 오직 갑만이 반대할 것이기 때문이다. 그러면 여기서 투표를 마치면 중폭안이 최종안으로 확정되겠지만 여기서 다시 최종안인 중폭안과 최초의 안인 소폭안을 다시 한번 상정하여 투표를 한다면 그 결과는 어떻게 될까? 여기서는 다시 소폭안이 통과될 것이다. 왜냐하면 이제 소폭안을 갑, 병이 지지하고 을만이 이를 반대할 것이기 때문이다. 결국 투표의 결과는 사이클을 그리며 끊임없이 반복되므로 안정적인 균형, 최종결과란 있을 수 없게 된다. 이러한 현상을 투표의 사이클 현상(cycling 혹은 cyclical majority phenomenon)이라고 한다.5) 다수결원리와 관련된 투표의 사이클현상은 두 가지 문제를 야기한다.

첫째는 투표결과가 안건상정(案件上程)의 순서를 결정하는 사람, 즉 소위 안건상정 순서확정자(案件上程 順序確定者, agenda setter)의 뜻에 따라 얼마든지 달라질 수 있다. 예컨대 위의 예에서 소폭안과 중폭안을 먼저 상정하고 그 결과와 대폭안을 다시 투표한다면 최종안은 대폭안이 될 것이다. 그러나 중폭안과 대폭안을 먼

---

5) 이 현상을 "사회적 선호의 비이행성(非履行性, intransitivity of social preference)"이라고 표현하기도 한다. 즉 개인의 선호의 경우에는 $A>B$이고 $B>C$이라고 해도 $A>C$가 아닐 수 있다는 것이다. 환언하면 $A<C$일 수도 있다는 것이다. 투표의 사이클링현상이 일어날 때 바로 이 선호의 비이행성이 존재하는 셈이다.

저 상정하고 그 결과와 소폭안을 다시 투표하도록 한다면 최종안은 소폭안이 될 것이다. 이와 같이 투표결과가 안건상정 순서에 따라 크게 달라지게 된다. 결국 다수의 의견이 아니라 안건상정 순서확정자의 뜻이 투표의 결과를 지배하게 된다.

둘째는 투표의 사이클 현상이 있게 되면 투표자들이 전략적 행위(strategic behavior)를 하게 된다. 안건의 상정순서를 보고 자신이 보다 선호하는 안의 통과를 위해 자신의 진정한 선호를 숨기고 거짓선호를 드러내는 전략적 행위를 하게 된다. 예컨대 위의 예에서 안건의 상정순서가 소폭안과 중폭안을 투표한 다음에 그 결과와 대폭안을 투표하는 것으로 확정되었다고 하자. 그러면 최종안이 대폭안이 될 가능성이 많아진다. 그러면 대폭안을 가장 싫어하는 병은 최초의 투표에서 자신의 진정한 선호인 소폭안을 지지하지 않고 그 반대로 중폭안을 지지함으로써 중폭안을 통과시키고, 그 결과와 대폭안을 경쟁시켜 결국 자신이 피하고 싶은 대폭안의 최종안 확정을 봉쇄할 수 있게 된다. 이러한 전략적 행위를 병만이 아니라 모두가 한다면 투표결과는 전혀 예측할 수 없게 되고 모든 경우가 가능하며, 그 최종결과는 각자의 선호와는 전혀 무관한 것이 될 수도 있게 된다.[6)]

요컨대 투표의 결과가 사이클현상으로 인하여 다수의 의견이나 선호를 반영하는 것이 아니라 안건상정 순서확정자의 뜻을 반영하는 것으로 끝나거나, 아니면 투표자들의 전략적 행위로 인하여 투표의 결과가 투표자의 진정한 의견이나 가치 등을 반영하지 못하고 전혀 예측할 수 없게 되어 버린다. 이것을 소위 "혼돈의 정리(混沌의 定理, chaos theorem)"라고 한다.

그러면 이러한 혼돈의 정리를 성립시키는 투표의 사이클 현상은 얼마나 일반적인 것으로 보아야 할까? 이론적으로 볼 때 이러한 사이클 현상은 투표자의 선호가 소위 단일정상선호(單一頂上選好, single peaked preference)의 경우가 아닌 때에만 발생한다. 위의 예에서 갑, 을, 병 각자의 선호의 강도를 그려보면 〈그림 10-4〉의 경우와 같이 나타날 것이다. 이를 보면 알 수 있지만 을과 병의 경우에는 단일정상선호이다. 즉 을의 경우에는 중폭안에서 선호의 단일정상이 형성되고 병의 경우에는 대폭안에서 단일정상이 형성된다. 그러나 갑의 경우를 보면 소폭안에서도 정상이

6) 여기에서의 전략적 행위 속에 앞에서 본 투표의 음성적 교환가능성(logrolling)까지를 포함시켜서 생각해 보라.

형성되고 동시에 대폭안에서도 정상이 형성된다. 환언하면 단일정상선호가 아니라 갑의 경우에는 복수정상선호(複數頂上選好, double-peaked preference)이다. 투표자 모두가 단일정상선호라면 소위 투표의 사이클 현상은 발생하지 않는다. 그러나 투표자 중의 일부라도 복수정상의 선호가 있는 경우에는 항상 사이클현상이 발생한다.

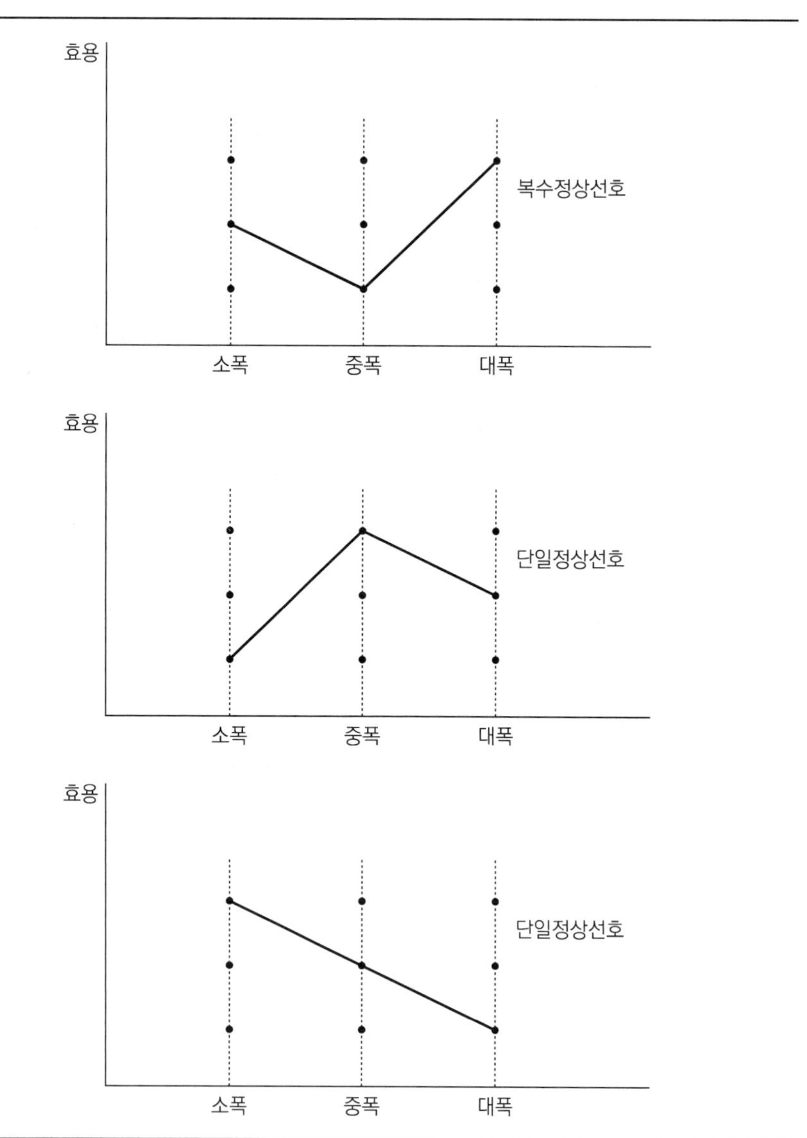

그림 10-4 투표의 사이클 현상

갑의 경우와 같은 복수정상선호는 어떤 경우에 발생할까? 위의 예에서 생각을 해 보자. 갑의 경우란 예컨대 어떤 사람이 공교육의 질이 자신이 생각하는 일정수준 이상이 되지 않으면 자식들을 사교육 기관에 보내려 생각하고 있는 경우에 나타나기 쉬운 선호의 형태이다. 그는 비록 세금부담이 증가되더라도 공교육을 많이 지원하여 그 질을 크게 높일 것을 바라고 그럴 때는 자신의 자식도 공교육 기관에 보내려 하고 있기 때문에 그의 선호에서 가장 높은 것은 대폭지원안이다. 그러나 그렇게 하지 못할 바에는 자식들을 사교육 기관에 보내려고 생각하고 있으므로 오히려 세금의 부담이 가장 적은 소폭안이 그 다음의 선호가 될 수 있을 것이다. 중폭지원안은 세금의 부담만 증가시킬 뿐 자신의 자식들은 여전히 사교육 기관에 보낼 수밖에 없으므로 가장 선호도가 낮은 안이 될 것이다. 이상과 같은 경우에 소위 복수정상선호가 발생할 수 있다. 그렇다면 이러한 경우가 극히 예외적인 경우일까? 그렇게 보기 어려울 것이다. 오히려 우리의 주위에서 비교적 드물지 않게 발견될 수 있다. 그렇다면 사이클 현상은 결코 예외적인 현상으로 볼 수 없다.

특히 상정안건이 단일안건이 아니라 복수안건인 경우, 즉 공교육지원확대안과 사교육지원확대안이 동시에 상정된 경우, 혹은 교육지원안과 동시에 농산물가격지지안이 함께 상정된 경우 등에는 소위 복수 내지 다수 정상선호(multiple-peaked preference)는 보다 일반적인 현상이 될 수 있다.[7)]

또 하나 지적할 사항은 특히 소득분배와 관련된 안건의 경우는 거의 대부분이 투표의 사이클 현상을 벗어날 수 없다는 사실이다. 예를 들어 보자. 1,000만원을 10명에게 나누어 주는 경우를 투표에 의해 다수결원리로 정한다고 하자. 우선 먼저 모든 사람에게 100만원씩 나누어 주는 첫째 안이 성립할 수 있다. 그러나 이 첫째 안은 10명 중 6명에게만 약 166.67만원씩 나누어 주고 4명에게는 전혀 주지 않는다는 둘째 안과 투표하면 다수결에 의해 질 것이다. 그런데 이 둘째 안은 다시 앞에서 소외되었던 4명에게 125만원씩 주고 앞의 6명 중 2명에게만 250만원씩

---

7) 복수안건의 경우 복수(複數) 내지 다수정상선호(多數頂上選好)의 발생가능성에 대하여는 G. Kramer, "On a Class of Equilibrium Conditions for Majority Rule", 41 *Econometrica* 285 (1973)를 보라. 물론 투표시마다 단일안건을 상정하면 그만큼 사이클 현상의 발생을 줄일 수는 있다.

주기로 하는 셋째 안과 경쟁하면 다수결에 의해 질 것이다. 결국 어떤 안이 나오든 그 안을 다수결에 의해 이길 수 있는 새로운 안을 고안해 낼 수 있어 결국 소득분배와 관련된 안건에서는 투표의 사이클 현상이 가장 극심한 형태로 나타나게 된다. 환언하면 안정된 균형, 안정된 최종결과라는 것이 존재할 수 없게 된다.8)

다수결원리와 관련된 이러한 문제를 피해갈 수 있는 길은 없는가? 다수결원리 이외의 방법으로 공익의 내용을 결정할 수는 없을까? 다수결 원리 이외의 방법으로 개개인의 선호를 집합하여 사회적 선호를 확정하는 방법은 없을까? 결론부터 이야기하면 공익내용의 확정을 위한 바람직한 방법, 사회적 선호를 만들기 위한 개인선호의 바람직한 집합방법은 존재하지 않는다. 이미 앞에서 본 바와 같이 다수결원리도 그러한 방법이 아닐 뿐 아니라 다른 방법도 존재하지 않는다. 단순다수결(單純多數決)이 아니라 2/3찬성제(two-third majority)를 사용하여도 마찬가지이고 찬반투표제가 아니라 순위투표제(順位投票制, rank-order voting)를 사용하여도 바람직한 방법이 되지 못한다. 요컨대 공익확정의 바람직한 방법, 개인선호의 바람직한 집합방법은 없다. 이것이 바로 애로우의 정리(Arrow's Theorem) 혹은 애로우의 불가능정리(不可能定理, Arrow's Impossibility Theorem)이다.9)

좀 더 구체적으로 설명하면 애로우의 정리는 다음과 요약할 수 있다. 즉 누구나 비교적 합리적이라고 생각할 수 있는 다음과 같은 다섯 가지 조건을 만족시키는 개인선호의 집합방법, 환언하면 사회적 선호(social preference 혹은 social welfare)의 확정방법은 존재할 수 없다. 그 존재가 이론적으로 불가능하다는 것이다. 그 다섯 가지 조건이란 (1) 최소의 합리성(minimum rationality), 즉 사회가 *A*보다 *B*를 선호하고 *B*보다 *C*를 선호하면 그 사회는 *A*보다 *C*를 선호한다고 보아야 한다. (2) 파레토원리의 성립(Pareto standard), 즉 어떤 개인이 *A*보다 *B*를 선호하는데

---

8) 흔히 정부정책에 일관성이 없다든가 혹은 정부정책이 불안정하다든가 등의 지적을 자주 접하는바 그 이유의 일단은 바로 여기서 이야기하는 사이클 현상과 깊이 관련된다고 보아야 한다. 어떤 의미에서는 투표라는 정치과정 자체 속에 이러한 일관성 부족과 불안정성이 내재되어 있다고 보아야 할 것이다. 문제는 어떠한 제도적·법적 장치를 통하여 정치과정에 나타나는 이러한 구조적 문제를 최소화할 것인가이다. 이 문제에 대하여는 뒤에 다시 논하겠으나 우선 각자 생각해 보라.

9) Kenneth Arrow, *Social Choice and Individual Values*, 2nd ed., Wiley, 1963.

다른 사람들은 이 문제에 대하여 특별한 선호가 없다면 사회는 *A*보다 *B*를 선호한다고 보아야 한다. (3) 독재자(獨裁者)의 부재(non-dictatorship), 즉 사회적 선호를 확정하는 독재자가 존재하지 않는다. (4) 독립성의 원칙(independence of irrelevant alternatives), 즉 현재 상정된 안건에 포함되어 있지 않은 안건은 현재 안건의 선호결정에 영향력을 주지 않는다. (5) 보편성(普遍性)의 원칙(universal applicability), 즉 특수한 안건에 대해서만이 아니라 모든 경우의 선호결정에 적용될 수 있는 것이어야 한다. 이상과 같이 비교적 합리적으로 보이는 다섯 가지 조건을 만족시키는 공익확정의 방법, 환언하면 개인선호(個人選好)의 집합방법(集合方法)은 존재할 수 없다는 것을 애로우는 수학적으로 증명하였다.10)

이상의 논의는 결국 법학에 특히 공법학(公法學)에 어떤 의미를 가지는가? 제1장에서는 법의 내용을 확정하는 입법과정에, 환언하면 공익의 내용확정과정에 이익집단이 미칠 수 있는 영향력의 문제를 봄으로써 공익의 내용이 왜곡될 수 있는 위험성을 살펴보았다. 그런데 이제는 제2장에서 투표의 사이클 현상과 애로우의 불가능정리를 통하여 공익이란 개념 자체의 성립이 불가능할 수 있음을 우리는 보게 되었다. 그렇다면 우선 법해석학(statutory interpretation)에 큰 문제가 발생하지 않을 수 없다. 예컨대 무엇을 가지고 입법취지(legislative intent)라고 볼 것인가? 아니 입법취지란 과연 존재할 수 있는가? 존재할 수 있다고 하여도 우리가 과연 인식할 수 있는가?

리커(Riker) 교수는 투표에는 사이클 현상도 있고 전략적 행위도 얼마든지 있을 수 있기 때문에

> "투표의 결과, 환언하면 사회적 선택의 결과라는 것은 투표자의 진정한 선호일 수도 있고, 성공한 전략적 행위의 결과일 수도 있으며, 아니면 우연의 결과일 수도 있고, 혹은 안건상정 순서를 결정하는 사람의 의도된 결과일 수도 있다. 아니면 이 모든 것의 일시적이고 우연한 조합일 수도 있다."11)

---

10) 애로우의 증명방법보다 좀 더 간략한 증명방법을 보려거나 혹은 위의 다섯 가지 조건을 만일 하나씩 줄여 나갈 때 어떤 결과가 나오는가 등을 보려면 Dennis C. Mueller, *Public Choice* II, Cambridge University Press, 1989, Chapter 20을 참조하라.

11) William Riker, *Liberalism Against Populism; A Confrontation Between the Theory of Democracy and the Theory of Social Choice*, 1982, p. 167.

라고 주장한다. 실제 입법의 결과는 입법자의 진정한 의지와는 얼마든지 다를 수 있을 뿐만 아니라, 아니 오히려 국회가 단일입법의지를 가진다고 보는 것 자체가 문제일 수 있다는 주장이다.

이스터브루크(Easterbrook) 판사도 같은 문제의식하에서 다음과 같이 주장하고 있다.

> "입법과정(立法過程)이라는 것은 타협의 산물이다. 법률 속에 의도(intent) 혹은 계획(design) 등이 숨어 있다고 볼 수 없다. 개별 의원들은 계획을 가질 수도, 가지지 않을 수도 있으나, 입법의 결과인 법률은 단지 결과만을 보여 주고 있다. 입법자들은 개개인 나름의 욕구도, 우선순위도, 선호도 가질 수 있으나, 이들을 합쳐서 단일한 집단의 의지 내지 집단적 선택(a coherent collective choice)을 만들어 내는 것은 대단히 어렵거나 때로는 완전히 불가능하다. …… 안건의 상정순위를 결정하는 사람이 투표결과에 큰 영향을 미치는 상황에서 어떻게 법원이 입법의 취지를 논할 수 있을까? 결국은 하나의 조잡한 추측(wild guess)일 뿐이다."12)

이들의 주장대로 상황이 위와 같다면 사실 법해석이라는 것은, 특히 공법의 경우 더욱 심하겠지만, 대단히 어려운 작업이나 거의 불가능한 작업이 되지 않을 수 없다. 그렇지 않으면 법해석이란 극히 자의적인 것이 될 위험이 크다고 하겠다. 이 법해석의 문제에 대한 본격적인 검토는 일단 뒤로 미루고 여기서는 입법과정의 사이클 현상 등과 관련하여 문제의 제기에 그치기로 한다.

지금까지는 주로 혼돈의 정리(chaos theorem)가 지배할 수밖에 없는 이론적 배경과 이유를 살펴보았다. 그러나 현실은 물론 이론적 모델이 제시하듯 그렇게 혼돈의 정리가 그대로 지배하는 것은 아니다. 입법과정에 대한 몇 가지 실증연구를 보아도 실제 입법과정 및 결과는 이론의 모델이 예측하는 것보다는 훨씬 안정적이고 때로는 그 결과를 예측할 수도 있는 것으로 나타나고 있다.13) 거기에는

---

12) Frank Easterbrook, "Statutes' Domain", 50 *University of Chicago Law Review* 533 (1983), pp. 547–548.

13) Panning, "Formal Models of Legislative Processes", in *Handbook of Legislative Research* (1985); Shepsle, "Prospects for Formal Models of Legislature", 10 *Legislative Study*

몇 가지 이유가 있을 것이다.

우선 실제로는 입법부에는 각종 위원회에 의한 법안의 사전심사제도(事前審査制度) 그리고 안건상정방법 및 순위결정방법, 심의순위와 심의방법 등에 대한 각종의 구체적이고 일관된 규정들이 있기 때문에 사이클의 발생을 어느 정도 차단할 수 있다. 뿐만 아니라 실제로는 소위 투표과정에 이데올로기의 역할이 있기 때문에 단순히 목전의 사적 이익의 변화에 따라 투표결과가 끊임없이 변화하는 것은 아니다. 앞에서 본 예의 하나인 1,000만원을 10명의 사람에게 나누는 경우에도 만일 구성원들이 함께 소위 공평의 원리에 찬동하여 공평이란 이데올로기를 서로가 받아들인다면, 모두가 100만원씩 나눔으로써 더 이상의 사이클 현상은 전혀 발생하지 않을 수도 얼마든지 있다. 여기서 지적하고자 하는 것은 우리의 현실은 이론적 모델이 제시하는 것과는 실제로 거리가 있다는 사실이다.

그러나 이러한 점을 감안하더라도 여전히 문제는 남는다. 입법의 결과가 비록 혼돈이 아니라 하더라도, 비교적 안정적일 수 있다 하더라도 입법과정과 결과에 자의(恣意)가 작용할 수 있는 가능성은 여전히 남는다. 그것이 안건상정 순위결정자의 자의이든, 아니면 전략적 행위자의 자의이든 그러한 자의가 구조적으로 작용할 수 있다는 문제는 여전히 남는다. 그리고 그러한 구조적 문제가 남아 있는 한 진정한 의미의 공익이란 어떻게 발견하고, 어떻게 확정하는 것이 바람직한가, 그리고 그것을 어떤 식으로 입법화하는 것이 바람직한가 하는 근본적 문제와 고민은 여전히 남는다고 보아야 한다.

한 가지 아이러니인 것은 자유주의(liberalism)의 절대 지지자로 알려져 있는 콩도르세의 이론이 입법과정에 수정된 공화주의가 반영되어야 한다는 주장의 주된 이론적 근거로 사용되고 있다는 점이다.[14]

파버와 프리키 교수는 그 부분을 다음과 같이 설명하고 있다.

> "공화주의가 순수한 다원주의의 실패를 지적하는 부분에 있어서 공공선택이론은 공화주의와 그 궤를 같이 한다. 우리는 유토피아적인 신공화주의에는 찬성하

Quarterly 5 (1985) 등.

14) 허성욱, "공법이론과 공공정책(I) －공법이론 연구방법론으로서 공공선택이론－", 『법경제학연구』 제6권 제2호 (2009년 12월), 165면.

지 않지만, 정치과정에서 공익적인 고려와 숙고심의의 과정을 강조하는 범위 내에서 공화주의의 이론에 찬성하고, 그 부분에 있어서 공공선택이론과 입장을 같이 한다. …… 민주주의는 단순다수결원리와 단순등가의 지위에서 생각될 수 있는 것이 아니다. 왜냐하면, 단순다수결원리는 그 자체로 모순된 결과를 발생시킬 수 있기 때문이다. 민주주의는 단순다수결의 결과를 그대로 받아들이는 것이라기보다는 구성원들의 선호가 공적 담론과 제도적 장치를 통해 그 공동체가 지향하는 가치에 부합하는 방향으로 형성될 수 있음을 전제로 하고 있다. 민주주의를 이와 같은 방식으로 이해하면 애로우의 불가능성정리의 난점으로부터 많은 부분 벗어날 수 있다."[15]

---

15) Daniel Farber & Philip P. Frickey, *Law and Public Choice: A Critical Introduction*, The University of Chicago Press, 1991, pp. 61-62.

제3장 정부실패(government failure)의 종류와 원인

입법·사법·행정으로 구성되는 정부는 대별하여 두 가지 기능을 하는 것으로 이해할 수 있다. 하나는 민간부문, 즉 시장부문(market sector)이 자기 기능을 원활히 하는 데 전제가 되는 기본질서를 만들어 주는 일이다. 예컨대 재산권관계를 확정해 주고 개인 간의 계약의 이행에 일정한 법적 강제력을 부여해 주고 재산권이나 계약관계 등에 분쟁이 발생하였을 때 이를 공정하고 효율적으로 해결해 주는 일 등이 바로 그것이다. 다른 하나의 정부기능은 민간시장부문이 창출하는 자원배분이나 소득분배상의 문제를 교정하는 것이다. 예컨대 시장적 결과가 경우에 따라 효율적이지 못하거나 공평하지 못한 경우가 발생할 수 있다. 이러한 경우 정부가 사전적 혹은 사후적으로 개입하여 시장의 비효율과 불공정을 시정해야 할 필요가 발생한다. 정부의 두 번째 기능은 이와 같은 소위 시장실패(market failure)를 교정하기 위하여 나온 것이다. 예컨대 독점이나 외부효과 등의 존재로 인하여 발생하는 시장부문의 비효율과 불공정을 줄이기 위해 정부는 조세나 보조금정책을 활용하기도 하고, 독점규제정책(獨占規制政策)이나 또는 공기업화정책(公企業化政策)을 사용하기도 한다. 아니면 인허가, 가격규제, 생산량규제 등 여러 형태의 행정규제를 통하기도 한다.

그런데 그동안에는 시장의 비효율과 불공정을 줄이기 위해 등장하는 정부는 항상 무오류(無誤謬)라는 것을 전제하고 이 정부의 기능이 논의되어 왔다. 사실 그동안 정부의 기능을 강조해 오던 후생경제학자(厚生經濟學者)들이나 공법학자(公法學者)들의 주장 속에는 정부에 대한 강한 신뢰가 깔려 있다. 그러나 최근에 정부의 무오류성에 대한 회의가 증가하고, 정부에 대한 신뢰가 크게 줄어들면서 학자들은 이제는 시장의 비효율과 불공정을 줄이기 위해, 즉 시장실패를 줄이기 위해 등장하는 정부부문이 시장실패를 줄이는 과정 속에서 새로운 비효율과 새로운 불공정을 창출할 수도 있다는 사실, 즉 정부실패(政府失敗, government failure)도 얼마든지 가능하다는 사실에 대하여 주목하기 시작하였다.

그렇다면 도대체 정부실패가 발생하는 원인은 무엇인가? 이 문제를 살펴보기 위해 우리는 정부의 의사결정과정에 주목하기로 한다. 특히 일반적으로 올바른 의사결정을 위해 반드시 전제되어야 할 두 가지 요소에 분석의 초점을 맞추어 정부실패의 원인을 찾아보도록 한다. 첫째는 정보(information)의 문제이다. 의사결정자들은 올바른 의사결정을 위해 필요한 정보를 과연 충분히 가지고 있는가? 정보가 과연 얼마나 제대로 공급되고 있는가 하는 문제이다. 두 번째의 문제는 유인(incentive)의 문제이다. 의사결정자들에게 과연 올바른 결정을 위해 노력할 충분한 유인이 제공되고 있는가? 그러한 노력에 대한 공정한 보상이 이루어지고 있는가 하는 문제이다. 이 두 가지 문제, 즉 정보공급과 유인체계의 문제가 입법·사법·행정 각 부문에서 구체적으로 어떻게 나타나고 있는가? 그리고 그것이 어떻게 정부실패의 원인으로 작용하고 있는가 하는 문제를 살펴보도록 한다.

제 1 절 입법실패(legislative failure)

입법성공(立法成功)이란 국민들의 정치적 욕구·의사·선호·가치·우선순위 등을 입법과정 및 결과에 가능한 한 정확히 반영시키는 것이라고 정의하자. 마치 소비자들의 선호가 시장을 통하여 생산자의 의사결정을 규정하듯이 국민들의 의사가 입법자의 의사결정을 규정하는 것을 입법성공이라고 하자. 그렇다면 입법실패(立法失敗)란 국민들의 의사·선호·가치가 입법에 충분히 반영되지 못함을 의미한다 하겠다. 이러한 의미의 입법실패의 가능성이 실제로 얼마나 있는가 하는 문제를 보기 위해 우선 정보의 문제(problem of information)를 보도록 하자. 입법자들은 과연 국민의 의사·선호에 대한, 그리고 그 변화에 대한 충분한 정보를 가지고 있는가? 충분한 정보를 가지고 입법에 임하는가? 국민들은 자신들의 뜻을 입법자들에게 전달할 어떠한 효율적 수단을 가지고 있는가? 입법자들은 국민의 뜻을 알 수 있는 어떠한 효율적 수단을 가지고 있는가?

다음과 같은 이유로 국민들의 의사·선호·가치가 입법에 충분히 반영되고 있지 못하다고 본다. 첫째, 국민의 뜻이 입법자에게 전달될 수 있는 가장 중요한 계기 내지 수단은 국민의 투표행위이다. 그런데 이 투표행위에는 이미 앞에서 보았듯이 국민들의 선호의 강도(intensity of preference)가 제대로 반영되지 못한다는 구조적 제약이 있다. 왜냐하면 일인일표제(一人一票制)이기 때문이다. 따라서 찬반의 의사는 전달될 수 있으나 찬성의 정도와 반대의 정도를 반영시킬 수 없다. 결국 그만큼 국민의 뜻을 전달하는 데 제약이 따른다.

둘째, 국민의 의사를 입법자에게 전달하는 방법에는 투표 이외에도 로비 등의 방법이 있다. 그런데 투표 이외의 방법에 의한 의사전달에는 상당한 비용이 든다. 비용이 들 뿐만 아니라 그 의사전달비용이 국민들 사이에 크게 상이할 수 있다. 동시에 효과적 의사전달을 통하여 얻어 낼 수 있는 이익도 국민들 사이에 차이가 크다. 결국 국민들 사이에 의사전달의 비용과 이익에 차이가 발생하므로 상대적으로 그 이익이 크고 비용이 작은 집단은 보다 열심히 보다 효과적으로 의사전달에 노력할 것이고 그렇지 못한 집단은 그와 같은 노력을 상대적으로 덜 할 것이다. 그리하여 앞의 집단의 의사와 선호는 보다 정확히 보다 많이 입법에 반영될 수 있으나 뒤의 집단의 의사와 선호는 제대로 입법에 반영되지 못할 것이다. 그렇다면 입법과정에 반영되는 것은 국민들의 실제의 선호(actual voters' preference)가 아니라 입법자들에게 전달된 선호(transmitted voters' preference) 혹은 입법자들이 감지한 선호(legislator-perceived preference)에 불과하게 된다.

예컨대 기업가들이나 노동조합은 이미 자신들의 조직을 가지고 있고, 정책과제와 관련된 자신들의 이해관계도 비교적 단순하고 명확하기 때문에 의사전달의 비용도 적게 들고 반면에 의사전달의 이익은 크다고 할 수 있다. 따라서 이들의 경우 입법자에의 의사전달이 용이하고, 이들의 이해관계는 입법과정에 비교적 많이 반영된다고 볼 수 있다. 그러나 소비자들의 경우에는 소비자조직 자체를 만드는 것도 어려울 뿐 아니라 그 이해관계가 광범위하고 다양하기 때문에, 의사전달의 비용도 많이 들고 그 의사전달의 이익도 크다고 볼 수 없다. 따라서 이들 소비자들의 이해관계는 항상 입법과정에 과소반영되는 경향을 가진다. 결국 이상과 같이 국민 모두의 뜻이 입법과정에 골고루 반영되는 것이 아니라 불평등하게 반영된다고 한다면 그만큼 입법실패가 발생하고 있다고 보지 않을 수 없다.

다음은 유인의 면(problem of incentive)을 보도록 하자. 입법자들에게 국민 모두의 의견과 의사를 골고루 입법에 반영시킬 강력한 유인이 존재하고 있는가? 국민 모두의 의사를 평등하고 정확하게 반영하는 입법자들은 그렇지 않은 입법자들에 비하여 보다 큰 정치적 혹은 경제적 보상을 받고 있는가? 그러한 보상체계가 형성되어 있는가? 다음과 같은 이유로 반드시 그렇지 않다고 본다. 첫째 이유는 이미 앞에서 본 소위 투표자의 합리적 무지(voters' rational ignorance)이다. 투표자가 합리적 이유로 올바른 정치정보를 얻기 위한 투자를 상대적으로 덜 하기 때문에 그 범위 내에서 입법자들은 상대적으로 자유로울 수 있다. 환언하면 투표자의 무지 때문에 행동의 자유를 얻을 수 있다. 또한 경우에 따라서는 정치인들이 자신들의 자유의 폭을 넓히기 위해 정치정보의 비용을 의도적으로 높임으로써 투표자의 합리적 무지를 조장하기도 한다.[1] 여하튼 투표자의 합리적 무지로 인하여 입법자들이 국민의사의 반영에 덜 노력해도 그 정치적 비용이 크게 발생하지 않는다. 환언하면 지지투표수의 상실이 크지 않다.

둘째 이유는 입법자들이 선거를 통하여 선출되는 데는 상당한 경제적 비용이 든다는 데 있다. 선거에는 정당운영비, 선거자금 등 상당한 정도의 정치자금의 확보가 반드시 필요하다. 그런데 이 경제적 비용의 확보에 조직된 이익단체들은 크게 기여할 수 있으나 비조직된 국민들은 별로 도움이 되지 않는다. 따라서 이익단체의 이해에 대하여 좀 더 많은 배려를 하고 상대적으로 비조직된 산만한 국민일반의 이해관계에 대하여는 상대적으로 적은 배려만 한다.

요컨대 정보의 면을 보거나 유인의 면을 보거나 모든 국민의 의사·선호·가치를 골고루 정확하게 입법에 반영하기는 대단히 어렵다. 그만큼 입법성공은 어렵고 입법실패의 가능성은 크다고 할 수 있다.

---

1) 예컨대 국회에서의 발언이나 투표기록을 비공개로 한다든가, 아니면 상당한 비용을 들이지 않으면 쉽게 접근할 수 없게 한다면 그만큼 일반 국민의 정치정보의 획득비용을 높이는 셈이 된다.

제 2 절
행정실패(administrative failure)

법을 집행하는 행정에는 일정한 "자유재량의 영역"이 존재한다. 이 자유재량이 입법의 본래의 취지에 따라 공정하고 효율적으로 행사되고 있는가? 이 문제가 행정의 성공과 실패를 가늠하는 문제이다. 여기서도 정보의 면과 유인의 면으로 나누어 분석해 보도록 하자. 우선 정보의 면을 보면 첫째, 정부는 행정과 관련하여 필요한 정보의 상당부분을 행정이 대상으로 하는 민간부문에 의존한다. 예컨대 경제규제행정의 경우 필요한 정보의 상당부분을 규제산업(規制産業)에 의존한다. 당해 규제산업으로부터 산업·기술 및 경제·경영정보를 공급받아 규제행정의 내용을 결정하고 그 방향을 정하는 경우가 적지 않다. 우리가 앞에서 규제행정과 관련하여 소위 포로이론(捕虜理論, capture theory)을 살펴보았지만, 만일 담당 행정부처가 규제산업의 포로가 된다면 그 주된 이유 중의 하나는 정보의존성(情報依存性)일 것이다. 정보의존성이 존재하는 한 행정의 내용에 왜곡이 발생할 가능성이 크다. 즉 국민경제 전반의 입장에서의 효율성과 공정성의 제고보다 개별 산업의 특수이익에 대한 고려가 앞설 수 있다. 그리고 그것은 행정실패를 결과할 수 있다.

둘째, 입법부는 행정부에 대한 감시와 감독을 위해(예컨대 국정감사 조사, 대정부질문 등) 필요한 정보의 상당부분을 행정부에 의존한다. 앞에서는 행정부와 규제산업 간에서는 정보의 비대칭성(非對稱性)이 규제산업에 유리하게 존재하였는데, 여기서는 입법부와 행정부 사이에서는 정보의 비대칭성이 행정부에 유리하게 존재하고 있다. 입법부는 정부의 각종 정책프로그램을 객관적으로 그 비용과 편익측면에서 분석해 볼 정보도 없고 의사도 없으며 인적·물적 능력도 없는 경우가 많다. 필요한 행정정보를 거의 전적으로 행정부에 의존하는 상황에서 행정부에 대한 감시·감독이 효율적이고 객관적으로 이루어지기 어렵다.

행정부의 관료들의 목적함수(目的函數)를 당해 부처의 예산(豫算)의 최대화(budget maximizer) 혹은 당해 부처의 영향력(影響力)의 최대화(domain maximizer)라고 가정하자. 그렇다면 그들은 당연히 가능한 한 많은 정책 프로그램을 만들려고 노력할 것이다. 정책안을 수립할 때 그 모양을 보다 복잡하고 전문적으로 만들어 국회의 분석을 가능한 한 피하려 할 것이다. 뿐만 아니라 정책효과는 가능한 한 가시적으로, 그리고 그 비용은 가능한 한 숨겨지는 내용으로 만들려고 노력할 것이다. 이러한 노력들은 분명히 행정실패의 특징인 비효율과 불공정을 가져올 것이다.

다음으로 유인의 문제를 보도록 하자. 행정실패를 줄이고 행정성공(administrative success)을 위하여 노력하는 관료들이 정치적·경제적으로 높은 보상을 받고 있는가, 보다 빨리 승진·승급하고 동시에 보다 높은 봉급수준을 향유하고 있는가 하는 문제이다. 실제적으로 대부분의 경우 행정부의 관료들의 봉급체계를 보면 실적과 성과에 따른 보상의 측면이 대단히 약하다. 학력이라든가, 근속연수 등의 영향력이 보다 결정적이다.[2] 한마디로 행정성공을 위해 노력하는 공무원과 그렇지 않은 공무원 사이의 보상면에서 차이가 거의 없다. 이래 가지고는 행정실패를 줄이기 어려울 것이다. 왜 이런 현상이 일어나는가? 왜 행정부의 경우 보상체계에 있어 성과급과 실적급적 요소가 약한가? 두 가지 이유를 생각해 볼 수 있다.

첫째는 경쟁압력(競爭壓力)의 부족 때문이다. 민간부문에서는 끊임없이 시장의 경쟁압력을 받고 있으나 주지하듯이 행정부문은 공급독점·수요독점부문이다. 따라서 경쟁의 압력을 거의 받지 않는다. 다만 입법부의 감시와 감독으로부터 오는 압력이 있겠으나 이것도 앞에서 이미 본 바와 같이 정보면에 입법부와 행정부 간에 비대칭성이 크기 때문에 실제로는 그리 큰 압력이 되지 못한다. 따라서 반드시 행정의 효율과 공정을 높여야 할 강력한 유인이 없기 때문에 보상체계의 비효율이 그대로 지속되는 것이다.

둘째는 행정부가 생산하는 각종 행정생산물과 행정서비스의 양과 질을 측정하기가 대단히 어렵기 때문이다. 특히 최종생산물인 서비스의 시장가격이 존재하지 않기 때문에 행정의 결과를 계량화하기가 어렵다. 따라서 개인이나 각 행정부처의 실적이나 성과를 측정하는 것은 물론 이를 보상체계에 반영하는 것은 결코 쉬운 일이 아니다. 예컨대 공공의료 서비스를 제공하는 경우 치료환자의 수는 쉽

---

2) 우리나라 공공부문(정부 및 정부투자기관)의 보수구조가 가지고 있는 문제점과 개선방향에 대한 실증분석으로서는 다음을 참조하라. 박세일, "정부투자기관의 보수수준 및 구조", 『한국개발연구』 제9권 제2호, 한국개발연구원 (1987, 여름).

게 알 수 있을지 몰라도 의료서비스의 질이나 얼마나 중한 환자들을 치료했는지 등은 거의 알기가 어렵다. 그렇다면 실적과 성과를 보상체계에 반영하는 것이 잘못하면 역의 유인(disincentive)을 제공할 수 있다.

실업자들을 위한 공공직업훈련(公共職業訓練)의 경우도 몇 사람이 훈련을 받았는가는 비교적 쉽게 알 수 있으나, 과연 공공적 지원이 가장 필요한 사람들이 먼저 받았는지는 쉽게 알 수 없다. 만일 공공적 지원이 없어도 이미 민간부문에서 직업훈련을 받으려고 준비하던 사람이나, 상대적으로 소득수준이나 교육·기술수준이 이미 높은 사람들이 그 훈련을 주로 받았다면 그러한 공공직업훈련 프로그램은 결코 성공적이었다고 볼 수 없다. 왜냐하면 실제 공공직업훈련의 성공여부는 민간부문에서 훈련을 받을 수 없는 사람들에게 얼마나 효과적인 교육훈련기회를 제공하였는가에 달려 있기 때문이다.

이상에서 살펴본 바와 같이 정보의 면에서나 유인체계의 면에서 볼 때 행정실패의 발생가능성은 대단히 높다고 하지 않을 수 없다. 그런데 행정부의 경우 행정실패 발생의 또 하나의 원인이 있을 수 있다. 소위 부처 간(部處 間)의 할거주의(割據主義)이다. 즉 부처가 서로의 예산확대나 영향력확대를 위해 경쟁하는 중 발생하는 업무의 중복 및 부조화, 부처 간 협조의 불능 등이 행정실패의 또 하나의 원인이 될 수 있다. 한 부처의 정책이 다른 부처에 주는 외부효과를 충분히 고려하지 아니하고 수립되고 집행될 때, 그것이 당해 부처의 영향력확대에는 기여할지 모르나 행정부문 전체에는 심각한 비효율과 불공정을 결과하게 된다.[3)]

---

3) 예컨대 주택정책을 수립하는 국토교통부는 주택건설의 급속한 확대가 노동시장에의 압박을 통하여 고용노동부의 임금정책이나 노사관계정책에 큰 영향을 줄 수 있다는 사실을 잊어서는 안 된다. 더 나아가 국토교통부는 건설경기를 통한 내수의 확대가 산업통상자원부의 수출정책에 줄 수 있는 영향도 또한 함께 고려해야 한다. 이러한 모든 외부효과들을 고려한 주택정책을 세워야 행정부문의 비효율과 불공정을 막을 수 있다.

제 3 절
사법실패(judicial failure)

여기서 사법성공(司法成功)이란 사회 구성원의 권리가 부당히 침해되었을 때 그 침해를 받은 모든 사람의 권리가 사법부의 사법과정(judicial process)에 동등하게 대변되는 것(equal representation), 그리하여 모두가 평등하게 사법적 보호를 받게 되는 것을 의미한다. 그런데 이러한 의미의 사법성공은 다음과 같은 이유로 성립하기 어렵다. 우선 정보의 면을 보면, 경우에 따라서는 자신들의 권익이 침해당했다는 사실을 모르는 경우가 많다. 설사 침해된 사실을 알았다 하더라도 어떻게 사법적 구제와 보호를 받는지를 모르는 경우도 허다하다. 더 나아가 사법적 구제의 길을 알았다 하더라도 사법비용을 감당할 수 없어 포기하는 경우도 적지 않다. 따라서 사법과정에의 평등한 권리대변이란 대단히 어려운 일이다.

둘째, 유인의 면을 보도록 하자. 사회전체적으로는 그 이익이 크나 소송당사자 개인의 사적 이익은 별로 크지 않은 소송사건이 얼마든지 존재한다. 이런 경우 소송비용의 사적 부담(私的 負擔)이 사회적 이익(社會的 利益)보다는 작지만 사적 이익보다는 크기 때문에 그 권리구제를 포기하는 경우가 발생한다. 예컨대 소비자보호와 관련된 소송이라든가, 남녀고용차별과 관련된 소송 등이 이에 속할 것이다. 이런 경우 소송당사자 개인이 소송을 통해 얻을 수 있는 이익은 크지 않을지 모르나 그러한 잘못이 고발되어 시정됨으로써 우리 기업의 생산질서와 고용질서의 효율성과 공정성을 제고하는 데 기여하는 사회적 이익은 대단히 클 수 있다. 그러한 의미에서 이런 성격의 소송은 일종의 공공재라고 볼 수 있다. 그런데 모든 공공재의 경우가 그러하지만 이를 그대로 두면 사적 이익이 사회적 이익보다 작기 때문에 공공재의 생산은 사회적 적정수준 이하로밖에 생산되지 않는다. 그만큼 침해된 모든 권리의 평등한 대변이라는 이상의 실현은, 즉 사법성공은 어렵게 된다는 이야기이다.

지금까지 입법실패·행정실패 그리고 사법실패에 대하여 분석해 보았다. 그런데 여기서 한 가지 잊어서는 안 될 사실은 우리가 분석한 이들 모든 실패는 근본적으로 개인적 실패(individual failure)가 아니라 구조적 실패(構造的 失敗, systematic failure)라는 사실이다. 개인의 도덕적 결함이나 능력의 부실에서 오는 실패가 아니라는 사실이다. 정보의 부족이나 올바른 유인체계의 부재로 인하여 지극히 합리적인 인간들이 만들어 내는 실패인 것이다. 따라서 만일 부패한 정치가가 있다든가 부패관료가 있다든가 하여 발생하는 비효율과 불공정이 있다면, 이러한 개인적 실패는 지금까지 앞에서 우리가 논한 구조적 실패에 추가하여 정부실패의 정도를 보다 악화시키는 데 기여하게 될 것이다.

제 4 절
정부실패 축소를 위한 정책방안

이상에서 본 각종의 정부실패의 가능성을 어떻게 하면 최소화시킬 것인가라는 문제를 생각해 보도록 한다. 우선 가장 근본적인 문제의 하나는 정부의 기능을 재정립하고 그 역할의 범위를 재확정하는 일이다. 이와 관련 독일의 질서자유주의자(秩序自由主義者, ordo-liberalist)들이나 하이에크(F. Hayek) 등의 주장에 참고할 바가 많다.[4] 그들의 주장은 가능한 한 구체적 목적(specific purpose)을 가진 정부정책은 지양하고 추상적·일반적 목적(抽象的·一般的 目的, general purpose)을 가진 정책을 위주로 하라는 것이다. 환언하면 질서정책(Ordo-policy)을 중심으로 정부정책을 펴 나가라는 것이다. 정부가 민간시장부문의 자원배분이나 소득분배의 결과에 대하여 불만이 있어, 그 교정을 위해 개입하는 경우에도 가능한 한 개별적·구체적 개입보다는 일반적·추상적 개입, 환언하면 질서적 개입(秩序的 介入), 즉 구체적 결과를 바꾸는 데 급급하지 말고 새로운 질서를 만드는 데 중점을 두는 개입이 바람직하다는 것이다.

예컨대 산업정책을 실시하는 경우에도 특정 유망산업이나 특정 유망기업을

4) 하이에크의 주장은 이 책의 제1편 제2장 제1절의 하이에크의 법과 경제를 참조하라. 질서자유주의에 대한 개략적 소개는 강철규 등, 『현대경제학』 박영사, 1994의 제10편, 박세일, "경제질서와 이념"을 참조하라. 질서자유주의에 대한 보다 본격적 소개는 A. Peacock and H. Willgerodt (eds.), *Germany's Social Market Economy: Origins and Evolution*, Palgrave Macmillan, 1989; A. Peacock and H. Willgerodt (eds.), *German Neo-Liberals and the Social Market Economy*, St. Martin's Press, 1989을 참조하라.

뽑아 정부가 세제혜택이나 보조금지원 등의 방법으로 직접적·구체적·개별적으로 지원하는 것은 바람직하지 않다는 것이다. 대신 그러한 유망산업, 미래산업들이 보다 유리한 조건에서 성장하도록 하는 일반적 조건을 만들어 주는 일, 예컨대 그러한 산업들이 필요로 하는 고급인력의 양성을 정부가 지원하여 고급인력을 풍부하게 공급해 주거나 혹은 도로·통신·운송 등 사회간접자본에의 정부투자를 확대하여 그러한 유망산업이 보다 적은 물류비용(物流費用)으로 기업활동을 할 수 있게 돕는 등의 일반적 방법이 바람직하다는 것이다. 만일 정부정책에 이러한 질서정책적 성격이 강화되면 그만큼 정부정책이 특정 개별산업이나 개별기업의 이해관계에 직접 미칠 수 있는 영향의 폭이 줄어들어 그만큼 정부관료의 재량의 힘도 줄어들고 산업이나 기업들의 로비활동의 필요도 줄어든다. 그렇게 되면 행정부처가 이익집단의 포로가 될 위험도 줄어들고, 그만큼 정부실패의 가능성도 줄어든다.

요컨대 정부가 시장실패를 줄이기 위해 시장에 개입하는 경우에도 가능한 한 "개별정책"보다는 "일반정책"을, 구체적 결과를 바꾸려는 정책보다는 추상적 질서를 세우려는 정책을 취함으로써 정부실패의 가능성을 크게 줄일 수 있다고 본다. 이상과 같이 정부정책의 큰 방향을 질서정책의 강화, 개별정책의 축소 쪽에 두고 계속하여 다음의 몇 가지 분야에서의 정책개혁이 있어야 정부실패를 최소화할 수 있다고 생각한다.

첫째, 정보공개 및 정보흐름의 촉진이다. 정치정보(政治情報), 예컨대 국회의 본회의는 물론 각 상임위원회에서의 발언이나 표결기록 등이 적은 비용으로 국민들에게 쉽게 전달될 수 있어야 한다. 동시에 각 정당의 예산과 결산, 정치자금의 수입과 지출관계 등도 양성화되고 공개되어야 한다. 정부의 각종 통계는 물론 각종 정책 프로그램의 내용, 그 추진상황 등의 행정정보도 국민 모두가 적은 비용으로 쉽게 구득할 수 있도록 해야 한다. 이를 위해 각 부처별, 각 정책과제별로 행정백서(行政白書)를 정기적으로 만들어 이를 광범위하게 배포하는 것도 혹은 인터넷(internet)에 올리는 것도 생각할 수 있다. 정치정보의 공개촉진은 입법실패를 줄이는 데 기여할 것이고, 행정정보의 공개촉진은 행정실패를 줄이는 데 기여할 것이다.

둘째, 소위 옴부즈맨(ombudsman)제도의 활용이다.[5] 불만이 있는 시민들의

5) 일종의 행정사찰관(行政査察官)이라고 볼 수 있는 이 제도는 스웨덴 등의 스칸디나비아

고발 혹은 옴부즈맨 자신의 직권에 의해 행정실패의 경우를 조사하여 그 시정에 노력하는 이 제도는 일반 국민들의 의사·선호·가치 등을 행정부에 전달하는 좋은 통로가 될 수 있다. 입법부의 경우에는 불완전하기는 하지만 투표를 통하여 국민의 뜻을 전달할 수 있는 주기적 기회가 있으나 행정부의 경우에는 그러한 제도화된 기회가 없다. 따라서 옴부즈맨의 주요 기능의 하나는 국민과 행정부 간의 의사소통의 원활화, 정보교류의 촉진 등에 있다고 보아야 할 것이다.

이상의 두 가지 정책방향은 정부실패발생의 주원인이 정보의 부족에서 유래될 때 특히 유효할 것이다. 그러나 정부실패의 주원인이 정보의 부족에 있는 것이 아니라, 유인의 부족, 올바른 보상제도의 미비에서 유래될 때는 위의 두 가지 정책방향만 가지고는 부족할 것이다. 따라서 정부실패를 줄이기 위해서는 최소한 다음의 두 가지 정책방향이 추가되어야 한다.

셋째, 경쟁원리의 도입이다. 시장에서의 경쟁이 기업으로 하여금 소비자잉여의 극대화에 노력하도록 유도하듯이, 정치에서의 공정한 경쟁이 있어야 국회나 정당이 국민주권의 실현을 위해 노력하게 된다. 그런데 정치에서의 공정경쟁을 막고 있는 주요 요인의 하나가 금권선거(金權選擧)이다. 따라서 돈이 덜 드는 선거제도의 채택과 동시에 정치자금의 공개와 양성화, 합리적 조달과 사용을 위한 제도개혁 그리고 시민적 감시의 강화 등이 필요하다.

넷째, 기업경영원리(企業經營原理)의 도입이다.[6] 앞에서 이야기한 경쟁원리의

지역에서 시작된 제도로서, 국회가 임명한 식견 높은 소수의 시민(교수, 전직 대사 등)들이 행정일반에 대하여 감시하고 고충이 발생하였을 때 이를 처리하는 제도이다. 일반 시민들로부터 불만과 고충을 받아 이를 조사하여 그 원만한 해결을 돕는다. 고충의 신고가 없어도 얼마든지 직권에 의한 행정조사를 할 수도 있다. 그리고 그 결과를 신문 등에 공표한다. 미국에서는 여러 주와 도시에서 이 제도를 활용하고 있고, 소비자 문제 등 개별 문제의 해결에도 이 제도가 활용된다. 영국에서는 전국차원에서는 1967년 Parliamentary Commissioner for Administration이, 그리고 지방정부차원에서는 1974년 Commission for Local Administration이 설치되어 있다.

6) 외국에서는 "기업가형 정부(企業家型 政府, entrepreneurial government)"라는 용어가 유행하고 있다. 공공부문 내에서도 기업가적 혁신이 일어날 수 있도록 조직문화를 관료형 문화에서 경영형 문화로 바꾸어야 한다고 주장한다. 이러한 관점에서 미국의 행정개혁이 나아갈 방향을 구체적으로 제시한 연구로서는 다음을 참조하라. Al Gore, *Creating A Government That Works Better and Costs Less*, Plume, 1993.

도입과 기본적으로 맥을 같이한다. 우선 행정부의 보수체계에서 성과급과 실적급 비중을 높여야 하고, 인력관리는 소수정예주의(少數精銳主義)를 원칙으로 하여 고임금·고생산성 전략으로 나가야 한다. 행정의 분권화를 강화하여 일선 행정기관에 보다 많은 권한과 책임이 가도록 하여 행정의 현장성·유연성 등을 높여야 한다. 종국적으로는 인사 및 예산의 분권화·독자예산의 편성권 부여 등까지 나아가 지역행정단위가 하나의 효율적인 사업단위 내지 경영단위가 되도록 해야 하고, 이들 간의 경쟁도 촉진해야 한다. 공기업부문도 가능한 한 민영화하여야 한다. 다만 공기업의 유지가 불가피한 경우에도 가능한 한 국가독점을 피하고 민간부문에도 동일사업을 허용하여 민간부문과의 경쟁체제가 되도록 해야 한다

이상에서 정부실패를 줄일 수 있는 몇 가지 정책방향을 생각해 보았다. 그러나 이 모든 노력에 못지않게 중요한 것은 소위 "깨어 있는 시민정신"이고 국민 스스로의 자구노력·자조노력(自救努力·自助努力)이다. 입법실패를 줄이기 위해선 무엇보다도 올바른 입법자를 뽑으려는 국민들의 강한 의지가 있어야 한다. 금권·관권선거 등을 줄이려는 유권자들의 자구노력이 시민운동으로 조직화되고 활성화되어야 한다. 행정실패의 경우도 시민들의 고발정신과 자조정신이 함께 있어야 비로소 줄일 수 있다. 깨어 있는 시민들이 행정절차와 행정정보의 공개를 요구하고 이의 입법화운동을 벌일 수 있을 정도가 되어야 한다. 사법실패의 경우도 이를 줄이려면 예컨대 공익변호활동(公益辯護活動, public interest law activity)을 하는 많은 시민변호사(市民辯護士)들이 나와야 한다. 현재 우리나라에 있는 법률구조공단과 같은 기관의 활동도 크게 확대되고 활성화되어야 할 것이다. 결국 제도·법의 개선과 더불어 행위주체의 의식의 변화·가치관의 변화가 병행되어야 진정한 개혁이 비로소 가능해진다.

시장실패와 정부실패의 상호관계에 관해 한 가지 추가해서 생각해 볼 점은 시장에서의 합리적 선택의 결과로서 경제적 효율성과 정치과정에서의 합리적 선택의 결과인 정치적 효율성의 상호관계에 관한 것이다.[7]

---

7) 이 부분에 관한 문제제기 및 주요 공법이론의 관점에서 가능한 설명방법에 관한 서술에 관해서는 허성욱, "규제행정의 규범적, 실증적 목적으로서 경제적 효율성과 정치적 효율성 −SSM 규제에 대한 효율성 분석을 중심으로−", 『법경제학연구』 제12권 제1호 (2015년 4월) 참조

허성욱 교수는 이 부분에 관해 다음과 같이 설명하고 있다.[8]

"…… 앞에서 살펴본 규제이론 중 공익이론에 따르는 경우 규제가 시장실패를 교정하고 침해된 공익으로서 사회적 후생의 회복을 목적으로 하게 된다면 그 결과로서 정치적 효율성이 시장에서 형성되는 경제적 효율성과 다를 본질적인 이유는 없다. 반면, 규제를 만드는 정치참여자들이 시장실패의 극복을 통한 공익의 회복이라는 취지와는 다른 유인구조를 가지고 정치적 선택을 하는 경우에는 그 결과로서 정치적 균형은 정치적 효율성이 달성되지 않은 상태이고 따라서 경제적 효율성과도 괴리가 있을 수 있을 것이다. 공공선택이론에 따르는 경우 정치 시스템이 원활하게 작동하고 각 이익집단이 정해진 규칙에 따라 공정하게 자신들의 이익에 관한 선호를 표출하고 그렇게 표출된 선호를 둘러싼 제반 정치작용이 일어난다면 그 정치적 균형으로서 형성된 정치적 효율성은 기본적으로는 경제적 효율성과 달라질 이유가 없다. 다만 정치 과정에 일정한 구조적 혹은 체계적 하자가 존재하는 경우에는 이익집단들의 이익대변 과정에서 과다대표 혹은 과소대표의 문제가 발생하고, 그로 인해 정치적 효율성과 경제적 효율성 사이의 괴리가 발생할 수 있다. 이 경우에도 각 정치참여자들이 사안의 선택뿐만 아니라 정치 시스템 선택에 있어서도 합리적 선택을 한다고 가정한다면 단기에는 존재할 수 있는 과다대표 혹은 과소대표의 문제가 장기에 있어서는 해소될 수 있는 것이 아닌가 생각해 볼 수 있다. 또한 각 이익집단이 이익집단 활동을 통해서 성취하려는 가치가 경제적 가치가 아닌 비시장적 재화, 정치적 혹은 윤리적 가치에 관한 것인 경우에는 양자 사이의 괴리가 발생할 수 있다. 다만, 이 경우 현대 자본주의 사회에서 순수하게 경제적 이익의 배분을 둘러싼 규제의 상황에서 관련된 각 이익집단들이 얼마나 비시장적 재화, 정치적 혹은 윤리적 재화를 둘러싼 이익집단 활동을 하였는지는 비판적 검토가 필요하다.

민주주의에서 선호결집 과정에 대한 공법이론 중 다원주의에 따르는 경우 다원주의 정치 과정이 마찬가지로 원활하게 작동하고 기본적으로 정치참여자들이 사회적 후생에 관한 경제적 가치를 놓고 정치 활동을 하는 경우에는 정치적 효율성과 경제적 효율성이 달라져야 하는 본질적인 이유는 찾기 어렵다. 결국 양자 사이의 괴리가 발생하는 것은 여하한 이유로 우리가 가지고 있는 정치 시스템이 다원주의적인 이익을 효율적으로 반영하는 데 실패하고 있는 것으로 해석

8) 허성욱, 전게논문, pp. 85-87.

될 여지가 있다. 이 경우 우리 정치 시스템의 어떤 부분에 구조적 혹은 체계적 하자가 존재하는지 그 하자를 치유하기 위해서는 어떤 정치개혁을 모색해야 하는지 등이 주요한 과제가 될 것이다. 한편, 공화주의에 따르는 경우 우리 공동체의 미래에 대한 진정한 발전을 염원하는 덕성을 갖춘 사람들의 숙고심의의 결과가 무엇을 그 내용으로 하고 있는지가 주요한 쟁점이 될 것이다. 그 숙고심의의 결과가 경제적 효율성을 희생해서라도 다른 도덕적인 혹은 윤리적인 가치를 지키겠다는 것이라면, 우리는 그것이 우리 사회의 진정한 공익에 대한 결단이라고 인정하고 받아들여야 할 것이다. 그렇지만 공화주의에 대해서는 과연 우리 사회의 어떤 구성원이 그와 같은 덕성을 갖춘 사람인지 그 덕성을 갖춘 사람들의 숙고심의의 모습과 내용은 어떤 것인지를 둘러싸고 여러 가지 비판적 검토가 가능할 것이다.

나아가서, 보다 본질적으로는 효율성의 개념과 형평성의 개념의 상관관계가 경제적 효율성과 정치적 효율성의 상관관계에 영향을 미칠 수 있을 것이다. 한편, 정치적 효율성과 경제적 효율성이 서로 체계적인 괴리를 가질 수 있는 또 하나의 가능성은 양자가 각각 극대화의 대상으로 삼는 효용의 목적물이 다른 경우이다. 기본적으로 경제적 가치가 있는 재화에 대한 효용의 극대화를 목적함수로 하는 경제적 효율성의 경우와는 달리 역사적으로 정치적 효율성이 형성되는 정치의 장에서는 경제적 가치와 무관한 정치적 이념 혹은 윤리적 가치가 효용 대상으로서의 역할을 하는 경우가 있었다. 이 경우에는 틀림없이 경제적 효율성과 정치적 효율성은 일치하지 않을 가능성이 있다. 그렇지만 상대적으로 정치적 이념이나 윤리적 가치의 비중이 축소된 현대 자본주의 사회에서 얼마나 이념으로서 정치적 가치 혹은 윤리적 가치가 효용 형성의 독립변수로 작용할 수 있을지는 의문이 있다.”

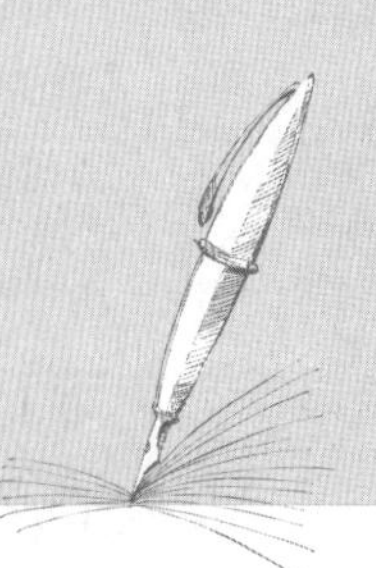

제4장 사법심사권(judicial review)의 확대

앞에서 이익집단들의 로비활동 등이 입법과정과 행정과정에 큰 영향력을 미칠 수 있는 가능성들을 살펴보았다. 그리하여 공익을 앞세우나 적지 않은 경우 사실은 사익실현이 그 목적이 되는 입법과 행정행위가 얼마든지 있을 수 있음을 보았다. 그렇다면 이 문제를 어떻게 해결할 것인가? 어떠한 법적·제도적 대응을 통하여 이 문제의 해결을 도모해야 할 것인가 하는 문제가 등장하게 된다. 이 문제는 헌법과 행정법 분야에 공공선택이론(公共選擇理論)이 던지는 대단히 심각하고 중요한 문제이다. 만일 헌법과 행정법이 공공의 가치실현을 위한 법제로 기능하지 못한 채 특정 사익에 봉사하는 법제로 활용된다면 이는 헌법과 행정법의 정당성(legitimacy) 자체에 대한 심각한 도전이 아닐 수 없다.

이 문제에 대한 법학자들의 대응 중의 하나는 소위 사법심사권(司法審査權, judicial review)을 활성화시키는 것이다. 그리하여 특별이익입법(特別利益立法)의 증가나 행정부처의 이익집단에 의한 포로화현상을 막겠다는 것이다. 예컨대 우리나라의 경우라면 헌법재판소가 하는 위헌법률심판권(違憲法律審判權, 헌법 제111조), 법원이 하는 명령·규칙 등의 행정입법과 행정처분의 심사권(헌법 제107조 제2항) 등을 보다 강화함으로써 공공선택이론이 제기한 문제들을 해결하는 데 사법부가 기여할 수 있도록 하자는 것이다. 이와 같은 사법심사권의 활성화 문제에 대한 학자들의 견해가 비교적 다양다기한 편이다. 따라서 아래에서는 이를 몇 가지 대표적 부류로 나누어 살펴보도록 한다. 다만 우리 나라의 사법심사는 사후심사(事後審査)가 원칙이고 동시에 재판(裁判)의 전제가 되어야 한다고 하는 구체적 규범통제에 국한하고 있으나 여기서의 논의는 사전심사와 추상적 규범통제까지도 포함한 광의의 사법심사제를 전제로 진행하도록 한다.[1)]

제 1 절
두 가지 극단론: 엡스틴 대(對) 이스터부르크

엡스틴(R. Epstein) 교수는 기본적으로 경제규제입법 자체, 정부의 민간부문에 대한 개입 자체에 대하여 극히 회의적이다. 그는 환경오염 등과 같이 시장실패가 명백히 존재한다고 판단되지 않는 일체의 경우, 모든 경제규제입법은 사법부가 사법심사를 통해서 무효화해야 한다고 주장한다. 왜냐하면 이러한 입법들은 특정 이익집단의 이익을 위한 입법일 뿐만 아니라, 원리적으로도 사인 간의 계약의 자유에 대한 중대한 침해가 되어 헌법의 제한정부론(制限政府論, limited government)에 위반되어 위헌(違憲)이라고 보지 않을 수 없기 때문이라는 것이다.

그리하여 그는 예컨대 세제에 있어서의 조세감면제도는 대부분 이익집단에 대한 배려에서 나오는 것이기 때문에 위헌이고, 심지어 소득세에 있어 누진세제(progressive income tax)도 일종의 공공의 목적을 위한 공용수용(taking)이기 때문에 정당한 보상 없이 하는 누진적 과세는 위헌이라고 주장한다. 따라서 그의 주장은 기본적으로 경제규제입법 자체를 무효화하자는 것이라고 볼 수 있다.2)

주지하듯이 엡스틴은 미국에서 대표적인 자유방임적 보수주의자이나 중도 내지 자유주의적 학자들 중에서도 사익추구를 목표로 하는 입법의 무효를 주장하는 사람들이 있다. 베네트(R. Bennett), 매쇼(J. Mashaw), 선스틴(C. Sunstein) 등이 대표적인 인물들이다. 이들은 사법부가 경제규제입법이 과연 공익을 위한 것인지 아닌지에 대하여 보다 관심을 가져야 한다고 주장한다.

---

1) 구체적 규범통제(具體的 規範統制)란 민사·형사·행정사건 등 구체적 소송사건과 관련 법률의 위헌문제나 명령·처분의 위법여부가 문제가 되는 경우에만 그에 대해 심사하고 판단을 내리는 경우를 의미하고, 추상적 규범통제(抽象的 規範統制)란 구체적 소송사건과 관련 없이 그 법률·명령·처분의 위헌·위법문제를 추상적으로 심사·판단하는 경우를 의미한다. 이 두 가지 경우는 모두 사후심사에 해당한다. 그러나 경우에 따라서는 사전심사도 바람직한 제도일 수 있다. 즉 일정기간 시행 후 무효화하는 경우보다 일정한 법률에 대해서는 공포 이전에 그 합헌성·합법성을 심사하는 것이 보다 효율적이고 공정할 수 있다.

2) Richard Epstein, *Taking: Private Property and the Power of Eminent Domain*, Harvard University Press, 1985.

법·명령 등의 일체의 입법에 대한 헌법적 요구(constitutional demand)는 그 입법의 합리성이나 효율성에 있는 것이 아니라 공공성 내지 공익존중성(公益尊重性, public-regarding)에 있다. 따라서 만일 입법 속에 개인이나 특정 그룹의 이익을 위한 내용이나 목적이 발견되면 사법부는 이의 위헌을 선언해야 한다. 단순한 정치적 힘관계에 의해 자원을 특정 그룹에서 다른 그룹으로 이동시키는 입법노력은 헌법위반이라고 주장하고 있다.[3] 소위 적나라한 재분배(再分配, naked preference 혹은 naked redistribution)를 위한 입법은 모두 위헌이라고 주장한다.[4]

선스틴 교수의 경우는 좀 더 나아가 입법이란 공공의 가치를 실현하기 위한 것이지 사익의 추구를 위한 것이 아니라는 전제하에서 다음과 같이 주장한다.

> "사법심사를 함에 있어 법원은 첫째, 입법목적의 정당성(legitimacy)을 무조건 가정하지 말고 입법적 판단에 정당한 목적이 있었다고 믿을 수 있는 몇 가지 이유를 요구해야 한다. 그리고 둘째로 이 정당한 목적(legitimate purpose)과 법적 수단(statutory means) 간에 긴밀한 적합성(適合性, a closer fit)이 있을 것을 요구해야 한다. 단순히 관련이 있을 것 같다는 것만으로는 불충분하다."[5]

이들이 이와 같이 구체적인 기준까지 제시하면서 사법심사의 강화를 주장하는 이유는 이처럼 강화된 사법심사가 있어야 입법자들이 과연 자신들의 입법활동이 공익에 부합하는가를 끊임없이 반추하게 되기 때문이라는 것이다. 또 그래야 입법상의 착오나 실수도 줄고, 입법심의과정의 토론도 보다 활성화되고, 이익집단의 영향력도 상대적으로 줄어들기 때문이라는 것이다.

---

3) Robert Bennett, "Mere Rationality in Constitutional Law: Judicial Review and Democratic Theory", 67 *California Law Review* 1049 (1979); Jerry Mashaw, "Constitutional Deregulation: Notes toward a Public, Public Law", 54 *Tulane Law Review* 849 (1980); Cass R. Sunstein, *After the Rights Revolution: Reconceiving The Regulatory State*, Harvard University, 1990.

4) 적나라한 재분배를 선스틴은 정치적 힘에 의지하여 경제·사회적 기회를 한 그룹에서 다른 그룹으로 이동시키는 것이라고 정의하고 있으나, 혹자는 이를 입법의 목적으로서도 허용될 수 없고, 정당한 입법목적을 위한 수단으로서도 허용될 수 없는 그러한 재분배라고 정의하고 있다.

5) Cass Sunstein, "Internet Groups in American Public Law", 38 *Stanford Law Review* 29 (1985).

이와 같이 사법심사에 의해 특정 이익집단의 이익을 위한 경제규제관련 입법활동을 막아야 한다는 주장과는 극히 대조적으로 경제규제관련 입법활동을 막을 필요가 없다는 주장이 다른 한편에서 나오고 있다. 이스터브루크(F. Easterbrook) 판사와 포즈너(R. Posner) 판사에 의해 대변되는 이 주장은 본래 입법이란 서로 경쟁하는 이익집단들 간의 협상(legislative bargain or deal)의 산물이고, 일종의 계약(statutes as contract)이라는 것이다.

> "다원주의(多元主義)의 민주사회에서 이익집단의 존재와 활동은 너무나 당연한 것이다. 어떤 법은 공익만을 위한 것도 있고, 어떤 법은 특정 그룹의 사익만을 위한 것도 있다. 그러나 대부분은 양자의 결합이 일반적이다. 또한 동일한 법안에도 사익과 공익이 공존하는 것이 일반적이다. 사실상 구별은 쉽지 않다. 법원의 역할은 이러한 계약 내지 협상에 대하여 특별한 열의를 가질 필요없이 단지 충실한 집행자(faithful agent but without enthusiasm)가 되는 데 있다."[6]

이들은 기본적으로 정치적 다원주의를 하나의 규범적 가치로서 받아들이기 때문에 이익집단의 영향력에 대하여 이를 원리적으로 긍정적인 것으로 본다. 따라서 이익집단 간의 협상과 이익충돌의 조정을 촉진시키기 위해서는 그 협상의 결과인 입법의 유효성이 보장되어야 한다고 보는 입장이다. 특히 포즈너는 다음과 같이 강조한다.

> "사법심사가 너무 빈번하고 입법의 내용에 깊이 관여하면 할수록 이익집단들은 자신들의 이해관계, 주장과 의견 등을 입법과정에 표출하려 하지 않을 위험이 있다. 입법과정에의 이익표출(利益表出)을 피하고 그 대신 다른 형태로 음성화되고 비합법적인 형태로 자신들의 이익을 도모하려 할 것이다. 따라서 사법심사의 강화는 오히려 이익집단의 이익표출의 기피라는 위험하고 민주주의에 유해한 결과를 초래할 수 있다. 원리적으로 사법심사는 다원주의와 양립하기 어렵고 따라서 적을수록 좋다."[7]

---

6) Frank H. Easterbrook, "The Supreme Court 1983 Term: Forward: The Court and Economic System", 98 *Harvard Law Review* 4 (1984); Richard Posner, "Economics, Politics, and the Reading of Statues and the Constitution", 49 *University of Chicago Law Review* 263 (1982).

7) Richard A. Posner, *The Federal Courts: Crisis and Reform*, Harvard University Press, 1985; R. Posner and W. Landes, "The Independent Judiciary in an Interest-Group Perspective", 18 *Journal of Law and Economics* 875 (1975).

이상과 같은 두 가지 극단론의 사이에서 보다 현실적이며 이론적인 대안들이 나오고 있다. 그중에서 비교적 중도적(中道的) 입장을 취하고 있는 파버(D. Farber)와 프리키(P. Frickey) 교수의 견해와 좀 더 진보적인 입장에 있는 로즈－액커먼(Susan Rose-Ackerman) 교수의 견해를 집중적으로 살펴본다.

제2절 중도적 견해: 파버와 프리키

파버 교수와 프리키 교수는 기본적으로 이익집단에 의한 입법과 행정과정에의 영향력 행사, 지대추구행위(rent-seeking activity)의 반사회적 결과를 우려하고 이를 교정할 필요가 크다는 사실을 인정한다. 따라서 이들은 이스터브루크 등이 취하고 있는 이익입법 긍정론(利益立法 肯定論)과는 다른 입장을 취하고 있다. 그러나 이들은 모든 경제규제관련입법을 이익집단의 지대추구행위의 결과로 보는 것에는 반대한다. 모든 경제입법이 오로지 이익집단의 사익증대만을 위해 존재한다고 보지는 않는다. 따라서 엡스틴이 주장하는 경제입법 부정론(經濟立法 否定論)과도 다르다.

이들은 모든 경제입법을 지대추구행위로만 보는 것은 입법과 행정행위에 대한 과격한 냉소주의(冷笑主義)라고 보고, 입법자나 행정담당자들이 생각하는 공익의 내용들도 사실상 입법과 행정과정 속에 크게 작용한다고 본다. 뿐만 아니라 모든 경제입법을 사법심사의 대상으로 하는 것은 대단한 무리라고 주장한다. 보조금정책·세금감면정책·관세정책·공공사업정책 등 모든 정부의 정책 속에는 사실은 특정 그룹을 지원하거나 그들의 이익의 신장을 위한 소득분배 내지 재분배적 요소가 존재하는데 이들을 모두 심사하겠다든가 심사를 모두 거부하겠다는 것은 바람직하지도 않고 현실적이지도 않다고 본다. 더구나 이러한 발상은 삼권분립의 기본원리에도 크게 반한다고 주장한다. 이러한 발상은 심하면 사법부에 일반적 법률거부권(general veto power)을 주는 셈이 된다고 비판한다.

그러면 파버와 프리키는 어떠한 대안을 가지고 있는가? 두 가지로 요약할 수 있다.[8)] 첫째, 모든 경제입법과 모든 이익입법을 사법심사의 대상으로 하지 말고 이익집단의 반사회적 영향이 가장 크게 나타날 수 있는 특정한 입법의 경우만을 사법심사의 대상으로 하자는 것이다. 우리가 이미 앞에서 보았듯이 공공선택이론은 분산된 이해관계(diffused benefit)를 가진 집단보다 집중된 이해관계(concentrated benefit)를 가진 집단의 경우가 공익의 희생 위에 자신들의 이익추구가 보다 용이함을 가르쳐 주고 있다. 또한 같은 이론은 집중된 이익의 경우에도 그 비용부담이 분산된 경우(diffused cost)가 집중된 경우(concentrated cost)보다 특정 집단의 이익을 위한 입법화가 보다 용이함을 보여 주고 있다. 요컨대 공공선택이론은 "집중된 이해관계/분산된 비용부담"을 내용 내지 특징으로 하는 입법의 경우가 이익집단의 지대추구행위의 대상이 되기 쉬움을 가르쳐주고 있다. 그렇지 않은 경우에는 이익집단의 영향력이 크지 않고 따라서 공익적 고려가 많이 작용하지 않으면 입법화가 어렵다고 본다.

이러한 공공선택이론의 분석결과를 참조하여 여타 경우의 경제입법이나 이익입법은 모두 심사대상에서 제외하고 이들 "집중된 이해/분산된 비용"의 경우에만 사법심사를 집중하는 것이 어떻겠는가 하는 것이 파버와 프리키의 주장이다. 따라서 예컨대 광산업자들에게 광산촌 주위에 학교나 병원을 짓고 주택지 등의 조성을 명하는 입법의 경우는 "분산된 이익/집중된 비용"이므로 이익집단의 영향력이 작용할 여지가 적고 공익에 대한 고려가 크게 작용했을 것으로 볼 수 있어 구태여 사법심사의 대상으로 삼을 필요가 없다는 것이다.[9)]

반면에 모든 주택의 임대인들에게 임차인들을 위해 케이블 TV를 반드시 달아주도록 명하는 내용의 입법의 경우는 어떠할까? 임대인들의 수도 많고 임차인들의 수도 많기 때문에 "분산된 이익/분산된 비용"의 경우로 보아 사법심사에서 제외시키는 것이 바람직할까? 아니다. 이런 경우에는 실은 케이블 TV 제조회사의 집중된 이해관계가 관련될 소지가 많기 때문에 "집중된 이익/분산된 비용"으로 보아 사법심사의 대상으로 해야 한다는 것이 이들의 주장이다. 결국 모든 경제규

8) Daniel A. Farber and Philip P. Frickey, *Law and Public Choice: A Critical Introduction*, The University of Chicago Press, 1991. 특히 제3장과 제5장을 참조하라.

9) 왜 이 경우는 "분산된 이익/집중된 비용"이라고 보는가? 또한 이 경우는 어떤 공익실현을 목적으로 입법화되었다고 볼 수 있는가?

제입법 혹은 이익입법을 사법심사의 대상으로 하지 말고 이익집단의 영향력이 크게 작용할 가능성이 가장 큰 "집중된 이익/분산된 비용"의 경우만을 사법심사의 대상으로 하자는 것이다.

둘째, 사법심사의 초점을 입법결과(立法結果)에 두지 말고 입법과정(立法過程, legislative process)과 입법구조(立法構造, legislative structure)에 두어야 한다는 것이다. 공공선택이론에 의하면 투표의 결과는 상당부분 투표절차, 특히 안건상정 순서(案件上程 順序)나 상정방법 등에 따라 결정되는 것으로 알려지고 있다. 이것이 사실이라면 입법과정과 구조의 합리성과 적법성에 대한 심사는 공정한 투표결과를 담보하는 데 대단히 중요한 영향을 미칠 수가 있다. 예컨대 입법과정에서 모든 이해관계 당사자들의 충분한 의견수렴이 있었는가? 올바른 판단을 위한 필요한 정보의 수집과 교환은 충분하였는가? 혹은 투표 사이클 현상(cycling)이나 투표의 음성적 교환현상(logrolling)이 비교적 적게 나타나는 단일안건별 투표(single subject rule)를 하였는가 아니면 그 반대의 복수안건 내지 다수안건의 일괄 상정식 투표를 하였는가 등에 초점을 맞추어 심사해야 한다는 것이다.[10)]

이상이 비교적 중도적 입장에 서 있다고 볼 수 있는 파버와 프리키의 견해이다.

제 3 절
진보적 입장: 로즈-액커먼

다음은 좀 더 과감한 변화를 주장하는 예일 대학의 수잔 로즈－액커먼(Susan Rose-Ackerman) 교수의 견해를 보도록 하자. 그녀는 우선 입법행위와 행정행위에 대한 사법심사는 반드시 있어야 할 뿐 아니라 대폭 강화되고 확대되어야 한다고

---

10) 만일 행정처분(行政處分)에 이익집단의 영향력의 혐의가 있을 때(예컨대, 「집중이익/분산비용」의 경우)에는 행정절차법의 준수여부를 보다 엄격히 심사해야 함은 물론이다. 그런데 이렇게 절차에 대한 사법심사를 강조해야 하는 또 하나의 이유는 사법부의 정보 보유 및 전문성의 한계 때문일 것이다. 특히 전문기술적 성격이 강한 입법의 경우 사법부에게 그 내용에 대한 실질심사(實質檢査)를 요구하는 것은 정보의 비대칭성으로 인하여 사법부까지도 이익집단의 포로로 될 위험에 빠지게 만들기 때문이다.

보고 있다. 그리고 확대의 이론적 근거를 앞에서 우리가 살펴본 행정규제의 경제학이나 투표행위와 관련된 공공선택이론 등에서 찾고 있다. 입법과 행정과정에의 이익집단의 영향이나 투표행위와 관련된 투표 사이클 현상 등이 입법부나 행정부의 결정에 대한 사법부의 보다 적극적 개입을 요구하고 있다고 보고 있다.

우선 로즈-액커먼은 명령·규칙 등의 행정입법과 행정처분에 대한 사법심사와 관련하여 두 가지 주장을 하고 있다. 첫째는 사법심사(司法審査)에 있어 순이익 극대화(純利益 極大化, net benefit maximization)라는 배경규범(背景規範, background norm)의 설정이 반드시 필요하다는 것이다. 환언하면 정부의 행정입법이나 행정처분에 대하여 사법심사를 하는 경우에는 사회적 비용-편익분석(cost-benefit analysis)에 기초하여 당해 행정입법이나 처분이 사회적 순이익의 극대화에 기여하는가 아니하는가를 검토해 보아야 한다는 것이다. 로즈 액커먼은 다음과 같이 주장하고 있다.

> "민주적 정치과정이 가지고 있는 여러 가지 약점 때문에 법원이 정부의 행정행위에 대한 사법심사를 할 때에는 실질적인 배경규범이 필요하다. 적어도 시장실패의 교정을 목적으로 하는 행정입법이나 처분의 경우에는 정책분석론(policy analysis)이 제공하는 기준이 규범적 기준역할을 해야 한다. 그리고 법에 명시적으로 반대의 의사가 없는 경우에는 법원은 정부부처로 하여금 정책분석의 방법을 사용할 것을 요구해야 한다. 법원은 정부부처들로 하여금 법적·예산적·정보적 제약하에서 순이익을 극대화하고 있다는 사실(maximize net benefits subject to statutory, budgetary, and informational constraints)을 증명해 보이도록 요구해야 한다. 순이익의 극대화를 위한 노력이라는 가정은 입법의 수단으로 자신들의 이익실현을 도모하려는 이익집단들의 정치적 비용을 높일 것이다."11)

---

11) Susan Rose-Ackerman, *Rethinking the Progressive Agenda: The Reform of the American Regulatory State*, The Free Press, 1992, pp. 38-39. 여기서 이야기하는 정책분석방법(政策分析方法)이란 기본적으로 사회적 비용·편익분석방법을 의미한다. 유사한 발상을 선스틴의 주장에서도 찾을 수 있다. 그는 특히 시장실패의 시정을 목적으로 하는 행정관련법의 해석원리의 하나로 비례성(proportionality)의 중요성을 들고 있다. 그는 "법령은 총사회적 이익이 총사회적 비용과 비례가 될 수 있는 방향으로 해석되어야 한다. 이러한 해석은 행정입법과 처분을 합리화하는 데 도움이 될 것이고 입법부에도 합당한 이해를 촉구할 것이다. 또한 이 원리는 과대규제와 과소규제의 문제를 동시에 해결하는

로즈-액커먼은 실제로 비용·편익분석이 대단히 어려운 경우가 많음을 인정하고 있다. 그러나 정부부처로 하여금 그러한 방향으로 생각하게 하고 또 그러한 분석이 가능하도록 자료를 만들게 하는 노력 자체가 대단히 중요하다고 보고 있다. 정부로 하여금 하나의 행정입법이나 하나의 행정처분을 할 때마다 사회적 비용과 사회적 이익을 생각하도록 하는 제도적 압력이 중요하다고 보는 것이다. 그리고 그 과정에서 공익을 앞세운 이익집단의 사익추구행위는 상당한 제약을 받을 것으로 기대하고 있다.

둘째는 정책입안과정에서의 공개성과 책임성(accountability), 그리고 정책집행과정에서의 공평성을 특히 중시해야 한다는 것이다. 그리고 사법심사시 특히 이들 문제에 대하여 유의해야 한다고 주장한다. 로즈-액커먼은 다음과 같이 이야기하고 있다.

> "사법심사(司法審査)에서 법원은 정책입안 과정이 충분히 공개적이어서 정치적 설명력을 가지는가를 보아야 한다. 정부부처는 특정 부문에 정책입안의 의지가 있음을 공표해야 하고, 이해관계자들에게 자신들의 의견과 정보를 제공할 기회를 반드시 주어야 한다. 그리고 의사결정은 공개적이어야 한다. 만일 위와 같지 못할 때에는 법원은 이를 문제삼아야 한다. …… 정책집행과정에 대한 사법심사에서의 우선순위는 그 내용보다도 과정에서의 공정과 평등한 취급(fairness and equal treatment)에 두어야 한다. 정책의 방향이 선 다음에 중요한 것은 집행과정에서 편파성(favoritism)과 임의성(arbitrariness)을 피하는 것이다."[12]

요약하건대 행정부처에 대한 사법통제, 환언하면 행정입법과 처분에 대한 사법심사의 경우에는 사회적 순이익의 극대화라는 관점에서 정책의 기본방향 내지 기본내용을 검토하고, 공개성과 공평성이라는 관점에서 정책입안과정과 집행과정을 살펴보아야 한다는 것이다.

다음은 입법부에 대한 사법통제, 환언하면 입법행위에 대한 사법심사에 관한

데도 도움이 될 것이다." Cass R. Sunstein, *After the Rights Revolution: Reconceiving the Regulatory State*, Harvard University Press, 1990, p. 181.

12) Susan Rose-Ackerman, *Rethinking the Progressive Agenda: The Reform of the American Regulatory State*, The Free Press, 1992, p. 41.

로즈-액커먼의 주장을 보도록 하자. 그녀는 우선 그동안 입법에 대한 사법심사가 행정에 대한 사법심사에 비해 너무나 소극적이었다는 사실을 지적한다. 사법부는 정부의 부당한 행정처분에 의해 권익을 침해당한 개인에 대한 구제에는 열의를 보이면서 수백만, 수천만의 권익에 직접 영향을 미칠 입법에 대하여는 너무나 소극적이었다고 비판한다.

혹자는 민주적 정치과정 자체가 국민의 권익보호의 제도적 보장이 아니냐고 반문할지 모르나 이는 정치과정의 문제를 너무 모르고 또한 입법자를 너무 이상화한 잘못된 생각이라는 것이다. 로즈-액커먼은 공공선택이론이 제시하는 소위 민주적 정치과정이 가질 수 있는 여러 가지 문제들을 열거하면서 입법자들이 국민의 필요와 선호를 잘 알고 그러한 국민적 선호를 항상 입법화하려고 노력한다고 생각하는 것이 얼마나 비현실적인 것인가를 강조한다. 그리하여 사법부의 사법심사가 보다 확대되고 활성화되어 입법실패를 줄여야 한다고 주장한다.

그녀는 입법에 대한 사법심사의 기본 목적과 기본 방향에 대하여 다음과 같은 의견을 제시하고 있다.

> "입법에 대한 사법심사의 기본 목적은 유권자에 대한 의회의 설명력과 책임성(accountability of Congress to the voters)을 제고하는 데 있다. 그리고 이를 위해서 법원은 의회로 하여금 입법적 투명성(legislative transparency)의 제고, 유권자에 대한 입법과정의 투명성의 제고를 요구하여 이익집단들의 기회주의적 활동의 여지를 제한해야 한다. 이 입법적 투명성의 제고를 위하여는 두 가지 정책방향이 강구되어야 한다. 첫째는 법원이 입법의 내부적 일관성(internal statutory consistency)을 요구하는 것이고, 둘째는 입법의 목적에 상응하는 예산배정여부(豫算配定與否)를 묻는 것이다."13)

---

13) Susan Rose-Ackerman, *Rethinking the Progressive Agenda: The Reform of the American Regulatory State*, The Free Press, 1992, pp. 44-45. 로즈-액커먼은 국민이 선출한 대표들의 기관인 국회의 결정을 어떻게 비선출기관(非選出機關)인 법원이 수정할 수 있느냐는 이론적 반론(소위 counter-majoritarian difficulty)이 있을 수 있음을 인정한다. 그러나 비슷한 문제는 한 개인의 헌법적 권리보호와 다수의 의견 사이에 불일치가 발생하는 경우에도 생길 수 있는 문제가 아닌지 반문하면서 입법에 대한 사법심사의 노력을 입법권에 대한 침해라기보다는 우리의 정치 시스템의 민주성과 대의성을 높이기 위한 노력으로 이해해야 한다고 주장한다.

우선 먼저 입법의 내부적 일관성을 요구하는 문제부터 보도록 하자. 한마디로 그녀는 법원은 법률의 전문(前文, preamble)이나 입법취지 설명문(立法趣旨 說明文, policy statement)에 나타난 입법목적와 실제 조문 사이에 모순이 발견되면 이의 적용을 거부해야 한다고 주장한다. 제시된 입법목적의 타당성여부는 사법심사의 대상이 되지 않지만 제시된 목적과 실제 내용과의 불일치라는 법 자체의 내적 구조상의 문제(internal structure of individual statues)는 반드시 심사대상이 되어야 한다는 것이다. 그래야 이익집단들의 기회주의적 행동의 가능성을 막을 수 있다고 보는 것이다.

내부적 일관성을 요구하는 방법의 하나로 모든 입법에 입법목적 설명문(statements of purpose)을 첨부하도록 요구하고, 만일 개별 조문 중에 제시된 목적에 반하는 내용이 발견되는 경우에는 그 조문을 무효화할 것을 제시하고 있다. 그렇게 함으로써 입법자들로 하여금 자신들의 입법의도를 보다 명확히 하게 하고, 개별 조문을 만들 때 본래 천명한 입법목적에 보다 충실하도록 유도할 수 있다는 것이다. 그래야 입법적 투명성이 제고될 수 있고 유권자에 대한 입법부의 설명력과 책임성도 높아질 수 있다고 보는 것이다.

다음으로 입법과 예산배정 사이의 상응성(相應性, consistency between substantive statutes and subsequent appropriations)을 요구하는 문제를 살펴보도록 하자. 로즈-액커먼은 입법을 할 때 중요한 것은 목적의 명확성과 정직성이라고 보고 있다. 그런데 만일 의회가 예산에 의해 뒷받침되어야 비로소 실효를 거둘 수 있는 경제·사회관련입법을 하고도 그 이후 예산심의 과정에서 대단히 불충분한 예산만을 배정하였다면 이는 의회가 진정으로 그 입법을 시행할 의사가 없다고 보아야 하지 않겠는가 하는 것이 그녀의 문제제기이다. 그리고 그런 경우에는 법원은 그 법의 적용을 거부해야 한다는 것이 그녀의 주장이다.

주지하듯이 법원은 예산의 증액을 명령할 수 없다. 그러나 예산에 의해 뒷받침되지 않는 입법의 무효화는 선언할 수 있어야 된다는 것이다. 그렇게 함으로써 인기 위주의 무책임한 입법의 남발을 막을 수 있고 동시에 이익집단의 영향력 행사에도 제한을 가할 수 있다는 것이다.[14] 그리고 실제 사회복지 내지 사회보장관

14) 입법로비와 예산로비에서 모두 성공하는 이익집단의 경우만이 실제로 영향력을 행사할

련입법이나 경제행정관련입법에는 예산의 뒷받침이 없으면 사실상 아무 의미가 없는 유명무실한 입법이 되는 경우가 많은데, 실제로 이와 같은 적정예산(適正豫算)의 뒷받침이 없는 입법이 과다하게 양산되고 있다고 그녀는 지적한다.

물론 어느 수준을 적정예산으로 볼 것인가 수년에 걸쳐서 법의 목적을 달성하려는 경우 매년 예산의 적정수준을 어떻게 정할 것인가 혹은 예산의 항목이 개별 입법과 정확히 일치되지 않는 경우가 보다 일반적일 터인데 이런 경우 어떻게 할 것인가 등의 어려운 문제들이 없는 것은 아니다. 그리고 이러한 문제의 어려움은 로즈-액커먼 스스로가 잘 인식하고 있다.

그러나 입법과 예산과의 상응성을 높여 주려는 사법부의 노력은 분명 의회의 책임성을 제고하고 유권자에 대한 입법적 투명성을 높여 주는 일이 된다고 생각한다. 동시에 입법의 내부구조의 일관성을 높여 주려는 노력도 마찬가지의 기여를 할 수 있다고 생각한다. 그리고 입법의 투명성을 높여 주는 일은 결국 국민들이 의회의 활동을 감시·감독하는 비용을 크게 낮추어 그만큼 유권자의 합리적 무지를 줄여 줌으로써 진정한 국민주권의 확립에 기여하게 된다고 생각한다.[15)]

수 있기 때문이다.

15) 국민주권(國民主權)이란 정치적 자원배분에 대한 의사결정의 최종결정권자는 국민이라는 주장이다. 그런데 이러한 의미의 국민주권이 실현되기 위해서는 투표과정에 있어 유권자의 합리적 무지가 없어져야 한다. 따라서 정치의 투명성을 높임으로써 정치정보가 보다 공개되고, 국민들이 보다 적은 비용으로 보다 많은 정치정보에 접근할 수 있게 되면, 그만큼 유권자의 합리적 무지는 줄어들고 그만큼 국민주권의 실현에 접근하게 된다.

제5장 법률해석(statutory interpretation) 논쟁

공공선택이론이 제기하는 또 하나의 문제는 소위 혼돈의 정리(chaos theorem)이다. 이미 앞에서 애로우의 정리나 투표의 사이클 현상에 대한 설명에서 본 바와 같이 투표의 결과란 안건의 내용보다 안건상정 순위에 따라 크게 달라질 수 있다. 따라서 투표과정에는 많은 전략적 행위가 등장할 수 있다. 뿐만 아니라 원리적으로도 개인들의 이해를 합리적으로 집계하여 공익화할 방법이 존재하지 않는다. 다수결원리도 그 기능을 할 수 없고 다른 투표방법도 마찬가지이다.

이러한 공공선택이론의 주장들, 한마디로 혼돈의 정리는 종래의 법률해석론(法律解釋論)의 정당성에 대하여 근본적인 회의와 문제를 제기한다. 왜냐하면 종래의 법률해석에서는 법문의 표현이 불명확하거나 상호모순되는 경우 등에는 입법사(legislative history)에 대한 연구로 되돌아가 입법자의 입법의도(立法意圖, legislative intent)를 찾아내어 이를 참고 내지 기준으로 하여 해석을 하여 왔기 때문이다. 그런데 공공선택이론이 제기하는 문제는 이러한 의미의 입법의도라는 것이 과연 혼돈의 정리하에서도 이론적으로 존재할 수 있느냐 하는 것이다. 과연 입법의 의도라는 것이 객관적으로 단일하게 존재할 수 있는가 하는 것이다. 그리고 만일 입법의도라는 것이 존재할 수 없다면, 앞으로 법률의 해석은 무엇을 기준으로 어떻게 하여야 할 것인가 하는 문제가 등장한다.

제 1 절
엄격해석론(strict construction)

이스터브루크(F. Easterbrook) 판사와 스칼리아(A. Scalia) 대법관에 의해 대표되는 엄격해석론(嚴格解釋論) 내지 문리해석론(文理解釋論)의 입장은 기본적으로 입법의도라는 개념 자체를 인정하지 않는다. 뿐만 아니라 그러한 개념의 유용성도 인정하지 않는다. 그리고 그들은 법의 해석은 평이한 언어를 사용하는 일반인들의 이해를 기준으로 하는 것이어야 한다는 것이다. 우선 입법의도라는 것이 과연 찾아질 수 있는 것인가 수백 명의 입법자의 의도를 어떻게 찾을 수 있다는 이야기인가 하고 반문한다. 그리고 설사 알았다고 하자. 그러한 경우라 해도 우리가 다루는 것은 "법의 통치"이지 "사람의 통치"가 아니지 않는가? 법조문에 나타난 언어(statutory language)가 중요하지 조문에 나타나지 않은 입법의도(unenacted intent)가 무슨 의미를 가진다는 말인가? 법조문에 나타나지 않은 입법의도에 대하여 규범력을 주는 것은 모든 법이 양원(兩院)을 통과하게 하고 있는 헌법적 요구에 반하는 것 아닌가? 뿐만 아니라 대통령의 법률안거부권도 사실상 유명무실하게 만드는 것이 아닌가 하고 반문한다. 요컨대 이들은 법은 법문에 표현된 내용대로 엄격히 해석하여야 하고, 입법의 의도 등을 내세워 법문에 나타난 내용과 다른 해석을 해서는 안 된다는 것이다.[1] 이스터브루크는 다음과 같이 이야기하고 있다.

> "입법부는 많은 사람들로 구성되기 때문에 아직 발견되지 않은 숨은 의도나 구도(intents or designs)가 있는 것은 아니다. 각각의 구성원들은 나름의 구도를 가지고 있을 수도 있고 없을 수도 있다. 그러나 입법부 전체로서는 단지 결과(outcomes)만 가지고 있을 뿐이다. 공공선택이론의 여러 발견들을 보라. 입법자 개개인에게는 욕구도 우선순위도 그리고 선호도 있을 수 있으나 이들을 모두 합리적으로 집계하는 것은 대단히 어렵거나 거의 불가능하다. 이 점에서 어떠한 형

1) 이들이 완강히 엄격해석을 주장하는 배경에는 그동안 미국에서는 법조문의 명백한 표현에 반하는 해석이 적지 않게 행해져 왔기 때문이다. 입법의 역사적 배경, 그리고 입법의도 등을 내세워 기존의 법조문의 내용을 수정하는 혹은 보완하는 해석이 많이 있었고, 경우에 따라서는 누락되었다고 판단되는 단어들을 해석에 의해 보완하는 경우도 있었다.

태의 투표방식도 다 문제가 있다. 어떤 형태의 투표방식을 사용하든지 그 결과는 의사결정이 내려지는 순서에 의존한다. 의사일정을 결정하는 사람이 입법적 선택을 결정한다는 것, 그리하여 실제는 소수에 의해 지지를 받는 의견이 입법적 결정이 될 수 있다는 것을 증명하는 것은 아주 쉬운 일이다. 더구나 음성적 투표교환행위(logrolling)가 일어나면 법원은 입법자의 의도를 찾는다는 것이 더욱 불가능해진다. 성공적인 투표교환행위가 일어날수록(교환행위의 결과인) 모든 공식투표에서 만장일치가 일어날 수 있으나(진정한 선호도를 보이는) 모든 비공식투표에서는 의견의 불일치가 일어날 것이기 때문이다. 이러한 상황에서 입법의도 운운하는 것은 결국 사법부의 조잡한 추측(wild guess)에 지나지 않는다."[2]

결국 이스터브루크는 입법이란 협상과 타협과 우연의 산물이기 때문에 입법결과를 보면서 본래의 입법의도를 찾는다는 것은 무의미하고 이러한 노력의 무의미성은 공공선택이론의 여러 이론적 발견들이 잘 입증해 준다는 것이다. 따라서 법에 명백한 반대규정이 없는 한 엄격한 문리해석이 법률해석의 기본이 되어야 한다고 주장한다. 이 점에 대하여 그는 다음과 같이 설명하고 있다. 예컨대 입법자가 *X*라는 목적을 추구하는 방법은 두 가지가 있을 수 있다. 하나는 목적만을 정하고 그 수단의 선택은 법원이나 행정부에게 맡기는 경우이고, 다른 하나는 *X*라는 목적추구를 *Y*라는 수단을 통하여 하도록 정하는 경우이다. 전자의 경우에는 아무 문제가 발생하지 않지만, 후자의 경우에는 문제가 생길 수 있다. 후자의 경우에 *Y*의 내용이 불명확하다고 해서(모든 법에도 어느 정도의 불명확성은 불가피한데), 다른 수단이 *X*라는 목적달성에 보다 효과가 있다고 해서 *Y*를 수정하거나 *Y*에 가감을 하는 것은 잘못이다. 이는 입법자들의 목적달성을 위한 수단선택권(手段選擇權)에 부당한 제한을 가하는 것이 되기 때문이다. 따라서 법문에 행정부나 법원에 *Y*의 선택을 맡긴다는 명백한 규정이 없는 한 법원은 입법부가 선택한 *Y*의 선택에 구속받아야 마땅하다는 것이다.

스칼리아 대법관은 여러 판결문을 통하여 본인의 입장을 밝히고 있는데 기본 입장은 이스터브루크와 동일하다. 결국 법문의 가장 일반적 의미(plain meaning

---

2) Frank H. Easterbrook, "Statutes' Domain", 50 *University of Chicago Law Review* 533 (1983).

of statute)가 중요하고 입법사 등은 의미가 없다는 것이다. 아니 유해(有害)할 수도 있다는 것이다. 입법사에 대한 연구를 통해 법문에 나온 가장 일반적 의미도 수정할 수 있다면 아마 다음과 같은 상황도 의회에서 벌어지지 않겠는가 하고 지적한다. 즉 어떤 의원이 법률개정안을 제출하는 대신 몇 가지 입법사를 만들면 동일한 결과를 가져올 수 있으니 그렇게 하겠다고 주장하는 상황도 발행할 수 있다는 것이다.3)

이상이 공공선택이론의 제기하는 문제인 소위 혼돈의 정리에 대한 법원의 바람직한 대응은 법문에 대한 엄격해석이라고 보는 이스터브루크와 스칼리아의 견해이다.

제 2 절
커뮤니케이션론

포즈너(R. Posner) 판사는 기본적으로 다원주의(多元主義)를 하나의 가치로 받아들이기 때문에 입법이란 타협과 협상의 산물이라는 사실을 우선 긍정하고, 법원은 이 타협의 결과를 존중해야 한다는 입장에서 출발한다. 따라서 입법에서의 이익집단의 영향이나 사익의 집계를 통한 공익설정의 어려움에 대하여 별로 개의하지 않는다. 오히려 입법과정에의 이익집단의 이익표출이 중요하다고 본다. 또한 입법이란 본래가 이익집단 간의 타협과 협상의 산물이므로 항상 안정된 균형이 이루어질 수 없는 것이 오히려 당연하다고 보기 때문이다. 이러한 기본 관점에 서서 그는 다음과 같은 "커뮤니케이션론적 입법관(communication theory of legislation)"에

3) 여기서 입법사를 만든다는 것은 의회의 의사록·위원회기록 등에 새로운 내용을 추가시킴으로써 나중에 법원이 입법의도가 어디에 있었는가를 찾을 때, 새로운 자료로서의 의미를 가지게 하여 기존 법률의 해석을 종전과 다른 새로운 방향으로 유도하겠다는 것이다. 스칼리아 대법관의 법률해석론은 대부분 그가 쓴 판결문에 산재되어 있어서, 여기서 일일이 소개할 수는 없다. 다만 스칼리아와 이스터브루크의 법률해석론에 대한 보다 자세한 소개 및 논의는 다음을 참조하라. William N. Eskridge, Jr., "The New Textualism", 37 *UCLA Law Review* 621 (1990).

기초하여 자신의 법률해석론을 전개한다.

그는 법률을 일종의 명령(command)으로 보고 법률의 해석을 명령자가 무엇을 원하는지를 찾아내는 것으로 파악하여 명령자와의 일종의 커뮤니케이션과 같다고 생각한다. 그리하여 다음과 같은 예를 들면서 법률해석의 본질을 설명하고 있다.

> "어떤 소대장이 진격하여 나가려 하는데 앞에 적(敵)의 사격진지가 발견되었다고 하자. 그에게는 두 가지 선택밖에 없다고 하자. 하나는 정면으로 공격하여 적과 일전을 겨루는 것이고 다른 하나는 적의 진지를 우회하여 돌아가는 것이다. 이때 본부로부터 '진격하라'는 명령이 왔다고 하자. 그리고 본부와의 교신이 끊어졌다고 하자. 어떻게 하는 것이 현명한 길인가? 이러한 상황에서, 만일 소대장이 본부와의 교신이 다시 연결되어 보다 구체적인 지시가 있기 전까지는 움직이지 않겠다고 결정한다면 이는 분명히 잘못된 결정일 것이다. 왜냐하면 본부에서 명백히 원하는 것은 공격을 계속하라는 것이고, 어떻게 공격할 것인가는 현장에 있는 소대장의 판단에 의해 최선의 공격방법을 찾아 진격하라는 메세지로 이해하는 것이 옳기 때문이다. 현장에서의 판단을 포기하고 보다 구체적 지시가 있을 때까지 기다려서 공격을 결국 실패하게 만드는 것은 분명 본부가 원하는 바가 아닐 것이기 때문이다. 보다 명확한 구체적 지시가 없어서 움직이지 못하겠다는 것은 본부 명령에 대한 무책임한 해석(irresponsible interpretation)일 것이다. 법관들은 위의 예에서의 소대장과 같은 입장에 자주 놓인다."[4]

이상과 같은 예를 든 다음 그는 위의 예에서 소대장은 당시 상황에서 최선의 판단을 하여 진군을 선택하여 나아가야 한다고 주장한다. 그것이 올바른 법률해석이라고 주장한다. 그리고 그는 자신이 주장하는 해석론은 단순한 번역(飜譯)이 아니라 완성(完成)이고(completion not translation), 과거에 대한 충성(fidelity to the past)이라기보다는 미래에 대한 적응(adaptation to the future)이고, 전통적이기보다는 실제적인 것(pragmatistic not traditionalist)이라고 스스로 성격을 지우고 있다.

보다 구체적으로 그는 다음의 두 단계로 자신의 해석론을 전개한다.[5] 첫째

---

4) Richard A. Posner, *The Problems of Jurisprudence*, Harvard University Press, 1990, pp. 269-270.

5) Richard A. Posner, *The Federal Courts: Crisis and Reform*, Harvard University Press, 1985, pp. 286-293.

는 창조적 재구성(創造的 再構成, imaginative reconstruction)의 단계이다. 우선 법관들은 입법자의 입장에 자신을 놓고 생각해 보라는 것이다. 그러할 때 그 입법자는 지금의 상황에서 지금의 구체적 사건을 놓고 어떻게 판단하고 결정할 것인가를 생각해 보라는 것이다. 이 창조적 재구성을 위하여 법조문의 문구, 그 법문의 구조, 입법사는 물론 입법 당시의 가치와 태도 등도 충분히 고려에 넣어야 한다. 다만 주의할 것은 오늘날의 가치를 이 창조적 재구성에 반영시키는 것이 아니라 입법 당시의 가치를 반영시켜야 한다는 것이다. 그리하여 그러한 입법자가 만일 당시의 가치와 태도를 가지고 오늘날의 문제를 접하였을 때 자신들이 만든 입법이 오늘날 어떻게 해석되고 적용되기를 바랄 것인가를 찾아 이를 기준으로 해석에 임해야 한다는 것이다. 예컨대 1930년대의 입법을 해석하면서 당시에는 전혀 문제가 되지 않던 그러나 오늘날에는 일반화되어 있는 "큰 정부에 대한 회의론"을 1930년대에 만들어진 입법의 해석에 반영시키는 것은 큰 잘못이라고 본다.

이상과 같은 창조적 재구성과정을 통하여서도 해석의 실마리를 찾지 못했을 때 어떻게 할 것인가? 입법자료의 미비, 법조문 표현의 불명확 등으로 창조적 재구성에 실패하면 다음 단계는 어떤 해석이 가장 합리적인 결과를 가져오는가를 찾아야 한다는 것이 포즈너의 주장이다. 즉 두 번째 단계는 합리적 결과(the most reasonable result)의 단계이다. 여기서 중요한 것은 누구를 기준으로 합리성을 판단할 것인가이다. 법관의 판단기준에서 보아 합리적인 것이어야 하는가 아니면 입법자의 입장에서 보아 합리적인 것이어야 하는가이다. 이 문제에 대하여 포즈너는 입법자의 기준에서 보아 합리성여부를 판단해야 한다고 주장한다. 이 입법자의 기준에서 보아 합리성 유무를 판단해야 한다는 주장도 기본적으로는 앞에서 든 소대의 예를 상정하면 이해하기가 쉽다. 만일 작전본부에서 온 통신문에 이해하기 어려운 부분이 있을 때 어떻게 해석할 것인가를 정함에 있어 그 해석의 결과를 당연히 고려하지 않을 수 없을 것이다. 비합리적인 결과를 초래할 해석방법과 합리적인 결과를 가져올 해석방법이 있을 때 후자를 선택하는 것이 입법자가 바라는 바라고 보아 무리가 없을 것이다. 따라서 포즈너의 주장에 의하면 이러한 경우에는 작전본부의 입장에서 보아 가장 합리적인 결과를 가져오는 방향으로 통신문을 해석하는 것이 바람직하다.

제3절
동태적 법해석론(dynamic statutory interpretation)

에스크리지(W. Eskridge) 교수에 의해 주장되고 있는 동태적 법해석론도 기본적으로는 오늘날의 입법에 이익집단의 영향력이 크게 작용하고 있고 따라서 적지 않은 경우 입법이란 것이 이익집단 간의 타협과 협상의 산물이라는 사실에 대한 인식 내지 그에 대한 문제의식이 깔려 있다. 그리하여 그는 동태적 법해석론의 전개를 통하여 그러한 문제에 대한 사법적 수정(司法的 修正)의 가능성을 열려고 하고 있다.

그는 우선 공공선택이론이 지적했던 다음과 같은 사실들을 다시 한 번 상기시킨다. 즉 현대입법 특히 경제사회입법에는 과소입법(過少立法)과 과다입법(過多立法)이 동시에 존재한다. 특히 "이익의 집중과 비용의 분산"을 가져오는 입법의 경우에는 이익집단들의 영향력이 크게 작용하여 사회적으로 보아서는 바람직하지 않은 경우에도 입법이 성립하여 과다입법현상이 발생한다. 그러나 "이익의 분산과 비용의 분산" 혹은 "이익의 분산과 비용의 집중" 등을 가져오는 입법들은 사회적으로 보아 총이익이 총비용보다 큰 경우, 즉 사회적으로는 바람직한 경우에도 입법성립이 어려워 과소입법이 결과된다는 것 등을 지적·상기시킨다. 요컨대 사익을 위한 입법(private-seeking policy)은 과도히 증가하고 공익을 위한 입법(public-seeking policy)은 상대적으로 과소해진다는 것이다.

이러한 상황 속에서 법원이 동태적 법해석론을 택함으로써 이러한 입법실패의 문제를 해결하지는 못하더라도 최소한 완화시킬 수는 있지 않은가 하고 생각하는 것이 에스크리지의 주장이다. 그가 이야기하는 동태적 해석이란 한마디로 위와 같은 문제의식 위에서 입법의도라는 역사적 사실에 중점을 두기보다는 오늘날의 현실정책에 주는 정책적 함의에 중점을 두어 해석하자는 것이다. 그렇게 함으로써 상황변화에 따라 법이 성장하고 발전할 수 있도록(grow and develop) 하자는 것이다. 상황변화에 따라 점점 정의롭지도 못하고 점점 비효율적이 되는 법이 존재하는 경우, 시대에 맞는 새로운 해석을 하여 이를 점차 바꾸어 나가고 비록 입법 초기에는 이익집단의 영향력이 크게 작용하여 입법화되었다 하여도 법원의 노력에 의해 동태적 해석을 통하여 이를 점차 개선하자는 것이다. 사익적 측면(私益的 側面)을 줄이고 공익적 측면(公益的 側面)을 보다 확대해 나가자는 것이다. 이상이 그가 주장하는 동태적 해석론의 기본방향이다.6)

그가 주장하는 동태적 해석론의 내용을 좀 더 자세히 보도록 하자. 그는 바람직한 해석론은 단순한 과거의 사건이나 과거의 기대를 재창출하는 것이 아니라고 본다. 아무리 입법의 역사가 특정한 해석을 요구한다고 해도 그 해석이 오늘날 우리의 기대에 비추어 정의롭지 못하다면 그러한 해석은 받아들일 수 없는 것이 아닌가 하고 반문한다. 결국 동태적 해석론은 특정 입법의 사회적·법적·헌법적 상황이 변화함에 따라 불가피하게 그 해석도 변화하여야 함을 지지한다. 일반적으로 법해석에는 세 가지 측면이 존재하고 이 세 가지 측면의 조화와 타협이 바람직한 법해석이라고 주장한다. 첫째는 법률문장적 측면(法律文章的 側面, textual perspective)이다. 법률문장에 어떠한 내용이 어떤 표현으로 담겨져 있는가이다. 둘째는 역사적 측면(歷史的 側面, historical perspective)이다. 입법 당시의 법제정과 관련된 기대, 그리고 당시의 입법자들 간의 타협의 내용 등이다. 셋째는 진화적 측면(進化的 側面, evolutive perspective)이다. 법을 둘러싼 사회적·법률적 환경의 변화와 오늘날의 상황적 기대이다.

법문(法文) 자체가 오늘날의 문제에 대하여 명쾌하게 입장을 천명하고 있는 경우에는 법해석에 있어 법률문장적 측면이 가장 중요하게 작용한다. 비록 역사적 측면과 모순되는 면이 발견된다 하더라도 법문 자체가 명확하면 법률문장적 측면을 보다 존중해야 한다. 법률문장적 측면 다음으로 중요한 것은 역사적 측면이다. 따라서 만일 법률문장적 측면과 역사적 측면이 같은 방향의 해석을 요구하는 경우에는 그 방향으로 해석을 하여야 한다. 반면에 진화적 측면이 가장 중요한 해석의 기준이 되는 때는 법문 자체가 불명확하고 그 내용이 한정적이 아니면서, 입법 이후의 사회적·법적 변화가 커서 당초의 역사적 입법의도가 큰 의미를 가질 수 없을 때이다. 이러한 때에는 법해석에 있어 현재의 공공정책의 방향 그리고 오늘날의 사회적·경제적·정치적 상황에 대한 고려가 결정적인 역할을 한다. 이상

6) William N. Eskridge, Jr., "Dynamic Statutory Interpretations", 135 *University of Pennsylvania Law Review* 1479 (1987).

이 에스크리지의 동태적 해석론의 개요이다.7)

제 4 절 개정적 해석론

캘러브레시(G. Calabresi)는 한마디로 필요하다면 사법부가 기존 입법의 내용을 개정하는 수준까지의 일을 할 수 있어야 한다는 것이다. 사실상 법개정의 의미를 가지는 법적 판단을, 그러한 내용의 법해석을 할 수 있어야 한다는 것이다. 마치 법원이 새로운 판례를 통해 과거의 판례를 수정할 수 있고 필요하다면 얼마든지 그 입장을 바꿀 수 있듯이 성문법에 대하여도 유사한 일을 할 수 있어야 한다는 주장이다.

캘러브레시의 주장은 엄격한 의미에서 공공선택이론이 제기한 문제에 대한 법해석론적 대응 내지 답변은 아니다. 그의 문제의식은 뒤에서 보면 알 수 있듯이 오히려 다른 데서 출발한다. 그러나 비록 문제의식의 출발은 다르나 그의 주장은 공공선택이론이 제기하는 문제에 대하여도 중요한 정책적 함의를 가지고 있다. 만일 그의 주장이 실천된다면 비록 입법과정에 공공선택이론가들이 주장하듯이 여러 가지 문제들(이익집단의 영향, 전략적 투표행위 등)이 있다 하여도 사법부에서 대부분을 교정해 낼 수 있으므로 사실상 큰 문제가 되지 않을 수 있다. 법개정적(法改正的) 의미를 가지는 법해석을 할 수 있다면 입법과정에 여러 문제가 있다 하여도 얼마든지 이를 법적용 과정에서 고칠 수 있다는 이야기이다.

캘러브레시가 이와 같은 주장을 하게 된 배경과 이유부터 들어보자. 그는 다음과 같이 이야기 하고 있다.

---

7) 이와 같이 법해석에 있어서 동태적 성격을 강조하는 또 하나의 학자는 드워킨(R. Dworkin)이다. 그는 법해석이란 하나의 텍스트에서 끊임없이 새로운 의미, 진화된 의미를 창조하는 과정으로 이해하고 있다(Interpretation is an ongoing process of creating new and evolving meaning from text). 그리하여 법해석을 여러 명의 작가가 계속하여 쓰는 연작소설(chain novel)과 같은 것으로 비유하고 있다. Ronald Dworkin, "Law as Interpretation", 60 *Texas Law Review* 527 (1982). pp. 541－543.

"코먼 로(common law)의 점진적이고 비체계적(非體系的)이며 유기체적(有機體的)인 특징으로는 이제 복지국가가 요구하는 많은 법적 수요를 충족시킬 수 없게 되었다. 하나의 경제위기와 다음의 경제위기와의 사이가 급속히 좁아지면서 종래에는 사법부에 의해 코먼 로가 해결할 수 있었던 분야도 이제는 입법부에 의한 입법적 대응이 필요하게 되었다. 이제 우리는 적어도 뉴딜시대 이후 성문법(written law)의 시대에 살고 있다. 그런데 모든 법이 그러하지만 이러한 제정법들도 노령화(老齡化)한다. 그들은 더 이상 오늘날의 필요에 답하지도 못하고, 오늘날의 다수의 의견을 대변하지도 않는다. 정치·경제적 상황이 변한다. 그러나 이들 입법은 지속적으로 유효하게 작용하고 우리의 중요한 현실문제에 계속 영향을 미친다. 왜냐하면 기득권세력(旣得權勢力)의 작용, 견제와 균형 등으로 법제정이 법개정보다 쉽기 때문이다. 또한 법원은 입법부의 우위를 인정하여 법해석에 있어 소극적 태도를 취하기 때문이다."[8]

이러한 상황에서 법관들은 하나의 딜레마에 봉착한다고 그는 주장한다. 즉 법관들은 한편에서는 입법부의 우위(legislative supremacy)를 교육받았고 헌법적으로 유효하게 성립한 제정법에 대하여는 가능한 한 손대지 말라고 배웠다. 그러나 다른 한편에서는 법은 기능적(law as being functional)이어야 함을, 환언하면 법은 현재의 필요에 답하고 현재의 다수견해를 대변해야 함을 교육받았다. 그동안 법관들은 입법부의 우위와 법의 기능성이란 이 두 가지 가치를 균형시켜 보려고 노력해 왔으나 그와 같은 균형은 이제 더 이상 불가능하다고 캘러브레시는 판단하고 있다. 그리하여 그는 이제는 양자택일해야 한다고 보고 있다. 즉 입법권의 존중과 법기능의 정상화 중에서 하나를 택해야 한다고 보고 있다. 이에 대한 그의 입장은 후자에 대한 지지이다. 그는 다음과 같이 이야기한다.

"하나의 가설(hypothesis)로서 내 주장을 제시한다. 법원이 판례를 취급하는 것과 똑같이 제정법을 취급한다고 가정하자. 법원은 판례를 바꾸듯이 제정법을 바꾸고 일부를 수정하고 필요하다면 폐기할 수 있다고 가정하자. 그들이 이러한 힘을 직접 사용하기도 하고 또는 의회로 하여금 법개정을 하도록 압력을 가하는

---

8) Guido Calabresi, *A Common Law for the Age of Statutes*, Harvard University Press, 1982, pp. 5－7.

수단으로 사용한다고 가정하자."

이상과 같이 이야기하고 그는 자신의 주장을 위한 보다 구체적 몇 가지 제안을 하고 있다.[9)]

이미 앞에서 이야기한 대로 이 주장은 공공선택이론에서 제기하는 문제에 대한 대답은 아니다. 그것보다는 제정법(制定法)의 노령화(老齡化) 현상에 대한 문제의식, 특히 새로운 상황변화에 적응하는 입법부의 능력부족에 대한 문제의식에서 출발한 주장이라고 볼 수 있다. 그러나 공공선택이론에 주는 정책적 함의는 대단히 크다고 하겠다.

---

9) 좀 더 상세한 소개와 토론은 다음을 참조하라. William N. Eskridge, Jr. and Philip P. Frickey, *Legislation: Statutes and the Creation of Public Policy*, West Publishing Co., 1988, pp. 882–886.

제6장 공화주의적 대안

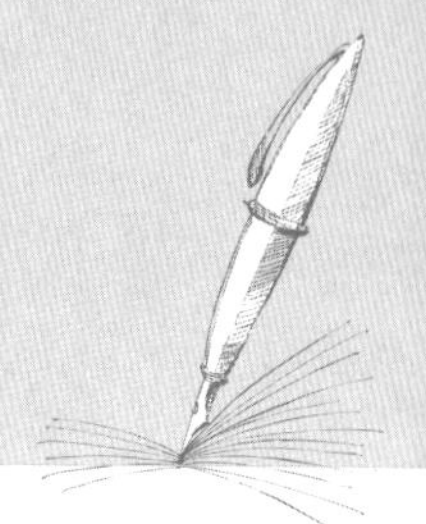

제 1 절 공공선택이론과 공화주의

공공선택이론이 이론적으로 전제하고 있는 다원주의(pluralism)와는 다른 패러다임을 가지고 정치와 정부의 문제를 보는 입장이 있다. 이 입장이 공화주의(republicanism)이다. 이 공화주의는 정치와 정부의 문제를 어떻게 보는가를 살펴봄으로써 우리는 공공선택이론이 제기한 문제들을 다원주의의 "틀"을 넘어서 새로운 패러다임에서 해결할 수 있는 가능성을 찾아볼 수 있다. 사실 지금까지 앞에서 살펴본 논의들은 공공선택이론이 제기한 문제들을 기본적으로 공공선택이론이 이론적 전제로 하고 있는 다원주의의 "틀" 속에서 그 해결책을 찾으려는 노력들이었다. 이제 다원주의의 "틀"을 벗어나 공공선택이 제기한 문제들, 즉 이익집단의 영향력의 문제, 투표 사이클의 문제 등을 살펴본다면 과연 어떠한 정책적 해결 방안들이 나올까? 특히 공화주의의 입장에서 이들 문제를 바라보면 어떠한 대안이 가능할까 하는 문제를 보기로 하자.

주지하듯이 다원주의는 19세기 자유주의적·개인주의적 세계관에 기초를 두고 있다. 모든 논의가 공동체나 사회가 아니라 개인에서 출발한다. 사회성립 이전부터 개인은 불가양(不可讓)의 권리와 자유를 가지고 있다고 보고 개인의 자유와 권리 그리고 그들의 자유스러운 선택을 모든 가치에 우선시킨다. 그리고 다원주의는 공익(公益)이라는 것이 따로 존재하는 것이 아니라 개인들의 사익(私益)의 합(合)이 곧 공동체 전체를 위한 공익의 내용이 된다고 본다. 따라서 개인들의 이익표출(이익집단을 통한 이익표출의 경우를 포함하여)은 장려되고 "최대다수의 최대행복"이라는 공리주의적 기준(公利主義的 基準)이 모든 사회정책이 추구할 목표가 된다. 이러한 상황에서 정치나 정부의 역할이란 이들 개인의 사익들이 자신들의 이해를 극대화하려고 노력할 때 발생하는 상호충돌을 공정하게 조정하는 수준에서 그치게 된다.

이러한 다원주의의 입장에 대하여 공화주의는 다음과 같이 비판한다.[1] 첫째, 다원주의는 그 사회에서 힘 있는 상위계층의 이해를 대변하는 경향이 강하다. 사회·경제적 약자들의 이익표출은 사실상 불가능하거나 대단히 어렵다. 따라서 다원주의는 기존의 사회·경제적 불평등을 유지하는 경향을 가진다. 둘째, 다원주의는 사회적 안정과 타협을, 그리고 전반적 만족을 가져온다고 주장하나 이는 사회적 부정의(social injustice) 위에서의 안정이고, 때로는 강요된 타협이다. 셋째, 다원주의는 이익집단이나 직능집단 간의 이익의 충돌은 인정하나 계급 간(階級 間)의 투쟁은 무시하는 경향이 있다. 수평적 사회관계에만 초점을 맞추고 사회관계 속에 존재하는 수직적 측면, 지배와 종속의 측면은 과소평가하는 경향이 크다. 넷째, 다원주의에는 정의나 공평에 대한 개념이 확실하지 않고 공동체(community)라는 개념이 존재하지 않는다. 따라서 공동가치(共同價值)라는 개념이 존재하지 않는다. 인간이라는 존재는 개체성 못지않게 전체성 내지 공동체성(共同體性)을 가진 존재인데 후자에 대한 고려가 거의 없다.

이러한 비판 위에서 공화주의는 건강한 통치 내지 바람직한 정치란 개인의 사익(private interest)을 사회전체의 공동선(common good)에 종속시키는, 소위 "시민적 덕(市民的 德, civic virtue)"을 함양시켜 나가는 과정으로 본다.[2] 그러한 시민적 덕을 높여 나가는 자치 내지 자율(self-rule)의 과정을 정치라고 보고 있다. 환언하면 정치란 기본적으로 타율이 아니라 자발적인 대화와 토론 그리고 숙의

---

1) R. Dahl, *Dilemma of Pluralist Democracy: Autonomy versus Control*, 1982; M. Sandel, *Liberalism and the Limits of Justice*, 1982; Miller, "Pluralism and Social Choice", 77 *American Political Science Review* 734 (1983); C. Sunstein, "Legal Interference with Private Preferences", 53 *University of Chicago Law Review* 1129 (1986).

2) 공화주의에 대한 비판적이면서 호의적인 소개는 Cass R. Sunstein, "Interest Groups in American Public Law", 38 *Stanford Law Review* 29 (1985); Frank I. Michelman, "The Supreme Court 1985 Term: Forward: Traces of Self-Government", 100 *Harvard Law Review* 4 (1986).

(deliberation)을 통하여 보다 높은 가치의 발견과정, 공동선과 시민적 덕의 발견과정이라는 것이다. 개인과 사회는 불가분의 상호의존성을 가지고 있다고 보고 남과 더불어 공동의 선을 추구하는 과정 속에서 개체의 특이성도 나타난다고 보고 있다.

따라서 정치란 공공선택이론이 생각하듯이 단순한 개인의 선호를 사회적으로 합계하는 것이 아니다. 좀 더 창조적이고 능동적인 정치의 역할이 요구된다. 즉 국민들 사이에 시민적 덕이 보다 함양되도록 하고, 개인의 이해보다 공공의 이해를 우선시키는 정치가와 행정가들을 양성해 내는 것이다. 공공선택이론은 각각의 입법 속에서 이익집단들 간의 타협된 이기심을 찾으나 공화주의는 개별 입법에서 공동선을 향한 노력을 기대한다. 공공선택이론은 정치과정에서 투표의 사이클현상이나 전략적 투표행위를 관찰하나 공화주의는 정치과정을 진실된 대화와 토론의 장(場)으로 파악한다. 공공선택이론은 개인의 정치적 선호는 주어지는 것으로 보나 공화주의는 개인의 정치적 선호는 형성되어 가는 것, 올바른 교육과 정치에 의해 만들어져 가는 것으로 본다. 공공선택이론은 애로우의 정리(Arrow's Theorem)를 만나 그 함의(含意)에 당황하나, 공화주의는 정치라는 것이 단순히 개인의 정치적 선호를 종합하는 것이어서는 안 된다는 사실을 가르쳐 주는 좋은 증거로서 이를 환영한다.

그러면 공화주의는 자신들의 가치·신념을 실현시키기 위해 어떠한 프로그램들을 가지고 있는가? 결론부터 이야기하면 사실 공화주의는 하나의 가치이고 윤리이고 태도이지 구체적 프로그램은 아니다. 따라서 구체적 프로그램의 면은 대단히 약한 편이다. 그러나 그동안의 공화주의자들의 주장을 정리해 보면 몇 가지 그들이 생각하는 기본 정책방향을 도출할 수 있다. 첫째는 참여의 중시이다. 정치과정에의 국민들의 직접참여를 최대한 보장하려 한다. 그리하여 중앙집권제나 대의제를 통한 정치보다는 지방분권이나 직접민주제를 선호한다. 둘째는 토론의 중시이다. 정치과정 자체를 대화와 토론, 모색과 성찰을 통하여 공동선을 찾는 과정, 올바른 정책의 방향을 발견하는 과정으로 보고 있다. 그리고 이 정치과정은 동시에 시민적 덕을 함양하는 교육과정이 된다. 셋째는 정보공유(情報公有)의 중시이다. 정책의 입안은 물론 집행과정에도 끊임없는 국민들의 직접참여와 토론이 있기 위해서는 당연히 정보의 공유가 전제되어야 한다. 국민과 정부, 국민과 국민

사이에 정보의 교류가 왕성해야 하고 정보공유의 폭이 커야 유효한 참여와 토론이 가능해진다. 넷째는 평등의 중시이다. 정신적·물질적 평등이 전제되어야 진정한 참여와 토론이 가능해진다. 정신적·물질적 불평등이 심한 사회에서는 공동체적 연대감 내지 일체감의 조성이 어렵기 때문에 진실된 대화와 토론이 어렵고 공동선의 추구가 불가능해진다.

이상과 같은 공화주의의 주장을 어떻게 볼 것인가? 공화주의와 공공선택이론의 결합 내지 조화가 바람직한 방향이 아닐까 생각한다. 어느 한쪽만의 강조는 나름의 위험이 있다. 공공선택이론은 과도한 냉소주의에 빠지거나 아니면 소위 협상민주주의(協商民主主義, bargaining democracy)를 합리화할 위험이 많다.[3] 반면에 공화주의는 극단의 이상주의에 빠지거나 아니면 소위 전체주의적(totalitarian) 질서를 용인할 위험이 있다. 정치과정은 국민들의 기존의 정치적 선호, 즉 여론을 수렴하는 과정이면서도 동시에 무엇이 모두에게 올바른 것이 되는가를 끊임없이 생각하게 하는 교육적 기능도 함께 수행하여야 한다. 개인의 자유로운 선택을 최대한 중시하되 그 선택과정에 이웃에 대한 고려, 환언하면 공동선에 대한 고려가 반영되도록 하는 사회적 노력은 긴요하다. 그리고 그 사회적 노력은 대화와 토론, 설득과 양보를 통하여 개명된 방법으로 이루어지는 것이 바람직하다고 본다.

인간행동의 대단히 강력한 동인은 경제적 이해관계 내지 경제적 자애심(經濟的 自愛心)이다. 그러나 인간은 동시에 가치지향적(價値指向的) 동물이다. 사상성을 가진 사회적 공동체적 존재이다. 따라서 인간의 자애심에 의존하는 공공선택이론은 인간의 사상성에 의지하는 공화주의와 조화될 때 비로소 올바른 공공정책론을 만들 수 있다고 생각한다.

---

3) 여기서 협상민주주의란 이익집단 간의 협상의 결과가 정치과정과 동시에 정치결과를 지배하는 민주주의를 의미한다. 민주적 가치나 민주적 원칙의 지배가 아니라 집단이익의 타협된 결과가 지배하는 민주주의이다. 이 협상민주주의에 대한 하이에크(F. Hayek)의 비판과 토론은 다음을 참조하라. Friedrich A. Hayek, *Law, Legislation and Liberty*, Routledge and Kegan Paul, 1982.

제 2 절 신공공정책론의 모색

공공정책론(philosophy of public policy making)을 연구하는 학자들 사이에 스스로들을 공화주의자라고 지칭하지는 않으나 기본적으로 공화주의적 전통 속에서 종래의 공공정책론과는 다른 입장을 세우려는 일련의 움직임이 있다. 그중 대표적 학자의 하나인 하버드 대학의 라이시(R. Reich) 교수의 견해를 중심으로 그들이 주장하는 신공공정책론의 내용을 살펴보도록 한다.4)

공공정책론은 다음의 세 가지 질문에 대한 나름의 대답 내지 입장을 가지고 있다. 첫째는 인간이란 어떤 존재인가, 둘째는 사회의 진보란 무엇을 의미하는가, 셋째는 그 속에서의 정부의 역할은 무엇이어야 하는가이다. 이 세 가지 질문에 대하여 어떤 입장을 취하는가에 따라 공공정책론의 기본철학과 내용이 크게 달라진다. 그러면 종래의 공공정책론은 이들 세 가지 질문에 대하여 어떤 입장에 서 있었는가? 종래의 공공정책론은 인간을 어떤 존재라고 보았고 사회진보의 내용을 어떻게 이해하였으며 정부의 역할이 어떠해야 한다고 생각했던가?

종래의 지배적 입장은 인간들을 기본적으로 이기적인 존재로 이해하고 있다. 인간들은 이기적 동기에서 시장에서 물건을 사고, 투표에 임하여 대표를 뽑는다. 이들의 선호는 정치나 사회적 규범 혹은 과거의 공공정책에 의해 영향을 받지 않는다. 공공선(public good)이라든가 공익(public interest)이라는 것은 이들의 개인적 선호의 합(sum of individual preferences)을 의미한다. 사회의 발전이나 진보란 다른 사람들을 불행하게 하지 않으면서도 이들 개인 중 일부의 선호를 보다 많이 만족시킬 수 있을 때 성립하는 것이다. 대부분의 사회진보는 시장 메커니즘을 통하여 이러한 사회진보가 이루어지지만 경우에 따라 시장이 실패하는 경우에 정부의 개입이 필요하다. 따라서 정부의 역할이란 시장실패(市場失敗)를 교정하는 수준에 국한되어야 한다. 이상이 종래의 공공정책론이 기존의 정책을 합리화하거나 혹은

---

4) 신공공정책론의 기본 생각을 일별할 수 있는 기본서로서는 Robert B. Reich (ed.), *The Power of Public Ideas*, Harvard University Press, 1988로서 여기에는 라이시를 포함하여 비슷한 생각을 하는 10인의 학자들의 견해가 비교적 체계적으로 정리되어 있다.

비판할 때 의지하던 기본 철학 내지 입장이다.

이 종래의 공공정책론도 구체적인 정부의 역할에 들어가면 두 가지 상이한 입장으로 나누어진다. 첫째의 입장은 이익집단(利益集團)의 중재조정자(仲裁調停者, interest group intermediator)로서의 정부의 역할을 강조하는 입장이고, 둘째의 입장은 정부가 사회적 순이익(社會的 純利益)의 극대화(net benefit maximization)를 위해 노력할 것을 강조하는 입장이다. 전자는 정치적 다원주의의 입장에서 정부의 역할을 기본적으로 경기의 심판(referee)으로서의 역할에 국한하려 한다. 그리고 공공선은 따로 존재하는 것이 아니라 이익집단들 간의 타협과 이해관계가 조정된 결과이다. 따라서 정부는 공공선의 내용을 결정하는 데 독자적인 역할이 있는 것이 아니다. 이익집단들의 이익표출만 조정·중재하면 된다.[5] 다만 한 가지 예외가 있다면 집단적 이익표출이 어려운 집단들(예컨대 소비자 등)의 이해가 보다 공평하게 대변될 수 있도록 정부가 노력해야 하는 정도일 것이다.

후자의 경우에는 정부는 심판이 아니라 분석가(分析家, analyst)로서 등장한다. 시장에서의 일반인들의 행위를 하나의 이상적인 모델로 상정하고 가능한 한 시장적 행위를 모방하는 데 정부의 역할이 있다. 따라서 정부의 개입은 시장실패가 존재하는 경우에만 합리화된다. 정부의 주책임은 우선 시장실패가 존재하는가를 확인해야 하고, 시장실패의 교정을 위해 취할 수 있는 정책선택의 수단들을 열거해야 하고, 그리고 그중에서 사회적 순이익을 극대화할 수 있는 수단이 어떤 것인가를 확정하고 이를 집행하는 것이 된다.[6]

이상과 같은 종래의 공공정책론에는 나름대로 많은 장점도 있으나 결정적 약점의 하나는 "사상의 힘과 토론의 중요성"을 무시하였다는 데 있다. 이것이 신

---

5) 다원주의에서는 흔히 이익집단의 이익표출의 중요성은 이야기하나 이념집단들의 이념표출은 이야기되고 있지 않다. 또한 경제적 이해관계자들의 정책참여는 강조하여도 이념적 이해당사자들의 정책참여는 무시되고 있다. 어떻게 생각하는가? 예컨대 자연파괴를 수반하는 대규모 토목건설의 경우 환경운동가는 그 정책결정과정에 참가해야 하는가 아니면 경제적 이해당사자가 아니므로 참가할 수 없는가?

6) 이익집단의 중재조정을 목표로 하는 정책관(政策觀)과 사회적 순이익의 극대화를 목표로 하는 정책관의 장단점을 비교해 보라. 예컨대 정책목표설정면에서 어느 쪽이 보다 명확할까? 정책의 내용결정면에서 어느 쪽이 보다 용이할까? 정책의 성공과 실패의 평가면에서는 어느 쪽이 보다 객관적일까? 혹은 공익에 보다 접근한 결과가 나올까 등을 생각해 보라.

공공정책론의 주장의 핵심이다. 무엇이 사회를 위해 선한 것인가에 대하여 국민들이 어떤 생각, 어떤 사상을 가지고 있는가가 국민들의 사고와 행동에 미치는 영향이 대단히 크다. 그리고 그에 따라 국민들의 정부에 대한 요구와 기대의 내용이 크게 달라진다. 동시에 여러 생각들을 놓고 얼마나 진지하게 토론하고 심사숙고하느냐에 따라 그 결론이 우리의 사고와 행동에 미치는 영향의 정도가 크게 달라진다. 따라서 정치나 정책이란 단순히 국민들이 무엇을 원하는지를 찾아내어 이를 실천에 옮기는 것이 아니라 국민들로 하여금 자신들의 문제에 대하여 비판적으로 생각할 기회를 만들어 주고, 어떠한 해결방향이 사회전체의 관점에서 보아 선한 것인가를 끊임없이 생각하게 하는 데 있다. 그렇게 함으로써 국민들과 정부가 함께 공공선을 찾아가는 과정이 곧 정치이고 정책수립이다. 한마디로 토론과 대화를 통한 공공선(公共善)의 시민적 발견과정(市民的 發見過程, civic discovery)이 바람직한 정책수립과정이라는 것이다.

토론과 대화 그리고 자기성찰을 통한 시민적 발견과정을 통하여 본래 생각했던 문제의 내용이 다시 정의될 수도 있고, 자신들의 당초의 주장이 너무 이기적이고 일면적(一面的)이었음이 발견될 수도 있다. 생각하지 않았던 보다 효율적인 해결방안이 발견될 수도 있고, 문제의 본질이 보다 깊은 곳에 있음을 확인할 수도 있다. 여하튼 이런 공적 토론(public deliberation)과 사회적 학습과정(社會的 學習過程, social learning)을 통하여 자신의 문제가 어떻게 사회전체의 문제와 연결되어 있는지도 확인하게 되고 동시에 사회전체의 공공선과 조화시키도록 하기 위해 자신의 이기적 동기나 선호를 어떻게 순화시키고 수정해야 하는지도 배우게 된다. 효과적인 토론과 대화를 위해서는 이러한 정책수립과정에의 모든 관심 있는 사람들의 참여와 정보의 공유 등이 필요함은 물론이다. 이러한 정보공유·공적 토론에의 참여, 시민적 발견과정 등 일련의 과정은 곧 국민들을 그동안의 권력소외에서 벗어나게 하는 진정한 의미의 권력참여(empowerment)를 실현하는 과정이기도 하다. 이제 국민이 더 이상 정책의 객체(客體)로서 머무는 것이 아니라 정책의 주체(主體)로서 등장하기 때문이다.

이상이 신공공정책론의 주내용이다. 본인들이 주장하는 바는 아니나 명백히 공화주의적 성향이 대단히 강한 내용들이다. 생각건대 국민적 합의(國民的 合意)가 이미 명백히 존재하는 정책과제의 경우에 대하여는 종래의 정책론, 특히 사회적 순이익 극대화를 목표 내지 기준으로 하는 종래의 공공정책론으로 대응하여도 별 문제가 없다고 본다. 그러나 아직 사회적 합의가 충분하지 않은 정책과제나 소득재분배(所得再分配)의 효과가 큰 정책과제에 대하여는 여기서 본 신공공정책론의 주장을 받아들이는 것이 옳다고 생각한다. 특히 오늘날과 같이 새로운 정책과제가, 아직 사회적 합의가 제대로 형성되어 있지 않은 정책과제가 지속적으로 등장하는 시대, 어떠한 제도의 개선도 항상 기득권층과의 이해마찰을 경험하게 되는 시대에는 신공공정책론이 주장하는 공공선의 시민적 발견과정이 보다 강조되고 중시되어야 한다고 생각한다.

제7장 경쟁정치와 경쟁행정

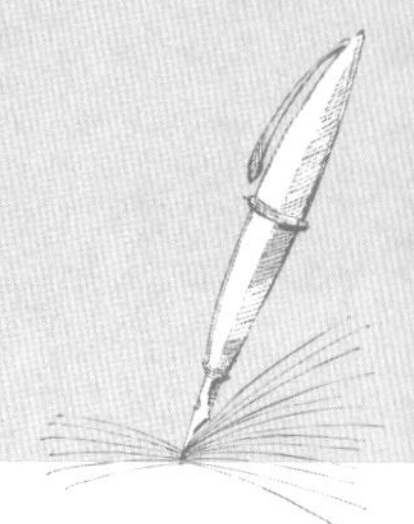

제 1 절 선거비용의 합리화와 공영화

시장이 경쟁적일 때 시장은 소비자주권(消費者主權)이 실현되는 장이 될 수 있다. 생산자는 소비자의 선호에 맞추어 생산활동을 하게 된다. 정치도 마찬가지이다. 정치가 경쟁적일 때 정치는 국민주권(國民主權)이 실현되는 장이 될 수 있다. 정치가 경쟁적이어야 정치가들은 국민들의 정치적 선호를 존중하는 정치를 하게 된다. 따라서 시장실패를 줄이는 방법의 하나가 경쟁정책(competition policy) 이듯이 정치실패를 줄이는 방법의 하나가 정치를 경쟁적으로 만드는 것이다. 그런데 정치를 경쟁적으로 만드는 데 있어 최대의 장애가 금권정치(金權政治)와 금권선거이다. 금권선거 그리고 그를 배경으로 하는 금권정치가 존재하는 한 정치는 경쟁적이 될 수 없고 유산자(有産者)들에 의해 지배받게 된다. 정치적 소신이나 국가운영의 경륜보다도 선거자금의 동원능력에 의해 선거결과가 달라진다면 그만큼 국민주권은 형해화(形骸化)한다. 그리고 정치는 정상배(政商輩)들에 의해 독점되고 만다. 따라서 선거비용의 합리화와 공영화는 대단히 중요한 정책과제이다.

선거비용문제는 이미 지적한 정치의 경쟁성 회복이라는 측면 말고도, 기존의 국민대표들에 미치는 이익집단들의 영향력을 줄이는 문제와도 직접 관련된다. 우리는 앞에서 이익집단들의 입법과정에의 영향력 행사를 우려하였다. 그런데 그 영향력 행사의 물질적 기초가 바로 선거자금의 수수에 있다. 이익입법의 대가로서의 필요한 선거자금의 공급이 그것이다. 금권선거의 폐해는 여기서 끝나지 않는다. 당선된 후에도 다음 선거를 위해 끊임없이 자금동원을 위해 노력해야 한다.

정책을 개발하고 국정을 보살필 시간과 노력보다는 잠재적 선거자금 공급자와의 관계를 돈독히 하는 것이 더욱 중요하다.[1] 막대한 선거자금이 들고 금권선거가 지배하는 오늘의 현실에서 입후보자들에게는 불가피한 선택일지도 모른다.[2]

이 문제의 해결을 위해서는 다음과 같은 방향으로 선거법 및 정치자금법이 개정되어야 한다. 첫째, 우선 돈이 적게 드는 선거를 만들어야 한다. 입후보자와 유권자들 간의 의사소통의 기회는 최대한 보장하되 그 방법은 가능한 한 방송·출판물 등의 언론매체를 활용하는 방법이어야 한다. 대량의 청중동원 등은 금지되어야 할 것이다. 둘째, 선거자금의 상당부분은 공영화해야 한다. 즉 TV나 출판물 등을 통한 선거비용은 국고에서 지원해 주어야 한다. 입후보자 개인이 부담하는 비용은 정책개발비 등 최소한의 수준에 머물게 해야 한다. 셋째, 선거자금의 투명성을 높여야 한다. 종래 음성화되어 왔던 선거자금의 수입지출 내역을 공개해야 한다. 이를 위해 선거기간 중의 자금수지의 정기적 공개와 공인회계사에 의한 감사를 제도화해야 한다. 넷째, 기업조직 등 단체에 의한 정치자금지원은 정당기탁금제도로 일원화한다.[3] 기탁금제도는 일반기탁을 원칙으로 하고 지정기탁은 기탁금의 일부에 한하여 인정한다.[4] 그렇게 함으로써 정당 간의 기탁금의 심한 불평등을 완화하고, 동시에 특정 단체와 정당 간의 유착관계를 줄인다. 다섯째, 후보

1) Elizabeth Drew, *Politics and Money: The New Road to Corruption*, 1983을 보면 미국의 현실에서도 이 문제가 얼마나 심각한 문제인가를 알 수 있다.

2) 이러한 상황 속에서 국정운영의 능력과 소신을 가진 인사들보다 정치자금 동원능력이 출중한 인사들이 보다 많이 대표로 뽑히게 되어 소위 "악화(惡貨)가 양화(良貨)를 구축하는 현상"이 일어난다. 그렇게 되면 국민들의 정치불신은 더욱 증대되고 그 결과 투표자의 합리적 무지의 폭도 증대하여 입법실패의 정도도 심화된다.

3) 미국에서는 이익집단이 정치에 미치는 영향을 줄이기 위해 기업단체나 노동조합 등과 같이 경제적 이해관계가 뚜렷한 이익집단들에 의한 정치헌금을 아예 금지시키고 그 대신 비경제적 집단(예컨대, 환경주의자들의 모임과 같은 이념집단)에 의한 정치헌금만을 허용하자는 주장이 있기도 하다. Daniel A. Farber and Philip P. Frickey, *Law and Public Choice*, The University of Chicago Press, 1991, pp. 132－135. 우리나라의 경우는 기업헌금은 인정되고 있는 반면 아직 노동조합에 의한 정치헌금은 인정되지 않고 있다. 형평에 반하는 입법이다.

4) 일반기탁은 기부를 받을 정당을 특정하지 아니하고 기탁하는 경우이고 지정기탁은 정당을 특정하여 기탁하는 경우이다. 일반적으로 일반기탁금은 득표수나 국회의원수에 비례하여 정당들에게 배분된다.

자별 후원회조직은 개인지원을 원칙으로 한다. 조직과 이익단체에 의한 개인후보의 정치자금지원을 막는다. 개인지원의 상한을 정하여 소액다수주의(少額多數主義)를 원칙으로 한다. 여섯째, 선거관리위원회의 위상을 높여 선거사범과 정치자금법 위반사범에 대한 처벌의 확실성과 강도를 높여야 한다.[5][6]

사실 선거제도 및 정치자금관련제도의 개선은 경쟁정치를 위하고 이익집단의 정치에 대한 영향력을 줄이기 위한 필요한 제도개선의 일부에 불과하다. 우리나라의 경우 기존의 정당제도 자체가 종래의 개인중심의 사당적(私黨的) 성격에서 벗어나 정책과 이념중심의 정당으로 공당화(公黨化)하는 것이 시급하고, 의회제도도 본래의 사명을 다하기 위해선 현재보다 훨씬 많은 인적·물적 자원이 공급되지 않으면 안 된다. 현재의 인적·물적 자원을 가지고는 제대로 된 연구에 기초한 의원입법 하나 만들기 어렵다. 점점 통법화(通法化)하는 것을 막을 수 없다. 또한 현재의 자원과 제도를 가지고는 예산결산심의와 국정감사가 제대로 되지 않으며 점점 요식행위화하는 경향을 막을 수 없다. 별도의 연구와 제도정비가 시급한 분야이다.[7]

---

5) 미국의 경우 선거자금법의 법집행의 유효성을 높이기 위한 제도개혁을 논한 연구로는 Kenneth A. Gross, "The Enforcement of Campaign Finance Rules: A System in Search of Reform", 9 *Yale Law and Policy Reviews* 236 (1991).

6) 한편, 이 부분 서술 이후 여러 번의 선거법 개정을 거치면서 2018년 현재에는 이 부분 서술에서 요구하는 선거제도개혁이 적지 않게 이루어졌다고 볼 수도 있다.

7) 주지하듯이 우리나라의 경우 오랜 동안 권위주의적 정치질서가 지배하여 왔다. 그 질서 내부에 있던 인사들은 구체적 필요를 느끼지 아니하여 민주제도에 대한 연구를 하지 않았고 또한 이 질서에 대항하던 인사들은 권위주의와 싸우는 데 급하여 민주적 제도에 대한 충분한 연구와 조사를 하지 못하였다. 따라서 우리나라의 경우 소위 가장 기본적인 민주적 제도, 예컨대 의회제도, 선거제도, 경찰제도, 사법제도, 정당제도 등이 얼마나 자기기능을 제대로 하고 있는지, 잘 안 된다면 그 이유가 어디에 있는지, 어떠한 방향으로의 법·제도의 개선이 필요한지 등에 대한 깊이 있는 연구가 상당히 부족한 형편이다. 앞으로 이들 분야에 대한 이론적이면서도 실증적인 연구, 그리고 정책지향적인 외국 제도와의 비교연구 등이 많이 필요하다고 본다.

제 2 절
행정에의 기업원리의 도입: 기업가적 정부론

1930년대 세계공황 이후 대부분의 선진국에서는 정부의 경제에 대한 개입과 지도가 증대하여 왔다. 과거의 자유방임적 경찰국가(自由放任的 警察國家)에서 이제는 적극개입의 경제행정국가(經濟行政國家)로 변화하여 왔다. 그러면서 종래 주기적으로 일어났던 공황의 피해를 어느 정도 피할 수 있었고 또한 시장경제에서 나타나기 쉬운 경제적 약자에 대한 사회적 보호도 가능하게 되었다. 제2차 세계대전 이후에는 후진국들도 급속한 경제성장을 통하여 국민들의 물질적 생활 수준을 높이기 위한 경쟁에 나서면서 대부분의 후진국의 경우 민간부문이 취약하기 때문에 공공부문이 앞에 나서 경제성장의 견인차 역할을 하게 되었다. 그러면서 개발도상국의 경우에도 공공부문 소위 정부의 역할과 비중이 증대하기 시작했다. 그 이후 선·후진국을 막론하고 이 공공부문(public sector) 내지 정부부문은 지속적으로 증대되어 왔다. 시장의 실패를 교정하고 민간부문의 취약점을 보완하며 때로는 민간부문을 직접 대체하는 데 있어 정부부문의 역할과 기능이 한동안 크게 돋보였다. 정부성공(government success)의 시기였다.

그러던 것이 1970년대에 들어서면서 종래의 정부성공에 대한 회의론이 등장하기 시작했다. 선진국의 경우에는 소위 스태그플레이션(stagflation)현상이 나타나면서 정부의 경제에 대한 정책개입의 효과를 의심하기 시작했다. 정부의 거시경제운용(巨視經濟運用)의 능력과 정책개입의 효과를 의심하기 시작했다. 그리하여 나타난 것이 소위 통화주의자(monetarist)들과 합리적 기대가설론자(rational expectation theorist)들의 주장들이다. 정부의 정책개입의 필요성을 주장하던 케인즈주의자(Keynesian)들의 입장이 크게 후퇴하게 되었다. 그와 동시에 고용보험, 의료보험 등 사회보장적 프로그램과 노약자, 극빈자들을 위한 공적부조 프로그램의 비효율이 나타나기 시작하고 그 비용의 증가가 재정에 큰 부담이 되기 시작했다. 고용보험이 오히려 노동공급을 줄이고, 의료보험이 과잉진료와 의료수가의 상승만을 초래하였으며, 기타 각종의 공적부조정책도 빈곤과 범죄의 대물림을 막지 못했다. 또한 이러한 사회보장정책 내지 공적부조정책을 집행하는 정부기관 자체의 비효율과 관료주의 그리고 불공정 등도 자주 지적되기 시작했다.

개발도상국의 경우도 1950년대와 1960년대에는 정부주도의 경제개발 정책이 비교적 성공을 거두었다. 특히 내수시장(內需市場) 개발 위주의 수입대체전략(import-substitution policy)을 취한 나라보다는 해외시장에의 진출을 지향하는 수출촉진정책(export-promotion policy)을 택한 나라의 경우 경제성장의 속도는 눈부신 것이었다. 정부가 주도하여 각종 금융과 세제상의 특혜를 통하여 생산적 자원을 노동집약적 경공업(輕工業)수출부문에 몰아주는 정책이 주효하게 작용했던 것이다.[8] 그러나 개도국의 경우도 1970년대에 들어서면서 종래의 정부주도에 의한 개발정책에 한계가 나타나기 시작하였다. 경제규모가 커지고 중화학공업(重化學工業) 등의 비중도 증가하면서 동시에 해외시장에서의 비교우위조건이 "저임금－저생산성－저가격경쟁"에서 "고임금－고생산성－고품질경쟁"으로 달라지면서 종래의 경직적인 공공부문보다 보다 유연하고 시장변화에의 순응도가 높은 민간부문의 창의적 역할이 경제성장에서 보다 중요한 의미를 가지게 되었다.

이러한 변화와 더불어 1970년대에 들어서면서 선진국이든 개도국이든 정부부문이 가지고 있는 나름의 구조적 문제점 내지 취약점에 대한 인식들이 증대하기 시작했다. 1930년대 이후 시장실패(market failure)에 주관심이 몰려 있던 것이 이제는 정부실패(government failure) 쪽으로 그 관심이 이동하기 시작했다. 이미 앞에서 자세히 살펴보았듯이 정부부문은 독점부문이므로 경쟁압력을 받지 않기 때문에 각종의 비효율과 비능률이 발생하기 쉽고 거대조직이기 때문에 각종의 관료주의적 병패가 등장하기 쉽다. 이러한 점들이 지적되기 시작했다. 동시에 관료조직 내부의 부처 간 할거주의, 공익보다는 예산극대화나 영향력 극대화(domain maximization)를 목표로 하는 부처이익우선의 행정행위, 행정수요의 증대보다 내부의 부처 간 경쟁에 의한 정부부문의 끊임없는 자기확대, 외부의 이익집단과의 유착관계, 각종의 인허가제도를 둘러싼 부정과 부패, 공무원들의 동기유발의 부족 등의 문제가 논란이 되기 시작했다. 이제는 오히려 독점이나 외부효과 등으로 인

8) 올바른 경제정책의 선택 이외에도 국내에 고학력의 저임금 노동자가 풍부히 공급되고 있었고, 이들의 노동의욕이 대단히 높았다는 사실, 그리고 특히 1950년대와 1960년대 세계무역이 유례 없는 자유무역주의적 분위기 속에서 급속도로 신장하고 있었다는 사실 등도 이들 개도국의 경제성장에 결정적으로 기여한 원인이 되었다고 볼 수 있다.

한 시장실패보다도 정부실패가 경제사회에 보다 많은 비효율과 불공정을 가져오는 원인으로 이해하게 되었다. 정부부문에 대한 냉소주의가 확산되기 시작했다.

정부부문에 대한 이러한 불신과 냉소가 하나의 정책으로 등장한 것이 1980년대의 신보수주의(新保守主義)의 움직임이었다. 미국의 레이건과 영국의 대처 등이 앞장서서 정부부문의 축소, 민간부문에의 개입과 규제의 축소(deregulation), 공공부문의 일부의 민영화(privatization), 민간시장경제부문의 활성화, 사회보장부문의 축소 등을 주장하고 나왔다. 이제는 정부의 관료기구가 아니라 시장 메커니즘이 우리의 경제사회문제를 보다 잘 해결해 줄 수 있다고 생각하게 되었다. 이러한 신보수주의의 움직임은 특히 1980년대 후반에 있었던 사회주의권의 붕괴에 힘입어 그 사상적 영향력 내지 설득력이 크게 증대되었다. 국가에 의한 계획경제의 붕괴를 보면서 시장의 "보이지 않는 손(invisible hand)"의 위력이 크게 찬미되었고 그 역으로 정부에 의한 "보이는 손(visible hand)"의 폐단이 크게 선전되었다. 신보수주의의 경제적 치적 내지 성과 자체는 아직 그리 대단한 것이라고 볼 수는 없다. 그러나 그 지적 영향력은 대단하여 오늘을 사는 우리도 신보수주의의 영향을 받고 있다고 보아야 할 것이다.

그런데 신보수주의의 경우에도 마찬가지지만 지금까지의 우리의 논의는 시장이냐 정부냐의 이원론(二元論)을 벗어나지 못하고 있다. 종래의 보수주의자(conservative)도 그러하고 지금의 신보수주의자들도 마찬가지이지만, 이들은 정부보다는 시장이, 계획보다는 자유방임이 보다 효율적이고 공정하다고 믿어 항상 작은 정부(small government)를 주장하여 왔다. 반면에 진보주의자(미국식으로 표현하면 자유주의자: liberal)들은 시장보다는 정부가, 자유방임보다는 계획이 보다 효율적이고 보다 공정하다고 보아 항상 큰 정부(big government)를 주장하여 왔다. 이 두 가지 주장을 보면 주장의 방향은 정반대이지만 기본적으로 시장인가 정부인가라는 식의 이원론적 접근방법을 취한다는 점에 있어서는 같은 시각 내지 입장에서 있다고 볼 수 있다.

그런데 1990년대에 들어서면서 기본적으로 종래의 시장이냐 정부이냐의 이원론적 접근을 거부하고 일원론적으로 이해해야 한다고 하는 주장이 등장하고 있다.[9)]

---

9) 가장 대표적인 책으로는 David Osborne and Ted Gaebler, *Reinventing Government:*

환언하면 시장과 정부의 차이 내지 구별을 없애야 한다는 주장이다. 정부인가 시장인가가 아니라 진정 중요한 문제는 "어떤" 정부인가 "어떤" 시장인가가 문제라는 것이다. 정부가 무엇을 할 것이냐 어디까지 할 것이냐, 커야 할 것이냐 작아야 할 것이냐가 문제가 아니라 "어떻게" 할 것이냐, "어떤" 정부를 만들 것이냐가 문제라는 것이다. 그리고 이 일원론의 입장은 시장과 정부의 구별을 없애고 양 부문이 모두 동일한 원리, 즉 경쟁원리에 의해 혹은 기업가정신(entrepreneurial spirit)에 의해 조직되고 운영되고, 평가받도록 해야 한다고 주장한다. 민간부문은 항상 효율적이고 능률적인데 정부부문은 항상 비능률적이고 관료적이어야 할 특별한 이유가 없다고 보는 것이다. 사람에 문제가 있는 것이 아니라 제도에 문제가 있는 것이기 때문에, 특히 올바른 유인제도(incentive system)만 도입하면 정부부문도 민간기업 부문과 마찬가지로 얼마든지 효율적이고 비관료적이 될 수 있다고 본다. 그리하여 이들은 "기업가적 정부(entrepreneurial government)" 혹은 "정부의 재창조(reinventing government)"라는 용어를 즐겨 쓰고 있다.

이와 같은 주장은, 21세기를 앞둔 세기말적 대변화 속에서 등장한 여러 종류의 신사고 내지 새로운 사상 중 하나의 흐름이었다고 볼 수 있다.[10] 굳이 정의하

How the Entrepreneurial Spirit is Transforming the Public Sector, Addison Wesley, 1992이다. 오스본 등은 전통적 의미의 상아탑 속의 학자라기보다 행정개혁(行政改革)에 직접관계하고 자문하는 실천가(practitioner)이다. 흥미 있는 것은 그의 이론구성은 상당 부문이 실제 미국의 여러 지방정부차원에서 이루어지고 있는 각종의 행정개혁의 경험과 구체적 사례에 기초하고 있다는 것이다. 또 하나 흥미 있는 사실은 그의 이론구성에 피터스(T. J. Peters)나 워터맨(R. H. Waterman, Jr.) 등과 같은 혁신적 경영학자들의 사고가 크게 영향을 미치고 있다는 사실이다. 미국의 몇몇 주 정부차원에서 이루어진 성공적 행정개혁의 사례집으로는 David Osborne, *Laboratories of Democracy: A New Breed of Governor Creates Models for National Growth*, Harvard Business School Press, 1988도 좋은 참고가 될 것이고, 또한 오스본 등에 영향을 미친 경영학자들의 생각을 일별하기 위해서는 Thomas J. Peters and Robert H. Waterman, Jr., *In Search of Excellence: Lessons from American's Best-run Companies*, Warner Books, 1982도 유용한 자료가 될 것이다.

10) 신진보주의운동의 경향을 보면 ① 시장 메커니즘의 활용과 경쟁원리의 중시, ② 지구촌화하는 세계경제와 정보화하는 미래사회에의 능동적 대응, 예컨대 자유무역원칙의 존중과 정보시대에 대비한 인적 자본투자(人的 資本投資)의 확대 등, ③ 형평의 제고와 공동체적 연대감(共同體的 連帶感)의 중시, 특히 사회경제적 약자의 생산성 향상과 자립능

자면 신진보주의적(新進步主義的, new progressivism) 흐름의 하나라고 볼 수 있다. 신진보주의 자체에 대한 본격적 토론은 생략하기로 하나, 다만 이들의 주장은 우리가 현재 논의 중인 정부실패의 문제와 관련하여 하나의 유효한 해결 방향을 제공해 줄 수 있기 때문에, 하나의 중요한 정책대안으로서의 의미를 갖는다고 할 것이다. 이들의 주장을 요약하여 소개하기로 한다.

이들은 정부부문에 대한 냉소주의는 결코 도움이 되지 않는다고 생각한다. 정부는 결코 필요악(必要惡)이 아니라 필요선(必要善)이 되어야 한다고 생각한다. 따라서 어떻게 하면 정부부문을 민간기업부문 못지않게 생산적이고 효율적으로 만들 것인가가 이들의 주관심이다. 그리고 그 주된 방법을 정부부문에의 기업원리의 도입, 시장원리의 도입에서 찾는다. 그러면 정부부문에의 기업원리의 도입, 시장원리의 도입이란 무엇을 의미하는가?

기업가(entrepreneur)란 본래가 경제적 자원을 생산성이 낮은 분야에서 높은 분야로 이동시키는 사람, 혹은 경제적 자원의 조직화를 종래와는 다른 보다 효율적이고 생산적인 방법으로 해내는 사람을 의미한다. 이러한 의미의 기업가 내지 기업가적 능력은 민간부문뿐만 아니라 정부부문에서 더욱 절실히 필요하고 또 그러한 능력의 개발이 정부부문에서도 가능하다고 믿는다. 문제는 그동안 정부부문에 그러한 기업가적 자질이 발휘될 수 있는 조직환경·유인체계(組織環境·誘因體系) 등이 제대로 정비되어 있지 않았다는 데 있다. 조직환경이 경쟁적이지 못하고 기업가적 자질을 자극하는 보상체계가 구비되어 있지 못하였기 때문에 그동안 정부부문이 관료화하고 경직화하였으며 비효율적이었다고 본다. 민간의 기업조직을 포함하여 어느 조직도 그러한 조건이 구비되지 못하면 쉽게 관료화하고 경직화하는 것이지 특히 정부라고 하여 항상 더 관료화되고 경직화되리라는 법은 없다는 것

력 향상을 위한 투자확대, ④ 정책입안과 집행과정에의 국민참여의 중시, 특히 중앙집권적 의사결정방식에서 지방분권적 의사결정방식으로의 전환, ⑤ 국민과 정부 그리고 국민 사이의 토론과 대화를 통한 공공선의 발견과 공덕(公德)의 추구, 그리고 그에 기초한 공공정책의 수립 등으로 그 특징을 요약해 볼 수 있다. 따라서 종래 보수냐 진보냐, 경제성장위주냐 아니면 사회개발위주냐, 큰 정부냐 작은 정부냐 하는 식의 양분법으로는 신진보주의자들의 주장을 이해하기 어렵다. 이들은 기본적으로 종래의 이분법으로는 오늘날의 문제를 올바르게 해결할 수 없다고 본다.

이다.

그들은 정부부문에의 기업원리의 도입의 예로서 몇 가지 구체적 사례를 들고 있다.[11] 예컨대 캘리포니아주의 한 시에서는 1980년대 들어 새로운 예산제도를 도입하였는데 그 주 내용은 첫째 특정 부서예산안에서 보다 상세히 세분된 예산항목을 없앴다. 따라서 부서예산안에서는 실무자들의 판단에 따라 항목 간에 필요시 예산전용(豫算轉用)이 얼마든지 자유스럽게 되었다. 예산활용이 현장의 필요와 판단에 따라 그만큼 유연하게 된 셈이다. 둘째, 회계연도가 지나고도 남는 예산이 있는 경우 다음 해로의 이월이 가능하도록 하였다. 그리하여 당해 연도의 예산을 반드시 당해 연도에 사용하기 위한 무리한 노력에서 오는 불필요한 낭비를 막을 수 있게 되었다. 예산남용의 유인을 막은 셈이 된다.

셋째, 사업의 선정방법·추진방법 등을 개선하여 예산절감을 가져온 경우, 또는 새로운 사업을 추진하여 예산의 증가를 결과한 경우 등에는 절감된 예산의 일부와 증가된 예산의 일부를 상여금의 형태로 공무원들에게 나누어 주는 것을 제도화하였다. 예산절감에 노력할 유인과 동시에 새로운 이익이 나는 공공서비스를 적극 개발할 유인을 제공한 셈이다. 이런 개혁을 통하여 그 도시의 예산사정이 크게 개선되었으며, 일선 공무원들의 열의와 사기도 크게 진작되었고, 공공사업이나 공공서비스의 질 또한 크게 개선되었다. 한마디로 정부부문에도 기업가적 자질을 자극하는 방향으로 조직환경과 유인체계를 고치기만 한다면 얼마든지 생산적이고 효율적인 결과를 만들 수 있다는 것이다.

하나의 예를 더 들어 보자. 1970년대 뉴욕의 할렘가에서 있었던 중등교과과정의 개혁 이야기이다. 종래에는 지역을 몇 개 구역으로 나누어 해당 학군에 사는 학생들은 반드시 그 학군 안에 있는 학교에만 다닐 수 있도록 하였었다. 또한 학교의 교과과정은 물론 학사행정(學事行政)도 표준화하여 모두가 어디서든지 같은 내용을 같은 방법으로 가르치고 배우게 하였다. 따라서 종래에는 교과과정이나 학사일정에 따라가지 못하는 학생들이 있어도, 혹은 반대로 앞서가는 우수한 학생들이 있어도 별도의 취급이 어려웠었다. 이러한 상황에서 몇 가지 계기가 있어

11) David Osborne and Ted Gaebler, *Reinventing Government: How the Entrepreneurial Spirit is Transforming the Public Sector*, Addison Wesley, 1992, pp. 2–8.

이 지역에 교육개혁이 일어났다.

비유적으로 표현하자면, 학교가 기존에는 표준화된 제품을 대량생산하던 것에서 다품종(多品種) 소량생산체제(少量生産體制)로 바꾸기 시작한 것이다. 50명에서 300명 정도의 수많은 소규모 학교를 허용하고 교과과정도 자유롭게 하고 거주구역 내에서만 등록할 수 있던 제약도 철폐하였다. 그리고 학생들과 학부형들이 자유롭게 선택하여 어느 학교든지 등록할 수 있게 하였다. 교사들의 학교 간 이동도 보다 자유롭게 보장하였다. 동시에 학사운영에 교사들과 학부모들의 참여를 제도화하였다. 과거와 같은 제도를 가진 학교들도 몇 군데 남겨 두었다. 본인들의 선택에 따라 종래의 학교를 선호하는 사람들을 위한 것이었다. 이러한 개혁의 결과가 서서히 나타나기 시작했다. 우선 학교 간에 경쟁이 도입된 것이다. 학생들의 교육적 수요에 잘 맞추는 학교는 빠르게 성장했고 그렇지 못한 학교는 지지부진했다. 학교의 규모가 작아지면서 교사와 학생들 간의 거리가 크게 좁혀졌다. 교사들도 학생들도 이제는 본인들의 선택에 의해 당해 학교를 선택한 것이므로 보다 열의와 사명감을 보였다. 교과과정의 내용도 보다 다양해지고 학생의 필요를 보다 중시하게 되었다. 우등생을 위한 학교도 열등생을 위한 학교도 생겨났다. 학부모들도 교사들과 함께 학사운영에 참여하면서 교육에 대한 관심이 종래보다 크게 높아졌다. 이러한 여러 가지의 바람직한 변화가 당해 지역학생들의 전국대비 평균 성적을 크게 높이게 되었다. 요컨대 경쟁원리의 도입, 기업가정신의 자극, 소외로부터 참여로의 조직환경의 변화 등이 주효하였다고 볼 수 있다.

결국 이상의 예에서도 볼 수 있듯이 지금까지의 정부조직과 운영방식은 기본적으로 산업주의시대, 대량생산방식이 지배하는 표준화된 제품생산의 시대에 걸맞는 조직과 운영방식이라는 것이다. 지금까지의 위계적이고 중앙집권적인 의사결정 및 운영방식은 이제 탈산업주의시대, 정보화시대, 지식노동자들이 지배하는 시대에는 도저히 어울리지 않는다는 것이다. 1930년대 당시에는 효율적인 조직형태이고 운영방식이었을지 몰라도 이제는 그러한 거대조직과 중앙집권적 운영체제가 도저히 어울리지 않는다는 것이다. 새 시대에 맞는 새로운 정부조직형태와 운영방식이 나와야 한다는 것이다. 예컨대 보다 분권화된 조직 및 현장중심(現場中心)의 의사결정, 최소의 위계질서, 양보다 질 위주의 행정서비스, 생산자보다 소비자위주의 행정조직, 보다 유연하고 보다 신속한 정보전달체계 등이 나와야 한다는 것이다.

이러한 관점에서 이들은 다음과 같은 정부부문개혁의 기본방향을 제시하고 있다.12) 첫째, 모든 문제해결에 직접 나서서 해결하려 하지 말고 가능한 한 해결의 촉진자(facilitator)가 되도록 하라(catalytic government). 예컨대 민간의 자구조직 등이 문제해결에 보다 적극적으로 나서도록 필요한 지원을 조직화하라. 민관(民官)이 함께 문제의 성격을 바르게 파악하고 활용할 수 있는 자원이 어떤 것이 있는지 등에 대하여 정확하게 인식하도록 하라. 둘째, 지역공동체의 참여와 결정권을 확대하라(community-owned government). 문제의 성격파악과 대처방안의 강구 그리고 집행과정에 지역공동체의 참여를 최대한 확보하고 그들의 자구노력과 자조능력을 조직화하라. 행정의 객체에서 주체가 되도록 하라. 셋째, 경쟁의 원리를 적극 도입하라(competitive government). 부분민영화(部分民營化) 등을 활용하여 민(民)과 관(官) 사이의 경쟁을 유발하고 관과 관 사이의 경쟁도 촉진하라. 경쟁을 통하여 창발성(創發性)을 자극하고 성과에 대한 자긍심을 높여라. 넷째, 행정규칙에 따른 행정이 아니라 목표달성위주의 행정을 펴라(mission driven government). 종래의 행정조직의 필요성 유무를 무(無)에서 출발하여 다시 점검하라. 그리고 목표달성 위주의 예산체계와 조직체계로 점차 전환시켜라. 다섯째, 성과위주(成果爲主)의 행정을 펴라(results-oriented government). 이를 위해 성과를 평가하고 반드시 상응하는 보상을 하라. 성과를 높이기 위해 민간부문이 하는 분임조 활동(QC 혹은 TQC) 등도 강화하라.

여섯째, 대민봉사위주(對民奉仕爲主)의 행정을 펴라(customer-driven government). 관료들의 필요에 의한 행정이 아니라 소비자들의 필요에 응하는 행정을 하라. 행정서비스의 종류도 다양화·개성화하고 소비자들의 선택의 폭도 높여야 소비자들의 만족도를 높일 수 있다. 일곱째, 행정을 기업화(企業化)하라(enterprising government). 돈을 쓰는 행정이 아니라 돈을 버는 행정으로 만들라. 소비자들의 필요를 찾아 적시에 원하는 양질의 서비스를 공급함으로써 재정수입을 넓혀라. 여덟째, 사후교정이 아니라 사전예방행정(事前豫防行政)에 치중하라(anticipatory government). 건강·

12) David Osborne and Ted Gaebler, *Reinventing Government: How the Entrepreneurial Spirit is Transforming the Public Sector*, Addison Wesley, 1992, pp. 25−310.

환경·소방·범죄 등 모든 분야에서 사전예방행정위주의 중·장기 전략을 세우고 이의 집행을 위해 부처 간 협력체제를 강화하라. 아홉째, 분권화된 행정을 하라(decentralized government). 위계질서(位階秩序)를 최소화하고 현장에의 참여를 최대화하라. 그리고 가능한 한 정보를 공유하고 팀워크 중심의 행정을 펴라. 열째, 문제가 있을 때마다 프로그램을 만들려 하지 말고 시장적 해결이 가능하도록 구상하라(market-oriented government). 환언하면 새로운 조직이나 기구의 설립에 급급하지 말고 유인체계를 바꿈으로써 문제의 해결이 가능토록 노력하라.

이상이 앞으로는 정부부문과 시장부문이 동일한 경쟁원리 내지 기업가원리에 의해 조직되고 운영되고 평가되야 한다고 주장하는 기업가적 정부론자들의 견해이다.[13)]

---

13) 기업가적 정부론에 입각하여 미국의 행정개혁안이 성안되어 1993년 9월에 발표되었다. 그 내용은 Al Gore, *Creating A Government That Works Better and Cost Less*, A Plume Book, 1993을 참조하라. 기업가적 정부론이 주장하는 기본방향에는 동의하나 급진적 개혁보다는 점진적 개선이 보다 효과적이라고 하는 주장은 John J. Dilulio, Jr., Gerald Garvey, Donald F. Kettl, *Improving Government Performance: An Owner's Manual*, The Brookings Institute, 1993을 참조하라.

에필로그

법경제학은 지속적인 발전을 거듭해 왔다. 이 책의 개정판이 나온 이후의 기간을 돌이켜 보면, 크게 세 가지 흐름을 언급할 수 있다. 여기서는 그러한 흐름에 관해 간략히 정리하기로 한다.

첫째, 연구의 양과 질이 크게 늘어나면서, 분야가 더욱 커지고 그러면서 분화가 나타나기도 하였다. 특히, 회사법의 법경제학이나 경쟁법의 법경제학 등 몇몇 영역은 이제 별도의 독립된 분야로 볼 수 있을 만큼 많은 연구가 축적되었고 다양한 학술적 활동이 이루어지고 있다. 그와 동시에, 법경제학적 시각과 연구방법론은 법, 제도, 규제 등이 언급되는 거의 모든 영역에 응용되고 적용되고 있다. 예를 들어, 근래의 노벨 경제학상 수상자 중에는 본인의 연구이력 중에 법경제학 분야의 연구가 포함된 경우를 적지 않게 볼 수 있다. 이를 통해 법경제학 분야의 지평은 크게 확대되었지만, 다른 한편, 법경제학의 이름으로 학교에서 다룰 수 있는 범위에 대한 고민도 늘어났다. 한두 과목을 통해 법경제학 전반을 다루기에는 이제 연구범위나 내용이 워낙 넓어졌기 때문이다. 연구와 강의가 활발한 외국의 경우에는, 입문 유형의 강의와 별도로 다양한 개별 분야 또는 방법론에 관한 과목이 개설되기도 한다.

둘째, 연구방법론 면에서, 실증적(empirical) 방법론에 대한 강조가 늘어났다. 실증적 방법은 통계학적 또는 계량경제학적 방법을 의미하는 경우가 많지만, 더 넓게는 실험(experiment)을 포함하여 개별 행위자들의 실제 행위나 판단을 관찰하고 이를 체계화하는 과정을 수반하는 다양한 방법론이 이에 포함될 수 있다. 이 과정에서 통계학적 기법이나 심리학적 기법이 적극 도입되기도 하였다. 하지만, 단순한 기법의 수용을 넘어, 법률 영역의 특수성을 고려하여 어떻게 유용한 결과를 도출할 것인지 또한 이러한 연구가 법규범의 영역에서 받아들여질 수 있기 위해 어떠한 절차적 통제가 필요할 것인지에 관한 고민과 논의가 수반되었다. 이는, 이미 정량적(quantitative) 데이터가 존재하는 것을 전제로 하여 더욱 세밀한 분석을 하거나 고급의 분석기법을 이용하는 것은 물론, 더 나아가 어떻게 데이터를 추출해 낼 것인지, 정성적(qualitative) 데이터에 대해서는 어떻게 분석할 것인지, 통계적 분석에 대해 소송절차법상 어떻게 이를 통제하거나 수용할 것인지 등 다양한 맥락의 논의로 확장되었다. 최근에는 '빅데이터' 시대의 도래와 함께, 대규모 데이터를 구축하여 다양한 변수 사이의 관계를 분석하는 경우도 있고, 과거 문헌(텍스트)을 코딩하고 이로부터 분석모형을 구축하여 새로운 법제도적 함의를 도출해 내려는 시도도 나타나고 있다.

셋째, 행동법경제학(behavioral law and economics)에 대한 관심이 크게 늘어났다. 행동법경제학은 행동경제학이 발전하면서 자연스럽게 파생된 학문 분야라고 할 수 있다. 행동경제학은 경제학과 인지심리학을 융합하여 다양한 의사결정 상황하에서 개인의 선택이 어떠한지 살펴보고 분석한다. 행동경제학은 1970년대 이후로 본격적인 연구성과가 나타나기 시작하였는데, 초기의 주요 기여에는 허버트 사이먼(Herbert Simon)의 제한된 합리성(bounded rationality) 개념이나 다니엘 카네만(Daniel Kahneman), 아모스 트버스키(Amos Tversky)의 전망이론(prospect theory) 등이 있다. 1990년대에 들어 많은 경제학자와 심리학자가 참여하여 좀 더 풍부한 연구성과가 나타나기 시작하였고, 점차 법학자들도 관심을 가지게 되면서 행동법경제학 분야가 다루는 지평이 크게 확대되었다. 현재의 행동법경제학은 계약이나 불법행위를 포함한 민법, 규제, 형법, 회사법, 소비자보호, 경쟁법, 노동법, 환경법, 보건의료법, 소송법, 절차법, 세법, 국제법 등 법의 거의 모든 영역에 응용되고 있다.

방법론적으로 행동법경제학은 경험적 분석에 의해 결과를 도출하는 것에 중점을 둔다. 그러한 경험적 분석은 대량의 통계적 데이터를 분석하는 것보다는 흔히 실험실 등 통제된 상황에서의 실험을 통해 진행된다. 다양한 인지 오류와 개인의 선택이 합리적 선택에서 벗어나는 구체적인 상황을 제시하는 것이 기존의 경제학 연구에 대한 행동경제학의 주요 기여라고 할 수 있다. 행동법경제학자들은 독자적으로 실험 혹은 경험적 연구를 진행하기도 하고, 때로는 행동경제학자들의 연구 결과를 빌려서 그들의 주장을 만들어 내기도 한다. 또한, 일부 연구자들은 다양한 인지 오류를 보여 주는 연구결과로부터 정책적 처방을 도출하기도 한다. 행동법경제학은 정책과 규제가 연관된 매우 다양한 법적 분야에 적용되었다.

행동법경제학에 대한 관심이 최근 들어 상당히 증가하였지만, 아직까지는 축적된 연구 결과들이 비교적 많지 않은 편이다. 그러나 이것이 행동법경제학이 미래에 밝은 전망을 갖고 있지 않음을 의미하는 것은 당연히 아니다. 오히려 보다 많은 결과들이 축적될 때 행동법경제학의 이론적이고 경험적인 기초는 더 단단하고 세밀해지고, 이를 통해 전통적인 합리적 선택이론을 더욱 충실하게 보완할 수 있는 이론적 틀을 제시할 수 있게 될 것이다.

참고문헌

(*표시가 있는 것은 주요 참고문헌을 가리킴)

▪ 주요 교과서 및 참고서

* 김일중, "법경제학 연구－핵심이론과 사례분석", 한국법제연구원, (2008).

오정일 & 송평근, 『법경제학입문』, 박영사, 2014.

Ayres, Ian, *Optional Law: The Structure of Legal Entitlements*, University of Chicago Press, 2010.

Baird, Douglas G., Robert H. Gertner, Randal C. Picker, *Game Theory and the Law*, Harvard University Press, 1994.

* Cooter, Robert, and Thomas Ulen, *Law and Economics* (6th ed.), Pearson Education, 2012. (로버트 쿠터, 토마스 울랜, 『법경제학』 (제5판), 한순구 역, 경문사, 2009.)

Ippolito, Richard A., *Economics for Lawyers*, Princeton University Press, 2005.

* Kaplow, Louis and Steven, Shavell, *Fairness Versus Welfare*, Harvard University Press, 2009.

Mackaay, Ejan., *Law and Economics for Civil Law Systems*, Edward Elgar Publishing, 2013.

Mercuro, Nicholas and Steven G. Medema, *Economics and the Law: from Posner to Postmodernism and Beyond* (2nd ed.), Princeton University Press, 2006.

* Miceli, Thomas J., *Economic Approach to Law* (3rd ed.), Stanford University Press, 2017.

Ogus, Antony I., *Costs and Cautionary Tales: Economic Insights for the law*, Bloomsbury Publishing, 2006.

* Polinsky, M., *An Introduction to Law and Economics* (4th ed.), Wolters Kluwer Law & Business, 2011.

* Posner, Richard A., *Economic Analysis of Law* (9th ed.), Wolters Kluwer Law & Business, 2014.

* Ott, Claus, and H. B. Schäfer, *The Economic Analysis of Civil Law,* Edward Elgar

Publishing, 2004.

* Shavell, Steven. *Foundations of Economic Analysis of Law*, Harvard University Press, 2004.

Towfigh, Emanuel V., and Neils Petersen, *Economic Methods for Lawyers*, Edward Elgar Publishing, 2015.

Veljanovski, Cento G., *Economic Principles of Law*, Cambridge University Press, 2007.

Wittman, Donald A., ed. *Economic Analysis of the Law: Selected Readings*, John Wiley & Sons, 2008.

▪ 주요 논문집

고학수·허성욱, 『경제적 효율성과 법의 지배』, 박영사, 2010.

* 김일중·김두얼, 『법경제학: 이론과 응용』, 해남, 2011

* ___________, 『법경제학: 이론과 응용 2』, 해남, 2013.

* 김두얼·양용현, 『법경제학: 이론과 응용 3』, 해남, 2014.

Adler, Barry E., ed. *Foundations of Bankruptcy Law*, Foundation Press, 2005.

Baldwin, Robert, Martin Cave, and Martin Lodge, eds. *The Oxford Handbook of Regulation*, Oxford University Press, 2010.

Buccirossi, Paolo, *Handbook of Antitrust Economics*, MIT Press, 2008.

Craswell, Richard, and Alan Schwartz, *Foundations of Contract Law*, LexisNexis, 2012.

Dnes, Antony W., and Bob Rowthorn, eds. *The Law and Economics of Marriage and Divorce*, Cambridge University Press, 2002.

Donohue, John J., *Foundations of Employment Discrimination Law* (2nd ed.), Lexis Nexis, 2012.

Furubotn, Eirik G., and Rudolf Richter, *Institutions and Economic Theory*, Ann Arbor, the University of Michigan Press, 2000.

Gibbons, Robert and John Roberts, eds. *The Handbook of Organizational Economics*, Princeton University Press, 2012.

Goldberg, Victor P., *Readings in the Economics of Contract Law*, Cambridge University Press, 1989.

Katz, Avery Wiener, *Foundations of the Economic Approach to Law*, Lexis Nexis, 2012.

Katz, Leo, Michael S. Moore, and Stephen J. Morse, eds., *Foundations of Criminal Law*, Oxford University Press, 1999.

* Klein, P., Claude Ménard and Mary Shirley, *Handbook of New Institutional Economics*, Springer Science & Business Media, 2008

Levmore, Saul, *Foundations of Tort Law*, Lexis Nexis, 2012.

Merges, Robert P., and Jane C. Ginsberg, *Foundations of Intellectual Property*, Foundation Press, 2004.

Newman, Peter (ed.), *The New Palgrave Dictionary of Economic and the Law*, Macmillan Reference Limited, 2002.

* Parisi, Francesco (ed.), The Oxford Handbook of Law and Economics Ⅰ, Oxford University Press, 2017.

* ____________________, The Oxford Handbook of Law and Economics Ⅱ, Oxford University Press, 2017.

* ____________________, The Oxford Handbook of Law and Economics Ⅲ, Oxford University Press, 2017.

* Polinky, A. Mitchell, and Steven Shavell, eds. *Handbook of Law and Economics* I, Elsevier, 2007.

* Polinky, A. Mitchell, and Steven Shavell, eds. *Handbook of Law and Economics* II, Elsevier, 2007.

Revesz, Richard L., "Foundations of Environmental Law and Policy", 5 *South Carolina Environmental Law Journal* 207, (1997).

Schuck, Peter H., *Foundations of Administrative Law*, Lexis Nexis, 2012.

Sunstein, Cass R., ed. *Behavioral Law and Economics*, Cambridge University Press, 2000.

Wittman, Donald, *Economic Foundations of Law and Organization*, Cambridge University Press, 2006.

Zamir, Eyal, and Doron Teichman, eds. *The Oxford Handbook of Behavioral Economics and the Law*, Oxford University Press, USA, 2014.

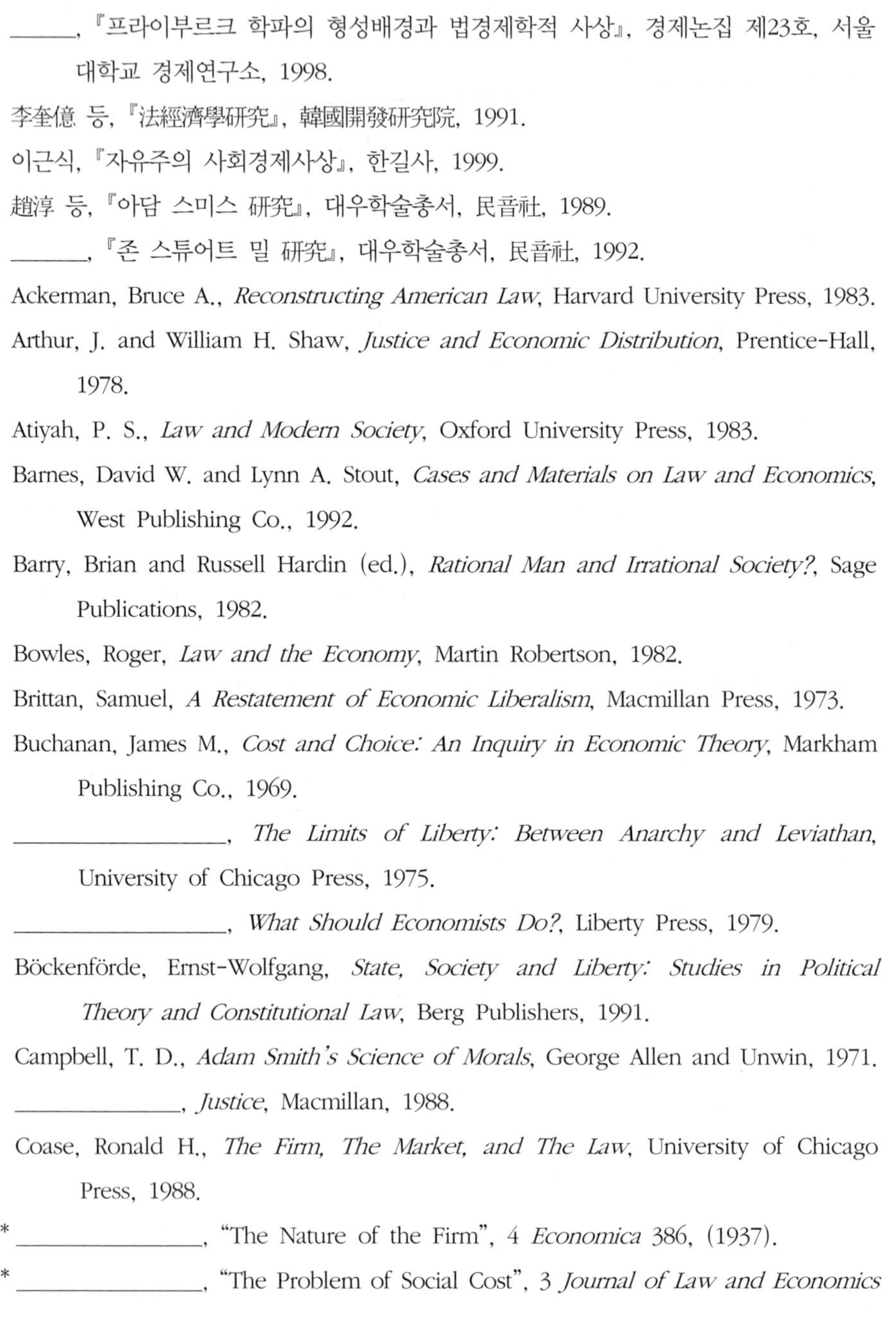

▪제1편 법경제학 서설(序說)

민경국, 『헌법경제론』, 강원대학교출판부, 1993.

______, 『프라이부르크 학파의 형성배경과 법경제학적 사상』, 경제논집 제23호, 서울대학교 경제연구소, 1998.

李奎億 등, 『法經濟學研究』, 韓國開發研究院, 1991.

이근식, 『자유주의 사회경제사상』, 한길사, 1999.

趙淳 등, 『아담 스미스 研究』, 대우학술총서, 民音社, 1989.

______, 『존 스튜어트 밀 研究』, 대우학술총서, 民音社, 1992.

Ackerman, Bruce A., *Reconstructing American Law*, Harvard University Press, 1983.

Arthur, J. and William H. Shaw, *Justice and Economic Distribution*, Prentice-Hall, 1978.

Atiyah, P. S., *Law and Modern Society*, Oxford University Press, 1983.

Barnes, David W. and Lynn A. Stout, *Cases and Materials on Law and Economics*, West Publishing Co., 1992.

Barry, Brian and Russell Hardin (ed.), *Rational Man and Irrational Society?*, Sage Publications, 1982.

Bowles, Roger, *Law and the Economy*, Martin Robertson, 1982.

Brittan, Samuel, *A Restatement of Economic Liberalism*, Macmillan Press, 1973.

Buchanan, James M., *Cost and Choice: An Inquiry in Economic Theory*, Markham Publishing Co., 1969.

______________, *The Limits of Liberty: Between Anarchy and Leviathan*, University of Chicago Press, 1975.

______________, *What Should Economists Do?*, Liberty Press, 1979.

Böckenförde, Ernst-Wolfgang, *State, Society and Liberty: Studies in Political Theory and Constitutional Law*, Berg Publishers, 1991.

Campbell, T. D., *Adam Smith's Science of Morals*, George Allen and Unwin, 1971.

__________, *Justice*, Macmillan, 1988.

Coase, Ronald H., *The Firm, The Market, and The Law*, University of Chicago Press, 1988.

* ____________, "The Nature of the Firm", 4 *Economica* 386, (1937).

* ____________, "The Problem of Social Cost", 3 *Journal of Law and Economics*

1, (1960).

Coleman, Jules L., *Markets, Morals and the Law*, Cambridge University Press, 1988.

Commons, John R., *Institutional Economics: Its Place in Political Economy*, University of Wisconsin Press, 1961.

Dahl, Robert A. and Charles E. Lindblom, *Politics, Economics, and Welfare* (2nd ed.), University of Chicago Press, 1976.

Demsetz, Harold, *Economics, Legal, and Political Dimensions of Competition*, North-Holland Publications, 1982.

* Ellickson, Robert C., *Order Without Law: How Neighbors Settle Disputes*, Harvard University, 1991.

Epstein, Richard A., *Simple Rules for a Complex World*, Harvard University Press.

Erhard, Ludwig, *Prosperity through Competition*, Thames and Hudson, 1958.

Euken, Walter, *The Foundations of Economics*, William Hodge and Co., 1950.

____________, *This Unsuccessful Age (The Pains of Economic Progress)*, Oxford University Press, 1952.

Finkelstein, Michael O., *Quantitative Methods in Law*, Free Press, 1978.

Fuller, Lon L., *The Morality of Law* (Rev. ed.), Yale University Press, 1969.

Goetz, Charles J., *Law and Economics: Cases and Materials*, West Publishing Co., 1984.

Gordon, Scott, *Welfare, Justice, and Freedom*, Columbia University Press, 1980.

Haakonssen, Knud, *The Science of a Legislator: The Natural Jurisprudence of David Hume and Adam Smith*, Cambridge University Press, 1981.

Hayek, Friedrich A., *Individualism and Economic Order*, University of Chicago Press, 1948.

* ____________, *Law, Legislation, and Liberty*, Routledge and Kegan Paul, 1982.

____________, *The Constitution of Liberty*, University of Chicago Press, 1960.

____________, *The Fatal Conceit: The Errors of Socialism*, Routledge and Kegan Paul, 1990.

Hirsh, Werner Z., *Law and Economics: An Introductory Analysis* (2nd ed.), Academic Press, 1988.

Holmes, Stephen and Cass R. Sunstein, *The Cost of Rights: Why Liberty Depends on Taxes*, W.W. Norton & Co., 1999.

Hont, Istvan and Michael Ignatieff, *Wealth and Virtue: The Shaping of Political Economy in the Scottish Enlightenment*, Cambridge University Press, 1983.

Hume, David, *A Treatise of Human Nature*, ed. L. A. Selby-Bigge, Oxford, 1966.

____________, *An Inquiry Concerning the Principles of Morals*, ed. L. A. Selby-Bigge, Oxford, 1966.

Hurst, James Willard, *Law and Markets in United States History: Different Modes of Bargaining Among Interests*, University of Wisconsin Press, 1982.

Jones, Kelvin, *Law and Economy: The Legal Regulation of Corporate Capital*, Academic Press, 1982.

Kaplow, Louis, "Rules Versus Standards: An Economic Analysis", 42 *Duke Law Journal* 557－629, (1992).

Kaplow, Louis, "A Model of the Optimal Complexity of Legal Rules", 11 *Journal of Law, Economics, and Organization* 150－163, (1995).

Kochan, Thomas and Michael Useem (ed.), *Transforming Organizations*, Oxford University Press, 1992.

Kuperberg, Mark and Charles Beitz (ed.), *Law, Economics and Philosophy*, Rowman & Littlefield, 1990.

Lachman, Ludwig M., *The Market as an Economic Process*, Basic Blackwell, 1986.

Leoni, Bruno, *Freedom and the Law*, Liberty Fund, 1991.

List, Friedrich, *National System of Political Economy*, Augustus M. Kelley, 1966.

Malloy, Robin P., *Planning for Serfdom: Legal Economic Discourse and Downtown Development*, University of Pennsylvania Press, 1991.

______________, *Law and Economics: A Comparative Approach to Theory and Practice*, West Publishing Co., 1990.

Manne, Henry G., *The Economics of Legal Relationships: Readings in the Theory of Property Rights*, West Publishing Co., 1975.

Mattei, Ugo, *Comparative Law and Economics*, University of Michigan Press, 1998.

McKenzie, Richard B., *The Fairness of Markets: A Search for Justice in a Free Society*, Lexington Books, 1987.

Mercuro, N. and T. P. Ryan, *Law, Economics and Public Policy*, JAI Press Inc., 1984.

Mill, John Stuart, "*Utilitarianism*" *The Philosophy of John Stuart Mill*, Marshall

Cohen(ed.), Modern Library, 1961.

_______________, *Principle of Political Economy*, University of Toronto Press, 1965.

Montesquieu, 『法의 精神』, 신상초 譯, 을유문화사, 1983.

Murphy, Jeffrie G. and Jules L. Coleman, *Philosophy of Law: An Introduction to Jurisprudence* (Rev. ed.), Westview Press, 1990.

Newman, Katherine S., *Law and Economic Organization: A Comparative Study of Pre-Industrial Societies*, Cambridge University Press, 1983.

Nozick, Robert, *Anarchy, State, and Utopia*, Basic Books, 1974.

Ogus, A. I. and C. G. Veljanovski, *Readings in the Economics of Law and Regulation*, Clarendon Press, 1984.

Pack, Spencer J., *Capitalism as a Moral System: Adam Smith's Critique of the Free Market Economy*, Edward Elgar, 1991.

Peacock A. and H. Willgerodt (ed.), *German Neo-Liberals and the Social Market Economy*, St. Martin Press, 1989.

_________________________ (ed.), *Germany's Social Market Economy: Origin and Evolution*, St. Martin's Press, 1989.

Pejovich, Svetozar (ed.), *Philosophical and Economic Foundations of Capitalism*, Lexington Books, 1983.

Pennock, J. R. and John W. Chapman (ed.), *Ethics, Economics, and the Law*, New York University Press, 1982.

Perrow, Charles, *Complex Organization* (3rd ed.), Random House, 1986.

Posner, Richard, *Overcoming Law*, Harvard University Press, 1995.

Pound, J. J., "Proxy Contests and the Efficiency of Shareholder Oversight", 20 *Journal of Economics* 20, (1988).

Radnitzky, Gerard and Peter Bernholz (ed.), *Economic Imperialism: The Economic Method Applied Outside the Field of Economics*, Paragon House Publishers, 1987.

Rawls, John, *A Theory of Justice*, Harvard University Press, 1971.

Röpke, Wilhelm, *International Order and Economic Integration*, D. Reidel Publishing, 1959.

______, *Civitas Humana: A Humane Order of Society*, William Hodge and Co.,

1948.

______, *A Humane Economy: The Social Framework of the Free Market*, Henry Regnery Co., 1960.

______, *The Social Crises of Our Time*, William Hodge and Co., 1950.

Samuels, Warren J. and A. Allan Schmid, *Law and Economics: An Institutional Perspective*, Martinus Nijhoff Pub., 1981.

Schmid, A. Allan, *Property, Power, and Public Choice: An Inquiry into Law and Economics* (2nd ed.), Praeger, 1987.

Sen, Amartya and Bernard Williams (ed.), *Utilitarianism and Beyond*, Cambridge University Press, 1982.

Senge, Peter M., *The Fifth Discipline: The Arts and Practice of the Learning Organization*, Doubleday Currency, 1990.

Skogh, Gran (ed.), *Law and Economics*, Jurisdika Föreningen Lund, Sweden, 1978.

Skurski, Roger (ed.), *New Directions in Economic Justice*, University of Notre Dame Press, 1983.

Smart, J. J. C. and B. Williams, *Utilitarianism for and Against*, Cambridge University Press, 1973.

Smith, Adam, *Lectures on Jurisprudence*, Liberty Classics, 1982.

__________, *The Theory of Moral Sentiments*, Clarendon Press, 1976.

__________, 『道德 感情論』, 박세일 민경국 譯, 비봉출판사, 1996.

__________, 『國富論』 (上)(下), 崔任煥 譯, 을유문화사, 1983.

Stephen, Frank H., *The Economics of the Law*, Wheatsheaf Books, 1988.

Sunstein, Cass R., *Free Market and Social Justice*, Oxford University Press, 1997.

______________, *Laws of Fear: Beyond the Precautionary Principle*. Vol. 6, Cambridge University Press, 2005

Thaler, Richard H., and Cass R. Sunstein, *Nudge: Improving Decisions about Health, Wealth, and Happiness*, New Haven, CT Yale University Press, 1999.

Taylor, Michael, *Community, Anarchy and Liberty*, Cambridge University Press, 1982.

Tool, Marc R. and Warren J. Samuels, *State, Society and Corporate Power* (2nd ed.), Translation Publishers, 1989.

Tullock, Gorden, *The Logic of Law*, Basic Books, 1971.

Vanberg Viktor J., *Rules and Choice in Economics*, Routledge, 1994.

Veljanovski, Cento G., *The New Law-and-Economics: A Research Review*, Center for Socio-Legal Studies, Oxford University, 1982.

Von Humboldt, Wilhelm, *The Limits of State Action,* Burrow, J. W. (ed.), Liberty Fund, 1993.

Von der Schulenburg, J-Matthias Graf and Gran Skogh (ed.), *Law and Economics and the Economics of Legal Regulation*, Kluwer Academic Publishers, 1986.

Williamson, Oliver E., *The Mechanisms of Governance*, Oxford University Press, 1996.

マク ラムサイヤ,『法と經濟學: 日本法の經濟分析』, 弘文堂, 1990.

岡田與好,『經濟的 自由主義: 資本主義と自由』, 東京大學出版會, 1987.

古賀勝次郎,『ハイエクと新自由主義』, 行人社, 1984.

__________,『ハイエクの政治經濟學』, 新評論, 1981.

高島善哉,『スミス「國富論」』, 春秋社, 1972.

宮本光晴,『人と組織の社會經濟學』, 東洋經濟新報社, 1987.

宮澤建一,『現代經濟の制度的機構』, 東洋經濟新報社, 1987.

難波田春夫,『國家と經濟』, 早稲田大學出版部, 1982.

大河內一男,『スミスとリスト: 經濟論理と經濟理論』, 日本評論社, 1943.

嶋津格,『自生的 秩序: ハイエクの法理論とその基礎』, 木鐸社, 1985.

渡邊洋三 編,『法と經濟』, 法學文獻選集 7, 學陽書房, 1972.

渡邊幹雄,『ハイエクと 現代自由主義』, 春秋社, 1996.

藤原守胤,『自由國家』, 有斐閣, 1963.

藤田 勇,『法と經濟の一般理論』, 日本評論社, 1974.

鉢郎正樹,『現代ドイツ經濟思想の原流』, 文眞堂, 1989.

山本桂一,『經濟のための法律學』, 法學選書, 東京大學出版會, 1970.

小林秀之, 神田秀樹,『法と經濟學入門』, 弘文堂, 1986.

水田洋,『アダム スミス研究』, 未來社, 1986.

新村聰,『經濟學の成立: アダム スミスと近代自然法學』, 御茶の水書房, 1994.

深田三德,『法實證主義と功利主義』, 木鐸社, 1984.

猪木武德,『經濟思想』, 岩波書店, 1987.

田中正司,『アダム スミスの自然法則: スコシトラソド 啓蒙と經濟學の生誕』, 御茶の水書房, 1988.

井上和雄,『資本主意と人間らしさ: アダム スミスの: 場合』, 日本經濟評論社, 1988.

正田 彬 編,『法と經濟社會』, NHK市民大學叢書 34, 日本放送出版協會, 1975.
竹內靖雄,『市場の經濟思想』, 創文社, 1991.
天島約次 編,『新自由主義の政治經濟學』, 同文館, 1991.
坂本多加雄,『市場·道德·秩序』, 創文社, 1991.
平井宣雄,『法政策學: 法的意思決定および法制度計設の論理と技法』, 有斐閣, 1987.
鹽野谷祐一,『價値理念 構造: 效用 對 權利』, 東洋經濟新聞社, 1984.

■ 제 2 편 재산권제도의 경제적 구조

Ackerman, Bruce A. (ed.), *Economic Foundation of Property Law*, Little, Brown and Co., 1975.

Alchian, Armen A., *Economic Forces at Work*, Liberty Press, 1977.

Alston, Lee, T. Eggertsson, Douglas, North, *Empirical Studies of Institutional Changes*, Cambridge University Press, 1996.

Bebchuk, Lucian Arye, "Property Rights and Liability Rules: The Ex Ante View of The Cathedral", 100 *Michigan Law Review* 601–639, (2001).

Ben-Shahar, Omri, "The Erosion of Rights by Past Breach", 1 *American Law and Economics Review* 190–238, (1999).

Bromley, Daniel W., *Environment and Economy: Property Rights and Public Policy*, Basic Blackwell, 1991.

* Calabresi, Guido and A. Douglas Melamed, "Property Rules, Liability Rules, and Inalienability: One View of Cathedral", 85 *Harvard Law Review* 1089–1128, (1972).

Corbo, V., F. Coricelli, and J. Bossak (ed.), *Reforming Central and Eastern European Economies*, World Bank, 1991.

* Demsetz, Harold, "Toward a Theory of Property Rights", 57 *American Economic Review*, Papers and Proceedings 437, (1967).

________________, "When Does the Rule of Liability Matter?", 1 *Journal of Legal Studies* 13, (1972).

Donahue, John D., *The Privatization Decision: Public Ends, Private Means*, Basic Books, 1989.

Eckert, Robert C., "Alternative to Zoning: Covenants, Nuisance Rules and Fines as

Land Use Controls", 40 *University of Chicago Law Review* 681, (1973).

Epstein, Richard A., *Takings: Private Property and the Power of Eminent Domain*, Harvard University Press, 1985.

Furubotn, Eirik G. and Svetozar Pejovich, *The Economics of Property Rights*, Ballinger Publishing Co., 1974.

Hornbeck, Richard, "Barbed Wire: Property Rights and Agricultural Development", 125 *The Quarterly Journal of Economics* 767–810, (2010).

Kaplow, Louis and Steven Shavell, "Property Rules Versus Liability Rules: An Economic Analysis", *Harvard Law Review* 713–790, (1996).

Kim, Iljoong, Hojun Lee, and Ilya Somin, eds., *Eminent Domain: A Comparative Perspective*, Cambridge University Press, 2017.

Knight, Jack, *Institutions and Social Conflict*, Cambridge University Press, 1990.

Kornai, Janos, *The Road to a Free Economy: Shifting from a Socialist System*, W. W. Norton and Co., 1990.

____________, *The Socialist System: The Political Economy of Communism*, Princeton University Press, 1992.

Kruger, A. O., *Political Economy of Policy Reform in Developing Countries*, MIT Press, 1993.

Landes, William M., and Richard A. Posner, *The Economic Structure of Intellectual Property Law*, Harvard University Press, 2009.

Libecap, Gary D., *Contracting for Property Rights*, Cambridge University Press, 1989.

Libecap, Gary D., and Dean Lueck, "The Demarcation of Land and the Role of Coordinating Property Institutions", 119 *Journal of Political Economy* 426–467, (2011).

Merrill, Thomas W., and Henry E. Smith, "Optimal Standardization in the Law of Property: The Numerous Clauses Principle", 110 *The Yale Law Journal* 1–70, (2000).

Michelman, Frank I., "Property, Utility, and Fairness: Comments on the Ethical Foundations of 'Just Compensation' Law", 80 *Harvard Law Review* 1165, (1967).

North, Douglass C. and Robert Paul Thomas, *The Rise of the Western World: A New Economic History*, Cambridge University Press, 1973.

* North, Douglass C., *Institutions, Institutional Change and Economic Performance*, Cambridge University Press, 1990.

________________, *Structure and Change in Economic History*, W. W. Norton and Co., 1981.

Ostrom, Elinor, *Governing the Commons*, Cambridge University Press, 1990.

Ozaki, Robert, *Human Capitalism: The Japanese Enterprise System as World Model*, Penguin Books, 1991.

▪ 제 3 편 계약법과 계약구조

Ayers, Ian, and Robert Gertner, "Filling Gaps in Incomplete Contracts: An Economic Theory of Default Rules", 99 *The Yale Law Journal* 87－130, (1989).

________________________, "Strategic Contractual Inefficiency and the Optimal Choice of Legal Rules", 101 *The Yale Law Journal* 729, (1992).

Akerlof, George A., "The Market of Lemons: Quality Uncertainty and the Market Mechanism", 84 *Quarterly Journal of Economics* 488, (1970).

Baird, Douglas G., and Robert Weisberg, "Rules, Standards, and the Battle of the Forms: A Reassessment", *Virginia Law Review* 1217－1262, (1982).

________________________________, "The Law of Duress and the Economics of Credible Threats", 33 *The Journal of Legal Studies* 391－430, (2004).

Bebchuk, Lucian Arye, and Omri Ben-Shahar, "Precontractual Reliance", 30 *The Journal of Legal Studies* 423－457, (2001).

Bebchuk, Lucian Arye, and Steven Shavell, "Information and the Scope of Liability for Breach of Contract: The Rule of Hadley v. Baxendale 7", *Journal of Law and Organizations* 284－312, (1991).

Ben-Shahar, Omri, and Lisa Bernstein, "The Secrecy Interest in Contract Law", 109 *The Yale Law Journal* 1885－1925, (2000).

Bishop, William, "The Choice of Remedy for Breach of Contract", 14 *Journal of Legal Studies* 299, (1985).

Burrows, Paul and C. G. Veljanovski, *The Economic Approach to Law*, Butterworths, 1981.Cooter, Robert, "Unity in Tort, Contract, and Property: The Model of Precaution", 73 *California Law Review*, (1985).

Craswell, Richard, "Contract Law, Default Rules, and the Philosophy of Promising", 88 *Michigan Law Review* 489–529, (1989).

_______________, "Offer, Acceptance, and Efficient Reliance", *Stanford Law Review* 481–553, (1996).

Edlin, Asron S., and Alan Schwartz, "Optimal Penalties in Contracts", 78 *Chicago-Kent Law Review* 33, (2003).

* Goetz, C. J. and R. E. Scott, "Liquidated Damages, Penalties and the Just Compensation Principles", 77 *Columbia Law Review* 554, (1977).

Goldberg, Victor P., *Framing Contract Law: An Economic Perspective*, Harvard University Press, 2006.

Hart, Oliver, and John Moore, "Property Rights and the Nature of the Firm", *Journal of Political Economy* 1119–1158, (1990).

Johnston, Jason Scott, "Strategic Bargaining and the Economic Theory of Contract Default Rules", *Yale Law Journal* 615–664, (1990).

Katz, Avery, "Transaction Costs and the Legal Mechanisms of Exchange: When Should Silence in the Face of an Offer Be Construed as Acceptance?", 9 *Journal of Law, Economics & Organization* 77–97, (1993).

Kronman, Anthony T., "Mistake, Disclosure, Information and the Law of Contracts", 7 *Journal of Legal Studies* 1–34, (1978).

_____________________, "Specific Performance", 45 *The University of Chicago Law Review* 351–382, (1978).

Kronman, Anthony T. and Richard Posner, *The Economics of Contract Law*, Little, Brown and Co., 1979.

Rogerson, William P., "Efficient Reliance and Damage Measures for Breach of Contract", *The Rand Journal of Economics* 39–53, (1984).

Mancel, Ian R., "Contracts: Adjustment of Long-term Economic Relations under Classical, Neoclassical, and Relational Contract Law", 75 *Northwestern University Law Review* 854, (1978).

Milgrom, Paul and John Roberts, *Economics, Organization and Management*, Prentice Hall, 1992.

Pitelis, Christos (ed.), *Transaction Costs, Markets and Hierarchies*, Basic Blackwell, 1993.

Polinsky, A. Mitchell, "Risk Sharing through Breach of Contract Remedies", 12 *Journal of Legal Studies* 427, (1983).

Posner, Richard and Andrew M. Rosenfield, "Impossibility and Related Doctrines in Contract Law: An Economic Analysis", 6 *Journal of Legal Studies* 83, (1977).

Rogerson, William P., "Efficient Reliance and Damage Measures for Breach of Contract", *The Rand Journal of Economics* 39－53, (1984).

Schwartz, Alan, "The Case for Specific Performance", 89 *Yale Law Journal* 271, (1979).

* Shavell, Steven, "Damage Measures for Breach of Contract", 11 *Bell Journal of Economics* 466－490, (1980).

__________, "The Design of Contracts and Remedies for Breach", 94 *Quarterly Journal of Economics* 121－148, (1984).

Spier, Kathryn E., "Incomplete Contracts and Signaling", 23 *The RAND Journal of Economics* 432－433, (1992).

* Williamson, Oliver E., *The Economic Institutions of Capitalism*, Free Press, 1985.

▪ 제 4 편 불법행위법의 경제분석

Brown, John P., "Toward an Economic Theory of Liability", 2 *Journal of Legal Studies* 323, (1973).

Calabresi, Guido, "Some Thoughts on Risk Distribution and the Law of Torts", 70 *The Yale Law Journal* 499－553, (1961).

* __________, *The Cost of Accident: A Legal and Economic Analysis*, Yale University Press, 1970.

Calabresi, Guido and Philip Bobbitt, *Tragic Choice*, W. W. Norton and Co., 1978.

Currie, Janet, and W. Bentley MacLeod, "First do no harm? Tort Reform and Birth Outcomes", 123 *The Quarterly Journal of Economics* 795－830, (2008).

Donohue, John J., "The Law and Economics of Tort Law: The Profound Revolution", 102 *Harvard Law Review* 1047, (1989).

Geistfeld, Mark A., "Escola v. Coca Cola Bottling Col: Strict Product Liability Unbound", in (Robert L. Rabin and Stephen D. Sugarman, eds.), *Torts Stories* 229－258, (2003).

Kahan, Marcel, "Causation and Incentives to Take Care under the Negligence Rule", 18 *The Journal of Legal Studies* 427–447, (1989).

Kaplow, Louis, and Steven Shavell, "Why the Legal System is Less Efficient Than the Income Tax in Redistributing Income", 23 *The Journal of Legal Studies* 667–681, (1994).

Landes, William M. and Richard A. Posner, *The Economic Structure of Tort Law*, Harvard University Press, 1987.

Landes, William M. and Richard A. Posner, "The Positive Economic Theory of Tort Law", *The George Mason Law Review* 851–924, (1982).

Litan, Robert E. and Clifford Winston (ed.), *Liability: Perspectives and Policy*, Brookings Institution, 1988.

Porat, Ariel, "Misalignments in Tort Law", 121 *Yale Law Journal* 82–141, (2011).

Posner, Richard A., *Tort Law: Cases and Economic Analysis*, Little, Brown and Co., 1982.

Priest, George, "A Theory of Consumer Product Warranty", 90 *Yale Law Journal* 1297, (1981).

Schwartz, Alan, "Proposal for Product Liability Reform: A Theoretical Synthesis", 97 *Yale Law Journal* 357, (1988).

* Shavell, Steven, *Economic Analysis of Accident Law*, Harvard University Press, 1987.

* ______________, "Strict Liability vs. Negligence", 9 *Journal of Legal Studies* 1, (1980).

Spence, Michael, "Consumer Misperceptions, Product Failure and Producer Liability", 44 *The Review of Economic Studies* 561–572, (1977).

Viscusi, W. Kip, "Jurors, Judges, and the Mistreatment of Risk by the Courts", 30 *The Journal of Legal Studies* 107–142, (2001).

______________, *Reforming Products Liability*, Harvard University Press, 1991.

宮澤健一 編,『製造物責任の經濟學』, 三嶺書房, 1982.

浜田宏日,『損害賠償の經濟分析』, 東京大學出版社, 1977.

▪ 제 5 편 형법(刑法)과 형사정책(刑事政策)

김일중, 『과잉범죄화의 법경제학적 분석』, 한국경제연구원, 2013.

Andreano, Ralph and John J. Siegfried (ed.), *The Economics of Crime*, John Wiley and Sons, 1980.

* Becker, Gary S., "Crime and Punishment: An Economic Approach", 76 *Journal of Political Economy* 169, (1968).

Coffee, John C., Jr, "Does Unlawful Mean Criminal?: Reflections on the Disappearing Tort/Crime Distinction in American Law", 71 *Boston University Law Review* 193, (1991).

Cohen, Mark A., "Environmental Crime and Punishment: Legal/Economic Theory and Empirical Evidence on Enforcement of Federal Environmental Statutes", 82 *Journal of Criminal Law and Criminology* 1054, (1992).

Cooter, Robert, "Prices and Sanctions", 84 *Columbia Law Review* 1523, (1973).

Ehrlich, Isaac, "Participation in Illegal Activities: A Theoretical and Empirical Investigation", 81 *Journal of Political Economy* 521, (1973).

Gottfredson, Michael R. and Travis Hirschi, *A General Theory of Crime,* Stanford University Press, 1990.

Grogger, Jeffrey, "Certainty vs. Severity of Punishment", 29 *Economic Inquiry* 297, (1991).

Harel, Alon, and Uzi Segal, "Criminal Law and Behavioral Law and Economics: Observations on the Neglected Role of Uncertainty in Deterring Crime", 1 *American Law and Economics Review* 276−312, (1999).

Heineke, J. M. (ed.), *Economic Models of Criminal Behavior*, North-Holland, 1978.

Hellman, Daryl A., *The Economics of Crime*, St. Martin's Press, 1980.

Kaplow, Louis, and Steven Shavell, "Optimal Law Enforcement with Self-Reporting of Behavior", 102 *Journal of Political Economy* 583−606, (1994).

Klitgaard, Robert, *Controlling Corruption*, University of California Press, 1988.

Kramer, Samuel, "An Economic Analysis of Criminal Attempt: Marginal Deterrence and the Optimal Structure of Sanction", 81 *Journal of Criminal Law and Criminology* 398, (1990).

Phillips, Llad and Harold L. Votey, Jr., *The Economics of Crime Control*, Sage

Publications, Inc., 1981.

Posner, Richard A., "Economic Theory of the Criminal Law", 85 *Columbia Law Review* 1193, (1985).

Polinsky, A. Mitchell, and Steven Shavell, "The Optimal Use of Fines and Imprisonment", 24 Journal of Public Economics 89−99, (1984).

Pyle, David J., *The Economic of Crime and Law Enforcement*, Macmillan Press, 1983.

Rose-Ackerman, Susan, and Bonnie J. Palifka, *Corruption and Government: Causes, Consequences, and Reform*, Cambridge University Press, 2016.

Shapiro, Susan P., *Wayward Capitalists*, Yale University Press, 1984.

Shavell, Steven, "Criminal Law and the Optimal Use of Nonmonetary Sanctions as a Deterrent", 85 *Columbia Law Review* 1232, (1985).

Stigler, George J., "The Optimum Enforcement of Law", 78 *Journal of Political Economy* 526, (1970).

Taylor, L., P. Walton and J. Young, *The New Criminology: For a Social Theory of Deviance*, Harper Colophon Books, 1973.

Wickman, Peter and Timothy Daily (ed.), *White-Collar and Economic Crime*, Lexington Books, 1982.

Wilson, James Q. and Richard J. Herrnstein, *Crime and Human Nature: The Definitive Study of the Causes of Crime*, Simon and Schuster, 1985.

Wilson, James Q. (ed.), *Crime and Public Policy*, Institute for Contemporary Studies Press, 1983.

____________________, *Thinking about Crime* (Rev. ed.), Vintage Books, 1985.

▪ 제 6 편 회사법의 경제구조

* Alchian, Armen A. and Harold Demsetz, "Production, Information Costs and Economic Organization", 62 *American Economic Association* 777, (1972).

Aoki, Masahiko, *Information, Incentives and Bargaining in the Japanese Economy*, Cambridge University Press, 1988.

Baldwin, Fred D., *Conflicting Interests: Corporate-Governance Controversies*, Lexington Books, 1984.

* Berle, Adolf A. and Gardiner C. Means, *The Modern Corporation and Private Property*, Transaction Publishers, 1991.

Black, Bernard S., "The Value of Institutional Investor Monitoring: The Empirical Evidence", 39 *UCLA Law Review* 895, (1992).

Blair, Margaret M., *Ownership and Control: Rethinking Corporate Governance for the Twenty-First Century*, The Brookings Institution, Washington, D.C., 1995.

Blasi, J. Maya Kroumova, and D. Kruse, *Kremlin Capitalism: The Privatization of the Russian Economy*, Cornell University Press, 1997.

Chandler, Alfred D., Jr., *Scale and Scope: The Dynamics of Industrial Capitalism*, Harvard University Press, 1990.

____________________, *The Visible Hand: The Managerial Revolution in American Business*, Harvard University Press, 1977. (앨프리드 챈들러 저, 김두얼, 신해경, 임효정 역, 『보이는 손』 1. 2, 커뮤니케이션북스, 2014.)

Charkham, Jonathan, *Keeping Good Company: A Study of Corporate Governance in Five Countries*, Clarendon Press, Oxford, 1994.

Clark, Roger and Tony McGuinness, *The Economics of the Firm*, Basic Blackwell, 1987.

Coffee, John C., Jr., "Liquidity Versus Control: The Institutional Investor as Corporate Monitor", 91 *Columbia Law Journal* 1277, (1991).

* Easterbrook, F. H. and Daniel R. Fischel, *The Economic Structure of Corporate Law*, Harvard University Press, 1991.

____________________________________, "Voting in Corporate law", 26 *Journal of Law and Economics* 395, (1983).

Eggertsson, Thrainn, *Economic Behavior and Institution*, Cambridge University Press, 1990.

Eisenberg, Melvin Aron, "The Structure of Corporation Law", 89 *Columbia Law Review* 1461, (1989).

Fama, Eugene E., "Agency Problems and the Theory of the Firm", 88 *Journal of Political Economy* 288, (1980).

Fligstein, Neil, *The Transformation of Corporate Control*, Harvard University Press, 1990.

Frank, H. Knight, "Profit and Entrepreneurial Function", 2 *Journal of Economic History* 126, (1942).

Gilson, Ronald J. and Reiner Kraakman, "Reinventing the Outside Director: An Agenda for Institutional Investors", 43 *Stanford Law Review* 863, (1991).

Grossman O. and O. Hart, "One Share-One Vote and the Market for Corporate Control", 20 *Journal of Financial Economics*, (1988).

Harris, M. and A. Raviv, "The Theory of Capital Structure", 46 *Journal of Finance*, (1991).

* Hart, Oliver, *Firms, Contracts and Financial Structure*, Clarendon Press, 1995.

Hirschman, Albert O., *Exit, Voice and Loyalty*, Harvard University Press, 1970.

Holstrom, Bengt and Jean Tirole, "The Theory of the Firm", Schmalensee and Willig (ed.), 1 *Handbook of Industrial Organization* 63, (1989).

Jensen, Michael C. and William H. Meckling, "Theory of the Firm: Managerial Behavior, Agency Costs and Ownership Structure", 3 *Journal of Financial Economics* 395, (1976).

______________________________, "Agency Costs of Free Cash Flow, Corporate Finance and Takeovers", 76 *American Economic Review*, (1986).

Jensen, M. and R. Ruback, "The Market for Corporate Control: The Scientific Evidence", 11 *Journal of Financial Economics*, (1983).

* Kraakman, Reinier, et al., *The Anatomy of Corporate Law: A Comparative and Functional Approach* (3rd ed.), Oxford University Press, 2017. (Kraakman, Reinier 외 8인 저, 『회사법의 해부』 (제2판), 김건식 외 7인 역, 소화, 2014.)

Macey, Jonathan R., "An Economic Analysis of the Various Rationales for making Shareholders the Exclusive Beneficiaries of Corporate Fiduciary Duties", 21 *Stetson Law Review* 23, (1991).

Milgrom, Paul and John Roberts, *Economics, Organization and Management*, Prentice-Hall, 1992.

Miller, Gary J., *Managerial Dilemmas*, Cambridge University Press, 1992.

Monks. Robert A. G. and Neil Minow, *Corporate Governance*, Blackwell Business, 1995.

Morck, R., A. Shleifer and R. Vishny, "Management Ownership and Market Valuation: An Empirical Analysis", 20 *Journal of Financial Economics*, (1988).

Posner, Richard A., "Law and the Theory of Finance: Some Intersections", 54 *George Washington Law Review* 159, (1986).

Posner, Richard A. and Kenneth E. Scott (ed.), *Economics of Corporation Law and Securities Regulation*, Little, Brown and Co., 1980.

Pratt, John W. and R. J. Zeckhauser (ed.), *Principals and Agents: The Structure of Business*, Harvard Business School Press, 1985.

Roe, Mark J., "A Political Theory of American Corporate Finance", 91 *Columbia Law Review* 10, (1991).

* ___________, "Some Differences in Corporate Structure in Germany, Japan, and United States", 102 *The Yale Law Journal* 1927, (1993).

___________, *Strong Managers, Weak Owners: The Political Roots of American Corporate Finance*, Princeton University Press, 1996.

Shleifer, A. and R. Vishny, "A Survey of Corporate Governance", *NBER Working Paper* 5554, (1996).

Steven, M. H. Wallman, "The Proper Interpretation of Corporate Constituency Statues and Formulation of Director Duties", 21 *Stetson Law Review* 163, (1991).

Stulz, R., "Managerial Discretion and Optimal Financing Policies", 26 *Journal of Financial Economics*, (1988).

Wallman, Steven M. H., "The Proper Interpretation of Corporate Constituency Statues and Formulation of Director Duties", 21 *Stetson Law Review* 163, (1991).

Williamson, Oliver E. and Sidney G. Winter (ed.), *The Nature of the Firm: Origins, Evolution and Development*, Oxford University Press, 1993.

今井賢一, 金子都容,『ネットワク組織論』, 岩波書店, 1990.

________, 小宮隆太郎 編,『日本の企業』, 東京大學出版會, 1990.

________,『情報ネットワク社會の展開』, 筑摩書房, 1990.

森旲,『株式會社制度』, 北海道大學圖署刊行會, 1986.

西山忠範,『支配構造と 日本資本主義の 崩壞』, 東京, 文鎭堂, 1980.

________,『脫資本主義分析』, 文眞堂, 1983.

奧村宏,『法人資本主義: 會社本位の體系』, 朝日文庫, 1991.

______,『日本の株式會社』, 東洋經濟新報社, 1986.

伊丹敬之,『人本主義 企業』, 筑摩書房, 1990.

青木昌彦, 伊丹敬之,『企業の 經濟學』, 岩波書店, 1989.

■ 제7편 노동법의 경제학

Atleson, James B., *Values and Assumptions in American Labor Law*, University of Massachusetts Press, 1983.

Blasi, Joseph R., *Employee Ownership: Revolution or Rip off?*, Harper and Row Publishers, 1988.

Bluestone, Barry and Irving Bluestone, *Negotiation the Future: A Labor Perspective on American Business*, Basic Books, 1992.

Bok, Derek C. and John T. Dunlop, *Labor and the American Community*, A Touchstone Book, 1970.

Campbell, Thomas J., "Labor Law and Economics", 38 *Stanford Law Review* 991, (1986).

Dunlop, John, *Industrial Relations Systems*, Southern Illinois University Press, 1958.

Epstein, Richard, "A Common Law for Labor Relations: A Critique of New Deal Labor Legislation", 92 *Yale Law Journal* 1357, (1993).

______________, "In Defense of the Contract at Will", 51 *University of Chicago Law Review* 947, (1984).

Forbath, William E., *Law and the Shaping of the American Labor Movement*, Harvard University Press, 1991.

Freeman, Richard and James Medoff, *What Do Unions Do?*, Basic Books, 1984.

Gottesman, Michael H., "Whither Goest Labor Law: Law and Economics in the Workplace", 100 *Yale Law Journal* 2627, (1991).

Hansmann, Henry, "When Does Worker Ownership Work? ESOPs, Law Firms, Co-determination, and Economic Democracy", 99 *Yale Law Journal* 1749, (1990).

Heckscher, Charles C., *The New Unionism: Employ Involvement in the Changing Corporation*, Basic Books, 1988.

Hyman, Richard and Wolfgang Streeck, *New Technology and Industrial Relations*, Basic Blackwell, 1988.

Kaufman, Bruce E., *The Origins and Evolution of the Field of Industrial Relation in the United States*, ILR Press, Cornell University, 1993.

Kerr, Clark, John Dunlop, *Frederick H. Harbison and Charles A. Myers, Industrialism and Industrial Man*, Harvard University Press, 1960.

Kochan, Thomas A., Harry C. Katz and Robert B. McKersie, *The Transformation of American Industrial Relations*, Basic Books, 1986.

Kochan, Thomas A. and Harry C. Katz, *Collective Bargaining and Industrial Relations* (2nd), Irwin, 1988.

Lane, Christel, *Management and Labour in Europe: The Industrial Enterprise in Germany, Britain and France*, Edward Elgar, 1989.

Marshall Ray and Marc Tucker, *Thinking for a Living: Education and the Wealth of Nations,* Basic Books, 1992.

Marshall, Ray, *Unheard Voices: Labor and Economic Policy in a Competitive World*, Basic Books, 1987.

Mishel, Lawrence and P. B. Voos (ed.), *Unions and Economic Competitiveness, Economic Policy Institute,* M. E. Sharpe, Inc., 1992.

Mitchell, Daniel J. B. and Mahmood A. Zaidi, *The Economics of Human Resource Management*, Basic Blackwell, 1990.

Perlman, Selig, *A Theory of the Labor Movement*, Porcupine Press, 1928.

Piore, Michael J. and Charles F. Sabel, *The Second Industrial Divide: Possibilities for Prosperity,* Basic Books, 1984.

Posner, Richard A., "Some Economics of Labor Law", 51 *University of Chicago Law Review* 988, (1984).

Sayer, Andrew and Richard Walker, *The New Social Economy: Reworking the Division of Labor,* Blackwell, 1992.

Schwab, Stewart J., "Collective Bargaining and the Coase Theorem", 72 *Cornell Law Review* 245, (1987).

Shostak, Arthur B., *Robust Unionism: Innovation in the Labor Movement*, ILR Press, Cornell University Press, 1991.

Turner, Lowell, *Democracy at Work: Changing World Markets and the Future of Labor Unions*, Cornell University Press, 1991.

Wacher, Michael L. and George M. Cohen, "The Law and Economics of Collective

Bargaining: An Introduction and Application to the Problems of Subcontracting Partial Closure and Relocation", 136 *University of Pennsylvania Law Review* 1349, (1998).

Weiler, Paul C., *Governing the Workplace: The Future of Labor and Employment Law*, Harvard University Press, 1990.

Winpisinger, William W., *Reclaiming Our Future: An Agenda for American Labor*, Westview Press, 1989.

衫村芳美,『脱近代の勞動觀 人間にとつて勞動とは何か』, ミネルウア書房, 1990.

仁田道夫,『日本の勞動者參加』, 東京大學出版會, 1988.

村江太郎,『經濟政策論』, 筑摩書房, 1977.

■ 제 8 편 독점규제법의 경제적 기초

Adams, Walter and James W. Brock, *Antitrust Economics on Trial: A Dialogue on the New Laissez-Faire*, Princeton University Press, 1991.

Blair, Roger D., and Francine Lafontaine, *The Economics of Franchising*, Cambridge University Press, 2005.

Bork, Robert H., *The Antitrust Paradox: A Policy at War with Itself*, Basic Books, 1978.

Brown, Ward S., Jr., *Patent and Antitrust Law: A Legal and Economic Appraisal*, University of Chicago Press, 1973.

Calvani, Terry and John Siegfried, *Economic Analysis and Antitrust Law* (2nd ed.), Little, Brown and Co., 1988.

Carlton, Dennis W. and Jeffrey M. Perloff, *Modern Industrial Organization*, Harper Collins Publishers, 1989.

Crane, Daniel A., and Herbert Hovenkamp, eds., *The Making of Competition Policy: Legal and Economic Sources*, Oxford University Press, 2013.

Davis, Peter, and Eliana Garcés, *Quantitative Techniques for Competition and Antitrust Analysis*, Princeton University Press, 2009.

* Easterbrook, Frank H., The Limits of Antitrust, 63 *Texas Law Review* 1, (1984).

Elzinga, Kenneth G. and William Breit, *The Antitrust Penalties: A Study in Law and Economics*, Yale University Press, 1976.

Ezrachi, Ariel, and Maurice E. Stucke, *Virtual Competition*, Harvard University Press, 2016.

Garvey, George E. and Gerald J. Garvey, *Economic Law and Economic Growth: Antitrust, Regulation and the American Growth System*, Greenwood Press, 1990.

Hovenkamp, Herbert, *The Antitrust Enterprise-Principle and Execution*, Harvard University Press, 2005.

Kirzner, Israel M., *Competition and Entrepreneurship*, University of Chicago Press, 1973.

Landes, William M. and Richard A. Posner, "Market Power in Antitrust Cases", 94 *Harvard Law Review* 937, (1981).

Lazonick, William, *Business Organization and the Myth of the Market Economy*, Cambridge University Press, 1991.

McCraw, Thomas K., *Prophets of Regulation*, Harvard University Press, 1984.

Niels, Gunnar, Helen Jenkins, and James Kavanagh, *Economics for Competition Lawyers*, Oxford University Press, 2011.

Posner, Richard A., *Antitrust Law: Economic Perspective* (2nd ed.), University of Chicago Press, 2001.

Scherer, F. M. and Davis Ross, *Industrial Market Structure and Economic Performance* (3rd ed.), Houghton Mifflin Co., 1990.

Siegan, Bernard H., *Economic Liberties and the Constitution*, University of Chicago Press, 1980.

Stucke, Maurice E., and Allen P. Grunes, *Big Data and Competition Policy*, Oxford University Press, 2016.

Tirole, Jean, *The Theory of Industrial Organization*, MIT Press, 1988.

Viscusi, W. K., John M. Vernon and Joseph E. Harrington, Jr., *Economics of Regulation and Antitrust*, The MIT Press, 2000.

Williamson, Oliver E., *Markets and Hierarchies: Analysis and Antitrust Implications*, Free Press, 1975.

三輪芳郎, 『獨禁法の經濟學』, 日本經濟新聞社, 1982.

實方謙二, 『獨占體制と獨禁法』, 有斐閣, 1983.

■ 제 9 편 소송제도의 경제분석

Bebchuk, Lucian Arye, "A New Theory Concerning the Credibility and Success of Threats to Sue", 25 *The Journal of Legal Studies* 1−25, (1996).

____________________, "Litigation and Settlement under Imperfect Information", *The RAND Journal of Economics* 404−415, (1984).

Cooter, Robert, "Why Litigants Disagree: A Comment on George Priest's Measuring Legal Change", 3 *Journal of Law, Economics, and Organization* 227, (1987).

* Cooter, Robert and Daniel Rubinfeld, "Economic Analysis of Legal Disputes and Their Resolution", 27 *Journal of Economic Literature* 1067, (1989).

______, "Economic Model of Legal Discovery", 23 *Journal of Legal Studies* 435, (1994).

Coursey, D. and L. Stanley, "Pretrial Bargaining Behavior within the Shadow of Law: Theory and Experimental Evidence", 8 *International Review of Law and Economics* 161, (1988).

Donohue, John D., "Opting for the British Rule, or If Posner and Shavell Can't Remember the Coase Theorem, Who Will?", 104 *Harvard Law Review* 1093, (1991).

__________________, "The Effects of Fee Shifting on the Settlement Rate: Theoretical Observations on Costs, Conflicts, and Contingency Fees", 54 *Law and Contemporary Problems* 1093, (1991).

Goodman, John, "An Economic Theory of the Evolution of the Common Law", 7 *Journal of Legal Studies* 393, (1978).

Gould, J., "The Economics of Legal Conflicts", 2 *Journal of Legal Studies* 279, (1973).

Hause, J., "Indemnity, Settlement, and Litigation, or I'll Be Suing You", 18 *Journal of Legal Studies* 157, (1989).

Hay, B., "Civil Discovery: Its Effect and Optimal Scope", 23 *Journal of Legal Studies* 481, (1994).

Hirshleifer, Jack, "Evolutionary Models in Economics and Law", 4 *Research in Law and Economics* 167, (1982).

Hughes, J. and E. Snyder, "Litigation and Settlement under the English and

American Rules: Theory and Evidence", 38 *Journal of Law and Economics* 225, (1995).

Kaplow, Louis, and Steven Shavell, "Accuracy in the Assessment of Damages", 39 *Journal of Law and Economics* 191–210, (1996).

Katz, A., "Measuring the Demand for Litigation: Is the English Rule Really Cheaper", 3 *Journal of Law, Economics, and Organization* 143, (1987).

Landes, W., "An Economic Analysis of the Court", 14 *Journal of Law and Economics* 61, (1971).

Landes, W. and R. Posner, "Adjudication as a Private Good", 8 *Journal of Legal Studies* 235, (1979).

Miller, G., "Some Agency Problems in Settlement", 16 *Journal of Legal Studies* 189, (1987).

Polinsky, A. M. and D. Rubinfeld, "Does the English Rule Discourage Low–Probability-of-Prevailing Plaintiffs?", 27 *Journal of Legal Studies* 141, (1998).

Priest, G., "Measuring Legal Change", 3 *Journal of Law, Economics, and Organization* 193, (1987).

________, "The Common Law Process and the Selection of Efficient Law", 6 *Journal of Legal Studies* 65, (1977).

Priest, G., and Benjamin Klein, "The Selection of Disputes for Litigation", 13 *Journal of Legal Studies* 1–55, (1984).

Rosenberg, D. and S. Shavell, "A Model in Which Suits are Brought for Their Nuisance Value", 5 *International Review of Law and Economics* 3, (1985).

Rubin, Paul H., "Why is the Common Law Efficient?", 6 *Journal of Legal Studies* 51, (1977).

Shavell, S., "Suit, Settlement, and Trial: A Theoretical Analysis under Alternative Methods for the Allocation of Legal Costs", 11 *Journal of Legal Studies* 55, (1982).

________, "The Optimal Structure of Law Enforcement", 36 *Journal of Law and Economics* 255–287, (1993).

________, "The Social Versus the Private Incentive to Bring Suit in a Costly Legal System", 11 *Journal of Legal Studies* 333–339, (1982).

Snyder, E. and J. Hughes, "The English Rule for Allocation Legal costs: Evidence

Confronts Theory", 6 *Journal of Law, Economics, and Organization* 345, (1990).

William, Landes and Richard A. Posner, "Adjudication as a Private Good", 8 *Journal of Legal Studies* 235, (1979).

■ **제10편 법과 공공선택이론**(公共選擇理論)

Alt, James E. and K. Alec Chrystal, *Political Economics*, University of California Press, 1983.

Alt, James E. and Kenneth A. Shepsle (ed.), *Perspectives on Positive Political Economy*, Cambridge University Press, 1990.

Beauchamp, Tom L. and T. P. Pinkard, *Ethics and Public Policy*, Prentice-Hall, 1982.

Breyer, Stephen, *Regulation and its Reform*, Harvard University Press, 1982.

Buchanan, J. M. and G. Tullock, *The Calculus of Consent: Logical Foundations of Constitutional Democracy*, University of Michigan Press, 1962.

Buchanan, James M., *Liberty, Market and State: Political Economy in the 1980s*, Harvester Press Publishing, 1986.

Bybee, Jay S., and Thomas J. Miles, "Judging the Tournament", 32 *Florida State University Law Review* 1055－1076, (2004).

Cohen, Steven and Ronald Brand, *Total Quality Management in Government*, Jossey-Bass Publishers, 1993.

Cooper, Jeremy and Rajeev Dhavan (ed.), *Public Interest Law*, Basil Blackwell, 1986.

Cooter, Robert, *The Strategic Constitution*, Princeton University Press, 2002.

Corrado, Anthony (ed.), *Campaign Finance Reform: A Source Book*, The Brookings Institution, 1997.

Cox, Gary W., *Making Votes Court*, Cambridge University Press, 1997.

Dahl, Robert A., *A Preface to Economic Democracy*, University of California Press, 1985.

______________, *Democracy and Its Critics*, Yale University Press, 1989.

Dewees, Donald N., *The Regulation of Quality: Products, Services, Workplaces and The Environment*, Butterworths, 1983.

Dilulio, John J. Jr., Gerald Garvey and Donald F. Kettl, *Improving Government Performance: An Owner's Manual*, Brooking's Institution, 1993.

Donohue, John D., *The Privatization Decision: Public Ends, Private Means*, Basic Books, 1989.

Downs, Anthony, *An Economic Theory of Democracy*, Harper and Row, 1957.

Easterbrook, Frank H., "Ways of Criticizing the Court", *Harvard Law Review* 802–832, (1982).

Eskridge, William N., Jr. and Philip P. Frickey, *Legislation: Statutes and the Creation of Public Policy*, West Publishing Co., 1988.

Farber, Daniel A., *Eco-Pragmatism*, University of Chicago Press, 1999.

Farber, Daniel A. and Philip P. Frickey, *Law and Public Choice: A Critical Introduction*, University of Chicago Press, 1991.

Ferejohn, John A. and Barry R. Weingast, "A Positive Theory of Statutory Interpretation", 12 *International Review of Law and Economics* 263, (1992).

Ferejohn John A. and Charles Shipan, "Congressional Influence on Bureaucracy", 6 *Journal of Law, Economics and Organization* 1 (Special Issue), (1990).

Glaeser, Edward, Simon Johnson, and Andrei Shleifer, "Coase Versus the Coasians", 116 *The Quarterly Journal of Economics* 853–899, (2001).

Glaeser, Edward L., and Andrei Shleifer, "The Rise of the Regulatory State", 41 *Journal of Economic Literature* 401–425, (2003).

Hockman, Harold M. and George C. Peterson (ed.), *Redistribution through Public Choice*, Columbia University Press, 1974.

Kahn, Alfred E., *The Economics of Regulation: Principles and Institutions*, John Wiley and Sons, 1970.

Kahn, Peter L., "The Politics of Unregulation: Public Choice and Limits on Government", 75 *Cornell Law Review* 280, (1990).

Knott, Jack and Gary J. Miller, *Reforming Bureaucracy: The Politics of Institutional Choice*, Prentice-Hall, 1987.

Kornhauser, Lewis A., and Lawrence G. Sager, "Unpacking the Court", 96 *Yale Law Journal*, (1986).

Lee, Dwight R. and Richard B. McKenzie, *Regulating Government: The*

Positive-Sum Solution, Lexington Books, 1987.

Lupia, A. and M. D. McCubbins, *The Democratic Dilemma: Can Citizens Learn What They Need to Know?*, Cambridge University Press, 1998.

Magleby, David B. and Candice J. Nelson, *The Money Chase: Congressional Campaign Finance Reform*, Brookings Institute, 1990.

Mashaw, Jerry L., *Greed, Chaos and Governance: Using Public Law*, Yale University Press, 1997.

McKenzie, Richard B. (ed.), *Constitutional Economics*, Lexington Books, 1984.

Mitnick, Barry M., *The Political Economy of Regulation: Creating, Designing and Removing Regulatory Forms*, Columbia University Press, 1980.

* Morgan, Bronwen, and Karen Yeung, *An Introduction to Law and Regulation: Text and Materials*, Cambridge University Press, 2007.

Mueller, Dennis C., *Public Choice*, Cambridge University Press, 1989.

Niskanen, William A., Jr., *Bureaucracy and Representative Government*, Aldine-Atherton, 1971.

* Olson, Mancur, *The Logic of Collective Action*, Harvard University Press, 1965.

____________, *The Rise and Decline of Nations*, Yale University Press, 1982.

Osborne, David and Ted Gaebler, *Reinventing Government: How the Entrepreneurial Spirit is Transforming the Public Sector*, Addison-Wesley Publishing, 1992.

Osborne, David and Peter Plastrik, *Banishing Bureaucracy: The Five Strategies for Reinventing Government*, Addison-Wesley Publishing, 1997.

* Peltzman, Sam, "Toward a More General Theory of Regulation", 19 *Journal of Law and Economics* 211, (1976).

____________, "The Effects of Automobile Safety Regulation", 83 *Journal of Political Economy* 677－725, (1975).

Posner, Richard A., *The Problem of Jurisprudence*, Harvard University Press, 1990.

____________, "Theories of Regulation", 5 *Bell Journal of Economics and Management Science* 335, (1974).

Reich, Robert B. (ed.), *The Power of Public Ideas*, Harvard University Press, 1988.

Rose-Ackerman, Susan, *Rethinking the Progressive Agenda: The Reform of the American Regulatory State*, Free Press, 1992.

Stern, Philip M., *Still the Best Congress Money Can Buy*, Regnery Gateway, 1992.

Stevens, Joe B., *The Economics of Collective Choice*, Westview Press, 1993.

* Stigler, George J., "The Theory of Economic Regulation", 2 *Bell Journal of Economics and Management Science* 1, (1971).

Sugden, Robert, *The Political Economy of Public Choice*, Martin Robertson, 1981.

Sunstein, Cass R., *After the Right Revolution: Reconceiving the Regulatory State*, Harvard University Press, 1990.

______________, "Interest Groups in American Public Law", 38 *Stanford Law Review* 29, (1985).

Tullock, Gordon, *Private Wants, Public Means: An Economic Analysis of the Desirable Scope of Government*, Basic Books, 1970.

______________, *The Economics of Wealth and Poverty*, Harvester Press, 1986.

Wilson, James Q., *Bureaucracy: What Government Agencies Do and Why They Do It*, Basic Books, 1989.

Wolf, Charles, Jr., *Markets of Government: Choosing Between Imperfect Alternatives*, MIT Press, 1990.

田中 浩,『國家と個人: 市民革命から現代まで』, 岩波書店, 1990.

▪ **에필로그**(경험적 연구 및 행동법경제학)

Bar-Gill, O, *Seduction by plastic*, Oxford University Press, 2012.

* Cane, P. and H. Kritzer, *Oxford Handbook of Empirical Legal Research*, Oxford University Press, 2010.

Engel, Christoph, "Empirical Methods for the Law", 174(1) *Journal of Institutional and Theoretical Economics (JITE)* 5, 2018.

Farahany, NA (ed), *The impact of behavioral sciences on criminal law*, Oxford University Press, 2009.

Gigerenzer, G, and C. Engel (ed), *Heuristics and the law*, MIT Press, 2006.

Jolls, C, "Behavioral law and economics," in Diamond P, Vartiainen H (ed), *Behavioral economics and its applications*, Princeton University Press, 2007.

Kahneman, D, *Thinking fast and slow*, Farrar, Straus and Giroux, New York, 2011.

Kahneman, D, and A. Tversky A (ed), *Choices, values, and frames*, Cambridge

University Press, 2000.

Langevoort, DC, "Behavioral approaches to corporate law", in Hill CA, McDonnell BH (ed), *Research handbook on the economics of corporate law*, Edward Elgar, Cheltenham, 2012.

Parisi, F, and VL Smith (ed), *The law and economics of irrational behavior*, Stanford University Press, 2005.

* Sunstein, CR (ed). *Behavioral law and economics*, Cambridge University Press, 2000.

* Zamir, E, and D. Teichman, The Oxford handbook of behavioral economics and the law, Oxford University Press, 2014.

인명색인

사항색인

[A] ~ [Z]

[ㄱ]

[ㅅ]

[ㅈ]

[ㅊ]

[ㅎ]

[저자 약력]

박세일 교수

서울대학교 법과대학 졸업

일본 동경대 대학원(경제학과) 수학

미국 Cornell 대학교 경제학 박사

한국개발연구원(KDI) 연구위원

미국 Columbia 대학교 로스쿨 초빙연구원

서울대학교 법과대학 교수

대통령 정책기획수석비서관

대통령 사회복지수석비서관

미국 Brookings 연구소 초빙연구원

한국경제학회 청람상 수상

제1대 한국법경제학회 회장

서울대학교 국제대학원 교수

국회의원

2017년 별세

고학수 서울대학교 법학전문대학원 교수

송옥렬 서울대학교 법학전문대학원 교수

신도철 숙명여자대학교 경제학과 교수

이동진 서울대학교 법학전문대학원 교수

최준규 서울대학교 법학전문대학원 교수

허성욱 서울대학교 법학전문대학원 교수

재개정판

박세일 법경제학

초판발행 1994년 4월 20일
재개정판발행 2019년 12월 5일
중판발행 2021년 3월 10일

지은이 박세일 · 고학수 · 송옥렬 · 신도철 · 이동진 · 최준규 · 허성욱
펴낸이 안종만 · 안상준

편 집 윤혜경
기획/마케팅 조성호
표지디자인 이미연
제 작 고철민 · 조영환

펴낸곳 (주) 박영사
서울특별시 금천구 가산디지털2로 53, 210호(가산동, 한라시그마밸리)
등록 1959. 3. 11. 제300-1959-1호(倫)
전 화 02)733-6771
f a x 02)736-4818
e-mail pys@pybook.co.kr
homepage www.pybook.co.kr
ISBN 979-11-303-3482-0 93360

정 가 49,000원